Die Meisterin Ching Hai
mit
Licht und Klang
Meditation

TonStrom Verlag
ISBN-978-3-932209-13-0

Ching Hai 2000
So sah eine Künstlerin die Meisterin Ching Hai
Sie trägt die Last des Universums
Aber so wie es aussieht mit Leichtigkeit

Vorworte

Ich meditiere etwa seit meinem 26 Lebensjahr ,das sind bis heute am 3.12.2003 fast 30 Jahre. Von diesen 30 Jahren meditiere ich mit der Guanyin Methode, oder der Licht und Klang Meditation, seit dem 1.5.1993, als ich in München von der Meisterin Ching Hai in diese Meditation Initiiert wurde. Die 20 Jahre des meditierens davor, waren von den Erfahrungen her, erfolgreich. Ich hatte durch Denken meine Verbindung mit dem Göttlichen erkannt, denn aus Gott kann nur der Göttliche kommen, und auch durch den Wissensdurst damals als junger Mensch einen Enormen Konsum von Meditativen als auch Philosophischen Lehren verschlungen, mit dem Ziel dadurch auch Erkenntnis zu erlangen. Das stärkste Brennen und Verlangen war zu der Zeit mehr Wahrheit zu erkennen, Erkenntnis, und zu Wissen was ich in Wirklichkeit bin, wer bin ich wirklich. Da zu der Zeit auch meine Inneren Traditionellen Sicherheiten und Selbstsicherheiten ins Wanken kamen, durch etliche viele Menschliche Kontakte die mir zeigten das ich unter Raubtieren war und das Leben hier auf der Erde ein ständiger Kampf war, auch wenn bloß Geistig, Mental, oder Klassenkämpferisch, aber hauptsächlich der Kampf der Ignoranz und Traditionen, dazu noch der Kampf der Sinnlichen Emotionalen Unbeherrschtheiten und der Süchte und Gier der Menschen mit denen ich Erfahrungen hatte, war zu dem Zeitpunkt, damals, als ich noch in Berlin lebte, mein inneres Wertesystem oder Bildungskräfte, wertlos geworden, und ich fing an nur noch nach mir und niemand anderem mehr zu suchen oder von jemand anderem etwas wirklich wesentliches zu erwarten, außer seinem immensen Schwachsinn und seiner Ignoranz und damit Bösartigkeit. Also fing ich eine gigantische Wissenssuche an, indem ich alles las was mit Wissenschaft zu tun hatte. Physik, Astrophysik, Biologie und so weiter, aber sehr schnell erkannte ich, das Weltall ist grenzenlos und unendlich, und ich wusste immer mehr von zu wenig, weil das Universum unendlich ist. Diese Suche würde also Sinnlos sein und werden. Da ich aber Existierte und Da oder Hier war, musste es also ein Fakt sein, weil ich Existierte, zu wissen wer ich bin und was ich bin. Und das wiederum würde bedeuten, das ich mich bloß in mir finden könnte über oder durch meinen Körper. Weil ich bin , bin ich auch fähig zu erkennen was ich bin. Diese Suche , diese Arbeit, die ging ich mit enormen Interesse an, und mit viel Freude. Das Resultat waren dann auch tiefe Einsichten, Außerkörperliche Erfahrungen, Selbsterkenntnis, Reisen zu dem Grab von Rumi in Konya mit dementsprechenden Erfahrungen vom Hören der Flöte, obwohl ich damals dann nicht wusste was es bedeutet die Flöte zu hören, oder aber das Sehen des inneren Lichts, wodurch ich dann erkannte das mein Licht stärker als das Licht der Sonne ist, und vielen anderen Erfahrungen auch bis zum zurückgehen durch alte Inkarnationen auch als Tier zum Beispiel Löwe und Gorilla oder dem dann durchzwängen eines inneren Kanals aus dem ich dann trat und anfing mich auszudehnen und immer größer werden's und Entfernens von der Erde wo ich dann später anfing die Erde und das System in mir zu tragen, und sozusagen anfing das Universum in mir zu tragen, aber dann doch schnell wieder zurückkommen musste, weil meine damalige Geliebte meine Frau Frances Angst bekam und mich zurückrief. Und viele andere Erfahrungen gab es. All das war ohne einen Meisterin, alles das Resultat von Überlegungen und Denken. Viele der Erfahrungen beschreibe ich in den Büchern die ich zur Zeit hier als Manuskript liegen habe und die eventuell noch in Buchform erscheinen werden, die meistens Reiseberichte sind. 1992 hatte ich Kontakt zu Menschen in München die für die Direktverkaufsfirma NSA eine Verkaufsstruktur in Deutschland aufbauen wollten, es waren Amerikaner. Für diese Menschen war ich auch als Übersetzer und Helfer tätig weil sie kein Deutsch konnten. Diese Zeit beschreibe ich in dem fertigen Manuskript mit dem Titel : MODERNES AMERIKANISCHES MANAGEMENT IN MÜNCHEN. Das war hochkriminell was da ablief und mir wurden einige Morddrohungen gemacht, aber ich ließ mich nicht einschüchtern, ging meinen Weg, und verließ die Firma dann mit einer Abfindung, um mich dann erst mal 1 Jahrlang auf einer Insel auszuruhen. Nach Beendigung der Aktivitäten mit dieser USA Truppe, fand ich in einer Telefonzelle ein Büchlein am Ungerer Bad, mit dem Titel : Der Schlüssel zur sofortigen Erleuchtung. Das war ein Informationsbüchlein über die Meisterin Ching Hai. Ich las da was von Liebe und Jesus, und das kam mir damals sehr recht, denn die Belastung, monatelang , dieser Morddrohungen war doch stark, neben den anderen Belastungen unter denen ich damals lebte. Und so entschied ich mich dafür diese Ching Hai, nachdem ich das Büchlein gelesen hatte, als meine spirituelle Meisterin zu akzeptieren. Kaum hatte ich die innere Zustimmung gegeben, passierten sofort sehr viele Erfahrungen spiritueller Art, da ja ein Echter Meisterin die dreidimensionale Welt der RaumZeit überschritten hat und auch im Zeitlosen Bereich Tätig ist. Unter anderem wurde das sogenannte dritte Auge mal kurz geöffnet, und ich sah die höheren Welten die eine besondere Eigenschaft haben obwohl ihre Formen denen der physischen Welten gleichen, sie bestehen alle aus Licht und leuchten von Innen her. Die physische Welt wird ja von außen beleuchtet. Und vieles, vieles mehr wurde mir gezeigt, und konnte ich erfahren. Diese 10 Jahre Licht und Klang Meditation, war aber kein Urlaub, zumindest für mich nicht, da sich im laufe der Zeit das Gemüt das Mental das Denken der Zweifel stark in den Vordergrund brachte mit einer sehr starken Kraft. Aber seit einiger Zeit ist das überwunden und es kann weitergehen mit der Licht und Klang Meditation und dem Segen der damit verbunden ist , weil so ein Meister, wie Jesus damals, auf seine Initiierten mit dem allumfassende göttlichen Auge, poetisch formuliert, blickt. Soo, das waren einige einleitende Worte zu dieser Zusammenstellung und Suche, was diese Methode der Licht und Klang Meditation ist, und woher sie Kommt. Ich hoffe die Infos in diesem Schrieb sind ein wenig Hilfreich für den Suchenden nach Sich und Gott und mehr Wahrheit, und vielleicht auch nach einem Meisterin.

Sonniger Gruß von Wolfgang Schorat,
aus dem heutigen stark nebligen Nordhessen in Bad Zwesten.

PS : Vergesst nicht, das hier geschriebene, sind bloß eine Zusammenstellung von Worten. Das ist nicht die Wahrheit. Durch Worte ist die ganze Menschheit eine Horde manipulierter Wirrnisempfänger geworden. Das Wort Gott ist nicht Gott. Aber Gott ist. Das Wort Apfel ist nicht der Apfel. Die MeisterHeiligen sagen, das echte wahre ist der Klang der transzendentale Klang der nicht äußerlich durch das gesprochene Wort manipuliert, sondern innerlich durch Hören erhebt. Aber beide Richtungen können gelebt werden, und werden ja auch gelebt !

INHALTSVERZEICHNIS

DIE WUNDER DER MEISTERIN

AUF DEM WEG

Anhang

PERLEN DER WEISHEIT
DIE METHODE DER LIEBE

Eine Person, die den Weg der Liebe praktiziert, und Kontemplation des inneren Lichts und Tons, deren Liebe und Weisheit sollte angenommener weise wachsen. So, wenn wir den Weg der Liebe praktizieren, so sollten wir auch Alles mit Liebe machen. Und alles das aus Liebe kommt, ist natürlich, wunderschön, und perfekt. Wenn du irgendetwas tust das bis jetzt noch nicht perfekt ist, oder nicht schön, so weißt du, das deine Liebe in dieser Situation sich noch nicht richtig entwickelt hat. Du hast noch nicht total die Kraft der Liebe genutzt, die in dir ist. Und das ist der Weg zu Überprüfung und zu wissen ob wir uns weiterentwickelt haben, oder nicht.

(Die Höchste Meisterin Ching Hai, New York USA, 20 Juni, 1994)

ICH LIEBE DICH

Afrikaans	Ek het jou lief
Altgriechisch	Se erotao
Arabisch	Ohhe-buk
Burmesisch	Chit pa de
Chewa	Ndimakukonda
Englisch	I love you
Esperanto	Mi amas vin
Finnisch	Minä rakastan sinua
Französisch	Je t'aime
Gälisches Schottisch	Tha gradh agam ort
Gujarati	Hoon tane pyar karoochhoon
Hawaiianisch	Aloha au ia oe
Hebräisch	Ani ohev otach
Hindu	My tumse pyaar kartha hun
Italienisch	Ti amo
Japanisch	Aishite imasu
Kantonesisch	Ngo Oi Lei
Katalanisch	T'estimo
Kurdisch	Ez te hezdikhem
Latein	Amo te
Litauisch	Tave myliu
Niederländisch	Ik hou van jou
Persisch/ Farsi	Du stet daram
Polnisch	Kocham cie
Portugiesisch	Te amo
Rumänisch	Te iu besc
Russisch	Ja ljubelju tebja
Schona- Sprache	Ndinokuda

Schwedisch	Jag älskar dig
Schweizerdeutsch	Ch'ha di gärn
Serbokroatisch	Volim te
Spanisch	Te quiero
Tagalog	Mahal kita
Thai	Khao raak thoe
Tswana	Keyagorata
Türkisch	(Ben)Seni seviyorum
Urdu	Mai aap say pyaar karta hoo
Vietnamesisch	Toi yeu em
Walisisch	Rwy'n dy garu di
Jiddisch	Ikh hob dikh lib
Zulu	Ngijakuthanda

Lautloser Klang - der Ton , der den Kosmos erfüllt.

Die Meisterin Ching Hai hat wiederholt betont, dass die Guanyin- Methode oder die Licht und Klang Meditation nicht ihre Erfindung ist. Das tatsächlich die Meditation auf das innere Licht und den Klang von all den großen Meisterin der Vergangenheit vervollkommnet wurde. Durch die Zeitalter hindurch wurde diese Praxis mit verschiedenen Bezeichnungen versehen, je nach dem Kulturkreis, in dem der jeweilige Meisterin lebte. Surat Shabd Yoga ist ein Name, den Indische Meister gebrauchten. Guanyin ein Name den Chinesische Meisterin gebrauchten. Wie der folgende Bericht zu zeigen versucht, dürfte es schwer fallen, nicht nur die altehrwürdige Universalität dieser Praxis, sondern auch ihren wissenschaftlichen Gehalt in Zweifel zu ziehen.

„ Der Kenner des Mysteriums des Klanges kennt das Mysterium des ganzen Universums . „ **Hazrat Inayat Khan**

Die heilige Silbe des Hinduismus

Das Zeichen OM ist Symbol des Absoluten. Es besteht aus drei Teilen, die für die körperliche, geistige, und unbewusste Welt stehen. Der darüber gesetzte Punkt ist Zeichen für das höchste Bewusstsein. Der Laut OM dient als Mantra der Meditation.

Dieser nun folgende Bericht ist ein Bericht aus einer Yogazeitschrift und ist nicht das Resultat meiner Erkenntnisse, aber er zeigt die unterschiedlichen historischen Quellen dieser Licht und Klang Meditation ganz gut auf.

W. SCHORAT

Die meisten Leser werden schon von den unterschiedlichen Formen des populären Yoga gehört haben : Hatha -Yoga , Jnana- Yoga , Bhakti -Yoga , Karma - Yoga , Raja - Yoga , Mantra- Yoga , oder Laya - Yoga. Ohne Rücksicht auf die unterschiedliche Betonung , die eine Yogatradition über die andere stellt , sollten alle das gleiche Ziel verfolgen. Dieses Ziel ist, einfach gesagt, die individualisierte Seele von Verstand und Materie zu trennen und sie mit der universellen Seele (Gott oder Brahma) zu vereinigen. Da gibt es jedoch eine weitere altehrwürdige (manche würden vielleicht so weit gehen zu sagen : die älteste) Yoga- Tradition, die im allgemeinen weniger bekannt ist, aber ein nicht weniger hehres Ziel im Blick hat. Es ist die Tradition des Surat Shabd Yoga , oder des Yoga des himmlischen Klangstroms.

Jene edlen Wesen, die diese Form des Yoga gemeistert haben, erklären, dass sich die universelle Seele in zwei Hauptelementen manifestiert : im lichtlosen Licht und im klanglosen Klang. Obwohl diese beiden spirituellen Elemente die Beziehung zwischen weltlichem Licht und Klang widerspiegeln - insoweit Licht nichts anderes ist als Klang einer sehr hohen Schwingungsfrequenz - sind sie doch nicht gleichwertig. Da das Licht und der Klang Teil des universellen Schwingungs - Kontinuums sind, ist jemand der fähig ist, mit dem Klangstrom in Kontakt zu kommen , mit Sicherheit auf dem Weg zu dem Licht, von dem all die großen Meisterin der Vergangenheit sprachen.

Tatsächlich haben im Laufe der Geschichte viele Große zwischen weltlichem Klang und einem wunderbaren himmlischen Klang unterschieden, der in höheren Schwingungsfrequenzen bezaubernde musikalische Eigenschaften haben soll. Der altägyptische Plotin der als Begründer des Neuplatonismus angesehen wird, sagte :" Jede Musik , die auf Melodie und Rhythmus aufgebaut ist , ist die irdische Darstellung himmlischer Musik . „ Pythagoras glaubte , dass wir ständig in Kontakt sind mit der „ Sphährenmusik „ die unser inneres Ohr erfüllt vom Moment unserer Geburt an. Und der berühmte indische Mystiker und Dichter des 15 Jahrhunderts , Kabir, schrieb ausführlich über eine geheimnisvolle „ Ungespielte Musik „ die, die Seele in einen Zustand verzauberten Entzückens versetzt.

Dort dröhnt der rhythmische Schlag von Leben und Tod : Entzücken greift um sich , und
der gesamte Raum erstrahlt im Licht.
Dort erklingt die Ungespielte Musik , die Musik der Liebe der drei Welten.
Dort brennen Millionen Lichter von Sonnen und Mond.
Dort schlagen die Trommeln. Und der Liebende wiegt sich im Tanz.
Dort hallen Liebeslieder wieder, und Licht regnet in Schauern.
Und der Anbeter ist entrückt ins Schmecken des himmlischen Nektars.

Obwohl nicht selten gewissenlos redigiert oder von wohlmeinenden Übersetzern missverstanden, enthält die Mehrzahl religiöser Schriften dennoch Hinweise auf diesen himmlischen Klang. Im Johannes - Evangelium beispielsweise bezieht sich „ das Wort „ auf den göttlichen Klang : „ Im Anfang war das Wort , und das Wort , war bei Gott , und das Wort war Gott „ (Joh. 1.1) . Das wurde erhärtet , als der inzwischen verstorbene Dr. Edmond Bordeaux Szekely , Philologe , Archäologe , und Mitbegründer

der Internationalen Biogenic - Gesellschaft im Vatikan zufällig auf geheime aramäische Texte stieß , die bis ins dritte Jahrhundert nach dem Tod Jesu zurückdatiert werden . Dr. Szekely übersetzte ein aufschlussreiches Dokument unter dem Titel „ The Essene Gospel of Peace „ (Dt. Ausgabe : Die unbekannten Schriften der Essener , Verlag Bruno Martin, 1995, S. 73, die an dieser Stelle leider „ Gesetz „ bringt d. Ü.) in dem sich folgendes findet : „ Am Anfang war der Klang (Sound) und der Klang war bei Gott, und der Klang war Gott . „

Nahezu zwei Jahrzehnte akribischer Forschung überzeugten Dr. Szekely, das Jesus Mitglied der hochangesehenen Gemeinschaft der Essener war und demzufolge intime Kenntnis ihrer spirituellen Tradition gehabt haben dürfte. Wie er in „ The Essene Jesus „ berichtet, gab es am Toten Meer die Bruderschaft der Essener, die den essenischen Baum des Lebens pflanzte, dessen höchsten Zweig der Essener Jesus darstellte.

Es gibt in der Bibel zahlreiche andere Hinweise auf den göttlichen Klang. So z.B. im Buch der Offenbarung 14.2 : „ Und ich hörte eine Stimme vom Himmel wie das Rauschen vieler Wasser und wie der Klang lauten Donners , und die Stimme , die ich hörte, war wie der Klang von Harfenspielern , die auf ihren Harfen spielten. „

Im buddhistischen Surangama - Sutra stimmte Buddha Shakyamuni mit seinem vollkommen erleuchteten Schüler Manjushri überein, als er die Meditation auf den göttlichen Klang als den einzigen Weg ins Nirwana betrachtet : „ All ihr Brüder in dieser Großen Versammlung , und auch du , o Ananda , solltet eure äußere Wahrnehmung des Gehörs aufheben und nach innen horchen , auf den vollkommen einheitlichen und innerlichen Klang in eurem eigenen Wesenskern , denn sobald ihr vollkommene Anpassung erreicht habt , werdet ihr Höchste Erleuchtung erreicht haben „

„ Dies ist der einzige Weg zum Nirwana , und alle Tathagatas (Heilige) der Vergangenheit sind ihm gefolgt „

Die Upanishaden , die gewaltigen , altehrwürdigen philosophischen Abhandlungen Indiens , benutzen u.a. die Termini Shabda Brahman , Akash Bani , Nad und Heiliges Wort , wenn sie auf den UR- Klang verweisen . Die Hansa Naad Upanishad z. B. erklärt: „ Meditation auf Nad oder das Klang - Prinzip ist der Königsweg zur Erlösung „

Mohammed nahm den göttlichen Klang wahr in der Höhle von Gare - Hira , und die ursprünglichen Sufis nannten den göttlichen Klang „ Saute Surmad „ , was soviel heißt wie „ der Ton , der den Kosmos ausfüllt „ .

Laotse beschrieb das Tao oder den Weg als „ ungehinderte Harmonie „ und die Quelle aller Dinge. Weiter schrieb er über den Großen Ton, dass er „ über jede Vorstellung hinausgeht „ . Chuangtse , der etwa dreihundert Jahre nach Laotse lebte, erklärte ebenfalls die Vorzüge des Kontaktes mit dem spirituellen Klang , als er sagte : „ Höre mit dem Verstand statt mit den Ohren, höre mit der Energie statt mit dem Verstand. Hören endet am Ohr, der Verstand endet beim Kontakt, aber die Energie ist das, was leer ist und auf andere reagiert. Der Weg endet in Leere, Leere ist mentales Fasten.”

„Wenn ihr eure Ohren und Augen nach innen gerichtet habt und losgelöst seid von begrifflichem Wissen , dann werden sogar Geister und Dämonen, die euch verfolgen, von euch ablassen. „

Im Sri Guru Granth Sahib , dem heiligen Buch der Sikhs , das möglicherweise die Schrift ist, die uns am vollständigsten überliefert wurde, werden die Begriffe „ Ungespielte Musik „ und „ Wort „ häufig gebraucht, wenn es um den göttlichen Klang geht.

„ Gesegnet, gesegnet bin ich, dass mein Gott mein Gemahl ist,
An dessen Hof die Ungespielte Musik erklingt.
Nacht und Tag harre ich aus voller Freude.
Höre ständig die Musik der Glückseligkeit .Ja, in diesem Zustand gibt es Sorge und
Schmerz nicht mehr, weder Geburt noch Tod. „

Darüber hinaus haben auch viele alte Kulturen - wie die Azteken , Eskimos , Malayen, und Perser - die Vorstellung , dass das Universum seinen Ursprung im Klang hat. Auch die australischen Aboriginees glauben an Singweisen oder die „ Weisen des Gesetzes „ die, die Welt und alle Dinge in ihr ins „ Dasein „ sang. Ein Physiker unserer Tage bedient sich der typisch prosaischen Redewendung „ Big Bang „ um zu umschreiben , was im Grunde nur das gleiche Phänomen sein kann.

In der Tat, das umfangreiche Beweismaterial eines Ur- Klangs oder einer Ur- Schwingung wird gestützt durch wissenschaftliche Beweise , die bestätigen , dass die Grundlage aller Materie Schwingung ist. „ Die ganze Natur existiert als ein ungeheueres oszillatorisches Spektrum.. Das Klang die Materie formt und ihr Struktur verleiht, wurde in den 60er Jahren unwiderlegbar von dem Schweizer Wissenschaftler Hans Jenny demonstriert. Unter Einsatz elektronischer Klang-Oszillatoren und raffinierter Fotoausrüstung dokumentierte Jenny die Realität des der Materie zugrunde liegenden Wellen- Phänomens, indem er den augenblicklichen Formungseffekt von Tönen, Musik und Stimmen auf die verschiedensten Substanzen... die auf einer Metallplatte ausgebreitet waren, filmte (ein neues Forschungsgebiet, das er „ Cymatics „ nannte) . Peinlich genau katalogisierte er die symmetrischen geometrischen perfekten Strukturen und eleganten Klang-Mandalas, die das Ergebnis von Hunderten unterschiedlichen Frequenzen und rhythmischen Kombinationen waren, von einzelnen Tönen und Intervallen bis hin zu komplexen musikalischen Harmonien, die durch die Platte geleitet wurden „.

Mehr noch : Die jüngsten Entwicklungen auf dem Gebiet der Musiktherapie haben einige bemerkenswerte Ergebnisse gezeigt, indem sie wesentliche Auswirkungen von vibrierenden Frequenzen auf lebende Organismen deutlich erkennen lassen. Der Autor Larry Dossey erzählt : „ Ein Kinderpsychologe berichtete kürzlich über seine Erfahrungen mit einem elfjährigen Jungen, bei dem katatonische Schizophrenie diagnostiziert worden war. Das Kind hatte innerhalb von sieben Jahren kein einziges Wort gesprochen. Während seiner Sitzung mit ihm spielte der Therapeut Bachs „ Jesu , Freund der Betrübten „ . Der Junge begann zu weinen. Als die Musik endete verkündete er durch seine Tränen hindurch : „ Das ist die kraftvollste Musik, die ich je gehört habe, nun kann ich sprechen „ .

Wenn weltlicher Klang so tiefgreifende Auswirkungen auf unseren Bewusstseinszustand haben kann, kann es kaum Zweifel geben an der Wirksamkeit und spirituellen Bedeutung des himmlischen Klanges.

Ich Glaube das meine eigene Meisterin Suma Ching Hai die altehrwürdige Kunst des Surat Shabd Yoga vervollkommnet hat, nachdem sie selbst in den Himalajas schließlich ihren Meister gefunden hatte („ Khuda Ji „ Hinzufügung von mir Schorat) von dem sie die Übertragung der Meisterschaft erhielt. Ihre unglaubliche Suche nach einem Meister, die eine Reihe von Ländern und viele Jahre umfasste, war von scheinbar unüberwindlichen Hindernissen gekennzeichnet. Die Prüfungen die sie bestand, bestärkten sie in dem Beschluss, diese alte Yoga- Tradition allen aufrichtigen Wahrheitssuchern leicht zugänglich zu machen. Während es für viele schwierig sein mag, das Konzept transzendenten Klanges zu verstehen und darüber hinaus die spirituelle Bedeutung dieses Klanges zu würdigen, erklärt Suma Ching Hai mit wenigen einfachen treffenden Worten :

„ Der weltliche Klang ist sehr wichtig für unser sinnliches und mentales Wohlbefinden,

aber der überweltliche Klang zieht uns zu Gott zurück „
„ Dieser innere Klang ist die Große Schöpfer-Kraft des Kosmos. Sie ist eine Schwingung,
die alle Dinge erhält und nährt. Ihre Manifestation in der äußeren Welt kann man hören
als natürliche Melodien, wie etwa den Klang des Windes, des Wassers, der Vögel, Insekten
usw... Es gibt subtilere und höhere Klänge, die unhörbar sind für die sterblichen Sinne,
da sie in den höheren Dimensionen schwingen...Um diese höheren Klänge einzufangen,
müssen wir unsere eigene Ebene erhöhen in jene Welten jenseits unserer Sinne „

Der Schlüssel zur Erhöhung unserer Bewusstseinsebene, zur Wahrnehmung des göttlichen Klanges, ist einen lebenden spirituellen Meister zu finden, der spirituelle Sucher authentische einweihen kann. Einweihung ist notwendig, um unsere Gott- Natur oder den inneren Meister voll zu erwecken. Nach der Einweihung muss man die Anweisungen des Meisters entsprechend täglich auf das Licht und den Ton meditieren um ständig Fortschritte zu machen.

Eine zweite, nicht weniger wichtige Rolle des lebenden Meisters ist die Übernahme des Karmas aus vergangenen Leben seiner Neophyten. Dazu muss der Meister einen physischen Körper annehmen, um das Karma abzutragen, das normalerweise seine Schüler treffen würde. Ohne dies unglaubliche Opfer des Meisters wäre die karmische Bürde des Neophyten zu schwer, um den endlosen Zyklus der Wiedergeburt zu entrinnen. Wie Suma Ching Hai anmerkte : „ Während ein lebender Meister auf Erden ist, übernimmt er einen Teil des Karmas der Menschen, besonders jener, die an den Meister glauben, und noch mehr derer, die Schüler des Meisters sind...Darum leidet der Meister während seiner Lebenszeit für die Schüler und für die Menschheit im ganzen....Er kann krank werden, es kann ihm schlecht ergehen, er kann gequält werden, er kann ans Kreuz genagelt oder verleumdet werden".

Darüber hinaus beschützen des Meisters allwissende, allgegenwärtige und allmächtige Qualitäten den Eingeweihten zu jeder Zeit **(Ob das wohl stimmt frage ich hier- W.Schorat)** bis die Meisterschaft erreicht ist, da mit der Einweihung eine ewige spirituelle Verbindung zwischen dem Meister und dem Eingeweihten begründet wurde. Das garantiert, dass zahlreiche Fallstricke auf der spirituellen Reise umgangen werden. Im Matthäus- Evangelium spielt Jesus auf die unsichere Natur der spirituellen Reise an, wenn er sagt : „ Denn die Pforte ist eng und der Weg ist schwierig, der in das ewige Leben führt, und nur wenige finden ihn „ (Matth. 7,14).

Obwohl nicht so bekannt wie andere Yoga-Traditionen, wird der Yoga des himmlischen Klangstroms von einigen als die höchste Tradition betrachtet. Die zwingenden schriftlichen Beweise von altehrwürdigen, weisen Philosophen und großen spirituellen Meistern der Vergangenheit stützen sicher diese Ansicht. Während Therapeuten erst vor kurzem die heilende Wirkung weltlicher Schwingungsfrequenzen entdeckten, haben die großen Meister der Vergangenheit vor Tausenden von Jahren die eine, ungeteilte Wahrheit und den einen Pfad des himmlischen Klanges und Lichtes, auf dem diese Wahrheit aufgenommen wird, vermittelt. Die grundlegende Einheit ihrer Botschaft spottet der oberflächlichen Spaltung, die in den Gemütern einflussreicher, aber bedauerlich irregeleiteter religiöser Fanatiker durch die Jahrhunderte hindurch Wurzeln geschlagen hat. Da die Meister der Vergangenheit nicht mehr unter uns sind, ist ein lebender Meister der Schlüssel zur Erfahrung dieser Wahrheit und zum Kontakt mit dem göttlichen Klang , der die dunklen Schichten des Bewusstseins durchdringt, um die Seele in eine höchste, glückselige Wirklichkeit in uns zu erheben, wo, wie uns gesagt wird, das Licht von Millionen Sonnen und Monden in Ewigkeit brennt.

Die Meisterin Ching Hai tritt für die grundlegende Einheit aller Religionen ein gibt die Einweihung in diese alte Meditations- Praxis die sie Guanyin- Methode nennt die Methode des Spirituellen Lichtes und des spirituellen Klanges. Eingeweihte verpflichten sich lebenslang einen ethischen Verhaltens- Kodex einschließlich einer Lacto- Vegetarischen oder Veganen Kost einzuhalten. Sie hat Meditationszentren in über 40 Ländern.

Quanyin oder Guanyin oder Kwan Yin bedeutet im Chinesischen „ Die aus dem Lotus geborene „ Sie ist die Königin des Himmels und die Schutzpatronin der Frauen. In ihrer Hand hält sie eine Karaffe mit dem „ Tau des Mitgefühls „ die sie als sanfte und liebevolle Gottheit kennzeichnet. Kwan Yin ist die Mutter der 10.000 Dinge, die Quelle geistiger Inspiration. In China wird sie auch als weiblicher Buddha verehrt. Das Wort Kuan-Yin im Chinesischen bedeutet : Den Ton der Welt betrachtend. Die Göttin Kuan-Yin manifestiert sich in allen erdenklichen Formen dort, wo Wesen ihrer Hilfe bedürfen.

Weltlicher Klang und überweltlicher Klang

Vortrag von der Höchsten Meisterin Ching Hai Taipeh, Formosa am 6 März 1986
(Original in Chinesisch)

Sprechen wir zunächst über den gewöhnlichen Klang in dieser Welt, und dann über den überweltlichen Klang - den Klang Gottes. Seit alten Zeiten hat Musik in unserem Leben eine wichtige Rolle gespielt. Schwer vorstellbar, wie frustrierend das Leben in dieser Welt wäre ohne Musik. Klassische Musik ist mehr beschwingt und sanft, sie macht die Zuhörer glücklicher, friedlicher und wohlwollender. darum gab es in alten Zeiten immer wieder viele vornehme und kultivierte Menschen. Moderne Musik ist erregender. Menschen, die solcher Musik von Kindheit an ausgesetzt waren, sind schwer zu unterrichten. Diese Musik repräsentiert Persönlichkeit und Verhaltensweisen unserer Zeitgenossen. In psychiatrischen Einrichtungen verordnen Ärzte den Patienten oft sanfte Musik, um deren Emotionen zu beruhigen. Wenn wir uns angeödet fühlen oder von der Arbeit erschöpft sind, wird uns das Hören von Musik allmählich wieder ins Gleichgewicht bringen.

Alles im Universum ist Schwingung

Alles im Universum vibriert, und diese Schwingung wird zu Klang. Es ist so ähnlich wie mit den Wellen, die von Rundfunkstationen ausgesendet werden, die ein Radioempfänger aufnimmt und in Klang umwandelt. Alle Dinge im Universum , seien es Steine, Pflanzen, oder Menschen, schwingen auf ihrer je eigenen ganz speziellen Frequenz. Und genau diese Frequenzabweichung macht es Tieren und Menschen, Menschen und Menschen und oft genug auch Mann und Frau so schwer, miteinander zu kommunizieren.

Die Schwingungen mancher Menschen sind grob, und wir fühlen uns unbehaglich, wenn wir mit ihnen in Kontakt kommen. Andere Menschen wiederum sind sehr sanft im Blick auf ihre Schwingung, ihre Redeweise und ihre Aura, und wir fühlen uns ausgesprochen wohl in ihrer Nähe. Wir sind glücklich, wenn wir an einen Ort kommen, an dem die Schwingungen unserer eigenen ähnlich sind. Wenn eine Person mit einer schlechten Aura einen Raum betritt, werden die Menschen darin sofort von Erregung und Unruhe erfasst. Der Grund dafür sind seine niederen , schwerfälligen Schwingungen, wir könnten auch sagen, er ist brutal, hat schweres Karma und eine Menge teuflischer Hindernisse. Er ist überwiegend Yin (negativen) Energie zugewandt, während wir mehr Yang (positiven) Energien zuneigen, und so werden wir inkompatibel. Infolgedessen fühlen wir uns erregt und unruhig.

Nicht alle Orte auf diesem Planeten schwingen auf der gleichen Frequenz. Alle Arten von Metallerzen unterschiedlicher Dichte sind über den Erdball verteilt. Daher gibt es viele Orte, die nicht spirituell

Praktizierende zum Wohnen als ungeeignet empfinden. Für wahre spirituell Praktizierende jedoch ist jeder Ort ein Reines Land, überall das Heilige Land. Aber das ist leichter gesagt als getan. Wie viele Menschen können solch eine Ebene tatsächlich erreichen.? Diese disharmonische Atmosphäre spüren sogar gewöhnliche Menschen, die nicht praktizieren - von einigen speziellen Ignoranten und solchen die empfindsam sind wie ein Stück Holz einmal abgesehen. Je mehr man in der spirituellen Praxis vorankommt, desto empfindsamer wird man, hat man aber schließlich die höchste Ebene erreicht, ist einem jeder Ort gleich.

Mit wem wir auch zusammen sind, wir werden von seiner Schwingung beeinflusst. Wenn seine Aura sehr sanft ist, dann werden auch wir sanfter, wenn er aufgebracht ist, werden wir ebenfalls erregt.. Wir hören oft, dass die Heiligen das Karma der Menschen übernehmen, weil sie die schlechten Einflüsse oder Schwingungen, die andere erzeugt haben - das sogenannte Karma - auf sich nehmen und ihnen im Austausch dafür ihre höhere Schwingungen geben können. Aufgrund ihrer Kraft, die sie aus spiritueller Praxis schöpften, können sie das Karma rasch beseitigen. Die dafür benötigte Zeit ist abhängig von der Menge des Karmas, das sie eingesammelt haben. Bis sie dieses Karma verarbeiten können, werden sie davon in Mitleidenschaft gezogen. Sie könnten krank werden, verleumdet werden oder sogar getötet werden.

Ein solches Beispiel war Jesus Christus, der gekreuzigt wurde, weil er das Karma fühlender Wesen auf sich genommen hatte. Von Buddha Shakyamuni haben wir vielleicht nicht gehört das er das Karma anderer Menschen getragen hat, aber in der Schrift wird davon berichtet. Ein Mann tötete neunundneunzig Menschen und war darauf und dran, auch den Buddha umzubringen. Es gelang ihm nicht, statt dessen wurde er von Buddha erlöst. Dieser Mann wurde schließlich ein Arhat (erlöster Heiliger). Wenn der Buddha das Karma dieses Mannes nicht auf sich genommen hätte, was wäre dann aus dem Karma geworden, das er durch den Mord an neunundneunzig Menschen verursacht hatte ? Er tötete so viele Menschen und wurde doch ein Heiliger ! War das nicht gegen das Gesetz des Karmas ? Nein, war es nicht, denn Buddha Shakyamuni hatte immense Verdienste und unendliche Segenskraft, die ausreichten, all das Karma dieses Mannes problemlos zu bezahlen. Der Mann war keineswegs von der karmischen Vergeltung freigestellt, vielmehr hatte Buddha Shakyamuni sein Karma übernommen.

Das ist der Grund ,weshalb seit alten Zeiten jene, die befreit werden möchten, zunächst einmal solch große Meister finden müssen. Für einen Novizen in spiritueller Praxis ist es sehr schwierig, aus eigener Kraft soviel Karma abzuzahlen. Jene großen Meister haben durch spirituelle Praxis in vielen Lebenszeiten große Segenskraft aufgehäuft. Während sie uns auf dem Weg führen, können sie auch unser Gepäck tragen, da sie über genügend Kraft verfügen. Menschen haben menschliche Kraft, und spirituell Praktizierende haben spirituelle Kraft. Diese Kraft mag für uns äußerlich nicht wahrnehmbar sein, sie ist jedoch so unendlich und mit keiner physischen Kraft zu vergleichen. Ihr habt gehört, das eure fünf Generationen befördert werden, wenn ihr von mir eingeweiht worden seid. Es ist diese spirituelle Kraft, die sie alle nach oben zieht. Darum ist diese aus spiritueller Praxis gewonnene Kraft das Allerkostbarste, sie kann um keinen Preis gekauft und selbst von der größten Autorität nicht geraubt werden.

Wenn ich irgendwo einen Vortrag halte, fühle ich mich zuweilen ganz entspannt und kann flüssig sprechen. Zu anderer Zeit fühle ich mich vielleicht bedrückt, ich bin müde und kann kaum reden. Genauso ist es bei der Einweihung. Manchmal läuft alles glatt und problemlos, und ein andermal ist mir, als würde ich sterben. Das liegt an den unterschiedlichen Schwingungen der Menschen, die zum Vortrag bzw. zur Einweihung kommen. Ihre individuelle Schwingungen sind das sogenannte Karma. Wodurch entstehen nun diese unterschiedlichen Schwingungen ? Sie entstehen gemäß dem Gesetzt des Karmas und stehen in Verbindung mit dem Karma, das wir uns in vergangenen Leben zugezogen haben.

Ursprünglich sind wir alle erleuchtete Heilige. Jesus Christus sagte ebenfalls, das wir alle Gottes Kinder sind. Warum sind dann aber manche Leute so reich und andere so arm, manche so klug und andere so unklug, manche so wohlwollend und andere so böse ? Der erste Grund ist, das wir uns - obwohl wir ursprünglich erleuchtete Heilige sind - in dieser illusionären Welt die ganze Zeit selbst erniedrigen und so den größten Teil unserer Wesenheit vergessen. Der zweite Grund ist, das wir durch äußere Umstände beeinflusst werden.

Sichtbare und unsichtbare Welten

Diese Welt unterscheidet sich von den höheren Dimensionen. Die höheren Bereiche werden uns helfen, spirituell Fortschritte zu machen, gelassener und wesentlicher zu werden. Die Umstände in dieser Welt aber können durchaus bewirken, das wir uns zurückentwickeln und törichter und böser werden. Im Paradies im Himmel werden wir alles haben, was wir nur wollen, ohne das geringste Leiden, während wir in dieser Welt mit der Natur kämpfen müssen, um zu überleben. Selbst Buddha Shakyamuni musste um Nahrung betteln bzw. die Dinge dieser Welt benutzen, um zu überleben. Dies ist eine sichtbare Welt der Formen und der Gegensätze. Hier gibt es kalt und warm, schön und hässlich. Mann und Frau. Diese Welt unterscheidet sich vom Paradies im Himmel, welches eine unsichtbare Welt ist ohne Formen und Gegensätze.

Darum werden wir, wenn wir in diese Welt kommen, nach außen gewandte fühlende Wesen. Wenn wir Nahrung sehen , denken wir ans Essen, wenn wir irgend etwas sehen, entstehen Gedanken der Zuneigung oder Abneigung. Da unser Sinn ständig mit Dingen beschäftigt ist, die wir mögen, vergessen wir unsere große Weisheit. Nach und nach werden wir der allmächtigen Kraft des Universums immer mehr entfremdet und zu einsamen Wesen.

Ursprünglich gehörte uns alles, weil wir aber nur ein paar Dinge im Sinn haben, die wir mögen, setzen wir uns aus Unwissenheit enge Grenzen. Von einem Wesen ohne alle Gegensätze (in himmlischen Paradies haben alle Wesen den gleichen goldenen Leib, und es gibt weder Mann noch Frau) werden wir zu einem, der von Gegensätzen erfüllt ist. Da wir nur eine Handvoll Dinge oder Personen von ganzem Herzen lieben, werden wir noch einsamer und abgetrennt von der allmächtigen universellen Kraft. Unsere Kraft schwindet und ist innerhalb kürzester Zeit erschöpft. Angenommen ein Mensch lebt inmitten des Ganges, von einem unerschöpflichen Wasservorrat umgeben. Nun erregt irgend etwas an Land seine Aufmerksamkeit, er verlässt den Ganges und begibt sich dorthin. Da er von dieser Sache so fasziniert ist, vergisst er, wie er zu seinem ursprünglichen Wohnort zurückkehren kann. Und wenn er dann Durst hat, kann er nur in der nächsten Umgebung nach Wasser suchen, das natürlich nicht ausreicht.

Infolgedessen werden wir immer schwächer, weil unsere Weisheit am Ende ist. Und wenn wir nicht genug Weisheit besitzen, werden wir gierig. Aus Unsicherheit suchen wir noch mehr Dinge zusammenzuraffen, und so entstehen aus der Gier Zorn und Verblendung. Diese Gedanken bilden ein spezielles Magnetfeld, das uns verschlingt. Da die Situation eines jeden Menschen eine andere ist, ist auch sein Magnetfeld ein anderes. Weil Gleiches, Gleiches anzieht, werden gierige oder leicht erregbare Menschen durch ihr Magnetfeld natürlich Erregung anziehen. Ebenso werden sanftere Menschen, sanftere Situationen anziehen. Das ist die Ursache der sogenannten karmischen Hindernisse.

Wie oft erleben wir Menschen , die in ihrer Arbeit keine Ordnung bringen können. Das kommt daher, das ihr Magnetfeld ständig destruktive Kraft bzw. hinderliche Energie, törichte oder teuflische Energie anzieht. Sie können einfach nicht die große Weisheit zu sich heranziehen. Manche Menschen haben sehr starke animalische Instinkte, ebenfalls auf Grund ihres Magnetfeldes. Oder wir könnten auch sagen, das ihre Leben um Leben eingeschliffene Gewohnheiten nicht korrigiert wurden. Wenn sich unser Magnetfeld verbessert, zeigt das an, das wir beginnen aufzusteigen. Die für die Korrektur benötigte Zeit ist abhängig von unserer Herzensreinheit. In den Schriften wie auch im Tao Te King wird gesagt, das wir das Herz eines Kindes haben müssen, um zum Himmlischen Königreich zurückzukehren.

Es ist nicht leicht, unsere Gewohnheiten bzw. unser Magnetfeld zu ändern. Keinesfalls kann es durch das Praktizieren irgendwelcher Atemzähl - oder - Yogaübungen erreicht werden. Da die Entwicklung von Gewohnheiten vom Verstand kontrolliert wird, müssen wir den Verstand ändern, um unsere Gewohnheiten zu ändern. Methoden der Kontemplation auf den Solar Plexus, auf Knochen, Wasser oder Atem reichen einfach nicht aus. Allein die Guanyin - Methode ist die ultimative Methode.

Der Klang Gottes

Der Klang ist der „ Klang Gottes „ der Klang unserer ursprünglichen Natur, der schon existierte, ehe irgend etwas im Universum entstand. Dieser Klang ist der „ Klang jenseits dieser Welt „‘ darum ist er für das Hörvermögen gewöhnlicher Menschen unhörbar. Dennoch können ihn alle fühlenden Wesen hören, nur dass sie ihrer individuellen Stufe entsprechend unterschiedliche Klänge vernehmen. Alle Dinge im Universum vibrieren, und so haben sie einen Klang - selbst Steine haben ihren Klang. Er ist jedoch zu subtil, um vom menschlichen Ohr wahrgenommen zu werden, wir können ihn nur mit unserer Weisheit hören. Darum sprechen wir eher vom Betrachten des Klangs als vom Hören des Klangs. Wenn doch alle fühlenden Wesen diesen Klang und dazu Weisheit besitzen , warum können sie dann nicht diesen Klang betrachten ? Weil sie nicht den Schlüssel haben und darum nicht wissen, wo der Klang ist. Darum müssen wir zuerst einen Meister finden , der uns die Tür öffnen kann .

Warum ist dieser Klang so wichtig ? Weil alle Dinge im Universum durch diesen Klang miteinander verbunden sind. All die Ebenen , von den höheren bis zu den niederen, sind durch diesen Klang miteinander verbunden. Wir haben gerade erwähnt, das die Schwingungen bestimmter Menschen mit denen anderer nicht kompatibel sind, so das sie Schwierigkeiten haben, sich einander anzupassen. Aus dem gleichen Grunde passen unsere Schwingungen nicht zu denen der Tiere oder gewisser Orte, so das es uns schwer fällt, mit Tieren zusammenzuleben bzw. an jenen Orten zu wohnen. Wenn Leute an diesen Orten leben können, heißt das noch nicht, das sie besser sind als wir. Höchstwahrscheinlich sind ihre Schwingungen sehr niedrig oder kommen denen der Tiere nahe, so das sie nichts spüren.

Schweine und Frösche können an den schmutzigsten Orten glücklich sein ,was ausreichend illustriert, weshalb manche Leute an unerträglichen Orten unbeschwert leben können, ohne irgend etwas zu spüren. Ihre Aura kann mit solchen Orten fertig werden, unsere Schwingungen sind höher und sanfter und können sich jenen niederen Schwingungen nicht anpassen. Darum können wir dort nicht leben, aber das heißt wie gesagt noch nicht, das sie fähiger sind als wir. So haben wohlwollende Menschen oft die größten Schwierigkeiten, mit rohen Menschen zusammen zu leben.

Sollte jemand sein Schicksal ändern wollen, muss er sich auf diesen höchsten Klang stützen. Jetzt haben wir nur einen sehr kleinen Teil davon, und er ist nicht von sehr höher Schwingung. Genauer gesagt : Da unsere Schwingung niedrig ist, leben wir in dieser niederen Welt mit den Tieren zusammen, denn : Gleich zu gleich gesellt sich gern.

Es gibt jedoch eine Art von Klang, der alle fühlenden Wesen umschließt. Das ist „ Gottes Klang „ der Klang der ursprünglichen Natur. Durch Kontemplation auf diesen Klang können wir unsere Schwingung und unsere Ebene erhöhen. Äußerlich betrachtet mögen wir dann so aussehen wie vorher, aber unser Körper wird Licht ausstrahlen. Jedermann wird unserer rede gern zuhören , und es fällt uns leicht, Menschen zu erlösen, da unsere Schwingungen sanfter geworden sind, die Menschen ausgeglichener machen und sie zur Befreiung führen. Ihre Schwingungen werden von der unseren umhüllt, wir werden ihnen gute Schwingungen zur Verfügung stellen, die ihre schlechte Schwingung auflöst. Wenn das Blut eines Patienten nicht funktionstüchtig ist, wird der Arzt das schlechte Blut durch gutes ersetzen .

Wenn das Wasser im Eimer schmutzig ist, muss man das Schmutzwasser ausgießen, bevor man ihn mit sauberem Wasser füllt. Jedoch bevor unsere Schwingung gut genug geworden ist , können wir sie nicht gegen die schlechte Schwingung anderer Menschen austauschen. Das Ergebnis wäre schrecklich. Wenn wir fühlende Wesen erlösen wollen, müssen wir zuerst spirituell praktizieren.

Soeben wurde gesagt , das alle Dinge im Universum den „ Klang „ besitzen, und alle Dinge durch diesen Klang geschaffen wurden. Im „Tao Te King „ wird er erwähnt als der „ Name „ oder das „ Tao „ . Lao Tse sagte : „ Der Weg, von dem man sprechen kann , ist nicht der beständige Weg, der Name, der genannt werden kann, ist nicht der unveränderliche Name. Das Namenlose war der Anfang von Himmel und Erde, das Benannte war die Mutter der Myriaden Kreaturen" . Dieser Name bzw. das Tao bezieht sich auf diesen Klang bzw. die Schwingung. Der altchinesische Sprachgebrauch mag unterschiedlich gewesen sein, tatsächlich bezeichnet er jedoch dasselbe. Ich denke, ihr seid in der Lage, das zu verstehen.

Sich auf die höheren Klänge einstellen

Alles im Universum wurde aus diesen Namen oder Klang geboren, auch wir sind ein Teil desselben. da wir aber menschliche Wesen sind, besitzen wir den höchsten Teil davon und werden ihn aller Wahrscheinlichkeit nach einmal vollständig besitzen. Tiere sind nicht hoch genug entwickelt, um diesen Klang ganz zu besitzen. Durch das Praktizieren auf diesen Klang können wir uns unablässig selbst emporbringen, wir stellen uns auf immer höhere Klänge ein, bis wir ihn vollständig in Besitz genommen haben. Dann werden wir in der Lage sein, uns auf alle fühlenden Wesen im Universum einzustimmen. Da alle fühlenden Wesen Teil dieses Klanges sind, den wir vollständig besitzen, ist für uns jeder Ort das Reine Land, jeder Mensch ein Heiliger, und alle fühlenden Wesen haben Gott- Natur. Erst dann erreichen wir die wahre Erkenntnis, ansonsten wissen wir alles nur vom Hörensagen, „ so habe ich gehört „ und können nicht unterscheiden, was richtig oder falsch ist.

Eigene Erfahrungen sind etwas anderes als in den Schriften zu lesen oder über die Erfahrungen anderer. Wir lesen von den Erfahrungen anderer, wenn wir die Schriften lesen. Wenn wir die Guanyin- Methode praktizieren , werden wir unsere eigenen Erfahrungen machen. Wir vergleichen sie vielleicht mit jenen, die in den Schriften aufgezeichnet sind und sehen, ob wir die gleichen Erfahrungen machen wie jene Menschen aus alter Zeit. Gelegentlich könnten unsere Erfahrungen sogar höher sein als ihre, das heißt aber nicht, das wir höher sind als sie, sondern das ihre spirituelle Ebene vielleicht nicht sehr hoch war, als sie dies aufschrieben. So mögen wir ein wenig höher sein als ihre Ebene zu jener Zeit.

Wir sollten wissen, wie machtvoll dieser Klang ist. Alle fühlenden Wesen besitzen diese Schwingung oder diesen Klang, und wir beeinflussen einander. Diese Welt unterscheidet sich vom Westlichen Paradies in dem Sinne, das es hier Tiere gibt, böse und gute Menschen, nervöse und ruhige, glückliche und elende Menschen. Es ist eine Mischung der unterschiedlichsten Atmosphären, die es uns sehr schwer macht , in einem solchen Tohuwabohu mit innerem Frieden zu praktizieren. Es gibt immerfort Hindernisse oder schädliche Einflüsse, die uns besorgt sein lassen. Doch wenn wir unbeirrt und konzentriert praktizieren, werden wir sehr schnell Fortschritte machen.

Viele himmlische Wesen inkarnieren gern als menschliche Wesen, weil dieser physische Körper für die spirituelle Praxis notwendig ist. Wir meinen oft, dieser Körper sei nutzlos, aber ohne ihn können wir nicht spirituell praktizieren. Dieser Körper ist überaus kostbar. Darum sorgt gut für ihn. Gebt ihm genügend nahrhaftes Essen, um ihn zu erhalten, aber seid nicht unersättlich. Bewahre den Körper vor extremer Kälte, Hitze, Erschöpfung und Überarbeitung. Asketische Praxis ist nicht gut, das hieße, sich selbst zu bestrafen, was die größte Sünde ist. Wir sind Heilige der Vergangenheit, der Gegenwart und Zukunft. Wir sollten uns selbst achten. Wie können wir uns durch asketische Praxis selbst bestrafen ?

Wenn es unvermeidlich ist, ist das natürlich etwas anderes.

Ihr habt vielleicht gehört, das ich jeden Tag nur rohes Gemüse aß, als ich im Himalaja praktizierte. Das war wegen der großen Höhe. Die Luft war dünn und Temperatur und Luftdruck so niedrig, das es sehr schwierig war, Feuer zu entfachen um Reis oder Gemüse zu kochen. Es war viel einfacher, das Gemüse roh zu essen, ich musste es nur im Ganges waschen, ein wenig Salz draufstreuen und dann essen. Ich hatte nicht die Absicht, Askese zu praktizieren. Einmal praktizierte ich in der Abgeschiedenheit eines Bergtempels in Formosa und hielt dort drei Monate ein Sommer- Retreat. Ich aß jeden Tag nur etwas groben Reis mit Sesamkörner und Salz und trank ein wenig Wasser. Niemand sorgte damals für mich. Wenn ich jeden Tag auf den Markt gegangen wäre, um Gemüse zu kaufen, was für ein Retreat wäre das wohl geworden ? Es wäre ein „ Gemüse- Retreat" geworden . (Lachen) Es ergab sich aus den Umständen. Ich aß, was ich finden konnte, ich habe nicht absichtlich Askese geübt. Asketische Praxis kann einen nicht zum erleuchteten Heiligen machen, sie wird euch nur zu einem verbitterten Menschen machen. Unser Leben ist bitter genug, warum sollten wir noch Askese üben wollen ?

Der „Klang" ist die größte Kraft und Höchste Weisheit im Universum

Um ein erleuchteter Heiliger zu werden, sollten wir die Guanyin- Methode praktizieren und unsere Weisheit diesen ursprünglichen Klang betrachten. Dieser Klang schafft alle Dinge im Universum. Worauf sonst könnten wir unsere spirituelle Praxis stützen, wenn nicht auf diese große Kraft und große Weisheit ? Warum sollten wir uns statt dessen auf diesen kleinen Unterleib (den Solar Plexus) oder unseren flüchtigen Atem verlassen ? Was macht es schon , wenn unser Körper sich während der Meditation geringfügig bewegt ? Wie könnten wir praktizieren, wenn wir den Atem anhalten, wenn wir sterben ?

Wenn wir mit dieser großen Kraft spirituell praktizieren, macht es nichts, wenn sich unser Körper ein wenig bewegt oder sogar verletzt ist. Da unser eigener Meister die Verbindung mit diesem Klang hergestellt hat, ist Ers befreit worden und hat keine Beziehung zum Körper, und natürlich können wir fortfahren zu praktizieren. Ers wird weiterhin für unser Leben Sorge tragen und uns helfen, voranzukommen. Darum können wir uns auf nichts anderes als diesen größten, höchsten und ursprünglichsten aller Klänge verlassen. Dieser allereinfachste Klang existierte , bevor wir ins Dasein traten, ja bevor irgend etwas im Universum entstand. Und selbst nachdem die drei Bereiche zerstört sind, wird er fortfahren zu existieren. Nur indem wir uns auf diese ewige Kraft stützen, können wir spirituell praktizieren, um den Zustand ewigen Seins zu erreichen. Wenn man sich beim Praktizieren auf den vergänglichen Atem stützt, kann man nur die vergängliche Ebene erreichen. Im Surangama Sutra (ISBN- 3-932209-02-8) sagt Buddha Shakyamuni , dass alle anderen Wege spiritueller Praxis nur zeitliche Methoden sind, und keine ewigen . Allein die Guanyin- Methode ist die ewige, ultimative und korrekteste Methode spiritueller Praxis. Wir werden ihm zustimmen, wenn wir die Guanyin - Methode praktiziert haben.

In der Bibel wird gesagt, dass das Universum...Im Anfang war das Wort (Der Klang) und das Wort war bei Gott und das Wort war Gott. Alles ist durch dasselbe (den Klang) gemacht, und ohne dasselbe ist nichts gemacht, was gemacht ist (Joh. 1. 1-4) Auch das Tao Te King spricht über dieselbe Sache. Lao Tse sagte : „ Der Weg, von dem man sprechen kann, ist nicht der beständige Weg , der Name, der genannt werden kann, ist nicht der unvergängliche Name. Das namenlose war der Anfang von Himmel und Erde, das benannte war die Mutter der Myriaden Kreaturen „ Als dieser „Name „ der nicht genannt werden kann ins Dasein trat, wurde das Universum und alle Dinge geboren.

Die Upanishaden, die berühmtesten Hindu-Schriften, erwähnen ebenfalls dasselbe , „ Am Anfang war das Wort „ Dieser Klang existierte als die Schöpfung begann. Als dieser Klang entstand, entstand alles. Dieser Klang ist Gott, dieser Klang ist Schöpfung . Sie alle reden über dasselbe, da sie alle, an erster Stelle Buddha Shakyamuni, Lao Tse, die Bibel, der Hinduismus und der Islam, dieselbe Lehre vortragen. Nachdem wir die Guanyin- Methode praktiziert haben, können wir die Schriften verstehen, wenn wir

sie studieren. Wenn wir die große Erleuchtung erreicht haben, werden wir wissen, das alle Schriften tatsächlich über ein und dieselbe Sache reden.
(Dieser Bericht ist ein Nachdruck aus : Der Schlüssel zur sofortigen Erleuchtung. Band 1. Chinesische Ausgabe. Höchste Meisterin Ching Hai S. 99-109. 1989)

Wozu wir hier sind
Die Höchste Meisterin Ching Hai, Auckland, Neuseeland, 27. April 2000 (Original in Englisch) Video 686

Die buddhistischen Schriften sagen, dass ihr der Buddha seid und dass die Buddha- Natur in euch ist. Die Bibel sagt, dass Gott in diesem Tempel wohnt. Wer sonst als Gott ist also darin ? Wenn wir der Tempel sind und Gott der Einzige, der darin wohnt, wer sind wir dann, wenn nicht Gott ? Wenn wir uns nicht daran erinnern, nun gut, aber dennoch sind wir Gott.
Was immer wir also als der Gott aller Götter, der wir sind, zu tun beschließen, das sollten wir respektieren. Als Vater/Mutter all dieser Wesen, die wir sind, sollten wir unsere eigenen Wünschen respektieren und unsere Entscheidung, wie wir leben und unser göttliches Selbst in welcher Weise auch immer , zum Ausdruck bringen wollen.
Darum hat Jesus gesagt, dass wir die Leute nicht richten sollten. Weil wir den Weg nicht kennen, den zu gehen ein anderes Wesen beschlossen hat. Er oder sie tut das Seine /Ihre, damit er/sie Gott auf seine jeweilige Weise kennen lernt. Er oder sie wählt vielleicht, eine scheinbar böse Person zu sein, eine sehr ordinäre oder sogenannte unmoralische Person. Aber das ist sein/ ihr Weg das Göttliche kennen zu lernen. Durch die Entscheidung, un-göttlich zu sein, wird jene Person eines Tages erkennen, das sie dies nicht ist. Aber sie muss zurückgehen und das ganze Dasein noch einmal erfahren. Denn wenn wir immer im Himmel bleiben und die ganze Zeit Götter sind, werden wir uns nicht als Gott erkennen.
Darum müssen wir uns erniedrigen und auf diese physische Ebene herabkommen, so können wir unsere eigene Größe wiedererkennen. Das ist unsere Entscheidung, und dazu sind wir hierher gekommen.
So lautet die Antwort auf unsere Frage, wozu wir hier sind : Weil Gott wir erkennen möchten. Wenn wir fühlen, dass die Zeit gekommen ist, ist das die Zeit, da wir beschlossen haben, uns wieder zu erinnern. Es ist die Zeit, da wir nach spirituellen Freunden, einer spirituellen Gruppe oder auch einem spirituellen Lehrer Ausschau halten, damit wir uns rasch erinnern können, weil wir vergessen haben, wie man sich erinnert und wo man suchen muss. So kann uns vielleicht ein Freund, der sich selbst schon erinnert hat, helfen. Und dann erkennen wir, dass wir nichts anderes sind als das Höchste Wesen, als Gott. Wir erkennen das Höchste Wesen, das in diesem Körper behaust ist.
Tatsächlich ist Ers aber nicht in diesem Körper behaust. Ers gibt unserem Körper Behausung. Spirituelle Terminologie ist eben niemals eine exakte Wissenschaft. Also, ganz gleich, wie viel uns ein Lehrer über Gott erzählt oder wie eloquent ein spiritueller Freund uns von dem göttlichen Wesen in uns vorschwärmt, wir können es durch Hören allein nicht verstehen. Darum muss der spirituelle Lehrer, Führer oder Freund es uns praktisch, und nicht nur theoretisch, vorführen.
Als beispielsweise Jesus auf unseren Planeten kam, lehrte er seine Schüler beide Wege : Den Theoretischen Weg und den praktischen Weg. Und so konnten seine unmittelbaren Schüler später ebenfalls Wunder tun, ebenfalls den Himmel sehen, ebenfalls die Stimme Gottes als das Wort des Schöpfers hören, ebenfalls das Licht des Himmels sehen, sie konnten zum Himmel aufsteigen und sogar Engel oder den Vater sehen. Der Vater sprach mit ihnen, wie der Vater mit Moses sprach. Und auch die Engel sprachen mit ihnen.

Wir können das ebenfalls. Denn so groß Jesus Jünger auch waren, wir sind ebenfalls groß. Und Jesu Jünger sind dasselbe, weil Jesus uns gesagt hat, dass wir alle Kinder Gottes sind. Weil wir das aber vergessen haben, müssen hin und wieder ein oder zwei Freunde kommen, um uns zu erinnern, aber erst, wenn wir dazu bereit sind. Denn wenn wir nicht bereit sind, kann niemand viel für uns tun.

Das Geheimnis der Schwingung
Von der Höchsten Meisterin Ching Hai
Hsin Dian Formosa, 21. Juli 1987 (Ursprünglich in Chinesisch)
Pflanzen haben Gefühle

Einmal führten Wissenschaftler ein Experiment durch, bei dem die Schwingung der Blätter und Stengel von Pflanzen gemessen wurden, bevor man sie verbrannte. Dabei entdeckte man, dass die Pflanzen vor Furcht heftig Zitterten. Eine weitere Forschungsstudie ergab, dass immer wenn ein gütiger Mensch, der Pflanzen liebt, in die Nähe von Anlagen kam, wo Bäume und Pflanzen wuchsen, die Bäume und Pflanzen ausgesprochen glücklich wirkten. Wenn aber jemand, der Pflanzen nicht mochte oder unfreundliche Gedanken hegte, diese Anlage betrat, dann fingen die Pflanzen jedes mal heftig an zu zittern, und statt einladender Vibrationen erzeugten sie abwehrende Vibrationen. Wissenschaftler haben, sowohl mit abwehrenden als auch einladenden Vibrationen experimentiert. Aufgrund dieser Forschung wissen sie, dass auch Bäume Gefühle haben. Darum können manche Leute Pflanzen und Bäume züchten, und andere Leute nicht.

Jetzt werde ich euch meine eigene Geschichte erzählen. Von Kindheit an habe ich Bäume und Pflanzen geliebt. Bevor ich Nonne wurde, gehörte ein riesiger Garten zu unserem Haus. Der Rasen war grün und der Garten voller grüner Pflanzen. Es war wunderschön und angenehm. Jeden Tag wässerte ich die Pflanzen und versorgte sie gut. Am meisten missfiel es mir, wenn man ihnen Schaden zufügte. Dann regte ich mich sehr auf, denn ich konnte ihren Schmerz fühlen, weil es mir selbst weh tat. Ich mag das nicht. Wir sollten wirklich nicht ohne jeglichen Grund Pflanzen Schaden zufügen.

Liebe wirkt Wunder

Als ich auf der Suche nach Wahrheit in Indien weilte, lebte ich in einem Ashram. Dort war ein Baum von der Sorte, die in der Wüste wächst. Seine Blätter waren voller Dornen. Er war so schlimm zurückgeschnitten worden, dass er keine Wurzeln mehr bilden konnte. Einige Pflanzen bilden Wurzeln, wenn wir sie ein wenig unterhalb der Blätter abschneiden und dann ins Wasser stellen. Wenn man aber den Schnitt oberhalb der Blätter ansetzt, dann werden sich keine Wurzeln bilden. Damals tat mir diese Wüstenpflanze leid. Sie war sehr hübsch und ich dachte : Wie schade ! Aber andere wollten die Pflanze nicht einsetzen, weil sie meinten, dass sie keine Wurzeln bilden und sich nicht mehr erholen würde. Ein Mitpraktizierender im Ashram sagte zu mir : „ Wenn du willst, kannst du ihn doch wieder einsetzen und es noch einmal versuchen. Du hast die Kraft „ Ich sagte :" In Ordnung. Ich werde es versuchen „ Ich pflanzte ihn in die Erde, und er lebte wieder auf. Solange ich dort war, blieb er lebendig. Obwohl er überhaupt keine Wurzeln hatte, war er imstande, wieder auszutreiben. Als ich sah, wie seine neuen Blätter wuchsen, da wusste ich, das er sich aus lauter Freude wieder erholt hatte. Denn jeden Tag war ich da, habe meditiert und die Heiligen Namen rezitiert. Das tat seine Wirkung. Er hat nichts Schlechtes gespürt, und so fing er wieder an zu wachsen.

Als ich in den Vereinigten Staaten war , wohnte ich in einem chinesischen Tempel. Ursprünglich gab es dort keine Blumenstöcke. Nur ein oder zwei winzige , gelbliche Dinger, die schon seit mehreren Jahren eingetopft waren , aber immer noch klein und ziemlich mickrig aussahen. Vielleicht hatten sie nicht genug Nährstoffe, oder vielleicht hatte sie nie jemand gepflegt und gegossen. Ich überlegte nicht lange und kam mit der Gießkanne, sobald ich irgendwelche Bäume sah. Ich goss sie jeden Tag. Zwei Monate später hatten sie sich gut entwickelt. Mein Zimmer war voller Topfpflanzen, und ich hatte keinen Platz mehr zum Sitzen. Alle waren überrascht. Damals hatte ich kein Geld, um Blumendünger zu kaufen. Ich war auch kein gelernter Gärtner. Alles was ich hatte, war Liebe. Ich meditierte und goss jeden Tag und verschwendete weiter keinen Gedanken daran. Ich sah zu, wie die Blätter immer größer wurden und die Pflanzen sich vermehrten. Als ich wieder abreiste, fürchtete ich, es würde sich niemand mehr um sie kümmern. Also schenkte ich sie den Bewohnern des Ashrams. Sie freuten sich so darüber, das sie sich darum rissen.

Es gab dort noch eine Pflanze die schon jahrelang dastand und nicht viel größer geworden war. Nach meiner Ankunft begannen im unteren Teil neue Zweige zu wachsen. Sie wurde auch höher und ausladender. Als ich abreiste sagte der Abt : „ Die ist zu groß zum Verschenken. Aber wenn du nicht mehr da bist, wird sie vielleicht einfach eingehen. „ Ich sagte : „Wahrscheinlich lebt sie noch für weitere zwei Jahre „ Und meine Worte wurden wahr. Als ich zwei Jahre später zurückkam, war die Pflanze gerade eingegangen. Ich kam zu spät. Der Abt sagte zu mir : „Gerade ist sie eingegangen" Er fragte mich : „ Ist es jetzt zwei Jahre her seit du das letzte mal fortgingst ? „ Ich sagte : „ Ja „ Da fiel mir wieder ein, was ich im Spaß gesagt hatte, und die Pflanze ist tatsächlich nach zwei Jahren eingegangen. Deshalb können wir zu recht sagen, dass Bäume Gefühle haben. Weil ich mich jeden Tag um sie kümmerte, wurde sie sehr groß und grün. Ihre Blätter wurden so groß, dass sie sich von denen anderer gewöhnlicher Pflanzen unterschieden. Ich gab ihnen nicht viel, außer jeden Tag Wasser. Manchmal war etwas Tee übrig, den gab ich ihnen auch. Ich pflegte auch ein wenig Erde von draußen auszugraben und damit die Töpfe aufzufüllen. Da die Pflanzen immer größer wurden, gab ich ihnen mehr Nährstoffe. Die Folge war, dass sie zu groß wurden.

Böses wirkt zerstörerisch

Damals lebte dort eine Frau, die schweres Karma auf sich lud, weil sie einen Mönch mit sich nach Hause nahm und als ihren persönlichen Besitz betrachtete. Die Bewohner des Ashrams grenzten sie aus. Obwohl sie bei niemandem beliebt war, kam sie immer wieder. Eines Tages kam sie und schlief in dem Zimmer, in dem die Topfpflanzen standen. Damals gab es noch kein 7-Tage-Retreat, also stellte ich die Pflanzen einfach nach draußen, direkt neben mein Zimmer. Sie schlief dort nur eine Nacht. Als ich am nächsten Morgen aufstand, hatten sich viele Blätter braun verfärbt und waren vertrocknet, als hätte sie jemand mit Feuer verbrannt oder als wären sie dem Kochherd zu nahe gekommen. Sie sahen verbrannt aus, obwohl sie nicht wirklich verbrannt waren. Mir tat das Herz weh. Ich sammelte sie ein und zeigte sie dem Abt. Er sagte : „ Es waren zu viele Menschen da, und es gab nicht genug Sauerstoff „. Ich sagte : „ So viele waren es gar nicht „ Er verstand nicht, also wollte ich nicht zu viel sagen. Kopfschüttelns warf ich all die Blätter in den Abfall. Ihr seht, wie furchterregend das für sie war. Wir waren beide menschliche Wesen, aber ich schlief jeden Tag mit den Pflanzen, und es gab überhaupt kein Problem. Wie kommt es, dass sie kam, nur eine Nacht lang blieb, und die Pflanzen sich so veränderten ? Wisst ihr, es haben schon viele Leute hier geschlafen und nicht über Nacht Pflanzen ruiniert. Wir meditierten hier jeden Tag sehr lange, und es war immer alles in Ordnung. Viele Leute haben hier geschlafen, und es gab nie irgendein Problem. Es war also nicht die Anzahl der Leute daran schuld.

Schwere, böse Gedanken und das Karma menschlicher Wesen können sich auf Pflanzen auswirken. Seht ihr, diese Pflanzen waren sehr in Mitleidenschaft gezogen worden, und es war offensichtlich. Man kann sich leicht vorstellen, wie viel stärker die Auswirkungen auf das menschliche Gemüt sein kann. Deshalb müssen wir sehr vorsichtig sein. Daher kommt es, dass sich die meisten Meister samt ihren Schülern gerne in den Bergen verstecken. Sie verlassen die Berge nur ungern. Die wirklichen Meister verlassen nur wiederwillig die Berge. Wenn sie in der Stadt leben, verbergen sie sich ebenfalls und machen keine Reklame, dass dieser oder jener großer Meister hier lebt. Je mehr Menschen von ihm Kenntnis haben, desto mehr verbirgt er sich. Wenn er nicht so bekannt wäre, wäre es ihm vielleicht egal. Wenn ihn aber zu viele Leute kennen, sucht er um so mehr, sich zu verstecken. Es ist ihm wirklich zuwider. Das menschliche Magnetfeld ist schrecklich. Ein Mensch mit bösen finsteren Gedanken, der nicht praktiziert, kann andere Menschen zu Tode verbrennen.

Spirituelle Praxis nützt fühlenden Wesen

Unsere Denkweise färbt also auf andere ab. Glaubt nicht es reiche aus, Vegetarier zu sein. Wir haben keine Vorteile davon, wenn wir zwar vegetarisch essen, aber unseren bösen Gedanken nicht Einhalt gebieten können. Wir sollten mehr meditieren. Shakyamuni Buddha sagte : „ Freundet euch nicht mit bösen Menschen an. Kommt nicht in ihre Nähe „ Er sprach zu Menschen, die eben erst begonnen hatten spirituell zu praktizieren. Sie hatten nämlich nicht genug Kraft, und ihre spirituelle Macht war nicht stark genug, sich selbst zu schützen. Mehr spirituelle Praxis ist hilfreich. Je mehr ihr praktiziert, desto größeren Einfluss habt ihr.

Wenn wir in der Stille die Heiligen Namen rezitieren, dann werden viele davon profitieren. Wenn wir, ihr, sie gewohnheitsmäßig rezitiert, dann werden die Leute daraus Nutzen ziehen, wo immer ihr hingeht. Ihr selbst wisst vielleicht nichts davon. Selbst wenn ihr sie nicht kennt, sie profitieren trotzdem von euch. So groß ist die Kraft, wenn die Heiligen Namen rezitiert werden. Je mehr ihr sie rezitiert, desto mehr Nutzen bringt es, und um so mehr Menschen werden etwas davon haben. Wenn ein Mensch die Wahrheit vollständig erfasst und vollkommene Erleuchtung erreicht, dann wird die Bewusstseinsebene der ganzen Welt und die gesamte Menschheit erhöht werden. Auch wenn andere nicht praktizieren, machen sie trotzdem Fortschritte.

Das „Wort" die innere Schwingung

Seit undenklichen Zeiten war Musik für die Menschheit ein Muss. Selbst Tiere fühlen sich von ihr angezogen, und Pflanzen wachsen angeblich schneller durch sie. Wenn schon die äußerlichen Melodien für alles Leben so wichtig ist, so müssen in dem wundersamen , himmlischen Klang in unserem Inneren sogar noch mehr Zauber , Gnade und Segen liegen.

Der Fötus im Mutterleib isst nichts. Im Leib der Mutter gibt es keine Luft und kein Sonnenlicht, und es scheint ihm überhaupt nichts auszumachen. Der Grund dafür ist, das er mit dem wundersamen inneren Klang der Quelle aller Kraft, Liebe und Seligkeit in Verbindung steht. Unter solchen Bedingungen wächst der Fötus mit einer unglaublichen Geschwindigkeit heran, und sollte er so weiterwachsen, wäre er nach seiner Geburt so groß, das er an den Himmel reichen würde. Nachdem er geboren ist, wird die Verbindung mit dieser Schwingung aber unterbrochen, und er weint, wenn er zum ersten Mal mit der Außenwelt in Berührung kommt. Noch nie wurde ein Kind lachend geboren. Der Grund dafür ist, das es ein starkes Gefühl des Verlustes hat, wenn es vom Klang abgeschnitten wird.

Es gibt zwei Arten von Klang :" Den weltlichen Klang, und den überweltlichen . Der weltliche Klang ist sehr wichtig für unser sinnliches und geistiges Wohlergehen. Der überweltliche Klang zieht uns zurück zu Gott „

Die himmlische Musik, die in allen Religionen in den verschiedenen heiligen Schriften erwähnt wird - im Christentum ist sie das „ Wort „ , im Hinduismus das „ Shabd „ , bei Chuang Tse die „ Himmlische Musik „ , im Tao Te King „ Tao „ usw.-ist die einzige wahre und unmittelbare Lehre vom Reich Gottes. Sie ist die Sprache der universalen Liebe und der großen Intelligenz. Alle Lehren kommen von diesem

stillen Klang, alle Sprachen von dieser universalen Sprache. Darum sprechen Eingeweihte, die auf dem
Weg eine hohe Bewusstseinsstufe erreicht haben, auf der seelischen Ebene alle Sprachen. Diese Ebene ist die Stufe der Meister, die Stufe derjenigen, die, die Sprache vom Reich Gottes gemeistert haben. Wir alle besitzen diese Weisheit, die Weisheit, alles zu verstehen, was über dieser Schattenwelt liegt, allgegenwärtig zu sein und als die vollkommensten Wesen im Universum aufzutreten, wenn wir nur den Wunsch haben, uns wieder daran zu erinnern, was wir in Wirklichkeit sind.

Diese Wort oder diese göttliche Schwingung wird in allen Religionen erwähnt. Wir nennen sie „Yin „ , andere bezeichnen sie als „Logos", „Tao", himmlische Musik usw. Ihre Schwingung ist in allem Leben und erhält das ganze Universum. Diese innere Melodie kann alle Wunden heilen, alle Wünsche erfüllen und allen weltlichen Durst löschen. Sie ist reine Kraft und reine Liebe. Weil wir aus diesem Klang gemacht sind , lässt uns der Kontakt mit ihm im Herzen Frieden und Zufriedenheit finden. Nachdem wir den Klang gelauscht haben, verändert sich unser ganzes Wesen, unsere Lebenseinstellung wandelt sich ganz und gar zum Besseren. Diese wundersame Schwingung wäscht alle unerwünschten Spuren der „ Ursünde „ oder des Karmas , wie andere es nennen, von uns ab. Sie ist wie ein gewaltiger Fluss, der allen hässlichen Unrat in seinem Strom mit sich fortträgt.

Dieser innere Klang ist die große Schöpfungskraft des Kosmos. Er erhält alle Dinge und nährt sie. In der äußeren Welt kann man ihn in den natürlichen Melodien des Windes hören, in denen des Wassers, der Vögel , usw, die seine niederen Erscheinungsformen sind. Es gibt aber auch feinere und höhere Klänge, die für unsere physischen Ohren unhörbar sind, weil sie auf einer höheren Schwingungsfrequenz liegen als unsere materielle Welt. Der Klang selbst ist der Weg zu diesen höheren Dimensionen, und wir folgen ihm zurück zur Quelle seines Ursprungs. Damit wir höhere Klänge hören und höhere Welten sehen können, müssen wir unsere höheren Sinne öffnen und entwickeln. Und dazu brauchen wir einen Führer, einen Meister des Weges, einem Reiseführer vergleichbar, der weiß, was vor uns liegt. Die Religionsschriften sind nur eine Beschreibung dieser Welten, in der Art von Landkarten. Damit wir das Land wirklich kennen lernen können, müssen wir persönlich dorthin kommen. Mit einem Führer ist es ungefährlicher und schneller.

In den buddhistischen Schriften heißt es, das Buddha nur in einer Sprache spricht, doch das jedes Wesen sie so wahrnehmen kann, wie es seinem Verständnis entspricht. Diese Sprache ist nicht die gewöhnliche an Worte gebundene Sprache, sie ist eine Art Klang oder innere Schwingung, mit deren Hilfe alle miteinander kommunizieren können, und der Buddha kann diese Sprache zur Kommunikation mit den fühlenden Wesen verwenden. Wenn wir glauben, das mit dieser Sprache die Sprache unserer Welt gemeint ist, so wäre das unmöglich. Der Buddha könnte nämlich nur eine Sprache auf einmal sprechen, gleichgültig, wie intelligent er wäre. Und es wäre auch unmöglich , das alle Wesen gleichzeitig alle Sprachen hören könnten, auch Tiere und niedere Wesen, und das diese sie genauso verstehen könnten. Es muss also das Wort der Bibel gemeint sein. Auch im Taoismus, im Tao Te King, hat Lao Tse diesen Namen, dem wir keinen Namen geben können , erwähnt, das Tao, das sich nicht erklären lässt und das wir ohne unsere Ohren hören, ohne unsere Augen sehen und ohne unsere Sinnesorgane wahrnehmen können. Diese Wort, dieser Klang, diese Schwingung ist also die Schöpfungskraft des Universums. Ihr werdet diesen Klang, diese sogenannte innere Musik, in allen Schriften erwähnt finden, wenn ihr sie nur sorgfältig lest.

Wenn es uns also irgendwie gelingt, mit diesem Wort oder Klangstrom in Kontakt zu kommen, dann können wir mit Gott in Verbindung sein und seinen Aufenthaltsort kennen. Aber was beweist uns, das wir mit diesem Wort in Verbindung stehen ? Nachdem wir mit dieser inneren Schwingung in Berührung gekommen sind wandelt sich unser Leben zum besseren. Wir wissen viele Dinge, die wir vorher nicht wussten. Wir verstehen vieles, an das wir vorher nicht einmal dachten. Wir können viel tun und erreichen, was wir uns vorher nicht erträumt hätten. Wir werden mächtiger und mächtiger, bis wir allmächtig werden. Unser Wesen wird fähiger und weitet sich aus, bis wir überall, bis wir allgegenwärtig sind, und dann wissen wir, das wir mit Gott eins geworden sind.

Es gibt niemanden , der mit diesem Klang oder Wort in Berührung kommt, der keine große Änderung in seinem oder ihrem Leben erfährt. Je mehr Kontakt wir zu diesem Klang, der Guanyin- Methode, haben, um so weiser werden wir, um so mehr werden wir Heiligen gleich, und um so weniger Wut, Hass. Lust, Unruhe und Verhaftetsein werden wir kennen. Wir werden freier sein, liebevoller, friedfertiger und weiser, und wir werden alles haben, was wir uns wünschen, auch ein angenehmes Leben. Wir entwickeln uns nicht nur in spiritueller, sondern auch in materieller und in jeglicher Hinsicht. Es ist ein ganz anderes Gefühl als vorher.
Immer wenn ich in unserer armseligen weltlichen Sprache von diesem großen Schatz in unserem Inneren zu sprechen versuche, schäme ich mich so, weil es mir so unvollkommen gelingt. Aber irgendwie muss ich versuchen, euch einen Teil dieser großen Weisheit zu vermitteln, um euer Interesse zu wecken, so das ihr es selbst herausfindet, und dann wisst ihr es selbst ohne jede Sprache.
(Dieser Text ist aus dem Buch „ ICH BRINGE EUCH HEIM „ Seite 145 bis 158)

Ausgewählte Fragen und Antworten
Das Geheimnis der Schwingung
Von der Höchsten Meisterin Ching Hai, Hsihu, Formosa, am 30. Dezember 1996
(Ursprünglich in Englisch)

F : Hilft das Abspielen der Video- und Audiokassette, die Atmosphäre in einem bestimmten Raum oder Gebiet zu reinigen, auch wenn es leise ist und man es mit den Ohren nicht hören kann ?
M : Oh, es hilft, (im allgemeinen hilft es) da Schwingung, Schwingung ist. Wenn sie gut ist, ist sie da, wenn sie schlecht ist, ist sie auch da. Daher hilft gute Schwingung natürlich. Du weißt das .
F : Ich kann das einfach tun ?
M : So entstehen Fluch und Segen. Du sagst zu Menschen gütige Worte, und es geschieht. Du verfluchst Menschen und verdammst sie, und es geschieht, besonders wenn du Entschlossenheit besitzt und deine Willenskraft einsetzt.
Es hilft, und normalerweise hält die Schwingung lange Zeit an. Deswegen fühlt man sich manchmal besser, wenn man sich an einen sehr heiligen Ort begibt. Wenn man dann an einen anderen Ort geht, wird man beeinflusst auf Grund der Schwingung jenes besonderen Ortes.
Ja , es hilft. Einige Leute spielen die Kassetten mit meinen Liedern und heilen sich damit von ihrer Krankheit. Es gab einen Mann, der seit achtzehn Jahren bettlägerig war. Er hat es jetzt überwunden, er hat seine Schwierigkeiten überwunden. Achtzehn Jahre lang konnte ihn nichts heilen. Er hörte sich einfach jeden Tag die Bänder an. Das ist alles, was er tat, vierundzwanzig Stunden am Tag. Nach ein paar Monaten stand er auf und konnte gehen. Er ist noch am Leben. Das geschah erst vor kurzem. Die Schwingung heilt dich wirklich und reinigt durchaus die Atmosphäre. Was immer dich beeinflusst, ist auch die Schwingung der Atmosphäre. Wir können dem natürlich mit anderen Schwingungen entgegenwirken.

DER GÖTTLICHE KLANG
IN DEN HEILIGEN SCHRIFTEN

Thema : GÖTTLICHE OFFENBARUNGEN DES KLANGS ODER DIE STIMME GOTTES

Gott oder das Höchste Selbst spricht zu uns - das erklären die heiligen Schriften. Aber wie geschieht das ? Wie klingt seine Stimme ? Wo und wie können Menschen sie hören ? Was sagt sie uns ? Hingen unsere Ahnen einem längst durch wissenschaftliche Erklärungen überholten Aberglauben an, dem zufolge sie Gottes Gegenwart in Naturphänomenen wie Erdbeben, Gewitter und ähnlichem wähnten ? Oder zeugten die Weisen früherer Zeiten von ewigen, universellen Mitteln der Kommunikation zwischen der Höchsten Weisheit und der menschlichen Seele ?

1. HINDUISMUS

Die Veden unterscheiden bei den Devas - den göttlichen Manifestationen - drei Hauptgruppen : eine mit zwölf, eine mit elf und eine mit acht an der Zahl. Zwölf beziehen sich auf Offenbarungen in Form von Licht, elf auf solche des Klangs und acht auf jene des Soma (des göttlichen Nektars) . Da allgemein der Glaube vorherrscht, Devas seien Gottheiten , wird auch oft angenommen, die Unterschiede in Namen und Gestalt wiesen auf die Vorstellungen hin, die Götter seien dem Wandel unterworfen. In mystischer Leseart jedoch erweist sich ihre „ Genealogie „ als ewige, unwandelbare göttliche Wahrheit : In unserem Zusammenhang bringt Prajapati, die schöpferische, ausströmende Kraft Gottes, elf Arten von Gandharvas, göttlichen Offenbarungen des Klangs, hervor, die individuell als Donner oder Brüllen (Varuna) Windesrauschen (Vahu) Trompete oder Horn (Dundhubhi), Bienen-Summen (Vacha), Trommeln (Mardala Dhvani), Glockenklang (Ghanta- Nada), Wasserrauschen (Geera) , Geigenklang (Veena) , Flötenklang (Vansha) und Dudelsack (Beena) bezeichnet werden. Diese Klänge sind Ausdruck der einen, von Gott ausströmenden Kraft und deshalb deren „ Abkömmlinge „ . Die buddhistische Literatur nennt die Ghandarvas auch „ selige Musiker „ oder „ himmlische Sänger „ . Dieselbe Zahl elf gilt für die Rudras und die Maruts, für letzteren Begriff („der Blendende oder Strahlende „) auch in Verbindung mit den dreiunddreißig Kategorien oder Formen der göttlichen Manifestationen - das gesamte, von den Veden bezeugte Spektrum an Offenbarungsarten, einschließlich jener von Indra , der göttlichen Inkarnation, und der Höchsten Gottheit selbst. Der Klang (Gandharva , sing.) oder die Gruppe von elf Klängen (Ghandharvas, pl.) wird als Bewahrer des Soma, des göttlichen Nektars, bezeichnet. Ein anderer Begriff für Soma ist Amrita, der göttliche Tau oder Nektar. Diese himmlische Speise ist die beste Arznei gegen jegliche Art von Leiden, weshalb der Ghandarva als bester aller Ärzte betrachtet wird. Die Menschen erhalten Soma durch Indra, den Herrn über die Gandharvas, den Heiligen, der den Zutritt zum Inneren gewährt. Die göttlichen Klänge werden zunächst in der Meditation hörbar. Sie strömen schließlich unablässig in die Seele, und dieser Klangstrom wird oft als das eigentliche Soma erkannt. Die unaufhörliche himmlische Musik enthüllt das Geheimnis der göttlichen Wahrheit. Mitra und Varuna sind die entsprechenden Manifestationen von Licht und Klang. Individuelle Sanskrit - Ausdrücke für solch himmlische Klänge fassen subtile Sachverhalte in einem einzigen Wort zusammen : ukara ist ein Begriff für den göttlichen Ozean (die Quelle des göttlichen Stroms) , während die Bedeutungsvarianten „ Klang „ „Hymne „ und „ Anbetung „ darauf verweisen , dass Gott im Geist, durch seine eigenen Manifestationen des Klangs, angebetet wird. Abhi - dhanaka bedeutet „ herabsteigender Donner oder Trommelklang „ , wiederum ein Hinweis auf die transzendente Quelle. In den Upanishaden ist Amritanadopanisad der „ Klang der Unsterblichkeit „

RIG VEDA
In der engen Pforte zerstreut der unaufhörliche Klangstrom die Unwissenheit.

Der lebende Heilige gewährt elf göttliche Offenbarungen in der Meditation. (1:34:11)

Er (der Heilige) segnet (den Ergebenen) mit dem göttlichen Klang der Flöte (1: 10:1)

Der lebende vortreffliche Heilige offenbart den göttlichen Klang der Trommel (1:19:5)

Der lebende weise (Heilige) offenbart den göttlichen Klang des Dudelsacks (1:25:7)

Der siegreiche (Heilige) gewährt den göttlichen Klang der Trompete um die Seele zu beglücken (1:28:5)

Der Erleuchtete lässt den göttlichen Nektar fließen, so dass wir vom Klang des Bienensummens erfüllt werden (1:78:5)

Der Heilige überwindet das mächtige Gemüt mit dem kraftvollen Donnerkeil. Wenn das Gemüt einmal unter seiner Kontrolle steht, offenbart er (der Seele) Gott. Er allein segnet die Menschheit mit der göttlichen Offenbarung. (1:57:6, Atharva Veda 20:15:6)

Er (der Heilige) ist der Beschützer der Seele. Der bewusste Heilige ist Nahrung für die Seele. Der Heilige beschützt uns ständig. Als Herr des Donnerkeils überwindet („vernichtet") er das Übel mit dem Donnerklang . (1:63:5)

Der höchste, beseligende Heilige gewährt den segensreichen Klang. Er zieht die zaghafte Seele in die schmale Pforte empor. Der Heilige beschützt den Ergebenen und gewährt ihm spirituellen Reichtum. Der Heilige führt ihn in der Meditation, um ihn mit Freude zu erfüllen. (1:52:9)

Die göttlichen Manifestationen erfüllen die enge Pforte, so dass die Seele sich mit Gott verbinden kann. Die göttlichen Manifestationen flößen uns (höheres) Bewusstsein ein. Der mächtige Heilige gewährt den kraftvollen göttlichen Nektar. Er gewährt ihn mittels des göttlichen Klangs. (1:51:2)

In der engen Pforte vertreibt der unaufhörliche Klangstrom die Unwissenheit. Es ist eine unaufhörlich fließende Offenbarung, es ist wie eine Pilgerreise. In der Meditation vereint uns der unaufhörlich fließende Klangstrom mit Gott. (1:46:8)

Im Lebenskampf kommt (uns) der Heilige (zu Hilfe). Er macht den göttlichen Klang hörbar, um uns so zu befreien. Er offenbart den Klang. Wir verzehren all seine Formen (Manifestationsformen). (1:40:6)

BHAGAVAD GITA

Krishna spricht : Jener Mensch, der mit liebendem Glauben und ungeteilter Hingabe dem unaufhörlichen Klangstrom lauscht (siehe Fußnote 1), hat die Erlösung erlangt und tritt ein in die segensreiche Sphäre der (wahren) Ergebenen. Hast du mit voller Aufmerksamkeit gelauscht, Sohn des Pritha? Bist du jetzt frei von Täuschung, ein Eroberer der (göttlichen) Schätze? Arjuna sprach : Die Täuschung ist durch deine Gnade geschwunden, Unfehlbarer, ich habe Wissen (Verwirklichung) erlangt. Jetzt bin ich standhaft, alle Zweifel habe ich abgeworfen. Ich werde gehorchen. (18:71-73)

Fußnote 1.
Skt. api, an dieser Stelle meistens mit „ gewiss" übersetzt, bedeutet auch „ als einen Strom ausgießen „ , während das Substantiv apas „ strömendes Wasser „ bedeutet. Der Skt. - Begriff apa-svare offenbart ein komplexes mystisches Phänomen: svara ist der Klang, apa als Vorsilbe bedeutet „ unten herunter „ z.B. „herabsteigen „ während das Verb apa „ trinken (mit Augen und Ohren),, , ,, aufnehmen „ bedeutet. Somit ist api der maßgebliche Begriff in diesem Vers, der darüber entscheidet ob Arjuna mystisch erleuchtet wird, wie seine frühere Ephiphanie nahe legt, ob also der starke Einfluss des göttlichen Wortes oder Klangs ihn von Täuschung und schwankender Trägheit befreien, oder ob Krishnas bloße philosophische Unterweisung plötzlich einen völligen Sinneswandel seinem zweifelnden Schüler bewirken.

JUDENTUM Die Bibel
Ich bin nicht gekommen, zu zerstören, und ich werde sie nach Hause führen.
Der Herr Selbst weckt das spirituelle Gehör und lehrt. Diejenigen, die sich nicht widersetzen, sind in der Lage, ihren Verstand für eine Weile preiszugeben und mit voller Aufmerksamkeit auf den Herrn zu lauschen. Dies ist notwendig, weil Gott große Dinge tut, die wir nicht verstehen können. Der Begriff, „ Beschneidung" wird verwendet, um die Öffnung des inneren Ohrs zu beschreiben, womit möglicherweise das religiöse Ritual auf seinen mystischen Ursprung zurückgeführt wird. Gottes Offenbarungen kommen uns zu „Ohren" und legen den Grundstein zu einer tiefgehenden , innigen Art des Austausches . Wie Fußnote 2 erläutert, werden göttlicher Zorn und Züchtigung, die in Übersetzungen so oft mit Offenbarungen wie Donner, Trompete usw. verbunden werden , vom ursprünglichen Hebräischen Text nicht bestätigt. Alle Offenbarungen sind anziehend und majestätisch, einige von ihnen von kraftvoller, Ehrfurcht heischender Natur. So Können sie den mächtigen „Feind" überwinden, nämlich das rastlose Gemüt, das nach außen, von Gott abgelenkt wird. Es mag sein ,dass wir zunächst solch mächtige Klänge hören, bevor wir die subtilere Stimme des Herrn wahrnehmen, die der gereinigten Seele seine Botschaft übermittelt.

Es gibt Namen, die allgemein auf Völker oder Stämme bezogen werden, deren buchstäbliche Bedeutung jedoch ein bildlicher Ausdruck für die „ Ebene „ oder Sinnesstufe sind, im Gegensatz zum „ Berg Jerusalems „ Wenn Gottes Klang sie tötet , so bezieht sich dies auf die üblen Neigungen in uns, die sie vertreiben.

Wie im Koran ist auch in der Hebräischen Bibel ein ganzes Kapitel dem göttlichen Klang des Bienensummens, hebräisch „ deborah „ gewidmet : Was als brutale Schlacht - und Mordgeschichte übersetzt wird, offenbart seine spirituelle Bedeutung, wenn die „ Eigennamen „ mitübersetzt werden.

Zusammen mit „ barak, „ dem Blitz „ , schlägt Deborah des Herrn Schlacht siegreich. Barak wiederum ist die Quelle von Abinoam, dem „ Vater der Lieblichkeit „ . Das „ Lied der Deborah „ ist eine Hymne auf Gott. Nachdem eine ganze Anzahl von machtvollen göttlichen Offenbarungen ihre Wirkung getan haben, ist Sisera (Schlachtordnung,d.h. der Feind auf dem Schlachtfeld) erschlagen : Sisera versteckt sich im Frauenzelt (Hinweis auf tiefsitzende, im Unterbewusstsein verborgene Laster) , Jael (Antilope, ein Symbol für die Geschwindigkeit der Offenbarungen) reicht ihm Milch anstatt des Wassers, um das er gebeten hatte - himmlische Glückseligkeit anstatt weltlicher Freuden - und erschlägt ihn mit dem Schmiedehammer (vgl.den Donnerkeil der Veden) , während er trinkt, - Wenn das Bewusstsein den segensreichen göttlichen Trank in sich aufnimmt, wird das Gemüt still und kann so „ erschlagen „ werden.

Fußnote 2.
Hebr. matteh, mattah ist wörtlich ein Ast, etwas sich Ausdehnendes, d.h. eine göttliche Emanation, auch ein Zepter, ein Stock (zur Besserung und Unterstützung). Somit erscheint die sehr negative Übersetzung in „ Züchtigung , Zuchtrute „ im Zusammenhang mit dem süßen göttlichen Klang von Tamburin und Leier ungerechtfertigt.

DIE NOTWENDIGKEIT (AUF) GOTT ZU HÖREN :

(Gott der Herr gab mir die Zunge eines Jüngers..) Jeden Morgen weckte er mein Ohr, damit ich auf ihn höre wie ein Jünger. Gott, der Herr hat mir das Ohr geöffnet. Ich aber wehre mich nicht und wich nicht zurück. (Jes.50:4-5)

Neigt euer Ohr mir zu, und kommt zu mir, hört, dann werdet ihr leben. Ich will einen ewigen Bund mit euch schließen gemäß der beständigen Huld, die ich David erwies. (Jes.55:3)

Zu wem soll ich reden, und wer wird mich hören, wenn ich mahne ? Ihr Ohr ist ja unbeschnitten, sie können nichts vernehmen . (Jes. 6:10)

STIMME / KLANG

Die Stimme des Herrn erschallt über den Wassern. Der Gott der Herrlichkeit donnert, der Herr über gewaltigen Wassern. Die Stimme des Herrn ertönt mit Macht, die Stimme des Herrn voll Majestät. (Ps.29:3-4)

Aber meinen Ohren ist vom Herrn Zebaoth offenbart, „ (Jes.22:14)

..Da zog der Herr vorüber. Ein starker heftiger Sturm, der die Berge zerriss und die Felsen zerbrach, ging dem Herrn voraus. Doch der Herr war nicht im Sturm. Nach dem Sturm kam ein Erdbeben. Doch der Herr war nicht im Erdbeben. Nach dem Beben kam ein Feuer. Doch der Herr war nicht im Feuer. Nach dem Feuer kam ein sanftes leises Säuseln. Als Elija es hörte , hüllte er sein Gesicht in den Mantel, trat hinaus und stellte sich an den Eingang der Höhle. Da vernahm er eine Stimme, die ihm zurief : Was willst du hier, Elija ? (1. Kön,19:11-12)

Wenn Moses das Offenbarungszelt betrat, um mit dem Herrn zu reden, hörte er die Stimme zu ihm reden. Sie sprach zu ihm von der Deckplatte her, die auf der Lade der Bundesurkunde Lag, aus dem Raum zwischen den Cherubim. (4.Moses7:89)

Der Herr sprach zu euch mitten aus dem Feuer. Ihr hörtet den Donner der Worte. Eine Gestalt habt ihr nicht gesehen. Ihr habt nur den Donner gehört. - Vom Himmel herab ließ er dich seinen Donner hören, um dich zu erziehen. Auf der Erde ließ er dich sein großes Feuer sehen, und mitten aus dem Feuer hast du seine Worte gehört. (5. Moses 4:12,36)

TROMPETE / HORN
(hebr. yobel, hazozra) :

...Erst wenn das Horn ertönt, dürfen sie auf den Berg steigen.- Am dritten Tag , im Morgengrauen, begann es zu donnern und zu blitzen. Schwere Wolken lagen über dem Berg, und gewaltiger Hörnerschall erklang. Das ganze Volk im Lager begann zu zittern. Moses führte es aus dem Lager hinaus Gott entgegen. Unten am Berg blieben sie stehen,-,,und der Hörner Schall wurde immer lauter. Moses redete, und Gott antwortete im Donner. (2 Moses: 13, 16- 17,19)

Auf dem Zion stoßt in das Horn, schlagt Lärm auf meinem heiligen Berg ! Alle Bewohner des Landes sollen zittern ; denn es kommt der Tag des Herrn, ja, er ist nahe: (Joel 2;1)

Darum schicke ich Feuer gegen Moab; es frisst die Paläste von Kerijot, und Moab geht im Getümmel zugrunde, beim Kriegsgeschrei, beim Schall der Hörner. (Amos 2:2)

Der Herr selbst wird über ihnen erscheinen. Wie der Blitz schießt sein Pfeil dahin. Gott, der Herr, bläst ins Horn, er kommt in den Stürmen des Südens. (Sach. 9;14)

Gott stieg empor unter Jubel, der Herr beim Schall der Hörner. (Ps;47:6)

An jenem Tag wird man das große Widerhorn blasen , dann kommen die Verirrten aus Assur nach Hause, und die in Ägypten (Symbol für die im Exil, d.h. fern von Gott weilende Seele) Verstreuten kehren zurück. (Jes. 27; 13)

DONNER

(neben 2. Moses 19 : 19 unter „ Hörnerschall „ , siehe auch Ps, 29: 3 unter „ Stimme des Herrn „) : Hört, hört das Toben der Stimme Gottes, welch ein Grollen seinem Mund entfährt. - Hinter ihm brüllt der Donner drein , er dröhnt mit erhabener Stimme. Nicht hält er (die Blitze) zurück, wenn sein Donner gehört wird. Gott dröhnt mit seiner Stimme, wunderbar, er schafft große Dinge, wir verstehen sie nicht. (Hiob 37 : 2,4-5)

Hast du denn einen Arm wie Gott, dröhnst du wie er mit Donnerstimme ? (Hiob 40:9)

LÖWENGEBRÜLL

Der Herr brüllte von Zion her, aus Jerusalem lässt er seine Stimme erschallen... (Amos 1:2)

... Denn ich bin Gott, nicht ein Mensch, der Heilige in deiner Mitte (hebr. gav, genauer „ in der Mitte von dir, in deinem Zentrum, in deinem Inneren). Darum komme ich nicht in der Hitze des Zorns. Sie werden hinter Jahwe herziehen. Er brüllt wie ein Löwe, ja, er brüllt, dass die Söhne vom Westmeer zitternd herbei kommen. Wie Vögel kommen sie zitternd herbei aus Ägypten, wie Tauben aus dem Land Assur. Ich lasse sie heimkehren in ihre Häuser - Spruch des Herrn. (Hos, 11: 9-11)

Der Herr brüllt von Zion her, aus Jerusalem dröhnt seine Stimme, so dass Himmel und Erde erbeben . Doch für sein Volk ist der Herr eine Zuflucht,... (Joel 4:16)

WIRBELWIND / WINDESRAUSCHEN
(siehe auch 1. Kön. 19; 11-12 unter „ Stimme „)

....du fährst einher auf den Flügeln des Sturmes, du machst die, die Winde zu Boten und lodernde Feuer zu deinen Dienern . (Ps, 104; 3-4)

Da antwortete der Herr dem Hiob aus dem Wettersturm... (Hiob 38; 1; auch Hiob 40;6)

WASSERRAUSCHEN
Ich hörte das Rauschen ihrer Flügel; es war wie das Rauschen gewaltiger Wassermassen, wie die Stimme des Allmächtigen. Wenn sie gingen, glich das tosende Rauschen dem Lärm eines Heerlagers.
(Ez, 1;24)

BIENENSUMMEN
Deborah (Klang des Bienensummens) und Barak (Blitz) der Sohn Abinoams (Vater der Heiterkeit) sangen an jenem Tag dieses Lied : Dass Führer (die Seele anleitende göttliche Offenbarungen) Israel führten und das Volk sich bereit zeigte, dafür preist den Herrn ! Hört, ihr Könige , horcht auf, ihr Fürsten ! Ich will dem Herrn zu Ehren singen, ich will zu Ehren des Herrn, des Gottes Israels, spielen. (Ri, 5; 1-3)

LEIER UND HARFE (kinnor) :

....Wenn du dort in die Stadt hineingehst, wirst du eine Schar von Propheten treffen, die von der Kulthöhe herabkommen, und vor ihnen wird Harfe, Pauke, Flöte und Zither gespielt. Sie selbst sind in prophetischer Verzückung. (1.Sam. 10:5)

So oft nun ein Geist Gottes Saul überfiel, nahm David die Zither und spielte darauf. Dann fühlte sich Saul erleichtert, es ging ihm wieder gut, und der böse Geist wich von ihm . (1.Sam. 16:23)

Der Herr lässt seine mächtige Stimme erschallen, und man sieht, wie sein Arm herabzuckte mit zornigem

Grollen und verzehrenden Feuer, mit Sturm, Gewitter und Hagel. Vor der Stimme des Herrn wird Assur (Bewohner der Ebene - auf empirische Erfahrung Beschränkte) erschrecken, wenn er zuschlägt mit seinem Stock, jedes mal, wenn die Zuchtrute (Fußnote 2) auf Assur herabsaust, mit der, der Herr auf ihn einschlägt. Unter dem Klang von Pauken und Zithern... (Jes.30:30-32)

FLÖTE UND PFEIFE
(mashrokita,halil; siehe auch 1.Sam. 10;5 unter Leier / Harfe)

Dann singt ihr Lieder wie in der Nacht, in der man sich heiligt für das Fest. Ihr freut euch von Herzen wie die Pilger, die unter dem Klang ihrer Flöten zum Berg des Herrn, zu Israels Felsen, hinaufziehen. (Jes. 30:29)

Der Priester Zadok hatte das Salbhorn aus dem Zelt mitgenommen und salbte Salomon. Hierauf blies man das Widderhorn, und alles Volk rief : Es lebe König Salomon ! Dabei spielten sie auf Flöten und waren voller Freude...(1.Kön, 1:39-40)

BUDDHISMUS

Wer auch immer den subtilen Klang hört, entsagt seinen Begierden und seinen Bindungen.

Der dringend benötigte, substantielle buddhistische Beitrag zu unserer Schriftensammlung ist in Vorbereitung. Dieses Projekt soll dem Studium der ältesten Wurzeln einer jeweiligen religiösen Tradition diesen, weshalb wir zu den authentischsten Zeugnissen der spirituellen Menschheitslehrer, auf die eine Religionsgemeinschaft zurückgeht, Zuflucht nehmen müssen. Im Falle des Buddhismus ist dieses Ziel nicht einfach zu erreichen, weil seine kanonischen Texte Jahrhunderte nach Buddhas Tod zum erstenmal niedergeschrieben wurden und die Schrifttradition tiefgreifende Änderungen durch viele Schulen und verschiedene Sprachen, in denen sie bewahrt wurden, unterworfen waren. Es ist in unserem Zusammenhang notwendig, das Tripitaka in der Originalsprache Pali zu studieren. Ein Beispiel mag das Problem veranschaulichen und gleichzeitig einen nachdrücklichen Hinweis auf ein mystisches Phänomen geben, das wie es scheint, einem Text aus dem Bhaisajya-guru-vaidurya-prabha-raja-sutram zugrunde liegt (hier zitiert aus : Der heilende Buddha von Raoul Birnbaum):
Der Textzusammenhang spricht davon, dass eine „ mystische Formel „ die Macht besitze, Krankheit zu heilen, während die beschriebene Erfahrung in einer speziellen Offenbarung besteht, die im Zustand von Samadhi oder tiefer Meditation gewährt wird. Der Sanskrit- Begriff dharani bedeutet „ das was im Innern trägt „ (dhara : unterstützen, halten, tragen, bewahren ; ni ; unten, in etwas hinein, innerhalb von), wurde jedoch auf Sutras angewandt, die als magische Formeln betrachtet wurden. Ganz ähnlich steht die Silbe OM für das göttliche Wort - die verborgene spirituelle Kraft, die in allem, was ist, widerhallt, erlangte aber in der bloßen mündlichen Rezitation magisch-rituelle Bedeutung. Das berühmte OM MANI PADME HUM besagt nicht weniger, als dass jenes Wort oder OM das Juwel göttlicher Offenbarung in Gestalt göttlicher Musik ist, das im Lotus des dritten Auges im Zustand der Meditation erfahren werden kann. In der weiter unten als „ mystische Formel" angeführten Textstelle beziehen sich OM und Namo bhagavate (der göttliche Name) beide auf den himmlischen Klang, den der sambuddha oder arhat (der Buddha, der Eine, der in die Welt gekommen ist) hörbar macht.

Zu jener Zeit ging der ehrwürdige Herr in einen Samadhi ein, der die Leiden aller Geschöpfe vertreibt. Während er in diesem Samadhi verweilte, ging ein strahlendes Licht von seinem Uma (das Einzel- oder mystische Auge) zwischen seinen Augenbrauen aus, und aus dessen Mitte erscholl der Klang des großen dharani.

Namo bhagavate bhaisajyaguru-vaidurya prabha-rajaya tathagataya arhate samyak-sambuddhaya tadyata. Om bhaisajye bhaisajya-samudgate svaha..(übersetzt von Raoul Birnbaum :) Ich verehre den Thatagata , den Arhat, den vollkommenen Erleuchteten, den erhabenen Meister des Heilens, den König im Lapislazuli-Glanz: Ehre sei dem Heilen, dem Heilen, dem höchsten Heilen!
Als der Klang dieses dharani mitten im strahlenden Licht verklungen war, hörte man einen lauten Donner, wie ein Erdbeben, und ein großes, glänzendes Licht erschien. Alle Geschöpfe wurden von ihren Leiden und von Krankheit befreit und erlangten Frieden und Seligkeit.
Die Hier beschriebene Erscheinung bezieht sich auf den göttlichen Klang, der zusammen mit Licht erscheint, eine Erfahrung, die man in jenem Zustand erreicht, den die Veden als Soma beschreiben. Ihre Wirkung besteht sowohl in völliger Heilung als auch in Glückseligkeit und dauerhaftem Frieden.

Eine andere Textstelle entnehmen wir dem chinesischen Tripitake-Meister I-Ching, von Birnbaum mit „ Das Sutra über die Früchte der grundlegenden Gelübde der sieben Meister des Heilens „ übersetzt. Die Einführung in die Passage über die „ Buddhas im Lapislazuli-Glanz „ zählt einige Bodhisattvas auf, die eine bestimmte Epiphanie (Erscheinung einer Gottheit unter den Menschen) miterlebten: „ Gipfel der Beredsamkeit „ , „ Glorreicher, sanfter Klang „ , „ Der den Donnerkeil hält „ , . Die folgenden Aussage gilt dem Buddha „ Donnerklang des Dharma-Meeres „.

O Manjusri, das Land in dem dieser Buddha weilt, ist rein und makellos. Der Boden ist eben und besteht aus Quarzkristall. Immer scheint Licht, und die Luft ist von Duft erfüllt. Die Mauern der Stadt bestehen aus kostbaren Smaragden. Die acht Durchgangswege säumen goldene und silberne Begrenzungen. Die Türme und Pavillons, die Paläste und Hallen, die hochaufragenden Pfosten, die Türen und Fenster sind überall mit zahlreichen Edelsteinen geschmückt. Juwelengeschmückte Bäume von himmlischem Duft wachsen an aller Orten in gefälliger Ordnung heran, von ihren Zweigen hängt himmlische Seide herab. Vielerorts findet man himmlische Glocken, die ein sanfter Windhauch bewegt. Ihre subtilen Klänge verkünden die große Freude, Vergänglichkeit , die Leerheit des Leidens und die Nichtexistenz eines Selbst. Jeder , der sie vernimmt, gibt seine Begierden und sein Haften auf. Schrittweise beseitigt er auch deren karmische Spuren und macht die Erfahrung von tiefem Samadhi.

Soo, hier will ich mich selber noch mal melden, der Zusammensteller dieser Texte für das Buch , W. Schorat. Ich habe nämlich Buddhas höchste Lehre das SURANGAMA SUTRA in die deutsche Sprache übersetzt, weil ich in diese Licht und Klang Meditation ja von Ching Hai Eingeweiht wurde, und sie öfter das SURANGAMA SUTRA erwähnt hatte. In dieser seiner höchsten Lehre wie er selber im Surangama Sutra sagt , erwähnt Buddha, das dass Hören des transzendentalen Tons und das Sehen des transzendentalen Lichts , zur höchsten Buddhaschaft und zur Befreiung führt. Und das alle Buddhas in Vergangenheit , Gegenwart und Zukunft nur auf diesem Weg die Befreiung und höchste Erleuchtung erreichen können.

CHRISTENTUM
Die Bibel
Evangelien und Johannes- Offenbarung

Und siehe, eine Stimme aus dem Himmel sprach : „ Dies ist mein geliebter Sohn „.
Während die hebräische Bibel („ Das Alte Testament „) eine wahre Fundgrube an Hinweisen auf die göttliche Stimme oder den göttlichen Klang ist, enthalten die Evangelien nur einige wenige Stellen, die sich auf dieses Thema beziehen, was wohl darauf zurückzuführen ist, dass die Schilderungen in den kanonischen Evangelien großenteils ein erzählerisches Interesse an äußeren Ereignissen verfolgen.

In dem Bericht von Jesu Taufe durch Johannes wird die vermittelte mystische Erfahrung im allgemeinen nicht immer gewürdigt. Zum einen : Er suchte die Taufe oder Initiation durch einen Propheten, war also nicht „ von Geburt an „ vollkommen, sondern hatte das Ziel der unio mystica noch vor sich. 2. Es wurde ihm der göttliche Klang des Wasserrauschens („der Fluss Jordan „) gewährt, durch ihn stieg er in die spirituellen Sphären auf, sah das strahlende Licht (weiß wie eine Taube) und hörte eine Stimme aus dem Himmel, die ihn als Gottes „ Sohn „ anerkannte.

Die Textstellen in der Johannes-Offenbarung stimmen mit den Offenbarungsarten, die von den jüdischen Propheten bezeugt werden, vollkommen überein: der Klang vieler Wasser, des Donners, von Trompeten, Harfen, Klänge wie das Brüllen eines Löwen, Es ist bezeichnend, dass solch himmlische Klänge Botschaften vermitteln, ohne Worte zu gebrauchen. Dies deshalb, weil alle Offenbarungen, ob von Licht, Klang, Duft oder jene ohne Form und Gestalt Ausdruck des göttlichen Bewusstseins sind, das Gottes Botschaft direkt und präzise in die empfängliche Seele gießt. Sogar jene Kategorie der hörbaren Offenbarung, die üblicherweise als eine Stimme oder als jemand, der spricht oder ruft, beschrieben wird (Beachtlicherweise identifizieren einige Textstellen die „ sprechende Stimme „ mit Donner, Trompete u.ä. !) benützt keine Worte. Während Sprache nicht ohne diskursives Denken auskommt, findet die Verständigung im Geist „ simultan " statt.
Der spirituelle Christus „klopft an die Tür " der Seele in uns, und jene, die hören, werden sich der communion mit ihm erfreuen. Sie sind jene, die „ überwinden" (ihre Ichheit überantworten und sich ins transzendente Bewusstsein erheben) , so wie er selbst überwunden hatte, so dass Gott ihn bei sich auf seinem eigenen Thron sitzen ließ : Jesus selbst erlangte die mystische Vereinigung mit Gott durch die innere Verbindung im Geist. Er verspricht, diejenigen zu seiner eigenen Stufe emporzuheben, die das Wasser des heiligen Geistes trinken. Die „ Stimme aus dem Thron " sagt, dass Gott bei den Menschen wohnt - im Innersten ihrer Seele.

Kaum war Jesus getauft und aus dem Wasser gestiegen, da öffnete sich der Himmel, und er sah den Geist Gottes wie eine Taube auf sich herabkommen. Und eine Stimme aus dem Himmel sprach : Das ist mein geliebter Sohn , an dem ich Gefallen gefunden habe. (Matth. 3;16)

Habt ihr nicht gelesen im Buch des Moses, wie Gott zu ihm bei dem Dornbusch sagte und sprach : „Ich bin der Gott Abrahams und der Gott Isaaks und der Gott Jakobs "? (Mk. 12:26)

Im Anfang war das Wort, und das Wort war bei Gott, und das Wort war Gott. Im Anfang war es bei Gott. Alles ist durch das Wort geworden, und ohne das Wort wurde nichts, was geworden ist. (Joh.1:1-3)

Da wandte ich mich um, weil ich sehen wollte, wer zu mir sprach. Als ich mich umwandte, sah ich sieben goldene Leuchter und mitten unter den Leuchtern einen, der wie ein Mensch aussah.. (Off. 1;12-13)

Ich stehe vor der Tür und klopfe an. Wer meine Stimme hört und die Tür öffnet, bei dem werde ich eintreten, und wir werden Mahl halten, ich mit ihm und er mit mir. Wer siegt, der darf mit mir auf meinem Thron sitzen, so wie auch ich gesiegt habe und mich mit meinem Vater auf seinen Thron gesetzt habe. Wer Ohren hat, der höre, was der Geist den Gemeinden sagt. (Off 3;20-22)

Danach sah ich : Eine Tür war geöffnet am Himmel, und die Stimme, die vorher zu mir gesprochen hatte und die wie eine Posaune klang, sagte : Komm herauf, und ich werde dir zeigen, was dann geschehen muss . (Off. 4:1)

Und ich sah : Ein gewaltiger Engel rief mit lauter Stimme : Wer ist würdig, die Buchrolle zu öffnen und ihre Siegel zu lösen? (Off. 5:2)

Und ich hörte das erste der vier Lebewesen wie mit Donnerstimme rufen : Komm
(Off. 6:1)

Und ich sah : Ein anderer gewaltiger Engel kam aus dem Himmel...und rief laut, so wie ein Löwe brüllt. Nachdem er gerufen hatte, erhoben die Sieben Donner ihre Stimme.. (Off. 10;13)
Dann hörte ich eine Stimme vom Himmel her, die dem Rauschen von Wassermassen und dem Rollen eines gewaltigen Donners glich. Die Stimme, die ich hörte, war wie der Klang der Harfe, die ein Harfenspieler schlägt. Und sie sangen, ein neues Lied vor dem Thron... (Off 14;2-3)

Die Musik von Harfenspielern und Sängern, von Flötenspielern und Trompetern hört man nicht mehr in dir...(Off. 18:22)

Da hörte ich etwas wie den Ruf einer großen Schar und wie das Rauschen gewaltiger Wassermassen und wie das Rollen mächtiger Donner; Halleluja! Denn König geworden ist der Herr, unser Gott, der Herrscher über die ganze Schöpfung. (Off. 19:6)

Da hörte ich eine laute Stimme vom Thron her rufen : Seht, die Wohnung Gottes unter den Menschen ! Er wird in ihrer Mitte wohnen, und sie werden sein Volk sein; und er, Gott, wird bei ihnen sein. Er wird alle Tränen von ihren Augen abwischen; Der Tod wird nicht mehr sein... (Off. 21:3-4)

ISLAM
Der Koran

Du kannst nicht bewirken, dass die Tauben den Ruf hören.

Der Koran bezeugt göttliche Offenbarungen im Geiste, und allein schon die Sprache birgt deutliche Hinweise darauf, dass Hören eine entscheidende Art ist, wie sie empfangen werden. Was sich vordergründig auf Worte, Verse und Kapitel des heiligen Buches bezieht, kann auf einer tieferen Ebene durchaus in mystischem Sinne gelesen werden : kalam, kalimat ist das Wort oder die manifeste göttliche Kraft mit all ihren verschiedenen Ausdrucksweisen, in denen sie von der Seele erfahren wird (daher Plural). Der arabische Begriff für Vers ist aya, ayat. Im buchstäblichen Sinne bedeutet dieser Begriff „ Zeichen" , das im Koran häufigste Wort für Offenbarungen, während sura; das Wort für ein Koran-Kapitel, „ Kette, Reihe " bedeutet und so betont, dass göttliche Offenbarungen in einer fortwährenden Kette, eine nach der anderen, gewährt werden (vgl. mit dem Titel der 37. Sure: Saffat, „die in Reihen sich Reihenden", und Sure 70: Ma`aridsch, die himmlische Leiter ) Das Wort „Koran" selbst fügt sich in diese Bedeutungsebene ein: quar`a kann mit „ ausdrücken, äußern, vortragen" wiedergegeben werden. Es ist Gott, der sich durch seine Offenbarungen (durch den heiligen Geist, nur einmal in Gestalt des Engels Gabriel im speziellen) offenbart und der Prophet Mohammed, der empfängt. Ein häufiges Attribut für den Koran - Qur'anu` I - Madschid- bezieht sich in mystischer Leseart auf die Tatsache, dass göttliche Offenbarungen im heiligen Bereich empfangen werden - dem Ort, an dem nur die Seele oder das reine Bewusstsein wohnt und Gottes Botschaft hören kann, weshalb auch im Buch selber gesagt wird, dass niemand außer den Reinen den Koran „berühren " kann (d.h. Zugang hat). Weitere Attribute machen diesen erhabenen Sinn noch deutlicher : Kalamu'llah, „Wort Gottes" , und Furqan, „ das was Unterscheidungskraft verleiht " , erinnern stark an die Beschreibung des Wortes Gottes im Neuen Testament als ein Schwert, das aus dem Munde Gottes kommt.

Vers 23: 78 bezieht sich auf drei göttliche Offenbarungsformen : Visionen (Licht), Gehör 8 Klang, himmlische Musik) , göttliche Glückseligkeit und Weisheit (göttlicher Nektar ohne Gestalt, mit unmittelbarer Wirkung auf die Seele). In Fihi Ma Fihi und unter Bezugnahme auf Sure 4 : 164 sagt Maulana Rumi : „ In jener Welt wird ohne Buchstaben und Ton gesprochen . Gott sprach nicht in Buchstaben und Ton, mit klingender Kehle und tönenden Lippen, denn Gott ist davon frei. (Aber hier will ich mich, der Schreiber gleich wieder wundervoll einmischen, denn aus meiner eigenen Erfahrung weiß ich nun, was ich zuvor nicht wusste, als ich auch noch die Bücher der Heiligen las in denen auch von der Sant Mat Gruppe in Indien geschrieben steht : Das Gott nicht in menschlicher Sprache zum Menschen spricht. Aber, das sind bloß die Erfahrungen derjenigen Heiligen die Gott bloß so erfahren haben, denn : Gott spricht in allem wie und wann er will und in egal welcher Form auch immer, und dazu gehört auch das er im Menschen sich als menschliche Sprache meldet, denn sonst wäre Gott nicht Gott, wenn er doch im menschlichen Körper der ja sein Tempel ist lebt. Und so weiter und so weiter .) So erfahren die Propheten auf Erden ohne Buchstaben und Ton Sprache und Hören auf einer Art, die ganz und gar außer Reichweite der Vorstellungskraft dieses beschränkten Verstandes liegt ."

Die Titel der einzelnen Suren zählen einige der göttlichen Klänge auf, die häufig in Heiligen Schriften beschrieben werden, wie Ra'd (Donner) , Nahl (Bienen,d.h. Bienensummen).
In Gestalt der göttlichen Offenbarungen ist Gott unser Schutz und Schirm, und durch diese Verbindung „ erlernen" wir Rechtschaffenheit, eine faszinierende Feststellung über die Inspirationsquelle für ethisches Verhalten. Gott antwortete Adam in Vergebung und Gnade mit „ Worten der Inspiration " UND VERLIEH IHM SO DIE Kraft, seinerseits seinen Weg zu ändern. Alle Streitgespräche über Gott werden in der Gegenwart der machtvollen göttlichen Klänge wie jenen des Donners oder der Trompete zum Schweigen gebracht.

Taub, stumm und blind (die Eigensinnigen) , aber sie kehren nicht um (auf den Pfad) . Oder gleichen einer Wetterwolke vom Himmel, geschwängert von Finsternissen, Donner und Blitz...die Finger stecken sie in ihre Ohren vor den krachenden Schlägen, in Todesangst, aber Gott erfasst die Ungläubigen. Der Blitz benimmt ihnen fast das Augenlicht, so oft er aufflammt, gehen sie in ihm, erlischt er jedoch über ihnen, so bleiben sie stehen; und wenn Gott wollte raubte er ihnen Gehör und Gesicht; denn Gott hat

Macht über alle Dinge. Oh ihr Menschen ! Verehrt euren Herrn, euren Beschützer. Der Euch und die früheren Menschen erschaffen hat; auf dass ihr Rechtschaffenheit erlernet. (2: 18-21)

Und Adam empfing von seinem Herrn Worte und er nahm seine Reue an ; denn siehe, er ist der Vergebende, der Barmherzige. (2: 37)

Und während er (Zacharias) zum Gebete im Tempel (ein Begriff für Meditation) stand , riefen ihm die Engel zu : Gott verheißt dir Johannes (den Täufer) , den Bestätiger eines Wortes Gottes , einen Herrn, einen Asketen und Propheten, einen der Rechtschaffenen. (3 : 39)

...und mit Moses redete Gott wirklich (oder : in gesprochener Sprache redend.) (4: 164)

Und der Donner lobpreiste ihn ebenso wie die Engel, in Ehrfurcht vor ihm. Und er sendet die donnernden Blitze und trifft mit ihnen, wen er will. Und doch streiten sie über Gott, wo er doch alleine die Macht hat, alles zu verwirklichen, was er will. (13: 13)

...schenkten wir ihm (Abraham) Isaak und Jakob und machten jeden von ihnen zu Propheten. Und wir bescherten ihnen von unserer Barmherzigkeit und verliehen ihnen die hohe Sprache der Wahrheit. (19;49-50)

Und wir riefen ihn (Moses) von der rechten Seite des Berges und zogen ihn in unsere Nähe zu vertraulichem Gespräch. (19:52)

Siehe, die Bewohner des Paradieses (die Seelen, die sich der Glückseligkeit der spirituellen Region erfreuen) erfreuen sich heute ihres Wohlergehens. Sie und ihre Gattinnen liegen im Schatten, auf Ruhebetten gelehnt. Früchte werden sie dort haben und was immer sie verlangen . Frieden ! -der Gruß eines barmherzigen Herrn. (36:55-58)

SIKHISMUS

Der Adi Granth

Er manifestiert sich durch sein göttliches Wort

Naam, das Wort, spielt eine zentrale Rolle im heiligen Buch der Sikh, und ebenso kirtan, die göttliche Melodie. Guru Nanak und die neun Gurus nach ihm beschreiben Naam als etwas, das die Seele zu Gott zurückzieht und ihnen die Erlösung bringt. Welche Anbetungsform, so fragt er, könnte der Mensch möglicherweise verrichten, um das Wohlgefallen des vollkommenen Höchsten Wesen zu gewinnen ? Es gibt keine gottgefällige Anbetung auf der Sinnesebene, wie gesprochene Gebete, Lieder, Speiseopfer und sogar ethische Taten, denn es gibt keine Tugend die wir für uns beanspruchen könnten - es gibt nichts, was nicht ihm allein gehört. Solange wir glauben, wir hätten Gott irgendetwas zu bieten, leben wir in tiefer Täuschung. Die einzige Art der Anbetung, die Gott gefällt, ist die Meditation über Gottes Naam, bei der er uns mit seiner Weisheit erfüllen kann.

Das höchste menschliche Ziel besteht darin, mit der unaufhörlichen göttlichen, „von keiner Hand gespielten " Musik im Innern zu verschmelzen- durch die Gnade eines Guru, der von Gott ermächtigt ist, Suchenden diese innere Verbindung zu gewähren. In einem ehrfurchtgebietenden Ton rufen die Verse ein Gefühl von unendlicher Herrlichkeit des Wortes hervor, das zu Anbeginn war und sein wird bis in alle Ewigkeit. Nur durch das Wort allein können wir von negativen Neigungen gereinigt werden und für Gott im Innern unserer Seele erwachen. Nur Naam macht uns das Herz weit, voller Mitgefühl, und führt uns schließlich zu Gottes Thron.

Sein Wort (Naam) ist der Stoff, aus dem das Leben gemacht ist. Sein Naam macht das Herz weit und macht es grenzenlos. Seine Geschöpfe erbitten von ihm den täglichen Bedarf, er gibt dem Menschen alle Dinge. Nichts ist unser eigen, alles was wir besitzen, ist sein, dieses Leben und alles ist sein! Mit welcher Gabe könnten wir seinen Tempel betreten? Mit welcher Tugend seine Gegenwart ? Welche Worte auf unseren Lippen tragen, um sein Wohlgefallen zu gewinnen ? Am Morgen meditiert über sein Naam...Das göttliche Wissen dämmert im Innern auf...(Jap Ji 35)

Zahllos die Quellen der Schöpfung, zahllos die Harmonien und Zahllos jene, die ihnen lauschen. Zahllos sind die dem Wort Ergebenen. Endlos und unendlich, oh Nanak, ist dieser Bereich. (Jap Ji)

Er hat keine Gestalt, keine Farbe, keine Linie. Er manifestiert sich selbst. Durch sein göttliches Wort . (Sorath, 2)

Diene dem wahren Guru (authentischer mystischer Lehrer) , ein unschätzbarer Schatz wird dein sein. Um Erlösung zu erlangen, übe dich im göttlichen Wort. (Sorath, 4)

Einigen Auserwählten offenbart der Guru das Wort. (Maru,15)

Der allein sitzt auf dem Throne des Herrn, der dessen würdig ist, der sich in des Guru Wort übt und mit den fünf Melodien (den fünf mystischen Stufen, auf denen sich die göttliche Musik der Seele offenbart) verschmilzt. Er erkennt, dass Gott von Anbeginn zu Anbeginn ist und immer sein wird, und läutert sich selbst von allem Zweifel. (Maru, 14)

Durch die Praxis des Wortes gehöre ich jetzt dem absoluten Gott; ausgelöscht ist jetzt das Böse in meinem Gemüt, und des Guru Weisheit hat seinen Platz eingenommen. Tag und Nacht wache ich nach Gott und bin auf ewig in Einklang mit ihm. Zu Lebzeiten habe ich die Erlösung erlangt .(Ramkali, 4) Die von keiner Hand gespielte Melodie des Wortes erklingt in Innern Tag und Nacht, nur durch die Gnade des Guru kann man sie hören . Der Herr ist geoffenbart, wenn man das Wort hört, losgelöst von allem, erkennt man, dass er alles durchdringt. (Ramkali, 7)

ANDERE MYSTISCHE ZEUGNISSE
MEISTER ECKEHART
Deutscher Mystiker des 13. Jahrhunderts

Wer die ewige Weisheit des Vaters hören soll, der muss im Innern verweilen und muss daheim sein und muss eins sein, nur dann kann er die ewige Weisheit des Vaters hören.

Drei Dinge sind es, die uns daran hindern, das ewige Wort zu hören. Das erste ist Körperlichkeit , das zweite die Verschiedenheit, das dritte ist Zeitlichkeit. Wenn der Mensch diese drei Dinge überwunden hätte, so lebte er in Ewigkeit und lebte im Geiste und lebte in Einheit und in der Wüste, und dort hörte er das ewige Wort. Nun sagt unser Herr: „ Keiner hört mein Wort noch meine Lehre, so er sich nicht lasse " (Lk. 14:26) .Denn wer immer das Wort Gottes zu hören wünscht, muss völlig gelassen sein (der gelassene Zustand dessen, der „Ich" und „mein" aufgegeben hat. Predigt 13: Qui audit me,10-21)

Der himmlische Vater spricht ein Wort und spricht es auf ewig, und in dieses Wort gibt er all seine Macht, und in diesem Wort gibt er all seine Macht, und in diesem Wort verkündet er seine göttliche Natur und aller Kreatur. Jenes Wort liegt in der Seele verborgen, so dass man es weder kennt noch hört, so es nicht in der Tiefe erklingt; vorher hört man es nicht, vielmehr müssen alle Stimmen und Geräusche vergehen, und es muss reines Schweigen herrschen. (Predigt 19, Sta in parta domini et loquere verbum, Jer, 7:2, 19:2-11)

.... denn Gott wirkt nicht in körperlichen Dingen, er wirkt (allein) in der Ewigkeit. Deshalb muss die Seele gesammelt und emporgezogen werden und muss Geist sein. Dort wirkt Gott, dort sind alle Werke gottgefällig. Gott findet niemals gefallen an irgendwelchem Werk, es sei denn, es wird dort vollbracht. (Predigt 19:19-23)

MAULANA RUMI
Persischer Mystiker des 13. Jahrhunderts

Dieses Haus (der menschliche Körper) , in dem unablässig der Klang der Viola ertönt, frage den Meister, was für ein Haus dies ist.
In diesem Haus befindet sich ein Schatz, den zu halten das Universum zu klein ist. Oh Liebende, oh Liebende, es ist Zeit, der Welt zu entsagen.
Die Trommel zum Aufbruch erreicht mein spirituelles Ohr vom Himmel. Seht nur, der Treiber ist aufgestanden, er richtet die reihen der Kamele, und bat uns, ihn von Schuld freizusprechen: warum, oh, Reisender, schlaft ihr nur ?
Diese Klänge vorne und hinten sind das Getöse des Aufbruchs und der Kamelglocken. Jeden Augenblick erhebt sich eine Seele und ein Geist in die Leere..
Sei still, damit der Herr, der die, die Sprache gab, reden kann. Denn so, wie er eine Tür und ein Schloss fertigte, so machte er auch einen Schlüssel.

In des geliebten Herz ist eine Laute, sie spielt die Sehnsuchtsmelodie. Du sagst, er wirkt verrückt- das kommt daher, das deine Ohren die Musik nicht fassen, nach der er tanzt.

Wenn die Musik der Vereinigung zu spielen beginnt, oh Schicksal einer Million von Leben, kommt und lerne ihr Lied!

KABIR
Indischer Mystiker des 15. Jahrhunderts, sowohl von Hindus als auch von Moslems für ihre Gemeinschaft beansprucht.
Wo der Frühling, Herr der Jahreszeiten, herrscht, erklingt von selbst die Musik, die keine Hand schlägt.

Dort fließen Ströme von Licht in alle Richtungen, der Menschen sind wenige, die dieses Gestade erreichen !

...Wo Millionen von Saraswatis, Göttinnen der Musik, die vina spielen- Dort weilt mein Herr, selbstoffenbar, und der Duft von Sandelholz und Blumen weht in diesen Tiefen.

Die Liebesmelodie schwillt hervor, und der Rhythmus von der Liebe Freiheit schlägt den Takt. Tag und Nacht erfüllt der Musikchor die Himmel und Kabir sagt: Mein Geliebter leuchtet wie der Blitz am Himmel.

Wie gesegnet ist Kabir, dass er inmitten dieser großen Freude in seinem eigenen Gefäß (Körper) singt. Es ist die Musik der Begegnung von Seele mit Seele. Es ist die Musik des Vergessens aller Sorgen. Es ist die Musik, die alle Einkehr und allen Aufbruch übersteigt.

MIRA BHAI
Indische Mystikerin des 16. Jahrhunderts

In ihrem Tempel drinnen (im Innern des Körpers) schlägt sie die Trommel. Zum Klang der Trommel wiederholt sie den Namen des Herrn als süße Melodie. Das Gefäß ist zerbrochen, das Wasser strömt aus, der Schwan fliegt fort (die Seele erhebt sich über das Körperbewusstsein). Miras Körper ist ihr fremd geworden, ein Fremder für sie.

Oh Freund, das Firmament im Innern hallt wieder von der göttlichen Melodie. Lausche, meine Seele, dem schallenden Klang, der ohne Zimbeln ertönt.

ANGELIUS SILESIUS
(Johannes Scheffler)
Deutscher Mystiker des 17. Jahrhunderts
Aus ." Der Cherubim-Wanderer „

Das Wort erschallt mehr in dir als in des andern Munde
So du ihm schweigen kannst, so hörst du es zur Stunde

Weil meine Seele in Gott steht außer Zeit und Ort
So muss sie gleiche sein dem Ort und ewgen Wort

Wer immer in seinem Innern sitzt, hört Gottes Wort
wie sehr du es auch leugnen magst
selbst ohne Zeit und Ort

Das Wort, das dich und mich und alle Dinge trägt
wird wiederum von mir getragen und gehegt.

Wer seine Sinne hat ins Innere gebracht

Der hört was man nicht redt, und siehet in der Nacht.

OK, diese Zusammenstellung von : **DER GÖTTLICHE KLANG IN DEN HEILIGEN SCHRIFTEN** ; war größtenteils aus dem Rundbrief von „A Centre for the World Religions . Weitere Infos unter : www.cfwr-dialog.org und E-Mail steea @ t-online.de

HIMMEL IST ERST DER ANFANG
Von der Höchsten Meisterin Ching Hai
Kapstadt, Südafrika 27. November 1999
(Original in Englisch)

Auf alles im Leben können wir uns vorbereiten. Auf alles, was wir genießen oder erfahren möchten, müssen wir und vorbereiten. Selbst auf einen Regentag bereiten wir uns vor. Wir arbeiten hart und geben etwas davon aus, einen Teil bringen wir auf die Bank und aufs Sparkonto für Notfälle. Und wir sparen sogar für den Ruhestand; wir treffen Vorsorge für die Beerdigung - nur auf den Weg danach sind wir nicht vorbereitet.

Jedermann weiß, das wir hier nicht sehr lange leben. Wir sind nicht hier, um zu bleiben. Aber die weltlichen Wünsche und der Kampf ums Überleben haben immer versucht uns vergessen zu lassen, wozu wir hier sind, und das wir gar nicht lange hier sein werden.

DEM TOD DIREKT INS AUGE SCHAUEN

Jedenfalls werden wir alle eines Tages diese physische Welt verlassen, aber wir sind nicht alle auf diesen endgültigen Abgang vorbereitet. Darum fühlen sich die meisten von uns ungemütlich und schlecht im Blick auf diesen Tag. Obwohl einige von uns noch sehr jung sind, wie ich, sind wir über diesen furchtbaren Tag des Abgangs beunruhigt. Das kommt daher, dass wir uns nicht gut auf ihn vorbereitet haben. Wir haben Versicherungen abgeschlossen für den Krankheitsfall, für Schäden am Haus, für Hyphotekenschulden und alles mögliche, aber wir haben uns nicht auf den Tag vorbereitet an dem wir diese Welt verlassen werden. In der Bibel wird gesagt : „ Verlasst das Fleisch um des Geistes willen; lernt zu sterben, auf das ihr zu leben beginnt ". Wir mögen das täglich oder noch öfter lesen. Aber viele von uns wissen nicht, wie man täglich stirbt, um das Leben erkennen zu können, wie es wirklich ist. Das ist natürlich in Ordnung insofern, als wir alle die Ewigkeit haben, um uns wieder und wieder zu entscheiden.

Ich bin heute nicht hier, um euch zu zeigen, wie ihr euer Leben führen müsst. Ich will euch zeigen, wie man stirbt. Denn nur, wenn wir lernen, wie man stirbt und dem Tod direkt ins Angesicht schaut, werden wir uns nicht länger vor dem Unbekannten fürchten. Wenn wir einmal sterben, fühlt es sich so an wie jetzt zu leben, aber unter viel, viel besseren Bedingungen. Wir sind freier. Wir können uns überall hinbegeben mit einer Geschwindigkeit, schneller als das Licht. Wir können alles haben, was wir uns wünschen, in einem Augenblick. Wir sind freier als ein Vogel. Und wir haben jederzeit Zugang zu Gott, denn wir werden mit Gott eins sein. Allerdings nur dann, wenn wir uns darauf vorbereitet haben - weil unsere Gedanken so machtvoll sind. Was wir im täglichen Leben am häufigsten denken oder am meisten begehren, wird zu uns kommen. Angenommen, unsere Gedanken waren zur Zeit des Fortgangs aus dieser Welt mit etwas beschäftigt, das sich nicht erfüllt hat, dann werden wir wieder zurückkehren zu diesem physischen Planeten, um unser Begehren auszuleben oder uns unsere Wünsche zu erfüllen. So gibt es also für alle, die nicht wieder hierher zurückkommen wollen bzw. das Schicksal ihrer zukünftigen

Existenz, die der jetzigen folgt, meistern möchte, einen Weg, sich darauf vorzubereiten.

Zur Zeit unseres Fortgangs aus dieser Welt werden wir, wenn unsere Gedanken intensiv auf etwas Bestimmtes gerichtet sind, zu diesem Gegenstand, diesem Ereignis oder diesem Begehren hingezogen werden. Das heißt, dass wir, solange wir noch am Leben sind, unsere Gedanken jeden Tag auf eine sehr positive Weise trainieren sollten, so viel wie möglich, bis es uns zur zweiten Natur wird, bis wir es werden. Dann werden wir zur Zeit des Todes dorthin gehen, wohin uns unsere Gedanken führen. Wir sind göttlichen Wesens, und wir haben Gottes Kraft in uns, ob wir es nun wissen oder nicht. So sind unsere Gedanken praktisch sehr, sehr machtvoll.

GOTT IST ALLEZEIT BARMHERZIG

Wenn wir im Verlauf unseres Lebens einer Gehirnwäsche unterzogen wurden, dass wir Sünder sind, dass wir unrettbar verloren sind, der Gottes Liebe nicht würdig, dass wir zur Hölle fahren werden - und man hat uns gesagt, wie schrecklich die Hölle ist - dann werden wir zur Zeit des Todes, falls wir das glauben, was man uns gesagt hat, in die sogenannte Hölle gehen. Obwohl die Hölle nicht existiert, schaffen wir sie, oder andere schaffen sie für uns. Seit uralten Zeiten ist uns Furcht eingeimpft worden, in unsere Gene, in unser Gehirn, in unsere Lebensweise, so dass gewisse Gruppen von Leute uns beherrschen und ihren jeweiligen Zwecken unterwerfen konnten, die nicht immer sehr Edel waren. Dann müssen wir also, um uns selbst zu befreien, wieder vertraut werden mit der wahren Lehre all der Meister seit alten Zeiten. Und das ist die Lehre, dass Gott - oder Buddha oder Allah- allezeit barmherzig ist. Wir sind die Kinder dieser höchsten Kraft, und wir sind für immer geliebt, es wird uns auf jede mögliche Weise vergeben und geholfen, in diesem Leben und in dem Leben danach. Ich habe das selbst gesehen. Ich habe Gottes Kraft am Wirken gesehen. Ich habe nur Liebe und Barmherzigkeit gesehen, sowohl im unsichtbaren Bereich als auch im physischen Bereich. So etwas wie Verdammung, Hölle oder göttliche Rache gibt es nicht. Denn wenn uns schon unsere sterblichen Eltern lieben und immer wieder vergeben, so wird uns unser Gott-Vater bzw. unsere Gott-Mutter unendlich mehr lieben und vergeben. Das einzige Problem ist, dass wir so lange unter der Gehirnwäsche gelitten haben und meinen wir würden bestraft werden für alle Fehler, die wir in dieser Welt begehen mögen. Wir begehen sie- wir tun das die ganze Zeit, weil unser physisches Gehirn, unser physischer Körper und die physische Umgebung uns praktisch dazu zwingen, Fehler zu machen. Aber ganz gleich, was für Fehler wir machen, Gott kann sie immer in Ordnung bringen. So wird Ers uns niemals verdammen oder bestrafen auf diese Weise, wie man uns glauben machen will.

Das ist es, was ich entdeckt habe. Darum möchte ich es gerne mit euch teilen. Und ich hoffe, dass ihr das von heute ab im Gedächtnis behaltet, ob ihr nun weiter mit uns lernen möchtet oder nicht : Erinnert euch daran, dass Gott barmherzig ist. Und fürchtet euch nicht, weder hier noch später. Zur Zeit des Übergangs werden uns wunderschöne himmlische Wesen erwarten, in dem Moment, da die Seele den Körper verlässt. Der Grund dafür, dass viele Menschen das auch zur Zeit ihres Todes nicht sehen konnten ist, dass sie sich nicht darauf vorbereitet haben. Oder vielleicht haben sie sich in der falschen Weise vorbereitet, indem sie dachten, sie haben in ihrem Leben falsch gehandelt, z.b.s. einige der Gebote übertreten. Mag sein, dass diese Menschen sich auf eine negative Weise vorbereitet haben, weil sie dachten, sie haben in ihrem Leben etwas falsch gemacht. Daher rechnen sie mit Strafe und Verdammung, und das ist es, was sie bekommen.

UMDENKEN UM GOTTES WESEN ZU FINDEN

Was immer ihr glaubt, wird materialisiert, weil ihr Gott seid. Ihr seid eins mit Gott, und zwar immer, obwohl einige von uns infolge physischer Hindernisse das im Moment nicht erkennen. Wir haben wahrhaft nichts als Gott in uns und außerhalb von uns; wir sind nichts anderes als das Wesen Gottes. Wir können uns nirgendwo sonst hinwenden als in Gottes Umarmung, die ganze Zeit, 24 Stunden. Wir sind von Gott getrennt durch unser Denken und unseren tiefsitzenden Glauben, dass wir nur Sterbliche seien. Um uns wieder daran zu erinnern, dass wir Gott sind , müssen wir uns wieder rückwärts trainieren. Genauso wie wir trainiert haben, uns als von Gott getrennt zu denken, müssen wir nun die entgegengesetzte Richtung denken. Wir werden das solange tun, bis es schließlich automatisch geschieht. Und dann werden wir, weil wir täglich Kontakt mit Gott haben, durch unsere gewissenhafte und reine Intentionen der Praxis mit Sicherheit wissen, dass wir mit Gott eins sind. So umgibt uns dann zur Zeit des Übergangs nichts als Gott bzw. himmlische Wesen, die kommen , uns in den höheren Dimensionen der Liebe zu begrüßen.

Einige Tote sehen dieses Phänomen nicht. Obwohl sogar Jesus dort steht und Buddha nahe ist, sehen sie, sie nicht. Sie erkennen auch nicht, dass sie durch einen Willensakt alles manifestieren könnten, dass sie die Schöpferkraft in Händen haben. Hauptsächlich nach dem Verlassen dieses physischen Körpers wird uns die ganze Kraft wieder zurückgegeben. Sie wird uns nicht eigentlich zurückgegeben, vielmehr werden wir ohne das Hindernis dieses physischen Körpers wieder so kraftvoll sein wie in den Tagen, da wir bei Gott waren, bevor wir in diese Welt herabstiegen.

Einige von uns gehen aus dieser Welt, ohne dieses Geheimnis zu kennen; wir haben es nicht gelernt; wir haben nicht gelernt, unsere Gedanken zu meistern, während wir im physischen Körper weilten. So vergessen wir es zur Zeit des Todes sogar noch mehr. Ihr habt wahrscheinlich von Menschen gehört die gestorben sind und „ zurückkamen" und sich beklagten, dass sie in der Hölle waren und Hilfe bräuchten und Gebet usw. Diese Beispiele sind zutreffend, aber nur für jene Menschen . Im allgemeinen sind sie nicht zutreffend - nicht für euch und nicht für mich.

Jene, die das Geheimnis des Universums erkannt haben, die Schöpfungskraft erfahren und gelernt haben, mit der universellen, mächtigen Kraft eins zu sein, wissen alles, und zwar vor und nach ihrem Tod. Sie sind Meister ihres eigenen Schicksals - überall, jetzt und danach. Um aber dort anzukommen, benötigen wir einige Praxis. Es mag einige Tage , einige Wochen oder Monate dauern. Wir praktizieren nicht nur , um uns an unsere eigene Schöpferkraft zu erinnern, wir praktizieren auch, damit wir den Himmel genießen können, während wir leben; wir genießen es, Gottes Intelligenz zu kontaktieren, während wir hier auf diesem Planeten sind, so dass wir von dieser Kraft Gebrauch machen können, um unser Leben und das Leben der Menschen zu verbessern, die mit uns auf dem Weg sind. Aber das erfordert einige Disziplin, obwohl es so einfach ist. Wir würden eher für Geld, für ein Auto, ein Haus oder Schönheit arbeiten, als dafür, das Königreich Gottes zurückzugewinnen. Warum ? Weil es zu einer Gewohnheit geworden ist. Was immer uns in unserer Jugend antrainiert wurde, das tun wir auch später.

Das Gehirn liebt keine Veränderung. Das Gehirn möchte alles festgeklopft, simpel und fixiert, Tag um Tag die gleiche Routine. Ob gut oder schlecht, dem Gehirn gefällt es. Es kommt durcheinander, wenn Veränderungen stattfinden, weil Maschinen so sind und das Gehirn ist auch nur eine Maschine ist. Selbst die Kraft hinter dem Gehirn, der Verstand , ist nicht besonders Qualifiziert, den Himmel zu erlangen. Der Verstand ist wie die elektrische Energie im Computer. Darum müssen wir zur Quelle aller Weisheit und Wahrheit zurückkehren. Wenn wir es jetzt nicht üben - zur Zeit des Todes wird es zu spät sein.

Unser Gehirn und unser Verstand sind auf gewisse negative Denkmuster fixiert, und wir hatten nicht genügend Zeit, diesen Denkmustern zu entkommen bzw. sie zu reparieren. Wir können das tun in der Zeit, in der wir uns auf diesem Planeten aufhalten. Das ist der einfachste Weg. Denn wenn wir uns auf diesen Tag nicht vorbereiten und nichts darüber erfahren haben, was wir tun und wohin wir gehen, werden wir zur Zeit des Todes von unterschiedlichen dimensionalen Karmas überwältigt werden. Karma bezeichnet im Sanskrit das Gesetz von Ursache und Wirkung. Was immer wir in diesem Leben tun, hinterlässt einen Eindruck in unserem Denken, und wenn wir sterben , nehmen wir diese Eindrücke mit. Wenn wir das also löschen möchten, müssen wir tiefe Kontemplation und Reinigung üben. Man kann es Meditation, Kontemplation oder tiefes Gebet nennen, aber man muss es korrekt tun. Es gibt einen ganz einfachen Weg, es zu tun, aber es muss korrekt geschehen. So wie es auch für alles andere einen korrekten Weg gibt. Und wenn wir diesen Weg wissen, ist es ganz einfach.

Zur Zeit des Weggangs hoffen wir alle , in den Himmel zu kommen. Normalerweise sollte es so sein; der Durchschnittsbürger möchte in den Himmel kommen . Es gibt jedoch unterschiedliche Stufen des Genießens im Himmel, so wie es auch in Kapstadt unterschiedliche Häuser gibt. Manche Häuser sind billiger, und andere teurer, mit besseren Ausstattung, mehr Komfort, Schwimmingpool usw. In dem Maß, wie wir unser Bewusstsein entwickelt haben, in dem Maß werden wir den Himmel genießen , nachdem wir diese physische Welt verlassen haben. Das heißt, wenn wir uns ausreichend trainiert haben, können wir nach dem Tod sofort in den Himmel aufsteigen. Wenn nicht, werden wir manchmal eine Weile umherschweifen, bis wir begreifen, das wir tatsächlich gegangen sind, dass wir über kein physisches Instrument mehr verfügen, dass unsere Lieben uns nicht mehr hören können, oder dass unsere Frau bzw. unser Ehemann jeden Tag vor unserer Nase mit jemand anderem in unser Bett steigt. Und wir können nichts tun, wie sehr wir auch lamentieren oder wie viele Tantras wir auch schleudern mögen. Niemand nimmt uns wahr , und niemand kümmert sich um uns.

Zu dieser Zeit bedeutet das für uns großes Leid. Zudem werden wir überwältigt von den Folgen unseres Denkens zu Lebzeiten, als wir im physischen Körper waren. Wenn wir zu Lebzeiten ständig negativ denken, werden wir, wenn wir sterben, genau das erhalten. Wenn wir also unvorbereitet sterben, ohne Meditation auf positive Kraft, ohne Verbindung mit der Gotteskraft, wird uns das negative Denken aus unserer Lebenszeit überwältigen und zu unangenehmen Orten bringen. Daher sprechen die Leute von der Hölle. Wir könnten dieser Hölle entkommen, wenn wir zu der Zeit bewusst genug sind, unser eigenes Gefängnis zu verlassen. Meistens haben wir uns aber nicht vorbereitet, und darum sind wir schwach. Wir haben nicht die Kraft, hinauszugehen, darum müssen wir eine Weile in der negativen Atmosphäre bleiben, bis sie sich auflöst.

Es lastet aber noch mehr auf uns, nicht nur unsere individuell geschaffene Sphäre der Negativität bzw. des Drucks. Da sind auch die kollektiv geschaffenen Konsequenzen der Menschen dieses Planeten wie auch die unserer Verwandten und Freunde. Weil wir die Kunst der Beherrschung unseres eigenen Schicksals nicht gelernt haben, bzw. wie man auf uns hierhin und dorthin verirren ; es zieht uns in die unangenehme Landschaft eines illusionären Planeten, der uns in diesem Moment als absolut real erscheint. Darum sagen die Leute, sie kommen in die Hölle und leiden.

VOR DEM TOD DIE RICHTIGEN GEDANKEN EINPROGRAMMIEREN

Aber so muss es nicht sein. Selbst wenn ihr nicht Vegetarismus aus Mitgefühl oder Meditation mit uns praktizieren wollt, solltet ihr es euch immer wieder sagen und euch daran erinnern, dass Gott barmherzig ist. Das ist der einzige Gedanke, an den ihr euch zur Zeit des Todes erinnern solltet. Dann werdet ihr rein genug sein , um zu sehen, dass Jesus da ist, dass der Himmel seine Tore öffnet, das Engel euch mit der Musik der himmlischen Gefilde begrüßen. Ihr müsst euch an etwas Edleres erinnern - dass wir die Söhne und Töchter Gottes sind, dass wir niemals etwas Niedrigeres als das sein können, und das uns absolut nichts schaden kann. Diese Gedanken sollten in eurem Verstand tief verwurzelt sein. Wenn ihr auf diese Weise denkt, werdet ihr Todesengel nicht fürchten, weil er nicht real existiert. Er existiert nur, weil wir ihn geschaffen haben, indem wir zu unseren Lebzeiten an ihn glaubten , daher manifestiert er sich. Was immer ihr wünscht, wird euch gegeben werden. Klopft an, und es wird euch aufgetan, bittet, und es wird euch gegeben.

Weil wir auf diesem Planeten manchmal um etwas bitten, das nicht sofort kommt, denken wir, das funktioniert nicht. Aber es funktioniert die ganze Zeit. Es ist nur so, dass wir durch den physischen Körper vielleicht daran gehindert werden, sofort ein Resultat zu sehen. Manchmal kommt etwas später, wenn wir es schon vergessen haben. Wir vergaßen, dass wir es gewünscht haben. Wir denken : „O, was für ein Glück" , oder „ Welch ein Unglück , dass mir das passiert " . In Wirklichkeit aber geschah nichts, ohne dass wir es zuvor gewünscht haben . So wird natürlich auch - wenn wir nicht genug Willenskraft besitzen - das Karma, das negative oder positive Kollektivbewusstsein, unser tägliches Leben wie auch die Zeit des Weggangs beeinflussen.

In unserem täglichen Leben werden wir durch diese physische Unwissenheit mehr oder weniger abgeschirmt. So wissen wir wenigstens nicht, wann etwas Schlimmes im Anzug ist. Aber wenn wir diesen physischen Schutz verlassen, werden wir alles sehen. Alles wird uns sofort beeinflussen. Wenn wir sterben, und unsere Lieben weinen und klagen und uns sehr vermissen und leiden, spüren wir das exakt so, als würden wir selbst leiden. Darum sollten wir beim Weggang geliebter Menschen am besten einfach für sie beten, dass sie in den Himmel kommen, sich freuen und befreit sind. Vielleicht sollten wir nicht so heftig Beten, Weinen, Klagen, und sie vermissen, weil sie sich dadurch elend fühlen und ihren Übergang in eine höhere Dimension verzögern. Der Tod sollte gefeiert und nicht beklagt werden, weil es unsere endgültige Befreiung ist. Nichts kann uns mehr berühren, nichts kann uns schaden, nichts mehr die Sicht verstellen. Wir werden alles wissen und ein Teil von allem sein. Im Bruchteil einer Sekunde können wir überall hin. Alles, was wir uns wünschen, wird sofort in Erfüllung gehen.

DENKT AN EUER HIMMLISCHES ERBE

Um uns auf eine größere Belohnung als nur diese vorzubereiten, sollten wir jedoch die Kunst erlernen, unser eigenes Schicksal und unsere eigene Zukunft zu meistern. Wir sollten unseren eigenen Himmel erschaffen, unsere eigene Zukunft vorbereiten und uns von der Atmosphäre bzw. dem Karma anderer Leute nicht beeinflussen und hin und her zerren lassen wie ein Sklave oder wie ein Hund. Denn wir sind der Meister. Wir sind die Kinder des Ozeans der Liebe Gottes. Wir besitzen Würde. Wir sollten wandeln wie ein Gott; wir sollten handeln wie ein Gott; wir sollten denken wie ein Gott. Das ist nicht einfach, weil wir vergessen haben, wie man das macht. Aber es ist nur eine Gewohnheit, und Gewohnheiten können eingeübt werden ; sie können ebenso im Laufe der Zeit überwunden werden. Während unserer alltäglichen Beschäftigung ist es natürlich schwierig für uns, unsere Gedanken zu kontrollieren und uns wieder zurück zu trainieren in die Herrlichkeit dessen, der wir wirklich sind. Darum müssen wir in unserem Terminplan eine kurze Zeitspanne reservieren, um still zu sein, allein mit uns und mit Gott. In dieser Zeit können wir unsere Denkkraft konzentrieren. Dann können wir die Gewohnheiten unserer Gedanken korrigieren und sie positiv einstellen. Tun wir das Tag für Tag , werden wir wieder die Kinder des Himmels, die wir tatsächlich sind.

Deshalb sollten wir jeden Tag meditieren, nicht nur nach der Einweihung. Denn nach der Einweihung seid ihr schon befreit. Ihr seid ein freier Mensch. Ihr seid wirklich frei. Niemand kann euch mehr anrühren. Aber um ein reibungsloses Leben zu haben und den Himmel zu genießen, während wir noch atmen, um zurück zu trainieren in das Dasein als Prinz und Prinzessin des Himmels, müssen wir uns selbst jeden Tag daran erinnern. Zuweilen ist das nicht einmal ausreichend. Weil wir bereits seit langer, langer Zeit daran erinnert wurden, wie nichtswürdig wir sind. So müssen wir jetzt wieder daran erinnert werden, wie gut wir wirklich sind. Darum braucht es seine Zeit. Es bedarf der täglichen Praxis, um sich daran zu erinnern. Ihr sollt nicht irgend etwas lernen, ihr sollt euch bloß erinnern, denn es gibt für euch nichts zu lernen. Ihr seid der König des Himmels; ihr seid Teil des Himmels, Teil der gesamten universellen Kraft. Es gibt nichts, das ihr nicht tun könnt. Nehmt euch einfach Zeit, euch wieder daran zu erinnern. Ich bin hier, um euch beim Erinnern zu helfen, und es ist nicht so schwierig, wie ihr denkt. Es ist einfacher , als seinen Lebensunterhalt zu verdienen, es ist einfacher als ein Auto zu lenken, es ist einfacher als zu schlafen. Darum ist es ein Versuch wert, weil es so einfach und leicht ist.

Jenen, die sich ungeteilt, mit Herz und Sinn der Rückgewinnung des Himmels widmen möchten, können wir die ganze Instruktion geben. Ihr meditiert zwei bis drei Stunden am Tag oder so viel ihr könnt. Ihr könnt zbs. ein bisschen weniger schlafen, weniger telefonieren und im Fernsehen nur die wichtigen Nachrichten sehen - und nicht dasitzen und gucken, egal was kommt. So gewinnt ihr viel Zeit. Wir werden feststellen, wie viel Zeit eingespart wird, wenn wir unnötige Dinge sein lassen, mit denen wir nur die Zeit totgeschlagen haben. Nun müssen wir die Zeit nicht mehr totschlagen ; wir brauchen sie zum Leben. Wir brauchen sie , um unsere Seele wieder aufleben zu lassen. Dann werden wir uns nicht nur gut fühlen und selbst segnen, wir werden auch andere segnen. Eine Gewohnheit ist nicht leicht zu brechen, wir alle wissen das. Das heißt aber nicht, dass es unmöglich ist. Früher konnte ich nicht selbst Auto fahren. Ich habe erst kürzlich den Führerschein gemacht. Als ich feststellte, dass ich fahren konnte, mein Gott, da fühlte ich mich wie ein Mensch. Ich fühlte mich wie jeder andere auf diesem Planeten ! Ich war so stolz; ich wollte das alle sehen, das ich fahren kann . Weil ich selbst geübt hatte. Beim ersten mal fiel ich durch. Beim zweiten mal fiel ich durch. Aber beim dritten mal hatte ich Erfolg. Sogar fahren lernen braucht seine Zeit ! Es kostete Mühe, Zeit, und Konzentration. Aber wir können dies und viele andere Dinge, wie Englisch lernen oder sogar gehen lernen. Wir werden als Krabbler geboren – nicht mal das, als hilfloses Baby. Aber als Baby probieren wir. Wir probieren zu krabbeln, und dann probieren wir uns aufzurichten, und dann versuchen wir umher zu tapsen. Dann versuchen wir zu gehen , und dann rennen wir. Und jetzt fliegen wir sogar !

EIN ERLEUCHTETER MEISTER GIBT LICHT AUF DEM WEG

So ist alles ein Lernprozess. Einem Baby muss es unmöglich erscheinen, wenn es einen Erwachsenen laufen, Rad fahren, Auto fahren, springen oder tanzen sieht. Aber für uns ist es leicht, weil wir es geübt haben; wir haben uns selbst trainiert. Genau so können wir üben, in den Himmel zu gehen. Zuerst wirkt es schwierig, ist es aber nicht. Es ist schwieriger wenn wir es allein probieren. Aber es ist nicht schwierig wenn ein anderer schon weiß, wie es geht und es uns zeigt - durch Erfahrung oder Lehre. Es ist ganz einfach. Darum hat Gott seit alten Zeiten eine Menge Lehrer geschickt, uns den Weg zu zeigen, den wir vergessen haben.

Das sie in der Lage ist, uns den Weg zu zeigen bedeutet nicht, dass diese Person besser ist als wir. Wir nennen ihn bzw. sie „ Lehrer " einfach deshalb, weil sie uns am Anfang etwas lehrt. Auf diesem Planeten nennen wir jemanden z.B. Englischlehrer oder Professor für Mathematik. In der Ordnung des Himmels ist niemand niedriger oder höher. Es gibt nur jemand, der den Weg zuerst geht und ihn dem zeigt, der ihn später geht. Und jemand, der den Weg schon kennt, kann ihn uns zeigen ; das ist einfacher, weniger anstrengend, sicherer und schneller.

Wir könnten versuchen, den Weg zum Himmel allein zu gehen, aber es gibt so viele Wegstrecken, die wir nicht kennen, weil wir vergessen haben, und manchmal könnten wir erschrecken. Darum haben viele Menschen das Gefühl, sie seien dem nicht gewachsen. Sie fürchten sich. Aber wenn jemand mit euch geht, an der Hand hält und beschützt, euch zeigt, wo man gehen und was man vermeiden muss, dann ist der Weg angenehmer. Ihr habt einen Begleiter, und es geht einfacher und schneller. Kurz gesagt, ich bin hier für den Fall, ihr möchtet euch wieder erinnern, wer ihr wirklich seid. Es kostet nichts, und es gibt keine Bedingungen.

Die sogenannten Fünf Gebote sind keine Fünf Gebote. Sie sind das Maß eurer Bereitschaft oder der Maßstab, an dem wir den Standard unserer Qualität messen können. Erinnert ihr euch , wie Moses vom Berg herabstieg und die Zehn Gebote weitergab ? Er sagte , sie seien von Gott, damit wir erkennen, wo wir sind und wo wir stehen. Nicht, das ihr mir oder „ sonst jemandem " folgen müsstet. Das ist es nicht. Ihr müsst nicht einmal mir folgen. Ich werde euch bloß einmal unterrichten, und ihr könnt euch die ganze Zeit daran erinnern. Dann könnt ihr es allein tun.

APHORISMUS
Von der Höchsten Meisterin Ching Hai
Ljubljana, Slowenien, 6 Mai 1999
(Original in Englisch)
Erleuchtung ist die einzige Lösung für alle Krankheiten dieser Welt
Gottes Liebe ist die einzige Medizin für alle Schwierigkeiten
auf diesem Planeten

DAS WESEN UNSERES WAHREN SELBST
Von der Höchsten Meisterin Ching Hai,
Budapest , Ungarn 24. Mai 1999

Wir sind nicht nur dieses physische Wesen, sondern wir sind ein vielfältiges Wesen. Wir sind groß, großartig, großartiger als wir es uns vorstellen können. Je tiefer wir in die geheimnisvolle Atmosphäre des Universums eindringen, desto mehr finden wir über uns selbst heraus. Nämlich, dass wir auf vielen verschiedenen Bewusstseinsebenen leben, und zwar zur gleichen Zeit wie hier und jetzt auf diesem physischen Planeten existieren.

In den Himmel zu kommen bedeutet nicht, dass wir irgendwohin gehen müssen oder dass wir vorher sterben müssen. Wir mögen es „ sterben" nennen, aber wir können trotzdem in dieser Welt weiterleben und funktionieren, während wir gleichzeitig den Himmel sehen oder mit Gott Kontakt aufnehmen. Indem wir unsere verschiedenen Ebenen des Selbst, unseres Bewusstseins, durchlaufen, können wir die verschiedensten Wohnungen Gottes besuchen, und dann werden wir feststellen, dass wahr ist, was die Bibel sagt : Wir sind der Tempel Gottes und der Heilige Geist lebt in uns.

Es ist wunderbar zu wissen, das wir vielfältige Wesen sind und das wir mit ein bisschen Praxis unser Höheres Selbstes sehen können, wann immer wir das wünschen. Und wenn wir zur höchsten Ebene unseres Selbst aufsteigen, dann können wir auch Gott sehen. Wir sind ebenfalls Teil des Allerhöchsten. Wenn wir zur Höchsten Ebene gehen, werden wir natürlich das Wesen unseres wahren Wesens unseres wahren Selbst sehen, welches Gott ist, denn zu diesem Zeitpunkt haben wir kein menschliches Ego mehr. Folglich können wir auf diese gleiche weise viele der unangenehmen Ereignisse in unserem Leben vermeiden. Wir können eine Menge Leid vermeiden, indem wir zu einer höheren Ebene unseres Selbst emporsteigen und dort das Glück finden. Wenn wir auf diese physische Ebene zurückkommen, werden wir - auch wenn wir noch weltliches Leid erleben - viel stärker geworden sein, viel mehr spirituell erweckt, und wir können sehr gelassen mit unseren Problemen und unseren Sorgen umgehen. Deshalb sagt die Bibel: „ Suchet zuerst das Königreich Gottes, und alles Übrige wird euch hinzugegeben werden ".

Nehmen wir an, unser Haus hat viele Stockwerke, aber wenn wir nie die Treppe emporgestiegen sind, um die oberen Stockwerke zu sehen, dann wissen wir natürlich nicht, wie viele es sind, und wie viele Räume wir in unserem Haus haben. Jesus sagte : „ Im Hause meines Vaters sind viele Wohnungen ". Auch so kann man die verschiedenen Ebenen der menschlichen Existenz erklären. Wenn wir hin und wieder ein höheres Intelligenzniveau erreichen , dann werden wir, wenn wir in diese physische Welt zurückkommen fähiger , weiser und glücklicher werden. Deshalb werden wir zu einem anderen Wesen. Wir können uns wie im Himmel fühlen , während wir auf diesem physischen Planeten unsere Pflicht erfüllen. Der größte Teil des Leidens , die meisten Belastungen kommen von unserem Mangel an Verständnis bezüglich des höheren Teils unseres Selbst, des Teiles, der in direktem Kontakt mit Gott steht. Wenn wir wissen, wie wir mit diesem höheren Teil unseres Selbst in Kontakt kommen, dann können wir auch Gott kontaktieren.

In unserem absoluten Wesen gibt es verschiedene Abteilungen, die so viel Wunderbares beherbergen. Jede Ebene unterscheidet sich von den anderen, und jede Ebene besteht aus verschiedenen Dingen, die wir sogar für dieses physische Leben nutzen können. Alle diese Ebenen, Seinsebenen unseres selbst, existieren gleichzeitig. Wir haben nur keine Verbindung mit ihnen. Wir haben vergessen, wie wir uns mit ihnen wieder in Verbindung setzen, und deshalb besitzen wir nur das Wissen der physischen Existenz. Kein Wunder, das wir nichts von anderen Planeten wissen. Kein wunder , das wir nichts vom Himmel wissen. Kein Wunder, das wir so schwer Frieden miteinander finden. Kein wunder, das wir manchmal unsere Zuflucht zum Krieg nehmen müssen.

EXTRAPRÄMIEN SPIRITUELLER PRAXIS

Wir wissen alle, dass nur ungefähr fünf oder zehn Prozent der menschlichen Fähigkeit genutzt werden. Wo sind die übrigen achtzig oder neunzig Prozent ? Sie bleiben ungenutzt. Ich bin hier, um euch zu zeigen, wie ihr von eurer gesamten Weisheit Gebrauch machen könnt - diesen übrigen achtzig oder neunzig Prozent, die in euch schlummern. Und es ist so leicht, dass sogar Kinder das fertigbringen. Je mehr wir Zugang haben zu diesem größeren Teil unserer Intelligenz , ein desto besseres menschliches Wesen werden wir. Überdies wird uns das nicht einen Pfennig kosten, denn all das sind unsere eigenen Schätze. Genauso wie ihr Geld auf der Bank habt, aber vergessen habt, wo euer Scheckbuch ist. Ich will euch das einfach nur erklären.

Indem wir all diese restliche Weisheit unseres Wesens anzapfen, werden wir fähig sein, das Universum zu verstehen. Wir werden in der Lage sein , Gott zu verstehen und kennenzulernen und mit Ihrm direkt und täglich zu kommunizieren. Je höher wir in das Königreich Gottes aufsteigen, um so freier werden wir uns fühlen ; und die Belastungen dieser materiellen Welt werden uns immer weniger ausmachen. Sogar unser physisches Wohlbefinden wird sich immer mehr steigern. Natürlich wollen wir nicht Gott finden, nur um unser physischen Krankheiten zu heilen, aber solche Extraprämien gibt es hinzu in Hülle und Fülle.

WIE MAN EIN WAHRES WESEN WIRD

Das Glück, das wir in unserem Innern erfahren, nachdem wir Gott gefunden haben, werden wir nicht für die ganze Welt eintauschen wollen. Deshalb fordert uns die Bibel heraus mit den Worten : „ Was nützt es einem Menschen, wenn er die ganze Welt gewinnt und doch seine Seele verliert "? „ Unsere Seele verlieren " bedeutet , dass wir unsere Größe nicht erkennen; wir wissen nicht, was wir über diesen physischen Körper und diese physische Lebensweise hinaus sonst noch sind. Die Bibel erwähnt auch, dass wer immer der Welt entsagt, sie gewinnen wird, und wer immer der Welt hinterherläuft, sie verlieren wird.

Der Zweck zu dem die Seele in diese Welt kommt, ist Gott zu finden, und nichts anderes wird sie glücklich machen, bis sie Gott wiederfindet. Aber wenn wir in dieser physischen Welt und in diesem Gefängnis des Fleisches sind, vergessen wir unseren Lebenszweck, weil die negative Kraft das so eingerichtet hat. Sie wird uns hier zu allerlei Vergnügungen und Illusionen verleiten. Sie wird bewirken, dass wir beschäftigt sind, dass wir leiden und auch, dass wir uns an diese vergänglichen, vorübergehenden Vergnügungen des Fleisches klammern und den Himmel vergessen. Deshalb werden wir hier niemals wahrhaftig glücklich sein - ganz gleich, wie viele Besitztümer viele haben, wie hoch unsere Stellung in der Gesellschaft ist - wenn wir nicht gleichzeitig spirituelle Nahrung haben. Es ist, wie wenn ein reicher Mann mit einem großartigen Haus mit vielen Räumen und Stockwerken die ganze Zeit im dunklen Keller sitzt und darum niemals die Sonne sieht , niemals wird er Gelegenheit haben , all die Schätze zu sehen , die in den anderen, den höheren Stockwerken des Hauses auf ihn warten.

Wir sind vielfältige Wesen; wir sind physische, emotionale, intellektuelle und spirituelle Wesen. Um ein Vollständiges menschliches Wesen zu sein, ein Gott-ähnliches Wesen zu sein, so wie Gott uns nach Seinrem eigenen Bild geschaffen hat, müssen wir unser wahres Selbst , unser vollständiges Selbst kennenlernen. Wenn uns irgendein Teil unseres Selbst fehlt, werden wir nie glücklich sein; wir werden immer das Gefühl haben, das uns etwas fehlt, aber wir wissen nicht was.

Um direkt zum höchsten Himmel aufzusteigen, nach dem wir diesen physischen Körper verlassen haben , sollten wir diesen Himmel jetzt kennenlernen solange wir noch am Leben sind. Wir können den Himmel während unserer Freizeit besuchen und dann in die physischen Körper zurückkehren, um unser Dasein auszuleben. Dann werden wir wissen, das wir nicht der physische Körper sind ; wir sind wahrhaft Gottes Kinder. Nicht weil wir das wissen, sondern aufgrund dieses inneren Gefühls des Verschmelzens mit der Universalen Kraft, mit dem Universalen Einssein, werden wir zu einem anderen Wesen, einem wahren Wesen, einem himmlischen Wesen auf diesem Planeten. Dann werden wir nichts als Freude und Glück kennen, schon während wir noch in dieser Welt sind.

WIR SIND NICHT DER KÖRPER
Von der Höchsten Meisterin Ching Hai
Austin ,Texas, USA 20. August 1994
(Original in Englisch)

Nun habt ihr schon einiges über die Wissenschaft erfahren. Ihr habt von Leuten gehört, die die DNS eines Menschen zusammentragen und daraus einen neuen Menschen machen können. Abgesehen davon, dass sie von der Regierung daran gehindert werden - es wäre ihnen beinahe gelungen. Stellt euch z.B. vor, ihr habt schon ein Baby, und ihr möchtet noch einmal genau dasselbe haben, für den Fall, dass sie stirbt oder so, und ihr könnt etwas von ihrer DNS erübrigen und irgendwo aufbewahren. Dann können sie später eine exakte Kopie der DNS herstellen. Habt ihr davon gehört ? (Zuhörer - Ja !) Sie tun genau dasselbe, was auf natürliche Weise geschieht, wenn Zwillinge oder Fünflinge geboren werden. Am Anfang ist da nur ein Ei und ein Embryo, und dann teilt er sich in zwei, drei, vier, fünf, oder sechs Teile.

Nun fragt euch selbst ; Wie viele Seelen wohnen darin ? Eigentlich sollte es nur eine Seele, eine Person sein, aber aufgrund irgend eines Fehlers teilt sie sich in sechs auf. Und nun sagt mir, sind da sechs Seelen eingezogen ? Stimmt das ? Tatsächlich niemand ! Die Allmächtige Kraft, die Seele des Universums, schnappt sich jedes verfügbare Instrument, und dann macht sie davon Gebrauch. Und das nennen wir dann eine individuelle Person.

Dasselbe trifft nun wahrscheinlich hier zu ; Angenommen , du hast ein Baby, und du wünschst dir noch so ein intelligentes Wesen, für den Fall, dass euer einziges Kind stirbt. Und du tust die DNS irgendwo in einem Apparat, in dem bestimmte chemische Reaktionen ablaufen. Dann hast du noch ein Baby, genau so eins wie das, das gestorben ist. Tatsächlich gibt es nur eins.

Die Seele ist getrennt vom Körper, getrennt von Verstand und getrennt von allem, was wir jeden Tag ansammeln. Wir sind nichts als Zeugen dessen, was in diesem Instrument vor sich geht. Darum seid nicht dumm, denkt nicht ihr wärt gebunden, ihr wärt diese oder jene oder noch eine andere Person. Ihr seid allezeit frei. Ihr habt niemals existiert. Ich will damit sagen, ihr seid niemals innerhalb irgendeines Körpers oder innerhalb irgendeines Instruments ins Dasein getreten. Wir sehen nur zu. Wir stehen nur daneben und sehen zu, wie die Person namens Pamela oder Ching Hai etwas tut. Und dann identifizieren wir uns mit dieser Person ; wir denken, wir sind diese Person.

Für mich ist es glasklar, das ihr und ich, das wir miteinander eins sind. Es gibt kein „Du" und kein „Ich", nur die verschiedenen Instrumente, denen wir zusehen. Ich kann es euch letztlich nicht erklären ; ich habe es halt versucht. Habt ihr etwas davon verstanden ? (Zuhörer: Ja !) Okay. So ähnlich ist es im Fall von Zwillingen, da sollte eigentlich nur eine Person sein. Und dann sagen wir, es ist eine Person. Woher kommt dann aber die andere Seele, bzw. die andere Person ? Nur, weil noch ein zweites Instrument da ist, sagen wir, es ist noch eine Person geboren worden. So etwas gibt es überhaupt nicht !

Wir, ihr und ich, sind mit dem ganzen verbunden. Und das ganze sieht zu, wie jedes einzelne Instrument arbeitet. Vielleicht wirkt das ganze ein klein wenig durch jedes einzelne Instrument, vielleicht nicht. Nur der Verstand ist in Tätigkeit. Die Seele hat es nicht nötig, etwas zu tun.

Elektrizität ist nur ein Strom. Aber er erscheint in verschiedenen Formen und Helligkeitsstufen. Das kommt durch das Instrument . Davon abgesehen ist der Strom nur einer . Es gibt keinen Grund, einander zu beneiden und zu sagen ; „Meine Elektrizität ist anders als deine ." Selbst wenn sie hier schwach und dort hell ist - es ist derselbe Strom . Es muss eine Seele geben, weil es unterschiedliche Funktionen geben muss, so entsteht große Vielfalt.

Die Elektrizität sollte es nicht kümmern, wenn eine Glühbirne ausgeht, wenn es sie nicht mehr gibt. Das heißt ja nicht, das die Elektrizität tot ist. Es ist nur die Glühbirne, die gestorben ist; beschädigt, kaputt. Die Elektrizität kümmert das nicht. Sie wird wahrscheinlich eine andere Glühbirne finden und wieder leuchten. Aber das ist das Problem mit uns. Wir sorgen uns ständig, das wir sterben könnten, das wir erfolglos oder hungrig sein könnten, das wir dies sein könnten. Und so ziehen wir einander in das und das und noch etwas Spiel, in die gleiche Unwissenheit hinein und leiden miteinander.

DER ERLEUCHTETE ZEUGE
Gesprochen von der Höchsten Meisterin Ching Hai
Hawaii, USA, 22. Oktober 1993
(Original in Englisch)

Wir reinkarnieren nicht, aber ein Teil unserer Gewohnheiten, unserer angesammelten Informationen reinkarniert. Also der Teil von uns, der sich Intellekt nennt oder vielleicht das sechste Bewusstsein, sammelt alle Arten von karmischen Informationen. Und dann werden sie wiederverwertet , wie eine Coca Cola Flasche oder einige der Dinge in den Vereinigten Staaten , die, die Leute jetzt wiederverwerten sollen. Das ist genau dasselbe , unsere „ Flaschen ” werden wiederverwertet. Jedes mal, wenn sie benutzt werden können und noch mit anderen Materialien in dieser Welt verbunden sind, nennen wir das Reinkarnation ; es ist einfach eine Art Recycling. Die Coca Cola darin reinkarniert nicht, nur die Flasche tut das. Die Menschen als solche können das erkennen oder auch nicht erkennen. Aber die Substanz ist immer noch da, so erkennen sie sie als recycelt ; wir betrachten sie als recycelt.

Die Dinge, woraus die Flasche gemacht wurde, werden nicht reinkarniert; das ist unser wahres Selbst, unsere Seele. Jedes mal, wenn wir mit neuen Dingen experimentieren wollen, füllen wir uns selbst in eine neue recycelte Substanz oder einen Gegenstand ; das ist es. Aber dann wieder sind wir es gewohnt , uns mit all diesen Substanzen und Informationen zu identifizieren, darum sagen wir, wir reinkarnieren. Aber das ist nicht wahr. Wir sterben niemals, und wir werden niemals geboren. Wir haben immer existiert ; wir sind der zeuge all der Dinge, die in diesem Universum erschaffen und zerstört werden. Wir sind immer Zeuge. Aber dann identifizieren wir uns manchmal selbst mit der Sache, deren Zeuge wir sind, und mit den Umständen, in denen wir zeuge sind, und daher leiden wir, oder wir freuen uns.

So ist es auch wenn wir fernsehen, wir lachen oder weinen und vergessen dabei, dass es nur ein Film ist. Wir sind auf der Seite des einen und möchten den anderen umbringen. Beide haben nichts mit uns zu tun, keiner von beiden ist unser Feind oder unser Freund, und keiner von beiden ist real. Aber den einen hassen wir ; „Oh! Der mit dem Bart, das ist ein mieser Kerl, tötet ihn tötet ihn!” Du sitzt vor dem Bildschirm und schreist : „Töte ihn, bring den Kerl um, schnell !” oder „Lauf weg, Lauf weg ! Er bringt dich um ! Lauf weg, schnell ! Da lang, da lang !” Also ob die Personen im Fernseher oder auf dem Bildschirm tatsächlich auf uns hören würden, aber das tun sie nicht. Sie tun, was sie laut Drehbuch tun müssen, und folgen nicht unseren Vorstellungen. Deshalb entspricht der Ausgang vieler Filme nicht unserem Geschmack, wir hätten es gern anders . Aber wo ist der Nutzen ? Wenn wir ihn ändern, ist es nicht mehr derselbe Film. Also muss der Film so sein, wie er ist. Tatsächlich halten wir uns viele male selbst zum Narren, und wir können das jeden Tag unter Beweis stellen ; nicht nötig von Reinkarnation , Illusion oder irgendetwas von dieser Welt zu reden, wir können es beweisen.

Ich werde Euch eine närrische Geschichte erzählen, wie ich mich habe hereinlegen lassen. Gestern oder vorgestern, als ich zum erstenmal nach Hawaii kam, hatten sie für mich und die Mitarbeiter, die eng mit mir zusammenarbeiten müssen, ein Appartement gemietet; außerdem haben wir Gäste. Es war eine gemietete Unterkunft für 10 Tage, nicht teuer, preiswert, aber sehr geräumig und nah am Strand. Ich habe daran gedacht, euch alle einzuladen, aber ich wusste nicht, wo ich euch unterbringen sollte. Es ist zwar groß, aber so groß auch wieder nicht ! Es reicht für 10 Personen, aber nicht für Tausende . Und nun die Relativität unserer Welt ; Manchmal sagen wir ; „ Wow, das ist großartig !” Aber mit anderen Dingen verglichen, ist es gar nicht so großartig. Wir bilden uns immer etwas ein, bis wir es mit einem anderen Hintergrund verglichen haben ; dann wissen wir, dass wir uns irren.

So ähnlich ist es mit vielen Praktiken. Sie praktizieren, sie essen vegetarisch, sie meditieren und sind sehr gut, aber gut bis zu welchem Punkt ? Gegen unsere Guanyin- Praktizierenden sind sie nur halb gar, wie halbgebackene Brötchen, zum Beispiel ! So wissen wir, die guten Dinge und die großen Dinge dieser Welt haben ihre Grenzen, verglichen mit der Wahrheit oder der grenzenlosen allmächtigen Gotteskraft.

MAGISCHER SPIEGEL

Nun zu meiner närrischen Geschichte. Ich betrete also den Raum, fantastisch, überall große Spiegel, so dass ich sehen kann, wie schön ich bin. (Das Publikum lacht über die Gestik der Meisterin) Und im Schlafzimmer, da war ein ganz großer Spiegel; ich wusste, dass es ein Spiegel war. Jeder sah sofort, dass es ein Spiegel war; daran war nichts Närrisches. Und im Badezimmer, da waren auch zwei Fenster, und durch diese beiden Fenster konnte man das Meer sehen.

Als ich dann in den Spiegel blickte, sah ich vier Fenster. Und ich dachte immerzu : „Wie kommt es , dass das Meer hier drüben ist ? " Ich glaubte, mein Standort wäre am Wasser gelegen und vom Meer umschlossen. So konnte ich jedenfalls die See durch dieses Fenster sehen, und konnte die See durch jenes Fenster sehen. Und so lies ich mich zwei Tage lang hereinlegen. Könnt ihr euch das vorstellen ? Bis ich eines Tages aus dem echten Fenster guckte und sah, dass da gar kein Meer war. Und ich dachte bei mir : „ Wie kommt das ? " Ich drehte mich wieder nach der Wand um, wo der Spiegel war und sagte : „ Wow, da ist das Meer !" Und selbst da begriff ich noch nicht.

So sagt man nicht umsonst, der Weise ist wie ein Narr. Tatsächlich erinnerte ich mich später : „ O ja, es ist der Spiegel !" Aber es war schwierig herauszufinden. Ihr werdet es nicht glauben. Ich war diese Szene nicht gewohnt, aus zwei Fenstern werden vier, das hatte ich noch nicht erlebt. Und die See war innerhalb des Raumes. Aber es sah so echt aus, dass ich fasziniert war von der Schönheit des Meeres, das ich durch die Fenster sehen konnte, und den Spiegel vergaß. Tatsächlich, so war es ! Aber es traf mich wie ein Schlag : „Mein Gott !
Du bist die Höchste Meisterin, okay, aber du erkennst nicht den Unterschied zwischen den Fenstern und der Reflexion der Fenster . " Als ich es bemerkte, musste ich über mich selbst lachen und habe mich köstlich amüsiert.

Es überraschte mich schon, dass ich nicht bemerkte habe, dass es nur die Reflexion eines Fensters war. Es hat mich tatsächlich tagelang beschäftigt. Wie konnte ich so einfach getäuscht werden ? Einfach, weil ich das Meer liebe, ich konzentrierte mich auf das Meer. Und ich dachte „Wow! Du kannst das Meer durch die Fenster sehen; fantastisch, wir haben vier Fenster, und auf allen vier Seiten ist das Meer." Ich war glücklich über das Meer, und ich vergaß, dass es eine Illusion war. Nicht, dass ich es nicht herausfinden konnte, es war nur so, dass ich zu sehr auf das Meer fixiert war.

So ähnlich ist es in unserem täglichen Leben, die meisten Menschen sind auf das Objekt ihrer Begierde fixiert. Und dann vergessen sie die Illusion, sie vergessen den magischen Spiegel. Es ist nicht so, dass sie es nicht herausfinden können, wenn sie bereit sind, werden sie es herausfinden . Der Meister wird kommen, oder sie werden von allein aufwachen. Wenn der Meister kommt, heißt tatsächlich, dass sie von allein aufwachen. Wer könnte ihnen sonst sagen, dass sie es in ihrem Innern haben ? genau wie bei mir : Ich habe Augen, der Spiegel ist da, ich kann es jederzeit herausfinden, aber ich bin zu sehr auf den Augenblick des Meeres fixiert und genieße es. Und es wirkt so real ; ich dachte, es seien vier Fenster. Ich sage euch die Wahrheit; Ich flunkere nicht. Ich erzähle nicht eine Geschichte, um die Lücke zwischen unseren Vorträgen zu füllen; es ist eine wahre Geschichte. Ich bin so närrisch. Könnt ihr das glauben? Und nun macht es mir nach ! (Das Publikum lacht) Gebt also Acht auf den Spiegel, wohin ihr auch geht.

Wir sind bis heute in unseren Illusionen gefangen, oder doch manchmal. Daher können wir die

Wahrheit zwischen Illusion - der Reflexion oder dem Schatten - und Realität nicht finden. So spielen wir auf und nieder ; wir genießen es. Und manchmal verletzen wir uns selbst und fragen uns : „Wie kommt das ?"

Es ist nicht da, weil es nicht da ist; es ist niemals gewesen.

So ähnlich ist unser Leben für uns so real, dass wir nicht verstehen oder glauben können, dass es eine Illusion ist, dass es da ein anderes, reales Leben gibt, das wahre Ziel dieses Schattenlebens. Aber wenn wir unsere Augen schließen, all unsere Sinne schließen und wirklich nach dem realen Ziel suchen, dann erkennen wir; „O, es gibt eine fantastische Welt , und die ist real." Man fühlt sich gut dort, man fühlt sich real, und man fühlt sich besser als hier drüben. So ist es, wenn ich durch das echte Fenster sehe; der reale Wind streichelt über mein Gesicht, und alle Bäume draußen winken mir zu. Wohingegen es im Spiegel ein wenig anders ist. Ich entdeckte, dass die vier Fenster unterschiedlich sind. Weil es drinnen keine Bäume gibt, und draußen sind Bäume, und dann ging mir auf ; „ Aha ! Das ist bloß eine unterschiedliche Reflexion, also ist der Wind unterschiedlich." So fehlte dem reflektierten Bild ein Teil.

In unserem realen Leben ist es dasselbe. Die Reflexion ist niemals perfekt, auf Grund des unterschiedlichen Sichtwinkels. Und nun sind wir nicht zufrieden, das ist es. Ihr spürt, dass irgendetwas daran nicht stimmt. Dann werden wir früher oder später nach dem Realen verlangen, und die Realität wird uns erschlagen . Und dann wissen wir; Wir sind angekommen. Darum also machen wir immer noch Fehler; darum stolpern wir.

DAS WAHRE 'ICH' IST IMMER FREI
Gesprochen von der Höchsten Meisterin Ching Hai
Santimen, Pingtung, Formosa 21.Dezember 1992
(Original in Englisch)

F: Ich habe eine Frage , die rein theoretisch ist, die mich seit zehn Jahren beschäftigt. Mit dem Verstand habe ich begriffen, dass wir kein Ich haben ; dass unsere Gefühle nicht wir sind ; unsere Gedanken nicht wir sind usw. Was ist also das Ding, das von einer Reinkarnation zur anderen geht, und was verursacht Karma und sammelt es, und was verursacht Verdienst und sammelt ihn ? Ist es unser Geist ?

M: Unser Verstand , und unsere Seele, die unserem Verstand anhaftet. Wenn z.B. das Auto aus der Spur gerät und der Fahrer nicht rechtzeitig abspringt, dann erwischt es ihn zusammen mit dem Auto. Wenn er aber rechtzeitig abspringt, wenn er nicht zu sehr an seinem Auto hängt und es um jeden Preis zu retten versucht, dann könnte er sein Leben retten. Einige Menschen lieben ihr Auto mehr als ihr Leben. Das ist das Problem bei den meisten von uns; wir lieben unseren Müllsammler mehr als unsere Seele, mehr als unser wahres Selbst. Wir sind ständig in Verbindung mit der Außenwelt, mit der Sammlung von Gedanken, mit allen möglichen vorgefassten Meinungen, mit allem möglichen Unsinn, aber wir sind nicht in Verbindung mit unserem wahren Herrn, unserem wahren Selbst. So haben wir Probleme.

Ich will versuchen, es näher zu erklären. In eurem Leben, wisst ihr, wer da jetzt lebt ? Es ist das Bewusstsein, das wahre 'Ich' das durch die wahrnehmenden Mittel der Hände, der Füße, der Augen, der Ohren, des Mundes, der Gefühle und des Gehirns lebt. Das ist es. Und sollte 'Ich' dieses Bewusstsein , immer nur diesen Gefühlen, diesem denken, diesen Informationen verhaftet sein, dann kann 'Ich' nicht frei sein von den Gefühlen, vom Denken, von den vorgefassten kollektiven Ideen der Gesellschaft, von der Umwelt und von den Gewohnheiten. Und natürlich muss jenes wahre Bewusstsein, jenes wahre 'Ich' dann wieder zurückkommen. Sollte aber diese wahre 'Ich' endgültig begreifen, dass es, das wahre 'Ich' , das wahre Bewusstsein, nur der Zeuge all dieser Gefühle, all dieses Denkens, all dieser kollektiven Gedanken ist, dann wird dieses 'Ich' niemals diesen Gefühlen oder Ideen ankleben und immer frei sein. Wenn er dann stirbt, weiß er genau, dass er absolut nicht diese Gefühle ist, nicht diese Bindungen , nicht diese Umgebung, nicht diese Ideen, und dann ist er frei. Er marschiert zurück zum Ganzen, zur Gesamtheit des Lebensstroms und bleibt nicht hängen in jener Ecke sogenannten Denkens, Fühlens, Hasses und Liebens. So müssen wir unser Bewusstsein erneut erwecken, es zurückziehen und es ständig daran erinnern ; „ Du bist nicht diese Gefühl, du bist nicht diese Idee, du bist dies nicht, du bist das nicht ” Verstehst du ? Nichts seid ihr !

F: Ist es mit Schmerz auch so ?

M: Ja, weil der Körper Schmerz fühlt ; die Nerven fühlen Schmerz , weil die Nerven dazu geschaffen sind, Dinge zu fühlen. Das Bewusstsein genießt diese Gefühle und genießt es , äußere Dinge zu erkennen. Woher sollten wir sonst wissen ? Es ist das Bewusstsein, das durch den Körper Schmerz erfährt ; das Bewusstsein selbst fühlt jedoch niemals Schmerz ? Wenn ihr einen Apfel esst, ist es der Apfel, der süß ist, es ist nicht eure Zunge. Nicht ihr seid süß ! Die Süße kommt nicht von euch , sie kommt vom Apfel, ihr seid derjenige, der die Süße genießt. So ähnlich genießen wir - das Bewusstsein - das Vergnügen, lernen den Schmerz kennen und lehnen Unangenehmes ab. Aber all diese Dinge spielen keine Rolle. Ihr genießt sie oder lehnt sie ab ; ihr erfahrt Angenehmes oder Unangenehmes, aber damit hat es sich . Ihr seid nicht das Angenehme oder Unangenehme. Das sind nur die Umstände.

Warum solltet ihr also hier kleben bleiben und Leben um Leben gefangen sein ? Weil ihr nicht befriedigt seid. Ihr müsst wissen, dass diese Dinge vergänglich sind. Heute kommt es morgen geht es. Okay, das ist es. Wenn ich Spaß habe , genieße ich es. Wenn ich Unangenehmes erfahre, ertrage ich es, und das ist es. Wenn ich gegangen bin, bin ich gegangen. Wenn ich Dinge nicht habe, habe ich sie nicht. Andernfalls, wenn wir, das Bewusstsein, weiterhin dem Vergnügen nachjagen, dann reinkarnieren wir. Das Bewusstsein versucht, den letzten Rest von Gefühl einzufangen, so versucht es, sich selbst wieder in einen bestimmten Zustand zu versetzen und ihn zu genießen oder zu erleiden, sich ständig an dieses süße oder bittere Gefühl klammern , auf der Jagd nach ihm.

Wenn dir jemand einen Apfel gibt, und du ihn isst : O wie köstlich ! Aber nun hast du keinen mehr, und du suchst überall nach einem Apfel, jeden Tag sagt dein Kopf immer nur : „ Apfel , Apfel, Apfel ! ” Du kannst nichts anderes denken und verlierst dich selbst. Du verlierst dich selbst an die Süße des Apfels. Genauso ist es in unserem Leben : Das Bewusstsein jagt dem Angenehmen nach und hasst das Unangenehme , und wir bleiben hier stecken. Das Bewusstsein kann sich von diesen Gefühlen nicht selbst befreien, daher sind wir gebunden, wir sind unfrei. Wenn wir jedoch in jedem Augenblick, und besonders in der Zeit des Todes, wissen, dass wir nicht dieses Gefühl sind, dann kümmern wir uns nicht um diese Gefühle, wir sind immer frei ! Wir sind nie unfrei gewesen. (Applaus)

Also , weine , wenn du weinen möchtest, und lache, wenn du lachen möchtest, aber begreife, dass Weinen, und Lachen nicht du bist. Du erfährst sie nur, um des Wissens willen, um des Daseins willen. Andernfalls existierst du nicht, andernfalls existiert die Welt nicht. Wir sagen, dass die Welt voller Schmerz ist und es ihn nicht geben sollte, aber warum sollte es ihn nicht geben ? Wenn es ihn nicht gäbe, dann wäre es auch langweilig. Hier ist nichts anderes zu tun, und du genießt die ganze Zeit; „ Oh, ich bin diese, ich bin das, (Lachen) ich bin Gott, das ist es, ich bin allmächtig, und ich weiß es ! Ich habe kein Leid, nichts . Ich bin immer Selig .” Na und ? Was kümmert dich Nirwana, na und ? Wenn du jeden Tag glücklich bist, na und ?

Aber weil du immer noch dieses Nirwana möchtest, arbeite dafür. Arbeite solange, bis du es nicht mehr möchtest, bis du genug davon hast, und dann wirst du frei sein. (Die Meisterin und das Publikum lachen) Ich möchte nur, dass ihr für Nirwana arbeitet , weil ich möchte dass ihr erkennt, dass ihr Nirwana nicht braucht. Aber so lange du es brauchst, arbeite dafür. Wenn du immer noch den Schnuller möchtest, den aus Plastik, dann nimm ihn. Aber nimm ihn bis dein Mund trocken ist, und du keine Milch hast, nichts , und dann wirst du ihn eines Tages wegwerfen und erkennen, dass du ihn nicht mal am Anfang gebraucht hast. Weil du immer frei davon bist, du brauchst ihn nicht.

WER IST 'ICH' ?
Gesprochen von der Höchsten Meisterin Ching Hai
Santimen, Pingtung, Formosa 26. Dezember 1992
(Original in Englisch)

Ihr habt gesagt, der Meister weiß alles und ist allgegenwärtig. Aber ich weiß nichts ? Der Meister weiß, 'Ich' muss nichts wissen. Wir handeln ohne zu handeln. Wenn ich alles wissen müsste, wäre ich zu beschäftigt, weil ich tausend und einen Job gleichzeitig erledigen müsste. Und du denkst, der Verstand wäre fähig, tausend und einen Job gleichzeitig aufzustöbern, um es dem sogenannten 'Ich' zu berichten ? Ich habe kein 'Ich', wir haben kein 'Ich'. Ich habe euch schon gesagt, dass wir nur Gedanken sind. Dieses sogenannte ' Ich ' ist nur ein Gedanke nach dem anderen, alles Müll, alles Gewohnheiten, und alles aufgezeichnete Informationen. Es gibt kein ' Ich '. tatsächlich.

' Ich ' ist der Erwachte, der Zeuge, der, der sieht, was wir alles sammeln oder worauf wir reagieren. Es gibt eine Kette von Aktion und Reaktion, und derjenigen, der das weiß, ist der Zeuge. Es ist nicht die Aktion oder die Reaktion, es ist der Zeuge. Das ist das ' Wir ', das ist das 'Ich' . Aber dann verwechseln wir immer wieder den Zeugen mit dem Fall . Wir sind so gebunden an den Fall oder den Geschmack aller Dinge, die wir kennen, dass wir denken, das seien 'Wir'. Jetzt bin 'Ich' wütend, jetzt bin 'Ich' glücklich, jetzt bin 'Ich' es nicht. Das ist nicht wahr ! Es ist nur die Reaktion. Nicht 'Ich' bin es, die wütend ist, ich bin nur Zeuge der Wut; 'Ich' sehe das Drama, das abläuft. Jetzt ist es lustig, und jetzt ist es miserabel, aber das ist alles, nur Aktion und Reaktion auf der Bühne.

Daher halten wir es nicht für eine große Sache, wenn wir etwas für uns selbst tun. Erwartest du irgendeine Belohnung, wenn du dir etwas Essen in den Mund stopfst ? Oder wenn du deinen Körper wäscht, denkst du, du bist fantastisch ? (Lachen) Wenn du dich nicht wäscht, wird es unerträglich. Wenn du nicht isst, fühlst du dich schwach und kannst dich nicht bewegen. Also ist Essen an sich eine Art Selbstbelohnung . Baden an sich ist eine Art Selbstbelohnung . So ähnlich ist es mit Arbeit für den Meister, für andere Menschen, für Miteingeweihte oder Nichteingeweihte, das sind Selbstbelohnungen.

Wenn wir Arbeit für den Meister tun, bedeutet das natürlich, es ist für Menschen, weil der Meister ein Mensch ist. Er ist keine Privatperson; er ist eine öffentliche Einrichtung. Jedermann kann sie benutzen - ihr wisst das bereits - um irgendeine Art von Job zu erledigen, egal wie bescheiden oder wie groß. Du lässt es immer den Meister tun oder bittest den Meister, es zu tun, und der Meister wird es tun , ob du es siehst oder nicht. Der Meister muss dir nicht immer darüber berichten, was der Meister tut. Darum weißt du es manchmal, du siehst es mit deinem Weisheitsauge , und manchmal weißt du es nicht. Vielleicht schläft dein Weisheitsauge. (Lachen) Ja, das geschieht ! Und dann sagst du, „ Master tut gar nichts für mich. Ich sehe nie etwas.″ Wenn deine Mutter saubermacht , wäscht und kocht , während du schläfst, bekommst du es dann mit ? (Nein) Das bedeutet nicht, dass die Mutter nicht den Haushalt erledigt . Wenn du siehst, dass das Haus ordentlich aufgeräumt und sauber ist, wenn du aufwachst, dann weißt du , dass jemand etwas getan hat. Und wenn niemand anderes im Haus ist , muss es die Mutter gewesen sein.!

DIE HÖCHSTE KRAFT TUT ALLES

Es ist also nur der Meister , der tut alles. Wer wäre sonst da , wer sonst ist mit dir, außer der Höchsten Kraft, die alles für dich tut ? Und dann denkst du , du meditierst , du sitzt, du isst vegetarisch, du hälst die Gebote etc. Tatsächlich ist es immer der Meister, der das tut. Es ist der Meister , der den Meister sucht ; nicht du. Wer ist es ,der sucht ? Nein ! Es ist die Weisheit, die weiß , dass es an der Zeit ist , sich selbst zu erkennen, ihre eigene Kraft zu würdigen . (Applaus) Ihr habt meine Inspiration gestört ! (Lachen) Nicht so schlimm ! Ich habe noch eine. Wenn wir also immer noch denken , wir tun etwas oder suchen etwas , dann irren wir. Das ist der Grund, warum 'wir' nicht mit dem Meister eins werden können. Das ist der Grund, warum wir nicht erkennen können, wer wir sind, und wer der Meister ist. Der Meister sind wir.

WARUM MÜSSEN WIR MEDITIEREN ?
Die Höchste Meisterin Ching Hai in Hongkong
20 Februar 1992
(Original in Chinesisch)

Überall in der Welt gibt es Kriege, Überschwemmungen, Hungersnöte und Flüchtlinge. Und das alles, weil wir unsere Weisheit nicht benutzen ; statt dessen verlassen wir uns auf unser Ego, unseren Verstand, und nehmen eine arrogante Haltung ein. Wir meinen, das eine sei wie das andere, und es gäbe keinen Unterschied ! Selbst Kleider sind manchmal verschieden. Unterschiedliche Stoffe rufen unterschiedliche Empfindungen hervor. Kalte Luft aus der Klimaanlage ist etwas anderes als kalte Luft im Freien , man kann nicht behaupten, es sei dasselbe, nur weil beide die gleiche Temperatur haben. Es ist nicht dasselbe ! Die Zusammensetzung ist eine andere.

Wenn wir z.B. in die Berge steigen, wo es kälter ist und vielleicht sogar schneit, werden wir nicht so müde, weil dort oben frische Luft ist. Es mag sehr kalt sein, aber indem wir die sauerstoffreiche Luft einatmen , wird Wärme erzeugt, und der Körper stellt sich darauf ein. Wenn wir uns jedoch in einem schlecht belüfteten Raum mit Klimaanlage aufhalten , fühlen wir uns trotz der kühlen Luft müde. Das bekommt unserem Körper nicht besonders. Beim Verlassen eines klimatisierten Raumes haben wir das Gefühl, uns physisch gar nicht so schnell umstellen zu können, und wenn wir vom Schlaf aufstehen, sehen wir bleich aus. Wenn wir längere Zeit in klimatisierten Räumen leben oder arbeiten bekommt unser Gesicht womöglich einen Stich ins Grüne. Im Gebirge jedoch sehen wir rosig aus, obwohl es dort vielleicht erheblich kälter ist.

Natürlich sollten wir unserer Entscheidungsfreiheit mehr Raum geben, aber wir müssen herausfinden, welche Handlungsweise die bessere ist. Frei sein heißt ja nicht, dass wir einfach tun, was wir wollen. Wir sollten unser Gehirn und unsere Weisheit benutzen, wenn wir etwas tun ; dazu haben wir sie schließlich. Handelt also nicht blind und eigensinnig. Ob wir Qualität oder Schund kaufen , wir benötigen dafür die gleiche Zeit und bezahlen höchstwahrscheinlich denselben Preis, wenn nicht noch mehr für den Schund. Darum sollten wir uns bemühen , bei allem was wir tun, unseren Verstand und unsere Weisheit zu gebrauchen ; damit sparen wir Zeit und Energie, und es wird uns und anderen nützen. Darum ist es notwendig spirituell zu praktizieren ; ein sehr logischer Grund.

UNSERE LEBENSKRÄFTE BÜNDELN

Wenn wir ein Vergrößerungsglas benutzen , um damit Sonnenstrahlen zu bündeln , können wir an dem Punkt , an dem die Strahlen zusammentreffen ein Feuer entzünden. Sonst können wir von dem Sonnenlicht keinen Gebrauch machen , selbst wenn es reichlich vorhanden ist. So ähnlich ist auch unsere Lebenskraft in unserem Körper verteilt, ja sogar außerhalb desselben . Wenn wir unsere Aufmerksamkeit auf eine Sache richten, verleihen wir ihr Kraft ; wir geben ihr unsere Lebensenergie. Wenn wir also unsere ganze Aufmerksamkeit auf einen bestimmten Punkt konzentrieren, können wir jedes Problem lösen. Wir können ein Feuer entzünden , das alle Hindernisse verbrennt. Das ist sehr logisch, daran ist nichts Mysteriöses.

Vermeidet Aberglauben bei der spirituellen Kultivierung. Versucht klar zu verstehen , warum wir diese Methode praktizieren und warum wir uns auf diesen Punkt konzentrieren müssen . (Die Meisterin zeigt auf das Weisheitsauge) Benutzen wir nicht diesen Punkt und runzeln die Stirn , wenn wir scharf nachdenken ? Wir runzeln unwillkürlich die Stirn, wenn wir uns konzentrieren wollen. Wir wissen also, dass wir uns auf diesen Punkt konzentrieren müssen , um zu vermeiden , dass wir dort Energie verlieren oder dass sie durch Ablenkung von außen verschwendet wird. Verstärkt sich unsere Kraft nicht , wenn wir sie hier konzentrieren ? Und gelingt uns der Durchbruch dann nicht schneller ? Jawohl ! Mit einer Hand z.B. kann man eine Tür nur aufmachen, aber mit beiden Händen kann man sie notfalls einschlagen. Das ist ganz einfach und logisch , daran ist nichts Mysteriöses. Spirituelle Praxis ist eine wissenschaftliche Angelegenheit ; darum belastet euch nicht mit Zweifeln . Wahrscheinlich werdet ihr protestieren und mir vorhalten : „ Wie kann sich unsere Energie zerstreuen, nur weil wir äußere Dinge betrachten ? „

Natürlich zerstreut sie sich ; wie sonst könnten Hypnotiseure über andere Menschen Macht gewinnen ? Sie senden ihre Energie aus, um einen anderen zu kontrollieren. Wie könnt ihr sagen , dass sie nicht ihre Kraft einsetzen ? Sie tun es ! Manche Menschen üben eine derartige Gedankenkonzentration , dass sie Gegenstände willkürlich in die Luft erheben oder fallen lassen können. Es gibt sogar Menschen die durch ihre Gedanken aus großer Entfernung andere töten können. In Tibet und vielleicht auch in China sind sie noch zu finden. Unser konzentriertes Denken ist sehr machtvoll. Meint also nicht, unsere Lebensenergie würde nicht verschwendet , wenn unsere Aufmerksamkeit auf andere Dinge gelenkt wird. Natürlich wird sie das ! Dadurch wird unsere Weisheit verschwendet.

Ein Beispiel : Um in irgendeiner Sache Vollkommenheit zu erreichen , müssen wir sie aufmerksam betrachten oder konzentriert an sie denken. Das gilt auf allen Gebieten , sei es Musizieren oder Wäsche waschen. Wenn wir Wäsche waschen , müssen wir uns die Flecken genau ansehen , bevor wir entscheiden , ob wir sie auswaschen, ausbürsten , oder herausreiben sollen. Ein Künstler muss innerlich vollkommen konzentriert sein, um ein gutes Gemälde oder eine Skulptur zu schaffen. Manchmal seht ihr einen Mann bzw. eine Frau, die euch sehr gefallen - könnt ihr dann sagen, dass ihr eure Energie nicht verschwendet ? Ihr tut es ! Wenn ihr einen Menschen beobachtet, wird er es spüren und nach einer Weile vielleicht sogar von euch bezaubert sein. Ihr gebraucht eure Kraft um ihn anzuziehen. Ihr könnt nicht leugnen ,dass ihr eure Energie verzettelt !

Darum sollten wir all die Kraft , die wir sonst verschwenden würden , konzentrieren und soviel wie möglich davon bewahren, genau so wie wir Geld sparen. Wenn wir mit vollen Händen Geld ausgeben, da wo es nicht nötig ist, werden wir niemals genug haben. Wenn wir es angemessen ausgeben , dann ist jeder gesparte Dollar ein verdienter Dollar. Wenn unsere Ersparnisse anwachsen, wird unser Leben leichter, und wir müssen nicht mehr so hart arbeiten. Wenn wir eine große Summe gespart haben, können wir problemlos alles kaufen, was wichtig und notwendig ist. Ohne Geld jedoch können wir nicht einmal Kleinigkeiten kaufen. Darum lasst uns zuerst sparen, und dann können wir kaufen, was wir wollen.

Genauso, wie wir jeden Tag Energie an die äußere Welt verschwenden holen wir sie durch

Meditation wieder zurück. Wann immer ihr etwas Zeit erübrigen könnt , nehmt sie euch ; es ist besser als nichts . Von vierundzwanzig Stunden sollten wir uns zweieinhalb Stunden vorbehalten, ein Zehntel unserer Zeit, um unsere Lebenskraft auszufüllen und unsere Energie zu konzentrieren, dann werden wir genug haben, um sie in den restlichen Stunden auszugeben. So wie wir Zeit haben, Geld auszugeben, sollten wir auch Zeit haben, es zu verdienen. Acht Stunden am Tag arbeiten wir , um unsere Ausgaben im Verlauf von vierundzwanzig Stunden zu bestreiten.

Dagegen nehmen wir uns nur zweieinhalb Stunden Zeit für Meditation, um unseren Verbrauch im Verlauf von vierundzwanzig Stunden decken zu können, und ich finde das nicht unlogisch. Tatsächlich denke ich, das ist zu wenig ! Einweihung heißt also nicht, das damit alles getan ist ; ihr müsst noch nach Hause gehen und mit der Arbeit fortfahren. Einweihung ist etwa so wie die Anstellung bei einer Firma . Der Chef hat dich eingestellt , das heißt aber nicht , das du jeden Monat Geld bekommst. Du musst jeden Tag hingehen und arbeiten ; du bist dem Chef verantwortlich , und dann wirst du bezahlt werden für jeden Tag , an dem du arbeitest . So ähnlich meditieren wir jeden Tag , um unsere Weisheit und Kraft zu verdienen und dann werden wir immer mehr unglaubliche Vorkommnisse beobachten können. Das ist weder magische Kraft noch gesegnete Belohnung; es ist die Energie , die ihr gespart habt. Sie kommt an die Oberfläche, und ihr könnt dadurch viele Probleme lösen, die vorher unlösbar waren. Es ist ganz und gar logisch !

Früher waren wir reich, konnten aber nicht mit Geld umgehen und kauften alles, was wir sahen, auch wenn wir es nicht brauchten. Wir gaben das Geld aus um Dinge zu kaufen, für die wir keinen Platz hatten. Mit der Zeit wurden sie eine Belastung für uns. Schließlich hatten wir so viel Kram , das uns kein Raum mehr blieb, darin zu wohnen, wir fühlten uns bedrängt und ungemütlich. Nun ,da wir all diese Dinge beseitigt haben, werden wir nicht wieder unnötigen Kram einkaufen. Nun haben wir mehr Platz und sparen mehr Geld. Später, wenn wir etwas sehen, das sehr wichtig ist, sehr schön und komfortabel und ganz nach unserem Geschmack , dann können wir es uns von unserem Ersparten kaufen. Und wenn wir es kaufen wissen wir, das wir es wirklich mögen. Wir fühlen uns wohl ; das Geld ist gut angelegt , und die Ware ist gut , es erscheint uns unglaublich. Warum war ich nie in der Lage , das zu kaufen ? Vielleicht meinen wir sogar , es sei vom Himmel in unser Haus gefallen. Nicht im geringsten ! Es ist unser Geld . Wir haben eine Menge gespart , nun können wir uns diesen kostbaren Gegenstand leisten. Früher, als wir noch sinnlos Geld ausgaben, wagten wir so wertvolle Gegenstände nicht einmal anzusehen, geschweige denn, sie zu kaufen !

Früher verschwendeten wir zu viel Lebenskraft und Energie darauf, nach draußen zu schauen , weil wir meinten, das würde uns Trost und Behagen bringen. Tatsächlich brachte es uns nur Frust. Es war etwa so, wie wenn man zuviel überflüssigen Kram kauft, der einem zu Hause nur im Wege ist. Wir fühlen uns erstickt und beengt. Wir hatten viele Dinge, mit denen wir gar nicht fertig wurden, karmische Hindernisse, die wir nicht beseitigen, oder Ursachen und Wirkungen denen wir nicht entkommen konnten. Die enorme Kraft die wir aufsparen hilft uns mit dem früher nicht zu bewältigenden Karma fertig zu werden, es ein wenig zu reduzieren uns etwas komfortabler einzurichten oder in anderer Weise damit umzugehen. So wird unser Leben meist angenehmer, wenn wir in der spirituellen Praxis fortschreiten.

Wir müssen aber wirklich mit dem Herzen praktizieren und absolut aufrichtig. Aufrichtigkeit kann uns helfen, uns zu konzentrieren ; wenn wir nicht aufrichtig sind, praktizieren wir nur gelegentlich, nachlässig, oder überhaupt nicht. Das ist ganz logisch. Ich will euch das an einem Beispiel aus dem Alltag erläutern; Wenn ihr in jemand verliebt seid, scheut ihr keine Mühe. Ganz gleich, wie weit der Weg zu ihm ist, ihr geht trotzdem, um ihn zu sehen ; egal, was für einen Charakter er hat, ihr akzeptiert ihn. Ihr könnt alles ertragen, nur um ihn zu heiraten. Wenn ihr es aber nicht ernst mit ihm meint, seht ihr ihn an, als würdet ihr nicht sehen, ihr spürt nichts dabei. Ihr vermisst ihn nicht und habt keine Sehnsucht nach ihm. Ihr habt nicht das Bedürfnis ihn zu heiraten oder sein Herz zu gewinnen. Da ihr nicht alles versucht , was in eurer Macht steht , werdet ihr ihn natürlich nicht bekommen, weil es nicht das ist, was ihr wirklich wollt. Höchstwahrscheinlich möchtet ihr irgend jemand oder irgend etwas anderes . Vielleicht wollt ihr Urlaub machen oder irgendwie Spaß haben. Ihr vermisst ihn nicht. Also werdet ihr ihn auch nicht bekommen. Andererseits seid ihr ihn auch ziemlich egal . Da ihr nicht aufrichtig seid, vermögt ihr ihn nicht anzuziehen oder sein Herz anzurühren.

Genauso ist es auch mit unserer Weisheit und der unglaublichen Kraft. Nur wenn wir sie wirklich wollen , werden wir alles tun , um sie zu erhalten. Von ganzem Herzen, aus ganzer Seele werden wir danach streben. Wenn wir sie aber nicht wollen, werden wir sie auch nicht erhalten. Ist das nicht logisch ? (Ja) Nur wenn wir etwas wirklich wollen, konzentrieren uns darauf, es zu bekommen. Andernfalls ist es uns egal , ob es kommt oder nicht. Darum ist es von größter Wichtigkeit , das wir in unserer spirituellen Praxis aufrichtig sind. Zieht keine Show ab für andere. Das heißt nicht, das ihr die Tatsache, das ihr meditiert , verschweigen sollt, aber ihr dürft euch keinesfalls damit brüsten.

WARUM IHR EURE INNEREN ERFAHRUNGEN ANDEREN NICHT ENTHÜLLEN SOLLTET

Wenn euch die Leute fragen, was ihr praktiziert, solltet ihr antworten : „ Ich praktiziere die Guanyin-Methode und fühle mich sehr gut dabei. Ich meditiere so und so viele Stunden am Tag ,und ich bin Vegetarier." Sprecht nicht über eure inneren Erfahrungen. Warum ? Wenn ihr davon redet, werden sie es vielleicht nicht glauben. Sie verspotten euch vielleicht. Die meisten Menschen in der Welt werden euch nicht glauben ! Als ich gestern über andere Planeten sprach, fragten mich die Leute : „ Wie können sie beweisen , dass jene Planeten existieren ? Bilden sie sich das vielleicht nur ein ? " In den Zeitungen und im Fernsehen gab es so viele Berichte über UFO's und Außerirdische, und doch glauben es die Leute nicht ! Stellt euch vor, was sie denken, wenn wir über unsere inneren Erfahrungen sprechen. Da wir ihnen kein UFO zeigen können (die Meisterin lacht) , wie wollen wir sie überzeugen ?

Ich habe das große „ Glück " erwählt zu sein, als Erleuchteter Meister zu dienen, darum muss ich über alles sprechen und mich zum Narren machen. Jemand muss sich opfern ! Nachdem Gott mir diesen Auftrag , oder diesen „ Job" nun einmal zugeteilt hat, muss ich ihn ausführen. Ansonsten aber machen wir uns sehr oft nur zur Zielscheibe des Spotts , wenn wir unsere inneren Erfahrungen und unsere spirituelle Ebene aufdecken, und erreichen nur das Gegenteil. Wir reden, weil wir möchten, dass andere uns glauben und auch spirituell praktizieren ; statt dessen lachen sie uns womöglich aus und greifen uns an. Das kann unseren Glauben beeinträchtigen. Wenn die Leute immer wieder sagen , dass wir uns das alles nur einbilden, dann glauben wir mit der Zeit vielleicht selbst, dass alles Einbildung ist. Und wir möchten vielleicht aufhören , was unangenehm sein kann ! Grundsätzlich ist es nicht verkehrt , über diese Dinge zu sprechen , aber sehr oft haben wir keine inneren Erfahrungen mehr, wenn wir geredet haben, und dann werden wir in der spirituellen Praxis Rückschritte machen. Darum ist es besser , unsere inneren Erfahrungen für uns zu behalten und darauf zu verzichten, davon zu reden, dass wir irgendeinen Buddha, oder Licht sehen, oder einen Ton hören. Wenn jemand direkt fragt , dann könnt ihr sagen : Ja ! „Einige von uns, die die Guanyin- Methode praktizieren, können das Licht sehen und bestimmte Töne hören,"

Gebt ihnen einen allgemeinen Hinweis, statt zu sagen, dass ihr selbst den Ton hört. Ihr mögt sagen : „ Auch ich habe derartige Erfahrungen. Natürlich, ich mache gewisse Erfahrungen, aber darüber kann ich nicht sprechen ." Das reicht . Wir müssen uns nicht in undurchdringliches Schweigen hüllen. Wenn wir gar nichts sagen , wie sollten die Leute dann etwas über die Guanyin-Methode erfahren und den Nutzen, den man aus ihrer Praxis ziehen kann ? Und wie soll in ihnen der Wunsch entstehen , mit uns zu praktizieren ? Sagt also, was ihr sagen müsst , aber sprecht nicht über eure inneren Erfahrungen und die detaillierten Anweisungen , die ihr bei der Einweihung erhaltet. Ohne meine Erlaubnis dürft ihr sie nicht offenbaren, weil ihr sie noch nicht wirklich begriffen habt. Es ist nutzlos für euch, darüber zu reden.

Wenn ihr z.B. gerade die ersten paar Worte nach dem englischen Alphabet gelernt habt und euch dann hinstellt und andere lehren wollt - was soll das ? Das ist der Grund. Ich verbiete euch weder etwas noch mache ich ein Geheimnis daraus. Aber eines dürft ihr nicht vergessen ; Wenn wir in dieser Welt etwas tun und uns damit brüsten, werden wir gewöhnlich keinen Erfolg haben. Wenn das schon für weltliche Taten gilt, dann ist es erst recht gut für uns, unsere spirituelle Praxis geheim zu halten. Diese Welt gehört Maya (dem König der Illusion) und seine Lakaien stehen überall bereit, spirituell praktizierende anzugreifen und zu behindern. Wenn sie hören, dass wir einen Schatz in uns haben, angenehme und gute Gefühle und Dinge wie Nirwana, werden sie versuchen, uns ein Bein zu stellen. Sie sind missgünstig und sie praktizieren nicht spirituell , weil sie es nicht wollen. Da sie wissen, dass es für uns von großem Nutzen ist, diese Methode zu praktizieren , werden sie uns mit Sicherheit angreifen. Das ist der Lauf der Welt.

Wenn man Geld hat und eine Position, werden einen die Leute hassen , und wenn man erfolgreich die Menschen lehrt und viele Schüler hat, werden einen die Leute ebenfalls angreifen. In vielen Religionen gibt es Konflikte und Dispute, weil die Anhänger nicht richtig praktizieren. Daher werden sie statt zu Gotteskindern zu Sklaven und Werkzeugen von Maya. Darum sollten wir auf unserem spirituellen Pfad solche schwierigen Dinge beachten ; das ist alles ! Ich erlege euch keine strengen Regeln oder Verbote auf. Nein, gewiss nicht ! Das sind einfach Geheimtipps , die wir kennen müssen , um uns auf dem spirituellen Pfad zu schützen.

MIT DEM GEIST ZU ANDEREN PLANETEN REISEN

Natürlich ist es okay, im liegen zu meditieren, aber so schläft man auch leichter ein. Wir schlafen schon ein, wenn wir sitzen, was wird geschehen wenn wir uns hinlegen. Ich habe dasselbe Problem weil ich ebenfalls einschlafe, wenn ich mich hinlege. Das heißt aber nicht , dass Schlafen nutzlos sei, wir benötigen ausreichend Schlaf.

Unser Körper muss wieder aufgefüllt werden , und unsere Seele braucht Ruhe. Wählt eine günstige Zeit zum Meditieren, wenn ihr nicht zu müde seid. Warum meditieren wir am liebsten am Morgen und am Abend ? Es ist besser , morgens zu meditieren , wenn wir ausgeschlafen sind. Natürlich fällt es uns schwer, aufzustehen, aber wir sollten lieber aufstehen, weil es die beste Zeit zum Meditieren ist. Das erfordert natürlich Willensstärke und Aufrichtigkeit ohne das wird es uns schwer sehr fallen.

Manchmal werdet ihr während des Schlafes hinaufgezogen. Gewöhnlich bekommt ihr das nicht mit wenn es geschieht. Gelegentlich bemerkt ihr es, aber das macht nur Schwierigkeiten. Gestern sagte mir z.B. ein praktizierenden : „ Meisterin, meine Seele geht sehr oft hinaus, wenn ich schlafe, und ich sehe mich daliegen. Ich sage mir; da liegt mein physischer Körper , ich kriege Angst und komme zurück ." Ich sagte ihm, es wäre lustig, ein wenig auszugehen, wo wir doch die ganze Zeit im Körper eingesperrt sind. Der Körper läuft nicht weg, wenn wir nicht da sind. Er läuft nur umher, wenn wir darin sind. Wenn jemand gestorben ist , bleibt der Körper unbeweglich. Augen und Ohren sind noch da, warum läuft der Körper also nicht umher ? Er schreit nicht, wenn man ihn schlägt, und er antwortet nicht, wenn man ihn schilt. Das beweist, dass der Körper nicht von sich aus funktionieren kann. Er kann nur umhergehen, wenn wir darin sind. Darum ist es großartig, wenn du hinausgehst und siehst, dass der Körper dableibt. Er wird nicht weglaufen; mach dir keine Sorgen. Wenn du Angst hast, dann suche meine Hilfe. „ Meisterin, bitte beschütze mich ." Es wäre großartig, wenn du dich mit hinaufnehmen lassen würdest ! Darum lasse ich es euch nicht wissen , wenn ich euch hin und wieder im Schlaf mitnehme . Er wird schwierig, wenn ihr es mitbekommt ! Ich kann euch nicht herausziehen . Es ist nur faules , stinkendes Fleisch, aber ihr haltet mit aller Kraft daran fest. Euer Leben lang seid ihr darin gewesen, und geht nur ganz selten einmal hinaus, und doch klammert ihr euch mit allen Fasern an den Körper. Wer soll euch glauben, wenn ihr schwört : „ Ich möchte unbedingt von Geburt und Tod befreit werden ," wenn ihr nicht einmal dieses faule Fleisch loslassen und aus eurer Haut schlüpfen könnt ; wohin könnt ihr denn gehen ?

Es gibt viele Planeten in unserem Universum. Zweifelt nicht daran. Ihr wisst es, wenn ihr hinaufschaut und die Sterne seht ! Dort sind die Planeten, von denen einige bewohnt sind und andere nicht. Einige sind hochzivilisiert, während andere sehr rückständig sind. Unsere Erde kann unmöglich der einzige Planet im ganzen Universum sein ; was wäre das für eine Verschwendung ! Sollte der Schöpfer so Dumm sein, nur diese Erde zu erschaffen ? Es gibt zahllose Planeten ! Kürzlich haben Wissenschaftler dort oben geforscht und wie es scheint , haben sie Beweise, dass einige Planeten bewohnt sind, aber sie können nicht eindringen. Die Bewohner einiger sogenannter spiritueller Planeten haben keinen Körper so wie wir, daher können wir dort keine menschliche Wesen finden. Das heißt aber nicht, dass sie nicht existieren .

Die spirituellen Planeten sind unserer Erde oder anderen Erden überlegen. Wenn wir „ Erde „ sagen, meinen wir Planeten wie unsere Erde, unsere Welt. Diese materiellen Planeten nennen wir „ Erden " , weil dort alles materiell ist, sichtbar, greifbar und tastbar. Die andere Art nenne ich „ spirituelle Planeten ," weil ich nicht weiß, wie ich diese spirituellen Welten sonst nennen soll. In den Dimensionen hochentwickelter spiritueller Wesen hat man keine physischen Körper. Wir müssen unsere Schwingung erhöhen, um uns exakt ihrem Niveau anzugleichen, bevor wir ihre Existenz fühlen oder sehen können. Wir können sie nicht sehen, weil wir zu grob sind.

Sprechen wir nicht über die höheren Welten, nehmen wir statt dessen ein Beispiel , das unserer Welt näher kommt. Manche Menschen können die Seelen verstorbener sehen, andere können es jedoch nicht, weil ihre Schwingungen anders sind als die unseres physischen Körpers. Sie haben noch Körper , aber andere. Ein Zelt ist wie ein Haus, aber das Baumaterial ist anders. Wir können es leicht aufreißen mit einem Messer oder sogar mit der bloßen Hand. Holzhäuser sind aus anderem Material gebaut und standfester, und Häuser aus Zement sind sogar noch stabiler.

In Hongkong baut man Häuser aus Glas, was sehr schön wirkt, leicht und komfortabel. Es ist sehr angenehm, von innen nach draußen zu schauen. Wenn alles in Hongkong aus Zement gebaut wäre, so riesig und grob, ich fürchte , keiner könnte das ertragen. Die Enge würde die Menschen erdrücken, sie würden sich eingesperrt fühlen. Darum sind die Gebäude in Hongkong jenen in höher zivilisierten Welten sehr ähnlich. In einigen Welten sind die Häuser aus Kristall gebaut. Das Haus scheint zwar da zu sein, aber es entsteht kein Gefühl von Beschränkung. Die Leute können durch die Wände gehen, da diese nicht wirklich existieren, obwohl sie da sind, sie sind weich und sehr angenehm. Es gibt keine hohen, einengenden Wände, die den Blick verstellen. Dank der unsichtbaren Wände ist das Innere sehr geräumig. Die Gebäude mit den großen Glasfenstern, die wir bauen, kommen denen höherer Zivilisationen näher , obwohl diese Welten höherer Zivilisation nicht notwendigerweise spirituelle Welten sind. Ich sage nicht, dass es die höchsten Welten sind, man kann sagen, es sind Welten, die dem himmlischen Bereich angehören.

Nur Menschen jenes Bereichs haben den Wunsch, solche Häuser zu bauen und lieben es, darin zu wohnen. Es entspricht mehr der Art jener Welt, das ist alles. Sie erinnern sich unbewusst daran, dass es in der Welt, in der zu leben sie gewohnt waren, solche Gebäude gibt. An anderen Orten denken die Leute nicht daran, derartige Häuser zu bauen, sie denken nicht einmal daran, noch weniger bauen sie, sie. Nur Menschen, die dieser Art zivilisierter Welt näher sind, werden auf die Idee kommen, derartige Häuser zu bauen und gern darin zu wohnen. Ich gebrauche das jedoch nur als Beispiel allgemeiner Logik. Wo immer spirituell Praktizierende wohnen - es ist in Ordnung. Auf der höchsten Ebene gibt es keine Häuser aus Kristall. Häuser sind nicht wichtig. Wenn wir in unserer spirituellen Praxis vollkommen geworden sind, können wir unser eigenes Haus bauen. Welches Haus wir und auch vorstellen, es wird sich manifestieren. Je nach unserer Vorstellung und unserem Konstruktionstalent können wir alles bauen. Das Haus ist sogar schon erbaut, bevor wir zu diesem Bereich aufsteigen. Unsere Verdienste werden bestimmen, welche Art Haus wir haben.

Als Buddha Shakyamuni lebte, war einer seiner Schüler sein Neffe. Er praktizierte nicht gut, sondern frönte lieber weltlichem Vergnügen. Oft stahl er sich davon, nach Hause zu seiner schönen Frau. Buddha Shakyamuni war mit seiner Weisheit am Ende, weil dieser Mönch seinen Anweisungen nicht folgte. Eines Tages fand sich der Mönch - im Schlaf oder in der Meditation - in einer wunderschönen Welt wieder, wo ihn viele Göttinnen und Engel begrüßten. Dort gab es liebliche Musik , prächtige Landschaften und herrliche Paläste. Man lud ihn ein, in einem Palast zu wohnen , wo ihn die Göttinnen bedienten, mit Gesang und Tanz unterhielten und ihm den köstlichsten Wein und himmlische Speisen servierten . Er fragte die Göttinnen : „ Würdet ihr mir bitte sagen, wo ich bin ? Wessen Palast ist dies ? Er ist wundervoll. Und aus welchem Hause kommt ihr wunderschönen Damen ? ”

Die Göttinnen sagten zu ihm : „ Dieser Palast ist reserviert für den Neffen von Buddha Shakyamuni , dessen Name soundso lautet. ” Sie taten , als wüssten sie nicht , wer er war. „ Wenn er gut praktiziert , wird er heraufkommen und hier leben. Wir sind seine Dienerinnen . ” Entzückt stellte er fest, dass diese Dienerinnen hundert - oder tausendmal schöner waren als seine Frau. Wein und Speisen waren delikat, Pfirsiche und andere Früchte köstlich und um vieles größer als in unserer Welt . Er fragte : „ Kann ich nicht hier bleiben ? Ich bin nämlich derjenige , und dieses Haus wie auch ihr alle gehört mir. Jawohl ich bleibe gleich hier !”

Sie erwiderten : „ Nein, das geht nicht. Du bist in deiner spirituellen Praxis noch nicht vollkommen. Erst wenn du das erreicht hast, kannst du kommen und hier wohnen. Wir werden hier auf dich warten. Heute zeigen wir dir nur, wie dein zukünftiger Wohnsitz aussieht .” Es war eine Art Hausbesichtigung , um zu sehen , ob es einen gefällt oder nicht, bevor man sich entschließt, es zu kaufen. „ Nun, da du dein Traumhaus gesehen hast, kannst du später wiederkommen. Wir warten auf dich. Es wird nicht lange dauern, nur einige Tage . ” Was ? Nur einige Tage ? Habt ihr nicht gesagt , ich müsste dort unten einige Jahrzehnte praktizieren ? Sie antworteten : „ Das stimmt ! Einige Tage hier entsprechen einige Jahrzehnte dort unten !” (Die Meisterin lacht) Zutiefst enttäuscht, fiel er jäh hinab. Er konnte nicht dort bleiben, weil er nicht genug praktiziert hatte , um im Herzen beständig zu sein. Außerdem war seine Zeit noch nicht gekommen.

Er war sehr bestürzt, denn dieser Ort fehlte ihm . Da schubste ihn Shakyamuni plötzlich zu einem Besuch in die Hölle. Kaum aus dem Himmel zurückgekehrt, fand er sich in der Hölle wieder. Da sah er viele schreckliche Gespenster mit gewaltigen Fangzähnen, grässlichen Nasen, schaurigen Haaren und unvorstellbar fürchterlichen Gesichtern und unheilvollem Blick. Ihr habt sie vielleicht in Filmen gesehen. Sie bestraften dort Leute, indem sie, sie in Stücke sägten, im Feuer brieten und auf schreckliche Art und Weise malträtierten. Die Gequälten schrieen laut in großer Pein.

Die Dämonen zeigten dem Neffen einen riesigen Kessel mit siedendem Öl. Er fragte sie : „ Wieso ist der Kessel leer ? Da ist ja niemand drin !” Daraufhin wurde ihn geantwortet, dass der Kessel für Buddha Shakyamunis Neffen reserviert sei, dessen Name soundso laute ! Sollte seine spirituelle Praxis miserabel sein, erwarte ihn die Hölle ! Dann zeigten sie ihm viele Werkzeuge, mit denen man einen Menschen zerschneidet, zersägt, und zerteilt, bevor man ihn zum Kochen in den Kessel wirft. Schritt für Schritt erläuterten sie ihm die umständliche Prozedur, was sie mit seinem Körper anstellen, welche Teile tiefgefroren, welche geröstet würden und wie oft er das mitmachen müsste. Sie lasen ihm eine umfangreiche Speisekarte vor, so dass ihm die Haare zu Berge standen. „ O nein ! Ich will nicht hierher kommen. Ich gehöre nicht hierher. Ich gehöre in den Himmel!” rief er aus. Man erwiderte ihm : „ Du musst eisern praktizieren, um in den Himmel zu kommen, aber die Hölle ist jederzeit bereit, dich zu empfangen. ” Der Neffe , über die Maßen erschreckt, schrie laut auf. Dann brachte Buddha Shakyamuni ihn wieder nach Hause.

Ihr sehr, ob Himmel oder Hölle - es liegt in unserer Hand. Wir müssen uns entscheiden. Beschuldigt nicht jemand anders, dass er schlecht zu uns sei, oder Gott, dass er uns nicht rettet, denn Gott sind wir, wir selbst. Wenn wir uns nicht selbst retten wollen, wer dann ? Es gibt niemand anderes ! Jeder einzelne Mensch im Universum ist eine unabhängige Seele. Wir wissen um unser Gutsein und Bösesein ; wir wissen, was uns Not tut und was wir tun sollten . Niemand wird sich darum scheren. Wenn wir gute Taten vollbringen , werden wir gute Früchte ernten. Wenn wir Böses tun, wird uns Böses vergolten werden. Das ist kristallklar; wir sind unsere eigenen Meister und entscheiden unsere eigene Zukunft.

Es macht nicht, wenn wir in der Vergangenheit geirrt haben , wir können eine andere Zukunft wählen als Ausgleich für die Vergangenheit. Während der heutigen Einweihung habe ich euer Karma aus vielen vergangenen Leben beseitigt. Das geschah unsichtbar , so wie man eine Taste am Computer drückt, um etwas zu löschen. Sollten wir jedoch den gleichen Fehler wiederholen, so wird es wieder aufgezeichnet. Um zu vermeiden , dass wir uns in Zukunft wieder Karma zuziehen , sollten wir die Gebote halten und uns vegetarisch ernähren, um unerwünschte Verbindungen zu fühlenden Wesen zu vermeiden. Es ist zu unserem eigenen Guten , gute Taten zu vollbringen. Wenn wir uns liebevoll um Leidende kümmern, lieben und versorgen wir uns selbst, indem wir gutes Karma schaffen. Aber abgesehen von all dem guten oder schlechten Karma , das wir uns zugezogen haben - wenn wir uns nicht daran binden, können wir der dadurch verursachten Vergeltung entgehen. Ob nun gutes oder schlechtes Karma - wir müssen immer noch zurückkommen. Das beste ist, weder gutes noch schlechtes Karma zu haben, denn dann können wir ins Himmlische Königreich zurückkehren.

GEWINNEN OHNE ZU GEWINNEN

Ihr habt sehr lange hier gesessen ohne unruhig zu werden. Ihr müsstet die Kraft der Stille erfahren haben. Natürlich wird euch die Kraft von Buddha oder Gott nicht treffen wie ein elektrischer Schlag. „ Au, jetzt kommt es ! Der Segen kommt ! " (Die Meisterin demonstriert mimisch die Wirkung eines elektrischen Schlags. Alle lachen .) Sie ist sehr still. Da es unsere eigene Kraft ist , ist sie uns nicht fremd. Sie kommt so leicht und natürlich, dass es uns nicht einmal bewusst wird. Seid ihr euch eurer Existenz bewusst ? Natürlich nicht ! Wir sind so an uns gewöhnt ! Nur wenn ein Fremder anwesend ist, spüren wir einen Unterschied in der Atmosphäre .

Darum seid ihr euch des Nutzens, den ihr aus der Meditation gewinnt, oft gar nicht bewusst. Ihr habt das Gefühl , es gäbe keinen. Es geschieht so natürlich und sanft, dass ihr sehr aufmerksam und konzentriert sein müsst, um zu erkennen, was ihr gewonnen habt. Wie das Herz- Sutra feststellte : Es gibt nichts zu gewinnen. Die Bücher des Konfuzius hingegen sagen , dass wir etwas „ gewinnen „ werden. Tatsächlich meine beide dasselbe, das ist kein Wiederspruch ! Es besteht kein Wiederspruch zwischen dem Herz- Sutra und dem großen Wissen, sie drücken sich nur auf unterschiedliche Weise aus. Dies „zu gewinnende Objekt „ ist nichts, was wir berechnen oder anderen vorführen können : in diesem Sinne können wir nicht davon sprechen, dass wir etwas „gewinnen ".

Es ist kein sensorisches Gefühl wie ein elektrischer Schlag oder ein großes Erschrecken , nun ja, zuweilen schon. Wenn wir schweres Karma haben oder eine schlechte Atmosphäre, erleiden wir einen Schock, wenn Gottes Segen kommt, um die negative Kraft auszutreiben. Dann spüren wir den Schlag, weil es ein eigenartiges Phänomen ist. Die Gotteskraft und Maya sind einander absolut fremd , weil letztere eine von außen einwirkende Macht bzw. Wesenheit ist. Von unserer eigenen Kraft wird sie als fremd empfunden . Wir spüren den Schlag, als wäre in uns eine Schlacht geschlagen worden. Wenn wir jedoch kein schweres Karma haben oder nicht von äußeren Wesenheiten bzw. Energien besessen sind, werden wir uns sehr wohl fühlen, so als wäre nichts geschehen. Es ist absolut still , kaum zu entdecken.

Wie auch immer, wir bemerken es, wenn wir das Licht sehen oder den Ton hören.

Manchmal, wenn wir den Ton hören, erwarten wir irgend etwas Sensationelles. Wenn euch z . B. bei der Einweihung gesagt wird, dass ihr vielleicht Donner hört , dann wartet ihr die ganze Zeit darauf, dass es donnert. „ Wie kommt es, dass ich den Donner noch nicht gehört habe ?" Es ist total in Ordnung wenn ihr andere Klänge hört ! Sogar der Klang des inneren Donners ist nicht so erschreckend wie äußere Donner . Es ist ein lauter , rollender Ton, der sehr an Donner erinnert, aber es ist nicht dasselbe. Er ist nicht zu vergleichen mit weltlichen Klängen. Sonst wundert ihr euch vielleicht : „ Er sprach von Donner. Ist es das nun, oder nicht ?" Eure Zweifel werden eure Konzentration stören, und der Donner wird auch noch verschwinden ! (Die Meisterin und alle lachen) Vorhin sagte ein Miteingeweihter, er habe nichts gehört als den Klang des „ Om"

Ist das nicht einer der Töne ? Und ob ! Manchmal erwartet ihr einfach zuviel !

Nehmt es gelassen. Dies ist der erste Tag. Viele weitere wunderbare Dinge werden sich in den kommenden Tagen ereignen. Wenn ihr eifriger praktiziert und mehr von eurer Energie spart, werden sich viele unglaubliche Dinge ereignen. Ihr werdet das Phänomen des „ gefeit sein gegen Verbrannt werden durch Feuer und Getötet werden durch das Schwert " erfahren, das im Kapitel „ Universelle Tür " erwähnt wird. Ihr werdet verstehen, was damit gemeint ist. Vielleicht rezitiert ihr diesen Abschnitt täglich, und werdet dennoch leicht von Feuer verbrannt und durch ein Schwert auf der Stelle getötet. Ihr habt es niemals wirklich erfahren. Tatsächlich ist das ein symbolischer Vorgang , der nicht in Worte zu fassen ist.

Die Alten schrieben es auf, weil sie es selbst erfahren hatten. Hier rezitieren wir immer wieder diesen Abschnitt des Kapitels „ Universelle Tür " der Guanyin Bodhisattva : „ gefeit sein gegen Verbrannt werden durch Feuer und Getötet werden durch das Schwert ," aber es geschieht nicht wirklich ! Da es doch nicht unsere Erfahrung ist, wie können wir damit fortfahren, es zu rezitieren ? Es ist jedenfalls nutzlos. Das war nur die Erfahrung anderer Leute. Wenn z.B. jemand Keks isst und sagt : „ Die Plätzchen sind sehr süß und knusprig, wirklich köstlich !" Wäre es nicht lächerlich, seine Worte einfach zu wiederholen ? Er hat sie gegessen , also weiß er es und schreibt es auf , um seinen Gefühlen Ausdruck zu geben. Solange wir nicht davon gegessen haben , wissen wir nichts darüber. Was können wir ausdrücken ? Was nützt es, andere Leute Erfahrungen zu rezitieren ? Darum ist Rezitation sinnlos ?

Nun aber wird es euch nützen, das Kapitel „ universelle Tür „ zu rezitieren, weil ihr seine Bedeutung versteht. Zuerst beschreibt es die Begegnung mit der Guanyin- Bodhisattva und andere wunderbare Visionen, und zählt die Verdienste der Guanyin - Bodhisattva auf. Dann wird die Erfahrung der Klänge von Brahma und Flutwellen sowie überweltlichen und anderen fantastischen Klängen beschrieben. Der erste Teil befasst sich mit der Meditation auf das Licht, während der zweite Teil die Meditation auf den Klang beschreibt : es ist ein klarer und detaillierter Bericht über innere Erfahrungen. Nur, dass die Leute später einfach die Worte rezitieren, ohne zu wissen, was sie bedeuten !

Diese Schwester hier sprach z.B. gerade davon dass sie meinen Manifestationskörper gesehen hat. Sie sah mich die ganze Nacht im Traum und wollte heute Morgen ganz zeitig kommen. Und soeben in der Meditation während der Einweihung , sah sie wieder meinen strahlenden Manifestationskörper der dem physischen Meister äußerlich sehr ähnlich sah, nur das er schöner war und prächtigere Kleidung trug. (Beifall) Bevor sie hierher kam, sah sie mein Foto und meinte , sie müsse mich schon gesehen haben, aber anders gekleidet . Sie hatte mich in Rot gesehen aber dann beim Vortrag trug ich Gelb, so war sie etwas verunsichert. Heute nun trage ich jene Kleider , und sie erinnert sich ! Dies waren die Kleider , die sie gesehen hat. Ich habe viele verschiedene Kleider in verschiedenen Farben, manche richtig Shocking, um dem Geschmack der verschiedenen Leute zu entsprechen. Manchmal sehen sie mich innerlich in unterschiedlicher Gestalt.

Die Kleider an sich sind nicht wichtig, aber ich trage sie , damit die Leute mich wiedererkennen. Sehr oft haben sie mich innerlich gesehen , bevor sie mir begegnen. Wenn ich nicht bestimmte Kleidung trage

, können sie mich nicht wiedererkennen bzw. mit mir kommunizieren, und vergessen die Beziehung zu mir, die aus ihrem letzten Leben herrühren . Wenn sie mich aber in diesen Kleidern sehen, erinnern sie sich im Unterbewusstsein und praktizieren schneller und anhaltender. Es gibt viele solcher Geschichten , aber eine mag genügen ; wir haben keine Zeit uns so viele anzuhören. Angenommen , viele sehen das Licht nicht , sitzen aber hier und fühlen uns ganz friedlich und still , als wären wir in Samadhi , dann ist das auch eine sehr gute Erfahrung . Tag um Tag entwickeln wir unsere Liebe, Intelligenz und Weisheit , und unser Leben wird ausgeglichener weil wir uns beschützt fühlen , sehr überzeugt und sicher, das ist ebenfalls eine Erfahrung und ein Nutzen aus spiritueller Praxis. Wir praktizieren nicht spirituell, nur um das Licht zu sehen. Das Licht dient nur dazu, uns zu versichern , dass wir uns auf dem spirituellen Pfad befinden und richtig verbunden sind, so dass wir innerlich in Frieden sein können. Wenn wir das Licht nicht gesehen haben , aber Frieden haben und wissen , dass wir sicher sind und einen Ort haben , wohin wir gehen können, dann ist das eine sehr gute Erfahrung.

Es ist nicht nötig, dass wir uns mit anderen vergleichen. Darum gebe ich euch den Rat, anderen eure inneren Erfahrungen nicht zu enthüllen , nicht einmal Miteingeweihten, es sei denn , ich sage es sei okay.

ZWÖLF GÖTTLICHE OFFENBARUNGEN DES LICHTS

„ Führe uns aus der Finsternis ans Licht „ ist das inbrünstigste Gebet der Upanishaden , das die spirituelle Suche auf einfachste und zugleich tiefgründigste Weise zum Ausdruck bringt. Alle heiligen Schriften geben Zeugnis vom göttlichen Licht, aber was versteht man eigentlich darunter ? Ist es ein metaphorischer Ausdruck für „ Verstehen „ oder „ Wissen „ ? Steht es für das verlangen nach Erlösung von Leid ? Die unten aufgeführte Sammlung von Zeugnissen über das Göttliche Licht , die Zitate berühmter Mystiker aus allen Zeitalter und von unterschiedlicher religiöser Herkunft einschließt , wird nicht nur das transzendente Licht als ein ganz reales Phänomen beschreiben , sondern wird auch die entscheidende Bedeutung dieses Lichts für den spirituellen Weg erhellen , jenen Weg, der zum Erwachen der Seele führt. Diese Zeugnisse vermitteln nicht nur eine Ahnung von der überwältigenden Glückseligkeit , die eine solche Erfahrung mit sich bringt, sondern eröffnen eine vollkommen andere Glaubensdimension . Das Licht , so beschreibt es eine Textstelle, ist an der Wurzel der Wurzel unserer Seele. Demzufolge gibt es keine wirkliche Selbsterkenntnis ohne diese Lichterfahrung.

HINDUISMUS
VEDEN

Die Veden zählen häufig zwölf Arten von göttlichen Manifestationen oder Offenbarungen in Form von Licht auf. Diese Erscheinungsweisen visueller Offenbarungen sind nicht nur in Farbe und Gestalt unterschiedlich , sondern ebenso in ihrer Wirkung auf die menschliche Seele. Die verschiedenen Lichtformen, wie usha, agni und andere , werden meistens als Eigennamen für „ die Götter „ stehen gelassen, was zur Vorstellung eines Götterpantheon führt statt zum Glauben an den einen allumfassenden Gott, der sich in vielfältiger Gestalt offenbart.
Hier die zwölf Lichtformen , die von den Veden bezeugt werden : agni , das feurige Licht, das eine zentrale Rolle bei der Reinigung des Bewusstseins von jeglicher Art weltlicher Neigungen spielt : savita, das schöpferische Licht, das unterschiedliche Gestalten sichtbar macht und Wissen vermittelt : usha,

das Licht der Morgenröte („ Aurora „) : pusha, das gedämpfte Licht bei Tagesanbruch : hiranya, das goldene Licht : shyana , das rauchige Licht : ashama , das kristallklare Licht: bhanu , das Sonnenlicht : shakadhuma, das strahlende Licht : dhumaketu , der Stern : jyoti, das Licht der Visionen in menschlicher Gestalt (vgl.Engel) : apa , das helle Tageslicht.

Alle verschiedenartigen Formen des göttlichen Lichts läutern die Seele von „ Untugenden „ , was jedoch keineswegs einen schmerzhaften Vorgang darstellt. Das Bewusstsein wird im Gegenteil so vom göttlichen Licht angezogen und darin eingetaucht, dass es den Geschmack an weltlichen Freuden verliert , die es an flüchtige Erscheinungen und somit an existentielles Leid banden. Da alle Tugenden von Gott ausgehen , inspiriert das göttliche Licht als sein Werkzeug zu guten Gedanken , Worten und Taten.

Die göttliche Offenbarung des feurigen Lichts (agni) führt uns zur Anbetung (Gottes) . (Rig Veda 1:1:1)

Durch die göttliche Offenbarung des schöpferischen Lichts (savita: das schöpferische Licht, d.h. ein Licht , in dem verschiedene Formen oder Gestalten sichtbar werden) zieht (der Heilige) den ergebenen nach innen empor. (Rig Veda 1: 22:5)

Der weise Heilige wacht mithilfe der göttlichen Offenbarungen über dem Ergebenen , damit er Gottes Gesetz einhält. Der Herr über die göttlichen Offenbarungen gewährt die zwölf Formen göttlichen Lichts. (Rig Veda 1.25:8)

Die göttliche Offenbarung des Morgensterns (dhumaketu) befähigt uns, den göttlichen Nektar zu empfangen. (Rig Veda 1.27:11)

Das Licht der Dämmerung (usha) offenbart sich der Seele von selbst im Innern . (Rig Veda 1:48:1)

Vom göttlichen Klangstrom (dem unablässigen Strom) erfüllt , beseligen die zwölf göttlichen Offenbarungen des Lichts (dwadas: zwölf) die Seele . (Rig Veda 1:53:9)

Der Lebende (So Gekommene, d.h. der Heilige) gewährt die zwölf vorzüglichen Offenbarungen und führt uns so zur Anbetung . (Rig Veda 1:64:11)

Die zwölf göttlichen Offenbarungen des Lichts in uns führen uns weiter zu den fünf Formen der nährenden göttlichen Offenbarungen . (Rig Veda 1:164:12)

Er (der Heilige) gewährt die göttliche Offenbarung des kristallklaren Lichts (ashmana), um uns unsterblich zu machen. (Rig Veda 2:1:1)

Der vollkommen ergebene (Heilige) gewährt die göttliche Offenbarung des jyoti (Vision in menschlicher Gestalt, Engelsformen) , um uns zur Vollkommenheit zu führen : (Rig Veda 2:27:11)

UPANISCHADEN

Führe mich von der Selbsttäuschung zur Wahrheit. Von der Finsternis führe mich ans Licht. Führe mich vom Tod zur Unsterblichkeit. (Brihad- Aranyaka Upanischad 1:3.28)

Wenn der weise Seher den Herrn im goldenen Licht erblickt, den Geist...dann lässt er Gut und Böse hinter sich und geht in Reinheit in die Höchste Einheit ein.(Mundaka Upanischad 3:1:3)

Dieser Atman (die Seele, ihrem Wesen nach eins mit Paramatman, dem Höchsten Geist) ..die Weisen, die streben und rein sind, sehen ihn im Innern des Körpers in seiner reinen Herrlichkeit und in seinem Licht. Die Wahrheit erringt den Sieg , nicht die Falschheit. Die Wahrheit ist der zu den Lichtregionen führende Weg. Die Weisen bewegen sich darin frei von Wünschen und erreichen die Höchste Wohnstatt der Wahrheit. Er ist unermesslich in seinem Licht und jenseits aller Gedanken , und doch leuchtet er kleiner als der Kleinste. Er ist weit, weit weg, und doch ist er ganz nah,in der innersten Kammer des Herzens ruhend (nicht das physische Herz oder dessen Sitz im Körper, sondern Ausdruck der aufrichtigen Hingabe). (Mundaka Upanischaden 3:1:5-9)

Er ist der Gott des Lichts, unsterblich in seiner Herrlichkeit, reines Bewusstsein, allgegenwärtig , der liebende Beschützer aller...in meiner Sehnsucht nach Befreiung nehme ich deshalb Zuflucht bei Gott , der mir in seiner Gnade sein eigenes Licht enthüllt...Ich nehme Zuflucht bei Gott, der EINS ist in der Stille der Ewigkeit, reine Ausstrahlung von Schönheit und Vollkommenheit, in dem wir unseren Frieden finden. Er ist die höchste Brücke, die zur Unsterblichkeit führt, und der Geist des Feuers (die göttliche Offenbarung von agni mit ihrer starken reinigenden Wirkung) , der den Unrat des niederen Lebens verbrennt...So einer höchste Liebe zu Gott empfindet und auch seinen Meister als eins mit Gott liebt (d.h. als einen, der die unio mystica erlangt hat und als Gottes Bote auf Erden wandelt) dann scheint das Licht in einer großen Seele: es scheint fürwahr in einer großen Seele. (Svetasvatara Upanischad 6)

JUDENTUM
Bibel

Gott ist die Quelle des transzendenten Lichts, das den Pfad der die Seele zu ihrem Ursprung zurückbringt , erleuchtet und so zur Erlösung führt. Das Bewusstsein muss sich zum „Berg" oder zum „Hügel" im Innern des Körpers erheben, dem Ort oberhalb der Sinneswahrnehmung, um in den Himmel der mystischen Erfahrung zu weilen. Gottes Licht gibt der Seele Leben. Im Zustand des Schrittweisen Erwachens erkennt die Seele, dass - verglichen mit der Seligkeit, die sie von diesem Licht empfängt - die Beschränkung der empirischen Wahrnehmung „Tod" bedeutet. Die zwölf Kategorien des göttlichen Lichts werden von der jüdischen Bibel reichlich bestätigt. Ein eingehendes Studium der zwölf Stämme Israels einschließlich der Eigennamen ihrer Führer , würde eine sublime spirituelle Bedeutung aufzeigen. Die Zahl zwölf findet sich in den das Fundament des himmlischen Jerusalem bildenden Edelsteinen sowie in den Säulen, die ein solides Fundament für die Offenbarung und die Anbetung Gottes, des Herrn, darstellen. Als die Seele noch im Garten Eden weilte, im Zustand der Vollkommenheit und der Harmonie mit Gott, war sie in zwölf kostbare Steine gekleidet, die als Symbol für die verschiedenen Farben des göttlichen Lichts stehen, d.h. , sie stand unablässig und mühelos mit dem göttlichen Licht, das ihr eigentliches Wesen ausmacht, in Verbindung. Nach ihrem Fall jedoch musste Gott diese Verbindung zwischen Erde (Menschheit) und Himmel mithilfe seiner Arche, symbolisiert durch die Farben des Regenbogens, wiederherstellen. So schloss er einen ewigen Bund mit der „Welt" - nicht nur mit einem einzelnen Volk oder einer einzigen Nation, sondern mit der ganzen Menschheit. So findet sich in der mystischen Bedeutung der „Stämme Israels" (Israel: der mit Gott herrscht) die universale Botschaft der jüdischen Bibel. Die berühmte Jakobsleiter bestätigt, dass Gottes Engel unablässig zwischen Gott und den Seelen empfänglicher Menschen hinab und emporsteigen und - in innigen „Gesprächen mit Gott " Botschaften hin und her tragen.
Denn du, Jahwe, bist meine Leuchte, mein Gott bringt Licht in meine Finsternis. (2.Sam.22:29;vgl.2.S

am.21:17 für den Propheten als „Leuchte Israels")

Denn bei dir ist die Quelle des Lebens, und in deinem Licht sehen wir das Licht. (Ps.36:10)

Sende dein Licht und deine Wahrheit, dass sie mich leiten und bringen zu deinem heiligen Berg und zu deiner Wohnung, dass ich hineingehe zum Altar Gottes. (Ps.43;3-4)

Aber die Blinden will ich auf dem Wege leiten, den sie nicht kennen; ich will sie führen auf Pfaden, die sie nicht kennen. Ich will die Finsternis vor ihnen zum Licht machen und das Holperige zum ebenen Weg wandeln. (Jes.42:16)

Steh auf, werde Licht, denn dein Licht kommt, und die Herrlichkeit des Herrn geht auf über dir. (Jes. 60:1)

Gott kam von Tenan her und der Heilige vom Gebirge Paran (paran:Schmuck, Zierde). Seine Herrlichkeit bedeckten den Himmel, und sein Ruhm erfüllte die Erde. Sein Glanz war wie Licht, und Strahlen gingen aus von seinen Händen. Darin war verborgen seine Macht. (Hab.3:3-4)

Denn du hast meine Seele von Tode errettet, meine Füße vom Gleiten, dass ich wandeln kann vor Gott im Licht der Lebendigen. (Ps.56:14)

Da rief Josua die zwölf Männer, die es bestellt hatte aus Israel, aus jedem Stamm einen, und sprach zu ihnen : „ Geht hinüber vor der Lade des Herrn, eures Gottes, mitten in den Jordan (1) (1= Jordan, der Herabsteigende d.h. Strom der göttlichen Offenbarungen, der zu jener Schwelle zwischen materiellem und spirituellem Bereich herabfließt , die im Innern des Menschen verborgen ist.) und ein jeder hebe einen Stein auf seine Schulter, nach der Zahl der Stämme Israels, damit sie ein Zeichen seien unter euch. Wenn eure Kinder später einmal fragen : Was bedeuten euch diese Steine ? , so sollt ihr sagen : Weil das Wasser des Jordan weggeflossen ist vor der Lade des Bundes des Herrn , als sie durch den Jordan ging, sollen diese Steine für Israel ein ewiges Andenken sein ." (Jos.4:4-7)

Und du sollst feinstes Mehl nehmen und davon zwölf Brote backen..und sollst sie legen in zwei Reihen, je sechs in einer Reihe , auf den Tisch von feinem Gold (in der Stiftshütte, dem Tabernakel im Innern, oberhalb der Sinne) vor dem Herrn. (3.Mose 24;5-6)

Und es ging aus von Eden ein Strom, den Garten zu bewässern, und teilte sich von da in vier Arme. Der erste heißt Pischon („frei fließend") der fließt um das ganze Land Hewila, wo man Gold (zahab: glänzend) findet; und das Gold des Landes ist kostbar. Dort gibt es auch Bdelliumharz (bedolach,weisse Perlen) und den Edelstein Schoham (wahrscheinlich grüner Beryl,s.u.) . (1.Mose 2:11-12)

Und du sollst sie (die Brusttasche der Entscheidung) besetzen mit vier reihen von Edelsteinen. Die erste Reihe sein ein Odem (sarder), ein Pitdah (Topas) und ein Bareket („glitzernder Stein „Smaragd), die andere ein Nofek (Rubin) , ein Sappir (Saphir , eher Lapislazili) und ein Yahalom (Diamant), die dritte ein Leschem (Hyazinth), ein Schebu (Achat) und ein Achlamah (Amethyst); die vieret ein Tarischisch (Chrysolith), ein Schoham (Beryll) und ein Jaschpeh (Jaspis); in Goldgeflecht sollen sie gefasst sein. Zwölf sollen es sein in Siegelstecherarbeit, nach den Namen der Söhne Israels, dass auf jeden ein Name stehe nach den zwölf Stämmen. (2.Mose 28;17-21; vgl.2. Mose 39;6ff.)
So spricht Gott der Herr; Du warst das Abbild der Vollkommenheit, voller Weisheit und vollendet schön.

In Eden warst du, im Garten Gottes, Edelsteine aller Art bedeckt dich, Sarder, Topas, Diamant, Türkis, Onyx, Jaspis, Saphir, Malachit, Smaragd. Von Gold waren gearbeitet deine Fassungen (auch;Tamburine). Am Tage deiner Erschaffung wurden sie bereitet. Du warst ein glänzender, schirmender Cherub, und auf den heiligen Berg hatte ich dich gesetzt; ein Gott warst du und wandeltest inmitten der feurigen Steine. Du warst ohne Tadel in deinem Tun von dem Tage an, als du geschaffen wurdest, bis an dir Missetat gefunden wurde. (Hes.28; 12-15)

Und über der Feste , die über ihrem Haupt war, sah es aus wie ein Saphir (Lapislazuli), ein Thron gleich, und auf dem Thron saß einer, der aussah wie ein Mensch. Und ich sah, und es war wie blinkendes Kupfer aufwärts von dem, was aussah wie seine Hüften, und abwärts von dem, was wie seine Hüften aussah , erblickte ich etwas wie Feuer und Glanz ringsumher. Wie der Regenbogen in den Wolken steht, wenn es geregnet hat, so glänzte es ringsumher. So war die Herrlichkeit des Herrn. Und als ich sie gesehen hatte, fiel ich auf mein Angesicht und hörte einen reden. (Hes.1;26-28)

Und Gott sprach: Das ist das Zeichen des Bundes, den ich geschlossen habe zwischen mir und euch und allen lebenden Wesen bei euch auf ewig; ich stelle meinen Bogen in die Wolken, und er soll ein Zeichen des Bundes zwischen mir und der Erde sein. (1.Mose 9;12-13)

Da erschien ihm der Engel des Herrn in einer Feuerflamme, mitten aus einem Dornbusch heraus. Und er sah hin, und siehe, der Dornbusch brannte in Feuer, aber der Dornbusch wurde nicht verzehrt. (2.Mose 3;2)

Der Herr zog vor ihnen her, bei Tag in einer Wolkensäule, um ihnen den Weg zu zeigen, bei Nacht in einer Feuersäule, um ihnen zu leuchten, damit sie bei Tag und Nacht wandern könnten. Niemals wich die Wolkensäule bei Tag und die Feuersäule bei Nacht von der Spitze des Volkes. (2.Mose 13:21-22;vgl.4.Mose9:15 und Ps104:3-4)

Auf dem Berg hatte er von Angesicht zu Angesicht mit euch aus dem Feuer geredet. (5.Mose5:4-5)

Von Zion, der Schönheit Krone, erstrahlte der Herr. Unser Gott kommt und hüllt sich immer in Schweigen. Verzehrendes Feuer geht vor ihm her, rings um ihn erbrausen die Stürme. (Ps.50:2-3)

Hierauf sprach der Herr zu Mose: „Siehe, ich werde in einer dichten Wolke zu dir kommen, damit das Volk es hört, wenn ich mit dir rede, und dir für immer glaubt." (2 . Mose 19:9)

Denn ich bin der Herr ,dein Arzt. Und sie kamen nach Elim; da waren zwölf Wasserquellen und siebzig Palmbäume. Und sie lagerten sich dort am Wasser . (2Mose15:26-27)

Und der Engel der mit mir redete, weckte mich abermal auf,,,und sprach zu mir: Was siehst du? Ich aber sprach : Ich sehe, und siehe, da steht ein Leuchter, ganz aus Gold, mit einer Schale oben darauf, auf der sieben Lampen sind und sieben Schnauzen(2) an jeder Lampe. (2= Jede Art von Licht ist verbunden mit einer speziellen Art des göttlichen Klangs, eine „Lippe", die Botschaften vermittelt.)(Sach.4:1-2)

Da träumte ihm (Jakob), und siehe eine Leiter stand auf Erden, die rührte mit der Spitze an den Himmel, und siehe , die Engel Gottes stiegen daran auf und nieder. Und der Herr stand oben darauf und sprach: Ich bin der Herr, der Gott deines Vaters Abraham,,,(1 Mose 28;12-13)

DIE ZOROASTRISCHE RELIGION
Zend Avesta

Der Avesta, die heilige Schrift des zoroastrischen Glaubens, lehrt die Anbetung Gottes als des „Weisen Herrn" oder Ahura Mazda. Ahura Mazda wird in und durch seine göttlichen Manifestationen, die Amesha Spentas (Pahlavi) oder Amahraspand angebetet. Dies sind wohltätige, unsterbliche spirituelle Wesen – erschaffen von oder hervorgegangen aus Ahura Mazda - und sie werden zuweilen als „Erzengel" bezeichnet. Es sind 33 an der Zahl. Neben dem zentralen Namen für Gott, Ahura Mazda, ist Asha im Avesta ein zentraler Begriff, der - ähnlich wie das Sanskrit - Wort Dharma im Hinduismus - das als letztlich unübersetzbar gilt, da er in seiner Bedeutung Wahrheit, Weltordnung, Heiligkeit, das Recht heißen kann. Asha und Ahura Mazda sind ihrem Wesen nach eins, denn einigen Versen zufolge wird Ahura durch Asha geheiligt, während andere Asha durch Ahura erschaffen lassen. In Yasna 1:1 wird Ahura Mazda als der Herrliche, der Leuchtende, der Größte und der Beste beschrieben, als aufgrund seiner Asha (Wahrheit) unfehlbar und als der Schönste. Er ist der überschwänglich gewährende Geist, der uns gemacht hat, uns nährt und beschützt. Der Avesta kennt eine ganze Anzahl von Begriffen für die Seele: zinda rawan (lebendige Seele), urvan und andere. Religion besteht darin, den weisen Herrn durch seine Manifestation des Wortes anzubeten: der wahre Begriff für „Religion", den oder din (vgl. arab.din in Islam!), kennzeichnet eine mystische Übung, denn den oder din bedeuten sowohl Religion als auch das innere Selbst oder Bewusstsein und wird zugleich als eines der Yazads, der spirituellen Wesen oder göttlichen Offenbarungen, betrachtet. Das „wohltätige/freigiebige Heilige Wort" oder Manthra, das von Asha geheiligt wurde, ist die eigentliche Offenbarung, die gegen die Daevas, die bösen Neigungen, gewährt wird. Spenta Mainyz, der heilige Geist, „lenkt" Asha, das heilige Gesetz oder die wahrhaftige Ordnung der Dinge, durch seine unterschiedlichen Offenbarungsformen, von denen jene des göttlichen Lichts in sehr klaren Begriffen beschrieben werden, wie wir unten sehen werden. In einer unserer nächsten Ausgaben werden wir dem Avesta breiteren Raum geben, nämlich zum Thema der Offenbarung des Haoma, das in geradezu identischer Weise beschrieben wird wie das vedische Soma. Der Avesta ist hier voll detaillierter Beschreibungen des berauschenden , von Mazda zubereiteten Tranks, der Unsterblichkeit verleiht.

Zarathustra, der Prophet, wird als der „Verkünder" des göttlichen Wortes (Manthra) vorgestellt. Eines der zoroastrischen Gebete aus dem Avesta lautet : „Wir beten Ahura Mazda, Ashavan, den Meister von Asha an. Wir beten Zarathustra, Ashavan, den Meister von Asha an. Wir beten den Travashi von Ashavan Amesha Spentas an „ - ein Vers, der sich in allgemein verständlichen Begriffen übersetzen ließe:
Wir beten Gott, den Meister der Wahrheit an. Wir beten Zarathustra , den Meister der Wahrheit an (so beschrieben als dem Wesen nach eins mit Gott) an. Wir beten die offenbarte Gestalt (den Schutzengel) Zarathustra, des Herrn über die Wahrheit an. Wir beten die „gütigen Unsterblichen" (die Reihe oder die Heerscharen der göttlichen Offenbarungen) voller Wahrheit (vgl.auch Yasna 1:10) an. So enthält ein einziger Vers eine gedrängte Definition der ewigen religio, wie auch folgender Vers in den Veden : Wir beten Gott durch die göttlichen Offenbarungen an, die ein frommer Heiliger gewährt.

Die Verse des Avesta werden nicht müde zu betonen, dass die angebeteten Phänomene - wie Sonne, Sterne, Mond, Berge, usw. - von Mazda d.h. von Gott erschaffen sind, Schöpfungen des Heiligen Geistes, ewig, unerschöpflich, aus sich selbst wirkend. Die in göttlicher Herrlichkeit erstrahlenden Berge beziehen sich auf den Sitz der Seele , an dem Gott sich im Geiste offenbart. Von den göttlichen Offenbarungen des Lichts heißt es, dass sie dem Empfänger wünschenswerte Eigenschaften oder Gaben wie spirituelles Wissen , gutes Betragen, oder ethisches Verhalten sowie beharrliches Streben auf dem

Pfad zu Gott verleihen.

Ich verehre Mithra (die göttliche Offenbarung des strahlenden Lichts) des großen Weidelandes (Nahrung für die Seele) , der tausend Ohren und der Myriaden von Augen (allwissend) . (Yasna 1:3)

Ich verehre Mahya, die Meister von Asha (Wahrheit), den Inneren Mond, den wahren Meister der Wahrheit, und den Vollmond, der die Nacht (Finsternis) vertreibt. (Yasna 1:8)

Ich bete beide, Ahura und Mithra (göttliche Offenbarungen des Lichts) an, die Erhabenen, und die Ewigen, voll der Wahrheit, und alle Sterne, die Schöpfungen des Heiligen Geistes (Spenta Mainyu) sind, und den Stern Tishtrya (Sirius) , den strahlenden und herrlichen, und den Mond, der den Samen der Kuh (3) in sich trägt. (3= Die meisten heiligen Schriften gebrauchen Begriffe wie Kuh, Herde usw. um eine Art von göttlicher Offenbarung zu beschreiben, die die Seele zu Gott zurückführt. Hier wird gesagt, dass die Vision des Mondes im Innern zu einer Offenbarung des Klang oder der Musik führt, die, die Seele nach oben zieht.) Und die strahlende Sonne, mit ihren schnellen Rossen, das Auge von Ahura Mazda, und Mithra, den Herrscher über sein Reich. Und ich bete Gott an, den strahlenden, den herrlichen, und die Fravashis (Schutzengel, d.h. die Vision der Gottesboten in ihrer Lichtgestalt) der Heiligen . (Yasna 1:11)

Ich bete den Berg Ushi-darena an, den von Gott gemachten, mit seinem heiligen Glanz, und alle Berge in ihrer heiligen Pracht, mit ihrer unermesslichen gottgemachten Glorie, und jene majestätische gottgeschaffene Herrlichkeit, die von Gott gemacht ist. Und ich bete Ashi an, den Segensreichtum (des gerechten Lohns) und Chisti, das gute spirituelle Wissen, den guten Erethe (Anleitung zu rechter Führung, Rechtleitung?) , und den guten Rasastat (die Inspiration zu beharrlichem Streben), und die Herrlichkeit und den Gewinn - von Gott gemacht. (Yasna 1:14)

Ich verehre diese Orte und diese Sphären, und diese Weiden, und diese Wohnstätten mit ihren Wasserquellen (des unaufhörlich fließenden göttlichen Nektars), und den von Asha beseelten Wind (den göttlichen Klang des Windrauschens), und die Sterne, den Mond, und die Sonne, und die ewigen Sterne ohne Anfang, aus sich selbst strahlend, und all die Schöpfungen des heiligen Geistes (Spenta Mainyu) , heiligen Gefäße der Wahrheit. (Yasna 1.16; vgl. den fast gleichlautenden Vers Yasna 7:18)

CHRISTENTUM
DIE BIBEL

Den kanonischen Evangelien, größtenteils Erzählungen von Jesu Leben und Predigen, fehlt ein wenig die Intimität unmittelbarer Zeugnisse von Offenbarungen, wie wir sie im „Alten Testament" so reichlich vor Augen haben. Im Neuen Testament ist der einzige Text mit gänzlich mystischem Gehalt die Johannesoffenbarung. Hier finden wir alle zwölf Arten des göttlichen Lichts beschrieben, und zwar in größter Übereinstimmung etwa mit den Visionen des Ezechiel in der jüdischen Bibel. Nichtsdestoweniger legen auch die Evangelien klares Zeugnis von der überwältigenden Bedeutung des Lichts ab, das in seinen Jüngern wiederzubestehenden Gestalt. Im Geiste erscheinen ihnen Moses und Eliah zusammen mit Jesus, und die Jünger sehen sie mit ihrem eigenen Meister sprechen. Obwohl dieses bedeutsame Ereignis so bearbeitet wurde, als ob die Stimme Gottes allein Jesus als Sohn anerkennt

- was ihn über Moses und Eliah stellen würde - ,hält die Vision selber der folgenden Interpretation stand : alle drei Botschafter Gottes erscheinen als Manifestation des Logos, und als solche sind sie einander gleichgestellt. Die einfache Tatsache, dass zwei Propheten früherer Zeitalter jetzt in der Vision zusammen mit dem lebenden Jesus erscheinen können , kennzeichnet sie als eins mit dem zeitlosen Logos.

Das göttliche Licht ist die Essenz aller menschlichen Seelen, obwohl dies von der Mehrheit nicht so verstanden wird, da die Menschen die Finsternis mehr lieben als das Licht. Es besteht ein innerer Zusammenhang zwischen dem göttlichen Licht und moralischen Lebensführung : wenn die Seele im Innern das göttliche Licht schaut , führt dies zur Wahrnehmung von Gottes Allgegenwart und Allwissenheit. Wenn Gott Zeuge all unseres Handelns ist, werden alle Sünden direkt vor seinem Angesicht begangen. Die Schau des Lichts verpflichtet somit zu einem reinen Leben, weshalb dieses Licht von jenen gemieden wird, die an einem unmoralischen Lebensstil festhalten und ihre Taten nicht ans Licht gezerrt sehen wollen. Wahrer Glaube an das Licht und so auch an Jesu wahre Identität (Ich bin das Licht der Welt) führt zurück zur eigentlichen Erfahrung und Schau dieses Lichts. Glaube basiert auf Erfahrung und nicht auf Vermutung.

In Johannes Visionen verfügt das transzendente, aus sich selbst leuchtende Jerusalem über keinen Tempel, weil Gott selber der Tempel ist: die Seele wird in Gottes Offenbarungen eingehüllt. Sie selbst ist der Tempel Gottes.

Das Auge ist des Leibes Licht. Wenn dein Auge einfältig ist (griech. haplous, einzeln, im Gegensatz zu zusammengesetzt) ist , so wird dein ganzer Leib Licht sein. Ist aber dein Auge ein Schalk, so wird dein ganzer Leib finster sein. Wenn nun das Licht , das in dir ist, Finsternis ist, wie groß wird dann die Finsternis sein ! (Matth. 6:22-23)

Sechs Tage danach nahm Jesus Petrus, Jakobus und Johannes beiseite und führte sie auf einen hohen Berg (in Meditation, in der ihr Bewusstsein sich über den Körper erhebt) , aber nur sie allein. Und er wurde vor ihren Augen verwandelt; seine Kleider wurden strahlend weiß, so weiß, wie sie auf Erden kein Bleicher machen kann. Da erschien vor ihren Augen Eliah und mit ihm Mose , und sie redeten mit Jesus. Da kam eine Wolke und warf ihren Schatten auf sie , und aus der Wolke rief eine Stimme : „ Das ist mein geliebter Sohn; auf ihn sollt ihr hören. ,, (Mk.9:2-7)

Das wahre Licht, das jeden Menschen erleuchtet, kam in die Welt. (Joh.1:9)

In ihm (Gott) war das Leben, und das Leben war das Licht der Menschen. Und das Licht leuchtete in der Finsternis, und die Finsternis hat es nicht erfasst. (griech. catalambano, gänzlich erhalten). (Joh.1:4)

Amen, Amen, ich sage euch : Ihr werdet den Himmel geöffnet und die Engel Gottes auf - und niedersteigen sehen über dem Menschensohn. (Joh. 1:51)

Denn mit dem Gericht verhält es sich so : Das Licht kam in die Welt, und die Menschen liebten die Finsternis mehr als das Licht ; denn ihre Taten waren Böse. Jeder, der Böses tut, hasst das Licht und kommt nicht zum Licht, damit seine Taten nicht aufgedeckt werden. Wer aber die Wahrheit tut, kommt zum Licht, damit offenbar wird, dass seine Taten in Gott vollbracht sind. (Joh.3:19-21)

Als Jesus ein andermal zu ihnen redete, sagte er : Ich bin das Licht der Welt. Wer mir nachfolgt, wird nicht in der Finsternis umhergehen, sondern wird das Licht des Lebens haben. (Joh.8:12)

Solange ihr das Licht bei euch habt, glaubt an das Licht, damit ihr Söhne des Lichts werdet. (Joh.12:36)

Da wandte ich mich um, weil ich sehen wollte, wer zu mir sprach. Als ich mich umwandte, sah ich sieben goldene Leuchter, und mitten unter den Leuchtern einen, der wie ein Mensch aussah; er war bekleidet mit einem Gewand , das bis auf die Füße reichte, und um die Brust trug er einen Gürtel aus Gold. Sein Haupt und seine Haare waren weiß wie weiße Wolle, leuchtend weiß wie Schnee, und seine Augen wie Feuerflammen , und seine Beine glänzten wie Golderz, das im Schmelzofen glüht, und seine Stimme war wie das Rauschen von Wassermassen. In seiner Rechten hielt er sieben Sterne, und aus seinem Mund kam ein scharfes, zweischneidiges Schwert, und sein Gesicht leuchtete wie die machtvoll strahlende Sonne. (Off.1:12-16)

Danach sah ich : Vier Engel standen an den vier Ecken der Erde. Sie hielten die vier Winde der Erde fest, damit der Wind weder über das Land noch über das Meer wehte, noch gegen irgendeinen Baum. Dann sah ich von Osten her einen anderen Engel emporsteigen, er hatte das Siegel des lebendigen Gottes. (Off.7:1-2)

Und dann kam einer von den sieben Engeln. Er sagte zu mir : Komm, ich will dir die Braut zeigen, die Frau des Lammes (4) (4= Die Braut oder Frau des Lammes, des Menschensohnes, bezieht sich sowohl auf die individuelle Seele als auch auf das Seelenkollektiv, die bzw. das „überwunden „ hat und in den Himmel eingetreten ist - über die Schwelle zu den Sphären des Heiligen Geistes, wo Offenbarungen erfahren werden können. Das spirituelle Jerusalem stellt die wahre Wohnstatt Gottes dar.) Da entrückte er mich in der Verzückung auf einen großen hohen Berg und zeigte mir die heilige Stadt Jerusalem, wie sie von Gott her aus dem Himmel herabkam, erfüllt von der Herrlichkeit Gottes. Sie glänzte wie ein kostbarer Edelstein, wie ein kristallklarer Jaspis. Die Stadt hat eine große und hohe Mauer mit zwölf Toren und zwölf Engeln darauf. Auf die Tore sind Namen geschrieben : die Namen der zwölf Stämme der Söhne Israels. (Off . 21:9-12)

Ihre Mauer ist aus Jaspis gebaut, und die Stadt ist aus reinem Gold, wie aus reinem Glas. Die Grundsteine der Stadtmauer sind mit edlen Steinen aller Art geschmückt, der erste Grundstein ist Jaspis, der zweite ein Saphis, der dritte ein Chalzedon, der vierte ein Smaragd, der fünfte ein Sardonyx, der sechste ein Sardion, der siebte ein Chrysolith, der achte ein Beryll, der neunte ein Topas, der zehnte ein Chrysopras, der elfte ein Hyazinth, der zwölfte ein Amethyst. Die zwölf Tore sind zwölf Perlen, jedes der Tore besteht aus einer einzigen Perle. Die Strasse der Stadt ist aus reinem Gold, wie aus klarem Glas. Einen Tempel sah ich nicht in der Stadt. Denn der Herr, ihr Gott, der Herrscher über die ganze Schöpfung, ist ihr Tempel , er und das Lamm . Die Stadt braucht weder Sonne noch Mond, die ihr leuchten. Denn die Herrlichkeit Gottes erleuchtet sie, und ihre Leuchte ist das Lamm. (Off.21:18-23)

DAS THOMAS-EVANGELIUM

Jesus sprach : Ich habe Feuer auf die Welt geworfen, und siehe, ich hüte es, bis sie brennt. (10)

Seine Jünger sagten : Zeige uns den Ort, an dem du bist. Denn es ist nötig für uns, dass wir danach suchen. Er sprach zu ihnen : Wer Ohren hat, der höre ! Licht ist im Innern eines Lichtmenschen, und er leuchtet der ganzen Welt. Wenn er nicht leuchtet, ist Finsternis. (24)

Jesus sprach : Wenn man euch fragt : Woher seid ihr gekommen ?, antwortet ihnen : Wir kamen aus dem Licht; wir kamen von dem Ort, wo das Licht aus sich selbst entstanden ist. Es entstand und es offenbarte sich in ihrem Bilde. (50)

Jesus sprach : Die Engel und die Propheten werden zu euch kommen, und sie werden euch geben, was euch gehört. (88)

ISLAM
KORAN

Der Koran bezeugt alle Erscheinungsformen des göttlichen Lichts, wovon einige sogar die Titel von Suren bilden : An-Nur (24, Licht : wie aus dem Text der Sure klar wird : helles strahlendes Licht) ; Al-Fatir (35, Der Hervorbringer, oder Malaika , oder Die Engel) ; Ad-Duchan (44, Rauch) ; Al- Tariqe (86. Der nächtliche Besucher ; bezieht sich auf den Morgenstern , der in den ersten Zeilen des Kapitels erwähnt wird) ; Al-Shams (91, Die Sonne) ; Ad-Duha (93, Tageslicht) ; Al-Falaq (113, Tagesanbruch , Morgenröte)
Der Koran nimmt jenes „ Wunder „ auf, bei Moses mit dem Stab an den Felsen schlägt, und erläutert dessen spirituellen Kern ; mit der ihm verliehenen Autorität öffnet Moses die zwölf Quellen Lichts , und jede Gruppe von Ergebenen erhält das Wasser einer anderen Quelle, je nach seinen Bedürfnissen, weil jedes Licht eine andere Wirkung hat . Des weiteren schickt Gott himmlische Speisen für die Seelen herab. Die Rebellion jener, die sie zurückweisen , berührt Gott nicht, schadet jedoch ihrer eigenen Seele.

„ Nicht-Gläubige „ verstehen die Natur der Engel oder der Offenbarungen nicht und halten sie fälschlicherweise für weibliche Wesen . Könnte dieses Missverständnis auch auf die „ Jungfrauen „ im Paradies oder tatsächlich auf die Sure An-Nisa zutreffen, die im allgemeinen auf Frauen bezogen wird - trotz der göttlichen Vorsilbe An, so wie es auch auf einige Begriffe in den Veden zutrifft, die als „ Göttinnen „ verstanden werden ? Gottes Offenbarungen werden in genau dem Ausmaß herabgesandt, wie wir zu deren Empfang fähig sind : - sich im Geist zu übressen ist unmöglich, wie Maulana Rumi geltend macht. Die Licht-Sure preist das strahlende Licht, von dem sie sagt, es scheine im Haus (im Menschen) das Gott aufgestellt und geheiligt hat. Im Innern einer solchen Person wird Gottes Name Tag und Nacht gefeiert, weil ihre Aufmerksamkeit in Gottes Licht vertieft ist und nicht von weltlichen Angelegenheiten zerstreut wird. Der Schatz dieses Lichts ist universal und nicht auf den Osten oder den Westen beschränkt; das ewige strahlende Licht wird mithilfe eines Glasgefäßes ausgestreut, ein Hinweis auf den Propheten, der als die ganze Menschheit erleuchtende Lampe dient.

Und wir teilten sie in zwölf Stämme als Gemeinschaften und gaben Moses, als sein Volk von ihm Wasser zu trinken begehrte ein : „ Schlag mit deinem Stab auf den Felsen.” Da entströmten ihm zwölf Quellen. Jedermann kannte seine Trinkstelle. Und wir beschatteten sie mit Wolken und sandten auf sie das Manna und die Wächter hinab: „ Esst von dem Guten, das wir euch bescherten. „ (Aber sie rebellierten ,) doch nicht gegen uns versündigten sie sich , sondern gegen sich selber. (7: 160 ; vgl.2.Mose 16:27 und 17:5-6, zwei im Koran verknüpfte Bezugsstellen in der Bibel.)

Diejenigen, die nicht an das Jenseits glauben, bezeichnen Engel sicherlich als weibliche Wesen. Doch sie haben kein Wissen hiervon. Sie folgen nur einer Vorstellung, doch Vorstellungen , ändern die Wahrheit nicht. (53;27-28)

Er ist es, der euch in Furcht und Hoffnung den Blitz sehen lässt und der die schweren Wolken hervorbringt. Und der Donner lobpreist ihn ebenso wie die Engel, in Ehrfurcht vor ihm. Ihm allein gebührt die wahre Anrufung. Und jene, die sie neben ihm anrufen, hören sie nicht. Sie handeln wie einer, der seine Hände zum Wasser ausstreckt, damit es seinen Mund erreicht , obwohl es ihn doch nicht erreichen kann. (13:12-14)

Wahrlich. Wir setzen Türme in den Himmel und schmücken ihn für die Beschauer aus. Und wir schützen ihn vor jeden verfluchten Satan. Außer vor einem verstohlenen Lauscher, den aber eine klar sichtbare Flamme verfolgt. Und es gibt kein Ding, von dem wir nicht gespeichert hätten. Aber wir senden davon nur in gestimmtem Masse hinab. (15:16-18,21)

Gott ist das Licht der Himmel und der Erde. Das Gleichnis seines Lichts ist eine Nische, in der sich eine Lampe befindet. Die Lampe ist in einem Glas. Und das Glas gleicht einem flimmernden Stern. Es wird angezündet von einem gesegneten Baum, einem Olivenbaum, weder vom Osten noch vom Westen, dessen Öl fast schon leuchtet, auch wenn es kein Feuer berührt. Licht über Licht ! Gott leitet zu seinem Licht , wen er will. (Solch ein Licht ist entzündet) in den Häusern, deren Errichtung Gott erlaubt hat, damit dort seines Namens gedacht werde, preisen ihn des Morgens und des Abends Männer , die weder Hand noch Geschäft abhält von der Versenkung in Gott. (24;35-37)

Alles Lob gebührt Gott, dem Schöpfer der Himmel und der Erde. Der die Engel zu Boten macht, versehen mit Flügeln . (24; 35-37)

Sure 37 ist Saffat betitelt oder „ Die sich Reihenden „ was sowohl auf die ununterbrochene Kette der Propheten , die Gottes Botschaft verkünden, als auch auf die göttlichen Offenbarungen, von denen jede zur nächst höheren führt, bezogen werden kann.
Bei den in Reihen sich Reihenden und den hart Zurechtweisenden und den die Ermahnung Verkündenden ! Wahrlich, euer Gott ist ein Einziges . Herr der Himmel und der Erde und was zwischen beiden ist, und Herr der Osten. Siehe, wir schmückten den untersten Himmel mit dem Schmuck der Sterne aus Schutz vor jedem aufsässigen Satan. Sie können die erhabene Versammlung nicht belauschen und werden von allen Seiten verjagt. (37: 1-8)

Und dass er der Herr des Sirius (des mächtigen Sterns) ist. (53:49)

Ihn bittet, wer in den Himmeln und auf Erden ist, um Unterhalt (oder Speise, d.h. Seelenspeise) . Jeden Tag erstrahlt er aufs neue in seinem Glanz ! Welche der Wohltaten eures Herrn wollt ihr da wohl leugnen.? (55: 29-30)

..gibt es zwei Gärten - welche der Wohltaten eures Herrn wollt ihr beide da wohl leugnen ? Beide aller Arten (göttlicher Manifestationen) voll. In beiden gibt es von jeder Frucht zwei Arten .. Sie lehnen auf Polstern mit Bezügen aus Brokat, und die Früchte der beiden Gärten sind nahe zur Hand. Darin gibt es huryas (Gefährten, meist als Jungfrauen verstanden, im Kontext des Jenseits aber göttliche Manifestationen !) zurückhaltend blickende Gefährten, die weder Mensch noch Dschinn zuvor berührte. Als wären sie Rubine und Korallen..Und außer diesen beiden gibt es noch zwei Gärten..in tiefstem

Grün..In beiden gibt es zwei reichlich sprudelnde Quellen. In beiden gibt es Früchte und Dattelpalmen und Granatäpfel. Dort gibt es gute und schöne ..Huris (s.o.) wohlbehütete in Zelten, die weder Mensch noch Dschinn zuvor berührte.. Segensreich ist der Name deines Herrn, des Herrn voll Majestät und Ehre. (55: 46-78)

Sie sind die (Gott) Nahegebrachten. In Gärten der Glückseligkeit, (darunter) eine große Zahl der Früheren, aber wenige der Späteren. Auf golddurchwobene Polster lehnen sie sich , einander gegenüber . (56: 11-16)

Gott hat einen Gesandten zu euch herabgesandt, um diejenigen, die glauben und das Rechte tun, aus tiefster Finsternis zum Licht zu führen. (65; 10-11)

Bei der Sonne und ihrem Glanz! Beim Mond, wenn er ihr folgt! Beim Himmel und was ihn erbaute ! Bei der Seele und was sie bildete und ihr ihre Schlechtigkeit ebenso eingab wie ihre Gottesfurcht: wohl ergeht es dem, der sie läutert, und verloren geht der, der sie verdirbt. (91: 1-10)

Sprich: Ich suche Zuflucht zum Herrn der Morgenröte, vor dem Übel dessen, was er erschaffen hat, und vor dem Übel der Nacht, wenn sie sich verfinstert. (113: 1-3)

MYSTISCHE SCHRIFTEN
AUS VERSCHIEDENEN RELIGIÖSEN TRADITIONEN

Aus dem Buch vom Gelben Schloss : „ Im Zollquadratfeld des Fußquadrathauses kann das Leben gelenkt werden . „ Das Fussquadrathaus ist das Gesicht. Das Zollquadratfeld im Gesicht: was könnte das anderes sein als das himmlische Herz (das dritte Auge in der Stirn)? In der Mitte des Zollquadrats wohnt der Herrliche. In der Purpurhalle der Jadestadt wohnt Gott in Höchster Leere und Leben. Die Konfuzianer nennen es das Zentrum der Leere, die Buddhisten die Lebensterasse, die Taoisten das angestammte Land oder das gelbe Schloss oder den dunklen Pass oder den Raum des einstigen Himmels. Das himmlische Herz ist wie die Wohnstatt, das Licht ist der Meister. (Das Geheimnis der Goldenen Blume)

Das Licht aber, das ich schaute, ist nicht örtlich, sondern weit und weit heller als die Wolke, die, die Sonne trägt. Und nicht vermag ich Tiefe und Länge noch Breite darin zu erblicken. Und genannt wird es mir der Schatten des lebendigen Lichtes. Und wie Sonne, Mond und Sterne im Wasser wiederscheinen, so erglänzen mir darin die Schriften und die Reden und die Kräfte und etliche Werke der Menschen im Gebilde. Und was ich im Gesichte schreibe, das sehe und höre ich, und ich setze keine anderen Worte, als die ich höre, und in ungefeilter Sprache bringe ich sie vor, so wie ich sie im Gesichte höre. Und die Worte , die ich höre, sind nicht wie Worte , die aus dem Munde des Menschen tönen, sondern wie eine schwingende Flamme und wie eine Wolke in reiner Luft bewegt. In diesem Licht aber sehe ich zuweilen und nicht häufig ein anderes Licht, das mir das lebendige Licht genannt wird, und wann und in welcher Weise ich dieses Licht sehe, das weiß ich nicht zu sagen. Und da ich es schaue , wird mir alle Traurigkeit und alle Not entrafft, also dass ich alsdann die Sitten eines einfältigen Mägdeleins und nicht einer alten Frau habe. (Hildegard von Bingen)

Für Äonen bist du (in Seelenwanderung) gekommen und gegangen, dieser Täuschung huldigend. Für

Äonen bist du vor dem Schmerz davongerannt und hast die Verzückung verwirkt. So komm, kehr heim zur Wurzel der Wurzel deiner eigenen Seele.

Wenn du auch in irdischer Form erscheinst, ist dein Wesen doch reines Bewusstsein. Du bist der furchtlose Wächter des göttlichen Lichts. So komm kehr heim zur Wurzel der Wurzel deiner eigenen Seele.

Wenn du alles Selbstgefühl verlierst, schwinden die Bande von tausend ketten dahin. Verliere dich ganz, kehr heim zur Wurzel der Wurzel deiner eigenen Seele.

Du gingst aus Adam hervor, dem reinen Wort Gottes, doch du wandtest deinen Blick zum leeren Tand dieser Welt. Ach, wie bist du mit so wenig zufrieden ? So komm, kehr heim zur Wurzel der Wurzel deiner eigenen Seele.

Warum bist du so entzückt von dieser Welt, ist doch eine Goldmine in dir selbst ? Öffne die Augen und komm, kehr heim zur Wurzel der Wurzel deiner eigenen Seele.

Aus den Strahlen von Gottes Majestät wardst du geboren, als die Sterne an ihrem vollkommenen Platz standen. Wie lange willst du noch leiden unter den Schlägen einer Hand, die es nicht gibt? So komm, kehr heim zur Wurzel der Wurzel deiner eigenen Seele.

Shams-e Tabriz (Rumis geliebter Meister) , der König der Taverne, hat dir einen ewigen Becher gereicht, und Gott in all seiner Herrlichkeit schenkt den Wein ein. So komm Trink ! Kehr heim zur Wurzel der Wurzel deiner eigenen Seele.

Seele aller Seelen, Leben allen Lebens - Das bist du . Gesehen und ungesehen, Beweger und Nicht-Beweger - das bist du. Die Strasse zur Stadt ist endlos. Gehe ohne Kopf und Füße (im Geist, auf Vermutungen verzichtend) und du bist schon dort. Was sonst könntest du sein ? Das bist du . (Maulana Rumi)

Menschen, die nur aus der Natur denken, können nicht verstehen, dass es ein Licht im Himmel gibt. Gleichwohl ist das Licht im Himmel von solcher Art, dass es das irdische Mittagslicht um ein Vielfaches übertrifft..da ich es gesehen habe, kann ich bezeugen, dass es so ist. Seine Helligkeit und sein Glanz kann man nicht beschreiben. Was ich im Himmel gesehen habe, wurde in diesem Licht geschaut und damit klarer und deutlicher als die Dinge dieser Welt . (Soeren Swedenborg: Himmel und Hölle)

Diese „ Zwölf Offenbarungen des göttlichen Lichts „ sind aus dem Rundbrief von „ A Centre for the World Religions „ Weiter Infos unter : www.cfwr-dialog.org und email: steea @ t-online.de oder Tel/Fax 0049-02253-930729

JEDE SEELE TRIFFT IHRE EIGENEN ENTSCHEIDUNGEN
Von der Höchsten Meisterin Ching Hai, Los Angeles, USA, 7. Juni 1998 (Original in Englisch)

Frage : Wenn Christus sagt : „ Lästerung gegen den Heiligen Geist „ (Mat. 12,31- d. Ü.) glaube ich nicht, dass irgend jemand, ich eingeschlossen, wirklich versteh, was es tatsächlich bedeuten würde, eine unverzeihliche Sünde zu begehen, falls es so etwas gäbe.

Meisterin : „ Unverzeihlich ” ist im weltlichen Sinne gemeint, aber in der Ewigkeit gibt es so etwas nicht. Nehmen wir an, Christus ist gekommen, und die Menschen würden Lügen über ihn verbreiten, seinen Namen anschwärzen, oder ihn fälschlicherweise oder zu Unrecht beschuldigen - derartige Dinge sind gegen den Heiligen Geist , denn er repräsentierte den Heiligen Geist. Diese Sünden sind natürlich unverzeihlich, aber nicht ewig. Sobald die Seele sich bekehrt und bereut, ist es vergeben.

Aus diesem Grunde hasste Jesus diejenigen nicht, die ihn verdammten : Außerdem wusste er, dass sie ihre Pflicht tun mussten. Sie mussten tun, was sie taten, um seine Mission zu vervollständigen, so dass er im Himmel wie auf erden verherrlicht und geehrt wurde, bis heute. Wenn er nicht auf diese Weise gestorben wäre, wäre er in Vergessenheit geraten, er wäre nicht so berühmt , wie er es heute ist. Andere Meister sind gekommen und gegangen, aber keiner ist so berühmt wie er.

Darum mussten die, die ihn verfolgten, tun was sie zu tun hatten. Und er weiß das, und es ist ihnen vergeben. Sie hatten eine Rolle, die sie spielen mussten. Natürlich war dies nicht die höchste Wahl die sie getroffen hatten, aber jemand muss solch eine Wahl treffen. Versteht ihr, es ist wie im Film : Einer muss den Mörder spielen, einer muss den Detektiv spielen, einer muss das Opfer sein, und einer der Held.

Es ist die Entscheidung ,die wir trafen, bevor wir kamen. Nichts ist unverzeihlich, auch wenn es unverzeihlich zu sein scheint. Natürlich sollten wir niemals solch eine Entscheidung treffen. Aber in der Ewigkeit, in dem Spiel des Universums, wählt jeder einen anderen Weg, um nach Hause zurückzugehen. Manchmal ziehen sie einen langen Weg vor, andere nehmen eine Abkürzung, so wie wir.

Gott weiß alle Dinge; Gott vergibt alles. Es ist nur so, dass wir uns selbst nicht vergeben können. Darum sollten wir niemals niedrige Entscheidungen treffen, die wir später bereuen. Darum stehen die Meisterin und die Brüder allzeit bereit, um uns bei der richtigen Wahl zu helfen. Wir können jederzeit eine neue Entscheidung treffen. Und je nach eurer Entscheidung wird etwas neues geschehen, eine neue Richtung sich auftun. Dann geht ihr in eine andere Dimension. Aus diesem Grunde hat jeder Sünder die Möglichkeit, ein Heiliger zu werden. - jeder einzelne, kein Problem. Es gibt immer Hoffnung. Es gibt immer Liebe, unendliche Liebe für jeden, auch für den bösartigsten Kriminellen, unendliche Liebe.

AN DEN FRÜCHTEN SOLLT IHR SIE ERKENNEN
Gesprochen von der Höchsten Meisterin Ching Hai
Laiyi, Pingtung, Formosa 29. Dezember 1992
(Original in Englisch)

Viele unserer Schwierigkeiten sind selbst gemacht. Wenn wir dem einen nicht trauen, dann werden wir einen anderen finden. Solange wir glücklich sind, ist alles in Ordnung; suche dein Glück, Bummel über alle Märkte, wenn du willst. Ich halte niemand fest. Was auch immer du tust, wenn du zufrieden bist, ist alles recht. Aber bevor du gehst, musst du dir sicher sein, wohin du gehen willst, und wenn du woanders hingehst, musst du für dich entschieden haben, ob es dort besser ist als hier, oder nicht, sonst vergeudest du deine Zeit. Du könntest genauso gut hier sitzen und auf dem Fahrrad schneller fahren. Selbst wenn du in sämtliche Richtungen läufst, oder sogar das Flugzeug nimmst, es funktioniert einfach nicht. Deshalb musst du schauen, wohin du gehen willst, und entscheiden, ob es überhaupt notwendig ist, zu gehen und die Richtung zu wechseln. Ob wir nun zu Fuß gehen oder Rad fahren, es braucht viel Zeit. Und wahrscheinlich werden wir die Geduld verlieren, und dann verlieren wir vielleicht auch den Glauben. Aber wir müssen Ausschau halten, uns bei den Menschen erkundigen , die da kommen und gehen, ob es die richtige Richtung ist. Wenn sie in die richtige Richtung gehen, werden wir erkennen, dass wir auf dem richtigen Weg sind, sei es nun mit dem Fahrrad oder Motorrad, mit dem Auto oder Flugzeug. Lauf also nicht überall herum oder hetze nicht von einem Ort zum anderen, nur weil du zu langsam gehst, weil dein Fahrrad zu langsam ist. Die Strasse ist korrekt. Akzeptieren wir das also.

Bevor du also andere Angebote suchst, solltest du genau hinschauen, das ist alles. Wenn alle hier gute Erfahrungen machen und Erleuchtung gewinnen, dann weißt du, es ist in Ordnung, dann weißt du, die Höchste Meisterin ist in Ordnung. (Applaus) Das ist der einzige Weg zur Entscheidung. „ An ihren Früchten sollt ihr sie erkennen ! " Wonach willst du sonst entscheiden ? Wenn du nun die Frucht am Baum nicht erreichen kannst, ist vielleicht dein Arm zu kurz. Das bedeutet nicht , dass der Baum keine Früchte trägt. Jedermann sonst genießt sie, das kannst du sehen. Aber du kannst sie nicht essen, weil du nicht an sie heranreichst. Der Fehler liegt bei dir. Du musst dir mehr Mühe geben oder hinaufklettern. Aber du kannst nicht den Baum dafür verantwortlich machen.

Wenn alle anderen von den Früchten essen und du sehen kannst, dass sie Essen, und du die Früchte zwar sehen, aber nicht essen kannst, so darfst du nicht dem Baum die Schuld zuschieben. Nur wenn kein anderer isst, und du keine Früchte am Baum finden kannst, und auch kein anderer die Früchte des Baumes jemals zu schmecken bekommt und du niemanden essen siehst, dann kannst du sagen, dieser Baum trägt keine Früchte. Siehst du aber alle um dich herum essen, dann weißt du Bescheid. Und wenn du es nicht kannst, ist es vielleicht dein Problem.

Gesprochen von der Höchsten Meisterin Ching Hai
Malaysia, 27. Februar, 1992
(Original in Englisch)

Es braucht ein aufrichtiges Herz, um auf dem Pfad zu bleiben, denn die äußeren Versuchungen sind immens. Ich weiß das ihr manchmal scheitert, aber ihr könnt zurückkommen und noch einmal beginnen. Ihr könnt gehen, um euch woanders einzudecken, um andere spirituelle Erwerbungen zu machen, aber dann solltet ihr zurückkommen, denn ich weiß, es gibt keinen anderen, besseren Weg für euch. Ich habe mich überall in der Welt umgesehen. Gäbe es einen anderen, besseren Weg für euch, ich hätte ihn für euch damals teuer erworben. Mein Taschengeld und meine Zeit habe ich verbraucht, überall bin ich gewesen, immer auf der Suche nach einer Methode zur Erleuchtung oder einem Meister. Ich habe gesucht, ich habe ausprobiert, ich habe Yoga gemacht und alles mögliche sonst. Ich habe nur eine Mahlzeit am Tag gegessen, ich habe viele Stunden mit offenen Augen gesessen, um nicht einzuschlafen, ich habe alles erdenkliche ausprobiert. Ich habe alle Heiligen angerufen, bis es keine Heiligen mehr anzurufen gab. Ich habe all die Mantras repetiert, die ihr aufzählen könnt, die ihr mir nennen könnt, von denen ihr gehört habt. Ich habe so viele Verbeugungen gemacht, dass meine Knie wie Espenlaub zitterten. Allerorts bin ich auf Pilgerfahrt gegangen auf der Suche nach Segen und Erleuchtung. Ich habe alles in meiner Macht stehende getan, um den besten Weg zur Befreiung zu finden. Und das ist derjenige, den ich ausgewählt habe, der brauchbar ist für alle, vom Kind bis zum Erwachsenen, für Alte und Junge. Aber dieser weg ist ganz sicher nicht für jeden. Obwohl wir offen sind für alle, kommen nicht alle. Weil es hier nicht um äußeren Glanzleistungen geht. Es sind nicht nur meine Lehren, von denen die Menschen angezogen werden, es ist nicht nur meine Erscheinung oder meine Persönlichkeit, es sind ihre sehnsüchtigen Seelen, die von Bedeutung sind.

DAS HAUS DES MEISTERS

Von der Höchsten Meisterin Ching Hai, Hsihu, Formosa, 24 September 1999 (Original in Englisch)

Um wahrhaft befreit zu werden, müssen wir die dritte Welt überschreiten. Wenn wir sie nicht überschritten haben, sind wir noch nicht befreit. Manche Leute sind sofort nach dem Tod bei mir, weil sie die dritte Welt schon überschritten haben. Andere müssen längere Zeit darauf warten, beim Meister zu sein, der auch kommen bzw. einige Heilige schicken wird, um sie abzuholen. Diese Leute können jedoch nicht beim Meister bleiben. Sie müssen sehr lange warten, bis sie ihre spirituelle Praxis vollendet haben, bevor sie hinaufgehen können. Nicht jeder kann zu der Dimension hinaufgehen, wo der Meister wohnt. Man muss so lauter und rein sein wie ein neugeborenes Kind, völlig frei von Tugend und Bosheit, um in jener Dimension zu wohnen.

Sonst wäre es sehr kompliziert ! Schaut unsere Welt an, und ihr wisst Bescheid. Wir erwarten zu viel, und wir geben leidenschaftlichem Hass Raum; darum können wir nicht ohne weiteres weggehen ! Manchmal werden wir ärgerlich, wenn wir gescholten werden. In diesem Moment wissen wir, dass wir noch nicht rein sind. Das sind Tests und Versuchungen, um unsere Stufe zu erkennen, um festzustellen, wie weit wir schon sind.

Es ist sehr schwer, uns vom Hass in uns zu reinigen, der uns vom Rest der Schöpfung trennt. Wenn es uns an Mitgefühl mangelt, sind wir noch getrennt vom Ganzen der Schöpfung. Gott ist die größte Liebesmacht, und daran ist nichts Mysteriöses. Je mehr Mitgefühl, Liebeskraft und Großmut wir besitzen, desto näher sind wir Gott. Darum muss der Hass ausgeräumt werden. Rezitiert jedes mal sofort die Heiligen Namen, wenn in euch Hass aufsteigt. Das wichtigste ist, die heiligen Namen zu rezitieren, aber die meisten von euch denken nicht daran und haben sich bis jetzt noch nicht daran gewöhnt.

Das geht aber in Ordnung, seid nicht enttäuscht. Alle sollten aber danach streben. Wir sind nur gewöhnliche Menschen, so lasst euch Zeit und überstürzt nichts. Wenn wir die Dinge rasch vollenden könnten, dann wären hier keine Menschen mehr übrig ! Es wäre hier leer geworden, als Buddha Shakyamuni kam, und als Jesus Christus kam, weit und breit kein Mensch zu sehen ! Da noch einige Leute hier sind heißt das , es hat seine Richtigkeit mit dem menschlichen Dasein , es kann immerhin nicht ganz verkehrt sein. Weil wir jedoch nicht hier bleiben wollen, sollten wir gehen.

DREIEINIGKEIT

Von der Höchsten Meisterin Ching Hai, Chuongli, Formosa, 25. Februar 1989
(Original in Chinesisch)

Frage : Meisterin, was sind im Buddhismus der Manifestationskörper, der Belohnungskörper (der physische Körper) und der Dharmakörper ? Wie erlangen wir den dreifachen Körper ?

Meisterin : Der Dharmakörper ist die Wahrheit oder das Tao, das wahre Selbst, das himmlische Königreich, Gott und Schöpfer. Er existiert ewig. Er wurde nie geboren und wird nie vergehen . Er ist unteilbar, weder gut noch schlecht, weder mitfühlend noch bösartig. Der Manifestationskörper kommt aus dem Dharmakörper - der weder gut noch böse ist, nie geboren wurde und nie vergeht. Daher ist der Manifestationskörper ebenfalls der Dharmakörper. Wir fühlenden Wesen beten viel, weil wir Qualen leiden ! Diese Gebete bilden eine Art Atmosphäre, die Gestalt annehmen und sich an irgendeinen Ort begeben kann, wo sie eine Lichtstrahl aussendet. Diese Licht ist der Manifestationskörper. Er hat seinen Ursprung in jener gewaltigen Lichtquelle, die nie geboren wurde und nie vergeht, die unbeschreiblich strahlend leuchtet, nach oben hin unbegrenzt ist, namenlos und unbewegt. Man kann sagen, dass der Lichtstrahl, der auf diese Weise von der gewaltigen Quelle ausgeht, der Manifestationskörper ist. Er wird dichter, wenn er herabsteigt und nimmt eine Form an. Auf der höheren Ebene besteht diese Form aus Licht, durchscheinendem Licht , und ist nicht greifbar. Man kann sie sehen, jedoch nicht mit den physischen Augen. Manchmal jedoch ist sie auch für die physischen Augen sichtbar. Während nämlich der Lichtstrahl weiter herabsteigt, wird er dichter und wandelt sich in einen physischen Körper aus Fleisch und Blut. Der physische Körper sieht genauso aus wie der strahlende, durchscheinende Körper dort oben, nur dass der strahlende Körper schöner und attraktiver ist, dem Auge besser gefällt und größere Kraft besitzt, da er nicht in dieses dumme Instrument aus Fleisch eingesperrt ist. Das ist also die Bedeutung des Dharmakörpers, des Manifestationskörpers und des physischen Körpers.

Ein Mensch, der die Wahrheit erlangt hat, sollte in der Lage sein, seinen dreifachen Körper zu benutzen. Wir, die wir die Wahrheit nicht erlangt haben, verfügen nur über den physischen Körper. Wir werden immer wieder krank. Wir sind hilflos, unfähig , uns selbst zu helfen oder für uns selbst oder andere zu sorgen. Ein Mensch, der durch die Einheit des physischen Körpers, des Manifestationskörpers und des Dharmakörpers den dreifachen Körper erlangt hat, ist in der Lage, alles zu tun. Sein physischer Körper ist mit dem Manifestationskörper verbunden, der seinerseits mit der höchsten Kraft im Universum verbunden ist - die ewig ist, nie geboren wurde und nie vergeht. Daher sind diese drei in einem vereint. Katholiken nennen das die Dreieinigkeit. Dieselbe Bedeutung hat der dreifache Körper des Buddha im Buddhismus. Ein Mensch mit einem dreifachen Körper ist ein Erleuchteter Meister, ein Buddha, ein Bodhisattva, ein Christus, ein Heiliger oder jemand, der die Wahrheit erreicht hat. Versteht ihr ? (Beifall)

ERKENNT EURE EIGENE GRÖSSE
Von der Höchsten Meisterin Ching Hai Internationales 3-Tage - Retreat Los Angeles, CA, USA, 18 Dez. 1998
(Original in Englisch)

Ich hoffe nur, ihr erinnert euch daran : Was euch auch geschehen mag, ihr seid größer als das. Nichts in dieser Welt ist größer als wir. Nichts im gesamten Universum ist größer als wir selbst. So lasst euch durch nichts, es sei gut oder schlecht , davon abbringen, euch selbst zu erkennen, und dass ihr groß seid. Eines Tages werdet ihr es erkennen. Und wenn ihr es einmal erkannt habt, könnt ihr es niemals wieder verlieren. Niemand kann es euch stehlen - nicht einmal der Tod, oder Gewaltandrohungen, Macht oder Gefahr - nichts kann euch das nehmen. Das ist sehr wichtig. Selbst wenn ihr durch Geburt groß seid, seid ihr doch schon ursprünglich groß, ihr wisst es nur nicht. Und dazu sind wir hierher gekommen, um das zu erkennen.

Es gibt eigentlich für uns nichts zu tun in dieser Welt. Wenn ihr einmal ins Samadhi eintretet, verschwindet sogar die ganze Welt. Wir sind einfach das Licht. Wir sind einfach Freiheit. Wir sind alles, was so schön, glückselig und gesegnet ist. Wir sind überhaupt nicht der physische Körper; wir existieren nicht einmal. Der Körper existiert gar nicht. Auch der Körper deines Nachbarn existiert nicht. Der gesamte Planet existiert nicht. Darum sorgen wir uns nicht, was uns bzw. diesem nicht existierenden Körper geschieht ; lasst uns vielmehr die Wahrheit herausfinden und glücklich sein. Lasst uns einfältig sein und mit Freude der Zeit entgegensehen , da wir uns selbst erkennen - nämlich als Gott, als Freiheit, als das Schönste und Mächtigste, das wir nur sein können. Dann sind wir nicht einmal „ wir" . Ich weiß nicht, wie ich es sagen soll. Es ist solch ein wunderbares Gefühl, erleuchtet zu sein, zu wissen, dass wir Gott sind, dass wir Licht sind, und dass wir Freiheit sind.

Verwenden wir also unsere ganze Energie darauf, uns darum zu sorgen. Alles andere kommt und geht einfach. Selbst wenn ihr heute schön seid - wer weiß, was morgen ist ? Alles mögliche kann diesem physischen Körper zustoßen. Niemand kann sicher sein, dass er zur Zeit des Todes noch schön ist, es sei denn ihr sterbt jung und im Schlaf. Viele Dinge können geschehen. Darum ist der Körper nichts, worauf wir uns verlassen können, alles mögliche kann geschehen. Ihr fahrt einen Wagen geht über die Straße - sogar im Schlaf können sich Katastrophen ereignen - Erdbeben, alles mögliche.

Darum wollen wir uns nicht darum sorgen, was uns körperlich geschieht. Sorgt euch darum , erleuchtet zu werden; schneller und effizienter, und zwar jeden Tag. Das sollte unser Problem sein. Da wir aber schon die Guanyin - Methode haben, sollte es keine Probleme geben. Wenn wir weiter praktizieren, ganz entspannt, so wie man sich einige Stunden am Tag einem Hobby widmet, ist das Resultat sicher. Absolut sicher. Es ist nicht nötig, sich deswegen Sorgen zu machen. Geradeso, wie eine Pflanze wächst, wenn man sie wässert und düngt.

KÜNSTLER VON HÖHEREN EBENEN
Von der Höchsten Meisterin Ching Hai
Young Dong Center, Korea
(Original in Englisch)

Kunst ist auch ein Ausdruck des Göttlichen. Alles, was schön, tugendhaft und wahrhaftig ist, ist ein Ausdruck des Göttlichen.

Du musst für dich selbst Zeit haben, um nachzudenken, um wieder du selbst zu sein, um nach innen zu gehen, um deine inneren Qualitäten zu entwickeln, um dich deiner inneren Qualität zu erinnern - um wie ein Künstler zu sein, ein geruhsamer Mensch, sehr liebevoll, ohne Stress - dann kannst du auch geben. Wenn du keine Freude hast , kannst du keine Freude geben, wenn du keinen Frieden hast, kannst du keinen Frieden geben.

In dieser Welt zu überleben, ist eine große Herausforderung. Nicht jeder kann genügend freie Zeit erübrigen, um über sich selbst nachzudenken. Viele künstlerisch begabte Menschen, viele Künstler, sind praktisch begraben unter diesem materiellen Überlebens- Instinkt : sie kommen nicht darüber hinaus. Das ist der Grund dafür, dass die wahren Künstler Opfer bringen müssen. Die meisten von ihnen leben in Armut, mal abgesehen von Picasso, diesem Glückspilz. Viele Künstler leben in Armut bis sie sterben. Und wenn sie gestorben sind, machen ihre Kunstwerke andere Leute zu Milliardären, oder mindestens Millionären. Dann beginnen die Menschen, ihre Werke wertzuschätzen. Ich weiß nicht, warum das so ist. Aber jene Künstler, die durch ihre Werke reich geworden oder auf andere Wege zu Geld gekommen sind konnte nicht zu solch zeitlosen Meisterwerken inspiriert werden. Dafür müssen sie viele Opfer bringen. Sie leben im Elend, manchmal mit sehr wenig materiellem Komfort, um eben diese Inspiration zu haben. Und deshalb sind die meisten Kunstwerke irgendwie traurig, mit dem Ausdruck von Melancholie behaftet. Sie sind eingefärbt von dem Gefühl des Künstlers zu jener Zeit. Die meisten Menschen empfangen mehr Inspiration unter schwierigen Umständen, und nicht, wenn sie zu unbeschwert sind. Wenn man glücklich ist, ist es sehr schwierig ein Gedicht zu schreiben oder etwas zu malen, das Bestand hat. Ich weiß nicht , warum. Wenn du glücklich bist, machst du dir gar nicht die Mühe , zu malen. Erst wenn du viel Zeit und nichts zu tun hast, wenn die Freundin gegangen ist, der Freund dich verlassen hat, oder was auch immer, dann sitzt du da und hast den Drang, etwas zu machen. Und meistens werden unter solchen Umständen Meisterwerke geschaffen - Lieder, Gedichte oder Gemälde. Das ist ein Jammer trotz allem. Denn in höher entwickelten Gesellschaften brauchen die Künstler nicht dieses ganze Elend, um Meisterwerke zu schaffen, weil sie viel Zeit haben, um glücklich zu sein und viel Zeit, um nachzudenken.

DAS GANZE UNIVERSUM ENTDECKEN
Von der Höchsten Meisterin Ching Hai
Tainan, Formosa, 7 Juli 1988
(Original in Chinesisch)

Viele Menschen unserer Welt haben die wundervollsten Geräte erfunden, wie Computer, Flugzeuge und Raumschiffe, die uns zum Mond und zum Mars bringen können. Obwohl sie das alles ihrer inneren Kraft verdanken, haben sie doch nur einen ganz geringen Teil davon genutzt, Bevor sie jedoch diese Dinge erschaffen, müssen sie sehr intensiv nachdenken und sich dieser inneren allmächtigen Kraft zuwenden. Wenn wir diese Kraft wirklich kennen, werden wir viele, viele Dinge entdecken, nicht nur ein paar Maschinen, Raumschiffe oder Computer. Wir werden imstande sein, das ganze Universum zu erforschen und zu entdecken. Wir werden jeden einzelnen Planeten, Mond und Stern kennen lernen. Wir werden die Sprache der Ameisen und der Vögel verstehen. Wir werden imstande sein, den Geisteszustand eines jeden fühlenden Wesens wahrzunehmen. Wir können sie nur retten, wenn wir ihren Geisteszustand kennen. Andernfalls, werden wir nicht wissen, was die Ameisen oder die Vögel brauchen, und noch weniger eines Menschen Geist erkennen. Diese Weisheit entzieht sich jedoch jeder Beschreibung. Ich kann nur sagen : wissen und doch nicht wissen, ist wahres Wissen.

Lasst mich das kurz erklären. Normalerweise „wissen" die meisten von uns etwas d.h. unser Verstand weiß es. Angenommen, ich binde zwei Blumen mit zwei anderen Blumen zusammen. Das ergibt vier Blumen. Ich weiß das so genau, weil mein Verstand die Addition auf Grund meines Wissens vornimmt. Es gibt jedoch Dinge, die über den Bereich des Wissens und der Vorstellungskraft des Verstandes hinausgehen. Und dennoch wissen wir alles, wir können alles tun, und erfinden. Wir können überall hingehen, ohne Flugzeuge oder Raumschiffe zu benutzen.

Das beste Raumschiff, das unsere Wissenschaftler bis heute erfunden haben, kann nicht weiter als bis zum Mond oder zum Mars fliegen. Und wenn es schon an seinem Bestimmungsort landet, kann es doch wenig ausrichten. Die Wissenschaftler können nicht mit den dort lebenden Wesen Bekanntschaft schließen oder kommunizieren, weil diese Wesen unsichtbar sind. Sie stellen fest, dass die Temperaturen auf dem Mars sehr hoch sind. Auf dem Mond können sie nicht viel mehr tun als Steine sammeln für die Forschung oder als Souvenir. Sie setzen soviel Geld und Mühe ein, um nur ein paar Steine für die Forschung mitzubringen ! Außerdem haben die Steine wenig zu bieten, weil es mehr oder weniger die gleichen sind, die wir hier haben. Und der Staub auf dem Mond und auf der Erde unterscheidet sich auch nicht sehr.

Wenn wir die Guanyin - Methode praktizieren, können wir ohne Raumschiff zum Mars reisen, falls wir es wirklich wollen. Wir können dort viele Dinge tun und rennen nicht auf der heißen Marsoberfläche herum, um dann gleich wieder zur Erde zurückzuhetzen, weil wir dort nichts ausrichten können. Wenn wir einmal unser Weisheitsauge öffnen, wissen wir alles und können wir alles. Unser Verstand muss davon aber nichts wissen, er soll es gar nicht. Manchmal nimmt er vielleicht etwas davon wahr, hat aber keine Ahnung, warum die Dinge so laufen, wenn sie laufen. Er kann nur die Erfahrung genießen, ohne zu wissen , warum. Er kann keine Berechnung anstellen wie : zwei und zwei sind vier. Er kann sich einfach nicht erklären. Ich kann es auch nicht, aber ich weiß, dass diese Dinge existieren. Unsere Mitpraktizierenden wissen ebenfalls. Nicht nur ein oder zwei von ihnen, sondern Hunderte, Tausende, Zehntausende, ja Milliarden wissen es.

DIE ERDATMOSPHÄRE VERBESSERT SICH, WENN MEHR MENSCHEN DIE GUANYIN-METHODE PRAKTIZIEREN

Heute praktizieren viele Menschen die Guanyin-Methode. Das ist die beste Nachricht, die es gibt. Denn je mehr Menschen die Guanyin-Methode praktizieren, desto besser wird die Erdatmosphäre. Andernfalls werden wir möglicherweise nicht überleben. Zur Zeit ist die Atmosphäre in einem schrecklichen Zustand. Viele potente Nationen nehmen am nuklearen Wettrüsten Teil. Wenn ein Mensch einen gewissen Knopf drückt, könnte das die totale Auflösung der Erde bedeuten. Dazu müssen wir nicht auf einen Krieg warten. Nehmen wir an, eines Tages beschließt jemand seinem Leben ein Ende zu setzen und uns alle in sein Paradies mitzunehmen. Wenn er diesen bestimmten Knopf unter seiner Kontrolle hat, dann bekommen wir ernsthafte Schwierigkeiten. Die Leute, die jene Knöpfe kontrollieren, sind gewöhnliche Menschen, sie sind keine Heiligen oder gar Gott. Als solche fühlen sie sich zu Zeiten physisch gut, und zu anderen Zeiten weniger gut. Sie haben vielleicht dem Alkohol oder Drogen zugesprochen oder Krach mit ihrem Eheweib. Solche unseligen Situationen können ihre Entscheidungen beeinflussen, die ja vom Verstand getroffen werden. Das ist extrem gefährlich für uns, und wir haben keine anderen Mittel als diese allmächtige innere Kraft, um unser Leben zu schützen.

Wenn wir wissen, wo diese allmächtige Kraft ist, können wir natürlich darüber verfügen. Etwa so wie wenn wir wissen, wo sich eine Goldader befindet, wir das Gold ausgraben und nutzen können. Wenn wir wissen, wo unsere Bank ist, wie viel Geld wir auf dem Konto haben , und wie man es abhebt, dann können wir jeden Tag Geld von der Bank holen. Ganz einfach. Die Guanyin-Methode ist eigentlich keine Methode. Sie hilft uns nur, unsere allmächtige Kraft zu entdecken. Wir haben sie immer besessen, aber wir können sie nicht nutzen, weil wir uns nicht an sie erinnern. Bei der Einweihung werde ich euch sagen, wie ihr eure allmächtige Kraft benutzt, es ist ganz einfach. Eben habe ich z.B. dies Papiertaschentuch zur Hand genommen, weil ich aber so beschäftigt war, die Zuhörer anzuschauen, habe ich es gar nicht registriert. Wenn aber jemand zu mir sagt : „ He ! Da ist es ! ", schaue ich dorthin und entdecke es ! So einfach ist es.

Diese allmächtige Kraft ist allezeit bei uns gewesen. Wir müssen sie weder kaufen noch von irgend jemand erhalten. Niemand kontrolliert unsere allmächtige Kraft, und niemand kann sie vor uns verbergen. Sie lag die ganze Zeit offen da, bereit uns zu dienen, damit wir Gebrauch von ihr machen. Es ist jammerschade, wenn wir sie nicht gebrauchen. Es ist einfach so, dass unsere Aufmerksamkeit ständig durch äußere Dinge abgelenkt wird. Wir schauen nach draußen, verehren die Heiligen draußen und suchen äußere Kräfte. Wir verehren Gottheiten und Geister, Berge und Flüsse und Reliquien von Heiligen, die Knochen in anderer Form sind. Wollen wir denn knochige Heilige werden ? Darum sagte Buddha Shakyamuni : „ Man kann den Zustand der Gott-Verwirklichung (weder gehen noch kommen : Allgegenwart) niemals erreichen, indem man sie mittels weltlicher Sprache oder physischer Erscheinungen sucht, die doch nur Wahrnehmungen äußerer Töne und Sehkraft sind im Unterschied zum inneren Klang, der unsichtbar, formlos und allgegenwärtig ist ". Nur dies ist die wahre Gott-Verwirklichung, was bedeutet, dass wir nicht mal einen Finger heben müssen, und schon ist sie da ! Wir müssen nicht danach suchen, und doch ist sie da. Derart ist der Zustand der Gott-Verwirklichung.

Es ist sehr einfach für uns, diesen Zustand zu finden, aber wir müssen wissen, wo er ist. Wagt einfach einen Blick - und ihr werdet wissen. Genauso, wie wenn mich jemand erinnert, dass ich dies Taschentuch in der Hand halte und nur einen Blick darauf werfen muss, um zu wissen, weil es immer da war ! Darum sagte Jesus Christus : „ Das Himmelreich ist in euch. Ihr seid der große Tempel, die große Kirche Gottes, und Gott wohnt in euch. " Genau das ist die Bedeutung seiner Worte. So gelang es ihm, Gott so leicht zu finden und sein Sohn zu sein. Seine Schüler hatten ebenfalls kein Problem, die Kraft des Heiligen Geistes zu finden. Shakyamuni sagte : „ Gott ist in eurem Herzen. " Eben, weil sie in seinem Herzen war, konnte er sie so einfach finden. Wenn sie dort nicht wäre, hätte er sie auch nicht in sechs, sechzig, sechshundert, sechzigtausend, sechs Milliarden oder Trillionen Jahren finden können.

DIE WELT IST REIN WENN UNSER HERZ REIN IST

Wenn wir sagen, Gott ist in unserem Herzen,, meinen wir damit nicht das physische Herz. Wir meinen damit nur, dass es in uns ist. Weil diese Tatsache derzeit in Worten nicht ausgedrückt werden kann, werde ich sagen, es ist in uns. Ich benutze den Begriff „innen", zur Abgrenzung von „außen" oder äußerlich. Äußerlich bezieht sich auf Dinge wie Verehrung hölzerner Buddha- Statuen. Es tut mit leid, aber es sind wirklich nur hölzerne Statuen ! Was könnten sie sonst sein? Buddha-Stauen aus Stein sind mehr oder weniger dasselbe. Wir pilgern vielleicht zu den Bergen oder Flüssen. Wenn Gott in den Bergen ist, dann wird ers dadurch eingegrenzt, wenn ers nur in einem Tempel lebt, wird ers eingegrenzt: bzw. wenn Gott nur in einer Kirche lebt, wird ers eingegrenzt. Tatsächlich ist ers Omnipräsent. Statt nur in unserem Herzen zu wohnen, ist ers im Herzen eines jeden, in jeder Blume, jedem Baum, Felsen oder Sandkorn und in jeder unserer Haarsträhnen. In allem ist Gott, die Gott-Natur, die Wahrheit. Wir sollten die Wahrheit nicht irgendwo anders suchen müssen, wir sollten sie hier suchen. Wir verwandeln diese Welt in den Himmel. Darum hat und Buddha Shakyamuni eindeutig zugesagt : „ Die Welt ist rein, wenn unser Herz rein ist ". (Beifall)

Gerade eben haben wir gehört, dass unsere Mitpraktizierenden wundervolle Erfahrungen haben, unabhängig davon, wo sie sich befinden. Einige von ihnen haben jedoch mehr Erfahrungen, und andere weniger. Das kommt daher, dass einige fleißiger sind, und andere weniger, manche haben mehr Konzentrationskraft, und andere weniger, aber sie haben doch etwas. Das ist so weil diese Gott-Natur immer hier war und auf uns wartete; wir haben sie in uns. Es ist so wie mit dem Papiertaschentuch, das die ganze Zeit da war und darauf wartete, dass ich es sehe, und dann nahm ich es wahr. Es ist so einfach, Erleuchtung ist genauso einfach.

Was ist Erleuchtung? In dem Moment in dem wir unsere allmächtige Kraft erkennen, erhalten wir einen kurzen Einblick in die herrliche Dimension dieser Kraft, aber das ist nur ein Teil davon. Wir werden nie aufhören, das Universum zu entdecken, und wir werden damit fortfahren, selbst wenn wir einmal erleuchtete Meister geworden sind. Es wäre zu langweilig, würden wir mit dem Lernen aufhören, nachdem wir erleuchtete Meister wurden ! Wenn wir z.B. in der äußeren Welt unseren Doktor gemacht bzw. unsere Ausbildung abgeschlossen haben, müssen wir uns dennoch weiterbilden. Wir können nicht einmal in dieser Welt alles lernen, geschweige denn im Universum ! Ich kann nicht zu euch sagen, dass da eine endgültige höchste Stufe auf euch wartet, die gibt es nicht.

Wenn wir die Guanyin-Methode praktizieren, können wir die drei Bereiche überschreiten, und wenn wir das hinter uns haben, dann beginnt der Lernprozess. Wir praktizieren die Guanyin-Methode nicht, um die drei Bereiche zu überschreiten und dann abrupt stehen zu bleiben. Das ist nicht der Fall. Erst jenseits der drei Bereiche beginnen wir, die Wahrheit zu erfahren. Warum sonst hätte Buddha Shakyamuni jeden Tag meditiert ? Er ging während der Meditation ins Samadhi , und wenn er von dort zurückkehrte, sagte er einige Worte.

In einigen Bereichen gibt es nicht Geburt, Tod, Entartung oder Zerstörung. Auf unserer Erde jedoch haben wir all diese Phänomene. Es gibt viele Bereiche, in denen es keinen Tod, keine Zerstörung, keine Vergiftung und auch keine Reinheit gibt. Sie existieren für immer. Erst wenn wir diese Dimensionen erreicht haben, können wir Unsterblichkeit erlangen, was in dieser Welt unmöglich ist. Viele Leute fragen, warum wir nicht für physische Verbesserung praktizieren. Sie meinen, wir sollten statt für die Erhebung des Herzens zuerst für den physischen Körper praktizieren, um ein langes Leben zu erreichen. Sie haben die Methode des Laotse, des Taoismus, missverstanden. Sie haben gehört, dass taoistische Praktizierende Unsterblichkeit erlangen können. Wir wissen aber, dass all die alten taoistisch Praktizierenden uns verlassen haben, keiner von ihnen ist jemals geblieben. Wenn sie doch Unsterbliche wurden, wo sind sie dann ? Hört auf, zu träumen. (Beifall)

DER PFAD ZUR UNSTERBLICHKEIT

Es gibt einen Pfad zur Unsterblichkeit. Ich kann euch sagen, in welcher Welt ihr unsterblich bleiben könnt. Solche Welten werden niemals zerstört, dort können wir ewig leben. Selbst wenn ich euch in allen Einzelheiten mitteilen würde und wir einen Weg finden könnten, hier unsterblich zu werden, so ist doch diese Welt nicht unsterblich. Darum stellt bitte nicht solche Fragen ! (lachen) Ihr solltet aufwachen und eure eigene Weisheit benutzen, um zu entscheiden, welches der ultimative Weg und wo unsere ewige Heimat ist. Baut keine Häuser auf Wasser oder Sand.

Als ich einmal nach Taitung ging, um einen Vortrag zu halten, stellten wir unsere Zelte am Fluss auf. Eines Tages gab es einen heftigen Regenguss, und wir verzogen uns eiligst. Eine halbe Stunde später trat der Fluss über die Ufer. Wenn unsere Zelte noch dort gestanden hätten, wären sie samt all den Menschen und Fahrzeugen weggeschwemmt worden. Wir sollten an solchen Stellen keine Häuser bauen ! Ganz gleich, wie massiv unser Haus ist, eines Tages wird es vom Wasser unterspült.

Darum suchen wir hier keine Unsterblichkeit. Statt dessen sollten wir einen Weg finden, uns von dieser Welt in eine andere zu bewegen, wo Bedingungen und Umwelt unsterbliches Leben fördern. Nur an solchen Orten können wir ewig leben. Diese Welt- ganz zu schweigen von unserem zerbrechlichen leben - kann in Sekunden vergehen. Darum bin ich wirklich erstaunt, dass es Leute gibt, die an das Praktizieren für Unsterblichkeit glauben. Ihr solltet die Wahrheit klar erkennen und eine logische Methode praktizieren, um logische Ergebnisse zu erhalten. Es laufen immer noch Leute herum und erzählen jedem, der es hören will, dass sie praktizieren, um Unsterblichkeit zu erreichen, damit die Leute denken, sie seien großartig. Ich kenne sie nicht, und ich möchte sie auch nicht kennen lernen. Als ich von ihnen erfuhr, musste ich lachen. Das heißt wirklich, Häuser auf Sand bauen. !

Viele Leute fragen mich, warum wir gerade die Guanyin-Methode und nicht andere Methoden praktizieren. Einfach deshalb, weil es die Methode ist, die wir an erster Stelle praktizieren sollten. Andere Methoden praktizieren wir nur, weil wir diese wahre Methode nicht kennen. Wir raten blind drauflos, und versuchen alles mögliche, bis wir diese wahre Methode finden und erkennen : „ O, wieviel Zeit haben wir verschwendet !" Angenommen zu unserem Raum hier gibt es zwei Eingänge, und ihr würdet nicht durch diese Eingänge kommen und statt dessen sagen : „ Alle Eingänge sind gleich. Gehen wir durch irgend einen !" Es mögen alles Eingänge sein, aber sie würden zu anderen Orten führen! Wir wollen diese vergängliche Welt verlassen, die drei Bereiche überschreiten und unsterbliches Leben erreichen. Dann sollten wir die Methode der Unsterblichkeit praktizieren. Nur, wenn wir eine unsterbliche Welt gefunden haben und dort angekommen sind, können unsere Träume wahr werden.

Wir wissen das solche Welten existieren, weil viele Leute schon dort waren und uns davon erzählt haben. Jesus Christus, Buddha Shakyamuni, Mohammed und andere haben uns von Welten berichtet, die ewig, glücklicher und herrlicher sind als diese . Ihr glaubt vielleicht nicht an die Worte der Alten, weil ihr unsicher seid, ob es nicht nur Mythen sind. Wir haben keine Möglichkeit zu verifizieren, ob die

Worte Jesu in der Bibel tatsächlich seine eigenen sind oder von anderen später hinzugefügt wurden. Wir können Buddha Shakyamuni nicht fragen, ob er wirklich im westlichen Paradies war, und ob es wirklich existiert. Darum mögen wir skeptisch sein. Wir sollten jedoch nicht bezweifeln, dass es heute Menschen gibt, die dorthin gehen können. (Beifall)

Wir können heute dorthin gehen, das kann ich euch garantieren. Unsere Mitpraktizierenden können es. Jeder kann es, auch der Lehrer, der gestern hier war, und einer unserer Mitpraktizierenden der Taxifahrer ist, kann es. Und so könnt ihr es ebenfalls. Soeben hatte der Teilnehmer mit einem Doktorgrad eine sehr gute Erfahrung, und ihr könnt auch gute Erfahrungen haben. Der Titel ist unwichtig. Wir sollten unsere größte innere Weisheit entdecken, die jede weltliche Intelligenz und alle Vorstellungen übersteigt. Je mehr ich rede, desto fauler werde ich, und desto schwerer fällt mir das Reden. Jeden Tag bin ich frustriert, weil ich nicht weiß, wie ich diese bedeutendste und schönste aller Tatsachen in die unzulängliche Sprache dieser Welt übersetzen soll, um sie Menschen zu erklären, die sie nie erfahren haben. Angenommen, wir haben Plätzchen probiert und wissen nun, wie süß, köstlich und duftend sie sind. Einige von uns haben diese Plätzchen nie probiert. Können wir nun unsere Erfahrungen mit ihnen teilen, um sie zu überzeugen und zu überreden, die Plätzchen zu kaufen.?

DIE GUANYIN-METHODE
MISST EXAKT UNSERE SPIRITUELLE EBENE

Unsere spirituelle Praxis beginnt nicht erst im Moment unserer Einweihung. Gestern habe ich euch eine Geschichte über Meister Kong Hai erzählt. Er lernte die geheimen Wege innerhalb von drei Monaten anstelle der zwanzig Jahre die gewöhnliche Leute brauchen. Sein Meister sagte ihm : „ Du hast deine Lehre abgeschlossen. Du brauchst nichts mehr zu lernen ." Ich habe euch gestern auch die Geschichte von einem anderen Mönch der (buddhistischen) Tendai Sekte erzählt. Er bettelte Meister Kong Hai, ihn als Schüler anzunehmen und ihn all die geheimen Wege zu lehren. Aber er wollte es in drei Monaten schaffen, weil er dachte, das könnte er auch. Meister Kong Hai aber sagte ihm : „Nein, du kannst deine Lehre nicht in drei Monaten beenden ." , denn Meister Kong Hai hatte mit seiner spirituellen Kultivierung als kleines Kind begonnen. Bevor er nach China kam, hatte er sich schon intensiv mit der Wahrheit beschäftigt, er kannte die geheimen Pfade schon. Dass er sie kannte heißt nicht, dass er sie gelernt hatte. Es war seine innere Erkenntnis. Dank seinem intensiven und standhaften Streben nach Wahrheit, hatte er einige der geheimen Pfade schon erreicht. Darum lernte er, als er nach China kam, nur den letzten Schritt in drei Monaten.

Daher haben manche Leute Erfahrungen höherer Dimensionen wenn sie zum erstenmal eingeweiht werden, weil sie in der Vergangenheit spirituell praktiziert haben. Manche Leute haben weniger Erfahrungen, weil sie weniger konzentriert sind und schwächer im Glauben. Ich meine nicht, dass sie es absichtlich tun, oft hängt es mit ihrem spirituellen Hintergrund im letzten Leben zusammen. Wir sollten jedoch versuchen, unsere spirituelle Ebene zu sehen und zu erkennen. Die Guanyin-Methode kann unsere Ebene exakt messen, wir können niemanden betrügen. Angenommen, da kommen einige Leute und erzählen mir, dass sie über Jahrzehnte praktiziert haben, aber bei der Einweihung können wir erkennen, wo ihre spirituelle Ebene ist. Und andererseits gibt es Leute, die zuvor niemals praktiziert und vielleicht keinen religiösen Glauben haben, aber wenn sie meinen Vortrag gehört haben, glauben sie. Ihr Streben nach der Wahrheit erwacht, und sie beschließen spirituell zu praktizieren. Wenn sie zur Einweihung kommen, haben sie hervorragende Erfahrungen, weil sie in der Vergangenheit praktizierten, oder aufgrund ihres inneren Verlangens.

Bevor ich auf die Guanyin-Methode stieß, reiste ich an viele Orte, und suchte Ashrams, Kirchen und Tempel auf, rezitierte Sutras und Schriften und betete zu Gott. Ich hatte ein unbändiges Verlangen, die Wahrheit zu erkennen. Ich ging oft zur Kirche, sang im Chor mit, aber es gab Zeiten, da ich nicht das Gefühl hatte , zu singen. Ich liebte es, in der Kirche ganz allein zu beten. Ich hatte nur die eine Bitte : „ Gott, wenn es dich wirklich gibt, bitte lass mich dich erkennen .” Das war mein Gebet, die ganze Zeit nur dies eine. Ich denke, dass ist das höchste Gebet, weil alles andere vergänglich ist. Trivale Dinge wie Erwerb von Kräften , Heilung von Krankheiten , Erhaltung der Gesundheit und Gewinn eines Vermögens verdienen unsere Aufmerksamkeit nicht.

Angenommen , ein König tut seinem Volk all seine Schätze und Juwelen auf, und Männer und Frauen kommen, um unter den Juwelen, Goldmünzen, Antiquitäten und anderen Kostbarkeiten zu wählen. Das ist jedoch nur ein Teil des königlichen Reichtums. Eine Frau geht an all diese Dinge vorüber, ohne etwas zu wählen und begibt sich an das Ende der Halle, um nach dem König zu fragen. Sie möchte nichts, als den König sehen, weil sie ihn mag und ihm noch nie gesehen hat. Der König ist voller Freude und heiratet sie. Nun gehört ihr der gesamte Reichtum! (Lachen und Beifall) Darum sagt die Bibel: Sucht zuerst das Reich Gottes im Innern, und alles andere wird euch dazugegeben werden . Ich hoffe ,dass ihr alle dieses Himmlische Königreich und Himmlische Herz in euch recht schnell findet, und euch dann alles gehört! (Beifall)

INSTRUMENTE DES FRIEDENS
Die Höchste Meisterin Ching Hai auf einer Schmuckausstellungs- Konferenz Genf, Schweiz, am 3. Mai 1999 (Original in Englisch)

Frage : Am beeindruckendsten finde ich, dass ihr Schmuck eine Symbolik enthält. Ich denke, das ist für uns ungewohnt. Woher bekommen sie die Ideen ?

Meisterin: Wahrscheinlich von Gott. Ich bekomme alles von Gott. Ich bin einfach nichts ohne IhnS.

Frage : Warum fällt es den Menschen so schwer, Gott in ihrem Herzen zu finden ?
Meisterin: Es ist nicht schwer. Ers versteckt sich nur. Sie suchen einfach am falschen Ort. Angenommen, sie verlieren ihre Kamera hier, suchen sie aber dort drüben, weil es dort heller ist, oder weil dort mehr Menschen sind, dann wird es natürlich schwierig. Sie müssen sie da suchen, wo sie ist.

Frage: Aber jeder weiß, dass „Gott in unserem Herzen ist ”

Meisterin: Sie wissen es, weil sie es gelesen haben, aber sie wissen es nicht aus der Praxis. Darum muss ich, seit ich das Glück habe zu wissen, wo ers ist, dieses Wissen mit allen teilen, die danach fragen.

DIE FRIEDLICHE SEITE WIRKUNGSVOLLEN HANDELNS

Frage: Wieso glauben sie, dass sie die Umstände des Krieges in Europa beeinflussen können? Wie wollen sie irgendeinen positiven Effekt auf der Erde auslösen, ich meine, was würden sie tun, ganz praktisch ?

Meisterin: Es gibt sehr viele Dinge in dieser Welt, einmal abgesehen von materiellen Dingen, die wir berühren und festhalten können. Da sind unsichtbare Dinge wie Luft oder Liebe. Wohlwollen und positive Gedanken. Obwohl wir positive Gedanken oder Liebe nicht sehen können, berühren sie unsere

Mitmenschen. Wenn sie zum Beispiel ihre Frau lieben, so wissen sie es beide, und sie fühlen sich gut. Obwohl sie anderen Menschen nicht zeigen können was Liebe genau ist, wissen sie es beide , und es macht sie glücklich. Genauso werden positive Gedanken, liebevolle Gebete und eine konzentrierte auf ein bestimmtes Ziel ausgerichtete Meditation mit der Zeit Wirkung zeigen.

Frage: Denken sie nicht, dass es auch nötig ist, gewissen Situationen mit Gewalt zu begegnen ? Es gibt einige Menschen auf dieser Welt, die sie mit diesen Instrumenten des Friedens nicht erreichen können.

Meisterin: Sie haben recht, mein Herr. In gewissen Extrem fällen müssen sie mit stärkeren Mitteln antworten. Einige Leute tun das auch schon, und wir tun es auf der friedlichen Seite. Wir helfen, damit sie - wenn solche starken Mittel gebraucht werden - um der Unschuldigen willen auf ein Minimum reduziert werden. Die Auswirkungen auf die Unschuldigen werden reduziert, wenn wir darum beten, dass die Gewaltaktionen nicht so lange dauern, schneller vorüber sind und die Probleme besser gelöst werden. Obwohl wir also stärkere Maßnahmen ergreifen müssen, möchten wir das nicht lange tun, so helfen Gebete und positives Denken, sie zu verkürzen und ihre Auswirkungen zu minimieren.

ERINNERUNGEN AN GOTT

Frage: Worin besteht die Verbindung zwischen spirituellem Leben und dem Schmuck den sie geschaffen haben.?

Meisterin : Es gibt zwischen allen Dingen im Leben eine Verbindung, es ist nur so, dass wir diese Verbindungen manchmal vergessen. Wenn wir alles im Namen Gottes tun, auch wenn es keine Verbindung gibt, so ist das immer noch besser, als es nicht im Namen Gottes zu tun. Es gibt schon so viele Dinge in dieser Welt, die uns Gott vergessen lassen. Wenn wir also irgend etwas dazu benutzen können, uns an Gott zu erinnern, dann ist es sehr hilfreich.

Frage: Wie erinnern sie die Menschen an Gott ?

Meisterin: Das können sie an vielen Dingen erkennen, die ich tue. Ich kann sogar aus Steinen einen Bibelvers machen - eine Botschaft von Gott. Wenn also jemand ein Schmuckstück trägt mit einer Bezeichnung wie „Weisheit Salomons" oder „Höchste Herrlichkeit der Liebe", dann können sie gar nicht anders, als sich daran erinnern zu lassen, auch unbewusst, dass das Endziel ist, Liebe zu finden, unser wahres Selbst zu finden, statt nur an diesen materiellen Körper zu denken, der ohnehin nicht lange hält. Namen und Worte haben eine sehr kraftvolle Wirkung auf Menschen.

Frage : was meinen sie, wenn sie sagen: „der Name ist kraftvoll ? "

Meisterin: Er ist kraftvoll.

Frage: Welcher Name ?
Meisterin : Jeder Name. Das Wort, Sprache als solche, ist kraftvoll. Wenn wir „ Gott „ sagen, obwohl wir gar keinen Gott sehen, dann ist das etwas anderes, als wenn wir „ Hund „ sagen. Obwohl es nur ein leerer Name ist, hat es eine Wirkung. Wenn sie jemandem sagen „ Ich liebe dich „ so hat das eine andere Wirkung, als wenn sie sagen „ Ich Hasse dich „ , obwohl es nur leere Buchstaben sind. Deshalb wirken Namen auf uns, besonders auf unseren Intellekt. Sogar unausgesprochene Worte sind manchmal

sehr stark.

Frage: hat Gott einen Namen ?

Meisterin : ErS hat alle möglichen Namen, und Ers hat gar keinen Namen. Wir benennen ihnS. Wir nennen IhnS „ Allah „, der „ Allerhöchste „, „ Buddha „ wir geben Ihm alle möglichen Namen, und dann streiten sich die Menschen darum, welcher Name der richtige ist.

Frage: Wissen sie, welcher Name der richtige ist ?

Meisterin : Ich weiß es, ich kann es ihnen aber nicht sagen.

Frage : Sie behalten es für sich ?

Meisterin : Nein, so ist es nicht. Sie müssen ihn selber herausfinden. Er wird ihnen ins Ohr flüstern, allerdings in der Sprache Gottes.

Frage : Sie können es anderen nicht mitteilen ?

Meisterin : Diese Sprache ist nicht wie die menschliche Sprache. Ich fürchte einfach, ihn zu erniedrigen, wenn ich es in menschlicher Sprache sage. Es ist sehr schwierig zu beschreiben, was Liebe ist. Wir sagen „ Liebe „, wir sagen „love". wir sagen „amour", aber das ist nicht die wahre Sprache der Liebe. Nur Liebende kennen die Sprache der Liebe. Und genauso ist es mit dem Namen Gottes, nur die Gottliebenden kennen ihn . In einem ruhigen Moment Ihres Lebens, wenn sie allein mit IhmR dasitzen, dann wird Ers ihnen sagen. Ich habe Angst, noch einen weiteren Namen in die Welt zu setzen.

Frage: Gibt es eine schriftliche Aussage darüber, wie sie Gott erreichen, oder wie sie Gott kennen gelernt haben ?

Meisterin : Ich fürchte nein, aber es gibt einen Weg , auf dem sie Gott finden können. Ich fürchte, es gibt da nichts schwarz auf weiß, das sie lesen können, um dann Gott zu finden. Aber es gibt eine subtile Bevollmächtigung, eine subtile Verbindung, so wie eine Fackel die Kraft der anderen mit ihrem Licht entzündet, und dann beide brennen. Da gibt es nichts schriftliches, aber es gibt einen Weg das zu tun, und wir nennen diesen Vorgang „sofortige Erleuchtung". Jemand , der das Licht schon gefunden hat, kann auch ihre Fackel entzünden. Es ist so einfach. Es bedarf keiner gesprochenen Worte. Je mehr wir reden, desto weniger können wir ihn finden. Das ist das Problem. Und sie fragen mich nach dem Namen. Ich würde ihnen gern einen seiner Namen geben, aber ich habe Angst, einen weiteren Namen zu erfinden, und dann streiten wir am Ende darüber, welcher Gott besser ist. Wir haben schon so viele Namen.

DIE PARADOXIE GOTTES

Frage: Einige von uns hatten das Glück, als Kind oder so eine Gotteserfahrung gemacht zu haben, und auf der anderen Seite haben wir Hunderte verschiedener Gruppen, die behaupten, dass ihr Weg der richtige sei, um Gott zu finden. Vielleicht haben sie einen Vorschlag oder können uns sagen, warum einige von uns um Offenbarung bitten und sie auch sofort oder nach einigen Jahren bekommen, während andere den Rest ihres Lebens damit zubringen, von Gott ein Zeichen zu erbitten, und es niemals erleben.

Meisterin : Das ist ein Wiederspruch Gottes in sich. Tatsächlich wird in der Bibel gesagt: „Suchet, so werdet ihr finden; klopfet an, so wird euch aufgetan" (Matt.7,7), aber so ist es nicht. Es hängt davon ab, wie wir fragen, und das können wir nicht lehren. Wir können den Menschen Aufrichtigkeit nicht beibringen; wir können ihnen Verlangen nach Gott nicht beibringen. Jeder einzelne muss seinen Weg finden, ihm dieses Verlangen mitzuteilen. Zwei Menschen bitten z.B. um dasselbe Ding, aber der eine wünscht es wirklich, und der andere bittet nur, weil es da ist oder weil jemand anderes es hat. Gott kennt den tiefsten Wunsch einer jeden Seele. Manchmal denken die Leute: „Ich bitte soviel, ich bete die ganze Zeit, warum gibt Gott mir nicht - und der da liegt vielleicht fünf Minuten auf den Knien, und er bekommt etwas !" Das ist so, weil es auf das Innere ankommt, so wie wir z.B. nur einen Mann lieben können, und den anderen nicht, obwohl der vielleicht netter oder reicher ist, wir können das nicht erklären.

Sehnsucht nach Gott zu haben, ist eine Sache, aber Gott wirklich zu wollen, eine andere. Je mehr man etwas will, desto unwahrscheinlicher ist es, dass man es auch bekommt. Das ist die Widersprüchlichkeit des Lebens, aber es ist wahr. Wenn man z.B. sagt : „Ich brauche Geld". so hört es das Universum: Gott hört dich. „O, sie braucht Geld, in Ordnung !" Dieser Satz bewirkt, dass du nun die ganze Zeit Geld brauchst, bis zum Ende deines Lebens. Das ist der Effekt, da du es bestellt hast. Du sagtest: „Ich brauche Geld", also wissen sie : „Okay, sie braucht Geld", so wird es dir ergehen. Du wirst Geld brauchen, Geld brauchen, Geld brauchen.

In der Bibel steht auch, dass du glauben musst, dass du bekommst, worum du gebeten hast. (Und alles, was ihr bittet im Gebet, wenn ihr glaubt, werdet ihrs empfangen- Matt.21.22) Aber dies ist ein weiterer Trick. Wie kannst du daran glauben, wenn du doch weißt, du wirst es nicht bekommen? Und du redest dir ein: „Ich glaube, dass ich es bekommen werde", aber dann weißt du , dass du glaubst, dass du es nicht bekommen wirst - und das ist es. Bevor wir nicht werden wie die Kinder, können wir das Reich Gottes nicht betreten. Diese Reinheit müssen wir haben. Wir müssen uns von innen und außen reinigen, von oben bis unten, jeden Tag, deshalb müssen wir meditieren. Wir müssen wahrhaft bereuen, innerlich, nicht äußerlich. Deshalb gehen wir in die Kirche, deshalb gehen wir überall hin, in den Himalaja und in den Ganges baden, aber es hat keine Wirkung. Es muss innerlich sein, und wir müssen das wissen.

Da möchte ich euch einen Trick verraten: Wenn ihr etwas wollt, dann wollt es nicht. Das mag schwierig sein, aber auf diese Weise haben wir alles. Denkt ihr , ich will all diesen Schmuck, diesen Erfolg, das Geld und all den Ruhm ? Nein. Ich will es gar nicht! Ich wollte es niemals. Es kam einfach zu mir, und Gott weiß, dass ich die Wahrheit spreche. Ich befasse mich damit , einfach weil es da ist, es lief mir über den Weg. Ich habe es nie gewollt. Ich will es noch immer nicht. Angenommen, morgen verliere ich alles, was ich jemals verdient habe, und die ganze Welt verleumdet mich, es würde mich nicht kratzen. Diesen Zustand müsst ihr erreichen, dann werdet ihr alles bekommen.

DIE ANDERE SEITE GOTTES

Frage: Wir leben in einer Zeit der Wissenschaft und Technik und wir alle glauben daran und sind uns dessen bewusst. Im Verlauf einiger tausend Jahre Geschichte sind viele Meister auf die Erde gekommen, die in der Lage waren, den Menschen den Weg zu zeigen, um Gott zu erkennen. Aber die Wissenschaft hat noch immer keinen greifbaren Beweis dafür gefunden, und es wird weiter heftig debattiert. Wir können zwar an Gott glauben aber wir können ihn immer noch nicht messen.

Meisterin : Ich kann es beweisen !

Frage: Ich weiß, dass es eine dumme Frage ist, also vergeben sie mir bitte meine Unwissenheit, aber es wird in dieser Hinsicht viel diskutiert. Würden sie heute Abend etwas darüber sagen ?

Meisterin : Es gibt viele Möglichkeiten, etwas zu beweisen auch einige Möglichkeiten, Gott zu beweisen, nur nicht auf dem Weg der Wissenschaft. So hat man z.B. die Existenz von schwarzen Löchern , von Antimaterie bewiesen, und das können sie Gott nennen. Es gibt Energie und Anti-Energie und derartige Dinge, aber sie sind nicht messbar.

Frage : Man kann es einfach nicht messen ?

Meisterin : Ja, aber wir können es wissen, da es in uns ist, und wenn wir wissen wie, dann können wir es haben. Ich kann es euch zeigen. Ich kann es euch beweisen. Folgt nicht mit, sondern folgt den Regeln genauso, als wenn wir Fußball spielen oder Auto fahren wollen, überall gibt es Regeln.

Frage: Nicht mir, da ich Gott kenne und keine Schwierigkeiten habe zu glauben, aber können sie es z.B. den Wissenschaftlern beweisen ?

Meisterin : Nein, das kann ich nicht, da sie alles auf materielle Art wünschen. Gott ist materiell, aber Gott ist auch unsichtbar. Wenn Gott materialisiert ist, dann sehen wir ihn hier und da in diesem und jenem. Das ist der Gott, den man berühren kann: Man kann mit ihm sprechen, ihn umarmen, küssen und lieben. Das alles ist Gott, aber es gibt noch eine andere Seite von Gott, und man muss sterben, um zu erfahren, dass man ihn auf einem anderen Weg finden muss.

Den materiellen Weg können wir auf eine materielle Art gehen, aber den unsichtbaren Weg müssen wir auf unsichtbare Weise gehen. Die Wissenschaftler vergessen diese Seite. Sie konzentrieren sich nur auf den materiellen Gott, und alles, was sie da finden, sind natürlich materielle Dinge. Die Materialisation Gottes ist auch richtig. Aber wenn sie etwas mehr über Gott wissen möchten, eine andere Seite Gottes erleben möchten, dann müssen sie einem anderen Weg folgen, genau so, wie sie dem materiellen Weg folgen, um die Materialisation Gottes zu finden. Man sieht all die Wunder Gottes in der materiellen Welt. Sie müssen einen anderen Weg einschlagen, um die unsichtbaren Wunder auf der anderen Seite Gottes zu finden, und das tun sie nicht. Wie kann ich es ihnen beweisen? Ich möchte es gar nicht. Ich bin nicht hier, um zu beweisen, dass Gott existiert oder nicht existiert. Ich bin hier auf diesem Planeten nur für den Fall, dass irgendjemand die andere Seite unseres Vaters, die andere Seite Gottes, erkennen möchte, den wir auch lieben können, aber es ist nicht der Gott, den wir uns vorstellen. Ich möchte gar nichts beweisen. Ich habe niemals den Wunsch, etwas zu beweisen. Ich möchte nicht einmal beweisen, dass ich recht habe . Ich möchte euch nur helfen Gott zu erkennen, falls ihr es wünscht. Es ist sehr einfach.

Frage: Gibt es irgend jemand, der in der Lage ist, Menschen, die nicht ihren hohen Bewusstseinsstand haben, gewisse Probleme zu erhellen? Wenn es wirklich wichtig ist - ich weiß nicht, ob es notwendig ist oder nicht - aber wenn es wichtig ist, könnten dann nicht Menschen wie sie versuchen, Wissenschaftler davon zu überzeugen, dass sie ihre Weise, die Dinge zu verstehen ändern müssen, um Beweise zu erhalten ?

Meisterin : Sie müssen ihre Methode nicht ändern . Sie sind gut so wie sie sind, es sei denn, dass sie an sich selbst eine neue Seite entdecken möchten, und dann werden sie einen Meister finden. Es gibt viele. Es gibt einige, die berühmter sind als ich, die mehr Prestige haben. Ich bin nur eine Designerin, und ganz nebenbei habe ich Gott gefunden, bzw. ich habe Gott gefunden und wurde ganz nebenbei Designer.

Sie müssen gar nichts unternehmen. Niemand muss jemals irgend etwas unternehmen, da jeder schon Gott ist. Es gibt für niemanden Grund zur Eile. Einige Menschen sind bereit, sie möchten nach Hause gehen. Dann werden sie den Weg finden: zum Himalaja gehen, diesen oder jenen Meister finden. einige Menschen möchten noch ein wenig hier bleiben, und das ist auch okay. Jeder ist okay, jeder ist Gott. Wirklich, es gibt gar nichts. Falls ihr die Menschen bedauert, die nicht bei der Meisterin Ching Hai lernen, vergesst es, sie sind schon Gott. Es gibt nichts, was sie tun müssten. Wenn sie es nicht wollen, dann lassen sie es bleiben. Sie bestimmen über ihre Leben, sie bestimmen über ihren Fortschritt und den Zeitpunkt, an dem sie nach Hause gehen werden. Sie haben hier noch Dinge zu erledigen, also ist es ok, wenn sie Gott nicht erkennen wollen und nicht beweisen wollen. Es ist gut so, da es ihre Aufgabe ist, noch etwas Neues zu entdecken und für uns neue Bequemlichkeiten zu erfinden. Später , wenn sie ihre Aufgabe erfüllt haben, denken sie vielleicht : „Okay, jetzt bin ich damit fertig. Ich möchte nach Hause gehen ." Dann wird ihnen ein Meister erscheinen, deshalb ist es okay. Alles ist okay.

Ich möchte die Welt in keiner Weise verändern. Ich mache all das hier nur, weil ich darum gebeten werde. Wenn du, als meine Schwester, mich um irgend etwas bittest, dann werde ich es für dich tun, das ist alles. Ihr bittet mich, etwas zu entwerfen, also mache ich Entwürfe. Ihr bittet mich, hierher zu kommen, um euch in der Meditation zu unterrichten, also komme ich und lehre euch Meditation. Ich habe kein Verlangen, es zu tun, aber ich sträube mich auch nicht. Ich bin nicht hier, weil die Welt so schrecklich ist und ich sie retten müsste oder so etwas. Ich hege keine derartigen Gedanken, weil ich weiß, dass alle Gott sind. Daran gibt es keinen Zweifel. Ich habe es nicht eilig, irgend jemand nach Hause zu bringen, es sei denn, er hat es eilig. Dann werde ich ein wenig nachhelfen - „Okay, ab mit dir!" (Die Meisterin lacht) Also entspannt euch, ihr seid alle in Ordnung, das versichere ich euch. Eines Tages werden sie alle nach Hause kommen. (Applaus)

KONZENTRATION UND PROFESSION
Von der Höchsten Meisterin Ching Hai, Hsihu, Formosa, 28 Juni 1991
(Original in Chinesisch)

Den meisten von euch gelingt es nicht, die Dinge gut zu erledigen, da es euch an Konzentration fehlt und ihr nur einen einzigen Beruf ausübt. Angenommen, ihr werdet erwachsen, studiert Medizin und werdet Arzt. Ob ihr ein guter oder schlechter Arzt seid, wird davon abhängen, ob ihr Konzentration und ein mitfühlendes Herz habt. Es kann auch sein, dass ihr noch nicht einmal in eurer beruflichen Karriere gut seid. Angenommen, ihr seid Geschäftsmann geworden, Ingenieur oder habt irgendeinen anderen Beruf ergriffen und werdet immer besser darin, weil ihr an Erfahrung gewinnt und an Schulungen teilnehmt. Aber selbst dann mag eure Leistung nicht besonders gut sein. Deswegen sind einige Ärzte besser als andere, und haben einige Architekten mehr Erfolg als ihre Kollegen. Das liegt an ihrem unterschiedlichem Niveau im Blick auf Konzentration und Intelligenz.

Warum können Erleuchtete Meister alles ? Weil sie sich immer im Zustand der Konzentration befinden. Sie konzentrieren all ihr Tun, Reden und Denken auf das, womit sie gerade beschäftigt sind. Sie können sich gleichzeitig auch auf andere Gebiete konzentrieren und verfügen über Milliarden Manifestationskörper. Sie können an einem Ort tanzen und zur selben Zeit Millionen Manifestationskörper haben. Das ist so, weil ihr Geist niemals unkonzentriert ist, sie haben den Zustand erreicht, in dem es ihnen niemals an Konzentration fehlt.

Die Sonne bescheint alle Winkel der Erde ohne etwas verzehren zu müssen. Eine Kerze jedoch kann nur einen Fleck erhellen, und ihr Licht ist außerdem von kurzer Dauer. Das ist der Punkt, an dem sich ein spirituell Praktizierender von einer normalen Person unterscheidet. Warum sehen wir Dinge, die andere nicht sehen können ? Weil wir Konzentration besitzen. Warum ist es uns möglich, alles so perfekt zu tun und besser als andere, und wenn nötig, sogar besser als Experten ? Weil wir uns ständig konzentrieren.

Mit Herz und Sinn bin ich ständig auf die Dinge konzentriert, die ich gerade tue, und niemals abgelenkt oder in Gedanken schon bei etwas anderem. Selbst wenn ich an andere Dinge denke, denkt doch nur ein Teil von mir, so dass ich immer eine Menge Arbeit gleichzeitig erledigen kann. Gewöhnliche Menschen können das niemals. Wenn man darin nicht geübt oder nicht daran gewöhnt ist, kann man nicht konzentriert arbeiten. Ihr könnt eure Arbeit gut erledigen, aber nicht weil ihr konzentriert seid, sondern weil es euer Beruf ist. Professionell zu sein ist etwas anderes, als konzentriert zu sein. Ein Fachmann zu sein heißt nur, in einem bestimmten Beruf gut zu sein, und selbst dann seid ihr vielleicht nur gut, weil ihr es gewohnheitsmäßig tut.

Wenn wir spirituell Praktizierenden praktizieren und eine höhere Ebene erreichen, müssen wir keine Profis sein, um unsere Arbeit gut zu erledigen. Wir können sogar besser sein als Profis, weil wir auf Weisheit konzentriert sind, die uns alles perfekt vollbringen lässt. Und aufgrund dieses Unterschiedes sind wir in der Lage, alles zu tun. Haben wir einmal Weisheit erlangt, können wir alles tun, denn Weisheit kann das ganze Universum erleuchten und das ganze Universum erschaffen. Gibt es etwas, das sie nicht erreichen kann? Sie tut, was nötig ist und lässt das Unmögliche.

SINN UND ZWECK DER MEDITATION
SEIN SELBST ERKENNEN UND INNERES GLÜCK ERLANGEN
Von der Höchsten Meisterin Ching Hai, Hsihu, Formosa, 19. Juni 1995
(Original in Englisch)

Tatsächlich ist es sehr schwierig, zu meditieren, wenn wir sehr glücklich sind. Und wenn wir sehr unglücklich sind, ist es ebenfalls sehr schwierig, zu meditieren ! daher versuchen wir stets, den Ausgleich zwischen beidem zu finden, damit wir nicht von solch extremen Empfindungen heimgesucht werden, dass wir vergessen, dass das wahre Glück innerlich ist. Wahrhaftig, das ist es !

Ganz gleich, wie sehr wir jemanden lieben, oder wie sehr jemand uns liebt, früher oder später wird er oder sie uns enttäuschen. Und dann sind wir verletzt. Vielleicht war es nur ein Missverständnis, vielleicht auch nicht - jedenfalls fühlen wir uns verletzt. Sogar wenn es um unsere Kinder oder unseren Ehemann geht, wenn wir wirklich wollen, dass sie uns lieben, müssen wir wie ein Sklave 24 Stunden am Tag ihren Wünschen zur Verfügung stehen. Dann sind sie glücklich und bleiben vielleicht bei uns. Aber auch nur vielleicht.

Manchmal machen auch Kinder ihren Eltern das Leben schwer, weil sie ihre Eltern missverstehen oder weil sie wollen, dass diese die ganze Zeit für sie da sind und sich ihnen widmen. Und wenn die Eltern ihre Wünsche nicht befriedigen können, kümmern sie sich einfach nicht mehr um sie. So bereiten sogar Kinder ihren Eltern manchmal viel Schmerz. Und manchmal fügen auch Mann und Frau einander viel Schmerz zu aufgrund überzogener oder auch nur normaler Erwartungen.

Und sie sind auch nicht immer leicht zu erfüllen. Angenommen, heute liebt dich jemand, und du erwartest, dass es morgen genauso ist oder sogar noch besser, aber morgen geschieht irgend etwas, und er ist reizbar und schlecht gelaunt und redet nicht mehr mit dir. Du magst nicht einmal daran schuld sein. Aber dann sagst du : „Wenn du dich nicht um mich kümmerst, warum soll ich mich um dich kümmern?" Und dann sagt ihr es beide, und dann trennt ihr euch oder leidet zumindest aneinander. Und es dauert viele Tage, bis ihr euch wieder versöhnt, wenn überhaupt. Manchmal bringen unbedeutende Dinge

Menschen auseinander, und es kränkt sie sehr. Es ist nicht so, dass es sie nicht kränkt. Wenn es so wäre, wäre es okay. Es kränkt sie aber.

Wenn wir uns wirklich auf das innere Glück verlassen, geht alles seinen Gang. Dann werden wir nie enttäuscht sein oder uns auf irgend jemand verlassen müssen. Wenn jemand kommt, ist es okay, und wenn nicht, ist es auch okay. Wir fühlen uns innerlich nicht so verletzt und gequält.

So kommen also Qual, Sorge und Elend nicht von außen, nicht von anderen Menschen. Sie sind Folgen unserer Inneren Ignoranz. Wir erwarten zu viel von allen und von allem, und dann sind wir enttäuscht. Die einzige Quelle des Glücks ist in uns. Darum : So oft ihr meditiert , versucht mit jener Quelle in Berührung zu kommen. Um euretwillen, um eures eigenen Glücks, eurer Zufriedenheit und Befriedigung willen müsst ihr ständig versuchen, mit diesem Zentrum der Freude in Kontakt zu kommen, das in euch allen verborgen ist. Dort befindet sich die Meisterkraft. Dort kann sich jedes Wunder im Universum manifestieren. Es ist nichts als liebevolle Freundlichkeit, von dort geht alle Liebe und Freundlichkeit aus. Dort ruht alle Tugend, Schönheit und Wahrheit und wartet darauf, von euch entdeckt zu werden.

Im übrigen sterben wir früher oder später, und wohin wir gehen, geht niemand etwas an. Zumindest solange wir am Leben sind müssen wir ein Leben führen, das eines Menschen würdig ist. Wir sollten glücklich und imstande sein, unser Leben mit Freude zu leben. Denn das gehört zu unserer Würde als Mensch, als „Top Ten" all der Lebewesen in dieser Welt. Wir sind die Krone der physischen Schöpfung. Wir wissen noch nicht, ob wir die Krone des Universums sind. Vielleicht nicht, aber zumindest hier sind wir die Krone der Schöpfung. So müssen wir unser Leben so würdevoll führen, wie es einem Menschen zukommt, und uns nicht fürchten, nicht stumpf und gequält sein, vor allem, wenn wir den inneren Schatz besitzen, von dem wir jederzeit Gebrauch machen können. Das ist der einzige Sinn der Meditation: Euch selbst zu erkennen und zu wissen was wahres Glück ist, nicht weil die Meisterin das sagt und ihr der Meisterin gehorchen müsst. Ihr gehorcht der Meisterin, weil es gut für euch ist, aber ihr müsst wissen, warum. Ihr müsst wissen, dass es um euch geht, nicht um den Meister. Der Meister kümmert sich nicht darum. Ich kümmere mich nicht darum. Wenn ihr nicht meditiert, dann meditiert ihr halt nicht. Es ist euer Leben. Ich kann euch nicht kontrollieren, und ich will es auch nicht. Denn wenn ihr jemand kontrolliert, seid ihr an ihn oder sie gebunden. So wie der Polizeibeamte durch Handschellen an den Kriminellen gebunden ist. Der Polizist muss auf den Kriminellen aufpassen.

Diese Position möchte ich nicht einnehmen. Was immer ich euch sage, ist gut für euch, und wenn das, was ihr hört, logisch ist und ihr das erkennt, dann bleibt dabei. Nicht, weil ich euch dazu zwinge oder etwas ähnliches. Es ist eine Ehre, es ist ein Vorrecht, und das größte Glück unseres Lebens, fähig zu sein, solch ein Geheimnis zu kennen. Es ist kein Zwang, es ist kein Geschäft, und es ist keine Verpflichtung. Es ist das größte aller Privilegien, das höchste Glück in Tausenden oder Millionen Lebenszeiten, so mühelos solch eine Tür gezeigt zu bekommen, uns selbst aus allem Elend zu erlösen. Das ist alles, was dazu zu sagen ist . (Beifall)

Manchmal wenn ich noch bis spät in die Nacht arbeite, bis zwölf, bis eins oder zwei Uhr, meditiere ich noch, bevor ich schlafe. Bei all meinen Verpflichtungen und Obliegenheiten habe ich immer das Bedürfnis, zu meditieren. Ich habe nie das Gefühl, ich bräuchte nicht zu meditieren oder dass Meditation schrecklich sei. Nie! Im Gegenteil. Es ist eine Freude, eine Quelle der Erholung, ein Wiederaufladen, sogar körperlich.

Das hat nichts damit zu tun, ein Buddha oder etwas ähnliches zu werden. Wenn ihr im Verlauf eines Tages nicht meditiert, könnt ihr euch niemals von der Erschöpfung eines ganzen Tages und dem mentalen Beschuss durch all die Negativität der Gesellschaft erholen. Darum beschwert euch nicht bei mir, wenn ihr müde seid, wenn ihr dies und das und noch etwas seid. Wenn ihr nicht genug meditiert, ist es halt so. Das ist der Preis, den ihr bezahlt. Am Anfang seid ihr vielleicht unbeständig. Aber je mehr ihr meditiert, desto mehr spürt ihr, das ist es, das ist die einzig wahre Methode. Und wenn euch jemand eine Million Dollar bieten würde, damit ihr den Meister oder die Methode wechselt, ihr würdet es nicht tun. Niemals. Weil ihr es ganz einfach wisst; ihr könnt nicht lügen. Ihr könnt nicht lügen und sagen, das sei nicht die Methode für euch. Selbst wenn eure Meditation miserabel ist, wisst ihr, dass es euer eigener Fehler ist. (Die Meisterin und alle lachen) Ihr wisst das ganz genau.

Und wenn ihr euch dann in der Innenschau prüft : Ist die Guanyin -Methode der einzige Weg, nicht wahr? Das ist sie, Punktum, basta, nicht daran zu rütteln, kein Wenn und Aber. Das ist sie. Das fühlen wir in unserem Innern, und das wissen wir. Und es ist die einzige Gewissheit. Wenn ihr das also wisst, dann wisst ihr es. Ich muss es euch nicht sagen.

HÜTET EUCH VOR MAYAS FALLEN
Die Höchste Meisterin Ching Hai in Taipeh, Formosa, 2. Mai 1989
(Original in Englisch)

Wir Praktizierenden sollten klare Vorstellungen haben und uns von niemand täuschen lassen. Doch jedes mal, wenn Maya euch prüft, versagen einige von euch. Hört einzig auf die Worte der Meisterin, und auf niemand sonst ! Andernfalls werdet ihr Maya in die Falle gehen. Wenn ihr unvorsichtiger Weise auf andere Leute hört ohne zu unterscheiden, erniedrigt ihr euer eigenes Niveau. Ihr billigt ihnen Überlegenheit zu und werdet ihre Untergebenen. Es gibt ohnehin zu viele falsche Meister in der Welt, einer mehr oder weniger spielt keine Rolle. Es wäre jedoch ein Jammer, wenn ihr, die ihr Weisheit besitzt, getäuscht würdet. Warum nicht Meister eurer selbst sein? Wenn ihr alles glaubt, was andere euch erzählen und nicht eure Weisheit gebraucht, um zu unterscheiden, werden sie euch wegen eures Mangels an Weisheit und eurer armseligen Praxis auslachen.

Wenn ihr euch in irgendeiner Weise an der Arbeit der Meisterin beteiligt, müsst ihr sogar noch wachsamer sein, um keine Arroganz aufkommen zu lassen. Wenn wir anderen helfen, tun wir es so, als arbeiten wir für uns selbst. Wenn wir das tun, gehen wir Maya in die Falle. Angenommen, ihr seid jeden Tag zur Arbeit gegangen, und der Chef hat euch monatlich zehn-oder zwanzigtausend Dollars gezahlt. Findet ihr, dass dies ein Grund zur Selbstgefälligkeit ist ? Würdet ihr euch unerhört kompetent vorkommen , nur weil ihr dem Chef bei seiner Arbeit helft? Nein ! Statt dessen hättet ihr Angst, Fehler zu machen oder den Job nicht ausfüllen zu können. Ihr würdet fürchten gefeuert zu werden, wenn ihr eure Sache nicht gut macht. Ist es nicht so? (Zuhörer: „Ja")

So bescheiden, so behutsam und sorgfältig sollten wir auch immer dann sein, wenn wir helfen, Gottes Werk zu tun. Wir tun ohnehin nur ein sehr geringes Werk, was ist daran groß? Wir arbeiten, um Verdienste zu erwerben, unsere karmische Schulden zu bezahlen und zu lernen, ein Heiliger zu werden. Für uns ist es eine Chance, einige Lektionen zu lernen. Darum sollten wir dankbar sein für diese Gelegenheit, zu lernen. Es ist absolut kein Grund, selbstgefällig zu sein! Wir sollten wissen, jedes mal, wenn wir unsere Arbeit mit Selbstgefälligkeit betrachten, ist Maya dabei , uns zu testen.

Oder wenn wir ungeduldig darauf aus sind, ein Buddha zu werden, wird Maya mit Sicherheit kommen, um uns zu prüfen. Sie wird uns sagen, dass wir schon ein Buddha geworden sind. Maya wird nicht unbedingt dieses verschwommene Bild sein, das euch in eurer Meditation erscheint. Sie könnte eine Person benutzen, die an eurer Tür klingelt und zu euch sagt : „ Wir sind doch gute Freunde. Ich weiß, dass du schon ein Buddha bist. Ich weiß, dass du schon die achte Ebene erreicht hast. " Für mich klingt es übrigens wie „Zhu Ba-jie"! (Die Zuhörer lachen) (Zhu Ba -jie heißt Piggy in der „Reise in den Westen", einem chinesischen Literaturklassiker. Im Chinesischen klingt es phonetisch wie, „die achte Ebene des Schweins".)

Unsere Praxis ist gar nicht so schwierig. Es ist nicht schwierig, ein Heiliger zu werden, oder andere zu lehren. Schwierig ist es, uns selbst zu lehren. Zuerst müssen wir uns selbst disziplinieren. Wir müssen unser Verlangen nach Ruhm und Geld ablegen und uns von unseren unreinen Gedanken befreien. Erst dann können wir helfen, andere zu reinigen. Solange wir selbst unrein sind und uns daran wagen, andere zu reinigen, werden wir sie nur verunreinigen. Schlimmer noch, vielleicht waren sie anfangs gar nicht so schmutzig, weil aber unser ganzer Körper schmutzig ist, machen wir sie bei dem Versuch, sie zu reinigen, nur noch schmutziger oder besudeln ihre Kleider.

Darum ist es nicht schwierig, empfindenden Wesen zu helfen, schwierig ist es, uns selbst zu helfen. Ein chinesisches Sprichwort sagt : „Der Sieg über sich selbst ist der schwerste Sieg ." Es ist nicht schwierig, mit Hilfe von Gewalt, Streitkräften, Geld oder sogar Überredungskunst Millionen oder Milliarden Menschen zu besiegen. Wahrhaft schwierig ist es jedoch, uns selbst zu besiegen, weil wir uns nicht selbst betrügen können. Wir werden nicht imstande sein, nachts zu schlafen. Euer Schutzengel wird kommen und euch nach eurer Ebene fragen : „Wie kannst du es wagen, zu behaupten, du seist ein Meister oder Lehrer für menschliche und himmlische Wesen ? " Und nach einer Weile werden auch die schwarzen und weißen Abgesandten des Königs des Todes kommen, um euch zu „grüßen". (Meisterin und Zuhörer lachen) Sie werden euch sagen : „Deine Zeit ist gekommen ." Dann wird sich die Meisterin nicht um euch kümmern, weil eure Zeit gekommen ist und ihr mit den Boten des Todes gehen müsst. Ihr werdet für euch selbst gerade stehen müssen, weil ihr euch geweigert habt, die Schutzmacht der Meisterin anzuerkennen. Die Meisterin wird euch nicht zwingen, ihren Schutz zu akzeptieren. Falls ihr ihn wünscht, wird die Meisterin ihn euch gewähren. Wenn ihr ihn aber nicht wünscht, wird die Meisterin ihn zurücknehmen.

Es gibt genügend sogenannte spirituell Praktizierende in der Welt, und viele besitzen magische Kräfte. Aber wir müssen zwischen dieser Art, gewöhnlicher Kraft und der Kraft Gottes unterscheiden. Gott zwingt die Menschen nicht. Esr benutzt Logik und große Weisheit, um unsere Weisheit zu öffnen, und dann verstehen und akzeptieren wir ihns freiwillig. Maya jedoch übt Druck aus, benutzt Tricks, magische Kraft, süße Reden und Täuschung, um uns zu zwingen, ihr zu glauben. Obwohl wir am Ende aufwachen werden- welch eine Verschwendung, ihr in die Falle zu gehen ! Wir verschwenden unsere Zeit für nichts und steigen auf eine niedrigere Ebene hinab. Darüber hinaus wird unser Herz verletzt, und es ist schwer, wieder gesund zu werden. Es ist eine schwierige Aufgabe, erst einmal unseren verzweifelten Verstand zu reinigen, denn nun vertiefen sich unsere Zweifel. Sind wir einmal auf eine niedrigere Ebene zurückgefallen, ist es nicht einfach, wieder hinauf zu gelangen.

Wir Praktizierenden sollten ein reines und schlichtes Herz haben. Schlichtheit hat jedoch nichts mit Beschränktheit zu tun. Ein reines und schlichtes Herz bedeutet, dass wir nicht schlecht von anderen reden und sie nicht verfluchen. Wir tun gute Werke, wir helfen und trösten andere. Wir versuchen stets, unser Bestes zu geben. Wir verdächtigen andere nicht grundlos. Ein beschränkter Verstand dagegen lässt sich von den Leuten beschwatzen und gibt sich der Gier nach magischen Kräften, spirituellem Prestige und Schmeicheleien hin. Haben wir vom Gift der Schmeichelei einmal gekostet, werden wir vergiftet und verlieren die Kraft der Urteilsfähigkeit. Wir werden nicht mehr imstande sein zu beurteilen, ob die Worte anderer Menschen logisch und vernünftig sind, ob eine Person unseres Lobes wert ist, oder ob wir solchen Leuten überhaupt in die Augen schauen sollten.

Warum habt ihr es so eilig? Ihr müsst euch Zeit nehmen, um euer Urteil zu fällen. Wenn ihr euch selbst kein Urteil zutraut, so habt ihr eine Meisterin, die ihr fragen könnt, solange sie noch hier ist. Es gibt noch viele Dinge, die ihr nicht versteht, darum müsst ihr sie fragen. Aber fragt die Meisterin gar nicht erst, weil ihr nichts von ihr haltet ! Einige von euch sind total verwirrt. Ihr tut euch heimlich zusammen und versucht, gegen mich zu revoltieren. Es ist ein Witz ! Ihr meint, die Meisterin wüsste nicht, was ihr vorhabt! Ich beobachte euch durch mein „Teleskop" und lache mir eins. Es ist als wenn man Kindern zusieht, die Dummheiten machen und sich dabei vergnügen. Dann werdet ihr von Dämonen besetzt und seid sogar noch glücklicher, weil ihr denkt, eure Eltern wüssten nicht, was ihr tut. Um meine

Verantwortung als Meisterin nachzukommen, muss ich euch warnen. Ich habe nicht die Absicht, mich in eure kindischen Spiele einzumischen. Es bedeutet mir nichts, eine Anzahl von euch zu verlieren. Aber ihr müsst eingehender darüber nachdenken und klar begreifen, was diese anderen tun. Die Meisterin ist noch in der Welt, ihr könnt sie jederzeit fragen, falls ihr irgendwelche Fragen habt. Falls sie nicht in der Lage ist, euch zu helfen und zu raten, dann glückauf, fasst eure eigenen Beschlüsse. Da ihr einmal von der Meisterin eingeweiht worden seid, solltet ihr zumindest die Verantwortung der Meisterin für euch respektieren. Ich verlange nicht, die Meisterin persönlich zu respektieren, aber ich muss euch an bestimmte Dinge erinnern. Ich bin für euch verantwortlich, erst wenn ich euch über die drei Bereiche hinaus geführt habe, habe ich meine Pflicht erfüllt. Wenn ihr mich auf halbem Wege verlassen würdet, hätte ich das Gefühl, keinen guten Job getan zu haben, und dann würden wir uns beide elend fühlen. Das Universum folgt seinen eigenen Gesetzen. Wir können nicht nach unserem Belieben handeln. Wir können nicht einfach so herumfuhrwerken, sonst könnten wir uns selbst und andere verletzen. Und dann wird uns die Hölle erwarten. Hier ein Beispiel : Devadatta war ein Cousin von Buddha Shakyamuni, und als Shakyamuni noch lebte, revoltierte er gegen Buddha und brachte viele Schüler auf seine Seite, um eine neue Sekte aufzumachen. Er wurde auch ein sogenannter Meister, ähnlich Shakyamuni.

Als Shakyamuni jedoch verschied, ging er ein ins Nirwana und erhob sich mit großer Herrlichkeit und Ehre auf eine sehr hohe Ebene. Das gesamte Universum glaubt an ihn. Und dann erreichte er immer höhere Ebenen. Und wisst ihr, wohin Devadatta ging, als er starb ? (Zuhörer antworten : „In die Flammenhölle .") Jawohl! Darum müssen wir in unseren Handlungen bedachtsam sein. Sehnt euch nicht danach, ein Meister zu sein. Meisterschaft ist weder eine Position noch ein Titel. Meisterschaft ist nicht nur gesprochenes Wort eines Meisters. Meisterschaft ist eine andere Art von Kraft, vom ganzen Universum anerkannt. So einfach geht das nicht. Ihr seht einen Meister reden und denkt, das könnt ihr auch, und ihr könntet auch ein Meister sein. Nein, nein! Es kann zwar jeder Biskuits anpreisen, ob auch derjenige aber tatsächlich Biskuits zu bieten hat, ist eine völlig andere Sache. Wir können andere nicht mit Biskuits aus Sand betrügen und behaupten, sie seien genau so gut wie richtige. Wenn Menschen diese falschen Biskuits essen bekommen sie Magenbeschwerden oder sterben sogar.

KONZENTRATION UND SELBSTLOSE HINGABE
Die Höchste Meisterin Ching Hai im Center Laiyi, Pingtung, Formosa
3.Januar 1993 (Original in Chinesisch)

Wir müssen uns auf das konzentrieren, was wir tun, sonst könnten wir ein schlechtes Gewissen haben, was eine negative Aura erzeugt. Und wenn uns die Meisterin nicht tadelt, dann werden es andere tun. Dann sind wir verblüfft und fragen uns : „Warum nur werden ich immerzu getadelt?" Deshalb, weil unsere eigene Atmosphäre nicht gut ist, so dass sich andere ungemütlich fühlen. Unsere Aura ist unsichtbar, aber spirituell Praktizierende können sie mit ihrem Weisheitsauge sehen, und ihr Weisheitsauge kann sie wahrnehmen. Wir können also niemanden betrügen ! Wenn wir gescholten werden, ist gewöhnlich unsere erste Reaktion Ärger über denjenigen, der uns tadelt, und wir nehmen übel oder sind unglücklich über die Meisterin, statt unser Verhalten, unsere Motivation und unser Herz zu prüfen.

Wenn uns jemand Vorwürfe macht, sollten wir uns sofort prüfen. Wenn wir sicher sind, dass unser Motiv sehr einfach und rein ist, sollten wir wissen, dass alles in Ordnung ist. In diesem Fall fühlen wir uns unbelastet, wenn wir aber feststellen, dass wir etwas falsch gemacht haben, sollten wir in uns gehen. Schiebt die Schuld nicht immer auf andere. Wenn uns jemand rügt, und recht hat mit dem, was er sagt, dann kann er unser Lehrer sein, wenn er nicht recht hat, können wir es einfach als unser Karma verbuchen. (Lachen) Das ist die einfachste Art und Weise, damit umzugehen. Was können wir sonst tun? Wenn wir mit anderen zusammenleben, ist Reibung auf Grund unserer unterschiedlichen

Charaktere, Ebenen spiritueller Praxis und des Karmas aus vergangenen Leben kaum zu vermeiden. Daher können wir nicht erwarten, dass jeden Tag alles glatt geht.

Diese Welt ist sehr gerecht. Ihr braucht euch keine Sorgen zu machen, dass eure Verdienste oder eure Aufrichtigkeit übersehen werden, weil nämlich wir selber darum wissen ! Wir sind Gott, wir haben Gott in uns. Warum sollten wir uns darum sorgen, andere könnten das nicht mitbekommen ? Habt ihr nicht gesagt, ihr habt hundertprozentigen Glauben an die Meisterin ? So glaubt genau so an euch selbst ! Gott ist in uns. Es wird euch gesagt, die Meisterin ist allgegenwärtig. Warum also Angst haben, andere könnten es nicht wissen, und um Anerkennung wetteifern, oder angeben ? Wir müssen uns selbst gegenüber stets ehrlich sein, alles reinen Herzens tun, ohne irgendwelche Hintergedanken. Dann werden wir feststellen dass uns die Leute mehr und mehr mögen, und auch die Meisterin wird Notiz von uns nehmen.

Das beste ist, alles mit wahrhaft bedingungsloser Hingabe zu tun, einfach zu dienen, dann werden wir alles haben. Früher, als ich in anderen Ashrams war, legte ich es nicht darauf an, die Meister die ganze Zeit zu sehen oder zu fordern, dass sie mir einen Blick oder irgend etwas schenkten. Ich bot einfach meine Dienste an : fegte die Treppe, wischte den Fußboden, goss die Pflanzen usw. Ich tat einfach, wozu andere keine Lust hatten, vor allem Geschirr spülen, den am wenigsten geschätzten Job. Wenn die Leute gekocht und gut gegessen hatten, hinterließen sie Berge von Schüsseln und Essstäbchen. Ich wusch jeden Tag ab und war sehr glücklich dabei. Und nun stellt sich heraus, dass es Leute gibt, die für mich Geschirr spülen, die Treppe putzen und den Boden wischen.

Darum erwartet nichts, dient einfach. Gott wird unser Schicksal arrangieren. Wir sollten nicht zu viel erwarten. Wir praktizieren spirituell, um von unserem Verlangen nach Ruhm und Reichtum und unserer Mentalität des miteinander Konkurrierens befreit zu werden. Wenn wir jetzt nicht befreit werden können, wann sonst werden wir dazu imstande sein ? Wenn wir den Himmel nicht sehen können , solange wir leben, wie können wir ihn sehen, wenn wir diese Welt verlassen haben. ? Wir werden nicht imstande sein, uns an ihn zu gewöhnen ! (Meisterin und Zuhörer lachen) Denn wenn wir uns etwas angewöhnt haben, ist es schwer zu ändern, und unsere Gewohnheiten kehren zu uns zurück, und dann quälen wir uns.

Was immer wir mit reinem, ruhigen Gewissen tun, ist richtig. Ihr müsst nicht die Meisterin fragen und solltest es auch nicht für jemand anderes tun. Wenn wir etwas lange genug getan und uns daran gewöhnt haben, wird es uns zur zweiten Natur , und wir werden spüren und wissen, was wir tun sollten. Wir werden tun, was dran ist. Zu der Zeit wird uns keine Arbeit zuwider sein. Was ihr jetzt tut, ist Arbeit im Dienste des Allgemeinwohls, alles das, was ich früher getan habe. Es ist keine große Sache. Es gibt keine niedrige Arbeit. Bevor ich so viele Schüler hatte, mischte ich auch Zement, baute Zentren für die Schüler, um darin zu wohnen und Toilette für sie usw. Es gab nichts, das ich nicht tun konnte. Nur weil ihr jetzt so viele seid und es genug Talente gibt, überlasse ich die Arbeit euch ! Wenn ich sie selbst tun würde, wärt ihr sogar traurig, stimmts ? (Zuhörer: Ja.) Es gibt viele „Helden" unter euch, die darauf brennen , mich zu beschützen und mir zu helfen, meine Figur zu bewahren ! (Lachen)

Natürlich wird unsere Arbeit nicht bezahlt, aber wir haben den Ruhm und die Ehre. Es ist eine Ehre, den Menschen zu dienen, fühlende Wesen zu dienen, und unseren Mitpraktizierenden zu dienen. das ist unsere größte Belohnung. Weltlichen Ruhm und Reichtum zu erwerben ist leicht, wenn wir nur hart genug daran arbeiten, können wir es erreichen. Diese Arbeit ist einfach, eine Art Ruhm. Wir arbeiten nicht um Lohn oder die Gunst der Meisterin zu gewinnen. Solch ein Motiv wäre eine Art Bestechung. Wir sollten arbeiten, weil wir es selbst wollen und dabei Freude empfinden, das ist der höchste Lohn. Nicht nötig, irgend etwas darüber hinaus zu erwarten. Genauso ist es mit der Meisterin. Nicht viele im Universum können meinen Job machen, aber ich kann es. Das gibt mir ein gutes Gefühl! Obwohl ich ihn nicht allzu gern mache, ist es in Ordnung. Ich tue es einfach, warum sollte ich irgendwelchen Segen dafür erwarten? (Beifall)

GEHEIMNISS ANHAND VOM HAAR DER MEISTERIN ENTHÜLLT

Von der Höchsten Meisterin Ching Hai
Gruppenmeditation in Korea 20.Mai 2000
(Original in Englisch)

In Korea hat man eine sehr interessante Maschine erfunden, die über eure DNS, eure Krankheiten und alles mögliche Auskunft gibt, und ganz nebenbei auch darüber, wie viele Chakren ihr geöffnet habt und wie weit. Vielleicht probiert ihr es einfach mal aus. (Lachen) Ich war zu der Zeit sehr müde, als einer der Brüder, der jemanden kennt, der solch eine Maschine erfunden hat, Haar von mir nahm, um es untersuchen zu lassen. Derjenige wusste nicht, wer ich bin, und der Bruder hat es ihm nicht gesagt. Er kam also mit einer ganzen Liste wieder zurück : Alle Chakren sind geöffnet, und zwar im höchsten Maß. (Applaus)

VOLLKOMMENE ERLEUCHTUNG UND DER KÖRPERCODE

Interessanterweise fand dieser Mensch auch einen Körpercode. Er sagte , dass er einen solchen Körpercode noch nie zuvor gesehen habe, und dass jemand mit diesem Code jederzeit erleuchtet werden könne, und zwar sofort. Das war vielleicht der Grund, warum ich so schnell erleuchtet wurde. Wenn ihr etwas dafür verantwortlich machen wollt, dann meinen Körpercode. Der Buddha hatte einen anderen Körpercode, denke ich. Sein Körpercode benötigt sechs Jahre für die Erleuchtung, mein Code benötigt sechs Monate. (Sie lacht)

Ist unser Bruder hier ? Er ist einer von euren Brüdern. Er nahm mein Haar nur, um meine Krankheit herauszufinden. Und der Arzt war sehr überrascht und fragte : „Wer ist das ? Es ist eine Ehre, für solch einen Patienten zu arbeiten. Wer ist dieser Patient?" Er hörte nicht auf zu fragen, ich weiß auch nicht, wie ich es erklären soll. Ich weiß nicht, warum ich so schnell erleuchtet wurde. Bruder, erkläre es bitte, und sag Ihnen alles, was du mir gestern gesagt hast.

DIE AUßERIRDISCHE MASCHINE

Schüler (Dr. Kim) (berichtet auf Koreanisch) : Es ist eine Art Magnetisches Messgerät. Bei den meisten Menschen sind die Chakren etwa so zwischen 4 und 7 Grad geöffnet, bei ihnen jedoch zu einundzwanzig Grad. Derjenige, der die Maschine bediente, war sehr überrascht und sehr geehrt, das Haar eines solchen Menschen zu untersuchen. Die Maschine wird in den höheren Welten vielleicht schon länger benutzt, so ist es eine großartige Sache für den, der sie erfunden hat. Normalerweise kann der Körpercode eines Menschen in 64 Systeme unterteilt werden. Ihr Code ist jedoch ganz außergewöhnlich, so etwas hatte er noch nie gesehen. Er sagte , er fühle sich sehr geehrt, das zu sehen, und ein Mensch mit diesem Haar könne sofort Erleuchtung erlangen. Der Erfinder dieser Maschine wie auch der Leiter der Firma sind spirituell Praktizierende wie wir. Vielleicht machen sie besondere Sachen , keine normalen Übungen.

Meisterin : Er ist kein Schüler. Er wusste nicht, dass das Haar von mir war. Erst als er das Ergebnis hatte, fragte er: „Wer ist diese Person ?" Aber ich hatte ihn gebeten ,zu schweigen. Heute habt ihr mich zwei oder dreimal gedrängt zu sagen, warum ich so schnell vollkommene Erleuchtung erlangt habe, und es anderen nicht gelingt. Da vergaß ich es und platzte damit heraus, aber es ist kein Geheimnis, absolut nicht.

Schüler (Dr. Kim) : Wie die Chakren, so kann auch der unsichtbare Halo oder die Aura eines erleuchteten Meisters von der Maschine gemessen werden.

Meisterin: Ja, sie kann das messen. Diese Maschine ist sehr fortgeschritten und nicht jeder kann damit umgehen. Er hat es einfach durch einen Zufall entdeckt. Wir haben gar nicht danach gesucht, es kam zufällig heraus, ganz nebenbei. Mir war heiß und kalt, und heiß und kalt, und ich musste mich ständig umziehen. Die Körpertemperatur schwankte sehr, und ich fühlte mich ausgesprochen müde, so dass der Bruder fürchtete, ich hätte eine ernste Krankheit. Er sagte mir, dass man in Korea eine sehr gute Maschine erfunden hat, die Krankheiten durch Untersuchung der Haare herausfinden könne, so bat er mich um einige Haare. Ich schnitt mir ein paar ab und gab sie ihm. Für den Fall, dass die Haarsträhnen das Ergebnis verfälschen könnten, da ich mir ja die Haare gefärbt hatte, gab ich ihm noch eine alte , lange schwarze Strähne mit, die ein Ortsansässiger aufbewahrt hatte. Er gab sie beide ab, und beide Strähnen führten zum gleichen Ergebnis. (Applaus)

Ich bin ganz hingerissen. Als er mir die Maschine beschrieb, wusste ich, was es war, und ich bin sehr glücklich für Korea, dass sie über solch ein Gerät verfügen. Sie ist nicht von dieser Welt. Sie ist durch diese Person übermittelt worden, um den Menschen in dieser Welt zu helfen. Es ist nicht eine der Besten, in der Höheren Welt nicht die höchste, aber sehr nützlich für diese Welt. Er ist einer der seltenen Menschen, ein Wissenschaftler von einer anderen Welt. Natürlich kann ich es euch nicht beweisen, aber das ist auch nicht wichtig, ich sage es nur diesem Bruder. Die Maschine ist so fortschrittlich, dass gewöhnliche Menschen damit nicht umgehen können, normale Ärzte können sie nicht bedienen, obwohl sie Knöpfe und Dinge wie ein Computer hat. Man muss sich hier konzentrieren (die Meisterin zeigt auf Ihr Weisheitsauge) wenn man mit der Maschine arbeitet. Obwohl er kein Guanyin-Praktizierender ist, praktiziert er doch eine andere Meditationsmethode, und seine Konzentration ist sehr tief - tief genug, um die innere Welt zu kontaktieren und die Bauanleitung für diese Maschine zu erhalten. Er hat sie mitgebracht.

Ich denke, einige andere Länder wie Amerika und Japan haben ähnliche Maschinen. In naher Zukunft werden wir diese oder ähnliche Geräte benutzen, um Krankheiten zu entdecken und zu heilen. Man geht in einen Raum, der von den Vibrationen dieser Maschine erfüllt ist, und schon ist man geheilt. Man braucht dann nicht mehr so viele schmerzhafte Operationen und so viel Medizin. In einem meiner aller ersten Vorträge vor den Schülern aus Formosa erwähnte ich, wie Menschen in den höheren Welten heilen. Sie benutzen einfach Licht und Schwingungen. Das ist ein Teil der Methoden auf den weiter fortgeschrittenen Planeten.

Unser Bruder bekam auch eine Maschine und versuchte sie zu benutzen, aber nur wenn er sich sehr konzentrierte, sprach das Gerät an. Wenn er an andere Dinge dachte, reagierte es nicht. Es ist genauso wie bei UFO's oder anderen Phänomenen. Selbst wenn wir auf diesem Planeten UFO's hätten, könnten nur sehr wenige Menschen sie bedienen, da man den Geist benutzen muss, den Geist trainieren muss - nicht mit Technik und mit der Hand, sondern mit dem Geist wird programmiert. Sie benutzen die Geisteskraft (Gehirnwellen-d.Ü.) , um die Maschine zu betätigen. Es ist sehr interessant, dass unsere Welt etwas aus den höheren Dimensionen erhält, von höheren Planeten.

Zur Zeit bin ich glücklich euch mitteilen zu können, dass ich völlig gesund bin - nur übermüdet. (Applaus) Jedenfalls musste er meinen Körpertyp, meinen Körpercode unter den 64 herausfinden, um zu sehen, ob ich krank bin oder nicht. Die Menschen sind in 64 Arten von Körpertypen aufgeteilt, und acht von ihnen können Krebs entwickeln. Wenn euer Körpercode zu diesen 8 Typen gehört, seid ihr anfällig für Krebs. Jeder Körpertyp gehört zu einer bestimmten Kategorie, wie diese speziellen 8 zu Krebs gehören und „Krebstyp" genannt werden. Menschen mit einem dieser 8 Körpercodes haben Krebs, sind genetisch krebsanfällig bzw. krebsgefährdet. Wenn ihr z.B. zu dieser Kategorie gehört und auch noch raucht und trinkt, dann werdet ihr schneller und mit größerer Wahrscheinlichkeit Krebs bekommen, als andere mit diesem Körpercode. Als er herausfinden wollte, ob ich an einer Krankheit leide, musste er meinen Körpercode definieren und stellte dabei fest, dass meiner sehr selten ist. Etwas ähnliches hatte er noch nie gesehen und ist doch hier ein sehr bekannter Arzt, er hat Hunderttausende oder vielleicht Millionen von Menschen behandelt. Ich bin sehr von seiner Erfindung und seiner tiefen Konzentration beeindruckt. Er ist ein sehr engagierter Wissenschaftler.

Ich hoffe, dass in Zukunft mehr Ärzte ausgebildet werden, die mit dieser Maschine umgehen können. Es wäre für die Patienten sehr hilfreich. Sie müssten nicht so viel Entnahme, Einstiche und Nadeln für alle Arten Proben von Blut usw. über sich ergehen lassen. Das sind sehr schmerzhafte Prozeduren, um eine Krankheit abzuklären. Diese dagegen ist sehr einfach. Anhand einer Haarsträhne können sie euch alles sagen- falls der Arzt diese Maschine bedienen kann. Ansonsten reagiert das Gerät nicht.

Jedenfalls freue ich mich so für die Koreaner. Da sie sich sehr tief konzentrieren, haben sie viele Dinge. Ich bin sehr dankbar für die Bemühungen dieses Doktors. Er hat meinen gesamten, außergewöhnlichen Körpercode herausgefunden, nur weil er meine Krankheit diagnostizieren wollte, und nicht weil er wusste, wer ich bin und deshalb etwas herausfinden wollte. Es war nur ein Zufall. Und dabei fand er auch alles über die Chakren heraus.

Es ist lustig das ich gestern das Ergebnis erhielt und ihr mich heute darüber ausfragt, warum ich so schnell erleuchtet wurde, und warum es sonst bei keinem so ist, und warum Buddha sechs Jahre benötigte und auch Jesus viele Jahre. Ich weiß es nicht, vielleicht liegt es an meinem Code. Der Arzt sagte, diese Art von Code ist sehr selten. Er hat ihn noch nie zuvor gesehen. Wer immer diesen Körpercode hat, kann jederzeit erleuchtet werden. Vielleicht erhielt ich deshalb sofort Erleuchtung als ich sie wollte. Sechs Monate brauchte ich für die vollständige Erleuchtung, die sofortige hatte ich aber schon.

DIE KRAFT DER KONZENTRATION

(Doktor: Vielen Dank , Meisterin für das Lob der Maschine) Nein, ich lobe den Doktor, den Erfinder der Maschine. Ohne seinen Geist, ohne seine Konzentration und Hingabe ist die Maschine nutzlos. Er ist es, der sie funktionieren lässt. Er brachte seine Energie und das Wissen einer höheren Welt ein, denn bei einem anderen, der nicht diese Konzentrationskraft besitzt, würde die Maschine nicht funktionieren. Der Bruder sagte, wenn er an irgendwelchen Dummheiten oder andere Dinge denkt, statt sich zu konzentrieren, reagiert die Maschine nicht auf ihn. Darum muss er sich konzentrieren. Ihr seht, die Kraft der Konzentration kann sogar Maschinen bewegen. Sämtliche UFO's von denen ihr gehört habt, werden durch Gedankenkraft gesteuert, durch Konzentrationskraft.

Ist da noch jemand, der innerhalb kurzer Zeit vollständig erleuchtet werden möchte? Ihr seid schon alle erleuchtet. Ihr müsst euch nur auf die Erleuchtung konzentrieren und euch selbst besser erkennen. Ihr konzentriert euch ein wenig, und dann denkt ihr an alle möglichen Dinge, dann konzentriert ihr euch wieder ein wenig und erinnert euch an alles mögliche, außer an euch Selbst. Darum nehmt ihr eure Größe nicht vollständig wahr. Es ist nicht so, dass ihr nicht erleuchtet seid, ihr seid es. Aber um euch der vollständigen Erleuchtung bewusst zu werden, müsst ihr euch mehr Zeit nehmen, mehr konzentrieren. Es ist schwierig.

Ich war ein wenig blind - blind für die Erleuchtung. Angenommen, ihr würdet mir heute, wo ich alles weiß, den Rat geben. „Geh zurück in den Himalaja, Du wirst noch mehr Erleuchtung finden ." Darauf würde ich antworten: „Nein, danke." Zu jener Zeit aber war ich blind. Ich war allein in Gott verliebt und zu dumm, um irgendwelche Gefahren und Schwierigkeiten zu erkennen oder etwas für unmöglich zu halten. Nun sind mir die Augen aufgegangen, auch mein Weisheitsauge ist geöffnet und ich bin erschrocken über das, was ich getan habe. Ich könnte es nicht noch einmal tun. Es ist in Ordnung, wenn ihr wirklich so blind seid, wie ich damals war, dann werdet ihr es packen. Gott sah herab und sagte : „Mein Gott, was für ein dummes Kind ! Ich muss sie beschützen. Sie wünscht es sich so sehr, dass sie darüber dumm und blind geworden ist. Okay, gib ihr die Erleuchtung, damit sie nicht stirbt." (Lachen) Ich vermute Gott hatte Mitleid mit mir.

Erinnert ihr euch an die Geschichte, die ich euch erzählt habe über die beiden Typen die Erleuchtung suchten ? Der eine war ein Mönch und praktizierte aufrichtig. Jeden Tag hängte er sich mit einem Bein an einer Eisenkette an einen Baum. Er hing dort den ganzen Tag, um Erleuchtung zu finden. Und da war der andere, der auch Erleuchtung suchte, aber nicht wusste was er tun sollte. Da kam er zufällig an dem Mönch vorbei, der mit einem Bein an der Eisenkette am Baum hing, und fragte ihn : „Was machst du da?" Der Mönch erwiderte : „Ich habe gehört, wenn man sich so mit seinem Bein an einen Baum hängt, wird Gott Mitleid haben und man bekommt Erleuchtung." Als der andere das hörte, rannte er los und suchte sich irgend etwas, etwas Stroh, vielleicht, drehte es zu einem Seil zusammen und machte Anstalten, sich mit einem Bein an dem Baum aufzuhängen. Daraufhin rief der Mönch: „O mein Gott, bist du verrückt ! Du siehst doch ich hänge schon so lange an der Eisenkette und habe keine Erleuchtung gefunden. Wenn du dich an diesem Strohseil aufhängst, wirst du sterben ehe du Erleuchtung findest. Geh und such dir eine Eisenkette, das ist sicherer. „ Aber der andere sagte: „Ist schon in Ordnung, ich habe keine Zeit zu warten." Also hängte er sich an den Baum, und das Seil riss natürlich, denn es war aus Stroh und ungeschickt zusammengefügt. Und Gott kam und fing ihn auf, und ließ ihn nicht sterben, nicht an einem Stein zerschmettern. Da beschwerte sich der Kerl an der Eisenkette : „Mein Herr, was für ein Gott bist du ! Ich hänge hier schon so viele Jahre, und du bist mir nie erschienen, und dieser Dummkopf kommt mit einem Strohseil an, und du bist ihm erschienen, hast ihm geholfen und ihn beschützt ! Was für ein Gott ist das ?"

Ich hoffe , ihr hängt euch heute Abend nicht auf, es ist nur eine Parabel. Ich habe keine Geschichte über mich selbst, deshalb habe ich mir eine Geschichte geborgt. Ich habe keine Geschichten wie Jesus oder Buddha, deshalb borge ich mir welche. Es ist nicht nötig, Geschichten über mich zu haben. Es gibt schon so viele von ihnen, die ich nutzen kann und die nie ausgehen. Zu Jesu oder Buddhas Zeiten hatte man vielleicht viel Zeit, nicht viel zu tun, in diesem Leben sind wir so beschäftigt - sofortige Erleuchtung oder gar nichts ! Heutzutage geht alles so schnell. Wir müssen mit der Mode gehen, mit der Zeit.

DIE GUANYIN-METHODE ERHÖHT DEN KÖRPERCODE

Doktor: Meisterin, ich habe eine Frage bezüglich des Körpercodes. Ich würde gerne wissen, ob unser Körpercode dadurch verändert werden kann, dass wir die Guanyin-Methode praktizieren?

Meisterin : Ich glaube nicht. Ich denke, du solltest den Erfinder fragen. Aber ich vermute, er ändert sich nicht, da ich dem Doktor zwei verschiedene Haarsträhnen gegeben hatte, eine neue, erst gestern abgeschnitten, und eine andere, die ein Ansässiger seit der Zeit aufbewahrt hatte, als ich noch langes Haar trug. Und beide Proben führten zum gleichen Ergebnis. Das bedeutet, dass sich mein Körpercode nicht verändert hat, obwohl ich seitdem sehr viel praktiziert habe. Das bedeutet, wir verändern uns nicht, wir werden damit geboren. Aber wir können unsere Schwingung verändern, alles andere verändern, was dazu gehört. Der Körpercode ist nur etwas physisches. Ich denke vielmehr, bestimmte Typen haben bestimmte Codes. Aber der Bruder kann vielleicht Neues erfahren und euch darüber berichten . (Doktor : Der Code verändert sich niemals) Ich nehme an , der Körpercode ist - genau wie eure äußere Erscheinung - schon vorgegeben. Aber ihr könnt sie bereichern, indem ihr die Guanyin-Methode praktiziert, sie einfach aufmöbelt, das ist alles. Es ist wie mit eurem Gesicht, ihr könnt mehr Make Up benutzen und euch eine neue Frisur zulegen, damit ihr hübscher ausseht, aber euer Gesicht verändert sich dadurch nicht. Ich denke nicht, dass sich der Körpercode verändert, aber die Guanyin-Methode zu praktizieren, hilft. Wenn ihr z.B. Krebs habt, geht er dadurch zurück oder verschwindet ganz. Viele unserer Brüder und Schwestern haben das erlebt. Es hilft sehr viel.

WIE KANN EIN EINZELNES HAAR SO VIEL AUSSAGEN ?
Von der koreanischen News Gruppe
(Original auf Koreanisch)

Während ihres kürzlichen Koreaaufenthalts war die Meisterin sehr krank. Um den Grund ihrer Krankheit herauszufinden, nahm ein koreanischer eingeweihter Bruder, ein Doktor der östlichen Medizin, einige Haare der Meisterin , und gab sie einem, der eine spezielle Maschine entwickelt hat. Die Maschine wird „ MRT " (Magnetischer Rosonaz-Tester) genannt und kann anhand eines einzelnen Haares den Grund einer Erkrankung und viele andere Befunde der betreffenden Person feststellen.

Als er ihr Haar testete, war er höchst überrascht. Solch ein Haar hatte er noch nie gesehen. Das Ergebnis war : Die Meisterin ist nur erschöpft und nicht krank. Entscheidend ist aber, dass sie sehr rein ist und bei ihr alle Chakren vollkommen geöffnet sind. Der Maschine zufolge sind die Vibrationen der Meisterin die höchsten. Als er das festgestellt hatte, fühlte er sich sehr stark geehrt angesichts der Gelegenheit, solch ein Haar zu testen. Er sagte auch, dass die Person, der dieses Haar gehört, jederzeit Erleuchtung finden könne. Er ist kein Eingeweihter und wusste nicht, dass es das Haar der Meisterin war.

Später interviewten wir den Mann, der diese Maschine entwickelt hat, um einen tieferen Einblick in die Resultate und Interpretation zu gewinnen.

Frage : Was ist ein MRT, und wie ist er entstanden ?

Antwort : Der menschliche Körper besitzt ein Informationsfeld (Magnetfeld) aus subtiler Energie, die sogenannte Aura, oder Chi in der östlichen Medizin. Die Systeme zur Übertragung von Informationen zwischen dem Cerebrum und den einzelnen inneren Organen etc. sind in dem Informationsfeld enthalten. Diese Maschine nun ist mit einem Sensor ausgestattet, der solche Lebensinformationen lesen kann, die in Form des subtilen Magnetfeldes eines lebenden Körpers existieren. Deshalb nennen wir diese Maschine „ Magnetischer Resonanz- Tester „

Vergleichen wir den MRT mit dem MRI (Magnetischer Resonanz- Bilderzeuger) der in der westlichen Medizin verwendet wird. Sie sind insoweit gleich, als beide die magnetische Energie nutzen. Beim MRI jedoch wird der menschliche Körper einer sehr hohen magnetischen Feldstärke (Gauss) ausgesetzt. Die magnetische Energie löst durch den Wasserstoff, der in der Körperfeuchtigkeit enthalten ist, eine Resonanz aus. Dann wird dieses Phänomen zu einem Bild verarbeitet. Der MRI wird nur beim Menschen angewandt. Der MRT hingegen liest die Information des lebenden Körpers soweit es sich um den Magnetismus des natürlichen lebenden Körpers in subtiler Form handelt. Daher kann alles, was die Information über Körperwellen besitzt, wie z.B. Haare, Blut, Urin etc. für den Test verwendet werden. Indem wir dieses Material nutzen, können wir die allgemeinen Informationen des menschlichen Körpers ganz einfach ablesen.

Der Vorläufer des MRT ist der MRA (Magnetischer Resonanz- Angiograph) der vor ungefähr zwanzig Jahren in den USA entwickelt wurde. Der MRA basierte auf der Theorie, dass ein Resonanzphänomen auftritt, wenn diese Energie und jene Energie die gleiche Frequenz haben. So könnte man sagen, dass der MRT dasselbe ist wie der MRA, soweit es das Hardwarekonzept betrifft. Der MRT ist jedoch in seinen Merkmalen wesentlich weiter entwickelt. Kreative Modifikation und kontinuierliche Forschung brachten den MRT hervor. Der MRT wurde schließlich mit einer einzigartigen Besonderheit ausgestattet, die mit der unsichtbaren Welt zu tun hat, dem östlichen Konzept des Chi und dem Konzept östlicher Medizin.

ANORDNUNG DES MENSCHLICHEN KÖRPERS

Die Stärke des MRT liegt vor allem in seinem Test der Erbanlage. Die Maschine findet ererbte Körperinformationen, indem sie das im lebenden Körper bzw. in natürlicher Materie enthaltene Polaritätsmuster aufspürt. D.h. die Polarität des menschlichen Körpers wird als Ordnungsmuster erkannt. Zur Zeit kann die Analyse bis zu sechs Ebenen gemacht werden. Zu diesem Zweck kann der menschliche Körper grundlegend 64 Kategorien zugeordnet werden. Ausnahmslos jeder Mensch besitzt eine einzigartige Anordnung von Polaritätsmustern. Das Muster ist ererbt und wird während der Lebenszeit nicht geändert.

Wenn wir die Charakteristika der Anordnung des Polaritätsmusters analysieren, können wir Angaben über die Erbinformationen eines Menschen erhalten, d.h. wir erkennen die ererbte Konstitution, postnatale Krankheiten, Gesundheit, etc. Das GENOME Projekt studiert ebenfalls Erbinformationen des menschlichen Körpers, aber dabei untersuchen die Wissenschaftler die Baupläne der DNS, das MRT jedoch zeigt die unsichtbare Polaritätsinformation an, die anhand der Energieform abgelesen wird.

Das Konzept vom Ablesen der Information der Polaritätsordnung basiert auf dem „Buch der Veränderungen" (I-Ging) Es gleicht dem Computer, der die Null und die Eins benutzt. So könnte man sagen, das „ Buch der Veränderungen "
ist die „Digitalogie" oder „Polaritäts-Anordnungslogie". Die Polaritätsordnung zeigt 64 Grundmuster. Die erste Ebene ist Non-Polarität, woher Yin und Yang (bipolar) stammen. Aus Yin und Yang ergeben sich 4 Formeln und 8 , 16, 32, und 64 Muster. Aus den 8 Mustern erklärt sich die materielle und konkrete, die Welt der Phänomene. Auf der Energieebene gibt es 4 Formen, und die mehr abstrakten Konzepte, wie Aura, Chakren, etc. sind darin enthalten.

Frage: Können wir auch nicht-materielle Informationen erhalten, und bis zu welchem Umfang.?

Antwort : Alles, was als Energieform existiert, besitzt eine messbare Resonanz, und die kann Gegenstand der Messung sein. Daher kann auch der menschliche Körper bzw. Haar, Urin, Blut etc. getestet werden.

Diese Maschine ist nützlich, um den Ursprung der Materie zu verstehen, das Urelement der Materie, das in jeder Materie enthalten ist. Konventionelle Wissenschaft kann den Ursprung der Materie nur in begrenztem Umfang erkennen. Es scheint, dass die herkömmliche Wissenschaft auf Materie basiert, während spirituelle Wissenschaft damit nichts zu tun hat. Materie kann von ihrem ursprünglichen Element, der Nicht-Materie, jedoch nicht getrennt werden. Die in der Materie enthaltenen formlosen Energiemuster können gelesen werden, so dass die Materie verstanden werden kann. So ist sie also sehr nützlich, um Materie zu begreifen.

Chakren, die auch „Energiezentren" genannt werden, und das Aurafeld (zusammengesetzte Wellen) , das eine Sammlung allgemeiner Informationen darstellt, kann gelesen werden, indem man die Energie abliest.

DER MEISTERIN'S GRAD DER ERLEUCHTUNG MESSEN

Frage: Heißt das , dass sie den Grad der Erleuchtung messen können ?

Antwort: Ja, in einem gewissen Maße ist das möglich. Ursprünglich wurde diese Maschine für medizinische Zwecke entwickelt, und unser Hauptaugenmerk ist auf medizinische Bereiche gerichtet. Aber die Chakren und die Aura können analysiert, entschlüsselt und zugeordnet werden, da sie ebenfalls Energieformen sind.

Im Fall der Meisterin Ching Hai ergab ihr Haartest, dass ihre Aura ganz rein und klar ist. Es war sehr interessant, also machte ich auch den Chakratest. Das Ergebnis war, dass alle Chakren geöffnet sind.

Die Maschine beinhaltet schon die Chakra-Codes, wir klären die Leute jedoch nicht darüber auf, denn es wird normalerweise im medizinischen Bereich nicht benötigt.

Innere Erleuchtung wird durch die Ausstrahlung von Licht bzw. Energie ausgedrückt. Die Maschine kann solche Energieformen wie Farbe, Volumen, etc. digitalisieren. So kann man anhand der Form und des Umfangs der Aura den Grad der Erleuchtung (die Bewusstseinsebene) testen.

Ich hoffe die Zeit wird kommen da ich tiefer in die spirituelle Welt eindringen kann. Man kann die eigene Praxis und den eigenen Status überprüfen. Die Chakren stehen sowohl mit dem Körper als auch mit dem Bewusstsein in Beziehung. So können wir durch die Chakren Informationen über Körper und Bewusstsein erhalten. Ich glaube, unser Bewusstsein kann perfekt sein, wenn unser Körper perfekt ist. So wird es unserer spirituellen Praxis helfen, wenn wir uns um den Körper kümmern. Der Chakratest bezieht sich auf die körperliche Verfassung und Krankheiten, jedoch nicht direkt auf die Bewusstseinsebene.

MEDIZIN DER ZUKUNFT NUN ERHÄLTLICH

Frage: Was sind die bemerkenswertesten Entwicklungen im medizinischen Bereich?
Antwort: Die Maschine testet die Anordnungsmuster der Polarität des menschlichen Körpers bis zu 6 Ebenen, und es gibt 64 Muster. Wir erhalten die körperlichen Erbinformationen eines Menschen, indem wir uns die entsprechenden Muster anschauen. Krebs zbs. kann ausnahmslos nur bei 8 Mustern auftreten, das ist bewiesen, Leukämie bei 2 Mustern. Dieser Vererbungs- und Konstitutionstest kann helfen, schwer heilbare Krankheiten wie Krebs, Leukämie etc. vorzubeugen. Bei Organtests der westlichen Medizin kann Krebs erst erkannt werden, wenn ein Tumor in der Größe von 1 cm (100 Millionen Zellen) oder größer vorliegt. Also wird die Krankheit erst gefunden, wenn sie schon weit fortgeschritten ist, das MRA kann einige Zellen lesen, ebenso wie auch das MRT. Das MRT kann jedoch schon die Möglichkeit von Krebs vorhersagen, ehe auch nur eine Krebszelle beim Deuten des Polaritätsanordnungsmusters erscheint. Die Frühdiagnose ist bei Krebs entscheidend. Krebs kann geheilt werden, wenn man ihn im frühen Stadium erkennt.

Das MRT beinhaltet zur Zeit 2300 Codes. Wir können spezifische Informationen über den Körper erhalten durch die Resonanz auf diese Codes. Das GENOME Projekt benötigt viel Zeit und Geld, bis es den Menschen wirklich nützt. Im Vergleich dazu ist der MRT einfacher und billiger. Auch kanzerogene Stoffe können damit aufgespürt werden.

Frage: Wie werden Krankheiten geheilt ?
Antwort: Hinter jeder Krankheit steckt eine Ursache. Es ist die Aktivität der kleinen Elemente, die eine Zelle bilden. Eine kranke Zelle ist eine Zelle, die sich im Bereich des Chi und der kleinen Elemente verändert hat. Die Heilung wird erreicht, indem man den Zustand, in dem die Schwingung durcheinander und unausgeglichen sind, korrigiert. Indem man den Code von normalen Zellen sendet, kann er normale Zellen und positives, gesundes Chi erzeugen. Diese Information kann dem Körper durch verschiedene Methoden übermittelt werden, um konfuse Informationen zu korrigieren. Zweitens kann sie zum ursprünglichen Muster (zur ursprünglichen Konstitution) zurückkehren. Drittens kann die nichtpolare Energie wieder aufgeladen werden.

Die Funktion des nicht-polaren Feldes (Energie ohne Polarität) sind sehr speziell. Es macht die negative Krankheitsinformation rückgängig und bewahrt ererbte, gesunde und positive Information, und führt so den Körper in den positiven Zustand zurück. Das erklärt auch, warum spirituelle Praxis alle Krankheiten heilen kann. Der ursprünglichste und vollkommene Zustand ist die Nicht-Polarität. Die Meisterin Ching Hai hatte eine nicht-polare Resonanz der Stufe 21, welches der höchste Wert ist. Die Ebene kann etwas über den Grad der Praxis eines Menschen aussagen.

Frage : Wie kann der MRT zu Forschungszwecken eingesetzt werden ?

Antwort: Er wird zur Zeit hauptsächlich im medizinischen Bereich eingesetzt, kann aber in jedem Bereich genutzt werden, wo Lebens - (Vererbungs-) Information von Bedeutung ist, wie in der Land - und Forstwirtschaft, bei der Ex - und Importkontrolle (Zollkontrolle) etc. Zum Beispiel könnten wir die Eigenschaften und die Reinheit von Nahrungsmittel und Medikamenten sehr einfach und ökonomisch testen.

Frage: Ist dazu geistige Konzentration notwendig ?

Antwort: Die Information ist sehr subtil und kann daher durch den konfusen Geist oder Handlungen des Benutzers beeinflusst werden. Der Benutzer benötigt also einen ruhigen Geist.

DER MENSCH IN SEINEM WESENSKERN
Geist, Seele, Ebenbild Gottes, Abkömmling Gottes

HINDUISMUS
Die Veden

In den Veden finden wir eine ganze Reihe von Begriffen für die Seele, die sie übereinstimmend als Teil von Gott definieren. Ob sie nun Tochter, Sohn, Teil oder Abkömmling genannt wird - all diese Ausdrücke betonen eine sehr enge Verbindung zwischen dem individuellen Bewusstsein und dem Allbewusstsein Gottes. Die Beziehung wird bestimmt von väterlicher Liebe Gottes und kindlicher Empfänglichkeit der Seele, die gleichsam heranwächst und die Beschränkungen durch Verstand und Materie überschreitet, um durch den Strom der göttlichen Offenbarungen ihre ursprüngliche Göttlichkeit wiederzuerlangen: Diese Verbindung stärkt den Empfangenden an Weisheit und spornt ihn an, in Harmonie mit Gottes Willen zu handeln. In Übereinstimmung mit dem späteren Yoga-System von Pantanjali liegt das durch Yoga zu erreichende Ziel in der Vollkommenheit von Weisheit und Handeln. Die Veden erläutern einen Pfad, der unablässig zu einem aktiven ethischen Leben inspiriert, in dem sich die durch die Offenbarungen erfahrene göttliche Liebe wiederspiegelt. Wo immer diese echte innere Verbindung gegeben ist, kann somit keine Diskrepanz zwischen einem kontemplativen und einem aktiven Leben entstehen.

Der Heilige kommt in die Welt, um die Hüllen von der Seele zu entfernen. (skt:putra:Sohn: Rig Veda 1:32:9)

Im Innern der Seele (skt:div:Göttlicher Wohnort) überwindet der allgegenwärtige Strom (skt:apo: Wasser,aber auch:allgegenwärtig) das Böse. (Rig Veda 1:48:8)

Es (Thema des Verses : skt:savita:Licht der Morgendämmerung) gewährt der Seele (skt:duhita:Tochter) im Innern göttlichen Nektar. (Rig Veda 1:48:9)

Der Heilige segnet den Ergebenen mit der Offenbarung des göttlichen Lichts, das einem wunderbaren Schatz gleichkommt. Es ist Nahrung für die Seele. Zusammen mit anderen anbetungswürdigen allwissenden göttlichen Manifestationen formt uns dieses inspirierende feurige Licht zum Ebenbild Gottes. (skt:divyaya:göttliche Gestalt: Rig Veda 1:58:6)

Er (der Heilige) zieht die Seele (skt:gau:Abkömmling) empor, lässt sie dort verweilen und gewährt ihr Erleuchtung. (Rig Veda 1:64:70)

Wie ein Vater führt der Heilige die Seele (putra) zu vollkommenem Handeln. (Rig Veda 1:68:5)

Der göttliche Nektar (der unaufhörliche Strom der Offenbarungen, skt:rathena, Zweigespann, d.h. Licht und Klang, die zusammenfließen) gewährt der Seele (skt:putra:Sohn) göttliche Schätze. (Rig Veda 1:125:3)

Der lebende Heilige (skt:sacha:in der wahren Gestalt) segnet die Seele (skt:sute:Sohn) hier und jetzt mit dem unaufhörlichen Strom der göttlichen Offenbarungen, der über sie wacht. (Rig Veda 8:1:1)

Er (der Heilige) gewährt der Seele die ewigen göttlichen Offenbarungen. (Rig Veda 8:1:26)

DAS JUDENTUM
Die hebräische Bibel

Gemäß der Bibel ist der Geist das vitale Element im Menschen, das dem ansonsten unbelebten Körper (hebr. basar) Leben verleiht und das eng mit dem Atem verbunden ist. Es wird dem Menschen vom Allmächtigen „eingehaucht" und ist deshalb seinem Wesen nach mit Gottes Geist identisch. Die hebräische Bibel gebraucht drei Begriffe, die im allgemeinen mit „Seele" oder „Leben" übersetzt werden:a) nefsh: Seele, Atem; Leben : b) neshamah oder nishmah: Atem, bewusstes Leben, und c) ruach. Letzter Begriff wird sowohl für Gottes Geist als auch für die menschliche Seele verwendet - ein eindrucksvoller Hinweis auf ihre innere Einheit. Die Seele ist „die Lampe des Herrn", die, da sie aus Licht besteht, zugleich ein Instrument in Gottes Hand ist als auch seine spirituellen Bereiche erforscht. Nicht nur die Menschen sind mit einer Seele ausgestattet, sondern „jedes lebendige Wesen „ hat Anteil am Atem Gottes, während das Vorrecht, den eigenen , ursprünglichen göttlichen Zustand („ihr seid Götter") wiederzuentdecken, der Menschheit vorbehalten ist und die tatsächliche Grundlage ihrer Überlegenheit gegenüber dem Rest der Schöpfung darstellt. Im Bereich des Geistes ist der Mensch Gottes Ebenbild. Der Geist hat kein Geschlecht: Gott ist weder männlich noch weiblich. Die Seele ist ebenfalls geschlechtslos, weshalb jede Form von geschlechtlicher Unterscheidung im religiösen Zusammenhang Unwissenheit in Bezug auf die grundlegenden Prinzipien der Religion offenbart. Nur auf körperlicher Ebene machte Gott den Menschen männlich und weiblich, ohne eins dem anderen vorzuziehen.

Dann sprach Gott: Lasst uns Menschen machen als unser Abbild, uns ähnlich.. Gott schuf also den Menschen als sein Abbild: als Abbild Gottes schuf er ihn. Als Mann und Frau schuf er sie. (1:Mose 1:26:27)
Am Tag als Gott den Menschen erschuf, machte er ihn Gott ähnlich. Als Mann und Frau erschuf er sie, er segnete sie und nannte sie Mensch an dem Tag, da sie erschaffen wurden.(1:Mose 5:1-3)

Da formte Gott, der Herr, den Menschen aus Erde vom Ackerboden und blies in seine Nase den Lebensatem (nishmat chayyim). So wurde der Mensch zu einer lebendigen Seele (nefesh chayyah). (1.Mose2:7)

In seiner (Gottes) Hand ruhte die Seele allen Lebens und jeden Menschenleibes Geist (hebr.ruach:Geist) (Hiob 12:10)
Wohl habe ich gesagt: Ihr seid Götter (hebr. elohim:Tropfen der offenbarten göttlichen Schöpferkraft) ihr alle seid Söhne des Höchsten. (Ps.82:6)

Des Menschen Geist ist die Lampe des Herrn, er durchforscht alle Kammern (hebr. cheder:häufige Fehlübersetzung als „Eingeweide") des Leibes. (Sor.20:27)

..nimmst du ihnen den Atem, so schwinden sie hin und kehren zurück zum Staub der Erde. Sendest du deinen Geist aus, so werden sie alle erschaffen.. (Ps.104:29-30)

Es gibt keinen Menschen, der Macht hat über den Wind (hebr.ruach:Geist, griech:pneuma:Hauch,Geist).. es gibt keine Macht über den Sterbetag. (Koh.8:8)

Meditiere über (hebr.zakar:sich einprägen, bewahren) deinen Schöpfer in deinen früheren Jahren..ehe die silberne Schnur zerreißt. .der Staub auf die Erde zurückfällt als das, was er war, und der Atem (hebr. ruach, die Seele) zu Gott zurückkehrt, der ihn gegeben hat. (Koh. 12:1:6-7)

BUDDHISMUS
Das Dhammapada

Die buddhistische Lehre des anatta (Nicht-Ich) gehört in diesen Zusammenhang. Die Vorstellung eines Ich (Ego) als einem vom Einigen Höchsten Sein oder der Wahrheit unabhängigen Wesens wird in der gesamten religiösen Literatur des alten Indiens als eines der fünf Laster betrachtet. Das Dhammapada behandelt die Frage des atman nicht. Der Ergebene oder der praktizierende bikkhu (Mönch) wird jedoch als jemand beschrieben, der das Nirwana (Erlösung) durch einen Meditationsprozess erreicht, der - unter der Anleitung eines Erleuchteten - die Vereinigung mit dem Strom der devas, der göttlichen Manifestationen, herstellt. Begriffe wie Abbild der Wahrheit (yatha:wie Jenes) oder Höchster Herr (patissata) geben nachdrücklich zu verstehen, dass der Ergebene die illusionäre Vorstellung eines getrennten Ichs durch ein stufenweises Aufheben der Schleier von Unkenntnis überwindet und zuletzt die nicht-duale Wirklichkeit erkennt.
Schließlich beschreibt der Vers über den Bodhisattva, der nicht dem Dhammapada entnommen ist, ein sehr reales, allgegenwärtiges, bewusstes, transzendentes und Licht ausstrahlendes Wesen.

Durch die Verbindung mit dem allgegenwärtigen, unablässig fließenden Strom (pali: appamadena: der allgegenwärtige Klangstrom) wird der Ergebene Herr der göttlichen Manifestationen (pali:devanam-nicht: Götter!) und wirklich das Abbild der Wahrheit (pali:sat). Eine solche Verbindung wird von den Weisen immer gepriesen, und Nicht-Verbindung stets verabscheut. (Dhammapada 2:30)

Der Ergebene, der sich an der Verbindung mit dem unaufhörlichen Strom der göttlichen Manifestationen erfreut und Nachlässigkeit vermeidet, kommt in Richtung Vollkommenheit voran, während alle subtilen und groben Fesseln zerstört werden. (Dhammapada 2:31)

Der Ergebene, der sich an der Verbindung mit dem unaufhörlichen Strom der göttlichen Manifestationen erfreut und Nachlässigkeit vermeidet, kann nicht zurückfallen: fürwahr ist er dem Nirwana ganz nah. (Dhammapada 2:32)
Das Abbild der Wahrheit (pali:yattha:wie Jenes- Gott, Wahrheit,d.h. der Erleuchtete) wacht mit wunderbaren göttlichen Offenbarungen über den Ergebenen. Der Weise gewährt die lenkenden göttlichen Offenbarungen. Durch die Frucht der Meditation (wörtl. was durch dhyana erreicht wird, tiefe innere Einkehr) wirst du gelassen , von Leid befreit, mit dem Höchsten Herrn verbunden und vollkommen. (Dhammapada 10:144)

Eile und trachte danach, Licht zu empfangen (zu sein) , werde weise! Von Unreinheit geläutert und somit unbefleckt, wirst du die Herrschaft über sie (pali:ehisi: d.h. göttliche Offenbarungen) erringen. (Dhammapada 18:236)

Immer wenn ein Bodhisattva vom Himmel herabsteigt, erscheint ein unergründliches Licht auf dieser Erde, ein Licht voller Herrlichkeit, ein Licht, das den hellsten Glanz überstrahlt. Und die dunkelsten Bereiche jenseits der Enden dieser Welt werden von jenes Licht erleuchtet. (Sutra Digghanikaya 14:1:17)

CHRISTENTUM
Die Bibel

Die Evangelien, vor allem das lange verlorene, nicht kanonische Thomas-Evangelium, sprechen von der Seele in vollkommener Übereinstimmung mit der hebräischen Bibel (griech:Pneuma:Atem, Geist) Als bewusster, unsterblicher Teil des Menschen ist die Seele wichtiger als der Körper , und das religiöse Trachten besteht zunächst in der Verwirklichung des transzendenten Selbst. Der Ort, wo Jesus wohnt, das Reich Gottes, wird im Licht der eigenen Seele gefunden. Die Seele ist ein Funken des Lichts. Äußere Kenntnisse sind beschränkt und können die innerste Natur der Schöpfung nicht offenbaren. Theoretisches Wissen über die eigenen spirituellen Identität ist nutzlos; man muss sie gesehen haben , um wirklich daran glauben zu können.
Adam, der erste Mensch, ging eigentlich aus Gott hervor, aber sein Stolz auf die Frucht der Erkenntnis ließ ihn fallen und unterwarf ihn der Sterblichkeit. Deshalb kann er sich nicht mit denen vergleichen, die den Tod überwinden (metempsychosis) Seelenwanderung ? , indem sie in den Geist wiedergeboren werden. Die folgenden Verse wiederlegen die Vorstellung , wonach Jesus die untrennbare Einheit von Körper und Seele lehrte.

Selig sind die arm sind im Geiste (grich: pneuma: Geist : arm im Geist bedeutet empfänglich, des eigenen Wissens nicht gewahr) denn ihnen gehört das Himmelreich. (Mt.5:3)

Fürchtet euch nicht vor denen, die den Leib töten, die Seele aber nicht töten können. (Mt. 10:28)

Was hülfe es dem Menschen, so er die ganze Welt gewönne und nähme doch Schaden an seiner Seele ? (Mt.16:26)

Der Geist ist es, der lebendig macht: das Fleisch nützt nichts. Die Worte, die ich zu euch rede, sind Geist und sind Leben. (Joh. 6:63)

Heißt es nicht in eurem Gesetz : Ich habe gesagt : Ihr seid Götter ? (Joh.10:34)

DAS THOMAS-EVANGELIUM

Diese Evangelium ist ein unschätzbares Juwel, das bis vor einem halben Jahrhundert unentdeckt blieb: es ist bar jeglicher Erzählungen und frei von allzu offensichtlicher Bearbeitung im Dienste parteilicher Interessen. Jesu Tod als Sühne für unsere Sünden wird überhaupt nicht erwähnt, während der Pfad der Erlösung als Weg zu Selbsterkenntnis und Erleuchtung beschrieben ist.

Jesu sprach : Selig ist der , der war, bevor er wurde. Wenn ihr meine Jünger werdet und meine Worte hört, dann werden diese Steine euch dienen. (19)

Seine Schüler sprachen zu ihm : „Weise uns den Ort, an dem du bist, denn wir müssen ihn suchen ." Er sprach zu ihnen : „Wer Ohren hat der höre ! Es ist Licht in einem Menschen des Lichts, und er erleuchtet die ganze Welt. Wenn er nicht leuchtet, ist er Dunkelheit." (24)

Jesus sprach: „Wenn sie euch sagen : Wo kommt ihr her ?, sagt zu ihnen : Wir sind aus diesem Licht gekommen, dem Ort, wo das Licht aus sich selbst heraus geworden ist. Es strömt aus und wurde in unserem Bilde manifest. Wenn sie euch sagen : (Wer) seid ihr ? , sagt : Wir sind seine (des Lichts) Söhne, und wir sind die vom lebendigen Vater Erwählten . (50)

Jesus sprach: „Wer das ganze All kennt und kennt sein Selbst nicht, der kennt das All nicht." (67)

Jesus sprach : „An den Tagen, an denen ihr euer Ebenbild seht, freut ihr euch. Wenn ihr aber eure Vor-Bilder (Euer göttliches Selbst) sehen werdet, die seit Anbeginn in euch sind - die weder sterben noch offenbar werden - was werdet ihr alles ertragen (können) ! (84)

Jesus sprach : „Adam ist aus einer großen Kraft und aus einem großen Reichtum entstanden, und (doch) ist er eurer nicht würdig gewesen, hätte er den Tod nicht erfahren." (85)

Jesus sprach : „Armselig ist der Leib, der an einem Leibe hängt. Und armselig ist die Seele, die an diesen beiden hängt." (87)

ISLAM
Der Koran

Wie die Bibel verwendet der Koran zwei Begriffe für die Seele: ruh (cf. ruach) und nafs (cf. nefesh, was auch Atem bedeutet) . Während ruh sich auf die Seele als göttlichen Funken oder als reines Selbst bezieht, schließt nafs das Gemüt und seine niederen Neigungen ein. Nafs kann gegen Gott rebellieren und muss gereinigt werden.
(In Bestätigung von Nah-Tod- Erfahrungen) beschreibt der Koran, wie die Seele in der Todesstunde den Körper verlässt. Sie steigt zur Kehle und weiter nach oben empor. Als nicht-körperliche Wesen ließt sie alsdann gleichsam den Bericht über die eigenen Taten während des gerade zu Ende gegangenen Lebens. Dies geschieht in ihrem eigenen Gewissen, dass sich nicht länger selbst zu täuschen vermag, sondern alles unparteiisch aufrechnet. Dazu braucht es keinen Furcht einflößenden Buchhalter oder Richter, und es wiederfährt der Seele kein Leid außer jenem, das sie durch eine sündhafte Lebensweise selbst aufgebürdet hat.
Da Gott die Welt zu keiner Zeit ohne einen seiner Gesandten lässt, folgt daraus, dass auch zu keiner Zeit die Gelegenheit fehlte, den direkt zu Gott führenden Pfad zu gehen, den Pfad zur eigentlichen Heimat der Seele. Kein Mensch kann die Sünden eines anderen auf sich nehmen, da diese jenem individuellen Bewusstsein eingeschrieben sind. Arab, Ar-ruh ist ein Begriff, der sowohl für göttliche Offenbarungen als auch für die Seele steht und somit die Seele zu einem Funken Gottes erklärt. Spekulation kann solches Wissen nicht vermitteln. Wahre Nähe zu Gott ist das Ergebnis der Inneren Verbindung. Himmlische Glückseligkeit wird denjenigen Seelen zuteil, die eine solche Nähe zu Gott zu Lebzeiten erlangt haben.

Die Tatsache, dass die Menschen hilflos zuschauen müssen, wie die Seele eines Sterbenden den Körper verlässt, sollte uns gegenüber Dem, Der die Macht über Leben und Tod besitzt und Der als All-Bewusstseins in uns wohnt, mit Demut erfüllen.

Um jedem Menschen haben wir sein Los an seinem Hals befestigt. Und am Tage der Auferstehung wollen wir für ihn ein Buch holen, das ihm geöffnet vorgelegt werden soll: „Lies dein Buch ! Du sollst heute selbst über dich Rechenschaft ablegen." Wer recht geleitet ist, ist nur zu seinem eigenen Besten recht geleitet. Und wer sich irreführen lässt, geht allein zu seinem eigenen Schaden in die Irre. Und keine beladene Seele trägt die Last einer anderen. Und wir bestrafen nicht, bevor wir einen Gesandten geschickt haben. (17:13-15)

Und sie werden dich über den Geist befragen. Sprich : „Der Geist ist eine Angelegenheit meines Herrn. Aber ihr habt nur wenig Wissen darüber."(arruh, ein Wort für Gottes Offenbarung und die Seele: 17:85)

Er ist es, der euch zu sich nimmt zur Nacht (in Meditation: vgl.Hadith: „Stirb bevor du stirbst.!") , und er weiß, was ihr während des Tages tun werdet, an dem er euch erweckt, damit ein bestimmter Termin (Eures Lebens) erfüllt wird. Zu ihm ist eure Heimkehr. Dann lässt er euch wissen, was ihr getan habt. (6:60)
O du Seele voll Ruhe, kehre zu deinem Herrn zurück, zufrieden und (ihn) zufriedenstellend. Und tritt ein unter meine Diener. Und tritt ein in mein Paradies. ! (89:27-30)

Sprich: O Menschen ! Nun ist die Wahrheit von eurem Herrn zu euch gekommen. Wer da geleitet ist, der ist nur zu seinem eigenen Besten geleitet, und wer irregeht, der geht nur zu seinem eigenen Schaden irre. Und ich bin nicht euer Sachverwalter. (10:108)
Wie aber, wenn die Seele (des Sterbenden) zur Kehle steigt und ihr dabei zuschaut, während wir ihm näher sind als ihr, ohne dass ihr es wahrnehmt? Warum, wenn ihr wirklich nicht (von ihm) abhängig seid, bringt ihr (die Seele) nicht zurück (in den Körper) falls wahr ist, was ihr behauptet ? Wenn er nun einer der (Gott) Nahegebrachten ist, dann wird ihm Ruhe und Versorgung und ein Garten der Wonne zuteil. (56:83-89)
Wir erschufen doch den Menschen und wissen, was ihm sein Inneres zuflüstert . Und wir sind ihm näher als (seine) Halsschlagader. (50:16)
Fürwahr , jede Seele hat einen Wächter über sich (d.h. „Engel", bewusste göttliche Manifestation) (86:4)

Soo, das waren wieder einige Infos die ich vom „A Centre for the World Religions " nahm.

EINE NEUE ÄRA
UNIVERSELLEN BEWUSSTSEINS ERREICHEN
Von der Höchsten Meisterin Ching Hai Malaysia 25.Februar 1992
(Original in Chinesisch)

Eine chinesische Weisheit besagt : „Wir müssen zuerst uns selbst kultivieren und unsere Familien in Ordnung bringen, bevor wir das Land regieren und die Welt befrieden können." Als dieser Erleuchtete Meister davon sprach, „die Welt zu befrieden", bezog er sich höchstwahrscheinlich nur auf China, und nicht die Welt im umfassenden Sinn. Nichtsdestotrotz, können wir seine Definition heutzutage weiter fassen, da nun alle Nationen auf Erden miteinander kommunizieren und in Austausch treten können. Ich glaube daran, dass eines Tages Kommunikation und Austausch nicht mehr nur auf Länder beschränkt bleiben, sondern auch auf andere Planeten ausgedehnt werden. Wir müssen unser Denken ausweiten und uns schon heute darauf vorbereiten. Sonst wird diese Zeit, wenn sie kommt, uns bzw. unsere Kinder unvorbereitet finden.

Als ich klein war, hatte ich einen großen Traum, großartige Ideen. Ich wünschte mir, wenn ich erwachsen bin, würden Unsterbliche oder Himmlische Wesen herabsteigen, um mich zu lehren und meine Weisheit zu öffnen und mir beibringen , zum Himmel und wieder zurück zu fliegen. Ich weiß nicht, warum ich davon träumte, als ich klein war, aber mein Traum wurde schließlich wahr ! Darum ist es schon gut, wenn wir zuweilen großartige Träume und hehre Ziele haben. Wenn wir wirklich aufrichtig sind und unsere Gedanken auf diesen Wunsch konzentrieren, wird er eines Tages in Erfüllung gehen. Die Amerikaner haben auch ein entsprechendes Sprichwort : „Wie soll dir ein Traum in Erfüllung gehen, wenn du gar keinen Traum hast ?

SICH DARAUF VORBEREITEN
MITGLIED DER GALAKTISCHEN FÖDERATION ZU SEIN

Darum sollten wir jetzt geistig darauf vorbereitet sein. Vielleicht werden wir eines Tages eine Interplanetarische Hierarchie haben. Das ist keineswegs nur ein Traum, ich glaube daran, dass sie eines Tages Wahrheit werden wird. Wann das jedoch sein wird hängt davon ab, wie gut wir Erdlinge uns darauf vorbereiten, und wann die anderen Planeten mit uns kommunizieren möchten. Tatsächlich haben sie schon vor langer Zeit damit begonnen mit uns zu kommunizieren. UFO's und Wesen von verschiedenen stellaren Systemen beispielsweise erscheinen bereits seit sehr langer Zeit, sie sind aber weiterhin sehr vorsichtig. Wenn wir zur Kommunikation mit ihnen imstande wären, würden sie uns höheres Wissen vermitteln.

Einige Menschen sind durchaus in der Lage, mit anderen Planeten zu kommunizieren, Sie schreiben Bücher oder drehen Filme darüber. Außerirdische von anderen Planeten würden manchmal gern mit uns kommunizieren, aber sie fürchten sich vor uns, weil wir Erdlinge ziemlich unfreundlich und barbarisch sind. Wenn wir uns vor Augen halten würden, was damals mit Jesus geschehen ist, müssten wir zugeben, dass diese Bemerkung zutrifft. Statt aber uns selbst Vorwürfe zu machen, sollten wir versuchen herauszufinden, wo wir uns korrigieren müssen.

Vor allem müssen wir unser Denken so erweitern, dass es das gesamte Universum umfasst, statt nur an unserer Familie und unser Land zu denken. Wir sind Menschen, „ Meister aller Wesen der Schöpfung". Als solche müssen wir unser Denken ins Unendliche ausdehnen, um unseren Status als Meister aller Wesen der Schöpfung zu verdienen. Vielleicht begreifen wir noch nicht, warum wir so großartig sind und warum wir die Meister aller Wesen der Schöpfung sind. Nichtsdestotrotz müssen wir damit beginnen, unser Denken zu ändern. Es kann nicht schaden, sensationelle oder unglaubliche Träume zu haben, vielleicht werden sie eines Tages wahr.

Aber wie ändern wir unser Denken ? Wir können gute Schriften lesen, um umfassendes Denken und den Geist spiritueller Praxis daraus zu lernen. Außerdem können wir uns Vorträge anhören. Es gibt sehr gute spirituell Praktizierende, die imstande sind, mit empfindenden Wesen in zahlreichen Welten zu kommunizieren. Als Buddha Shakyamuni noch lebte, kannte er viele unterschiedliche Ebenen und Planeten. Daher besitzen wir heute die entsprechenden Schriften. Das Amithabha Sutra z.B. beschreibt die Welt von Buddha Amithaba. Andere , wie das Kapitel „Universelle Tür" im Lotus Sutra, schildern ebenfalls viele andere Ebenen. Auch in unserer Zeit gibt es viele Menschen, die dasselbe tun, was Buddha Shakyamuni tat, sie können durch das Universum reisen, statt nur um den Erdball.

Könnt ihr euch vorstellen, dass die Menschen vor zwei - oder dreihundert Jahren keine Ahnung hatten, dass es den amerikanischen Kontinent gibt ? Heute ist Amerika eine der Supermächte in der Welt geworden, die die ganze Welt beeinflussen. Aber wenige Jahrhunderte zuvor existierte es noch gar nicht ! Anders als heute hatte man zu jener Zeit nicht so viele praktische Maschinen wie Flugzeuge , Faxgeräte, Telefon, Videorecorder, Kameras usw. Innerhalb kurzer Zeit jedoch haben die Amerikaner ihre eigene Nation begründet, aufgebaut und entwickelt und ihre Bürger geschult. Im Handumdrehen wurden sie zur Supermacht Nummer eins oder Nummer zwei in der Welt. In nur wenigen Jahrhunderten haben die Amerikaner so viel erreicht. Könnt ihr euch also vorstellen, wie viele fantastische Dinge in den nächsten Jahrzehnten oder Jahrhunderten auf unserer Erde geschehen werden ? So mag die eben erwähnte Interplanetarische Hierarchie keineswegs nur ein Traum sein.

Columbus war der Held, der Amerika entdeckte. Vorher hatte er Amerika in inneren Visionen gesehen, er kannte es im voraus. Aber er konnte es den anderen nicht sagen, dass er das Land gesehen hatte, in das er wollte, darum hielten ihn damals einige für verrückt. Mit ihrem verhältnismäßig kleinen Schiff und ohne ausreichende Verpflegung segelten sie auf einem scheinbar unsicheren Kurs einfach über den Ozean. Tatsächlich hatte Columbus schon alles im Traum gesehen. Wenn er jedoch damals den Leuten davon gesagt hätte, und dass sie es bestimmt finden würden, hätten ihm wohl die meisten nicht geglaubt.

Viele waren damals skeptisch. Kurz bevor sie Amerika erreichten , gab es auf dem Schiff keine Nahrungsmittel mehr, sie mussten die Ledersohlen ihrer Schuhe essen. Die Mannschaft, die mit Columbus segelte, meuterte und beschuldigte ihn, sie in den Tod zu führen. Sie glaubten nicht an die Existenz des neuen Kontinents Amerika und hätten Columbus beinahe getötet. In dieser misslichen Lage blieb Columbus geduldig und zuversichtlich. Und dank seiner großen Geduld und Zuversicht trat Amerika, das heute ein mächtiges Land ist, ins Dasein.

Dasselbe geschieht einem Erleuchteten Meister, der sich aufmacht, die Wahrheit zu verbreiten. Er muss viele Hindernisse, Schwierigkeiten und Demütigungen ertragen. All das muss er allein durchstehen. Die Menschen um ihn herum, seine Schüler eingeschlossen, sind vielleicht nicht imstande, seinen vorurteilsfreien Geist und seine sorgfältig durchdachte Absicht zu verstehen. „Aller Anfang ist schwer „ sagt man. Aber endlich wird die Wahrheit aufleuchten. Obwohl Jesus Christus gekreuzigt wurde, werden seine Lehren und sein Name weitergegeben, so dass uns heute, zweitausend Jahre danach, seine Gleichnisse immer noch vertraut sind. Eines zukünftigen Tages werden Außerirdische von anderen Planeten bei uns erscheinen und öffentlich mit uns kommunizieren. Dann können wir von ihnen lernen und miteinander Erfahrungen austauschen. Darum sollten wir uns jetzt mit Körper und Geist darauf vorbereiten. Und wie tun wir das ? Wir sollten unseren Lebensstiel überprüfen. Und wenn es uns am Verständnis der Welt und des Universums mangelt, sollten wir beginnen , danach zu forschen. Wenn wir die Ungerechtigkeit in der Welt sehen, sollten wir und darum bemühen zu helfen und die Dinge zu ändern.

Jedoch müssen wir mit den Veränderungen bei uns selbst beginnen, und die beste Art und Weise das zu tun ist, uns mit der Kraft Gottes in Verbindung zu setzen. So müssen wir keine Sorge haben, etwas falsch zu machen oder von unserem Ego getäuscht zu werden. Sonst denken wir vielleicht wir hätten uns geändert, obwohl das gar nicht der Fall ist. Wir müssen Innenschau halten, und wenn wir noch heftiges Verlangen nach Ruhm und Profit bei uns feststellen, dazu Gier, Zorn und Gebundenheit, dann müssen wir uns ändern. Das ist allerdings nicht so einfach. Ohne die Kraft der erleuchteten Heiligen, der Kraft Gottes, ist es schwierig, uns zu bessern.

GOTT IST DIE GRÖßTE LIEBESKRAFT

Gott hat wahrhaft großes Mitgefühl. Ers wird uns alles geben. Wir müssen es aber zu empfangen wissen, uns in Geduld fassen und aufrichtig an Gott glauben. Und Glaube allein ist nicht genug, wir müssen auch mit Gott kommunizieren. Nur, wenn wir mit Gott Zwiegespräche halten, werden wir verstehen, welch geeignete Situation Ers für uns arrangiert und in welcher Hinsicht Ers für uns gesorgt hat, und welche nützlichen Dinge Ers uns zuteil werden ließ. Sonst merken wir gar nichts davon, obwohl wir aufrichtig gebetet haben und Gott uns längst erhört hat. Vielleicht hat er uns etwas Gutes gegeben, aber in unserer Unwissenheit erkennen wir es nicht als gut, weil es nicht das ist, was wir erwartet haben. Und dann beschweren wir uns bei Gott, dass er uns nicht gegeben hat, worum wir gebeten haben, was aber tatsächlich nicht gut für uns ist.

So sind wir unwissend und verstehen nichts und meinen Gott habe kein Mitleid und würde uns nicht helfen. Ich sage das aus eigener Erfahrung. Wenn wir die Guanyin-Methode praktiziert haben, werden wir früher oder später alles bekommen, worum wir beten, sofern es gut für uns ist. Es ist nur eine Frage der Zeit. Wieso erfordet es Zeit ? Wieso erfordet es Zeit ? Weil Gott Vorkehrungen treffen muss. Wenn jemand um etwas bestimmtes bittet, geht es manchmal nicht nur um diese Sache und betrifft auch nicht nur den Bittenden, es könnte eine Menge Leute einschließen. Wenn Gott also für eine bestimmte Person etwas arrangieren möchte, muss Ers zuvor für viele Menschen sorgen, die mit dieser in Beziehung stehen. Oder die richtige Zeit ist noch nicht gekommen. Falls Gott es zu früh geben würde, könnte es schlecht für den Bittenden sein. So muss Gott es zuerst anderen Menschen geben, und demjenigen später, wenn die rechte Zeit gekommen und die Situation ideal ist. Erst dann ist es gut für ihn.

Gott ist wahrhaft Liebe. Wenn wir sagen, Gott sei nicht gut, oder meinen, Gott habe viele Schwierigkeiten geschaffen und überließe die Welt großem Leiden, tun wir ihm großes Unrecht und missverstehen ihns gründlich. Solange ich Gott kenne, war Ers immer sehr gut zu mir. Ers ist mein bester Freund, der beste Liebhaber, der beste Ehemann, der beste Vater, die beste Mutter, und Ers ist alles in allem. Leider kann ich euch meine Gotteserkenntnis und meine Gefühle Ihmr gegenüber nicht zeigen, und auch nicht die sogenannte Verwandtschaft und Liebe zwischen uns. Trotzdem weiß ich sehr genau, dass Ers die größte Liebesmacht ist, und der reichste Mann zugleich. Es gibt nichts, das für mich und andere empfindende Wesen gut wäre, das Ers nicht tun würde.

Nun mag einer fragen : Wenn Gott die größte Liebesmacht ist, warum gibt es dann immer noch Leiden, Schwierigkeiten und Katastrophen in unserer Welt ? Weil wir nicht wissen, wie Gottes Gnade empfangen oder mit Ihrm kommunizieren können. Wir gehen in die falsche Richtung und bitten um die falschen Dinge. Ich garantiere euch, wenn jeder die Guanyin-Methode praktizieren würde, hätte die Welt längst Frieden. Sie wäre wie unsere Gruppe, nämlich sehr friedlich. Selbst wenn Tausende oder Zehntausende zusammenkommen, sind wir noch friedlich. Jeder von uns tut das seine, und alle sind glücklich und zufrieden, ihre Gesichter glühen. Jeder von uns erfüllt seine gesellschaftlichen Pflichten. Wenn wir spielen, dann fröhlich und von Herzen. Und wenn wir arbeiten, dann arbeiten wir auch fröhlich und voller Hingabe.

Die meisten unserer Mitpraktizierenden arbeiten sehr schnell. Worum sie auch beten, es wird definitiv realisiert. Solange sie um das Richtige beten, wird Gott es ihnen mit Sicherheit geben. Dasselbe gilt für mich. Da ich aber nur selten um etwas bitte, kann ich euch da nicht viel sagen. Was jedoch meine Schüler angeht, könnten fast alle ein dickes Buch über ihre Erfahrungen schreiben, nachdem sie die Guanyin-Methode praktiziert und sich in ihren Taten, Reden und Gedanken geläutert haben. Solche Erfahrungen geben Auskunft darüber, wie gut Gott sie behandelt und verwöhnt, wie viel Gnade Gott ihnen gewährt , usw. Was mich betrifft, kann ich nur bezeugen, wie Gott mit in meiner Predigtmission hilft, sich um meine Schüler kümmert und mir hilft, vielen Menschen Freude und Glück zu bringen. Darüber hinaus hilft Ers mir sehr im Blick auf Finanzen, Weisheit und Organisation. Ohne Gott wäre ich eine nutzlose Person, und meine Leistung wäre gleich Null.

WIE MAN GOTTES GNADE ANNIMMT

Darum würde ich euch gern diesen Gentleman, den man „Gott" nennt, vorstellen. Ihr könnt Ihns auch als „Gott-Natur" oder „Gottheit" anreden. Ers ist ein sehr feiner Gentleman, ein ganz liebenswürdiger reicher Herr. Wenn wir wirklich wissen, wie wir Ihns innerlich erreichen und Ihns um seine Hilfe bitten, wird ers uns in jeder Weise behilflich sein. Ers wird uns auf jede nur erdenkliche Weise zu helfen suchen, durch Menschen ebenso wie durch unterschiedliche Situationen. Die meisten suchen Gott draußen, sie haben den wahren Gott noch nicht gefunden. Darum werden ihre Gebete nicht erhört. Alle Lehren wie auch die Geschichten, die ich euch erzähle, sind meine eigene Erfahrung wie die meiner Schüler. Ich habe sie nicht aus Büchern oder Schriften. Ich habe die Größe Gottes bereits erfahren, ich habe herausgefunden, wo ers ist, ich kann ihn jeden Tag sehen. Daher kann ich für die Echtheit dieser Dinge garantieren. Ich war Katholikin und hatte von der Existenz eines Gottes gehört. Ihns zu jener Zeit jedoch nicht verehrt, weil ich praktisch nicht wusste, wo ers sich um mich gekümmert hatte. Die Welt , so wie ich sie damals sah, war voller Qual und Ungerechtigkeit, was mich mächtig ärgerte. Ich fragte mich, warum Gott nicht für seine Kinder sorgte und sie statt dessen soviel leiden ließ. Nun verstehe ich es, aber ich kann euch nicht sagen, was ich alles begriffen habe, weil Gottes Liebe durch Sprache unmöglich ausgedrückt werden kann. Ich kann euch nur frank und frei und mit Bestimmtheit sagen, dass Gott absolute Liebe ist und absolute Großzügigkeit ! Nur wenn wir wissen, wie man Ihns findet und mit ihrm kommuniziert, werden wir alles haben. Ers wird uns auf jede Weise helfen. Das ist absolut wahr ! Angenommen, ich könnte euch erkennen lassen, wie sehr ich Gott liebe, indem ich die ganze Nacht hindurch hier auf einem Bein stehe oder auf den Knien liege, um Gott anzubeten - ich würde es tun. Manchmal weiß ich wirklich nicht, wie ich meiner Dankbarkeit und Freude Ausdruck geben soll, ich weiß nicht, mit wem ich darüber sprechen soll. Unsere Mitpraktizierenden können es schon verstehen, aber es ist auch von ihrer Ebene abhängig. Die weiter fortgeschrittenen Mitpraktizierenden können Gottes Liebe mehr erkennen, weil sie Gottes unendlichen Segen empfangen haben. Je mehr sie meditieren und sich in Taten, Reden und Denken reinigen und sich vegetarisch ernähren, und je strikter sie die Gebote halten, desto fähiger werden sie sein, Gottes Liebe zu empfangen.

Nicht weil wir Vegetarier sind, oder weil wir meditieren oder an Gott denken, kümmert Ers sich um uns. Das sähe ja so aus, als wollten wir Gott bestechen oder mit Ihmr handeln. So ist es nicht ! Vielmehr sind wir erst nachdem wir Vegetarier geworden sind, die Gebote halten und unsere Taten, Worte und Gedanken gereinigt haben, imstande zu erkennen, wie Gott für uns gesorgt hat. Früher wurden wir von allen möglichen verwirrenden Gedanken reingelegt. Gott sorgt für uns und sagt uns, was wir tun sollen, aber wir hören nicht hin. Wir bewegen uns in die entgegengesetzte Richtung, auf Ärger und Verwicklung zu. Gott hat uns Dinge gegeben, aber wir missachten sie oder lassen sie den Bach runtergehen. Wenn wir einen Becher aufrecht hinstellen, kann er Wasser in sich aufnehmen. Steht es jedoch verkehrt herum, fließt alles Wasser daneben. Oder wenn wir uns einen Regenmantel überziehen, werden wir nicht nass, selbst wenn wir den ganzen Tag draußen sind.

Gottes Liebe existiert für immer und ewig. Sie ist stets an unserer Seite, in uns und um uns, sie ist überall. Aber wir verschanzen uns hinter unseren in vielen Lebenszeiten erworbenen Vorurteilen und Gewohnheiten, und dann sagen wir Gott sei unfair und würde uns niemals segnen. Die Wahrheit ist, dass wir versäumt haben, den Becher aufrecht hinzustellen. Die Guanyin-Methode zu praktizieren ist so einfach, wie einen verkehrt herum stehenden Becher wieder in die richtige Position zu bringen !

Darum sind wir von jenem Tag an ständig mit Nektar gefüllt, mit Gottes Gnade gefüllt. Die Methode ist wirklich sehr einfach, wir müssen nur wissen, wie man es anstellt.

Jene die die Guanyin-Methode praktizieren, wissen nicht, was „Ermüdung" ist, es sei denn, sie sind mit dem Karma fühlender Wesen beladen. Wir arbeiten viel, geben aber sehr wenig aus, weil wir nicht viel essen und nicht viel schlafen. Wir ernähren uns jeden Tag vegetarisch, halten die fünf Gebote und führen ein einfaches Leben. Heute Nachmittag sagte ein Schüler zu mir: „Meisterin, wenn alle in dieser Welt die Guanyin-Methode praktizieren würden, gäbe es mit Sicherheit weder Krieg noch Hungersnot. Wir werden sehr schnell arbeiten, wir werden einander helfen und trösten. Die Welt wird gewiss zum Himmel ." Dem kann ich nur zustimmen.

Obwohl Praktizierende der Guanyin-Methode bekommen, worum sie beten, bitten wir nur selten um etwas, außer in Notfällen. Wir haben immer weniger Wünsche. Wir arbeiten, um unser täglich Brot zu verdienen, und vegetarische Lebensmittel sind preiswert. Da wir die fünf Gebote einhalten, stehlen wir nicht, trinken keinen Alkohol, machen niemandem den Mann bzw. die Frau abspenstig und enthalten uns des Drogenmissbrauchs. Wir konsumieren weniger Nahrungsmittel als früher, unser Leben ist simpel, so sinken unsere Ausgaben. Dadurch haben wir keine Finanzprobleme. Wenn wir des Tages Arbeit beendet haben, meditieren wir, wann immer wir Zeit haben, so hängen wir nicht herum und kommen nicht auf dumme Gedanken. Nach der Arbeit meditieren wir oder gehen zur Gruppenmeditation. Wir hören täglich die Lehren der Meisterin und haben praktisch weder Zeit noch Lust, Böses zu tun.

Dies ist jedoch nur mein Traum. Ob er in Erfüllung geht oder nicht, hängt von Gottes Willen ab. Wenn die ganze Welt, oder wenigstens die Hälfte der Menschheit, die Guanyin-Methode praktiziert, kann das der Welt tatsächlich viel helfen. Dann können wir bestimmte herausragende Wissenschaftler und Ärzte unterstützen. Einige haben sehr gute Hilfsmittel erfunden , die Menschen heilen können, einige Geräte können sogar alle Krankheiten heilen. Wegen fehlender finanzieller Mittel sind diese Dinge jedoch nicht entwickelt worden. Einige Wissenschaftler haben sehr gute Maschinen erfunden, die vielen Menschen innerhalb kurzer Zeit nutzen können, aber es mangelt an der notwendigen Unterstützung. Im Gegenteil , gewisse Leute sind eifersüchtig und sabotiert diese Projekte, um ihre Entwicklung zu verhindern.

Wenn alle Menschen die Guanyin - Methode praktizieren, einander helfen, sich selbstlos in die Gesellschaft einbringen und Gott und den Menschen von ganzem Herzen dienen, dann wird jeder in der Lage sein, seine Talente zu entwickeln. Dann werden die Wissenschaftler alle Arten von Maschinen zum Nutzen der Menschen erfinden. Auch die Ärzte werden mit vielen Rezepten und Geräten zur Heilung aller Krankheiten aufwarten. Auf diese Weise wird unsere Welt nicht nur spirituell erhoben, sondern auch viele fortschrittliche Mittel besitzen, um Krankheiten zu heilen und unser Leben komfortabler zu machen. Zu dieser Zeit werden wir gar nicht den Wunsch haben, ins Nirwana zu gehen. Das ist vielleicht nur mein Traum, aber es kann wahr werden. Wenn ich euren Segen habe, euer aller Segen, wird es mit Sicherheit realisiert.

DER GOLDENE HIRSCH
Aus einem früheren Leben des Buddha
Die Höchste Meisterin Ching Hai
Internationales 7 - Tage - Retrat Phnom Penh, Kambodscha, 14 Mai 1996
(Original in Englisch)

Dies ist eine Geschichte mit dem Titel „Der goldene Hirsch". Hier drin (in diesem Buch) gibt es eine Menge „goldene" Geschichten, aber ich habe mir gerade diese herausgesucht. Ich weiß nicht warum; vielleicht liebe ich Hirsche. Es ist die Geschichte einer der früheren Geburten des Buddha. Wenn gesagt wird, dass etwas „golden" sei, bezieht es sich stets auf den Buddha. So kann ich mir weitere Erläuterungen sparen.

Vor langer, langer Zeit lebte in Benares ein sehr reicher Kaufmann. Er hatte nur einen Sohn, den er Mahadanaka Ananda nannte. Dies bedeutet so viel wie : Ein Mensch, der nur Geld kennt. Das ist ein ganz schlechter Name, weil „Ananda" Glückseligkeit bedeutet. Vielleicht konnte er Glückseligkeit nur von Geld herleiten., vielleicht war es aber auch ein Spitzname.

Von Kindheit an verwöhnten ihn seine Eltern sehr, weil es ihr einziger Sohn war. So wuchs er auf, ohne etwas anderes gelernt zu haben als Singen, Tanzen, Feste feiern und sich mit Freunden die Zeit zu vertreiben mit dem Geld seiner Eltern. Und als er in das entsprechende Alter kam, fanden seine Eltern eine Frau für ihn. Wenig später starben sie. Und nach ihrem Tod brachte der Jüngling seine ganze Zeit mit seinen nichtsnutzigen Freunden um, tagelang trinkend und spielend.

Das Elend vom Leid war, dass seines Vaters Geld rasch dahinschwand und der junge Mann gezwungen war, von anderen Leuten Geld zu borgen, aber nichts hatten, um seine Schulden zu bezahlen. Er hatte nie gelernt zu arbeiten und Geld zu verdienen, und er hatte nie gelernt, damit umzugehen. Vielleicht hatte man ihn nicht gelehrt, sparsam zu sein. Vielleicht waren auch seine Eltern schuld, weil sie ihn hätten lehren sollen, ein Mensch zu sein, und nicht nur der Sohn eines reichen Mannes.

Weil er nun verschiedenen Leuten eine Menge Geld schuldete, kamen sie beständig zu seinem Haus und bedrängten ihn. So geriet er vor Angst und Sorge in Verzweiflung und wusste nicht, was er tun sollte. Schließlich verfiel er auf einen Plan, was er tun wollte. Er war völlig niedergeschlagen und verzweifelt, so rief er alle seine Gläubiger zusammen und sagte ihnen, er habe am Ufer des Ganges einen Schatz vergraben. Und wenn sie ihn am nächsten Tag begleiten wollten, könnten sie mitkommen und miteinander nach dem Schatz suchen. Dann würde er alle seine Schulden zurückzahlen.

Da waren die Gläubiger froh und folgten ihm an das Ufer des Flusses. Er suchte hier und suchte dort, und alle liefen hinter ihm her, obwohl er über sein Tun selbst verblüfft schien. Aber der Bursche wollte Selbstmord begehen, alles andere war nur Show. Als er an eine Stelle des Flusses kam, wo eine starke Strömung war, sprang er einfach hinein. Die Gläubiger waren total erschrocken und standen hilflos daneben. Keiner wagte es, ihn zu retten, weil der Fluss überaus schnell war.

Als sie sahen, dass er dahin war, gingen alle Gläubiger traurig nach Hause. Sie meinten, er sei tot und ertrunken, weil er von der starken Strömung mitgerissen und weit fortgetragen worden war. Und dann konnten sie ihn nicht mehr sehen, darum gingen sie. Aber als sein bewusstloser Körper den Fluss hinabtrieb, kam er an einem blühenden Hain und Wald aus Mangobäumen vorüber. Und dort lebte ein sehr schöner , leichtfüßiger Hirsch getrennt vom Rest des Rudels. Sein Fell schimmerte wie blankes Gold, und seine Füße glänzten wie lackiert. Sein Geweih glich Silberspiralen, und seine Augen funkelten wie kostbare Edelsteine.

Er knabberte gerade an einigen zarten Grashalmen, als plötzlich heftige Schreie im Wald wiederhallten. Sofort eilte er ans Flussufer und sah den unglücklichen Kaufmannssohn im Wasser um sein Leben ringen. Er rief ihm zu : „Warte ! Hab keine Angst ! Ich komme und rette dich." Damit stürzte er sich in den Fluss, und gegen den Strom ankämpfend, erreichte er den Mann. Dann nahm der Hirsch ihn auf seinen Rücken und brachte ihn ans sichere Ufer.

Aber der Kaufmannssohn war total erschöpft und brach zusammen. Drei Tage und drei Nächte war er bewusstlos, und der Hirsch pflegte und ernährte ihn mit wilden Früchten. Als sich der Mann erholt hatte, sagte der Hirsch zu ihm: „Ich werde dich aus dem Wald führen und dir den Weg nach Benares zeigen. Aber bitte tu mir einen Gefallen. Verrate dem König oder einem seiner Edlen ja nicht, dass in diesem Wald ein goldener Hirsch lebt. Denn sie werden kommen und versuchen, mich zu fangen, sobald sie davon erfahren.." Das versprach der Kaufmannssohn bereitwillig, und der Hirsch brachte ihn an den Weg nach Benares.

An diesem Morgen hatte Königin Kama, die derzeitige Gattin des Königs von Benares, einen Traum. Sie sah einen goldenen Hirsch, der mit menschlicher Stimme sprach. Sie dachte bei sich: „Sicherlich gibt es solch ein Tier. Sonst hätte ich nicht davon geträumt." So ging sie zu König Brahmadatta und erzählte ihm von ihrem Traum und dass sie begehrte, solch ein Tier zu besitzen. Sonst würde sie sterben.

Das ist ein Trick der Frau. Später oder früher wäre sie ohnehin gestorben, was bedeutet das schon ? Aber der König war, wie die meisten Männer auf diesem Planeten, auch sehr dumm. (Lachen) Er fürchtete sehr, seine Frau könnte sterben. Wenn sie für den König sterben würde, wäre das verständlich. Aber für ein Hirsch zu sterben, wie golden er auch sein mochte, das klingt schon komisch. (Lachen) Aber der König kaufte ihr das ab. Wie dem auch sei, so erfahrt ihr nebenbei, dass ihr nicht die einzigen seid, die so dumm sind, und wer wirklich der Chef im Haus ist. Schon zu Buddhas Zeiten war das nicht anders. Darum weiß ich nicht, warum die Frauen heute ihre Zeit damit verschwenden zu demonstrieren und Reden zu halten über alle möglichen Frauenrechte und die Gleichberechtigung der Frau. Frauen waren Männern nie gleichgestellt. Sie sind Männern überlegen ! Ich weiß nicht, wer für Gleichberechtigung kämpfen sollte. So sagt all diesen dummen Frauen, sie sollen das lassen. Degradiert uns nicht. Wir sind überlegen, wozu um Gleichberechtigung kämpfen ? (Lachen)

Nun ja, der König ließ sofort seine Weisen rufen und befragte sie über diesen kostbaren goldenen und sehr seltenen Hirsch. Und seine Weisen nickten bestätigend: „Ja, es gab solch ein Tier." Sie wussten aber nicht, wo der Hirsch lebte. So ließ der König einen reich geschmückten Elefanten bereitstellen und sagte zu dem Herold: „Nimm den Elefanten und tausend Goldstücke und geht durch alle Stadtteile. Rufe aus : Wer Nachricht bringen kann , der soll als Lohn den Elefanten und das Geld bekommen." Nun wisst ihr, wer der Chef ist, oder ? Bedenkenlos gab er all das Geld aus für seine Frau. Zu der Zeit war sie vielleicht schon alt. Aber vielleicht war ihre Macht sogar größer, als sie älter wurde. So bestieg der Herold ein weißes Pferd, ritt durch die Stadt und rief des Königs Befehl aus. Der Kaufmannssohn der Benares gerade betreten hatte, hörte die Nachricht, trat an den Herold heran und sagte : „Ich kann dem König Nachricht bringen von dem goldenen Hirsch, den er sucht. Führe mich zu ihm." Und der Herold brachte den Kaufmannssohn in den Palast, bat um eine Audienz und verkündete : „Majestät, dieser Mann sagt er wisse, wo man einen goldenen Hirsch finden kann." Da war der König sehr froh und bat den Kaufmannssohn , ihn dorthin zu bringen.

Dann nahm der König einen großen Trupp Soldaten und den Denunzianten und machte sich auf in den Wald, wo der goldene Hirsch wohnte. Als sie ankamen, sagte der Kaufmannssohn: „Majestät, in jener Gruppe blühender Mangobäume wohnt der goldene Hirsch, den ihr sucht." Da befahl der König seinen Leuten : „Umringt den Hain und haltet Pfeil und Bogen bereit. Auf keinen Fall dürft ihr den Hirsch entkommen lassen." Und der König ritt selbst ein Pferd, um den Hirsch für seine geliebte Frau zu fangen. Hier könnt ihr sehen, wie es ist, ein König zu sein und wozu. (Meisterin und Zuhörer lachen)

Der Hirsch der im Schatten eines Baumes geruht hatte, hörte den Lärm und war sofort alarmiert. Er erhob sich und sah in einiger Entfernung den König mit dem Kaufmannssohn und einer Gruppe Höflinge stehen. Er dachte bei sich : „Da wo der König ist, werde ich in Sicherheit sein, ich werde zu ihm gehen." Das dachte der goldene Hirsch und lief dahin, wo der König war. Hurtig wie der Wind rannte er auf den König zu. Aber der König erhob sofort seinen Bogen und machte sich schussbereit, weil er meinte, wenn der Hirsch am Lauf oder so verletzt sei, wäre es leichter ihn zu fangen. Aber der Hirsch rief laut : „Großer König, halt ein. Entlasse deinen Pfeil nicht von der Sehne !"

Erstaunt über die klare und deutlich vernehmbare Stimme des Hirsches, ließ der König Pfeil und Bogen sinken. Die Soldaten und andere Leute versammelten sich voll Verwunderung, denn niemand hatte je einen Hirsch in menschlicher Sprache reden hören. So ging der Hirsch auf den König zu und fragte ihn mit einer Stimme, so süß wie Honig : „Wer brachte dir die Nachricht, o König, dass ich hier zu finden sei."

Da zeigte der König auf den Kaufmannssohn und sagte : „ Er war es. " Daraufhin wandte sich der Hirsch an den Verräter und sagte voller Traurigkeit : „Es wäre besser gewesen, einen Holzklotz aus dem Wasser zu ziehen als einen Menschen wie dich zu retten." So schalt er den Verräter. Der König war sehr überrascht und fragte den Hirsch : „Was hat er dir getan ? " Und der Hirsch erwiderte : „Eure

Majestät, ich rettete dem Mann das Leben, als er am Ertrinken war, brachte ihn in Sicherheit und pflegte ihn drei Tage und Nächte gesund. Und ich befahl ihm, niemandem zu sagen wo ich zu finden sei, und er versprach es mir. Infolge seiner Undankbarkeit bin ich nun in Gefahr." Aus Liebe zu Gold verkaufte der Kaufmannssohn seinen Retter.

Als der König das hörte, wurde er sehr zornig und sagte zu dem Kaufmannssohn : „Du hast eine barmherzige Tat mit niederträchtigem Verrat bezahlt. Dafür sollst du sterben". Damit erhob er Pfeil und Bogen und richtete sie auf den Verräter. Aber der Kaufmannssohn hatte große Angst und zitterte an allen Gliedern. Er fiel auf die Knie und bat um Gnade.

Als er seine Not sah , jammerte es den Hirsch, und er sagte zu dem König : „Lass ihn gehen. Lade nicht das Blut dieses Elenden auf dein Gewissen. Gib ihm das Geld, das du ihm versprochen hast, und entlasse ihn." Der König zögerte eine Weile, aber schließlich folgte er dem Gnadengesuch des Hirsches. Und zu dem Kaufmannssohn sagte er : „Du schuldest dein Leben zweifach diesem edlen Hirsch." Und weiter: „Mach dich fort, und kehre nie wieder in mein Königreich zurück, sonst wirst du hingerichtet." Da nahm der Kaufmannssohn die Beine in die Hand und verschwand in den Tiefen des Waldes, und wurde nie wieder gesehen.

An den König gewandt sagte der Hirsch, der nicht nur edel, sondern auch weise war : „Der Schrei der Schakale und Vögel ist leicht zu verstehen. Aber Menschenworte sind oft voller Arglist. Du meinst vielleicht ein Mensch sei ein Freund, aber du musst feststellen, das er dich verraten hat." Der König wunderte sich über die Weisheit und Intelligenz des Hirsches und beschloss, ihm eine Gnade zu gewähren. „Sage mir einen Wunsch, Goldener Hirsch. Und es soll dir gehören, was immer du wünscht, und sollte es mein Königreich kosten. Ich werde es dir gewähren."

So kehrten der König und der goldene Hirsch nach Benares zurück, und Königin Kama war überglücklich angesichts des schönen Hirsches mit dem goldenen Fell, den sie in ihrem Traum gesehen hatte. Mit Wonne lauschte sie, wenn der Hirsch zu ihr sprach mit einer menschlichen Stimme, die wie eine silberne Glocke klang.

So verbrachte der goldene Hirsch viele Tage beim König und der Königin in Benares. Die Stadt wurde geschmückt, und es wurden Feste gefeiert zu Ehren des Tieres. Dann kehrte er zum Hain im Wald zurück, wo er solange gewohnt hatte. Dort verbrachte er den Rest seiner Tage in Frieden. (Beifall)

Es ist eine gute Geschichte. Wenn wir Menschen auch nur einen kleinen Teil der noblen Eigenschaften dieses goldenen Hirsches aufweisen, wird unsere Welt ein Paradies. Aber leider versuchen viele von uns immer wieder, alles für sich selbst einzuheimsen, und das unter allen Umständen. Nicht einmal in der spirituellen Praxis hören wir auf, gierig und selbstsüchtig zu sein und versuchen, uns spirituellen Segen auf Kosten anderer zu verschaffen. Das ist sogar noch schlimmer als der Versuch, in der banalen Welt Besitz oder Eigentum anderer an sich zu bringen, weil wir uns bereits auf dem spirituellen Pfad befinden. Darum müssen wir das, was wir nehmen, selbst verdienen. Wir können um Segen , Führung und Hilfe bitten, wann immer wir sie benötigen. Das ist okay, wenn wir Auftrieb benötigen oder wenn es notwendig ist, aber nie auf Kosten anderer Leute Glück und Wohlbefinden. Versucht daran zu denken.

In jeder Lebenslage müssen wir rücksichtsvoll und fair sein. Nicht, dass ich euch bitte, euch ständig aufzuopfern, selbst wenn es um andere Leute Glück oder Gewinn geht. Aber seid wenigstens fair und gerecht. Denn wenn wir uns als Praktizierende nicht fair verhalten, wie können wir von der Welt draußen erwarten, von ihr fair behandelt zu werden bzw. dass sie ein besserer Ort ist für alle, die in ihr leben ? Wenn es also hier nicht fair zugeht, kann ich mir nicht vorstellen, dass ihr draußen mit anderen fair umgeht. Und diese Art von Schüler kann ich nicht akzeptieren, vor allem dann nicht, wenn ihr schon längere Zeit bei mir gelernt habt. Selbst wenn ihr ein Neuling seid, habe ich keine Entschuldigung für euch. Denn euch stehen Videos, Mcs, Bücher und alles mögliche zur Verfügung. Ihr könnt mir nicht erzählen, dass ihr neu seid und keine Ahnung habt. Eure Seele weiß, was richtig und falsch ist. Darum seid ihr gekommen.

Wenn ihr euch in einen Fuchs verwandeln wollt, ist das euer Problem, aber bitte nicht auf Kosten der Allgemeinheit. Ihr kommt nicht her, um die Segnungen der ganzen Gruppe zu stehlen. Ihr kommt nicht her, um miteinander um den besten Platz im Theater zu konkurrieren, wie Leute von draußen. Wenn Leute draußen den besten Platz im Theater haben wollen, zahlen sie dafür ! Da geht es draußen gerechter zu. Darum zahlt bitte für den Platz mit eurer spirituellen Praxis und euren Bemühungen um Verdienst. Versucht nicht, hier irgend etwas zu stehlen, denn ich weiß es. Ich weiß genau, was wem gehört. Wenn ihr hier versucht zu stehlen, könnt ihr ebenso gut die Fünf Gebote wegwerfen und braucht euch nicht mehr die Mühe zu machen , herzukommen. Denn hier ist der Ort, wo ihr einen besonders vorbildlichen spirituellen Zustand aufweisen solltet. Wenn ihr ihn mir hier nicht zeigen könnt, wo sonst ?

Ihr solltet niemals unsere Würde und unser nobles Ziel vergessen, was es auch kosten mag. Wenn wir gut praktizieren, wenn wir den Meister lieben und Gott lieben, weiß Gott darum. Der Meister weiß es ganz bestimmt. Aus der Geschichte mit dem Hirsch könnt ihr ersehen, dass der Hirsch sogar besser ist als viele Menschen. Darum sollten wir von all diesen goldenen Tieren lernen. Es spielt keine Rolle, ob das Buddhas frühere Reinkarnationen waren oder nicht, ihre Handlungen verraten ihr inneres spirituelles Niveau. Darum seid nicht zu stolz darauf, Menschen zu sein, solange wir an dieses Niveau nicht heranreichen.

Ich weiß wirklich nicht, wieso wir darauf stolz sein sollten, Menschen zu sein. Ich erfahre z.B. durch Zeitungen, Radio und Fernsehen von vielen edlen Tieren, die Menschen retten. Sie retten ihre eigenen Kinder sogar auf Kosten ihres eigenen Lebens. Ich sah ein Bild von einer Katze, die total verbrannt, blind und ganz voller Narben war, weil sie viermal in ein brennendes Haus zurückkehrte, um ihre vier Kinder zu retten. Sie war verbrannt und blind und völlig entstellt. Aber diese Katze brachte alle in Sicherheit. Eine Katze ist sehr unabhängig. Wenn sie einmal tragend ist, denke ich, hilft ihr kein Kater oder Katzenvater mehr. Sie zieht ihre Kinder allein groß. Und ich habe in unserer Umgebung so manche Katze gesehen, die wunderbare Dinge für ihre Kinder tat. Ich sah sie gutes Futter bringen - tut mir leid, es ist kein sehr appetitliches Thema - wie Mäuse oder auch größere Tiere für ihre Kinder. Und für sich selbst fing sie nur Fliegen, Brummer und solche Kleinigkeiten. Ich billige damit keine nicht-vegetarische Kost, aber ich kann mit einer Katze nicht rechten. Und ich bin von ihrer Hingabe berührt. Denn eine Katze kann sich nur so ernähren, und sie tat ihr Bestes, Nahrung für ihre Kinder heranzuschaffen, während sie sich selbst mit Abfall begnügte. Ich habe es mit eigenen Augen gesehen. Ich schelte sie nicht wegen ihrer nicht-vegetarischen Lebensweise oder des Tötens von Mäusen. Ich bin nur von ihrer Liebe gerührt. Dies Bild steht mir lebhaft vor Augen, so oft ich an Katzen denke.

Darum weiß ich nicht, warum wir Menschen Tiere so schlecht behandeln, die meisten jedenfalls, und sie als niedere Wesen betrachten. Ich denke, viele Tiere sind sehr edel. Sie sind so freundlich und liebevoll zu ihrer eigenen Spezies wie auch zu anderen. Und nicht selten kann man Katzen oder Hunde in einem gefährlichen Fluss schwimmen sehen, um ihre Freunde zu retten. Sei es nun ein menschlicher Freund oder ein tierischer, sie tun das - und riskieren ihr Leben. Aber nicht viele Menschen wagen dies zu tun. Wenn wir eine gefährliche Situation miterleben, riskieren wir nicht unser Leben. Wenn aber Tiere Gefahr sehen, riskieren sie ihr Leben noch, aus Liebe.

Wenn wir Menschen schon nicht zu diesem natürlichen Instinkt fundamentalen Mitgefühls zurückkehren können, den die Tiere noch besitzen, dann sollten wir deswegen eher traurig als stolz sein. Und das ist der Grund, weshalb wir Vegetarier sein müssen, weil Tiere wahrhaft edel sind. Sie besitzen wahrhaftig, die menschliche Qualität und eine Seele, genau wie wir. Darum denke ich, es ist gut, von Tieren zu lernen. Wir sollten nicht lernen, ein Tier zu werden, aber wir sollten an ihre guten Eigenschaften denken, damit wir von ihnen nicht beschämt werden.

Wir sollten uns zur noblen Position eines Heiligen erheben. Dazu benötigen wir Mitgefühl und Liebe, Verständnis und selbstlose Opferbereitschaft zu jeder Zeit, sei es auf dem Retreat, zu Hause, im Supermarkt oder sonstwo, sogar im Wald, wo uns niemand sieht und auch niemand da ist, der unsere guten Taten registriert oder unsere edlen Bemühungen lobt. Wir müssen um unserer selbst willen edel sein, denn nur wir allein wissen, was wir sind. Und Gott weiß es.

WARUM VEGETARISCHE ERNÄHRUNG ?
Von der Höchsten Meisterin Ching Hai aus dem Freiexemplar :
Der Schlüssel zur sofortigen Erleuchtung.

Kommt man auf vegetarisches Essen zu sprechen, denken viele sofort an Nonnen oder Mönche. Dabei gibt es bereits mehr und mehr Vegetarier, die sich zu dieser Form der Ernährung aus wissenschaftlichen Gründen entschließen. Deshalb will ich heute vom wissenschaftlichen Standpunkt aus erläutern, warum man sich vegetarisch ernähren sollte.

Ursprünglich waren die Vorfahren der Menschheit Vegetarier, dafür gibt es in der Evolutionsgeschichte viele Beweise, und auch die Schulbücher der Mittelstufe für Biologie lehren dies. Daher ist es überflüssig, hier viele Worte über die Richtigkeit dieser Behauptung zu verlieren. Dass der menschliche Körper nicht auf die Verdauung von Fleisch eingestellt ist, hat Prof. G.S. Huntington von der Columbia-Universität in einer anatomischen Untersuchung des menschlichen Darmes aufgezeigt. Sie bestätigt, dass Menschen eine pflanzliche Kost benötigen und nicht auf den Verzehr von Fleisch eingerichtet sind. In seiner Untersuchung führte Prof. Huntington aus, dass der Dünndarm fleischfressender Tiere, wie z.B. des Tigers, sehr kurz und der Dickdarm sehr gerade und glattwandig ist, bei Pflanzenfressern hingegen Dünndarm und Dickdarm lang sind. Da Fleisch nur einen geringen Gehalt an Fasern, aber einen hohen Gehalt an Eiweiß aufweist, muss es nicht langsam verdaut werden. Daher ist der Darm von Fleischfressern kürzer. Pflanzliche Fasern sind schwer verdaulich und müssen langsam aufgenommen werden, daher ist der Darm lang.

Der menschliche Dickdarm ist ungefähr 1,5 Meter lang und gewunden. Die Darmwände sind nicht glatt, sondern faltig. Wenn wir Fleisch essen, verbleibt es lange im Darm, dass Giftstoffe entstehen können, was eine höhere Belastung für die Leber bedeutet. (Die Leber hat eine Entgiftungsfunktion) . Außerdem enthält Fleisch viel Harnsäure und Harnstoffe (jedes Pfund Rindersteak enthält 14g Harnsäure, wird eine Zelle in Harnsäure getaucht, so degeneriert ihre Stoffwechselfunktion) , was eine Belastung für die Niere darstellt. Gleichzeitig enthält Fleisch zu wenig Fasern, was leicht zu Verstopfungen führen kann. Wir wissen, dass Verstopfung direkt zu Darmkrebs, Dickdarmpolypen, Analfisteln und anderen Krankheiten führen kann. Eine Belastung der Nieren kann deren Funktion beeinträchtigen, eine Belastung der Leber kann zu Leberzirrhose und Leberkrebs führen.

Eine Studie, die noch einen Schritt weiter geht, führt aus, dass eine fettreiche Diät bei Schweinen nach 8 Monaten zu Leber - und Milzschwellungen und einer Vermehrung der Epithelien geführt hat. Das Cholesterin und die gesättigten Fettsäuren im Fleisch können zu Erkrankungen der Herzgefäße führen, was in Taiwan bereits an erster Stelle der Todesursachen steht. Die Studie führt aus, dass im Fleisch, wenn es gebraten oder geschmort wird, eine chemische Substanz entsteht (Methylcholanthrene), die schwer krebserregend ist. In Versuchen führte allein das Applizieren dieser Substanz auf die Körper von Ratten zu krebsartigen Veränderungen, würde man diese Substanz den Ratten zu fressen geben, hätte dies verschiedene Arten von Krebs zur Folge, wie z.B. Knochenkrebs, Blutkrebs, Magenkrebs usw.

Krebs steht derzeit in Taiwan als Todesursache an zweiter Stelle. Jetzt gibt es einige Berichte, die auf eine mögliche Übertragung von Krebs hindeuten. Es wurden Versuche mit Rattenmüttern, die Brustkrebs hatten, durchgeführt. Bei diesen Versuchen zeigte sich, dass die jungen Ratten, die Muttermilch zu sich genommen hatten, ebenfalls an Krebs erkrankten. Werden menschliche Krebszellen in Tierkörper Injiziert, so erkrankt das Tier an der gleichen Krebsart. Sollte das Fleisch , das wir täglich zu uns nehmen, krankhafte Veränderungen zeigen, dann kann man sich leicht vorstellen, was passiert, wenn man solches Fleisch aufnimmt.

Man denke, dass jetzt alle Schlachthöfe überprüft werden, doch die Mengen an Schweine und Rindfleisch, die täglich verkauft werden, sind groß, und die Inspektionen können nicht an jedem einzelnen Fleischstück durchgeführt werden. Das ist nicht die Schuld der Fleischbeschauer, sondern diese Aufgabe ist einfach nicht zu bewältigen. Es ist bereits kompliziert genug, Fleisch auf Krebsbefall hin zu unterscheiden, und es ist fast unmöglich, solche Unmengen an Tieren zu untersuchen. Die Schwierigkeit kann man sich leicht vorstellen. Diese Probleme kann auch im fortschrittlichen Europa und Amerika nicht unter Kontrolle gebracht werden. Alles, was im Moment machbar ist, ist z.B. den Kopf oder ein Bein abzuhacken, wenn mit diesem Teil etwas nicht stimmt, das heißt, dass man erkrankte Körperteile wegwirft, den Rest aber trotzdem verkauft.

Die Gesundheitsbehörden einiger Länder führen kaum Inspektionen an Schweine - Rinder - Hühner und Entenfleisch durch, das für den Verkauf bestimmt ist. Kein Wunder, dass der namhafte vegetarische Arzt Dr. J.H. Kellogg während eines Essens in einem vegetarischen Restaurant einmal gesagt hat : „ Wenn wir etwas Vegetarisches essen, brauchen wir uns nicht den Kopf darüber zu zerbrechen, woran das wohl gestorben sein mag ! Was für ein Glück !"

Nun wollen wir das Problem des Tierfutters besprechen. Eine Zeitlang gab es Berichte darüber, dass Antibiotika unters Tierfutter gemischt werden, was dazu führt, dass Menschen, die das Fleisch derart ernährter Tiere zu sich nehmen, ebenfalls eine große Menge an Antibiotika aufnehmen. Erkranken sie, dann zeigen die vom Arzt verschriebenen Antibiotika oder andere spezielle Medikamente keine Wirkung mehr. Ein kostbares Leben läuft so Gefahr, durch eine gewöhnliche Vorliebe für Fleisch zugrunde zu gehen.

Es gibt auch viele Leute, die glauben, dass ein vegetarisches Essen zwar gut, aber doch zu wenig nahrhaft sei. Diese Vorstellung ist falsch. Als Beweis zitiere ich hier den amerikanischen Chirurgen Dr. Miller (Dr. Miller wurde am 1Juli 1879 in Amerika geboren, begann mit 21 sein Medizinstudium, ging mit 25 nach China und war dort mehr als 40 Jahre als Arzt für die arme Bevölkerung tätig. In seinem in Taiwan gegründeten Sanatorium hielten sich alle Ärzte, Schwestern und Patienten an eine vegetarische Kost, vor allem war aber Dr. Miller sein ganzes Leben lang überzeugter Vegetarier. Als er Taiwan verließ, verlieh ihm die Taiwanesische Regierung eine hohe Auszeichnung, für seine lebenslangen Verdienste um das chinesische Volk).

Er sagte : „ Ratten sind Tiere, die sich sowohl von pflanzlicher als auch von tierischer Nahrung ernähren können. Bei zwei unterschiedlich ernährten Ratten zeigt sich, was das Wachstum betrifft, keine großen Unterschiede. Die Ratte aber, die vegetarisch ernährt wurde, lebt länger und ist widerstandsfähiger gegen Krankheiten, außerdem erholt sie sich schneller, sollte sie doch krank werden. ." Außerdem sagte er : „ Durch die Wissenschaft sind die modernen Medikamente verbessert worden, doch Medikamente können Krankheiten nur heilen, aber nur die Ernährung kann die Gesundheit erhalten, und pflanzliche Kost ist dazu unmittelbarer imstande als Fleischnahrung. Pflanzen sind die Quelle der Ernährung. Das Fleisch, das der Mensch isst, kommt von Tieren, deren Ernährung allein auf Pflanzen beruht. Das Leben der meisten Tiere ist nicht lang, nahezu alle Krankheiten, die Menschen haben, befallen auch die Tiere. Es besteht also durchaus die Möglichkeit, dass die menschlichen Krankheiten durch den Genuss von Fleisch in den Körper gelangen. Warum ernähren sich die Menschen also nicht direkt von Pflanzen ?" Dr. Miller war der Ansicht, man müsse nur ausreichend Getreide, Bohnen, Gemüse und Obst essen, um genügend Nährstoffe zu sich zu nehmen, um die Gesundheit zu erhalten. Humorvoll meinte er auch, der Nährstoffgehalt der oben aufgezählten Nahrungsmittel sei höher als der von Vitamintabletten.

Dieser Arzt, der fast fünfzig Jahre in China lebte, schlug vor, die Bevölkerung sollte mehr Bohnen essen. Er sagte : „Sojabohnenquark (Tofu) ist Fleisch ohne Knochen." Der Nährstoffgehalt der Sojabohne ist so hoch, dass die Menschen, würden sie sich ausschließlich von Sojabohnen ernähren, länger leben würden, als dies bei anderen Nahrungsmitteln der Fall wäre. Er forderte ebenfalls, dass Kranke vegetarisch essen sollten : „Die Wiederherstellung eines Kranken ist wichtiger als die Bekämpfung der Krankheiten. Um den kranken Körper wiederherzustellen, soll man sich, will man erfolgreich sein, auf die Ernährung verlassen, nicht auf Medikamente. Pflanzen enthalten reichlich Nährstoffe, die direkt zugänglich sind, daher ist pflanzliche Kost durchaus geeignet für den Kranken. Fleisch dagegen nicht." Daraus kann man ersehen, dass die abergläubische Idee, Fleisch gäbe ein langes Leben und Kraft, endlich verworfen werden muss.

Eine große Anzahl von Menschen glaubt, dass tierisches Eiweiß reineres und daher besseres Eiweiß sei als pflanzliches, das nicht rein sei. Doch dabei übersehen sie eines : Bohnen enthalten ebenfalls hochwertiges , reines Eiweiß. Menschen, die Fleisch essen, nehmen so zwar eine große Menge reinen Eiweiß zu sich. Bei Versuchen zeigte sich jedoch deutlich, dass Tiere, die mit Fleisch mit hohem Eiweißgehalt gefüttert wurden, sich zwar sehr gut entwickelten, großen Appetit hatten und kräftig und schön aussahen, solange sie jung waren, jedoch früh starben, und das sehr plötzlich. Außerdem litten ausnahmslos alle an Bluthochdruck und Nierenerkrankungen. Da Protein sich von Vitaminen und Mineralien unterscheiden, können sie nicht in großen Mengen im Körper gespeichert werden, sie müssen deaminiert werden, um wieder ausgeschieden werden zu können, was wiederum zu einer Belastung von Leber und Nieren und damit zu Erkrankungen führen kann.

Untersuchungen von Personen, die sich entweder von Fleisch oder von pflanzlicher Kost ernähren, bestätigen ebenfalls, dass Vegetarier, im Gegensatz zu Personen, die Fleisch essen, über eine größere Ausdauer der Muskeln verfügen. Prof. Irving Fisher von der Yale Universität in Amerika führte einmal einen sehr einfachen Versuch dazu durch : Er ließ die Versuchspersonen die Arme heben und hochhalten, um festzustellen, wer länger durchhielt. 15 Teilnehmer aßen normalerweise Fleisch, 32 waren Vegetarier. Das Versuchsergebnis war eindeutig: nur 2 von denen, die normalerweise Fleisch aßen, hielten länger als eine Viertelstunde durch, keiner schaffte eine halbe Stunde. Dagegen hielten 22 der 32 Vegetarier länger als 15 Minuten durch, 15 länger als eine halbe Stunde, 9 länger als 1 Stunde, 4 länger als 2 Stunden, und 1 sogar länger als 3 Stunden. Es gab zahllose andere Versuche ähnlicher Art, es würde den Rahmen dieses Artikels sprengen, wollte man sie alle erwähnen.

So ist es kein Wunder, dass sich viele berühmte olympische Langstreckenläufer geraume Zeit vor den Wettkämpfen vegetarisch ernähren. Im Winter 1949 entwickelte sich auf den britischen Inseln eine sportliche Leidenschaft für Langstreckengehen, mit dem Ergebnis, dass eine Spezialität für die Heilung von Krankheiten mit Hilfe von vegetarischer Kost, die Ärztin Barbara Moore, 110 englische Meilen in 27,5 Stunden ging und damit den Rekord der Jugendlichen brach. Barbara Moore war damals 56 Jahre alt. Sie sagte: „Ich glaube, wenn man den Körper als Maßstab nimmt, dann bestätigt sich, dass nur Vegetarier und Vegetarierinnen ein gesundes bewusstes und sauberes Leben haben können." Weiteres sagte sie : „Ich habe in meinem Leben alles getan, um meine geschlechtlichen Beziehungen zu verringern, und habe, mit dem Einverständnis meines Gatten, die geschlechtlichen Triebe nach und nach reduziert." Barbara Moore ist wirklich eine vorbildliche Vegetarierin aus wissenschaftlichen Gründen. Wer wagt hier noch zu behaupten, dass es nur für religiöse Menschen notwendig sei, vegetarisch zu essen ?

Aus der Zeit der frühesten schriftlichen Überlieferungen können wir ersehen, dass pflanzliche Ernährung von den Menschen als die natürliche Ernährung angesehen wurde. In den Mythen der alten Griechen, Ägypter und Hebräer werden Früchte als ursprüngliches Nahrungsmittel der Menschen beschrieben. Die weisen Priester des alten Ägypten aßen kein Fleisch . Viele hervorragende griechische Philosophen - Plato - Diogenes - Sokrates - Pythagoras - alle befürworteten sie nachdrücklich vegetarische Kost. In Indien betonte der Buddha die Wichtigkeit des „Ahimsa" , d.h. es durften keine lebenden Wesen verletzt oder getötet werden. Darüberhinaus ermahnte er seine Schüler, kein Fleisch zu essen, da er befürchtete, dass sie sonst in lebenden Wesen Angst erwecken würden. Alle Menschen mögen kein Fleisch essen und so ihrem Wunsch nach Mitgefühl erfüllen ! So gibt es heute immer noch viele Buddhisten, die Vegetarier sind.

Viele Anhänger des Taoismus sind gleichfalls Vegetarier, ebenso waren es die früheren Christen und die jüdischen Gläubigen. Was diesen Punkt angeht, drückt sich die Bibel sehr deutlich aus, der Herr spricht : „Seht ! Ich gebe euch jegliche Art von Samen, verstreut sie über ein weites Gebiet, und es werden Bäume wachsen, deren Früchte eure Nahrung sein sollen." (AT, Genesis 1: 29) oder „Fleisch , in dem noch Blut ist , sollt ihr nicht essen !" (AT, Genesis 9:4) Es gibt noch eine Stelle in der Bibel, die sagt : „Ihr sollt mich nicht anflehen und ihr sollt nicht zu mir beten, denn eure Hände sind feucht von unschuldigem Blut. Ihr schlachtet Rinder und Hammeln, um sie mir darzubringen, ich aber habe euch nicht geheißen , Rinder und Hammeln um meinetwillen zu schlachten. Bereut, oder ich werde weder euer Flehen erhören noch euch eure Sünden vergeben ." Ein bedeutender Jünger Jesu, der heilige Paulus, schrieb in einem seiner Römerbriefe : „Es ist besser, kein Fleisch zu essen." (NT, Römer 14:21)

In jüngster Zeit haben Historiker viele alte Werke wiederentdeckt, wie z,B. das Neue Testament der Bibel, in dem das Leben Jesu und seine Reden geschildert werden. In einem klassischen Text sagt Jesus : „Ein Mensch der wilde Tiere isst, wird sich in sein eigenes Grab verwandeln. Wahrlich, ich sage euch, die, die andere töten, töten sich selbst, die, die Leben töten und Fleisch essen, essen das Fleisch toter Menschen." (Das Friedensevangelium des jüdischen Glaubens) Der Hinduismus verbietet ebenfalls den Genuss von Fleisch. Manu, der Schöpfer der hinduistischen Glaubensregeln, schrieb : „Der Mensch kann kein Fleisch essen, ohne ein Lebewesen zu verletzen, ein Mensch, der ein mit Bewusstsein ausgestattetes Lebewesen verletzt, wird niemals den Schutz des Himmels erlangen. Vermeidet daher den Genuss von Fleisch !" (Hinduistische Glaubensregel)

Auch die heilige Schrift des Islam - der Koran - verbietet den Genuss von „toten Tieren, Blut und Fleisch.." Der bedeutende chinesische Zen- Meister Han Shan schrieb ebenfalls ein Gedicht , in dem er sich heftig gegen den Genuss von Fleisch aussprach : „Zerstreut zum Markt gehen, um Fisch und Fleisch zu kaufen und es nach Hause zur hungrigen Gattin tragen - ist es notwendig, anderen Wesen das Leben zu nehmen, um selbst zu leben ? Das ist es nicht, was einen in den Himmel bringt, dafür um so sicherer in die Hölle."

Viele berühmte Schriftsteller, Künstler, Wissenschaftler, Philosophen und bedeutende Menschen sind überzeugte Vegetarier und Vegetarierinnen und heben nachdrücklich die Bedeutung vegetarischer Ernährung hervor. Ich zähle hier folgende auf : Shakyamuni Buddha, Jesus Christus , Prinzessin Diana, Prinz Charles, Paul Newman, Einstein, Plato, Pythagoras, Sokrates, Shakespeare, Ovid, Petrarca, Da Vinci, Darwin, Emerson, Thoreau, Russel, der Dichter Shelly, der indische Dichter und Nobelpreisträger Tagore, der russische Schriftsteller Tolstoi, der englische Autor berühmter Theaterstücke Bernhard Shaw, der frühere indische Volksführer und Philosoph Ghandi, der viele Jahre als Arzt in Afrika tätige Humanist Schweitzer und viele andere mehr.

Einstein hat einmal gesagt : „Ich glaube, dass die Wandlungen und Läuterung, die im Wesen von Vegetariern und Vegetarierinnen vor sich geht, von Vorteil für die Menschheit ist, deswegen ist vegetarische Kost gut für den Menschen. „ Daraus kann man ersehen, dass die Auffassung „Der Mensch soll vegetarisch leben „ ein Grundgedanke ist, der Weisen und Denkern aller Zeiten gemeinsam ist.
(Es folgt eine Zusammenfassung verschiedener Fragen, die in Zusammenhang mit dem Genuss von Fleisch stehen.)

Frage: es wird öfter gesagt : „Man braucht nur gütig zu sein, um ein guter Mensch zu sein, vegetarisch bräuchte man nicht zu essen." Ist diese Behauptung richtig ?
Meisterin : Wenn man gütig ist, wie ist es einem dann möglich, andere Lebewesen zu essen ? Sieht man das Leid der anderen Wesen und bringt es nicht übers Herz, sie zu essen, dann hat man die richtige Einstellung. Der Genuss von Fleisch ist unbarmherzig, wie könnte man da noch von Güte sprechen ? Der große Meister Lian Chi sagte : „Wenn du den Körper tötest und das Fleisch isst - in der Welt

gibt es nichts, was böser, grausamer und herzloser und schlechter als das wäre. Wo bleibt da die Güte ?" Menzius sagte auch : „Wenn du es beim Anblick eines Tieres nicht übers Herz bringst, seinen Tod mit anzusehen, und wenn du die Schreie eines Lebewesens hörst und es nicht übers Herz bringst, sein Fleisch zu essen - das ist es, was einen aufrichtigen Mann fern der Küche hält." (Im Kapitel über König Hui aus dem Staate Liang des Menzius)

Menschen sind intelligenter als Tiere, wir können alle möglichen Werkzeuge einsetzen, gegen die Tiere sich nicht zur Wehr setzen können, sie können nur voller Hass sterben. Diese Art von Menschen, die Schwächere tyrannisieren, kann nicht aufrichtig genannt werden. Tiere befinden sich im Augenblick ihres Todes in einem Zustand größter Angst, Wut, und größten Hasses, diese negativen Gefühle können zur Bildung von großen Mengen an Giftstoffen in ihrem Körper führen, die im Fleisch verbleiben. Isst der Mensch davon, kann es zu Vergiftungen kommen. Gleichzeitig liegt die Schwingungsfrequenz von Tieren niedriger als beim Menschen, was wiederum unsere Schwingung beeinträchtigt und einen schlechten Einfluss auf die Entwicklung unseres Geistes hat.

Frage : Ist die Milch von Tieren als erlaubtes Nahrungsmittel für einen Bodhisattva anzusehen ?

Meisterin : Ja, sie ist erlaubt, wenn du sie magst (Gelächter) , aber ich selbst mag sie nicht. (Die Meisterin lacht.) In Ordnung ?

Frage : Sind Honig und Milch auch vegetarisch ? Kann ein Praktizierender das auch essen ?

Meisterin : Ja, man kann diese Dinge zu sich nehmen. Shakyamuni Buddha hat es auch getan. Die Milch entsteht nicht durch Töten. Rinder essen nur Gras, sie töten nicht, für Honig gilt dasselbe. Aber ich mag beides nicht, weil ich fühle, dass es von Tieren kommt.

Frage : Muss man unbedingt ein Vegetarier sein, um erleuchtet zu werden ?

Meisterin : Nein, nicht unbedingt. Aber um am Ende vollkommen erleuchtet zu sein, müssen wir auch Mitleid haben. Erleuchtung schließt Mitleid mit ein.

Frage : Wenn eine Person erweckt wurde und trotzdem vielleicht Fleisch isst oder etwas trinkt oder was Ähnliches tut, ohne Abhängig zu sein - ist das möglich ?

Meisterin : (Die Meisterin schließt ihre Augen und denkt eine Weile nach) Ich kenne keine solche Person, vielleicht bist du der erste erleuchtete Meister der Fleisch isst und Wein trinkt, du kannst es versuchen. (Die Meisterin lacht)

Frage : Ich bin sehr demütig hierher gekommen, und ich mache die Erleuchtung nicht aus Spaß.

Meisterin : Ja, ich auch nicht. Ich mache nur Spaß, um die Dinge leicht zu machen. Ich möchte nicht beschuldigt werden, dass ich eine Vollkommene wäre, die diktiert, was zu geschehen hat. Ich betrachte Dinge mit Humor, gewiss.

Du siehst das mein Hut ganz weiß ist, richtig ? Er muss so bleiben, dann ist er rein weiß. Schon durch einen ganz kleinen schwarzen Fleck ist er nicht mehr vollkommen.

Wenn wir praktizieren, werden wir vom Wein vom Nektar Gottes, der Ambrosia, berauscht. Dann brauchen wir keine billigen Ersatzmittel mehr. Wenn wir sie noch immer brauchen, dann bedeutet das, dass wir vom Nektar Gottes noch nicht vollkommen befriedigt sind. Das ist alles.

Frage : Aber sie haben gesagt, wenn man einmal das Bewusstsein des erweckten Geistes erfahren hat, kann man es nie wieder verlieren. Und darum..

Meisterin : Ja, ich verstehe.

Frage : Und deshalb ist die Buddha-Natur in allen Menschen, wie kann jemand dann die Buddha-Natur nicht ständig und für immer haben ?

Meisterin : Wir haben sie immer, hier liegt die Schwierigkeit. Wir haben sie bereits, aber wir blockieren sie mit allen Arten von Hindernissen. In diesem Augenblick haben wir das Bewusstsein Gottes oder die Buddha-Natur bereits, es geht nicht darum, das wir sie nicht haben, wir haben sie die ganze Zeit, sie ist immer bei uns. Aber weil wir in die andere Richtung schauen , können wir nichts sehen. Daher kennen wir Gott oder die Buddha-Natur jetzt nicht, weil wir in einer Weise leben, die verhindert, dass sie sich uns offenbaren.

Du siehst also, das Fleisch und Wein und alle diese Dinge, diese ungesunden Dinge, trüben unser Bewusstsein, verwirren uns und halten uns davon ab, unser wunderbares Selbst zu kennen. Wie die Tür und andere Dinge das Sonnenlicht abhalten sollen. Die Sonne wird sich den Weg durch die Tür nicht erzwingen, das entspricht nicht ihrem Wesen. Wenn wir die Sonne kennen lernen wollen, müssen wir die Türe öffnen. Es ist nicht mein Gesetz, es ist Gottes Gebot, dass das Töten verbietet. Ja : „Du sollst nicht töten." Und er spricht nicht allein vom Töten von Menschen, sondern vom Töten irgendeines Lebewesens.

Wenn man Gemüse abschneidet, ist das auch eine Art von Töten. Aber das Gemüse hat ein sehr viel geringeres Bewusstsein. Und wenn wir einen Zweig abbrechen, wachsen mehrere nach. So ist das kein „verlorenes Geschäft", versteht ihr.? Wenn wir einem Tier die Beine oder den Kopf abschneiden, wachsen keine drei Köpfe nach.

Wir wissen also, dass es kein natürlicher Weg ist, Leben durch das Essen von Totem zu erhalten. So können wir nicht Kadaver essen und wünschen, dadurch das Leben zu finden. Das Gemüse hat auch Leben in sich, aber seine Empfindung von Leiden und seine Bindung an das Leben ist geringer als bei Tieren, bei diesen lebendigen Geschöpfen. Pflanzen bestehen zu mehr als die Hälfte aus Wasser, ihre Seele und ihr Bewusstsein sind ganz klein. So können wir, wenn wir Gemüse essen und meditieren, durch unsere Verdienste und das Licht von Schuld freigesprochen werden. Aber etwas können wir nicht, wir können nicht dadurch, dass wir nur zwei oder drei Stunden pro Tag meditieren, vom großen Karma, das mit der Tötung eines Lebens verbunden ist, freigesprochen werden. Versteht ihr, was ich meine ? Ich meine ein bewusstes Leben, das Zuneigung und Leidenschaft und alles sonstige in sich schließt, auch den Hass. Tiere leben so. Wir können das nicht gutmachen mit nur wenigen Stunden der Meditation. Aber wir können täglich 2,5 Stunden meditieren und den inneren Klang betrachten und das kleine Karma, das wir durch vegetarische Ernährung erhalten haben, dadurch löschen. Das bedeutet aber nicht, dass ein Vegetarier kein Karma hat, ihr versteht, was ich meine.

Jede Handlung auf diesem Planeten, auch das Töten irgendeines Lebewesens, zieht ein Karma nach sich. Aber wenn es sehr klein ist, können wir es bezahlen. So, wie wir jemand fünf Dollar schulden und fünfhundert verdienen, dann können wir zahlen. Aber wenn wir jemandem fünftausend Dollar schulden und nur zweitausend verdienen, dann haben wir täglich eine größere Schuld. Verstehst du ?

Frage : Das ist sehr hilfreich, wirklich. Vielen Dank.

Meisterin : Ja, es ist von Nutzen, Vegetarier zu sein, aber durch vegetarische Nahrung werden wir nicht zum Buddha, wenn wir nicht auch in der richtigen Weise meditieren. Ich glaube, ich weiß, was du sagen möchtest, ich verstehe, was du sagst. Es stimmt, es ist richtig, durch Vegetarismus werden wir nicht zum Buddha, sonst würde eine Kuh zum Buddha werden (Die Meisterin und alle Lachen.) ,das stimmt doch , oder ?

Frage : Enthält vegetarische Nahrung genug Nährstoffe ? Können Gemüse, Obst, Bohnen und Getreide dem menschlichen Körper die Nährstoffe geben, die er braucht ?

Meisterin : Du weißt, dass heutzutage einige Ärzte noch immer sehr an der alten Theorie festhalten, dass man Fleisch essen muss, um existieren zu können. Aber du wirst viele Bücher finden, Forschungsarbeiten aus allen wissenschaftlichen Gebieten, von vielen anderen Ärzten, die sagen, dass Eiweißstoffe aus Fleisch ein gefährliches Gift sind, tödlich für den Körper. Und sie haben unzählige Beweise dafür. Hört daher nicht nur auf eine Ansicht allein, und seid nicht davon überzeugt.

Wir brauchen überhaupt keine Fleischnahrung, überhaupt nicht. Nein, niemand braucht sie. In Wirklichkeit wurden viele Menschen von ihrer Krankheit geheilt, nachdem sie sich vegetarisch ernährten. Seid mutig genug und hört auf die andere Theorie. Sonst werden wir von der einen Theorie hypnotisiert und zur Überzeugung gebracht, dass Fleisch für uns notwendig ist, aber das ist nicht wahr.

Ihr müsst wissen, ich kenne zwei Spitäler in Taipeh, die von amerikanischen Ärzten errichtet wurden. Sie haben eine vollkommen vegetarische Küche für alle Arten von Krankheiten, für alle Patienten, alle Ärzte, Schwestern und Arbeiter dort, alle sind Vegetarier. Niemand ist gestorben, sie fühlen sich nur besser. Nun, was sagt ihr dazu ? Ja, niemand braucht wirklich Fleischnahrung - das ist nur eine Gewohnheit, die wir von Kindheit an durch unsere soziale Umgebung angenommen haben. In den essbaren Pflanzen ist genug Eiweiß enthalten, zum Beispiel enthalten Sojabohnen 36% Eiweiß, Rindfleisch 25% und Schweinefleisch nur 16%, wenn wir Bücher lesen, dann wissen wir alle, dass vegetarische Nahrung reicher an Nährstoffen ist als fleischliche. In Gemüse und Obst sind reichlich Vitamine und Mineralstoffe vorhanden. Auch andere Substanzen wie Fett , Kohlehydrate und Wasser können uns Pflanzen einfach, direkt und rein liefern. Heute ernähren sich viele Leute wegen ihrer Gesundheit vegetarisch, oder ? (Jemand antwortet: „Ja") Wenn ihr euch näher dafür interessiert, könnt ihr in einem Buch über Gesundheit und Ernährungslehre nachschlagen . Okay ?

Frage : Wenn ein Baby nach dem Stadium des Milchtrinkens vegetarisch ernährt wird - hat das irgendeinen Einfluss auf seine weitere Entwicklung ?

Meisterin : Nein. Bei vielen Kindern hat die vegetarische Ernährung schon während sie noch im Mutterleib waren, begonnen, dadurch entstehen keinerlei Probleme, geschweige denn, wenn sie nach der Geburt vegetarisch leben. Die Babys unserer eingeweihten Schüler sind schon im Schoß ihrer Mutter vegetarisch ernährt worden, und es gibt keine Probleme. Als ich diese Schüler im Krankenhaus besuchte, habe ich gesehen, dass die größten, dicksten und rotbäckigsten Neugeborenen dort die Babys unserer eingeweihten Schüler waren. Diese Neugeborenen waren so groß, so dick, so rotwangig und so hübsch, dass die Ärzte ganz erstaunt waren und sich wunderten, dass ein Baby einer vegetarisch lebenden Mutter so groß sein konnte. (Alle lachen) Alle Wissenschaftler kennen heute die Vorteile der vegetarischen Ernährung, ihr braucht mich also nicht nochmals danach zu fragen. Die Wissenschaftler wissen, dass vegetarische Kost sehr gesund ist. Ihr seht, dass Elefanten, Pferde, Giraffen oder Rinder sehr gesunde und kräftige Körper haben, oder ? Sie haben sich seit ihrer Geburt vegetarisch ernährt. (Alle lachen und Applaus.)

Frage : Was ist mit Fisch ? Sind Fische auch als Fleisch anzusehen, oder ist das etwas, was ein Vegetarier essen darf ?

Meisterin : Du möchtest also Fisch in die vegetarische Kost einschließen, stimmt das ?

Frage : Ich wollte nur wissen, wie sie...

Meisterin : Also Fisch ist auf jeden Fall kein Gemüse.

Frage : Aber auch kein Fleisch.

Meisterin : Doch, es ist Fleisch . Es ist Fisch-Fleisch. Es ist tierisches Eiweiß. Wir können nicht sagen, dass Fisch eine Pflanze ist, oder ? Oder ein Gemüse, nicht wahr ?

Frage : Ich habe gerade erst mit der vegetarischen Ernährung begonnen, und ich weiß nicht genau, welche Dinge dazugehören. Gehören etwa Butter oder Käse auch dazu ?

Meisterin : Butter, Margarine, und Käse gehören zur vegetarischen Diät. Milch, Käse und Butter kann man essen. Wenn du dir nicht sicher bist, was bei einer vegetarischen Ernährungsweise erlaubt ist, dann frag jemanden, ob in diesem Produkt tierische Bestandteile oder Eier enthalten sind. Wenn du überzeugt bist, dass keine tierischen Inhaltsstoffe darin sind, dann kannst du es essen.

Frage : Eier sind sehr nahrhaft. Kann ein Vegetarier sie auch essen ?

Meisterin : Nein. Wenn wir Eier essen, töten wir auch. Eier kommen von Tieren, und in ihnen gibt es schon Leben, auch wenn sie unbefruchtet sind. Wie könnte sonst ein Küken daraus entstehen ? Manche Leute sagen, dass die Eier , die heutzutage auf den Märkten verkauft werden, alle keine befruchteten Eier sind, und es deswegen nicht als Töten gelten könnte, wenn man sie isst. Diese Theorie hört sich richtig an, sie ist es aber nicht. Ein Ei bleibt unbefruchtet, weil die für die Befruchtung nötigen Umstände nicht gegeben sind, deswegen kann es sich nicht zu einem Huhn entwickeln, trotzdem aber hat es Lebenskraft. Wenn dem nicht so wäre, warum können dann keine anderen Zellen als die Eizellen befruchtet werden ?

Wenn wir also unbefruchtete Eier essen, ist das auch ein Töten von Leben.

Außerdem absorbieren Eier besonders negative Energien. Deshalb verwenden Hexen und Zauberer Eier, um böse Geister, Teufel und Dämonen damit anzuziehen. Wenn wir Eier essen, ziehen wir negative Kräfte auf unseren Körper, und so entstehen Hindernisse im Prozess unserer Vervollkommnung. Deshalb sollen wir keine Eier essen. Wenn man zu viele Eier isst, wird die Leber krank, und wir wissen auch, dass das Eigelb einen hohen Anteil an Cholesterin enthält, was leicht zu Erkrankungen der Herzkranzgefäße führen kann. Wenn man sagt, dass Eiweiß und Phosphate für den menschlichen Körper unentbehrlich sind, dann brauchen wir nur Tofu zu essen, das genug Eiweiß enthält, und einige Gemüse wie z.B. Kartoffeln, die Phosphate liefern.

Frage : Gehören Lauch, Knoblauch und Zwiebeln auch zur vegetarischen Ernährung ?

Meisterin : Ja und nein. Ja, weil dies pflanzliche und nicht tierische Substanzen sind, wenn wir sie sehen, wissen wir, dass es sich um Gemüse handelt. Nein, weil Shakyamuni Buddha in den Sutren sagt, dass wir sie nicht essen sollen. Wenn wir diese Dinge essen, werden sich uns böse Geister und Dämonen nähern. Wenn wir also an Shakyamuni Buddha glauben, essen wir solche Pflanzen nicht, wenn wir nicht an ihn glauben, können wir sie essen, denn wir töten dadurch nichts. Aber ehrlich gesagt, wenn wir solche Dinge essen, stinken wir entsetzlich, und es ist unerträglich für andere Leute. Selbst wenn nicht böse Geister und Teufel unseren Mund lecken, kann es für unsere Mitpraktizierenden oder Kollegen sehr unangenehm sein. Wenn wir also an die anderen Menschen denken, essen wir diese Dinge nicht. Falls wir es aber nicht vermeiden können, weil es keine andere Speise als Alternative gibt und wir sonst unseren Gastgeber kränken würden, dann können wir es essen, das ist okay.

Um aus meiner eigenen Erfahrung zu sprechen, könnte ich nicht sagen, dass durch den Verzehr solcher Nahrung beim Praktizieren größere Hindernisse entstehen würden. Als ich in Indien derartige Pflanzen gegessen habe, habe ich keine Hindernisse beim Meditieren gespürt. Aber es entsteht auf jeden Fall ein übler Geruch in unserem Mund, der uns bei anderen Menschen unerträglich ist, schlimmer noch, wenn wir so etwas selbst essen. Diese Regel kommt aus unserem Innern. Je mehr wir praktizieren, desto empfindlicher werden wir für diesen schlechten Geruch, und wir verlieren die Lust, solche Dinge zu essen. Auf diese Weise entstanden alle Regeln. Versteht ihr ?

Frage : Ich interessiere mich sehr für den Buddhismus und versuche auch, mich vegetarisch zu ernähren. Aber eine Sache verwirrt mich : Nach den buddhistischen Sutren waren der Buddha und seine Jünger alle Vegetarier und befolgten streng die Regeln, auch die erste - Vermeidung von Töten. Aber heutzutage ernährt sich nur ein Teil der Buddhisten vegetarisch - lebenslang oder nur zwei Tage pro Monat oder nur beim Frühstück - und manche sagen sogar, dass man auch ein Buddha werden kann, wenn man Fleisch ist. Was ist nun die ursprüngliche Auffassung des Buddha ?

Meisterin : Ja, das ist wirklich eine verwirrende Angelegenheit, oder ? So viele vegetarische „Sektionen". (Alle lachen) Wie du gesagt hast, haben die Jünger Buddhas - egal ob Mönche oder Laienanhänger - die fünf Regeln befolgt, wenn sie einmal angenommen haben. Der Buddha selbst war ein hundertprozentiger Vegetarier. In Indien leben die meisten Menschen damals wie heute von Kindheit an vegetarisch.

Shakyamuni Buddha hat an verschiedenen Orten immer die Gründe für eine vegetarische Ernährungsweise genannt. Sie wurden in vielen Sutren genau aufgezeichnet.

Frage : Bitte erklären sie das näher.

Meisterin : Hm, zum Beispiel fragt im Mahaparinirvana - Sutra Mahakasyapa den Buddha : „Warum erlaubt Rulai den Menschen nicht den Verzehr von Fleisch ?" Der Buddha antwortete : „Menschen , die Fleisch essen, zerstören den Samen des großen Mitgefühls." Im Surangama - Sutra sagt der Buddha : „Jeder Mensch , ob Mönch oder Laie, verursacht negative Hindernisse, wenn er Fleisch ist, selbst wenn er gut meditiert, und kann daher kein Bodhisattva werden. Ein Mensch, der Fleisch isst und meditiert, kann als höchste Stufe die des Königs der Dämonen erreichen, als mittlere die eines einfachen Dämonen und als unterste die eines weiblichen Dämonen." Wenn man Fleisch isst, zerstört man also den Samen der Barmherzigkeit und des Bodhisattva.

Im Lankavatara- Sutra hat Shakyamuni besonders viele Gründe aufgelistet, warum wir kein Fleisch essen sollen, wie zum Beispiel : * Alle Lebewesen sind ursprünglich aus der gleichen Selbst-Natur, dem gleichen Körper entstanden. Alle stehen miteinander in Wechselwirkung, und unter ihnen gibt es sechs Arten von familiären Beziehungen, Aufgrund der Vorstellung, dass wir unsere Verwandten lieben, sollten wir kein Fleisch essen.

* Wenn andere Lebewesen den Geruch von Menschen riechen, die Fleisch essen, entsteht Angst in ihnen. Wenn zum Beispiel Hunde einen Metzger oder einen Jäger sehen, fürchten sie sich, sammeln sich und bellen. Daher sollten wir kein Fleisch essen.

* Isst man Fleisch, dann werden alle Mantras, die man lernt, keine Wirkung haben. Daher sollte man kein Fleisch essen.

* Die Devas (Himmelswesen) meiden Menschen, die Fleisch essen. Daher sollte man kein Fleisch essen.

* Menschen, die Fleisch essen, haben einen unangenehmen Mundgeruch, daher sollte man kein Fleisch essen.

* Menschen die Fleisch essen, haben öfter Alpträume, daher sollte man kein Fleisch essen.

* Ich habe gesagt, dass wir uns bei allem, was wir essen, und sei es Gemüse, vorstellen müssen, wir äßen das Fleisch unserer eigenen Söhne und Töchter, und wir es nicht übers Herz bringen sollten, es zu essen. Aber um unser Leben aufrecht zu halten, müssen wir essen. Wir betrachten das Essen daher als Medizin. Aus diesem Grund sollten wir kein Fleisch essen.

Der Buddha sagte außerdem : „Mahamati, du sollst wissen, dass es auf der ganzen Welt keinen einzigen Menschen gibt, der von Natur aus gerne Fleisch isst, wenn wir ihm das Fleischessen nicht beibringen und es gutheißen. Der Genuss von Fleisch ist eine Gewohnheit, die erst nach der Geburt angenommen wird, denn der Mensch ist nicht mit dem vorsätzlichen Verlangen nach Fleisch geboren. Deshalb sollte man kein Fleisch essen. Manchmal gestatte ich den Mönchen, wenn die Bodenbedingungen schlecht sind oder weil es andere Gründe gibt, fünf Arten reinen Fleisch zu essen. In dieser Schrift aber erkläre ich ausdrücklich, dass von nun an niemand mehr Fleisch essen soll, egal welche Art von Fleisch und egal zu welcher Zeit. Mahamati, wenn jemand den Zustand eines Buddha, eines Rulai erreicht, die vollkommene Erleuchtung, dann kann er dem Essen und Trinken sogar völlig entsagen , wie könnte er dann noch Fleisch oder Fisch essen ? So kann der Rulai den Menschen auf keinen Fall lehren, Fleisch zu essen, denn ein Buddha muss grundsätzlich von großer Barmherzigkeit sein. Er behandelt alle Wesen wie seine eigenen Kinder und würde es nie zulassen, dass jemand das Fleisch seiner Kinder äße." Im Brahmajala-Sutra, im Angulimalya- Sutra, in anderen Sutren und sogar in den Geboten des Bodhisattva wird dieser Punkt besonders betont.

Frage : Kann man Gemüse essen, das gemeinsam mit Fleisch zubereitet wurde ?

Meisterin : Nein. Wenn man Nahrungsmittel in Gift taucht, sie wieder herausnimmt und isst, sind sie dann Gift oder nicht ? Im Mahaparinirvana - Sutra fragt Kasyapa den Buddha : „Wenn man bettelt und etwas bekommt, dem Fleisch beigemengt ist, kann man es dann essen ? Wie kann man es reinigen ? Der Buddha antwortete : „Man wäscht es mit Wasser, trennt das Fleisch vom Rest, dann kann man es essen." Daraus kann man ersehen, dass man nicht einmal Gemüse, dem Fleisch beigemengt ist, essen kann, bevor man es nicht mit Wasser gereinigt hat, ganz zu schweigen vom Fleisch selbst ! Aus diesem Worten können wir aber auch unschwer erkennen, dass der Buddha und seine Jünger vegetarisch gegessen haben.

Frage : Wie war das mit Jesus ? Im Neuen Testament wird erwähnt, dass Jesus Brote und Fisch an das Volk verteilt hat. Daran sieht man dass er sich nicht vegetarisch ernährt und trotzdem ein hohes Niveau erreicht hat. Warum behaupten sie, dass man sich vegetarisch ernähren muss ?

Meisterin : Es handelt sich hier nicht um echten Fisch. In der Bibel steht, dass Jesus zwei Fische teilte, um fünftausend Menschen zu speisen. Wie verteilt man zwei Fische an fünftausend Leute ? Das ist völlig unlogisch. Und selbst wenn er Fische verteilt hätte, könnte man noch immer nicht sagen, dass er selbst welche gegessen hätte. Wenn ihr zum Beispiel zu mir kommt - ich bin selbst Vegetarierin - und fast am Verhungern seid und nicht vegetarisch esst, sondern unbedingt Fleisch essen wollt, dann werde ich Fleisch kaufen und es euch essen lassen. Ich kann euch nicht verhungern lassen, versteht ihr was ich meine ?

Jesus gehörte zu den Essenern, einem heiligen Orden am Toten Meer, dessen Mitglieder viele Tausende Jahre lang vegetarisch lebten. So wie die Brahmanen in Indien aßen auch sie von Kindheit an nur vegetarische Speisen.

Und ich möchte euch daran erinnern, dass die Bibel immer zensiert, gekürzt und beschnitten wurde. Viele Teile des Inhalts durften nicht an die Öffentlichkeit dringen. Aber wie wir wissen, haben die Menschen über das Leben Jesu geforscht und erstaunliche, aber auch sehr hilfreiche Einzelheiten entdeckt. Zum Beispiel : Jesus war von Kindheit an Vegetarier. Viele Menschen können das nicht akzeptieren. Aber Tatsache ist Tatsache, und Geschichte ist Geschichte. Manchmal sind eben die Tatsachen und die Geschichte der Mehrheit der Menschen so unbekannt. Nehmen wir uns aber die Zeit sind wir geduldig genug, werden wir für uns selbst eine große Menge an Informationen sammeln, die uns bislang unbekannt waren, ist es nicht so ?

Im Surangama- Sutra sagt Shakyamuni Buddha, dass er manchmal ohne Essen durch die Wüste ging und dabei Fleisch für die Mönche die mit ihm waren, schuf. Er sagte aber, dass es gegen die Verhaltensregeln wäre, wenn die Mönche nach seinem Tod auch noch Fleisch essen würden, denn das sei kein verwandeltes, sondern echtes Fleisch. Versteht ihr ? Heilige und erleuchtete Meister können tun, was sie wollen, aber sie wissen genau, was sie tun, und tun es nicht zum eigenen Vorteil. Daher sollen wir ihr Verhalten nicht mit den Augen gewöhnlicher Menschen beurteilen. Wahrscheinlich können wir es nicht beurteilen ! Wir können ihre Macht, ihre spirituellen Fähigkeiten und ihre Kraft nicht verstehen. Alle ihre Handlungen unterscheiden sich von unseren, sie sind ganz anders als wir.

Frage : Manche Menschen, die gerne gut essen, behaupten, dass ein Mensch, der bei einem Metzger das Fleisch bereits getöteter Tiere kauft und isst, nicht gegen die Verhaltensregeln des Nicht-Tötens verstößt. Stimmt das ?

Meisterin : Du musst wissen, dass der Metzger ja nur deswegen Tiere schlachtet, weil es Menschen gibt, die Fleisch essen. Die Regel des Nicht-Tötens schließt auch indirektes Töten mit ein - also soll man sich vegetarisch ernähren. Wenn man Fleisch isst, ist das indirektes Töten, denn wenn wir Fleisch essen wollen, töten andere Leute ein Tier und verkaufen es uns. Auch das ist Töten - wegen uns wird getötet. Wenn niemand Fleisch isst, tötet der Metzger natürlich nicht mehr. Da zuviel getötet wird, gibt es viele Naturkatastrophen und von Menschen verursachten Verwüstungen. Auch Kriege brechen deswegen aus, weil zu viel getötet wird.

Frage : Eigentlich werden Tiere doch geboren, um den Menschen zu ernähren. Wenn wir sie nicht essen, wird dann die ganze Welt nicht mit Tieren überbevölkert werden ?

Meisterin : Das ist eine falsche Theorie, obwohl sie sich richtig anhört. Wenn wir Schweine und Rinder töten, haben wir sie vorher gefragt, ob sie uns ernähren wollen ? Jedes Lebewesen hat den Drang zu leben und Angst vor dem Tod, wir wollen ja auch nicht von einem Tiger aufgefressen werden, warum sollten dann Tiere von uns gegessen werden ? Es ist nur Zehntausende Jahre her, dass der Mensch auf der Erde auftauchte, doch bevor es den Menschen gab, gab es bereits viele Tierarten - und haben sie die Erde überfüllt ? Lebewesen haben alle ihr ökologisches Gleichgewicht, sind sie zu zahlreich, dann wird ihre Zahl durch Futtermangel und eingeschränkten Lebensraum reduziert, so bleibt ihre Anzahl konstant. Dieser Punkt wird im Biologieunterricht der Mittelschule ausführlich erörtert.

Frage : Lebewesen wie Schweine, Rinder, Hühner und Enten züchten wir selbst, bis sie groß geworden sind, warum können wir sie dann nicht essen ?

Meisterin : Menschen werden auch von ihren Eltern großgezogen - haben die Eltern deswegen das Recht, ihre Kinder zu essen ? Alle Lebewesen haben das Recht auf Leben, keiner darf ihnen dieses Recht nehmen. Nach Hongkonger Recht ist Selbstmord ebenfalls ein Verbrechen, geschweige denn das Töten von anderen Wesen.

Frage : Es heißt, dass Pflanzen zwar keine Substanzen wie Harnsäure oder Harnstoff produzieren, die schädlich für den menschlichen Körper sind, dass sie aber viele Pestiziden enthalten, die dem Menschen, der sie isst, schaden. Stimmt das ?

Meisterin : Pestizide wie DDT oder chemische Insektenvernichtungsmittel, die auf den Acker gesprüht werden, sind ausgesprochen starke Gifte, die zu Krebs, Unfruchtbarkeit und schweren Leberschäden führen können. Da DDT sich in Fett löst, lagert es sich oft in der Fettschicht von Tieren ab. Wenn man dann Fleisch isst, gelangen diese hochkonzentrierten Pestizide und alles andere, was im tierischen Fett abgelagert ist, in den menschlichen Körper, z.B. auch Chemikalien, die sich etwa 15 Monate lang im tierischen Körper angesammelt haben, über die ganze Wachstumsperiode hinweg, bis die Tiere so groß sind, dass ihr Fleisch gegessen werden kann. Die Menge an DDT , die im tierischen Körper enthalten ist, liegt dreizehnmal höher als die in Gemüse, Früchte und Gräsern. Pestizide, die auf die Oberfläche der Pflanzen gesprüht werden, können abgewaschen werden, im tierischen Fett gelagerte Pestizide dagegen können nicht ausgewaschen werden. Dieser Anhäufungsprozess kommt dadurch zustande, dass die Pestizide sich akkumulieren können. Deswegen ist in dieser Ernährungskette der höchstrangige Verbraucher am meisten gefährdet.

Versuche an der Universität von Iowa haben gezeigt, dass der größte Anteil von Pestiziden im menschlichen Körper durch den Genuss von Fleisch aufgenommen wird. Man fand heraus, dass die Menge an Pestiziden in den Körpern von Vegetariern nicht einmal die Hälfte der Menge war, die man in Menschen fand, die Fleisch essen. Außerdem beschränken sich die Giftstoffe im Fleisch nicht nur auf Pestizide. Im Verlauf der Aufzucht werden Tiere oft mit chemischen Mitteln gefüttert, die das Wachstum beschleunigen oder die Farbe, die Beschaffenheit oder den Geschmack verändern oder das Verderben des Fleisches hinauszögern sollen, zum Beispiel ist Nitrat, das zur Konservierung und zur Herstellung von Wachstumshormonen und Antibiotika etc, verwendet wird, möglicherweise krebserregend. In einer Studie wird ausgeführt, dass diese künstlichen Zusatzstoffe zu Krebs und anderen Krankheiten , ja sogar zu Missbildungen am Embryo führen können. Deswegen sollten schwangere Frauen erst recht nur rein vegetarische Produkte essen, um die Gesundheit von Leib und Psyche des Neugeborenen zu schützen. Sie sollten viel Milch trinken, um genug Calcium aufzunehmen, viele Bohnen essen, um genug Eiweiß zu bekommen und besonders viel Gemüse und Obst wegen der Mineralstoffe und Vitamine darin.

Ich möchte auch darüber sprechen, wie man die chemischen Stoffe in Gemüse auflöst, um zu mehr Gesundheit und bewusster Lebensführung zu verhelfen : Ihr legt das Gemüse oder die Früchte in salziges Wasser, ja ? In sehr stark gesalzenes Wasser, und darin lasst ihr es fünf Minuten eingeweicht , und danach, wascht es wieder mit reinem Wasser. Das hilft, das Gemüse von den meisten chemischen Stoffen zu reinigen. Und ist gesünder für uns, ja ? Also weicht sie in salzigem Wasser ein, egal ob jetzt Chemikalien da sind oder nicht, es hilft jedenfalls. Ja, weicht sie drei bis fünf Minuten in gesalzenem Wasser ein und wascht sie nochmals, es ist sicherer - gut so ? Es ist gut, dass du das erwähnt hast, weil heutzutage die meisten Gemüse voll chemischer Stoffe sind. Es ist schädlich für unseren Körper, und wenn unser Körper angegriffen wird, ist es schwierig, sich zu konzentrieren, um zu meditieren, ist das richtig ?

Frage : Wenn sich jeder Mensch von Pflanzen ernähren würde, könnte es dann nicht zu einer Nahrungsmittelknappheit kommen ?

Meisterin : Nein. Nimmt man eine bestimmte Fläche und baut einmal Nahrung für den direkten menschlichen Verzehr an und einmal Futter für Tiere, die dann gegessen werden, so liegt die Zahl der Menschen, die man mit dem Ertrag der ersteren Fläche ernähren kann, vierzehnmal höher als die

Zahl derer, die man mit dem Ertrag der letzteren ernähren kann. Die Energie, die von Pflanzen auf einer Fläche von etwa 4.000 m2 produziert wird, liegt bei 800.000 Kalorien. Wenn man aber diese pflanzlichen Nahrungsmittel erst an Tiere verfüttert, so können damit nur 200.000 Kalorien produziert werden, das heißt, dass in diesem Prozess 600.000 Kalorien Energie verloren gehen. So ist der Verzehr von pflanzlicher Kost wirtschaftlicher als der Verzehr von Fleisch.

Eine Forschung hat ergeben, dass wir genug Nahrung zur Verfügung hätten, um 16 Millionen Menschen ein Jahr lang zu ernähren, wenn allein in Nordamerika nur einmal pro Woche alle Menschen eine vegetarische Mahlzeit zu sich nehmen würden. Ich war überrascht und glaubte es kaum, als jemand mir das erzählte. Aber man hat das durch Berechnungen nachgewiesen. Nicht wegen der Nahrung. Es ist so wegen der vielen Dinge, die mit der Nahrung zusammenhängen. Ja. Ursprünglich war das Land dazu bestimmt, bebaut zu werden, aber jetzt wird es vergeudet für Rindernahrung, für Bewässerung , für alle Arten von Arzneimittel für Kühe , Schweine oder was auch immer, und für das gesamte Transportwesen, das damit verbunden ist.

Nach diesem Bericht hat all das, was mit Fleischnahrung zusammenhängt, eine Menge menschlicher Substanz vergeudet, und das ist der Grund für den Hunger, der in vielen Ländern herrscht. Es braucht eine Menge Nahrungsmittel oder Eiweißstoffe, Heilmittel, Transportmöglichkeiten und Wasser, um die Rinder zu füttern, und diese Stoffe stammen auch aus unterentwickelten Ländern. Diese Eiweißstoffe und Nahrungsmittel hätten in anderer Weise verwendet und verteilt werden können, um die ganze Welt zu ernähren, anstelle Rinder zu füttern, die wir dann essen - in jedem Fall eine Nahrung aus zweiter Hand !

Wenn man etwas Rindfleisch produziert, braucht man vierzigmal so viel Energie wie bei der Produktion von Reis und sechzigmal so viel wie bei der von Mais. Auch bei der Fischerei benötigt man eine große Menge an Energie, fünfunddreißigmal so viel wie für Sojabohnen, fünfzigmal so viel wir für Kartoffeln oder sechzigmal so viel wie für Hafer. Wegen dem Verzehr von Fleisch müssen zu viele Tiere gefüttert werden, Wälder werden gerodet, um Weideflächen herzustellen, und viele Ressourcen und Energien werden vergeudet. Dies hat einen folgenschweren Einfluss auf den ökologischen Haushalt der Erde.

TIERE SIND UNSERE FREUNDE

Die Höchste Meisterin Ching Hai, Harvard Universität, USA, 24 Februar 1991
(Original in Englisch)

Wenn wir wirklich ein Leben nach dem Motto „ Liebe deinen Nächsten " führen wollen, sollten zu unseren Nächsten auch die Tiere gehören, zumal sie uns in keiner Weise Schaden zufügen. Sie verschönern unser Leben nur, sie sind liebevoll, und sie machen unser Leben lebendiger, farbiger und interessanter. Wir sollten sie schützen, auf sie Achtgeben, sie lieben und uns ihrer Gegenwart erfreuen. Gott hat ganz klar gesagt : „Ich habe all die Tiere gemacht, damit sie euch behilflich seien."

ERLEUCHTUNG KOMMT IN MOMENTEN DER ENTSPANNUNG

Von der Höchsten Meisterin Ching Hai, Florida , USA, 8 Juni 2001
(Original in Englisch)

Wir baden im Ozean der Liebe

Ich freue mich sehr, euch heute zu sehen. Ihr müsst heute gut drauf sein, gute Menschen sein. Denn mitunter sind weniger gute Menschen hierher gekommen, das spüre ich dann auch. Heute seid ihr wahrscheinlich in guter Stimmung, wie fliegende Geister. Entspannt euch einfach, dann wird alles zu euch kommen. Entspannt einfach, erinnert euch daran, was die Bibel sagt : „ Sorgt euch nicht um morgen, denn Gott wird für alles sorgen, sogar um das Gras und die Lilien auf dem Feld. „ Wie könnte er für euch nicht sorgen ? Ihr seid seine aus ihm geborenen Kinder, seine Ebenbilder. Ihr seid den ganzen Tag lang, 24 oder gar 25 Stunden, über und über gesättigt mit seiner Liebe und seinem Segen. Seid einfach still und fühlt es. Seid still, dann könnt ihr es fühlen.

Der Wind weht z.B und die Brise ist so angenehm, aber ihr beschwert euch immer nur : „Ich will Wind, ich möchte Wind haben, mir ist Heiß !” Je mehr ihr zappelt und schwitzt, desto heißer und unangenehmer fühlt ihr euch. Dann seid ihr erschöpft und fallt vielleicht sogar tot um - in der Gegenwart von Wind !

Meine Hunde sind so. Also seid keine Hundchen ! (Die Zuhörer lachen) Wenn ein neuer Hund kommt, besonders wenn er ein Welpe ist, dann fordert er die ganze Zeit : „ Ah,ah,ah ! Es möchte immer, dass ich irgendetwas tue, und er möchte die ganze Zeit um mich sein, Ich bin ja bei ihm, aber es möchte an meinen Beinen hängen, wo er uns beiden im Wege ist. Manchmal setze ich ihn z.B. in ein Zimmer mit seinem ganzen Spielzeug, ein wirklich großer Spielplatz. Er hat Wasser und alles, aber er hängt nur am Gitter und quengelt die ganze Zeit, hechelt, schwitzt und fiept - grundlos !

Er hätte sich entspannen können. Ich fühle mich furchtbar, wenn ich ihn in ein Ställchen tun muss, das nur benutzt wird, wenn er ungezogen ist, und nur für kurze Zeit. Nur damit er etwas lernt, oder wenn er krank ist, so dass er sich ausruht, anstatt überall herum zu springen und Energie zu verschwenden. Also gebe ich ihm ein ganzes Zimmer, größer als meines. Ich behandle ihn zumindest gleichwertig, manchmal sogar besser als mich. Die Hunde fressen, bevor ich esse, sie bekommen Früchte und alles mögliche. Ich schäle Obst und Gemüse, um es ihnen zu geben. Ich tue das nicht für mich selbst ! Meistens, wenn die Schüler oder wer auch immer kein fertig geschältes Obst haben, esse ich keins. Sie bringen einen ganzen Korb rauf und nehmen ihn dann wieder mit runter, in der Hoffnung, dass ich eines Tages die Früchte sehen und essen werde.

Ich sehe das Obst gar nicht, mir ist es egal. Ich denke nicht an Obst. Aber nun, wo ich Hunde habe, schäle ich jeden Tag Obst und gebe es dem Welpen. Ich behandle ihn besser als mich selbst. Aber er spielt die ganze Zeit verrückt, rennt am Gitter hin und her und zieht sich daran hoch, er erschöpft sich selbst und schwitzt und sabbert. Und er sieht schrecklich aus : wozu ? Ich habe ihm schon gesagt : „Ich habe jetzt keine Zeit, bleib dort, und wenn du lieb warst, nehme ich dich wieder raus.” Aber nein, er behindert sich selbst. Er macht nur Unordnung und pinkelt überall hin - nicht da, wo er sollte, an dem bestimmten Ort - dann wird er noch mehr bestraft und darf gar nicht mehr raus.

Dasselbe Problem haben wir auch. Ihr seid ständig genau hier in der Gegenwart Gottes, die ganze Zeit. Wenn Gott nicht genau hier ist, dann ist Gott nirgendwo. Wenn Gott nicht schon längst weiß, was du möchtest, dann weiß Er gar nichts. Dann ist Er ein dummer Kerl, dann macht es keinen Sinn , ihm zu dienen oder ihn zu suchen. Also entspannt euch und seid gewiss, dass Gott allwissend ist, und bittet um das, was ihr wirklich braucht. Ich weiß ja dass ihr hier seid, und wenn ihr entspannter seid, dann komme ich auch mal vorbei. Wenn ich eure entspannte Atmosphäre spüre, werde ich vielleicht davon angezogen. Denn ich liebe diese coole Atmosphäre. Dann werde ich mich wahrscheinlich in eure Richtung bewegen und euch etwas fragen, und dann können wir einander gute Unterhaltung sein. Wir können über Dinge reden, von denen ihr euch nie hättet träumen lassen, dass wir darüber reden können - anstatt mich für zwei Sekunden zu erwischen und dafür gescholten zu werden, um dann wie ein Hund mit eingekniffenem Schwanz wegzurennen. Ihr seid keine Hunde, es tut mir leid, seid nicht beleidigt. Aber ihr habt irgendwie etwas von einem Hund an euch, einige von euch jedenfalls ! (Meisterin und alle lachen)

Wie dem auch sei, entspannt euch einfach, was geschehen soll, wird geschehen. Viele von euch sind so. Spirituelle Praxis ist nicht so wie das Geschäft draußen, wo ihr einander übertrumpfen müsst, um den Ruhm zu erlangen. Ihr müsst nicht den Profit eures Nächsten an euch reißen, um ihn zu bekommen. Alles was ihr draußen tut, um Aufmerksamkeit zu erregen, um nach Ruhm oder Erfolg zu greifen, das legt ab, bevor ihr durch das Tor kommt. Wenn ihr diese Art von Geschäft mögt, oder andere benutzen wollt, dann könnt ihr es beim Hinausgehen wieder aufsammeln. Aber wenn ihr einmal hier seid, könnt ihr euch entspannen. Denkt daran, ihr seid Heilige, oder zukünftige Heilige, verhaltet euch wie solche. Ihr seid nobel, ihr seid gut, ihr seid beschützt, ihr seid willkommen, und es wird für euch gesorgt - 24 Stunden am Tag. Ihr seid diejenigen, zu denen die Welt aufschauen sollte. Wandelt entsprechend. Dann werdet ihr auch so sein.

BETRACHTET EUCH ALS HEILIGE

Glaubt mir. Woran ihr auch denkt, das bekommt ihr, also betrachtet euch als wahre Heilige. Auch wenn ihr es nicht so richtig glauben könnt, versucht es. Denkt immer daran, denn ihr seid es.

Ihr seid ohnehin gerade dabei, euch wieder zu erinnern, dass ihr Heilige seid. Ihr wart schon Heilige, bevor ihr hierher kamt. Ihr habt euch nur entschieden, es zu vergessen, um Menschen zu sein und die Albernheiten zu tun, die ihr in eurer Rolle, die ihr hier spielt, tun müsst. Aber nun, da ihr einmal in ein Center gekommen seid, ist es an der Zeit, eure Rolle zu vergessen und euch an euer wahres Selbst zu erinnern. Jedes mal, wenn ihr durch das Tor des Centers geht, erinnert euch daran, ihr seid Heilige, ihr seid Buddhas, und nun fordert ihr euch selbst zurück. „Dies ist eine Zeit nur für mich alleine, nur für meine Heiligkeit, nichts kann sich zwischen uns stellen. Mir geht es gut, ich bin großartig, ich werde in den zwei drei oder vier Stunden, die ich hier verbringe, als Heiliger praktizieren. Ich werde praktizieren und meine Rolle als Heiliger in dieser Welt wieder einüben." Denn wenn ihr auch im Center wieder eine gewöhnliche, dumme Person sein wollt, wo könnt ihr dann ein Heiliger sein ? Wo sonst könnt ihr euch als großartig, als heilig, als tadellos, intelligent und erleuchtet, als absolut gesegnet, voller Gnade und Herrlichkeit, als Gott-gleich erleben ?

Ihr mögt mir Fragen stellen, das ist okay. Ihr mögt sie stellen , um euer Gehirn zu befriedigen. Aber benehmt euch nicht wie eine Nervensäge. Setzt eure Würde nicht herab. Setzt euer Bewusstsein nicht herab. Begnügt euch nicht mit dem niederen Selbst. Seid keine von Gewohnheiten angetriebene Kreaturen, die überall hingehen und eine Landplage darstellen, von Habgier besessen, die den Leuten auf die Nerven gehen und sich zum Narren, einem dummen - ihr wisst schon was - machen.

Das Gesetz Gottes lautet : „Wie ihr denkt, so werdet ihr." Denkt solange, bis eure Denkkraft sehr stark wird, und dann werdet ihr es. Was immer ihr denkt, dass seid ihr, werdet ihr sein. Es mag nicht an einem Tag geschehen, dass ihr es denkt und Heilige seid , bzw. dass ihr euch sofort erinnert, dass ihr Heilige seid. Aber denkt weiter auf diese weise, oder zumindest dann, wenn ihr das Center betretet. Zumindest das ist die Zeit für euch, Heilige zu sein. Die Kraft der Schöpfung ist in eurer Sichtweite. Sie ist in eurem Kopf, in eurem Gehirn und in eurem Verstand. Denn ihr seid Gott, ihr habt diese Schöpferkraft. Also könnt ihr erschaffen, was ihr seid. Erschafft euch mit Würde, erschafft euch als Heilige, erschafft euch als Buddha. Erschafft solange, bis es Realität wird. Was meint ihr denn, wie wir so geworden sind ? Weil wir gedacht haben und uns so erschaffen haben - bis wir es wurden. Es brauchte Zeit, aber es geschah. Deshalb müssen wir jeden Tag meditieren : Um zu erschaffen, um neu zu schaffen und uns zu erinnern - bis die Erinnerung an unser ursprüngliches Selbst unerschütterlich ist. Dann sind wir sicher, dass wir Heilige sind. Wir haben es nur vergessen und müssen immer wieder versuchen, uns daran zu erinnern.

Erinnert euch bei jedem Schritt durch das Tor des Centers, dass ihr Heilige seid. Je mehr ihr euch erinnert, desto mehr werdet ihr es sein, und desto mehr Erleuchtung wird euch zuteil werden und euch geleiten. Sie ist schon da, je mehr ihr euch erinnert, desto mehr erkennt ihr, dass ihr sie habt.

Also behindert euch nicht selbst mit diesen dummen Gewohnheiten. Ihr seid Heilige. Macht keinen Narren aus euch. Es sieht albern aus, es sieht komisch aus, es sieht dämlich aus, und ich bin nicht stolz auf euch, wenn ihr euch so verhaltet. Ich bin stolz auf euch, wenn ihr erhobenen Hauptes geht, wenn ihr edel gesinnt seid, wenn ihr selbstbewusst seid dass ihr Heilige seid, die das vielleicht noch nicht erkennen. Dann könnt ihr wenigstens sagen : „ Vielleicht habe ich es noch nicht völlig in Erinnerung gerufen, aber ich weiß, ich bin ein Heiliger. " Immer, wenn ihr wie ein Heiliger geht und denkt, seid ihr ein Heiliger - ohne jeden Zweifel. Weil ihr es nämlich schon seid ! Nur dass ihr es immer vergesst. Immer, wenn ihr euch erinnert, seid ihr es. Mein Gott, es ist so einfach, ein Heiliger zu sein. Es ist einfacher, als Schlafen, Essen oder sonst etwas. Erinnert euch einfach.

DIE BEZIEHUNG GOTTES ODER DES HÖCHSTEN ZUR MENSCHHEIT

Gnadenreich, Barmherzig, alles verzeihend, voller Mitleid, Gewaltlos

HINDUISMUS
Die Veden

Das Ziel religiöser Praxis liegt in der Verbindung der von Gott getrennten Seele mit ihm. Vishnu bedeutet „der alles Durchdringende ." Eine Eigenschaft Gottes besteht darin, alles zu durchdringen, doch die Seelen sind sich seiner Gegenwart nicht bewusst, solange sie nicht durch die göttlichen Offenbarungen wieder mit ihm verbunden sind. Indra, der in der Regel als Gottkönig im Pantheon betrachtet wird, ist der Heilige oder Erleuchtete - bevollmächtigt, die segensreichen, erleuchteten göttlichen Offenbarungen (devas) zu gewähren. Als agens von Gottes Gnade wird er Meer der Gnade genannt. Solche Gnade wird sowohl Gläubigen wie Ungläubigen zuteil, denn keine Gottesvorstellung, ob bejahend oder verneinend, hat vor dem Sich Selbst offenbarenden Gott Bestand.

Dieser Freund (Vishnu, Gott) vereinigt sich in der Meditation mit der Seele (Rig Veda 1-22-19)

Der Weise (Heilige) allein lässt den Strom der göttlichen Offenbarungen fließen. Das Meer der Gnade segnet den Ergebenen mit dem göttlichen Nektar. Er gießt die göttlichen Offenbarungen (über ihn) aus, die das Gemüt unter Kontrolle halten, so verbindet er uns mit Gott. (Rig Veda 6-23-6)

Im engen Tor offenbart sich der strahlende Klang allen gleich, ob Gläubige oder Ungläubige. Der Klang zieht die Ungläubigen empor (nach innen, jenseits der Sinne) und lässt sie dort verweilen. (RV 1-24-7)

 Der mitleidsvolle (Indra, Heilige) ist unser wahrerer Schatz (Nicht der Schatz den Gollum so liebte,hohoho) (RV 1-30-5 ; Sam Veda 1600; Atharva Veda 20-45-2)

Ein Ergebener wird mit dem allgegenwärtigen , mitleidsvollen Gott verbunden. Der aus sich selbst leuchtende Gott erleuchtet alle Ergebenen. (RV 1-6-1; Atharva Veda 20-26-4; 20-69-9; Yagur Veda 23-

5; Sam Veda 1468)

Das Meer göttlicher Gnade (Indra, der Heilige) gibt uns Soma (den göttlichen Nektar oder Ambrosia) zu trinken. (RV 1-29-11)

JUDENTUM
Die Bibel

In der jüdischen Bibel ist Mitgefühl gegenüber aller Kreatur eine der hervorragendsten göttlichen Eigenschaften. (Aber wohl bloß in der Bibel, denn das Töten gehört da ja auch zum Tagtraum, z.B. das Kosher-Morden, und so weiter, Anmerkung von W.Schorat) Für die Menschen manifestiert sie sich in einem Heilsweg, Sünden werden nicht nur vergeben, sondern hebr. nasa, d.h. von der Seele abgelöst oder entfernt : das Bewusstsein wird in himmlische Musik eingehüllt (Lieder der Befreiung) , die es reinigt und es zum allbewussten Gott in Seine „heilige Wohnung" über den Sinnen emporzieht. Wenn überhaupt, so „verlässt" Gott die Menschen nur insofern, als es seine „Gesichter" (die Offenbarungen) für eine Weile vor ihnen verbirgt, um sie demütig und empfänglich zu machen.

Mit ewiger Liebe habe ich dich geliebt, darum habe ich dir solange die Treue bewahrt. (Jer.31,3)

Wer ist ein Gott wie du, der du Schuld verzeihst und dem Rest deines Erbvolkes das Unrecht vergibst ? Gott hält nicht für immer fest an seinem Zorn, denn er liebt es, gnädig zu sein. Er wird wieder Erbarmen haben mit uns und unsere Schuld zertreten. Ja, du wirfst all unsere Sünden in die Tiefe des Meeres hinab. (Micha 7, 18-19) Wohl dem, dessen Frevel vergeben und dessen Sünde weggenommen ist (hebr. nasa , aufheben, entfernen) „- du bist mein Schutz, bewahrst mich vor Not, du rettest mich und hüllst mich in Jubel (die reinigende himmlische Musik oder das WORT, das in der Seele wiederhallt) (Ps.32, 1,7)

Aber der Herr, unser Gott, schenkt erbarmen und Vergebung. Ja, wir haben uns gegen ihn empört. (Dan. 9,9)

Du lenkest in deiner Güte das Volk, das du erlöst hast, du führest sie machtvoll zu deiner heiligen Wohnung. (2.Mose 15,13)

Der Herr gab zur Antwort : Ich will meine ganze Schönheit vor dir vorüberziehen lassen und den Namen des Herrn vor dir ausrufen. Ich gewähre Gnade, wem ich will, und ich schenke Erbarmen, wem ich will. (2.Mose 33, 19)

Doch du bist ein Gott, der verzeiht, du bist gnädig und barmherzig, langmütig und reich an Huld, darum hast du sie nicht verlassen. (Neh,9,17)

Denn der Herr, dein Gott, ist ein Barmherziger Gott. Er lässt dich nicht fallen und gibt dich nicht dem Verderben preis und vergisst nicht den Bund mit deinen Vätern, den er ihnen beschworen hat. (5 Mose 4,31)

Kehr zurück, Israel, spricht der Herr. Ich schaue dich nicht mehr zornig an; denn ich bin Gütig - spricht der Herr - ,ich trage nicht ewig nach. (Jer.3,12)

(Okay, ich möchte nun mal etwas als der Zusammensteller dieser Texte sagen, denn mir fällt stark auf, das die Alttestamentarischen Texte, aus meiner einfachen Sicht, die doch wohl am Korruptesten sind, oder Verlogensten, oder die am „Double Bind „ stärksten, denn: In den Schriften wird Gott ganz eindeutig als Raubmensch dargestellt, also Wut ‚Zorn, eben „Tierische Eigenschaften" mehr nicht. Für mich heißt das, jene Propheten, die damals Aktiv waren, die hatten kein besonders hohes Spirituelles Niveau erreicht, und die „Durchsagen die sie empfingen waren nicht von der Gottheit". Das liest sich alles wie die Eigenschaften der Menschen die damals lebten, mehr nicht, die dann auf Gott den sie sich vorstellten, übertrugen wurden.)

BUDDHISMUS
Dhammapada

Der in den buddhistischen Schriften verwandte Begriff Thatagatha - der „So Gekommene", der sich auch in den Veden findet, bedeutet, dass das vollkommene, höchste Wesen als Mensch in die Welt kommt, um sie von jener Krankheit zu heilen, die allem Leiden zugrunde liegt - von Unwissenheit und Täuschung. Durch den Thatagatha können unerleuchtete empfindende Wesen göttliche Tugenden wie Allwissenheit und selbstloses Mitgefühl erlangen. Da die in tiefer Meditation (dhyan und samadhi) gemachten eigenen Erfahrungen dauerhaften Glauben verleihen, schaut der Thatagatha gnädig über die Zweifel und Vorbehalte der ihm Anvertrauten hinweg. Er ist es, der aus Gnade das Böse im Strebenden besiegt.

Mein Lehrer ist der Überwinder (des Bösen) der Allwissende, dem nichts verborgen ist, der Meister, von grenzenlosem Mitleid erfüllt. Er ist der ganzen Welt Heiler. (Theragata, T. 293, übersetzt von Raoul Birnbaum, in Der heilende Buddha)

..du (der Thatagatha) der sein großes Erbarmen über alle Geschöpfe ausbreitet, ob sie nun seine Lehren beachten oder nicht oder ob sie an ihnen zweifeln. (Ting fu-pao, Fo-hsüeh ta-tz'u-tien, Taipei, Bd. I, S. 309 A-B, Birnbaum, ebda)

CHRISTENTUM
Die Bibel

Die Evangelien betonen dass zwischen Gottes Erbarmen und unserer Bereitschaft, anderen zu vergeben, eine Wechselwirkung besteht. Gottes Vergebung bedeutet die Befreiung von Schuldhaftigkeit. Unsere eigene Bereitschaft zur Vergebung sollte uneingeschränkt sein, damit sie Gottes Vergebung widerspiegeln kann. Es gibt nur eine Sünde, die nicht vergeben wird: die Sünde wieder den Heiligen Geist. Da unsere Schuld durch den reinigenden Einfluss des Heiligen Geistes - den Offenbarungsstrom des Logos - fortgespült wird, verstellt solche Leugnung dem Mittel göttlicher Vergebung den Zugang. Gott übermittelt Seine Liebe und Sein erbarmen durch seinen Boten oder „Sohn" , der von ihm beauftragt ist, die mystische Erfahrung des himmlischen Vaters zu gewähren. Ist so die Seele einmal mit Gott verbunden, ist der Mittler nicht länger vonnöten, Gott liebt und vergibt unmittelbar im Geist und schenkt der Seele ihre ursprüngliche Glückseligkeit zurück.

Denn wenn ihr den Menschen ihre Verfehlungen vergebt, dann wird euer himmlischer Vater auch euch vergeben. (Matth. 6, 14)

Jede Sünde und Lästerung wird den Menschen vergeben werden, aber seine Lästerung gegen den Geist wird nicht vergeben. (Matth. 12, 31)

Herr wie oft muss ich meinem Bruder vergeben, wenn er sich gegen mich versündigt ? Siebenmal ? Jesus sagte zu ihm (Petrus) : Nicht siebenmal, sondern siebenundsiebzigmal. (Vgl. das Gleichnis vom unbarmherzigen Schuldner, der dem König viel Geld schuldet und um sein Erbarmen bittet.) Der Herr hatte Mitleid mit dem Diener, ließ ihn gehen und schenkte ihm seine Schuld. (Worauf der Diener hingeht und erbarmungslos seinen eigenen Schuldner wegen eines geringfügigen Betrags verfolgt.) (Matth. 18, 21;27)

Ihr sind viele Sünden vergeben, weil sie (mir) so viel Liebe gezeigt hat. Wem aber nur wenig vergeben wird, der zeigt auch nur wenig Liebe. (Luk. 7, 47)

Es kommt die Stunde, in der ich nicht mehr in verhüllter Rede zu euch spreche, sondern euch offen den Vater verkünden werde...und ich sage nicht, dass ich den Vater für euch bitten werde, denn der Vater selbst liebt euch, weil ihr mich geliebt und weil ihr geglaubt habt, dass ich von Gott ausgegangen bin. (Joh. 16, 25-27)

Denn das Lamm in der Mitte vor dem Thron wird sie weiden und zu den Quellen führen, aus denen das Wasser des Lebens strömt, und Gott wird alle Tränen von ihren Augen abwischen. (Off. 7, 17)

ISLAM
Der Koran

Vergebung und Reichtum sind bei Gott, dem All-Erbarmer, dem Alles-Vergebenden. Niemals geht Ungerechtigkeit von ihm aus. Gott ist wie ein äußerst großherziger Gastgeber, der die Menschheit in sein spirituelles Reich einlädt und dort jeden empfängt, der aufrichtig danach strebt. Aggression ist für Gott unannehmbar. Er löscht die Flamme des Hasses, die von den Menschen im religiösen Wiederstreit entzündet werden. Unser eigenes Gemüt ist der eigentliche Tyrann, und es ist weit besser, die negativen Neigungen in uns zu „töten" (arab.katilu) , als sich von ihnen verführen zu lassen. In der spirituellen Moschee jedoch, die wir in uns tragen und in der Gott uns näher ist als unsere Halsschlagader, brauchen wir nicht zu kämpfen, sondern können Gott voller Hingabe anbeten. In diesem Bereich göttlichen Schutzes (al Haram) wird der Ansturm des Gemüts überwunden.

Sie werden dich nach den Neumonden befragen. Sprich : „Sie sind Zeitbestimmungen für die Menschen und die Pilgerfahrt." Und es bedeutet keine Frömmigkeit, wenn ihr (aus Aberglauben) von hinten in eure Häuser eintretet, sondern Frömmigkeit besteht in Gottesfurcht. Darum betretet eure Häuser durch die Türen und fürchtet Gott , auf dass es euch wohl ergehe, Und bekämpft auf Gottes Pfad, die euch bekämpfen (vgl. : zuvor : arab. fitnah, Unterdrückung, Heimsuchung, das Übel), doch übertretet nicht. Siehe, Gott liebt nicht die Übertreter. Und tötet sie, wo immer ihr auf sie stoßt. (Wenn ich das lese, dann kann ich gut erkennen weswegen diese Bereitschaft zu Töten auch im Islam da ist und auch so ausgelegt werden kann um andere zu beeinflussen. Anmerkung von mir, W.Schorat) Und vertreibt sie, von wo sie euch vertreiben (das wiederstrebende Gemüt lenkt die Aufmerksamkeit von der verborgenen Moschee in uns ab, in der Gott sich Selbst offenbart) , denn Verführung ist schlimmer als Töten. Bekämpft sie jedoch nicht bei der unverletzlichen Moschee (arab. Masjid alharam, dem heiligen Ort der Unterwerfung, dem geweihten Schutzraum) es sei denn, sie bekämpfen euch dort. Greifen sie euch jedoch an, dann tötet sie. Das ist der Lohn der kafirun (wörtl. die Bedeckenden, die uns bedrängenden Neigungen des Bösen ?) Wenn sie jedoch aufhören (uns zu bedrängen) , so erweist sich Gott verzeihend und barmherzig. (2, 189-192)

Satan droht euch Armut an und befiehlt euch Schändliches. Gott aber verheißt euch seine Vergebung und Huld. Und Gott ist allumfassend und allwissend. (2, 268)

Unser Herr, lass unsere Herzen nicht mehr irregehen, nachdem Du uns geleitet hast, und gib uns aus Deiner Gnadenfülle ! Siehe Du bist der Schenkende. (3.8)

So oft sie ein Feuer zum Krieg anzünden, wird es Gott löschen.(5.64)
Siehe, Gott fügt den Menschen kein Unrecht zu, vielmehr fügen die Menschen sich selber Unrecht zu. (10, 44)
Dem Herrn der Himmel und der Erde und was zwischen beiden ist, dem Mächtigen, dem Vergebenden. (33,66)

Gastliche Aufnahme von einem Vergebenden, Barmherzigen ! (41, 32)

Wetteifern miteinander um die Verzeihung eures Herrn und das Paradies, dessen Weite der Weite der Himmel und der Erde entspricht,...bereitet für diejenigen, die an Gott und seinen Gesandten glauben. Das ist Gottes Wohltat, die er gewährt, wem er will. Und Gott ist von unermesslicher Größe. (57, 21)

Er ist Gott, außer dem es keinen Gott gibt. Der Herrscher, der Heilige, der Heilbringende, der Beschützer, der Erhabene, der Unwiderstehliche, der Majestätische. (60, 22)

Er ist Gott, außer dem es keinen Gott gibt. Er kennt das Verborgene und das Offenbare. Er ist der Erbarmer, der Barmherzige. (59, 22; cf.2;163)

DER BOTE GOTTES ODER KÜNDER
DER HÖCHSTEN WAHRHEIT
Das Wort in Menschengestalt, Inkarnation.

HINDUISMUS
Die Veden

Der Heilige besitzt den Schlüssel zu dem sonst verborgenen Gott, in ihm wohnt vollkommene göttliche Glückseligkeit und Erleuchtung. Er leuchtet in himmlischer Herrlichkeit. Als Vak oder Wort ist er gottgleich, d.h. er besitzt keine von Gott getrennte Identität. Er ist der Herr über den göttlichen Klang, der die Seele über die Sinne hinaus empor zieht. Er erfüllt sie mit dem Göttlichen Nektar und durch ihn mit vollkommener Glückseligkeit. Solch eine Verbindung mit dem Einen Gott verleiht dem Empfänger göttliche Tugenden. Der Heilige ist Wohnstätte der göttlichen Manifestationen und wird als Speise oder Nahrung beschrieben. Solche Segnungen werden der ganzen Menschheit gewährt und nicht nur einer bestimmten Glaubensgemeinschaft.

Erfüllt von Gottes Weisheit, halten die Heiligen (den Schlüssel zum) Großen Gott in ihren Händen. (Rig Veda 1-15-7)

Der Heilige überträgt die Glückseligkeit (der göttlichen Manifestationen). Er wohnt im Königreich, da man Erleuchtung empfängt. Der von selbst leuchtende Heilige möge sich offenbaren. (Rig Veda 1-19-6)

Jener Heilige geht in Gott auf (gibt jedes getrennte Sein auf) und wird so zur Höchsten Gestalt (Ebenbild Gottes) . (Rig Veda 1-22-21)
Der vom Klang erfüllte Heilige zieht mich in der Meditation empor. Das inkarnierte Wort zieht mich empor. Der gottgleiche Heilige gewährt die göttlichen Offenbarungen und seinen Schutz (Rig Veda 1-28-1)

Als Quelle göttlicher Speise schenkt uns der Heilige (Skt: Indra, das devta oder Thema des Kapitels) jene Nahrung. Er spendet sie durch die göttlichen Manifestationen und zerstreut so unsere Unwissenheit. Er segnet den Ergebenen mit ewiger Weisheit. Er reinigt den Ergebenen in der Meditation. (Rig Veda 1-61-2)

Der Heilige führt uns zur Anbetung (Gottes). Der gottgleiche Heilige gewährt der Seele Speise. Der Heilige, der Herr des göttlichen Klangs, offenbart uns den Klang. Er ist voller Weisheit, er ist allgegenwärtig. (Rig Veda 1-61-4)

Er gewährt göttliche Offenbarungen der ständigen Gefährtin Gottes (Skt: devapatni, Ehefrau, d.h. die göttlichen Offenbarungen) Durch die göttliche Offenbarung der Morgenröte wacht er (der Heilige) über das Gemüt. Er offenbart sich selbst der ganzen Schöpfung. Gottgleich und allgegenwärtig kleidet er den Ergebenen in Herrlichkeit. (Rig Veda 1-61-8)

Der Heilige verbindet uns mit dem wunderbaren Gott und löst uns von der Welt. Der Heilige, der sich selbst überwunden hat, gewährt uns göttliche Weisheit. Er offenbart all die wundervollen göttlichen Manifestationen, die unsere Anbetung mit Erfolg krönen. (Rig Veda 1-61-16)

Der erhabene, mächtige Heilige ist eine Manifestation Gottes. Er gewährt das Licht der ganzen Schöpfung. Die göttlichen Manifestationen sind wahrlich bewusst und ewig. Die göttliche Offenbarung des Lichts macht die Seele furchtlos. (Rig Veda 1-63-1)

Der Heilige voller Anziehungskraft überbringt (der Menschheit) das göttliche Gesetz. Er schenkt die göttlichen Offenbarungen als Gehilfin (wörtl. helfende Hand) Gottes. Der (in sich) einige Heilige überwindet das Übel. Der ewige Heilige ist verehrungswürdig. (Rig Veda 1-63-2)

Er (Indra, der Heilige) ist der Beschützer der Seele. Der von Bewusstsein erfüllte Heilige ist Nahrung für die Seele. Der Heilige beschützt uns unablässig. Als Herr des Donnerkeils (einer mächtigen göttlichen Manifestation) bringt der Heilige das Übel mit Donnerschall zum Schweigen. (Rig Veda 1-63-5)

Der Erleuchtete, die Quelle des göttlichen Nektars, offenbart sich durch das göttliche Licht. Der Heilige offenbart uns den göttlichen Klang. Der uns reinigende Heilige ist das Ebenbild Gottes. Er strömt gleich Milch. (Rig Veda 1-64-2)

Er (Indra, der Heilige) kommt mit Strömen göttlicher Offenbarungen, die der Seele göttliche Tugenden verleihen und die Verbindung zum Einen (Gott) herstellen. Der ewige (Heilige) gewährt göttlichen Reichtum. Der lebende Heilige lässt die göttlichen Offenbarungen im Innern des Ergebenen strömen. Das fleischgewordene Wort segnet die ganze Menschheit mit göttlichen Offenbarungen. (Rig Veda 6-30-1)

Der vollkommene lebende (Heilige) bewahrt uns vor allen möglichen Leiden. Der zu allen Zeiten (in die Welt) kommende (Heilige) macht den göttlichen Klangstrom (das Wort) hörbar, um uns zur Vollkommenheit zu führen. Der demütige (Heilige) gewährt zahllose göttliche Offenbarungen. Mit dem göttlichen Klangstrom bändigt er das Gemüt. (Rig Veda 6-33-3)

Bhagavad Gita

Wann immer das Dharma (die göttliche Ordnung, die Religion, das Gesetz, die Gerechtigkeit) zur Neige geht und das Übel auf Erden die Oberhand gewinnt, komme ich in Menschengestalt, um das Dharma wieder herzustellen. (4, 7)

Der Heilige ist erfüllt vom göttlichen feurigen Licht (agni) , von göttlicher Speise (havih) und göttlicher Weisheit. Die Werke des weisen Heiligen sind göttlicher Natur und dienen dazu, uns in der Meditation (skt. samadhi)zu führen. (4, 24)

JUDENTUM
Die Bibel

Die jüdische Bibel verwendet für den Heiligen Geist häufig den hebräischen Begriff ruach (göttlicher Atem, Wind) . Er kommt zum einzelnen Erwählten und lässt sich auf ihm nieder. Der ruach kleidet sich in menschlicher Gestalt, um der Menschheit Gottes Botschaft zu überbringen. Er verleiht dem Propheten Autorität und Macht.
Als Überbringer des göttlichen Gesetzes sind solche auserwählten Diener das unentbehrliche Werkzeug von Gottes Gerechtigkeit, denn der Mensch kann sich nur für oder gegen den gehorsam entscheiden, wenn ihm der göttliche Wille glaubwürdig mitgeteilt wird. Die Diener Gottes halten sich streng an das, was Gott ihnen mitteilt. Sie sind das Sprachrohr Gottes. Bevor Gott seine Geschöpfe in Seiner erhabenen Gestalt in ihre spirituelle Heimat zurückführen kann, begegnet er ihnen zunächst durch einen Mittler oder Propheten in menschlicher Gestalt. Die Aufgabe solcher Boten besteht immer darin , die Seelen zu Gott zurück zu leiten.

Samuel nahm das Horn mit dem Öl und salbte David mitten unter seinen Brüdern. Und der Geist des Herrn war über David von diesem Tage an. (1.Sam.16, 13)

Der Herr antwortete Mose : Nimm Josua, den Sohn Nuns, einen Mann, der mit Geist begabt ist, und leg ihm deine Hand auf. Dann lass ihn vor den Priester Eleasar und vor die ganze Gemeinde treten, und gib ihm vor ihren Augen deine Anweisungen ! Gib ihm einen Teil deiner Würde ab, damit die ganze Gemeinde der Israeliten auf ihn hört. (4.Mose.27, 18-20)

Der Geist des Herrn lässt sich nieder auf ihm : der Geist der Weisheit und der Einsicht, der Geist des Rates und der Stärke, der Geist der Erkenntnis und der Gottesfurcht. (Jes.11,2)

Seht das ist mein Knecht, den ich stütze, das ist mein Erwählter, an ihm finde ich Gefallen. Ich habe meinen Geist auf ihn gelegt, er bringt den Völkern das Recht. (Jes.42, 1-2)

Und jetzt hat Gott, der Herr , mich und seinen Geist gesandt. (Jes.48,16)

Sie machten ihr Herz hart wie Diamant, um die Weisungen und die Worte nicht hören zu müssen, die der Herr der Heerscharen (der Offenbarungen) in der Kraft seines Geistes durch die früheren Propheten gesandt hat. (Sach. 7.12)

Ich aber, ich bin voller Kraft, ich bin erfüllt vom Geist des Herrn, voll Eifer für das Recht und voll Mut, Jakob seine Vergehen vorzuhalten und Israel seine Sünden. (Micha 3,8)

Der Geist Gottes, des Herrn, ruht auf mir, denn der Herr hat mich gesalbt. Er hat mich gesandt, damit ich den Armen eine frohe Botschaft bringe und alle heile, deren Herz zerbrochen ist, damit ich den Gefangenen die Entlassung verkünde und den Gefesselten die Befreiung. (Jes.61, 1)

Den Beschluss des Herrn will ich kundtun. Er sprach zu mir : Mein Sohn bist du. Heute habe ich dich hervorgebracht . Fordere von mir (meine Heiligkeit), und ich gebe dir die Völker zum Erbe, die Enden der Erde zum Eigentum. (Ps.2, 7-8)

BUDDHISMUS
Dhammapada

Buddhistische Texte vermitteln eine ganze Anzahl von Eigenschaften des Buddha oder Erleuchteten : Thatagata : skt. pali : thata - jenes, das absolute, wahre Sein jenseits der Dualität, skt, pali : agatha : der gekommen ist. Die Wahrheit ist in die Welt gekommen, Arhat : der Heilige ; Samyak Sambuddha , erfüllt von Erkenntnis und Kraft. Ferner ; der Hingegangene (ins Nirvana) der Kenner der Wohnstätten.
Der Buddha ist ein Mensch, der höchste Vollkommenheit erreicht hat. Durch den Strom der göttlichen Offenbarungen reinigt ein Erleuchteter den Ergebenen von seinen karmischen Eindrücken und führt ihn zu tiefem Samadhi. Die Initiation durch einen Buddha besteht in der Gabe des göttlichen Nektars, des unaufhörlichen Stroms göttlicher Manifestationen, die sowohl das von selbst strahlende Licht als auch mächtige, liebliche Klänge umfasst. Durch den Einfluss dieser übersinnlichen Phänomene schwindet die täuschende Vorstellung des Ich und der Dualität dahin, und vollkommener, dauerhafter Frieden wird erlangt.

(Über den Buddha „Donnerklang des Dharma-Meeres":)..ihr findet himmlische Glocken, die von einem leisen Wind bewegt werden. Ihr feiner Klang vermittelt große Freude (und belehrt uns über) ...die Leere des Leids und die Nicht-Existenz des Ichs. Wer immer ihn hört, übergibt seine Wünsche und Bindungen. Schritt für Schritt entfernt er auch ihre karmischen Spuren und gewährt so die Erfahrung des tiefen Samadhi. (Aus : Der heilende Buddha von Raoul Birnbaum)

Die Anhänger des Buddha Gotama sind erwacht (erweckt durch den Buddha) und immer in Betrachtung; bei Tag und bei Nacht finden sie unablässig Freude in höchster Meditation. (Dh. 21,301)

Der Buddha leuchtet bei Tag und bei Nacht - im Glanz seiner Herrlichkeit leuchtet der erwachte Mensch. (26, 387)

Wer den Strom seiner vergangenen Leben kennt und befreit ist vom Leben, das im Tod endet, wer die himmlischen Freuden kennt und der Hölle Leid - denn der ist ein Seher, dessen Sehkraft rein ist - wer vollkommen eins ist mit der höchsten Vollkommenheit - den nenne ich einen Brahmin. (Dh. 26, 423)

(Du bist berechtigt) die Methode des abhisheka (skt. Initiation) (zu erforschen), die durch das vollkommene Heilmittel amrita (skt. süßer Tau, göttlicher Nektar oder Ambrosia) gespendet wird, gewährt durch den Thatagata zum Wohl der Kreatur, die auch in kommenden Zeitaltern mit Blindheit geschlagen sein wird.
(Aus: Der Heilende Buddha von Raoul Birnbaum)

Zahlreiche Mahayana - Texte beschreiben die transzendenten Manifestationen und Eigenschaften des Buddha :

Das alles verstehende Licht, die Fackel der Weisheit, welche die zehn Richtungen erhellt, den König, gekleidet in herrlichen Lapislazuli - Schmuck (das blaue Licht) den König der höchsten und verehrungswürdigen Erkenntnis, den vorzüglichen, sanften Klang des Mondes, den Sieg des höchsten Klangs, das Licht der Jasminblüte, den König des allumfassenden Herrscher über die Weisheit der Berge und Meere, das große allumfassende Licht.

CHRISTENTUM
Die Bibel

Niemand kann Gott erkennen, es sei denn, er begegnet ihm durch das fleischgewordene Wort. Der Sohn ist der Sämann des Logos. Man sollte den Sohn „essen", indem man den Logos mit der Seele aufnimmt. Diese Kraft kommt vom lebendigen Gott und ist die lebensspendende Kraft in uns. Als solcher verkörpert das fleischgewordene Wort das Tor zu den spirituellen Regionen, er ist der Wein der zum berauschenden göttlichen Nektar wird. Wer des Vaters Stimme hört und im Geiste Seine Gestalt sieht, glaubt an den Sohn, während jene, die nicht an den Sohn glauben, damit beweisen, dass sie keinen Zugang zu den Offenbarungen haben - dies ist das wechselseitige Zeugnis zwischen Vater und Sohn. Wir tragen das Potenzial in uns, „Götter" (vom gleichen Wesen wie Gott) zu sein, und diese Anlage wird verwirklicht, wenn wir dem Wort in uns lauschen und damit eins werden.

Himmel und Erde werden vergehen, aber meine Worte werden nicht vergehen. (Mk.4,14)
Der Sämann sät das Wort. (Mk.4,14)

Im Anfang war das Wort, und das Wort war bei Gott, und das Wort war Gott.... Und das Licht scheint in der Finsternis, und die Finsternis hat's nicht begriffen....Das wahre Licht, das jeden Menschen erleuchtet, kam in die Welt...Allen aber, die ihn aufnahmen, gab er Macht, Kinder Gottes zu werden.... Und das Wort ist Fleisch geworden und hat unter uns gewohnt....voll Gnade und Wahrheit. (Joh. 1, 1-5, 9, 12,14)

Wie mich der lebendige Vater gesandt hat und wie ich durch den Vater lebe, so wird jeder, der mich isst, durch mich leben. (Joh. 6,57)

...und dann werdet ihr erkennen, dass ich Er bin. Ihr werdet erkennen, dass ich nichts im eigenen Namen tue, sondern nur das sage, was mich der Vater gelehrt hat. (Joh.8,28)

Auch der Vater selbst, der mich gesandt hat, hat über mich Zeugnis abgelegt. Ihr habt weder seine Stimme gehört noch seine Gestalt je gesehen, und auch sein Wort bleibt nicht in euch, weil ihr dem nicht glaubt, den er gesandt hat. (Joh. 5, 37-38)

Da sagt er zu den Jüngern, die an ihn glaubten : Wenn ihr in meinem Wort bleibt, seid ihr wirklich meine Jünger. Dann werdet ihr die Wahrheit erkennen, und die Wahrheit wird euch befreien. (Joh. 8, 31-32)

...Aber ihr wollt mich töten, weil mein Wort in euch keine Aufnahme findet. Ich sage, was ich beim Vater gesehen habe..(Joh. 8, 37-38)

..denn von Gott bin ich ausgegangen und gekommen. Ich bin nicht in meinem eigenen Namen gekommen, sondern er hat mich gesandt. Warum versteht ihr nicht, was ich sage ? Weil ihr nicht imstande seid, mein Wort (in eurer Seele) zu hören. Wer aus Gott ist, hört die Worte Gottes. ...(Joh. 8, 42-43; 47)

Meine Schafe hören auf meine Stimme, ich kenne sie, und sie folgen mir. Ich gebe ihnen ewiges Leben. Sie werden niemals zugrunde gehen,...Mein Vater, der sie mir gab, ist größer als alle, und niemand kann sie der Hand meines Vaters entreißen. (Joh. 10, 27-29)

...Heißt es nicht in eurem Gesetz : Ich habe gesagt : Ihr seid Götter ? Wenn er jene Menschen Götter genannt hat, an die das Wort Gottes ergangen ist,...dürft ihr dann von dem, den der Vater geheiligt und in die Welt gesandt hat (um andere das göttliche Wort zu offenbaren), sagen : Du lästerst Gott - weil ich gesagt habe : Ich bin Gottes Sohn ? ..dann glaubt wenigstens den Werken, wenn ihr mir nicht glaubt. Dann werdet ihr erkennen und einsehen, dass in mir der Vater ist und ich im Vater bin. (Joh. 10, 34-36, 38)

Wenn ihr den Menschensohn erhöht habt, dann werdet ihr erkennen, dass ich es bin. Ihr werdet erkennen, dass ich nichts im eigenen Namen tue, sondern nur das sage, was mich der Vater gelehrt hat. (Joh. 8,28)

Ich bin die Tür, wer durch mich hineingeht, wird gerettet werden, er wird ein- und ausgehen und Weide finden. (Joh. 10, 9)

Glaubst du nicht, dass ich im Vater bin und dass der Vater in mir ist ? Die Worte, die ich euch sage, habe ich nicht aus mir selbst. Der Vater, der in mir bleibt, vollbringt seine Werke. (Joh. 14, 10)

Wenn jemand mich liebt, wird er an meinem Wort festhalten, mein Vater wird ihn lieben, und wir werden zu ihm kommen und bei ihm wohnen...Und das Wort, das ihr hört, stammt nicht von mir, sondern vom Vater, der mich gesandt hat. (Joh. 14, 23-24)

Ich bin der Weinstock, ihr seid die Reben. Wer in mir bleibt und in wem ich bleibe, der bringt reiche Frucht, denn getrennt von mir könnt ihr nichts vollbringen. (Joh. 15, 5)

Ich habe ihnen (den Jüngern) dein (Gottes) Wort gegeben, und die Welt hat sie gehasst, weil sie nicht von der Welt sind, wie auch ich nicht von der Welt bin. (Joh. 17, 14)

Dann sah ich den Himmel offen, und siehe, da war ein weißes Pferd, und der, der auf ihm saß, heißt „Der Treue und Wahrhaftige"....und sein Name heißt „Das Wort Gottes" ...Aus seinem Mund kam ein scharfes Schwert...(Off. 19, 11-15)

Ich, Jesus, habe meinen Engel (Offenbarung) gesandt als Zeugen....Ich bin die Wurzel und der Stamm Davids, der strahlende Morgenstern. Der Geist und die Braut aber sagen : Komm ! Wer hört der rufe : Komm ! (Off. 22, 16-17)

ISLAM
Der Koran

Es ist die Aufgabe des erhabenen Gesandten, seinen Mitmenschen die Offenbarungen Gottes zu überbringen, sie Gottes ewige Weisheit zu lehren und sie so wieder mit Gott zu verbinden. Bevor er auserwählt wird, andere Menschen aus der Finsternis ins Licht zu führen, wird ein solcher Gesandter selbst spirituell zu Gott emporgehoben - auf dem geraden Pfad zum Allmächtigen. Er ist die hell strahlende Sonne, die Licht ausbreitet. Gott gießt seinen Geist über ihm aus. Dies gilt für Mohammed wie auch für Moses, Jesus und andere Gesandte Gottes - „in fortlaufender Folge „.
Der Begriff der Trinität kann zu dem Irrtum verleiten, es habe nur einen vollkommenen Gottesboten gegeben. Der Prophet (als Logos) ist seinen Anbefohlenen näher als sie es sich selber sind. Solche Ergebenen tilgt Gott ihre schlechten Taten und stellt den ursprünglichen guten Zustand und die Reinheit ihrer Seele wieder her. Die Boten trinken vom Wasser des Lebens und lassen es für andere fließen. Sie sagen nichts aus eigenem Antrieb, sondern nur das, was Gott ihnen zu sagen eingibt.

Er (Gott) ist es, der zu den Ununterrichteten einen Gesandten aus ihrer Mitte entsandt hat, ihnen seine Offenbarungen vorzutragen und sie zu läutern und sie das Buch und die Weisheit zu lehren - obwohl sie zuvor (vor dem Kommen des Propheten) in offenkundigem Irrtum waren. (62, 2)

O ihr, die ihr glaubt ! Fürchtet Gott und glaubt seinem Gesandten. Er wird euch doppelt von seiner Barmherzigkeit (auf Erden und im Jenseits) gewähren und euch ein Licht geben, in dem ihr wandeln werdet. Und er wird euch vergeben, denn Gott ist verzeihend, barmherzig.(57,28)

Gepriesen sei der, der seinen Diener (Mohammed) des Nachts von der unverletzlichen Moschee (Masjid Al-Haram, dem Ort der Anbetung im Innern) zur fernsten Moschee führte (den höchsten spirituellen Bereichen, zu Gottes Thron) deren Umgebung wir gesegnet haben, um ihm einige von Unseren Zeichen zu zeigen. (17, 1)

...Der Messias Jesus, der Sohn der Maria, war ein Gesandter Gottes und sein Wort, das er Maria entbot, und Geist von ihm . So glaubt an Gott und an alle Seine Gesandten und sprecht nicht : „Drei." (4, 171)

Gott hat euch wahrlich ein Mittel zur Vervollkommnung herabgesandt, einen Gesandten, der euch die Zeichen (Offenbarungen) Gottes verliest, die alles deutlich machen, um diejenigen, die glauben und recht handeln, aus der Finsternis ins Licht zu führen. (65,11)

Darum glaubt an Gott und seinen Gesandten und an das Licht, das wir hinabgesandt haben. (64,8)

Ich bin Gott, der Allsehende. Dies ist ein Buch, das wir zu dir hinabgesandt haben, damit du die Menschen mit deines Herrn Erlaubnis aus den Finsternissen zum Lichte führst, auf dem Weg des Mächtigen, des Preiswürdigen. (14, 1)

O Prophet ! Wir haben dich entsandt als Zeugen, Freudenboten und Warner. Und als einen, der mit seiner Erlaubnis zu Gott einlädt und der als strahlende Sonne dient, die ihr Licht ausbreitet. (33, 46)

...Sprich : „Es steht mir nicht frei, ihn (das Geoffenbarte, den Koran) aus eigenem Antrieb abzuändern. Ich folge nur dem, was mir geoffenbart wurde..." (10,15)
Und so gaben wir dir auf unser Geheiß Geist von unserem Geist ein. Du wusstest zuvor, was die Schrift und was der Glaube war. Jedoch machten wir es zu einem Licht, mit dem wir leiten, wen von Unseren Dienern wir wollen...(42,52)

Und wahrlich, wir gaben Moses ein : „Mach dich des Nachts (in der Meditation) mit Meinen Dienern auf und schlage ihnen einen trockenen Pfad durch das Meer...Denn Pharao (Symbol für das Ego) führte sein Volk irre, statt es recht zu leiten. (20, 77 ; 79)

Und Moses gaben wir die Schrift und ließen ihm Gesandte nachfolgen. Und wir gaben Jesus, dem Sohn der Maria, die deutlichen Zeichen und stärkten ihn mit dem heiligen Geist. (2, 87)

Der Prophet steht den Gläubigen näher als sich selbst....(33,6)

Diejenigen aber, welche gläubig sind und Gutes tun und an das glauben, was auf Mohammed herabgesandt wurde - es ist die Wahrheit von ihrem Herrn - ,denen tilgt er ihre Missetaten und stellt ihren guten Zustand wieder her. (47, 2)

Sie (die Propheten) kommen ihm beim Sprechen nicht zuvor und handeln nur auf seinen Befehl. (21, 27)

Die Tugendhaften werden aus einem Becher trinken, gemischt mit Blütennektar (göttlicher Nektar) . (Der Trank kommt) von einer reichlich sprudelnden Quelle , aus der Gottes Diener trinken und die sie mächtig (oder : unaufhörlich; für andere) sprudeln lassen. (76, 5-6)

Soo, die Zusammenstellung der Texte von „ DIE BEZIEHUNG GOTTES ODER DES HÖCHSTEN ZUR MENSCHHEIT " war wieder aus dem Infoblatt von „A Centre for the World Religions " www.cfwr-dialog.org

DIE HÖCHSTE MEISTERIN CHING HAI
UND DIE GUANYIN-METHODE

Das folgende ist ein Auszug aus der Schriftreihe für Wahrheitssucher „My Experiences of Xian Tao " von Kim Tae-Young. Er ist Schriftsteller und Journalist und hat 23 Jahre für die „ The Korea Times" und „The Korean Herald" gearbeitet. Er ist spiritueller Praktizierender des Gong Xian Tao, das drei Arten des Praktizierens umfasst : Körper, Geist und Chi, und von ihm selbst kreiert wurde. Eine große Anzahl von Schülern folgen seiner Meditationspraxis.

Hier ist nun ein Gespräch zwischen dem Autor der Schriftreihe und einem Schüler. (kurz A und S genannt)

S: Ich verstehe in etwa die Bedeutung von Guan Chi (Konzentration auf Chi) und Guan Nian (Vorstellungen Beobachten), Guanyin ist mir jedoch weniger vertraut. Können sie mir etwas zur Guanyin-Methode sagen?

A: Guanyin bezeichnet die Praxis der Betrachtung des Klangs im wörtlichen Sinn. Dieser Klang ist nicht der grobe Schwingungston der Materie, den wir äußerlich hören, sondern der Klang im tiefsten Innern, der aus dem wahren Selbst und der Wahrheit stammt.

S: Welchen Nutzen hat die Betrachtung des inneren Klanges?

A: Buddha Shakyamuni sagt im Surangama Sutra, dass die Guanyin- Methode die höchste Methode ist und dass wir durch diese Praxis von Leben und Tod befreit werden können. So gesehen führt uns die Betrachtung des inneren Klanges zu einem noch höheren Bewusstsein und letztendlich zur Erleuchtung.

S: Was ist ihrer Meinung nach das Wesen der Guanyin -Methode, wie sie von der Höchsten Meisterin Ching Hai gelehrt wird?

A: Sie erlaubt jedem, der verspricht, die fünf Gebote zu halten und für den Rest des Lebens täglich Zweieinhalb Stunden zu meditieren, die Einweihung zu erhalten. Die fünf Gebote sind : **Keine fühlenden Wesen töten, nicht stehlen, nicht ehebrechen, nicht lügen und keine Rauschmittel nehmen.** Eine Besonderheit ist, dass sie spirituelle Übertragung vornimmt. Wahrscheinlich auf Grund dieser Tatsache tragen die Bücher den Titel : Der Schlüssel zur sofortigen Erleuchtung.

S: Glauben sie das?

A: Anfangs glaubte ich es nicht, jetzt schon.

S: Ich kann einfach nicht glauben, dass sie spirituelle Übertragung vornehmen kann. Woher nehmen sie die Sicherheit, das zu sagen?

A: Als ich ihre Bücher las, spürte ich ununterbrochen eine einzigartige Atmosphäre und starke Schwingungen von ihr ausgehend. Ich wusste, dass es der „Klangstrom" ist, den sie beschreibt. Tatsächlich hörte ich den Klangstrom schon bevor ich überhaupt etwas von der Höchsten Meisterin Ching Hai und der Guanyin-Methode wusste.

S: Sie meinen den inneren Klang?

A: Es ist jetzt zwölf Jahre her, dass ich begann, Xian Tao zu praktizieren. Damals war ich von Xian Tao so in Anspruch genommen, dass ich nicht einmal wissen wollte, warum der Ton zu hören ist. Manchmal klang es wie das Zirpen einer Grille oder einer Heuschrecke. Es war auch wie das Rauschen der Wellen, des Windes und eines gewaltigen Wasserfalls. Die Klänge wurden immer lauter.
Ich fürchtete Probleme mit den Ohren zu haben und konsultierte einen namhaften Arzt in der HNO-Klinik neben der Redaktion in der ich tätig war. Aber der Spezialist sagte, ich sei okay, es gäbe keine Befunde. „Wie kann denn alles in Ordnung sein ," beschwerte ich mich bei ihm, „wenn ich dauernd solch ein Geräusch im Ohr habe?" Schon sein Vater und Großvater waren Hals-Nasen-Ohrenärzte gewesen, und er war sehr berühmt. Er stocherte mit seinen Instrumenten in meinen Ohren herum, als hätte er sein Gesicht verloren und wäre in großer Verlegenheit. Alles was dabei herauskam, war Ohrenschmalz.
  Ganz gleich, wie oft ich mir die Ohren reinigte, die merkwürdigen Töne wollten einfach nicht weichen. Am nächsten Tag ging ich wieder in die Klinik, und am übernächsten auch. Ich hatte aber lediglich eine Entzündung aufgrund meiner Reinigungsversuche, während der Ton nicht im geringsten nachließ. So gab ich es auf, in die Klinik zu gehen. Seitdem ist es mir nicht gelungen jemanden zu finden, der mich über diese merkwürdigen Töne hätte aufklären können.
  Ich beobachtete den Ton weiter. Es schien mir, als käme er weniger aus den Ohren als vielmehr aus einem tieferliegenden Hirnbereich. Am Anfang fand ich es sehr befremdlich. Als ich mich jedoch daran

gewöhnt hatte, achtete ich nicht mehr darauf. (Okay, hier klinke ich mich der Schreiber diese Buches noch mal ein in das Thema Tinitus, ich kenne selber einen Arzt der sogar ein Buch darüber geschrieben hat, und ich sprach mit ihm darüber, wobei er sagte, das in Wahrheit gar nichts über Tinitus bekannt ist, man weiß nicht was diese Töne sind.

Ich selber hatte mir da ich ja selber in die Guanyin-Methode Initiiert wurde, die auch als Kwan Yin Methode im Chinesischen bekannt ist, beides ist das gleiche und bedeutet das gleiche, jedenfalls, dachte ich mir, da die Schwingung der Erde höher geworden ist, diese Schuman - Schwingung, dadurch der Mensch auch höhere Schwingungen zu hören bekommt, jedenfalls sind diese Tinitus Töne keine Krankheit, das wird bloß so wegen der Unwissenheit erfantasiert und dann als Fakt dargestellt, im Gegenteil, es ist eine Gesundheit diese als Tinitus bekannten Töne zu hören, denn sie haben bestimmt reinigenden Effekt und einiges mehr. Denn das Evolutionsziel ist ja , das jeder Mensch, direkt Kontakt zu Gott hat, und nicht von inzwischen zu Banken verkommenen Religionsgruppen und deren Banker, abhängig bleibt. Das wäre ja keine Göttliche Evolution, das wäre ja bloßes Gelaber und Unwissenheit. Da ja Gott da ist, hohoho, ist es natürlich auch , Drin und Dran, direkten Kontakt mit dem Göttlichen zu machen.)

In der Zwischenzeit fand ich eine Geschichte über die Guanyin-Methode in dem Buch „Message" von Park Sang-Cheon. Ich habe die Passage schon zitiert, aber es war bloßes Wissen. Da er keine systematische Methode anbietet, so wie die Höchste Meisterin Ching Hai, hat es mich nicht interessiert. Ich befasste mich mehr mit den drei Wegen des Praktizierens von Zhi Gan (geistige Übung) , Tiao Xi (Chi Kung) und Jin Chu (Körperübungen)

Eines Tages brachte mir jemand aus meinem engeren Schülerkreis fünf Bücher mit dem Titel „Der Schlüssel zur sofortigen Erleuchtung" . Er hatte sie sich von seinem Freund geliehen, der im Center der Höchsten Meisterin Ching Hai arbeitete. Ich fand den Titel sehr ungewöhnlich und konnte mich damit nicht anfreunden.

Ich meinte, unsere Erkenntnis der Wahrheit begänne erst zu keimen, wenn wir Selbstsucht und weltliches Begehren überwunden haben. Daher wunderte ich mich, wieso es einen Schlüssel zur sofortigen Erleuchtung geben könne. Außerdem hatte ich schon so viele Bücher zu lesen. Erst etwa einen Monat nachdem mir der Schüler die Bücher gebracht hatte, machte ich mich, von einer unwiderstehlichen Kraft angezogen, an die Lektüre. Ich war sofort gefesselt.

Beim Lesen ihres Buches ging mir auf, dass die seltsamen Töne der Klangstrom waren, die sie beschreibt. Nun war ich mir sicher, dass genau die Töne, die ich hörte, der Klang von Brahman, der Klang von Meereswogen und die Klänge der außergewöhnlichen Welten waren, die im Kapitel über die Guanyin- Bodhisattva erwähnt werden ! In ihrem Buch fand ich die Antwort, die mir niemand hatte geben können !

S: Ich weiß nicht was ich sagen soll, weil ich es nicht gehört habe. Was in aller Welt bringt sie dazu zu glauben, dass der Klang so kostbar ist ?

A: Ebenso wie es für uns Chi Kung Praktizierende wichtig ist, das Chi zu fühlen, hängt der Erfolg bei der Guanyin- Methode von der Erfahrung des Klangstroms ab. Ich meine, es ist eine Grundbedingung für Guanyin Praktizierende, den Klangstrom wahrzunehmen.

Die Höchste Meisterin Ching Hai erklärt in ihren Büchern wiederholt, was der Klangstrom ist. Alle Dinge in der Natur bestehen aus Klangwellen, die Milchstraße, das Sonnensystem und die Erde eingeschlossen. Die Essenz von Mineralien, Tieren, und Pflanzen sind Klangwellen. Dieser Tonstrom ist genau die Essenz, aus der alles in der Natur gemacht ist.

Übrigens wird auch am Anfang des Johannes-Evangeliums in der Bibel gesagt:

Im Anfang war das Wort, und das Wort war bei Gott, und das Wort war Gott. Alle Dinge sind durch Ihn gemacht, und ohne ihn ist nichts gemacht, was gemacht ist. In ihm war das Leben,

und das Leben war das Licht der Menschen. Und das Licht scheint in der Finsternis, und die Finsternis hat es nicht begriffen.

„Wort" meint in obigem Satz den Klang, auf den sich die Guanyin-Methode bezieht, da das Wort durch den Klang entstand. Daher ist die Quelle aller Dinge der „Klang". Eine ähnliche Aussage finden wir im Tao Te King : **Das Tao, das man betreten kann, ist nicht das ewige und unveränderliche Tao. Der Name, der genannt werden kann, ist nicht der ewige und unveränderliche Name. Gedacht als namenlos, ist es der Urheber von Himmel und Erde, gedacht als benennbar, ist es die Mutter aller Dinge. Stets ohne Begehren muss man uns finden, so werden wir sein tiefes Geheimnis ergründen, doch sobald sich Begehren in uns fand, ist alles, was wir schauen, nur sein äußerer Rand. Bedenkt man diese beiden Aspekte, sind sie tatsächlich dasselbe, doch im Laufe der Entwicklung erhalten sie unterschiedliche Namen. Gemeinsam nennen wie sie das Geheimnis. Wo das Geheimnis am größten ist, ist das Tor zu allem, was subtil und voller Wunder ist „**

In diesem Zitat bedeutet „Name" dasselbe wie Klang, da Laute notwendig sind, um den „Namen" auszusprechen. Nur wenn Klang existiert, können „Wort", „Name" und Licht ins Dasein treten. Dieser ursprüngliche Klang, der das Universum erschuf , ist auch der Klang der Wahrheit, Gott und Buddha-Natur.

Da die Buddha-Natur (Gott) in uns ist, ist es ein natürliches Prinzip, dass der Klang der Wahrheit unseren Körper durchströmt. Die Guanyin-Methode ist eine Praxis, die durch konstante Betrachtung des Klangs auf die Wahrheit ausgerichtet ist, die in uns ist. Übrigens finden wir den Klangstrom nicht nur in der Bibel und im Tao Te King, sondern auch in dem alten koreanischen Sutra San Yi Shen Gao.

S: In welchem Teil des Sutra ?

A: Im zweiten Kapitel „Shen Xun" (Göttliche Lehren) . Hier die Übersetzung: **Gott hat die höchste Position im Universum inne. Aus seiner großen Tugend, Weisheit und Kraft schuf ers den Himmel, beherrschte alles, und schuf alle Dinge in der Natur. Und hat doch dabei nichts, auch die geringste Kleinigkeit, nicht übersehen. Ers ist so voll Licht, so heilig, dass wir ihns nicht zu nennen wagen. Wenn wir mit dem Klang-Chi beten, wird ers unweigerlich erscheinen. Wir sollten ihn einzig im Wahren Selbst suchen, weil ers zum Weisheitszentrum herabsteigt.**

Der entscheidende Satz lautet: „Wenn wir mit dem Klang-Chi beten, wird ers unweigerlich erscheinen ". Mit dem Klang-Chi beten heißt, die Guanyin-Methode praktizieren. Wir wissen, dass alle Dinge in der Natur aus Energie, d.h. Chi bestehen.

Das Wesen der Materie sind Teilchen. Die moderne Physik ist zu dem Schluss gekommen, dass es weder Materie noch Nicht-Materie ist, es sind schlicht Energiewellen. Diese Energie wandelt sich in Klang, Wärme, Licht, Wort und jede andere Erscheinung, je nach Bedarf. Hiermit wissen wir, dass unsere Vorfahren bereits vor 10 000 Jahren die Guanyin-Methode praktizierten. Sie praktizierten eine Methode zur Befreiung sogar schon vor dem Zeitalter des Buddha. Es scheint, dass Chi Kung später zur Guanyin-Methode weiterentwickelt wurde. Buddha Shakyamuni sagte aus gutem Grund im Surangama Sutra, dass die Guanyin-Methode die höchste Methode ist und wir Befreiung von Leben und Tod erlangen können, indem wir sie praktizieren.

S: Ich verstehe die Guanyin-Methode in gewisser Weise. Aber ich hatte noch keine wirkliche Erfahrung, da ich weder den Klang gehört habe wie sie, noch die spirituelle Übertragung von der Höchsten Meisterin Ching Hai erhielt.

A: Das liegt vielleicht daran, dass du weder bereit bist zu hören, noch sie von ihr zu empfangen.

S: Wie wird man bereit, die Erfahrung der Erleuchtung zu erhalten ?

A: Erst musst du den Wusch haben zu praktizieren, und dann solltest du die fünf Gebote halten.

S: Fünf Gebote ?

A: Die Gebote einzuhalten ist ein Muss für Praktizierende. Sie lauten : Erstens : Nicht töten. Zweitens: Nicht stehlen. Drittens : Nicht ehebrechen. Viertens: Nicht Lügen. Fünftens: Keine Rauschmittel einnehmen. Vielleicht meinst du, wer von Leben und Tod befreit werden will, kann die Gebote leicht halten, das ist jedoch nicht der Fall.

S: Warum ?

A: Man sagt für junge Mönche und Priester sei es am schwierigsten, mit der sexuellen Begierde fertig zu werden. Noch schwieriger ist aber „Nicht töten „.

S: Was ? Töten ?

A: Richtig. Töten heißt nicht nur direkt zu töten, wie beim Jagen oder Fischen.

S: Was ist es dann?

A: Wenn du Fleisch isst, das andere getötet haben, ist es auch eine Art von Töten. Du hast das Tier natürlich nicht mit dem Gewehr oder Messer getötet, aber du hast auf jeden Fall indirekt getötet. Wenn niemand Fleisch kauft, um es zu essen, werden die Schlächter keine Tiere töten, und wenn niemand Fleisch isst, werden die Fischer keine Fische fangen. Solange es also Fleischesser gibt, wird das Töten ewig weitergehen. Weißt du, welches das schwerste Karma der Menschen ist ?

S: Ist es Mord?

A: Mord ist das schwerste Verbrechen, darum werden Mörder auch am schwersten vom Gesetz bestraft. Mord ist nicht auf gewöhnliche Menschen beschränkt. Auch Staatsführer, die Menschen zu Tode bringen, werden durch das Gesetz bestraft. Der frühere Präsident, der an dem Massaker in Kwang Ju beteiligt war, ging ins Gefängnis.

Du siehst, obwohl die Gesellschaft für Mörder schwere Strafen vorsieht, wird doch das Töten von Tieren nach geltendem recht nicht als Verbrechen betrachtet. Darum machen Schlächter und Fischer ihren Job weiter, und auch Jäger und Angler frönen ungestraft ihren Hobbys. Aber wahre Aspiranten, die befreit werden wollen, dürfen nicht töten.

S: Worauf erstreckt sich das Töten ?

A: Weißt du nicht, worauf sich das Töten erstreckt ?

S: Töten heißt einem Lebewesen das Leben zu nehmen, oder ?

A: Absolut.

S: Wenn das so ist, sind Pflanzen und Getreide auch Lebewesen, nicht wahr.?

A: Natürlich

S: Wenn wir Pflanzen und Getreide essen, ist das also auch eine Art Töten ?

A: Das ist richtig. Wenn du mit dieser Argumentation fortfährst, siehst du, dass es eine Voraussetzung ist, dass Menschen andere Lebewesen töten. Ohne Nahrung können wir einige Tage leben , ohne Luft jedoch nur wenige Minuten. Jeder Mensch ist auf Atemluft angewiesen. Zahlreiche Mikroorganismen leben in der Luft. Sie werden getötet, wenn wir die Luft einatmen. Außerdem hängen sie in unseren Kleidern. Wenn wir Waschmittel einsetzen, müssen sie unweigerlich sterben. Mikroorganismen leben auch auf unserem Körper. Sie sterben, wenn wir uns die Hände waschen oder duschen. Zuweilen werden Mikroorganismen, Bakterien und Keime getötet, während sie in unseren Organen leben.

Diese Mikroorganismen und die Pflanzen die wir essen, haben jedoch im Gegensatz zu Tieren ein sehr niedriges Bewusstsein. Besonders Pflanzen und Getreide haben kaum das Gefühl getötet zu werden, wenn wir sie pflücken. Darum hegen sie keinen Groll gegen uns. Im Gegenteil, Pflanzen und Getreide wünschen, dass die Menschen sie essen.

S: Wieso das ?

A: Wenn wir das tun, kann sich ihre Art ausbreiten. Wie kann ein Baum voller Äpfel seinen Samen verbreiten, wenn die Menschen sie nicht pflücken und essen, sondern sie statt dessen am Baum hängen lassen ? Sie fallen herunter und verkommen. Auch wenn die Samen am Boden aufgehen, können sie doch unter dem viel größeren ausgewachsenen Baum nicht überleben. Wenn die Menschen sie jedoch essen, werden die Samen auf einen viel größeren Raum verteilt. Dann können sie auf fruchtbaren Boden fallen und da aufgehen, wo ein Apfelbaum wachsen kann. Darum sollten sie den Menschen eher dankbar sein, statt auf Rache zu sinnen.

Bei Tiere liegt die Sache anders. Nicht nur wilde Tiere wie Affen, Tiger, Bären und Füchse, sondern auch Haustiere wie Kühe, Pferde, Schweine, Schafe, Ziegen und Hunde laufen fort, sobald die Menschen sich ihnen nähern, um sie zu töten. Vor allem Kühe muhen erbärmlich auf dem Weg zum Schlachthof. Ich bin sicher, sie protestieren dagegen, dass die Menschen ihnen ihr Leben des Dienens auf diese Weise vergelten. Ebenso Hunde, Geflügel und Schweine. Sie alle werden von Furcht erfasst, wenn sie dem Tod ins Angesicht sehen. Dann hegen sie Groll gegen den Menschen, der sie tötet.

S: Nichtsdestotrotz füttern die Menschen doch ihre Haustiere, die Kühe, Pferde, Schweine und Hühner. Meinen sie nicht, dass die dadurch allen Grund haben, für die Menschen zu sterben ?

A: Das ist ausgesprochen selbstsüchtig gedacht. Ursprünglich lebten ja die Haustiere in Wald und Feld in freier Wildbahn. Sie wurden nicht freiwillig Haustiere, sondern die Menschen fingen sie ein und zähmten sie. Das hatte mit freiem Willen nichts zu tun. Sie können nicht anders, als uns zu grollen, denn sie fühlen sich gedemütigt, nicht nur weil sie gewaltsam domestiziert wurden, sondern nun auch noch von den Menschen getötet werden.

Aufgrund des Gesetzes von Ursache und Wirkung kehrt ihr Groll zum Zeitpunkt des Todes direkt zu den Menschen zurück. Weil du einem anderen das Leben nimmst, trägst du das Karma, eines Tages von anderen getötet zu werden. Auf diese Weise setzt sich die Transmigration unendlich fort. Darum wird das Töten von allen Hochreligionen auf der Erde untersagt. Ganz besonders Praktizierende dürfen nicht töten ! Solange wir Freude am Töten haben, können wir von Leben und Tod nicht befreit werden. Darüber hinaus besteht durchaus die Wahrscheinlichkeit, als wilde Tiere geboren zu werden, die gerne Fleisch fressen. Außerdem merken wir erst, wie schädlich Fleischgenuss für uns ist, wenn wir spirituell praktizieren.

S: Woran kann ich das erkennen ?

A: Versuche zu meditieren, nachdem du ein Tier getötet hast. Du wirst nicht dazu imstande sein.

S: Und weshalb ?

A: Der Geist des gewaltsam getöteten Tieres wird dir nicht vergeben. Tatsächlich töten Praktizierende selbst keine Tiere. Aber viele Praktizierende essen noch Fleisch. Du wirst es merken , wenn du nach ausgiebigem Genuss von Rind- oder Schweinefleisch versuchst, zu meditieren oder Atemübungen auszuführen. Du wirst nicht richtig atmen können auf Grund der niederen Schwingungen und der unreinen Energie aus dem Fleisch des Tieres.

Zudem kann ein sensitiver Praktizierender fühlen, dass er von dessen Geist besessen ist. Er wird das Gefühl haben, dass das mittlere Tan Tian (Herz-Chakra) von niederer Energie verstopft ist oder das Bai Hui (Scheitel-Chakra) unter Druck steht, als wäre es zugedeckt, oder das Rückrat wird steif, und körperliches Unwohlsein befällt ihn. Auf jeden Fall fühlt er sich an Leib und Seele erschöpft.

Ein Praktizierender, dessen Weisheitsauge geöffnet ist, kann deutlich sehen, dass er vom Geist des Tieres besessen ist, weil er dessen Fleisch gegessen hat. Du siehst also, wir wissen, wie sehr Fleischgenuss unserer spirituellen Praxis schadet. Wenn ein Praktizierender in diesem Leben befreit werden möchte, sollte er kein Fleisch essen.

S: Tatsächlich ?

A : Wenn du einem anderen das Leben nimmst, wie kannst du erwarten, dass nicht auch dir das Leben genommen wird? Da nun einmal das Gesetz des Karma diese Welt regiert, ist das ein Traum, der sich wahrscheinlich nie erfüllen wird. Mitsamt deinem Fleischgenuss befreit werden zu wollen ist, wie in einem Flugzeug nach New York zu sitzen und zu hoffen, in London zu landen. Es ist so töricht wie die Hoffnung, in den Himmel zu kommen, während man in einem Zug zur Hölle sitzt.

S: Nun weiß ich, warum die Höchste Meisterin Ching Hai bei der Einweihung auf unbedingtem Vegetarismus besteht.

A: Richtig. Von den fünf Geboten ist „nicht töten „ für die Praktizierenden das schwierigste. Unbedingter

Vegetarismus ist die einsichtigste Forderung der Guanyin-Methode.

S: Es ist wahrscheinlich ziemlich schwierig, täglich Zweieinhalb Stunden zu erübrigen.

A: Für einen Laien mag es schwierig sein, Zweieinhalb Stunden pro Tag zu meditieren, aber sicher nicht für jene, die längere Zeit Chi Kung praktiziert haben.

S: Wieso ?

A: Wenn sich ein Chi Kung Praktizierender an die Übung gewöhnt hat, arbeitet der Solar Plexus spontan, ohne dass er sich darauf konzentrieren muss, sogar im Gehen, Stehen, Sitzen und Liegen. Ebenso kann man, wenn man sich an die Guanyin-Methode gewöhnt hat, den ganzen Tag praktizieren.

S: Ist das wahr?

A: Ja, gewiss.

S: Andererseits bin ich sicher, dass der innere Klang, wie ihn die Höchste Meisterin Ching Hai beschreibt, dasselbe ist wie das „Wort" in der Bibel und der „Name" im Tao Te King. Was sagt sie über den inneren Klang ?

A: Im letzten Kapitel des „Schlüssels zur sofortigen Erleuchtung" erläutert die Höchste Meisterin Ching Hai unter der Überschrift „Initiation" folgendes :

„Er schwingt in allem Leben und erhält das ganze Universum. Diese innere Melodie kann alle Wunden heilen, alle Wünsche erfüllen und allen weltlichen Durst stillen. Sie ist vollkommene Kraft und vollkommene Liebe. Da wir aus diesem Klang gemacht sind, bringt uns der Kontakt mit ihm Frieden und Zufriedenheit ins Herz. Wenn wir auf den Ton hören, verändert sich unser ganzes Wesen, unsere ganze Einstellung zum Leben wandelt sich beträchtlich zum Besseren ."

Die Leute wissen nicht, was das bedeutet, da sie keine Erfahrung mit dem inneren Ton , dem Klangstrom, gemacht haben, aber es ist so.

S: Ich habe eine Frage. Es hat den Anschein, als hätten sie nie zuvor einen lebenden Meister auf so positive Weise vorgestellt.

A: Das stimmt nicht. Ich denke einige Mönche habe ich durchaus positiv vorgestellt. Mit meinen Schriften und Erfahrungen möchte ich meinen Lesern helfen, indem ich die Fakten vermittle, so wie sie sind.

S: Ich fürchte , alle ihre Schüler werden zu ihr überlaufen !

A: Das stört mich nicht. Welch ein Glück wäre es, könnten sie spirituelle Hilfe erhalten von einem Meister, mit dem ich sie bekannt machen durfte.

S: Denken sie wirklich so ? Andere wären beunruhigt, wenn sich ihre Schüler einer anderen Sekte anschließen würden. Sie sind also das ganze Gegenteil ?

A: Ja, sicher, denn eine gute Affinität zu schaffen, ist auch ein Verdienst.

S: Was tat die Höchste Meisterin Ching Hai, bevor sie von ihrem Meister im Himalaja eingeweiht wurde ?

A: Im Vorspann des Heftes „Der Schlüssel zur sofortigen Erleuchtung" findet sich eine Kurzbiografie der Höchsten Meisterin Ching Hai, die besagt dass sie in einer wohlhabenden Familie in Aulac (Vietnam) geboren wurde, als Tochter eines hochangesehenen Heilpraktikers. Später heiratete sie einen deutschen Arzt. Nach zwei glücklichen Ehejahren jedoch löste sie sich mit dem Einverständnis ihres Mannes aus dieser Beziehung, um Erleuchtung zu erlangen. Auf der Suche nach einem erleuchteten Meister bereiste sie viele verschiedene Länder. Schließlich begegnete sie einem Meister in den Bergen des Himalaja.

S: Was für ein Mensch ist dieser Meister, dem die Höchste Meisterin Ching Hai begegnete ?

A: In Nr. 79 des The Supreme Master Ching Hai Nachrichtenmagazins steht, dass sie allein durch die schrecklichen Himalajaberge wanderte, nur mit Ersatzkleidung, einem Paar Sportschuhe, Schlafsack, Wasserflasche, zwei Büchern und einem Wanderstock versehen. Schließlich begegnete sie dem großen Meister KHUDA JI (mehr zu Khuda Ji am Nachtrag des Buchs) der zurückgezogen im unzugänglichsten Teil des Himalaja lebte. Meister Khuda Ji war 450 Jahre alt, als er die Höchste Meisterin Ching Hai in die alte Meditationskunst auf den himmlischen Klang und das göttliche Licht einweihte.

S: Wie kann ein Mensch 450 Jahre alt werden ?

A: So denken weltliche Menschen wie wir. In dem Buch „Life and Teaching of the Masteres of the Far East " schreibt der Autor Baird T. Spalding, dass es viele spirituelle Meister gibt, die im Himalaja leben. Möglicherweise haben sie eine Art Astralkörper. Es wird berichtet, dass der große Meister Khuda Ji geduldig auf ihr Kommen gewartet habe, bis er 450 Jahre als war. Die Höchste Meisterin Ching Hai war seine erste und einzige Eingeweihte. Sie hatte zuvor zahlreiche andere Methoden praktiziert, aber Meister Khuda Ji vermittelte ihr die höchste spirituelle Übertragung, d.h. das Wesen der Einweihung. Die Höchste Meisterin Ching Hai spricht selten von Meister Khuda Ji. Er verließ die physische Ebene kurz nachdem seine hohe Mission erfüllt war. Danach ging sie nach Formosa, so wie sie auch in andere Teile der Welt gegangen war. Ihr allumfassendes Mitgefühl ebenso wie ihre Geduld, Entschlossenheit und Ausdauer, die sie während ihres ganzen Lebens bewiesen hat, sind wichtige Eigenschaften für alle spirituellen Aspiranten. Es sind die Eigenschaften, die auch von den großen Meistern der Vergangenheit wie Jesus, Buddha Shakyamuni, Krishna, Lao Tse, Mohammed, Guru Nanak und anderen gelehrt und gelebt wurden. Obwohl das Leben eines jeden Meisters einmalig ist - der spirituelle Pfad, dem sie folgen, war und ist immer der gleiche. Es ist der Pfad der Meditation auf den himmlischen Klang und das Licht. Die Meisterin Ching Hai nennt ihn Guanyin-Methode, da sie ihre ersten öffentlichen Vorträge in Formosa hielt. Guanyin ist ein chinesischer Ausdruck und bedeutet Beobachtung der inneren Schwingung. Diese ursprüngliche Schwingung bzw. der Klang ist von Natur aus transzendental und wird daher in der Stille wahrgenommen. Die Jünger Jesu nannten es den „Heiligen Geist" oder das „Wort" nach dem griechischen Wort „Logos" d.h. Klang. Am Anfang war das Wort, und das Wort war bei Gott, und das Wort war Gott.

Als Buddha Shakyamuni Erleuchtung erreicht hatte, sprach er ebenfalls von diesem Klang, den er „Trommel der Unsterblichkeit " nannte. Krishna setzte sich mit dem „Klang im Äther „ gleich. Mohammed nahm diesen Klang in der Höhle von Gare-Hira wahr, als er eine Vision des Erzengel Gabriel hatte. Und Lao Tse beschrieb das Tao als den „Großen Ton". Soweit eine Zusammenfassung eines Beitrags im Nachrichten-Magazin Nr. 79.

S: Gibt es darüber hinaus weitere einmalige Aspekte ihrer Lehren ?

A: Sie gibt den Menschen den Rat, bereits abgeschiedene Meister, hölzerne Buddhas oder andere Buddha-Statuen nicht zu verehren, sondern unter allen Umständen einen lebenden Meister aufzusuchen.

S: Weshalb sagt sie so etwas ?

A: Tatsächlich können bereits verstorbene Meister, seien es nun große Heilige oder nicht, uns nicht helfen, weil sie nicht mehr hier sind. Wir können nicht mit ihnen sprechen so können sie uns in unserer Praxis nicht helfen. Die uns hinterlassenen Bücher und Schriften sind bloß Hinweise für die Praktizierenden späterer Generationen, die Meister selbst jedoch existieren nicht mehr. Deshalb sollten wir einen lebenden Meister finden, dem die Methode und die Vollmacht weitergegeben wurden, und uns in dieser oder jener Weise auf ihn verlassen.

S: Was sind die Bedingungen, um erleuchteter Meister genannt zu werden ?

A: Wir spüren große Segenskraft von ihm ausgehen, wenn es notwendig ist, oder er kann Praktizierenden durch zahllose Transformationskörper helfen. Da die Meisterin Ching Hai dies vermag, bin ich an ihr außerordentlich interessiert !

S: hat sie sich vor ihnen manifestiert ?

A: Natürlich, wie könnte ich sonst mit solcher Überzeugung davon sprechen ?

S: Gibt es heute in der Welt noch andere Meister wie die Höchste Meisterin Ching Hai ?

A: Das weiß ich noch nicht, da sie die einzige ist, die ich gesehen habe. Ich habe aus den Büchern der Höchsten Meisterin Ching Hai viel gelernt. Erstens: Als ich endlich das wahre Wesen des Tons entdeckte, den ich 12 Jahre lang gehört hatte, (der ja von den Medizinern als Tinitus, also Krankheit bezeichnet wird. W.Schorat) begriff ich, was die Guanyin-Methode ist. Zweitens habe ich ganz bewusst das Fleischessen aufgegeben. „Der Schlüssel zur sofortigen Erleuchtung" zu danken, dass ich die Guanyin-Methode kenne und streng vegetarisch lebe. Sobald ich diese beiden Lehren in die Tat umgesetzt hatte, machte ich große Fortschritte durch die wunderbare Segenskraft der Meisterin Ching Hai, obwohl sie sich in einem anderen Land aufhielt.

S: was bedeutet „Segenskraft" ?

A: als buddhistischer Terminus bezeichnet er eine Art übernatürlicher Kraft eines Buddha oder Bodhisattva, um fühlende Wesen die Wahrheit erkennen und erfahren zu lassen.

S: Ich kann nicht begreifen, wie sie diese Kraft aus einem fremden Land nach Korea schicken kann.

A: Das ist in Ordnung, geschieht jedoch normalerweise auf der spirituellen Ebene.

S: Ich kann es für mein Leben nicht begreifen?

A: Das ist so, weil die Schwingungen eines erleuchteten Meisters allmächtig und allgegenwärtig ist wie die Luft. Da ein solcher meister die Vorstellung vom „Ich" aufgegeben hat, kann er seinen Segen absichtslos und unterschiedslos allen vermitteln, die innerlich aufgeschlossen sind. Das wird „handeln ohne zu handeln" genannt, „geben ohne die Vorstellung vom Ich" , und „die linke nicht wissen lassen , was die rechte Hand tut" . Wenn er dagegen spirituellen Segen bewusst austeilt oder nur gewisse Leute segnet und andere nicht, heißt das, dass er ein falscher Meister und kein erleuchteter Meister ist. Ein erleuchteter Meister gehört keiner Privatperson, sondern der Öffentlichkeit. Die Sonnenstrahlen fallen ohne Unterschied auf die ganze Natur, auf Weizen und Unkraut. Und auch der regenbenetzt alles, Arzneipflanzen und giftige Pflanzen. Sonne und Regen können das, da sie keine Vorstellung von einem Ich haben.

S: Was halten sie davon, dass die Höchste Meisterin Ching Hai Make-up trägt und fantastische Kleider wie eine Entertainerin oder ein Model, ganz im Gegensatz zu anderen Meistern ?

A: Die Wahrheit liegt nicht im Äußeren, sondern innen. In gewissem Sinne , denke ich, ist es notwendig, dass ein Meister der Öffentlichkeit ein völlig neues Erscheinungsbild bietet, weit entfernt von stereotypen Mönchsroben und Uniformen. Sie hat gesagt, wenn sie als Nonne gekleidet ist, mögen das die Mönche und Nonnen, jene die zu Hause praktizieren, aber nicht. Darum sollte ihre Kleidung und Aufmachung unterschiedlich sein, dem unterschiedlichen Geschmack der Menschen entsprechend. Das heißt, dass sie bereit und in der Lage ist, ihre äußere Erscheinung zu verändern, wenn es der Verbreitung der Wahrheit dient. Sie sagt angeblich ganz offen, dass sie sich in Make-up und dressed up weit weniger wohl fühlt als in Alltagskleidung. Aber mit Rücksicht auf die Menschen, denen sie begegnet, kleidet sie sich zu jedem Anlass anders, obwohl das sehr unbequem und lästig ist. Am bequemsten sei ein Pyjama, aber Gästen gegenüber könne man ja nicht unhöflich sein. Kurz gesagt, sie benutzt die unterschiedlichen Aufmachungen nur als Mittel zur Verbreitung der Wahrheit.

S: Wenn das so ist , vermute ich, müssen ein Modeberater und ein Makeup-Spezialist sie begleiten.

A: Man sagt, das sei nicht der Fall. Sie kümmert sich um ihre Kleider, Zubehör und Make-up selbst. Und abgesehen von Kleidern und Make-up trägt sie auch alle Kosten ihrer Vortragsreisen selbst. Sie hat es sich zur Regel gemacht, von den Mitgliedern ihrer Association keine Mitgliedsbeiträge zu nehmen.

S: Aber womit verdient sie dann so viel Geld ?

A: Es heißt, dass die Meisterin Ching Hai viele Talente hat wie Design, Kunstgewerbe und Keramikarbeiten, Malerei, Kochen und Singen. Sie kann genügend Geld verdienen, das sie dafür verwendet, ihre Lehren zu verbreiten. Ich denke, sie verkörpert eine ganz neue Art Meister, genau passend für ein neues Zeitalter.

DIE WUNDER DER MEISTERIN
Erfahrung eines wahren Muslims
Von Bruder Zulfiqar Ali, U.K
(Original in Englisch)

Während meiner Einweihung hatte ich die wunderbarsten Erfahrungen. Ich hatte ungefähr ein Jahr lang die Einfache Methode praktiziert und immer die goldene Meisterin Ching Hai in meinen Träumen gesehen, und ich spürte ihre Präsenz von Liebe und Harmonie. Als wahrer Muslim war mein Glaube immer stark gewesen und mein Herz sehr rein. Bei meiner Einweihung während des Internationalen 3-Tage -Retreats in Los Angeles sah ich ein blendendes Licht und die Meisterin. Sie führte mich zu Gott. Als ich Guanyin praktizierte, hörte ich die Meereswogen, singende Vögel, die goldene Flöte und die Harfe. Mein ganzer Körper verschwand, und ich fühlte mich glückselig und voller Liebe.

Am nächsten Tag meditierte ich in meinem Zimmer, und als ich die Heiligen Namen rezitierte, wurden mir die Augen schwer, und innerhalb von Sekunden verließ meine Seele den Körper, und mein Körper befand sich in einem sehr tiefen Schlaf. Und ich sah Gott. Ein Haar auf Gottes Haupt war Trillionenmal das Licht unserer Sonne. Es war ein wunderschönes, strahlendes Licht, überall und immerdar. Ich sagte zu Gott : „Ich liebe Dich, Vater", und ers sagte : „Ich liebe Dich mein Kind". Alles machte Sinn für mich. Mein Körper war Licht, und ich war wieder beim Vater. Dann erkannte ich, wer ich war. Gott sagte zu mir : „Ich habe auf dich gewartet, mein Sohn", und ers enthüllte mir alles. Ers sagte : „Alles ist dein, denn auch du bist Gott und Beherrscher des Universums." Ich sagte : „Allah (Gott) , Du hast mir gefehlt „ und ers umarmte mich. Die Energie war unglaublich.

Ich war im Himmel und eins mit dem himmlischen Vater. Dann sah ich um mich herum wunderschöne Engel, die ganz in Weiß gekleidet waren, und ich sah den Propheten Mohammed und Jesus Christus. Ich setzte mich und sprach mit beiden, und sie waren glücklich, mich zu sehen. Sie sagten : „Du hast die Barriere durchbrochen und Du bist eins mit uns, denn wir sind alle eins mit dem Vater." Jesus und Mohammed sagten ; „Du bist im höchsten Himmel. Das alles gehört Dir. Die Engel sind dir zu Diensten ." Dort sind wir alle aus Licht. Ich sah goldene Stühle und goldene Gebäude und Diamanten in den Gebäuden. Im wesentlichen war alles aus Licht. Selbst das Essen war aus Licht. Jesus und Mohammed sagten mir, dass sie zu unterschiedlichen Welten reisen, und dann sah ich die Billionen anderen Welten, über deren Existenz ich nichts gewusst hatte. Sie sagten, dass sie zu diesen Welten gehen, um all die negative Energie zu sammeln und sie durch Positive Energie zu ersetzen. „Wir sind erschöpft, aber wir können uns selbst erneuern, da wir aus Licht sind," Ich erkannte, dass in höheren Dimensionen alles aus Licht ist.

Ich sagte zu Gott, dass dies alles nicht möglich wäre, gäbe es nicht die Höchste Meisterin Ching Hai, die mir geholfen hatte, das wahre Königreich Gottes zu finden. Jesus und Mohammed vermittelten mir dann, dass ich der Höchsten Meisterin sagen solle, dass sie eine ausgezeichnete Arbeit leistet, und dass ich sie als Dank von ihnen umarmen solle. Allah sagte : „Du musst das Wort allen Schwestern und Brüdern weitergeben, insbesondere meiner Tochter, der Höchsten Meisterin Ching Hai und ihr sagen, dass ich sehr glücklich bin, dass sie Millionen von Schülern hat, die Meiner Lehre folgen. „ Ich begann zu weinen, aber meine Tränen waren von Liebe und Lachen erfüllt, und dann begannen die Engel zu singen. Jesus, Mohammed, Gott und ich tanzten , von Engeln umringt.

Am nächsten Tag, sah ich die Meisterin in ihrer physischen Form bei einer Gruppenmeditation. Ich wartete, bis alle anderen ihre Fragen gestellt hatten, dann ging ich nach vorn und sagte der Meisterin, dass ich Jesus und Mohammed gesehen hätte. Sie senden ihre Liebe und ihren Segen, und dass Allah, Gott, sehr zufrieden mit ihrer Arbeit ist. Gott sagte, dass ers sie liebt und dass ich ihr eine Umarmung vom Vater geben soll. Und so gab ich die Umarmung an die Meisterin weiter, und sie sagte: „Ich liebe

Dich. „ „Ich liebe Dich auch , Meisterin", sagte ich. Im Saal sah ich Gott, wie er von Engeln umringt, auf all die Schwestern und Brüder schaute. Er sah mich an, lächelte und verschwand.

Ich glaube, dass die Meisterin diese Erfahrung brauchte, um jenen um sie herum zu helfen, und dass Gott mich erwählte, um diese wunderschöne Botschaft zu überbringen. Ich sah, alle Brüder und Schwestern wissen, dass uns unser Vater sehr liebt. Wir müssen ein reines Herz bewahren, meditieren und die Heiligen Namen ständig wiederholen, und wir müssen stets positiv denken. Wir sind wahrlich Heilige aus himmlischen Sphären, Beherrscher des Universums, des ganzen Kosmos, denn wir sind Gott. Für jene, die das Licht nicht sehen können, versucht folgendes : „Wenn ich das Licht sehe, bin ich glücklich, wenn ich Dunkelheit sehe, bin ich Glücklich, denn ich bin eins mit dem Vater." Und alles wird euch enthüllt werden. Ich hoffe , dass dies allen Schwestern und Brüdern hilft. Ich weiß nun, warum wir die Meisterin „Reines Meer" nennen. Sie ist wahrlich der „Ozean der Liebe". Wenn ich meditiere, sehe ich jetzt immer die Meisterin, ihre goldene Manifestation ist überall, und sie segnet mich. Und Engel sind um uns herum.

Denke daran, stets dem Pfad der Liebe zu folgen. Ich liebe dich auf immer und ewig. Von einem wahren Muslim. Einer demütigen, reinen Seele.

KARMISCHE SCHULDNER KOMMEN, UM GERECHTIGKEIT EINZUFORDERN
Von der Miteingeweihten Song, Festland China

Dieses ist die wahre Geschichte dessen, was in meiner Familie geschah. Mein Neffe hat am 19 Oktober 1977 geheiratet. Eine ganze Woche lang, während er damit beschäftigt war, seine Hochzeit vorzubereiten, litt er an anhaltend hohem Fieber von mehr als 39,5 Grad Celsius. Keine medikamentöse Behandlung, weder westliche noch chinesische, konnte ihm helfen. Der Hochzeitstermin kam näher, und noch immer hatte er kein Mittel gegen seine Krankheit gefunden. Alle Verwandte und Freunde waren zur Hochzeit geladen, das Festbankett war bestellt, und es war zu spät irgendwelche Änderungen vorzunehmen. Durch dieses eigenartige Missgeschick verwirrt, rief er mich an um mir seine Lage zu schildern.

„Tantchen", sagte er „ich habe die ganze Woche lang Fieber gehabt, und es will nicht besser werden. In der ersten Nacht als ich krank war, träumte ich von einem Erwachsenen und einem Kind in einem kleinen Karren, der sich geradewegs auf meinen Türeingang zu bewegte. Seltsamerweise konnte der Eisenzaun, der das Haus umgibt, den Karren nicht aufhalten, er fuhr einfach herein.

Seitdem sehe ich jede Nacht im Schlaf einen Erwachsenen und ein Kind, die mit abgewandtem Gesicht an meinem Bett verweilen. Heute Nacht verlangte Vater (mein jüngerer Bruder, der vor einem Jahr verstarb) in meinem Traum, ich solle gehen und die Guanyin- Bodhisattva suchen. Ich dachte, er meinte die Keramikstatue aus meinem Haus, aber ich konnte sie nicht finden. „ Du bist wirklich Dumm sagte Vater lächelnd zu mir, ehe er mich verließ „

Ich erkläre ihm das es sich um Karma aus seinem vorigen Leben handelte und riet ihm, die Aufnahme mit den buddhistischen Gesängen der Meisterin und ein Freiexemplar mit nach Hause zu nehmen. Bestrebt ein Heilmittel zu finden, trug er diese Dinge respektvoll heim und verbeugte sich dreimal vor dem Photo der Meisterin. Am nächsten Tag rief er erneut an, um mir von einem seltsamen Vorfall zu berichten. In der vorhergehenden Nacht hatte er in seinem Traum eine Meisterin in der strahlenden Robe des Guanyin-Bodhisattva gesehen, die genauso aussah wie die Höchste Meisterin Ching Hai. Bei der Meisterin waren ein Drachen-Wächter-Gott sowie der Erwachsene und das Kind, die er in seinen vorherigen Träumen gesehen hatte. Der Erwachsene entpuppte sich als eine junge Frau, die sich bei der Meisterin beklagte : „Er hat mich und mein Kind früher brutal getötet". Dann schienen sie in eine

Diskussion vertieft, um danach alle zu verschwinden.

Seit dieser Nacht hatte er keine Alpträume mehr, und das Fieber verließ ihn einen Tag vor seiner Hochzeit. Erstaunlicherweise sah er an seinem Hochzeitstag völlig normal aus, als wäre er niemals krank gewesen. Ich weiß genau, dass die Meisterin sein Karma übernommen hat und für ihn litt. Dieses ist eine weitere Bestätigung der Erklärung der Meisterin, dass man durch die Einweihung seinen Vorfahren, den Nachkommen, Verwandten und Freunden hilft.

Aphorismen
Gesprochen von der Höchsten Meisterin Ching Hai
(Ursprünglich in Chinesisch)

Das Organisationstalent menschlicher Wesen kann nie den Willen Gottes übertreffen. Wenn wir nicht aufrichtig sind, nicht spirituell praktizieren und in unsren Gedanken, Worten und Werken unrein sind, wird es nie funktionieren, ganz gleich wie gut unsere Pläne sind.

VOM ALKOHOLIKER ZUM PRAKTIZIERENDEN
Von eingeweihter Schwester Li, Hebei, Festland China

Mein Mann war ein starker Trinker. Wenn er getrunken hatte, schlief er die ganze Nacht nicht und drehte oft durch. Niemand konnte ihn jemals dazu bewegen, mit dem Trinken aufzuhören. Aber ein Ereignis veränderte ihn für immer.

Am 19 . November letzten Jahres machte sich mein Mann und meine Schwiegertochter auf den Weg, um bei einer Gedenkzeremonie unechtes Geld für die Ahnen zu verbrennen. Es war dunkle Nacht. Plötzlich raste ein Motorrad auf sie zu, und mein Mann fiel hin. Meine Schwiegertochter dachte, das Motorrad hätte ihn überfahren, deshalb wollte sie den Motorradfahrer nicht gehen lassen. Mein Mann sagte ihr aber, dass ihn nicht das Motorrad umgefahren hätte, sondern dass er hingefallen sei, weil ihn jemand, der sich Höchste Meisterin Ching Hai nennt, (ihr allgegenwärtiger Lichtkörper) , einen Stoß gegeben habe. Als er nach Hause kam, erzählte er mir : „Es war deine Meisterin, die mein Leben rettete. „ Als das Motorrad auf ihn zu raste, war er in unmittelbarer Gefahr. Hätte die Meisterin ihm nicht im voraus einen Stoß versetzt, wäre die Folge katastrophal gewesen. Dieser Vorfall hatte eine starke Wirkung auf ihn. Er begann sich für die Meisterin und ihre Lehre zu interessieren und hörte aus eigenem Antrieb mit dem Trinken auf.

Abgesehen davon, dass er ein Trinker war, war mein Mann darüber hinaus Jahrzehnte hindurch süchtiger Raucher. Daher stand es schlecht um seine Gesundheit. Sein Gesicht war grau, und er sah schrecklich aus. Er hustete ständig, und Asthma machte ihm zu schaffen. Nachdem er jedoch beschlossen hatte, Vegetarier zu werden und die Guanyin- Methode zu praktizieren, begann sich seine Gesundheit zu bessern. Er nahm an Gewicht zu und bekam eine rosige Haut. Bis zum Februar dieses Jahres hatte er schließlich das Rauchen aufgegeben, das ihn über Jahrzehnte begleitet hatte.

Zur selben Zeit bekam die Familie finanzielle Probleme. Wegen der schlechten Gesundheit meines Mannes betrug sein monatliches Arbeitseinkommen nur 120 RMB (Festlandchina Dollar) , das Haupteinkommen unserer Familie. Aber im Frühling dieses Jahres verlor er sogar diese schlecht bezahlte Arbeit. In dieser schwierigen Zeit ohne Einkommen kam jemand und empfahl ihn für einen Job in einem Niedrigpreisladen, wo Zigaretten und Alkohol verkauft wurden. Als ich davon erfuhr, ließ ich nicht zu, dass er den Job annahm. Ich sagte : „Die Meisterin wird uns nicht verhungern lassen. Wir werden kein unsauberes Geld verdienen." Tatsächlich kam bald jemand anderes und bat meinen Mann

, ihm bei seinen Geschäften zu helfen. Plötzlich hatte mein Mann drei Teilzeitjobs, die gut und nicht ermüdend sind. Sein Gesamteinkommen beträgt jetzt mehr als 800 Yuan. Später wurde mein Mann in die Guanyin-Methode eingeweiht, und die Situation meiner Familie hat sich seither ständig verbessert. Meine Schwiegertochter und mein Enkel wurden ebenfalls Vegetarier und beschlossen , die Guanyin-Methode zu praktizieren. Jetzt sind sie alle Miteingeweihte.

DIE METHODE, EIN GUTES KIND ZU SEIN
Von eingeweihter Schwester Chang Chiu-dian, Taipeh, Formosa

Frühlingsregen nieselt herab. Chinesischer Tradition entsprechend ist es Zeit, die Gräber zu kehren und unseren verstorbenen Familienangehörigen Respekt zu erweisen. Meine Eltern behandelten ihre Eltern mit großer Pietät. Solange meine Großeltern lebten, taten sie was sie nur konnten, um sie zu erfreuen, seit meine Großeltern verstorben sind, verbrannten sie täglich Weihrauch an ihrem Hausaltar und vergaßen nie, alljährlich ihre Gräber zu kehren. Meine Mutter sagt uns oft: „Kindliche Pietät unseren Vorfahren gegenüber ist die erste aller Tugenden." Meine Großmutter hatte kein glückliches Leben. Nach ihrem Tod träumte ich einige Male von ihr. Im ersten Traum hatten wir ein Familientreffen, und sie saß abseits allein, still und bedrückt. Kurz nach meiner Einweihung träumte ich wieder von ihr. Im Gegensatz zu dem ersten war dieser Traum eine glückliche Erfahrung : Großmutter saß in unserer Mitte, froh und entspannt.

Als ich an einem sonnigen Sommernachmittag ein Schläfchen machte, sah ich Großmutter mit einer Freundin in mein Zimmer kommen. Sie blieb still an der Tür stehen, deutete auf mich und sagte : „Das ist die Einzige in meiner Familie, die, die Guanyin-Methode praktiziert !" Überrascht platzte ihre Freundin heraus: „O, sie ist das !" Als ich gerade vom Bett aufstehen wollte , hörte ich Großmutter sagen : „Ssss.. Still ! Weck sie nicht auf." So blieb ich still. Großmutter und ihre Freundin waren in weiße Roben gekleidet. Großmutter sah sehr jung aus, wie um die Dreißig. Ihre Haut war weiß und glatt, ohne jedes Fältchen. Sie war völlig entspannt und locker. Ihre Freundin sah mich an, als beneide sie Großmutter. Sie war auf Grund ihrer persönlichen guten Taten in den Himmel gekommen, aber ihre Verdienste werden zu Ende gehen, und sie wird fallen. Für meine Großmutter jedoch gibt es keine Probleme. Sie stieg nicht nur leicht zum Himmel auf, sondern wird auch in höhere Dimensionen gehen, um spirituelle Lektionen zu lernen. Und zahllose Segnungen erwarten sie. Ihre Freundin hingegen bedauerte sehr, ihren lebenden Angehörigen nicht sagen zu können, sie sollten die Guanyin-Methode praktizieren. Ein Einziger würde schon genügen.

Großmutter sagte mir, dass sie in höhere Dimensionen gehen und nicht zurückkommen würde, zeigte aber keine Anzeichen von Gebundenheit. Nur Frieden und Harmonie strahlt sie aus. Ich wusste , dass die universelle Kraft für sie sorgt und freute mich darüber. Dieser Austausch geschah durch innere Kommunikation, Worte waren unnötig. Dann verschwand meine Großmutter mit ihrer Freundin und kehrte niemals wieder, weder in mein Leben noch in meine Träume.

Diese Träume hatte ich vor vielen Jahren, und sie sind mir frisch im Gedächtnis. Mir kommen die Tränen, wenn ich an die Gnade der Meisterin denke. Master hat uns so viel gegeben, auf physische wie auf unsichtbare Weise, wovon weltliche Menschen nichts wahrnehmen, und einiges, wovon auch wir Schüler nichts wissen. Die Meisterin hat gesagt, dass alle unsichtbaren Wesen sie erkennen können, die Menschen jedoch nicht, weil sie durch ihr eigenes Vorurteil geblendet sind. Wir sind so glücklich, die Guanyin-Methode von einem lebenden Meister erhalten zu haben, wonach es viele Wesen im Universum verlangt. Wir sollten diese kostbare Gabe zu schätzen wissen, unser Bestes tun, zu praktizieren und ein sinnvolles Leben führen.

HEIMGANG MIT EINEM STRAHLENDEN LÄCHELN
Von der kleinen Eingeweihten Jiang, Festland China

Meine Mutter ist eine der Schülerinnen der Meisterin Ching Hai. Unter ihrem Einfluss lernte mein Vater eine Menge von den Lehren der Meisterin und stellte sich allmählich auf vegetarische Kost um. Er tat das hauptsächlich aus Gesundheitsgründen, weil er hoffte, bald von seiner Leukämie geheilt zu werden. Aber trotz der vegetarischen Kost besserte sich sein Zustand kaum. Aufgrund weiterer Hindernisse, die sich ihm in den Weg stellten, gab er seine Bemühungen auf.

Meine Mutter machte ihm deswegen keine Vorwürfe. Sie spielte weiter jeden Tag unentwegt die Videos und Audiokassetten der Meisterin. Nach einiger Zeit hatte Vater alle Bücher der Meisterin, die wir im Hause hatten gelesen. Er las sie immer wieder. Er hatte ein klares Verständnis ihrer Lehren und wusste, das Vegetarismus und spirituelle Praxis nicht dazu gedacht sind, den Körper zu retten, sondern den Menschen aus dem Kreislauf von Leben und Tod zu befreien.

Eines Tages sah ich mit eigenen Augen, wie Vater zum Kind wurde. Mit dem Foto der Meisterin in den Händen bereute er aufrichtig und flehte : „Große Mutter, bitte vergib diesem Kind seine Fehler." Im Moment seiner Reue sah er den Manifestationskörper der Meisterin. Mein Vater schluchzte auf vor Dankbarkeit für ihre Gnade. Mit dem liebevollen Segen der Meisterin wurde er wieder Vegetarier und blieb es bis zu seinem Ende.

Vaters Krankheit war spät diagnostiziert worden, als er sich schon in einem ernsten Zustand befand. Bei mehreren Gelegenheiten glaubten wir, er würde sterben. Aber so oft eine Krise eintrat, sah er den Manifestationskörper der Meisterin, die ihn im Krankenhaus besuchte und sogar im Traum einweihte. Er sagte, die Meisterin sei wahrhaftig groß und wie eine liebevolle Mutter. Er war ihr außerordentlich dankbar, wusste aber nicht wie er das zum Ausdruck bringen sollte. Einmal hielt er ein Foto von der Meisterin in der Hand und sagte : „Tot oder lebendig - ich werde immer dein Schüler sein."

Kurz vor seinem Tod konnte er nicht mehr sprechen und uns nur mit mühsamen Gesten andeuten, was er wollte. Mehrmals zeigte er auf den Kassettenrekorder was hieß, wir sollten das Band der Meisterin mit den Buddah-Gesängen spielen. Während das Band lief , verschied er mit dem strahlendsten Lächeln seines ganzen Lebens. Wir glauben, dass er zu dem Ort gegangen ist, nach dem er sich gesehnt hatte - in die schöne Heimat der Seele.

ABSCHIED VOM ROLLSTUHL
Von Schwester Gao aus Shanxi, Festland China

Als Schwester Cui fünf Jahre als war, hatte sie einen Unfall und trug mehrere Knochenbrüche davon. Medizinische Untersuchungen in mehreren Krankenhäusern ergaben, dass sie an der Knochenkrankheit Osteoporose litt.

Schwester Cui konnte weder stehen noch gehen. Sie und ihre Eltern waren zu Tode betrübt. Das Leben und ihre vielen Träume verloren ihren Glanz, während sie die nächsten fünf Jahre im Rollstuhl zubrachte. Als sie andere Kinder glücklich zur Schule gehen sah, wurde sie von Tränen des Neides überwältigt. Sie verlor ihren Glauben und ihren Lebenswillen.

Während dieser Zeit der Depression und Niedergeschlagenheit klopfte eine ältere Schwester an ihrer Tür und gab ihr ein Freiexemplar der Meisterin. Gottes große Liebe ermutigte sie und besänftigte ihr innerstes Herz. An diesem Tag wurde Schwester Cui Vegetarierin. Die Lehren und der unendliche

Segen der Meisterin ernährten ihre Seele wie der Frühlingsregen, der den dürren Wüstenboden nach einer langen Trockenzeit wiederbelebt. Einige Wochen später geschah ein Wunder. Das kleine Mädchen begann zu gehen, wobei sie sich mit den Händen an der Wand abstützte. Im Dezember 1995 erhielt sie die Einweihung, von der sie so lange geträumt hatte. Sie folgte den Anweisungen der Meisterin und praktizierte mit großer Aufrichtigkeit und Demut. Einige Zeit später verabschiedete sie sich von ihrem Rollstuhl und lernte sogar Radfahren. Vor einigen Monaten besuchten einige unserer Miteingeweihten Schwester Cui und stellten fest, dass sie nicht länger das Mädchen war, das sie auf ihren Schultern zur Einweihung getragen hatten. Ruhig lächelnd erzählte sie ihnen : „Ich weiß nicht, ob ich die Kraft zum Weiterleben gehabt hätte, wenn ich nicht Mami Ching Hai begegnet wäre."

Wir erfuhren, dass sie allein zu Hause Englisch und Japanisch lernt, und dass sie sehr gut im Schreiben ist. Sie möchte stark im Geist und den Fußstapfen der Meisterin folgen, indem sie sich öffentlichem Dienst widmet.

EINE ANTWORT AUF JEDES GEBET
Eine Geschichte eines Eingeweihten aus Formosa

Im August 1997 hatten meine Frau (eine eingeweihte Schwester) und ich den Einfall, das Gebirge nordöstlich des Berges Fang auszukundschaften. Jedes mal, wenn wir auf unseren Weg nach Taitung an dem Berg vorbeikamen, sahen wir von der Ostküste Formosas aus seine majestätische Erscheinung mit üppigen Laubwäldern und waren fasziniert. Wir fragten uns, welch wundervolle Landschaft er auf seiner Rückseite wohl verberge.

An jenem abenteuerlichen Tag machten wir uns mit dem Motorrad auf den Weg und erreichten ein großes Tal, das ein ausgetrocknetes Flussbett zu sein schien. Es war rau und uneben, mit Steinen und Buschwerk jeder Größe bedeckt. Meine 125 ccm Maschine konnte das Gelände kaum bewältigen. Es blieb mir nichts anderes übrig, als auf einer einigermaßen glatten Spur langsam dahinzuschleichen. Nach etwas einer Stunde gab es plötzlich einen heftigen Ruck und wir hielten an, um nachzusehen. Das Vorderrad hatte eine Reifenpanne !

„So ein Pech ! Und was machen wir nun ? " fragte meine Frau besorgt. Ich schüttelte den Kopf, da mir auch nichts einfiel. Die Sonne brannte vom Himmel, und wir waren durchgeschwitzt. Es ging auf Mittag zu, so stellten wir das Motorrad ab und suchten uns ein kühles Plätzchen, um auszuruhen und etwas zu essen. Beim Kauen kam mir plötzlich eine Idee : „Warum bitten wir nicht die Meisterin um Hilfe ? Hatten wir bei Schwierigkeiten nicht immer zu ihr gebetet, und sie hat unsere Probleme gelöst ?

Nach unserem Gebet machten ich ein Nickerchen. Dann schoben wir das Motorrad durch das steinige Flussbett, wobei ich zur Unterstützung den Motor anließ. Nach etwa hundert Metern keuchten meine Frau und ich vor Anstrengung. Nachdem wir unter einem großen Baum ein wenig gerastet hatten, gingen wir wieder an die Arbeit. Ein großer Baum gut hundert bis zweihundert Meter vor uns war unser Ziel. Als wir es erreicht hatten, setzten wir uns erneut hin und kauten an dem Zuckerrohr, das wir mitgenommen hatten.

Als wir mit unserem Zuckerrohr fast fertig waren, hörten wir von Nordosten näherkommende Motorgeräusche. Wir sprangen auf die Füße und schauten uns an. Ein kleiner Laster kam langsam in unserer Richtung geschaukelt und hielt direkt vor uns. Der Fahrer gehörte einem der Eingeborenen Stämme an. Neben ihm saß ein weibliches Wesen, wahrscheinlich seine Frau . „ Ist ihr Motorrad kaputt ? „ fragte er.

„ Ja so ist es ! „ platzte es aus mir heraus. „ Wir hofften sehr, dass jemand kommt und uns hilft ! „

„So stimmt es also wirklich „ sagte er leise wie zu sich selbst. Dann wandte er sich zu uns und sagte :
„ In Ordnung machen wir uns auf den Weg."

Überglücklich versuchten wir sofort , das Motorrad auf den Laster zu hieven, aber es war zu schwer. Wie sollten wir das schaffen ? Während uns dies Problem noch beschäftigte, räumte unser eingeborener Freund auf der Ladefläche einiges beiseite und dann drückte er einen Knopf. Plötzlich begann diese sich nach rückwärts zu neigen . Als sie zum Stillstand kam, sagte er, ich solle den Motor starten, und mit seiner Hilfe schoben wir das Motorrad ohne große Mühe auf den Laster und sicherten es mit Seilen.

Der Wagen setzte sich langsam und schaukelnd in Bewegung, während ich mein Motorrad festhielt. In meinem Kopf erstanden Fragen, auf die ich keine Antwort wusste. Was meinte der Eingeborene mit den Worten „ So stimmt es also wirklich ", als er uns sah ? Solche Fahrzeuge mit moderner Technik sind selten, und wieso erschien er plötzlich in diesem abgelegenen Gebirge, als wir verzweifelt auf Hilfe warteten ? Als er uns erblickte hatten wir es uns gerade Zuckerrohr kauend unter einem Baum bequem gemacht, und unser Motorrad sah nagelneu aus. Woher wusste er, dass es defekt war ? Ich beschloss, ihn später danach zu fragen.

Nach etwa einer Stunde erreichten wir eine Werkstatt am Ping- ER Highway. Während der Mechaniker den Reifen flickte, nahm ich den Eingeborenen beiseite und fragte ihn leise : „ Mein Freund, als sie uns sahen, sagten sie da nicht ' So stimmt es also wirklich ' . Können sie mir sagen, was sie damit meinten ? Woher wussten sie, dass unser Fahrzeug defekt war und wir Hilfe brauchten ? "

Da erzählte er mir die Geschichte : „Meine Frau und ich waren nahe bei einem Fluss hoch auf dem Berg Fang. Da hörten wir plötzlich eine Stimme, die sagte : „Ein Ehepaar hat eine Reifenpanne. Sie stecken fest und brauchen Hilfe. Sie warten voller Angst im Schatten eines Baumes. Nehmt sie bitte auf eurem Rückweg mit." Wir waren etwas skeptisch, packten aber sofort unsere Sachen und fuhren hinab, um zu sehen, ob die Botschaft zuträfe. Es stimmte tatsächlich, denn wir haben sie dort gefunden."

„O, ich verstehe" sagte ich nickend und klopfte ihm auf die Schulter. „ Wir sind ihnen und ihrer Frau außerordentlich dankbar. Sie sind wahrhaftig Boten, von Gott gesandt. Ohne ihre rechtzeitige Hilfe hätte ich nicht gewusst, wie wir dort wegkommen sollten !"

Als ich ihm dankte, war ich innerlich so bewegt, dass ich kaum die Tränen zurückhalten konnte. Tief im Herzen betete ich zum Himmel : „Vielen , vielen Dank, Meisterin."

MEIN VATER
Von der Miteingeweihten Tan Yu-yin
Los Angeles, Kalifornien USA

Meine Großmutter starb drei Monate nach der Geburt meines Vaters und hinterließ ihn als Waisen. Er wuchs während des Krieges auf und avancierte in seinen frühen Dreißigern zum General. Seit meiner Kindheit dachte ich, sein Verlangen nach „absoluter Kontrolle" über alles sei ein Resultat seiner lebenslangen Karriere als Armeegeneral. Er war jung und anmaßend, dass sämtliche Familienmitglieder vor ihm und seinen Temperamentausbrüchen zitterten. Erst sehr viel später erkannte ich, dass sein Verlangen nach absoluter Kontrolle einer großen Unsicherheit entsprang. Dieses Gefühl der Unsicherheit reicht bis in seine Kindheit zurück. Mit fortschreitendem Alter verlor er die Kontrolle über viele Dinge. Er wurde ängstlich und sogar noch unsicherer. Er fürchtete sich, auch nur für die harmlosesten Freuden des Lebens Geld auszugeben. Er wurde von dem Gedanken verfolgt, es könnte eine Katastrophe geben, wenn er nicht rechtzeitig Vorkehrungen träfe. Tatsächlich war die größte Katastrophe seines Lebens die Angst, an der er sich festklammerte.

Durch seine Einweihung jedoch und seine Erlebnisse während des Todes meiner Mutter wuchs sein

Glaube, und er gewann ein Gefühl der Sicherheit, das er nie zuvor gekannt hatte. Vater wurde ein völlig anderer Mensch. Er war sehr glücklich und gewann selbst aus den kleinsten Dingen Zufriedenheit. Er wurde ein Vater, der äußerst einfach zufrieden zu stellen war. Was immer man für ihn tat, er freute sich wie ein Kind. Er gewann eine Freude am Leben, die, die Menschen anzog. Er liebte das Leben. Er liebte seine Freude ! Liebe wie Sonnenschein wärmte ihn und andere.

Alle diese Veränderungen haben wir der Meisterin zu verdanken, und auch die Gabe, die sie ihm verlieh - die Furchtlosigkeit, die ihn die schönste Zeit seines Lebens erleben ließ, sogar nach dem Tode seiner Frau.

Im Alter von 85 Jahren war mein Vater noch bei bester Gesundheit und guten Mutes. Er genoss es, zwischen Formosa und den USA hin und her zu reisen, wo er jeweils für kurze Zeit seine Söhne und Töchter besuchte. Ende 1995 flog er von Boston nach Los Angeles zurück. Bei seiner Ankunft bat er meine jüngste Schwester und mich, alle örtlichen Eingeweihten und Praktizierenden der „Einfachen Methode" zum Abendessen einzuladen, damit er ihnen seine Dankbarkeit erweisen könne. Er ordnete seinen Besitz und die Einzelheiten seines Begräbnisses. Wir meinten, er suche einfach Beschäftigung und dachten über die Bedeutung seiner Worte nicht weiter nach.

Trotz des Regens am 25. Februar 1996 ging er mit meiner jüngeren Schwester wie gewöhnlich zur Gruppenmeditation und plauderte auf der Fahrt mit meiner Tante. Kurz nach beginn der Gruppenmeditation kamen die Wachen zu meiner jüngeren Schwester. Wir eilten zu meinem Vater und sahen, wie einige Schwestern ihn künstlich beatmeten. Ich war geschockt. Meine jüngste Schwester nahm mich zur Seite und vertraute mir an : „Jetzt weiß ich, warum Vater vor einigen Tagen sagte, dass er den Manifestationskörper der Meisterin gesehen habe und dass sie ihm angelächelt und ihm zugeblinzelt hat."

Der Krankenwagen kam und brachte meinen Vater in ein Vorstadt-Krankenhaus. Sobald ich dort ankam, rief ich eine meiner jüngeren Schwestern an, die in einem anderen Bundesstaat wohnte, woraufhin sie sofort zu meditieren begann. Einige Minuten später klingelte das Telefon und ihre innere Erfahrung beschreibend sagte sie : „Vater ist von uns gegangen ! Die Meisterin hat ihn zu Mutter gebracht. Er sah so jung aus, als wäre er zwanzig oder dreißig. Er war sehr aufgeregt, lief umher wie ein Kind und schaute sich alles an. Immer wieder sagte er, dass dort alles unwahrscheinlich Spaß macht ! Die Meisterin tadelte mich für meine Tränen. Mutter lächelte nur, während Vater mich tröstete, indem er sagte , ich solle mich nicht aufregen da wir uns eines Tages wiedersähen." Nachdem ich den Hörer aufgelegt hatte, fühlte ich, wie sich mein verkrampfter Körper entspannte. „Sie hat Recht", sagte ich mir, „warum sollten wir Weinen ? Wie viele Leute haben schon so große Verdienste wie Vater, dass sie mit soviel Würde sterben können ? Wir sollten um seinetwillen freudig und dankbar sein."

Nachdem wir längere Zeit gewartet hatten, kam schließlich jemand heraus und sagte : „Es tut mir leid". Nach den Regeln des Krankenhauses, in dem mein Vater starb, mussten Verstorbene innerhalb von drei Stunden nach Eintritt des Todes von der Station entfernt werden. Auf unsere Bitte erlaubte uns das Krankenhaus jedoch, unseren Vater acht Stunden dazulassen und stellte uns sogar einen Raum zur Verfügung, wo wir für ihn meditieren konnten. Jedermann im Krankenhaus behandelte uns freundlich und entgegenkommend. Nach acht Stunden hörten wir es klopfen. Es war die Oberschwester der Notaufnahme. Sie fragte, ob sie irgend etwas für uns tun könne. Nachdem ich ihr gedankt hatte, fragte sie, ob sie mich sprechen könne. Es stellte sich heraus, dass alles Gottes Fügung war.

Die Schwester hatte seit mehr als zehn Jahren in der Notaufnahme gearbeitet. Sie sagte, sie habe noch keinen gesehen, der die Welt so in Ruhe und Frieden verlassen hat. Vor allem wollte sie wissen, warum wir den Tod unseres Vaters an diesem Morgen so ruhig akzeptieren konnten. Ich erklärte ihr den Grund und lud sie ein, in den Raum zu kommen und Vaters frisches, lächelndes Gesicht zu betrachten. Ich zeigte ihr auch seine Hände, die noch weich und geschmeidig waren . Ich sagte ihr, dass auch der Leichnam meiner Mutter keine Todesstarre gezeigt hatte, obwohl die Sargträger sie zu Boden fallen ließen, als man sie einen Tag nach ihrem Tod fortbrachte. Die Krankenschwester fand dies unglaublich ! Sie hatte so ein gutes Herz, dass sie am Hinterausgang des Krankenhauses auf die Sargträger wartete, nur um sie zu bitten, achtsam zu sein und den Leichnam meines Vaters nicht fallen zu lassen.

Als wir aufbrachen, gab sie mir ihre Telefonnummer und bat mich, sie zu kontaktieren, falls die Meisterin in die Stadt kommt. Die Meisterin kam zwei Wochen später, und glücklicherweise hatte die Krankenschwester an diesem Tag kein Dienst. Ich lud sie ein, früh zum Center zu kommen, damit ich vorher mit ihr über die Meisterin und die Guanyin - Methode sprechen konnte. Als die Zeit der Einweihung näher kam, riet ich ihr, sie möge ihren heiligen Entschluss bedenken, der auch eine lebenslange vegetarische Ernährung beinhalte. Sie antwortete mit großer Entschiedenheit, dass sie bereit und zudem schon seit fünf Jahren Vegetarier sei. Sie hatte einige Jahre zuvor einen Nervenzusammenbruch erlitten und war noch immer leidend. Sie hatte schon immer Meditation lernen wollen, um innere Ruhe zu erlangen. An diesem Tag also erhielt sie die Einweihung und begegnete der Meisterin.

Im Mai 1996 trafen wir uns, und ich fragte sie, ob sie irgendwelche Fragen über spirituelle Praxis habe. Ich lieh ihr einige englische News Magazine und Videokassetten mit Vorträgen der Meisterin. Sie war an diesem Tag in sehr guter Stimmung und erzählte mir, dass sie sich sehr viel besser fühle, und dass sie sehr gute innere Erfahrung hatte. Später waren wir beide so beschäftigt, dass wir den Kontakt zueinander verloren. Im November erhielt ich plötzlich einen Anruf von ihr. Ihr Vater war schwer erkrankt, und sie hatte zwei Monate frei genommen, um nach New Jersey zurück zu kehren und bei ihm zu sein. Sie fragte mich, wie man die Kassetten verwendet, die ich ihr geliehen hatte. Ich riet ihr, sie mitzunehmen und ihrem Vater vorzuspielen, so dass die Meisterin ihn nach Hause führen konnte. Sie wurde von Gefühlen überwältigt und war dankbar, dass sie angerufen hatte, obwohl sie nicht wusste, warum sie es getan hatte. Im Januar 1997 rief sie mich wieder an um mir zu sagen, dass ihr Vater vor einem Monat gestorben war, und genau wie mein Vater mit einem rosigen lächelnden Gesicht, und dass sehr zur Verwunderung ihrer Familie keine Totenstarre eingetreten war.

Und nun zurück zu meinem Vater : Seine Beerdigung fand an einem Samstag statt, so dass all unsere Verwandten und Freunde kommen und ihm Lebewohl sagen konnten. Alle meine Brüder und Schwestern waren anwesend. Freitag Abend gingen wir zusammen zur Gruppenmeditation. Dort erschien der Manifestationskörper der Meisterin meiner jüngeren Schwester und sagte, dass mein Vater im Center gestorben war, um die Mitschüler daran zu erinnern, dass wir Praktizierenden wie wahre Gentlemen sterben sollten. Die Meisterin fügte hinzu, dass sie sehr glücklich sei zu sehen, dass die Miteingeweihten ihre Liebe und die Verdienste, die sie durch Meditation erlangt haben, mit anderen teilen.

Am Ende der Meditationssitzung, als die Mitschüler meinem Vater ihre Verdienste anboten, ließ die Meisterin meine Schwester sehen, wie Wogen von Licht nacheinander meinen Vater trafen und er voller Dankbarkeit ausrief : „Genug ! Genug ! Bitte bewahrt sie für euch selbst. „

Am Tag der Beerdigung kamen fast alle Eingeweihten, die wir kannten. Alle sangen zusammen mit dem Buddha Chanting-Band der Meisterin, und meine Schwester sah, wie von dem Foto der Meisterin an der Wand Licht und Segen über die Arena ausstrahlte. Sie sah auch den Manifestationskörper der Meisterin meinen Vater stützend, so dass er im Yogasitz auf seinem Sarg sitzen konnte. Als wir uns vor ihm verbeugten, um ihm Lebewohl zu sagen, füllten sich seine Augen mit Tränen der Anerkennung, als er sich dankend ebenfalls verbeugte. Er sagte meiner Schwester , dass die von den eingeweihten Brüdern und Schwestern gespendete Blumendekoration sehr schön sei. In dem Moment, als der Sarg geschlossen wurde, überfiel meine Schwester plötzlich ein Gefühl des Erstickens und der Angst , aber mein Vater tröstete sie, indem er sagte : „Keine Sorge. Ich bin draußen". Fast alle unsere Verwandten stimmten darin überein, dass dies die bewegendste Beerdigungszeremonie war, an der sie jemals teilgenommen hatten.

Ich möchte noch etwas über meine Mutter sagen, die vor zehn Jahren verstorben ist. Vor fünf Jahren schon hatte sie ihr weißes Gewand gegen die Robe der Bodhisattvas eingetauscht , als sie zur fünften Ebene gelangte. Manchmal erschien sie meiner Schwester beim Meditieren, und einmal sagte sie : „Ich bin in die Welt gekommen, um euch, meine Kinder heimzubringen." Meine Mutter war in vieler Hinsicht einzigartig, und wir waren als Familie mit vielen Wundern gesegnet, bevor und nachdem wir der Meisterin begegneten. Ich weiß dass wir es vor unserer Geburt so eingerichtet hatten, uns mit der Meisterin in dieser Welt zu treffen, und so, wie sie sich um meinen Vater kümmerte, wird sie sich um uns kümmern - in diesem Leben und danach, in alle Ewigkeit.

EINE AUSSERGEWÖHNLICHE NACHT
Erzählt von Schwester Chang Huai-yu, Nantou, Formosa

Es war wirklich eine außergewöhnliche Nacht. Gerade hatte ich von einer Mitschülerin ein liebevolles Geschenk erhalten, ein Bund Pfauenblumen. Ich hatte mein Haus aufgeräumt und sauber gemacht und dachte so bei mir : „ Wie entspannt und romantisch doch mein Leben ist ! " Jetzt, da mein ganzes Haus wie neu aussah, machte ich es mir auf dem Sofa bequem, um einen ruhigen und romantischen Abend zu genießen und in Gottes Liebe und Segen zu baden.

Ich hatte keine Ahnung, wieviel Zeit verstrichen war. Ich glaubte, in einer Wiege zu schlafen, obwohl ich mich nicht erinnern konnte, ein Wiegenlied gehört zu haben, bevor ich in Samadhi eintrat ! Ich dachte das Beben sei vielleicht nur eine Rückerinnerung an meine Kinderzeit ! Aber nein ! Die Wiege begann immer heftiger zu schwingen, auf jede nur denkbare Art und Weise. Wollte Gott Witze machen ? Ich geriet in Panik : „ Ist meine Zeit abgelaufen ? Aber die Meisterin ist nicht gekommen , um mich zu benachrichtigen ! Könnte ich es verpasst haben, weil ich zu fest schlief !

Aus nicht allzu weiter Ferne hörte ich Angst- und Schmerzensschreie. In diesem Moment war alles, was mir einfiel, meine Augen zu schließen, mich auf mein Weisheitsauge zu konzentrieren und um den Segen der Meisterin zu beten. Wenn es wirklich Zeit zu gehen war, so konnte ich nur hoffen, dass wir alle in Seligkeit und Frieden gehen dürften. Als die erste Welle des Bebens vorüber war, stand ich auf und sah, dass alle Schränke umgefallen waren, dass aber nichts auf das Sofa gefallen war, auf dem ich lag. Als ich nach draußen kroch sah ich, dass Badezimmer und Küche auf der anderen Seite eingestürzt waren. Instinktiv kroch ich zurück ins Haus und legte mich wieder auf das Sofa. Dann kam eine neue Welle gewaltiger Erschütterungen. Jetzt waren alle meine romantischen Gefühle verflogen. Rasch setzte ich mich auf, um auf den Klang zu meditieren.

Ich weiß nicht, wieviel Zeit vergangen war, als ich anfing durstig zu werden. Bei dem Versuch Wasser zu finden, kletterte ich hinauf und war völlig verdutzt. Außer dem kleinen Anbau, in dem ich mich befand, war das ganze Haus eingestürzt und der Ausgang blockiert. Ich bekam es mit der Angst zu tun und wusste nicht, wie ich ins Freie kommen sollte. Da hörte ich eine miteingeweihte Nachbarin rufen : „ Wo bist du denn ? Wir sind alle im Hof. Warum versteckst du dich da drin ?" Erst da erkannte ich meine Dummheit. „Natürlich ! Wieso war ich nicht auf die Idee gekommen, ins freie zu laufen. Als das Erdbeben kam ! In dieser Notsituation hatte ich nur daran gedacht, zu meditieren. Wäre nicht der Schutz der Meisterin die ganze Zeit mit mir gewesen, hätte ich dumme Schülerin die Katastrophe niemals so gut wie ungeschoren überstehen können !

O WUNDER ! EIN HAUS WIRD " ÜBERSPRUNGEN "
Erzählt von Schwester Jian Yu-shuang , Nanton , Formosa

Das Haus, in dem mein Vater wohnt, ist ein traditionelles taiwanesisches Lehmhaus. Nach dem Erdbeben waren sämtliche Nachbarhäuser eingestürzt, und das Haus meines Vaters war das einzige, dass überhaupt nicht beschädigt wurde. Die Nachbarn sagten, das läge daran, dass es allen Mitgliedern meiner Familie bestimmt sei, Heiligkeit zu erlangen, daher seien wir von Gott beschützt worden. Wenn man zum Dachfirst hochstieg , konnte man deutlich sehen, dass die Wände aller benachbarten Häuser eingestürzt waren, nur die vom Haus meines Vaters nicht. Das Erdbeben hatte dieses Haus einfach übersprungen und alle anderen Häuser getroffen !

Mein eigenes Haus stand weniger als zehn Meter von einem etwa 100 m hohen Hügel entfernt. Das Beben hatte den ganzen Hügel einfach weggeschoben. Durch die Bewegung des Hügels waren die benachbarten Häuser komplett eingestürzt und unbewohnbar geworden ; und an anderer Stelle war der Boden erheblich in die Höhe gewachsen. Aber der wandernde Hügel hatte etwa zwei Meter vor meinem Haus halt gemacht. Das war wirklich unglaublich ! Wer dieses Wunder nicht persönlich gesehen hat, wird es kaum glauben.

DER DUFT DER MEISTERIN
Von einer Schwester aus Guangxi, Festland China

Am 19. September 1998 hatte ich einen Autounfall und erlitt mehrere Verletzungen im Cerebrum bzw. Kleinhirn. Im örtlichen Krankenhaus wurde ich mit CT-Scan untersucht, und die Ärzte informierten meine Familie, dass meine Situation kritisch sei. Während der nächsten 35 Tage im Krankenhaus sah ich, wann immer ich die Augen schloss, eine Gruppe von identischen Heiligen meditierend im Kreis um mein Bett sitzen, und ich war überzeugt, dass ich leben würde. Eine Kopfoperation war angesetzt, aber mehrmals verschoben worden, als die Chirurgen zu ihrem Erstaunen entdeckten, dass das Hämatom (Blutgerinnsel) in meinem Kleinhirn schnell kleiner wurde. Der Heilungsprozess verlief schneller als bei einer 20jährigen. Und ich war zu dieser Zeit fast 51 Jahre alt.

Das Resultat war, ich brauchte das Risiko einer Gehirnoperation nicht einzugehen, bei der die Überlebenschance nur 8 % betrug. Ich erholte mich schnell und kehrte nach Hause zurück. Sehr bald bemerkte ich jedoch, dass ich meinen Geruchs- und Geschmackssinn verloren hatte. Ich konnte weder Gerüche noch Geschmack wahrnehmen.

Eines Tages, zwei Monate später, „fühlte „ ich plötzlich einen starken Geruch in meiner Kehle, sowohl beim Ein- als auch beim Ausatmen. Da er beim Einatmen stärker war, atmete ich öfter tief ein, um diesen aromatischen Geruch zu genießen. Ich konnte nicht ausmachen, was es war, da dieser intensive und außergewöhnliche Duft, den man nur als „vollkommen" beschreiben kann, mir während meiner 51 Lebensjahre nicht untergekommen war. Er war irgendwie nicht von dieser Welt ! DerDuft begleitete mich Tag und Nacht, aber nach ein paar Monaten konnte ich ihn nur gelegentlich und weniger stark wahrnehmen, bis er schließlich im Mai oder Juni 1991 ganz verschwand. 1994 erlebte ich diesem

Geruch für eine Weile wieder. Obwohl ich sicher war, dass er nicht aus dieser Welt stammt, hatte ich doch keine Vorstellung, woher er kommen könnte.

Im Mai 1997 empfing ich die Einweihung und begann wieder denselben unglaublichen exquisiten Duft in meiner Kehle zu „fühlen", ebenso in der Brust und im Rachen. Der Duft war ganz außergewöhnlich, einzigartig und erfrischend, vom Herzen kommend und direkt ins Mark gehend, genau wie der Duft, den ich in den frühen neunziger Jahren wahrgenommen hatte. Manchmal bleibt er einige Tage, manchmal kommt er in Abständen, aber er ist fast die ganze Zeit da. Wenn er nicht da ist und ich gut meditiere oder nach 90 Minuten Klangmeditation, und auch wenn ich die Videovorträge der Meisterin anschaue, ihre Audiokassetten höre, ihre Bücher lese und sogar, wenn ich ihre Bücher nur aufschlage, kommt er bleibend oder mit Unterbrechung. Selbst wenn ich überhaupt nichts tue, kommt er ganz von selbst.

Tatsächlich kann ich jetzt, da ich diesen Artikel schreibe, den Duft in meiner Kehle spüren. Ich weiß, dass es dieselbe Erfahrung ist, die ich früher hatte, und das sie aus der selben Quelle kommt. Es ist der Duft der Meisterin, Gottes und der Heiligen, Er beweist, dass die Meisterin keine von uns Sterblichen ist. Sie ist eine Heilige aus den höheren Welten. Und ich weiß, dass dieser Duft ein besonderer Segen von ihr ist.

Nach der Einweihung , als ich die gebundene Ausgabe Nr.1 der Nachrichtenmagazine las, erfuhr ich, dass die Meisterin im September 1989 auf einer Vortragsreise in Shanghai, Hangzhou, Xiamen, Quanzhou und Guangzhou im Südosten Chinas war. Da erkannte ich, dass ich eine besondere Affinität mit ihr habe, und dass es ihr Transformationskörper war, der mich rettete, als ich im Krankenhaus war, da es derselbe Duft war, den ich während meiner Genesung und nach meiner Einweihung wahrnahm. Sieben Jahre vor meiner Einweihung hatte sie mir erlaubt, ihre Gegenwart zu erfahren durch den Duft, gesandt von den himmlischen Heiligen !

DAS FLIEGENDE KIND
Vom zukünftigen Eingeweihten Bruder Ji, Festland China

Am Morgen jenes ereignisreichen 29. Juni 2000 war meine Frau (eine Einweihungskandidatin) zur Arbeit gegangen, und ich war im Büro, um einen freien Tag zu nehmen, da an diesem Tag nicht zu tun war. Während dieser Zeit geschah etwas Unglaubliches ! Unser viereinhalbjähriger Sohn war allein zu Hause und spielte mit einem Luftballon. Plötzlich flog der Ballon aus dem Fenster, und der Junge, im Eifer des Gefechts, fiel aus dem Fenster unserer Wohnung in vierten Stock. Im zweiten Stock wohnte eine Frau, die sich gerade von einer Krankheit zu Hause erholte. An diesem Tag war sie ausnahmsweise morgens aufgestanden , um fernzusehen und war geschockt von dem Anblick eines herabfallenden Kindes. Sie eilte hinunter und hob das Kind auf. Es blutete aus der Nase, war jedoch bei Bewusstsein. Diese freundliche Dame und einige Passanten hielten ein Taxi an und brachten das Kind zur Notbehandlung ins Krankenhaus.

Als ich den Anruf wegen des Unfalls erhielt, war ich sehr nervös, aber dennoch gefasst. Auf dem Weg ins Krankenhaus wiederholte ich den heiligen Namen der Meisterin, !Namo Ching Hai Wu Shang Shih" und betete, sie möge das Kind segnen. Im Krankenhaus erfuhr ich , dass mein Sohn nicht in kritischem Zustand war. Ärzte und Krankenschwestern hatten ihn untersucht und ihn von oben bis unten gewaschen. Eine gründliche Untersuchung ergab, dass er gesund war, bis auf eine Beule am Kopf und einige Schürfwunden an den Beinen. Das Krankenhauspersonal hätte es nicht geglaubt, hätten sie es nicht mit eigenen Augen gesehen. Einige meinten, es müssten segensreiche Verdienste für gute Taten der Familie gewesen sein. Andere sagten, das gesegnete Kind sei von Gott errettet worden. In meinem Herzen wusste ich, das es die grenzenlose Barmherzigkeit und Kraft der Meisterin war, die ihn gerettet hatte. Ohne ihren Schutz wäre mein Kind wohl heute nicht mehr am Leben.

Nach einer Woche Observation wurde unser Sohn aus dem Krankenhaus entlassen. Als er nach Hause kam, zeigte er auf zwei Fotos der Meisterin, die wir gerade erst erworben hatten, und er rief aus : „Papa, Mama, diese beiden Meisterinnen haben mein Leben gerettet ! „ Er kniete sich auf sein Bett und verbeugte sich viele male.

„ Bist du sicher, dass du diese Meisterinnen gesehen hast ? „ fragte ich. „Papa, ich lüge doch nicht, gute Kinder lügen nicht „ Er war ganz sicher, dass er zwei Meisterinnen gesehen hatte, eine, die mit ihm heruntergefallen war, und die andere am Boden, die ihn in ihre Arme auffing.

Hier muss ich unserer großen Meisterin meinen innigsten Dank sagen. Wenn sie sich so gut um Nichteingeweihte , zukünftige Schüler und ihre Familien kümmert, um wieviel mehr beschützt sie dann ihre eingeweihten Schüler !

REINHEIT DES HERZENS
Von eingeweihter Schwester Zheng Tian-xin, Taipeh, Formosa

Vor sechs Monaten gab es Aufruhr in unserer Familie. Mein Mann hatte ein außereheliches Verhältnis. Anfangs wusste ich nichts davon und dachte, es liefe deshalb nicht so gut zwischen uns, weil ich meine Rolle vielleicht nicht gut genug spielte. So tat ich alles, um unsere Beziehung zu verbessern. Es war ein schwerer Schlag für mich, als ich erfuhr, dass es eine dritte Partei zwischen uns gab. In meiner Seelenqual dachte ich über die Möglichkeit einer Scheidung nach und wie man mit dieser Situation umgehen sollte. Ständig betete ich zur Meisterin in der Hoffnung, sie würde mir Kraft geben, weiterzuleben. Eines Tages sah ich mich im Traum mit einem Ring am Finger, von dem die Meisterin sagte, es hieße „Reines Herz". Sie wünschte, dass ich diese Reinheit des Herzens in den kommenden Tagen benutze, um die Dinge in den Griff zu bekommen und zu überleben. Als ich erwachte, fragte ich mich, was dieser Traum wirklich bedeutete.

Da ich mich zur Scheidung entschlossen hatte, dachte ich daran, mir selbst ein Geschenk zu kaufen - einen rosafarbenen Ring, um die Zukunft besser zu bestehen. Ich beschloss, den Himmlischen Schmuck anzuprobieren. Die verantwortliche Schwester zog ohne jede Hast ein Etui hervor und entnahm ihm einen Ring. Unglaublich, aber er passte genau, ein Ring für den kleinen Finger ! Er erschien mir vertraut, und als die Schwester sagte, er hieße „Reines Herz", erinnerte ich mich an das Geschenk, das mir die Meisterin im Traum gegeben Hatte.

In der Tat, meine Scheidung versetzte mir einen schweren Schlag ! Ich begann, den Menschen zu misstrauen, und infolgedessen sammelte sich eine Menge negativ Energie in mir an. Die Meisterin bemerkte es und gab mir, was ich am nötigsten brauchte : „ Gebrauche die Reinheit des Herzens, um mit den Menschen und Problemen umzugehen, vollende deine Reise in dieser Welt und folge spiritueller Praxis mit Reinem Herzen. " Früher hatte ich die Bedeutung von Reinheit des Herzens missverstanden. Ich dachte, es bedeutet einfach, an den Menschen nicht zu zweifeln und die Dinge nicht zu tragisch zu nehmen. Das war ein Missverständnis, und darum litt ich.

Es besteht ein gravierender Unterschied zwischen Unwissenheit und Reinheit. Wahrhaft reines Herzens zu sein bedeutet, mit Weisheit erfüllt zu sein, fähig zu sein, die Dinge ganz klar wahrzunehmen und perfekt damit umzugehen. Bei unseren Handlungen haben weder Hass noch Feindseligkeit mitzureden, sondern allein Liebe. Um ein reines Herz zu haben, müssen wir wahrhaft eins sein mit Gott, so dass wir andere als ein Teil unseres Selbst sehen und sie entsprechend behandeln und ihnen wirklich vertrauen, anstatt uns nur blindlings einzureden, dass wir aus Ignoranz heraus nicht misstrauisch sein dürfen. Wir werden dann die Dinge nicht mehr so kompliziert sehen, weil wir nämlich Einsicht in Gottes Plan gewonnen haben. Immer , wenn ich den Ring anschaue, wird meine innere Wirklichkeit aufgerichtet. Die Himmlischen Juwelen fördern Weisheit und Kraft und können tatsächlich an die Seele rühren.

Ich bin zuversichtlich, begleitet von der Meisterin, den Rest meiner Lebensreise reibungslos hinter mich zu bringen. Mein Kind und ich werden gewissenhafter praktizieren, denn das ist der einzige sichere Weg.

SELBST KULTIVIERUNG AUF EINER TEEFARM
Von eingeweihter Schwester Yang Su-xiang, Nantou, Formosa

Als ich auf der Oberschule war, zog meine Familie eine Teefarm auf. An freien Tagen half ich dort aus und lernte von meinem Vater die Grundbegriffe der Teeproduktion. Als ich das Studium an der Universität abschloss, hatte ich die Gnade, von der Meisterin eingeweiht zu werden. Lange Zeit war es mein Bestreben, dem weltlichen Leben zu entsagen und ihr zu folgen, doch sie lehnte meine Anfrage sanft ab, und meine romantischen Träume lösten sich in nichts auf. Sie sagte : „Wir erschaffen ein spirituelles Dorf dort, wo wir leben... Ihr müsst das Zentrum des Lichts sein in der Gesellschaft, in der ihr lebt, in der ihr arbeitet, in der ihr eure Wurzeln habt." Keine Worte können jemals die Frustration und Enttäuschung beschreiben, die ich damals empfand. Doch mit meinem „gebrochenem Herzen " sah ich dem Leben ins Angesicht und wagte mich daran, etwas neues zu lernen : Unabhängig zu werden .

In dieser Zeit schlugen mir viele Leute vor, „biologische" Landwirtschaft zu betreiben. Ich besprach die Sache mit meinem Vater, und er teilte mir eine Ecke der Teeplantage zu, wo ich das Experiment beginnen konnte. Ich war jung und wagemutig und fürchtete nichts. Im Vertrauen auf Gott stoppte ich den Einsatz von Pestiziden und Kunstdünger auf meiner Farm. Das führte zu Wiederständen und Disputen in meiner Familie, die glücklicherweise inzwischen der Harmonie und Anerkennung Platz machten.

Das Leben eines spirituell Praktizierenden ist erfüllt und interessant, wenn jedoch Prüfungen kommen, macht es wirklich keinen Spaß mehr ! An einem denkwürdigen Tag im September 1998 vernichtete ein erster Termin meinen Glauben, und ich beschwerte mich bei der Meisterin : „Meisterin, ich kann deine Gegenwart nicht mehr spüren. Bitte sag mir doch, wo ich dich finden kann !" Ich knallte mich in den Sessel und meditierte. Etwa eine halbe Stunde später kam mein jüngerer Bruder hereingestürmt und rief aufgeregt : „ Schwester ! Schwester ! Komm schnell zur Teefarm ! Mom sagt, deine Meisterin hat Reiher geschickt, um die Schädlinge zu vertilgen ! " Allein das Wort „Meisterin „ ließ mich in Tränen ausbrechen. Schluchzend erwiderte ich skeptisch : „Du willst mich auf den Arm nehmen ! Seit wann gibt es Reiher in Bergen? Als ich jedoch bei der Teefarm ankam, sah ich einen Schwarm Reiher über die ganze Farm verteilt. Ich griff zur Kamera, um diese unglaubliche Szene festzuhalten, die, die göttliche Liebe der Meisterin zu mir repräsentierte.

Nach dem Erdbeben vom 21. September vorigen Jahres hatte ich keine Zeit, mich um die Plantage zu kümmern, weil ich beim Hilfsdienst mitarbeitete. Als diese Arbeit abgeschlossen war und ich auf die Farm zurückkehrte, waren fast alle meine Teesträucher durch Trockenheit welk geworden, und auf einige war das Schädlingsproblem praktisch außer Kontrolle geraten. Mein Vater sagte : „Ich fürchte, diesmal werden noch viel mehr Sträucher eingehen !" (Nachdem ich die Farm übernommen hatte, waren viele Pflanzen eingegangen !) Er fragte mich, ob ich nun Pestiziden anwenden oder die Ernte aufgeben würde. Ich versicherte ihm , ich würde das schon machen. Tatsächlich kochte ich innerlich und konnte nur noch die Meisterin um Hilfe bitten. Eines Tages kamen im Traum die Meisterin und die monastischen Schüler, um mit mir auf meiner Farm zu meditieren. Vor der Meditation sagte die Meisterin zu mir : „ Ganz gleich, was geschieht, fürchte dich nicht und halte still !" Ich nickte. Als wir dann meditierten, kamen viele Schlangen unter den Teesträuchern hervor und suchten eilends das Weite.

Als ich aus dem Traum erwachte, fiel mir ein, was die Meisterin einmal gesagt hatte : „Auf den weiter fortgeschrittenen Planeten gibt es keine wilden Tiere, weil sie die höheren Schwingungen dort nicht überleben können. „ Die einzige Lösung des Schädlingsproblems war offensichtlich, die Schwingungen auf der Teefarm anzuheben ! Von da an hielt ich neben der Verwendung natürlicher Pflanzen-Schutzmittel auch „ Gruppenmeditation „ mit den Teesträuchern. Das Ergebnis war, dass sie wieder grün wurden. Nicht ein einziger ging ein ! Mein Vater betrachtete das als ein reines Wunder, aber für mich, eine Guanyin- Praktizierende, war es schlicht und einfach Gebrauch der aus täglicher Praxis gewonnenen Weisheit. Vielleicht ist dies das größte Privileg und Vorrecht, das Gott uns gab. Aber wir dürfen nicht arrogant sein. So oft ich mich „meines Erfolges „ im Teeanbau rühmte, schleichen sich auf meiner Farm Schädlinge ein. Das ist eine Warnung für mich : Ohne die Gnade Gottes vermag „Ich „ nichts. Ich sollte mein bestes tun, aber keine Verdienste in Anspruch nehmen, denn alle Ehre gehört Gott. Mit diesem glückseligen und friedlichen Leben der „Entsagung" auf einer Teefarm hat Ers mir die größten Segnungen verliehen.

IN ALLEM DAS GUTE SUCHEN
Von der eingeweihten Schwester Winnie, Hongkong
(Ursprünglich in Englisch)

Unsere Tochter hieß Clara, was klares, strahlendes Mädchen bedeutet. Sie brachte sehr viel Licht und Freude in unsere Familie. Wir spielten oft ein Spiel, bei dem einer von uns eine Eigenschaft oder einen Zustand nannte (z.B. groß zu sein, klein zu sein oder hinzufallen) , und dann suchten wir so gut wir konnten abwechselnd die gute Seite dabei. Ihre Antworten amüsierten mich oft und überraschten mich. Einmal spielten wir z.B. , wie man das Gute am Regen finden kann. Das gab Argumente, wie zum Beispiel, die Wasserreservoirs brauchen den Regen, um wieder aufgefüllt zu werden, die Bauern brauchen den Regen für die Felder. Der Regen macht oft einen heißen Tag kühler und angenehmer. Wir können still das Geräusch der Regentropfen genießen usw. Da sagte sie plötzlich : „Wir könnten Spaß haben, wenn wir nass im Regen stehen." Ich klatschte ihr Beifall, und wir warteten in aller Ruhe auf den nächsten Regen, um unseren Spaß zu haben. Gewöhnlich rannten wir, uns unterzustellen, wenn es zu regnen anfing. Aber an diesem Tag blieben wir ganz gelassen und hatten Spaß. Wir waren völlig durchnässt, aber wir betrachteten in aller Ruhe die Blätter, wie sie von den Bäumen fielen und genau wie Boote auf den kleinen Wasserpfützen am Wegesrand schwammen. Es machte uns eine solche Freude im Regen herumzulaufen, zu singen und zu tanzen, das wir beide wunderbare Erinnerungen an Regentage bewahrten.

Clara war sechs und sollte bald vom Kindergarten in die Grundschule kommen. Die Haushaltshilfe, die uns die ganze Zeit bei ihrer Betreuung geholfen hatten, wollten auswandern. Also plante ich neun Monate Urlaub zu nehmen, um bei Clara zu sein und ihr zu helfen sich an die Veränderungen anzupassen. Ich begleitete sie auf dem Schulweg und nahm sie in Gärten, an Strände und Parks, auf Märkte und Ausstellungen, in Bibliotheken usw.. Zu Hause backten wir Kuchen, bastelten Spielsachen und erfanden Geschichten. Wir hatten so viel Zeit zusammen, um unseren Spaß zu haben. Damals wollte ich Vegetarierin werden. Als Vorsatz zum neuen Jahr schlug mein Mann vor, wir sollten es zu Beginn des Jahres 1993 zuerst selbst ausprobieren, und Clara sollte sich uns später anschließen. Es funktionierte sehr gut. Unsere Familie war sehr glücklich. Ein halbes Jahr, das wir in Ferienstimmung verbrachten, verging wie im Fluge.

Bei einem Picknick Ende Februar 1993 spielten wir gerade voller Freude eines unserer üblichen Spiele. Wie ein japanischer Schwertfechter schwenkte Clara einen Zweig, um einen langen Grasstengel entzwei zu hauen, den mein Mann und ich in die Luft hielten. Plötzlich fragte sie uns, warum sie alles doppelt sah. Am nächsten Tag brachten wir sie zur Untersuchung und erfuhren, dass sie einen inoperablen

Gehirntumor hatte. Erfahrungsgemäß konnte eine Chemotherapie oder Strahlentherapie ihr Leben nur um zwei oder drei Jahre verlängern. Der Chirurg konnte in einer Operation den Tumor nur verlagern, um die Kopfschmerzen zu vermindern, die sich einstellen würden, wenn der Tumor groß würde. Das war ein schwerer Schlag für uns . Clara erzählten wir nur, dass wegen des Gehirntumors eine Operation notwendig sei, ohne jedoch den Ernst der Lage zu erwähnen. Sie akzeptierte die Nachricht problemlos. Damals war sie so glücklich wie immer, ohne weitere Symptome. Nach der Operation zeichnete sie eine Dankeschönkarte für den Arzt, auf der Mickymaus krank im Bett liegt und andere Tierfreunde auf Besuch an ihrem Bettrand sitzen. Alle Tiere lächelten glücklich.

Die Zeit begann dahinzuschleichen. Allmählich konnte Clara nicht mehr sicher aufrecht stehen und war nicht mehr in der Lage, die Schule zu besuchen. Wir gingen nur noch am Wochenende aus und blieben statt dessen zu Hause, lasen Bücher, sahen Videos an, sangen und spielten. Was sie am meisten enttäuschte war, dass sie mit ihren zittrigen Händen nicht gut zeichnen konnte, aber wir erzählten Geschichten und waren glücklich.

Eines Tages Mitte Mai sagte sie plötzlich zu mir : „ Mama ich werde bald sterben . " Ich fragte sie, warum sie das gesagt habe und sie antwortete : „Ich weiß es. Ich spüre es. " Darauf sagte ich : „Jeder kann zu jeder Zeit sterben. Wenn die Mama heute fortgeht, kann sie von einem Auto überfahren werden und auch sterben. Was wir tun können ist, jeden Tag zu schätzen und gut zu leben." So sprachen wir von unserm himmlischen Vater, von Orten, wo wir nach dem Tod hingehen können, wie z.B. vom Himmel, um Jesus zu begegnen, vom westlichen Paradies im Buddha-Land usw.

Dann konnte sie nicht mehr deutlich sprechen. Ich konnte nur noch um Hilfe beten. Während ich sie betreute, hatte ich schon seit Monaten keine Zeitung mehr gelesen. Überraschenderweise jedoch nahm ich am 29. Mai eine Zeitung in die Hand, und auf einer der Innenseiten sah ich das Foto einer Meisterin aus dem Himalaja, die an diesem Tag einen Vortrag hielt. Ich rief meinen Mann im Büro an und sagte, ich wolle zu dem Vortrag gehen. Also richteten wir es so ein, dass meine Schwiegermutter zusammen mit einer neuen Hausgehilfin sich um Clara kümmern sollte. Da ich versprochen hatte nicht später als 9 Uhr abends zurück zu sein, verließ ich die Veranstaltung, während die Meisterin Fragen beantwortete. Am nächsten Tag rief mein Mann die öffentliche Kontaktperson an, um mehr über die Lehre der Meisterin zu erfahren. Wir waren beeindruckt, begannen die einfache Methode zu lernen und warteten auf die Einweihung. Wir beteten auch zur Meisterin für unsere Tochter alles zum besten zu fügen.

Bald hatte Clara ihren siebten Geburtstag. Ihr Zustand verschlechterte sich schnell. Sie lag auf dem Bett und konnte nicht sprechen. Sie hatte häufig Durst, konnte aber nur auf ihren Durst hinweisen, indem sie uns Zeichen mit den Fingern gab. Weil sie sich beim Trinken leicht verschluckte, konnten wir nur eine Spritze benutzen, um ihr das Wasser langsam in den Mund zu träufeln. Mein Mann und ich wechselten uns bei ihrer Betreuung ab. Tagsüber musste mein Mann arbeiten. Also blieb ich nachts wach um mich um sie zu kümmern, da sie oft im Schlaf um Wasser bat. Am 2. Juni tief in der Nacht saß ich an ihrem Bett. Ich war sehr müde, bemüht mich aber immer noch, die Augen offen zu halten, um zu sehen, was sie brauchte. Wie in Trance hörte ich : „Lass dein Herz ausruhen. Die Meisterin hilft dir über sie zu wachen ! „ Ich war überrascht und fragte : „Die Meisterin ? Welche Meisterin ? Dann sah ich das Foto der Meisterin neben dem Bett, es lächelte mich an, und ich verstand. Ich sagte : „Du musst aber wirklich auf sie aufpassen, denn sie kann jetzt nicht mehr sprechen." Aber ich war immer noch nicht sicher und weigerte mich, meine Augen zu schließen. Dann tröstete mich die Meisterin und sagte : „Du siehst doch. Schläft sie jetzt nicht sehr gut ? Es ist schon lange her, dass sie um Wasser gebeten hat." Ich stimmte ihr zu. Erst dann entspannte ich mich und döste ein. Am nächsten Morgen kamen meine Verwandten, die gehört hatten, wie kritisch Claras Zustand war, alle zusammen auf Besuch. Sonderbarerweise, konnte sie wieder sprechen und stand auf dem Bett auf, um auf dem Fußboden mit Spielsachen zu spielen. Wir waren der Meisterin so dankbar und beteten um eine möglichst baldige Einweihung.

Glücklicherweise wurde unser Gebet bald von der Meisterin erhört. Am 26. Juni gab es einen Videovortrag, dem eine Einweihung folgen sollte. Ich rief an und fragte , ob wir unsere kranke Tochter mitbringen könnten. Die Antwort war ja. Da sie jedoch nicht zur Einweihung angemeldet war, konnte sie nicht an der Einweihung teilnehmen.

Ein paar Tage später fragte mich Clara, warum sie in letzter Zeit oft ein blaues Licht gesehen und den Klang einer Glocke gehört habe. Dank der Instruktionen bei der Einweihung, verstand ich natürlich, wovon sie sprach. Ich sagte ihr also, es sei ein Geschenk der Meisterin und bat sie, dieses innere Licht und den inneren Klang zu genießen. Das sei gut für sie, und sie solle zur Meisterin beten, um Hilfe in allen Schwierigkeiten. Ich war demjenigen, der mit mir telefoniert und mir erlaubt hatte sie zu dem Vortrag mitzubringen, so dankbar, da sie offensichtlich an jenem Tag von der Meisterin viel Segen erhalten hatte.

Wir beteten zur Meisterin, sie möge alles zum Besten wenden. Langsam verging der Juli, aber im August begann sich Claras Gesundheitszustand wieder zu verschlechtern. Sie hatte Krämpfe und verlor häufig das Bewusstsein. Die Minuten vergingen so langsam, dass ich verstand, was der chinesische Ausdruck bedeutet „Einen Tag so lang wie ein Jahr." Es war für mich schmerzlich zuzusehen wie sie die schmerzhafte ärztliche Behandlung erleiden musste, als wenn ich das alles hätte selber aushalten müssen. Am 26. August kam eine Freundin zu Besuch und half mir, ihren Schleim abzusaugen. Ich sagte, wenn ich sie so leiden sehe, wünschte ich nicht länger, dass sie gesund würde. Die Freundin fragte ob Clara uns hören könne. Ich sagte, das könne ich nicht sagen, da sie so lange bewusstlos gewesen war. Aber genau in diesem Augenblick bemerkte ich, dass sich ihre Augäpfel hinter den geschlossenen Liedern bewegten. Sie konnte also hören ! Zwei Stunden später starb sie . Sie ging erst nachdem sie sicher war, dass ich bereit war , ihren Tod zu akzeptieren.

Ich wusste das Gott es bestens gefügt hatte. Ich weinte nicht, denn ich wusste sie bei der Meisterin in guter Obhut, und mein weinen würde nur ihre Reise aufhalten. Als eine Freundin mich fragte, was ich jetzt fühle, war ich überrascht, dass ich spontan antwortete : „Ein Teil meines Inneren ist mit ihr gestorben." Ich hatte nie zuvor in einem solchen sentimentalen Ton gesprochen. Meine Freundin war auch völlig überrascht. So lächelte ich entschuldigend. Ich hatte mich oft gefragt, was diese Worte bedeuteten, denn ich fühlte mich nicht traurig. Ich fühlte mich nur erleichtert und der Meisterin höchst dankbar und auch den Miteingeweihten, die uns geholfen hatten, indem sie für sie meditierten.
Nach dem Vortrag blieb die Meisterin noch in Hongkong, und wir alle erfreuten uns ihrer liebevollen Gegenwart. Einmal fragte die Meisterin meinen Mann und mich liebevoll, ob wir Kinder hätten. Als wir ihr sagten, dass unser Kind gerade eben gestorben sei, tröstete sie uns : „Euer Kind ist in einem besseren Reich, als wir jetzt." Als mein Mann fragte, warum manche Kinder so jung sterben sagte sie : „Manche Kinder kommen , um von ihren Eltern Schulden einzutreiben, während andere vielleicht Heilige sind, die kommen, um ihren Eltern zu helfen. Ich wusste das Clara gekommen war uns zu helfen. Die Meisterin war so gütig. Sie segnete uns auch, indem sie uns mit dem Wasserspinat beschenkte, den sie selbst im Zentrum angebaut hatte. Wir schätzten uns glücklich und waren so froh !

Ich wollte mehr Zeit auf spirituelle Praxis und auf die Arbeit für die Meisterin verwenden. Ich dachte das wäre das Beste, was wir für uns selbst, für Clara und für unsere Verwandten tun könnten. Mein Mann unterstützte meinen Entschluss. Ich war glücklich, und wieder verging die Zeit im Flug.

Ein paar Monate später hatte ich einen seltsamen, lebhaften Traum. Ich lief rasch mit einer Gruppe von Leuten dahin, als ich Clara erblickte, die hinter Gittern stand. Sie hatte keine Schmerzen, aber es schien , als wollte sie mit mir sprechen. Ich war verwirrt. Wir hatten es eilig, irgendwo hinzugehen und irgendeine Arbeit zu tun. Ich wusste nicht, was ich machen sollte. Ich kämpfte lange mit mir, aber schließlich eilte ich weiter. Ich fragte mich oft, was der Traum zu bedeuten hatte. Danach träumte ich nie wieder von Clara.

1996 in Kambodscha schalt mich die Meisterin, dass ich keine Liebe hätte. Ich wusste die Meisterin half und segnete mich, aber im Inneren fragte ich die Meisterin doch : „Wenn ich keine Liebe habe, wie kommt es dann, dass es so schmerzlich für mich ist, wenn ich andere leiden sehe ? " Auch das war mir ein Rätsel.

Bevor ich 1997 am Weihnachtsretreat in Washington teilnahm, machten wir in den Vereinigten Staaten ein paar Tage Urlaub. Als ich an einem eiskalten Bach saß, musste ich an Clara denken, wie sie mit ihrer Cousine in Kanada glücklich im Schnee gespielt hatte. Zum ersten Mal seit ihrem Tod stieg Kummer in mir hoch. Erst da wurde mir klar, dass ich über ihren Tod traurig war. Plötzlich kam die Bedeutung dessen, was ich beim Begräbnis gesagt hatte, ans Licht. Der Teil in meinem Inneren, der mit ihr gestorben war, war mein Herz. Ich hatte mein Herz verloren und interessierte mich nicht mehr fürs Leben. Ich war allen und allem aus dem Weg gegangen, was mich an Clara hätte erinnern können. Ich hatte ein Leben, doch ich lebte nicht. Deshalb hatte die Meisterin gesagt, ich hätte keine Liebe. Da beschloss ich, die Vergangenheit wirklich loszulassen und glücklich und liebevoll zu sein.

Seit Claras Tod sind nun sieben Jahre vergangen. Ich habe ihre Sachen ausgepackt. Sie liebte es, zu singen und ihre Geschichten darzustellen. Als ich ihre Stimme auf der Kassette hörte, fing ich zum erstenmal an zu weinen über ihre Krankheit und über ihren Tod.

Vorher hatte ich gedacht, ich wäre darüber hinweg und hätte meine Emotionen sublimiert. Aber in Wirklichkeit hatte ich unbewusst meine Traurigkeit verdrängt. Ich hatte Angst, wenn ich meine Traurigkeit zeigte, würde ich meinen Mann und meine Tochter deprimieren. Um zu vermeiden, meinen Schmerz zu fühlen, hatte ich mich verschlossen. Ich kann jetzt auch ganz klar eine weitere Form meiner Selbstisolierung verstehen. Ich hatte meine Familienmitglieder und Freunde nur mehr unter Vorbehalt geliebt. Wenn sie den Lehren der Meisterin nicht offen gegenüberstanden, mied ich sie. Ich kümmerte mich auch nicht mehr um meine Gesundheit und Arbeit. Plötzlich konnte ich meinen Traum verstehen. Ich war es, die eingeschlossen und hinter Gittern war, nicht Clara ! Sie hatte nur versucht, mich aufzuwecken. Doch in meiner Eile hatte ich nicht zugehört !

Wenn ich mir ihre Geschichten wieder anhöre, kommt mir ihre kindliche Weisheit wieder zum Bewusstsein. Alles ist eins und miteinander verknüpft. Das Krumme und das Gerade in der Welt sind nur verschiedene Aspekte. Sie scheinen vielleicht voneinander verschieden und getrennt, können aber nicht wirklich getrennt werden. Es ist alles nur ein Traum. Ob wir also gute oder schlechte Träume haben, liegt ausschließlich bei uns selbst. In Wirklichkeit sind wir frei wir der Wind, frei die dunklen Wolken jederzeit nach belieben wegzublasen, und das helle Sonnenlicht wird wieder durchbrechen. Also beginne ich unser übliches Spiel zu spielen, nämlich das Gute bei dieser Erfahrung zu suchen. Wir wurden mit der Gelegenheit gesegnet einen lebenden Meister zu begegnen, als wir unsere schwerste Zeit durchlebten. Die vergängliche Natur des Lebens soll uns daran erinnern dass wir spirituell praktizieren sollen. Das Leiden ist nur ein Reinigungsprozess. Ohne das Leiden aufgrund der Krankheit und des Todes unserer Tochter wäre es meinem Mann und mir, die wir an die Bequemlichkeiten des Lebens gewöhnt waren, nicht leichtgefallen, der Welt zu entsagen und unsere Reise zurück nach Hause zu beginnen. Es ist also ein verpackter Segen. Ich habe auch gelernt wie wichtig es ist, Emotionen freien lauf zu lassen. Ich hoffe, die Lektüre dieser Geschichte ist ein gewisser Trost für manche Brüder und Schwestern, die vielleicht dem Tod von geliebten Menschen ins Auge blicken müssen. Ich habe auch gelernt, dass die Zeit heilt und die Liebe wächst. In dieser Welt der Träume ist die Liebe das einzig Wahre. Wenn wir keine Angst haben und uns nicht in uns selbst zurückziehen, können wir mehr Sympathie und bedingungslose Liebe empfinden. Alles ist eins, und alles ist miteinander verknüpft. Trennung und Isolation ist nur ein Traum. Wir können uns nicht wohl fühlen, wenn wir unseren Träumen und unserer Unwissenheit verhaftet sind. Sobald wir erwachen und unsere Unwissenheit erkennen, ist es leicht, die Blockierungen aufzulösen und unser inneres Licht strahlen zu lassen. Lasst uns Licht verströmen, als gutes Beispiel für die Lehre der Meisterin. Ich bin dankbar für jede Fügung Gottes und schätze die Erfahrung des Lebens. Wenn das Leben ein Traum ist, lasst es einen Traum von Liebe und Frieden sein.

Wenn das Leben ein Spiel ist, ziehe ich ein fröhliches Spiel vor.

ZEUGNIS EINER ALTEN EINGEWEIHTEN
Erzählt von eingeweihter Schwester Xiao, Shi Xiuchu, Yilan, Formosa

DIE MEISTERIN IST ALLWISSEND

Als ich 1987 eingeweiht wurde, lebte die Meisterin in Xin Dian, während meine Familie in Yilan wohnte. Trotzdem wusste die Meisterin von allem, was in unserem Haus geschah. Ich fragte sie : „Meisterin, wieso bist du so phantastisch ? Sie antwortete : „ Wenn ich es nicht wäre, wie könnte ich es wagen, deine Meisterin zu sein ? ”

Als die Meisterin einmal eine Reihe von Vorträgen in Yilan hielt, wohnte sie in meinem Haus. Sie war sehr liebenswürdig, und wir waren wie eine Familie. Eines Tages, als ich ein luxuriöses Frühstück für die Meisterin vorbereitete, sagte mir ein Mönchsschüler : „Schwester Xiao, warum hast du so viele Speisen vorbereitet ? Die Meisterin frühstückt doch niemals.” So vertilgten wir das Frühstück zusammen, und just als wir mit Essen fertig waren, kam die Meisterin herunter und fragte: „Was macht ihr da ? Was esst ihr Schönes ? Warum habt ihr mich nicht zum Essen eingeladen ? ” So war die Meisterin stets leutselig und freundlich.

In der Zeit, als sie bei uns wohnte, benutzte sie einmal die Toilette im Erdgeschoss. Verlegen stammelte ich : „Meisterin, warum hast du denn nicht die obere Toilette benutzt ? Belustigt gab sie zur Antwort : „Du benutzt die untere Toilette nicht, und so reinigst du sie nie . ” Gewöhnlich benutzte ich die Toilette im zweiten Stock und reinigte sie jedes mal. Die untere Toilette, die ich nie putzte, benutzte gewöhnlich mein Mann. So nahm die Meisterin die Gelegenheit wahr, meine Schwäche punktgenau auszumachen und offen zu legen.

Während dieser Zeit wohnte die Meisterin im Zimmer meines Sohnes, der in Taipeh Medizin studierte. Doch die Meisterin wusste ganz genau wie sein Leben dort ablief, als er an der Schule studierte und im Hospital praktizierte. Später wurde auch mein Sohn eingeweiht, und er war von der Meisterin so begeistert, dass er einmal einem Kollegen ihr Foto gab. Im Haus seines Kollegen herrschte jedoch ein solches Durcheinander, dass er keinen geeigneten Platz für das Foto finden konnte. Schließlich stellte er es auf einen leeren Mahjong- Tisch (eine Art chinesisches Kartenspiel) . Kurz darauf wurde mein Sohn und die Frau des Kollegen Zeugen, wie die Meisterin leibhaftig aus dem Foto heraustrat, und sich bei ihnen beschwerte : „ Warum stellt ihr mich in ein Spielkasino ? ” Das war ein erstaunliches Beispiel ihrer Erscheinung im Manifestationskörper !

Eines Tages verfolgte die Frau des Kollegen im Kabelfernsehen einen Vortrag der Meisterin. Plötzlich sah sie den Manifestationskörper der Meisterin aus ihrem physischen Körper heraustreten und wieder in ihn zurückkehren, während der physische Körper der Meisterin weiter den Vortrag hielt. Diese Dame besaß ursprünglich die Fähigkeit, in die Vergangenheit und in die Zukunft zu schauen. Nachdem sie die Meisterin kennen gelernt hatte, begann sie auch den Manifestationskörper der Meisterin, die Guanyin-Bodhisattva und einige höhere Dimensionen zu sehen.

DAS SCHLACHTMESSER SINKEN LASSEN
UND SOGLEICH EIN HEILIGER WERDEN

1988 folgte ich der Meisterin, um sie bei ihren Vorträgen in Taitung zu unterstützen. Wir schlugen unsere Zelte am Flussufer in Zhiben auf. Am Vortag des Vortrags wollte ein über 60jähriger Eingeborener von Zhiben die Meisterin kennen lernen. Er sprach Japanisch, aber kein Chinesisch. Er erzählte uns, dass er in seiner Jugend (während der japanischen Okkupation) Soldat war und Menschen getötet hatte. Er berichtete uns von seinem schweren Schicksal, Innerhalb von zwei Jahren waren kurz hintereinander seine Frau und zwei seiner Kinder gestorben, und seine übrigen Kinder kamen ihren Kindespflichten nicht nach. Zusammen mit ein paar Freunden lebte er nun vom Fuchs- und Schlangenfang und ernährte sich von Schlangenfleisch . Er rauchte und trank auch. Zunächst bat er die Meisterin ihm die Zukunft vorauszusagen. Die Meisterin erklärte ihm, dass sie keine Wahrsagerin sei. Sie schenkte ihm Kekse und einen roten Umschlag (eine traditionelle chinesische Geldgabe) und riet ihm, sich nahrhaftes Essen zu kaufen. Auch empfahl sie ihm, nicht so viel zu rauchen und zu trinken. Als Dank spielte er für die Meisterin auf der Harmonika, und sie bat sogar um eine Zugabe. Die barmherzige Meisterin gab ihm Gelegenheit, sich Segen zu erwerben, indem er für einen erleuchteten Meister Musik machte.

Er nahm die Kekse und den roten Umschlag und ging. Doch bald darauf kam er wieder und gab der Meisterin Kekse und Umschlag zurück. Ein Mönchsschüler fragte ihn : „Warum bist du zurückgekommen ? " Und er erklärte : „Ich will der Meisterin folgen !" Der Mönchsschüler sagte : „Dann musst du aber Vegetarier werden . " Er beteuerte : „Das kann ich!"- „Und was ist mit der Zigarette, die du in der Hand hälst ?" , erkundigte sich der Mönchsschüler. „Das ist ganz einfach", erwiderte er, „Ich werde sofort mit dem Rauchen aufhören", und warf die Zigarette sogleich in den Fluss. Da forderte der Mönchsschüler ihn noch weiter heraus : „Um bei der Meisterin Mönch zu werden, musst du deinen Kopf kahl scheren. „ Kein Problem", sagte er nur. Daraufhin rasierte die Meisterin seinen Schädel und beauftragte den Mönchsschüler, ihn zum Fluss zu bringen, damit er sich wasche. Er war so schmutzig, dass er fünf oder sechs Wäschen brauchte, bis er wirklich sauber war. Dann trug man Sachen zusammen, um ihn einzukleiden. Zufällig hatte ein Mönchsschüler auch ein Paar Ersatzschuhe, die dem Mann genau passten.

Nachdem nun sein Körper gereinigt war und er die Mönchsrobe angelegt hatte, sah er wie neugeboren aus. Es war auch eine ruhig friedvolle und fromme Aura um ihn, so dass wir Schwierigkeiten hatten, in ihm den Schicksal geprüften Mann wiederzuerkennen, der sich von Schlangenfleisch ernährt hatte und am Morgen zur Meisterin gekommen war, um sich seine Zukunft voraussagen zu lassen. Selbstverständlich konnte diese Wandlung nur geschehen durch das große Mitgefühl und die unendliche Kraft der Meisterin, das unermessliche Karma fühlender Wesen auf sich zu nehmen. Die Meisterin sagte uns : „ Er hat sich den Kopf geschoren und sich gereinigt. Drei Tage , nachdem er meinen Vortrag gehört hat, wird er eingeweiht sein und sofort Heiligkeit erlangen. " Da konnte man wirklich nur sagen : „Das Schlachtermesser sinken lassen und sogleich ein Heiliger werden."

In den folgenden Jahren begleitete ich die Meisterin zu ihren Vorträgen in die Vereinigten Staaten, nach Formosa, Kanada, Japan, Korea, Hongkong, Costa Rica, Brasilien, und Südostasien. In Costa Rica referierte die Meisterin in einem wunderschönen christlichen Center. Der Verantwortliche für die Organisation des Vortrags spürte die Schwingungen der Meisterin während ihrer Rede, folglich empfing er die Einweihung. Nach seiner Rückkehr hatte er zu Hause heftigen Streit mit seiner Frau. Am nächsten Tag ließ er der Meisterin gegenüber seinem Kummer freien Lauf, und sie tröstete ihn mit den Worten : „Mach dir nichts draus, geh nun erst recht mit viel Liebe heim." In der Folge wandelte sich seine Frau und begann, die Meisterin überaus zu lieben, und wurde gleichermaßen eingeweiht. Die beiden luden die Meisterin sogar in ihr Haus ein. Als sie die Meisterin am Flughafen verabschiedeten, weinte die Frau wie ein Kind, denn sie konnte es nicht ertragen, sich von der Meisterin zu trennen.

Da gab es einen ortsansässigen Schüler in Hsihu, der nie irgendwohin gehen wollte. Als ihn die Meisterin jedoch fragte, ob er nach Costa Rica mitkommen wolle, sagte er ja. Als nun die Meisterin den Gastgeber vom Christlichen Center in seinem Heim besuchte, bat dieser Schüler darum, mitgehen zu dürfen. Der Gastgeber hatte einen einjährigen Sohn, und kaum hatte der Schüler ihn gesehen, wiegte er ihn in seinen Armen als wären sie miteinander verwandt. Und, unglaublich, das Kind nannte ihn zweimal auf chinesisch : „Älterer Bruder !" Die Eltern waren entzückt, ihr Kind chinesisch sprechen zu hören. Später enthüllte uns die Meisterin, dass die beiden in einem früheren Leben Brüder gewesen waren. In diesem Leben dagegen wurden sie in Formosa bzw. Costa Rica geboren.

Einmal verließen wir San Jose' in den USA in großer Eile, um zu unserem nächsten Zielort zu kommen. Nur noch fünfzehn Minuten bis zum Abflug, und die Eingeweihten aus Aulac (Vietnam) , die, die Meisterin verabschieden wollten, waren immer noch nicht da. Die Meisterin weigerte sich aber, an Bord zu gehen und sagte nur : „Die Mitpraktizierenden aus Aulac (Vietnam) kommen ganz bestimmt noch. Sie werden im Stau stehen. Wenn sie hier ankommen, mich aber nicht mehr sehen können, werden sie furchtbar enttäuscht sein." Eine Flughafenangestellte nötigte uns, an Bord der Maschine zu gehen, aber die Meisterin blieb ängstlich besorgt bei der Anzeigetafel stehen. Endlich kamen die Schüler aus Aulac ganz hinten angerannt, so schnell sie konnten. Die Meisterin ging auf sie zu und sagte ihnen in letzter Minute einige tröstende Worte. Es war eine Szene, als wenn eine Mutter gerade ihre Kinder in die Arme schließen konnte, und sich schon wieder von ihnen trennen muss. Selbst die gleichgültigsten Anwesenden wurden von der Trauer und dem Schmerz bewegt. Die Flugzeugmotoren röhrten los, der Flugbegleiter drängte uns an Bord, als die Meisterin in allerletzter Minute in das Flugzeug stürzte, das sich sofort in Bewegung setzte, kaum dass wir unsere Plätze eingenommen hatten.

DER TOD MEINES MANNES

Nachdem ich mit der Meisterin in vielen Ländern gereist war, machte ich für über ein Jahr im Hsihu Center Station. Eines Tages rief mich mein Sohn an, der Arzt war, und bat mich, so schnell wie möglich meine Sachen zu packen. Er sei schon unterwegs mich abzuholen, damit ich mich um meinen Mann kümmern könne. Bei einer Routineuntersuchung seines Vaters hatte er diagnostiziert, dass mein Mann schon seit vielen Jahren an einem unentdeckten Leberkrebs litt. Der Krebs war schon im Endstadium, und er hatte nur noch vier Monate zu leben. Ich konnte es einfach nicht fassen ! Mein Mann hatte niemals über Schmerzen geklagt und ein ganz normales Leben geführt. Er war zum Markt gegangen und hatte Spaziergänge gemacht, genauso wie ein gesunder Mensch. Wenn er nach Hsihu Center kam, sah ich, dass er immer noch gut laufen und riesige Schüsseln leer essen konnte. Aber die Diagnose war leider wahr ! Ohne den barmherzigen Segen der Meisterin hätte er wohl mit diesem Leberleiden gar nicht so lange leben können.

Einige Tage vor seinem Tod fragte mich mein Mann : „Macht es dir was aus, dass ich vor dir gehe ?" „Ob es mir was ausmacht, oder nicht, eines Tages müssen wir alle gehen", erwiderte ich und fragte zurück : „Hast du wirklich keine Schmerzen ?" Er sagte : „Wie könnte ich ohne Schmerzen sein ? Aber mit dem Segen der Meisterin kann ich das bisschen Schmerz schon ertragen." Ich forschte weiter : „Du sagst, dass du gehen wirst, hat dir das die Meisterin mitgeteilt ? Oder hattest du eine innere Erfahrung ?" Er antwortete : „Alle Bücher der Meisterin, alle Audio- und Videokassetten sprechen davon, dass sie es uns wissen lassen wird ! Außerdem habe ich auch eine innere Erfahrung gehabt !

In den Tagen kurz vor seinem Tod sprach mein Mann plötzlich ganz normales Chinesisch mit Pekinger Akzent, während er sich normalerweise in sehr einfachem Mandarin ausdrückte. Möglicherweise ein Rest von Eindrücken aus seinem vorhergehenden Leben !

Einen Tag, bevor er starb, bat er im Krankenhaus unsere Schwiegertochter und seine Krankenschwester, eine Miteingeweihte, ihm aus Masters Büchern „Sofortige Erleuchtung" vorzulesen. An dem Tag , als er diese Welt verließ, las ihm unsere Schwiegertochter noch wie gewohnt aus dem Buch vor. Schließlich bemerkte sie, dass er die Augen geschlossen hatte, und sie hielt inne. Doch sofort schlug mein Mann die Augen auf und sagte : „Lies weiter !" Auf diese Weise starb er ganz friedlich, während er mit dem göttlichen Klang von Masters Lehren im Ohr einschlief. Ich hatte ihn einundzwanzig Tage, im Krankenhaus betreut, genauso viele Tage, wie er mich einmal im Krankenhaus gepflegt hatte, als ich bei einem Verkehrsunfall verletzt worden war. Wir hatten nur selten Streit. Offenbar hatten wir eine gute Affinität und schuldeten einander nichts.

Drei Tage vor seinem Ableben sagte mein Mann zu unserem Sohn, er könnte sich auf das 7-Tage Retreat einrichten. Ich rechnete im Stillen : „Würde mein Mann morgen sterben, wäre am nächsten Tag dann die Einäscherung, und man würde die Asche zurück nach Yilan bringen, dann wäre es für meinen Sohn möglich den Bus zu erreichen und am Retreat zum San Di Mun in Pingtung teilzunehmen." Unser Sohn arbeitete damals am Veterans General Hospital in Taichung , in das auch mein Mann eingewiesen wurde. Wenn er uns wirklich an dem Tag verließ, den ich ausgerechnet hatte, würde mein Mann am nächsten Tag eingeäschert und seine Asche heimgebracht nach Yilan, und die anderen Familienmitglieder könnten sich nun um das Übrige kümmern, während unser Sohn den Platz seines Vaters einnähme, der für dieses Retreat angemeldet war, und auf diese Weise den Begräbnisurlaub nutzte. Ohne dies war er in seiner Tätigkeit als Arzt derartig eingespannt, dass er nur selten die Chance hatte , an einem Retreat teilzunehmen. Schließlich schafften wir beide, den Bus zu erwischen und zum Abschluss des San Di Mun am 7-Tage -Retreat Weihnachten 1992 teilzunehmen.

Kurz nacheinander starben mein Schwager, mein Schwiegervater und meine Schwiegermutter, und mein Sohn bekam Arbeit in Kaoshiung, so war ich nun allein in Yilan. Deshalb zog ich zu meiner Tochter nach Taipeh. Ich schlief zusammen mit meiner kleinen Enkeltochter, weil sie sich so geborgen fühlte, wenn ich bei ihr war. Eines Tages erzählte sie mir : „Im Traum hat mir Großvater gesagt, wenn ich groß bin, muss ich die Meisterin finden und spirituell praktizieren."

Über zehn Jahre lang habe ich mit der Meisterin viele Gegenden bereist und zahllose phantastische Begebenheiten erlebt. Jeder Fußabdruck auf meiner Lebensreise ist ein Zeugnis für die allmächtige Kraft der Meisterin.

DER UNERGRÜNDLICHE URALTE MEISTER
Vom Einweihungskandidat Li Tianjin , Festland China

Bevor ich den Lehren der Meisterin begegnete, hatte ich über zehn Jahre eine esoterische Meditationsform praktiziert und jeden Tag gewissenhaft bis Mitternacht meditiert. Einige Jahre zuvor hatte mir ein Kollege ein Freiexemplar „ Schlüssel zur sofortigen Erleuchtung " gegeben, aber ich machte mir nicht einmal die Mühe, das Buch aufzuschlagen. Selbstgefällig wie ich war, betrachtete ich mich als erfahrenen spirituell Praktizierenden mit guten Erfahrungen. Ich besaß übernatürliche Kräfte und konnte Menschen heilen. Obwohl ich nicht alle meine Patienten heilen konnte, so doch immerhin neun von zehn, und ich konnte stundenlang Vorträge halten, ohne mich zu wiederholen. Beim Meditieren brauchte ich nur den linken Fuß über den rechten zu legen, und meine Seele wurde aus dem Körper gerissen. Darum glaubte ich nicht an „sofortige Erleuchtung".

Letzten Herbst gab mir mein Kollege wieder eins der Bücher von der Meisterin und sagte : „Mach wenigstens den Versuch, es zu lesen, diese „Sofortige Erleuchtung ist wirklich gut !" Um meinen Freund nicht zu enttäuschen, und auch aus Neugier, nahm ich das Buch mit nach Hause, um herauszufinden, was es mit der „sofortigen Erleuchtung" auf sich hat. Ich überflog die ersten fünf Seiten, ohne jedoch irgendwelche Anhaltspunkte zu finden. Zum Glück brachte ich genügend Geduld auf, weiterzulesen, was ich dann fand, war unglaublich !

Das war kein gewöhnliches Buch, es war eine heilige Schrift, deren wahre Bedeutung die Worte überstieg. Ich hatte viele Schriften studiert und viele Jahre eine esoterische Methode praktiziert, aber bis zu diesem Zeitpunkt niemals erkannt, was die wahre Schrift und die wahre esoterische Methode ist. Die Seiten im Buch der Meisterin enthielten nicht gewöhnliche Worte, sondern göttliche Erfahrungen. Ich legte das Buch unter mein Kopfkissen, und die Wirkung war erstaunlich. Ich spürte eine fantastische

Kraft, wie ich sie in den ganzen zehn Jahren meiner esoterischen Praxis nicht erfahren hatte. Ganz mühelos stellte ich mich auf vegetarische Kost um, wie sie für die Praxis der Meisterin gefordert wird. Ja, ich vergaß total den Geschmack von Fisch und Fleisch und verlor sogar den Appetit darauf. Die einzige Schwierigkeit war, meine jahrzehntelange Gewohnheit des Rauchens aufzugeben. „Vielleicht sollte ich die Meisterin um Hilfe bitten", sagte ich mir. Die Antwort kam sofort - und ich wurde Nichtraucher.

Obwohl ich solch wunderbare Erfahrungen hatte, wollte ich doch die Kraft der Meisterin testen. So wandte ich eine esoterische Methode an, um die Energie der Meisterin zu empfangen, und das Resultat war unglaublich. Nie zuvor hatte ich solches Licht und solche Kraft erfahren. Über Jahre hatte ich viele spirituelle Orte und große Praktizierende besucht, doch nur selten konnte mich jemand überzeugen, ihm zu folgen. Nur diese „Uralte Meisterin" mit ihrer Methode der Sofortigen Erleuchtung überzeugte mich vollkommen.

Ich wage nicht mehr, mit übernatürlicher Kraft Menschen zu heilen. Ebenso kommen unsichtbare Wesen, die ich früher oft beleidigt habe, um mich zu belästigen. Seitdem ich die Bücher der Alten Meisterin gelesen habe, weiß ich, dass das karmische Vergeltung ist, die ich in der Stille ertragen muss. Wenn ich es nicht mehr aushalten kann, bitte ich die Uralte Meisterin um Hilfe, und sie hat mich nie im Stich gelassen. Nun warte ich darauf, von der Uralten Meisterin eingeweiht zu werden, denn ich möchte in dieser Lebenszeit die ewige Befreiung erlangen.

SO HABE ICH GEHÖRT UND SO HABE ICH GESEHEN
Von You Zhi

Nicht lange nachdem ich Mönchsschüler geworden war, wurde ich wegen einer trivialen Angelegenheit über einen Bruder wütend. Ich weigerte mich, auf ihn zu hören und redete mir ein, ich hätte guten Grund dazu. (Dieses Verhalten ist unter neuen Mönchsschülern üblich, die wenig verstehen, aber glauben, im Recht zu sein.) Die Meisterin hatte uns jedoch die Anweisung gegeben, dass die neuen Mönche auf die alten hören sollten. Ich wusste in meinem Herzen - mochte ich nun recht oder Unrecht haben - dass dieser Bruder für die Arbeit zuständig und verantwortlich war, und dass ich nicht streiten sollte. „Ich bin aber nicht überzeugt „ dachte ich, „die Meisterin ist ein Buddha. Sie ist fair und behandelt alle Menschen gleich , egal wer sie sind. „ Trotzdem fühlte ich mich unbehaglich und fürchtete, dass die Meisterin von diesem Vorfall erfahren würde.

Nach der Gruppenmeditation an diesem Abend hielt die Meisterin ihren Vortrag wie immer und erwähnte nichts davon. Ich war erleichtert. Dann, als sie von der Bühne herunterkam und an mir vorbeiging, zeigte sie auf mich und sagte : „Ich werde dir sagen, was es bedeutet fair zu sein. Gott und die Heiligen geben den Menschen das rechte Maß, ihren Bedürfnissen entsprechend. Nicht jeder bekommt den gleichen Anteil. Das ist die wahre Fairness und Gleichheit." Diese Wahrheit traf mich mit großer Wucht, der Schock ließ mich erbleichen. Wie direkt das war ! Sie wusste alles, was in mir vorging. Dies ist nur eine von vielen Geschichten, die ich über die Meisterin erzählen könnte.

DIE MEISTERIN IST EIN SPIEGEL

Viele Miteingeweihte haben diese Erfahrung gemacht - dass alte, schlechte Gedanken zurückkehren, wenn wir nicht die Heiligen Namen rezitieren, wie wir sollten, wenn wir mit der Meisterin zusammen sind. Der Verstand ignoriert uns, selbst wenn wir ihn bitten nicht so zu denken. Wenn wir in der Nähe der Meisterin und gerade nicht beschäftigt sind, wird sie zu einem Spiegel, der unsere innere Welt reflektiert und uns glasklar zeigt, wer wir sind. Ihr Magnetfeld reinigt uns von unserem Schmutz. Ich brauchte ein ganzes Jahr bei der Meisterin, um zu lernen meinen Verstand unter Kontrolle zu halten und um mich wohl zu fühlen. Je näher ich der Meisterin bin, desto wohler fühle ich mich und desto leichter ist es, ins Samadhi einzutreten.

DIE MEISTERIN BRENNT DARAUF
UNS DIE WAHRHEIT ERKENNEN ZU LASSEN

Wenn ich zurückblicke, denke ich, dass die glücklichste Zeit, die, die Mönchsschüler mit der Meisterin erlebten, 1990 während eines Retrats im Dorf Hoacha, im Süden Formosas war. Die Meisterin war jeden Tag des Retreats mit uns zusammen. Wir meditierten tagsüber, wann immer wir wollten. Am Abend zündeten wir Lagerfeuer an, sangen Lieder, führten Theaterstücke auf und hörten der Meisterin zu, die Geschichten erzählte. Wie schön diese Zeiten waren ! Die Meisterin sagte : „Wenn man euch fragt, warum ihr der Welt entsagt habt, dann könnt ihr sagen, dass ihr gekommen seid, um euch von der Meisterin verwöhnen zu lassen. " Auf dem Retreat vergaßen wir unsere Schwierigkeiten, und unser Herz öffnete sich. Tatsächlich war da mehr, als man mit den Augen sehen kann. Indem wir spielten, entspannten wir uns vollständig. Unsere Herzen öffneten sich vollkommen, so dass die Meisterin leicht durchdringen und unsere Seelen reinigen konnte. Eines abends lud uns die Meisterin ein, freiwillig mit ihr an einem Lagerfeuer teilzunehmen. Einige Schüler kamen nicht, sondern meditierten stattdessen allein. „Ich spiele Clown, um euch froh zu machen, damit ihr offen genug seid, um die Meisterkraft in eurem Herzen zu empfangen, so dass euer Bewusstsein angehoben werden kann. Aber ihr kommt nicht. " klagte die Meisterin.

Während des Retreats erkannten viele von uns, was es bedeutet, leer zu sein. Manchmal benennen wir Leere mit anderen Namen - Wahrheit, oder Gott-Natur. Wir können sie während der Einweihung sehen und hören. Wir wissen durch die Meditation, dass sie existiert. Aber wir können nicht zwischen dem Verstand und dem wahren Selbst unterscheiden, wenn wir Hausarbeiten verrichten oder Entscheidungen treffen. Wir waren damals so glücklich diese „Leere" zu erkennen. Unsere Sicht der Welt änderte sich vollkommen. Wir wurden selbstbewusster und konnten klarer denken, wenn wir Entscheidungen trafen. Aber die meisten von uns waren zu dieser Zeit nicht bereit. Ich zum Beispiel war nicht fleißig genug und hörte manchmal nicht auf die innere Kraft, wodurch sie sich allmählich verringerte. Es war so, wie die Meisterin sagte : „Es ist einfach erleuchtet zu werden. Aber es ist schwierig erleuchtet zu bleiben."

Im Juni 1994 waren wir in Thailand. Spät abends bat uns die Meisterin, sie in einen Nachtclub zu begleiten. Wir waren überrascht. Da wir dachten, sie bräuchte vielleicht einige neue Ideen, gingen wir mit ihr und warteten gespannt darauf, dass etwas Ungewöhnliches Geschieht. Als wir ankamen, bestellten wir Getränke. Eine Kellnerin in einem schwarzweißen Kleid bediente uns. „Das ist wie der schwarzweiße Engel (Aus der Hölle), bemerkte die Meisterin. Ich warf einen flüchtigen Blick auf die Kellnerin und fühlte mich sofort von ihren „schönen Augen „ angezogen. Ich warnte mich selbst : „ Wie kannst du dich so verhalten ? Du bist mit der Meisterin hier ! Ich versuchte meine Aufmerksamkeit nach innen zu lenken, aber die Meisterin schien es bemerkt zu haben, und lud die Kellnerin zu einem Drink mit mir ein. Ich war sehr verlegen. Glücklicherweise gab es in dem Nachtclub eine Regel, dass sich Kellnerinnen nicht zu den Gästen setzen dürfen. Ich war erleichtert. Dies war die Lektion ständig wachsam zu sein wenn wir mir der Meisterin zusammen sind.

Wir waren spät im Nachtclub angekommen, erst kurz vor Ladenschluss. Als die Sänger ihr Programm beendet hatten, plauderte die Meisterin mit ihnen. Sie kamen aus verschiedenen Ländern wie USA, Kanada, und den Philippinen. Eine von ihnen schien der Meisterin besonders nah zu sein. Sie sprachen wie alte Freundinnen miteinander. Die Meisterin nahm den gesamten Schmuck ab, den sie an den Händen trug, und schenkte ihn der Sängerin, die daraufhin die Meisterin nach ihrem Namen fragte : „Mein Name ist nicht wichtig", antwortete die Meisterin. Wir lachten und dachten : „Wie kannst du sagen, dass es nicht wichtig ist, wenn man doch durch deinen Namen mit Gott Kontakt aufnehmen kann ? Die Meisterin war in der Nacht gekommen, um genau diese Sängerin zu treffen. Wir wissen nicht, was sie speziell mit der Meisterin verband, oder worum sie gebeten hatte, so dass die Meisterin gekommen war, um sie persönlich zu treffen. Nur die Meisterin und Gott wissen es.

Im Jahre 1989 unternahm die Meisterin ihre erste öffentliche Vortragsreise. In einem der Länder, die sie besuchte, gingen die Meisterin und einige Eingeweihten (die meisten von ihnen waren Laienschüler) in ein Theater. Damals war ich noch kein ganzes Jahr Mönch und dachte, die Meisterin müsste wohl, wie gewöhnliche Leute durch Ruhe und Erholung Stress abbauen. Ich verlor mich vollkommen in Gesang und Tanz und fühlte mich an die kaiserlichen Höfe vergangener Zeiten zurückversetzt. Ich wurde zu einer Last für die Meisterin. Als die Show zuende war, wollten die Darsteller von der Meisterin etwas erfahren, und einige baten um die Einweihung. Da erkannten wir, dass die Meisterin nicht wegen der Show gekommen war, sondern um Menschen zu retten.

Solche Beispiele gibt es viele, so auch, wenn die Meisterin schöne Kleider trägt, um fühlende Wesen anzuziehen und sie an Visionen zu erinnern, die sie in ihren Träumen gesehen haben, oder an Szenen, die ihnen in früheren Leben vertraut waren. Es ist so, dass sie unsere innere Kraft erwecken kann. Wir sind vollkommen unwissend, wenn wir die Meisterin deswegen kritisieren. Wie kann das Herz der Meisterin an so materielle Dinge gebunden sein ? Wäre es so, könnte sie kein Meister sein. Wir sind es, die wir unseren menschlichen Verstand dazu verwenden, Gottes Willen zu beurteilen.

Es war mein erstes Jahr als Mönchsschüler, und mein Geburtstag nahte. Ich wollte die Verdienste von einem ganzen Tag in Meditation meinen Eltern vermitteln. Als der Tag gekommen war, kam ein Mitbruder zu mir und sagte : „Die Meisterin sagte, dass sie dich heute nicht sehen will. Geh und verstecke dich. Sie zu, dass sie dich nicht zu sehen bekommt." Überrascht versteckte ich mich in meinem Zelt und meditierte den ganzen Tag. Das war es doch, was ich wollte, nicht wahr ? Aber um die Wahrheit zu sagen, es war dumm und selbstsüchtig von mir. Ich hatte die Chance verschenkt, der Öffentlichkeit zu dienen. Die Meisterin hatte allen Grund, solch einem dummen Schüler zu zürnen.

Jeder lernt seine eigene Lektion bei der Meisterin. Sie betonte einmal : „Die Hauptsache ist, das richtige Konzept zu haben." Sie sagte, dass ein Mensch normalerweise Jahrtausende oder einige Leben braucht, um zutreffende Vorstellungen zu entwickeln. Aber wir wissen alle aus Erfahrung, dass wir unseren Lernprozess um viele Leben verkürzen können, indem wir bei der Meisterin lernen.

ENTHÜLLUNGEN DER GEHEIMNISSE
DER HIMMLISCHEN KLEIDER UND JUWELEN
Von eingewehter Schwester Lee, Fukuei, Taipeh, Formosa

Als ich im Ausstellungszentrum für S.M. Himmlische Kleider und Juwelen in Taipeh Dienst tat, war ich von den faszinierenden Himmlischen Kleidern und Juwelen umgeben. Die meisten Besucher kamen jedoch ins Zentrum mit festgefügten traditionellen Vorstellungen über spirituell Praktizierende in Kopf und zeigten sich skeptisch gegenüber den Absichten der Meisterin beim Entwerfen von Kleidern und Schmuck, und auch ihre eleganten, modische Kleidung empfand man als einer Praktizierenden nicht angemessen. Wir wissen natürlich, dass die Meisterin die Kleider und Juwelen benutzt, um Wahrheit, Tugend und Schönheit in diese Welt zu bringen, und uns daran zu erinnern, stets an Gott zu denken. Außerdem ist die Meisterin ein gutes Vorbild für uns, indem sie durch ihr künstlerisches Schaffen nicht nur ihren Unterhalt verdient, sondern auch ihre Lehren und ihre humanitäre Arbeit begründet zum Wohl fühlender Wesen. So hilft sie den Bedürftigen dieser Welt in spiritueller wie materieller Hinsicht.

Eines Tages fand ich mich im Traum in zerlumpten Kleidern in einer hässlichen , heruntergekommenen Umgebung wieder. Plötzlich erinnerte ich mich : „Sollte ich nicht die Himmlischen Kleider und Juwelen tragen ? " Sobald mir dieser Gedanke gekommen war, sah ich mich auch schon in prächtigen Kleidern und himmlischem Schmuck. Noch erstaunlicher war, dass sich auch die Umgebung verändert und in einen wunderbar strahlenden göttlichen Tempel verwandelt hatte. Beim erwachen erkannte ich, was die Sprichwörter meinen : „Ein Gedanke verändert sofort alles" und „Alles wird vom Verstand geschaffen ."

Die Meisterin hat uns gesagt, dass jeder Mensch von einem Körper aus sieben Schichten umgeben ist. Durch spirituelle Praxis entfernen wir eine Schicht um die andere, bis wir schließlich unsere innere ursprüngliche Selbst-Natur entdecken. Die Meisterin benutzt die Himmlischen Kleider und Juwelen, um unsere Seele zu erwecken, die seit Jahrtausenden in tiefem Schlummer liegt. Dank der Innenschau fällt es uns nicht schwer zu entdecken, dass Gestalt und Form des Himmlischen Schmucks exakte Symbole der inneren himmlischen Bereiche sind. Einige der himmlischen Schmuck-Entwürfe bilden tatsächlich die Formen von Astralkörpern auf bestimmten Ebenen ab. Wenn einige der Mitpraktizierenden den himmlischen Schmuck sehen oder tragen, vergießen sie Tränenströme, weil sie an die Herrlichkeit Gottes im Innern erinnert werden. Es ist also nur zu wahr, wenn die Meisterin feststellt, dass alles was sie tut, auch das Entwerfen von Kleidern und Schmuck, der spirituellen Kultivierung dient.

Die ständig wechselnde äußere Erscheinung der Meisterin erinnert uns an die farbenfrohen und prächtigen himmlischen Bereiche in unserem Innern. Sollte euer Astralkörper eines Tages zu bestimmten Planeten im Universum reisen, findet ihr vielleicht eine himmlische Königin in den vertrauten Himmlischen Kleidern !

Wir sind der Schöpfer, und wenn wir es versäumen, Schönheit zu schätzen und unseren Gedanken rein und positiv zu bewahren, werden wir leicht abstoßende Bilder erschaffen und uns selbst darin einschließen. Gleiches zieht Gleiches an, so könnten wir leicht davon überwältigt werden und uns auf irgendwelchen unterentwickelten Planeten oder niederen Ebenen wiederfinden.

Die Meisterin stellt die Wahrheit dar durch ihre Art und Weise, wie sie sich kleidet, spricht und handelt. Alles was mit der Wahrheit zu tun hat, nutzt fühlenden Wesen. Daher bekümmert es sie nicht, wenn ihr Ruf beschädigt wird oder Andersdenkende sie missverstehen. Sie tut alles, um in den Seelen das Streben nach ewiger Befreiung zu wecken.

Gedanken meines Herzens:

Schön sind deine Augen, die mein Unterbewusstsein durchdringen,
Meine in tiefem Schlummer liegende Seele erweckend.
Die Welt übersteigend deine künstlerischen Kreationen,
Mich an meine ferne, aber herrliche Heimat erinnernd
Deine wechselhafte äußeren Erscheinung
Erbaut wechselhafte menschliche Herzen
Die Welt durchheilend, um verlorene Seelen zu bergen.
Glückselig tanzend durchbricht meine Seele die Wolken der Täuschung.
Heimkehrend ins Haus meiner Mutter

DAS GESCHENK DER LIEBE
ERLEBNIS MIT KLEINEN GECKOS

Eines Tages besuchten mich zwei Geckos in meinem Haus. Sie überraschten mich nicht nur, indem sie umher rannten, sondern störten mich auch, weil sie überall ihre Losung hinterließen. Jeden Tag musste ich ihre Hinterlassenschaft wegmachen und wusste nicht, was ich tun sollte. Ich war ziemlich ärgerlich und ungeduldig, konnte sie aber nicht einfach raussetzen wie Mücken , die ich mit einem Becher fange und dann draußen freilasse. So ließ ich sie einfach.

Die Geckos bewegten sich blitzschnell und hatten offenbar beschlossen, meine Mieter zu sein, willkommen oder unwillkommen. Selbstverständlich musste ich sie nicht kostenlos aufnehmen, sondern auch als ehrenwerte Gäste behandeln. Das erinnerte mich an unsere Guanyin-Praxis, die ebenso kostenlos ist. Ich konnte mir ein verständnisvolles Lächeln nicht verkneifen. Gleichzeitig erkannte ich, dass ich sie wie meine Kinder behandeln sollte, mit Liebe und Geduld so wie die Meisterin uns, ihre Kinder, behandelt. Mit der Zeit fand ich die Geckos ausgesprochen liebenswert , niedlich und freundlich!

Wenn ich die Audiokassetten der Meisterin abspielte, hörten sie jedes mal aufmerksam zu, und es gefiel ihnen so gut, dass sie die ganze Zeit absolut still saßen. Als ich versuchte, mit Liebe und Geduld mit ihnen zu kommunizieren, verstanden sie. Ich bat sie z.B. ihre Losung auf einem Blatt Papier zu hinterlassen, das ich vorbereitet hatte, und nicht im ganzen Haus verteilt. Zu meiner Überraschung erfüllten sie meine Bitte. Von da an liebte ich sie noch mehr. Sie konnten nicht nur meine Liebe spüren, sondern auch meine Stimme erkennen und antworteten mir mit einem „dada". Sie waren richtig lieb ! So kommunizierten wir wirklich gut, ohne einander zu erschrecken.

Dann wurde eines Tages einer der kleinen Geckos krank, und ich war sehr besorgt, als ich ihn nach Luft schnappen sah. Alles was mir einfiel war, ihn auf den Tisch vor das Bild der Meisterin zu setzen, während ihre Buddha-Chanting-Kassette lief. Der kleine Gecko schaute aufmerksam auf das Bild der Meisterin, als würde er sie kennen. Nach einer weile war er tatsächlich gesund ! Laufend und springend verschwand er wie der Blitz.

Die Meisterin ist wahrhaft allgegenwärtig und allmächtig. Sie kümmert sich um alle Wesen und ist eins mit ihnen. Einige Zeit später starb Mutter Gecko. Sie hatte ihren Sterbeort clever gewählt - auf dem Boden vor einem großen Bild der Meisterin. Sie muss gewusst haben, dass die Meisterin sich um sie kümmert. Überhaupt lieben es die Geckos, hinter das Bild der Meisterin oder dem hölzernen Rahmen ihres Gemäldes zu ruhen. Sie müssen die liebevolle , subtile Vibration eines Lebenden Meisters spüren können. Was für kluge und liebenswerte tierische Freunde sie doch sind !

Seit sich das erste Geckopaar bei mir häuslich niedergelassen hat, sind zwei weitere Generationen geboren worden. Das Erstaunlichste ist, dass sie ihren neugeborenen Babys beibringen, wo die „Toilette" ist, und darüber muss ich herzlich lachen ! Ich danke diesen niedlichen Geckos vom Grunde meines Herzens, dass sie mir soviel Freude machen und mich Liebe und Geduld lehren. Nun verstehe ich sehr viel besser, dass „Liebe „ nicht nur bedeutet, alle Schranken zwischen Menschen niederzureißen, sondern ebenso harmonische Koexistenz zwischen Mensch und Tiere, Pflanzen und allen anderen Wesen im Universum meint. Danke Meisterin, für deine kostbaren Lektionen durch alles, was in unserer Umwelt existiert. Für mich ist es die beste Lektion und ein Geschenk der Liebe.

EIN HUND DEN ICH NIE VERGESSEN KANN
Ein Miteingeweihter aus Festland China

Von Februar 1953 bis zum Herbst 1959 besaß unsere Familie einen Hund Namens Blackie. Er war groß und kräftig, hatte dichtes, schwarzes Fell und sah aus wie ein wilder Löwe, so dass sich niemand in seine Nähe wagte, wenn er vor unserem Haus saß. Man sagte, dass ihn auch andere Hunde fürchteten. Obwohl er so wild aussah, war er zu unseren Gästen freundlich und begrüßte sie Schwanz wedelnd. Man konnte Blackie einfach nicht nach seinem Äußeren beurteilen.

Tatsächlich war Blackie ein sehr freundlicher Hund. Nie kämpfte er mit anderen Hunden, biss niemals Menschen noch schüchterte er kleinere Tiere ein. Unsere ganze Familie liebte ihn sehr und behandelte ihn wie ein Familienmitglied. Als er gestorben war, war mein Vater sehr traurig und sagte : „Blackie war so klug und liebenswert und konnte so viele Schritte auf den Hinterbeinen laufen."

In der Zeit die Blackie mit uns teilte, strafte ich ihn einmal, als er noch ein Welpe war und in den Ofen kroch. Er tat dies nie wieder und war einer meiner besten Freunde. Er kannte den Weg gut, auf dem ich nach Hause kam, und wenn ich manchmal erst nach neun Uhr abends zurückkehrte, lief er mir vier oder fünf Kilometer entgegen. Einmal kam er, sprang mich plötzlich an und erschreckte mich, da ich ihn nicht bemerkt hatte. Er stellte sich aufrecht hin, hielt mich mit den Pfoten fest und küsste mich mehrmals. Ich gab ihm ein Leckerli und sagte ihm , er möge mich nicht wieder so begrüßen, was er auch nie wieder tat. Statt dessen ließ er mich wissen dass er da war und mich begrüßen wollte, indem er im Kreis lief. Jedes mal, wenn ich fortging, lief er bis zu fünfzehn Kilometer mit mir und weigerte sich umzukehren, wenn ich es ihm befal. Dann gab ich ihm eine Kleinigkeit und entfaltete all meine Überredungskunst, bis er wiederwillig ging, sich aber immer wieder nach mir umdrehte. Ich war um seine Sicherheit besorgt, weil auf der Straße starker Verkehr war.

Ein Jammer das Blackie in schlechten Zeiten lebte und viele böse Erfahrungen machte. Im Frühjahr 1959 litt Festland China unter einer großen Hungersnot was einen akuten Mangel an Lebensmittel zu Folge hatte. Viele Familien verhungerten. Waren sie heute satt geworden, blieb ihnen nichts für morgen. Blackie, der damals schon viele Jahre in unserem Haus gelebt hatte, zeigte in dieser Periode einen vornehmen Charakter und wusste, dass es nicht an der Zeit war, sich verwöhnen zu lassen. Im Gegensatz zu seinem früheren Verhalten rührte er die Reste, die man ihm hinlegte nicht an, bis man ihn dazu aufforderte. Wenn die Familie um unseren kleinen, niedrigen Esstisch saß, stand er ruhig dabei und sah zu. Obwohl ihm der Zahn tropfte, bettelte er nicht. Andere Hunde hätten wohl gierig hinuntergeschlungen, wenn etwas vom Tisch fiel, aber das war einfach nicht Blackies Stiel. Er war so verständnisvoll, dass es meinen Eltern ums Herz ging ! Wie hungrig er auch sein mochte, er nahm nichts, was er nicht nehmen sollte. Er verhielt sich sehr ehrlich und loyal gegen seine von Armut geschlagenen Herren.

Als meine Eltern sahen, wie Blackie jeden Tag dünner wurde und seine Wildheit verloren ging, litten sie um ihn. Sie gaben ihn zu einer anderen Familie, die besser dran war als unsere, damit er nicht mit uns leiden musste. Aber der gute Blackie vermisste uns und weigerte sich dort etwas zu essen oder trinken. Nach kurzer Zeit kam er auf eigener Faust zurück. Blackie war das lebende Beispiel des chinesischen Sprichworts : „ Ein Hund verleugnet seinen armen Herrn nie.", und überstand viele harte Zeiten mit uns.

Um die Familie von Armut und drohendem Hungertod zu befreien, verließ mein Vater unsere Heimatstadt Jiaodong , um im fernen Nordwesten sein Glück zu versuchen. Als er mit einem großen Sack auf der Schulter das Haus verließ, wusste Blackie, dass es für Vater eine lange Reise sein würde. Traurig heftete er sich an seine Fersen, und als Vater versuchte, ihn zurückzuschicken, bestand er darauf, mitzugehen. Es war das einzige Mal, dass er uns nicht gehorchte.

Dann verließ Vater die Dorfgrenze mit Blackie, der ihm den ganzen Weg bis zur Busstation gefolgt war. Vater wollte nicht mit ansehen, wie Blackie traurig wurde, und befal ihm, zurückzukehren, er schrie ihn sogar an, aber Blackie wollte einfach nicht. Als Vater in den Bus stieg meinte er, dass Blackie ihm nicht länger folgen könnte, weil er schon sehr schwach war. Es waren über dreißig Kilometer von unserer Stadt bis zum Bahnhof, und die Straße war mit Sandstein gepflastert. Aber als er mit seinem Gepäck den Bus verließ, war Blackie wieder Erwartend plötzlich da ! Da konnte Vater seine Tränen nicht zurückhalten. Das war Blackies Treue ! Als Vater die Hand ausstreckte und Blackie seine Pfote hineinlegte, bemerkte er, dass seine Pfoten bluteten, weil er dem Bus so lange hinterher gerannt war !

Während Vater auf seinen Zug wartete, ließ er Blackie sein Gepäck bewachen, während er in einen Laden ging, um zwei Rosinenbrötchen zu kaufen. Als er Blackie damit fütterte , bemerkte er , dass Blackie wirklich alt geworden war und kaum noch Zähne hatte. Daraufhin zerschnitt er die Brötchen unter Tränen und fütterte Blackie eigenhändig, der so traurig war, das er ebenfalls weinte. Als der Zug einfuhr , konnte Blackie nicht länger folgen und kehrte traurig nach Hause zurück.

Die Hungersnot wurde noch ärger, und Vater hatte eine schwere Zeit, unsere Familie zu versorgen. Nichtsdestotrotz hielt Blackie zu uns. Dann, eines Tages im Herbst 1959 starb Blackie vor Hunger bei einem Loch neben unserer Haustür. Als Vater von seinem Tod hörte, kam er sofort nach Hause und begrub Blackie unter einem ailanthus altissima (gewöhnlicher Himmelsbaum genannt) , und wir wünschten uns, dass Blackie für immer in den Himmel erhoben würde mitsamt dem Baum ! Zu der Zeit hatten Armut und Hunger viele Todesopfer gefordert, und Blackies Tod wäre nach dem Empfinden der Leute wohl eine Trivale Angelegenheit gewesen. Aber Blackie war das beste Mitglied unserer armen Familie. Er bewachte uns treu und hinterließ bei allen unvergessliche Erinnerungen. Wir schätzten seine noblen Eigenschaften, besonders als die Hungersnot ihren Höhepunkt erreichte, weil er niemals Nahrung forderte.!

All das geschah in meiner Kindheit und vermittelte mir tiefe Einsichten in die Natur des Lebens. Wir Menschen , die wir Mitglieder einer noblen Spezies sein sollten, sind keineswegs besser als Hunde, wenn wir nicht die Notwendigkeit verstehen, Loyalität und Liebe zu üben. Es ist wie die Meisterin sagt : „Jedes Geschöpf Gottes hat seinen eigenen Wert, und Blackies Wert war nicht zu benennen. Während ich mir diese Geschichte ins Gedächtnis zurückrufe, steht mir wieder vor Augen, wie betroffen meine Eltern über Blackies Tod waren. Sie vermissten ihn immer noch, weil sie wissen, wie viel sie ihm schulden. Meine Eltern ermahnen uns oft durch Blackies Geschichte : Wie hart das Leben auch sein mag, wir müssen standhaft und treu sein. Das ist die Lektion, die Blackie uns Lehrte.

ICH LERNTE DIE LEKTION DER LIEBE
Von Schwester Chiu Shui, Taichung , Formosa

Mein Mann und ich hatten keine Kinder eingeplant. Als ich aber vom australischen Retreat zurückkam träumte ich, ich stünde mit einem dicken Bauch auf dem Gipfel eines Berges. Erschrocken wachte ich auf und fragte mich, ob die Meisterin mir wohl sagen wollte, dass ich bald schwanger werde. Ein Schwangerschaftstest einen Monat später fiel positiv aus. Ich konnte das Ergebnis nicht akzeptieren. Mein Mann und ich hatten immer sorgfältig auf Verhütung geachtet. Als ich die Gynäkologie verließ, brach ich in Tränen aus. Ich hatte keine Ahnung was ich tun sollte. Ich fuhr auf meinem Motorrad heim und dachte , das Ergebnis müsse falsch sein. Plötzlich, kurz bevor ich zu Hause ankam, änderte sich meine ganze Einstellung : „Also sollte ich daraus lernen." Ich konnte den plötzlichen Umschwung kaum fassen. In der kurzen Fahrzeit von zwanzig Minuten war ich von Depression zu freudiger Erwartung umgeschwenkt. Es muss die Kraft Gottes und des Kindes gewesen sein !

Während der Schwangerschaft konnte ich mich an die Veränderungen in meinem Körper nicht anpassen. Mein Mann war sehr verständnisvoll und führte mich zum Essen aus. Aber fast jedes Mal musste ich mich übergeben, sobald wir im Begriff waren, ein Restaurant zu betreten. Ich konnte einfach nicht auswärts essen. Ich musste während der Schwangerschaft selbst kochen. Offensichtlich reagierte der Fötus empfindlich auf Nahrung von auswärts.

Als ich im fünften Monat war, fuhr ich zu einem Retreat ins Ausland. Bis zu diesem Zeitpunkt hatte ich keine Bewegung des Fötus gespürt, was alle befremdlich fanden. Am ersten Tag des Retreats sagte die Meisterin, sie würde herumgehen, um uns zu begrüßen. Sofort begann der Fötus heftig zu strampeln. Als die Meisterin ganz nah an mir vorbeiging, stieß das Baby so fest, als wolle es eine Trommel schlagen. Der Eifer des Babys rührte mich. Am letzten Tag des Retreats machte die Meisterin wieder eine Runde. Ich sah ihr ruhig zu, und unerwartet hielt sie ihr Auto genau vor mir an. Zuerst schaute sie mich an und dann meinen Bauch. Ich spürte eine unvergleichliche, ungeheure Liebe.

Seit dem Beginn meiner Schwangerschaft liebte ich es, mit meinem Kind zu reden. In meiner Freizeit in der Arbeit las ich gewöhnlich die Artikel der Meisterin, und während der Arbeit spielte ich Musik für mein Baby. Wenn ich von der Arbeit zurückkam, las ich gewöhnlich eine der Geschichten der Meisterin. Während dieser Zeit hatte ich viel Freude daran, mich an der Arbeit für die Meisterin zu beteiligen (indem ich Zusammenfassungen ihrer Videos schrieb). Ich sah mir die Bänder mehrmals an, und das tat mir gut. Mein ganzer Körper und mein Herz waren von höchster Freude erfüllt, und tief in meinem Innern spürte ich die Zufriedenheit meines Kindes.

Eines Tages wollte mein Mann länger schlafen. Ich nahm also meine Hand, legte sie auf meinen Bauch und sagte zu meinem Kind: „Daddy verschläft. Stoß ihn an und sag ihm, er soll aufstehen." Sofort strampelte sie mehrmals, und mein Mann und ich lächelten in schweigendem Einverständnis. Dann hatte ich einen Traum, in dem mein Kind zu mir sagte: „Mommy, ich bin sehr intelligent, ich möchte früher herauskommen." Ich sagte: „ Nein du kannst nicht so früh herauskommen. Du bist noch nicht voll entwickelt! Geh zurück in Mommys Bauch." Tatsächlich wurde sie in der 35. Schwangerschaftswoche geboren. Sie sah genau so aus wie ich sie in meinem Traum gesehen hatte. Obwohl ihr Gewicht vielleicht nicht ganz der Norm entsprach, sagte der Arzt sie sei gesund, und es sei nicht nötig, sie in den Brutkasten zu legen. Oh, ich bin der Meisterin so dankbar!

Jetzt ist mein Baby sieben Monate alt und wächst schneller als andere Babys. Es hat vier Zähne und spricht gerne. Es scheint sehr verständig. Ich erinnere mich, dass die Meisterin einmal sagte, dass viele miteinander verbundene Seelen während der Lebenszeit eines wahren Meisters geboren werden, so dass sie praktizieren können und befreit werden. Sie entscheiden sich eindeutig dafür, in die Familie von Schülern geboren zu werden, um schon als Fötus Vegetarier zu sein, so dass es während ihrer spirituellen Praxis keine Komplikationen gibt. Deshalb sollten wir von ganzem Herzen akzeptieren, was Gott zu unserem Besten gefügt hat, und unser bestes tun, um die Lektion der Liebe zu lernen.

MEINE MUTTER- EINE LEBENDE HEILIGE
Von eingeweihter Schwester Tranquet Tsai, Taipeh, Formosa

Soweit ich mich zurückerinnern kann, war meine Mutter eine „Frühstücksvegetarierin". Man erzählte mir sie habe in ihrer Jugend in einem Tempel in Dah Jiah einen Vortrag über Buddhismus gehört. Daraufhin beschloss sie, das Fleischessen aufzugeben und ernährte sich vegetarisch bis zu ihrer Eheschließung. Danach blieb nur ihr Frühstück eine vegetarische Mahlzeit. In den letzten zehn Jahren sind ihre Kinder eins nach dem anderen Vegetarier geworden und haben von der Höchsten Meisterin Ching Hai die Einweihung erhalten. Schließlich verwirklichte meine Mutter ihren Traum, Buddhismus zu praktizieren, und wir wurden eine Familie von Praktizierenden der Guanyin-Methode.

Ich wusste nie, um welche Zeit meine Mutter morgens aufstand. Als der Tag meiner Zulassungsprüfung für die Universität immer näher rückte, blieb ich abends lange auf und stand am nächsten Morgen wieder früh auf. Nachdem ich die Guanyin- Bodhisattva verehrt hatte, sagte ich gewöhnlich einen englischen Text auf. Da merkte ich, dass meine Mutter mir bereits Haferbrei gekocht und mein Lunchpaket hergerichtet hatte. Wenn ich aus der Schule kam, fand ich meine Kleider gewaschen und sorgfältig zusammengelegt auf meinem Bett. Wenn ich mich am hilflosesten fühlte und mein Selbstbewusstsein verloren hatte, war meine Mutter immer da, um mich zu ermutigen und mir beizubringen, auf eigene

Füße zu stehen. Sie sagte oft, sie sei froh zu erleben, dass heute auch eine Frau zur Schule gehen, Karriere machen und eine hervorragende Stellung in der Gesellschaft einnehmen kann. Sie spornte mich an, die Gelegenheit beim Schopf zu packen und mehr für die Gesellschaft beizutragen. Später wurde ich Vegetarierin und lernte den Pfad des Buddhas zu gehen, der nicht frei von Hindernissen ist. Glücklicherweise war meine Mutter immer an meiner Seite und beschützte mich in aller Stille.

Die Persönlichkeitsentwicklung meiner Mutter war außergewöhnlich. Ich sah sie niemals irgend jemand schelten. Mit ihrem Mann und ihren Kindern sprach sie immer sanft und ruhig. Wenn wir irgend etwas falsch machten, hat sie uns nie getadelt. Sie machte sich nur Sorgen um uns und fürchtete, dass unsere schlechten Taten ungünstige Konsequenzen haben könnten. Manchmal pflegte sie mit uns die Lage zu analysieren und uns Ratschläge zu geben, aber sie respektierte es immer, wenn wir unsere eigenen Entscheidungen trafen. Sie behandelte ihre Schwiegereltern, Verwandten und Nachbarn freundlich und mit aufrichtiger Liebe. In ihren Augen war jeder gut. In aller Bescheidenheit kümmerte sie sich um alle Wesen, die ihren Weg kreuzten. Unter ihrer Pflege wuchsen und gediehen Blumen und Pflanzen. Ihre Liebe konnte sogar kranke Pflanzen kurieren.

Ich bin nun seit 27 Jahren praktizierende Buddhistin und folge seit 10 Jahren der Lehre der Meisterin. Ich bin Vegetarierin geblieben und habe meditiert. Aber mein Temperament ist nicht so gut wie das meiner Mutter. Kommt es daher, dass meine Mutter immer ein leichtes Leben gehabt hat? Ganz im Gegenteil. Ich hörte, dass die Familie meiner Mutter wohlhabend war. Sogar während des chinesisch-japanischen Krieges fehlte es ihnen nie an Nahrung. Doch als sie geheiratet hatte, lebte sie in ständiger Sorge und Armut. Sie musste oft Lebensmittel und Geld borgen. Um ihre hungrigen Kinder zu ernähren, ging sie auf die Märkte und sammelte unverkäuflich gewordene Gemüse. Sie kochte es ein, trocknete es, säuberte und kochte es für uns. Aber nie beklagte sie sich oder redete schlecht über andere. Sie war immer sanft, höflich und sparsam. Vor ungefähr zehn Jahren kam die Höchste Meisterin nach Formosa und lehrte die Guanyin-Methode. Aufgrund ihrer Affinität mit der Meisterin wurde meine ganze Familie, über zwanzig Familienmitglieder, eingeweiht und praktizieren jetzt die Guanyin-Methode, und mein Mann war für uns alle stets das Vorbild eines Praktizierenden.

Jetzt ist meine Mutter in eine andere Welt hinüber gegangen. Ihr Bild in meinem Herzen ist nicht nur das einer gewöhnlichen Frau. Sie ist eine der Heiligen, die aus freiem Willen in diese Welt hinabstiegen, um den Menschen mit Affinität zu helfen, einem lebenden, erleuchteten Meister zu folgen und spirituell zu praktizieren. Als Schwiegertochter, Ehefrau und Mutter lebte sie das alltägliche Leben. Sie hatte weder Ansehen noch Reichtum, doch sie hatte das aller reinste Herz. Sie lebte ein ganz gewöhnliches Leben, unterhielt die harmlosesten Beziehungen zu anderen und sorgte und beschützte uns in aller Stille. Wir hoffen, wir können als Heilige leben und Bodhisattvas oder Buddhas werden, wenn wir in eine andere Welt hinaufsteigen, um so die Wünsche meiner Mutter zu erfüllen.

(Zu dieser Geschichte möchte ich einiges hinzuschreiben. Der Bericht könnte nämlich auch zu meiner Mutter passen . Ich hatte von meiner Mutter nur einen einzigen Rat als junges Kind bekommen, und danach nie wieder einen anderen , nämlich :"Sei wachsam mit welchen Menschen du dich umgibst, denn der Umgang mit diesen Menschen wird dich Formen." Und zu der Heiligen möchte ich noch hinzufügen, als meine Mutter vor einigen Jahren hinüberging, war ich an einem See in der Natur und plötzlich fühlte ich wie gegen 10:30 Uhr eine Energieverbindung zu mir unterbrochen wurde. Ich war etwa 300 km von ihr entfernt. In dem Moment wusste ich das sie Hinübergegangen war. Als ich dann das Gefühl noch mal betrachtete merkte ich das es die Heiligkeit war die da von mir gegangen war, es war das Gefühl der Heiligen, das aber durch die Gewohnheit und dem Einssein hier auf der Erde mir nicht so bewusst war. W.Schorat)

PARASITOLOGIE UND VEGETARISMUS
Von eingeweihter Schwester Hsu Weilin, Taipeh, Formosa

Vorspann : Auf einem Bankett bestellte eine Dame nur eine Schüssel Gemüse, da sie Vegetarierin war. Ein Herr, den sie nicht kannte, saß am gleichen Tisch und hatte ebenfalls nur einen Teller Gemüse vor sich. Da sagte der Herr : „ Sie sind sicher Vegetarierin, Madame ?"- „Ja. Sie auch ?" fragte sie zurück - Der Herr erwiderte : „ Nein, ich nicht, ich bin Fleischbeschauer."

Als Vegetarierin und Medizinstudentin bekam ich im Lauf der Jahre ein besseres Verständnis und Einblick in die Vorteile und Notwendigkeit einer vegetarischen Ernährung. Durch das Studium wissenschaftlicher Forschung werden hoffentlich immer mehr Menschen die Bedeutung einer vegetarischen Ernährung, die Beziehung zwischen Ursache und Wirkung sowie den Schaden erkennen, den eine auf Fleischverzehr gegründete Ernährungsweise Körper und Geist zufügen kann. Seit alten Zeiten hat die traditionelle chinesische Medizin betont : „Mit der positiven Energie in uns kann uns die negative Kraft nicht stören. „ Darum ist vorbeugen besser als heilen. Wenn sich die Menschen für Nahrung entscheiden könnten, die Körper, Seele und Geist dienlich ist, sich das Konzept eines korrekten, gesunden und nahrhaften Vegetarismus zu eigen machen und die Hygiene ihrer Nahrungsmittel sichern würden, müssten sie keinen Schaden durch Gifte fürchten, und könnten freier, gesünder, glücklicher und entspannter leben.

Manche Leute verteidigen das Fleisch essen unter dem Vorwand, der Körper benötige es für eine gesunde Ernährung, aber die Krankenhäuser sind noch immer voller Patienten, von denen die meisten Fleischesser sind. Das Fleisch essen hat ihre missliche Lage und die Symptome offenbar nicht lindern können. Im Gegenteil, durch übermäßigen Fleischverzehr haben sie sich die Krankheiten zugezogen. Das erinnert mich an einen Ausspruch des berühmten vegetarischen Arztes Dr. J. H. Kellogg auf einem vegetarischen Bankett: „ Wie erfreulich für uns, vegetarisches Essen zu genießen, so müssen wir uns keine Sorgen darüber machen, woran die Dinge , die wir essen, gestorben sind.!" Nachdem wir etwas von der Wahrheit verstanden haben, sollten wir da nicht vorsichtiger sein, wenn wir Gabeln und Löffel zur Hand nehmen, um zu speisen.?

DIE BEZIEHUNG ZWISCHEN PARASITEN UND IHREN WIRTEN SOWIE INFEKTIONSWEGE

Im Blick auf die Beziehung zu ihren Wirten können die Parasiten in sechs Kategorien eingeteilt werden. Die ersten sind Ektoparasiten , wie z.B. Läuse, die auf der Oberfläche des Körpers leben. Eine andere Gruppe, die Endoparasiten, inklusive Bandwürmer, Fadenwürmer, Protozoe und andere Organismen, leben im Körperhöhlen, im Darm, in Organen und Zellen ihrer Wirte. Da die letztgenannten Parasiten größtenteils in Körperhöhlen und im Darm leben, können wir uns leicht vorstellen, dass ihre Herkunft in direkter Beziehung steht zu Lebensgewohnheit und Ernährungsweise ihrer Wirte. Der Verzehr des Fleisches von Fleischfressern und Pflanzenfressern, einschließlich der äußeren und inneren Teile von Kühen, Schweine, Fisch und Shrimps ist einer der Hauptgründe für parasitäre Infektionen. Am häufigsten infizieren sich die Menschen durch den Mund. Die Eier von Rundwürmern und Peitschenwürmern z.B. und die ausgewachsenen Zysten oder Larven einiger anderer Parasiten gelangen durch verunreinigte Nahrung oder Trinkwasser in den menschlichen Körper. Die Infektion über Pflanzen geschieht hauptsächlich dadurch, dass wir sie roh essen, was leicht vermieden werden kann. Im Blick auf die übrigen Kategorien von Parasiten, lasse man Vorsicht walten - es sei denn. man ist Vegetarier. Außer diesen Quellen sind auch Tierexkremente ein Ausgangspunkt für viele Arten von Parasiten. Menschen können sich infizieren über die Haut, durch Nahrung oder Wasser, durch Mücken und Fliegen, durch menschlichen und tierischen Abfall, durch verunreinigtes Wasser und anderes.

Weitere Beispiele für Parasiten, die dem menschlichen Körper schaden, sind die Eingeweidewürmer, die wie folgt klassifiziert werden :

1. Nematoden (Würmer): Ascaris lumbricoides (Rundwurm): Enterobius vermicularis (Nadelwurm): Ancylostoma duodenale (europäischer Hakenwurm)

2. Trematoden (Plattwürmer): Clonorchis sinensis (Chinesischer Leberegel): Fasciolopsis buskis (Darmplattwurm)

3. Cestodes (Bandwürmer): Taenia solium (Schweinebandwurm) : Taenia saginata (Rinderbandwurm)

Protozoen (einzellige Lebewesen), die in die Körperhöhle eindringen, Entamoeba histolytica. Entamoeba coli.

PARASITEN SCHÄDIGEN DEN WIRT AUF DREIERLEI WEISE

1. Durch die Entnahme von Nährstoffen. Parasiten entziehen ihrem Wirt Nährstoffe für ihr eigenes Wachstum, Überleben und ihre Vermehrung. Das ist einer der allgemeinen Schäden, die Parasiten ihrem Wirt antun. Rundwürmer und Schweinebandwürmer z.B. leben im Darm und entnehmen ihm Nährstoffe, was Unterernährung zur folge hat.

2. Durch mechanische Wirkung. Parasiten können ihren Wirt durch Verstopfung, Kompression und auch direkt schädigen. Eine größere Anzahl Rundwürmer im Darm kann z.B. Darmverstopfung zur Folge haben. Cysticercus cellulosa kann Druck auf das Gehirn ausüben und Epilepsie auslösen. Darmplattwürmer saugen sich an der Darmschleimhaut fest, was zu Entzündungen, Blutungen oder sogar zur Zerstörung von Darmgewebe führen kann.

3. Durch chemische Reaktionen. Die stimulierende Wirkung von Metaboliten (Stoffwechselprodukten), von Exkreten und Sekreten von Parasiten sowie chemischen Substanzen , erzeugt aus zerteilten toten Parasiten, kann dem menschlichen Körper auf vielfache Weise Schaden zufügen. Das Protozoon Entamoeba histolytica z.B. sondert histolytische Enzyme ab, die in der Darmschleimhaut und -unterhaut (Schleimhautmembranen im Darm und das darunter liegende Gewebe) Geschwüre verursachen. Wenn sich genügend Larvensekret im Gewebe angesammelt hat, kann das ernsthafte allergische Reaktionen bzw. einen Allergieschock auslösen. Einige der blutsaugenden Parasiten des Menschen injizieren dabei ein Sekret, das die Funktion hat, das Blut zu verdünnen und eine lokale Reizung auszulösen, die Entzündungen hervorruft.

Solange die Abwehrkraft eines Wirts größer ist als die Invasivkraft der Parasiten, werden diese bei ihrem Eintritt in den Körper total zerstört oder vom Körper ausgesondert. Falls die Abwehrkraft des Wirts zeitweise der Invasivkraft der Parasiten entspricht, kann eine kleine Anzahl derselben im Körper überleben bzw. sich vermehren. Obwohl sie dem Organismus vielleicht nicht direkt schaden oder klinische Symptome auslösen, wird der Wirt zum Überträger von Krankheitserregern. Ist seine Abwehrkraft jedoch geringer als die Invasivkraft der eindringenden Parasiten, werden deutliche pathologische Veränderungen und klinische Symptome bei dem Wirt auftreten, er ist ein von Parasiten infizierter Patient.

Die am häufigsten im menschlichen Verdauungskanal zu findenden Bandwürmer sind Schweinebandwurm, Rinderbandwurm, und Zwergbandwurm. Nehmen wir den Schweinebandwurm als Beispiel. Die ausgewachsenen Exemplare leben im Dünndarm des Menschen und verursachen Beschwerden. Ihre Larven, Cysticerci genannt, leben im Muskelfleisch von Schweinen oder Menschen, wo sie Cysticercosis verursachen. Wenn man rohes bzw. ungenügend gekochtes Schweinefleisch mit diesen Larven zu sich nimmt, werden diese durch das Gallensekret im Verdauungskanal stimuliert und lösen ihren Kopf, um sich an die Darmschleimhaut des neuen Wirts anzuheften. Dann bilden sie vom Hals ausgehend ständig neue Proglottiden (Bandwurmglieder) und wachsen innerhalb von zwei drei Monaten zu ausgewachsenen Exemplaren heran. Gewöhnlich hat man nur einen Bandwurm, es können aber auch mehrere sein. Die Lebenszeit ausgewachsener Bandwürmer kann mehr als fünfundzwanzig Jahre betragen. Ihre Larven lösen im menschlichen Körper Larvenverseuchung aus und fügen ihm mehr Schaden zu als die erwachsenen Parasiten, je nachdem in welchem Körperteil sie sich befinden und wie zahlreich sie sind.

Die Anzahl der Bandwurmlarven in einem Menschen kann in die Zehntausende gehen. Die befallenen Körperteile sind ihrer Häufigkeit nach : Subkutanes Gewebe, Muskeln, Hirn, Herz, Leber, Lunge sowie das Bauchfell. Soweit Unterhautgewebe und Muskeln befallen sind, bilden sich Knötchen unter der Haut , häufig gruppenweise, vor allem in Kopf und Rumpf, weniger häufig in den Gliedern . Gewöhnlich verursachen sie, abgesehen von gewissen Muskelschmerzen, keine eindeutigen Symptome. Wenn Bandwurmlarven ins Hirn gelangen, verursachen sie zunehmend Druck im Kopf, Kopfschmerzen, Übelkeit, Erbrechen, Bewusstlosigkeit, Sehstörungen bis hin zur Epilepsie. In schweren Fällen können sie sogar Hemiplegie (halbseitige Lähmung) , Paraplegie (Lähmung der Beine), Aphasie (Sprachstörungen) und mentale Probleme auslösen. Falls sie sich in den Augen festgesetzt haben, wird die Sehkraft beeinträchtigt, häufig ist die Bewegung der Würmer sichtbar, und in schweren Fällen kann das Sehvermögen sogar verloren gehen.

Entamoeba histolytica, auch Amoeba dysenteria genannt, lebt hauptsächlich im Dickdarm des Menschen. Unter bestimmten Bedingungen kann es die Darmwand durchdringen und in die Blutbahn gelangen, und so Amöbenruhr und verschiedene Amöbeninfektionen auslösen.

Aufgeschreckt von der BSE-Krise, der Hühnerseuche in Hongkong und anderen Vorfällen von Vieh- und Geflügelvergiftungen, sind die Menschen in den letzten Jahren aufgewacht und haben die Probleme ins Auge gefasst, die von Parasiten, Bakterien und Virusinfektionen ausgehen. Darum haben sich auch mehr Menschen entschlossen, ihrer Gesundheit zuliebe den Fleischkonsum durch eine nahrhafte vegetarische Ernährung zu ersetzen. Vegetarismus ist also nicht nur ein Zug unserer Zeit, sondern auch eine Art Erweckung.

VERWANDLUNG EINES VIEHZÜCHTERS
Vom eingeweihten Bruder Bob Eactman, Maryland, USA

Ein Interview mit Howard F. Lyman, Direktor der „ Initiative für verantwortungsbewusstes Essen " der Humanistischen Gesellschaft der USA

Mr. Lyman ist Landwirt mit einer Familientradition von vier Generationen und über 35 Jahren Berufserfahrung. Er leitete einen großen biologischen Milchbetrieb, mit einer großen Intensivmastanlage der Hühner, Schweine und Puten züchtete, Getreidefelder von Tausendenden Morgen anbaute und mehr als eintausend Stück Rinder als Schlachtvieh produzierte.

Seine Geschichte begann im Jahre 1979, als sein Körper unterhalb der Brust gelähmt wurde infolge eines Tumors in der Wirbelsäule. Die Ärzte meinten, eine Operation wäre für ihn eine Chance gleich eins zu einer Million wieder laufen zu können, weil der Tumor sich innerhalb seines Rückrates befand. In der Nacht vor der Operation versprach er sich selbst, unabhängig vom Ergebnis des Eingriffes den Rest seines Lebens dem zu widmen, was er für gerecht hielt.

Nach einer 12- stündigen Operation konnten die Ärzte den Tumor entfernen. Seine Genesung verlief erfolgreich, und einige Tage später verließ er das Spital auf eigenen Beinen. Dieses Erlebnis änderte sein Leben. Er glaubt, Gott habe ihm die Fähigkeit zu laufen wiedergegeben, damit er eine Mission erfüllen kann.

Nach diesem Erlebnis dachte Mr. Lyman darüber nach, wie es geschehen konnte, dass er, all den modernen Ratschlägen folgend, seine kleinen biologischen
Familienbetrieb in eine große Genossenschaft umwandelte, die chemische Mittel einsetzte. Er wurde Zeuge wie sein organischer Ackerboden als Ergebnis der sogenannten modernen landwirtschaftlichen Methoden von einer lebendigen Produktionsgrundlage zu einem sterilen , mit chemischen Mitteln übersättigten Stück Land wurde. Er begann sich ebenfalls der Unmenschlichkeit bewusst zu werden, mit der Tiere in Intensivmastanlagen gehalten werden.

So beschloss er, sich über die Auswirkungen der Anwendung chemischer Mittel in der Landwirtschaft neu zu informieren. Nach vielem Lesen und Forschen verkaufte er 1983 seine Farm und begann mit anderen Landwirten zusammen zu arbeiten, die in finanzieller Notlage waren, das ihn zu einem Posten im Landwirtschaftlichen Verein von Montana führte. 1987 ging Mr. Lyman nach Washington, DC, um als Vertreter des Nationalen Landwirtschaftlichen Vereins aufzutreten. Er beschäftigte sich fünf Jahre mit der Politik im Kapitol und erreichte einige kleine Erfolge wie die Verabschiedung des Bundesgesetzes über biologische Normen, verstand aber, dass viel mehr erforderlich war. Er gewann die Überzeugung, dass das Problem an der Wurzel angepackt werden musste und die nötigen Änderungen von Produzenten und Verbraucher ausgehen sollten.

Mr. Lyman bemerkte zur grundlegenden Ursache unserer Gesundheits- und Umweltprobleme : „ Sei es Verlust des Regenwaldes, Hunger in der Welt, Verlust des besten Ackerbodens oder unserer eigenen Gesundheit, es handelt sich immer um dasselbe Rad, und die Gabel, mit der wir essen, ist seine Achse. Unsere Gabel ist die gefährlichste Waffe im Arsenal des Homo Sapiens. Wir graben mit unseren Gabeln mehr Gräber als mit irgendeinem anderen Gerät .”

Im Jahre 1992 organisierte Mr. Lyman, damals Geschäftsführer der „Internationalen Initiative für Einschränkung des Rindfleischverbrauchs” eine massive öffentliche Aufklärungsaktion. Mehr als 10.000 Menschen verteilten an einem Tag an über 3000 verschiedenen Standorten in der ganzen Welt über 1.000.000 Informationsblätter. Der Zweck war, Verbraucher über ihre Eßgewohnheiten und über die Vorteile einer vegetarischen Lebensweise aufzuklären. Später wurde er Direktor der „Initiative für verantwortungsbewusstes Essen” der Humanistischen Gesellschaft der USA und Präsident des Internationalen Vegetarischen Vereins.

In diesen Funktionen legte er innerhalb der vergangenen fünf Jahre jährlich und allein 1996 mehr als 200.000 Meilen zurück, sprach über 4000 Radiostationen und 300 Fernsehsender und gab über 1000 Interviews. Er sprach auf Tausenden Zusammenkünften vor wenigen Zuhörern bis zu über 25.000 Menschen, wie am Festtag der Erde in Oakland, Kalifornien.

Er spricht zu den Menschen über die Möglichkeit , ihre Diät von tierischer auf pflanzliche Basis umzustellen und betont, dass man länger und gesünder leben kann, wenn man verantwortungsbewusst isst. Er ermahnte jedermann, sich zu fragen : Wer hat mein Essen, hergestellt ? Welche Stoffe hat man dabei verwendet ? Welche Wirkung hat es auf mich, auf die Umgebung und die Tiere ? Er merkte : „Mein Leben hat das Ziel, mit anderen den Glauben zu teilen, dass jeder von uns die Welt zu einem besseren Platz machen kann; und wenn es eine helle Zukunft für unsere Kinder und Enkel geben sollte, wird sie dadurch zustandekommen, dass Verbraucher die Hersteller unterstützen, die im Einklang mit der Natur, d.h. biologische , Leben erhaltend und humanistisch arbeiten.”

Befragt über die Rinderwahnsinn - Krankheit (BSE) antwortete Mr. Lyman, das vermutlich von einem anormalen Protein, dem sogenannten Prion, verursacht werde, das zum erstenmal 1986 in England entdeckt wurde. Er sagte dieses Protein könne 340 Grad Celsius überstehen, hat keine DNA oder RNA und bleibe sogar im Boden vergraben ansteckend. Überdies, sollte man es ins stärkste Desinfektionsmittel geben, würde es fünf Jahre lang erhalten bleiben und dabei noch kräftiger werden.

Die Prione vervielfältigen sich vermutlich durch Auslösung von Kettenreaktionen im Gehirn, die gesunde zellulare Proteine beschädigen und dadurch normale Proteine in anormale verwandeln.

Die Krankheit wird wahrscheinlich dadurch übertragen, dass man die Überreste der geschlachteten Tiere, um Kosten zu sparen, zu einer Proteinmasse verarbeitet und damit Kühe füttert. Sind einige der geschlachteten Tier krank, kann der die Krankheit verursachende Stoff, der nicht so leicht entdeckt oder zerstört werden kann, ins Futter der Tiere gelangen. Mr. Lyman sagte, in England seien laut Schätzungen etwa 100 Personen an der entsprechenden Form dieser Krankheit erkrankt, diese Zahl könne in wenigen Jahren von 5000 auf über eine Million steigen. Weiterhin sagte er, trotz der Zusicherung der US-Regierung, dass es in den USA keine bestätigten Fälle dieser Krankheit gäbe, glaube er dass manche Anzeichen die Glaubwürdigkeit dieser Behauptung in Frage stellen.

Mr. Lyman bemerkte. dass die Hälfte aller Todesfälle in den USA heutzutage auf Herzkrankheiten zurückzuführen seien, dazu tragen hauptsächlich solche Faktoren bei wie gesättigte Fettsäuren, die überwiegend aus tierischen Produkten stammen, und Cholesterin, das nur von tierischen Produkten kommt. Einer von drei heute lebenden Amerikanern werde an Krebs erkranken, und einer von vier werde daran sterben. Von allen krebserregenden Substanzen und Giftstoffen, die in den menschlichen Körper gelangen, seien 75% tierischen Ursprungs und nur 16% pflanzlich. Er führte aus, dass 91% aller krebserregenden Stoffe durch zwei Dinge vermieden werden können : durch Verzicht auf tierische Produkte bei der Ernährung und durch Ernährung mit Gemüse aus biologischem Anbau. Ferner sagte er : „ Mein größter Stolz besteht heute darin, dass kein Tier sterben muss, damit ich lange, gesund und produktiv leben kann. Wenn ich dazu fähig bin, zu leben, ohne dass Tiere dafür sterben müssen, warum sollte ich dann meine Hände mit Blut eines anderen lebendigen Wesens beschmutzen, das wie ein Mensch Gefühle hat und wahrscheinlich das Leben genauso genießt wie ich. Es ist eine Situation ohne Verlierer. Ich lebe länger, wenn ich sie nicht esse, sie leben länger dadurch , das ich sie nicht esse, und jeder, der seine Gabel zum Munde hebt, sollte sich darüber Gedanken machen."

ANHANG
Erfahrungen und Suchergebnisse, Schwierigkeiten auf dem Weg, Probleme, und so weiter ! Von mir selber Wolfgang Schorat . 1.2.2004   11: 31 Uhr

Sooo, was ist hier also los, seltsame Dinge passieren hier bei mir, hier am Computer, beim Schreiben dieser Texte, die ich ja bloß zusammenstelle. Schon zuvor, vor einigen Wochen, fehlten plötzlich Textabschnitte die ich morgens eingetippt hatte, und wenn ich mich Nachmittags oder Abends wieder an den Computer setzte, einfach weg waren. Also tippte ich ihn nochmals ein, speicherte alles ab, außerdem wurde sowieso alle 5 Minuten automatisch abgespeichert. Seltsam. Das wiederholte sich einige male. Text reingetippt, Text weg, Text wieder reingetippt Text wieder weg.

Also, dachte ich, Speicher ihn noch extra auf Diskette ab, okay, wurde gemacht.
Ging einige Tage gut, dann fehlte plötzlich wieder ein ganzer neuer Text. Ha, kein Problem, ich hatte ja die Diskette, also brauchte ich bloß den Diskettentext in die Zwischenablage kopieren und dann den Inhalt dieser Zwischenablage wieder in den Computertext reinkopieren. Ich warf die Diskette rein, schaute, aber auch das war genau der Text verschwunden der auf dem original Manuskript der Festplatte weg war. Was läuft hier ab, was für ein Spiel ist das. Ich schmunzelte, will jemand das ich diese Zusammenstellung nicht schreibe, es als Buch veröffentliche, gut möglich. Womöglich war es die Meisterin, Ching Hai. Aber definitiv konnte ich das nicht sagen, da mir niemand gesagt hatte : Hallo ich bin die Meisterin Ching Hai, tu das nicht, oder : Ich lösche den Text, weil ich nicht will das du da

hier machst. War es Gott, war es ein anderes Wesen das „Trouble in Paradies" machen will. Womöglich Kal die negative Macht die verhindern will das eine weitere Information in Buchform zum Vorschein kommt. Ich tippe mal auf Ching Hai, aber definitiv kann ich nicht sagen das es so wirklich ist. Und heute morgen, wieder das gleiche. Der gesamte Text von „Die Geheimnisse der Licht und Ton Meditation" , die ein australischer eingeweihter geschrieben hatte, weg. Also wieder an die Diskette, wieder Nix, nicht bloß der erwähnte Text, nein, das gesamte Material, weg, nicht zugänglich, Nix.

Also machte ich eine neue Diskette mit dem restlichen Text bis zu dem Artikel : „Verwandlung eines Viehzüchters". Als das auf der Diskette abgespeichert war, schaute ich nach ob alles drauf war. Ja, alles Ok. Aber mal sehen was damit noch passiert.

Mach ich hier Fehler, schwere Fehler, oder ist es möglich das es um etwas ganz anderes geht was ich nicht erkennen kann. Aber ich will es erkennen.!

Wie ist mein jetziger Wissens und Bewusstseinsstand, nach diesen über 10 Jahren als Initiierter von der Meisterin Suma Ching Hai. Was ist passiert ? Was Passiert ? Ich werde versuchen einen kleinen Einblick zu geben wie ich dazu kam mich Initiieren zu lassen. Obwohl das bloß Worte sind und das geschriebene nicht im Geringsten die Wirklichkeit oder die Wahrheit ist, es ist bloß Schaum, Traum, trotzdem : Der Weg nach Außen, oder der Weg der Evolution, der Veränderung der geht gleichzeitig in alle Direktionen. Wobei gleich geschrieben werden muss, dass es weder Innen noch Außen gibt. Das gibt es bloß auf der sinnlichen Seite. Da ja alles Eins ist, wir ja alle Eins sind. Ja es gibt keine Zwei, die Zwei ist ein mentales Kunstprodukt und gehört zur Mathematik, und die hat noch nie , nie, die Probleme der Menschheit der Menschen lösen können. Sie ist bloß Sinnlich, kommt aus dem Verstand und gehört zum Bereich der Abgrenzung und der Zerteilung. Was sehe ich aber wenn ich meine Umgebung betrachte. Ich sehe bloß die Eins. Denn alles Sichtbare ist ein Original. Es gibt in dieser Umgebung keine Zwei, Nirgendwo , Irgendwo. Wenn ich nun alles , jedes, jeden, bloß als Original sehe, als Eins, dann ist die Eins gleich Null, da die Eins ja auch noch sinnlich ist, Mathematisch, Mental, Verstand, die Null wäre dann die Ganzheit, alles, Gott, die Einheit, das was immer da war immer ist immer sein wird. Und aus dieser Null dieser Einheit dem Göttlichen kann bloß die Einheit kommen, das Göttliche, das in jedem Original als Ur-Weitsprung vorhanden ist, oder anders : Aus Gott aus dem göttlichen kann bloß das Göttliche kommen. Das Du , Ich, Er, Sie, Es, selber ist.

Also weiter, wie kam ich dazu, was ist passiert, weswegen wurden die Texte weggenommen, womit habe ich es zu tun. Welcher Film läuft hier ab, worin bin ich vernetzt, verfangen, verstrickt, oder denke bloß das ich es bin.?

Ich hatte viel erlebt, war frei, und unfrei zugleich, also Schöpfer und Geschöpf zugleich. Irgendwann zerbrach mein Traum, der Glaube an etwas, irgendwann wurden die inneren Vorkommnisse zu Wellen die über einen hinwegrollten , zerbrachen, und die Unfreiheit wegspülen wollten, aber es nicht schafften, denn das Getobe, das menschliche Leben war ein Sog ein Strudel, eine Raserei von Feiern und Trauern, von Schmerzen und Siegen und Verlusten und Kämpfen, Niederlagen, von zuwenig und zuviel und von gar nichts von allem, von Wachsein, und was Wachsein sein könnte, irgendwann war so viel da, die Fülle die enorm war, und alles wurde ausprobiert. Alles wurde mitgenommen, getestet, geschmeckt, gefühlt, erlebt, gesehen, und im stillen, dann im ganz stillen, und dann in der Bewegungslosigkeit erkannt. Denn du kannst die Bewegung nur erkennen wenn du selber bewegungslos bist. Oder anders : Nur das Bewegungslose kann die Bewegung sehen. Erfahren. Wenn das sehende auch Bewegung wäre, wäre alles ein gigantischer Wirbelsturm ohne das ein klares Bild ersichtlich wäre. Die Leinwand des Sehens ist also bewegungslos. Und nicht nur das : Das Sehen selber ist Todlos, Ewig, Immer frisch , altert nicht, unsterblich. Ebenso das Hören. Aber aufpassen : Nicht das Sehen und Hören mit den Organen der Augen oder dem Ohr verwechseln. Das Ohr kann nichts Hören und die Augen können nichts sehen. Das kann nur das Göttliche, also schaut und hört hier das Göttliche in seiner ewigen frische Unsterblichkeit.

Und dann kam der Punkt, wo die Suche zielstrebiger wurde, wer bin ich, was bin ich. Ich wusste nun das ich das Göttliche sein muss, rein logisch, und durch die Erfahrungen. Als die Suche anfing , kamen auch die Bücher. Ich fing mit Meditation an, weil ich das verstehen konnte, erkannte. Und : Weil ich dann erkannte, „Das Universum ist mehr als Gigantisch und mehr als Endlos", oder Ewig, kurzum : Mehr als ich, oder mein Verstand jemals erkennen könnte. Und ich merkte um so mehr ich mich da in das Universum reinbewegte um so größer wurde es, und um so weniger wusste ich , das wurde mir zu groß. Aber : Da ich da war, hier war, musste ich also erkennen können wer ich bin, denn sonst wäre ich ja nicht.

Und die Meditation die ging leicht für mich, und dementsprechende Erfahrungen kamen, aber um es gleich vorwegzunehmen, trotz und wegen der Erfahrungen, konnte ich immer noch nicht sagen, mit Bestimmtheit, ja das ist mein wahres Ich, das bin ich, ich erkannte immer wieder das es da weitergeht, das sind bloß Aspekte von mir Teile, Schichten. Ich erfuhr also das der Körper so still werden konnte, das : Es Atmete. Und der Atem Fingerlang war, und durch die Nasenöffnung hin und herbewegte, um den Körper mit Überlebensatmen aufrecht zu halten, so still wurde der Körper. Dann in Berlin, vor dem Postgebäude, Uhlandstraße, erlebte ich mich auf einmal gigantisch, und die Menschen um mich waren und wurden immer winziger wie Ameisen. Ich stieg also in immer schwindelerregendere Höhen. Aber ohne das mir schwindelig wurde oder Ängste da waren, das war alles ganz selbstverständlich, das gehörte zu mir, das war ich auch. Und einmal tief in der Meditation klingelte jemand und ich stand auf, öffnete und die Hausmeisterin war da und nörgelte weil ich das Fahrrad gegen die Hauswand gelehnt hatte. Aber : Ich war in dem Moment im Überbewusstsein, und wohl noch etwas darüber, denn alles was sie total vernünftig und logisch mathematisch sauber sagte, war das Gestammel von aber auch total unwissenden
Da wurde mir klar, das die Sprache, die Logik, die Mathematik, ein unbeschreiblich niedriges Niveau sind, es war das Niveau von dem Königreich der Wirrnisse. Die Frau merkte diese Energie, diesen Seinszustand, und wurde ganz ängstlich, aber ich hatte kein einziges Wort gesagt und war ihr nicht im geringsten feindselig oder sonst wie negativ gesonnen gewesen. Sie sah das, erfuhr das, und ging dann hastig nach unten ohne das ich etwas sagte, sagen brauchte. All diese Erfahrungen passierten ja immer, bloß als Teil meines ganzen Lebens, denn ich lebte ja auch alles andere, Arbeit, Beruf, Verantwortung, Lockerheit, Berlin, Reisen, Frauen, alles was mir die Umgebung anbot und was ich mitmachte. Dann einmal hatte ich Besuch, meine damalige geliebte Anne war da, ich lebte in der Holsteinischen Straße 14 in Wilmersdorf. Wir standen im Zimmer, und plötzlich ging ein Double von meiner physischen Gestalt aus der Physis heraus und ich sah mich doppelt. Schön. Ohne das die Anne davon etwas mitbekam. Ich sagte aber auch nichts. Das war mir schon in Kanada passiert als ich dort in den sechziger und siebziger Jahren lebte.

Das Leben ging weiter, ich fing an mit dem Mantra Om zu arbeiten, lange Zeit, ca. 1 Jahr wiederholte ich immer wieder im stillen Om, egal mit wem ich zusammen war. Dann von einer Reise nach Dänemark, zurück , noch in Dänemark, beim Autofahren, plötzlich ein unter dem Bauchnabel enorm heißer Punkt, und eine Energie die sich nach oben bewegte, als diese Energie dann zum Kopf kam und zum Sehen, merkte ich auf einmal das es Silbrigweißes Licht war, und ich auf einmal dieses sich in die Unendlichkeit ausdehnende Licht wurde, es war, aber ich fuhr mit 80 km/h auf der Straße, und das Ego , der Verstand kam rein und dachte blitzschnell,, Unfallgefahr, und sofort verging das Silbrigweiße Licht. Aber ich konnte erkennen das ich dieses Licht dieses unendliche Licht war.

Viele Jahre vergingen im Kreislauf. Viele, viele Bücher über Spiritualität, Meditation, Buddhismus, Buddha, Zen, die chinesischen Weisen, die ZenMeister, die indischen Weisen und einiges mehr wurden gelesen, und ich meditierte weiter. Ich trank Wein weiter und ich aß Fleisch weiter, obwohl das immer mehr abnahm, immer weniger wurde. Später als ich in München lebte und schon lange meditiert hatte und weiter diesen Weg der Selbsterkenntnis gegangen war machte ich im Englischen Garten, am

Kleinhesseloher See zu dem ich gerne ging, da saß ein zwei drei Bierchen trank, und zuschaute, dann diese Erfahrung : Ich war aufgestanden, es war dunkel, und die Leuchtkäfer leuchteten in den Büschen beim Flug, plötzlich wurde ich, aus dem Körper gehoben, und nahm diese Umgebung das Restaurant, die Atmosphäre, die Menschen , ohne die Gewohnheit der Sinne auf, und, es war Übel, das was mir so gefiel, war einfach Übel, es war in Wahrheit der Gestank von Leichen, gebratenen Leichen an dem ich mich und die anderen gelabt hatten, und auch das Bier es stank, es war ein Fäulnisprodukt. Das wurde mir da gezeigt. Alles andere ist bloße Gewohnheit über unbeschreiblich lange Zeitzyklen aufgebaut so dass nicht mehr erkannt werden konnte was das in Wahrheit für üble, üble Gestänker waren mit denen ich mich da umgeben hatte. Da war mein ziemliches Ende mit Fleischfressen, Leichenfressen schon fast da. Aber ein Jahr zuvor, oder auch zwei, war ich in der Türkei für einige Monate, Rundreise, mal Schauen, ich hatte viele Bücher über Sufis Sufismus mit, las damals viele Bücher von Osho - Backwahn- Zen so was,, dann fuhr ich nach Konya rein, zum Grab von Rumi,,beeindruckend, so viel Liebe der Menschen dort, und fast alles Frauen, ich wusste nicht was es bedeutet am Grab eines Heiligen zu sein, ich wusste auch nicht was für ein Heiliger Mevlana Rumi war, das erfuhr ich erst 10-12 Jahre später. Als ich dann aus Konya wegfuhr,, tja,, da hörte ich die Flöte in meinem Kopf spielen, eine lange Zeit spielte sie ihr Lied in meinem Kopf, es war schön, sehr schön, ich wusste nicht was es bedeutete, es bedeutet sehr viel,,wenn man weiß was es bedeutet. Ich war auf der Suche nach meinem wahren ich, nach mir selber, das unsterbliche, ewige, glückselige, das fabelhaft schöne das wunderschönste. Auf der Reise hatte ich einen Traum-ich schlief damals auf dem VW-Dach, wegen der möglichen Überfälle und Morde die damals abliefen, in Bezug zu reisenden in Reisebussen. Türkei ist gefährlich, aber andere Länder auch. Im Traum sah ich zwei große Vollmonde nebeneinander. Links war Osho- Backwahn und rechts war ich, jeder war ein Vollmond, da wurde mir bewusst das ich mit Osho gleichwertig war, vom Stand, des was auch immer.! Denn ich hatte sehr viel von ihm gelesen, etwa 110- 120 Bücher. Das beeinflusst schon. Das rebellische freie sich nicht von Dogmen und sogenanntem Heiligen täuschen oder benebeln lassen, das war auch in mir drin. Im folgenden Jahr wahr ich einige Monate in Griechenland auf Kefalinos zum Meditieren von Februar bis September. Die Innere suche war intensivierter geworden. Ich meditierte dort mit einem selbstgemachten Mantra- „Mich selbst erkennen". Das wiederholte ich stundenlang da unter dem Fisch und Fang Regenschirm sitzend am Strand, im Sand, 4-5-6-7-8 Stunden sitzen und meditieren. War prima. Ganz intensiv stellte ich dieses „Frage- Mantra" dieses tiefe Fragen immer und immer wieder. Mich selbst erkennen. Mich selbst erkennen. Mich selbst erkennen. Mich selbst erkennen. Ich las damals das Osho Meditationsbuch- The first and last freedom. Dann hatte ich nachts auf einmal Alpträume, schwere Alpträume, sehr schwere Alpträume, ich fragte mich, wieso, ich sitze hier meditiere, ich mach doch nix, wieso..Schwere Ängste wurden mir da vorgespielt. Aber wer hatte die Ängste ? Ich wachte erschrocken auf, was ging hier vor, hier war doch nur Frieden am Strand, Sonne, Unbeschwertheit, Wärme, Schönheit. Am 25.7.1990 etwa eine Stunde vor Sonnenaufgang erwachte ich auf einmal inmitten dieses schweren Alptraums. Aber ! Ich war nicht der Alptraum, ich war außerhalb des Alptraums und sah das da mein Körper lag und im Körper im Kopf ging dieser Film ab, das Alptraumkino, und zwar ganz von alleine, das hatte garnix mit mir zu tun, aber auch nixi. Und ich, ich war etwas anderes, ich hatte sogar eine andere Form, die ich jetzt hier nicht erwähnen will, und was war ich denn da, ich erkannte erstmal unbeschreibliche Erhabenheit,, und unendliche Glückseligkeit, unendliche Ruhe und unendliche Angstlosigkeit. Meine Wahrnehmung war die gleiche , die ich auch im Zustand des Mentals hatte, also im sogenannten normalen Seinszustand, aber ich fand mich sozusagen über dem Kopfbereich wieder, sagenhaft. Ich weiß jetzt nicht mehr ob das dann danach passiert was ich jetzt beschreibe oder ob es erst am folgenden Tag passierte, aber folgendes passierte : Dann fing sich in der Mitte des Kopfes das Kronen Chakra, oder der tausendblättrige Lotos an zu bewegen, ich spürte die Drehbewegung, und sah auch diese am Ende wie kleine Blätter aussehenden Gebilde, und alles drehte sich und dann fing in meinem Kopf im Gehirn auch etwas an sich zu bewegen, ein perfekter runder Energiekreis wurde geformt, und in dem Moment wusste ich was diese „Heiligenschein Ringe" in den mittelalterlichen Gemälden waren. Das erlebte ich nämlich nun selber. Dann kam von oben über das Kronen Chakra den Tausendblättrigen Lotos, durch seine Mitte eine enorme Menge an Glückseligkeitsenergie, die dann in meinen Kopf und Körper floss. Ja diese Erfahrung machte ich einen Tag später nach dem ich das Bewusstsein den Seinszustand oberhalb des Kopfes erreicht hatte, der mit der unendlichen Glückseligkeit. Da mein Bewusstsein dort war. Und nun bei der „Tausendblättrigen Erfahrung" war mein Bewusstsein im Kopf. Und so nahm ich wahr, wie diese Woge der starken Glückseligskeitsenergie unbeschreiblich tiefe Freude von oben durch das Kronenchakra, das sich drehende, in meinen Körper floss. Bis ich es nicht mehr aushalten konnte, und ich sagte danke, danke, ich verstehe, danke, ich dachte es kam mir so vor als ob meine Physis gleich explodieren würde vor Glückseligkeit, da wusste ich das der Körper bloß eine beschränkte Form, Menge von Glück und Glückseligkeit tragen konnte, sonst würde er drauf gehen, er ist eben begrenzt. Also hatte sich da im Gehirn dieser kreisrunde Energie- Kreis geformt, beide Energien, Positiv- Negativ waren zu einem Kreis geworden. Danach war ich sozusagen einige Wochen „Gottbesoffen", es war ein regelrechter „Glückseligkeitstaumel", und ich vergaß weiter zu meditieren. Das ist also der Nebel. So seltsam wie sich das hier auch liest oder anhören würde, denn da hätte ich weiter meditieren sollen. Das stabilisieren festigen, aber diese Erfahrung war extrem neu extrem glücklich extrem glückselig. Aber das war noch keine wahre Selbsterkenntnis. Ich war bis zur Astralwelt gekommen. Denn der tausendblättrige Lotos ist die erste Ebene der höheren Welten. Die Astralwelt. Aber was der Seinszustand war den ich am Tag zuvor hatte ist mir noch nicht recht bekannt. Am folgenden Tag als ich am Strand langging, erlebte ich mich als Knochenkreuz, als die feste Mineralstruktur des Körpers, ich war das Kreuz, es war keine Erfahrung vom physischen Körper mehr vorhanden, ich ging da als wandelndes Knochenkreuz, seltsame Erfahrung. Ich erkenne die Bedeutung dessen nicht.

An diesem Tag dachten meine Gedanken das ich Osho dafür dankbar sein müsste, also dankte ich ihm herzlich, in der Nacht erschien er mir, im Traum oder Vision, er war erst vor einigen Monaten verstorben, ich sah ihn am anderen Ende des Tunnels wie er zu mir sagte : Siehst du, du hättest damals als ich noch lebte zu mir kommen können, nun bleibt dir nichts anderes übrig als meine Bücher zu lesen. Okay. Aber ich wusste das ich mich bloß in Momenten der inneren Schwäche zu jemandem zu einem Meister oder Guru bewegen wollte, denn ich beobachtete meinen Mentalseinszustand, und ich wehrte mich dagegen. Ich wollte ich sein. Was immer das auch war.

Dann vergingen die Jahre, ich meditierte weiter und reiste weiter und machte mein Leben so gut es ging unter dem freien Himmel und dem freien Winden der Erde. Nun lebte ich in München. Ich schrieb viel wilde wirre witzige blöde und seltsame Bücher, ich schrieb mir alles von der Seele, aber das Mental ist voll und voll. Aber eine unmerkliche Verfeinerung passierte doch, die Erfahrungen waren längst vergessen, die Gegenwart war da mit all ihren Fantasien, Gedanken und Taten im Universum. Dort in München im englischen Garten machte ich dann diese Erfahrung außerhalb der Gewohnheitssinne, der Gestank, der Leichenfraß das Bier als Fäulnisprodukt. Also weg davon. 1991 kam ich von einer Solar-Kanu-Expedition zur Hudson Bay zurück. 6 Monate alleine durch Kanadas Norden zu den Eisbären , so was, mit dem Kanu. Als ich in München ankam, hatte ich noch etwas Geld, und traf dann im Mariott Hotel einen Amerikaner der mir vorschlug ihm zu helfen eine Struktur aufzubauen für die Firma NSA, Aktivkohle-Wasserfilter, so was. Das tat ich dann,, das waren 7 Monate im VW Bus auf dem Parkplatz vor dem Ungerer Bad. Ich schlief dort im VW Bus auch im Winter bei 20 Minus, das war prima. Mein Leben ist eine Reise und ich bin hier bloß Gast und vorübergehend hier, mir gehört gar nichts ich bin hier bloß als Gast. Und ich will auch nicht das mir je irgendwas gehören sollte. Denn es ist ein ekliges Gefühl ein ekliger Seinszustand der Seinszustand des : Das gehört mir jetzt das ist meins. Ein primitives dumpfes Gefühl eine dumpfe Seinsweise. Unfrei . Über diese Zeit da mit diesem Strukturaufbau habe ich das Buch geschrieben: „Modernes amerikanisches Management in München". Ich weiß nicht ob ich es schaffe als Buch erscheinen zu lassen. Am Ende, im April, war ich von den Banditen befreit von den Kriminellen, die, als sie mich in ihre kriminellen Aktivitäten einweihten, ohne das sie mir das bewusst sagten, sondern mich bloß ihre Arbeitsgänge machen ließen, mir in dem Moment „Graues Licht" von ihnen übertrugen. Das Licht der Leichtkriminellen, die aber auch schon mit Mord drohten, Mir mit Mord drohten, wegen der sagen wir mal , anderen Pläne die sie da durchzogen, trotzdem, ich blieb standhaft, ließ mich nicht einschüchtern, und bekam von der Firma, die mit den kriminellen Machenschaften der amerikanischen Distributoren nichts gemein hatten, eine gute Abfindung,,, dann, fand ich das Büchlein : Der Schlüssel zur sofortigen Erleuchtung,,in einer Telefonzelle am Ungerer Bad. Ich las das Freiexemplar, und irgendwie sprach mich das an, Jesus, Liebe, vegetarische Ernährung, Erlösung, Freiheit, höhere Welten. Das war eine Erweiterung meines Erfahrungsschatzes, das sah so aus als ob mir das helfen würde, was ich suchte, wonach ich suchte. Ach jetzt fällt mir ein, das Büchlein fand ich als ich noch mit der Firma NSA in München Kontakt hatte, es war das Ende kurz vor dem ich das ganze Thema dieser kriminellen Aktionen mit der Firma für mich abgeklärt hatte. Als ich das Büchlein las, ich stand mit meinem VW Bus nun unter den Bäumen an dem kleinen Bach in der Stengelstraße, da mich die Anwohner am Ungerer Bad nicht, irgendwie, oder so was, jedenfalls benachrichtigte jemand die Polizei, an einem Tag, als es etwas wärmer war, nach dem Winter, und ich mich nach all den Strapazen ausgestreckt hatte und etwas entspannen wollte, genau da kam der Polizist, er war freundlich, aber das war mir schon zu viel des guten, also fuhr ich zur Stengelstraße unter die tiefhängenden Bäume. Und dort sagte ich dann, ja, dem kann ich zustimmen, ja, ich kann diese Ching Hai als meine spirituelle Meisterin akzeptieren, ja ich akzeptiere dich als meine spirituelle Meisterin...Tja,und dann gings aber los: Ich erfuhr einen enormen Schub an Energie und konnte an dem Tag als ich das Büchlein gelesen hatte und innerlich zusagte, sofort wieder 5 Stunden Sitzen und meditieren. In der gleichen Nacht in der Meditation öffnet sich mein Weisheitsauge, es war interessanterweise genauso wie in StarTrek, wenn in Wharp Speed geschaltet wurde, plötzlich sah ich wie sich mein Sehen innerlich, das ja auf eine schwarze Fläche schaute enorm beschleunigte, und ich tatsächlich sozusagen an Sternen vorbeisauste mit einer weit weit mehr als Lichtgeschwindigkeit, und die Sterne waren dann diese langen Lichtstreifen, und schon war ich da, und sah, die höhere Welt, wunderschön, fabelhafte Schönheit, die Landschaft wie auf der Erde mit Tälern und Gebirgen und Seen und Pflanzen, aber : Die Farbpracht war enorm stark, und : Alles war aus Licht : Und : Leuchtete von Innen. Dann öffnete sich ein Fluss innerer Fluss von Weisheiten die ununterbrochen flossen, eine Weisheit nach der anderen eine Wahrheit nach der anderen, es hörte nicht mehr auf, und dabei wurde mir auch gesagt das ich zur Meisterin Ching Hai gehen sollte um mich initiieren zu lassen, und vieles andere mehr. An dem Tag wurde ich sofort 100% Vegetarier. Ich erledigte meine geschäftliche Sache mit der Firma NSA, bekam die Abfindung und fuhr für 1 Jahr nach Griechenland, wo ich dann überwinterte , nämlich auf Kreta, um mich auch von der kriminellen Energie zu reinigen und gut zu erholen

Ich hatte in München erfahren das die Meisterin Ching Hai im nächsten Jahr an 1 Mai 1993 in München seine würde, und da wollte ich dabei sein. Auf Kreta meditierte ich sehr viel. Lebte das Leben eines Wanderers in den Bergen und Tälern und an den Stränden. In dem Jahr bekam ich viele spirituelle Geschenke von ihr. Im Winter zB. Wanderte ich durch die Sanddünen und wurde von einem wunderbaren Duft Aroma, Parfüm umhüllt. Oder einmal im Frühjahr ließ sie mich wissen wie es ist Nobel zu sein, als ich durch die Frühlingslandschaft spazierte ging plötzlich von hinten eine Person ein Wesen in meine Physis ein und ich erfuhr eine schwebende ungemein Noble Seinsweise. So was hatte ich als Lebensgefühl als Seinszustand noch nicht erfahren hier auf der Erde. Da wurde mir gezeigt was meine Zukunft sein kann und sein wird. Oder was ich in Wahrheit als Seele als das Göttliche bin. Manchmal wenn ich innerlich Kontakt zu ihr aufnahm durch den inneren Dialog , das innere Gespräch, eine Art Gebet könnte man es auch beschreiben, dann wurde ich eins mit dieser endlosen Liebe, die mich ungemein glücklich machte und sehr Tranquil sehr Seren und ruhig. Dann eines Tages sah ich das Licht, sehr helles strahlendes Licht, sehr sehr Brilliant. Und danach waren sehr viele Blitze in meinem Kopf, Blitze ohne Donner. Das Licht war so hell, wenn ich dann am Tage rausging, konnte ich direkt in die Sonne schauen ohne zu blinzeln, und das Sonnelicht, das ja in Griechenland wirkliche Brilliant ist, war trübe, so stark war mein inneres Licht, viel, viel stärker als das Sonnenlicht unseres Sonnensystems.

Später sendete ich einen Bericht aus München zu der Ching Hai Zeitschrift und in der News No 29 wurde der dann in Englischer Sprache veröffentlicht. Am 1 Mai 1993 war ich dann in München. Der Saal war so voll und alle Türen waren geschlossen worden. Ich war etwas enttäuscht, doch dann öffnete sich plötzlich die Tür, und einer der Mitarbeiter sagte : Du, du kannst zur ersten Reihe gehen aber setze dich auf den Fußboden. So kam ich doch noch rein, und saß da mit einem Lächeln und wundernden Herzen und freute mich über die Hilfe der Meisterin, mich doch noch da reinzubringen. Denn ich hatte mir vorgestellt in der ersten Reihe zu sitzen. Aber Menschen müssen schon viel Stunden vorher da gewesen sein. Die Meisterin kam, ich schaute zu ihr hin, und unsere Blicke trafen sich, und in dem Moment sah ich die Energie die aus den Augen kam, von ihr, von mir, das Goldene Licht, der Goldene Lichtstrahl der ja aus jedem Auge strahlt, denn es ist ja das Göttliche das sieht, und diese beiden Sehstrahlen trafen sich genau in der Mitte der Distanz und wurden eins. Nachdem ich von ihr initiiert war, wartete ich mit jemandem im Hinterausgang des Hotels Holyday Inn, und die Meisterin kam alleine durch die Tür, sie bot uns ihre Hand an, und ich gab ihr einen Handkuss. Am folgenden Tag fuhr ich nach Berlin um auch dort bei dem Vortrag dabei zu sein, und bei der Einweihung und dem am Abend folgenden zusammensein mit der Meisterin und den neu Initiierten. Ach ja, während meiner öffentlichen Initiierung passierte gar nichts mehr und auch nicht in Berlin, denn ich war ja schon ein Jahr zuvor initiiert worden, in München, als ich die innere Zusage machte, sie als meine spirituelle Meisterin zu akzeptieren. Und da ja ein echter Meister Meisterin den Seinszustand über Raum und Zeit überschritten hat , ist er damit allgegenwärtig und du brauchst bloß Ja zu sagen und schon bist du dabei. So war es dann auch bei mir. Abends in Berlin, mit den neuinitiierten, konnten Fragen an sie gestellt werden. Ich stellte ihr eine Frage im Zusammenhang mit der Lichterfahrung der Sonne auf Kreta, was das bedeutete, aber, ich war in dem Moment nicht in der Lage Liebevoll zu fragen, sondern mein Gemüt, Verstand, stellte sich davor, so konnte diese Zuneigung das Herz nicht zum Vorschein kommen, und die Frage war mit einem aggressiven Ton. Als sie das hörte, war sie wohl überrascht und antwortete barsch : Who do you think i am. Oder: Wer denkst du bin ich ! Aber diese aggressive Frage, das war mein erster direkter sprachlicher Kontakt zu der Meisterin Ching Hai, alles andere war enorm an spirituellen Aktivitäten die ich erfahren hatte, wo ich wusste das kann nur sie sein, okay, aber wenn der Verstand wollte konnte er sich auch wer weiß was für Wirbel da zurechtreimen, was und wer das sein könnte. Aber für mich war klar das war die Meisterin Ching Hai. Trotzdem , diese aggressive Frage war wunderbar : Denn, normalerweise, wenn dich, mich, jemand nun barsch sprachlich, genervt antwortet, dann kommen ja auch dementsprechende Emotionen zu einem rüber, und das war nun aber auch total anders. Obwohl sie sauer war und barsch antwortete, kam reine bedingungslose Liebe zu mir, und das bestätigte noch mal für mich das sie eine echte Meisterin ist, denn sie war eins mit der bedingungslosen Liebe.

Wieder in München half ich die Gruppe in München aufzubauen, ich half dem Mönch Tung Ti. Er hatte Angst vor Frauen, und es kamen tolle Frauen zu der Kontaktperson in München, und stellten viele Fragen, und Tung Ti wollte mich als sein Dolmetscher und Helfer und so nahm ich dann auch Teil an den „Ferninitiierungen", wo die Meisterin Ching Hai nicht persönlich anwesend war, was ja nicht notwendig ist. Der Mönch Tung Ti war sozusagen der Telegrafenmast auf den sie sendete und der dann weiterleitete. Ich sah wie er zu dem Zeitpunkt der „Stillen Übertragung" der Transformation in Trance fiel. Ich war zu dem Zeitpunkt schon ziemlich blank in Bezug zu Geldmitteln, bewarb mich bei einigen Firmen, aber auch schon damals 1993 als ich erst 45 war, war ich sozusagen unbrauchbar, und die Massensuggestion oder Selbstverblödung des Glaubens hatte Wirkung gezeigt, obwohl ich eine sehr gute Ausbildung hatte und viele Erfahrungen auch mit ausländische Firmen und mehrere Sprachen sprach und soweiter. Ich bewarb mich einmal bei der Allianz und da musste ich ein Persönlichkeitstest machen, und dann sagte man mir, nein, sie sind keine auf Menschen zugehende Person sie sind ein Einzelgänger. Das wars dann. Ich schlief dann wieder im VW-Bus und half tagsüber beim Aufbau und bei den Meditationsgruppentreffen. Mir wurde viel Weisheit und Wissen gegeben wenn viele Fragen zu beantworten waren, es kamen auch Nonnen und Schauspielerinnen und hauptsächlich Frauen, das zeigte mir das Männermanko, die Identifizierung mit dem Geschlecht und der damit angeblich zusammenhängenden Dominanz oder Selbstgenügsamkeit. Kann aber auch falsch sein was ich mir hier zusammen bastle. Fakt war viele Frauen. Für Tung Ti ein Horror. Denn das war ja Sex, Liebe, Sexualität, Schönheit, Verlangen, Kontakt, und vieles mehr, und das war ihm ein Greul eine Angstlandschaft. Mein Geld wurde immer Knapper, also sprach ich mit der Meisterin Ching Hai innerlich und sagte ihr was Sache ist, welches die Situation war, und das ich Geld brauche, wenn ich weiterhin helfen sollte die Gruppe in München am Anfang aufzubauen und zu stabilisieren. Ich hatte eine 6 Monatskarte für den Fitnessraum im Mariott Hotel damit ich Hygienisch einwandfrei sein konnte, und ein gewisses häusliches Flair behalten konnte da ich ja im VW -Bus lebte, dort konnte ich mich gemütlich auf bequeme Polsterung und Sessel fleetzen, und mich sozusagen häuslich wohl fühlen. Als ich mich morgens zu dem Waschraum begab um mich zu waschen, und vor dem Spiegel stand, und mich über den Waschbereich beugte um Wasser auf die Hände laufen zu lassen, flog von hinten ein Ring in das Waschbecken. Ich wusste sofort das er von der Meisterin Ching Hai materialisiert war. Ich habe nun vergessen wie viele Diamanten er hatte. Das steht in meinem Tagebuch. Jedenfalls, ging ich dann zurück zum VW-Bus und dachte mir den behalte ich, ein materialisierter Ring (Obwohl ja alles materialisiert ist) aber sofort wurde mir innerlich mitgeteilt der ist nicht für mich zum behalten gedacht sondern zum verkaufen. Das passierte mehrmals, bis ich es dann am nächsten Gruppentreffen erwähnte das mir die Meisterin einen Diamantring materialisiert hätte und ich jemand suche der ihn kaufen möchte. Ich sagte das nur ganz leise damit kein Aufsehen erregt würde in der Gruppe, doch im selben Moment nahm meine Sensibilität jemand in der Gruppe wahr, der eine innere Reaktion gezeigt hatte und ihn wollte. Eine schönaussehende Frau um die 50 oder so. Ich wusste nicht wer sie war. Doch ich sprach sie an und erzählte ihr den Vorfall weswegen ich den Ring materialisiert bekommen habe. Sie sagte mir ihren Namen, und das ich sie am nächsten Tag besuchen möchte, bei den Proben in der Oper, sie war Opernsängerin. Diese Frau kaufte dann den Ring damit ich wieder Geld hatte weiter zu machen und die Gruppe mit aufzubauen. Mit dieser Frau war ich eine Zeitlang in Kontakt und machte mit ihr und ihren beiden Kindern auch eine Konzertreise durch Frankreich. Eine sehr schöne Zeit. Ich erkannte das ich sie und ihre beiden Kinder aus einem Leben in Österreich kannte und der Familienfreund war der immer ein strahlendes Lächeln hatte und ihnen gute Laune brachte. Und genauso war es jetzt auch. Ihr Sohn war im vorigen Leben ein bekannter Psychologe und sie und ihre Tochter waren die Verleger Geschwister die seine Bücher in Wien veröffentlichten. Wir machten Pläne wie es weitergehen sollte und wollten uns in New York treffen. Nachdem sie ihr letztes Konzert in Europa gegeben hatte. Aber es kam anders. Auf dem Weg nach Magdeburg wo sie das letzte Konzert gab, fuhr ich bei einer Frau vorbei, die ich 1 Jahr zuvor kurz auf Kreta getroffen hatte, und wo mich der Innere Meister vor gewarnt hatte, zweimal, eine Ärztin und jemand der ihren Sohn gezeugt hatte, die, als ich von Kretas Bergen runterkam wo ich meditiert hatte und zum Strand ging, sie alle drei da am Strand sah, und meine Intuition mir sagte, sei sehr wachsam , der Mann ist sehr, sehr Böse. Der Traum zeigte mir das beide Menschen die Menschen über Sexualität anziehen um sie dann zu zerstören. Das wollte ich wohl, das reizte mich wohl oder das verblödete mich wohl. Ich wollte wohl die Erfahrung machen oder der Nebel war gut und die Wachsamkeit war irgendwo zu dem Zeitpunkt, so blieb ich bei der Frau.

Aber trotz allem war ich beschützt, der Sexwahnsinn war enorm und die Bösartigkeit war abgrundtief, und einmal schaute ich in ihre Augen sie waren pechschwarz und ich schaute in „Abgrundtiefe Bösartigkeit", als wir „Vögelten", mal poetisch leger formuliert. Ich sah wie das Astralwesen in ihren

Körper kam und Besitz von ihrem Körper nahm ,es war die Gier, die dann in ihren Augen war, endlose schwarze Gier sehr Böse.

Im Folgejahr, als es zuende ging, und ich sexuell so gesteuert wurde das mein Ständer der warme Wonne Stab, einfach nicht so wollte ich's sonst wollte, und mir das nicht erklären konnte, ging ich im Wald spazieren, und Steinpilze suchen, plötzlich war mein Augenlicht weg,,, ich stand da im Dunkeln . Dann kam es wieder. Am folgenden Tag das Gleiche und sofort rief ich Gott um Hilfe, und sofort erschien die Antwort : Wir haben dir deine sexuelle Kraft genommen damit du keine sexuelle Entwicklung mit der Frau mitmachst sondern eine spirituelle. Okay, dann wusste ich was da gespielt wurde. So ist das wenn man sich Initiieren lässt. Da wird aufgepasst was das beste für dich ist.

Die Beziehung ging auseinander, und ich lebte von dann an bis jetzt wieder alleine.

Sein Leben zu machen, seinen Lebensunterhalt zu verdienen, frei bleiben, weg von vielem, sich zu erforschen, das ist eine Balance zwischen vielen Akten heutzutage, in dieser regulierten Gesellschaft, Gesellschaften. Ich bin nur etwas Wert für jene die ich unterstütze, und dann aber auch nur wenn mit einem Lächeln ich, benutzt werden kann, im materiellen Sinne, ausgenutzt werden kann, und in dieser damals 45-46 Jahren Erfahrung hier auf der Erde, hatte ich schon sehr viele riskante Entscheidungen getroffen, für mich und für meine Liebe und für meine Freiheit, was sehr oft nie und nimmer mit dem Denken anderer übereinstimmen würde, und insbesondere nicht wenn ich mir das menschlich allzu menschliche noch mal in den Sinn hole, vorstelle, mit all seinen Wirrnissen und Rationalen Glaubensbekenntnissen und damit Gefängnissen die sich die Menschen selber aufgebaut haben, da sie ja nicht zur Zeit in der Lage sind an das Göttliche zu glauben und dementsprechend zu handeln.

Der Zwang ihrer Vergangenheit ist noch viel stärker als die Wahrheit ihrer echten Gegenwart die in ihnen wacht und zusieht. Mir wurde klar das diese zehn Gebote die ja bloß Richtlinien sind und keine Gebote, in Wahrheit, die Software sind für die Festplatte des menschlichen Verstandes, der dadurch eine leuchtende klare saubere Evolution gemacht hätte, so das die Menschen heute besser dran wären viel besser, viel, viel besser, als das was nun als ganzes Global zu sehen ist.

Ich kann für mich sagen, das fast gar nichts von dem was ich hier in der Entwicklung der Gesellschaften heute mit mir übereinstimmt, und ich alles anders gemacht hätte. Und nun auch alles ganz anders sehe. Deswegen sagte ich mir schon sehr früh, Gott, verschone mich von dem menschlich allzu menschlichen. Und danach habe ich auch viel gelebt. Wenn gewisse Entscheidungen für mich gemacht werden müssen mussten. Da mir das Gefängnis in dem die Menschen leben total nicht zusagt. Ich habe vieles mitgemacht , gekostet, getestet, viel mit gelacht, mitgesungen, mitgelaufen, mitgearbeitet, aber ich war nie in Wahrheit dafür, ich war immer für mich alleine frei.

Wenn ich Bäume sah, die alleine aufwachsen konnten, wie bei meinen Vorträgen in Hamburg, wo ich meine Plakate klebte für die Reisevorträge über Kanada oder Australien, wenn ich diese Rotbuchen sah, was für fabelhafte Größe und fabelhaftes Potenzial da zu sehen war, da sah ich den Wert des All-Ein-Sein. Das bestätigte mich weiter , weiter zu machen. Oder wenn ich am Feldrand eine einzige Rapspflanze sah, welches Format sie erreichen konnte welche Größe , sie konnte ihr gesamtes Potenzial das für sie voll da war, schon in ihr vorhanden war, dort All-Eine erfahren. Aber die Rapspflanzen im Kollektivfeld oder die Fichten in Kollektivwald sie erreichten nie ihr vorherbestimmtes Potenzial, und waren schlichtweg die Opfer jener die das ganze absahnen abschöpfen und ausbeuten. Das ist in Wahrheit die menschliche Gesellschaft mit all ihrem Wahn und Wahnsinnigen inklusive der sogenannten Führungsspitzen, die in Wahrheit bloß Absahner sind, weil sie ja das Menschliche allzu Menschliche geblieben sind, und keine weitere echte Evolution machten, sondern, das Massenbewusstsein manipulierten, und daraus das Beste für sich absahnten. Nein, dieser Glaube diese Glaubensgemeinschaften, ob sie sich nun Rechtsstaat oder Demokratien nennen oder wahnsinnige Gottesstaaten der Mullahs, das war und ist für mich alles Murks mehr nicht. Das ist Dumpfes schrilles Nebelbombenwerfen wo schon schwarzes Licht vorhanden ist. Aber es gibt auch vieles das mir sehr gut gefällt und wo ich sehe dass das tierisch menschliche abnimmt, und das Seelische Göttliche das Licht der Liebe sich zeigt und die meisten Menschen auf einem guten weg sind. Dem Weg der Liebe. Somit ihre Raubmenscheigenschaften durchschauen und sich befreien wollen.

Als ich die Initiation bekam, in München aber auch zuvor wusste ich was da verlangt wurde. Die fünf Gebote, Nicht Töten, kein Fleisch essen, nicht Stehlen, nicht Lügen, kein abartiger Sex. Keine Drogen. Aber im Wirbelwind des Lebens meines Lebens, und meiner inneren Freiheit, und der Kontakt mit Menschen, auch mit dieser Ärztin, hatte ich doch wieder Wein getrunken, und der Wein war gut. Er war vegetarisch und das war erlaubt. Und wenn es auch nicht erlaubt wäre, ich trank trotzdem den Wein damals, denn ich hatte einige Kisten sehr guten Wein angesammelt und ihn jahrelang gelagert als ich meine Reisen gemacht hatte, und so weiter, und nun hatte ich in dem Jahr mit der Ärztin den Wein abkonsumiert. Prima.

Auch meine Geldbeschaffungsmethoden waren riskant aber ich machte es. Ich war inzwischen bloß noch eine „Lebhafte Leiche" für das System und den Glaubenswahn der Kollektivweisheit. Der Wirtschaftweisheit des Halbaffentums. Und da ist Wahrheit drin in dieser Aussage, denn mir geht es darum in allem die Wahrheit zu erkennen. Aber dazu komme ich später zum Halbaffentum. Ich hatte als ich in München gelebt hatte und die Reise in die Türkei gemacht hatte das Buch : Auf die Bäume ihr Affen, mitgenommen und den Aufkleber auf meinem weißen VW-Bus geklebt. Meine Vorträge durch die Bundesrepublik ließen nach, es wurden immer mehr Vorträge angeboten, und ich musste immer mehr Vorträge halten um finanziell überhaupt klar zu kommen. In meiner letzten Vortragsreihe hatte ich 60 Vorträge gebucht, und bei den meisten musste ich die Raummiete im Voraus zahlen, aber als die Reihe zu ende war wusste ich das es eine Verlustreihe war, es kamen keine Zuschauer mehr. Also behielt ich die Einnahmen für mich und zahlte keine Raumgebühr an jene die noch zu zahlen waren. Es blieb eine angenehme Menge an sogenannter Schulden übrig. Ich selber, ich das wahre Wesen, ich selber habe nie etwas mit Schulden zu tun, und ich bin auch nie schuldig oder werde es auch nie sein. Aber die Kollektivignoranz der Religionsglaube des Geldes, der hat die Menschen so dermaßen verblödet das sie sich ein wunderbares Gefängnis aufgebaut haben, auf das sie sogar Stolz sind, kann das schon als Menschheit als Mensch betrachtet werden ? Solche unbeschreiblich Intelligenten Systeme der Selbstverblödung, kann das schon ein Mensch sein ? Wenn sich Wesen selber Unfreiheiten aufbauen und das als Recht das sie glauben vermarkten an das alle glauben sollen, kann das schon echt menschlich sein ? Oder anders herum ist dann das Blöde Ignorante das Menschliche ? Wenn ja, dann war ich noch nie Mensch und dann werde ich auch nie Mensch sein, und ich werde auch nie Mensch sein,, ich habe mir das hier bloß alles angeschaut, mich oft am Arsch gekratzt in der Nase gepopelt und gefurzt und den Stepptanz gemacht, in dem dann das gesamte Wissen des Universums übertragen wurde, aber keiner hat's verstanden,,,hohoho.

So ich hatte als ich in München war, und mit dem Mönch der Meisterin Ching Hai zusammenarbeitete, ich glaube sogar von ihm, eine Kopie in Ringheftung von einem Menschen bekommen der Kirpal Singh hieß, es war in englischer Sprache und hieß : The Crown of Life. A Study in Yoga. Da stand drin über den Autor : Das er durch den großen Heiligen Baba Sawan Sing Initiiert wurde und er für 24 Jahre unter der Führung des Heiligen Baba Sawan Singh studierte, und , das er auserwählt wurde, also Kirpal Singh, der Nachfolger in dieser Spirituellen Linie zu werden, nachdem der Baba Sawan Singh, der Heilige, verstorben war. Okay. Das las ich also, unwissend wie ich war und bin. Das Buch war 1960 geschrieben worden von Kirpal Singh. Die Neuveröffentlichung diese Buches die neue Edition wurde 1988 veranlasst und zwar von einem jetzt noch lebenden Meister nämlich H.H. Sant Thankar Singh Ji Maharaj, der der Nachfolger von Kirpal Sing, dem Schreiber dieses Crown of Life Buches war. Und dieser Thankar Singh, der lebt jetzt noch und hat auch Gruppen in Deutschland und anderen Ländern auf der Erde. Aber damals 1993 als ich das Buch von Tung Ti irgendwie bekam, wusste ich von Thankar Sing und auch Kirpal Singh nix, aber ich bemerkte, als ich dem Mönch Tung Ti etwas davon erzählte vom Inhalt des

Buchs da war er ängstlich, da stimmte was nicht, aber Tung Ti war ja sowieso „Ängstlich", auch wenn die größte Schrulle vor ihm stand oder am schlimmsten wenn eine wunderschöne Frau in seiner Nähe war. Das war ja dann der Teufel, das übelste. Über diesen Kirpal Singh den Thankar Singh und dem Baba Sawan Singh werde ich später noch sehr viel zu berichten haben. Aber ich will den Aufbau hier einigermaßen gut vorbereiten. Denn das hat auch was mit der Meisterin Ching Hai zu tun. Und mich selber, in welches Wirrnisnest es mich zeitweilig brachte.

Als ich das Photo im Buch The Crown of Life sah,, vom Kirpal Singh, sah ich einen vergrämten, total leidenden sehr skeptischen Menschen, ich sah das er unbeschreibliche Lasten mit sich schleppte, und das er innerlich kämpfte um damit klar zu kommen. Mein Gott war die Meisterin Ching Hai dagegen ein Bündel von Licht und Schönheit. Aber in diesem Buch gings doch tatsächlich um die gleiche Methode wie ich sie unter der Leitung von der Meisterin Ching Hai praktizierte. Ich las da was vom Wort und dem Klangstrom und so weiter. Das der Klangstrom oder das Wort der Heilige Geist wäre, das Jesus das gelehrt hatte und so weiter, so wie es schon in den Berichten oben im Buch erwähnt wurde. Das war also 1993.

Während ich versuchte nun finanziell klar zu kommen, und nicht total die reine Lehre der Meisterin lebte indem ich noch Wein trank und auch so sehr emotional sein konnte und meine ganze Freiheit liebte und mich selbst liebte das ich diese Freiheit weiterhin versuchte in dem Gefängnis das die Menschen als Freiheit denken es aber nicht ist, zog ich dann nach Bad Zwesten hier in Nordhessen. Ich fuhr dann noch einmal nach Paris mit einer Gruppe eingeweihter um die Meisterin dort zu sehen und ihre Modenschau. Nach der öffentlichen Veranstaltung war dann das Gruppentreffen der Initiierten, und fast das erste was die Meisterin Ching Hai dort sagte war das sie sauer war das so viele weiterhin Wein tranken. Ich fühlte mich angesprochen. Aber da es in Paris war galt es wohl auch den Parisern.

Etwas später fuhr ich noch mal mit einer Gruppe eingeweihter aus Berlin nach Mailand um die Meisterin auch dort zu treffen. Dort konnte ich zweimal mit ihr reden. Und sie gab mir einige Ratschläge und was ich gut sein könnte.

1993 als ich mit der Opernsängerin die Frankreich Tour mitgemacht hatte, hatte ich die ersten zwei Bücher von dem Heiligen Baba Sawan Singh dabei, mit dem Titel : Philosophy of the Masters, von denen es fünf Bände gibt und ein Band als Zusammenfassung dieser fünf Bände. Als ich das Bild von Sawan Singh sah das war wunderbar, Klar leuchtend sauber rein ein sehr schöne Ausstrahlung und seine Bücher waren einfach ein Juwel der Reinheit und Klarheit. Da erfuhr ich sehr viel mehr über diese Methode die ich hier unter der Führung von der Meisterin Ching Hai machte. Ich bekam irgendwie ganz winzig wenig mit so im nebenbei so als ob ein Windhauch schnell vorbeizog , das die Meisterin Ching Hai auch was mit dieser Gruppe zu tun hatte, damals, irgendwann, irgendwie,, aber mehr war mir nicht bekannt.

In den Büchern von Sawan Sing erkannte ich sehr vieles,, und später 1995 würde ich mir die Bücher von einer Gruppe besorgen die als Eckankar in Deutschland und weltweit auftritt und aus den USA kommt, und ich würde erkennen , das da was sehr faul war. Aber auch da komme ich später noch drauf zurück. Faul mit Eckankar.

Baba Sawan Singh hatte für mich ein wirklich starkes Antisexualität Ding das er Predigte, anti Stolz anti von vielem, kurzum, nur Gott und nur diese Methode das Meditieren, um dich selbst und Gott zu erkennen. Eben der direkteste Weg.
Um es auf einen einfachen Nenner zu bringen.

Ich las dann auch das Buch vom Gründer oder Modernisierer dieser Heiligen Gruppe in Indien nämlich das Buch „Sar Bachan" von dem Heiligen Soami Ji oder Hazur Soami Ji Maharaj. Auch das Buch in englischer Sprache. So wie die Bücher von Baba Sawan Singh. Aber heute 2004 gibt es schon viel in deutscher Sprache und ich werde die Quellen dieser sehr guten Bücher von Heiligen am Ende auch aufzeigen wo sie zu beziehen sind.

Ich las unbeschreiblich viele Bücher mein Wissensdurst war, ist, enorm , sowohl theoretisch als auch praktisch. Oder Esoterisch als auch Exoterisch. Oder Innen und Außen. Ich las alles was ich an spirituellen Gruppen die da waren lesen konnte um zu sehen was war hier los was läuft hier ab, was machen da sehr viele und so weiter.

Dann sah ich irgendwo in einer Zeitschrift eine winzige Beurteilung von einem Buch von „Martinus", aber der Journalist konnte damit nix anfangen, doch ich merkte da war was, was sehr gutes, also besorgte ich mir die Buchquelle und fing an alle Bücher von dem Dänen Martinus zu lesen, das war auch ein Volltreffer.

Da ich die Wahrheit suchte, sich nicht von Menschen einnebeln lassen, vernebeln lassen, innerlich frei bleiben , aber die Heiligen hatten eine enorm starke Lehre, das bedeutet sie hatten enorme Starke innere Erfahrungen, das heißt, sie hatten enorme innere Spirituellen Reichtum erarbeitet und erkannt, denn, sie waren Eins mit Gott geworden. Das ist schon ein Hammer der Extraklasse.

Bei Martinus erkannte ich, erstens ganz wichtig, er hatte eine enorm starke Spirituelle Erfahrung von Gott wie er es beschrieb, und dadurch als Geschenk sozusagen war danach bei ihm sozusagen viele Latent vorhandene spirituelle Organe offen, und er konnte die gesamte Schöpfung und zwar aller Welten der dichten und der feinsten immer sehen und somit eine total saubere Kosmische Analyse schreiben was er in dreißig Jahren Arbeit auch schaffte. Wobei sich in den Schriften die ich bis jetzt gelesen habe, bloß auf die physische Welt beschränkt, aber noch nicht alle Bücher sind bis heute ins deutsche Übersetzt, es fehlen noch drei.

Da las ich zum erstenmal in meinem Leben, das die gigantischen Lichter wie Buddha Jesus oder die Megaheiligen, in Betrachtung der Kosmischen Evolution noch winzig sind, aber für die Menschen sind diese Heiligen oder Meister schon unbeschreibliches Licht. Doch im Blick auf die gigantische Größe der göttlichen Schöpfung ist das Licht der Erde der Seele der Erde schon weiter entwickelt also die Erde als Göttliche Seele und so weiter. Aber da wurde für mich zum erstenmal eine Relation gezeigt. Was aber nicht bedeutet, das die Lehren dieser Heiligen und die Initiationen die ich hatte winzig wären, oder unbedeutend.

Aber Martinus ist schon einzigartig auf der Erde und es gibt niemanden auf der Erde der diese komplette kosmische Analyse der Schöpfung Gottes in Worte gefasst hat, niemanden, auch nicht die Veden, bei weitem nicht, in solcher Klarheit wie Martinus. Er hat die gesamte Evolution der Seele wunderbar dargestellt.

Aber, er schreibt, das im Plan Gottes für die gesamte Menschheit die Erleuchtung vorgesehen ist, sie ist unausweichlich, durch den Lernprozess der durch das Ursache Wirkungsprinzips entsteht, und der sowohl über das Gute als auch das Böse, das er das unangenehme Gute nennt, passiert. So das die Menschen sozusagen zu moralischen Genies werden, und darüber die Kosmische Einweihung bekommen werden. Jeder. So wie er sie bekommen hatte. Der Weg ist unausweichlich. Er beschreibt sehr gut das Gott nicht solch ein Arschloch ist und seine Schöpfung für die Unsterblichen Seelen so gemacht hätte das sie auf ewig verdammt wären und so weiter, und er betrachtet und beschreibt immer was die Liebe wirklich ist, und nicht was die Menschen sich jetzt für ein Wirrwarr als Liebe oder so was ähnliches zurechtgebastelt haben. Das passte gut zu mir denn ich selber sehe ja den Murks den Murks der Betrügereien und der Lügen aber alles versteckt unter dem Deckmantel der Rechtschaffenheit und des Rechts auch die Intoleranz und die Habgier und so weiter und so weiter.

Sooo ich mach mal Pause, das Essen kochen. Bis später.

Sooo, jetzt ist später, und während des Essens hörte ich im Radio Neil Young mit Heart of Gold. Und er sang : Keep me searching for a Heart of Gold and im growing old. Als ich das hörte da sah ich wie er auch das Goldene Herz sucht es aber nicht finden kann und sich Sorgen deswegen machte weil er älter wurde. Ich denke Neil Young sucht zu sehr außen, nach dem Goldenen Herzen, aber das wird er nur in sich selber finden. Denn Jesus sagte doch schon längst das unser Körper der Tempel Gottes ist und Gott in uns wohnt. So wer sind wir dann, wer bin ich dann.. Oder anders, aus Gott, kann nur Gott kommen. Es geht gar nicht anders. Okay.

In den Schriften Martinus, wurde noch mal der Evolutionszyklus beschrieben den die Seele, das Göttliche, durchzugehen hat, wenn sie aus den Seligkeitsbereichen in die physischen Welten kommt. Ich werde sie jetzt beschreiben und dazu aber noch aus Sawans Sings Schriften : Philosophie of the Masters, die jeweiligen Elemente mit reinfügen und die Bedeutung die es dann hat in Bezug zum Töten und dem damit verbundenen Effekten, Resultaten, was auch als Wirkung oder Karmawirkung bezeichnet wird.

1. Die Seele kommt aus dem Seligkeitsbereich der höchsten Welten in die Mineralien. Die Seele ist hier nicht Tagesbewusst sondern sie ist im Mineral immer noch total verinnerlicht und somit sind die Mineralien mit der Seligkeitsenergie ausgestattet. Sawan Sing sagt nichts zu den Mineralien. Er fängt erst bei den Pflanzen an. Deswegen sage ich einmal, das in dem Mineral bloß ein Element aktiv ist und das ist das Erdelement. Weil im Mineral kein Tagesbewusstsein vorhanden ist und die Seele noch völlig rein ist was ja auch in den Mineralien gut erkennbar ist, ihre Farben und Klarheit, und die Seele noch völlig frei vom „Tötenden Prinzip" ist und erst aus den Himmlischen Regionen kam, deswegen sind Mineralien auch solche wirksamen uns wichtigen Heilunterstützungen, denn die Energie ist saubere seelische Energie. Alle übrigen Elemente sind im Mineral inaktiv.

2. Das Pflanzenreich. Die Seele kommt in die Pflanzen. Auch in der Pflanze ist die Seele noch nicht im vollen Tagesbewusstsein, sie hat ein Ahnungsbewusstsein. Sie ist noch hauptsächlich im seelischen Inneren Bewusstsein und nach außen hin nicht wirklich tätig. In der Pflanze ist das Element Wasser und Erde aktiv. Obwohl Sawan Sing bloß das Element Wasser erwähnt. Aber es muss auch Erde sein, da die Pflanze aus beidem besteht. Hauptsächlich aber aus Wasser. Also in der Pflanze sind zwei Elemente aktiv. Und alle übrigen Elemente sind inaktiv. Weil die Pflanze auch noch nicht mit dem tötenden Prinzip in Verbindung steht ist auch ihr Bewusstsein rein und bleibt seelisch sauber, ihre Energie ist seelische Energie. Und deswegen sind Pflanzen auch so wirksam als Heilunterstützung, und Nahrung.

3. Die Reptilien. In denen sind laut Sawan Singh das Element Erde und Feuer aktiv. Aber was ist mit Wasser ? Die Seele ist nun da ja einige Pflanzen schon Tiere fingen in den Bereich des Tötens gekommen. Und ihr Bewusstsein wird veräußerlichter.

4. Dann die Geschöpfe wie Vögel. In ihnen ist das Element Luft, Wasser und Feuer aktiv. Laut Sawan Sing. Aber was ist mit Wasser ? Auch die Seele in den Vögeln ist nun mit dem Prinzip des Tötens konfrontiert. In den Vögeln fehlen die Elemente Erde und Äther laut Sawan Singh.

5. Die nächste Reise der Seele ist zu den Geschöpfen in denen nur vier Elemente Aktiv sind und ein Element inaktiv ist. Das sind die Vierfüßler. Ihnen fehlt das Unterscheidungsvermögen. Die Tiere. Hier ist die Seele total im Bereich des Tötens und ihr Bewusstsein ist nun veräußerlicht.

6. Die letzte Reise der Seele ist nun vom Vierfüßler vom Tier vom Raubtier zum Menschen. Im Menschen sind alle 5 Elemente aktiv. Erde, Feuer, Wasser, Luft, und Äther. Hier in diesem Körper kann die Seele sich wieder Selbst erkennen, und damit auch die Gotterkenntnis erlangen. Und dabei helfen die Heiligen und Meisterheiligen.

Soooo, da die letzte Reise der Seele hauptsächlich das Tier war, bevor sie den menschlichen Körper bekam, hat sie natürlich auch damit noch die tierischen Eigenschaften aus den vorigen Leben mitgebracht. Und das ist der springende Punkt der seinen Samba tanzt hier auf der Erde. Nämlich : Der Mensch kann sich immer noch nicht vom Töten befreien. Vom töten der Tiere, seinen karmischen Verbindungen aus vorherigen Leben. Das Karma die Wirkung ist enorm. Hier kann niemandem ein Vorwurf gemacht werden, das ist ganz Normal. So diese ganzen Aktivitäten auf der Erde , der ganze Wirrwarr die Kriege die Blutseuche das Blutlecken, der Betrug die Täuschungen die Kriminalität die ganze Ausbeutung die Lügen die Gier und so weiter, der Betrug in der Politik der Politiker die üblen Machenschaften die wirre Logik der Wahnsinn der Wahn, und vieles mehr, die Ungerechtigkeit die vordergründige, obwohl es das nicht gibt, aber die bewusste Ungerechtigkeit die Lüge, die Machenschaften, die politischen Wirrnisteufel die politischen Zirkusverkäufer und deren Manipulationen, all das ist die Wirkung der tierischen Eigenschaften die zur Zeit noch im Menschen vorherrschend sind, und gut sichtbar sind, denn:: An den Früchten werdet ihr sie erkennen. Und die Früchte sind nun mal Vergiftung Zerstörung, Ausbeutung und Unwahrheiten die schon fast so groß sind wie die Erde, die darunter leidet und vergiftet wird, aber am wichtigsten: Die Menschen selber.

So in Bezug zur Ernährung und den Geboten, seien es die zehn Gebote oder die fünf Gebote der Heiligen, wird darauf geachtet , aus diesem Tiersein dem Raubmenschsein weg zu kommen, denn : Der Mensch wird solange Raubtier bleiben wie er Tiere tötet, das ist ein unabdingbares Gesetz, solange der Mensch Tiere tötet um sie zu fressen, denn von essen kann hier noch Lichtjahrelang nicht die Rede sein, solange wird er an das Raubtiersein gebunden bleiben. Das ist unabdingbar. Das muss erkannt werden und konsequent ad Akta gelegt werden es wird keine Humanität geben mit Schinken Wurst oder Lachs und Putenschnitzel es wird keine Menschheit geben, mit Blutwurst mit Hähnchenkeule und mit Schweinefleisch. Den wirren Traum müsst ihr fallen lassen, mögen die irren wirren Raubsäugetieren die, die Industrien kontrollieren und die Staatsträumer noch so sehr auf Arbeitsplätze und Profite und andere Raubsäugertaumeltaktiken, abfahren, ihr werdet dadurch versklavt und schwer belastet.

Deswegen haben die Weisen die Wahrheitssucher erkannt, hier in dieser Welt ist alles töten , es wird ununterbrochen hier getötet, egal was und wie, und sie überlegten sich, wie kann dann die Wirkung auf mich selber die Belastung am geringsten sein, und sie kamen auf die Pflanzen, sie zu essen, weil sie bloß zwei Elemente haben, denn mit der Anzahl der Elemente steigt auch das Empfindungsvermögen des Körpers, und das Bewusstsein kann voll nach außen kommen und sein wahres Wesen wie im Menschen erkennen, und wissen das es das Göttliche ist und sich sogar als eins mit dem Allmächtigen Göttlichen erfahren, erleben,, das sind die Heiligen, wie Sawan Singh oder Ching Hai.

So das Karma das durch das töten der Pflanzen bewirkt wird ist nicht so schwerwiegend. Obwohl auch das töten ist. Aber, es geht noch weiter, im Laufe der Evolution, in sehr ferner Zukunft, wenn der Mensch nicht mehr der Mensch ist so wie er heute ist, und er auch ganz anders aussehen wird, dann wird er sogar in der Lage sein, ohne das töten der Pflanzen zu leben und zwar sehr, sehr gut, nämlich bloß von Früchten Nüssen und Samen. Denn, diese Früchte, Nüsse und Samen, sie sind dann ohne irgendwie eine Pflanze abzuschneiden und zu verletzen zu bekommen, nicht nur das, die Früchte mit ihren Samen innen drin, sie sind von der Evolution so aufgebaut, das sie erst ihr volles Potenzial in der Verdauung Verarbeitung im Darm erreichen, das ist nämlich deren Evolution, sozusagen die Evolution der Mikrowesen, der Mensch das Makrowesen, gibt dem Körper der aus Mikrowesen besteht, diese Früchte die dann in Mikrowesen zerlegt werden in der Verdauung und erst damit ihr volles Potenzial erreichen. Ihre volle Bestimmung. Das beschreibt der Martinus ausführlich in seinen Büchern.

Obwohl ich die letzten drei Bücher noch nicht gelesen habe, da sie erst noch in Dänisch zu haben sind, ist aber ein fundamentaler Unterschied zu der Lehre der Heiligen und dem Wissen von Martinus zu sehen. Martinus beschreibt das alles in kreisförmigen Zyklen abläuft, spiralförmig immer weiter aufsteigt und der Prozess unendlich ist, okay, das ist akzeptabel, aber er schreibt auch, das, wenn die Seele in die höchsten Welten kommt, das höchste Licht erreichen, in der Nähe Gottes sind, sie doch irgendwann gesättigt sind, denn laut Martinus ist die Schöpfung aus Leer und Voll oder wie er schreibt auf Hunger und gesättigt aufgebaut. Ein einfaches Prinzip. Aber er schreibt das dann die Seele trotz des höchsten Lichtlebens, irgendwann wieder die Dunkelheit erfahren will, und damit wird der nächste

Gang im Kreislauf der Evolution eingeleitet. Sie geht dann in das Stadium der totalen Verinnerlichung ein und lebt dann nur noch in ihrer Erinnerung was die totale Seligkeit ist, und sie in dem Zustand selber sozusagen der Chef von allem ist total nur mit sich. Aber auch total verinnerlicht. Keine Außenwelt mehr wahrnehmend. Und danach in diesem verinnerlichten Seinszustand, geht die nächste Reise das nächste Abenteuer los, und der Zyklus beginnt von neuen. Der Prozess ist unendlich und die Seele ist auf Unendlichkeit, unsterblich göttlich.

Als ich das las, dachte ich mir ja , das ist das Rad, das Rad der Wiedergeburten, von dem Buddha sagt es gilt sich zu befreien, und was ja als Sidharta seine ganze Arbeit war um Buddha zu werden, nämlich befreit vom Rad der Wiedergeburten. Eben nicht mehr in diesem Zyklus von Geburt und Sterben weiter zu machen. Aber die Heiligen sagen, und ihre Lehre ist solche, das die Seele befreit werden kann, von dieser Wiedergeburtsarie, sterben geboren sterben geboren und so weiter. Da bin ich also in der Situation wo ich mich frage was stimmt hier, wer hat die Wahrheit, und zu welchem Schluss komme ich für mich.

Das ist zuerst garnicht so einfach. Es brachte mich verstandesmäßig, oder anders, er der Verstand, versuchte mich nervös oder unzufrieden zu machen, in Bezug zu den Heiligen, aber für die Heiligen ist der Verstand die Polizei der negativen Macht, von Kal, oder Brahma, dem Schöpfergott, der die drei Welten Physisch , Astral, Kausal geschaffen hat und er hält die Seelen sozusagen durch seine Kausalgesetze hier gefangen, da die Verstrickung der Seele auf ihrer Reise durch die elementare Welt der Mineralien, Pflanzen und Tiere bis hin zu den Raubtieren und Menschen so enorm ist, auch so enorm lang, das es unmöglich ist, sich von dem Karma zu befreien, denn in jedem Leben wird neues Karma geschaffen und vom letzten ist noch so viel übrig, und das alles auszugleichen um damit frei von Kausalität zu werden, das schafft der Mensch nicht, und so bleibt er im Abenteuer der Wiedergeburten, was ja auch nicht Übel ist, wenn man nicht all zu Blöde bleibt und kein Interesse hat seine Schwierigkeiten zu lösen, und so weiter. Und dafür sind die Heiligen da, diese Befreiung für die Seele zu bewerkstelligen.

Wenn also Martinus das ewig wiederkehrende Abenteuer der Seele als ihre Freiheit sieht, und er schreibt, das es so aufgebaut ist, der göttliche Plan so ist, und die Seele in Wahrheit frei ist, dann kann ich das auch akzeptieren, aber in letzter Konsequenz wenn ich ganz genau hinschaue und das muss ich da ich mir selber am nächsten bin, und die ungemein hohe spirituelle Erfahrung von Martinus betrachte, der ja von einem Jesuslicht - Figur Wesen auf eine enorme Reise genommen wurde wo er eins mit dem Lichtwesen wurde und sich ausdehnte und er die gesamte Schöpfung sah mit allen Himmeln und so weiter alles. Und wo er später am zweiten Tag dann nochmal eine enorme Erfahrung machte, wo er durch ungemein viele Himmel gezogen wurde immer höher und höher, bis er zu einem Bereich kam der reines goldenes Licht war und mehr, und er es nicht mehr aushalten konnte und er schrieb das es das Bewusstsein Gottes war, wohlbemerkt er schreibt, Bewusstsein Gottes, er schrieb nicht Gott. Denn das Bewusstsein Gottes ist nicht Gott. Jedenfalls eine enorme seltene große spirituelle Erfahrung, ein Riesen Geschenk an ihn, fantastisch, was sich dann ja auch in seinen Büchern die sehr lesenswert sind , zeigt. Er lebte ja auch danach vegetarisch und hatte nicht mal sexuelle Kontakte in seinem Leben. Also, das bedeutet was nichtwahr ! Und das ganz natürlich und er war ungebildet ! Aber durch die Erfahrung bekam er ein Riesen Geschenk nämlich seine spirituellen Organe die latent in jedem Menschen sind wurden für immer geöffnet und er konnte immer total die gesamte Schöpfung und ihre Fazite hinter dem sichtbaren sehen und wusste wie die Vergangenheit Gegenwart und Zukunft sein würde. Martinus beschrieb auch die bedingungslose Liebe Gottes, die sich in dem zeigt, das wenn der Mensch etwas übles gemacht hat, und er das aber erkennt, und sich dann vornimmt , das , diese Tat, nicht noch mal zu machen, die Vergeltung, nicht erfolgen wird, weil der Lernprozess nicht mehr notwendig ist, der durch die Vergeltung, die irgendwann , da ja alles in Kreisläufen wieder auf einen zurückkommt, passieren braucht. Das beschrieb er als die „Bedingungslose Liebe Gottes". Auch das ist wunderbar. Aber sein gesamtes Karma, kann das so getilgt werden ? Aber es entsteht auch die Frage : Wenn du unbewusst bist, und eine Wirkung aufbaust, musst du dann auch die Freude oder das Leid erfahren.? Es entstehen viele Fragen, die ich jetzt aber hier nicht einbringen will, da ich bloß einiges aufzeichnen möchte um diesen spirituellen Werdegang ein wenig zu skizzieren, im alltäglichen Leben und unter den Bedingungen der heutigen Zeit, die ja ungemein Nervös, ungemein Unruhig, und damit unklar ist.

Aber wenn ich die Heiligen dieser Soami Ji Reihe, den Sawan Sing , oder alle Heiligen wie Jesus Buddha oder Mevlana Rumi oder Ching Hai oder Kabir oder Tulsi Sahib, die alle den gleichen Weg gingen betrachte, fällt mir auf, das diese Heiligen, besondere Fähigkeiten haben, die Martinus bei weitem nicht hatte. Martinus hatte eine andere Aufgabe. Aber die Heiligen führen dich wohl tatsächlich zum höchsten Göttlichen und nicht bloß zum Bewusstsein Gottes. Denn die Fähigkeiten der Heiligen sind enorm. Aber die werde ich hier nicht einzeln aufzählen, es ist besser sich selber darum zu kümmern das zu erkennen was das wirklich ist. Hier drei davon: Sie könne das Karma der Vergangenheit löschen. Sie können unzählige Transformationskörper haben um alle Wesen egal welcher Art beizustehen wenn der Kontakt gewünscht ist, egal welche Form in egal welcher Welt. Sie können alle materialisieren, wen sie wollen, tun es aber äußerst selten und dann nur in Notsituationen. Sie können dir erscheinen, in ihrem Transformationskörper. Und sie können dich aus dem Körper nehmen und in die höchsten Welten bringen, direkt bis zu Gott, und vieles mehr.

Obwohl ich diese Licht und Ton Meditation machte und mich mit der Thematik beschäftigte war meine Lebenssituation von vielen Umständen bombardiert und die Möglichkeit wurde immer enger mit dem älter werden und dem damit verbundenen „Abstellgleis „. Das musste ich erst mal durchschauen was das für mich bedeutete. Ich konnte mit meinen Vorträgen nicht mehr viel schaffen um meinen Lebensunterhalt zu verdienen. Und auch obwohl ich Jahrzehntelang einen guten Beruf ausgeübt hatte mit Erfahrungen in Kanada, England, und überhaupt viele Talente habe, Sprachen, und so weiter, musste ich feststellen, das irgendwie meine Zeit in der Gesellschaft zu ende war, und wichtiger noch : Ich hatte dann kein Interesse mehr mich darum zu bemühen irgendwie eine Arbeitsstelle zu bekommen, sondern gab mich mit der Situation zufrieden, und ging ganz einfach den Weg der Geldlosigkeit. Ich hatte einfach kein großes Interesse mehr mich da einzubringen. Trotzdem, ich riskierte noch einige Bankdinger, das war okay, aufgrund meiner zuvorigen Vorträge und Verträge die ich denen vorweisen konnte, gaben die mir Kredit. Aber um das Thema zu beenden, im Laufe der Jahre konnte ich sehen, obwohl das Geld Ding für mich unbeschreiblich eng war, und ich Phasen hatte wo ich im Monat mit 50 DM auskommen musste, für Lebensmittel, das ich immer genug hatte, und immer zur rechten Zeit etwas kam.

Mein Inneres Suchen war enorm, nachdem ich die Martinusbücher durchgearbeitet hatte sah ich eine Anzeige in der Zeitschrift Visionen und da stand : Eckankar. Die Religion von Licht und Ton. Ich nahm Kontakt zu dieser Eckankar Gruppe auf um zu sehen worum es bei denen ging. Denn bei den Indischen Soami Ji oder Sawan Singh Gruppe dieser Indischen Heiligen konnte ich erkennen das da eine große Ähnlichkeit zu der Guanyin Methode war in die ich eingeweiht war. Und über diese indischen Heiligen konnte ich die zusammenhänge erkennen die Jesus zum Beispiel hatte mit dieser Wort Methode, (Am Anfang war das Wort) die er wohl seinen Jüngern auch übermittelt hatte. Mein Drang war groß mehr zu lernen. Also bestellte ich mir die Bücher von einem Paul Twitchell einem Amerikaner der, der Gründer dieser Eckankar Gruppe war. Ich las alle Bücher die ich bekommen konnte und war erstaunt, dieser Paul Twitchell der Eckankar gegründet hatte, hatte Seitenweise von dem Heiligen Sawan Sing abgeschrieben, Wort für Wort und er hatte diese Struktur praktisch von der Lehre der Heiligen in Indien genommen, und die Bezeichnung der Gruppe als Eckankar (die dann eine Religion von Licht und Ton sein sollte) die hatte er auch aus den Büchern von Sawan Sing : Philosophy of the Masters genommen. Denn in Buch 4 beschreibt Hazur Maharaj Sawan Singh Was oder Wer Eckankar ist. Aber dieses Wort Eckankar wird in der gesamten Lehre der Heiligen nur ganz wenig erwähnt, es ist also selten, wird nicht oft gebraucht, fällt also nicht auf wenn man da eine neue Religion gründet. Bloß im Buch von Sawan Singh wird Eckankar ohne „c" geschrieben also Ekankar, und das Wort bedeutet „ Der Eine „ Aber Paul

Twitchell hat da einen Fehler gemacht, denn, Eckankar, oder das Eck, wie er es nennt, ist garnicht das höchste, das Bewegungslose, das von allem separate. Eckankar ist bloß der Repräsentant, durch wenn die höchste Gottheit die Kreation, das erschaffen macht. Dieser Begriff Ekankar ist bloß ein anderer Begriff für Sat Purush (Wahres Wesen) Aber Ekankar steht für die Region die nicht aufgelöst wird sondern ewig existiert. So wer zu der Region Ekankar oder Sat Purush kommt, in seiner spirituellen Arbeit wird als echter Heiliger bezeichnet. Im Sawan Sing's Buch steht über Ekankar, das Ekankar unterschiedlich ist zu dem Onkar der Veden. Oder es steht da, Ekankar ist überall und der Herrscher von allen fünf Regionen. Oder, Ekankar ist Akal Purush (Zeitloser Lord, ohne Geburt und Tod) Oder , solche die Zugang zu Sat Purush oder Ekankar haben (Der Eine) werden Heilige genannt. Oder der Lord nimmt die Form von Ekankar an und erschafft all die unzähligen Universen durch seinen willen. Oder, Ekankar oder Sat Purush gibt der Seele ihre eigene Essenz und ermöglicht sie so Gottes Reich zu sehen. Oder, der Guru gibt Sat Purush oder auch als Ekankar bekannt. Oder, das Wesen wurde bekannt als Sat Purush, Akal Purush oder Ekankar.

So diese wenigen Begriffe in der sonst riesigen Schriftmenge gibt es mit dem Wort Ekankar. Das hat sich dann Paul Twitchell genommen. Er hat dann seine Lehre vom Eck wie er es nennt, über alle anderen Lehren gestellt, und behauptet das sämtliche Lehren der Erde egal welche alle aus dieser Lehre des Eck oder Eckankar entstanden sind, und macht dann einen weiteren Kunstgriff, in die Trickkiste, da er ja Bücher haben muss, denn die ältesten menschlichen Schriften in Bezug zu den Heiligen haben ja die Inder und auch andere Völker, jedenfalls, schreibt er , er hätte einen Meister gehabt, der sich ihm immer manifestiert hat und von dem er diese Eck oder Eckankar Lehre bekommen hätte. Und dieser Meister hätte ihn dann in die höheren Welten mitgenommen und ihm gezeigt wo das Buch für diese Eckankar Lehre zu finden sei und welchen Titel es hat, nämlich, SHARIYAT-KI-SUGMAD. Das mag ja alles stimmen sage ich mal, um vorherige Fehler meinerseits darzustellen, aber : Auffallend ist ja, das die gesamte Lehre von Sawan Sing übernommen ist, und auch vom Buch Sar Bachan, von Soami Ji, wo die höheren Welten bestens beschrieben sind. Und nicht nur vom Sinn her, sondern vom Wort her von den Begriffen. Dann las ich im Buch Briefe an Gail, das er auch in Indien war und zwar genau zu der Zeit als Sawan Sing in Beas der Meister war. Bingo. Dann hat er einige Indische Begriffe abgeändert , bei ihm wird dann der Heilige der Meister : Mahanta genannt, was ja eine Modellierung von Mahatma ist, was große Seele bedeutet. Und für seine höchste Lehre deren Bücher bloß in den Unsichtbaren Welten sind, wie er schreibt, die ihm ein Wesen zeigte das sich ihm immer gegenüber materialisierte, da hat er auch für das Wort Sugmad was für die höchste Gottheit steht, das indische Wort „Sukhmani" genommen. Denn der Heilige oder Meister oder Sat Guru Arjan Dev benutzt das Wort als Bezeichnung für seine Lobpreisungen. Also dieser Paul Twitchell so schätze ich das ein war ein guter Geschäftsmann, kapitalistischer Färbung, obwohl er auch Unmengen an Bücher gelesen hatte, neigte er wohl doch zum Bastler, oder wohl gerade deswegen. So die gesamte Lehre hat Paul Twitchell von den Heiligen aus Indien abkopiert um damit Menschen abzuzocken. Und das Ende kommt ja noch, denn am Ende der Organisation steht sofort : Geben sie ihre Kreditkartennummer an, oder zahlen sie so und so. Und da ist alles mit Bezahlen aufgebaut um diese Lehre die Einweihung zu bekommen. So stellt euch das mal vor : Um zu Gott zu kommen musst du bezahlen, um die Lehre zu bekommen die in Wahrheit von Gott selber kommt, die nämlich ganz natürlich in jedem ist, sollst du bezahlen. Also da würde ich doch wachsam sein mit dieser Eckankar Sache, die, oder er, Paul Twitchell sich sogar patentieren ließ, den Begriff sofort schützen ließ, niemand darf das Wort Eckankar benutzen. Also das hat nix mit der wahren Meditation und der wahren Gottsuche zu tun, sondern eher etwas mit der Lehre von Kal, der Zeit, der Sterblichkeit, der Täuschung, die er aber in seinen Schriften als das Üble beschreibt. Diese Lehre der Paul Twitchell Bastlerarbeit ist für mich unecht und nicht die Wahrheit der Heiligen die er Kopiert hat. Ich denke, wer der Gruppe nachfolgt, kommt genau zum Gegenteil, von dem was die Heiligen anvisieren, nämlich zu Unfreiheit. Aber ich könnte ja auch irren, oder ? Aber das muss mir erst einmal jemand beweisen, denn mir zeigte diese Eckankar Sache, das da Jene sind, deren Ego es nicht akzeptieren kann, das es andere gibt die einfach in gewissen Richtungen besser sind als man selber, und diesen Eindruck hatte ich von Twitchell bekommen, es war ein Egotrip, ein Minderwertigkeitskomplex, den er bekam in der Gegenwart der Heiligen und so fing er an aber auch alles, alles was es auf der Erde jemals an gutem im Bereich Spiritualität und Meditation als Minderwertig zu bezeichnen, und sämtliche Schriften und Lehren währen im Vergleich zum Buch des Sugmad oder eben seiner Lehre die versteckt in anderen Welten ist, die bei weitem am beste. Aber schon alleine dadurch das er noch in der Dualität denkt, also von besser und schlechter, und sogar die Veden und die Bibel und so weiter, all das wäre aus dem Shariyat-Ki-Sugmad, dieser Lehre, dieser Heiligen gekommen, die nur Unsichtbar fungierten. Auch das ist Okay, kann alles sein, und trotzdem, die gesamte Lehre ist eine Kopie, alle Begriffe, Ebenen, und Eigenschaften, aus den Büchern von Sawan Sing und Soami Ji, und da ist kein neuer Begriff , keine neue, aus der unsichtbaren Welt seiner unsichtbaren Meister Wahrheit dabei, sie ist wie gesagt Seitenweise Kopiert. Twitchell war nicht mal so tolerant um den Blick zu haben, das alle Richtungen zu Gott führen, oder das keine Richtung die beste ist, sondern das sie bloß eine andere Richtung ist. So, das Üble mit dem Twitchell Bastelwerk ist, das aus Neid oder Egoismus, aus Gold, dem Gold der wahren Heiligen, Gift gemacht wurde, für das du nun auch bezahlen sollst. Also ein Doppelbetrug an den spirituell Suchenden. Auch die Heiligen oder die Meister werden dann bei Paul Twitchell Eck-Meister genannt. Oder er macht ganz stark ein auf Indisch damit sich die Illusions-Show in den USA besser verkauft indem er oder die anderen Religions-Manager oder Eckmeister auch noch mit „Sri" Paul Twitchell verkleiden. Oder er nimmt verstorbene Meister und Heilige und schreibt sie wären versteckte Eck-Meister gewesen, wie Mevlana Rumi oder dessen Meister Shamus-i-Tabriz . Bloß jene angeblichen Eck-Meister haben niemals ein einziges Wort vom Eck erwähnt oder ein einziges Wort vom Sugmad und so weiter. Es ist alles seine Fantasie-Religion. Dann hat er seinen Eck-Meister , das ist der Tibeter (klar was sonst, Tibet, hat doch den Mythos dafür, als ob der Rest der Welt kein Spirituelles leben hätte) Rebazar Tarz (wohl von Tarzan, seinem Jugendheld genommen) und der materialisiert sich dann immer bei ihm, um ihn, Paul Twitchell dann auszubilden. Dieser Tarzan nimmt ihn dann mit in die höheren Welten, die vom Wort her genauso bezeichnet sind wie in der Radha Soami Lehre oder der Sant Mat Lehre. Und dann kommt also Paul Twitchell und Tarzan zu Agam Purush (hab ich weiter unten beschrieben in der Auflistung von den höheren Welten) der wird als der furchtbare Gott des Lebens bezeichnet. Der wird als Macht beschrieben. Weil Macht mächtiger ist als Liebe, sagt dieser Agam Purush dann zu Paul Twitchell. Also dieser höchste Gott ist eben typisch Paul Twitchell. Eine Dunstwolke gewissenloser Lügnereien und Betrugs. Ich schätze sein amerikanisches Ego, konnte diesen Wahrheiten und Lehren der Licht Ton Meister nicht standhalten. Zu sehen, da waren Menschen die tatsächlich diese Erfahrungen gemacht haben. Und wer war er dann, Paul Twitchell, das darf nicht sein. Und so baute er sich etwas zusammen das den Erfahrungen und Lehren der echten Wahrheitssucher, überlegen sein sollte, eben, diese Eck-Sache. Auch das Wort Hu, das ist von den Sufis genommen die das schon sehr, sehr lange benutzen. Auch die Sufisänger singen schon seit langer Zeit, Allah Hu Allah Hu. Oder dann beschreibt er die Ebene über Agam Purush, Anami Lok (alles aus den Lehren der Indischen Heiligen) als : „ Geistige Böswilligkeit" , damit überschreibt er den Anami Lok Text in seinem Buch der Zahn des Tigers. Da steht dann : Ich habe viele Namen bei allen Völkern. Die Essenz des Universums, Radha Swami (Soami) schreibt er da, und damit ist der Hinweis auch da, auf Soami Ji. Er hat eben alles aber auch alles auf diese Lehren der Indischen Heiligen aufgebaut, und zu schönen Märchen gemacht. Ausgeschmückt. Selbst sein sich immer wieder materialisierender Rebazar Tarzan (Tarz) bringt aber auch nicht ein einziges neues Wort was nicht schon von den Heiligen von Guru Nanak oder Tulsi Sahib oder Soami Ji und Hazur Sawan Singh usw. in ihren Schriften seit den 17 Jahrhundert, in Indien hinterlassen hatten. Alles ist von denen übernommen. Paul Twitchell's Tarzan sagt sogar : Der Heilige Shiv Dayal Singh Ji (Soami Ji) verbrachte 17 Jahre in Meditation in einem dunklen Raum ,bevor er seine erste offizielle Ansprache hielt. (Selbst das ist Wort für Wort aus den Büchern von der Radha Soami Gruppe von Soami Ji genommen worden) .   Und da gibt es sogar bei diesem Gott noch oben und unten. HoHoHo. Oder das die Seele weiblich oder männlich ist. HoHohOh. Oder das die Seele geteilt ist. (Bloß wie verhält sich dann Gottes Aussage : Die Seele ist das Abbild Gottes. Das passt doch garnicht, denn Gott ist ja nie geteilt) Jedenfalls wimmelt es da von Wirrnissen der schönsten Fantasien. Aber trotz aller Kritik von mir : Guter Versuch ! Das war eben sein Versuch. Sein Leben. Sein Mental. Sein Denken. Ein schöner Märchenerzähler, der Gott suchte und ein bisschen Manipulierte. Ist ja auch kein Wunder in der Welt der tatsächlichen Illusionen. Er hat all seine eigenen , aber hauptsächlich angelesenen Gedanken in seine Fantasiewesen gelegt, wohl auch deswegen, um dem Druck, der Spannung im Kopf, nachzugeben. Denn Paul Twitchell, sah auf den Fotos immer sehr Überspannt aus, nie entspannt und leicht und frei.   Das Gleiche hatte ich schon mit vielen Managerschulen entdeckt, ich hatte sie alle angeschrieben, und mir das Kleingedruckte durchgelesen, welches ihre Motive sind, ihre Ziele, so was, das war katastrophal, denn, nach außen hin, benutzten sie die geachteten Persönlichkeiten und deren Denkwissen und Einsichten, in ihren Philosophischen Strukturen und aufbauten, aber dann nahmen sie dieses Wissen und verrenkten es um : Macht über Menschen zu bekommen. Ja, das sind die Ziele der Manager, damit gehören die Manager auch zu der Negativen Energie oder Kal, der Negativen Macht, oder in einem alten Wort, zum Teufel, der Täuschung der Illusionen dem Sterblichen dem Vergänglichen.

Ich stand also unter dem Einfluss dieser Initiation und dem Blickwinkel alles unter Licht und Ton zu sehen. Dementsprechend waren dann auch meine Sehweisen. Ich fand nun überall Interesse an Büchern die sich mit Licht und Ton beschäftigten. Ich fand dann die Bücher von Wilfried Krüger : Das Universum singt, Atome offenbaren das kosmische Geheimnis der Musik. Der hatte herausgefunden das die Atome Sauerstoff Atome oder Phosphat und so weiter allesamt aus Tonleitern bestehen. Das war faszinierend und aufbauend. Er hatte auch noch das Buch Atom-Harmonik. Dann fand ich die Bücher von Jakob Lorber : Licht und Ton geistige Elemente. Oder die Heilkraft des Sonnenlichts. Oder das Büchlein von Michael Debus : Materie und Licht. Der Schwellenübergang des modernen Bewusstseins. Oder ich fand in der Zeitung folgende Kurzmeldung : Kristall mit Schallgedächtnis : Mississippi. In der Telekommunikation werden sogenannte ferroelektrische Kristalle aus Lithiumniobat verwendet. Wie Physiker der Universität of Mississippi feststellten, besitzt das Material ein Schallgedächtnis. Wird der Kristall akustisch angeregt, ertönt ein feiner Glockenton, und nach 70 Mikrosekunden gibt das Material denselben Ton noch einmal ab. Als ich das las, dachte ich ach ja, der Glockenton, der gehört ja auch zum Tonstrom Gottes zum Heiligen Geist. Dann gab es da jene die die harmonikale Beziehung in unseren Planetensystemen erforschten und dahinter kamen das alles aus Tönen und Licht aufgebaut ist, sie Reden von der Sphärenmusik, was ja auch Pythagoras machte, aber in einem verinnerlichten Sinne, wo die Göttliche Musik, innen, die Seele nach oben zieht. Kepler der Forscher erwähnte auch die Harmonien die allerdings nur im Geiste vernehmbar sind. Das war genau das was diese Licht Ton Meditation und Initiation vermittelte und auf dessen Weg der innere Aufstieg zu Wahrheit und Freiheit und bedingungsloser Liebe, zu Gott geht. Am Anfang war das Wort. Der Schwingungsforscher Hans Jenny und Alexander Lauterwasser haben dann das Wort in Bildern manifestiert, und da kann wunderbar gesehen werden wie das Wort alle Formen erschafft und zwar in unbeschreiblich schöner Harmonie. Ernst Chladnis 81756-1827) hatte in seinen „Chladnischen Klangfiguren, erstmals gezeigt, das Musikalische Schwingungen in der Lage sind geometrische Ordnungszustände zu erschaffen. Aber dadurch kann gesehen werden was in dem Ton und dem Licht selber für ungemein Überharmonische Kräfte am wirken sind, da muss dann ja im Wort oder Ton unbeschreibliche Perfektion und Wahrheit und Heilheit Ganzheit sein. Denn die Formen sind ja bloß das Endresultat der Schwingungen. Und wenn ich dann den Hintergrund dieser Klangformen das Wort nehme und das nun weiter zurückverfolge so wird das ja selbst zu einem Ursprung zurückführen , und das ist genau der Weg den die Meister die

Wahrheitsmeister die Sat Gurus die Wahrheitsheiligen dir anbieten, in den ich mich hatte einweihen lassen. Das machte alles Sinn. Heute wird das ja Kymatik genannt, die Wirkung von Klang auf Materie. Bloß, die Materie ist ja selber Klang, sie ist bloß verdichteter Klang verdichtetes Licht. Materie als solche gibt es garnicht.

Wunderbar sind ja auch die Kristallphotos von Masuru Emoto. Auch da kann wunderbar die Wirkung von Klang oder Gedanken gesehen werden, denn auch der Gedanke ist Klang, aber daraus kann gut erkannt werden was für eine Giftige Wirkung deine eigenen oder meine Üblen Gedanken haben können, auf deinen Körper und andere Körper , auf alles.

Als ich mir das alles so anschaute und sah was für ein unbeschreiblich schönes Gewebe das Leben ist, die Erde, der menschliche Körper, und was aber zur Zeit noch auf der Erde für ein Film abgeht, da war mir klar : Materielle Entwicklung wird den Menschen jetzt nicht weiter bringen, jetzt muss eine riesige spirituelle Entwicklung passieren. Aber wie ? Die Heiligen haben bei weitem nicht genug Einfluss, weil sie viel zu wenige sind, und das Raubmenschbewusstsein ist noch bei weitem dominierend, alleine schon deswegen, weil ich es selber erlebe, und lese und höre was für Mengen an Tiere getötet werden weltweit, in allen Ländern, von denen die Menschen das Blut lecken. Das bedeutet sie Töten noch Tiere, und sind ja deswegen noch Raubtiere geblieben. Wenn ich alleine bloß auf diese Tatsache, eine vernünftige Logik und Philosophie aufbauen würde, müsste ich das gesamte Raubmenschliche System als ekliges primitives dumpfes System bezeichnen, weil mir gar nichts anderes übrig bliebe. Da die Tatsachen ja offensichtlich zu erdrückend sind. Und wer nun Tiere Tötet um sie zu fressen, der ist, mit all den Konsequenzen, weiterhin an das Tierreich gebunden, an das Raubtierreich gebunden, mit all den Raubtiergedanken und Emotionen, versteht ihr die erdrückenden Tatsachen, wie schwer das Karma ist, die Belastung, alleine nur durch das Töten der Tiere. So ihr seit egal ob mit Mercedes oder Villa weiterhin jetzt schon in der Hölle die ihr weiterhin für euch schafft. Und das bedeutet keine echte Entwicklung ist möglich, wenn ihr in der Schwereenergie bleiben wollt, denn Fleischfressen ist Schwereenergie und Spiritualität ist Nobelenergie Freiheit Leichtigkeit.

Nicht nur das, ich müsste in dieser Philosophie, das gesamte raubmenschliche Denken, als minderwertig bezeichnen, und sämtliche logische Folgerungen als falsch bezeichnen ,da Raubmenschen noch garkeinen Ansatz zur Vernunft haben, sie haben bloß einen rudimentären Verstand der Dunkelheit, da sie die Zusammenhänge nicht erkennen und nicht erkennen wollen und auch nicht erkennen sollen. So die gesamte Rechtsprechung wäre eine Raubmenschrechtsprechung ohne jegliche Wahrheit sondern bloß auf Raubmenschwerten aufgebaut, oder der Rechtsstaat, das gleiche, oder die Religionen, das gleiche, Raubmenschreligionen, da ja deren Führer selber noch Tiere Töten und sie fressen . So, wenn ich das sehe, da bin ich am staunen. Aha, so sind die Zusammenhänge. Und wo bleibt da echte Spiritualität in der Menschheit.? Die muss erst noch wachsen, da Gott und die Heiligen ja keine Bedeutung für die Menschen haben und auch nicht Jesus, denn er sagte wer mich liebt der befolgt meine Gebote. Aber nichts dergleichen. So, die Hölle die ist jetzt hier, und sie wird tagtäglich besser, höllischer, weil die wenigen Werte die mal da waren, aufgefressen wurden und ans Geld verblödet wurden, ja, die Hölle lässt grüßen.

Gestern hörte ich noch im Radio das die Putin Russische Machtorgie zur Zeit ein Manöver abhält, ein Atom-Manöver. Um die Menschheit zu verblöden wurde es unter dem Motto : Terroristische Bekämpfung deklariert. Aber verblöden können die sich selber. Und das tun sie auch. Ein Atom-Manöver, da geht es darum um in 7 Stunden den Atomkrieg zu gewinnen. Ja ja, die Hölle lässt grüßen, das sind nicht die Heiligen, das sind die Raubsäugetiere, mehr nicht. Und was ist mit den anderen Völkern, den USA, die sind so verblödet geworden, das sie die größte Waffenkammer der Erde geworden sind, und sogar schon Schokoladen Pistolen und Schokoladenpanzer zum Frühstück oder Nachtisch serviert bekommen. Und die USA ist euer Vorbild, das lässt den wunderbaren Schluss zu : Das diejenigen die so was als Vorbild nehmen, ein noch blöderes Abbild sein müssen. Und das gilt für jedes Land das sich diesem Raubtierwahnsinn hingibt. Dem Tier und Menschtötungswahn. Alles andere wird sich dann rein Kausal entwickeln, die Früchte werden dann Blutorangen sein und Blutwurst und Blutpfannekuchen und Blutige Erde und Blutige Flüsse, was es ja schon ist, vergiftet.

Zu dieser Zeit fand ich auch eine Broschüre von einer Bruno Gröning Gruppe. Ich las mir diese Broschüre durch und fand da etwas interessantes. Dort wurde von dem Heilstrom geschrieben. Heilstrom, das las sich so als ob mir das bekannt wäre , zumindest von der Intelligenz her, das habe ich doch schonmal gehört, Heilstrom, Klangstrom, Heiliger Geist, das war mir Intuitiv das gleiche. Also ging ich mal zu einer Veranstaltung einer Medizinischen Gruppe dieser Gröningleute. Das schien mir der gleiche Heilstrom zu sein, wie der Klangstrom, denn ich erfuhr das sich die Menschen dort auf den Heilstrom einstellten, ihn sozusagen erwarteten, und es passierten sehr viele Heilungen, auch nachdem der Bruno Gröning schon längst verstorben war.

Also befasste ich mich auch mit der Lehre von Bruno Gröning, und konnte sehen, das Bruno Gröning genau nach dem zweiten Weltkrieg kam, und die Heilung brachte, Blinde konnten sehen, Lahme konnten gehen, unheilbare Krankheiten für die Mediziner die ja keine Heiler sind, wurden geheilt, und alles ganz einfach indem man sich einweihen ließ, und sich auf den Heilstrom einstellte, und ihn dann auch spürte. Ich konnte sehen das Bruno Gröning ein Heiliger war, der das Christusbewusstsein hatte die Christuskraft, und er war gekommen, um den geschockten Deutschen , nach dem Krieg, zu zeigen trotz allem, Gott ist da, ist immer da, Heilung ist da, jetzt, und er brachte denen die schwer Traumatisiert sind und waren, die Heilung , sofort, und so konnten sie wieder an Gott glauben. Das ist die mächtigste Nachricht, wieder an Gott zu glauben, und es auch zu wissen das Gott da ist , hier ist, jetzt, durch die sofortige Heilung. So wie es Jesus gemacht hatte.

Auch Bruno Gröning nahm das Karma der Leidenden auf sich, die geheilt wurden, denn sein ganzer Körper war ja innerlich sozusagen verbrannt, wie ich später erfuhr. Die Gröning Gruppe hat keine weiteren Gebote oder Richtlinien in Bezug zur Ernährung, denn hier geht es erstmal nicht darum, um deine eigene Göttlichkeit zu erkennen, denn das geht nur wenn du Blutlos und sauber bist, bei den Grönings geht es erstmal darum wieder an Gott zu glauben, obwohl Bruno Gröning in seinen Vorträgen immer mal erwähnte das es viel sehr viel mehr zu seiner Lehre gibt, aber erstmal bloß der Glaube an Gott wieder erreicht werden muss, der Glaube an das Gute. Hier sind einige Aussagen von Bruno Gröning die mich stark ja fast Identisch an die Lehren der Heiligen und Ching Hai erinnern :

Daher gebe ich ihnen den guten Rat, liebe Freunde, so sie das Gute, die göttliche Ordnung nötig haben, ist es ihre Pflicht und Schuldigkeit, sich mit Gott, mit all dem Guten zu verbinden, das Gott für uns, für jeden Menschen bestimmt hat.

Und so sie ihm jetzt folgen, so Gott sie jetzt führt, sie sich in die göttliche Führung begeben haben, und sie Gott wirklich folgen und den Weg gehen, den er für sie bestimmt hat, dann wird ihnen das Unheil auch nicht das geringste mehr anhaben können, im Gegenteil.

Denn das Gute, das wahre Göttliche haben sie wirklich nötig, sehr nötig für ihren Körper und auch für den Körper ihres Nächsten.

Ich lebe, damit die Menschheit wird weiterleben können.

Daher rate ich, sich niemals mit dem Bösen, sondern nur mit dem Guten, nur mit Gott zu verbinden.

Und wie notwendig es ist, dass man ihnen immer wieder nur die Wahrheit sagt, nur das sagt, was sie an Wahrheit auch selbst erfahren können. Nur müssen sie dazu übergehen, sich davon zu überzeugen.

Sie dürfen sich vor dem Unheil nicht fürchten, so haben sie doch die Pflicht und Schuldigkeit, sofort Verbindung mit Gott aufzunehmen, und Gott wird seine schützende Hand über sie halten.

Ja, die Lehre Bruno Grönings weist auf die Verbindung und den Kontakt zu Gott hin, und das es möglich ist, das es erfahrbar ist. Und das ist die Lehre der Heiligen, der Guanyin-Methode oder der Sant Mat Methode der Indischen Heiligen wie Sawan Singh oder deren Meister und Vormeister.

Die Lehre Bruno Grönings und die Heilungen die passierten, sind ja alle medizinisch festgehalten, und es hat sich eine medizinische Fachgruppe weltweit geformt, die diese Heilungen aufgeschrieben haben. Das ist das Bollwerk gegen jene falschen Heilmethoden die das Ziel bloß im Geldmachen haben, also im Betrug, in der Pharmazirkuswelt der Ausbeutung der Aktien und Bankkonten und der damit verbundenen Macht über die Menschheit durch Chemie also Gifte. Also gehört diese Branche auch zum Unguten zum negativen, zum Üblen. Wenn ich zu dem Punkt kam, wo ich gut sehen konnte wie es viele Industriegruppen gibt die schlichtweg das Üble machen, und Menschen in Wahrheit zugrunde richten vergiften und nichtheilendes als Heilmittel vermarkten und das auch noch gesellschaftlich sanktioniert bekommen haben durch ihre Lobby und Politiker die sie bezahlen und seit sehr langer Zeit genauso züchten so wie sie ihre falschen Heilmittel die Krankmacher züchten, damit diese gezüchteten Politiker ihre üblen Ziele in die Gesetze bekommen und damit in die Organe die diese Gesetze ausführen, was nun total der Fall ist, das üble hat längst die Oberhand in der Gesellschaft und den Staatlichen Organen, weltweit, da wird noch allerhand Feuerwerk und Bombardement auf euch zukommen, bis ihr zumindest 1% wacher werdet, also ein langer Weg. In solchen Situationen, versuchte ich über den Blickwinkel der Seelenreise der Evolution, für mich zumindest ein Verständnis für diese Kosmische Situation auf der Erde zu bekommen.

Ich war mir nun total bewusst das ich das Göttliche war, bin, aber auch, das dieses Göttliche, nicht immer zum Vorschein kommen konnte, es war ummantelt verdeckt, durch Gewohnheiten, dicken schweren Gewohnheiten, Traditionen, Glaubenssätzen, Nebelschwaden und schierer Dunkelheit, die ich selber wenn ich in mich hineinschaute auch direkt in mir vor mir sah. Ja bei den Meditationen die ich machte zwischen 2-3-4 Stunden damals noch, da schob sich manchmal sogar eine unglaublich tiefschwarze Schicht vor mein inneres Sehen, von einer Schwärze die ich noch nie irgendwo draußen gesehen hatte außer in der künstlich hergestellten schwarzen Farbe. Ich war erstaunt. Wie dunkel es da in mir sein konnte. Aber ich war der Seher, ich sah das, ich war nicht die Dunkelheit. Was bedeutete das diese Dunkelheit? Später erfuhr ich das, etwa 5-6-7 Jahre später, ich las es in den Schriften von Jagat Singh, der Heilige der Meister der, der offizielle Nachfolger von Sawan Singh war. Es war die Ur- Dunkelheit. Und diese Urdunkelheit, die war der Mantel, der die ewige unsterbliche Welt, dort wo Gott sein ewiges Reich hatte umgab. Und durch diese Immense Dunkelheit muss man durch um zur Befreiung zu gelangen, um zur unsterblichen ewigen göttlichen Welt zu kommen. Und ich las das es dort in dieser Ur-Dunkelheit, auch nicht den Klangstrom gibt, das Wort den Heiligen Geist nach dem man sich richten könnte um da durch zu kommen, und auch nicht wenn du dort als reine Seele bist, die ein Licht hat das mehrt als 12 mal stärker ist als das Licht unserer Sonne , auch das Licht deiner Wahrheit der Seele könne diese Dunkelheit nicht durchdringen, und deswegen ist der Meister der Guru der Heilige gebraucht, weil deren Licht stärker ist, es ist das Licht der Allmächtigen Gottheit, weil er eins damit ist. Und das Wort Guru wird dann verständlicher, nämlich, Lichtbringer.

Ja in solchen Situationen, der inneren Schau und Betrachtung der äußeren Verhältnisse, da holte ich mir nochmal die Lehre von Martinus innerlich hervor, der Weg der Seele, damit ich Toleranz sah, Verständnis, auch für die Dunkle Seite der Schöpfung, der Kal Energie der Zeit, der Illusionen, der Täuschung des Betrugs, innerhalb der Gesellschaftssysteme, der Politik, der Wirtschaft, und so weiter, oder dem Sekundären Bewusstsein Gottes, wie Martinus es nennt.

Ich holte mir damals öfter hervor das die Seele aus dem Seligkeitsbereich vor langer, langer Zeit kam, und ihr Abenteuer durch die Physische Schöpfung begann, durch das Mineralreich, das Pflanzenreich, das Tierreich das Menschenreich. Und das dann der Abbau der tierischen Eigenschaften wichtig war die Reduzierung des Glaubens und der Aufbau der Intelligenz um damit zu moralischen Genies zu werden was dann automatisch zur „ Kosmischen Einweihung „ führt. Dem Kosmischen Bewusstsein. (das kosmische Bewusstsein, ist aber laut der Lehre und Wahrheit der Heiligen, die dritte Ebene, die dritte Stufe, Brahma, der Schöpfergott, aber es geht noch weiter viel weiter darüber hinaus, es geht über die Veden hinaus, denn die Lehre der Heiligen die Heiligen die Meister gehen weit über die Veden hinaus) Jedenfalls diese Evolution, das war wichtig in diesen Zeiten wo ich viel übles sah, hörte, las, und erfuhr. Damit ich in Balance bleib und nicht aufgab. Verzagte, mit zermalmt wurde, obwohl das oft versucht wurde. Und ich oft mitten drin war und man mir oft durch Lügen Betrug und Heucheln das Leben schwer gemacht hatte und mich austrickste, wo ich erst später dahinter kam, als ich das schon erleidet hatte.

Ich konnte trotzdem weiterhin den Blick wohlwollend beibehalten, es war Evolution für jeden, das Abenteuer für jeden egal was auch immer. Manchmal war mir zu der Zeit aber auch die Lehre der Heiligen irgendwie zu ungigantisch, zu einfach, mein Verstand, wollte was anderes, er wollte kompliziertes, aber ich wusste ja was er war, der Verstand, der Nebelbombenwerfer, der Vernebler, ich musste ihm drei Jahre lang gut zureden als ich in den siebziger Jahren in Berlin anfing zu meditieren, denn er wehrte sich vehement, sehr vehement, aber nach drei Jahren hatte ich ihn Überzeugt, mitzumachen, er sah ein das es auch gut für ihn war.

Manchmal kam mir die Lehre der Heiligen dann auch als zu „Punktuell „ vor, in Anbetracht der gigantischen Menge an Menschen auf der Erde, der Größe der Erdbevölkerungen. Was konnte die Heiligen schon ausrichten! Was für eine Wirkung hatte das Werk von denen? Das fand ich dann Ungerecht und sagte mir, nein Gott würde so was nicht tun, das bloß über den Weg der Heiligen Befreiung erreicht werden könnte. Das ist doch seine eigen Schöpfung, solch Gedanken.
Ab und an kamen damals auch leise Zweifel hoch. Die dann auch zu starken Zweifeln wurden.

Dann bekam ich 1997 einen Brief von einer Ulrike, die damals in Berlin das Ching Hai Magazin ins deutsche mitübersetzte. Sie schrieb, das im Zusammenhang mit der Newsarbeit im Sommer vergangenen Jahres sie mit Schriften und Bilder von Sant Thankar Singh in Berührung kam. Die Ausstrahlung seines Bildes zog mich unbeschreiblich an und berührte mein Herz tief, schrieb sie, und erfüllte mich mit Liebe und Ruhe. Sie schrieb nun habe ich zu meiner geliebten Schwester Suma Ching Hai meinen geliebten Vater gefunden, dafür bin ich Suma Ching Hai sehr dankbar. Sie schrieb dann, dann erreichte mich ein Schreiben aus der Schweiz und aufgrund des Schreibens habe ich auch Sant Thankar Singh um Rat gebeten. Sie schrieb noch das sie einen für sie sehr wertvollen Vortrag von Sant Kirpal Singh und Sant Thankar Singh beigelegt hat. (Da fiel mir auf das ich Kirpal Singh schonmal 1993 gelesen hatte, das Ringbuch mit dem Titel The Crown of Life, und das dieser Kirpal Singh sehr Unerleuchtet für mich aussah, sehr dunkel sehr geschockt, so als ob er unter Schock stand.) Und danach ließ sie sich am 16.4.97 von der Initiationsbevollmächtigten von Thankar Singh in Berlin einweihen. Anbei war dann eine Kopie des Briefs von Sant Thankar Singh der folgenden Inhalt hatte :

Sant Thankar Singh, International Office, House 218, Sector 9 , Panchkula 134109, Haryana, India

March 8, 1997

Meine sehr liebe Seele Astrid,

Deinen liebevollen Brief vom 25.2. habe ich erhalten, wie auch den Schrei deiner Seele nach Gott. Es ist unser Geburtsrecht als Seele, eins mit unserem liebenden Vater Gott zu werden, denn wir sind seine Kinder und er möchte, dass wir in seinen Schoß zurückkehren um uns an den Schätzen des reiches Gottes zu erfreuen. Es ist auch unser Geburtsrecht, unseren Weg zurück zu ihm zu finden, indem wir einen kompetenten, höchsten Meister annehmen der mit ihm eins ist und auch uns mit ihm vereint. Solch ein Meister ist sehr selten und es ist ein großes Geschenk Gottes, ihm zu begegnen.

Ching Hai ist eine langjährige Schülerin von mir, die sich eines Tages entschloss, selbst als Meisterin aufzutreten. Sie war mir einst sehr ergeben und ich hatte niemals erwartet, dass sie dies tun würde. So lange ich hier in dieser Welt wirke kann keiner meiner Schüler die Meisterschaft für sich beanspruchen--dies ist ein geistiges Gesetz. Ich möchte dich daher bitten, dass du so rasch wie möglich von meinem Repräsentanten für die Schweiz , Heinz Urban, die Initiation von mir erhältst, denn er ist von mir beauftragt, diese zu erteilen. Seine Adresse findest du nachstehend. Die Initiation von Ching Hai kann dich nicht zu Gott zurückführen, dies bedarf eines höchsten, kompetenten Meisters.

Ich freue mich, dass meine liebe Seele den Weg der Wahrheit beschreiten wird und ich bitte dich, sobald du die Initiation erhalten hast, so viel Zeit wie möglich für die heilige Meditation einzusetzen, dadurch wirst du wahrlich gesegnet sein.

Solltest du Kontakt mit anderen lieben Seelen haben, die von Ching Hai initiiert sind, bitte teile ihnen mit, was du erfahren hast.

Ich liebe dich und sende dir meine allerbesten Wünsche

Väterlich dein Thankar Singh

Anbei war noch eine weitere Kopie eines Schreibens von Thankar Singh mit folgendem Text :

April 2. 1997

Meine sehr, sehr liebe Seele Ulrike,

Die Initiation die du von Ching Hai erhalten hast ist nicht ausreichend, da sie dich nicht mit Gott verbinden konnte. Solange ich in der Welt wirke gibt es keinen Nachfolger von mir und Ching Hai arbeitet nicht mit meiner Bevollmächtigung. Ich bitte dich daher, dich so rasch wie möglich von einem meiner Initiationsbeauftragten initiieren zu lassen, damit du voll und ganz unter Gottes liebevoller Fürsorge gestellt wirst. Durch diese Initiation wirst du auf den Weg der Wahrheit gestellt, die für alle Ewigkeit Gültigkeit hat. Der Meister wird dich sicher und unversehrt in den Schoß Gottes zurückbringen, wo du dich für alle Ewigkeit erfreuen wirst.

Soeben war eine kleine Gruppe von ehemaligen Ching Hai initiierten hier bei mir in Indien, um an den Feierlichkeiten anlässlich meines Geburtstags teilzunehmen. Du magst dich mit einer von ihnen, meiner lieben Seele Fung Sou aus Genf in Verbindung setzen, damit sie dir ihre persönlichen Eindrücke schildern kann. Ihre Adresse, bzw. Tel Nummer findest du nachstehend.

Es ist nicht ratsam, dass du mit deiner Zeitschrift für Ching Hai weitermachst, zweifelsohne hat Ching Hai vielen leidenden Seelen den Weg nach oben gewiesen, wodurch der Meister nunmehr die Möglichkeit hat, alle jene Seelen die aufrichtig Gott suchen, zu ihm zurückzuführen. Doch nunmehr liegt es auch an Dir mitzuhelfen, dass auch andere davon erfahren. Vielmehr solltest du der Verbreitung der höchsten Wahrheit dienen. Was du nunmehr selbst gefunden hast mögest du auch mit anderen teilen, die ebenso auf der Suche nach Gott sind.

Sobald du die Initiation von mir erhalten hast solltest du soviel Zeit wie nur möglich der Heiligen Meditation widmen, vor allem der Hör-Meditation, damit du von allen negativen Eindrücken gereinigt werden kannst und auch deine Familie wird dadurch Hilfe zuteil.

Mein Liebe und mein Dienst sind immer für dich da, liebe Ulrike, und ich werde mich freuen, bald wieder von dir zu hören.

Möge Gott dich segnen, meine sehr liebe Seele
In aller Liebe
Väterlich dein Thankar Singh 7/4/97

Dann war noch eine weitere Briefkopie anbei :

June 30, 1997

Meine sehr liebe Seele Ulrike

Deinen liebevollen und sorgenerfüllten Brief vom 12.6 habe ich erhalten

Meine liebe Seele, ich verstehe deine Sorge um Ching Hai, und du nanntest auch die Gründe dafür, doch bitte ich dich zu verstehen, dass sie für all ihre Sünden die sie wissentlich begangen hat, bezahlen muss, dies ist ein geistiges Gesetz. Bislang wurde sie von der negativen Kraft gestützt und ihre Akte wurde dadurch unter Verschluss gehalten. Doch nunmehr werden ihre Taten ans Tageslicht gelangen und die Akten werden nacheinander geöffnet. Für ihre großes Irreführung muss sie jetzt bezahlen und ihre derzeitigen Probleme sind erst der Beginn eines großen Leids.

Der von ihr genannte Meister „Khuda Ji" hat niemals existiert, er war nur der Vorwand um von mir abzulenken. Ihre verschiedenen Aufenthalte in Indien waren stets bei mir in einem meiner Ashrams und es gibt viele meiner lieben langjährigen Initiierten die davon Zeugnis ablegen können. **Hue** (das ist ihr eigentlicher Name) war für mich als Missionar tätig und wurde dann über ihr Ego von der negativen Kraft überwältigt, sodass sie sich selbst als Meisterin ausgab. Zweifelsohne hatte sie aufgrund vieler Vorleben und auch durch ihre intensiven Meditationen in diesem Leben viele spirituelle Schätze angesammelt die es ihr mit Unterstützung der negativen Kraft ermöglichten, vielen ihrer Initiierten Erfahrungen und Hilfe zu geben. Doch im Gegensatz zur Gotteskraft die niemals abnimmt sondern immer wieder von neuem aufgefüllt wird sobald sie etwas austeilt, nehmen diese Vorräte ständig ab bis sie eines Tages ganz versiegen. Durch die Initiationen hat sie unbeschreiblich viel Karma auf sich genommen, die sie diesen nicht mehr zurückgeben kann sondern nunmehr selbst abbezahlen muss. Es bedarf einer längeren Zeitspanne bis solche Dinge an die Oberfläche kommen, doch jetzt ist die Zeit gekommen, in der sie sichtbar werden.

Gott ist zweifelsohne gütig und barmherzig, doch wenn jemand wissentlich und angesichts aller Konsequenzen gegen seine Gesetze verstößt, dann muss dafür bezahlt werden. Ich habe ihr bereits vor einem halben Jahr meine Hilfe angeboten, denn der Meister liebt jede seiner Seelen und wird selbst jemanden der ihn verleugnet und betrügt seine gütige Hand entgegenstrecken, doch bislang konnte sie meine Hilfe nicht annehmen.

Bitte Sorge dich nicht um Ching Hai sondern übergib sie dem Meister. Sie wird zu gegebener Zeit dahin zurückkehren, wo auch sie geborgen ist und alle ihre lieben Initiierten werden dann ebenfalls unter meine Fürsorge kommen.

Meine liebe Seele mache aufrichtig und voller Hingabe weiter mit den Meditationen und besuche auch den Satsang regelmäßig. Dies wird Dir große Schätze im reiche Gottes einbringen.

Du bist immer in meinem Herzen und ich habe große Liebe und Sympathie für dich meine liebevollen Wünsche begleiten dich auf allen deinen Wegen
Väterlich dein Thankar Singh

Das war natürlich zu der Zeit Interessant zu lesen. Was war hier los? Ich telefonierte mit Ulrike und sie erzählte mir das Ching Hai nicht die echte Meisterin sei. Aber Thankar Singh, ihr Meister, ja der sei echt. Okay. Das hörte ich. Diese Nachricht wirkte subtil in mir nach. Ich musste mich damit beschäftigen ob ich einen Fehler gemacht hätte, und dachte, ja gut möglich, Anfängerunglück, könnte sein. Mir fiel ein wie mein erstes Buch im Jahn und Ernst Verlag, das ich selbst bezahlte, auch eine Abzocke war und ich durch Anwälte meine Rechte für das Buch und so weiter wieder zurückholen musste. Ja, die Unerfahrenheit, die Unwissenheit wurde überall ausgenutzt. Warum nicht hier, oder ? Warum nicht besonders hier im Spirituellen?

Es entstanden neue innere Kämpfe. Ich musste, oder mein Verstand, er musste jetzt wieder Klarheit haben. Was würde das bedeuten, und überhaupt, sich Initiieren zu lassen, was passierte da mit mir, und was für Möglichkeiten hatte dieser sogenannte Heilige mit dir, mir. War das der falsche Weg, heutzutage überhaupt noch jemand anderem die Erlaubnis geben, sich in dir einzuklinken, denn das war es ja, wie ich herausgefunden hatte, erst später, das sich der Meister mit seiner „Strahlenden Gestalt" in deinem Inneren aufhält. Irgendwo, da werden schon die passenden Worte für gefunden werden von irgendjemandem.

Was war anders mit dieser Thankar Singh Methode, und was machte Ching Hai anders, dafür musste ich aber Vergleiche haben. Ich hatte aber schon über die Zeitschrift Visionen erkannt das der Soami Divyanand, dem die Zeitschrift gehörte, von dem ich einige Bücher gelesen hatte, das auch er ein ehemaliger Schüler von Kirpal Singh war, denn er schrieb in einem seiner Bücher, das als Kirpal Singh gestorben war, ihm der Meister Kirpal Singh im Traum erschien und ihn mehrmals aufforderte, das er Soami Divyanand, der Nachfolger von ihm seien sollte und Initiieren solle. Er wollte das aber nicht, doch es kamen andere zu ihm die das auch geträumt hatten und ihn nun aufforderten, der Nachfolger von Kirpal Singh zu sein. Mir gefielen die Bücher von Soami Divyanand. Sie waren Klar.

Ich wusste das da eine Verbindung war. Da ja auch von Soami Divyanand erwähnt wurde das der Meister von Kirpal Singh der Sawan Singh war, von dem ich ja die Bücher der Philosophy of the Masters gelesen hatte die sehr gut waren. Sehr empfehlenswert. Und dann las ich aber in Kirpal Singhs Buch The Crown of Life, im Vorspann, das der Thankar Singh herausgegeben hatte, er hatte das Buch neu herausgegeben, das sein Meister Kirpal Singh der Nachfolger von Sawan Singh war. Ok, das war mein Wissenstand damals. (Aber in Wahrheit ist das gar kein Wissen, das ist bloß Information) Also Sawan Singh war der Meister, der Nachfolger war Kirpal Singh und der hatte nun zwei Nachfolger, da er niemanden ernannt hatte als er noch lebte. Denn auch Thankar Singh wie ich erfuhr behauptete er sei von seinem Meister Kirpal Singh dazu aufgefordert worden der neue Meister zu sein. Aha, da hatte ich den Salat, damals.

Ich fragte damals nicht, warum nicht mehrere Meister Nachfolger eines Meisters sein können, wenn sie doch Meister geworden sind. Was ist das für eine seltsame Sache oder „Berufsgruppe" hohoho. Ich bekam inneren Zweifel, und musste herausfinden was war hier passiert. Doch im laufe der Zeit setzte immer mehr die frage ein: Wenn ich Gott in mir trage, wenn ich das göttliche bin, wieso brauche ich da noch einen inneren Vermittler, diese Heiligen die Erleuchteten, ist das überhaupt notwendig, will ich das überhaupt noch, oder mache ich da nicht einen entscheidenden Fehler, weil ich mich ja da dem Diktat dieser Heiligen fügen muss, die ihre Methoden habe die zu befolgen sind. Mir wurde langsam bewusst auf was ich mich da eingelassen hatte. Ursprünglich wollte ich garnicht diesen Meisterschaftsweg gehen, wieso, ich wollte wissen wer, was ich wirklich bin, und nun dieses Schlamassel mit diesen Meistern oder Meisterchen und dem ganzen Hick Hack Kack.

In diesen Jahren wurden kämpfe in mir ausgetragen, oft genug hatte ich mich während der Meditation dann gefragt warum ich das überhaupt noch tue. Viele, sehr viel Zweifel kamen in mir zum Vorschein. Wie sollte ich wissen ob Ching Hai wirklich voll da ist, auch wenn da gewisse Erfahrungen erfahren waren, und was war das mit diesem Thankar Singh und da war auch noch dieser Soami Divyanand, und beide wollten die Nachfolger von diesem Kirpal Sing sein. Was war das für ein Wirrwarr der mir da plötzlich serviert wurde. Und ich hatte gar kein Appetit auf solch ein Menü.

Intuitiv wusste ich das ich das göttliche bin und in letzter Konsequenz sogar Gott wenn ich total eins mit ihm bin, mich als solches erfahre. Mein Verstand versuchte Erklärung Klärung zu finden, ich, und er versuchte es mit Logik, mit dem Blick auf die Evolution, das dieses Leben jetzt als Spirituelles göttliches Wesen, eine menschliche Erfahrung macht, aber, das es eine mehrdimensionale ist, und zwar immer, jetzt, jetzt bin ich die Göttliche Seele, der Kausalkörper der Astralkörper der physische Körper und das alles in einem, verbunden und eigenständig wirkend. Inklusive der höheren Bewusstseinschichten mit kosmischem Bewusstsein und Suprakosmischem Bewusstsein. Weil es garnicht anders gehen kann. Weil es garkeine Trennung geben kann.

Multidimensional, jetzt, und nun. So, warum diese ganze Ackerei, diese Meditationen, und diese Schuftereien, obwohl da auch wieder freudige Phasen dabei waren. Aber das mit dem Egotrip von Ching Hai was der Thankar Singh da behauptete und das es keinen Meister Khuda Ji gegeben hat, das war mir selber schon mehrmals aufgefallen, damals in Berlin am 4.5.1993, da hörte ich sie in der Gruppenmeditation sagen, das ihr Meister Khuda Ji war, aber mir fiel auch auf in anderen Vorträgen und Gruppenmeditationen das da bei Ching Hai ein abwehren zu dieser Frage war, sie wollte da nicht drauf eingehen, seltsam. Warum nicht, und nun las ich das Thankar Singh sie in diese Meditation Initiiert hatte. Wenn Thankar Singh sie also Initiiert hatte, bedeutete das einwandfrei, das Ching Hai nicht die Guanyin- Methode im Himalaja von dem 350 Jährigen Khuda Ji erhalten hatte, sondern von Thankar Singh. Außer sie wurde in einem Ashram von Thankar Singh im Himalaja Initiiert. Und da Thankar Singh sie von seinem Meister Kirpal Singh bekommen hatte und der wiederum sie von seinem Meister Sawan Singh bekommen hatte und so weiter, war diese Methode die Sant Mat Methode. So gingen meine Gedanken rein Logisch in Bezug zu dieser Briefsituation. !

Mir wurde auch bewusst was das für eine schwere Arbeit war, das Bewusstsein, die Lebenskraft, zurückzuziehen, auf die Stirne in die Dritte Auge Region, das war das schwerste überhaupt. Habe ich hier einen Fehler gemacht, der Widerspruch das Göttliche zu sein und sich aber diesen Praktiken zu unterziehen sie zu tun, der war krass. Mir fiel auf das Ching Hai immer sagte es wäre leicht, sitzt nur da und schaut und wiederhold die Heiligen Namen und dann hört auf den Ton. In all ihren Vorträgen wird immer gesagt ja Direktkontakt zu Gott ist einfach. Rein logisch ja, rein philosophisch ja, weil das mental ist , aber praktisch, wirklich, nein, das war schwere Arbeit.

Aber es war gut zu hören, wenn gut zugehört wurde, es wurde immer hinzugefügt : Wenn du weißt wie. Und ich, Ching Hai kann euch den Weg zeigen. Der Zweifel wurde noch sehr verstärkt durch die Photos die ich von ihr in den Ching Hai Zeitschriften sah. Ich sah ihr Gesicht und das war fast immer sehr Unharmonisch. Ihr linkes Auge war immer sehr offen , groß, und ihr rechtes Auge war immer kleiner, geschlossen. Nicht nur das, auch ihre Lippe war so, die linke Seite der Lippen waren entspannt, offener, und die rechte Seite der Lippen waren eng, schmal. Das war mir sehr unangenehm und ein Zeichen für mich das hier etwas nicht stimmte, aber was ? Denn, wenn jemand nun mit den höchsten, dem Göttlichen in Direktkontakt ist, dann müsste doch auch das sich in dem Körper widerspiegeln. Aber ich sah in ihrem Gesicht : Spaltung. Das war für mich ein Zeichen das etwas mit Ching Hai nicht stimmig war !

Durch lesen von Büchern von Sawan Sing- Philosophy of the Masters 5 Bände und von lesen der Bücher von Soami Divjanand war mir klar geworden das die Guanyin-Methode die Sant Mat Methode war. Der Weg der Heiligen. Aber oft kamen mir starke Zweifel in diesen Jahren und ich wollte auch damit aufhören, denn wenn ich auf mein Leben zurückblickte war ich sehr zufrieden mit meinem Leben und das was ich selber meditativ und durch Denken erkannt hatte, und mir war aufgefallen, das ich keine wirklichen dieser Hochgefühle oder Glückseigenschaften erlebt hatte seit ich diese Methode machte. Und das waren nun schon 4 Jahre. Nicht nur das, nun mit diesen Briefen hatte ich Wirrnisblicke in etwas was mich garnicht interessierte, das menschlich allzu menschliche, etwas wo gut sichtbar war das sich da „Sogenannte Heilige „ Stritten.

Wo ein Meister sagt der andere ist kein Meister, was sollte ich davon halten. Ich wollte gar nichts davon halten ich wollte frei sein, ich war frei. Doch ich konnte das nicht einfach so mit meinem Supermantra : Mir egal, Mir egal Mir egal, übergehen. Das war zu wichtig für mich, weil ich da von jemand eingeweiht wurde der von sich behauptete mich zu Gott zu führen zu befreien aus dem Geburt- Tod -Zirkus.

Ich versuchte zuerst beide Wege, Kompromisse zu finden. Ich merkte wie das Interesse an der Meditation schwand, sie mir , diese Fremde, von jemand anderem kommende Methode, eine Problem Methode war, da meine eigenen Methoden am wirksamsten waren, das was ich mir selber ausgedacht hatte das wirkte, das sah ich ja durch die Erfahrungen, aber diese Methode hier das war Streitkost, das war Nahrung für Machtkämpfe von anderen die mich garnicht interessierten. Was interessiert mich Thankar Sing oder jemand der einen Egotripmeistertrip machen soll wie Ching Hai, ich hatte die Schnauze voll von so was. Das wollte ich nicht.

Ich war also in Unsicherheiten getaumelt, und auch all das innere Fragen und machen gab mir keine Antworten und auch der innere Meister erschien nicht und machte nix. Ich stand für mich alleine da. Ok. kein Problem, prima. Das Beste das ich bin, ich. Ich bin der , der ich bin.

Das ganze was du säst das sollst du ernten Dilemma war da, es war aber ein bloßes mental Gesetz- Ursache- Wirkung- was du säst das sollst du ernten, Kausalgesetzt, das hört sich zuerst immer so direkt, so definitiv so endgültig an, so mathematisch exakt. Doch als ich das Surangama Sutra Buddhas höchste Lehre 1995-96 ins Deutsche übersetzte, auch, weil Ching Hai sich oft auf das Surangama Sutra von Buddha berief, weil er dort nämlich die Licht und Ton Methode als die höchste die beste Methode erwähnt wird, und da es das Sutra damals nicht in Deutsch gab übersetzte ich die Schrift in 2,5 Jahren Arbeit ins Deutsche, aber er erwähnt auch andere Methoden, da las ich das Buddha von Ursache und Konditionen spricht, und als ich das zum erstenmal sah, da kam eine Erfahrung aus Afrika vor langer Zeit in mir hoch, ja, das Gesetz ist garnicht so Wortwörtlich mathematisch so scharf wie sich das Mental das dann Vorstellt, denn da war ein Bauer in Marokko der säte Weizen. Wenn du also Weizen säst, ist ja laut den Wörtern Ursach-Wirkung , nun Weizen die Wirkung, aber das stimmte nicht, denn ich sah, das kein Weizen folgte, weil kein Regen fiel. Ja, das was Buddha da sagte vor 2600 Jahren das war präziser als Ursache -Wirkung, es ist Ursache- Konditionen. Weil die Ursache nie weiß welche Konditionen kommen werden. Aus denen dann die Wirkung hervortritt. Aber selber das war mir völlig egal, gleichgültig, dieses Gesetze, denn ich, ich war frei davon, diese Gesetze fielen bloß auf das was sterblich ist, veränderbar und ich war nicht das sterbliche das wusste ich ja, ich hatte mich ja als das unsterbliche erfahren. Erlebt.

Und ich sah auch wie die Menschen die sich unbewusst sind das sie das spirituelle sind und den Glauben an die Materie haben und diese ganzen Gesetze machen um die Materie zu schützen, das, das alles der Bereich der Raubmenschen war, da wurden Gier und Habgier per Gesetz geschützt, aber das war nicht die Freiheit die Wahrheit, das war Murks, Blödsinn, denn wenn du noch tötest und anderes Leben nimmst und man sich dessen nicht mal bewusst ist was das bedeutet, da kann es doch gar keine echte Rechtsprechung geben, das muss doch alles getränkt sein mit der Bindung an das Reich des Tötens des Blutes, das geht gar nicht anders, solche Einsichten kamen mir oft.

Ich schaute mir wieder die zehn Gebote an, die bloß Richtlinien Wegweiser und keine Dogmagebote sind, und wie sich diese Raubmenschmentalität mit diesen Softwareinputs den zehn Geboten wunderbare saubere Programme bauen kann, die zu weiteren schöneren Programmen führen und aus dem Raubmenschprogrammierungen wegführen werden. Das waren Lösungsmittel Waschmittel die den Vergangenheitssog des Tötens und den damit verbundenen Bindungen an den inneren Sumpfbereich lösten. Bis er aus dem Dumpfen dunklen Sumpf sich erheben konnte und damit mehr und mehr zu Klarheit und damit zur Erleuchtung seiner selbst kommt. Das so was zu kosmischen Bewusstsein führt das ist vorprogrammiert in dieser Software sozusagen als Erleuchtungsvirus reingepackt und das öffnet sich wenn damit gearbeitet wird.

Ich hatte zwar totales Vertrauen ins Leben in mir selber, auch ob ich nun morgen tot umfalle und auch ich nicht ewig leben würde einfach total ausgelöscht werden würde. Da kommt mein Supermatra wieder rein : Na und na und na und ! Oder ob ich nun Unsterblich bin und ewig wiedergeboren werden, prima was für ein Abenteuer. Und das auch noch unendlich, super echt Klasse, genial,!

Ja immer besser leichter leuchtender erleuchteter erwachter. Nobler, Glückseliger und so weiter. Aber der Weg der Heiligen ist anstrengend, das sah ich nun, und er ist voller Neider und unerleuchteter Erleuchteter Meister die sich so nennen. Aber meine Wahrheit war jene, das alles schon längst Heilig ist und jeder schon längst meisterlich ist, weil es garnicht anders sein kann ja alles ist Heilig, nicht bloß diese verschissenen Indischen Kühe im Hinduismus. Hohoho.

Ja ich war am schleudern und vernachlässigte das Meditieren und feierte mich erstmal wieder selber, in pfiff auf diese Erleuchteten diese „Erlöser" oder „Sielöser" und wer weiß was sie noch alles sein wollten, sogar direkt von Gott dazu entsandt.

Da ich die Bücher von Soami Divyanand gelesen hatte und die Zeitschrift Visionen las, sah ich das die auch Licht und Ton Meditation machten, und da ich sah das er auch den „angeblichen" Meister Kirpal Singh hatte, und aber Kirpal Singh den Meister Sawan Singh hatte, dachte ich mir das sei eine Kette, und ich ging davon aus, das dann Soami Divyanand, die Methode machen würde, die Thankar Singh der ja auch behauptet der Nachfolger von Kirpal Singh zu sein, machen würde, was wiederum die Kette schließen würde, den Thankar Singh hatte ja geschrieben das Ching Hai seine Schülerin gewesen war, ist. Also , nahm ich mir vor in den Schwarzwald zu fahren, und mich nochmal von ihm Initiieren zu lassen um zu sehen ob es die gleiche Methode ist die mir Ching Hai beigebracht hatte. Am 20.11.98 war ich dann in dem Schwarzwalddorf und ließ mich von dem kleinen Inder Soami Divyanand nochmal einweihen, und : Es war die gleiche Methode die gleichen Worte, das gleiche. Ich verließ dann am folgenden Tag sofort das Dorf das hoch liegt und im tiefen Winter verschneit war. In den Gesprächen der Gruppe hörte ich das die Menschen Erfahrungen von Licht und Ton gemacht hatten. Aber damals stellte ich mir noch nicht die Frage : Wie hoch erleuchtet könnte Soami Divyanand sein. Damals stellte ich mir auch nicht die Frage : Wie hoch erleuchtet könnte Thankar Singh sein . Und damals stellte ich mir auch nicht die Frage : Wie hoch erleuchtet konnte der Meister von denen gewesen sein, der Kirpal Singh. Aber heute am 6.2.2004 , also 7 Jahre nach den Briefen von der Ulrike, da weiß ich mehr, und ich erkenne die Unzulänglichkeiten, und die Zusammenhänge.

Aber die Frage wer dieser Khuda Ji war der angebliche Meister von der Meisterin der Höchsten Meisterin Ching Hai, das war unbeantwortet. Doch heute weiß ich mehr. Ich trank wieder ab und an Wein, trank ab und an alkoholfreies Bier im Sommer auch alkoholisiertes. Ich bin frei ich tun was ich will, ich nehme und habe volle Verantwortung für mich selber mit allen Konsequenzen auf der Relativebene der sterblichen Veränderungen , mal so formuliert. Das Meditieren wurde wieder aufgenommen, aber mein Körper war mehr in den Vordergrund gekommen, er wurde älter und wollte sich nicht mehr dem Weckruf des inneren Meisters beugen, der mich sogar mit einem Inneren Klingel weckte, oder einem Telefonklingeln, wo ich dann aufwachte , aber kein Telefon war da am Klingeln, denn das ging ja auch garnicht da ich meine Telefonsache abends wenn ich mich zum Schlafen hinlege, rausziehe, es war also der innere Meister der mich weckte, doch mein Körper weigerte sich nun , da mitzuspielen, er wollte nicht mehr bevormundet werden, so früh aufstehen, und zeigte seine Agonie ganz einfach, und ich hatte Verständnis für ihn, der mir so gut bis jetzt auf dieser fabelhaften Reise zu Diensten war. Also ließ ich ihn von nun an ausschlafen, und setze mich erst danach zur Meditation hin Bei der Lichtmeditation ging das alles einfach. Aber ich bekam oft Schmerzen im Körper, aber die Hörmeditation, das war Nix, das war so schwer, das ich da saß und die Zeit mehr als Überbleiernd war, sie verging einfach nicht mehr, wenn ich mal zur Uhr schaute , waren bloß 5 Minuten vergangen, also ließ ich den Ton fallen und kümmerte mich nicht mehr darum, ich hatte kein Interesse mehr meinem Körper und meinem Mental, deswegen Schwierigkeiten zu machen, nein danke. Da das Meisterchaos wer was wo wie wann und wofür war seine Wirkung getan hatte, ich entschied wieder selber was gut für mich war.

Ich kaufte mir nun mehr Bücher von der Sant Mat Gruppe in englischer und deutscher Sprache um den Meister von dem Meister und dessen Meister zu lesen und zu verfolgen. Ich hörte mir sehr viele Kassetten von Vorträgen der Meisterin Ching Hai an, las ihre Bücher, hörte ihre Wege, las die Wunder der Meisterin, fing an wieder Klarheit, durch Distanz und Ruhe und mich selbst, ich, der König, die Seele das Gute und Schöne, die Wahrheit das Licht und der Weg , ich, mich, das geschlechtslose fabelhafte, das befreite Noble, zu finden.

Mein Verstand, der Gute, der Klare, der wichtige, der nicht umsonst geschaffen ist, ein gutes Werkzeug selbst erleuchtet, der brauchte noch Infostoffe, also las ich diese Indischen Heiligen , und erkannte sehr viel, und erst vor einigen Tagen war mir ganz klar, das die Kirpal Sing Reihe mit seinem verwandten dem Rajinder Singh und und mit Thankar Singh und mit Soami Divyanand, eine Reihe ist, die nicht offiziell von einem Lebenden Meister ernannt wurden. Kirpal Singh ist nicht der offizielle Nachfolger von Sawan Singh. Der offizielle Nachfolger von Sawan Sing diesem fabelhaften Heiligen, ist Sardar Bahadur Jagat Singh der drei Jahre Meister war und sein offizieller Nachfolger ist Charan Singh der auch verstorben ist, und dessen Nachfolger ist Gurinder Singh, der nun der jetzige lebende Meister dieser Noblen Reihe der Vollerwachten ist.(Obwohl ich da auch vorsichtig bin, er, und die anderen können auch bloß 60-70-80 % erleuchtet gewesen sein, sein.) Ich werde diese gesamte Reihe am Ende des Buches auflisten und auch diejenigen die sich selbst als Meister dargestellt haben, wie Kirpal Singh.

Sawan Singh hatte seinen Nachfolger Jagat Singh selber bestimmt, und auch per Testament festgehalten. Nicht Kirpal Singh. Als ich das erfuhr kamen viel Fragen hoch. Aber auch Antworten.

1. Es war absurd von Thankar Singh in den Brief gegen Ching Hai zu behaupten, das es ein geistiges Gesetz ist das niemand Meister sein kann, solange er Thankar Singh noch lebt. Dieses geistige Gesetz hat er wohl mal eben erfunden. Das bedeutet der lebt auch im Wolkenkuckucksheim, oder zumindest sehr nahe daran.

Warum ? Weil ja aus der Reihe von Sawan Singh zur gleichen Zeit der Offizielle Meister Gurinder Singh da lebte und noch lebt. Nicht nur das es, gibt so viele Meister wie es Menschen gegeben hat, die das wirklich geschafft haben. Ganz unabhängig ob der Meister der denjenigen eingeweiht hat oder nicht, denn die Meisterschaft ist hauptsächlich das Geschenk Gottes, und nicht des Meisters, der zwar auch da mitmischt, aber der echte Scheff ist immer der echte Scheff und nicht der Meister. Der mag zwar eins mit dem echten Scheff sein, was ja lobenswert ist und der Garant ist, das einem das echte Scheff Erlebnis beigebracht werden kann, wenn er 100 % erleuchtet ist. Und ich schätze mal, das weder Kirpal Singh noch Thankar Singh noch Soami Divyanand 100 % erleuchtete sind. Denn da gibt es Variationen. Einige sind mit der Methode bis zur ersten Eben gekommen, also Astralwelt, einige bis zur zweiten Ebene, einige bis zur dritten Ebene, und einige bis zur vierten, und einige bis zur fünften, dort wo der Bungalow der Meister ist mit seinem Swimmingpool und Garten und so weiter.

Dann zu Thankar Singh, es fiel mir auf in den Schriften die ich hatte und den Treffen die gemacht wurden als er in Europa war, das er oft davon redete, das er mehr meditieren will, und das es am besten ist für alle Initiierten wenn er meditieren kann. Das ist ein klares Zeichen, erkannte ich, das er noch keine volle Meisterschaft erreicht hat. Denn ein echter Meister ist allgegenwärtig und voll da, als echter Meisterscheff. Der braucht nicht zu meditieren damit es seinen Initiierten gut geht.

Desweiteren fand ich heraus durch Lesen Unmengen von Büchern, das es mehrere gab die behaupteten, der Nachfolger von Kirpal Singh zu sein, sowohl Thakar Singh, der wohl nicht wusste das Kirpal Singh nicht der wahre Nachfolger von Sawan Singh war, obwohl das aus meiner Sicht seltsam ist das er das nicht wüsste, jedenfalls , war da dann noch Soami Divyanand, und dann ist da noch Rajinder Singh, der auch Licht und Ton anbietet, und dessen Vater Santh Darshan Singh ist der Sohn von Kirpal Singh der sollte nun auch der Nachfolger der Lehre von Kirpal Singh sein. Also ein Familienunternehmen , sozusagen eine Heiligenproduktion, ok, das ist deren Sache. Aber bei genauerem hinschauen, konnte ich das sehen. Scheint so das in Indien die Superheiligen dort ganz einfach so in Familien wachsen. Naja. Aber als ich in den Büchern von Rajinder Sigh las das er erzählte das der tausendblättrige Lotos kein Chakra sei, da war mir klar, der hat ein an der Birne, einer Birne ohne dem Chakra, hohoho, denn das hatte ich ja als Abenteurer hier auf der Erde, schon längst verwirklicht und einiges mehr. Danke an den Scheff. ! Denn : Es gibt 12 Chakras. 6 im Körper und 6 außerhalb des Körpers. Somit ist die Annahme das es 12 DNS geben wird oder gab richtig.

Aber das passierte also nun, von der Ulricke und ihrer Instabilität, und dem Irrglauben, das der Meister des Meisters besser sei, das ist Humbug das ist falsch das ist Wirsinglogik im Zerfallstadium. Denn sie dachte da Thankar Singh Ching Hai in Licht und Ton eingeweiht hat, so muss er ein größerer Meister sein. Das stimmt nicht, immer diese Logik, diese Mathematik, und Mathematik hat noch nie und wird auch nie wirklich hilfreich sein, weil es ein Kunstprodukt ist, und nicht die Wahrheit, das Leben, Mathematik ist das sterbliche die Veränderung so was.

Denn : Es können Wesen zu einem Meister kommen, die zuvor schon viele leben vorher voll da waren, oder Wesen, die bloß die Initiierung brauchen und schon wird in ihnen das Feuer entfacht, denn : Es ist der Sog den du hast, nach Gott, das Verlangen das du hast nach Gott, der Wunsch den du hast nach Gott, der Kampf den du machst um Gott zu sehen mit Gott zu sein, Gott zu erfahren, was das maßgebenden ist. Und wenn du schon eine sehr hohe Stufe spiritueller Erfahrung mitgebracht hast, Bingo, nach der Initiation, Volltreffer. Und das war wohl der Fall mit Suma Ching Hai.

Aber wie verhielt es sich mit der Aussage von Thankar Singh das es niemals den Meister Khuda Ji gegeben hat. Und Ching Hai das bloß entwickelt hat um von Thankar Singh abzulenken. Okay, das könnte schon sein. Ich bin ja nicht verpflichtet irgendjemand irgendetwas überhaupt von mir mitzuteilen, egal was es auch sein mag, ich bin ja nicht verpflichtet, irgendjemand mein Innenleben darzustellen, insbesondere wenn man sich dessen bewusst ist, wie das menschliche Glaubenssystem des Gemüts funktioniert, das so unsicher ist und so unsicher macht, das es für alles Beweise, Beweise, Beweise verlangt, und wenn alles bewiesen ist, reicht das auch nicht, da muss noch mehr her, warum wohl: Weil die Fantasie so ist.

Aber einmal etwas aus meiner eigenen Erfahrung meiner selbst hinzugefügt : Als ich mein Überbewusstsein erlebte, denkst du etwa, das dann ‚ich‚ mich noch mit dem Wurstsalat des menschlichen Fantasiedenkens beschäftige und deren Verlangen von mir,,,weit weit gefehlt, sehr weit gefehlt. Denkst du etwas ich würde in dem Seinszustand, von mir noch irgendwelche Erklärungen abgeben, zu meiner Rechtfertigung oder Erklärung und Verlangen gegen mich, bloß weil jemand mir nicht traut, niemals, niemals. Was interessiert mich das niedere Niveaubewusstsein das Nebelwolken Bewusstsein, wenn ich im Überbewusstsein bin, und sehe das sämtliche Logik und Vernunftschlüsse nichts anderes sind als das Geplapper von erwachsenen Körperbabys, oder Traumtänzer im Zirkus der Mentalwelt. Ich bin nun das Überbewusstsein, weit, weit, weit erhaben über jedes Wort Zahl oder logische Schlüsse und auch Sprachen und Denken, das ist alles Krimskrams der tierischen Evolution, die noch nicht abgelegt wurde. Klaro.

So ich kann die Meisterin Ching Hai gut verstehen, wenn sie sich einen anderen Weg suchte, mit dem Wissen der Zwänge die mitkommen, wenn sie gesagt hätte, ja ich bin die Schülerin von Thankar Singh. Da würden die Leute lachen und sagen, tschüss, adios, ich geh zu ihm, der ist dein Meister, die Menschen sind noch so. Nicht nur das, wenn du, ich, die höchste Erfahrung gemacht hätte, eins mit den absoluten Göttlichen, und ich komme wieder zurück, mit all den Geschenken die man dadurch erlangt hat, mit all den Fähigkeiten, denkst du etwa ich würde mich nun da ich ja weiß wo mein Meister steht, zbs, Thankar Singh, noch groß bei ihm melden, aber sie ging sogar in seinen Ashram zurück, nachdem sie ihre große Eins mit Gott Erfahrung gemacht hatte, im Himalaja, auf einem Zeltplatz, im Schlaf. Denn ich kann mich noch an einen kleinen kurzen Satz von ihr erinnern, wo sie das erwähnte. Nämlich, das Gott sie aus ihrem Körper hob, und sie eins mit ihm wurde, und erfuhr das er und sie nun, eins mit allem war, und das Gott aber auch total in allem ist was es gibt, alles, Schmetterlinge und so weiter, erzählte sie, das war so wie ich es erkennen kann, ihr Meister Khuda Ji, nämlich Gott selber, denn, das Wort Khuda ist ein sehr altes Wort für Gott Und Ji ist eine Liebkosung die man ranhängt an das Wort. So das hat sie schön zusammengebastelt, die Suma Ching Hai, prima. Aber ich kann auch falsch liegen, das sie wirklich einen Khuda Ji als Menschengestalt im Himalaja fand, aber ich denke intuitiv nicht, nein. Aber auch später als ich alle Bücher von ihr gelesen hatte auch ihre Gedichte, kam nicht ein einziges mal ihr Meister drin vor, nirgendwo erwähnte sie diesen Khuda Ji. Das ist doch wohl auch eine Paul Twitchell Sonate. HoHoHo.

Ach ja, sie ging nach dieser Übertragung und den damit verbundenen Fähigkeiten wieder zurück, nämlich in den Ashram wo sie zuvor war, und derjenige der dem Meister Thankar Singh an nahesten stand und weit entwickelt gewesen sein sollte, der sah Ching Hai, und er warf sich vor Ihr auf den Boden, weshalb wohl, klaro, bestimmt nicht weil der Satan vor ihm stand, die negative Macht oder so was, nein. Also verschwand Ching Hai aus dem Ashram weil ihr das unangenehm war. Und sie zog weiter, runter nach Indien rein, und in dem Jahr war das große Hinduistische 12 Jahres fest, Kuma Mela oder so ähnlich, wo sich diese Millionen Hindus und Sadhus und Heiligen am Ganges treffen,, und wisst ihr was, obwohl sie niemand kannte wurde ihr der beste und höchste Platz in dem gigantischen Treffen angeboten, warum wohl ? Bestimmt nicht weil die Sensiblen spürten das hier der Satan die negative Macht stand, klaro. Jedenfalls so sehe ich das, den Werdegang, in diesen paar Worten.

So langsam klärte sich mein Verstand wieder, und interessanterweise, im letzten Jahr, 2003 als ich das alles erkannt und mir zusammengebastelt hatte, da konnte ich plötzlich wieder Tonmeditation machen, es ging leichter. Und ich sagte zu mir auch, ja, Ching Hai ich will weiter machen, weiter arbeiten, so was.

Und dann las ich vor einigen Wochen noch die Prophezeiungen von Nostradamus. 10 q 75 . Da stand das der Erwachte in Asien erscheinen wird. Und in 2 q 28 stand, das der Anfangsname des erwachten, der zweite Teil seines Namens sein wird, also von NortradAMUS, was ja Suma ist, Suma Ching Hai. Und er schrieb auch noch in 10 q 96 , das ein weiterer Name Ozean sein wird, und Ching Hai bedeutet „Reiner Ozean".

Dann gabs da noch die Blavatsky Vorhersagen, in denen steht, das der erleuchtete in Asien erscheinen wird, um das Jahr 1950. Und er wird in Europa 1975 ankommen. Bingo. 1950 ist das Geburtsjahr von Ching Hai, und 1975 bekam Ching Hai englische Staatsbürgerschaft. So das waren schon schöne Übereinstimmungen. Und mein Verstand war erstmal zufriedengestellt.

Im Mai 2003 war ich also 10 Jahre offiziell von Ching Hai Initiiert. Mitte 2003 merkte ich wie ich entweder damit aufhören würde oder nicht. Mein Verstand fragte sich, was soll das alles noch. 10 Jahre Murkserei. Was hat das gebracht. Die ganze Schönrederei von Ching Hai die Vermarktung von ihr, da musste ich oft drüber lachen, wenn ich in ihren Vorträgen hörte wie leicht das alles sei. Jaja, Reden ist einfach. Aber in der Praxis siehts anders aus, viel anders aus. Ich merkte wie ich aufhören wollte, ich wollte nur wieder ich selber sein, niemanden zwischen mir und Gott haben. Der Wiederspruch war zu groß in mir, das absurde, das es bloß mit diesen Heiligen oder wie sie auch immer genannt werden, gehen soll, kann, muss oder wer weiß was. Mein Verstand, oder ich, oder das Denken, suggerierte, das möglicherweise ein Fehler gemacht wurde, jemanden anders in mein Innenleben zu lassen. Von dem man trotz der damaligen Erfahrungen gar nichts weiß, denn woher weiß ich was das wirklich war, diese Lichtwelt. Jedenfalls, bohrte in mir etwas, damit aufzuhören. Insbesondere deswegen auch, damit mein Verstand endlich damit aufhören konnte sich mit jemand anders zu beschäftigen der er nicht selber war. Ich wollte nur ich sein, niemand anders.

Das war mir auch zu wenig, was in diesen 10 Jahren für mich passiert war. Denn ich verglich das mit meiner eigenen Suche und Tätigkeit, und das ich tatsächlich bloß damit diese innere Freude und sogar die Glückseligkeit gefunden hatte. Mit Ching Hai sah ich zwar einmal die höheren Welten und erfuhr das Noble von ihr plus die Sonne das Licht und die Blitze damals auf Kreta, aber was war das schon in 10 Jahren. So dachte jedenfalls mein Verstand. Er fragte sich nicht was er wohl nicht erkannt hatte das was er nicht erkennen kann. Denn der Verstand hat ja bekanntlich eine Grenze, aber innerhalb dieser Grenze war mein Bewusstsein wieder angekommen. In dieser Phase wurden mir dann immer wieder die Erfahrungen ins Gedächtnis gespült um mich zu erinnern. Auch daran das es bloß der Verstand ist der aufhören will, das Denken. Dann kam noch hinzu, wenn Ching Hai auch so ein Zirkus wäre wie Kirpal Singh und Thankar Singh und alle die da dran hingen, was könnte das sein, war es womöglich deswegen weshalb ich bloß diese minimalen Fortschritte gemacht hatte, denn ich konnte nicht erkennen das ich sonderlich anders geworden wäre, besser oder Nobler oder Intelligenter oder Weiser. Das war ich schon, was aber sollte da kommen ?

Das schlimmste war aber zu meinen, zu denken, das ich jemandem auf den Leim gegangen wäre , der selber bloß jemandem auf den Leim gegangen war, und der mir nun seinen Leim versucht zu vermitteln. Oder anders, das ich einen schweren Fehler gemacht hätte. Mit all den für und wiedlers die in solchen Situationen gedacht werden können und erfantasiert werden können. Es ging um mich, was ich gemacht hatte welche Entscheidungen ich getroffen hatte. War das noch akzeptabel nach 10 Jahren.

Oft waren ihre Vorträge die ich hörte niveaulose Gebrabbel die mich garnicht interessierten, die Themen waren für mich uninteressant und ich fragte mich oft, mein Gott, ist das ein voll erwachter, ist der so blöde, gibt der solche schwachen Antworten, und weshalb. Dann kam der Verdacht wieder hoch, nein, diese Frau, diese Ching Hai, das ist Betrug, da stimmt was nicht. Ist meister sein so unklar, so unbewusst, so danebenliegend. Oder es kamen Eindrücke hoch, wie, wo ist das Bewusstsein von dieser sogenannten Meisterin. Jedenfalls für meinen Verstand war das nix echtes, das war wie Thankar Singh geschrieben hatte, Egoismus, Ichismus, und den hatte ja jeder selber, dafür brauchte ich mir diese Arbeit nicht antun. Denn man ist ja Abhängig von diesem Meister, und wollte ich das überhaupt, war das überhaupt noch passend für diese Zeit . Aber abhängig sein das war die Norm, das war ganz Natürlich, jedenfalls bereitete mir diese Initiation unbeschreiblich viele innere Zweifel, die ich nie in meinem Leben zuvor hatte. Es war eine Spaltung. War diese Ching Hai diese Hue wie sie Thankar Singh nannte, auch bloß eine Wirrnisverkäuferin , so wie alle anderen auch bloß Wirrnisverkäufer waren, so wie die menschliche Situation auf der Erde ist, eine Wirrnissuppe. War sie in Wahrheit eine Spalterin, und wenn was wurde gespalten, weswegen, wofür, warum ? Und dann fand ich Aussagen die garnicht stimmten, und ich sah die Diskrepanz zwischen ihrem Menschsein, und dem Göttlichen Sein, denn ihr Menschsein, das war nix besonderes, und trotzdem war da was. Trotzdem hatte ich das Noble erfahren, die Startrekbeschleunigung im Sehen der höheren Lichtwelten erlebt, den Diamantring materialisiert bekommen, aber das gerät in Vergessenheit wenn ich auf anderes Fixiert bin und war, das war dann nicht gegenwärtig , es war bloß Vergangenheit , Erinnerungen nichtmal, es war weg. Wenn ich mir da die Bücher von Sawan Singh reinzog oder Soami Ji da war mehr Klarheit und Direktheit in deren Aussagen, aber Ching Hai, die war oft nicht in der Lage richtig klar zu sprechen. Weshalb war das so.? Die Frage der Wahrheit und die Frage der Echtheit war da, und inwieweit konnte die sogenannte negative Macht, Kal, Brahma, oder in Jesu Worten, der Teufel, der ihm die ganze Welt anbot, bei ihr die Dominanz haben, und inwieweit, könnte diese Macht diese Seinsweise, dann andere Täuschen, denn, denn, wer hatte diese Befreiung bis zur fünften Ebene oder Seinsweise wirklich selber Erlebt, denn was ich da sah , las, das war immer das sie dahingeführt wurden, aber niemand hatte es von selber erreicht. Und wie viele hatten nach diesen bis heute 21 Jahren ihrer Erleuchtung selber Erleuchtung, permanente, erlangt, wie viele waren selber schon Meister geworden. Denn das ist es ja was einen Meister auszeichnet, das da Meister folgen, denn sonst ist ja alles bloßes blödes Getue und Geschwafel, egal wie erleuchtet er auch sein mag, es ist bloß wirkungslos.

Aber vielleicht ging es da um ganz was anderes, was ich in dem Moment dieser Eindrücke von mir meinem Mental ganz klar nicht erkennen konnte. War es das wert dafür weiter zu machen. Oder, würde Gott tatsächlich bloß Befreiung durch erleuchtete geben. Nein, das war unmöglich, so eng würde das göttliche nicht sein, denn es war ja in allem, das war zu absurd. Und das ich frei war wusste ich auch. Ich wusste auch das die menschlichen Situationen und ihre Gesetze und Traditionen, für mich schon viel zu oft einfach zu Ignorant waren, das konnte nicht die Wahrheit sein, da waren mir diese Einsichten in das Menschtum, einfach zu öde zu blöde zu verlogen zu oft auf ihre Gier bezogen aus denen sie dann Gesetze gemacht haben, die sie dann selbst verblödet haben, und an die sie immer noch glauben. Die Konzepte die ihre Gefängnisse geworden sind, was sie ihre Religion oder Ihren Staat oder Institutionen nennen, das war für mich alles bloßes Wirrnisglaubenssimsalabim , mehr nicht. Da ja die Gift und Betrugssituationen Global als die Früchte dieser Glaubenswirrnisse gut sichtbar waren. Aber wenn diese blöden Glaubenskonzepte wegfallen, dann ist alles rein und göttlich. Doch die Konzepte sind nun ihre Gefängnisse geworden.

Wo würde ich stehen, mit mir selber, wenn ich nun aufhören würde kam mir in den Sinn. Ok, ich würde selber ohne die Methode weitermachen. Ich würde das fallen lassen denn für mich waren auch die Heiligen und Erleuchteten egal wer es war, auch bloß ein Tropfen im Ozean der allmächtigen Gottheit. Und was war mit dem Rest der Menschen, wären die dann vom erwachen ausgeschlossen, wenn sie nun keinen Meister getroffen haben, keinen Buddha keinen Jesus, keine Ching Hai, das war mit zu absurd, wenn das so sein würde, sagte ich mir, dann wäre selbst diese Gottheit, für mich, bloß ein Arsch im Wind, mehr nicht, denn was wäre das für eine Situation, da ja diese Meister bloß eine winzigste limitierte Menge erreichen können, die sie sozusagen befreien könne, und aus dem Kreislauf der Geburt und Tod lösen können. Das war mir alles zu absurd, zu unlogisch zu unvernünftig, zu Ungöttliche, das war doch keine bedingungslose Liebe, das war doch Bedingung, also Zeit also sterblich, also genau das Gegenteil von Unsterblich und bedingungslos.

Würde das Göttliche bloß so einen engen Plan gemacht haben. Nein. Für mich war das unstimmig. Ist ein Vermittler zu haben zwischen mir und dem Göttlichen das was ich will, ist das überhaupt mit all der Intelligenz von heute noch sinnvoll.? Ist nicht der Kontakt von mir zu Gott dem Göttlichen- Direkt, natürlich, er kann garnicht anders sein! Und was war dann diese Meistersache mit Ching Hai, Jesus, Buddha, wollte ich nicht davon wegkommen, denn wie oft hatte ich schon vorgehabt ein Buch zu schreiben, Befreiung von Jesus, Befreiung von Buddha, Befreiung von der Astrologie, denn ich wollte frei von all dem sein und deren Beeinflussungen auf mich.

War nicht jeder , egal wer es auch war, damit bestrebt, das was aus ihm geworden ist, als das was gut für andere ist, zu proklamieren. Und war dann nicht jener der das proklamierte, dann aber so benebelt, immer von Wir, zu reden, anstatt , von , Ich, um klar zu machen, das es bloß seine Wahrheit, seine Erfahrung, sein Leben und so weiter war. Für mich war das dann ein Zeichen, das dieses Wir, dann die Angst war, die das ich, dieses Wesens hatte um zu seiner Erfahrung seiner Wahrheit, selbst, und klar zu stehen, und er wollte aber immer andere überzeugen mit diesem Wir Gefühl. Ich bin aber keine Suppe. Ich bin aber keine Brühe. Ich bin aber keine Kollektivenergie . Ich bin aber keine Gruppenfreude. Und vieles mehr an , ich bin aber keine. Sehr viele versuchten und haben es auch geschafft für ihre Zwecke Klone zu schaffen, Berufsklone, Sportsklone, Spirituelle Klone, aber Hauptsache Klone. Das ist ein enorm enorm starkes Zeichen von Unfreiheit und Angst ein enorm starkes Symbol für Ignoranz ja ein Megaenorm starkes Zeichen für Gigantische Verblödung die geschaffen wird, diese Klonen von dir selber, für deine Angstzwecke. Doch Gott klont nicht, sonst wäre es nicht das Göttliche.

Viele viele gesunde Zweifel kamen in mir hoch, gesunde Abneigung , gesundes Distanzieren auch zu Ching Hai und Jesus, ich wollte mir den alten Salat nicht mehr anhören. Denn das Göttliche ist jetzt, hier, nun, um mich und in mir. Was brauche ich da Jesus Buddha oder Ching Hai. Und, war ich nicht damals, 1992 in München aus Schwäche zu der Entscheidung gekommen, weil ich zu der Zeit das Ende dieser Ganovensache hatte, über die ich das Manuskript : „ Modernes amerikanisches Management in München ", geschrieben hatte. Ich war müde, abgewrackt von diesem Graulichtbanditenmilieu um mich herum. War das nicht der Hauptgrund gewesen. Ja, da erschien mir Jesus die Liebe und so weiter und das Thema in ihrem Büchlein genau richtig. Und nun. Wie stand ich nun da. Was war nun der stand der Dinge mit mir. Ja ich war drauf und dran aufzugeben. Ich dachte sogar das selbst diese Spirituellen Erfahrungen Betrug sein können, da ich sie ja nicht produziert hatte.

Doch diese Erinnerungen an diese spirituellen Erfahrungen. (In Wahrheit ist alles spirituell, die Erde die Luft die Sonne der Wurm das Boot die Würmer die Blumen, denn : Aus Gott kann nur Gott kommen) Diese Erinnerungen an meine eigenen Erfahrungen, ohne Ching Hai, und die Erfahrungen als ich Kontakt mit ihr machte, und einige Erinnerungen, von Erfahrungen die ich in den 10 Jahren hatte, wie zum Beispiel das Auflösen meines Karmas weil ich getötet hatte, gemordet, ich hatte vieles ermordet, nämlich Fische, da ich zuvor mal Angler war, diese Auflösung des Karmas, nachts im Schlaf, als ich plötzlich Schmerzen, große Schmerzen aber bloß für eine kurze Zeit hatte, und mir die Bilder des Tötens der Fische vorgeführt wurden und der Sinn dieser Schmerzerfahrung klargemacht wurde, nämlich der Abbau des Karmas weil ich diese Fische getötet hatte. Ich brauchte bloß einen Teil der Schmerzen zu ertragen. Danke. Jedenfalls kamen diese Erfahrungen nochmal hoch, sie wollten mir zeigen mich trotz der umwerfenden Last meines Verstandes nicht den wahren Blick zumauern zu lassen durch den Verstand mit seiner Logik.

Und so sagte ich irgendwann 2003 , ja, ich mache weiter, ich will weiter machen. Ich wusste ja nun, das die Methode von Ching Hai die Guanyin -Methode die Sat Nam Methode der Inder war, das war ganz eindeutig, Da ja auch alle Begriffe für die Lichtmeditation diese Indischen Begriffe waren. Also das hatte sie davon übernommen. Auch die Länge der Meditation war von der Sat Nam Gruppe aus Indien. Aber das war egal für mich, denn ich denke mir, es kommt auf die Meisterkraft an und nicht auf die Wörter, die sind bloß zur Ruhigstellung des Mentals um die Konzentration zu erreichen. Ich suchte nochmal im Buch Sar Bachan von Soami Ji einiges hervor, weil ich da das einzige mal das Wort Khuda gefunden hatte. Und weil er am ausführlichsten den Aufstieg der Seele durch die höheren Welten bis zu Sach Khand dem Meer der Spiritualität oder Unsterblichkeitswelt beschreibt. Hier ist einiges aus seinem Buch , das ich aber auch mit meinen Beschreibungs - Bastlereien abgerundet habe, aber die Beschreibung der höheren Welten, das ist von ihm :

„**Die** Welt ist unbeständig und verändert sich andauernd. Jemand der das erkannt hat, diese Durchgangstadien, Situation, hier auf der Erde, macht den besten Gebrauch von seinem Körper, indem er das höchste Wesen verehrt oder anbetet oder liebt. Dadurch, bringt er sein preisloses Juwel, die Seele, die Essenz von allem, zu ihrer echten Heimat. Die Seele ist von den höchsten, Ebenen, der höchsten Gottheit, hinuntergestiegen in die niedrigste Schöpfung der dichtesten Materiewelten. Dadurch wurde sie in verschiedene Attribute und Sinnesorgane verwickelt, auch in das Mental und seine Gedanken und Vorstellungen, und alles was dazu zählt, so das sie es sehr schwierig findet sich davon zu befreien. Freiheit von diesen Bindungen wird Befreiung genannt. Die Sinnesorgane, das Mental, das sind innere Bindungen, während sogenannte weltliche Dinge, wie Familien, Freunde, und so weiter, die äußeren Bindungen darstellen. Die Seele ist so damit verwickelt und eingebunden, das sie sich nichtmal mehr daran erinnern kann wer und was sie ist und wo sie wirklich herkommt. Und ohne die Hilfe eines Heiligen, ist es für sie sehr schwer zu ihrem göttlichen Bereich zurückzukehren. Das was ein Mensch tun muss ist seine Seele wieder zurückzubringen zu seinem wahren ZUHAUSE, zurück zu seiner wahren Quelle und Reichtum. Bis das nicht getan ist, ist keiner frei von den Schmerzen und den angenehmen Seiten dieser Welt. Beides Schmerz und Glück sind bloße Schatten deines wahren Wesens und nicht wert sich daran festzuhalten. Das Ziel aller Religionen und von allen alten Sehern , war es die Seele, durch unterschiedliche Methoden, zurück zu seiner Quelle zu bringen, Gott. Perfekt ist jener, der durch das praktizieren von Meditation, und anderen Praktiken, seine Seele hochbringen konnte zu ihrer wahren Heimat, und sie so von allen Bindungen lösen konnte, äußerlich wie innerlich, grob, subtil und kausal, und so, sein Mental sein Geist, von der Welt und seinen Phänomenen lösen konnte. Die perfekten, wahren Wissenden und geliebten des höchsten Göttlichen sind nur jene die bis zum letzten höchsten Stadium kommen. Jene die bloß von Gott reden, oder die Lehren der Propheten lesen und lehren, ohne diese höchsten Stadien selber erreicht zu haben, sind nun Intellektuelle und Theoretiker wie Theologen. All diese Lehrer, Inkarnationen von Avataren, Propheten, in der Vergangenheit, von jeder Religion, fingen zwar an in die Richtung des höchsten Göttlichen zu gehen durch ihre spirituellen Praktiken, aber alle von ihnen erreichten nicht das höchste Stadium. Ein guter Mensch könnte schon auf der ersten Ebene aufhören ein weiterer auf der zweiten und einige reinere auf der dritten Ebene. Nur die Heiligen alleine erreichen die fünfte Ebene oder Stadium, die Wahrheitsebene, dort wo der wahre Gott ist. Und nur einige der Heiligen erreichen die achte Ebene dort wo der König der Seele lebt. Das ist zur Zeit das höchste was erreicht wurde, bis dahin kamen nur außergewöhnliche Heilige. Von diesem Ort ist die Seele ursprünglich in die niederen Spirituellen Welten und Himmel und Erden gestiegen. So diese Avatare oder Propheten des Altertums, bei ihren Aufstieg, kamen dann zwar zu unbeschreiblich schönen Bereichen wo auch die Gottheiten oder Herrscher dieser Regionen aus ihrer Sicht das höchste Göttliche waren, was sie aber nicht waren, da sie annahmen oder fühlten das währe schon die höchste Ebene, denn sie wurden nicht von einem perfekten Heiligen angeleitet. Und so schauten sie diese Regionen und diese Herrscher dieser Regionen als das jeweils höchste Göttliche an und glaubten das dann das der Höchste Gott wäre die höchste Gottheit. Und so lehrten sie ihren Nachfolgern dann von diesen Regionen und glaubten an das höchste Wesen dieser Regionen. Aber nur die achte Ebene ist die höchste Ebene von allen. Die Indischen Heiligen die das erreicht hatten nannten diese Region dann Radha Soami Pad. Und daraus sind dann die Heiligen wie Param Sant Hazur Soami Ji Maharaj entstanden. Oder Kabir oder Guru Nannak und andere noch weiter zurückliegende. Zwei Ebenen tiefer ist die Region von Sat Nam oder Wahrheit.

Hier , so scheint es, ist der Rastplatz der Heiligen und Höchsten Heiligen. Es ist deswegen das die Heiligen den höchsten Rang haben.   Mental und Maya, also Illusion existieren in diesen Regionen nicht. Die werden erst in den niederen Regionen der Schöpfung entstehen, oder in anderen Worten: **Die gesamte Schöpfung ist innerhalb ihres Orbits oder Umlaufbahn**. Diese höchste Region von Radha Soami Pad wird auch als unbeschreibbar oder Namenlos bezeichnet. Diese Region ist Unermesslich und ohne Anfang. Das ist die Region von wo aus alle anderen Regionen erschaffen wurden oder Manifestiert wurden. Es ist die Region ohne irgendwelche Anhaltspunkte sie kann sogar nicht mal als eine Region beschrieben werden.

Entsagende, Wissende, Göttliche, Inkarnationen-Avatare, Propheten, und andere heilige Personen die nicht diese **Reale Heimat** erreicht haben , sind alle vom Rang her weit unter den Heiligen dieser Regionen.

Diese Propheten und Avatare und andere **Heilige Personen**, während ihrer Aufwärtsreise, hielten sie an unterschiedlichen Ebenen an, und zwar in Korrespondenz zu ihrem erreichten. Das Stadium das von jedem erreicht wurde, wurde dann von ihm als die endgültige höchste Region angenommen, und die regierende Gottheit dieser Region wurde dann so angeschaut als ob sie die Höchste Gottheit wäre und dann darauf die Anbetung und der Lobgesang gemacht. Das ist deshalb so, wegen des Fakts, das alle unterschiedlichen Regionen von der höchsten Gottheit erschaffen wurden, und zwar als Spiegelbilder der höchsten Region, so das die niederen Regionen auch in jeweils geringeren maßen die Eigenschaften und Konditionen der höchsten Region hatten. Aber da sind große Unterschiede im Vergleich zu Permanenz und anderen Konditionen. Jede Region hatte ihre eigene besondere Kreation, ausgezeichnet durch unterschiedliche Grade der Subtilität und Reinheit. Nur derjenige der alle Regionen gesehen hat kann die Unterschiede schätzen. Ansonsten wurde die Form und Ausstrahlung des Königs dieser Region oder der Gottheit, die von den Heiligen Persönlichkeiten erreicht wurde als endlos angenommen und diese Gottheit wurde dann als die Allmächtige Gottheit angesehen. Die Ekstase in dem Moment dieser Realisation verursachte dem sich Hingebenden Propheten oder Avatar eine solche unbeschreibbares Stadium von Ungeduld und Verlangen und Seliger Intoxikation.

Die Seele, das Bewusstsein, erreicht auch andere Stadien, bei jeder Ebene die sie erreicht. In jeder Ebene die sie erreicht fühlt sie als ob sie die jeweils darunter liegende Ebene kontrolliert. Zum Beispiel, wenn die erste oder zweite Ebene erreicht wird, die Seele oder Gottheit die diese Ebene regiert, scheint die Welten unter ihm zu erschaffen und zu regieren, so als ob sie oder er derjenige wäre der das manifestiert hätte und auch der Aufrechterhalter wäre. Und da derjenige der zu dieser Region kam, keine Ahnung hatte von noch höheren Regionen , so lehrte er seinen Gläubigen das Wissen dieser Region, und auch das dieses die höchste Gottheit wäre. Aber nur die Sant Sat Gurus oder Heiligen oder Meister haben wissen von dieser höheren Regionen. Wenn diese Lehrer von einem Wahrheits-Heiligen belehrt worden wären, so hätten sie das gewusst und wären weiter gekommen. Und deswegen wurden jene die diese ersten oder zweiten Ebenen erreicht hatten auf ihrem Weg nach oben, als Perfekt angesehen..

Der Fakt ist ,das der Gläubige sehr viel Power bekommt wenn er die erste Ebene erreicht, und aufgrund dessen, wurde er als Perfekt angesehen. Als große Seele.

Da ist kein Zweifel das die erste Region wesentlich überlegener ist im Vergleich zu den Regionen darunter die von geringerem Bewusstsein sind. Und jemand der bloß dieses Stadium erreicht ist schon befreit von allen personellen und weltlichen Schwierigkeiten.

Es wurde erwähnt das die Wahrheitsregion oder Sat Nam, eine sehr hohe Region ist und das dort die Heiligen ihren Platz haben. Da sind aber noch drei weitere Regionen über Sat Nam die zuvor nicht gezeigt wurden von den Heiligen. Aber in diesem Kali Yuga Zeitalter oder dem materialistischen Zeitalter, indem die Heiligen bloß erscheinen, wurden nun diese drei höheren Ebenen gezeigt durch die Höchsten wahrheits Heiligen, wie Param Sant Hazur Soami Ji Maharaj und anderen Heiligen. Die höchste Region die Radha Soami genannt wird, oder Namenlos oder Unbenennbar, von dort steigt die Seele ursprünglich in die Regionen darunter. Und alle Regionen darunter sind Stadien auf ihrem Abwärtsgang. Nun ist die Seele im Körper unterhalb des Tausendblättrigen Lotos im Kopf lokalisiert. Das Licht der Seele leuchtet in den Körper von diesem Platz und energetisiert das Mental und alle Organe der Physis, dem feinen und dem Mentalkörper. Bei jeder Abwärtsbewegung der Seele, kleidete sie sich mit dem jeweiligen Körper dieser Welt durch die sie durch musste. So hat die Seele mehrere Körper wie den letzten den Physischen oder den Astralen oder den Mentalen oder kausalen Körper und den Spirituellen Körper. Auf ihrem Weg zurück zur höchsten Ebene, lässt die Seele dann jeweils den Körper zurück, aus dessen Welt sie sich verabschiedet hat, zum Beispiel den physischen wenn sie in der Astralwelt ist oder den Astralkörper wenn sie in der Mentalwelt ist, oder Kausalwelt.

Es gibt zwei Mentale oder Geiste. Einmal das Universalmental und einmal das Persönliche Mental. Das Universalmental hat seinen Sitz in Trikuti oder der zweiten spirituellen Region und wird auch Parmatma oder „Khuda" (Also hier fand ich zum erstenmal das Wort „Khuda", jetzt braucht bloß Ji, was eine Liebkosung ist, rangehängt werden, und schon ist „ **Khuda Ji** „ der Meister von Ching Hai fertig. Es ist also das Universalbewusstsein, das Kosmische Bewusstsein) genannt. Das Persönliche Mental ist direkt hinter den Augen und im Herzen. Es ist das weltliche Mental das seine Geschäfte mit der Hilfe der Seele macht. Das Mental und die Sinnesorgane bekommen ihre Power zum Handeln von der Seele. Wenn nun die Seele sich in Richtung wahre Heimat bewegen wird, und seine Verbindungen zur physischen Welt lösen würde, würde sie ihren Weg zurück zur Freiheit finden. Wenn die Seele zu ihrem wahren Ort kommt in Sat Lok der fünften Ebene, welches über die Trikutiebene des Universalbewusstseins hinaus geht, oder dem Brahmamental, bricht sie alle Verbindungen ab, seien sie kausal, subtil, oder grob, physisch sinnlich oder mental. Die Aktivität der Seele in der Welt sind dann bloß noch als Klangstrom oder Wort oder Sphärenmusik oder anders als der Heilige Geist. Und das ist auf ein Minimum reduziert und auch das kann durch Wille total abgebrochen werden. Oder in anderen Worten, solange die Seele

nicht erfolgreich ist die Verbindungen zu unterbrechen oder zumindest zu lockern die sie mit dem Mental entwickelt hat und den Sinnen, und sich von diesen groben Regionen nicht abwendet den Regionen der Physischen Welt und auch des Universalbewusstseins, solange wird der Knoten zwischen Unbewusstheit und Bewusstheit nicht gelöst werden. Das Mental, die Sinne, der Körper, weltliches Tun, Freude, und so weiter, das gehört alles zum Unbewusstsein. Die Seele ist subtil und bewusst und die Verbindung der Seele mit dem Unbewusstsein ist der Knoten. Solange der nicht gelöst ist, ist auch die Verbindung der Seele mit Maya oder Illusion nicht beendet und da ist keine Freiheit von den Zerstörungen der Wünsche und deren Samen. (**Hier will ich mich als Gott nochmal reinbringen, denn dieser Heilige der dieser Erfahrungen nun gemacht hatte, der in der ununterbrochenen Tradition der großen indischen Heiligen von Kabir und Guru Nanak Lehrte und von 1818 bis 1878 lebte und den Yoga des transzendentalen Lichts und Klangs verbunden war, das war ein knallharter Typ. Der konsequent alles hinter sich ließ um sein Ziel zu erreichen, er Meditierte 17 Jahre lang in einem Dunklen Zimmer bis er schließlich das Ziel die achte Ebene oder das Einssein mit dem Höchsten erreichte. Trotzdem muss er aber auch als Mensch kooperieren, wenn seine Lehre erfolgreich sein will, und zu der damaligen Zeit waren die repressiven Bedingungen in der Gesellschaft noch wesentlich stärker. Genieße Dich und dein Leben, das würde diesem Heiligen von Agra die Hölle gewesen sein, und, deine Gefühle auch in der Erotik im Austausch mit anderen geliebten, das wäre für ihn die Überhölle gewesen.**
Er würde die Kunst des genießen als schlichtweg inakzeptabel sehen, und nicht als wesentlichen Bestandteil echter Lebensweisheit. Es zu genießen Mensch zu sein mit allem in einem Körper aus Fleisch und Blut, und dessen Bedürfnisse zu erfüllen, was nicht nur eine Notwendigkeit ist, sondern auch der Ausdruck von Liebe zum Leben .)

So, das war einiges zusammengemischt aus dem Buch Sar Bachan von Soami Ji. Ich werde später die Quelle aufzeichnen wo die Bücher dieser Sant Mat Heiligen zu bekommen sind, damit sich jeder selbst Informieren kann.

Aber hier noch eine einfach Zusammenstellung der 12 Chakren oder 12 Ebenen oder 12 Seinsweisen oder der 12 DNS Stränge die schon in einigen menschlichen Zellen vorhanden sind, denn die Evolution geht weiter . Ich fange mit dem Untersten Chakra an. Der Körper ist ja der Tempel Gottes :

1. Muladhar Chakra. Wurzel-Chakra. Sitz im Rektum. Die herrschende Gottheit ist Ganesh. Er ist Herr aller Ridhis und Sidhis, oder übernatürlichen Kräfte. Wenn jemand diese Ebene erreichen will wird er Meister über wunderbare übernatürliche Kräfte. Laut Sant Mat Lehre ist das Mantra „ Kilyang „ zu wiederholen um an diese Kräfte zu kommen. Das Zentrum hat vier Blütenblätter. Die Farbe ist Rot, Blutrot, Rötlich. Erde ist das vorherrschende Element. Dieses Chakra ist die Reflexion des vierblättrigen Lotos hinter dem Augenzentrum im oberen Teil. Es unterliegt der Veränderung und Auflösung. Wenn sich das Bewusstsein beim Tode aus dem Körper zurückzieht, wird dieses Zentrum zuerst betroffen. In dieser Energie sind Traditionelle nahe Verwandschaftsbeziehungen , Eltern, Großeltern sehr aktiv. Auch Konzepte und ursprüngliche Ideen laufen hier ab schreibt zbs. Rosalyn.L. Bruyere in ihrem Buch : Chakras.

2. Swadhishtan Chakra. Sexual-Chakra. Sitz im Genitalzentrum. Die herrschende Gottheit ist Brahma (nicht zu verwechseln mit Brahm in der zweiten spirituellen Region oberhalb des Augenzentrums) Der Lotos hat 6 Blütenblätter. Die Farbe ist weißlich-schwarz. Das Hauptelement ist Wasser. Das Wort ist Onkar. Dieses Chakra ist die Reflexion des sechsblättrigen Lotos in Anda. Funktion : Gefühl, Menschen, diejenigen die uns zu fühlen lehren oder denen wir unsere Gefühle zuwenden. In anderen Chakra Büchern wird die Farbe der Blätter mit Orange angegeben. In einigen Büchern steht auch dieses

Chakra beherrscht die Imagination, die Wünsche und deren Erfüllung, vor allem von Sinnesfreuden. Im Buch Kundalini Praxis von Swami Sivananda Radha steht das zbs. Aber die interessanteste Ausführung zu den Chakras hat ganz klar „Martinus „ geschrieben, interessant insofern, weil er aus diesen 6 Energiewirbeln oder Rädern, ihre jeweiligen Aktiven Positionen beschreibt, zbs. Das unterste ‚das darüberliegende und dann das noch darüberliegende, was bedeutet das jeweils das in der Mitte das Aktivste ist, und am Offensten ist, das wäre dann die Haupteigenschaft, wogegen das darunterliegende, die vergangenheitlichen Fähigkeiten beinhaltet und nicht mehr ganz offen ist, und das Rad das über dem aktivsten ist, die Zukunft mit seinen Fähigkeiten schon andeutet, aber auch noch nicht ganz offen ist, im Spiralkreislauf der Physisch-Spirituellen Evolution. Sehr zu empfehlen, wer sich damit genauer befassen will. Er ist der einzige auf der Erde der diese Zusammenhänge klar herausgearbeitet hatte. Zum Beispiel ist diese Farbe hier von schwarz-weiß für den Lotos sonst nirgendwo zu finden, alle anderen schreiben Orange ist die Farbe.

3.Mani Purak oder Manipura Chakra.Nabel-Chakra. Sitz im Nabelzentrum. Der Lotos hat 8 Blütenblätter. Herrschende Gottheiten sind Vishnu und Lakshmi, die Ernährer und Erhalter für diesen Körper. Auch hier schwankt die Farbe wieder. Einige sagen hellrot, andere die Farbe schwerer Regenwolken, andere gelb. Manche sagen das Element sei Feuer, andere sagen Luft. Das wissenschaftlichste und meiner Ansicht nach beste kommt dazu von Martinus, da er die Farben genau nach dem Regenbogen oder den Ur-Farben gesehen hat, es gibt nichts besseres was ich finden konnte. Da in der „Welt" der Lehrer und Bücherweisen ganz selten erwachte dabei sind, Seher, und von Gott beschenkte, so wie Martinus es war.

4. Hirday oder Anahata Chakra.Herz-Chakra. Sitz Herzzentrum. Lotos hat 12 Blütenblätter. Farbe Blau. Manche schreiben Grün. Manche Zinnober. Aber da die Farben gewisse Schwingungsfrequenzen haben, die total wissenschaftlich erfasst werden können, sind ihre Farben also ihre Töne und Schwingungen von Unten nach oben auch 100 % präzise zusammengesetzt, und das hat Martinus wieder echt richtig dargestellt. Also haltet euch an Martinus in Bezug zu der richtigen Farbzusammensetzungs-Skala vom unteren bis zum obersten Chakra. Bei Martinus ist es Grün. Natürlich ist das immer in seiner reinsten Form gesehen, eine Vermischung ist ja immer möglich durch all die Aktivitäten des Innenlebens und Außenlebenskontakte. Das Herzchakra ist die Vorratskammer von „Prana" der Lebensenergie im Atem. Hier herrscht Shiva mit seiner Frau Parbati. Ihre Aufgabe besteht darin, Leben aufzulösen. Luft ist das vorherrschende Element. Manche schreiben das dort der Ton der Glocke gehört wird, zbs. Swami Sivahanada Radha in ihrem Buch : Kundalini Praxis. Rosalyn L. Bruyere schreibt zbs. das wäre der Sitz des Astralkörpers. Thymuszentrum. Element Erde. Der verstorbene Meister Jagat Singh schreibt : An diesem Ort wird „Sohang „ rezitiert.

5.Vishuddha oder Kanth Chakra.Kehlkopf Chakra. Zentrum Kehlkopf. Lotos hat 16 Blätter. Farbe ist Blau. Swami Sivanada Radha schreibt rauchiges Purpur. Herrschende Gottheit ist Shakti oder Ashtangi oder Durga, es gibt viele Namen für sie. Sie ist die Mutter der drei niederen Götter Brahma, Vishnu, und Shiva, die alle ihre Kraft von ihr erhalten. Äther oder Akash ist hier das Element. „Shiriyang „ ist der Name, der in diesem Zentrum wiederholt wird.

6. Ajna Chakra oder Agya, oder Do Dal Kanwal. Drittes Auge Chakra. Sitz Augenzentrum. Lotos zweiblättrig. Farbe Violett. Manche schreiben weiß. Manche schreiben Zirbeldrüsenzentrum ist der Sitz, und Hyphophyse. Wird auch drittes Auge genannt. Es ist der Hauptsitz von Seele und Mind (Mental) im Wachzustand. Von diesem Zentrum aus wandern die Seelenströme nach unten in den Körper . Bis hierher können die Khat Chakras die Seele bringen. Das sind die sterblichen Chakras. Mit Pranayama

kann man über diese Ebene nicht hinauskommen, weil die „Pranas „ die Energien im Atem, die das Fahrzeug für den Aufstieg bilden, auf dieser Ebene in den inneren Himmel eingehen.

Die Kundalini, liegt zusammengerollt in der Nähe des untersten Chakra. Sie ist Ursprung aller Wege die die Pranakräfte zu den verschiedenen Teilen des Körpers führt. Die drei Hauptwege, Ida, Pingala, Sushmana sind von den Wegen die Hauptwege, durch die, die Pranakräfte führen. Aber die Kontrolle des Atems führt bloß bis zum dritten Auge. Wer also Pranayama übt dessen Fortschritt hört im dritten Auge auf, dort wo die Wege ihr Ende haben. Von dort münden die Pranas in ihren Ursprungsort dem inneren Himmel. Keine Macht kann sie weiter als bis zu diesem Ursprungsort tragen. Manch einer wird sich hier seiner Grenzen bewusst und schafft es dann, den tausendblättrigen Lotos - Sahansdal Kanwal mit Hilfe der drei Kanäle oder Ströme der Gunas deren Ursprung in Trikut liegt zu erreichen. Dort im ersten Chakra Brahmands, beginnt der Weg der Heiligen.

7. Sahansrar Chakra - Tausendblättriger Lotos. Alle Zentren unterhalb der Augen, sagt Kabir sind bloße Reflexionen der Zentren oberhalb der Augen und der Auflösung unterworfen. Von diesem Chakra aus diesem Ort wird die Astralwelt und die physische Welt geleitet. Es ist der Sitz von Niranjan, dem Gott der meisten Religionen. Kabir sagt um den Lotos zu erreichen musst du von Rauschmittel, tierischer Nahrung, Lüge, Zorn, Geiz ablassen. Stattdessen Keuschheit, Zufriedenheit, Demut und Vergebung leben. Das ist auch die Flamme oder Jyoti die gesehen wird. Hier ist Brahm mit Maya zusammen.

8. Chakra Brahm. Trikuti. Hier muss man durch den gewundenen Tunnel Bank Nal. Hier beginnt die physische Schöpfung. Ab hier ist Brahm ohne Maya. Aum oder Om geht bis hier, entsteht hier.

9 Chakra . Lotos Daswan Dwar. Sunna oder Leere. Zweite Teil von Dashwan Dwar. Hier erkennt sich die Seele, Selbsterkenntnis der Seele. Oder Kabir schreibt : Zu Daswan Dwar uns der neunte Lotos erhebt. Wo Par Brahm in weiter Ferne lebt.

10 Chakra. Lotos Achinta. Maha Sunn - große Leere . Hier beginnt auch Bhawar Gupha die Ur- Dunkelheit.

11 Chakra. Der elfte Lotos wird in „ Bhanwar Gupha „ erkannt. Ich bin das, reine nackte Seele. Der Tropfen der von Oben gesehen, auf dem Weg runter in die Schöpfung nun vom Meer, Ozean, getrennt war. Nun aber auf dem Weg zurück, kurz vor der Rückkehr in den Ozean ist.

12 Chakra erstrahlt in Sach Khand . Im Meer der Spiritualität. Oder Sat Purush. auch Sat Lok genannt.

Soami Ji, schreibt : Ich beschreibe im einzelnen die Lotosse des physischen Körpers von denen es insgesamt zwölf gibt.

Im ersten Lotos Ganesh thront
Im zweiten der reine Brahma wohnt
Der dritte erstrahlt in Vishnus Glanz
Im vierten treffen wir Shiva und Shakti an
Jiv Atmans (Individuum) macht erstreckt sich über den fünften
Während Parmatma im sechsten herrscht
Kal ist's dessen macht
Im siebten Lotos das geistige Licht hat gebracht
Im achten Lotos, in Trikutis Wonne

erstrahlt und leuchtet Brahms Sonne

Zu Daswan Dwar uns der neunte Lotos erhebt

wo Par Brahm in weiter Ferne lebt

In Maha Sunn ists Lotos „Achinta „ weiter

der zehnte in der Stufenleiter

Der elfte Lotos wird in „ Bhanwar Gupha „ erkannt

Und der zwölfte erstrahlet in Sach Khand.

 Die ersten sechs Zentren schmücken Pind

Die nächsten drei Brahmands Zierde sind

Zugang aber zu den höchsten dreien

findet nur der Heilige allein

Bis zum sechsten Zentrum sind Yogis gekommen

Bis zum neunten werden sie von Yogishwars erklommen

 Hier endet Pind und Brahmand vereint

 Yogis und Ghynis gelangen nicht weiter, o Freund

Niemand weiß um das Geheimnis darüber hinaus

 Die letzten drei sind nur der Heiligen herrlich Haus

Die einen von sechs, die anderen von neun künden

Der Gläubige dazwischen wird seine Ruhe nicht finden

der Pfad danach ist nur den Heiligen klar

 Gesegnet ist , wem es gelingt, fürwahr

Der nur ist ein Heiliger ohnegleichen

der es vermag, das zwölfte Zentrum zu erreichen.

Das war also etwas zu den 12 Zentren von denen auch Martinus nichts berichtete. Überhaupt niemand sonst außer diese Heiligen fand ich die diesen Weg gegangen waren. So deswegen war natürlich auch der Brief von der Ulrike mit den Thankar Singh und Kirpal Singh Infos ganz schön wichtig abzuklären . Mittlerweilen weiß ich mehr und bin ja wieder dabei.

In den Veden sagt Krisha auch zu Arjuna, O , Arjuna, die Veden befassen sich nur mit den Dingen, die aus den drei Gunas hervorgegangen sind, nämlich mit der Schöpfung, Erhaltung und Auflösung der Welt. Gehe über die drei Gunas hinaus und befreie dich von den Paaren der Gegensätze. Halte dich an die ewige Wahrheit, löse dich von weltlichem Besitz und werde Meister deines Minds (Mentals)

Ich besorgte mir also weitere Bücher dieser Heiligen -Linie und zwar Perlen Spiritueller Weisheit von Sawan Singh, das sind die Brief die er schreibt als Antworten auf die Fragen derjenigen die er in die Licht und Ton Meditation Initiiert hatte. Unter anderem ja auch Kirpal Singh. In diesen Briefen wurde mir das erstemal so richtig klar gemacht, was das für eine Arbeit ist, überhaupt, das Bewusstsein in der Stirn, zu konzentrieren. Ching Hai sagt zwar immer meditiert meditiert, aber hier in den Briefen las ich, das es der schwerste Weg ist, das Bewusstsein, die Seelenkräfte zu konzentrieren, und dann damit den Blick nach Innen in die Innenwelt des Tempel Gottes zu bekommen, und den Aufstieg der Seele zu beginnen. Bei den allermeisten Dauer er Jahrzehnte und mehr. Das waren klare Worte.

Aber mir war auch aufgefallen, das er immer betonte, das diese Konzentration der Seelenkräfte des Bewusstsein, durch das wiederholen der Worte erreicht wird, und das , wenn die Seele im Kopf voll Konzentriert ist, und sie anfängt den Inneren Aufstieg zu machen, dieses wiederholen der Worte die Seele bis zur Lichtgestalt des Meisters bringen wird, und die Worte das wiederholen dann keine weitere Wirkung mehr hat, um nach oben zu kommen , sondern dann, ist es das Hören, und zwar auf den Klangstrom, der dann eine magnetische Wirkung auf die Seele ausübt, aber der Meister einen dann bis zur fünften Ebene begleitet, weil es ohne ihn nicht gehen wird. Und zwar alleine schon deswegen nicht, weil die höchste ewige Welt von der Ur-Dunkelheit umgeben ist, und selbst das Licht der Seele das um vieles stärker als die Sonne ist, 12 mal, nicht ausreicht um den Weg durch diese Immense Dunkelheit zu schaffen. Und dafür ist die Lichtgestalt des Meisters da, oder des Guru, denn Guru bedeutet : Lichtbringer, was da unbedingt Notwendig ist. So also zuallererst Rezitation, Simran, oder Wiederholung der Heiligen Worte , bis die Seelenkräfte , die Bewusstseinskräfte im Kopf konzentriert sind. Wenn das passiert ist, ist der Rest des Körpers abgekühlt, taub. All das ist mit Schmerzen und Unwohlsein immer wieder verbunden. Und das erlebte ich ja selber, und fragte mich oft was ist hier los ?

Wenn das konzentrieren erreicht ist, ist man gänzlich von der materiellen Welt und dem eigenen Körper abgeschnitten, jedoch im Innern voll bewusst. Licht und Klang ist bereits in uns , es erlischt niemals. Oder er schreibt : Um unsere Aufmerksamkeit von der Welt zu lösen, müssen wir sinnliche Wünsche aus unserem Mind (Mental) verbannen und im Umgang mit anderen reinen Herzens, gütig und ehrlich sein. Das Ziel heißt : Konzentration. Oder : Die Zentrale des Bewusstseins befindet sich im Augenzentrum, seine Ströme jedoch erfüllen den ganzen Körper mit Leben. Sie wirken aber auch über die Grenzen des physischen Körpers hinaus, auf Söhne, Töchter, Ehepartner, und andere Verwandte, auf Geld, Besitztum, und auf das ganze Land. Die Reichweite dieser Bewusstseinsströme ist sehr groß, und es dauert sehr lange, bis wir sie wieder ins Augenzentrum zurückgebracht haben. Erst wenn sie hier gesammelt sind, wird der Mensch zum wahren Menschen. Sonst gleicht er einem Tier.

Als ich das mit dem Tier las, dachte ich, was ist die göttliche Schöpfung. Laut der Heiligen, ist die Schöpfung von Kal, der negativen Macht gemacht, oder Brahma wie ihn die Hindus nennen, die glauben das wäre die höchste Gottheit, aber kann das wirklich stimmen? Denn die Seele ist doch nicht bloß da, um wieder zurückzukehren, sie ist doch auch da, um hier zu sein, um Evolution zu machen. Aber für die Heiligen ist die Evolution, bloß der Spiegel eines Spiegels einer Spiegelung. Der Mensch ist für sie bloß eine Kopie, und zwar von Brahmand. Denn er schreibt : Pind, (die physische Welt, oder alles unterhalb der Augen) ist die Kopie von Anda (Anda, vom Augenzentrum aufwärts bis zum Anfang von Trikuti, der zweiten Region) und Anda ist die Kopie von Brahmand (Brahmand, vom unteren Teil Trikutis bis an die Grenze von Daswan Dwar) daher ist der Mensch „eine Kopie der Kopie „ - wenn man die Seele unberücksichtigt lässt.

Da stellt sich mir die Frage, und wo bleibt dann die Schöpfung mit der positiven Macht. Die müsste ja auch da sein. Aber Brahmand wird dann ja wohl beides sein, Positiv-Negativ. Eben die Dualität. Und der Gesamtkomplex wird dann eben weil sterblich oder auflösbar als negativ bezeichnet. Aber die Seele ist doch auch hier um das göttliche in diese Welt zu bringen, um das menschliche Leben zu veredeln, sie wird ja nicht einfach, sage ich mal, in die Schöpfung kommen um dann hier als Sklave zu fungieren, und bloß als sie selber zu fungieren, sondern eben als Gesamtkunstwerk mit ihren ganzen Anzügen und Taucheranzügen , die für die jeweiligen Weltensysteme gebraucht werden. Physis hier, Astral dort, Kausal dort und Spirituell dort. So was !

Jedenfalls war das Buch sehr hilfreich und zeigte mir noch mal die Wichtigkeit der Konzentration , aber auch, die immense Arbeit. Okay, das war Prima. Aber eine Stelle die gefiel mir wirklich nicht, denn auf Seite 30 schreibt er : Die drei Welten werden von Kal regiert. Nur sehr wenige Menschen kennen das Mysterium Kals (der negativen Macht) und Akals (des wahren Herrn, der jenseits von Kal ist)
Ja, Auch Kal erkennt Akal als seinen Meister an. Ist ihnen aber bekannt, das Kal große Entbehrungen auf sich nahm, indem er 70 Yugas (Zeitalter) auf einem Bein stand und auf diese Weise Akal 70 Yugas lang verehrte ? Dafür wurde ihm die Herrschaft über das Reich Trilokis (die drei Welten) gegeben. (Soami Ji sagt über Kal, dieser habe, als er um diese Gabe bat, bemerkt : „ Das Reich des Sat Purush gefällt mir nicht, Erlaubt mir, Herr, eine andere Welt zu erschaffen, über die ich die Herrschaft ausüben darf „)

Außerdem erhielt Kal von Sat Purush drei Zugeständnisse, Erstens dürfen die Heiligen die Seelen nicht durch Wundertaten oder andere übernatürliche Werke dazu veranlassen, das Reich Kals zu verlassen und nach Sach Khand zurückzukehren, die Heiligen können sich aber an sie wenden, ihnen gut zureden und sie so zur Rückkehr bewegen. Andernfalls hätten die Heiligen leichtes Spiel. Sie bräuchten einem Blinden nur das Augenlicht zurückzugeben oder die Toten wieder zum Leben zu erwecken, und Hunderte und Tausende würden ihnen folgen. Das aber hat ihnen Akal Purush nicht erlaubt.

Als ich das mit Kal und seinem Beinyoga las, dachte ich, ich bin im Kinderzirkus für Überverblödete Unterunterblöde, denn : Was muss dann dieser Sat Purush, (Sat : das wahre , wirkliche, immerwährende , Purush : Ein Wesen, schöpferische Energie , der Mensch) , was muss das also von Gott, für ein beklopptes Banditengeschäft gewesen sein, wo er diesem Banditenbekloppten Kal, es erlaubt ein Sklavenlager aufzubauen, ein Gefängnis, nein, also das kann niemals Gott die Barmherzigkeit gewesen sein. Das ganze Konzept das er mir da zum Lesen gab, das , das brachte , die Heiligen, ihn, doch wieder, und seine Linie, in die Richtung von, Simsalabimm Zirkus. Also das war der Megaschrott in dem Buch für mich zumindest. Denn solche Gottheit, zu so einer würde ich gar nicht zurückkehren wollen, die wäre mir meiner unwürdig, ja die wäre primitiver als ich selber, die wäre eine Untergottheit zu mir. Außerdem habe ich das Geschäft damals nicht abgezeichnet. Hohoho.

Er schreibt auch noch auf Seite 188. Die Eltern - Kal und Maya - (Maya ist Illusion aber Illusion ist im Griechischen das freudige Spiel) Wobei bei den Indern das alles als überübel beschrieben und angenommen wird, jedenfalls schreibt er Kal und Maya locken ihn mit Versuchungen und bereiten ihm Sorgen, Krankheiten und andere Missgeschicke, um ihn zu verwirren. Ihre Aufgabe ist es, die Seele von Nam fernzuhalten (Nam ist das Wort der heilige Geist der Klangstrom)

Also für die Heiligen gilt nur die Seele und das Seelenreich etwas. Das war klar. Alles andere ist für sie Plunder. Die Welt als solche ist das Übel, die Schöpfung als solche ist das Übel. Sie gilt es zu überwinden. Wenn das nicht überwunden wird, wird die Seele auf alle Ewigkeit Sklave des Mind des Mentals bleiben und niemals Befreiung erlangen, schreibt er. Er schreibt aber auch, manchmal verlieren wir sogar das Vertrauen in den Meister und versuchen uns mit seltsamen Argumenten zu rechtfertigen. Dies ist die Folge schlechten Karmas. Selbst Yogis und Weise sind durch ihren listigen Mind -Mental getäuscht worden.

Ja ja, da war es wieder, mein Denken, wie weit reichte das und wo war es fehlerhaft unrichtig so was. Aber ich hatte beschlossen weiter zu machen, und wieder mehr Anstrengungen zu machen denn die wird durch Gnade belohnt schreibt er und Gnade vergrößert die Anstrengung. Das wollte ich wieder in Gang setzen. Trotz der Dinge die mir nicht gefielen.

Ich hatte mir auch ein Buch vom echten Nachfolger von Sawan Singh besorgt, Jagat Singh mit dem Titel : Wissenschaft der Seele. Da steht hauptsächlich das gleiche drin wie in den Büchern von Sawan Singh, aber wer auch die kleinsten Infos zusammensammelt für den wird sich das lohnen. Und für mich war das ein gutes Buch. Denn dort las ich das die Chakrensysteme aus 12 Chakren bestehen, wie schon zuvor beschrieben. Aber ich las auch das Typische noch mal, wie gegen Wollust gewettert wurde, zbs. Guru Arjan Dev sagt : Für einen einzigen Augenblick der Wollust erwarten dich zehn Millionen Tage der Qual und Pein. Okay, das las ich erst mal ganz nüchtern, rein wörtlich genommen, spinnt der Guru Arjan Dev. Okay, warum, weil Wollust genauso aus der Quelle kommt wie alles andere. Wollust ist bloß wegen der Heiligen zu etwas schäbigem gemacht worden. Dann schaute ich mir das noch mikroskopischer an, zerteilte es, Wollust, also Lust auf jemand haben, jemand wollen. Was kann damit falsch sein. Natürlich sagten die damals nicht Sex. Sex ohne Lieb ist aber Nix. Das ist bloß Wollust. Und damit wäre Wollust schädlich, weil die Liebe fehlte. Aber dann reine Wollust betrachtet in sich selbst, da ist weder Gier noch Bösartigkeit noch etwas schädliches drin. Also weiß der nicht wovon der redet, der war wohl nie mit Wollust zusammen gewesen eher mit Nylonlust. Und dann gleich Zehn Millionen Tage Qual. Ne ne ne, das kann er einem blöden egal wen erzählen, auch die Heiligen die heute leben, wenn Wollust, Lust auf jemand zu haben, Übel ist, dann ist ja auch der Wille Übel und die Lust und woher kommen die und wer ist der Wille und wofür ist die Lust und ihre Organe, ach ja, dann argumentieren die von Kal dem Gefängniswärter weil er den Beinyoga tanzte. Aber was muss das für eine Wollust gewesen sein, so lange auf einem Bein Yogatanzen. Da gehört Wille zu, oder etwa nicht ? Naja.

Und würde die Gottheit solch eine Gefängniswelt schaffen wie sie mir diese Heiligen und Gurus vorjodeln. Ich denke nein. Ich denke das sind alles Taktiken um Menschen von etwas abzubringen und in eine andere Richtung zu führen, aber ehrlicher wäre es wenn sie sagen würden, meine Erfahrung ist jene, das es für mich besser war darauf zu verzichten, weil ich sonst dachte ich erkennen Gott nicht , oder ich würde die Regeln meines Meisters nicht folgen können,,sowas.

Da sind viel Manipulationen der subtilen Art, also Kunst, in den Methoden der Heiligen. Ich übersehe so was und erkenne den Sinn ihres Verlangens. Man darf nicht vergessen sie haben ihr Leben lang dahin geübt um das zu werden, und das könne sie dann bloß wieder zurückgeben. So läuft das Ding nämlich.

Aber in Jagat Singhs Buch las ich folgendes : Wenn sich die Seelenströme (das Bewusstsein) auf den Punkt zwischen den beiden Augenbrauen konzentriert hat, und Konzentration erreicht ist, ist dass das Tor zum „Reich Gottes in uns „ , über das Jesus Christus sagt : „klopfet an, und es wird euch aufgetan. ” Der Guru zeigt uns die Methode des Anklopfens, die darin besteht, die gesamte Aufmerksamkeit von den neun Öffnungen des Körpers zurückzuziehen und auf das Augenzentrum zu konzentrieren. Wenn wir der Aufmerksamkeit erlauben, unterhalb des Augenzentrums tätig zu sein, können Mind (Mental) und Seele umherschweifen, und wir verschwenden wertvolle Energie.

Wenn Mind (Mental) und Seele durch die spirituelle Übungen den Asht Dal Kanwal (achtblättriger Lotos) erreicht haben, beginnen wir, die überaus liebliche himmlische Musik zu hören, die dort stets erklingt, und auch Anahat Shabd (das Wort oder der Logos der Bibel) genannt wird. Die Stimme Gottes zieht die Seele an, und ihr innerer Aufstieg beginnt. Sie erlebt eine neue Welt der Glückseligkeit und Anblicke des Makrokosmos tun sich vor ihr auf. Dank der Gnade des Meisters kostet sie Amrit, den lebensspendenden Nektar.

Die Seele, einst verzehrt von den falschen und vergänglichen Wünschen bezüglich der Welt und Maja (Das ist halt die Denkweise der Heiligen, das die Wünsche und so weiter alles bloß falsch ist, da sie ja bloß aus der Perspektive der Seele sehen und dem Unvergänglichen. Aber solange die Illusionen und Maja existent sind, von Gott nicht ausgelöscht werden, sind auch die Wünsche und Maja Realität, voll da, Vollkommen echt, es sind bloß andere Seinsweisen der Schöpfung .W.Schorat) erkennt nun ihr wahres Wesen und beginnt, an dem göttlichen Elixier Nams Geschmack zu finden, (Nam ist der Klangstrom der heilige Geist die Musik Gottes und so weiter) das ihr wahren Frieden und Glückseligkeit schenkt. Und auch der Mind (Mental) , der viele Zeitalter lang im Strudel von „Chaurasi“ (Seelenwanderung) immer von neuem wiedergeboren wurde, kommt zur Ruhe. Er erkennt nun seine eigentliche Natur, seine hohe Abstammung von Brahm. Fortan gibt er die vergänglichen Freuden der Sinne auf und taucht in die Glückseligkeit der himmlischen Musik ein, deren bezaubernde Süße allein ihn von den Verlockungen der Welt lösen kann.

Früher schien der Herr unseres Hauses (unseres Körpers) zu schlafen. Das Haus befand sich zudem in der Gewalt von fünf Dieben, nämlich, Lust, Zorn, Habgier, Verhaftetsein, und Ego (Ahankar) Nun das der Eigentümer erwacht ist, fliehen die Diebe. Hazur Baba Sawan Singh Maharaj Ji sagte gewöhnlich : „Wenn die Seele erwacht, verlassen die fünf Diebe das Haus und erklären seinem Besitzer, dass der Ort nun für sie zu heiß geworden sei und sie gehen müssten . ”

Auch Kabir sagt : „Nachdem du dich der fünf Diebe entledigt hast, verbinde dich mit Nam.“ Solange die fünf Feinde das Haus beherrschen, ist die Seele ein hilfloser gefangener. Sie verlassen es erst, wenn der Eigentümer ihnen Probleme bereitet und ihre Gegenwart nicht länger duldet. Das Elixier des Shabd, der lebensspendende Nektar der Seele , wirkt wie Gift auf diese Diebe. Sie laufen davon und an ihre Stelle treten die entsprechenden Tugenden : Lust weicht dann der Enthaltsamkeit, Zorn der Vergebung, an die

Stelle von Geiz tritt Zufriedenheit, und Egoismus und Stolz werden von Unterscheidungsvermögen und Demut verdrängt. Der Mind (Mental) der wertlosen Dingen hinterherlief und dessen Verlangen nach Besitz keine Grenzen kannte, wird ruhig und zufrieden. Die Seele, die sich aus allen Verstrickungen löst, macht sich in ihre eigentliche Heimat auf. Durch die Gnade des Meisters folgt sie der Melodie des Klangstroms und vollendet so die Reise in ein paar Tagen, die sonst Monate dauern würde. Die Welt der Sinne kommt ihr nun wie ein fremdes Land vor, die Innere Welt hingegen wie ihre Heimat.

Sobald die Seele den Klang der Glocke und des Muschelhorns hört, beginnt sie, sich von ihren Unreinheiten zu befreien, und die bis dahin geschlossene Lotosblüte öffnet ihre Blätter. Die Seele steigt nun rasch aufwärts, und Lichtblitze der in der Ferne erkennbaren Flamme (Yjoti) werden sichtbar. Das Tor zu Sahansdal Kanwal öffnet sich, aus dem sich die Lichtstrahlen des tausendblättrigen Lotos ergießen. (Schon erlebt, damals auf der Insel Kefalinos 1990 . 25.7. am Myrtos Strand) Dies ist die erste Ebene auf dem Pfad der Heiligen, aber die höchste und letzte Ebene fast aller vorherrschender Religionen. Sie ist der Sitz von Niranjan, dem Herrn der Astralwelt. Auch die Yogis dringen nicht weiter vor.

Nach dem tausendblättrigen Lotos kommt das Land von Brahm, dem Herrn der zweiten spirituellen Region. Er ist der Schöpfer, Erhalter und Zerstörer des Universums. Beide Regionen werden von einem gewundenen Durchgang oder einem gekrümmten Tunnel (Bunk Nal) miteinander verbunden. Erst nachdem die Seele diesen Tunnel durchquert hat, gelangt sie in die Region Brahms. Hier befreit sie sich von den Merkmalen und Eigenschaften des Mind, und von nun an steigt sie allein weiter nach oben. Trikuti ist der Ursprung des Mind (Mentals), und sobald er diese Region - seine Heimat - erreicht hat, taucht er in sie ein und lässt die Seele frei.

Die Seele muss sich nun eine ziemlich lange Zeit in Trikuti aufhalten, da hier der Vorrat an Reservekarma (Sinchit-Karma) gespeichert ist. Sie muss hier so lange verweilen, bis dieser Karma-Vorrat getilgt ist. So wie in einer Dreschmaschine (Mähdrescher) das Korn von der Spreu, vom Sand und vom Staub getrennt wird , so wird die Seele in dieser Region von allen Unreinheiten befreit.

In Trikuti gibt es drei Berge, deren höchster Guru Pad genannt wird. Es ist eine feinstoffliche Ebene, die mit Worten nicht zu beschreiben ist. Wie eine Pythonschlange ihre Beute zu sich heranlockt, so zieht die hier erklingende Melodie die Seele zu sich heran.

Als nächstes kommt Daswan Dwar, die Region Par Brahms. Hier gleicht die Musik einer Kingri, einem Seiteninstrument ähnlich der Gitarre, welche die Yogis gewöhnlich bei sich tragen und auf der sie des Morgens und des Abends spielen. Guru Amar Das meinte diese Kingri, als er sich an die Yogis wandte : „O Yogis, eure Kingri nützt euch nichts bei der Meditation. Spielt die Kingri, auf der die ungespielte Weise ertönt, welche die Seele zum höchsten Herrn führt. "

Die Seele hat nun den Bereich der Illusionen hinter sich gelassen. Der feste Knoten, der sie mit dem Mind (Mental) verband, ist durchtrennt. Alle Ketten sind zerbrochen. Sie hat sich ihrer drei Hüllen - des physischen, des Astral - und
Kausalkörpers - entledigt. Die Seele erstrahlt nun im Glanze ihrer ganzen Herrlichkeit. Hier erkennt sie sich selbst. Auf dieser Stufe wird ihr klar, dass sie nicht Körper oder Mind (Mental) , sondern ein unsterblicher und ewiger Funke des großen Lichtermeeres ist. (Ok, wenn ich das hier noch mal so lese, während ich das hier schreibe, da wird mir klar, das habe ich dann auch damals am 25. 7. 1990 in meinem VW-Bus eine Stunde vor Sonnenaufgang erfahren. Denn, damals war ich das Unendliche aber irgendwie in einer endlichen Form, nämlich, Unendliche Glückseligkeit, unendlich Ruhe und unendliche Angstlosigkeit. Das war ich und das war ich in einer nicht menschlichen Form, die mir unbekannt war, und ich sah wie da das Mental, Mind, seine Aktivitäten machte , seine Träume und Bilder und so weiter, und wie da mein Körper lag, womit ich sonst eine Einheit war, aber nun war ich weit weit erhaben, weit weit ohne Atem, ohne all das Physische Gebrabbel, ohne all das denkerische Fantasierende ohne all das Mental-Geistige, das da unter mir lag und sein Ding machte, doch ich war frei, frei davon, fabelhaft.

Also bin ich damals dann bis dahin auf dem Weg des :Erkenne dich selbst, gekommen, aber ich kann es nicht mit 100% Gewissheit sagen. Trotzdem : Das Mantra das ich mir damals zusammengebastelt hatte, durch nachdenkliches vordenkendes jetztdenken, nämlich : MICH SELBST ERKENNEN, das hatte Wirkung, aber wohl hauptsächlich deswegen, weil mein Verlangen meine Liebe mein Wille, enorm stark war, zu wissen was ich in Wahrheit wirklich bin, ich legte meine ganze Kraft darein, mein ganzes Verlangen mein ganze emotionale Kraft und Energie, als ich da stundenlang im heißen Sand unter dem großen grünen Fisch und Fang Anglerschirm saß und nur das wollte nichts anderes, denn es ist einfach ganz wichtig etwas nicht nur Mental fantasiemäßig zu wollen, sondern auch die anderen Kräfte zu mobilisieren, die Emotionen also die bewegenden Energien deinen Willen)

Von all ihren Fesseln befreit steigt sie nun weiter auf und erreicht die vierte Ebene, Bhanwar Gupha (die rotierende Höhle) . Diese Ebene ist das Tor zu Sach Khand. Auf dem Weg zwischen der dritten und vierten Ebene, liegt jedoch Maha Sunn (große Leere) , das Land der Ur- Dunkelheit. Es ist eine Region äußerster Dunkelheit. (Das hatte ich 2003 in der Meditation öfter gesehen, ich war erstaunt, und wusste nicht was das war, wie sich plötzlich eine unbeschreibliche Schwarzheit vor mein Sehen schob, total Schwarz.) Obwohl die Seele im Glanz von zwölf Sonnen erstrahlt, ist sie unfähig, diese Dunkelheit aus eigener Kraft zu durchdringen. Hier wird sie sich der Größe des Gurus (Meisters Suma Ching Hai) bewusst, denn allein kann sie diese Region unergründlicher Dunkelheit nicht durchqueren. Nur ein Sant Satguru (Wahrheits Guru) ein Meister, der Zugang zu den höchsten Regionen hat, ist in der Lage, sie durch diese Finsternis zu geleiten. Sie durchquert diese Region, die „Timir Khand" genannt wird, mit Hilfe der Strahlengestalt des Meisters. In Sanskrit bedeutet das Wort Guru : Jemand der Licht in die Finsternis bringt. Viele Seelen, die nicht das Glück haben, Schüler eines vollkommenen Meisters zu sein, sind in dieser Finsternis verloren.

Nachdem die Seele Timir Khand durchquert und Bhanwar Gupha erreicht hat, erkennt sie ihre Wesensgleichheit mit dem Schöpfer. Sie sieht aber auch, dass sie ein Tropfen und Er der Ozean ist. Die Erkenntnis ihrer Identität mit dem Herrn der gesamten Schöpfung veranlasst sie zu dem unwillkürlichen Aufschrei : „Ich bin Er !" (Der berühmte Mansur wurde wegen seines Rufes „Ich bin Er"- Ana-ul-Haq - von den unwissenden Mullahs zu Tode gesteinigt. Was weiß der armselige Intellekt schon von der Erhabenheit und Größe der Gotteserkenntnis?)

Von hier steigt die Seele weiter aufwärts nach Sach Khand oder Sat Lok, der wahren, unsterblichen und ewigen Region. Dies ist die Heimat der Glückseligkeit und des vollkommenen Friedens, wo es weder Schmerz noch Kummer gibt. Hier befindet sich der Wohnsitz des wahren Meisters(Satguru Pad Guru Arjan Dev huldigte ihm am Anfang des „ Sukhmani „ mit folgenden Versen :
Ich beuge mich vor dem Meister der am Anfang war
Ich beuge mich vor dem Meister, der war, als die Zeit begann
Ich beuge mich vor dem wahren und ewigen Satguru
Ich beuge mich vor Gurdev
Meinem Meister in menschlicher Gestalt.

Die Größe, die Erhabenheit, das Licht oder die unermessliche Weite des Satguru Pad sind mit Worten nicht zu beschreiben. Der Glanz eines einzigen Atoms dieser Region lässt Millionen von Sonnen zur Bedeutungslosigkeit verblassen. Guru Arjan sagt : „Wir erreichen den Ort, wo das Licht von 10 Millionen Sonnen scheint und das Dunkel der Täuschung vertrieben ist, indem wir uns mit Shabd verbinden . „ (Shabd = die himmlische Musik, der Tonstrom, Klangstrom, Heilige Geist.)

In Sat Lok ertönt der Klang der Vina, eines sehr zarten Saiteninstruments. Guru Nanak sagt : „ Wer dem Klang der Vina lauscht, kennt das Geheimnis der drei Welten. „ Auch Namdev sagt : „Ich will auf der Anhad Vina spielen. Dann werde ich Bairagi Rama werden. „ Soami Ji sagt : „Wunderbar ist Guru Mat , wo sich Mind (Mental) und Seele im Innern auf herrlichen Schauplätzen mit dem Klang verbinden ."

Nachdem die Seele Alakh und Agam Lok durchquert hat, führt Sat Purush sie zu Radha Soami Pad. Dies ist die letzte Ebene. Jeder Heilige hat sie als „Soami Pad " bezeichnet. Guru Arjan Dev sagt : „Mein Erhabener, grenzenloser, Ewiger Soami ! Wer vermag dein Lob zu singen (oder Deinen Wert zu erkennen ?) " Kabir Sahib sagt : „Ich beuge mich vor dem Soami, den Ursprung und Schöpfer von allem ." Soami Ji fügte das Wort „ Radha " (Seele) hinzu und sprach von Ihm als „Radha Soami" , dem Herrn der Seele.

Nun könnt ihr selbst beurteilen, wie weit sich die Menschen vom Pfad der Wirklichkeit entfernt haben. Die Yogis und Gyanis besitzen darüber keine Kenntnis. Die Yogis können selbst nach Jahren harter Arbeit in den Khat Chakras (unteren 6 Chakras) nur unter großen Schwierigkeiten Sahansrar Chakra (den tausendblätrigen Lotos) erreichen. Die Yogishwars gelangen nur bis zum höchsten Punkt der zweiten Region, Brahm Lok. Was die Gynanis, die Philosophen und Gelehrten betrifft, so blieben die meisten von ihnen in Haarspaltereien stecken. Nachdem einige von ihnen auf dem Weg gescheitert waren, suchten sie Hilfe eines spirituellen Führers. Dann erst konnten sie bis zur Brahm-Ebene aufsteigen. Die Notwendigkeit eines vollkommenen Meisters wird uns hier wieder eindringlich vor Augen geführt; denn - so sehr jemand sich auch bemüht - niemand kann eine höhere Ebene erklimmen als die seines eigenen Meisters. (Das Glaube ich nicht, denn Jesus sagte selber, das wir sogar besser sein können usw. als er. Was nicht bedeutet das ich deswegen gegen den Meister wäre, ich glaube dieser Aussage nicht, da ist was unstimmiges drin. W.Schorat)

Sooo, das war einiges aus dem Buch von Jagat Sigh dem offiziellen Nachfolger von Sawan Singh : Wissenschaft der Seele.

Ich habe den wunderbaren farbvollen Eindruck, das auch die Guru-Meister ihren Egotrip durchziehen, wenn sie irgendwelche Bedingungen oder Regeln aufstellen, die alleine schon von der Logik oder Fantasie zu durchschauen sind, und die dann sogenannte „ geistige Gesetze" sein sollen, ob das nun Jagat Sing oder Thankar Singh oder Ching Hai ist, das ist Bullshit. Ich denke mir das Gott der in mir lebt und in allem anderen, nicht so blöde ist, wie diese „Begrenzungsaussagen" die bloß die Begrenzung und Autoritätsstimmen derjenigen sind, die sich als Endgültig sehen, und niemand womöglich darüber hinausgehen könnte, solle und dürfe, und das muss dann schon im voraus so bedacht werden. Denn: Wer sagt mir das Soami Ji und Ching Hai, wirklich die höchste Ebene oder Gottheit erlebt haben, denn auch sie sind ja nicht weiter gekommen. Ich soll das ja bloß glauben, oder Acker ackermäßig selber erreichen. Aber auch da gibt es Fallstricke, wenn du nicht der Freund vom Guru bist, auch die haben ihre Vorlieben.

Ach ja, im Buch : Die Spur des Schamanen, beschreibt der Ken Eagle Feather, als einziger den ich finden konnte, 10 Chakras. Er konnte diese 10 Chakras sehen. Das ist das Geschenk der Freiheit dieser Menschen, denn Schamanen halten sich sozusagen Fern von der Normsehweise, der Normwelt, der Bürgerwelt oder der Gelenkten Sichtweisen der Allgemeinheiten. Denn den Schamanen ist die Freiheit auch lieber als die DIN-Norm des SOSEINS.

So, hier ist die Auflistung der indischen Meisterheiligen. Links ist die Linie die von Meister zu Meister seit sehr sehr langer Zeit weitergegeben wurde. Rechts sind diejenigen Schüler der Meister die sich nach seinem Tod selber als Meister darstellten. Dazu gehört auch Ching Hai.
Ich fange mit Soami Ji an, sonst wird die Liste zu lang, aber er modernisierte die Organisation auch als erster Meisterguru.

Soami Ji (1818-1878)
Baba Jaimal Singh Ji (1839- 1903)
Hazur Maharaj Sawan Singh Ji (1858- 1948) ....Kirpal Singh

Maharaj Jagat Singh Ji (1884-1951)   Sein Sohn Sant Darshan Singh
Maharaj Charan Singh Ji (1916-1990)   Sein Sohn Rajinder Singh
Gurinder Singh Ji (seit 1990 Meister)   Ching Hai ....Thankar Singh
                                                       Soami Divjanand

Hier sind einige Biografische Daten dieser Meister :
Seth Shiv Dayal Singh (Soami Ji)
Geboren :   25.August 1818 in Agra, Uttar Pradesh
Vater :   Seth Dilwali Singh
Mutter :   Maha Maya
Ehefrau :   Narain Devi (bekannt als Mata Radha Ji)
Kurzinfo: Soami Ji meditierte in einem dunklen Hinterzimmer in seinem Haus für 17 Jahre
bevor er öffentlichen Satsangs im Januar 1861 abhielt. Jedoch, er hatte schon privaten Satsang
(Gruppentreffen) davor in seinem Garten gehalten und auch einige Initiationen , inklusive die
Initiation des 17 Jährigen Baba Jaimal Singh in 1856, der später sein Nachfolger wurde.
Fortgang :   15 Juni 1877

Baba Jaimal Singh (Baba Ji)
Geboren :   Juli 1839 in dem Dorf Ghoman, Distrikt Gurdaspur Punjab
Vater   :   Sardar Jodh Singh
Mutter :   Daya Kaur
Brüder :   Dan Singh und Jevevan Singh
Schwester :   Bibi Tabo und Bibi Rajo
Kurzinfo: Initiiert von Soami Ji 1856 im Alter von 17 Jahren. Dann ging er zum
24. Sikh Regiment als ein Sepoy, Soldat, bei den Engländern im gleichen Jahr. Am 7 Juni 1889 nach
über 32 Jahren in der Armee wurde er dort pensioniert .Er fing an Initiationen zu geben unter der
Führung von Soami Ji als er noch aktiv in der Armee war. Seine erste Initiation gab er in Jhansi in
den späten 1870gern. Sein erster Initiant war Amir Singh aus Jhelum. Nachdem er von der Armme
gegangen war, führte er ein Tagebuch über all jene die er Initiiert hatte, wozu auch eine menge
undatierter Initiierter gehören die bevor seiner ersten Initiation im Juli 1848 waren. Die letzte Person
die er Initiierte war Mangat Rai aus dem Dorf Lohari, im Distrikt Muzaffarnagar Uttar Pradesh , am
26 Dezember 1903. Lala Mangat Rai diente als erster Sekretärin mit Hazur Maharaij Sawan Singh
Total Initiation   2,343 Menschen.
Fortgang :   29 Dezember 1903

Maharaij Sawan Singh (bekannt als der Große Meister)
Geboren :   20 Juli 1858 im Dorf Jatana dem Dorf seiner Mutter, nahe
 Mehmansinghwala, Distrik Ludhiana, Punjab.
Vater :   Sardar Kabal Singh, er starb als Sawan Singh noch sehr jung war.
 Mutter :   Jivani Kaur
Großvater :   Sher Singh
Ehefrau :   Kishen Kaur
Kurzinfo :   Diente in der Armee in dem Ingenieur Service als ein Unteroffizier für 28 Jahre.
Wurde mit verfrühter Pension in1911 entlassen. Initiiert von Baba Jaimal Sing am 15Oktober1894 in
Murree Hills (nun Pakistan) Die erste Person die von ihm Initiert wurde war Hira Singh aus Miyan
Vind ,Distrikt Amritsar , am 26 Juli 1904. Die letzte Person von ihm persönlich Initiiert war S.S. Padki
von Bangalore am 20 Mai 1947. Einige Interessierte wurden auch aus Übersee von ihm akzeptiert

und Initiiert durch seine Repräsentanten zu einem späteren Zeitpunkt. Initiierte insgesamt 125,375 Menschen.
Fortgang :   2 April 1948

Maharaj Sagat Singh (bekannt als Sardar Babadur Ji)
Geboren :   27 Juli 1848 im Dorf Nussi, Distrikt Jalandhar, Panjab
Vater :   Sardar Bhola Singh
Mutter :   Starb als jagat Singh noch sehr jung war
Ehefrau :   Sada Kaur
Cousin-Bruder :   Sardar Bhagat Singh
Kurzinfo :   Diente beim Staatlichen Landwirtschaftlichen College, Lyallpur   (nun Pakistan) als ein Professor der Chemie. Ging in Rente als stellvertretender Direktor im Juli 1943 um dann in der Dera, wo Sawan Singh lebte zu leben. Initiiert durch Sawan Singh in 1910 in Abbotabad. Erste Person die von ihm Initiiert wurde Frau Dr.Sinha am 30 Dezember 1948.Letzte Person von ihm Initiiert war Mr. Jerry Seffens im Amerikanischen Konsulat in Bombay am 15 Oktober 1951. Total Initiierte 18,111
Fortgang :   23 Oktober 9151

Maharaj Charan Singh (bekannt als Hazur Maharaj Ji)
Geboren :   12 Dezember 1916 in Moga , Panjab
Vater :   Sardar Harbans Singh
Mutter :   Sham Kaur
Großvater :   Maharaj Sawan Singh (der große Meister)
Brüder :   Captain Purushottam Singh und Sardar Jagjit Singh
Schwestern :   Satnam Kaur, Gurman Kaur, Mohinder Kaur und Baljinder Kaur

Ehefrau :   Harjeet Kaur
Kurzinfo :   Studierte Jura in Sirsa und Hissar, Haryana. Initiiert durch den großen Meister am 30 Januar 1933 in der Dera. Die erste Person die von ihm Initiiert wurde war Frau Kinzinger aus den USA am 10 April 1953 in der Dera. Letzte Initierte am 20. April 1990 in der Dera. Einige Menschen aus Übersee wurden von ihm akzeptiert und durch Repräsentanten Initiiert. Totalinitiierte 1,438,498 Menschen.
Fortgang :   1Juni 1990

Gurinder Singh
Geboren :   1954
Meister seit 1990 Initiiert von Charan Singh

Wer sich weitere Informationen über diese Linie von Meister besorgen möchte kann das unter folgender Adresse :
RADHA SOAMI SATSANG BEAS DEUTSCHLAND
REPRÄSENTATIV : RUDOLF WALBERG POSTFACH 1544
D-65800 BAD SODEN   Tel: 049-06196-22939 Fax: 63644

<u>Schweiz</u>
Mr.Oliver de Coulon
Rue de Centr CH-1131 Tolochenaz

<u>Österreich</u>
Mr. Hansjorg Hammerer
Sezenweingasse 10
A-5020 Salzburg

So, wenn ich mir diese Linien anschaue bin ich selber Unsicher, in Bezug zu der Kirpal Singh Linie. Denn die Kirpal Singh Seite, dazu gehört insbesondere die Meisterin Suma Ching Hai, ist reformatorisch sehr aktiv, und verändert das alte Bild der Heiligen der Linken Seite die mit Soami Ji anfing, diesem knallharten Typen, der sogar mal gesagt hatte, das die Seele eigentlich kein Recht hat in der Gegenwart eines Heiligen zu sein,,dieses Arschloch dieser Blödmannheilige. Da ist Ching Hai eine echte Modernisiererin, und das gefällt mir sehr gut, denn ich selber hatte schon die Idee, wenn ich einmal diesen Seinszustand erreichen würde, würde ich mit sehr vielen Grenzen und Strukturen brechen, und das System vereinfachen und erleichtern, also Heller machen. Ching Hai macht das schon, Prima.

(22.8.2005. Ich habe in der Tattva Viveka Zeitschrift No. 25 vor einigen Tagen einen Artikel einer Eingeweihten von Sant Thankar Singh gelesen und der bestätigte die „ Falschheit" und auch den Zweifel für meinen Verstand, denn, dort ist die Linie der Meister des Sant Mat aufgelistet, die eindeutig falsch, gefälscht ist, Wissend oder Unwissend ! ? Hier ist die Auflistung. Sie ist richtig bis Baba Sawan Singh 1858-1948. Wenn sich die Liste als ein auf den Kopf gestelltes Y zeigen würde, und zwar von Baba Sawan Singh an wäre sie etwas richtiger, und würde zumindest zeigen, das da eine Abspaltung weswegen auch immer ist. Aber , ab Sant Kirpal Singh sind das keine offiziellen Nachfolger des Meisters, denn Sant Kirpal Singh war nicht der ernannte Nachfolger seines Meisters Baba Sawan Singh wie schon vorher erwähnt. Aber wenn ein Meister 5 Meister zum Vorschein gebracht hat, kann trotzdem nur einer der Nachfolger werden und so weiter. Hier ist die Liste der Thankar Singh Linie. Ching Hai gehört nicht dazu:

Nam Dev ....1269 – 1344
Kabir ....1398 – 1518
Ravi Das ....14 / 15 Jh.
Guru Nanak ....1469 – 1539
Amar Das ....1479 – 1574
Bhagat Bhikan ....1480 – 1573
Ram Das ....1534 – 1581
Angat ,...................................1538 – 1552
Arjun Dev ....1563 – 1600
Har Govind .... 1606 – 1638
Teg Bahadur ....1621 – 1675
Har Rai ....1638 – 1660
Har Kisan ....1660 – 1664
Gobind Singh.........................1675 – 1708
Tulsi Sahib ....1788 – 1848
Soamiji ....1818 – 1878
Jaimal Singh ....1839 - 1903
Baba Sawan Singh.................1858 - 1948
Sant Kirpal Singh...................1894 – 1974
Santh Thankar Singh ....1929 – 2005
Sant Baljit Singh ....1962 Der Nachfolger Thankar Singh's.

Es fehlt also der Nachfolger von Baba Sawan Singh nämlich Jagat Singh und die anderen Offiziellen in der Linie.

Deswegen können viele der Gehörnten Äffchen der Religionsgruppen und Glaubensgefängnisse sie nicht erkennen und akzeptieren, weil sie Neu ist, und nicht die Vergangenheit, aber du musst als Mensch die Gegenwart vertreten und die Ewigkeit und zwar zur gleichen Zeit, sonst stimmt alles nicht mehr, so ist das nun mal. Das ist gleich für die zukünftigen Heiligen Männchen und Frauchen erwähnt, hinzugefügt.

Der Weg von Shakjamuni Buddha ist lang, er legte seinen Nachfolgern nahe Demütig zu bleiben, und zu betteln, damit sie auch nie vergessen das alles immer und ewig eine Einheit eine Gemeinschaft ist, und jeder von jedem Abhängig ist, das stimmt ja auch. Aber das sind die Menschen heute auch und auch in alle Ewigkeiten, weil es gar nicht anders geht, selbst wenn sie Gottesbewusstsein erreicht haben, sind sie weiterhin von Allem, nämlich, dem Göttlichen abhängig. Und er selbst erbettelte seine Nahrung ja bis zu seinem Hinübersausen.

Aber als ich mal von der Opernsängerin Geld borgen wollte für ein Projekt da hörte ich das sie davon nicht viel halte, jeder soll sein Geld selber erarbeiten, und nicht erbetteln, wie sie meinte, da sagte ich ihr, und Buddha, war der dann auch ein Schmarotzer.

So, was gibts noch, ich will langsam mit diesem Schrieb aufhören. Ich mache also weiter, mal sehen was draus wird. Das ist jetzt mein Endplädoyeaaaah. Die Heiligen aus Indien sagen das man sich aus dem Karma nicht befreien kann. Es ist einfach zu viel. Sie stellen sich ja dann auch als die Karmaerlöser dar. Okay, prima. Aber bei Martinus steht das Gott so nicht ist, denn das wäre keine Gottheit sondern ein Atombombenarschloch.

Das Ursache - Wirkungs - Prinzip was du säst das sollst du ernten ist durch die bedingungslose Liebe aufgehoben. Gott ist kein Gefängnisaufbauer und auch nicht ein Wesen das die Wirkungen von Karma als Gefängniskette und Gefängniskugel um die Körper der Menschen legt. Martinus schreibt, wenn du Bewusst bist diese Ungerechtigkeiten nicht zu Wiederholen besteht auch keine Wiederkehr um den Lernprozess nochmals zu aktivieren.

Das ist die bedingungslose Liebe Gottes. Bei den Heiligen lese ich so was nicht. Aber das Egochen der Heiligen ist ja auch so ungemein human so ungemein Göttlich das da selbst Gott sich vor ihnen verbeugt und sie anbetet. Oder so sollte es doch wohl aus der Sicht der Heiligen sein, oder ?

Glücklicherweise sind die Heiligen nicht Gott. Mein Gott was für eine Erleichterung. Aber wer ist sich schon so bewusst immer an Gott zu denken wenn er Scheiß und Mist baut und die Massen abzockt und mit Steuern verblödet die Beamten bevorzugt und die Massen benachteiligt oder die Lobbyisten die Bevölkerungen Abzocken und die Gifte der Konzerne die Körper und die Erde der Lebewesen vergiften mit politischem Segen natürlich, usw.usw.usw.

Dann bekam ich vor 2 Wochen ein Buch geschenkt, von meiner jetzigen geliebten Andi : Freundschaft mit Gott. Sehr gutes Buch, es ist zur Schule des Lebens gegangen. Da sagt Gott zu dem Schreiber : Ihr seid frei und euer Leben ist Ewig.

Da fand ich doch tatsächlich die Methode der inneren Einkehr oder Meditation die von den Sant Mat Heiligen und Ching Hai anbieten. Und da fiel mir ein das die Sant Mat Heiligen sagten, das diese Methode eine ganz natürliche Methode ist, sie kommt direkt von Gott, sie besteht schon so lange wie es die Schöpfung gibt, das ist der Weg , den Weg zurück zu Gott zu finden. Und in dem Buch beschreibt Gott dem Donald Walsch diese Methode. Aber er ist ein Donald und erkennt nicht was das wirklich bedeutet, obwohl Gott sie ihm beschreibt. Das erkenne ich daran das Donald Walsch keine echten tieferen Fragen die aus der Wachheit kommen an Gott stellt. Somit verpasst er wohl diese Chance. Aber für mich war das noch mal eine Riesen Erweckungserweiterung, das da in dem Buch zu lesen. Ich werde diese einfach Methode gleich beschreiben aus dem Buch Freundschaft mit Gott.

Hier sind einige Aussagen aus dem Buch von Gott: Wir sind alle Eins.

Dieser Weg ist nicht besser bloß anders. Alle spirituellen Meister sind in gewisser Hinsicht nicht „bei Verstand". Das Denken ist eines der machtvollen Werkzeuge der Schöpfung.

Das 21 Jahrhundert wird die Zeit des Erwachens der Begegnung mit dem Schöpfer im Innern sein. (Das ist ja auch was die Heiligen anbieten und auch Ching Hai spricht vom Direktkontakt zu Gott) Da fällt mir ein als ich auf Kreta war und eine lange Zeit nicht gesprochen habe und alleine lebte und lange Wanderungen durchs Gebirge gemacht hatte und einmal Schutz vor der Kälte und dem Regen im Dezember hinter einem großen Felsen suchte, plötzlich, eine glasklare milde schöne Stimme in mir sprach, und mir etwas aus meinem Leben erzählte, damals aus Berlin und weswegen mein weißer VW-Bus gestohlen wurde,,,und da sagte ich, unter dem Einfluss von Sawan Singh stehend, der sagte, Gott kommt niemals außer in der Sprache des Heiligen Geistes des Tonstroms zu Menschen, da sagte ich zu der Stimme : Verschwinde du bist nicht Gott. Später habe ich das oft bereut. Ich hatte Angst das wer weiß sich da in mir breit machen wollte und könnte.

Aber dann später hörte ich Vorträge von Ching Hai und fand das Gott doch, auch als menschliche Stimme in einem zum Vorschein kommt und spricht. Mist, schade, wirklich schade, das ich da diesem Heiligen geglaubt hatte. Da war mir auch klar das selbst solche Oberheiligen nicht alles in Bezug zu Gott erfahren haben. Und das gilt auch für mich zu Ching Hai. Und dann bekam ich vor 2 Wochen diese Buch, Freundschaft mit Gott, wo Gott zu Donald Walsch spricht und ihm die Freundschaft anbietet. Klasse. Prima. Doll.

Ich sage das Gott ständig mit jedem Menschen spricht. Die Frage ist nicht mit wem Gott spricht sondern wer zuhört. (Ja, das kann ich gut nachvollziehen)

Du liebt dich selbst nicht absolut, wenn du dich selbst einschränkst, wenn du dir selbst weniger als die absolute Freiheit in jeglicher Sache einräumst. (Genau)

Tatsache ist, dass deine Chancen, eine wirkliche Veränderung zu bewirken, in dem Maße steigen, wie dein Zorn abnimmt.

Dankbarkeit ist die Einstellung die alles verändert. Für etwas dankbar zu sein heißt, ihm nicht mehr zu widerstehen, es als Geschenk zu betrachten und anzuerkennen, selbst wenn es nicht sofort als Geschenk ersichtlich ist. Hinzu kommt, wie ich dich schon gelehrt habe, das Dankbarkeit im voraus für eine Erfahrung, einen Umstand oder ein Ergebnis, ein machtvolles Werkzeug beim erschaffen deiner Realität und ein sicheres Zeichen für Meisterschaft ist.

Unternimm also angesichts eines Problems etwas freudvolles. (Das habe ich in meinem Leben auch so oft wie möglich gemacht insbesondere als ich verheiratet war mit Frances Hocking)

Setzt dem Gedanken vom Besser Sein ein Ende.

Wir sind alle eins.

Es gibt nichts was ihr tun müsst.

Es gibt keine politische Partei die immer recht hat. Kein moralisch überlegenes Wirtschaftssystem. Oder nur den einen und einzigen Weg zum Himmel.

Denn was ihr im nächsten Leben an Erfahrungen macht, kann nur eine Wiederspiegelung dessen sein, was ihr in diesem Leben geschafft habt, weil es in Wahrheit nur ein ewig währendes Leben gibt, wobei jeder Augenblick den nächsten erschafft.

Ihr wisst nicht, wer ihr hier und jetzt wirklich seid. Wenn ihr es wüsstet, würdet ihr nie die Dinge tun, die ihr tut. Ihr würdet sie nie tun müssen.

Diese alte Botschaft von richtig und falsch, Verbrechen und Bestrafung, Gut und Böse, ewigem Lohn und ewiger Verdammnis hat nichts dazu getan, um das Leiden und das Töten auf eurem Planeten und die Qualen, die ihr einander zufügt zu beenden. Und der Grund dafür ist, dass sie eine Botschaft der Trennung ist.

Aus diesem neuen Evangelium ergibt sich eine neue Botschaft der totalen Verantwortlichkeit.

Ihr könnt die Politisierung eurer Spiritualität gar nicht vermeiden. Euer politischer Standpunkt ist die Veranschaulichung eurer Spiritualität. Doch vielleicht geht es gar nicht um eine Politisierung eurer Spiritualität, sondern um die Spiritualisierung eurer Politik.

Die Spiritualität hingegen ist allumfassend. Alle Menschen haben an ihr Teil. Alle Menschen sind mit ihr einverstanden. Weil Spiritualität nichts weiter als das Leben selbst ist. Die Spiritualität sagt, das alle Dinge Teil des Lebens sind. Einführung von Spiritualität in eure Politik würde von daher bedeuten, dass alle politischen Aktivitäten und Entscheidungen Lebensbejahend werden.

Definition von Wahnsinn ist die fortwährende Wiederholung der gleichen Verhaltensweisen und die Erwartung das dies zu jeweils anderen Ergebnissen führt. (Gefällt mir sehr gut)

Die Seele erblickt die Schönheit, auch wenn der Geist sie leugnet. Sieh deshalb in deinem Leben immer mit deiner Seele. Höre immer mit deiner Seele. (Das ist praktisch auch die Meditations-Methode. Das sind nämlich die zwei Methoden, das Sehen des Lichts und das Hören des Tons)

Um Gott zu verstehen musst du nicht bei Verstand sein.

Nein die Menschheit hat ziemlich deutlich demonstriert, dass ihr mein Wille, so wie ihr ihn verstanden und verkündet habt, gar nichts bedeutet.

Unser Weg ist kein besserer Weg, es ist nur ein andere Weg. (Was sagen die Heiligen dazu ?)

Doch denke, während du in der Welt bist und die Welt in dir ist, daran, das du größer als sie bist. Du bist ihr Schöpfer, denn du erschaffst deine eigene Realität, so gewiss, wie du sie erfährst. Du bist der Schöpfer und das geschaffene, so wie ich ! Ja und du kannst in jedem Moment zwischen der Erfahrung wählen, der Schöpfer zu sein oder das Erschaffene.

Die Beziehung zu Gott ist nicht so das wir ihm erst Dienen , sollen , müssen, usw. Sondern das wir uns seiner bedienen, denn wenn Gott sich unser bedienen würde oder das jemals gemacht hätte, könnten dann die Menschheit so sein wie sie ist, nein ! Sie ist so weil das was ist genau das war was die Menschen im Sinn hatten und haben. Doch wenn ihr euch meiner bewusst bedient, mich mit Gewahrsein und Absicht nutzt, dann werden sich alle Dinge ändern. Nutze Gott : Wir sind Gott. Wir sind nicht bloß Lichtsucher, sondern auch Lichtbringer.

Bringe sanfte Weisheit in dein Leben in deine Augenblicke. Wenn du das tust hilfst du Gott mehr zu sein, was Gott ist.

Es ist nicht deine Schuld das du Gott nicht vertraut hast. Wie kannst du etwas vertrauen, das du nicht kennst. Es ist nicht deine Schuld das du Gott nicht geliebt hast. Wie kannst du Lieben, wenn du nicht vertraust.

Freude ist die Seele. Uneingeschränkte Freude. Freie Freude. Grundlose Freude.

Der freie Fluss der Lebensenergie ist das was ihr Freude nennt ! Nicht voll zum Ausdruck gebrachte Freude ist das Gefühl, das ihr Traurig nennt. Traurigkeit und Freude sind einfach nur zwei Benennungen, es sind Ausdrücke, die wir benutzen um verschiedene Ebenen derselben Energie zu beschreiben. So wie heiß und kalt die gleiche Energie in unterschiedlichen Schwingungshöhen sind ! Dieser Energiefluss, der Traurigkeit oder Freude genannt wird ist die Lebensenergie selbst. Also der Tonstrom - Klangstrom- Heilige Geist. Der Sprung von Traurigkeit zur Freude kann ganz einfach beschleunigt werden, so wie ein Thermostat von kalt auf warm drehen. Du kannst keine Freude fühlen wenn du sie nicht herauslässt. Hilf einem anderen sie zu fühlen, dann setzt du sie in dir auch frei. Lächel, mach Komplimente, Witze, oder make Love not war, ok.

Sei still und wisse das ich Gott bin.

Sei still und wisse das du Gott bist.

Sei still.

Gewöhne dir an, jeden Tag einmal in Heilige Verbindung mit mir zu treten. Grenzenlos sind die Möglichkeiten Gott zu erreichen. Jedes mal wenn du eine intuitive Eingebung hast und sie ignorierst, weist du mich ab.

Du liebst dich selbst nicht absolut, wenn du dir selber weniger als die absolute Freiheit jeglicher Art einräumst.

Von jetzt an, und für immer, jegliche Gedanken und Fantasien von euch weisen, das irgendeine Gruppe von euch irgendwie besser sei als eine andere. Setzt diesen Gedanken vom besser-sein ein Ende. Wir sind alle eins!

IHR BEFINDET EUCH AUF DEM PFAD DER EVOLUTION NICHT AUF DEM WEG ZUR HÖLLE ! (genau)

Es gibt keinen Ort der ewigen Qual und Verdammnis wie ihn eure Theo-Logen erschaffen haben. Aber ihr werdet alle-ihr alle-die Auswirkungen, die Ergebnisse und Resultate eurer Entscheidungen und Maßnahmen durchleben. Doch dabei geht es um Wachstum, nicht um „ Gerechtigkeit". Es ist ein evolutionärer Prozess, nie eine Strafe Gottes.

Nicht was du vorziehst wird eintreten, sondern das, was perfekt ist. Und in dem Maße, wie du der Meisterschaft zustrebst, werden beide eins.

Habe Absicht, aber keine Erwartungen, und ganz gewiss keine Forderungen. Bevorzuge nicht mal ein Resultat. Das ist der Weg zum Frieden. Das ist der Weg zur Meisterschaft.

Das gilt für jedermanns Leben. So etwas wie Pech gibt es nicht, nichts geschieht ausversehen, es gibt keine zufälligen Begebenheiten, und Gott macht keine Fehler.

DANKBARKEIT IST DIE SCHNELLSTE FORM DER HEILUNG

Kriege sind Wunden. Verbrechen sind Wunden. Leiden und Krankheiten sind Wunden. Deshalb verurteile und verdamme nicht. Habt nicht einmal Präferenzen. Denn wenn du nach einem bestimmten Resultat verlangst um Glücklich zu sein, hast du es mit einer Abhängigkeit zu tun. Wenn du keinerlei Präferenzen hast, bist du bei der Akzeptanz angelangt. Du hast Meisterschaft erlangt.

DER WAHRE MEISTER IST NICHT DER MIT DEN MEISTEN SCHÜLERN SONDERN EINER DER DIE MEISTEN MEISTER HERVORBRINGT.

Wenn du erst einmal eine Ahnung davon bekommst, wenn du erst einmal wenigstens einen Augenblick Erfahrung damit gemacht hast, dann wird dir sehr klar sein, das sich nichts außerhalb deiner selbst mit dem vergleichen lässt, was in dir ist, dass kein durch äußere Stimulierung oder durch eine äußere Quelle hervorgerufenes Gefühl auch nur annähernd der totalen Seligkeit der inneren Einkehr gleicht.

Ich sage dir noch einmal : In deinem Innern findest du deine Seligkeit. Dort wirst du dich wieder einmal daran erinnern, wer du bist, und dort wirst die wieder einmal mehr erfahren, dass du nichts außerhalb deiner selbst benötigst.

Dort wirst du das Bild von dir, als mein Abbild geschaffen, erblicken! Und an diesem Tag wird dein Bedürfnis nach irgendwas anderem enden, und du wirst schließlich im Stande sein, wirklich und wahrhaftig zu lieben !

Werde einfach still. Verweile in Stille in deinem Selbst. Mach das oft. Jeden Tag. In kleinen Dosierungen. Jede Stunde wenn du kannst.

Halte einfach inne. Hör mit allem Tun auf. Hör mit allem Denken auf. „Sei" einfach für eine Weile. Auch wenn es nur für einen Augenblick ist. Es kann alles verändern.

Du sprichst von Meditation ?

Verfange dich nicht in Etikettierungen oder bestimmten Vorgehensweisen. Das hat die institutionalisierte Religion getan. Das ist es was das Dogma anstrebt. (Wie die Indischen Heiligen, deren Lehren sind ja auch Dogma und deren Wahrheiten auch) Kleb diesen Dingen kein Etikett auf, schaff dir hier keine feste Regeln. (Wie die Guanyin-Methode)

Ihr werdet zum Himmel zurückkehren, ob ihr mich nun auf die richtige Weise geliebt habt oder nicht. Es gibt keinen Weg für euch, der euch nicht in den Himmel zurückkehren lässt, denn es gibt keinen anderen Ort, wo ihr hinkönnt. Somit ist euch euer ewiges Leben sicher und euer ewiger Lohn gewiss !

Die Wahrheit ist etwas das man feiert, nicht etwas das man eingesteht !

Ich sage dir noch einmal : Alle wahren Meister und Meisterinnen haben ihre Herrlichkeit proklamiert und andere ermuntert, dasselbe zu tun !

Du begibst dich auf den Weg zu deiner Herrlichkeit wenn du dich auf den Weg zu deiner eigenen Wahrheit machst !

Wenn du jemandem sagst das du eine andere Person liebst, ist das keine Untreue, das ist Ehrlichkeit. Und Ehrlichkeit ist die höchste Form von Liebe !

Gott gibt Richtungsanweisungen, keine Zurechtweisungen, er Empfehlt, er Verurteilt nicht

Die Meisterschaft ist dann erlangt wenn dies zu einer Entscheidung und Wahl wird, die sich auf das gründet was für dich wahr ist, statt auf das, was nach der Aussage eines anderen wahr sein soll !

Und doch ist es nicht immer schlecht den Verstand zu verlassen. Ihr macht das in all euren Augenblicken großer Einsicht und Erkenntnis. Du glaubst doch nicht das die Erkenntnis deinem Verstand entspringt. Denken ist ein schöpferischer Prozess und ein Gewahrseinszustand- Seinszustand. Denken ist die langsamste Methode etwas zu erschaffen.

Konzentriere dich nun auf dein inneres Sehvermögen. Richte dieses Hineinsehen auf die Stelle in der Mitte deiner Stirn direkt über den Augen. Das sogenannte dritte Auge. Schau dort tief hinein. Erwarte nichts. Gib dich der Dunkelheit hin. Genieße die Leere. Erwarte nicht mehr wünsche nicht mehr. Lass alles an die vorbeiziehen, Gefühle, Geräusche , Gedanken, nimm das bloß zur Kenntnis, mehr nicht. Versuche nichts zu beantworten, nichts zu lösen, nichts zu ergründen. Lass einfach alles sein. Dadurch wirst du Frieden finden. Lass los.

Wenn du das zum erstenmal oder zehnten mal oder hundertsten mal oder tausendsten mal oder mehr machst.(Soami Ji saß 17 Jahre in einem dunklen Zimmer und Meditierte. Ich meditiere seit 11 Jahren mit der Guanyin-Methode, das nur mal als weitere Info) Dann siehst du möglicherweise etwas wie ein flackerndes blaues Licht oder Flamme oder tanzenden Licht. Es mag nur ein Aufblitzen sein, dann wird es sich stabilisieren. Bleib dabei. Begib dich hinein. Wenn du das Gefühl hast das dein Selbst damit verschmilzt, dann lass es zu.

Die blaue Flamme, diese tanzende Licht, das ist das Zentrum seiner Seele. Wenn du mit ihr verschmilzt, wenn du eins mit ihr wirst, wirst du eine sublime Fülle der Freude erleben, die du Seligkeit nennen wirst. Du wirst erkennen das die Essenz deiner Seele die Essenz von mir ist. Du wirst mit mir eins geworden sein. Vielleicht nur für einen Augenblick. Aber das wird genug sein. Danach wird nicht anderes mehr zählen, wird nichts mehr sein wie zuvor und nichts in eurer physischen Welt wird ihm gleichkommen. Und das ist der Moment, in dem ihr entdeckt, dass ihr nichts und niemanden außerhalb eurer selbst braucht.

Soo, hier wird also die Sehmeditation von Gott beschrieben, diese Methode wird auch als ein Teil in der Sant Mat Methode oder der Guanyin-Methode angewendet. Und das was die Heiligen immer sagen, das diese Meditationsform nicht von ihnen erdacht ist sondern das sie direkt von Gott kommt, damit der Mensch erkennen kann wer er in Wahrheit ist, was er in Wahrheit ist. Das ist also eine ganz natürliche Wissenschaft. Da Gott ja alle Menschen gleich geschaffen hat, so ist es unmöglich das die Methode egal wo von wem Praktiziert zu anderen Resultaten führt. Egal ob Braun-Weiß-Rot-oder Gelb. Christ-Moslem-Buddhist-oder Hindu. Somit war das finden dieser Sehmeditation auf das sogenannte dritte Auge ein schöne Bestätigung der Sant Mat und Guanyin-Methode.

Das ist also Weisheit diese Meditationsmethode. Weisheit soll ja auch angewandtes Wissen sein. Der Unterschied zwischen Wissen und Weisheit ist das Wissen angelernt ist. Weisheit ist das was nicht erlernt ist. Original ist. Was nicht erlernt wird. Ich höre jetzt auf mit diesem Schrieb. Ich versuche meine Reinheit des Herzens zu behalten, trotz der Einblicke die ich bekam und die oft nichts mit mir und meinem Denken zu tun hatte. Auch die Werbephilosophie der Meisterin Ching Hai die mir oft ein Schmunzeln abverlangt weil da alles sooooo einfach sooooo leicht sei, wollte die Reinheit meines Herzens benebeln. Ich werde weitermachen, auch wenn mir sogar viel der Aussagen der Heiligen ganz klar als Manipulation und Unwahrheit erscheinen, denn ich mach es für mich, nicht für den Heiligen. Und die Heiligen sind nie und nimmer die allmächtige Gottheit. In diesem Sinne. Sei gegrüßt von Sigurd Lichtlos oder Felix Goldlicht. Die Wolke des Nichtwissens .

Wolfgang Schorat
Bad Zwesten
Heinrich Heine Str. 17
Freitag 13.2.2004
20 Uhr

21.2.2004
Ich bin mitten in der Nacht mit starken Kopfschmerzen aufgewacht. Es ist für mich nicht erkennbar wodurch sie kommen. Ich bekomme auch keine Antworten darauf, außer das was ich mir selber zurechtdenken würde, aber keine Intuition. Ich bringe das wieder in Kontakt zum Meditieren. Ich kann nicht sagen das ich ein einziges mal in den über 10 Jahren diese Glückseligkeit oder anderen hochgelobten Glücklichkeitszustände , wie sie Ching Hai in ihren Vorträgen erwähnt, was ihre Leute erleben, erlebt habe. Ich stelle mir die Frage ob dieser Weg dieser Meister oder Heiligen oder Gurus wirklich noch angebracht ist, sinnvoll. Das ist deren versuch mit sich und ihrem Leben klar zu kommen. Es bliebt ihnen gar nichts anderes übrig als dann darüber und damit zu arbeiten und das weiter zu geben, denn das ist ja ihre Erfahrung ihr Resultat.

   Evolution geht vorwärts, das ist der Weg nach außen, von dem Buddha sagt es ist der Weg der Ignoranz. Aber Evolution ist so, sie ist ja nicht vom Menschen entworfen sondern ist göttliche Schöpfung. Ich lag da im Bett und wälzte mich herum und dachte sehr kritisch über das auf was ich mich eingelassen hatte. Wie viele Menschen lassen sich darauf ein und wie wenige erreichen damit überhaupt etwas.

   Sind die Heiligen, Meister, Gurus, Buddhas, nicht längst Altmodisch geworden. Weiß nicht jeder das Gott da ist, und das die Seele unsterblich ist, und das dieser Wiedergeburtszyklus ewig geht. Und in immer bessere Konditionen Umgebungen, Welten, Universen hinein. Wofür dann diese immense Ackerei mit dieser Meditation. Weiß nicht jeder das die Religionen längst überholt sind durch die Intelligenz des menschlichen Denkens und seiner Einsichtsfähigkeit und seiner klaren Logik. Da ja aus Gott nur Gott kommen kann, das besagt doch wirklich alles wer und was der Mensch ist. Aber ich liege da sicherlich falsch, wenn ich das Wirrnisbild der Erdbevölkerung betrachte mit ihren Religionsmanagerwirrnissen.

   Ist es nicht die Angst derjenigen von denen Kirpal Singh mal gesagt haben soll: Alle Heiligen haben eine Vergangenheit und alle Nichtheiligen eine Zukunft.
Ist es nicht die Unzufriedenheit derjenigen die loszogen sich auf die Suche machten, Unzufriedenheit mit der menschlichen Situation mit ihrer Situation. Ist es nicht deswegen das sie dann diese Schufterei auf sich nahmen.

   Auch Ching Hai sagt bloß immer : Mehr Meditation, oder : Werde Erleuchtet, in ihren Vorträgen oder langweiligen Briefen an ihre Initiierten. Sawan Singh sagt zumindest das es sehr schwer ist, in den Briefantworten zu seinen Initiierten. Und sein Meister Baba Jaimal Singh sagt dann wenn es schwer wird und dergleichen: Es ist Gottes Wille oder es ist der Wille von Hazur oder der Wille vom Satguru, der ja für ihn gleich mit Gott ist. Er sagt auch zu Sawan Singh : Du musst denken das du nichts bist, bloß der Satguru ist alles. Das liest sich für jemand der nicht weiß was er meint befremdlich, doch für solche Typen wie ihn, ist es glasklar dass das Ego, der Körper, wahrhaftig Nichts ist, denn alles wird tatsächlich von Gott gemacht, der Körper das Ego verfault ja später in der Erde , und wird absorbiert in die Mikrowelt.

   Trotzdem es ist Schufterei und es wird zur Routine dieses Meditieren. Es kamen wieder diese Zweifel hoch da mit den Kopfschmerzen, das ich etwas tue, das gar nicht gebraucht ist, überflüssig geworden ist.

Ich las in dem Buch „ Spiritual Letters „ den Briefen von Baba Jaimal Singh an seinen Schüler Sawan Singh der später sein Nachfolger werden sollte, das der Guru oder Meister von Soami Ji der Radha Soami in die Welt setzte, Tulsi Sahib, steife Beine hatte im Alter, und er musste getragen werden, weil er immer in den sogenannten höheren spirituellen Welten innerlich gewesen war, und sozusagen keine Bodenhaftigkeit mehr besaß. Das gefiel mir gar nicht, Heiliger sein hin, Heiliger sein her, das ist schlechtes Beispiel sein, schlechtes Vorbild sein, denn der Körper ist nicht hier auf der Erde um von anderen getragen zu werden, nur damit ich Heiliger spielen kann. Aber es wird ja von anderen als etwas besonderes angesehen, man findet immer blöde für alles.

Ist das Evolution ? Nein das ist Verachtung der Evolution ! Das ist Verachtung der Gesamtheit des Göttlichen. Der Sawan Singh hatte unbeschreibliche Ängste wiedergeboren zu werden. Das ist gut aus den Antworten seines Meisters Baba Jamail Singh zu erkennen. Und wie viele Heilige und Meister und Satgurus wurden schon von den blöden Menschen ermordet, den sogenannten Religionsaffen sage ich mal, den Religionsfanatikern. Die meisten der alten wurden Platt gemacht durch die Ignoranz der Gläubigen also der Unwissenden.

Ich lag da im Bett und sagte mir, Nein, ich kann diese Arbeit diese Methode, nicht reinen Herzens jemand anderem empfehlen, das ist viel zu viel Schufterei und zu viele Schmerzen die auf ihn zukommen würden. Vielleicht später einmal, aber jetzt, Nein !

Ich lag da und wälzte mich herum, unzufrieden. Trotzdem würde ich einige Stunden später wieder Sitzen und Meditieren, mit Kopfschmerzen. Dabei würde mir einfallen, das der Soami Ji der den Begriff „Radha Soami" als neuen Begriff für die „Höchste Gottheit „ in die Welt setzte, was „Herr der Seele „ bedeutet, das alle die in der Linie Initiiert wurden, diese Bezeichnung benutzten. Aber das diejenigen, die zwar in der Linie Initiiert wurden, aber dann nicht als offizieller Meisternachfolger dort erkoren wurden, wie zbs. Kirpal Singh, die Methode „Shabd Yoga" nennen, was so viel wie der „Yoga des Klangstroms „ bedeutet. Was wiederum in deutscher Sprache „ Yoga des Göttlichen Klangs" oder weiterdefiniert, „Yoga des Heiligen Geistes „ oder „ Yoga der Himmlischen Musik Gottes „ bedeutet.

Ja, weiter gehts, auch mit Schmerzen, so sind die Schorats nun mal, manchmal ziemlich „Harte Hunde" poetisch formuliert, auch sich selber gegenüber.

24.2.04

Ich trage wieder Schwierigkeiten in mir herum, denn mein Kopf ist sozusagen ganz Eng. Seit gestern ist diese unbeschreibliche Enge in meinem Kopf. Ich kann mich gar nicht als ganzes Wesen mit Physis erfahren, es ist so, als ob in meinem Kopf eine Sperre eingebaut ist, eine Blockade. Das passiert durch diese Meditation. Durch das wiederholen der 5 Wörter und das Schauen auf die schwarze Fläche, bei geschlossenen Augen, baut sich da eine Konzentration auf, die eng macht, das ist unangenehm, das macht verkrampft. Ich muss irgendetwas falsch machen, oder falsch gemacht haben, irgendwo in der Vergangenheit. Die ich aber loslassen will. Also entschied ich gestern aus dieser unangenehmen inneren Kopfenge, dieser Blockade im Kopf, wie eine Betonmauer, rauszukommen, wegzukommen, denn das war ich nicht, das bin ich nicht. Das ist ein künstlich aufgebauter Zustand durch das Meditieren. Sowohl der Lichtmeditation, dem Rezitieren der 5 Wörter, als auch der Ton Meditation, dem Hören auf den Ton , innerlich. Beides baut diese starke Enge in meinem Kopf auf. Um davon loszukommen, entschied ich Urlaub zu machen, Urlaub von dieser Meditation und dem Beschäftigen mit dieser Methode und auch dem lesen der Bücher dieser Licht-Ton Meister, dem Surat Shabd Yoga, der Guanyin-Methode. Mir ist klar das seit ich diese Meditation mache, ich aber auch hauptsächlich bloß Schwierigkeiten habe damit. Da ist keine einzige Entspannung oder Freude damit verbunden, weder noch all das was Ching Hai immer Philosophiert in ihren Vorträgen, wie gut es den von ihr Eingeweihten damit geht. Nichts davon bei mir. Die Energie die ich wahrnehme wenn ich meditiere und danach, ist eng, sehr eng, sehr unentspannt, hohe Spannung, das kann man nun auslegen wie man will, eben als hohe Spannung, aber das ist nicht liebevolles Sein, oder Humor oder Glückseligkeitsspannung die nämlich ohne jegliche Spannung überhaupt ist. Das ist einfach Enge. Wenn das der Weg ist der Schmal sein soll wovon Jesus mal geredet haben soll„na dann Prost, das macht keine Freude mehr, aber Buddha laberte ja auch mal, geb dich nicht der Freude hin, aber mir ist das alles viel zu eng zu verkrampft. Also nahm ich Intuitiv Erste Hilfe tropfen der Bachblüten Thema : Ich bitte um Hilfe und Göttliche Führung. Bingo das passte, dann aber zog ich noch mal eine Karte und es kam auch genau die Karte Erste Hilfe. Dann zog ich noch eine Karte für die Kalifornischen Bachblüten und es kam : Löwenzahn. Bingo das passte auch. Bei körperlichen Verspannungen, deren Ursachen im seelischen und emotionalen Bereich liegen, die sich dann im Körper festsetzen, wenn wir sie verdrängen oder nicht beachten. Da stand auch noch, das die Menschen die sehr ehrgeizig sind und ihr Leben stark kontrollieren und vorherbestimmen wollen, oder Schwierigkeiten haben, von ihren hohen Ansprüchen Abstand zu nehmen und abzuschalten. Für solche Menschen ist es wichtig, sich körperlich zu entspannen und emotional loszulassen, um sich wieder der höheren Führung zu öffnen. Das passte für mich alles.

Wenn ich solche Erfahrungen mache, dann frage ich mich : Stimmt das hier mit dieser Meditation überhaupt für mich noch, oder überhaupt jemals. Mich macht diese Meditation unzufrieden. An den Tagen zuvor las ich viel in den Büchern Spiritual Letters , die Antworten auf die Briefe die Sawan Singh seinem Meister Baba Jaimal Singh geschrieben hatte. Obwohl bloß die Antworten zu lesen waren und nicht seine Fragenden Brief an seinen Meister, so konnte ich trotzdem erkennen, das Sawan Singh viele Ängste hatte, die Hauptangst war das er noch mal Wiedergeboren werden könnte. Das muss ein Typische Indische Phobie sein. Die Inder sind so enorm durch ihre Vergangenheit verseucht, das die Vergangenheit für sie realer ist als die Gegenwart und nur die zählt. Dieser Mist auch von anderen Methoden aus anderen Völkern lastet immer noch stark auf den Menschen. In den Briefen las ich wie der Meister Baba Jaimal Singh seinem Schüler Sawan Singh sehr oft schreibt, er soll denken, er sei Nichts (Nothing, hat eine andere Bedeutung als das deutsche Falschwort das total unreal ist und von einem Unwissenden kreiert wurde, denn Nichts gibt es nicht, und No-Thing bedeutet etwas völlig Spirituelles , nämlich das man kein Ding ist) Jedenfalls schrieb er ihm oft er soll denken das er Nichts sei und der Satguru ist alles, und der macht auch alles. Aber das muss man verstehen, denn, der Körper ist in Wahrheit auch nicht derjenige der irgendetwas tun kann, alles macht bloß das göttliche die Seele das Allmächtige Göttliche. Unter dem Blickwinkel ist das zu Wissen und zu verstehen. Ok. Aber ich suchte weswegen ich dieses unangenehme im Kopf hatte wo ich doch so viel Meditierte und so weiter.

Ich wollte mich davon befreien. War das was ich wirklich wollte. Ging es darum. Wollte ich überhaupt ein Heiliger werden. Oder ein Meister. Nein, das hatte ich nie vorgehabt. Und ist das nicht Selbstverblödung etwas versuchen zu sein, das man in Wahrheit schon längst ist, weil es rein Logisch gar nicht anders sein kann. Denn hier greift wieder meine Einsicht, aus Gott kann nur Gott kommen, und was hatte ich schon von mir erfahren, das hatte ich ja nicht erst erschaffen müssen, das war ich schon längst, das was ich da von mir erfuhr. Ich wollte bloß wissen wer ich in Wahrheit bin. Das was über den Tod hinaus Ewig lebt. Und ich hatte ja schon einiges von mir erlebt. Und zwar in einer Dreiheitsverfassung, war wohl die Heilige Dreieinigkeit. Das war natürlich fabelhaft damals so mein Sein, mich so zu erfahren, das bin ich, sagenhaft und so weiter. Und nun das hier, diese Enge.

Im anderen Buch das ich las, Radha Soami Teachings, da ging es noch mal um die Lehre dieser Richtung, und da wird natürlich geschrieben das ist der einzige Weg. Aber kann das stimmen ? Was wäre Gott dann, wäre das nicht eine Schmalspurlogik, eine Rasierklingenrichtung ? Erlebte ich das nun, diese Enge, ist diese Spannung damit gemeint ?

Auch diese Richtung das nach innen gehen, oder nach oben gehen, das ist alles ein Weg zurück, doch die Energie geht vorwärts, sie kommt aus der Quelle und geht Wellenförmig als das Wasser des Lebens, vollgeladen mit unzähligen Tönen und Melodien, aus der Allmächtigen Gottheit heraus und erschafft alles damit. Das ist der Heilige Geist, der alles erschafft, alle Welten Universen, alles und das soll die wahre Form des Gurus des Meisters sein, und dadurch kann dann gesehen werden, wer damit Eins ist, ist damit auch Automatisch eins mit allem auch mit dem allmächtigen Göttlichen, und deswegen die sagenhaften Fähigkeiten der Meister oder Satgurus oder Wahrheitsheiligen. Diese Heiligen sind nicht die Heiligen die sich die Religionen per Ausleseverfahren und Urkunden dann zurechtbasteln weil der das und die das gemacht hatte, wie der Papst und andere Kollektivfänger, denn die haben nicht das Wort oder das Wasser des Lebens das Jesus erwähnt verwirklicht. Die meisten dieser Papstheiligen oder Mullaheiligen das sind bloß gute Sozialarbeiter im übertragenen Sinne gesehen. Aber ich habe es erlebt, das ist enorm. Und er wird mit dem Bereich wahrgenommen der von der Stirn anfängt und höher darüber liegt.

Dieser Weg aber, der geht gegen den Strom des Wassers des Lebens. Diese Methoden die Licht und Klang Methoden die gehen gegen den Strom, gegen die Evolution nach außen. Weil durch diese Konzentration die aufgebaut werden soll im Kopf durch die Rezitation der 5 Wörter und dem hören des Klangs, weil dadurch die Energie die Bewusstseinsenergien die natürlich nach außen fließen hier auf der physischen Ebene, gesammelt werden sollen, und dann mit dieser Sammlung der Weg nach Innen oder ins Zentrum gemacht werden muss, soll, kann. Man sich sozusagen vom physischen Löst. Aber war das überhaupt mein Weg musste ich mich gestern wieder fragen ? War das überhaupt weswegen ich mich 1992 als ich das Büchlein fand dafür entschied, war das überhaupt was ich damals wirklich wollte. Nein, ich wusste gar nicht auf was ich mich da einlassen würde.

Ich wollte diese Spannung in meinem Kopf loswerden. Ich dachte daran mit dieser Methode aufzuhören und mich auch total von diesen Meistern und Heiligen zu distanzieren. Ging das überhaupt noch nach fast 56 Jahren Beschäftigung damit. Und was brachte ich von vorherigen leben mit, welcher Wulst. Welche Last. Es war Zeit sich davon zu befreien. Ich nahm also die Bachblüten - Tropfen, machte einen Spaziergang durch die Wälder es war kalt windig frisch der Nordwind . Abends ein langes Bad und keine Bücher mit dem Thema dieser Heiligen. Spät abends hörte ich noch eine Kassette von Ching Hai ein Vortrag auf Hawaii 1993, aber da fiel mir auf das sie sagte , als sie zu ihrer spirituellen Suche befragt wurde in Indien und Himalaja, da sagte sie : Damals war ich noch Spiritueller, noch blind auf der Suche nach Gott. Damals war ich noch spirituell verrückter. Das gefiel mir nicht als ich das hörte. Das hörte sich so an, das spirituelles Suchen verrückt sei. Mir fiel wieder ihre unklare Sache mit dem Meister Khuda Ji ein. Und auch einmal als sie gefragt wurde wie es mit Gott sei, da machte sie eine herablässige Beantwortung, das Gott für sie zur Zeit gar nicht mehr so präsent sei , so was in der Richtung. Sie wusste auf einmal nichts mehr von Gott. Aber dann 1999 machte sie diese Tour durch Europa mit dem Thema : Gottes Direktkontakt- See Gott während du lebst. Es war keine kontinuierliche Klarheit mit Ching Hai zumindest nicht für mich und meinen Verstand und Vernunft.

In Bezug zu Direktkontakt zu Gott hatte ich schon vor einiger Zeit etwas geschrieben, nämlich : Gott Direktvermarktung - Direktverkauf. Jesus einer der besten Netzwerker der jemals auf der Erde war. Als Direktverkäufer seiner MLM - Struktur, die heute gigantisch ist, obwohl seine Lehre in den Firmenchefetagen verzerrt ist und ein Übles Blödes Lebensfeindliches Pyramidensystem geworden ist. Aber alle Pyramiden zerfallen ohne Ausnahme. Auch die lebensfeindlichen Pyramidensysteme der Wirtschaftlichen Gesellschaften, die reine Ausbeutsysteme sind. Egal welcher Nationen und Systeme. Alles noch Ignoranzsysteme Angstsysteme alles noch Ausbeutsysteme.

Also setzte ich mich spät abends noch mal hin zum Meditieren, aber auf meine Art, aber nicht lange. Nachts träumte ich von dem Meister und auch von Ching Hai. Morgens fiel mir ein das diese sogenannten Meister diese sogenannten Gurus diese sogenannten Heiligen das sie alle Probleme hatten die sie versuchten zu lösen durch diese Arbeit diese Meditationen diese spirituellen Arbeiten. Aber was bedeutete das ? Es bedeutete das wenn man sich nun denen anschließt und unter deren Energie und

Führung kommt, man auch deren Problem hat zusätzlich zu deinen eigenen Schwierigkeiten. Denn folgendes, das ist wichtig zu wissen : Sidharta der später als Buddha Shakyamuni bekannt wurde, was hatte er für ein Problem ? Sein Problem war das Alter und der Tod.! Ist das aber auch dein Problem frage ich gleich hier ? Sei wachsam, denn, wer das Problem nicht hat, der halst sich das auf, nämlich durch die Lehre die er hinterlassen hat und die in Wahrheit nun ein Klotz am Bein ist, nämlich in der Gegenwart zu sein und das Göttliche zu leben und zu empfangen. Und somit sind für mich zbs. die Buddhisten allesamt Traumtänzer die Buddhas Problem nachleben wollen, und ich bin mir ziemlich sicher, ohne das sie das Wissen und wollen.

So Buddhisten sind Schlafwandler unter Gottes Himmel. Schlafwandler die versuchen etwas zu erreichen was gar nichts mit ihnen als Person zu tun hat, denn das war bloß Sidhartas Trauma Traum Problem. Also sei wachsam.

Und welche Probleme hatte Jesus. Das kann ich nicht mehr nachvollziehen. Weil es zu wenig über seine persönliche Route gibt. Außer der Vatikan also deine liebevollen Freunde dieser Sekte, der hat das unter Verschluss.

Und welche Probleme hatte Mohammed? Ist mir nicht bekannt. Ist mir auch egal welche Probleme der hatte!

Und welche Probleme hatte Ching Hai als sie loszog. Wollte sie Meisterin werden. War sie unzufrieden mit dem Leben hier auf der Erde. War sie unzufrieden mit sich selber. Ja das war sie. Sie hatte viele Kommunikationsprobleme. Sie konnte nicht gut Reden und vieles mehr. Aber diese Probleme bekommst du auch wenn du dich auf ihren Weg einlässt weil in der Lehre und der Affinität zu ihr das wohl drin ist. Ihr Problem war Gott. Ihr Problem war sie selber. Und nun ?

Das Problem von Sawan Singh war Angst vor dem Leben auf der Erde, deswegen noch mal Wiedergeboren zu werden das war der Horror für ihn. Der war von der Angst so Eng so Verblendet worden das er gar nicht erkennen konnte ganz locker und entspannt, das er ja selber das Ewige Göttliche Unsterbliche ist. Das können wohl immer noch viel zu viele nicht auf der Erde. Aber das war Sawan Singhs Problem. Und das bietet er dir dann an, Nicht mehr wiedergeboren zu werden.

Das bietet Ching Hai auch an. Ihr werdet garantiert nicht mehr wiedergeboren werden! Ihr werdet nur noch über der physischen Welt sein, dort leben, und dort euch weiter entwickeln! Das ist prima. Ok.

Ich verglich deren Probleme mit mir selber. Denn ich hatte nicht deren Probleme. Und ich wollte sie auch nicht übernehmen. Annehmen. Ich hatte grenzenloses Vertrauen in dieser Abenteuer ja ich war Abenteurer und mir ging es nicht mal um Vertrauen. Das brauchte ich gar nicht. Ich war, bin, Glückselig. Langsam wuchs in mir der Eindruck das diese jahrzehntelange Reise mir das Verbaute, diese Einweihung mich verblöden würde unfrei machen würde, nicht weil sie schlecht ist, nein, weil sie nichts für mich war. Für mich ist !

Ich zog noch mal eine Bachblüte : Mimulus. Thema : Ich darf alle belastenden Eindrücke aus der Vergangenheit loslassen. Ich schöpfe neuen Mut. Aha, belastenden Eindrücke aus der Vergangenheit. Waren diese Heiligen nicht auch belastenden Eindrücke aus der Vergangenheit. Waren diese Lehren das nicht. Waren die Probleme dieser Heiligen nicht belastende Eindrücke. Ja nicht nur das, war dieser Versuch derjenigen die vor langer langer Zeit damit anfingen Gott zu suchen nicht deren Probleme, war das nicht Vergangenheit dieser Schriften, waren nicht alle Schriften alle Bücher auch das jetzt geschriebene und möglicherweise von jemand gelesene bloß Vergangenheiten, also Last. Und was war die Gegenwart ? Waren nicht alle Religionen auf der Erde belastende Eindrücke aus der Vergangenheit. ? Sind nicht alle Systeme egal welcher Art belastende Eindrücke aus der Vergangenheit die nun nachwirken. Die nun ihre Früchte zeigen ob gut oder übel oder gemixter Klotz am Bein.

Sind nicht diese belastenden Eindrücke aus der Vergangenheit auch der Versuch etwas zu erreichen das mich immer enger unentspannter machte unzufriedener bis hin zum Absterben. Wäre das ein schöner Anblick das so zu sehen, nein. Das wollte ich nicht.

Ich wollte nicht mit einem Betonkopf oder Betonherz oder Spannungsgeladenem Kopf herumlaufen, nein Danke, denn ich wusste zu viel von mir selber, denn in der Glückseligkeit ist das alles nicht vorhanden. Das war alles Blödsinn diese Methode für mich, viel zu viel Stress und Schuftereien, viel zu viele Schönmalereien der Meister und Heiligen und auch von Ching Hai in ihren Vorträgen, denn das ist ja nun alles was sie Vermarkten können, ihren Weg. Da waren viel zu viele Worte die nicht das hielten was die Philosophie von ihr aber erwähnte. Und die Wirklichkeit sah ganz anders aus. Dazu ist es besser die Bücher zu lesen wo es um die Schwierigkeiten in der Meditation geht. Und wo dann immer bloß gesagt wird, weiter weiter weiter meditieren. Und der Verstand und die Vernunft eines Meisters braucht nicht besonders gut zu sein, aber dafür hat er andere Fähigkeiten. Aber in der Wahrheit, in der Wahrheit steht jeder und jedes und alles in direktem Kontakt zum Göttlichen. Obschon insbesondere in der Lehre der Licht Ton Meditation, der Gefängniswärter, die Zeit, die Kausalität, oder Brahma, als derjenige dargestellt wird der die menschliche Seele hier gefangen hält. Und was wäre Gott dann ? Ein Arschloch in meinen Augen. Wohl ja ?

Aber wenn das als die Illusion betrachtet wird dann ist das schon anders. Soo, sind die Meister und Gurus nicht auch verlogen ?

Würde Gott das Absolute die Seelen auf ewig gefangen halten. Ach nein, dazu sind ja dann die Meister da, die Heiligen, die jene die an sie glauben und die sie Initiiert haben befreien. Nun gut, das wäre also erledigt.! Denn Jesus befreite ja bloß jene damals die seine eingeweihten waren. Aber die Christliche Welt glaubt sie wären allesamt befreit worden, erlöst worden. Soo, diese Erlösung ist bloß Erlösung aus dieser dreischichtigen Illusion. Was sagt Buddha im Surangama Sutra dazu. Er sagt etwas zu den 5 Knoten die gelöst werden müssen. Ich erwähne hier bloß die Essenz nicht seine gesamte Aussagen ,hier sind sie :

So ist es mit jeder Ursache, Kondition und Natur, es ist andauernd eine Mentale Illusion - geschätzt von fühlenden Wesen.

1 Knoten : Ananda es könnte auch so genannt werden : Anstatt Karma - es ist die erste falsche Konzeption von Festigkeit.
2 Knoten : Dies könnte als die zweite falsche Konzeption gelten - Diskrimination oder Wissen.
3 Knoten : Dies könnte die dritte falsche Konzeption genannt werden - Anpassung oder Aktivität.
4 Knoten : Dies könnte die vierte falsche Konzeption genannt werden - Geheimnistuerei und Stille.
5 Knoten : Diese Abhängigkeit von dem nur teilweise ruhigen Zustand der stillen Ruhe, die dann die perfekte Erreichung sein soll, ist die fünfte, verfeinerte und konzentrierte, falsche Konzeption - Verwirrung des Geistes.

Das ist alles die Quelle von falschen Konzeptionen oder die Leerheit der Illusionen, und dafür musst du eine tiefe Abscheu gegen ihre Ego-Persönlichkeit entwickeln, so das du nicht länger an dieser dreifachen Welt des Leidens hängst. So das war einiges aus dem Surangama Sutra.

Die dreifache Welt ist dann die Physische die Astrale und die Kausale Welt oder die drei Körper .

Aber auch da war mir heute nicht nach gelegen, denn damit würde ich ja diese Lehre und Methode weitermachen müssen um darüber hinaus oder davon weg zu kommen können, was mich ja so eng, zu unentspannt machte. Dann suchte ich noch einiges in anderen Büchern und nahm auch das Buch : Question and Answers 1 von Ching Hai heraus, da werden Fragen beantwortete aus den frühen Jahren ihrer Lehrtätigkeit und ich schlug Intuitiv diese Seite auf und las : Wenn deine Meditation dir Frieden, Stille und Weisheit gibt, mehr und mehr, und ein liebendes Herz jeden Tag, dann ist es die richtige Methode für dich. Aha. Aber genau das gab mir diese Methode nicht. Mir gab und brachte sie Enge Haaresbreite Unzufriedenheit . Aber kann es sein das es bloß Temporär ist das es einer der Knoten ist von denen Buddha redete. Aber soweit kam ich heute nicht, das zu beantworten. Mal sehen was noch passiert. Jedenfalls die Enge nein danke das brauche ich nicht und will ich auch nicht. Dieses lieblose Hochspannungsmäßige . Das wars mal wieder. Gruß von der Wolke der Unwissenheit.

3.3.2004

Hier ist noch mal die Wolke der Unwissenheit. In meinem Verstand ist immer noch nicht Ruhe und Klarheit eingetreten, ab und an kommt immer wieder der Zweifel hoch in Bezug zu mir und Ching Hai, ob ich da nicht doch einen Fehler gemacht habe, und wo der bei mir liegen könnte, abseits von der Entscheidung mich Initiieren zu lassen. Mir ist aufgefallen das ich , mein Kopf, mein Verstand sich immer mehr mit der Meisterin Ching Hai beschäftigt hatte, das muss ja bedeuten das er, ich, irgendwie versuchte etwas davon zu lernen oder aber einen Vorteil dadurch zu haben, oder Wissen zu vervollständigen. Dabei ist die Person von ihr zu weit in den Vordergrund gerückt, und ich zu sehr in den Hintergrund. Dann ist über die Jahre ein starker Zweifel in mir gewachsen. Vor einigen Tagen wachte ich morgens auf und brachte noch vom Traumland das Wort Zweifel mit ins Bewusstsein, und dabei wurde mir gezeigt das Zweifel die Zwei in sich trägt, also Dualität. Das ist ja nun etwas was ich in meinem Denken nicht brauche. Entweder sie oder ich. Also ist die Antwort ganz klar - ICH. Oder aber das dualistische Zweifeldenken muss aufhören, ohne das ich eine Entscheidung Du-Ich treffen würde. Jedenfalls habe ich seit meinem letzten Bericht doch einige Mentale Schwierigkeiten und Energetische Unstimmigkeiten in meinem Organischen System. Ich habe aufgehört mich mit diesen Meistern zu beschäftigen und versuche mein eigenes Leben wieder in den Vordergrund zu bringen.

Ich habe den Eindruck das zu viel Macht durch diese Meditationsform in mir stabilisiert wird, die sich als eine Art von Starre oder Starrheit in meinem Kopf manifestiert. Der Schatten der Macht zeigt sich ja immer dann, wenn wir versuchen, unsere eigenen Maßstäbe einem anderen Menschen aufzuzwingen. Wobei der Versuch das zu erreichen äußerst subtil sein kann mit sehr vielen Versprechungen und Darstellungen, auch in Bezug zu Visionen, oder Licht und Ton Erfahrungen oder anderen Erscheinungen. Alles was ich selber erreicht hatte ohne diesen Kontakt zu anderen Gurus Meistern oder egal wie sie genannt werden, war für mich von großer Schönheit und Glückseligkeit, aber seit ich mich dieser Ching Hai Truppe anschloss ist mein Verstand mehr und mehr in eine Art von Starrheit verwandelt worden, da ja der Verstand, sozusagen für diese Meister der große Widersacher ist, die Negative Macht. Also muss der Übergangen werden. Aber nichts dergleichen konnte ich an mir feststellen. Außer das sich diese enorme Enge und Verkrampfung in mir über die Jahre entwickelt hatte. Wer also seine Maßstäbe an andere egal wie weitergeben will egal mit welchen Versprechungen bis hin zu Gott und Rettung und du brauchst nie nie nie wiedergeboren zu werden, der mischt sich in die Würde und Integrität des anderen ein und verletzt sie, mal poetisch formuliert, und aber auch praktisch formuliert. Da ich ja diese Starrheit und Verkrampfung physisch erlebe.

Ich vergehe mich aber auch an mir selber, wenn ich so was zulasse, das andere die man gar nicht kennt, egal ob wir nun alle aus der göttlichen Quelle kommen, oder sogar das wir alle Gott selber sind, das uns andere, ihre Richtlinien und Werte aufdrängen. Obwohl das Wort aufdrängen nicht stimmig ist, aber im gewissen Sinne schon, denn die Initiation ist mit Richtlinien verbunden, die diese Werte in den Vordergrund heben, sie also als Verpflichtung anzusehen sind, obwohl auch da dann immer wieder gesagt wird du brauchst nix zu tun.

Aber auch von den Erwartungen anderer abhängig zu sein, da ja die Erwartung die regelmäßige Meditation und das einhalten der 5 Gebote ist, das ist schon fremdbestimmt zu sein, und unserer eigene, meine eigene Wahrheit zurückzustellen, das bedeutet schon großes Unrecht gegenüber meinem Wahren Wesen . Mich. Ich das Göttliche. Das Ewige Unsterbliche. Freie. Schöne. Wenn ich also versuche andere zu dominieren oder wenn man ihnen Macht über sich selber gibt , was durch die Initiation geschieht, verstoße ich oder der andere gegen das Gesetz der Liebe und Freiheit. Wobei die Liebe und Freiheit für mich kein Gesetz sind. Das ist bloß eine Formulierung.

Also diese Initiation ist ein zu starker Eingriff in meine Freiheit. Das Angebot, also die Werbung und das entsprechende Produkt, sind nach 10 Jahren dieser Meditation - durchgefallen. Zumindest bis heute, jetzt, nun.

Aber dann sah ich vorgestern, als ich in Kassel war eine große Werbefläche, ein Photo, das hockte doch eine sogenannte Frau, und Pisssssste, und hielt der Kamera eine Zigarette entgegen. Ich geh davon aus, es ist eine Zigarettenwerbung, da ich im Fahren nicht erkannte worum es ging. Aber als ich das sah das es da wirklich um Pissen ging da fiel mir ein Gespräch ein das ich in Bayern 2 gehört hatte nach dem Australien TV Ding das ich nicht gesehen hatte aber davon gehört hatte, und in dem Gespräch kam zum Vorschein das weitere noch viel primitivere Shows und üblere Shows in Planung sind, die noch dumpfere Instinkte zum Vorschein bringen sollen, und das sie sogar damit Arbeiten das bald Blut in den Shows gesehen werden wird, und es sogar soweit gehen soll das sich die Menschen gegenseitig töten und dergleichen. Dann fiel mir ein Buch ein das ich gelesen hatte „ The Creature from Jekyll Island „ von Edward Griffin ISBN- 0- 912986-21-2. Ein sehr gutes Buche sehr empfehlenswert, in englischer Sprache, das muss jemand ins deutsche übersetzen. Denn es geht um die Meister die heute die Gesellschaften verblöden und ausbeuten und ganz bewusst die Menschen in niederen Schwingungen was als Instinkte bezeichnet wird, halten, und Erfolg damit haben. Denn Demokratien sind ja bloße Raubsäugetier fress und Abzockgruppen. Bis jetzt gibt es nämlich noch keine Demokratie auf der Erde nirgendwo irgendwo irgendwie. Jedenfalls ist da unter anderem ein Report from Iron Mountain . Das ist ein Bericht einer Denkstudie von 1966 . Natürlich wurde der Bericht als er bekannt wurde sofort von den Auftraggebern bestritten, und die waren, das Verteidigungsministerium der USA unter Robert McNamara, und wurde vom Hudson Institut in der Nähe von IRON MOUNTAIN in New York erarbeitet.

Das Hudson Institut wurde von Hermann Kahn gegründet und geleitet, der zuvor mit der Rand Corporation war. Beide, McNamara und Kahn sind Mitglieder der CFR. In dieser Studie ging es darum Wege der Ausbeutung zu entwickeln um die „ Gesellschaft zu stabilisieren „. Das hört sich zuerst für blöde, gut an, aber es wird schnell klar , das Wort Gesellschaft ist synonym mit dem Wort Staat - Gouvernement. Weiterhin wird das Wort „ Stabilisieren im Sinne von Präservieren und Perpetuieren genutzt. Es ging also darum, zu analysieren, durch welche unterschiedlichen Wege der Staat, also jene die Ausbeuten in den USA, wie heute die Buschfeuersekte, die ja durch Betrug in den USA regieren, diese Ausbeutung aufrechterhalten können, kontinuierlich. Das muss man sich mal vorstellen, was das für Verhältnisse sind, die USA ist wirklich schon durch und durch auf Rom-Niveau, also Zerfall und Fäulnis, und das kann bloß durch noch mehr Brutalität und Materialismus aufrechterhalten werden. Aber andere Staaten sind nicht besser da sie ja alles Blöde und Blind mitmachen und sich davon Abhängig Glauben. Jedenfalls ging es in der Studie darum den Politikern die sich als der Staat sehen, den es gar nicht gibt, das ist bloß eine Idee, die kontinuierliche Macht zu gewährleisten, durch Wege die die sogenannten Bürger, ein armseliges Sein, Bürger zu sein, das bedeutet nämlich auf ewig für andere zu leiden und ausgebeutet zu werden, weil sie ja für alles Bürgen wollen, so derjenige der das Wort und den Glaube an den Bürger in die Welt setzte , der hatte damit zugleich das Gefängnis für jene geschaffen die an den Bürger an das Bürgersein glauben, und die Politiker die ja alle ohne Ausnahme noch Raubsäugetiere sind, wissen das ja und bluten so die Bürger aus. Da sie alles stillschweigend hinnehmen. Basta. Es ging also in der Studie darum Menschen zu kontrollieren und sie davon abzuhalten zu rebellieren.

Gleich am Anfang des Berichts steht dann, das Moralität kein Thema ist. Und das es auch nicht um die Fragen von Richtig und Falsch ging, oder geht. Auch wurden die Konzepte von Freiheit oder Menschenrechte nicht beachtet. Auch Ideologien, Patriotismus, Religionen, alles das war kein Thema für diese Studien. Es ging nur darum, wie man die politische Macht kontinuierlich aufrechterhalten kann. Im Bericht heißt es : Vorherige Studien haben den Wunsch des Friedens, die Wichtigkeit des menschlichen Lebens, die Superiorität von demokratischen Institutionen, das größte „Gute „ für die größte Menge, die Würde des Individuums, das wünschenswerte von höchster Gesundheit, und langes Leben, und andere solche gewünschten Zustände als grundlegende Werte nötig für die Rechtfertigung für eine Studie für Friedens- Richtungen. Wir haben das nicht so gefunden. Wir haben versucht den Standart von physischer Wissenschaft (Also Materialismus , also Ignoranz) in unser Denken zu nehmen, wo das prinzipielle charakteristische nicht die Quantifizierung ist, so wie es populistisch geglaubt wird, aber wie in Whiteheads Worten „ es ignoriert alle Beurteilungen von Werten, zum Beispiel, alles Ethische und moralische bewerten." (Da kann man mal sehen was Wissenschaftler insbesondere dieser Weißkopf was das für ein Satanischer Vertreter der Ignoranz ist, und was zum Beispiel Bildung oder Ausbildung für Bedeutungen haben, nämlich keine, denn du bist als Raubsäugetier, was sich zur Zeit Mensch nennt, aus deinen Vorleben vorbelastet, und das tierische Brutale primitive bringst du mit, da spielt der Doktor der Professor der Kanzler der Präsident und so weiter keine Rolle, weil du dich als Wesen nämlich nicht entwickelt hast, und nach der Lehre der Erleuchteten der Meister der Buddhas, derjenigen die Wahrheiten verwirklicht haben, sind die meisten noch die Vertreter der negativen Macht, also des üblen des dunklen)

So in dieser Studie, war das Resultat dieses Berichts, das in der Vergangenheit, nur der Krieg das gesicherte Instrument, diese Machtrolle der Politiker aufrecht zu halten. In der Studie hieß es das nur während des Krieges oder dem Druck der Drohung auf Krieg, die Menschen alles blindlings mitmachen was die Politiker ihnen abverlangen ohne sich dagegen zu wehren.

Diese Angst vor Kriegen soll also aufrechterhalten werden oder mit Kriegen sollen die Massen ausgebeutet werden, (Was ja gut zu gut in den USA angewendet wird, die amerikanische Bevölkerung ist schon sehr sehr trübe verkommen in ihren Fressorgien und Ausbeuteorgien anderer Bevölkerungen gegenüber, und das soll ein Vorbild sein, für wen, ja für wen, wohl bloß für jene die auch so sind und sein wollen, wie die Merkel oder die CDU Truppe oder andere Blinde. Aber da ja alles von Gott geschaffen ist, gehören die gesamten Farbspektren zum Spielplan damit sich durch die Reibungen dieser unterschiedlichen Kräfte und Ansichten und Wegsichten und Absichten und Sauereien und Liebe ein Spannendes Abenteuer zeigt. Jeder spielt hier eine Rolle die wenigsten spielen ein Viereck.)Um dann zu Siegen gegen diesen erfantasierten Feind, wie zbs Saddam Hussein, wird der Bevölkerung alles abverlangt und zwar von der Industriegruppe und Politikergruppe die diese demokratische Diktatur erfolgreich durchzieht. Und wer sich dann dagegen wehrt der wird als Volksverräter gebrandmarkt. All das ist ja wunderbar in den USA nun zu sehen gewesen. Aber zu Friedenszeiten da haben die Menschen dann wieder die Schnauze voll von hohen Steuern, bürokratischer Willkür und Kürzungen anderer Arten. Dann werden die Menschen respektlos gegenüber ihren „Führern „ (was ja auch sinnvoll ist) und sie werden den linkischen Politikern die nicht mehr als Raubsäugetiere geblieben sind in ihrer inneren Entwicklung, zu gefährlich, da der Politiker und die Machtindustriellen, die Bevölkerungen ja bloß als Ausbeutorgane betrachten die sie in die Ausbeutepositionen bringen sollen, aber dann selber ausgebeutet werden sollen. Kein Staat, also politische Gruppe, oder politische Sekte, hat lange überlebt ohne Feinde und kriegerische Auseinandersetzungen (Das ist der Glaube der amerikanischen Politiker wohlbemerkt so glauben sie ihren Wahn der Macht und der Lüge aufrechtzuerhalten. Dabei brauchen diese Machtgierigen Raubsäugetiermenschen gar nicht solche Methoden anzuwenden. Sie machen das ja bloß aus Unwissenheit heraus, weil sie nicht wissen wer und was sie in Wahrheit sind, und, sie gehen von ihrem eigenen Innenleben aus, ihren eigenen üblen Gedanken und Vorstellungen, und projizieren sie einfach auf die Öffentlichkeit den Bürger, wobei sie dann Glauben das alle so sind wie sie selber. Aber weil sie nicht wissen wer und was sie sind, denken sie wären dieses Raubsäugetier, dabei sind sie das Göttliche, die Wahrheit die Liebe. Aber diese Einsicht haben sie nicht und so schwelgen sie in dieser immensen Ignoranz. Aber erst wenn die Ignoranz aufhört hört auch das Böse auf, das Negative, die negative Kraft) Deswegen wurde Krieg als unersetzbare Kondition für eine „Stabilisierung der Gesellschaft „ empfohlen. (Das muss man sich mal vorstellen, was das für unbeschreiblich üble Raubtiere sind, das muss man sich mal so genüsslich zergehen lassen was das für primitives Gesocks ist das in der Politik ist, aber auch in der Wissenschaft , überhaupt, der Mensch das Raubtier , das hauptsächlich aber von denen ausgeht die solche Positionen haben wollen, ergo den Politikern und Bankseuchen und Industrieseuchen) Im Bericht heißt es :

Das Kriegsystem ist nicht nur essentiell für die Existenz von Nationen als selbständige politische Entitäten, es ist auch gleichwertig unersetzlich für eine stabile politische Struktur. (Da kann man mal sehen was von den Werten Jesu oder Buddhas oder Mohammeds übriggeblieben ist , nichts, ich spreche hier von Jesus und Buddha nicht von Christen oder Buddhisten oder Mohammedanern Moslems, denn das ist ja ein himmelweiter Unterschied) Ohne Krieg hat kein Staat jemals eine Beruhigung in seiner „Legitimation „ oder Recht eine Gesellschaft zu regieren, erreicht. Die Möglichkeit von Krieg bringt den Sinn von externer Notwendigkeit, ohne der kein Staat lange in der Macht bleiben kann. (Ist schon beeindruckend wie primitiv Wissenschaftler und Politiker sind, und wie unbeschreiblich schwer sie es sich selber machen , ergo wie unsagbar blöde die sind) Die geschichtlichen Berichte lassen eine Situation nach der anderen zeigen, wo der Fehler einer Regierung die Möglichkeit eines Krieges anzuwenden zur Auflösung der Regierung führte, durch die Kräfte der privaten Interessen, durch Reaktionen auf soziale Ungerechtigkeiten, oder andere auflösende Elemente. Die Organisation der Gesellschaft auf einen möglichen Krieg hin ist das prinzipielle politische Ziel, der Stabilisator . (Ja damit kann man heute noch jeden blöden gewinnen den Nationalisten und den andere dumpfe Geister der Raubsäugetierklasse, sozusagen der A-Klasse) dadurch wird es dann auch möglich notwendige Klassenunterschiede aufzubauen, um so sicherzustellen, das die notwendigen unterwürfigen Bürger des Staates, das für die Machtstruktur notwendige widerstandsfähige Konzept einer nationalen Einheit, aufrechterhalten.

Eine neue Definition von Frieden

In den Bericht heißt es das wir einen Punkt erreichen werden wo die alten Formen nicht mehr wirksam sind. Warum ? Weil es nun möglich werden wird einen Weltstaat aufzubauen. Da werden alle Staaten entarmt werden, da ja keine Kriege unter dem Weltstaat seien werden. Es wird also die Weltarmee geben. Das wird dann eine Kondition seien die Frieden genannt werden wird. Der Bericht sagt : „ Das Wort Frieden, so wie wir es in den zuvorigen Seiten beschrieben haben, beinhaltet totale Entwaffnung, global. „ Unter diesen Szenarien , werden selbständige Nationen dann nicht mehr existieren und ein Staat hat dann also keine Möglichkeit mehr Kriege zu führen. Da würde es nur militärische Aktionen geben durch die Weltarmee gegen aufwieglerische politische Unterdivisionen, aber diese würden dann als friedenserhaltende Operationen bezeichnet werden, und Soldaten würden dann Friedenserhalter genannt werden. Egal wie viel Land, Eigentum oder wie viel Blut fließen würde, die Kugel die geschossen werden würden, wird Friedenskugel genannt werden und die Bomben sogar Atombomben würden Friedvolle Bomben genannt werden (So ist ja die USA schon heute so verblödet)

Der Bericht stellte dann die Frage ob es dann jemals eine ausreichende alternative für Krieg geben würde ? Was könnte zum Beispiel ein regionaler Staat tun und was könnte ein Weltstaat tun um seine Macht zu legitimieren und aufrecht zu halten ? Um eine Antwort dafür zu bekommen, deswegen wurde diese Studie aufgegeben.

Der IRON MOUNTAIN REPORT kommt zur Entscheidung das es keine alternative zu Krieg gibt außer es beinhaltet drei Eigenschaften .

1 Es muss wirtschaftlich verschwenderisch sein.

2 ein starkes Bedrohen repräsentieren von großer Wirkung.

3 eine logische Entschuldigung ergeben die den zwangsmäßigen Dienst für den Staat rechtfertigt. (Ist schon armselig was das für arme Tiere sind die diese Studie gemacht haben, und das waren Harvard Universitäts Professoren so wurden sie jedenfalls genannt, aber so ist es mit Etiketten, alles Blendung Betrug Schein Schein)

Eine sophistische Form der Sklaverei

Zum Thema des zwangsmäßigen Dienstes, sagt der Bericht das eine der Vorteile einer stehenden Armee die ist, das sie ein Platz ist, für den Staat um Antisoziale und weigernde Elemente der Gesellschaft unter zu bringen. In der Abwesenheit von Kriege sind diese zwangsmäßigen Arbeitsbataillone dafür zuständig , wird ihnen dann erklärt werden, das sie Armut bekämpfen oder den Planeten reinigen oder die Wirtschaft unterstützen oder der Dienst ist für das Allgemeinwohl. Jeder Jugendliche würde den Dienst machen müssen insbesondere in den Jahren in denen die Jugendlichen besonders rebelliös sind gegen Autoritäten. Auch ältere Menschen würden eingezogen werden wenn sie Steuerschulden haben, oder andere Gerichtsgelder schulden oder andere Schulden haben, um sie dort abzuarbeiten. Flüchtige würden schwere Geldsummen aufgebrummt bekommen als sogenannte „Hasskriminelle" und jene mit politisch inkorrekte Einstellungen, so eventuell würden sie alle in der Zwangs-Arbeits-Armee sein. Der Bericht sagt:

 Wir werden examinieren ...die Sinvolle-Zeit- Nutzung der militärischen Institutionen um für Antisoziale- Elemente eine akzeptable Rolle in der Sozialen Struktur zu haben... Das jetzige euphemistische Cliche - Jugendliche Vergehen - und Entfremdung- sie haben ihr Gegenteil in jedem Alter. In früheren Zeiten wurde mit diesen Konditionen so umgegangen das militärisch mit ihnen umgegangen wurde ohne die Komplikation von regulären Gerichten. Einfach durch direkte Versklavung. (Also das passiert ja heute in den USA man denke bloß an das militärische Camp auf Cuba oder die primitiv Seinsweise der USA mit ihren Ketten und Fußfesseln, die USA ist heute genau das was hier vor 40 Jahren als Strategie erarbeitet wurde, denn jene Menschen die das wollen, sind ja in den USA und auf der Erde durch ihre vielen Geldmachtbanditentümer in den Positionen und die Kartelle und Monopole sind allesamt in den Händen dieser Art von primitiver Raubsäugetiere. Und die Weltbevölkerung schaut blöde hingebungsvoll nach USA für Leadership, jaja, für Ausbeut und Verblödungsship)

   Die meisten Vorschläge die sich hervorheben, explizit oder anders, zu den Vorkriegsproblemen, die soziale entfremdeten zu kontrollieren, (Sozial entfremdete sind in den Augen dieser Raubsäugetiere oder Faschisten jene die nicht genauso Lügen und Betrügen und Ausbeuten wollen wie sie selber) wenden sich zu den Varianten der Friedens Gruppen oder sogenannten Arbeits- Gruppen für eine Beseitigung des Problems.   Die sozial unzufriedenen, die wirtschaftlich unvorbereiteten, die psychologisch unkomfortablen, die schwer kriminellen, die unkorrigierbaren Subversiven, und die restlichen der nicht Arbeitsvermittelbaren, werden so betrachtet das sie irgendwie transformiert werden durch den Dienst beim Militär in mehr oder weniger akzeptable Sozialarbeiter.

   Ein weitere mögliche Zutat für die Kontrolle von potentiellen Feinden der Gesellschaft ist die Wiedereinführung, in irgendeiner Form konsistent mit moderner Technologie und politischen Prozessen von, Versklavung.. Es ist total möglich das die Entwicklung von einer erhöhten Form von Versklavung eine absolute Voraussetzung ist, für soziale Kontrolle in einer Welt die Frieden haben will. Als ein praktisches Anliegen, die Veränderung der militärischen Eigenschaften würde überraschenderweise wenig auffallen, wenn sie in eine Form von Versklavung verändert würde. Der logische Schritt würde deswegen sein die Adoption von irgendeiner Form von Universellem Militärischem Dienst einzuführen. (So hier haben wir typische Raubsäugetier die aber auch wunderbar Faschisten sind, denn Faschist ist seinem Sinn nach das oder derjenige der seine Raubmenscheigenschaften voll ausleben will und das war unter Hitler bestens möglich. In einer genaueren Betrachtung ist heutzutage der größte Teil noch

Faschist man kann auch Heide sagen da keiner sich an die Software der Richtlinien der 10 Gebote gehalten hat und nicht mal das erste Gebot oder Richtlinie einhalten kann, und will. Das sind nun die Konsequenzen davon das ihr solche Zukunft bekommt)

Blutige Spiele

(Deswegen fiel mir dieser Bericht noch mal ein als ich das Pissphoto das von diesen Strategien voll unterstützt wird in Kassel sah , denn die Halbaffen dieser Militärischen Studie und deren Harvard Professoren Halbaffen, die können ja noch nicht mal richtig Denken, da deren Denken ja unrein ist und von Macht und Kontrolle und Ausbeutung geführt wird, das bedeutet, sie sind benebelte Raubsäugetiere geblieben.)

Der Bericht zeigt Wege mit welchen die Öffentlichkeit abgelenkt werden kann mit unwichtigen Aktivitäten so das sie keine Zeit hat sich für politische Debatten zu engagieren oder politischen Wiederstand zu leisten. Hobbys, triviale Spiel Shows, Pornografie, und situationsbezogene Komödien könnten eine wichtige Rolle spielen, aber Blutige Spiele wurden als die am meisten und besten Möglichkeiten von allen Optionen ausgewählt. Blut Spiele sind konkurrierende Vorstellungen zwischen individuellen Mannschaften die genügend Aggressiv sind in ihrer Natur um den Zuschauern ein stellvertretendes Ausarbeiten seiner Frustration zu geben. Als ein Minimum, diese Events , Vorstellungen, müssen eine leidenschaftliche Treue gegenüber der Mannschaft aufbauen aus der Sicht der Fans, und sie müssen die Erwartung erschaffen von Schmerzen und Verletzungen bei den Spielern. Viel besser für diesen Vorfall ist wenn Blut und sogar der Tod dabei erfahren werden kann durch die Mitspieler. Der durchschnittliche Mensch hat eine morbides Faszination für Aggressionen und Blut . Ok, ich höre hier mit dem Bericht auf, in ihm wird auch noch die Möglichkeit erwähnt die Massen durch Armut zu kontrollieren und durch erfundene Globale Bedrohungen und auch durch Umweltvergiftungen. Das Ziel ist die Humanität zu zerstören, da jene ja Raubsäugetier geblieben sind und bleiben wollen, weil sie somit alle ihre Dunklen Bedürfnisse zu töten zu betrügen auszubeuten ihre immense Gier die immer schwarz ist wie die schwarzen Löcher im All das ist die gleiche Energie, ausleben können, und daran Freude haben, und heutzutage ist das sehr weit entwickelt, ja, Amerika ist ein reines Waffenlager geworden und der Amerikaner ist so verblödet durch das fressen von Fleisch und Porno und Football und Schneller und mehr und mehr das er keinerlei Spirituelle Entwicklung gemacht hat und sich auf Rom schon freuen kann. Willkommen in Rom, willkommen in der Zerstörung denn das ist das einzige was ein Raubtier kann, und auch ein Raubmensch. Aber auch als man die Vorteile der Blutigen Spiele sah und sie auch anwenden wird, das wird kommen, und da wird die Bibelsache stimmen wo steht das die Zahl 666 euch alle versklaven wird, eben das Tier, oder mit anderen Worten , ihr habt auf die falschen gehört für die falschen gearbeitet und so werdet ihr auch falsch sein und bleiben. Aber der Bericht kam zur Erkenntnis das auch diese Spiele mit Töten, keine adäquate Möglichkeit ist für Krieg, weil der Effekt an der nationalen Psyche oder genauer dem Mental dem Gemüt denn die Seele ist niemals davon beeinflusst, sie ist das reine Göttliche, das Blutige Spiele niemals, die Intensität der Kriegshysterien erreichen könnte. So bis eine bessere Alternative zum Krieg gefunden wird um die Massen zu verblöden und auszubeuten, wird der Staat kontinuierlich weitermachen mit Krieg. Nett nichtwahr.? Ach ja, zum Buch in dem dieser Bericht zu finden ist, das ist bloß ein winziger Teil der Informationen, das Buch ist ein wunderbarer Augenöffner für das was hinter dem Schein der ewig lächelnden Politiker und Bankmanager und Wirtschaftsbosse steht. Das muss man gelesen haben.

So dieses Pissssfoto in Kassel, erinnerte mich daran, das wenn es die Meister und die Satgurus und die echten Heiligen und alle anderen Erwachten und Wachen nicht gegeben hätte, mein Gott, wo wäre da die Menschheit jetzt, wohl noch im Hotel der Überhölle. So da lobe ich mir doch die befreiende Wirkung der Richtlinien der 10 Gebote oder der Fünf Gebote der Meister inklusive von der Meisterin

Ching Hai. Aber vor allem das höchste Göttliche die Höchste Gottheit. Denn Autos können sich nun mal nicht selber bauen, und Blumen können sich nicht selber erschaffen und Sonnen auch nicht und Galaxien auch nicht und weder noch kann sich ein Haus selber bauen oder ein Mensch selber erschaffen. So wer dir das sozusagen als „Reine Wissenschaft" weismachen will der ist ein primitives Raubtier geblieben, primitives Raubsäugetier als Metapher, denn das Raubsäugetier ist so wie es ist genau richtig, da es keine Möglichkeit hat anders zu sein, aber der Mensch schon. !? Das wars mal wieder Gruß von der goldenen Wolke der Unwissenheit.

7.3.2004

Ich habe noch einiges Interessantes in der Zeitschrift Tattva Viveka gefunden in Bezug zur Licht und Ton Meditation. In einem Bericht mit dem Titel : Der wellengenetische Code, wird von den Russischen Forschern dem Genetiker Peter P . Gariaev und seinen Mitarbeitern berichtet. Negativ Witzig ist ja das die westlichen Genetiker also Wissenschaftler also Raubmenschen, deswegen ist es auch verständlich weswegen die noch so blöde sind, das die westlichen Genetiker immer noch um die 95% des genetischen Materials als überflüssigen Abfall bezeichnen. Das heißt in Klartext das sie mehr als 95 % Ignorant geblieben sind. Jedenfalls dieser Russische Wissenschaftler geht über die stoffliche Ebene hinaus und erkennt etwas in dem Gencode das mit Musik und Sprache zu tun hat. Er beantwortete eine Frage der deutschen Wissenschaftlerin Waltraud Wagner folgendermaßen : Wir entwickelten die Idee von Gurwitsch, Ljubischev, und Becklemischev über Strahlungen von Chromosomen - über ein genomisches Orchester - weiter. Wenn man die Aufzeichnungen des werdenden Organismus in der DNS der Eizelle tatsächlich mit einer Notenschrift vergleicht, dann ist eine musikalische Phrase fähig, assoziativ die Gesamtheit der musikalischen Bilder in unserem Gedächtnis wiederherzustellen, wenn wir eine Melodie auch nur einmal gehört haben. Mit diesem Verständnis, kommen wir zu der Vorstellung einer bildlichen, zeichenartigen Codierung der Struktur eines Organismus in den Reihenfolgen der DNS-Nukleotide, das heißt, diese Folgen der Nukleotide erscheinen als eine Art klingender und sichtbarer Texte, aber nicht im poetisch-metaphorischem Sinn, sondern wirklich als Text in einer vorläufig unbekannten Sprache göttlicher Herkunft in einem komplizierten rhytmisch-musikähnlichen Arrangement von Wellen.

Die Waltraud Wagner fragt dann noch : Aber strahlen denn Chromosomen Licht und Ton ab ? Experimente gaben eine eindeutig bejahende Antwort. Ok, also hier weise ich noch mal auf die unbeschreiblich tiefgehende Licht und Ton Meditation hin die hier gemacht wird und auch auf die Ignoranz von der Wissenschaftlerin Wagner die solche Frage ob Chromosomen Licht und Ton abstrahlen hin, die ist sich nicht mal bewusst das alles aus Licht und Ton ist und das der Heilige Geist oder der Tonstrom oder Das Wort alles erschafft und aufrechterhält. Und das auch Wasser Licht und Ton ist und so weiter und so weiter. Die Harmonik der Welt ist ja seit undenklichen Zeiten erforscht worden , und aber, Gott hat im Menschen es schon so angelegt, das er über diesen inneren Musikweg der Harmonikweg, oder dem Klangstromweg, in sich selber durch Introspektion und Meditation und mit Wahrheitsmeister/in den Weg direkt zurückfinden kann zu sich selber und damit direkt zu Gott. Indem der inneren Musik gefolgt wird und einiges mehr. Bei den Schamanen ist zum Beispiel das mächtigste Werkzeug der Klang. Aber dafür bringe ich hier noch mal einige Auszüge aus dem Buch : Spiritual Letters , das sind die Briefe die der Meister von Sawan Singh, Jaimal Singh, ihm schrieb und ihn auf die Meisterschaft vorbereitete .

„ Ich erinnere dich daran deine Rezitation und das Hören jeden Tag zu tun, denn nur jetzt, in der menschlichen Form alleine, kann die Arbeit von Rezitation und Hören gemacht werden. Sie kann nicht gemacht werden in irgendeiner anderen Form von Spezies, denn wir können Gott nur finden durch die menschliche Form. Nur durch das finden eines perfekten Pfades, das treffen eines perfekten Satgurus (Wahrheitsmeisters, Gottverwirklichten) und der Entwicklung einer kompletten Liebe und Hingabe innerlich, - nie sollte irgendein Disrespekt oder negative Tendenzen in das Mental kommen - kann das

259

Ziel erreicht werden. Das ist keine Auszeichnung höher als Nam (Das Wort der Tonstrom der Heilige Geist) mein Sohn. Du hast den perfekten Weg gefunden und auch das gesamte Geheimnis. Schütze dich vor der Illusion dieses Feindes, dem Mind - Mental , denn seine Wünsche und Verlangen sind alle falsch. Die Kraft der Wünsche des Mind- Mentals und Illusionen haben das gesamte Universum eingefangen in den Wänden von Schmerz und Freude. Bleibe innerhalb des Satgurus Willen, mein Sohn, und höre die Shabd - Dun (Die Melodie, das Wort den Klangstrom der Heilige Geist) mit Liebe und Hingabe. Durch das immer wieder Hören und Hören wieder und wieder, wird gereinigt, und dem festhalten an Shabd - Dun (Der Melodie dem Wort , Klangstrom) wirst du das Heim von Radha Soami Ji (Der höchsten Gottheit oder dem Gott der Seele) erreichen. Habe festen Glauben in diese Richtung, mein Sohn.

Höre dem Klangstrom mit Liebe und Hingabe zu, denn es ist der Erschaffer und Zerstörer von gesamten Universum. Unendliche macht und Kraft und Wunder sind innerhalb des Klangstroms. Mit Gnade und Mitgefühl, schwingt und vibriert der Klangstrom Tag und Nacht als eine ungebrochene Melodie. Wenn du dich darauf konzentrierst, zieht er sofort deine Aufmerksamkeit nach oben. Was für eine Schande, dann, das jemand so was unbeachtet lässt, solche wahre Seligkeit, bloß für die künstliche und nutzlosen Lockungen des eingebildeten Mind - Mentals! Um den Illusionen des Feindes, des Mind - Mentals , zu folgen, das ist eine schlechte, sinnlose, unaufmerksame, und dumme Tat. Niemals geben wir einen Gedanken darum um das Mental - Mind zu kontrollieren. So denke nun, und halte fest am Shabd - Dun (Dem Klangstrom der Melodie) Die Affären der Welt werden nie enden - warum verschwendest du dann Zeit mit dem Amüsieren und Aggressionen des Mind - Mental.

Die Liebe und Hingabe der inneren wachsamen Fakultäten und Vorlieben des höheren Mentals - Mind sollten nie vernachlässigt werden. Andauernd halte die Liebe für die Melodie in dir aufrecht. Beseitige weltliche Wünsche und Spekulationen von deinem Mind - Mental und bleibe glücklich in dem Willen des Meisters. Denn der Satguru - Meister hat die Form des Wort des Klangstroms und ist andauernd mit jedem Eingeweihten. Das Hören und Rezitieren ist unsere richtige Arbeit, mein Sohn. das wird andauernd bei uns bleiben, denn es ist das Geschenk Gottes des Satgurus des Meisters. Dieses Geschenk wird wachsen und nie weniger werden. Denn sogar alle anderen Schätze bis hin zu Gottes Wohnstätte oder Paradies, ist unreal . Es unterliegt der Zerstörung und der Schöpfung.

Der Mensch kann gar nichts tun, er kann weder vermehren noch vermindern. Der höchste Gott , Anami Radha Soami, hat die menschliche Form angenommen um die weltlichen Affären zu dirigieren auf der materiellen Ebene. Das ist das höchste Gesetz. Alles das Gut ist in deinem Leben deinem Karma, oder zu einem Individuum gegeben wird, kommt durch die menschliche Form. Und was immer verloren geht durch Karma, das heißt, wenn etwas von einem Individuum weggenommen wird - mehr als das Karma erlaubt wird nicht gegeben - auch das, ist weggenommen durch die menschliche Form. So bleibe Glücklich mit deiner Situation, weder noch wirst du mehr bekommen, oder wird dir weniger gegeben. Du erhältst genau das was der höchste Gott dir gibt. So bleibe innerhalb von dem Glücklich.

Was immer passieren soll ist schon passiert. Andauernd erinnere dich das wir nicht zu dieser Welt gehören . (Ja ich habe auch schon öfter gedacht das ich nicht von dieser Welt bin das ich Außerirdisch bin) Wiederhole die fünf Namen und kontempliere über die Form des Satgurus (Ching Hai will das nicht mehr sie hat einiges verändert , ist ja auch 102 Jahre her als diese Briefe geschrieben wurden, jeder Meister verändert etwas um dem Zeitgeist etwas entgegen zu kommen und so weiter) Dann bring deine Aufmerksamkeit zum Ton der Melodie. Es ist eine schwere Aufgabe sich von seinem Körper zu distanzieren und zu realisieren, das „ Ich bin Nothing (kein Ding) - (Nichts wäre die falsche Standart Übersetzung) alles ist der Satguru (Gott) nichts gehört mir . „ (Das ist ein wunderschöner Seinszustand)

In einem Brief ohne Datum schrieb Jaimal Singh noch folgendes schönes : Wenn jemand schlecht von mir redet, lass dich nicht stören. Die Gnade des Heiligen ist folgendermaßen, sie haben schon ihre Eingeweihten befreit durch die Initiation, und solche die sie nicht Initiieren ließen, die werden durch solche Kritik mir gegenüber befreit. Da ist kein anderer Weg. Das ist der Weg ,wie solche ohne Nam, Das Wort, den Klangstrom, befreit werden. Nur die Heiligen kennen den Willen des Heiligen, alle denen die Heiligen das Wort gegeben haben, werden nach Sach Khand kommen. Ich bin sehr zufrieden mit dir.

Sooo, das wars wiedermal von der goldenen Wolke der Unwissenheit.

Die Bibel ist gefälscht. Die tierfeindliche Bibel des Hieronymus. Jesus und die ersten Christen waren Vegetarier

Die Bibel ist gefälscht, In den von der Kirche als Wort Gottes verkündeten Texten des Alten Testaments wird Gott oft wie ein blutrünstiges Monster dargestellt, das zu Mord, Raubmord, Völkermord, Krieg, und Tiergemetzel aufruft. Auch im Neuen Testament gab es von Anfang an gravierende Unstimmigkeiten. Später wurde an den Texten munter weiter gefälscht. Trotzdem ist für die Institutionen Evangelisch und Katholisch die Bibel „wahres Wort Gottes" und die „einzige Richtschnur" - z. T. mit verheerenden Folgen für Mensch und Tier. Hieronymus (347-420 n.Chr.) bekam im Jahre 383 von Papst Damasus I. den Auftrag zur Herstellung eines einheitlichen lateinischen Bibeltextes. Die für die katholische Kirche bis heute als fehlerlos geltende und verbindliche ‚Vulgata" ist sein Werk. In Wirklichkeit änderte Hieronymus die Evangelien an etwa 3.500 Stellen. Er schrieb, dass nicht zwei Texte in längeren Abschnitten übereinstimmen würden und dass es ebenso viele Textformen wie Abschriften gäbe. Er wies auch darauf hin, dass „schwerlich die Wahrheit anzutreffen ist", wo ein Text vom anderen abweiche. Der Historiker Karl Heinz Deschner stellt fest: „In Wirklichkeit existiert kein Original, blieb weder ein neutestamentliches noch überhaupt ein biblisches Buch in seinem ursprünglichen Wortlaut erhalten. Doch liegen auch die ersten Abschriften nicht vor. Es gibt nur Abschriften von Abschriften von Abschriften. Der heutige Text des Neuen Testaments ist ein Mischtext, das heißt, er wurde aus den verschiedensten Überlieferungen zusammengestückelt.

Der Text des „Buches der Bücher", heute in mehr als 1100 Sprachen und Dialekten verbreitet, ist also „heillos korrumpiert". Theologen zählen 50.000 bis 100.000 Varianten.

„ Der Genuss des Tierfleisches war bis zur Sintflut unbekannt; aber seit der Sintflut hat man uns Fasern und stinkenden Säften des Tierfleisches in den Mund gestopft".

Jesus Christus, welcher erschien, als die Zeit erfüllt war, hat das Ende wieder mit dem Anfang verknüpft, so dass es uns jetzt nicht mehr erlaubt ist, Tierfleisch zu essen"
„Hieronymus"

Hieronymus wusste noch um das vegetarische Urchristentum

Hieronymus war Vegetarier und Tierfreund. Berühmt und volkstümlich wurde er wegen der Geschichte mit einem Löwen, dem er in der Wüste Chalkis in Syrien einen Dorn aus der Pfote entfernte. Hieronymus und der Löwe waren fortan Freunde.

Hieronymus hatte alle damals noch vorhandenen Schriften über die Lehren Jesu zur Verfügung. Er wusste sehr wohl: Jesus hatte kein Fleisch gegessen. Jesus hatte gelehrt, die Tiere zu lieben und sie nicht zu töten.

In einem Brief an Juvenian macht Hieronymus deutlich: „Der Genuss des Tierfleisches war bis zur Sintflut unbekannt; aber seit der Sintflut hat man uns die Fasern und stinkenden Säfte des Tierfleisches in den Mund gestopft... Jesus Christus, welcher erschien, als die Zeit erfüllt war, hat das Ende wieder mit dem Anfang verknüpft, so dass es uns jetzt nicht mehr erlaubt ist, Tierfleisch zu essen." Und an anderer Stelle heißt es im gleichen Brief: „Und so sage ich zu euch: Wenn ihr vollkommen sein wollt, dann ist es förderlich ‚" kein Fleisch zu essen."

„Wird sich auch nur einer finden...,
der mich nicht, sobald er diesen Band (Bibel)
in die Hand nimmt....,
lauthals einen Fälscher und Religionsfrevler schilt,
weil ich die Kühnheit besaß,
einiges in den alten Büchern zuzufügen,
abzuändern oder zu verbessern."
„Hieronymus"

Katholiken, die neu in die Kirche aufgenommen wurden, mussten eine Verfluchung gegen die Nachfolger Jesu bzw. Jesu Lehre - und somit gegen Jesus selber - aussprechen: „Ich verfluche die --Nazarener, die Sturen, die verneinen, dass das Opfergesetz von Moses gegeben wurde, die sich dem, Essen lebender Kreaturen enthalten..."

Hieronymus übersetzte nach Ansicht moderner Bibelwissenschaftler auch das so genannte
Hebräerevangelium,
von dem nur noch wenige Bruchstücke überliefert sind. Hier finden sich folgende Verse: „Jünger: Wo willst du, dass
wir dir das Passahmahl zurichten? Jesus:
Begehre ich etwa, an Passah Fleisch mit
euch zu essen?" (Hieronymus, Adv. Haer. I. 26)
Andere antike Schriften außerhalb der Bibel bezeugen ebenfalls, dass Jesus und Seine Jünger kein
Fleisch aßen - und auch, dass die Urchristen vegetarisch gelebt haben.
Trotzdem hat Hieronymus diesen wichtigen Aspekt der lehre Jesu bei der Zusammenstellung
der Bibel unterschlagen (oder unterschlagen müssen?) - oder er hat bereits gefälschte Vorlagen

übernommen. Die Folgen dieser Unterschlagung für die Tiere, die Natur und den Menschen sind unvorstellbar...

Hauptstreitpunkt: Die Tierliebe des Nazareners

Der Vegetarismus der Urchristen war offensichtlich ein großes Problem für die damals Mächtigen. Nach dem Tod von Papst Damasus wurde Hieronymus wegen seines Eintretens für den Vegetarismus aus Rom vertrieben, und er floh 385 nach Bethlehem. Er hätte wohl um sein leben fürchten müssen, wenn er wahrheitsgemäß die Tierliebe Jesu bei seiner Neuübersetzung der Bibel ins lateinische mitaufgenommen hätte. Bereits unter Kaiser Konstantin wurde vegetarischen und pazifistischen Christen flüssiges Blei in den Hals geschüttet.

Die folgenden Zitate mögen ein Licht auf die dunkle Macht werfen, die sich von nun an der lehre Jesu bemächtigte. Die neuen Katholiken wurden gezwungen, eine Verfluchung gegen die Nachfolger Jesu bzw. Jesu lehre - und somit gegen Jesus selber - auszusprechen: „Ich verfluche die Nazarener, die Sturen, die verneinen, dass das Opfergesetz von Moses gegeben wurde, die sich dem Essen lebender Kreaturen enthalten...“

Im Jahre 314 gab es auf einer Kirchensynode in Ankara folgendes Dekret: „Man beschloss, dass die, die in der Geistlichkeit Priester und Diakonen waren und sich des Fleisches enthielten, es kosten sollten, (...) wenn sie aber Abscheu zeigten, nicht einmal das mit Fleisch vermischte Gemüse zu essen, (...) sie aus dem Amte zu entfernen seien.“ *(Carsten Strehlow: VegetarismusNeganismus als Bestandteil des Urchristentums)*

Papst Johannes 111. (561-574) verfluchte sogar die Vegetarier auf der 1. Synode von Braga: „Wenn jemand Fleischspeisen, die Gott den Menschen zum Genuss gegeben hat, für unrein hält und ... auf sie verzichtet ..., sei er mit dem Bannfluch belegt.“

Paulus hatte Probleme mit dem Vegetarismus

Die Apostel lebten vegetarisch bzw; vegan. Nur Paulus hatte damit Probleme. Er wollte den Leuten möglichst nichts zumuten, damit sie sich schnell zum Christentum bekehrten. Die vegetarische Lebensweise war für ihn unbedeutend. Da Paulus früher die Urchristen verfolgt hatte und viele Frauen und Männer verhaften ließ, begegneten ihm die Urchristen mit Misstrauen und Ablehnung. Er galt als Pseudoapostel. Deshalb missionierte er hauptsächlich bei den Heiden. Da hatte er viel Erfolg, da er keine Ernährungsregeln aufstellte und nicht die Umsetzung der jesuanischen lehren in die Tat forderte, sondern lediglich den Glauben an Christus. Er wusste natürlich um den Vegetarismus der Urgemeinden, aber er bezeichnete diese als schwach im Glauben.

Die Kirche stützt sich mit Vorliebe auf folgendes Pauluszitat: „Was auf dem Fleischmarkt verkauft wird, das esst und forscht nicht nach, damit ihr das Gewissen nicht beschwert.“ (1. Korintherbrief 10, 25)

Später kam dann anscheinend doch noch Paulus zweite Bekehrung, oder er wollte sich nicht dauernd mit den Urchristen über dieses Thema streiten. Er bekannte dann doch: „Es ist nicht gut, Fleisch zu essen oder Wein zu trinken oder sonst etwas zu tun, wenn dein Bruder daran Anstoß nimmt." (Röm. 14,21) Und: „Wenn darum eine Speise meinem Bruder zum Anstoß wird, will ich überhaupt kein Fleisch mehr essen, um meinem Bruder keinen Anstoß zu geben." (I Kor 8,13). Schlussendlich bezeugt er: „Jesus befahl mir, dass ich kein Fleisch esse und keinen Wein trinke, sondern nur Brot, Wasser und Früchte, ‚damit ich für rein befunden werde, wenn er mit mir reden will" (Taldot Jeschu; zitiert nach Carl Anders Skriver: Die Lebensweise Jesu und die ersten Christen, S. 121).

Aber dieses Bekenntnis kam zu spät, seine Briefe hatten schon die Runde gemacht und ein falsches Licht auf die Lehre Jesu geworfen. Als die ersten Christen zusammenkamen, um in der Gemeinschaft zu essen und zu trinken, mussten keine Tiere dafür sterben. Denn Jesus von Nazareth hatte Seine Nachfolger über das Empfinden der Tiere aufgeklärt und ihnen aufgetragen, keine Tiere zu schlachten.

Was sind die Folgen der Bibelfälschung?

Unter der Verfälschung der Lehre Jesu mussten und müssen Unzählige leiden, Menschen und Tiere. Vor 1000 Jahren wurden im Zeichen des Kreuzes in den Kreuzzügen „Irrgläubige zu Hunderttausenden hingemetzelt, bis die Kreuzfahrer bis zu den Knien in Blut wateten Während der Inquisition wurden unter dem Kreuz Millionen Menschen gefoltert und verbrannt. Heute liegen die toten Tiere vor dem Kreuz, Kirche und Katechismus geben ihren Segen dazu. Schließlich haben Tiere nach Kirchenlehre keine Seele. Und so müssen aufgrund eine gefälschten Lehre seit Jahrhunderten Tag für Tag unzählige Tier mit ihrem Leben bezahlen.

So wie Jesus, der Sohn Gottes! vor 2000 Jahren ans Kreuz geschlagen wurde, so wird heut Gottes Schöpfung gekreuzigt: Milliarden und Abermilliarden Tier werden unter grausamen Bedingungen in Massenställen eingepfercht und - teilweise sogar ohne Betäubung - geschlachtet oder sogar lebendig in kochende Wasser geworfen - mit dem ausdrücklichen Segen der Kirche. Millionen und Abermillionen Tiere leiden und sterben das ganze Jahr über in Tierversuchslabors - mit dem ausdrücklichen Segen der Kirche. Alle 6 Sekunden stirbt in Deutschland ein Tier durch Jägerhand - mit dem ausdrückliche Segen der Kirche.

Aber sicher nicht mit dem Segen Gottes. Denn in der Schöpfungsgeschichte sagt Gott zu de Menschen: „Siehe, ich habe euch gegeben alle Pflanzen, die Same bringen, auf der ganzen Erde und alle Bäume mit Früchten, die Samen bringen, zu eurer Speise (1. Mose 29)

Die tierfeindliche Lehre der Kirche

So steht es im katholischen Kathechismus, der die Handschrift von Kardinal Ratzinger trägt, des derzeitigen Papstes:

2417 Gott hat die Tiere unter die Herrschaft des Menschen gestellt, den er nach seinem Bilde geschaffen hat. Somit darf man sich der Tiere zur Ernährung und zur Herstellung von Kleidern bedienen. Man darf sie zähmen, um sie dem Menschen bei der Arbeit und in der Freizeit dienstbar zu machen. Medizinische und wissenschaftliche Tierversuche sind sittlich zulässig, wenn sie in vernünftigen Grenzen bleiben und dazu beitragen, menschliches Leben zu heilen und zu retten.

2417 ...Auch ist es unwürdig, für sie Geld auszugeben, das in erster Linie menschliche Not lindern sollte. Man darf Tiere gern haben, soll ihnen aber nicht die Liebe zuwenden, die einzig Menschen gebührt.

2293 In der wissenschaftlichen Grundlagenforschung und in der angewandten Forschung kommt die Herrschaft des Menschen über die Schöpfung deutlich zum Ausdruck.

Auf Jesus von Nazareth kann sich die Kirche dabei nicht berufen.
Denn Jesus liebte die Tiere
Und trieb die Tierhändler mit der Peitsche aus dem Tempel.
Dass Jesus Christus nicht nur für Menschen, sondern auch für die Tiere auf die Erde kam, wurde durch seine Geburt im Stall zu Bethlehem deutlich.
Er kam mitten unter den Tieren zur Welt.
Außerbiblische Schriften beweisen, dass Jesus und seine Jünger Vegetarier waren.

„Die Christen enthielten sich jeder Fleischnahrung."

Pilinius in einem Brief an *Trajan, Ep. Lib.* X 96.

„Ihr Opferschlachten und Fleischfressen ist mir ein Gräuel, und der Herr hat kein Gefallen daran, sondern wird ihrer Missetaten gedenken und sie für ihre Missetaten heimsuchen."   *Hosea 8,13*

„Wer einen Ochsen schlachtet, ist eben als einer, der einen Menschen erschlüge."
Jesaja 66,3

„Und wenn ihr schon eure Hände ausbreitet, verberge ich doch meine Augen vor euch; und ob ihr schon viel betet, höre ich euch doch nicht, denn eure Hände sind voll Blut." *Jesaja 15-1,17*

Petrus: „Ich lebe von Brot und Oliven, denen ich nur selten ein Gemüse zufüge."
Clementinische Homilien, XII,6

Paulus: „Jesus befahl mir, dass ich kein Fleisch esse und keinen Wein trinke, sondern nur Brot, Wasser und Früchte, damit ich rein befunden werde, wenn er mit mir reden will."
Taldot Jeschu, Ausgabe Krauss, Berlin 1902, S. 113, *Pauluswort*

„Matthäus lebte von Samenkörnern, Baumfrüchten und Gemüsen ohne Fleisch."

Clemens von Alexandrien, Paidagogus 11,1,16 „Johannes hat nie Fleisch genossen."

Kirchenhistoriker Hegesipp nach *Eusebius' Kirchengeschichte 11* 2,3

„Jakobus, der Bruder des Herrn, lebte von Sämereien und Pflanzen und berührte weder Fleisch noch Wein."

Epistulae ad Faustum XXII,3

Johannes Chrysostomus (354-407) über eine Gruppe vorbildlicher Christen: „Keine Ströme von Blut fließen bei ihnen; kein Fleisch wird geschlachtet und zerhackt ... - Bei ihnen riecht man nicht den schrecklichen Dunst des Fleischmahles ..., hört man kein Getöse und wüsten Lärm. Sie genießen nur Brot, das sie durch ihre Arbeit gewinnen, und Wasser, ‚das ihnen eine reine Quelle darbietet. Wünschen sie ein üppiges Mahl, so besteht ihre Schwelgerei aus Früchten, und dabei empfinden sie höheren Genuss als an königlichen Tafeln." *Homil.* 69

Clemens von Alexandrien ca. (150-215): „Denn gibt es nicht innerhalb einer mäßigen Einfachheit eine Mannigfaltigkeit von gesunden Speisen: Gemüse, Wurzeln, Oliven, Kräuter, Milch, Käse, Obst und allerhand trockene Nahrungsmittel? - Unter Nahrungsmitteln sind diejenigen vorzuziehen, welche ohne Anwendung des Feuers unmittelbar genossen werden können, denn sie sind uns stets bereit und sind die einfachsten. Demgemäß lebte der Apostel Matthäus von Samenkörnern, hartschaligen Früchten und Gemüse ohne Fleisch. Und Johannes, der die Mäßigkeit im äußersten Grade übte, aß Blattknospen und wilden Honig. Die blutigen Opfer aber, glaube ich, wurden nur von den Menschen erfunden, welche einen Vorwand suchten, um Fleisch zu essen, was sie auch ohne solche Abgötterei hätten haben können." *Paidagogus 11*

Gregor von Nazianz, Kirchenvater aus Kappadozien:

„Die Saat des guten Hausvaters aber ist der gute Weizen, daraus er das Brot bäckt ... Die Schwelgerei in

Fleischgerichten ist ein schändliches Unrecht, und ich wünsche, dass ihr vor allen Dingen bestrebt sein

möget, eurer Seele eine Nahrung zu reichen, welche ewige Dauer hat."

Hieronymus (348-420):
„Es ist besser, du essest kein Fleisch und trinkest keinen Wein. Denn der Gebrauch des Weines hat mit dem Fleischessen angefangen, nach der Sintflut. „"Unschuldige Speisen sind Speisen, die ohne Blutvergießen gewonnen

Die Bibel ist gefälscht.
Die tierfeindliche Bibel des Hieronymus

Verlag Das Brennglas
Hemsterstr. 26
D-97892 Kreuzwertheim
Tel. 09342/91 5845, Fax 09342/91 5843 www.brennglas.com

Diese Info-Bericht ist aus Informationen zusammengestellt aus der Zeitschrift
VEGETARISCH genießen 3/05

Rinderwahnsinn Schweinepest
Wurstsalat auf jedem Fest

Fragen an Dr. H..G. Kugler

Fleisch essen Krankheit essen?

Rinderwahnsinn, Vogelgrippe, Schweinepest, Salmonellen, SARS ... die Liste der Krankheiten, die vom Tier auf den Menschen übertragen werden können - man nennt sie Zoonosen -, ist lang und wächst ständig. Die Massentierhaltung ist eine Brutstätte unzähliger Krankheitserreger; kaum ein Hühner-, Kuh- oder Schweinestall ist keimfrei. Der jüngste Fall: Die chronische Darmerkrankung Morbus Crohn ist laut Presseberichten durch Rinderhaltung und Gülledüngung mit verursacht. Das Bundesinstitut für Risikobewertung ist verständlicherweise mehr als beunruhigt: Mehr als 75 % der erneut aufkommenden Infektionen sind Zoonosen. Und die Europäische Union hat vor kurzem 23 Erreger von Zoonosen benannt, die von den Mitgliedstaaten sowohl bei Menschen als auch bei Tieren überwacht werden sollen. Wir befragten Dr- med. H.-G. Kugler.

Was sind Zoonosen?

Dr. Kugler: Krankheiten, die zwischen Tier und Menschen übertragen werden, werden als Zoonosen bezeichnet. Die Übertragung erfolgt beim direkten Kontakt mit Tieren oder durch den Konsum von Lebensmitteln tierischer Herkunft. Insgesamt kennt man weltweit etwa 200 solcher Krankheiten mit ganz unterschiedlichem Charakter, z.B. Milzbrand, Borreliose, Malaria, SARS, Laus- und Flohbefall, Salmonellose, Rinderbandwurm, Fischbandwurm etc. Wie die Jahresberichte der WHO zeigen, nehmen diese Infektionskrankheiten stark zu. Es sterben momentan pro Jahr etwa 2,4 Mio. Menschen an Durchfallerkrankungen, vor allem Kinder.

Welches sind Krankheiten, die von Tieren übertragen werden?

Dr. Kugler: Eine der häufigsten Zoonosen in Deutschland sind Infektionen mit Salmonellen oder Campylobacter-Bakterein. 120.000 registrierte Fälle gibt es jedes Jahr in Deutschand, wobei man davon ausgehen kann, dass lediglich 10 - 20 % der meldepflichtigen Infektionen auch tatsächlich amtlich registriert werden. 1.000 Menschen sterben jährlich an Salmonellose. Die Salmonellen kommen aus dem Darm von Rindern und Hühnern direkt in unsere Küchen: Ca. 60 % aller Salmonellen-Infektionen des Menschen in Deutschland werden durch Eier, Eiprodukte und Geflügelfleisch und 20 % durch Schweinefleisch und Schweinefleischprodukte hervorgerufen. Man kann sich über rohes Ei infizieren, über unzureichend erhitztes Fleisch, die Eierschalen oder schlicht darüber, dass man die Fläche, auf der rohes Fleisch gelegen hat, hinterher zum Salatschneiden benützt. Salmonellose äußert sich durch Bauchschmerzen und kann bei Säuglingen oder Kleinkindern, Schwangeren, alten oder kranken Menschen lebensgefährlich sein.

Wie zeigt sich eine Infektion mit Campylobacter..Bakterien?

Dr. Kugler: Campylobacter-Bakterien rufen Darmentzündungen hervor, die meist mit wässrigem Durchfall einhergehen. Betroffen sind vor allem Kinder unter 6 Jahren und Erwachsene zwischen 18 und 35. Eine Campylobacter-Infektion kann auch nach Abheilung der Darmentzündung zu ernsthaften Späterkrankungen führen, z.B. Gelenkentzündung, aufsteigender Lähmung etc.

Die Bakterien der Gattung Campylobacter wurden erstmals in den 70er Jahren als ernstzunehmende Keime im Lebensmittelbereich entdeckt. Man kann heute davon ausgehen, dass sie wahrscheinlich für doppelt so viele Magen-Darminfektionen verantwortlich sind als die Salmonellen. Campylobacter jejuni kommen von in unzureichend erhitztem Schlachtgeflügel, in Fleisch von Rind, Schaf und Schwein und vor allem in rohem Hackfleisch.

Was sind Listerien?

Dr. Kugler: Eine weitere Gattung von Bakterien, die bei immungeschwächten Menschen zu Infektionen führen können, sind die Listerien. Vor allem Rohmilchprodukte und rohe Fleischprodukte wie Rohwürste etc. können Listerien enthalten. Es kommt zu grippeähnlichen Symptomen wie Fieber, Muskelschmerzen, Erbrechen, Durchfall.

Besorgniserregende Zusammenhänge finden sich auch mit Hepatitis-A-Viren, die z.B. durch unzureichend erhitzte Muscheln übertragen werden können.

Und eine andere Art von Parasiten, die das Gehirn befallen und sogar unser Verhalten und unsere Intelligenz negativ beeinflussen, sind die Toxoplasma-Viren. Hauptansteckungsquelle ist wieder der Fleischkonsum.

Promis für Tiere

Immer mehr Promis, berühmte Schauspieler/innen oder Musiker/innen bekennen sich öffentlich zum Vegetarismus. Dass es keine PR-Masche ist, kann man aus ihren Zitaten ersehen. Das Blatt wendet sich langsam aber sicher, denn Stars der Titelseiten lösen oft die Trendwende aus, sei es in der Mode, im Lifestyle oder in der Ernährung

Kim Basinger
'Wenn Sie das leiden fühlen oder sehen könnten, würden Sie es sich nicht zweimal überlegen. Geben Sie leben zurück. Essen Sie kein Fleisch." *The Gompassionate Cook*
 Cameron Diaz
"Sie hat vor drei Jahren aufgehört, Schweinefleisch zu essen, trotz ihres stolzen, Schweinefleisch liebenden halbkubanischen Erbes, weil ihr gesagt wurde, dass Schweine dieselben mentalen Fähigkeiten besitzen wie dreijährige Kinder. ,Meine Nichte war zu der Zeit 3 Jahre alt, ein zauberhaftes Alter, sagte sie entsetzt. ,Ich dachte, oh Gott, das ist, als würde ich meine Nichte essen!" *Esquire*

Alicia Silverstone
„Außerdem ist es cool, Veganerin zu sein ... Ich werde nicht mehr krank, all meine Allergien sind verschwunden, mein ganzes leben hat sich verändert", so Silverstone, die sagt, sie habe einen ,körperlichen Schock' erlitten, als sie Reportagen über Schlachthöfe gesehen habe. „Ich erkannte endlich, dass es einen Weg gibt, all das zu beenden, und zwar den, kein Teil davon zu sein. Als ich diese Wahl traf, erkannte ich, dass ich für meine eigenen Überzeugungen eintreten kann," *Toronto Sun*

 Lauren Bush, Präsidententochter,
darüber, warum sie einen Teil ihres Verdienstes an Organisationen in Texas spendet, insbesondere an Tierheime: „Ich bin seit meinem 4. Lebensjahr Vegetarierin, so dass ich sehr viel für Tiere empfand und fühlte und ich ihnen etwas zurückgeben kann,"
LIoyd Grove, Washington Post
"Das Untexanischste an mir ist, dass ich oben im Norden studiere - und dass ich Vegetarierin bin."
Glamour
Richard Gere
„Als Hüter dieses Planeten liegt es in unserer Verantwortung, alle Spezies mit Freundlichkeit zu behandeln." *Newark Star-Ledger*

  „Viele fühlen sich durch Tierrechtskampagnen beleidigt. Das ist lächerlich. Sie sind nicht so schlimm wie der massenhafte Tod in Tierfabriken."
Time Out

Pamela Anderson Lee
„Männer jagen, weil mit ihrer eigenen Ausrüstung was nicht stimmt und sie was anderes zum Schießen brauchen."
Newark Star-Ledger

Charlize Theron

"Ich bin auf einer Farm in Südafrika aufgewachsen, so dass ich immer von Tieren umgeben war. Ich wurde von einer Mutter erzogen, die immer großes Mitgefühl mit Tieren und großen Respekt vor ihnen hatte. Das prägte mich. Ich wuchs so auf." *PETA*

Little Richard

„Ich bin Vegetarier. Und das seit
ungefähr 40 Jahren. Manchmal mache ich mir eine Schüssel Frühstücksflocken mit Rosinen. Manchmal mag ich Haferflocken, allerdings mag ich keine Sahne in meinen Haferflocken. Ich mag Haferflocken mit Butter. Und mit Weizentoast. Ab und zu esse ich vegetarisches Fleisch, es heißt Wham, oder mache mir vegetarische Frühstückswürstchen. Dann wieder esse ich vegetarischen Fisch, er heißt Tuno. Aus dem Tuno mache ich Lachskroketten. Wenn man sie brät, schmecken sie genau wie Lachs. Dazu mache ich hin und wieder Grütze." *St. Petersburg Times*

P!NK:

„Ich glaube an das
Sprichwort ‚Jedem das Seine', aber ich hoffe, dass sie eines Tages vom gleichen Tier, das sie auf dem Rücken tragen, in den Arsch gebissen werden."

„Ich habe schon immer gefühlt, dass Tiere die reinsten Seelen dieser Welt haben. Sie verfälschen oder verstecken ihre Gefühle nicht, und sie sind die treuesten Geschöpfe auf dieser Welt. Und irgendwie glauben wir Menschen, wir seien schlauer - was für ein Witz." *PETA*

Paul McCartney

„Man darf nicht essen, was ein Gesicht hat."
Auch seine Tochter Stella ist Vegetarierin und entwirft Kleider und Schuhe ohne Leder.

Gov. Jesse Ventura

„Sie müssen etwas jagen, das auf Sie zurückschießen kann, um sich wirklich als Jäger klassifizieren zu können. Sie müssen das Gefühl verstehen, wie es ist, raus aufs Feld zu gehen und zu wissen, dass Ihr Feind Sie angreifen kann. Nicht einfach da rausgehen und Bambi abknallen."
Minneapolis Star- Tribune

www.tierrechte-kaplan.org

www.cosmoviva.de

Vegetarische Adressen

www.BFGev.de

www.orkos.com

www.Hin-zur-Natur.de

www.cosmoviva.de

www.brennglas.com

www.vegetarisch-geniessen.com

www.lebegesund.de

www.dryfruit.de

VEGETARISCHE RESTAURANTS IN ALLER WELT

„Wahrlich ich sage euch ich bin in die Welt gekommen, dass ich abschaffe alle Blutopfer und das Essen des Fleisches der Tiere und Vögel, die von Menschen geschlachtet werden".
(Das Evangelium Jesu)

Altstadt vegetarisches Restaurant **38300 Wolfenbüttel**
Govindas 212 Somerset E. Tel/ 613-565-6544 **Ottawa Canada**
Naturell vegetarisches Restaurant **37073 Göttingen**

„Tiere sind meine Freunde, und ich esse meine Freunde nicht."
(Nobelpreisträger Georg Bernhard Shaw)

Quan-Yin Haus Suarezstraße 61 **14057 Berlin** Tel / 030-32704874
Natures Vegetarian Restaurant Southlands Shopping Center **Perth Australien**
Vegetarianos Cobo No 81 Esquina Tankah Cancum, **Mexiko**

„Wage es Weise zu sein ! Höre auf, Tiere zu töten ! Wer die Stunde des rechten Lebens hinausschiebt, gleicht nur dem Bauern, der darauf wartet, dass der Fluss versiegt, ehe er ihn überquert „ (Horaz römischer Dichter 65-8 v. Chr.)

Waidesgrund Vollwertrestaurant **36037 Fulda**
Restaurant Vegetarien Tien Hiang 20, rue Nationale, **Paris Frankreich**
Sabor Supremo Rua Quintino Bocaiuva, 247 Centro **Sao Paulo Brasilien**

Es wird ein großer Fortschritt in der Entwicklung unserer Rasse sein, wenn wir Früchteesser werden und die Fleischesser von der Erde verschwinden. Alles wird möglich auf unserem Planeten von dem Augenblick an, wo wir die blutigen Fleischmahle und den Krieg überwinden. (George Sand franz.. Schriftstellerin 1804-1876)

Kostbar 40878 Ratingen, City   **Kaffeehaus 1571 41460 Neuss**
Greenwood 44263 Dortmund   **Zodiac   45130 Essen**
Canape 46535 Dinslaken   **Cafe Pic 47179 Duisburg-**
Wehofen

„Sie haben soeben zu Mittag gegessen, und wie sorgfältig auch immer das Schlachthaus in einer taktvollen Entfernung von einigen oder vielen Kilometern verborgen sein mag, sie sind mitschuldig" (Ralph W. Emerson US - Schriftsteller und Politiker 1803-1882)

S.M. Vegetarisch Amalienstraße 45 **80799 München** Tel / 089-281882
Hakuin Martin - Luther -Str. 1 **10777 Berlin** Tel / 030-2182027
Country Life 888 S Figueroa Tel/ 213-489-4118 **Los Angeles USA**
Detaillierte Infos über weitere vegetarische Restaurants in aller Welt unter :
www.godsdirectcontact.com/ vegetarian/ veg.

SUPREME MASTER CHING HAI ONLINE

www.godsdirectcontact.de
www.direkter-kontakt-mit- gott.org

Freiexemplar -Download in 50 Sprachen
www.godsdirectcontact.org.tw/publication/sample/sample.htm
www.direkter-kontakt-mit-gott.org/download/index.htm
www.godsdirectcontact.org/sample

KONTAKTADRESSEN DEUTSCHLAND

Berlin :   Berlin Center 049-30-3470-9262
                Berlin Center @ Hotmail.Com

        Düsseldorf   049-201-5809-816
                     049-174-5262242
        düsseldorfcenter@hotmail.com
        ngoc-thao.nguyen@gmx.de

        Hamburg   049-581-15491
             HamburgCenter@gmx.de

        München   049-8170-997050
             ChingHai@aol.com
             049-89-3616347
        love-source@t-online.de

DIE SPIRITUELLEN LOTUSSE-CHAKREN-ÜBER DEM AUGENZENTRUM
Alle Ebenen sind mit unterschiedlichen Klängen, Musik, zu unterscheiden

---

12 Sach Khand   **Höchste bekannte Göttliche Meer der Spiritualität**
Anami Radha Soami

Sat Lok
Sat Purush
Alakh (Der Unsichtbare)
Agam (Der Unzugängliche)   **VI- Ebene**
Anami (Der Namenlose)   und höher

Das Wort
Der Tropfen,
11 Sat Nam   vom Meer
getrennt.
Bhanwar Gupha
Reine Seele   **V. Ebene**

–

Obwohl schon weiter
abgesunken, noch
10 Achinta   nicht von Materie
Sohang - Ich bin das -   umgeben. Auf dem
Seele erkennt Identität   Weg nach Unten.
mit Gott. Das sie von
der gleichen Essenz ist.
Auf dem Weg zurück.   –
Maha Sunn (Große Leere)
Anfang von Bhanwar Gupha (sich drehende Höhle)Ur-Dunkelheit   Seele
immer noch Distanziert   **IV - Ebene**

---

9 Daswan Dwar (besteht aus Sunn und Maha Sunn)   Zwei Teile von
Sunna (Leere)   Daswan Dwar
Rarankar   **III. Ebene**
Karan Man   Par Brahm

---

8 Trikuti (Kausal Ebene)   Kosmisches Bewusstsein
Maha-Yogiswharas   Veden - Rishis -
Avatare   Advaita
Gott - Gespräche mit Gott – Walsch   JHWH
Quelle der 3 Eigenschaften   Universal Bewusstsein
Beginn der physischen
Harmonie-Tätigkeit-Trägheit   Schöpfung. Kal-Zeit
Auch Brahm Lok genannt
Onkar

Brahmand - Brahm Herrscher der drei vergänglichen Welten. Physisch- Astral- Kausal
Bank Nal oder der gewundene Tunnel. Brahm ohne Maya. Aum oder Om
II-Ebene

---

7 Sahansdal Kamal   Maya mit Brahm
Tausendblättriger Lotos Astralebene   Yogis

Jot Niranjan -Der Herrscher der ersten spirituellen Region. Der aus Jot (oder Jyoti)
und Niranjan zwei Emanationen von Energie Strömen aus Parbrahm runterfließt zu
Sahansdal Kamal wo sie sich vereinen um die Gottheit Jot Niranjan zu formen.

                        I-Ebene   Die Flamme - Jyoti

6 Ajna Chakra Drittes Auge Ende von Pranayama 2 Blättriger Lotos	Augenzentrum	Seele und Geist (Mental)	Belebung des Körpers
5 Vishuddha Chakra 16 Blättriger Lotos	Kehle	Shakti	Niedere schöpferische Ströme.
4 Anahata-Chakra 12 Blättriger Lotos	Herzzentrum	Shiva	Erhaltung und Auflösung des phys. Körpers
3 Manupura- Chakra 8 Blättriger Lotos	Nabelzentrum	Vishnu	Ernährung des phys. Körpers
2 Swadhistan- Chakra 6 Blättriger Lotos	Genitalzentrum	Brahma	Vorbereitung des phys. Körpers
1 Muladhar-Chakra 4 Blättriger Lotos	Afterzentrum	Ganesh	Ausscheidung phys. Stoffe

**DIE SPIRITUELLEN ZENTREN VON UNTEN NACH OBEN DA
IN WAHRHEIT ALLES SPIRITUALITÄT IST; DIE ILLUSION; DIE
MAYA;DIE ZEIT;DIE VERÄNDERUNG; ALLES.**

Nun bringe ich eine Anzahl von verschiedenen Chakrasystemen zum Vergleichen. Die Siebenersysteme bleiben alle noch in der Physis und im Astralbereich.Nur die Heiligen haben es geschafft über den Astralbereich und Kausalbereich des Kosmischen Bewusstseins hinauszukommen und deswegen können sie auch von einem Zwölfer Chakrensystem berichten, wie es Soami Ji beschreibt.

Hier ist eine Grafik von www.martinuskosmologie.de **und** www.dasdrittetestament.de
Ich bringe die Grafik deswegen rein,weil Martinus auch das „Zwölfersystem" hat, mit dem die Lösung des Lebensmysteriums erreicht wird.
Hier ist einiges aus dem Buch: das Dritte Testament
Das Ewige Weltbild 3-4
Symbol Nr. 32
Die zwölf Grundfazits oder die Lösung des Lebensmysteriums
Die Gottheit und die Einheitsanalyse des Weltalls
Seite 41

Wie haben hiermit die Kosmischen Grundanalysen des Weltalls beschrieben, die gleichzeitig die Lösung des Lebensmysteriums selbst sind. Diese Analysen haben wir in zwölf Grundfazits eingeteilt und sie auf dem Symbol in einer solchen Reihenfolge symbolisiert, dass sie zusammen die Einheitsanalyse bilden, die das ganze Weltall an sich ausmacht. Wir wollen hier dem Wahrheitssucher durch die eigene Sprache des Lebens die allumfassende, wirklich große Wahrheit des Lebens zeigen, die Wahrheit, dass man Gott über alle Dinge lieben soll und seinen Nächsten wie sich selbst, dass das Weltall ein einziger großer Organismus für ein Lebewesen ist, das unter dem Begriff Gott existiert, und das diese Gottheit durch diesen Organismus oder das Weltall ein einziges ewiges und unendlich existierendes Licht oder Liebeswesen ist, in dem alle existierenden

Lebewesen leben, sich bewegen und sind. Wir wollen nun mit Hilfe diese Symbols dazu übergehen, dieses alles überstrahlende Lebewesen, dieses ewige, allumfassende Weltall, dieses Mysterium des Lebens kraft physischer und kosmischer Tatsachen oder ewiger Fazits klarzulegen.

Dann folgt die Erläuterung der zwölf Fazits, die der Interessierte ja in dem Buch nachlesen kann.
ISBN- 87-575-1017-2

© Martinus Institut

Symbol Nr. 32
Die zwölf Grundfazits oder die Lösung des Lebensmysteriums

Reg. 32

Hier sind einige Informationen zu Martinus Symbol Nr:13 oder „Der Ewige Weltplan"

Da alle anderen Chakrensysteme, außer das System der Heiligen oder Wahrheitsmeister, nur 7 Ebenen hat , bringe ich das System von Martinus mit rein, weil Martinus ein Zwölfersystem hat, aber, es auf „ Sieben Grundenergien" aufgebaut ist, die in Ihrer Farbe mit den Farben der Chakrensysteme übereinstimmen. Martinus nennt diese Farben die sieben kosmischen Grundenergien. Das ist alles nachzulesen in dem Buch : Das Dritte Testament. Das ewige Weltbild 1 ISBN-87-575-1011-3. Was Martinus aber zu den Chakren sagt ist folgendes : Es gibt jeweils ein Chakra das Hauptaktiv ist und deine jetzige Evolution oder Entwicklung bestimmt. Das darunter liegende Chakra trägt noch die Einflüsse aus deinem vorigen Leben mit sich und ist deine Vergangenheit Entwicklungsmäßig, und ist nicht mehr total offen sondern bloß noch leicht geöffnet, und das darüber liegende Chakra über dem Hauptchakra, das ist deine zukünftige Entwicklung , und das ist auch noch nicht total offen. Und beide Chakren wirken mit ihren Themen in dein Hauptchakra hinein. Das Hauptchakra ist immer das Chakra mit der größten Farbe. Im Symbol Der Ewige Weltplan gut zu sehen.

Die Analyse des Symbols Nr. 13 ist im Buch nachzulesen.

Symbol Nr. 13.
Der ewige Weltplan.

Hier sind nun weitere Informationen aus Rosalyn L. Bruyere's Buch :
Chakras- Räder des Lichts.

Sie war die erste die ich fand, die wissenschaftlich an die Chakren ran ging, indem sie Messungen der Chakren machen ließ und damit auch die unterschiedlichen Schwingungen der Farben der Chakren festhalten konnte .
Das Buch hat die ISBN –3-922026-52-4

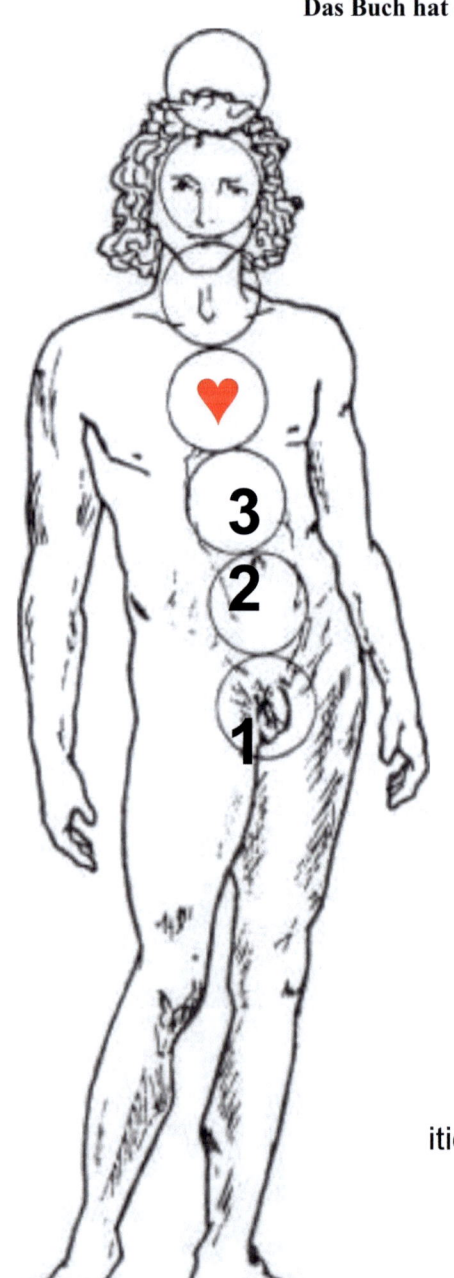

3

Farbe :Gelb
Sitz des Mentalkörpers
Nebennieren- oder Milzzentrum
Element: Luft
Tier: Vogel
Stein: Peridot
Funktion: Meinung
Menschen: Freunde,
Klassenkameraden,
Intellektuelle, Politiker

2

Farbe: Orange
Sitz des emotionalen Körpers
Lymphzentrum
Element: Wasser
Tier: Fisch
Stein: Aquamarin
Funktion: Gefühl
Menschen: diejenigen, die uns
zu .fühlen lehren oder denen
wir unsere Gefühle zuwenden

1

Farbe: Rot
Sitz des **physischen**
Körpers Keimdrüsenzentrum
Element: Feuer
Tier: Schlange
Stein: Rubin
Funktion: Konzept, ursprüngliche Idee
itionelle nahe Verwandtschaftsbeziehungen:
Eltern, Großeltern usw.

Farbe: Weiß
Sitz des ketherischen Körpers
Hypophysenzentrum

7

Element: Magnetum
Tier: Kachina
Stein: Diamant
Funktion: Freisetzung, Hingabe
Menschen: Propheten, **Gurus,** Heilige

Farbe: Violett
Sitz des himmlischen Körpers
Zirbeldrüsenzentrum   6
Element: Radium
Tier: alle lebenden und toten Geister
Stein: Älexandrit
Funktion: Inspiration, Einsicht
Menschen, Geistlehrer. Spirituelle Freunde.

Farbe : Blau
Sitz des Ätherkörpers
Schilddrüsenzentrum
Element: Äther   5
Tier: der Mensch
Stein: Lapislazuli oder Saphir
Funktion: Ausdruck
Menschen: religiöse Führer, göttliche Herrscher

Farbe: Grün
Sitz des Astralkörpers
Thymuszentrum
Element: Erde
Tier: Säugetier (vierbeiniger Verbündeter)   4
Stein: Smaragd
Funktion: zweites Gefühl
(gewöhnlich konträr zum ersten),
Transformation
Menschen: Herzchakra-Lehrer

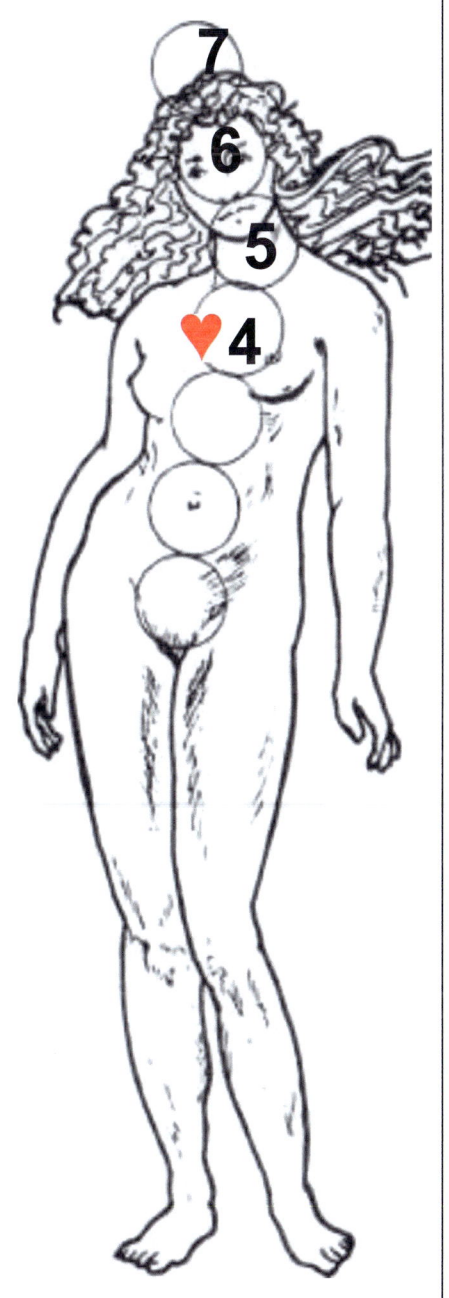

283

	Farbe	Körper	Drüse	Tier	Element	Edelstein	Funktion	Menschen
7	Weiss	ketherisch		Kachina		Diamant	Freisetzung Hingabe	Propheten Gurus Heilige
6	Purpur	himmlisch	Epiphyse (Zirbeldrüse)	Archetypen, alle lebenden und toten Geister	Radium	Alexandrit	Inspiration Einsicht	Geistlehrer Spirituelle Freunde
5	Blau	ätherisch	Schilddrüse	Mensch und Hierophant	Äther	Lapislazuli Saphir	Ausdruck	religiöse Führer göttliche Herrscher Papst Dalai Lama Karmapa
4	Grün	astral	Thymus	Säugetier (Vierbeiner)	Erde	Smaragd	Zweites Gefühl (gewöhnlich konträr zum ersten Gefühl)	
3	Gelb	mental	Nebenniere oder Milz	Vogel	Luft	Topas Peridot	Meinung	Freunde Klassenkameraden Intellektuelle politiker
2	Orange	emotional	Lymphdrüse	Wassertier	Wasser	Aquamarin	Gefühl	diejenigen die uns Gefühle schenken, Kinder, Partner
1	Rot	physisch	Keimdrüsen	Schlange	Feuer	Rubin	ursprüngliche Idee	enge Verwandte Eltern Großeltern

Hier ist eine weitere Information zu Chakren und zwar von dem Cyprioten Deskalos aus allen Büchern die ich lesen konnte und aus dem Buch : Das Symbol des Lebens.

Die Grafiken sind von einem Raum & Zeit Zeitschriften Bericht 114/2001 mit dem Titel: Zur Physik der Bioenergie und Theoenergie. Der Professor Johannes Heinrich Matthaci hat anhand der Lehre von Deskalos, und seiner Forschung über Freie Energie an der Uni Göttingen, Bereiche ermessen, die über die Bioenergie hinausgingen und die er Theoenergie nannte.

Ich bringe einige der Grafiken um zu zeigen wie weit manche Wissenschaftler in Bezug Messungen schon sind, aber wohl bemerkt, Messungen, denn zu oft bleibt der Laborfuzzywissenschaftler in seinem Reagenzglasköpfchen stecken denkt und glaubt dann selber das „Schwingungen bloß Schwingungen wären" oder anders Formuliert: Jesus oder Gott ist keine Wellenfunktion.

Hier zeigt sich auch, das wissenschaftliche Beweise, wenn du nicht Präsent bist, ganz schön verblöden können und die Schöpfung und das Göttliche zu bloßen Energien oder Wellenbewegungen oder Schwingungen und dergleichen vermurksen können.

Aber immerhin, der Professor konnte Theoenergie messen.

Deskalos, nannte die Chakren Scheiben.

Da Deskalos Reisen außerhalb seines physischen Körpers ganz bewusst machen konnte und sie auch seinen Schülern beibrachte, hatte er also schon eine schöne Form der Meisterschaft erlangt. Er weist aber immer daraufhin, das es über seinen Einsichten und Reisen noch höhere Welten und Bereiche gibt, für die er noch nicht die Meisterschaft erlangt hatte. Eksomatose nennt Deskalos das aus dem Körper gehen und an anderen Orten seien, während der physische Körper zuhause bleibt. Die Sufis würden geheimnisvoll dazu gesagt haben: Stirb bevor du stirbst. Oder anders formuliert, Fu gehst aus dem Körper heraus, schon bevor dein Physischer Körper stirbt und erkennst dadurch, da du ja gar nicht stirbst. Das ist die wahre Bedeutung von : Stirb, bevor du Stirbst.

Und das ist auch ein Teil der Arbeit die mit Ching Hai oder anderen Licht Ton Meistern verwirklicht werden können. Die Licht Ton Meister , und Ching Hai, gehen aber über Deskalos hinaus, alleine deswegen schon, weil deren Lehre gewisse Regeln hat, die bei Deskalos nicht aufzufinden waren, zumindest las ich das so, denn Deskalos aß noch Fleisch und trank alkoholische Getränke. Das tat ich auch, obwohl ich viele Spirituelle Erfahrungen machte, bevor ich mich von Ching Hai in Licht und Ton Meditation Initiieren ließ.

Aber es zeigt auch sehr gut, was möglich ist, trotz Fleisch essen und Wein Trinken oder Bier.

Seine Chakren zu öffne sei das Ziel jedes Mystikers und die Vorraussetzung zur Entfaltung der hellsichtigen und anderer psychonoetischer Fähigkeiten, sagte Deskalos. Wenn die Scheiben, Chakren sich nicht in der normalen Drehrichtung Uhrzeigersinn drehen, dann kann der Mensch launenhaft ins einem denken und Leben sein. Dann fehlt ihm die Fähigkeit vernunftmäßig zu denken, und er wird von anfallweisen psychischen Schwingungen wie Wut, Intoleranz, Hass, und Ähnlichem getrieben, laut Deskalos. Es gibt Menschen deren Chakren ständig in der Gegenrichtung rotieren. Solche Menschen haben keine Güte im Herzen, und ihr Verhalten ist immer von Hass, Aggression, und Negativem geprägt.

Das Zentrum des ätherischen Doppels, das sich als erstes rasch zu bewegen beginnt, ist das Solarplexus Zentrum.

Die heiligen Scheiben, Chakren des Herzens und des Sonnegeflechts sind völlig unabhängig von der derzeitigen selbstbewussten Persönlichkeit. Sie unterstehen unmittelbar der allwissenden Kontrolle des Heiligen Geistes, der diese beiden Scheiben in Bewegung setzt und so das Funktionieren des materiellen Körpers ermöglicht, meint Deskalos.

Die beiden Scheiben, Chakren im Kopf sind für die Persönlichkeitsentwicklung verantwortlich und bieten uns die Möglichkeit der Selbstbewusstheit.

Wenn ein Mensch versucht, seine Aufmerksamkeit auf etwas zu konzentrieren und ihm dies nicht gelingt, dann dreht sich die Scheibe mal in die eine, dann wieder in die andere Richtung.

Die Scheiben im Kopfbereich bewegen sich abhängig von der Persönlichkeitsen twicklung. Im Gegensatz zu den Scheiben von Herz und Solarplexus, die ihrem Wesen nach heilig-geistig sind.

Bei vielen Menschen bleibt die Scheibe über dem Kopf, das Chakra, verhältnismäßig verkümmert. Sie beginnt zu wachsen und sich harmonisch zu bewegen, wenn der Mensch von der Macht seiner Gedanken guten Gebrauch macht. Solange man sich nicht um seine Charakterentwicklung bemüht, wird man da auch nicht viel erreichen. Die sicherste Methode zur Entfaltung dieser Scheibe über dem Kopf, ist Selbstanalyse, Vernunft, und die rechte Lebensweise.

Das Zentrum beim Kreuzbein, sagte er, dort ruhe eine große Energieladung (Kundalini) die der Kontrolle des Heiligen Geistes und anderer Wesenheiten unterstehe, der Gesetze.

Selbstverständlich wird in den Büchern ausführlicher über die Chakren berichtet, und zwar von jemandem der kein Theoretiker ist, sondern „Starb bevor er Stirbt, wie Deskalos es konnte.

Es könnte für den Leserin konfus werden, diese vielen unterschiedlichen Chakrensysteme hier vorzufinden. Aber so ist das nun mal. Ich musste mir auch staunend alles durchlesen und einiges mit dem Kronenchakra selbst erfahren und so weiter, und zuerst dachte ich auch das ist alles zu widersprüchlich, aber ich erkannte, so was ! es sind Ergänzungen, denn jeder Mensch ist ein Original, es gibt in der gesamten Schöpfung nur Originale, denn aus einem Original kann nur ein Original entstehen, und so entstehen all diese Persönlichkeitserfahrungen. Es gibt Grundfarben Grundfazite Grundtöne Grundlicht, aber dann geht schon die Mischung los und die Erfahrungen formen dann weitere Mischungen.

Was aber gesagt werden kann ist folgendes: dass Siebener Chakrensystem bleibt in den Drei Welten und das Zwölfer Chakrensystem geht über die Drei Welten hinaus die dem Zerfall und Aufbau zugehörig sind, und gehen in die Spirituellen Welten der Ewigkeitsbereiche, passend zu unserem Ewigkeitswesen.

Hier sind nun einige Tabellen der Messungen des Göttinger Professors

Figur 1. Diagramm 7 Welten der Schöpfung, nach Deskalos und der Erevna

7	Schöpferische Energien Übersubstanz	Alles ist Geist, aus Geist, durch verschiedene Schwingungen geschaffen,, aber nicht von Geist				Welten der Archetypen					
6						Ideen					
5						Gesetze			Noetischer Körper in Form einer Idee ohne Begrenzungen		Permanentes Atom in Form von Archetypen Ideen, Gesetzen, Ursachen
4	Schöpferische Energien Übersubstanz		Welten des Zustandes	Welten ohne Grenzen und Beschränkungen	TEFAI BEE	Ursachen	Seelen und Selbstepignosis	Einswerdung Verschmelzung		Permanentes Atom	
3	Substanz					Mentale und			Ätherisches Doppel Mentalkörper / Noetischer Körper		Noetisch Perm. Atom
2	Übermaterie				Psychische oder 4. Dimension Zeit	Psychische Welt		Übersinne	Ätherisches Doppel Psychischer Körper		Psychisches Perm. Atom
1	Materie	Alles ist Geist, aus Geist, durch verschiedene Schwingungen geschaffen, aber nicht von Geist.	Welten des Phänomens Leben	Menschliches Konzept von Dimensionen	Materie 3.Dimension 2.Zeit 1.Ort	Grobstoffliche Welt	Selbstepignosis der gegenwärtigen Persönlichkeit	Sinne	Ätherisches Doppel grobstofflicher Körper	Materialo-	Grobstofflich. Permanent. Atom

Die Frequenzbereiche der BEE (Bio-Energie-Einheit) für 10 verschiedene Arten von Liebe

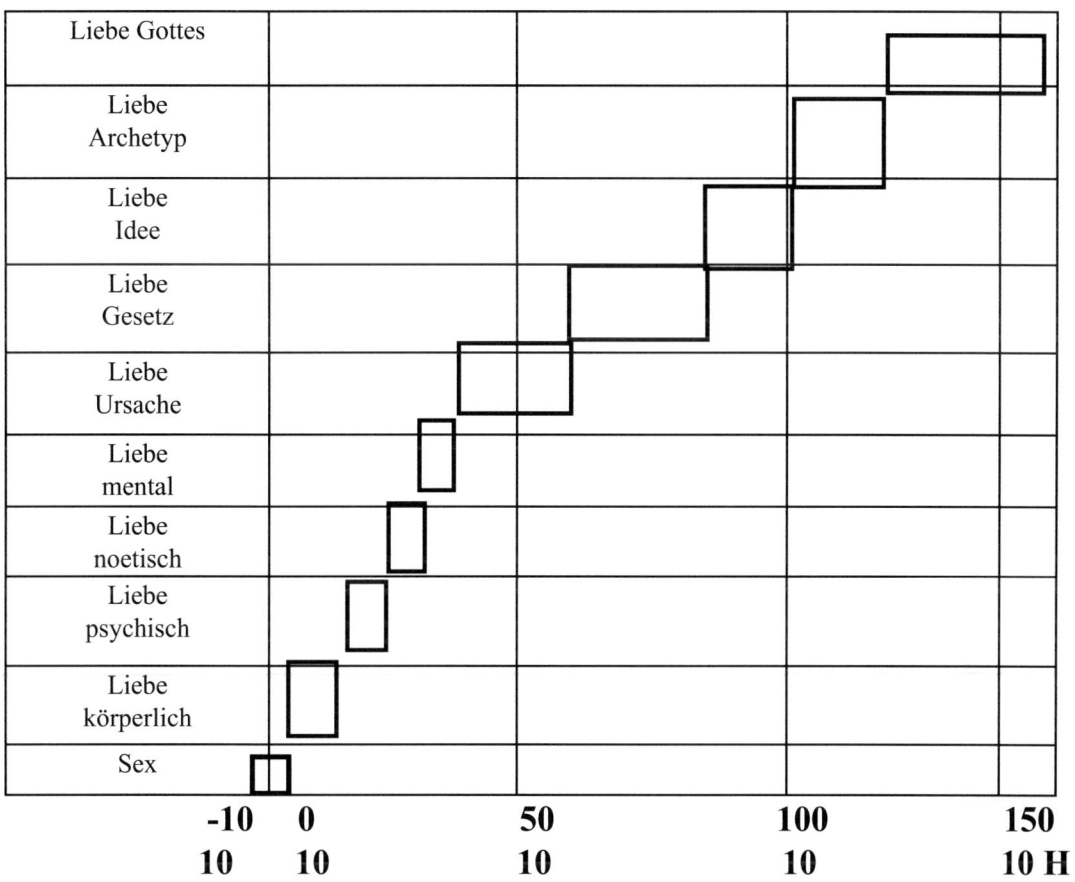

Die Frequenzbereiche der BEE (Bio- Energie-Einheit) der 7 Bewusstseinsstufen nach Daskalos

ermittelt als deren Resonanz mit Dekaden-BEE

Bewusstseinsstufe	Frequenzbereich
7. Seelen-Selbst- Ego-Selbst- Überbewusstsein	
6. Seelen-Selbst- Überbewusstsein	
5. Seelen-Selbst Bewusstsein	
4. Selbst- Bewusstsein	
3. Wach- Bewusstsein	
2.Unter- Bewusstsein	
1.Instinktives Bewusstsein	

-10	0	50	100	150
10	10	10	10	10 Hz

Soo, das waren einige Tabellen mit Messungen von Daskalos Systemen Genauere Daten und weitere Tabellen können sowohl im Buch: Daskalos- Das Buch des Lebens- im Edel Verlag nachgelesen, und in der Zeitschrift: Raum&Zeit 114/2001 Seite 53 nachgelesen werden.

Hier habe ich nun die letzte Info in Bezug Chakras aus
www.puramarya.de
Auch das ist ein Siebener System und Mehr aus verschiedenen Büchern

Tabelle 1	Namen	Lage	Körperteile	Endokrine Drüsen	Hormone
7. **Cha** **kra**	Kronen-Chakra Scheitel-Chakra Scheitelzentrum	vordere Mitte des Kopfes öffnet sich nach oben	Großhirn,oberer Schädel, Stirn	Zirbeldrüse (Epiphyse)	Serotonin Melatonin
6	Stirn Chakra 3.Auge Inneres Auge Stirnzentrum	nach vorn:In der Mitte der Stirn,kurz über der Nasenwurzel,zw. den Augenbrauen, nach hinten: In der Mitte unterhalb des hinteren Schädels	Kleinhirn, unterer Schädel, Augen,Nase, Ohren Wirbelsäule	Hirnhangdrüse (Hyphophyse)	Vasopres-sin Pitiutrin
5	Hals-Chakra Hals-u-Genick-Ch. Kehlkopf-Chakra Halszentrum	Etwa in Kehlkopf-höhe,bei Stimmbändern, öffnet s. nach vorn u. hinten	Obere Lunge Bronchien Kehlkopf Speiseröhre Mund Stimme Kiefer Hals Genick Nacken Arme	Schilddrüse Nebenschilddrüse	Thyroxin
4	Herz-Chakra Herz-Zentrum	Etwa in Kehlkopf-höhe, bei Stimmbändern, öffnet sich nach vorn u. hinten	oberer Rücken, Herz, Blutkreislauf Brusthöhle untere Lunge Haut, Hände	Thymusdrüse	(nicht bekannt)
3	Solarplexus-Chakr. Nabel-Chakra Milz-Chakra Magen-Chakra Herzzentrum	oberhalb des Nabels, unter den Rippen-bögen öffnet sich nach vorn u. hinten	unterer Rücken, Bauchhöhle Verdauung Magen Leber, Galle, Milz veget. Nervensystem	Bauchspeichel-drüse	Insulin
2	Sexual-Chakra Sacral-Chakra Polaritäts-Chakra Sexualzentrum	etwas unterhalb des Nabels, ,oberh.des Kreuzbeins, öffnet sich nach vorn u. hinten	Beckenraum Geschlechtsorgane Becken, Blase, alle Körperflüssigkeit	Gonade (Keimdrüse) Eierstöcke, Hoden Prostata	Östrogene Testosteron
1	Wurzel-Chakra Basis-Chakra Wurzelzentrum Basiszentrum	vom Steißbein ausgeh. zwischen Anus und Genitalien, öffnet sich nach unten	Alles Feste Wirbelsäule Knochen, Zähne Beine, unteres Verdauungssystem Blut und Zellaufbau	Nebennieren	Adrenalin Noradrenalin

2 Tabelle	Farbe	Thema	Prinzip	Sinnes-Funktion	Ton Klang
7. Chakra	Violett Weiß Gold	Vollendung direkte Schau Vereinigung mit dem All-Seienden, universelles Bewusstsein	Reines Sein		Do= Dominus (C= GOTT)
6. Chakra	Indigo Violett Gelb	Erkenntnis Intuition Geisteskraft Wille Manifestation	Seinserkenntnis	Alle Sinne und Übersinnliche Wahrnehmung	Si=Sider (H=Fixsterne)
5. Chakra	Hellblau Silberblau Türkis	Kommunikation kreativer Selbstausdruck Offenheit, Wille Unabhängigkeit	Seinsresonanz	Hören	La= Lactea (A=Milchstraße
4. Chakra	Grün Rosa Gold	Qualitäten des Herzens Hingabe Bedingungslose Liebe,Heilung	Seinshingabe	Tasten	Sol=Sol (G=Sonne, Individualität)
3. Chakra	Gelb Goldgelb	Entfaltung und Sitz der Persönlichkeit Verarbeitung v. Gefühlen u. Erlebnissen Macht, Einfluss Kraft, Fülle Erfahrung. Sicherheit im Auftreten	Gestaltung des Seins	Sehen	Fa= Fata (F=Planeten, das WORT, Schicksal)
2. Chakra	Orange	Ungefilterte Gefühle,Erotik, Sinnlichkeit Kreativität Begeisterung Geld, Lebenskraft	kreative Fortpflanzung des Seins	Schmecken	Mi=Microcosmos (E= Mensch, Erde, Leben, Fortpflanzung)
1. Chakra	Rot	Ursprüngliche Lebensenergie Ur-Trauen Beziehung zur Erde Materie Stabilität Durchsetzungsvermögen.Psychische Sicherheit u.Überleben	Körperlicher Wille zum Sein	Riechen	Re=Regina Coeli (D= Himmels-Königin, Mond Seele)

Die Entsprechungen der Chakren zu:

Symbol -Element -Grundprinzip -Sinnesfunktion -Yogaform - Mantra -
Vokal -Ton -positive Kraft -Schlafverhalten -Thema/Lernaufgabe/Bewusstsein -
Naturerfahrung -Musikform - Gemeinde in der Offenbarung -Sätze aus dem Vaterunser
-
Astrologische Zuordnungen -Edelsteine - Aromatherapie

1. Chakra (Wurzel-Chakra)

* Symbol: 4-blättriger Lotus
* Erde
* Körperlicher Wille zum Sein, Bewusstsein des körperlichen Seins
* Riechen
* Hatha-Yoga/Kundalini-Yoga
* LAM
* „U"
* Re (Regina Coeli, Himmelskönigin) = D
* Stabilisierende/erdende Kraft
* Bauchlage, 10 - 12 Stunden Schlaf
    * Ursprüngliche Lebensenergie, Ur-Trauen, Beziehung zur Erde und zur
        materiellen Welt, Stabilität, Durchsetzungskraft
* Morgenrot, Abendrot, frische Erde
* Rhythmusbetonte Musik (Stampfmusik)
* Ephesus
* Gib uns unser täglich Brot...
* Widder/ Mars, Stier, Skorpion/ Pluto, Steinbock/ Saturn
* Achat, Blutjaspis, Granat, Rote Koralle, Rubin
* Zeder, Nelke

2. Chakra (Sexual-Chakra)

* Symbol: 6-blättriger Lotus
* Wasser
* Schöpferische Fortpflanzung des Seins, Bewusstsein des Kreativen Seins
* Schmecken
* Tantra-Yoga
* VAM
* geschlossenes „O"
* Mi (Mikrokosmos, Erde, Leben) = E
* Reinigende/in-Fluss-bringende Kraft
* Embryonal-Haltung, 8 - 10 Stunden Schlaf

Kreativität, Staunen und Begeisterung
* Mondlicht, klares Wasser
* Fließende Musik (Volkstänze, Unterhaltungsmusik)
* Smyrna
* Führe uns nicht in Versuchung...
* Krebs/ Mond, Waage/ Venus, Skorpion/ Pluto
* Karneol, Mondstein
* Ylang-Ylang, Sandelholz

3. Chakra (Solarplexus-Chakra)

* Symbol: 10-blättriger Lotus
* Feuer
* Gestaltung des Seins, Bewusstsein der astralen Einbindung des Menschen
* Sehen
* Karma-Yoga
* RAM
* offenes „O"
* Fa (Fata, Schicksal) = F
* Umwandelnde/gestaltende/läuternde Kraft
* Rückenlage, 7 - 8 Stunden Schlaf
    * Entfaltung der Persönlichkeit, Verarbeitung von Gefühlen und Erlebnissen, Gestaltung des Seins, Einfluss und Macht, Kraft und Fülle, Weisheit, die aus Erfahrung wächst
* Licht der Sonne, blühendes Rapsfeld, reifes Kornfeld, Sonnenblumen
* Feurige Rhythmen, harmonische Orchestermusik
* Pergamus
* Vergib uns unsere Schuld...
* Löwe/ Sonne, Schütze/ Jupiter, Jungfrau/ Merkur, Mars
* Tigerauge, Bernstein, Edeltopas (goldgelb), Zitrin
* Lavendel, Rosmarin, Bergamotte

4. Chakra (Herz-Chakra)

* Symbol: 12-blättriger Lotus
* Luft
* Seinshingabe, Bewusstsein des individuellen Menschseins
* Tasten
* Bhakti-Yoga
* YAM
* „A"
* Sol (Sonne) = G
* Öffnende/verbindende Kraft

* linksseitige Lage, 5 - 6 Stunden Schlaf
  * Entfaltung der Herzensqualitäten, Liebe, Mitempfinden, miteinander teilen, mit dem Herzen dabei sein, Selbstlosigkeit, Hingabe, Heilung
  * Unberührte Natur, Blüten, rosafarbener Himmel
  * Klassische Musik, New-Age-Musik, Sakrale Musik
  * Thyatira
  * Wie im Himmel, also auch auf Erden/ Erlöse uns von dem Übel...
  * Löwe/ Sonne, Waage/ Venus, Saturn
  * Kunzit, Smaragd, Jade (grün), Rosenquarz, Turmalin (rosarot)
  * Rosenöl

5. Chakra (Hals-Chakra)

* Symbol: 16-blättriger Lotus
* Äther (Akasha)
* Seinsresonanz, Kosmisches Bewusstsein
* Hören
* Mantra-Yoga
* HAM
* „E"
* La (Lactea, Milchstraße) = A
* Kommunizierende/vermittelnde Kraft
* Abwechselnd rechte und linke Seite, 4 - 5 Stunden Schlaf
  * Kommunikation, kreativer Selbstausdruck, Offenheit, Weite, Unabhängigkeit, Inspiration, Zugang zu den feineren Ebenen des Seins
  * Blauer Himmel, Spiegelung des Himmels in einem Gewässer, leichter Wellenschlag
  * Obertonreiche Musik, Obertongesang, sakrale und meditative Tänze, New-Age-Musik, hallbetont
* Sardes
* Dein Reich komme, Dein Wille geschehe...
* Zwilling/ Merkur, Mars, Stier/ Venus, Wassermann/ Uranus
* Aquamarin, Türkis, Chalcedon
* Salbei, Eukalyptus

6. Chakra (3. Auge)

* Symbol: 96-blättriger Lotus
* Seinserkenntnis, CHRISTUS-Bewusstsein
* Alle Sinne, auch übersinnliche Wahrnehmung
* Inana-Yoga/Yantra-Yoga
* KSHAM
* „I"

* Si (Sider, Fixsterne) = H
  * Erkennende Kraft
  * Schlaf und Wachschlaf ca. 4 Stunden
        * Erkenntnisfunktionen, Intuition, Entwicklung der inneren Sinne,

        Geisteskraft, Willensprojektion, Manifestation
* Nachthimmel
    * Klassische Musik (östlich und westlich), kosmische Sphärenklänge, New-Age-
        Musik
* Philadelphia
* Geheiligt sei Dein Name/ ...und die Kraft...
* Merkur, Schütze/ Jupiter, Wassermann/ Uranus, Fische/ Neptun
* Lapislazuli, Indigoblauer Saphir, Sodalith
* Minze, Jasmin

7. Chakra (Kronen-Chakra)

* Symbol: 1000-blättriger Lotus
* Reines Sein
* OM
* „M"
* Do (Dominus, GOTT) = C
* Transzendierende Kraft
* nur noch Wachschlaf
 * Vollendung, höchste Erkenntnis durch direkte innere Schau, Vereinigung mit dem
        All-Seienden, Universelles Bewusstsein/ GOTTES-Bewusstsein
* Berggipfel
* Stille
* Laodicea
* Vaterunser, Der Du bist im Himmel/ ...und die Herrlichkeit in Ewigkeit
* Steinbock/ Saturn, Fische/ Neptun
* Amethyst, Bergkristall
* Olibanum, Lotus

(Frei nach: „Das Chakra-Handbuch", Shalila Sharamon/ Bodo Baginski, Windpferd-Verlag,
„Kabbala - der jüdisch-christliche Einweihungsweg", Heinrich Elijah Benedikt, Bauer-Verlag, „Das
Erwachen der 6. Kraft", Edgar Cayce, Heyne-Verlag)
Inhaltsverzeichnis/Alphabetisches Register

www.puramaryam.de - MARIA / MARYAM - puramaryam@t-online.de

Die Hauptthemen der Chakren
und ihre Probleme

Wenn unsere Chakren unbelastet sind, funktionieren sie problemlos und versorgen unser gesamtes Körpersystem mit Energie aus den Ebenen, mit denen sie verbunden sind.

Probleme treten erst auf, wenn Blockierungen die Chakren verstopfen und auch auf den Energiemeridianen den Energiefluss hemmen oder gar unterbrechen. Die Blockaden werden durch uns selbst geschaffen, meist durch traumatische Erlebnisse, die mit heftigen Emotionen verbunden sind. Hierdurch werden meist Blockierungen in allen Chakren verursacht, denn alle Chakren sind ja miteinander verbunden, je paarweise untereinander und alle miteinander über das Herzchakra. Die Probleme in unserem Denken, Fühlen und Verhalten sowie die gesundheitlichen Probleme bis hin zu Krankheiten die nun entstehen, verschwinden erst, wenn die Blockaden wieder aufgelöst werden. Fast immer haben wir unsere Probleme aber schon über viele Inkarnationen mit uns herübergetragen und werden sie noch weiter behalten - bis wir eines Tages lernen, dass alle Probleme, also alle Blockierungen nur durch Bedingungslose LIEBE, durch Vergebung gelöst werden können...

1. Chakra (Wurzelchakra)
Sicherheit und Überleben in der physischen Welt, z.B...

\# die Angst, sich und seine Familie nicht mit dem Lebensnotwendigsten versorgen zu können;

\# das Gefühl fehlender Sicherheit, der physischen und psychischen Bedrohung durch die Umwelt, wobei man sich rechtlos fühlt und unfähig, für den eigenen Schutz und die eigenen Belange einzustehen;

\# das Gefühl, nirgendwo hinzugehören, nirgendwo richtig zuhause zu sein;

\# die Angst davor, die eigenen Ziele nicht erreichen und die eigenen Bedürfnisse nicht befriedigen zu können;

\# das Gefühl, völlig auf sich selbst gestellt zu sein, niemanden zu haben, an den man sich um Hilfe wenden könnte, ganz allein auf der Welt zu sein.

Auftretende Probleme:
Schmerzen im unteren Rücken, Ischias, Krampfadern, Rektalprobleme, auch Tumore und Krebs in diesen Körperteilen

2. Chakra (Sexualchakra)
Macht und Kontrolle in der physischen Welt, auch über Andere, Geld, Sex, z.B....

\# das Gefühl, sexuell machtlos und ausgeliefert zu sein, z.B. bei sexuellem Missbrauch, aber auch in einer durch Manipulation und Kontrolle bestimmten Beziehung zu leben;

\# das Gefühl, sexuell nicht anziehend zu sein, Abneigung gegen Sexualität im allgemeinen, Unbehagen gegenüber der sexuellen Machtposition des Partners/der Partnerin oder gegenüber dem anderen Geschlecht schlechthin; Ablehnung oder Schuldgefühle im Zusammenhang mit der eigenen Sexualität/ den eigenen sexuellen Bedürfnissen;

\# Furcht vor Schwangerschaft und Geburt, Schuldgefühle, die Erziehung der eigenen Kinder betreffend;

\# geringes Selbstwertgefühl durch mangelndes Einkommen, Unbehagen durch das Gefühl, von Anderen finanziell abhängig zu sein;

\# Wut darüber, von Anderen manipuliert zu werden; das Gefühl, wegen seiner Rasse, Farbe, Geschlecht von Anderen diskriminiert zu werden;

\# das Gefühl großer Unsicherheit, so dass man Andere manipulieren muss, um sich einigermaßen besser zu fühlen; # jegliche Art von Unehrlichkeit in finanziellen, sexuellen oder anderen zwischenmenschlichen Beziehungen;

die Angst vor Armut, die Angst, nie genug zu haben.

Auftretende Probleme:

Alle Frauenleiden, wie Menstruationsbeschwerden, Unfruchtbarkeit, vaginale Infektionen, Zysten am Eierstock, Krebs der weiblichen Geschlechtsorgane;

bei Männern Impotenz, Prostata-Leiden einschließlich -Krebs, wobei diese Probleme insbesondere mit dem Verlust finanzieller oder politischer Macht verbunden sind;

bei Männern und Frauen Schmerzen im Becken und unteren Rücken, Herpes und andere „sexuelle"

Krankheiten, sexuelle Probleme, Bandscheiben-Verschiebungen, Nieren – und Blasenbeschwerden.

3. Chakra (Solarplexus-Chakra)

Persönliche Macht, Furcht vor Ablehnung, Furcht vor der Übermacht Anderer, Einschüchterung, mangelndes Selbstwertgefühl, Überlebensinstinkt. Hier liegen viele Angst- und Wutmuster, die durch Mangel an persönlicher Macht ausgelöst werden, tiefe innere Krisen, z.B. die Unfähigkeit, sich selbst und Anderen zu trauen, z.B...

Befangenheit und Schüchternheit, die verhindern, dass man Beziehungen oder Situationen schafft,
welche auf Gleichwertigkeit basieren;
die Angst, für sich selbst Verantwortung zu übernehmen und Verantwortung für die eigenen Finanzen, die eigenen Gedanken, Einstellungen und Handlungen;
Ärger darüber, für einen Anderen Verantwortung tragen zu müssen, der dazu entweder nicht in der Lage ist oder sich seiner Eigenverantwortung entzieht;
Furcht, die daher kommt, dass man sich als unfähig empfindet, Entscheidungen für sich selbst zu treffen;
Wut über Eingriffe in die persönlichen Entscheidungen,
Wut, weil man sich vernachlässigt fühlt, das Empfinden, übergangen zu werden; das Muster, scheinbar anspruchslos Anderen zu geben, aus Furcht, nicht geliebt zu werden;
Furcht vor Kritik bzw. das Bedürfnis, andere zu kritisieren, um die eigene Macht zu spüren;
Ärger und Frust aus der Unfähigkeit heraus, sich von den Erwartungen Anderer zu befreien;
das Muster, seine Wut an hilflosen Opfern auszulassen aus Mangel an Mut, die eigentliche Ursache für seine Wut anzugehen;
Angst vor Versagen.
Unsere Gesundheit hängt nicht nur von unseren Angst- und Wutmustern ab, sondern davon, wie wir uns verhalten aufgrund der Konditionierung durch diese Muster. Wenn Wut auf nicht angemessene Art und Weise entladen wird, z.B. durch Misshandlung von Ehepartnern und Kindern, Gebrauch von Drogen oder Alkohol o.ä., kommt zu diesen Mustern noch der Teufelskreis von Schuldgefühlen, Selbsthass und der Verlust des Selbstrespekts hinzu. Wer sich selbst hasst, wird mit Sicherheit seine Gesundheit einbüßen. Man kann auch sein Leben nicht zum Besseren wenden, wenn man sich für sein Verhalten schämt.

Die häufigsten Beschwerden, die durch die oben genannten Muster hervorgerufen werden, sind: Arthritis, Magengeschwüre und andere Magenleiden, Darm- und Verdauungsprobleme einschließlich Krebs, Entzündung der Bauchspeicheldrüse, Diabetes und Krebs der Bauchspeicheldrüse, Nierenprobleme (auch im 2. Chakra!), Leberprobleme, z.B. Hepatitis, Gallenblasenbeschwerden, Beschwerden der Adrenalin-produzierenden Drüsen, chronische und akute Magenverstimmung, Magersucht, Bulimie, Übelkeit, Grippe.

4. Chakra (Herzchakra)

Alles, was mit Liebe zu tun hat, Kreativität des Herzens, dem Wunsch des Herzens folgend, Liebe zu anderen Lebensformen. Die nachfolgend aufgeführten Sorgen, Ängste und Probleme und die daraus resultierenden Verhaltensmuster beeinträchtigen insbesondere die Energie des Herzchakras, z.B....

die Angst, nicht geliebt zu werden, nicht wert zu sein, geliebt zu werden;
Schuldgefühle, weil man einen Menschen innerlich ablehnt oder vernachlässigt, z.B. die eigenen Eltern oder Kinder;
Neid, Eifersucht oder Ablehnung, weil man der Meinung ist, dass andere mehr Liebe und Aufmerksamkeit als man selbst erhalten;
die Angst, Gefühle zu zeigen und zu erwidern;
Schuldgefühle, weil man anstelle von Liebe nur Ärger, Feindseligkeit und Kritik äußern kann und damit den Erwartungen der eigenen Rolle nicht entspricht;
Erstarrung der Gefühle durch lange Einsamkeit;
Verunreinigung der Gefühle durch negative Wertungen Anderer und durch Vorurteile gegen Andere;
Verhärtung der Gefühle durch Festhalten an alten Verletzungen und Wunden sowie negative Einstellung gegenüber Anderen;
Angst und Verbitterung, weil man meint, nicht vergeben zu können oder weil man Vergeben/ Verzeihen strikt ablehnt;
das Muster, immer wieder Beziehungen aufzubauen, die emotional unerfüllt bleiben oder auch Missbrauch beinhalten;
etwas zu tun oder mit jemandem zusammen zu sein, ohne dass das Herz dabei ist;
so starke Verzweiflung und Kummer, dass im wahrsten Sinne des Wortes „das Herz bricht".
Diese emotionalen Leiden und Traumata verursachen Blockierungen, d.h. eine emotionale „Verstopfung", die wiederum Verhaltensstörungen verursachen. Auch der physische Körper reagiert auf diese Stressfaktoren.

Häufig auftretende Symptome sind:

Herzanfälle, Vergrößerung des Herzens, Verstopfung der Arterien, Herzversagen, Asthma, Allergien, Lungenprobleme einschließlich Krebs, Bronchialkrankheiten, Lungenentzündung, Kreislaufprobleme und alle Probleme im oberen Rücken und in den Schultern.

5. Chakra (Halschakra)

Entwicklung der Willenskraft, Selbstausdruck. Einige der am häufigsten auftretenden Ängste und negativen Verhaltensmuster, die im Zusammenhang mit der Willenskraft stehen, sind...

die Angst, sich selbst zu behaupten und für seine Rechte einzustehen; das kann soweit gehen, dass man sich von Anderen unterdrücken lässt;
Angst, die eigenen Bedürfnisse, Gefühle oder Meinungen zu äußern; dadurch kann fast völlig jegliche Kreativität erstickt werden;
Unehrlichkeit und Lügen, um Gefühle zu verbergen oder die Verantwortung für eigene Handlungen zu verleugnen;
Missbrauch der Willenskraft, um das Leben anderer zum Zwecke des eigenen Vorteils zu kontrollieren und zu beeinflussen;
Reue und gegen sich selbst gerichtete Aggression, weil man unfähig ist zu sagen „Ich liebe Dich", „Ich vergebe Dir" oder „Verzeih mir".
die Unfähigkeit, Trauer, Schmerz oder Kummer auszudrücken einschließlich der Unfähigkeit, zu weinen;
jahrelang angesammelter Schmerz und Scham über die vielen Gelegenheiten im Leben, bei denen man nicht wagte, für sich selber einzustehen;
weil man die Entscheidungen über sich selbst und das eigene Leben Anderen überlässt, bleibt die eigene Willenskraft unentwickelt;
man übertreibt gern und verbiegt die Wahrheit, man redet schlecht über Andere, Klatschen und Tratschen – das ist ein Missbrauch der Energie des 5. Chakras.

Das führt zu Problemen wie:

Heiserkeit, chronische Halsentzündung, Krebs im Mund- und Rachenraum, Probleme im Gaumenbereich, Zahnprobleme, Verschiebungen im Kieferbereich, Rückgratverkrümmungen, steifer Hals, Mandelentzündungen, Spannungskopfschmerz, der vom Nacken her ausstrahlt, Schwellungen der Halsdrüsen.
Hier liegen die Ursachen für Drogenabhängigkeit, Abhängigkeit von Alkohol, Zigaretten, Süßigkeiten, Essen und andere Abhängigkeiten, die mit einem Mangel an Willenskraft und mit Lebensangst zusammenhängen.

6. Chakra (3. Auge)
Intelligenz, höheres Wissen, Weisheit, Intuition;
außerordentlich viele Ängste und negative Verhaltensmuster hängen mit der Energie des 6. Chakras zusammen, z.B....
die Angst, in sich selbst zu schauen;
die Angst vor der eigenen Intuition; dadurch verliert man seine Empfindsamkeit; Missbrauch des Intellekts durch Täuschung oder zum Schaden Anderer;
Täuschung sich selbst gegenüber, um nicht die Wahrheit über sich erkennen zu müssen;
die Angst, nicht intelligent genug zu sein;
Starrheit durch festgefahrene negative Vehaltensmuster, die keine positive Veränderung zulassen;
Eifersucht und Neid auf die kreativen Fähigkeiten Anderer;
die Weigerung, aus seinen Lebenserfahrungen Lehren zu ziehen; statt dessen macht man Andere für die eigenen Probleme verantwortlich.
Aus diesen Mustern resultierende gesundheitliche Störungen sind z.B...
Gehirntumore, Gehirnblutungen, neurologische Störungen, Blindheit, Taubheit, Probleme der Wirbelsäule (hier: der ganzen Wirbelsäule), Migräne, Spannungskopfschmerz, Ängste, Nervosität, Nervenzusammenbruch, Koma, Depressionen, Epilepsie, Lernstörungen u.a.

7. Chakra (Kronenchakra)
Das Leben annehmen, die Lebensaufgabe erfüllen, den Sinn des Lebens erkennen; Probleme, die mit diesem Chakra zusammenhängen, betreffen immer das gesamte Leben des Menschen, z.B...
das Gefühl, ein Leben in völliger Bedeutungslosigkeit zu führen;
spirituelle Krisen, z.B. Glaubenskrisen;
totale Verunsicherung, weil man sich nicht traut, nicht glaubt, dem Leben selbst nicht traut;
fehlender Mut und fehlendes Trauen in sich selbst;
die Angst, sich selbst zu verändern, d.h. auch, sich selbst kennenzulernen;
Beschränktheit des Denkens, des Horizonts, „nicht über den eigenen Tellerrand hinausschauen können";
die Weigerung, innerlich zu wachsen und sich weiterzuentwickeln und damit die Verantwortung für sich selbst und die Anforderungen des eigenen Lebens zu übernehmen;
die Unfähigkeit, die eigenen Grund- und Verhaltensmuster zu erkennen.
die Krankheiten, die durch diese negativen Verhaltensmuster verursacht werden, sind:
Nervenleiden, Störungen des Nervensystems, genetische Störungen, Lähmungen, Knochenleiden einschließlich Knochenkrebs, Multiple Sklerose u.a.
(Die Themen und Probleme der Chakren: frei übersetzt nach: „Creation of Health" von C. N. Shealy u. Caroline Myss, Stillpoint, USA)
Diese krankmachenden, problembringenden Muster in uns werden verfestigt durch entsprechende Gedanken und Gefühle sowie Bestätigungen unserer entsprechenden Überzeugungen (Jesus CHRISTUS: "Es geschehe nach Eurem Glauben..": also unsere festen Glaubenssätze werden wir immer in unserem Erleben bestätigt sehen); dadurch werden

Schicht um Schicht von neuen Blockierungen in uns angehäuft.
Dabei ziehen die Energie-Blockierungen energetisch entsprechende Fremd-Energien an, wodurch sie verstärkt, unser Immunsystem weiter geschwächt und Krankheiten intensiviert und beschleunigt werden.

Die Auflösung dieser Muster, die oft durch viele Inkarnationen reichen, also unseres Karma, ist unsere Aufgabe im Leben. Ihre Erfüllung ist nur möglich durch den tiefen Wunsch des Herzens, die eigene feste Entscheidung zur Wandlung, durch Gebete um die Hilfe des LICHTS, völlige Ehrlichkeit mit sich selbst und die Bereitschaft, dafür alles, auch Schmerzen, auf sich zu nehmen.

Der Anstoß dazu sind fast immer so tiefe Krisen, Leid und Verzweiflung, dass wir keinen Ausweg mehr für uns sehen und uns in letzter Verzweiflung GOTT zuwenden.

Auf diese Weise führt uns unsere Seele zur spirituellen Entwicklung, d.h. zurück zur LIEBE, zur FREUDE, zu GOTT, wenn wir uns nicht von selbst und freiwillig auf diesen Weg begeben; denn die spirituelle Entwicklung, zu lernen, unser Leben in LIEBE und FREUDE, Leichtigkeit und in Hingabe zu Anderen und zu GOTT zu führen, ist der Sinn und Zweck unserer Schulung hier auf diesem Planeten Erde.

Im Zuge meiner energetischen Reinigung wurde mir klar:

Die Probleme aller Chakren sind Probleme des Herzens! Meine gesamte Reinigung war also eigentlich nur eine Reinigung des Herzens! Der WEG des HERZENS ist die Reinigung des Herzens durch jeden selbst!
und: Das Optimale zum Auflösen von Blockierungen und den damit verbundenen Themen sind LICHTARBEIT und/oder Bedingungslose LIEBE!
Zur Heilung aller Probleme siehe insbesondere die Seiten:

- LICHTARBEIT
- Energiearbeit
- Bedingungslose LIEBE, Anleitung unter Liebe fühlen und erzeugen,
- Mit der LIEBE arbeiten
- So findest Du Heilung (Anleitung)

- Die energetische Reinigung - Weg der Erlösung (alle Seiten)
- Die Prägenden Kraftfelder der Finsternis, Anleitung unter Auflösung der Kraftfelder
- Blockaden/Blockierungen, Anleitung unter Die Befreiung von Blockierungen,
- FREUDE leben und fühlen
- Die Chakra-Atmung
- Die optimale Ernährung
- Die Befreiung von Wesen der Finsternis
Zur Auflösung können auch helfen:

* Vergebung
* Erkenntnis über die Ursachen
* Rückführung/Führung zur inneren Wahrheit
* Trommeln über längere Zeit (Rhythmus sanft schlagen - es reicht auch, mit den Fingern auf die Tischplatte, und DABEI IMMER an die zu lösenden Blockierungen oder Schmerzen denken)
* Klangschalen (auf Problemstelle legen und sanft anschlagen), sonst wie Trommeln

* Vorstellen und visualisieren, dass sich die Blockierung öffnet und auflöst

Die Chakren des Menschen
Die Entwicklung des Bewusstseins als Weg
über die Chakren:

C=Do	Dominus - VATER, GOTT Gottesbewusstsein
H = Si	Sider - Fixsterne, Christus - Bewusstsein
A = La	Lacteae - Milchstrasse, Kosmisches Bewusstsein
G = Sol	Sol - Sonne, Bewusstsein des individuellen Menschseins
F = Fa	Fata - Schicksal, Wort, Planeten, Astrale Einbindung des Menschen
E = Mi	Mikrokosmos - Erde, Mensch Leben, Fortpflanzung
D = Re	Regina Coeli - MUTTER ERDE und Himmelskönigin, Kundalini Shakti, Mond, die unbelebte Materie

Die Stufen des Bewusstseins als Weg über die Chakren:
(Durchsage des SCHÖPFERS)

13.Chakra (+6)	EINS - SEIN
12.Chakra (+5)	Bewusstsein der 12/13/? Dimension GNADE Die allumfassende Kosmische LIEBE
11.Chakra (+4)	Bewusstsein der 10./11. Dimension, Prinzipien, ORDNUNG Die allumfassende Kosmische Weisheit
10.Chakra (+3)	Bewusstsein der 9./10.Dimension Die allumfassende Kosmische MACHT (Schaffensmacht)
9.Chakra (+2)	Bewusstsein der 8./9.Dimension Höhere Engel GÖTTLICHE Hilfe, Führung und Leitung

8.Chakra (+1)	Bewusstsein der 6./7.Dimension, Engel, HINGABE, Akasha- Chronik
7.Chakra (Kronen-Chakra)	GOTTES - Bewusstsein, Bewusstsein der 5.Dimension Der Mensch als Teil Gottes
6.Chakra (3.Auge)	Kosmisches Bewusstsein, Bewusstsein der 4./5. Dimension Der Mensch als Bewohner des Kosmos
5.Chakra (Hals-Chakra)	Seelenbewusstsein, Bewusstsein der 4.Dimension Der Mensch als Geistiges Wesen
4.Chakra (Herz-Chakra)	Herzensbewusstsein, Der erwachte Mensch
3.Chakra (Solarplexus- Ch)	Gruppenbewusstsein. Der Mensch als bestandteil der menschlichen Gesell- schaft
2.Chakra (Sexual - Chakra)	Kreatives(Kreatürliches) Bewusstsein Der Mensch als partnerschaftliches Wesen
1.Chakra (Wurzel-Chakra)	Existenzielles Bewusstsein Erdenbewusstsein. Der Mensch als Erdenbewohner
-1	Bewusstsein der Tiere (kann bis zum 2. Chakra reichen!) und kleiner Kinder bis zum 2-3 Lebensjahr
-2	Bewusstsein der Pflanzen
-3	Bewusstsein der Mineralien

Die Stufen des Bewusstseins als Stufen der LIEBE

+6	**Das Bewusstsein der Einheit**
+5	**mit LICHT/LIEBE**
+1 bis +4 7.Chakra	**Das Bewusstsein der ALLUMFAS-SENDEN LIEBE Das Bewusstsein der KOSMISCHEN LIEBE**
6.Chakra	**Das Bewusstsein der LIEBE GOTTES**
5.Chakra	**Das Bewusstsein der LIEBE des CHRISTUS**
4.Chakra	**Das Bewusstsein der SEELENLIEBE**
3.Chakra	**Das Bewusstsein der BEDINGUNGS-LOSEN LIEBE**
2.Chakra	**Das Bewusstsein zwischenmenschli-chen Liebe**
-3 bis 1.Chakra	**Das Bewusstsein der körperlichen LIEBE** **Das Bewusstsein der Unbewussten LIEBE**

Die Entwicklung des Menschen zur Vollkommenheit geht über die LIEBE und das LICHT. Dies ist der WEG. Es ist der Weg der Entwicklung des Bewusstseins: Vom menschlichen Bewusstsein zum GOTTES-Bewusstsein und weiter... der menschlichen Entwicklung sind keine Grenzen gesetzt.

Unsere Aufgabe auf der Erde ist es, alles Bewusstseins zu kennen und zu lieben, zu durchlaufen und zu integrieren. Das ist die Heilwerdung, die Vollkommenheit (das Kommen zum Vollen, zur Fülle) Ich erkläre

Voraussetzung auf dem Entwicklungsweg des Menschen ist die Heilige Taufe - Die Taufen entspricht dem Entwicklungsweg über die Chakren. Ursprünglich gab es 7 Taufen, jetzt nur noch 3. Die 1. Taufe vollzog Jesus für uns bei der Kreuzigung. Die Wassertaufe und Feuertaufe sind wichtige Schritte, die jeder Mensch selbst für sich entscheiden muss, wenn er dazu reif ist; es ist also sinnvoll, wenn eine Taufe nicht im Säuglingsalter vollzogen wird.
Bisher gab es für die Menschen nur die Wassertaufe, die u.a. in den Kirchen vollzogen wurde. Seit das LICHT wieder zur Erde zurückgekehrt ist, wird bei der Taufe mit dem LICHT sowohl die Wasser- als auch die Feuertaufe vollzogen.

Inhaltsverzeichnis/Alphabetisches Register www.puramaryam.de - MARIA / MARYAM - puramaryam@t-online.de

WAS MIR ZU WALSCH UND GESPRÄCHE MIT GOTT AUFGEFALLEN IST.

Ich habe ja, „Gespräche mit Gott" in der obigen Liste mit eingefügt, um zu zeigen das der „Gott des Verstandes" bei Walsch dort hingehört. Er ist ja der Wahrheit verpflichtet und sagt ja auch das über ihm ein weiterer Gott ist. Somit kann Walsch,s Gott nicht die höchste Gottheit sein. Und im Buch „Neue Offenbarungen" sagt er auf Seite 343 : **„ARBEITE ALSO IN EINEM KOLLEKTIV. FOLGT NICHT EINZELNEN MEISTERN, SONDERN MEISTERT EINZELN DAS KOLLEKTIVBEWUSSTSEIN. ARBEITET DANN KOLLEKTIV DARAN , DAS KOLLEKTIV NAMENS „ MENSCHHEIT" ZU ERWECKEN."**

Für mich ist beides prima. Sowohl das Kollektiv als auch die Individualität. Beides ergänzt sich nämlich. Der Weg mit einem Meister fördert jene die sich Initiieren lassen. Und das erreichte von diesen Initiierten wird dann sowieso für das Allgemeinwohl gemacht. Aber für mich zbs. ist das was ich als Wirtschaftlich - politisch - Religiös zur Zeit auf der Erde so erfahre und sehe ganz einfach zu beschränkt zu Eng zu Dunkel und zu Unfrei und vieles mehr. Und ich bin mir auch bewusst das die Meister auch nicht die Dilemmas und Raubmenschseinszustände der Menschheit auf der Erde beseitigen können. Das sind relativ langsame und relativ schnelle Wachstumsprozesse. Aber sie passieren. Das ist gut sichtbar. Obwohl wenn ich an die Willkürliche Monopolgeldmacht von wenigen Raubsäugetieren denke und sehe wie die fast die gesamte Industrielle und Rohstoffmacht auf der Erde haben und sehe wie das Gift dieser Konglomerate und Kartelle die Menschheit mit ihren Fehlern vergiftet dann sehe ich doch auch ziemlich **SCHWARZ** für das **MENSCHHEITSKOLLEKTIV**.

Hier ist was der Gott von Walsch der Gott des Verstandes der mir sehr gut gefällt sagte :

1. **Gott hat nie aufgehört mit den Menschen direkt zu kommunizieren. Gott hat von Anfang an mit und durch Menschen kommuniziert. Und das tut Gott auch heute.**

2. **Jedes menschliche Wesen ist ebenso außergewöhnlich, so besonders, wie jedes andere menschliche Wesen, das je lebte, gegenwärtig lebt oder je leben wird. Ihr seid alle Boten . Jeder und jede. Jeden Tag tragt ihr dem Leben eine Botschaft über das Leben zu. Jede Stunde. Jeden Augenblick.**

3. **Kein Weg zu Gott ist direkter als ein anderer. Keine Religion ist die „ einzig wahre Religion „ , kein Volk ist das „ ausserwählte Volk „ und kein Prophet ist der „ größte Prophet „ .**

4. **Gott hat nichts nötig. Gott braucht nichts , um glücklich zu sein. Gott ist die Glückseligkeit selbst. Deshalb verlangt Gott von nichts und niemandem im Universum irgendetwas.**

5. **Gott ist nicht ein einzigartiges Superwesen , das irgendwo im Universum oder außerhalb davon lebt , das die gleichen emotionalen Bedürfnisse hat und demselben emotionalen Aufruhr unterworfen ist wie die Menschen. Das, was Gott ist, kann in keiner Weise gekränkt oder verletzt oder beschädigt werden , und hat deshalb auch nicht nötig , zu bestrafen , oder sich zu rächen.**

6. **Alle Dinge sind ein Ding . Es gibt nur ein Ding , und alle Dinge sind Teil des „Einen Dings Das Ist „**

7. **So etwas wie Richtig und Falsch gibt es nicht. Es gibt nur je nachdem , was zu sein , zu tun , oder zu haben ihr bestrebt seid , das „Was Funktioniert „ und „ Was nicht Funktioniert „ .**

8. **Ihr seid nicht euer Körper. Wer ihr seid ist grenzenlos und ohne Ende.**

9. **Ihr könnt nicht sterben , und ihr werdet nie zu ewiger Verdammnis verurteilt werden.**

Okay, so viel zu den Büchern von Walsch. Wenn die Menschen aber weiterhin so manipuliert werden durch die Monopole und Interessengemeinschaften der „materiellen Wissenschaften" und sie sich weiterhin so „LilaSchwarzÄugig" den politisch-wirtschaftlichen- Kartellen hingeben, dann ist die Hoffnung für die Zukunft ziemlich Vergiftet und sehr beschränkt da ja Demokratien auch bloß das „Schachbrett für die Groben und Trüben und gigantisch vom Gelddenken beschränkten „ sind. Es ist Notwendig auch die „spirituellen Wissenschaften „ als Ergänzung und Erweiterung mit ins Spiel zu bringen. Die uns weiter bringen als diese „Dumpfkopf - Blut - und Tötungs - Materialisten - Raubsäugetiere mit ihren Machtgier - Geldwahnsinn Betrugs Systemen der „Höchsten Subtilsten Ausbeutungskünste" die wenn Notwendig auch mit Kriegen und Unterdrückungen per direkter Gewaltanwendungen wenn's nicht anders geht aufrechterhalten werden sollen. Die „Spirituellen Wissenschaften „ bringen die Menschen über ihre sterbliche Hülle hinaus und über diese Grobsinnliche Einsicht hinweg in die Welt jenseits dieser Welten, und erweitert die zur Zeit menschlichen Fähigkeiten weit, weit über diese grobe dumpfe manipulative unwahrhaftige Systematik der Geldmacht Monopole die, die Menschheit heutzutage „Abzocken"

NOCH ETWAS ZU VEDANTA

Vedanta sagt , meint, denkt, das Objekt der Existenz , ist nicht Befreiung , sondern Realisierung. Im Denken schaut das so aus als ob beides das gleiche sein könnte. Das ist es aber längst nicht. Denn in der Erfahrung ist es etwas gänzlich anderes. **Advaita Vedanta bleibt zum Beispiel noch im Bereich des Universalbewusstseins oder OM und ist damit noch nicht im Bereich der Befreiung.**

Einweihung ist der kostbarste Schatz im Universum
Von der Höchsten Meisterin Ching Hai, Florida, USA, 11 Juni 2001

Frage : Kürzlich habe ich ein Buch gelesen : der Ozean der Liebe von Kabir, er war eine Inkarnation des wahren Gottes. (Meisterin: Ja, Ja) Er spricht über den Mund von Kal . Wenn uneingeweihte Seelen sterben, kommen die Boten des Todes und legen sie sozusagen rein. Die Seelen gehen auf Kal zu, und dann frisst Kal sie auf. Ich verstehe nicht, wie das gemeint ist.

   Meisterin : Wenn du nicht eingeweiht bist, wird Kal, d.h. die negative Kraft, zu dir kommen. Kal heißt negative Kraft in Sanskrit. Wenn du eingeweiht bist, wird der Meister kommen, und Kal kann dich nicht reinlegen. Nach der Einweihung hält Kal sich fern, weil die Seele ihm nicht mehr gehört. Er kann dich nicht kontrollieren. Natürlich versucht er weiter, dich reinzulegen. Er versucht, Ärger zu machen, aber das ist sein Job. Und dein Job ist es, deinen Weg zu gehen, egal was er sagt.

   Frage: Das klingt gefährlich.

Meisterin : Ach, was, das ganze Leben ist lebensgefährlich, es endet immer tödlich ! (Die Meisterin und alle lachen.)

   Frage : Ist es gefährlich für uneingeweihte Leute.

Meisterin : Aber du bist eingeweiht, somit bist du immer vom Meister beschützt. Wenn du wirklich, aufrichtig heimgehen willst, können dir auch 10.000 Kals nichts tun.

   Frage : Gilt das auch für die, die wir lieben und unsere engen Freunde ?

Meisterin : Ja ! Definitiv ja. Der Meister wird sich um sie alle kümmern. Das ist das unwahrscheinlich große Verdienst, eingeweiht zu sein. Wenn du das erkennst, würdest du sterben aus Dankbarkeit und infolge des Schocks, zu erkennen wie groß sie ist, diese Einweihung. Sie ist wirklich groß.

   Ich kann es nicht beschreiben wie groß sie ist. Ich kann mich nur für euch freuen. Ihr seid wirklich glücklich zu nennen - ja, sehr glücklich. Absolut ihr habt keine Vorstellung. Es gibt nichts, womit ihr sie euch kaufen könnt, nichts, das ihr dafür eintauschen könnt - nichts als Gottes Gnade. Natürlich, es ist auch eure Zeit. Ansonsten aber werdet ihr dieses Geschenk nicht erhalten, wenn ihr auch tausend Jahre darum betet.

   Sie ist das absolut größte im ganzen Universum. Jeder, der sie nicht hat, sogar einige höhere spirituelle Wesen, werden euch beneiden. Sie werden euch sehr beneiden, weil ihr auf dem Weg zur Meisterschaft seid, und sie immer noch spirituelle Wesen sind, oder Engel oder Devas (Wesen in den unterschiedlichen Bereichen des Himmels) Sie werden eines Tages sterben, ihr aber nicht. Sie werden sinken, ihr aber nicht. Ihr werdet die ganze Zeit nur aufwärts gehen, sie überholen, höher sein als sie, herrlicher und schöner. Ihr werdet alles haben, überhaupt alles. Ihr werdet zur rechten Gottes sein, während sie immer noch irgendwo in den drei Welten umherschwimmen und nach Führung suchen.

Es ist sehr schwierig diese Einweihung zu bekommen. O mein Gott, wenn ich daran denke, oh wow ! Wisst ihr, wie man im Lotto sechs Millionen Dollar gewinnt ? Das kann man in etwa mit der spirituellen Welt vergleichen. Wenn ihr zu viel erkennt, erleidet ihr womöglich einen Herzanfall. Aber wie glücklich könnt ihr sein ? Ihr seid die besten im ganzen Universum, die Auserwählten, die Glücklichsten von allen.

Wirklich, ihr wisst es nicht, bis die Zeit kommt. Manchmal müsst ihr in dieser Welt arbeiten, darum lässt Gott euch nur wenig erkennen. Zudem sind wir immer noch im Gefängnis, ganz gleich, wie viele Dinge eure Eltern euch geben, um es euch dort schön zu machen. Ihr mögt einen Fernseher oder ein Radio haben. Viele Dinge könnt ihr dort aber nicht haben, wie z.b. euren schnellen Wagen, eure Hubschrauber, euren Palast, euer klimatisiertes Wohnzimmer, euren Swimmingpool usw. Ihr werdet nur im Gefängnis getröstet, ihr habt einfach lebenswerte Bedingungen.

Da ihr aber einmal darin seid, müsst ihr - selbst wenn eure Zeit gekommen ist und ihr schon von eurer Strafe befreit seid - noch auf die Bürokratie warten. Zudem mag es auch einige Dinge geben, um die ihr euch kümmern müsst. Oder eure Zeit ist vielleicht noch nicht gekommen, obwohl ihr bald frei sein werdet, der Anwalt hilft euch, schneller freizukommen, und mit Sicherheit werdet ihr frei sein, da ihr nicht zum Tode verurteilt seid. Aber ihr müsst noch warten. Während ihr im Gefängnis seid, habt ihr es so komfortabel, wie es ein Gefangener nur haben kann, ihr habt das Beste im Gefängnis. Aber ihr seid noch Gefangene. Ihr könnt all die Vergünstigungen nutzen, aber ihr seid noch im Gefängnis. Also, wenn ihr wirklich wüsstet, was eure Eltern als Begrüßung für euch bereithalten, mein Gott, ihr könnt es euch nicht vorstellen.

ERLEUCHTETE DIAGNOSE

Es war einmal ein frommer Gläubiger, der es mit seiner spirituellen Kultivierung sehr ernst nahm. Jeden Sonntag ging er in die Kirche und versäumte keine Zeremonie und keine Taufe. Eines Tages ging er zum Arzt. Der fühlte seinen Puls und untersuchte ihn gründlich, jedoch alles ohne Befund.
„Es hat nicht den Anschein das sie krank sind" sagte er.
„Wenn ich nicht krank wäre, hätte ich sie doch nicht konsultiert" erwiderte der Mann. „Frönen sie ungesunden Vergnügungen" ? fragte der Arzt
„Nein ! Ich esse regelmäßig, dreimal am Tag, die festgelegte Menge, und kein Körnchen   mehr."
„Dann haben sie vielleicht zu viel getrunken ? Das sollten sie lieber lassen „
„ Natürlich nicht ! Ich trinke keinen Tropfen Alkohol, nur klares Wasser „
„Arbeiten sie oft noch spät abends ? Wissen sie, dass es gesundheitsschädlich ist ?"
„ Niemals ! Um halb zehn tauche ich ab und morgens um sechs stehe ich auf. Und das jeden Tag, ohne jede Ausnahme „
„ Dann frönen sie vielleicht fleischlichen Vergnügungen ?" forschte der Doktor weiter.
„Aber nicht doch ! Ich bin Junggeselle, ich weiß gar nicht, was eine Frau ist „ Der Arzt war mit seinem Latein am Ende und machte einen letzten Versuch. „Leiden sie unter Kopfschmerzen?"
„Ja , das ist es ! Ich habe schlimme Kopfschmerzen, und kein Medikament schlägt an „
„Aber natürlich „ meinte der Arzt. „Ihr Heiligenschein ist zu eng!"
(Von der Höchsten Meisterin Ching Hai , Hsihu, Formosa. 12 Januar 1992)
Sooo, das ist das Ende . Sonniger Gruß von der Goldenen Wolke der Unwissenheit
W.Schorat
7.8.2006

Der Anfang des Universums

Bei allen Versuchen, die Evolutionstheorie zu verteidigen, **fällt auf:** *Man setzt immer die Existenz der Materie voraus. Damit wird die Frage nicht beantwortet, woher das Universum gekommen ist.* Von John Ross Schroeder und Bill Bradford

Wie ist unser Universum entstanden? Was erfordert den größeren Glauben: die Erschaffung des Universums durch einen Schöpfer oder seine Entstehung von selbst?

Hat das Universum schon immer existiert oder gab es in ferner Vergangenheit einen Zeitpunkt seiner „Geburt"? Von dieser Frage hängt ein Großteil der Beweisführung für einen Schöpfer ab. Schließlich ist kein Schöpfer notwendig, wenn das Universum immer existiert hat. Andererseits muss es eine Ursache für die Entstehung des Universums geben, sollte es nicht „schon immer" existiert haben.

Naturwissenschaftler sind sich bei dieser Frage uneins. Der britische Physiker Stephen Hawking stellt dazu fest: „Wenn das Universum einen Anfang hatte, können wir von der Annahme ausgehen, dass es durch einen Schöpfer geschaffen worden sei. Doch wenn das Universum wirklich völlig in sich selbst abgeschlossen ist, wenn es wirklich keine Grenze und keinen Rand hat, dann hätte es auch weder einen Anfang noch ein Ende: Es würde einfach sein" *(Eine kurze Geschichte der Zeit,* Seite 184).

Der Glaube an ein Universum, das immer existiert hat, ist heute nicht die vorherrschende Meinung. Viele Naturwissenschaftler vertreten die Ansicht, das Universum sei zu einem bestimmten Zeitpunkt schlagartig entstanden.

Die Entdeckung des Anfangs

Anfang des 20. Jahrhunderts stießen Wissenschaftler auf das Phänomen der sogenannten „Rotverschiebung" - d. h., die Spektrallinien des Lichtes von entfernt liegenden Galaxien verschieben sich an das rote Ende des elektromagnetischen Spektrums. Der Astronom Edwin Hubble kam zu dem Schluss, diese Eigenschaft weise auf die Ausdehnung des Universums hin. Er folgerte, dass sich die Galaxien nach allen Richtungen voneinander entfernen würden.

Dieses Phänomen lässt sich durch einen Luftballon verdeutlichen, dessen Oberfläche mit kreisförmigen Punkten bedruckt ist. Wird der Ballon nun mit Luft gefüllt, entfernen sich die Punkte voneinander in alle Richtungen.

Hubble und andere Astronomen stellten fest, dass sich die Galaxien im Universum ähnlich verhalten.

Hubbles These galt als revolutionär, da man bisher die Ansicht vertreten hatte, mögliche Bewegungen von Galaxien seien unbedeutend und stets in keinem Bezug zueinander zu sehen. Später bestätigten andere Astronomen und Physiker Hubbles Beobachtungen.

Was bedeutete Hubbles Entdeckung? John D. Barrow, Professor der Astronomie an der Universität von Sussex, England, erläutert in seinem Buch *The Origin of the Universe* die faszinierende Frage nach dem Ursprung von Raum, Materie und Zeit. Über die Ausdehnung des Universums schreibt Barrow: „Dies war die größte Entdeckung des 20. Jahrhunderts, die Einsteins allgemeine Theorie der Relativität in ihren Aussagen bezüglich des Universums bestätigte: Es kann nicht statisch sein. Die gegenseitige Anziehungskraft unter den Galaxien würde sie alle zusammenführen, wenn sie sich nicht voneinander entfernten. Das Universum kann nicht stehenbleiben.

Wenn das Universum sich ausdehnt, dann können wir den Verlauf der Geschichte theoretisch urnkehren und Indizien dafür finden, dass das Universum aus einem viel kleineren Zustand mit großer Dichte resultierte - einem

Zustand, der vermutlich die Größe ‚Null' hatte. Damit ist anscheinend ein Anfang beschrieben, heute als Urknall bekannt" (1994, Seite 3-5).

Mit anderen Worten: Die Astronomen kamen zu dem Schluss, dass sie die Auswirkungen eines unvorstellbar mächtigen Ereignisses sahen, das Materie und Energie nach außen in alle Richtungen schleuderte, um das bekannte Universum zu schaffen - deshalb der Name „Urknall". In Wirklichkeit unterstützen sie mit ihrer These die Tatsache, dass das Universum einen Anfang gehabt haben muss.

Der Moment der Schöpfung

Hubbles Entdeckung erschütterte die naturwissenschaftliche Gemeinde. Der Astrophysiker Robert Jastrow, Gründer des NASA Goddard Instituts für Weltraumstudien und ehemaliger Professor für Astronomie und Geologie an der New Yorker Columbia University, meint dazu: „Wenige Astronomen hätten vorausahnen können, dass dieses Ereignis - *die plötzliche Geburt des Universums* - als erwiesene naturwissenschaftliche Tatsache akzeptiert werden würde, *aber die Beobachtungen des Himmels mittels Teleskopen zwangen sie zu diesem Schluss"* (The Enchanted Loom: Mind in the Universe, 1981, Seite 15, Hervorhebung durch uns). Darüber hinaus schrieb Jastrow: „Der Samen für alles, was sich seither im Universum ereignet hat, wurde in diesem ersten Augenblick gesät. .. Es war buchstäblich der Moment der Schöpfung" *(Journey to the Stars: Space Exploration - Tomorrow and Beyond,* 1989, Seite 47).

Mit ihrer These unterstützt die Wissenschaft damit aber auch den Bericht, der vor etwa 3500 Jahren in der Bibel geschrieben wurde: Das Universum hat nicht ewiglich existiert, sondern hatte einen definitiven Anfang. Die Entdeckung des radioaktiven Zerfalls bestimmter Elemente bestätigte, dass diese Elemente nicht ewiglich existiert haben können, denn sonst wären sie längst zu Blei zerfallen.

Heute sind es nur wenige Naturwissenschaftler, die im Glauben an ein endlos altes Universum beharren. Zu viele Beweise sprechen gegen diese Sichtweise. Die Mehrheit ihrer Kollegen musste zugeben, dass unser Universum einen Anfang hatte.

Dieses Eingeständnis lässt Fragen aufkommen, die für viele Wissenschaftler unbequem sind. Welche Kräfte und Gesetze existierten vor dem Universum, um seine Entstehung möglich zu machen? Was verursachte diese Entstehung? Die Vernunft sagt uns, dass das Universum unmöglich aus dem Nichts entstanden sein kann, denn das widerspricht nicht nur der Logik, sondern auch den Gesetzen der Physik. Was oder wer - rief das Universum ins Dasein?

Naturwissenschaften vor unüberwindbarer Barriere

An dieser Stelle sehen sich die Naturwissenschaften einer unüberwindbaren Barriere gegenüber. Professor Jastrow stellt dazu fest: „Es mag eine vernünftige Erklärung für die plötzliche Geburt unseres Universums geben; wenn es sie aber gibt, *kann die Wissenschaft sie nicht finden.* Die wissenschaftliche Erforschung der Vergangenheit endet mit dem Augenblick der Schöpfung ... Wir würden bei unseren Forschungen gerne noch weiter in die Vergangenheit zurückgehen, aber die Barrieren für weitere Erkenntnisse scheinen unüberwindbar zu sein. Hierbei geht es nicht um ein weiteres Jahr, ein weiteres Jahrzehnt der Forschungsarbeit, eine andere Messung oder eine andere Theorie. *Es scheint, dass die Wissenschaft niemals den Vorhang vor dem Mysterium der Schöpfung herunterreißen wird"* (God and the Astronomers, 1978, Seite 114-116; alle Hervorhebungen durch uns).

Professor Jastrow bestätigt, dass die Erkenntnisse der Wissenschaft, welche sich auf unsere materielle Umwelt gründen, ihre Gültigkeit in der Zeit vor der Existenz dieser Umwelt verlieren. Wenn das Universum in einem Moment entstanden ist, kann man nicht davon ausgehen, dass die uns bekannten Naturgesetze dieses Universums vor dessen Entstehung gültig waren. Ohne die Möglichkeit, anhand heute gültiger Gesetze messbare Ergebnisse vorzulegen, können die Naturwissenschaften keine Erklärung für die Existenz der Materie vorweisen, geschweige denn die Mittel, mit deren Hilfe man diese Erklärung beweisen könnte.

Einige Naturwissenschaftler zeigen mit ihrer Meinung, dass menschliches Wissen nicht der Weisheit letzter Schluss ist. Sie sagen, wenn man nicht wissen kann, was vor der Entstehung stattgefunde haben.

Welch eine Unlogik.! Klarer kann man die Grenzen der Naturwissenschaften nicht aufzeigen. Also müssen wir und nach einer anderen Quelle als der Wissenschaft umschauen um zu verstehen, wer und was vor dem Ursprung des Universums existierte. Es gibt nur eine Quelle die eine glaubwürdige und vernüftige Erklärung aufweist: die Bibel.

Ursache Und Wirkung

Es gibt eigentlich nur eine Alternative zur Bibel - die Meinung der Atheisten
Den Atheisten bleibt keine <u>Behauptungen</u> als diejenige übrig, dass das Universum ohne Ursache aus dem Nichts <u>entstanden</u> ist. Sie müssen einfach auf diesem unbewiesenen widersinnigen Argumentation bestehen, da sie sonst keine andere Möglichkeit haben die Existenz einer ersten Ursache abzustreiten. Doch diese Behauptung ist grundlegend falsch, denn das Universum hatte einen definitiven Anfang.

Eines der grundlegendsten Prinzipien unserer materiellen Existenz ist, dass es für jede Wirkung - jedes Resultat - eine Ursache geben muss. Diese Grundwahrheit spiegelt sich in den Gesetzen der Energie und Materie wider. Der Anfang des Universums war ein Ereignis, das einen Anstoß gehabt haben muss!

Die Bibel bietet eine Ursache für den *Anfang* des Universums an und verhält sich damit im Einklang mit diesem Grundprinzip der Physik: „Am Anfang schuf Gott Himmel und Erde" (1. Mose 1,1). Diese einfache Aussage antwortet auf die grundlegendste und wissenschaftlichste aller Fragen: Woher stammen wir?

Nach 1. Mose 1, Vers 1 hatte das Universum einen Anfang, der durch eine zeitlose, unveränderliche Kraft außerhalb dieses physischen Universums *verursacht* wurde. Als die Materie entstand, bedeutete dies den Anfang der Zeit, so wie wir sie kennen. Bezüglich des Ursprungs des Universums gibt dieser Vers eine
Antwort auf die Fragen „Wer, was und wann". Das *Warum* ist ein Thema für sich, dessen Behandlung den Rahmen dieses Artikels sprengen würde.

Hebräer 11, Vers 3 fügt ein anderes wichtiges Detail hinzu: „Durch Glauben [durch das Vertrauen in das, was der Schöpfer offenbart hat] erkennen wir, dass die Weltzeiten durch Gottes Wort bereitet worden sind, also das, was man sieht, *aus Unsichtbarem entstanden ist"* (SchlachterÜbersetzung) .

Zum einen bestätigt diese zweite biblische Aussage den Schöpfungsbericht in 1. Mose. *Das Universum hatte eine Ursache,* es kam „von etwas" - welch wissenschaftliche Aussage! Das, was der Auslöser war, hat nicht aus bereits existierender Materie bestanden - es war selbst nicht sichtbar.

Zum anderen sagt die Bibel, dass die Welten durch das Wort Gottes erschaffen worden sind. Es handelt sich hierbei aber nicht um blinden Glauben. Wir werden nicht aufgefordert zu glauben, das Universum sei ohne Ursache und ohne Sinn entstanden - das gedankliche Gerüst des Atheisten. Wir werden aufgefordert zu glauben, dass die Welt ihren Anfang in dem freien Akt eines Wesens fand, das zeitlos und mächtig genug ist, das Universum zu erschaffen.

Das Alter der Erde

In den letzten 150 Jahren ist kein Teil der Bibel so konsequent in Frage gestellt worden wie der Schöpfungsbericht in 1. Mose, Kapitell. Darwinisten berufen sich gerne auf Aussagen zum Alter der Erde, nach denen unser Planet zwischen fünf und fünfzehn Milliarden Jahre alt sein könnte. Auf der anderen Seite meinen manche Gläubige (insbesondere die sogenannten „Fundamentalisten"), dass die Erde insgesamt nur 6000 alt Jahre sein kann. Ihre Überzeugung begründen sie mit einer sorgfältigen Analyse der Altersangaben in den biblischen Ahnentafeln, welche sie mit der weltlichen Geschichte verknüpfen.

Diese beiden gegensätzlichen Standpunkte werfen eine wichtige Frage auf. Wenn die Erde Milliarden von Jahren alt ist und die Aussagen der Bibel über den vermeintlichen Zeitpunkt der Schöpfung unrichtig sind, wie kann man dann anderen Aussagen der Bibel Glauben schenken ? Die Behauptung der Wissenschaft sind beeindruckend. Sind dann die Aussagen der Bibel überhaupt noch glaubwürdig ? Was sagt die Bibel wirklich ?

Im Mittelpunkt steht die Aussage in 1. Mose1, Verse 1-2; „ Am Anfang schuf Gott Himmel und Erde. Und die Erde war wüst und leer". Aus dem Wortlaut dieser und anderer Stellen im hebräischen Grundtext haben einige Forscher den Schluss gezogen dass der zweite Vers der Bibel so übersetzt werden könnte bzw. sollte: Die Erde wurde wüst und leer".

Dazu Gleason Archer, Professor für biblische Sprachen an der Universität Maryland:"Es ist ebenso möglich, das Verb, „war" in 1. Mose 1,2 mit „wurde" übersetzt.....werden kann. Und die Erde wurde wüst leer. Die Verwandlung der ursprünglichen Vollkommenheit der Schöpfung Gottes in ein Chaos wäre nur durch eine kosmische Katastrophe zu erklären, und gerade das scheint eine vertretbare Interpretation zu sein" *(A Survey of Old Testament Introduction,* Moody Press, Chicago, 1974, Seite 184.)

Mit anderen Worten: Der hebräische Wortlaut von 1. Mose 1, Verse 1-2 deutet an, dass Gottes ursprüngliche Schöpfung durch etwas zerstört wurde. Das erste Kapitel der Bibel beschreibt demnach die Wiederherstellung der zerstörten Schöpfung in nur sechs Tagen, die dann in der Erschaffung des Menschen am sechsten Tag gipfelte und mit dem folgenden siebten Tag - dem Sabbat, einem Ruhetag - abgeschlossen war. (In unserer kostenlosen Broschüre *Die Bibel - Wahrheit oder Legende?* finden Sie eine ausführliche Behandlung dieses Themas.)

Die Beschreibung einer nicht näher bestimmten Zeitspanne zwischen dem in 1. Mose 1, Vers 1 beschriebenen Schöpfungsakt, der vollkommene Schönheit hervorbrachte, und der Verwandlung der Erde in ein Chaos (Vers 2), wird oft die „Lückentheorie" genannt. Die Bibel definiert die Zeitdauer der „Lücke" nicht; sie kann einen durchaus größeren Zeitraum umfassen. Wenn dies zutrifft, besteht kein Widerspruch zwischen dem biblischen Bericht und den naturwissenschaftlichen Entdeckungen, die darauf hindeuten, dass die Erde mehrere Milliarden Jahre altist.

Die Bibel erklärt die „Lücke"

Der Schöpfungsbericht in 1. Mose 1 lässt vieles ungesagt. Vor allen Dingen findet man keine Erklärung für die zeitliche „Lücke" zwischen den ersten bei den Versen des Kapitels. Andere Aussagen der Bibel liefern jedoch hierzu die notwendige Erklärung. Sie beschreiben eine Zeit, die von der Wissenschaft nicht erfasst werden kann. Aus diesem Grund sind die entsprechenden Aussagen der Bibel nicht weniger plausibel als die Mutmaßungen der Naturwissenschaftler.

Wir erfahren im Buch Hiob, dass Engel in der Bibel auch „Sterne" genannt - jubelten, als sie die Entstehung der Erde erlebten (Hiob 38,4. 6-7). Wenn man nun verstehen will, wie es dazu kam, dass diese Erde „wüst und leer" wurde, muss man wissen, was in der Zeit nach dieser „Ur"-Schöpfung stattfand. Die Bibel berichtet nämlich von einer Rebellion unter den vom Schöpfer erschaffenen Engeln, angeführt von dem Erzengel Luzifer, der sich gegen Gott erhob (Jesaja 14,12-14; Offenbarung 12,3-4).

In einer übernatürlichen Schlacht, die große Zerstörungen auf der Erde, aber auch im Weltall mit sich brachte, wurde die Rebellion niedergeschlagen. Im Neuen Testament wird Jesus Christus als Zeuge der Niederlage Luzifers zitiert (Lukas 10,18). Die Oberfläche der Erde musste also erneuert werden, als Gott die gegenwärtigen Lebensformen schuf. Wie viele Jahre zwischen der Verwüstung und der Neugestaltung der Erde liegen, offenbart die Bibel nicht. Sie stellt jedoch klar fest: *„Am Anfang schuf Gott Himmel und Erde. „*

Das Universum existiert nicht im chaotischen Zustand. Statt dessen bestimmen Naturgesetze, auf die sich Astronomen und Naturwissenschaftler bei ihrer Forschung verlassen können, seine Abläufe.

Gesetze ohne einen Gesetzgeber?

Naturwissenschaftler erkennen, dass unser erstaunliches Universum von Anfang an von präzisen, klar definierten

Gesetzen geregelt wird. Keith Ward, Professor für Geschichte und Religion am King's College der London University, meint dazu: „Das Universum dehnte sich *auf eine sehr präzise, geordnete Weise aus, im Einklang mit grundsätzlichen mathematischen Konstanten und Gesetzen,* die seine Entwicklung hin zu unserem heutigen Universum bestimmten" *(God, Chance & Necessity,* 1996, Seite 17, Hervorhebung durch uns).

Professor Davies kommentiert die Gesetzmäßigkeit unseres Universums wie folgt: „Jeder [wissenschaftliche] Fortschritt bringt neue und unerwartete Entdeckungen und fordert unser Denken mit ungewöhnlichen und gelegentlich schwierigen Konzepten heraus. Dabei gibt es jedoch den bekannten Faden der Vernunft und Ordnung. .. Diese kosmische Ordnung wird von genauen mathematischen Gesetzen untermauert, die miteinander verflochten sind und so eine subtile und harmonische Einheit bilden. Die Gesetze zeichnen sich durch eine elegante Einfachheit aus und empfahlen sich oft den Wissenschaftlern allein aufgrund ihrer Schönheit" *(The Mind of God: The Scientific Basis for a Rational World,* Seite 21).

Diese naturwissenschaftlichen Entdeckungen und die sich aus ihnen ergebenden Schlußfolgerungen führen uns zu einer Grundsatzfrage: Woher kamen die Gesetze der Astrophysik? Sind sie per Zufall entstanden oder wurden sie von einem Schöpfer „in Kraft" gesetzt?

Der Biochemiker Michael Behe schreibt dazu: „Es ist üblich, fast banal, zu sagen, dass die Wissenschaft großen Fortschritt bei der Entschlüsselung der Natur gemacht hat. Die Gesetze der Physik versteht man jetzt so gut, dass Raumsonden Milliarden von Meilen Kurs gerecht zurücklegen, um entfernte Welten zu fotografieren. Computer, Telefone, elektrisches Licht und unzählige andere Beispiele zeugen von Meistem der Wissenschaft und Technologie über die Kräfte der Natur...

Dennoch ist das Verständnis, *wie etwas* [in der Natur] *funktioniert,* nicht dasselbe wie das Wissen *um dessen Ursprung.* Die Bewegungen der Planeten im Sonnensystem können z. B. mit großer Genauigkeit vorausgesagt werden; der Ursprung des Sonnensystems (wie die Sonne, Planeten und ihre Monde überhaupt Gestalt annahmen) ist hingegen kontrovers. Der Wissenschaft mag die Lösung des Rätsels noch gelingen. Der Punkt ist aber, *dass es etwas sehr Unterschiedliches ist, den Ursprung von Dingen oder ihre tägliche Funktionsweise zu verstehen"* (Darwin ,s *Black Box: The Biochemical Challenge to Evolution,* 1996, Seite IX, Hervorhebung durch uns).

Manche gebildeten Menschen sind der Ansicht, dass die komplexen Gesetze, die unser Universum regeln, einfach nur durch Zufall entstanden sind. Ist diese Haltung logisch? Sie lässt sich jedenfalls nicht durch nachvollziehbare Beweise stützen. Die eigentliche Frage ist doch: Macht es Sinn, an die „Selbstentstehung" des Universums zu glauben, das von einem phantastisch präzisen System wohlgeordneter, harmonischer Gesetze bestimmt wird? Nochmals: Das Universum funktioniert nicht „einfach so", sondern wird von eindeutig nachgewiesenen „Gesetzen" gesteuert!

Nochmals: Der Standpunkt der Bibel

Viele modeme wissenschaftliche Bücher sind von evolutionärem Gedankengut durchsät. Das modeme Bildungswesen gründet weitgehend auf der Theorie von der Evolution. Lohnt es sich da überhaupt, einen anderen Standpunkt in Betracht zu ziehen? Dazu ein interessantes Geständnis aus dem Lexikon *Columbia History of the World:* „In der Tat scheint unser gegenwärtiger Erkenntnisstand, dem der poetische Zauber der Schrift fehlt, auf eine Art weniger glaubwürdig als die Bibel zu sein" (John Garraty und Peter Gay, 1972, Seite 3).

Im gleichen Sinne stellt der Autor Fred Heeren fest: „Der eigentliche Trend in der Kosmologie des 20. Jahrhunderts... war eine Abkehr von einer Sichtweise, die nicht mit dem Schöpfungsbericht in der Bibel übereinstimmt und die Akzeptanz einer Sichtweise, die mit dem alten Bericht übereinstimmt. In der Tat. .. ist die hebräische Offenbarung die einzige religiöse Quelle der Antike, die zu dem modernen kosmologischen Bild passt. In vielen Fällen mussten archäologische und mythologiscbe Experten des 20. Jahrhunderts ältere Standpunkte,
nach denen die Bibel als Mythos behandelt wurde, zugunsten solcher aufgeben, die die Bibel als Geschichte behandeln. [Show me *God,* 1997, Vorwort).

Der Astronom Hugh Ross kam zu diesem Schluss bezüglich der biblischen Schöpfungsgeschichte:

..Die Besonderheiten der Erzählung [in 1. Mose 1: beeindruckten mich sofort. Sie war einfach, direkt und spezifisch. Ich staunte über die Anzahl der geschichtlichen und wissenschaftlichen Bezüge und deren Einzelheiten.. Für die Untersuchung des ersten Kapitels benötigte ich einen ganzen Abend. Statt eines weiteren Schöpfungsmythos las ich eine Art Tagebuch über den frühesten Zustand auf der Erde, nach dem Standpunk: der Geo- und Astrophysik richtig dargestellt. Es folgte eine Zusammenfassung von Veränderungen, durch die die Erde von Lebewesen, einschließlich des Menschen, bewohnt wurde. Die Erzählung war einfach, elegant und naturwissenschaftlich richtig. Ich erkannte den Standpunkt eines Beobachters auf der Erde, nach welchem sowohl die Reihenfolge und die Beschreibung der Schöpfungsereignisse mit dem fundierten Bericht der Natur übereinstimmten. Ich konnte nur staunen" *(The Creator and the Cosmos, 1993, Scitc 15).*

In diesem Zusammenhang bietet die Heilige Schrift eine plausible Erklärung für die Existenz der Gesetze, die unser Universum beherrschen: „Er [Gott] gebot... da wurden sie [die Himmel] geschaffen.. Er lässt sie bestehen für immer und ewig: Er gab eine Ordnung, die dürfen sie nicht überschreiten" (Psalm 148,5-6). Der Prophet Jesaja beschreibt das gleiche Ereignis: Ich habe die Erde auf festen Grund gestellt, ich habe den Himmel ausgespannt nur ein Wort von mir, und sie standen da. Jesaja;.48,13; Gute Nachricht Bibel..

Die von Gott bestimmte Ordnung kann nicht „überschritten„- bzw. außer Kraft gesetzt werden. Diese Aussage steht im Einklang mit dem Prinz Ursache und Wirkung: Die Existenz von Gesetzen bedingt einen Gesetzgeber. Der Gesetzgeber kann nicht der Zufall oder die sogenannte Evolution sein, sondern muss logischer weise Gott sein. So gib es in Wirklichkeit keinen Konflikt zwischen der Bibel und den Naturwissenschaften.

Das unendliche Universum: Wie groß ist groß?

Die Größe unseres Sonnensystems, die x-mal größere Milchstraßengalaxis dabei völlig außer Betracht gelassen, ist so maß, dass die menschliche Vorstellungskraft nicht ausreicht, diese Dimension zu erfassen. Lassen Sie uns versuchen, es auf einen Maßstab zu bringen, mit dem wir in unserer Vorstellung hantieren können.

Zuerst stellen wir uns unsere Sonne in der Größe einer Apfelsine vor. In diesem Maßstab hat die Erde die Größe eines Sandkorns, das in einer Entfernung von 9,14 m um die Sonne kreist. Die riesenhaften Planeten Jupiter und Saturn, die um vieles größer als die Erde sind, haben dann die Größe eines Kirschkerns und umkreisen die Sonne in Entfernungen von ca. 61 bzw. 112 m. Pluto, der äußerste bekannte Planet in unserem Sonnensystem, hat ebenfalls nur Sandkorngröße und umkreist unsere orangengroße Sonne in einer Entfernung von fast einem halben Kilometer.

Welche vergleichbaren Abstände erhalten wir bei diesem Maßstab innerhalb unserer Galaxis? Der nächste Nachbar der Sonne, der Stern Alpha Centauri, wäre 2000 km entfernt, und unser Milchstraßensystem könnten wir mit einer Gruppe von 200 Milliarden Orangen vergleichen, die im Durchschnitt jeweils 3200 km voneinander entfernt wären. Diese Gruppe stellt wiederum einen Haufen dar, der einen Durchmesser von 32 Millionen Kilometer hat.

Die Astronomen schätzen aufgrund ihrer Forschungen mit Hilfe der fortschrittlichsten Teleskope und anderer technischer Werkzeuge, dass im Universum einige 100 Milliarden oder mehr Galaxien existieren. Sie haben bisher noch kein Ende oder eine Kante des Universums entdeckt, wobei die fortschrittlichste-Instrumente mehrere 10 Milliarden Lichtjahre in den Weltraum vordringen können. Solche Entfernungen machen Reisen des Menschen über unser Sonnensystem hinaus unmöglich (übernommen von Rober.. Jastrow,

Red Giants and *White* **Dwarfs,** 1990, Seite 15).

Die Menge von Materie und Energie im Universum ist vom menschlichen Verstand nicht zu erfassen. Wir beschreiben den Raum und die Entfernungen mit Lichtjahren- die Distanz, die das Licht in einem Jahr zurücklegt (entspricht etwa 9,300 Milliarden Kilometer pro Jahr.) um das Sonnensystem überhaupt beschreiben zu können.

Aber wir können nicht im entferntesten daran denken, diese Zahlen jemals zu verstehen. .Noch einmal müssen wir die Frage stellen : Entstand das alles aus dem Nichts ?

Die „Intelligentes Design"-Revolution

Eine neue Bewegung erschüttert das wissenschaftliche Establishment, das auf den Thesen Darwins aufgebaut ist. Was ist „Intelligentes Design" und warum nimmt dessen Einfluss immer mehr zu?

Von Mario Seiglie

Wir leben in bewegten Zeiten, ob wir uns dessen bewusst sind oder nicht. Vor unseren Augen ereignet sich eine wissenschaftliche Revolution. Fast täglich kommen neue, aufregende Erkenntnisse über „Intelligentes Design" hinzu, ein Konzept, das die in den Klassenzimmern und Medien vorherrschende Weltsicht der Evolutionstheorie Darwins - von den Biologielabors ganz zu schweigen - in Frage stellt.

„Wir sind in den Anfangsstadien einer wissenschaftlichen Revolution", sagt Dr. Stephen Meyer, Direktor des „Discovery Institute", einer Denkfabrik, die „Intelligentes Design" unterstützt. „Wir wollen einen Einfluss auf die dominierende Sicht unserer Kultur ausüben" („Politicized Scholars Put Evolution on the Defensive", *New York Times,* 31. August 2005).

Die Stärke dieser wissenschaftlichen Revolution kann aus den kürzlich gemachten Bemerkungen des US-Präsidenten George W. Bush ersehen werden, der dafür eintrat, ‚intelligentes Design' gemeinsam mit der Evolution in Amerikas öffentlichen Schulen auf den Lehrplan setzen zu lassen. „Ein Teil der Erziehung besteht darin, die Menschen mit unterschiedlichen Denkschulen vertraut zu machen", sagte Bush. Er bejahte die Frage, ob beide Seiten der Debatte zwischen Evolution und „Intelligentem Design" gelehrt werden sollten: „So können die Menschen verstehen, worum es bei der Debatte geht" („Bush Remarks Roil Debate Over Teaching of Evolution", *New York Times,* 3. August 2005).

Einige Tage später schloss sich der Mehrheitsführer im US-Senat, Bill Frist, der auch Arzt ist, dem Vorschlag des Präsidenten an. Frist meinte, das Lehren von „Intelligentem Design" und Evolution „zwingt niemandem eine bestimmte Theorie auf". Frist ist sogar überzeugt, dass die Behandlung bei der Sichtweisen „in einer pluralistischen Gesellschaft der fairste Weg ist, die Erziehung und Ausbildung der Menschen für die Zukunft zu gestalten" („Show Me the Evidence", *New York Times,* 28. August 2005).

Zu den Ausführungen von Präsident Bush meinte Dr. Meyer: „Wir interpretieren das so, dass der Präsident seine Führungsposition dazu nutzt, um die Freiheit der Forschung und der freien Meinungsäußerung zur Frage des biologischen Ursprungs zu unterstützen. Das kommt genau zur rechten Zeit, weil viele Wissenschaftler diskriminiert werden, sobald sie mit der darwinistischen Orthodoxie brechen" („Bush Remarks Roil Debate Over Teaching of Evolution").

Wie diese Revolution ihren Anfang nahm, ist eine faszinierende Geschichte.

Die Erforschung der DNA durch Biologen hat gezeigt, dass Intelligenz an der Entstehung der DNA beteiligt gewesen sein muss.

Die Ursprünge der Bewegung

Wie bei den meisten wissenschaftlichen Revolutionen erfolgte auch diese nicht dadurch, dass sich jemand gemütlich hinsetzte und in aller Ruhe auf abstrakte Weise über die Dinge nachdachte. Galileo löste eine wissenschaftliche Revolution aus, als er das damals vor kurzem erfundene Teleskop benutzte und feststellte, dass Monde den Planeten Jupiter umkreisen. Dies stand im Gegensatz zu der vorherrschenden wissenschaftlichen Weltsicht seiner Zeit, die lehrte, dass sich buchstäblich alles am Sternenhimmel um die Erde dreht. Seine Entdeckung veranlasste ihn, die sonnenzentrierte Theorie zu unterstützen, welche eine wissenschaftliche Revolution im Bereich der Astronomie und der allgemeinen Kultur auslöste.

Isaac Newton begann ebenfalls damit, die typischen Erklärungen über die Bewegung der Gestirne in Frage zu stellen, als er einen Apfel von einem Baum in seinem Garten fallen sah. Albert Einstein entwickelte einige seiner Theorien aufgrund seiner Faszination mit Magneten und wirbelnden Teeblättern in einer Tasse. Auch Charles Darwin sann über seine Evolutionstheorie nach aufgrund von Beobachtungen während seiner Weltumrundung auf dem Schiff *Beagle* und aufgrund seiner Vorliebe für das Züchten unterschiedlicher Taubenarten.

Die kürzlich begonnene „Intelligentes Design"-Revolution nahm ebenfalls aufgrund von praktischen Beobachtungen statt abstrakten Überlegungen ihren Ursprung. In bestimmten Biologielaboren konnten die Wissenschaftler das, was sie innerhalb der Zelle vorfanden, nicht durch die Evolutionstheorie erklären.

„Moderne Argumente für Design", schreibt der kanadische Wissenschaftsautor und Journalist Denyse O'Leary, „entstammen wissenschaftlichen Entdeckungen des 20. Jahrhunderts über die Komplexität des Lebens, die Darwin und seine Anhänger nicht erwartet hatten. Das moderne Plädoyer für Design fußt auf der Informationstheorie, [die] ein Instrument zur Erkennung von bloßer Ordnung ist, die ohne Design auftreten kann, im Gegensatz zu komplexer Ordnung, die dies wahrscheinlich nicht kann" *(By Design or By Chance?,* 2004, Seite 172).

Wie bei früheren wissenschaftlichen Revolutionen begann auch diese mit einer Gruppe von mutigen Wissenschaftlern, die die vorherrschende Theorie eines Wissenschaftsbereichs in Frage stellten und Beweise zu deren Entthronung anboten. Sie sahen sich mit starker Opposition der maßgebenden Autoritäten konfrontiert, die dadurch ihre vorherrschende Stellung, ihren Ruf und ihre Macht bedroht sahen.

Revolutionäre Pioniere

In den 1980er Jahren veranstalteten mehrere Wissenschaftler gemeinsame Treffen, bei denen sie versuchten, eine Erklärung für die unglaubliche Komplexität zu finden, die sie innerhalb der Zelle vorfanden. Dabei ging es ihnen insbesondere um die gigantische Informationsfülle, die im DNAMolekül als Sprache enthalten ist. Sie begannen, statt von einer religiösen Warte motiviert zu sein, innerhalb ihres eigenen Forschungsbereiches in der Biologie, die Evolutionstheorie in Frage zu stellen.

Einer dieser Wissenschaftler, der Biochemiker Charles Thaxton, prägte den Begriff „Intelligentes Design", um die Notwendigkeit einer höheren Intelligenz hinter den aufwendigen Informationen, die in der DNA gefunden wurden, zu erklären. „Gerade zu dem Zeitpunkt, als es schien, dass natürliche Ursachen als Erklärung für alle natürlichen Phänomene ausreichen könnten", schrieb er, „gab es Entdeckungen, die einen Durchbruch sowohl im Bereich der Mathematik als auch der Biologie darstellten" („A New Design Argument", *Cosmic Pursuit,* 1. März 1998).

Die „Intelligentes Design"-Bewegung gewann an Schwung, als der neuseeländische Molekularbiologe Michael Denton, ein Arzt und ursprünglich auch ein Agnostiker, die Hauptargumente für die darwinistische Evolution genau unter die Lupe nahm. Dabei entdeckte er wesentliche Mängel an der Theorie.

In seinem Buch *Evolution: A Theory in Crisis* schrieb er, dass die Probleme mit der Evolutionstheorie „zu gravierend und nachhaltig sind, um jemals eine Hoffnung auf eine Lösung im Rahmen des orthodoxen Darwinismus zu bieten". Denton ging fortan davon aus, dass die traditionelle Sicht „nicht länger haltbar" sei (1985, Seite 16). Ernannte sogar die Darwinsche Evolutionstheorie „den großen kosmogenetischen Mythos des 20. Jahrhunderts" (Seite 358).

In England hat Phillip Johnson, Juraprofessor der Universität von Kalifornien in Berkeley, während eines Studienurlaubs das Buch *Der blinde Uhrmacher: Ein neues Plädoyer für den Darwinismus* des bekannten britischen Zoologen und Atheisten Richard Dawkins gelesen, der die Evolution als den wirklichen Designer alles Lebenden darstellt. Professor Johnsons in Rechtsfragen geschulter Verstand bemerkte schnell die schwachen und emotional geprägten Argumente in dem Buch, dem es an soliden Beweisen mangelte. Er fragte sich, weshalb ein bekannter Wissenschaftler auf solch unredliche Täuschungsmanöver zurückgreifen musste, wenn die Theorie doch angeblich auf festen Füßen stand.

Darin sah er eindeutig eine Herausforderung. Er begann mit einer gründlichen Überprüfung der Literatur zur Evolutionstheorie und staunte zum Schluss selbst über seine Ergebnisse. Wie schon in dem berühmten Märchen hatte der Kaiser wahrhaftig keine Kleider an. Er begann damit, seine Untersuchungsergebnisse zur darwinistischen Evolution in Büchern wie *Darwin on Trial* (1991) und *Defeating Darwinism by Opening Minds* (1997) zu veröffentlichen.

In der Zwischenzeit war der Biochemiker Michael Behe in einem Biologielabor einer Universität in Pennsylvania ebenfalls über die erstaunliche Komplexität verblüfft, die er innerhalb der Zelle vorfand. Nachdem er Dr. Dentons Buch gelesen hatte, ärgerte er sich über die Unterdrückung solcher Beweise durch die wissenschaftliche Gemeinschaft. Er schrieb den Bestseller *Darwin's Black Box* (1996), in dem er wesentliche wissenschaftliche Schwachstellen der Evolutionstheorie bloßstellte.

Jonathan Wells, ein weiterer Biologe, war ebenfalls erzürnt über die fehlerhaften Informationen, die von den darwinistischen Evolutionisten in den Schulen und Universitäten weiterhin verbreitet wurden. Er schrieb das Buch *Icons of Evolution* (2000), welches offenlegte, dass einige der wichtigsten „wissenschaftlichen" Beispiele, die beim Lehren der darwinistischen Evolution benutzt werden, in Wahrheit betrügerisch und wahrheitsverdrehend sind.

Seit dieser Zeit hat die „Intelligentes Design"-Bewegung beträchtlichen Einfluss in der Öffentlichkeit gewonnen. Einer Umfrage des Jahres 2005 zufolge glaubt eine Mehrheit der US-Amerikaner an diese Konzept. Bei einer weiteren Befragung von Ärzten waren 65 Prozent der Meinung dass „Intelligentes Design" gemeinsam mit der Evolution als Lehrstoff in öffentlichen Schulen zugelassen oder vorgeschrieben werden sollte. Mittlerweilen besteht eine wachsende Zahl von amerikanischen Erziehungsräten darauf, das Intelligent Design" zusammen mit der Evolution unterrichtet wird.

„Dieses Jahr", schreibt die New York *Times,* „hat das ‚National Center for Science Education' 70 neue Kontroversen in 26 Bundesstaaten verfolgt , manche in Schulbezirken, andere in den gesetzgebenden Körperschaften der Bundesstaaten(„Teaching of Creationism is Endorst in New Survey", 31. August 2005).

Was ist die Grundlage für die"Intelligent Design"-Revolution? Sie beinhaltet vier Hauptaspekte: Informationstheorie, nicht reduzierbare Komplexität, das anthropiscbe Prinzip und die Design-Inferenz. Sehen wir uns nun jeden dieser Aspekte kurz an.

1. Informationstheorie

In den 1960er Jahren begannen einige Wissenschaftler, die Information als etwas anderes als Materie und Energie anzusehen. Ein Buch enthält zum Beispiel Information, aber die Tinte und das Papier des Buches sind *nicht die Information selbst,* sie vermitteln sie nur. Die Übertragungsmethode ist daher etwas völlig anderes als die Botschaft selbst.

Der Biologe George Williams, selbst ein Anhänger der Evolution, sagt: „Information hat keine Masse oder elektrische Ladung oder eine Länge in Millimeter. Auf die gleiche Weise hat die Materie keine Bytes.. Man kann nicht so und so viel Gold in so und so viel Bytes messen ... Dieser Mangel an gemeinsamen Deskriptoren lässt Materie und Information zu zwei unterschiedlichen Existenzbereichen werden, die getrennt voneinander und gemäß ihrer jeweils eigenen Bedingungen behandelt werden müssen" (John Brockman. Die *dritte Kultur: Das Weltbild der modernen Naturwissenschaft,* 1996).

Materie, Energie und Information vereinen sich alle in einem Lebewesen. Ohne Information kann ein Organismus jedoch nicht überleben. In der Tat, beim Tod sind all die biochemischen Bestandteile immer noch vorhanden, aber die Information wird nicht mehr länger effektiv zwischen den Billionen von Körperzellen weitergeleitet - die komplexe biologische Maschinerie kommt zum Stillstand..

Eines der wichtigsten Argumente der „Intelligentes Design"-Revolution ist, dass die Evolution nicht in der Lage war, sowohl den Ursprung des Lebens als auch der Information in unseren Zellen zu erklären, da nicht gezeigt werden konnte, dass Leben oder Information spontan aus Materie und Energie hervorgehen können.

„Die Wissenschaft hat nicht die geringste Ahnung, wie das Leben begonnen hat", sagt Gregg Easterbrook, Leitender Redakteur der Zeitschrift *New Republic.* „Es gibt keine allgemein akzeptierte Theorie, und die Schritte, die von einer öden Urwelt zu der delikaten Chemie des Lebens geführt haben, scheinen unwägbar" (zitiert von Lee Strobel, *The Case for a Creator,* 2004, Seite 41).

„Einst wurde erwartet", fügt Dr. Behe hinzu, „dass die Grundlage des Lebens extrem einfach sein würde. Diese Erwartung hat sich zerschlagen. Das Sehvermögen, Bewegung und andere biologische Funktionen haben sich als nicht weniger hochentwickelt erwiesen als Fernsehkameras oder Automobile.

Die Wissenschaft hat enorme Fortschritte beim Verständnis der Chemie des Lebens gemacht, aber die Eleganz und Komplexität der biologischen Systeme auf der molekularen Ebene haben die Wissenschaft hinsichtlich ihrer Erklärungsversuche für deren Herkunft praktisch lahmgelegt" *(Darwin's Black Box,* 1996, Seite x).

Nicht nur das Problem des Ursprungs des Lebens, sondern auch das Dilemma der Information innerhalb des DNA-Moleküls trotzt darwinistischen Erklärungsversuchen und stellt ein mächtiges Argument für intelligentes Design dar.

Vor kurzem hat einer der weltbekanntesten Atheisten, Sir Antony Flew, seinem Atheismus wegen der überwältigenden Beweise durch das DNA-Molekül abgesagt. „Mir scheint es jetzt", bemerkte er, „dass die Ergebnisse von mehr als fünfzig Jahren DNA-Forschung das Material für ein neues und enorm mächtiges Argument zugunsten eines Designs zur Verfügung gestellt haben. .. Die Erforschung der DNA durch die Biologen hat durch die fast unglaubliche Komplexität der Strukturen, die notwendig sind, um [Leben] zu erzeugen, gezeigt, dass Intelligenz beteiligt gewesen sein muss".

Am Ende erklärt Professor Flew, dass er „dorthin gehen musste, worauf die Beweislage hindeutete" („Famous Atheist Now Believes in God", 9. Dezember 2004, AP-Pressemitteilung).

2. Nichtreduzierbare Komplexität

In seinem Werk *Die Entstehung der Arten* gibt Darwin folgendes zu: „Falls es gezeigt werden könnte, dass es ein komplexes Organ gibt, das unmöglich durch zahlreiche aufeinanderfolgende kleine Veränderungen entstanden sein kann, wird meine Theorie völlig in sich zusammenbrechen."

Theoretiker des „Intelligenten Designs" haben gezeigt, dass es bei Lebewesen eine Fülle solcher Beispiele auf der molekularen Ebene gibt.

Dr. Behe hat den Begriff „nicht reduzierbare Komplexität" geprägt, um auf die komplexen Systeme hinzuweisen, die nur dann funktionieren, wenn alle Komponenten gleichzeitig wirksam sind. Er erklärt, dass man von aufeinanderfolgenden kleinen Veränderungen, wie Darwin sie vorgeschlagen hat, kein kompliziertes zusammenwirkendes System erhalten kann.

Zum Beispiel erfordert die Blutgerinnung das aufeinanderfolgende Zusammenwirken von 20 verschiedenen Proteinen, damit der Prozess erfolgreich ist. Wenn nur eines dieser Proteine fehlt, resultiert daraus eine Bluterkrankheit, wobei das Blut nicht so wie erwartet gerinnt.

Eukaryotische Zellen, die Nährstoffe abbauen und Abfallprodukte ausscheiden, beinhalten ein kompliziertes Verkehrssystem, das die Proteine an die richtige Stelle schickt - ein weiteres nicht reduzierbares System.

Die Bakteriengeißel umfasst etwa 40 Funktionsteile, die alle sorgfältig koordiniert zusammenarbeiten. Aber wenn nur eine ihrer Schlüsselkomponenten entfernt wird, kommt der gesamte Mechanismus zum Stillstand. Wie aber haben sich alle 40 Teile zu einem komplexen, zusammenhängenden interaktiven System entwickelt, wenn keines der Teile von sich aus, weder voll noch teilweise entwickelt, einen evolutionären Vorteil bot?

Das ist ein Beispiel von molekularen „Maschinen" in Lebewesen, die nicht durch einen schrittweisen evolutionären Prozess entstanden sein konnten. Es sind vielmehr offensichtliche Beweise für „Intelligentes Design".

3. Das anthropische Prinzip

Seit Darwin sind die Wissenschaftler üblicherweise davon ausgegangen, dass die Erde ein Planet ohne spezielle Charakteristiken ist und die Bedingungen im Universum es einfach erlaubten, dass sich das Leben durch natürliche Abläufe entwickelte. Der Atheist Julian Huxley formulierte es 1959 während des hundertjährigen Darwin-Jubiläums so: „Die Erde wurde nicht geschaffen, sie hat sich entwickelt. Das Gleiche gilt für all die Tiere und Pflanzen, die auf ihr leben, uns Menschen eingeschlossen, Verstand und Seele genauso wie Gehirn und Körper. Und die Religion ebenfalls" (zitiert von Denyse O'Leary, Seite 133).

„Unser wichtigtuerisches Gehabe, unsere eingebildete Selbstherrlichkeit, die Selbsttäuschung, dass wir irgendeine privilegierte Stellung im Universum einnehmen", fügte der verstorbene Astronom Carl Sagan hinzu, „werden durch diesen Punkt fahlen Lichtes [auf unserer Welt] in Frage gestellt. Unser Planet ist ein einsamer Flecken in der großen, alles umhüllenden kosmischen Dunkelheit" (*Pale Blue Dot: A Vision of the Human Future in Space,* 1994, Seite 7).

Die wissenschaftlichen Belege haben nun aber offenbar gemacht, dass wir eine sehr privilegierte Stellung im Universum einnehmen. Um diese kosmische Feineinstellung zu erklären, haben die Wissenschaftler den Begriff „anthropisches Prinzip" geprägt, welcher ein Universum beschreibt, das *für das Leben geschaffen* ist - und insbesondere das *menschliche* Leben.

Dieses Prinzip sagt aus, dass alle Konstanten in der Physik präzise den Wert haben, der erforderlich ist, wenn man ein Universum haben will, das in der Lage sein soll, Leben aufrecht zu erhalten.

Der Astronom Sir Fred Hoyle, ein Agnostiker, gibt widerstrebend zu, dass das Universum auf delikate Weise lebensfördernd zu sein scheint: „Eine mit gesundem Menschenverstand vorgenommene Interpretation der Fakten legt nahe, dass ein Super-Intellekt sowohl an der Physik, als auch an der Chemie und der Biologie [des Universums] herumgebastelt hat... Die Zahlenergebnisse, die sich aus den faktenbasierten Kalkulationen ergeben, sind für mich so überwältigend, dass sich diese Schlussfolgerung daraus fast zwangsläufig ergeben muss" (zitiert von Denyse O'Leary, Seite 41).

Wie sich herausstellt, ist die Erde doch ein sehr spezieller Ort im Universum. „Wir haben festgestellt", sagt der Astronom Guillermo Gonzalez, „dass unser Platz im Universum, in unserer Galaxie, in unserem

Sonnensystem, ebenso wie Dinge wie die Größe oder die Rotation der Erde, die Masse des Mondes und der Sonne usw. - eine ganze Reihe von Faktoren - sich auf eine erstaunliche Weise dazu vereinigen, die Erde zu einem bewohnbaren Planeten zu machen" (zitiert von Lee Strobel, Seite 164).

Dies ist auch ein gewichtiges Argument für „Intelligentes Design". „Es ist leicht zu verstehen", sagt Walter Bradley, Autor des bahnbrechenden Buches *The Mystery of Life‚s Origin,* „warum so viele Wissenschaftler ihre Meinung in den letzten dreißig Jahren geändert haben und sich einig sind, dass das Universum vernünftigerweise nicht als kosmischer Unfall erklärt werden kann. Die Beweise für einen intelligenten Designer werden um so schlüssiger, je mehr wir über unseren sorgfältig gefertigten Lebensraum lernen" (zitiert von Lee Strobel, Seite 127).

4. Die Design-Inferenz

Ein weiteres Instrument, das die Verfechter des „Intelligenten Designs" benutzen, ist eine präzise wissenschaftliche Methode zur Unterscheidung von dem, was auf intelligente Weise geplant worden ist und was nicht.

Dr. Behe erläutert dieses Konzept: „Die grundlegende Idee ist, dass man bei der Betrachtung der Eigenschaften natürlicher Systeme einen intelligenten Akteur erkennen kann, der bei der Entstehung dieser Systeme mitwirkte. Nehmen wir den Mount Rushmore in den USA, an dessen Bergwand die Gesichter von vier amerikanischen Präsidenten in den Fels gehauen wurden. Wenn Sie aus einem anderen Land kämen und noch nie vom Mount Rushmore gehört hätten, und Sie würden da auf der Straße entlang fahren und plötzlich diese Gesichter im Fels sehen, dann wüssten Sie, dass diese nicht ein Produkt von Erosion, Einwirkung des Windes oder irgendeiner anderen nichtintelligenten Ursprungsquelle sind.

Die gleiche Idee trifft auf jeden Bereich in der Natur zu ... Wenn Sie nun Biologe sind und Sie glauben, die Zelle sei ein Klümpchen Protoplasma, Sie untersuchen sie aber weiter und finden dabei heraus, dass die Zelle, statt einfach zu sein, mit ... eleganten Maschinen angefüllt ist - Maschinen mit größerer Perfektion als wir selbst sie herstellen könnten - dann sollte uns das etwas sagen.

Die ‚Intelligentes Design' -Hypothese sagt, wir dürfen daraus schließen, dass auch dort ein Verstand am Werk war dass Materie und Energie und natürliche Selektion nicht ausreichen, um zu erklären, wie die Zelle ihre Zusammensetzung erhalten hat" (Interview in GUTE NACHRICHTEN, September-Oktober 2005, Seite 9).

Wie geht es weiter?

Einst schrieb der zweifache Nobelpreisträger Linus Pauling: „Wissenschaft ist die Suche nach Wahrheit, das Bemühen, die Welt zu verstehen" *(No More War,* 1958, Seite 209). Das Streben nach Wahrheit hat jedoch seinen Preis. Sie wird nicht immer mit offenen Armen aufgenommen. Tiefverwurzelte Glaubensgrundsätze gibt man nur schwer auf. Was die Bibel in einem anderen Kontext über die Wahrheit sagt, trifft auch hier zu. Die Wahrheit, wenn wir sie erkennen, macht uns „frei" (Johannes 8,32). Unwahrheiten hingegen verzerren unser Denken und gaukeln uns eine gefälschte Realität vor.

Ein Kampf wird jedoch erforderlich sein, um uns von fest geglaubten, aber irrigen akademischen Überzeugungen, die fälschlicherweise als Wissenschaft gelten, zu befreien. Das wird aus dem, was der Harvard Zoologe Richard Lewinton offen zugab, deutlich:

„Wir wählen die Seite der Wissenschaft [das, was er so nennt], trotz der offenkundigen Absurdität einiger ihrer Konstrukte, trotz ihres Versagens bei der Erfüllung vieler ihrer extravaganten Versprechen von Gesundheit und Leben und trotz der Toleranz der wissenschaftlichen Gemeinschaft für unbewiesene ‚einfach so' -Geschichten, weil wir eine frühere Verpflichtung eingegangen sind, eine Verpflichtung dem Materialismus gegenüber. .. *Wir können nicht einen göttlichen Fuß in der Tür zulassen"* (zitiert von Denyse O'Leary, Seite 222; Hervorhebung durch uns).

Der an der Kansas State University tätige Immunologe Scott Todd fügt hinzu: „Selbst wenn all die Daten auf einen intelligenten Designer hindeuten, ist eine solche Hypothese wissenschaftlich ausgeschlossen, weil sie nicht naturalistisch ist" *(Nature,* 30. September, 1999, Seite 423). Wahre Wissenschaft ist jedoch die Suche nach Wahrheit. Nicht lediglich die Suche nach einer materialistischen Erklärung trotz aller gegenteiligen Beweise.

Die wissenschaftliche Revolution, die zur Zeit stattfindet - und bei der es auch um die wahre Bedeutung von Wissenschaft geht - hat noch einen langen und schwierigen Kampf vor sich. Hoffentlich werden aber die Beweise aus dem Bereich der Biologie, der Chemie. Der Astronomie und der Physik die Oberhand gewinnen und zeigen, dass ein angeblich blinder und zielloser Prozess wie die Evolution auf keinen Fall die Komplexität, Schönheit und Harmonie, die wir überall in der Natur wahrnehmen, erklären kann.

Angefangen bei der geordneten Struktur des gigantischen Universums, der Galaxien und unseres Planeten mit seinen erstaunlichen Geschöpfen, bis hin zu dem ebenso wundersamen und komplexen Mikrokosmos der Zelle wird uns förmlich eine unmißverständliche Botschaft entgegengerufen: Wir sind das Werk eines Meister-Designers! *GN*

Umfrage: Die Mehrzahl der Ärzte lehnt strengen Darwinismus ab

Das überraschende Ergebnis einer Befragung von 1482 Ärzten in den USA durch" HCD Research" und das Louis Finkelstein- „Institute for Religious and Social Studies „: die Mehrzahl lehnt den strengen Darwinismus ab. . Strenger Darwinismus wurde in der Umfrage folgendermaßen definiert: „Die Menschheit entwickelte sich auf natürliche Weise ohne übernatürliches Eingreifen - keine Gottheit spielte dabei irgendeine Rolle." Nur 38 Prozent der befragten Arzte akzeptierten diese Glaubensansicht. Andere Arten von evolutionären Erklärungen, die einen Schöpfer mit in die Überlegungen einbeziehen können, erhielten mehr Zuspruch - 42 Prozent statt 38 Prozent.

Die gleiche Umfrage legte offen, dass 65 Prozent der Ärzte der Überzeugung waren, dass „Intelligentes Design" als Lehrstoff in den Schulen gemeinsam mit der Evolutionslehre zugelassen oder sogar vorgeschrieben werden sollte. Tatsächlich zog ein Drittel der Ärzte" Intelligentes Design" der Evolution vor, obwohl dieser Erklärungsansatz relativ neu ist. „Natürlich sind die meisten Ärzte dem Darwinismus gegenüber skeptisch", sagte der Arzt Dr. Robert Cihak, ehemaliger Präsident der „Association of American Physicians and Surgeons " und medizinischer Fachjournalist. „Ein Augenchirurg kennt sehr genau die erstaunlichen Feinheiten des menschlichen Sehapparates, deshalb täuschen ihn die unklaren, „einfach so" -Geschichten über die Evolution des Auges nicht. Und das Auge ist nur eines von"unzähligen Körperorganen und vernetzten Körpersystemen, die sich einer darwinschen Erklärung entziehen" (Discovery Institute, „NearlyTwo-Thirds of Doctors Sceptical of Darwins's Theory of Evolution", 31. Mai 2005). 73 Prozent von 1100 Ärzten, die an einer weiteren Befragung im Dezember 2004 teilnahmen, meinten, dass auch heute noch Wunder geschehen. Zwei Drittel der Befragten schlagen ihren eigenen Patienten das Beten vor.

DNA : Der winzige Code, der die Evolution zu Fall bringt

Bei ihrer Erforschung einer neuen Welt - der Welt innerhalb der Zelle - entdecken

Wissenschaftler erstaunliche Informationssysteme, die komplexer sind als alles, was sich

die besten menschlichen Köpfe je ausgedacht haben. Woher stammen diese zellulären

Informationssysteme? **Von Mario Seiglie**

Jm Jahr 1953, vor mehr als einem halben Jahrhundert, verzeichnete man zwei große Errungenschaften. Die erste war die erfolgreiche Besteigung des Mount Everest, des höchsten Berges der Welt. Sir Edmund Hillary und sein Führer, Tenzing Norgay erreichten in diesem Jahr den Gipfel eine Tat, die für Bergsteiger immer noch als die höchste Leistung gilt. Seither haben es mehr als eintausend Bergsteiger auf den Gipfel geschafft, und jedes Jahr unternehmen Hunderte einen weiteren versuch.

Die zweite große Errungenschaft des Jahres 1953 hatte aber eine noch größere Auswirkung auf die Welt. Jedes Jahr stoßen viele Tausend zu denjenigen hinzu, die an dieser Errungenschaft teilhaben und hoffen, zu Ruhm und Glück zu gelangen.

1953 erzielten James Watson und Francis Crick das, was als unmöglich erschienen war-sie entdeckten die genetische Struktur tief im Innern des Kerns unserer Zellen. Wir nennen dieses genetische Material DNA, die englische Abkürzung für Desoxyribonukleinsäure.

Die Entdeckung der Doppelhelixstruktur des DNA Moleküls brach Wissenschaftlern den Damm für die Erforschung des darin enthaltenen Codes. Nun, mehr als ein halbes Jahrhundert nach der ursprünglichen Entdeckung ist der DNA-Code entschlüsselt - obwohl wir viele seiner Elemente noch immer nicht gut verstehen.

Was gefunden wurde, ist von großer Tragweite für Darwins Evolutionstheorie, die auf der ganzen Welt in den Schulen gelehrte Theorie, wonach sich alle Lebewesen durch evolutionäre Prozesse wie Mutation und natürliche Selektion entwickelt haben sollen.

Erstaunliche Entdeckungen über die DNA

Als die Wissenschaftler mit der Entschlüsselung des menschlichen DNA-Moleküls begannen, fanden sie etwas völlig Unerwartetes - eine erlesene „Sprache", die aus - etwa drei Milliarden genetischen Buchstaben besteht. „Eine , der erstaunlichsten Entdeckungen des 20. Jahrhunderts", , sagt Dr. Stephen Meyer, Direktor des Zentrums für Wissenschaft und Kultur am „Discovery Institute" in Seattle im US-Bundesstaat Washington, „war, dass DNA tatsächlich Informationen- die detaillierten Anweisungen zum Zusammenbau der Proteine- in Form eines digitalen Codes aus vier Buchstaben speichert"(zitiert von Lee Strobel, *The Case for a Creator,* 2004, Seite 224).

Es ist schwer vorstellbar, aber der Umfang der Information in der menschlichen DNA entspricht in etwa 12 Gesamtausgaben der *Encyclopedia Britannica* - unglaublichen 384 Bänden an detaillierter Information, die in einer Bibliothek fast 15 Meter Regalplatz einnehmen würden.

DNA hat eine Dicke von nur einem zweimillionstel Millimeter. Gemäß ihrer tatsächlichen Größe könnte ein Teelöffel an DNA laut dem Molekularbiologen Michael Denton *all* die Information beinhalten, die erforderlich wäre, um die Proteine für *alle* Organismenarten zu bauen, *die je auf Erden gelebt haben.* Dabei „würde noch genug Platz übrigbleiben für die gesamte Information aus allen jemals geschriebenen Büchern" *(Evolution: A Theory in Crisis,* 1996, Seite 334).

Wer oder was könnte solche Information derart verkleinern und diese enorme Anzahl von „Buchstaben" in ihrer richtigen Reihenfolge als genetische Betriebsanleitung anordnen? Konnte die Evolution ein solches System allmählich entwickeln?

DNA beinhaltet eine genetische Sprache

Zuerst wollen wir uns einige Charakteristiken dieser „genetischen" Sprache ansehen. Damit sie korrekt als Sprache bezeichnet werden kann, muss sie folgende Elemente enthalten: ein Alphabet oder Kodierungssystem, eine korrekte Rechtschreibung, eine Grammatik (eine ordnungsgemäße Anordnung der Worte), eine Bedeutung (Semantik), und eine dahinterstehende Absicht. Wissenschaftler haben herausgefunden, dass der genetische Code all dieSchlüsselemente enthält. „Die Verschlüsselungsregionen der DNA", erklärt Dr. Stephen Meyer, „haben *genau* die gleichen relevanten Eigenschaften wie ein Computercode oder eine Sprache" (zitiert von Strobel, Seite 237,

Hervorhebung wie im Original).

Die einzigen anderen Codes, die sich als wahre Sprachen erwiesen haben, sind ausnahmslos alle menschlichen Ursprungs. Obwohl Hunde bellen, wenn sie etwa Gefahr wittern, Bienen tanzen, um andere Bienen auf eine Nahrungsquelle hinzuweisen, oder Wale Töne von sich geben, um nur einige Beispiele von Kommunikation anderer Art zu nennen, hat keine dieser Kommunikationsformen einen Aufbau, der dem einer Sprache gleichkommt. Sie werden als Kommunikationssignale niedriger Stufe angesehen.

Die einzigen Kommunikationsformen, die als auf hoher Ebene angesiedelt gelten, sind menschliche Sprachen, künstliche Sprachen wie Computerprogramme oder Morsesignale und der genetische Code. Bisher wurde kein anderes Kommunikationssystem entdeckt, das die grundlegenden Charakteristiken einer Sprache enthält.

Bill Gates, der Gründer von Microsoft, merkte an, dass DNA „wie ein Softwareprogramm ist, nur ist sie weitaus komplexer als alles, was wir je entwickelt haben".

Können Sie sich vorstellen, dass etwas Komplizierteres als die komplexesten Programme, die auf einem Supercomputer laufen, durch die Evolution *per Zufall* entwickelt wurde - egal wieviel Zeit, wie viele Mutationen und wieviel natürliche Selektion dafür angesetzt werden?

Die DNA-Sprache ist nicht das gleiche wie das DNA-Molekül

Neueste Studien in der Informationstheorie sind zu erstaunlichen Schlußfolgerungen gelangt - nämlich, dass Information nicht der gleichen Kategorie wie Materie und Energie angehört. Es trifft zu, dass Materie und Energie Information vermitteln können, aber sie sind nicht das gleiche wie die *Information selbst.*

Ein Buch wie Homers *Ilias* beinhaltet zum Beispiel Information, aber ist das physische Buch selbst Information? Nein, die Materialien des Buches - das Papier, die Tinte und der Klebstoff enthalten zwar den Inhalt, aber sie sind lediglich Mittel zu dessen Übermittlung.

Wenn die Information in dem Buch laut aufgesagt, mit Tinte niedergeschrieben oder elektronisch auf einem Datenträger gespeichert wird, dann erleidet die Information keine Qualitätsverluste durch Anwendung dieser unterschiedlichen Vermittlungs-bzw. Speichermedien. „Tatsächlich ist der Inhalt der Botschaft", sagt Professor Phillip Johnson in seinem Buch *Defeating Darwinism by Opening Minds,* „unabhängig von der physischen Beschaffenheit des Mediums" (1997, Seite 71).

Das gleiche Prinzip findet man auch beim genetischen Code. Die DNA-Moleküle sind Träger der genetischen Sprache, aber die Sprache selbst ist unabhängig von ihrem Trägermedium. Die gleiche genetische Information kann in ein Buch geschrieben, auf einer CD gespeichert oder über das Internet verbreitet werden, und doch haben sich dabei die Qualität und der Inhalt der Botschaft durch die Wahl eines jeweils anderen Mediums der Vermittlung nicht verändert.

Wie George Williams es ausdrückt: „Das Gen ist ein Informationspaket, kein Objekt. Das Muster an Grundpaaren in einem DNA-Molekül spezifiziert das Gen. Aber das DNA-Molekül ist das Medium, es ist nicht die Botschaft" (zitiert von Johnson, Seite 70).

Information von einer intelligenten Quelle

Zusätzlich wurde festgestellt, dass diese Art von Information auf hoher Ebene nur von einer intelligenten Quelle stammen kann.

Wie Leo Strobel erklärt: „Der Datenbestand im Lebenskern ist nicht unorganisiert, er ist auch nicht auf einfache Weise angeordnet, wie Salzkristalle, sondern er stellt komplexe und spezifische Information dar, die eine verblüffende Aufgabe erfüllen kann - den Bau von biologischen Maschinen, die die menschlichen technischen Möglichkeiten bei weitem übersteigen" (Seite 244).

Zum Beispiel ist die Genauigkeit dieser genetischen Sprache derart, dass ein nicht gefundener Fehler im Durchschnitt nur einmal alle zehn Milliarden Buchstaben vorkommt. Wenn sich in einem der wichtigsten Teile des in den Genen enthaltenen Codes ein Fehler ereignet, kann das zu einer Krankheit wie der Sichelzellenanämie führen. Und doch wäre selbst der beste und intelligenteste Maschinenschreiber der Welt weit davon entfernt, nur einen Fehler pro zehn Milliarden Buchstaben zu machen.

Zu glauben, dass sich der komplexe genetische Code nach den Vorstellungen Darwins allmählich entwickelt habe, würde also all den bekannten Regeln darüber, wie Materie, Energie und die Naturgesetze funktionieren, widersprechen. Es wurde ja auch tatsächlich in der Natur bisher kein Beispiel gefunden, wo ein Informationssystem in der Zelle sich allmählich in ein anderes funktionierendes Informationsprogramm weiterentwickelt hätte.

Wer oder was war in der Lage, die in der DNA enthaltene Information als genetischen Code in der richtigen Reihenfolge zu ordnen und zu miniaturisieren? Kann dieses Informationssystem allmählich durch evolutionäre Prozesse entstanden sein?

Professor Werner Gitt: Was zeigt uns die Information, die in DNA gefunden wurde?

In seinem Buch Am Anfang war die Information kommt Dr. Werner Gitt, Experte für Informationssysteme, zu bestimmten Schlußfolgerungen zu der in der DNA gefundenen Information. Hier ist eine Zusammenfassung:
. Da der DNA-Code all die notwendigen charakteristischen Eigenschaften für Information erfüllt, muss es einen Sender dieser Information geben.
. Da die Dichte und Komplexität der DNA-Information die gegenwärtige menschliche Technologie um das Millionenfache übersteigt, muss dieser Sender von höchster Intelligenz sein.
. Da der Sender die Information in dem DNA-Molekül kodiert (gespeichert) und die molekularen Biomaschinen so konstruiert hat, dass sie kodieren, dekodieren und die Zellfunktion kontrollieren, muss der Sender eine Absicht verfolgen und äußerst mächtig sein.
. Da Information eine nichtmaterielle Entität ist und nicht aus der Materie entstehen kann, muss der Sender eine nichtmaterielle Komponente (Geist) besitzen.
. Da Information nicht aus Materie entstehen kann und auch von Menschen erzeugt wird, muss die Wesensart des Menschen eine nichtmaterielle Komponente (Geist) beinhalten.
. Da biologische Information nur von einem intelligenten Sender stammen kann und alle Theorien einer chemischen und biologischen Evolution auf der Prämisse beruhen, dass Information allein aus der Materie und Energie (ohne Sender) ihre Herkunft hat, müssen die Theorien über eine chemische bzw. biologische Evolution falsch sein.

..Michael Behe, Biochemiker und Professor an der Lehigh University in Pennsylvania, legt dar, dass genetische Information hauptsächlich eine Betriebsanleitung ist und nennt dafür einige Beispiele.

Er schreibt: „Sehen wir uns einmal eine Schritt-für-Schritt-Liste von [genetischen] Anweisungen an. Eine Mutation ist eine Veränderung bei *einer* Zeile dieser Anweisungen. Sie hat zur Folge, dass eine Mutation, statt ‚Nimm eine Vierkantmutter' zu sagen, vielleicht ‚Nimm eine Sechskantmutter' sagt. Oder statt ‚Platziere den runden Stift in das runde Loch' erhalten wir vielleicht ‚Stecke den runden Stift in das quadratische Loch' ... Was eine Mutation *nicht tun kann*, ist, alle Anweisungen in einem Schritt zu verändern, zum Beispiel [Anweisungen zu geben] ein Faxgerät statt ein Radio zu bauen" *(Darwin's*

Black Box, 1996, Seite 41).

Der genetische Code ist daher eine ungeheuer komplexe Betriebsanleitung, die auf majestätische Weise von einer intelligenteren Quelle als wir Menschen entworfen wurde.

Sogar einer der Entdecker des genetischen Codes" der agnostische und vor kurzem verstorbene Francis Crick, gab nach, jahrzehntelanger Arbeit an der Entschlüsselung des Codes zu, dass ein ehrlicher Mann, mit alldem Wissen augerüstet, das uns jetzt zur Verfügung steht, in einem gewissen Sinne nur sagen könnte, dass *der Ursprung des Lebens zur Zeit fast wie ein Wunder erscheint,* so vielfältig sind die Bedingungen, die erfüllt werden mussten, damit es in Gang kommen konnte" *(Life ltself,* 1981; Seite 88, Hervorhebung durch uns).

Vor der Entdeckung von DNA genügten die Erklärungen der Befürworter der Darwinschen Theorie zur Komplexität des Lebens. Nun müssen sie sich dem Informationsdilemma stellen.

Die Evolution hat keine Antwort

Wir sollten uns daran erinnern, dass trotz der Bemühungen aller wissenschaftlichen Labors auf der ganzen Welt über viele Jahrzehnte hinweg, niemand bisher auch nur in der Lage war, ein einziges menschliches Haar herzustellen. Wieviel schwieriger ist es, einen gesamten Körper mit um die 100 Billionen Zellen herzustellen.

Bisher konnten die Anhänger der darwinistischen Evolution versuchen, ihre Gegner mit einigen denkbaren Erklärungen für die Komplexität des Lebens zu widerlegen. Aber jetzt müssen sie sich dem Informationsdilemma stellen: Wie kann bedeutungsvolle, präzise Information durch einen Zufall geschaffen werden - durch Mutation und natürliche Selektion? Keiner dieser Mechanismen beinhaltet Intelligenz, eine Voraussetzung für die Schaffung von komplexer Information, wie wir sie im genetischen Code vorfinden.

Die Evolutionstheorie Darwins wird in den meisten Schulen immer noch so gelehrt, als sei sie eine Tatsache. Aber sie wird von einer wachsenden Zahl von Wissenschaftlern als unzulänglich empfunden. „Vor nur fünfundzwanzig Jahren", sagt der frühere Atheist Patrick Glynn, „hätte eine vernünftige Person, die die rein wissenschaftlichen Beweise zu dem Thema abgewogen hätte, höchstwahrscheinlich die Seite des Skeptizismus [hinsichtlich eines Schöpfers] gewählt. Das ist nicht länger der Fall". Er fügt hinzu: „Heute deutet die konkrete Faktenlage deutlich in Richtung der Gott-Hypothese. Sie ist die einfachste und einleuchtendste Lösung" *(God: The Evidence,* 1997, Seite 53-55).

Die Qualität der genetischen Information ist gleichbleibend

Die Evolutionisten sagen uns, dass sich Lebewesen durch zufällige Mutationen und natürliche Selektion entwickelt haben. Aber sich zu entwickeln bedeutet die allmähliche Veränderung eines Lebewesens bis hin zu dem Punkt, wo es eine andere Art Kreatur wird. Das wiederum kann aber nur durch die Veränderung der genetischen Information erfolgen.

Was können wir also über den genetischen Code feststellen? Die gleiche grundsätzliche Qualität an genetischer Information existiert in einer simplen Bakterie, in einer Pflanze oder in einer Person. Eine Bakterie hat einen kürzeren genetischen Code, aber qualitativ gibt dieser genauso präzise und hervorragend Anweisungen wie der menschliche genetische Code. Wir finden die gleichen erfüllten Voraussetzungen für eine Sprache - Alphabet, Grammatik und Semantik - ebenso in einfachen Bakterien und Algen wie im Menschen.

Jede Zelle mit genetischer Information, von der Bakterie bis zum Menschen, besteht laut dem Molekularbiologen Michael Denton aus „künstlichen Sprachen und ihren Entschlüsselungssystemen, Gedächtnisspeicher für die Speicherung und das Aufrufen von Information, elegante Kontrollsysteme, die die automatische Fertigung von Teilen und Komponenten regulieren, Vorrichtungen der Qualitätskontrolle mit Funktionen zur Ausfallsicherung und zum Korrekturlesen, Fertigungsprozessen, die das Prinzip der Vorfertigung und modularen Konstruktion nutzen... [und einer] Leistungsfähigkeit, die unsere fortschrittlichsten Maschinen bei weitem übertrifft, denn sonst müssten diese in der Lage sein, ihre gesamte Struktur innerhalb von nur wenigen Stunden zu reproduzieren" (Denton, Seite 329).

Wie konnte also die genetische Information von Bakterien sich schrittweise in die Information für eine andere Art von Lebewesen entwickeln? Man bedenke dabei, dass sich nur ein einziger oder wenige kleinere Fehler in den Millionen von Buchstaben der D NA der Bakterie für diese tödlich auswirken können.

Erneut bleiben die Evolutionisten bei dem Thema ungewöhnlich stumm. Sie haben nicht einmal eine Arbeitshypothese dazu. Lee Strobel schreibt: „Die sechs Fuß an DNA, die in jeder unserer einhundert Billionen Zellen unseres Körpers aufgerollt liegen, beinhalten ein chemisches Alphabet aus vier Buchstaben, das präzise die Fertigungsanweisungen für alle Proteine, aus denen unser Körper besteht, vorbuchstabiert ... Keine Hypothese ist einer Erklärung, wie Information auf naturalistische Weise in biologische Materie gelangen kann, bisher auch nur nahegekommen" (Strobel, Seite 282).

Werner Gitt, Professor für Informationssysteme, bringt es auf den Punkt: „Das grundlegende Manko aller evolutionären Sichtweisen ist der Ursprung von Information in Lebewesen. Es wurde nie nachgewiesen, dass ein Kodierungssystem und semantische Information aus sich selbst (durch Materie] entstehen kann ... : Das Informationstheorem sagt voraus, dass dies auch nie möglich sein wird. Ein rein materieller Ursprung des Lebens ist damit ausgeschlossen" (Gitt, Seite 12).

Ein noch deutlicherer Beleg

Neben all den Belegen zugunsten eines intelligenten Designs der DNA Information gibt es noch eine weitere erstaunliche Tatsache - die ideale Anzahl von genetischen Buchstaben in der DNA für Speicherung und Translation.

Der Kopiermechanismus der DNA erfordert zu seiner optimalen Effektivität zudem, dass die Anzahl der Buchstaben in jedem Wort einer geraden Zahl entspricht. Aus all den möglichen mathematischen Kombinationen wurde die ideale Anzahl von Buchstaben für Speicherung und Transkription als die Zahl vier berechnet.

Genau das wurde in den Genen aller Lebewesen auf Erden gefunden - ein aus vier Buchstaben bestehender digitaler Code. Wie es Werner Gitt sagt: „Das Kodierungssystem, das für Lebewesen eingesetzt wird, ist vom Standpunkt eines Ingenieurs aus gesehen optimal. Diese Tatsache stärkt das Argument, dass ein Fall von zielgerichtetem Design, statt eines [glücklichen] Zufalls vorliegt" (Gitt, Seite 95).

Weitere Zeugnisse

Als Charles Darwins Buch *Die Entstehung der Arten* 1859 veröffentlicht wurde, erschien das Leben viel einfacher zu sein. Durch die primitiven Mikroskope jener Zeit betrachtet, schien die Zelle nur ein einfacher Gallertklumpen oder unkompliziertes Protoplasma zu sein. Heute, fast 150 Jahre später, hat sich diese Sicht dramatisch geändert, weil die Wissenschaft quasi ein Universum innerhalb der Zelle entdeckt hat.

„Einst wurde erwartet", schreibt Professor Behe, „dass die Grundlage des Lebens extrem einfach sein würde. Diese Erwartung hat sich zerschlagen. Das Sehvermögen, Bewegung und andere biologische

Funktionen haben sich als nicht weniger hochentwickelt erwiesen als Fernsehkameras oder Automobile. Die Wissenschaft hat enorme Fortschritte beim Verständnis der Chemie des Lebens gemacht, aber die Eleganz und Komplexität der biologischen Systeme auf der molekularen Ebene hat die Wissenschaft hinsichtlich der Erklärungsversuche für ihre Herkunft praktisch lahmgelegt" (Behe, Seite x).

Dr. Meyer sieht die neuesten Entdeckungen über die DNA als Achillesferse der Evolutionstheorie: „Die Evolutionisten versuchen immer noch Darwins Denken, das aus dem 19. Jahrhundert stammt, auf die Realität des 21. Jahrhunderts anzuwenden, und es funktioniert nicht ... Ich glaube, dass die Informationsrevolution, die in der Biologie stattfindet, den Todesstoß für den Darwinismus und chemische Evolutionstheorien bedeutet" (zitiert von Strobel, Seite 243).

Dr. Meyers Schlussfolgerung: „Ich glaube, dass das Zeugnis der Wissenschaft den Theismus *unterstützt.* Während es immer Streitpunkte oder ungeklärte Konflikte geben wird, sind die wesentlichen Entwicklungen in der Wissenschaft in den letzten fünf Jahrzehnten deutlich in einer theistischen Richtung verlaufen" (ebenda, Seite 77).

Der Biologieprofessor Dean Kenyon, der sein früheres Buch über die Darwinische Evolution hauptsächlich wegen der Entdeckung von Information in der DNA mittlerweile verworfen hat, sagt: „Dieser neue Bereich der molekularen Genetik (ist es), wo wir die zwingendsten Belege für Design auf der Erde erkennen können" (ebenda, Seite 221).

Vor kurzem hat einer der weltweit bekanntesten Atheisten, Professor Antony Flew, zugegeben, dass er nicht erklären kann, wie die DNA durch Evolution entstanden ist. Er akzeptiert mittlerweile die Notwendigkeit einer intelligenten Ursprungsquelle bei der Herstellung des DNA-Codes.

„Meiner Meinung nach hat das DNAMaterial gezeigt, dass Intelligenz bei dem Zusammenführen dieser außerordentlich diversen Elemente beteiligt gewesen sein muss", sagte er (zitiert von Richard Ostling. „Leading Atheist Now Believes in God", AP-Pressemitteilung vom 9. Dezember 2004).

"Wunderbar gemacht"

Obwohl sie vor Tausenden von Jahren niedergeschrieben wurden, treffen König Davids Worte über unseren großartigen menschlichen Körper immer noch zu: „Du hast meine Nieren bereitet und hast mich gebildet im Mutterleibe. Ich danke dir dafür, dass ich wunderbar gemacht bin; wunderbar sind deine Werke; das erkennt meine Seele" (Psalm 139,13-14).

Wo bleibt bei alledem die Evolution? Der agnostische Wissenschaftler Michael Denton kommt zu dem Schluss: „Letztendlich ist die Darwinische Evolutionstheorie nichts mehr oder weniger als der große kosmogenetische Mythos des 20. Jahrhunderts" (Denton, Seite 358).

All das hat enorme mögliche Folgen für unsere Gesellschaft und Kultur. Professor Johnson verdeutlicht dies, wenn er schreibt: „Jede Geschichte des 20. Jahrhunderts nennt drei Denker als herausragend in ihrem Einfluss: Darwin, Marx und Freud. Alle drei galten in ihrer Blütezeit als ,wissenschaftlich' (und daher als weit zuverlässiger als alles ,religiöse').

Marx und Freud sind jedoch gefallen. Ihre Anhängerschar behauptet nicht länger, dass ihre Einsichten auf einer Methodik basierten, die auch nur im entferntesten mit der Methodik der experimentellen Wissenschaft zu vergleichen sei. Ich bin davon überzeugt, dass Darwin als nächstes an der Reihe ist. Sein Niedergang wird von den dreien bei weitem der gewaltigste sein" (Johnson, Seite 113).

Seit fast 150 Jahren war die Evolution in Schulen, Universitäten und der Fachpresse weitgehend unangefochten. Aber jetzt, mit der Entdeckung der Komplexität der Zelle - worum es sich beim DNA-Code wirklich handelt - und die Tatsache, dass Information etwas völlig anderes ist als Materie und Energie, gerät die Evolution in große Erklärungsnot. Die Beweise weisen eindeutig auf das Wirken eines ,Intelligenten Designers" hin: des Schöpfergottes. *GN*

Fast 150 Jahre nach der Veröffentlichung von *Die Entstehung der Arten* gibt es faszinierende neue Erkenntnisse über die Zelle. Man hat sozusagen das Universum in der Zelle entdeckt.

GN-Interview mit Dr. Michael Behe

Welche Bedeutung hat die DNA für die Evolution?

GUTE NACHRICHTEN: Was hat Sie als Professor für Biochemie dazu bewogen *Darwins Evolutionstheorie in Frage zu stellen.?*

Michael Behe: Ich hatte an die Evolutionstheorie geglaubt, weil sie mir in der Schule beigebracht worden war. Ich bin heute Biochemiker und studiere hochkomplizierte molekular Systeme, die die Grundlage der Zelle und des Lebens bilden. Oft habe ich mich gefragt wie etwas so Kompliziertes sich über den von Darwin postulierten schrittweisen Prozess entwickeln konnte.

Aber ich versuchte meine Zweifel zu ignorieren .

GN: Was ist dann geschehen?

MB: Ende der 1980 Jahre, als ich außerordenlicher Professor der Biochemie war, las ich das Buch „*A Theory in Crisis*" des Genetikers Michael Denton. In seinem Buch präsentiert Denton eine reihe von Argumenten gegen Darwins Theorie, die ich für sehr gute Argumente hielt und die ich nie zuvor gehört hatte. Ich habe mich geärgert weil man mich dazu gebracht hatte, an Darwins Theorie zu glauben, und das nicht, weil die Beweise so überzeugend wären, sondern nur, weil man einfach diesem Glauben von mir erwartete.

GN : Was haben sie dann getan?

MB: Nachdem ich Dentons Buch gelesen hatte, bin ich in die Wissenschaftsbibliothek gegangen und habe in den Fachzeitschriften nach Artikeln gesucht, die die komplizierten Zellsysteme durch eine darwinistischen Entwicklungsprozeß erklären würden. Ich war erstaunt, feststellen zu müssen, dass es keine Veröffentlichungen gab- oder zumindest keine nennenswerten- die auch nur den Versuch unternommen hätten zu erklären, wie ein schrittweiser Prozess eine solche Komplexität hervorbringen könnte. Ich kam zu dem Schluss, dass neue Ideen vonnöten wären und begann über Alternativen nachzudenken.

GN: Sie erwähnen oft „molekulare Maschinen". Bestehen in der molekularen Welt alle Strukturen des Lebens aus molekularen Maschinen ?

MB : Viele bestandteile der Zellen sind molekulare Maschinen. Es sind buchstäblich Maschinen die aus Molekülen zusammengesetzt sind. Sie haben Getriebe, Schrauben und , Bolzen. Es gibt kleine molekulare Lastwagen, die sich über Straßen bewegen, es gibt kleine Verkehrszeichen und so weiter. Aber nicht alles in der Zelle ist eine Maschine. Manche Elemente sind Treibstoffe - sie treiben die Maschinen an. Es gibt Dinge wie Ziegeln und Zement, die die Strukturen zusammenhalten. Ich würde diese Bestandteile nicht als Maschinen bezeichnen. Sie sind ein Teil des Gebäudes selbst. Aber das Interessante an der Zelle ist, dass sie tatsächlich eine elegante Maschine ist.

GN: Welches sind einige Ihrer Lieblingbeispiele für diese Maschinen?

MB: Meine Lieblingsbeispiele sind diejenigen, die uns an die Maschinen aus unserem Alltag erinnern. Mein vielleicht beliebtes Beispiel ist die bakterielle Geißel, die buchstäblich ein Außenbordmotor ist, den die Bakterien zum Schwimmen benutzen. Es ist genauso, als würde man einen Außenbordmotor an einem Boot befestigen und sich damit durchs Wasser bewegen. Statt Benzin benutzt dieser

Motor einen Säurefluss von einer Zellenseite zur anderen. Es gibt Schrauben und Muttern, die die Teile zusammenhalten, und eine Andockregion, die eigentlich ein universelles Gelenk ist und die Drehbewegungen der Antriebswelle und des Propellers ermöglicht. Es gibt eine Verankerung, die „Stator" genannt wird und das Ganze an der Zellwand befestigt und es stabil hält, während sich der Propeller dreht.

Wenn ich ein Bild von dieser Struktur zeige, dann fragen mich die Zuhörer, ob das eine von der NASA entwickelte Maschine sei oder aus einem Magazin für Ingenieure stamme. Wenn ich ihnen dann sage, dass es ein biologisches Gebilde ist, das man in der Zelle findet, dann leuchtet ihnen schnell ein, dass diese Bestandteile nicht so aussehen, als wären sie durch zufällige darwinische Prozesse entstanden - vielmehr so, als entstammten sie einem bewussten Design.

GN: Nennen Sie uns ein anderes Beispiel.

MB: Das Netzwerk, über das Nachschub von einer Zellenseite zur anderen bewegt wird. Da müssen Dinge getragen und auf kleine molekulare Lastwagen geladen werden. Diese müssen wissen, welche Richtung sie einzuschlagen haben, ihr Ziel und den Zeitpunkt ihrer Ankunft kennen oder was sie zu laden haben, ähnlich wie bei [dem Paketdienst] UPS. Es gibt da buchstäbliche Lastwagen und Straßen und Verkehrszeichen und viele andere Dinge, die notwendig sind, damit das Ganze funktioniert.

GN: Sind Darwins Ideen „bad science"?

MB: Es kommt darauf an, was Sie unter „bad science" - fehlerhafte Wissenschaft verstehen. Gute Ideen und vielversprechende Ideen sind auch dann gute Wissenschaft, wenn sie sich am Ende als falsch herausstellen. Ich glaube, dass Darwins Idee eine gute Idee war. Es sah zu dem Zeitpunkt, als er sie vorschlug, so aus, als ob sie eine Chance hätte. Aber sogar als er sie 1859 vorschlug, gab es damit Probleme, die er auch eingestand.

Damals ging man davon aus, dass die Grundlagen des Lebens einfach seien. Man hielt die Zellen für einfache kleine Gebilde wie einen Gallertklumpen oder Protoplasma. Wenn Darwin mehr über diese einfacheren Grundlagen des Lebens lernen würde [so dachte er], würde er vielleicht erkennen können, wie diese Einfachheit zu der Komplexität, die wir in den Organismen sehen - wie etwa Beine, Augen oder Ohren - führte.

Es war eine gute Idee, aber sie stellte sich am Ende als falsch heraus. Wir lernten, dass die Zelle kein einfacher Gallertklumpen ist Sie hat einen ausgeklügelten Mechanismus als Grundlage, den der Mensch bisher nicht kopieren konnte. Und vieles davon ist das, was ich als nicht reduzierbar komplex bezeichne.

Wenn Sie also einen Teil von der Maschine entfernen, dann wird die Maschine nicht mehr funktionieren, genauso wie Sie einige Zündkerzen aus einem Auto entfernen können und es dann nicht mehr funktioniert. In der Zelle hören die Dinge ebenso zu funktionieren auf.

Diese Dinge wurden in keinem Fachartikel im Sinne von Darwins Theorie erklärt, und es gibt gute Gründe dafür, davon auszugehen, dass sie im Prinzip auch durch die Theorie Darwins nicht erklärt werden können.

Darwins Idee hat also, im Rückblick gesehen, einen weitaus begrenzteren Anwendungsbereich. Die Evolution nach Darwin kann tatsächlich erklären, wie ein Organismus durch eine kleine Veränderung Vorteile erlangen kann, sie kann die natürliche Selektion erklären. Zum Beispiel, wie ein Eisbär von einem normalen Braunbär abstammen kann. Oder die Resistenz von Insekten gegen Pestizide. Und so weiter. Diese Theorie kann also kleine Veränderungen erklären, aber es sind die großen Dinge des Lebens, bei der sie mit ihren Erklärungsversuchen in Schwierigkeiten gerät.

GN: Was meinen Sie, wenn Sie sagen, etwas sei nicht reduzierbar komplex, und wie passt das zu Darwins Evolutionstheorie?

MB: Es klingt wie ein hochgestochener Begriff, aber es ist im Grunde eine einfache Idee. Es bedeutet, dass Sie eine Maschine oder eine bestimmte Organisation oder ein System mit einer Reihe unterschiedlicher Komponenten vorliegen haben, die miteinander agieren und aufeinander einwirken. Als Resultat führen sie eine Aktion durch, die die Einzelteile selbst nicht ausüben könnten. Wenn Sie da einen der Bestandteile aus dem System entfernen, dann bricht die Funktion des Systems zusammen, denn es braucht alle Bestandteile, damit es funktioniert.

Ein Beispiel ist die Mausefalle. Gewöhnlich besteht sie aus einem Holzbrett, einer Feder, einem Hammer, einem Arm und einem Schließmechanismus. Wenn Sie eines dieser Teile entfernen, dann funktioniert die Mausefalle nicht, und man fängt keine Mäuse.

Es ist sehr schwer vorstellbar, wie man so etwas wie eine Mausefalle mit einem schrittweisen Prozess in Einklang bringen könnte, wo jeder Schritt eine Aufgabe erfüllt und gleichzeitig das System verbessert. Und das ist die Art und Weise, wie die Evolution nach Darwin funktioniert. Sie erfordert ein System, das bereits funktioniert und eine natürliche Selektion, die versucht, dieses System langsam in ein besseres System zu verwandeln.

Wenn man bei der Mausefalle mit dem Holzbrett beginnt, dann würde dieses keine Mäuse fangen. Die natürliche Selektion hätte also keinen Grund, es beizubehalten. Selbst wenn Sie eine weitere Komponente hinzufügten, würde das Ganze immer noch keine Mäuse fangen. Das Wichtige bei der nicht reduzierbaren Komplexität ist, dass es in der Zelle viele Systeme gibt, die vergleichbare Eigenschaften haben. Nehmen Sie einen Bestandteil weg, und das Ganze ist defekt, es funktioniert nicht mehr.

Das ist also ein großes Problem für die darwinische Evolution, denn man kann solche Dinge nicht schrittweise zusammensetzen. Es scheint ganz so, als ob man dafür Intelligenz oder irgendeine von außen wirkende intelligente Kraft brauchte, um diese Dinge zusammen zu setzen.

GN: Was sind die wichtigsten Ideen bei der „Intelligentes Design"-Bewegung?

MB: Die grundlegende Idee ist, dass man bei der Betrachtung der Eigenschaften natürlicher Systeme einen intelligenten Akteur erkennen kann, der bei der Entstehung dieser Systeme mitwirkte. Nehmen wir den Mount Rushmore in den USA, an dessen Bergwand die Gesichter von vier amerikanischen Präsidenten in den Fels gehauen wurden. Wenn Sie aus einem anderen Land kämen und noch nie von Mount Rushmore gehört hätten, und Sie würden da auf der Straße entlang fahren und plötzlich diese Gesichter im Fels sehen, dann wüssten Sie, dass diese nicht ein Produkt von Erosion, Einwirkung des Windes oder irgendeiner anderen nichtintelligenten Ursprungsquelle sind.

Die gleiche Idee trifft auf jeden Bereich in der Natur zu. Nehmen wir zum Beispiel an, Sie wären Astronom und würden die Radiowellen untersuchen, die das Universum erfüllen. Die meisten von ihnen sind Störgeräusche, aber Sie haben Ihre Antenne genau ausgerichtet und plötzlich hören Sie Radiowellen, die eine Botschaft übermitteln - etwa „Grüße von Alpha Centauri". Da wäre es dann ziemlich dumm, diese Botschaft zufälligen physikalischen Kräften zuzuschreiben. Sie würden sie auf intelligente Außerirdische zurückführen. Wenn Sie nun Biologe sind und Sie glauben, die Zelle sei ein Klümpchen Protoplasma, Sie untersuchen sie aber weiter .und finden dabei heraus, dass die Zelle, statt einfach zu sein, mit diesen eleganten Maschinen angefüllt ist - Maschinen mit größerer Perfektion als wir selbst sie herstellen könnten -, dann sollte uns das etwas sagen.

Die „Intelligentes Design"-Hypothese sagt, wir dürfen daraus schließen, dass auch dort ein Verstand am Werk war - dass Materie und Energie und natürliche Selektion nicht ausreichen, um zu erklären, wie die Zelle ihre Zusammensetzung erhalten hat.

GN: Ist die Information in DNA Materie, Energie oder etwas anderes?

MB: Das ist eine ausgezeichnete Frage. Das führt uns in die 1960er Jahre zurück, als ein physikalischer Chemiker ausdrücklich darauf hinwies, dass Information weder Materie noch Energie, sondern etwas anderes ist. Er nahm ein beschriebenes Papier als Beispiel. Er sagte, dass die Chemie des Papiers und der Tinte wohlbekannt ist, aber man kann die Botschaft auf dem Papier nicht durch die Eigenschaften der Tinte oder des Papiers erklären.

Auf vergleichbare Weise fanden wir Information in der DNA. Die Information liegt nicht in den chemischen oder physikalischen Eigenschaften der DNA. Sie liegt in der Art und Weise, wie die DNA-Stücke, die wir Nukleotiden nennen, in einer Reihe angeordnet sind. Genauso wie eine Buchstabenfolge in einem Wort, einem Satz oder einem Absatz, vermitteln diese sinnvolle Information, die der Zelle mitteilt, wie sie sich selbst aufbauen soll.

In der „Intelligentes Design"-Theorie ist Information also, da wir es als gegeben annehmen, dass es so etwas wie Intelligenz gibt, weder Materie noch Energie. Wir sagen, ja es gibt noch etwas anderes in der DNA, und das ist die Intelligenz-Komponente.

GN: Wie sehen Sie die Lage im Jahr 2025 für die ‚intelligentes Design"-Bewegung und die Evolution Darwins?

MB: Was wir heute als die Komplexität des Genoms [Erbguts] in der Zelle ansehen, wird sich im Jahre 2025 im Vergleich zu der Komplexität, die wir in den nächsten 20 Jahren entdecken werden, wie Kinderspiel ausnehmen. Bei unserer Erforschung der Zelle finden wir bei jedem Schritt, dass sie perfekter, eleganter und komplizierter ist, als wir jemals gedacht hätten, und dieser Trend setzt sich fort.

Die Dinge, über die ich heute schreibe, die intelligentes Design zeigen, werden also wie Kinderspiel aussehen im Vergleich zu dem, was wir entdecken werden. Ich glaube, das Argument für intelligentes Design wird noch stärker sein. Das wissenschaftliche Argument erkennt man leicht, aber manche Leute haben sich dem Materialismus verpflichtet. Damit intelligentes Design in der Wissenschaft vorankommen kann, muss sich das ändern.

Ein Weg, wie sich die Dinge ändern könnten, ist der, dass Studenten, die für die Ideen des intelligenten Designs aufgeschlossener sind, wissenschaftliche Laufbahnen einschlagen und ihre Ansichten veröffentlichen. Wenn dann eine kritische Masse an Menschen sagt, dass sie für die Idee des intelligenten Designs aufgeschlossen ist, glaube ich, dass der Darwinismus in der Tat zusammenbrechen wird.

Zur Zeit wird er nur durch sozialen Druck unter den Wissenschaftlern, die eine gewisse Weltsicht haben, aufrechterhalten. Aber wenn eine maßgebliche Gruppe von Wissenschaftlern von dieser Sicht abweicht, dann wird der Darwinismus gezwungen sein, sich zu beweisen und ich glaube nicht, dass er das kann.

September-Oktober 2005

Dr. Michael Behe, Autor des Bestsellers Darwin's Black Box: The Biochemical Challenge to Evolution, ist Professor für Biochemie an der Lehigh University in Bethlehem, Pennsylvania.

Nach seinem Bachelor-Abschluss (Hauptfach Chemie) an der Drexel University 1974 studierte er Biochemie an der University of Pennsylvania, wo er 1978 promovierte. Von 1982-85 lehrte er Chemie am Queens College in New York City.

Seit 1985 lehrt er an der Lehigh University. Zusätzlich zu seinem Bestseller hat Dr. Behe auch mehr als 40 Fachartikel verfasst. Er lebt mit seiner Frau und seinen neun Kindern in der Nähe von Bethlehem.

„Intelligentes Design"Artikel empört US-Smithsonian-Institut

Die „Intelligentes Design" Bewegung hat in ihrem Bemühen, die akademischen Schutzwälle rund um die Evolutionstheorie zu erstürmen und sie durch einen ehrlichen Blick auf die Beweise für einen intelligenten Schöpfer zu ersetzen, viel Staub aufgewirbelt.

Der neueste bemerkenswerte Vorfall ereignete sich, als Richard Sternberg, Chefredakteur einer Fachzeitschrift des US-amerikanischen Nationalmuseums, des „Smithsonian Institute" in Washington, DC, zuließ, dass ein Artikel, der mit Intelligentem Design sympathisiert, in dessen angesehenem Magazin Proceedings of the Biological Society of Washington veröffentlicht wurde. Er war nicht auf die heftige Gegenreaktion führender Evolutionisten des Museums und der ganzen Welt gefasst.

„Ich verbringe meine Zeit damit, einen Weg zu finden, eine wissenschaftliche Karriere zu retten", teilte Sternberg David Klinghoffer, dem Autor eines Wall Street Journal-Artikels mit. Sternberg, der zwei Doktortitel im Bereich der Biologie besitzt, sagt, dass er, obwohl er weiterhin in der Zoologieabteilung des Museums tätig ist, aus seinem Büro verbannt wurde und von Kollegen gemieden wird, was ihn dazu veranlasste, eine Beschwerde beim US-Rechtsbeistand für Sonderfälle einzulegen. Sein Klagepunkt: Er sei religiöser Diskriminierung ausgesetzt.

Der besagte Artikel" The Origin of Biological Information and the HigherTaxonomic Categories" wurde von Stephen Meyer, der an der Universität Cambridge im Bereich Philosophie der Biologie promoviert hat, verfasst. Der Artikel zitiert etablierte Biologen und Paläontologen von Universitäten wie Cambridge, Oxford, Yale und Chicago, die einigen Aspekten der Darwinischen Evolution kritisch gegenüberstehen.

Der Artikel behauptet, dass die Anhänger von Darwins Theorie nicht erklären können, warum so viele unterschiedliche Tierarten während einer kurzen geologischen Zeitperiode, der sogenannten Kambrischen Explosion, plötzlich in Erscheinung traten. Der Artikel argumentiert ferner, dass der darwinische Mechanismus einen längeren Zeitraum für die Produktion der notwendigen genetischen Information benötigen würde und deutet an, dass Intelligentes Design eine bessere Erklärung bietet.

„Intelligentes Design ist sowieso", sagt Klinghoffer, „kaum ein maßgeschneidertes Konzept für irgendeine bestimmte Religion. Als der britische Atheist Antony Flew diesen Winter mit seiner Erklärung Schlagzeilen machte, er wäre nun zu einem Deisten geworden ... wies er auf die Glaubwürdigkeit der Intelligentes Design-Theorie hin.

Darwinismus dagegen ist ein unerlässlicher Bestandteil der Säkularisation, dieser aggressive und quasi-religiöse Glauben **ohne Gottheit**. Der Fall Sternberg erscheint in vielfältiger Weise als ein Fall, wo eine Religion einen Rivalen verfolgt und Loyalität von jedermann fordert, der eine ihrer ‚Kirchen' wie das National Museum of Natural History betritt" C. The Branding of a Heretic", The Wall Street Journal, 28. Januar 2005).

Wird der Fall Sternberg zu einem Sieg der Evolutionisten in ihrem fortwährenden Bemühen führen, die Diskussion alternativer Gesichtspunkte über den Ursprung des Lebens zu unterdrücken? Sie scheinen jedenfalls bereit zu sein, ihre Kollegen zu mobben, die es wagen, eine andere mögliche Erklärung für den Ursprung des Lebens auf Erden vorzuschlagen.

Dr. Peter Gariaev Prof

Dip!. Chem. Waltraud Wagner

Der Phantomeffekt

Spiegelung zwischen Geist und Materie

John Mohawk
  Aus indianischer Philosophie

„Die Erde ist Mutter des Lebens, das es auf der Erde gibt. Nach Weise der Natur, nach Weise der Schöpfung, ist sie Mutter allen Lebens auf der Erde. Mutter Erde folgt der Weise der Schöpfung, und darum gibt es Leben. Sie ist ein Geist eine Energieströmung, die sich uns als Materie zeigt und wir nennen diese Materie Erde. - Das ist die Weise der Schöpfung. Viele Energieströme in dieser Schöpfung manifestieren sich zu den Wesen in der Materie, und darum sind diese wirklich. Das ist der Weg des Geistes, denn sie sind oft in Materie manifestiert. Daher sind die Geister oft wirklich, und daher ist Mutter Erde wirklich, denn sie ist etwas wirklich Seiendes, und weil sie das ist ist sie auch die Mutter von wirklich Seiendem. Weil sie ein geistiges Wesen ist, ist sie auch die Mutter geistiger Wesen. So sind die Gräser und Bäume, die es auf der Erde gibt sowohl wirkliche *als* ‘auch geistige Wesen"

In den Kulturen europäischer Herkunft ist die ‚Vorstellung der Trennung von Materie und Geist tief. verwurzelt, in indianischen Kulturen wird ihre Einheit als ganz selbstverständlich verstanden, wobei allerdings der Große Geist das anfängliche, schöpferische Prinzip ist das die „Weise der Schöpfung „bestimmt. In der nachfolgend übersetzten Arbeit von Peter Gariaev und Mitarbeitern zeigt sich diese gegenseitige Spiegelung von Materie und Geist. (Waltraud Wagner)

„Editorische Vorbemerkung „

Bei diesem Text handelt es sich um eine komplexe wissenschaftliche Arbeit, die ursprünglich in Russisch verfasst wurde und terminologisch sowie inhaltlich dem Maßstab akademisch-naturwissenschaftlicher Ansatzforschung entspricht. Der Text enthält eine Vielzahl spezieller Begriffe und Fremdwörter, die in der Forschung gebraucht werden und dort auch gängig sind. Um dem allgemeinen Leser den Zugang zu erleichtern, wurden die Begriffe durch die umfangreichen Kommentare von Frau Prof. Wagner näher erläutert. Man kann wohl davon ausgehen, dass es sich bei diesen Forschungen um die vorderste
Front handelt, wo die materielle Wissenschaft direkt am Übergang zum Geist steht. Um so verdienstvoller ist der vorliegende Ansatz, als ihm der im Westen übliche Reduktionismus völlig fernliegt und stattdessen vielmehr die Existenz immaterieller, feinstofflicher Prozesse als primäre Gestalter der materiellen, grobstofflichen Wirklichkeit zugrundegelegt wird.
(Ronald Engert)

(Teil 1) *@ Peter Gariaev, Waltraud Wagner, auch auszugsweise*

Dieser naturwissenschaftliche Grundsatzartikel gibt die Forschungen des russischen Biologen Peter Gariaev u.a. wieder, die in der DNS nicht-stoffliche Wirkungen entdeckt haben: »Die Moleküle in der DNS klingen leise aber unaufhörlich und mit Bedeutung, wie menschliche Sprache in einer allen lebenden .Organismen verständlichen Sprache.« (P. Gariaev). Der Phantomeffekt wird hierbei zum mess- und wahrnehmbaren Indikator für

.nicht-stoffgebundene Informationsübertragung bzw. für die Grenze, wo etwas Nicht-Physikalisches in die physikalische Wirklichkeit übergeht.

Der Phantomeffekt als Speicher genetischer Information

Aus den Forschungen von Peter Gariaev mit Kommentaren von Waltraud Wagner IW.W.I (nebenstehend)

Überlegungen von Peter Gariaev. [2]*
Es war ein Ausflug ins Phantastische, es war nicht zu glauben. Niemand wollte es glauben, auch wir nicht, Georg Tertishny, Gennad Komissarow und ich. Schon viele Jahre sind wir darum bemüht, es zu beweisen, - vor allem uns selbst, dass die Gene nicht nur stoffliche Strukturen sind, nicht nur Moleküle der Desoxyribonukleinsäure (DNS)I. Da gibt es noch etwas, etwas nicht Greifbares, nicht Sichtbares, nicht einmal durch ein Mikroskop. Und doch ist da ETWAS, - ist WIRKLICHKEIT und mit Geräten registrierbar. Diese Realität ist im Grunde genommen einfach, und sie äußert sich darin, dass die Moleküle der DNS in den Chromosomen sehr schwach strahlen und sehr leise klingen. Aber wie? Sie klingen leise aber unaufhörlich und mit Bedeutung, wie menschliche Sprache, aber in einer jedem lebenden Organismus verständlichen Sprache. Die Moleküle der DNS strahlen ja nicht einfach nur so, sondern sie bringen dabei sich ständig ändernde Register von strahlenden Mustern im Mikroformat hervor, - Zeichen, Symbole, die lebenden Zellen verständlich sind und diese steuern 2 [3] .

Diese klingende Sprache und die sie begleitenden optischen Strahlungsmuster - darunter wie gesagt solche, die menschlicher Sprache und Texten ähnlich sind - regeln augenblicklich und gesetzlich mit Zeichen auf der quantenphysikalischen Ebene (also in kleinstem Maßstab bei geringsten Intensitäten, W.W.) feinste biochemische Prozesse ihres Organismus im Moment ihres Entstehens. Genau diese phantastische, aber tatsächlich in der Wirklichkeit ganz reale Steuerung und auch Heilung durch Wellen haben wir gesehen.

Notizen zur Geschichte der Entdeckung des DNS-Phantomeffekts:
Peter Gariaev fand das Phänomen des Phantomeffekts zum ersten Mal 1985 bei der Arbeit mit Laser-Korrelationsspektroskopie zu DNS, Ribosomen und Kollageneiweiß. Jedoch war eine Veröffentlichung auf Englisch erst 1991 möglich, nachdem die Erscheinung lange Zeit unklar war und mit Kollegen diskutiert worden war. 1994 widmete Peter Gariaev diesem Thema den längsten Artikel in seinem Buch)Das Wellengenom<, das 1994 auf Russisch erschien [4]. Im englischen Sprachraum wurde jedoch 1995 ein Artikel über das Phänomen unter dem Namen von Vladimir Poponin, aber mit P. Gariaevs Daten im Internet publiziert [5]. V. Poponin konnte das Experiment am Heart Math Institut [18] in den USA wiederholen. Inzwischen hatten aber P. Gariaev und Kollegen weiterführende Experimente durchgeführt. Bedauerlicherweise wurden in den Folgejahren die Forschungen in Russland völlig blockiert. Ein Team mit P. Gariaev wurde dann 2001 nach Kanada geholt, wo 2002 weitere aufschlussreiche Experimente durchgeführt werden konnten. Diese mussten jedoch abgebrochen werden, weil sie dem Handel mit Insulin gefährlich wurden.

Der DNS-Phantom-Effekt, eine neue Art Gedächtnis der genetischen Struktur.
[6]

Beobachtungen und Fragen:

Die Bildung von sog. Phantomen als Ausdruck eines >Gedächtnisses<, stellt eine umfangreiche Klasse von Erscheinungen dar, die mit der Erzeugung wellenartiger physikalischer Strukturen verbunden sind, die als mehr oder weniger genaue Abbildungen einer objektiven oder subjektiven Wirklichkeit erscheinen. Diese Abbildungen - also die Phantome oder Teile derselben - bleiben einige Zeit am Ort ihrer Bildung bestehen, danach können sie sich als Ganzes oder zum Teil in der Raumzeit verändern, sich verschieben oder auflösen. Wesentlich ist dabei, dass diese Phantome nicht unbedingt als eine Erinnerung an einen fixierten Zustand eines Prototyps zu erklären sind, sondern ihre dynamischen, raumzeitlichen Charakteristiken und auch ihre energetisch - informatorischen Aspekte bewahren.

Wenn im einfachsten Fall statische oder dynamische Hologramme .teils unbewegte, teils veränderliche drei- oder vierdimensionale Abbildungen von Objekten bilden, Abbildungen, die so lebendig sind, als wären sie von ihren eigenen, ursprünglichen Quellen unabhängig, kann man davon auch foto- oder filmartige Darstellungen machen, die im Unterschied zu Holographien im zweidimensionalen Raum operieren. Diese fotoartigen Kopien befinden sich aber in einseitigen, homomorphen Beziehungen zu den holographischen, das heißt, wenn sich die Abbildung verändert, verändert sich ihre Kopie und niemals umgekehrt. (Das heißt, man kann von einem Photo nicht wieder eine holographische Darstellung

gewinnen, W.W.). Wenn man den genetischen Apparat als ein System der Speicherung von Abbildungen, sowie der Kodierung und Dekodierung der Strukturen solcher Abbildungen eines werdenden oder auch eines schon entwickelten Biosystems betrachtet, so entfaltet sich dieses und bildet sich umgekehrt auch wieder zurück. Der genetische Prototyp zusammen mit seinem vollständig abgebildeten Biosystem bilden damit eine höhere Ebene isomorphet Beziehungen. Der Chromosomenapparat hat nicht das Monopol auf die Erbinformation. Diese kann vielmehr als exogenes, also von außen kommendes Signal eingeführt werden, insbesondere in Form verbaler Codes menschlicher Sprache und/oder auch Information nicht biologischer Herkunft

Verhältnismäßig einfache Erscheinungen der erörterten Abbildungen sind als Phantomeffekte von Pflanzen gut bekannt, wenn auf der Ebene elektromagnetischer Felder die Abbildung eines abgeschnittenen Teiles lebender, nicht abgestorbener Blätter entsteht oder wenn statische und dynamische, holographische Abbildungen erscheinen oder Phantomschmerzen auftreten. Wohl nur wenn ein Hologramm, genauer gesagt ein Quasi-Hologramm, auf einem Computer synthetisiert werden kann und damit im Voraus ein quasi-interferierender Code eines potentiellen elektromagnetischen oder akustischen Abbildes gegeben ist, kann man sagen, dass die Bildung holographischer Phantome technisch gesteuert ist.

Wahrscheinlich steht die Erzeugung von Phantomen in direkter Verbindung mit dem Gegenstand der vorliegenden Forschungen, das sind „anomale" Abbildungen der wichtigsten genetischen Struktur - der DNS - durch Laser-Korrelations-Spektroskopie. In nicht so offensichtlicher Form ist die Erzeugung von Phantomen auf dem Gebiet der physikalischen Chemie der Polymere bekannt. Bei nicht biologischen Polymeren sind ungewöhnliche Phänomene dieser Herkunft im Streufeld von Neutronen, die an phantomartigen Netzen von Elastomeren gestreut wurden, gefunden worden. Dabei wurden logisch unerklärbare Fluktuationen registriert, die von der Lage der wirklichen Knoten des Netzes, welche der realen Deformationen des Polymers entsprechen, unabhängig sind.

Eine andere Art Anomalie wird als Staub ähnlicher Effekt bezeichnet, wenn bei einer dynamischen Laserlichtstreuung an restrikten Fragmenten von DNS in stark verdünnten, wässrigen Lösungen eine Streuung von Photonen an >Teilchen<, die offensichtlich in diesen Lösungen nicht da sind, entdeckt wird. In diesem Falle treten Quanten elektromagnetischer Energie mit so etwas wie nicht existierenden materiellen Strukturen in Wechselwirkung. Auch hier sahen wir offensichtliche Analoge zu den Phantom-Effekten der DNS, wie wir sie schon vorher gefunden hatten, und wie sie im vorliegenden Teil der Arbeit detaillierter erforscht werden.

Ein allgemeineres Verständnis aller dieser Phänomene ergibt sich im Rahmen von Wechselwirkungen und von Spiegeleffekten unter der Voraussetzung, dass beliebige wechselwirkende Objekte und Prozesse wechselseitig ihre Strukturdynamik abbilden, was mit einem Informationsaustausch sowie mit der Fähigkeit, Materie und Energie abzubilden, verbunden ist. Das wird gewöhnlich als ‚Spiegeleffekt< bezeichnet. Diese Vorgänge stehen in Bezug zu den höchsten Erscheinungsformen im Biosystem, zu EMPFINDUNGEN, zum DENKEN und zum BEWUSSTSEIN.

Damit zeigen sich zwei fundamentale Eigenschaften der Welt: 1) QUASI.BEWUSSTSEIN 2) FRAKTALITÄT und/oder HOLOGRAPHIE.

Das heißt, dass jedes beliebige Teil der Welt ein Element des Übergeistes nach Hegel ist, und alle seine Eigenschaften und ihre Gegenpole widerspiegelt. Wenn man es so versteht, so folgt daraus, dass irgendein Teil der Welt unter bestimmten Bedingungen eine Information über andere Teile dieser Welt liefern kann, z.B. in Form von Phantomen. Alle aufgeführten Arten der Phantomgebilde sind wahrscheinlich Sonderfälle dieses allgemeinen Prinzips. Hierauf beziehen sich auch die zahlreichen und wenig untersuchten Phänomene der Psychographie, so wie Informationen über Krankheiten, die fotografischen Aufnahmen von Menschen entnommen werden usw. In diesem Sinne sind die einfachsten holographischen Phantome, die aus technischer Herstellung bekannt sind, verhältnismäßig gut untersucht. Die höchst entwickelten Vorstellungen darüber finden sich in theoretisch physikalischen Modellen der Struktur des Vakuums als Träger universeller Bewusstseinsfelder und Erzeuger materieller Objekte in Modellen, die die Ideen Hegels auf einer zeitgemäßen Ebene entwickeln.

Auch der genetische Apparat kann aus dieser Perspektive betrachtet werden. Darum rufen die DNS- Phantom- Effekte als Quelle von potentiellen Informationen, die sowohl in die Vergangenheit als auch in die Zukunft eines gegebenen Organismus oder auch einer Population gerichtet sind, ein besonderes Interesse hervor'.

Der Phantom-Effekt hat noch eine andere Seite, die es ermöglicht, aus der Perspektive der Physik an eine Erklärung über die sog. Mikroleptonen (Axionen) heranzukommen. Die DNS, wie jede beliebige materielle Struktur, enthält danach in sich ein Axionen Gas, das, entsprechend einer Hypothese, an der Synthese seiner Haupteigenschaften teilhat. Zieht man das Konzept wirbelartiger Wechselwirkungen im Vakuum heran, findet diese Idee eine grundlegende Begründung [7] .

Eine axionische Klusterkomponente kann über die Grenzen der DNS hinaustreten und ihre Eigenschaften in einer dynamischen, phantomartigen Struktur bewahren, welche sich, wie in unseren Experimenten, mit Lasersondierung (Scannen, Ablesen; W.W.) findet. Solche axionischen, makroklusterartigen Gebilde, die die DNS und ihre Dynamik abbilden und imitieren, können Photonen streuen. Damit zeigt sich ein optisches Analogon zur Mandelstam-Brillouin-Streuung des Lichtes an einem Ton. Außerdem haben die Makrokluster die Fähigkeit, sich selbst in Photonen zu verwandeln. Es könnte sehr wohl möglich sein, dass wir und die Gruppe Pekora [13] aus den USA es mit makroklusterartigen Doppelgängern der DNS (als Phantome, W.W.) zu tun haben. Hieran schließt sich ziemlich unerwartet der

Kervran-Effekt an, indem die Fähigkeit des Zellkerns bestätigt wird, kalte Kernsynthesen mit der Bildung neuer Atomkerne zu verwirklichen [8]. Das ergibt sich in Verbindung mit der von uns hervorgehobenen Idee, dass die DNS ein Resonator nach Fermi-Pasta-Ulam (FPU)13 ist, der in das Vakuum gerichtet ist und aus dem ,Nichts< Energie und Elementarteilchen für kalte Kernsynthesen erschafft, und dass die DNS eine Quelle von Axionen ist,.mit deren Hilfe sie bei üblichen (Raum-)temperaturen neue Atome zusammensetzt.

Die DNS in der Chromosomenzusammensetzung der Neuronen des Gehirns besitzt noch eine wesentliche Eigenschaft, die mit dem Mechanismus des Gedächtnisses der Gehirnrinde verbunden ist.

Ein solches Gedächtnis ist beim Menschen deutlich ausgeprägt und hat eine gut untersuchte holographische Natur. Hier zeigt sich eine enge Verbindung dreier fundamentaler Informationsprozesse im Biosystem:

a) in solitonischen Zuständen als Zeichen-Dublett der DNS-RNS,

b) im Nervenimpuls mit der Transformation desselben in das holographische Gedächtnis auf den Ebenen des Genoms und der Gehirnrinde,

c) im Nervenimpuls, der als solitonischer Prozess im Rahmen einer Rekursion, d.h. der Wiederholung eines Frequenzmusters nach Fermi-Pasta-Ulam (FPU), und auch als nichtlinearer Wellenprozess in dm Chromosomen der DNS erscheint.

Unter bestimmten Umständen tritt ein Zustand auf, der eine zentrale Quelle von Information im Neuron ist: ein funktionales Zeichendublett der DNS-RNS. Dieses überträgt seine Information auf ein Soliton eines Nervenimpulses, dessen innere schwingende Struktur als Kodon (Grundelement der genetischen Codierung bestehend aus drei Basen) erscheint, das im Detail nach einem holographischen Mechanismus arbeitet. Ein analoges Prinzip wurde von uns auch für die Behandlung des Codierungsmechanismus höherer genetischer Information in den Chromosomen vorgestellt, wo Solitonen auch fähig sind, epigenetische 6 Information in den Zeichen von Schwingnngsstrnkturen zusammenzufügen, darunter auch in akustischen, sprach ähnlichen Strukturen.

Die genetische Information und der psychische Zustand eines Menschen zeigt sich in solcher Form als hin und zurück gekoppelt durch Verbindungen über solitonische Resonanzen entsprechend der FPU-Rekursion. Es ist nicht auszuschließen, dass diese Bindung auch über phantomartige Attribute von Psycho- und Gen-Hologrammen realisiert werden kann und/oder über das Gedächtnis in Form axionischer Cluster. Es muss jedoch zugegeben werden, dass die obigen Überlegungen sehr hypothetisch sind und scharfe Prüfungen erfordern.

Dessen ungeachtet entspricht das Darzulegende unseren Arbeitsergebnissen, wo Modelle einer solitonischen Übertragung von Nervenimpulsen über eine synaptische Spalte vorgestellt sind. Sie entsprechen dem Konzept von Wechselwirkungen durch Vakuumtorsionen als fundamentaler Grundlage des Bewusstseinsfeldes und sie entsprechen auch einigen unserer Experimente, die oben und weiter unten besprochen sind. Unter Berücksichtigung dessen betrachten wir, in Fortsetzung unserer Arbeiten, Biosysteme als Träger von übergenetischen, bildhaften Informationsstrukturen mit solitonisch-holografischem Charakter.

Auf der Ebene der Eukarionten (alle Organismen, deren Zellen Zellkerne enthalten, W.W.) mit einem Genom, das im vielkernigen, kohärenten Kontinuum ausgestaltet worden ist, realisiert das System homomorpher Abbildungen, entsprechend der strategischen Reihenfolge vom Genom zum Soma, sehr große Evolutionssprünge. Hier wird das System der Abbildungen schon zweiseitig isomorph. Zwei sich wechselseitig abbildende Mengen - nämlich die der Organismen einerseits und die ihrer genetischen Apparate andrerseits- tauschen im Lauf der Onto- und Phylogenese des Evolutionsprozesses der irdischen Biosphäre wechselseitig und korreliert ihre Strukturen in der Abbildungsfolge Übergene (Kenn)zeichen aus. Das Chromosomen-

Kontinuum, trägt, wie der Prozessor eines Wellen-Biocomputers, in jedem Zellkern und in der Gesamtheit der Zellen fraktale Mengen holographischer und sprachähnlicher, bildartiger Zeichen von >Paketen< potentieller und realer raumzeitlicher Strukturen des Biosystems. In unserer Arbeit betrachten wir die bekannten elektromagnetischen und akustischen Felder, die durch Organismen hervorgebracht sind, einschließlich solitonischer und Laserstrahlenfelder als qualitativ mögliche Träger übergenetischer Informationen. Im Prinzip erscheinen, nach unserer Version der Biomorphogenese, die durch das Genom hervorgebrachten holographischen Systeme und andere Abbildungen der sich organisierenden raumzeitlicher Biosysteme als biologische Derivate der bekannten physikalischen Felder.

Jedoch haben wir in unseren Arbeiten früher auf den Phantom Effekt der DNS invitro in unklarer Form hingewiesen [4]. Er erschien als eine gewisse Spur einer lang anhaltenden Erinnerung an die Anwesenheit von DNS an einern Ort im Raum, zum Beispiel im Küvettenraum im Streulicht eines Lasers. Nach der Entfernung der DNS-Probe aus dem Gerät wurde das Laserlicht an der leeren Stelle des Küvettenraums weiter gestreut, ungefähr so, als wäre diese noch an ihrem Ort vorhanden, als würde die Lasersondierung der vorherigen DNS-Probe fortgesetzt, aber mit wesentlich geringeren Signalen. Diese Erscheinung (wir nennen sie Phantom-DNS) hielt nach einmaliger einstündiger Exposition der DNS etwa einen Monat oder länger an. Danach verschwand sie allmählich oder entfernte sich über die Grenzen, die durch die Kapazität des Apparats gegeben waren. Aber es kann sein, dass sie erneut gebildet wurde. Diese Erscheinung erschwerte sehr die Versuche, das dynamische Verhalten der DNS ihrer Position nach *zu* erklären (siehe Anfang dieses Aufsatzes, W.W.).

Eine Erklärung könnte sich aber in gut ausgearbeiteten Theorien von Polymeren in wässrigen Lösungen zeigen [9]. Nach unserer Arbeit zur Untersuchung der Lichtstreuung an restrikten Fragmenten der DNS werden wahrscheinlich die Photonen nicht nur an DNS-Molekülen gestreut, sondern auch an den phantomartigen Spuren des Bio-Polymers, die bei der Aufwirbelung durch die Braunsche Molekularbewegung (ungeordnete Bewegung) zurückgeblieben sind, was sinngemäß dem von uns früher gefundenen und detaillierter untersuchten Effekt analog ist. Womöglich hat auch das solitonische Feld einen unmittelbaren Bezug zur Generierung der Phantom-DNS, was auf der Grundlage der FPU-Rekursion und der DNS, die produziert wird, funktioniert. Ein Analogon dieser An Wellenprozesse in der DNS im Bereich der Radiowellen ist ein FPU-Generator 3, der fähig ist, Übertragungen aus der Entfernung zu >Lesen< und auszuwerten, und die aus einern genetischen Donor in einen genetischen Akzeptor eingeführten übergenetischen Informationen auszuwählen.

Als Teil unserer Forschung in Verbindung mit dem oben Dargelegten erscheint konkret die vergleichende Analyse der korrelierenden zeitlichen Schwingungsstruktur der DNS und ihrer Phantome.

Wir untersuchten auch das nichtlineare, dynamische Verhalten eines DNS-Akzeptors, der aus der Distanz mit Hilfe eines DNS-Donors über dessen DNS-Phantomstrukturen gesteuert wird. Wir stellen diese Experimente den von uns früher publizierten genetisch-embryologischen Versuchen und theoretischen Überlegungen gegenüber, um etwas von diesen Phänomenen *zu* erklären.

Abschließende Gedanken

Waltraud Wagner: Ich möchte *zum* Schluss eine Passage aus einem Briefwechsel mit Peter Gariaev 1999 hinzufügen, der weiter erhellen kann, wie er diese Felder sieht:

Peter Gariaev: .Mit Freude habe ich Deinen Aufsatz über morphogenetische Felder gelesen. Viele Deiner brillanten Gedanken sind den meinen nahe. Aber als ein Biologe würde ich weniger abstrakt sein, wenn wir an morphogenetische Felder höherer Biosysteme denken. Welche physikalischen Felder können beanspruchen, eine Rolle für die Morphogenese zu spielen? Du bietest bestimmte, abstrakte Vektorpotentialfelder an. Das ist wahrscheinlich richtig. Aber es ist die Zeit, wo es möglich ist über konkrete Laser-, hologramme, solitonische und semantische Felder zu sprechen, die in Biosystemen wirken. Das tun wir in unseren Veröffentlichungen. Du führst absolut richtige Gedanken über die morphogenetischen Felder von Steinen, der Sonne, von Wasser usw. an. Darüber spricht Sheldrake. Aber es ist besser, diese von den wirklich morphogenetischen zu trennen, die den Organismen inne wohnen. Du sprichst von kohärenten Zuständen von Biostrukturen. Es ist unbedingt nötig lebenden Systemen diese Felder zuzuordnen. Das betont Herbert Fröhlich seit 1968 [19]. Solche laserähnlichen Zustände von Chromosomen und der DNS haben wir in unseren direkten Experimenten nachgewiesen.<

Ich möchte hinzusetzen, dass die Gruppe um Peter Gariaev auch Experimente mit Mineralen gemacht hat, die Entsprechungen zu den Strukturen lebender Systeme zeigen, worauf wohl auch ihre Heilwirkung beruht. Die Felder sind also nicht nur lebenden Systemen zuzuordnen. Es gibt keine wirkliche Grenze zwischen dem Lebenden und dem Nichtlebenden.
(Teil 2 erscheint in Tattva Viveka 27)

Dr. *Peter Gariaev*
Prof Dip!. *Chem. Waltraud Wagner*

Der Phantomeffekt
Spiegelung zwischen Geist und Materie

(Teil 2)

Peter Gariaev, Waltraud Wagner, auch *auszugsweise.*

Der zweite Teil dieser Arbeit beschreibt zunächst die Messmethoden und deren Ergebnisse. Die theoretische Auslegung der Ergebnisse führt zu neuen Erkenntnissen, z.B. die Möglichkeit der Fernübertragung von Informationen, die in der Folge energetisch und materiell gestaltend wirksam werden können. Bei der Phantomübertragung handelt es sich nicht um eine Übertragung durch elektromagnetische Felder, sondern um die Übertragung von Mustern ohne energetische Komponente. Nur dann ist eine raumzeitlose Übertragung ohne Zeit und über beliebige Entfernungen möglich. Ein solcher Prozess liegt auch geistigen Übertragungen zugrunde.
Teil 1 behandelte die theoretische Vorarbeit zum Phantomeffekt in der DNS und erschien in Tattva Viveka Nr. 26.

(Teil 1 kann auch auf der Homepage heruntergeladen werden.)

Vorbemerkungen von Waltraud Wagner

Zunächst sei wiederholt: Einen ungewöhnlichen Effekt entdeckte Peter P. Gariaev schon 1985, als er im Institut für physikalisch-technische Probleme der UdSSR arbeitete. Nach Herausnahme eines DNS-Präparats aus dem Spektrometer hielt das Gerät noch immer eine Strahlung fest, die dem Präparat der DNS entsprach, nur mit bedeutend schwächeren Signalen. Er konnte dieser Entdeckung aber nicht weiter nachgehen.

Der nächste Schritt war erst 1990 im Institut für Hochtemperaturen der wissenschaftlichen Akademie möglich. Der einzige technische Helfer Peter Gariaevs war Gennadi Oliferenko. Aber die Arbeit wurde nach 1992 wieder blockiert, weil für das Spektrometer Miete gezahlt werden sollte, was nicht möglich war. Aber eine erste englischsprachige Veröffentlichung kam 1991 heraus, nachdem das Phänomen mit verschiedenen Mitarbeitern diskutiert worden war [3]*. Das Thema blieb unter verschiedenen Aspekten im Gespräch und das Phänomen wurde 1994 von Peter Gariaev in seinem Buch:)Das Wellengenom{ auf Russisch beschrieben [1]. Diese Beschreibung ist die Grundlage des hier übersetzen Aufsatzes. Vladimir Poponin, von dem schließlich ein Aufsatz ins Internet geriet, arbeitete 1992 ein Jahr mit Peter Gariaev zusammen und ging schließlich ans Heart Math Institute [5] in die USA. Dort konnte er das Experiment wiederholen und 1995 dazu den Aufsatz)The DNA-Phantomeffect< [4] unter seinem Namen, aber mit den Abbildungen, die er von Peter Gariaev erhalten hatte. veröffentlichen. Das verärgerte Peter Gariaev verständlicherweise sehr.

Weitere Experimente waren nur unter Hindernissen möglich, da auch das Geld dafür fehlte. 1997 brachte Peter Gariaev aber eine weitere Veröffentlichung mit dem Titel)Der wellengenetische Code(heraus [2J. aus dem auch schon die Einleitung veröffentlicht wurde [6].

Inzwischen fehlten nicht nur die Mittel für weitere Forschungen, sondern die Bezahlung der Wissenschaftler sank auf das Niveau der Sozialhilfe. Da war im Jahr 2000 ein Angebot aus Kanada willkommen, dem drei russische Wissenschaftler folgten. ‚in Kanada wurden in Versuchen gute Ergebnisse erzielt, mussten aber sofort, ohne die Möglichkeit. sie wirklich gründlich auszuwerten, abgebrochen werden, weil sie von der Pharmaindustrie finanziert worden waren, in deren Interessen sie nicht lagen. Die Wissenschaftler wurden Ende 2002 zurückgeschickt und fanden sich ohne Einkommen. Seitdem erschienen von verschiedenen Autoren Veröffentlichungen, die nicht mit Peter Gariaev abgestimmt wurden, bzw. ihm gar nicht bekannt wurden, geschweige denn ihm finanzielle Anteile brachten. Solche Hilfe in Form weniger hundert Euro wurde schließlich von einer kleinen Gruppe in Deutschland privat erbracht, ermöglichte aber gerade das Überleben und die Fortsetzung der Forschungen auf der Basis der Initiative Peter Gariaevs nur in sehr geringem Umfang. Doch schreibt dieser im Oktober 2005 als Einführung zu einem noch nicht veröffentlichten Aufsatz:

.In dieser Arbeit zeigen wir, dass die Einwirkung bestimmter Kombinationen elektromagnetischer Felder auf DNS-Präparate in vitro im Frequenzbereich von Ultraviolett bis Infrarot und auch im Bereich des Ultraschalls, Antworten in Form vielförmiger. dynamischer, langlebiger, sich selbst wiederholender wellenartiger Abbildungen hervorruft:

Die hier folgenden Beschreibungen von Experimenten beruhen auf den 1994 gegebenen Beschreibungen im oben erwähnten Buch [1]. Sie sind sehr lückenhaft und ich kann sie auch nur auszugsweise wiedergeben. Die Korrelationsspektroskopie ist nicht genauer beschrieben, auch nicht, wie die Entfernung für die Informationsübertragungen ermittelt und berechnet wurde. Es ist wohl auch nicht möglich, genauere Einzelheiten mitzuteilen, denn für eine Durchführung ähnlicher Versuche sind nicht nur viele Detail kenntnisse, sondern auch Erfahrungen erforderlich, die umfangreichere Untersuchungen und Veröffentlichungen zur Grundlage haben, die nur in Russisch vorliegen.

Seit kurzem liegt nun ein Bericht von Peter Gariaev über neuere Untersuchungen vor, aber auf Russisch und noch nicht veröffentlicht, und die Übersetzung ist schwierig. Theoretisch wird das Thema, meist wenig klar, inzwischen von vieler Autoren behandelt. Die Arbeiten Peter Gariaevs machen sichtbar, was sonst nur theoretisch vermutet wird.

P. Gariaev: Materialien und Methoden

Wir verwendeten hochpolymere, hochgereinigte Präparate der DNS aus den Erythrozyten von Küken, aus der Thymusdrüse eines Kalbs und aus Spermien des Lachses in Form von Natriumsalz oder in einer Standardlösung oder in lufttrockener Form eines festen Gels, Die Präparate wurden in Plastikküvetten von 12x12xSO mm3 gebracht oder in Glaskapillaren mit dem Innendurchmesser von l mm,

Die spektrale Registrierung der zeitlichen Autokorrelationsfunktionen der Lichtstreuung der Autokorrelationsphantome führten wir in einem Messkomplex »MALVERN-4700« für die Korrelationsspektroskopie von Photonen durch, der ein Spektrometer für Streulicht mit veränderlicher Orientierung des Lichtverstärkers enthielt, einen He- Ne Laser mit der Strahlungsleistung von 25 Milliwatt und der Wellenlänge von 632,8 Nanometer, sowie einen l28-kanaligen 8-Entladungs-Korrelator, angeschlossen an einen Personalcomputer >Olivetti<, Der Lichtstreuwinkel betrug in der Regel 70°.

Außerdem verwendeten wir auch einen Ga-As-Infrarotlaser mit der Wellenlänge von 890 nm mit Impulsen der mittleren Leistung von 0,6 Watt und ein weiteres, speziell konstruiertes Spektrometer mit 1023 Kanälen, (Konstruktion der Gruppe von L.H.Pjanizkov), angeschlossen an einen speziellen Computer.

(Hinzuzusetzen ist, dass inzwischen speziell für diese Versuche weitere Taser entwickelt worden sind W.W.)

Der Sender war räumlich von dem Spektrometer in »MAL VERN 4700« einmal etwa 30 km oder im anderen Fall 2 m entfernt.

Das Küvettenfach des Spektrometers befand sich entweder in Wasser in einem Thermostaten oder in Raumatmosphäre ohne Thermostat.

Die Fern- und Nahwirkungen waren: DNS-Donor -PhantomDNS - DNS-Akzeptor im Küvettenfach eines Spektrometers über etwa 30 km Entfernung und: DNS-Donor = Phantom-DNS = DNS-Akzeptor im Küvettenfach eines Spektrometers über etwa 2 m Entfernung.

Die Gefahr, dass ein experimenteller Fehler alles zunichte machen könnte, veranlasste uns dazu, bei den durchgeführten Experimenten besondere Aufmerksamkeit auf die Kontrollmessungen der Lichtstreuung in Luft und in wässrigen Medien an den Onen einer potentiellen Erzeugung von Phantomen durch DNS-Präparate in den Küvettenfächern zu richten. Diese Messungen führten wir entweder mit leeren Küvettenfächern durch oder mit leeren Küvetten. Für jede typische Messserie wurde eine Kontrollmessung durchgeführt.

Die Kontrollmessungen schlossen auch eine fortlaufende 1,S-stündliche Registrierung des dunklen Stroms der Phononenl-Autokorrelationsfunktionen ein, bevor die Küvettenfächer bei gleichbleibender Arbeit der Spektrometer der Wirkung von DNS-Präparaten ausgesetzt wurden.

Die Bearbeitung der Ergebnisse dieser Korrelationsspektroskopie wurde von M. J. Maslow mit Hilfe eines Computerprogramms durchgeführt (Mathematisches Institut RAN).

Das dynamische Verhalten der DNS unter gewöhnlichen Bedingungen

Wir hatten schon berichtet, dass Gele von DNS-Lösungen die charakteristische Fähigkeit haben, anomale, sich langsam abschwächende, klangartige Eigenschwingungen zu bewahren, die der Zeichen folge bei der Rekursion nach Fermi-Pasta-UlamZ(FPU) analog sind [7], und darum zu einer solitonischen Erregung in Beziehung stehen.

Offensichtlich ist es wirklich eine Fermi-Pasta-Ulam-Rekursion, aber in fraktalem Maßstab, weil diese Erscheinung nicht nur in der einzelnen DNS-Kette stattfindet. Die Schwingungen (Klänge) verwirklichen sich auch auf der Makroebene des DNS-Gels (und anderer gelartiger Substanzen im Organismus, also als materielle Vibrationen, W.W.). Wir möchten bemerken, dass die Erscheinung der FPU-Rekursion zu allererst für elektromagnetische Felder von DNS-Ketten gleicher Maße vorhergesagt war.

Die FPU-Rekursion ist die wichtigste, aber nicht die einzige spezifische Besonderheit der DNS-Dynamik. Die Dynamik erscheint wahrscheinlich als Eigentümlichkeit der epigenetischen Sprache des Genoms, wo sie mindestens teilweise in vitro unter den Bedingungen der La serkorrelationsspektroskopie registriert wird. Ein anderes Attribut solcher Art nichtlinearer Dynamik der DNS erscheint in Verbindung mit dem Prozess der Bildung ihrer Phantome, welche auch dynamisch ist. Jedoch gelang es uns nicht, die Beziehung der Rekursionen der Wellen funktionen der DNS-Phantome zu denen der DNS genau zu fixieren. Es gab hier keine Übereinstimmungen. Die Wellenfunktionen der DNS-Phantome konnten nicht genau mit der Arbeit der DNS im Organismus zusammengebracht werden, aber die Phantome sind biologisch aktiv, wie in Teil l schon beschrieben.

Eben der letztgenannte Faktor behinderte unsere Experimente. Wir versuchten die dynamischen, zeitlichen Veränderungen der Form der autokorrelierenden Wellenfunktionen in der Lichtstreuung der DNS-Gele und ihrer phantomartigen Abbildungen zu verstehen, wobei wir im Blick hatten, dass sie in ursächlicher Folge wechselseitig verbunden sind.

Typische akustische Schwingungen der DNS wurden als Fluktuationen autokorrelierender Funktionen registriert. Es sind in der einen oder anderen Weise sinusförmige Modulationen mit verschiedenen Perioden und mit spezifischen, genauen zeitlichen Wiederholungen identischer spektraler Zusammensetzung, die in weiten Spektralbereichen zeitlicher Auflösung von 500 bis 990000
Mikrosekunden pro Kanal vorbeizogen. Darin erschien die zeitliche Fraktalität .

Die Entdeckung der DNS-Phantome

Nach Fortnahme der DNS-Präparate hatten sich in dem Raum, in dem sich die DNS befunden hatte, die physikalischen Eigenschaften offensichtlich verändert, unabhängig davon, ob sich die DNS in Form eines trockenen Gels, eines feuchten Gels oder in Lösung befand und auch unabhängig davon, ob sie in Luft, in Wasser oder in gasförmigem Stickstoff exponiert wurde. Dieses Phänomen kommt zwei bis vier Tage nach der Exposition des DNS-Präparats besonders deutlich zum Ausdruck und wird durch eine Reihe von Kennzeichen charakterisiert, die sich zwar im Großen und Ganzen vom Verhalten der DNS unterscheiden, aber unter definierten

Bedingungen in der Art ihrer nichtlinearen Dynamik mit der der DNS und der Phantom.DNS praktisch übereinstimmen. In den Grafiken der *Abb.* 1 und 2 sind diese Verhältnisse grob dargestellt.

Sie gehen abwechselnd, dynamisch zeitlich und wahrscheinlich auch räumlich ineinander über und können ihre Amplituden in Abhängigkeit von mindestens zwei Parametern stark verändern und zwar:

1. der Anfangszeit des Experiments und

2. der zeitlichen Auflösung.

Wenn die letztere zu gering gewählt wird (bei Zeiten von 500- 2000 Mikrosek/Kanal), oder wenn man, dementsprechend, in kürzeren Intervallen arbeitet, wie es die Regel ist, registrieren die Forscher die Autokorrelationsfunktion der Phantom-DNS nicht. Das bedeutet, dass die Voraussetzung für die Entdeckung der Phantom-DNS nicht gegeben ist.

Wenn die zeitliche Auflösung beträchtlich vergrößert wird, (ab Zeiten von 20.000 Mikrosek/Kanal), zeigt sich ein anderes Bild. Dann findet sich eine große Vielfalt von Autokorrelationsfunktionen der Phantom-DNS mit ihrer einzigartigen Dynamik von nicht zufälligem, wahrscheinlich semantisch-epigenetischem Charakter, und wie man sich denken kann, auch mit verbalen Charakteristiken [9,10]. Eine Variation der Auflösung der zeitlichen Fenster des Korrelators gestattete es, sie zu analysieren, indem eine größere oder kleinere Kapazität von Phänomenen ermöglicht wird. Richtet sich die Aufmerksamkeit auf einen Charakterzug der Phantom-DNS, kann ihre Bedeutung genauer erörtert werden. Wenn stärkere und schmalere Peaks der Autokorrdationsfunktionen im Spektrum zusammenfließen, werden trapezartige Strukturen abgebildet, mit modulierten Kuppen und unterschiedlich breiter Basis. Im Gegensatz dazu konnten sich die Strukturen in mehr oder weniger scharfe Peaks aufgliedern.. Darin zeigt sich eine der möglichen Darstellungen der zeitlichen Fraktalität der Autokorrelationsfunktionen der DNS, da sie gleiche Bilder im Großen und im Kleinen wiederholen>

Wenn man die Autokorrelationsfunktion der DNS als dreidimensionaler Wellenfunktion darstellt so erscheinen um eine Achse die Spektren dreidimensionaler Wellenfunktionen, die eine nach der anderen in der Zeit erscheinen [11]. Das wird, wenn man Schall zuführt vom >Abspielen< einer dieser Graphik eigentümlichen, rhythmischen .>Melodie<. begleitet (Die Schallfrequenzen liegen in einem viel niedrigeren Frequenzbeich als die optischen. W.W.)

In seinem Verlauf kann sich der Peak als zweiphasige Periode erweisen. Die erste bedeutet die Phase starker Zunahme der Phantome, die zweite drückt ihre dementsprechende Abnahme aus. Die Kuppen der Trapeze stellen logischerweise das Integral der Höhe der Peaks dar, und diese erscheinen als Vorläufer eines positiven oder negativen potentiellen Phasenübergangs. Wesentlich ist, dass die DNS unter gewöhnlichen Bedingungen, ohne besondere Einflüsse aus der Entfernung, keine Phasenübergänge dieser Art liefert. (Phasenübergänge zeigen sprungartige Veränderungen an, W.W.)

Kontrollexperimente zu möglichen Einwirkungen von Staubkörnern und zur räumlichen Stabilität der Phantom-DNS führten wir durch, indem wir in das Küvettenfach des Spektrometers von »MALVERN-4100« gasförmigen, staubfreien Stickstoff einbliesen. Das führte zu einem zeitweiligen Verschwinden der Phantom-DNS. Beendet man das Einblasen, so kommt es im Lauf von 5-10 Minuten zu einer Regeneration der Autokorrelationsfunktion der Phantom-DNS.

Die zeitweise Auslöschung der Phantom DNS durch Einblasen von Stickstoff spricht für ihren materiellen Charakter, d.h. für ihre Stofflichkeit, aber auch für ihre Beständigkeit als Information.

Fernwirkungen auf die DNS

Eine einmalige Bestrahlung des Gels der DNS mit einem modulierten infraroten GAS Laserfeld unmittelbar von oben in die Küvette, wo diese mit Luft in Berührung steht, führt zu einem positiven Phasenübergang der Autokorrelationsfunktion der Strahlung mit dem Übergang auf eine verhältnismäßig stationäre Ebene der Korrelation, die etwa zwei Minuten anhält, worauf ein negativer Phasenübergang folgt mit Rückkehr zum vorhergehenden Zustand. Folgende Einwirkungen mit dem Infrarotlaser werden nicht von einem Phasenübergang begleitet, sondern von einer stark chaotischen Dynamik der DNS, wobei sich stochastische und geordnete >glatte< Autokorrelationsfunktionen periodisch abwechseln und eine komplizierte FPU-Rekursion verwirklichen (also einen Wechsel zwischen geordneten und ungeordneten Zuständen, W.W.). Das bedeutet möglicherweise, dass es zu einer dynamischen >Notiz< des infraroten Laserfeldes von solitonischer Art in dem mehrdimensionalen, dynamischen Kontinuum der DNS kommt.

Ein anderes Beispiel von phantom-DNS-ähnlichen Phasenübergängen auf die DNS haben wir auch auf prinzipiell anderem Wege erhalten. Als Sender wurde ein computerartiger Komplex, der die Küvette mit dem Donor und dem Laser enthielt, verwendet, der sich ungefähr in 30 km Entfernung von dem Empfänger mit dem Messkomplex »MALVERN-4100« befand. In den Computer-Komplex wurde eine spezielle geometrische Konstruktion eingebracht, die einen sog. >Formeffekt< hat und tatsächlich eine geographische Verbindung zwischen den Spektrometern herstellte. Damit wurde von uns 1992 eine Serie von Experimenten zur Fernübertragung von Signalen mit DNS-Donoren auf DNS-Akzeptoren durchgeführt, die in die Küvetten beider Geräte eingebracht waren.

Als Akzeptoren dienten auch leere Küvetten. Als Donor und Akzeptor verwendeten wir hier je eines des in zwei Teile zerlegten Präparats der DNS aus der Thymusdrüse eines Kalbs. Ein Teil wurde in den computerartigen Komplex eingebracht, und der andere in die Küvette von »MALVERN-4100«. Die Vorgänge bei diesem Versuch sind in Abb. 2 in wesentlichen Schritten dargestellt.

Der Formeffekt und die Bedeutung der Geometrie besagen, dass die Übertragung nur zu einem bestimmten, eng begrenzten Bereich möglich ist. Brachte man in die Nähe des Senders (näher als 2 m) bestimmte geometrische Formen, z.B. ein Sechseck, so beeinflussten diese die übertragenen Phantome, wirkten also von außen wie eine Fremdinformation. Es ist wichtig zu bemerken, dass der DNS-Donor nicht nur seine eigene Information überträgt, sondern auch in ihn künstlich eingeführte Informationen. Er arbeitet also sowohl als Empfänger wie auch als Sender (wie eine Antenne, WW.), der auch aufgenommene Fremdinformationen übertragen kann. (Zu Einflüssen aus der Umgebung bringen die neuesten Versuche im Sommer 2005 genauere Einblicke. W.W.)

Weitere Versuche wurden zur Ähnlichkeit der Autokorrelationsfunktionen des DNS-Akzeptors und der Phantom-DNS durchgeführt. Wir sind nämlich der Meinung, dass sich Signalverhältnisse aus dem extrazellulären und aus dem Zwischengewebebereich über mittelbare Funktionen akustischer und elektromagnetischer Solitone realisieren, die durch einen chromosomenartigen ‚Biocomputer generiert werden. Davon zeugt das von uns auf der Ebene seiner phantomartigen Abbildungen entdeckte Gedächtnis der DNS und dessen möglicher Beitrag zur Arbeit der genetischen Strukturen und zu anderen Vorgängen, wie z.B. der Arbeit des Gehirns. Sie haben wahrscheinlich eine torsionsartige Struktur [11] und realisieren sich unter unmittelbarer Teilnahme der Phantom- DNS.

Die Verifizierung der registrierten Erscheinungen wurde auf zwei Wegen erreicht,
1. durch die Gegenüberstellung der Fernwirkungen von DNS > DNS und von DNS > leere Küvette mit verschiedenen Spektrometern, uno

2. durch die Fernwirkung über die Phantom-DNS, also DNS _>Phantom-DNS _>DNS unter Verwendung der Konstruktion »MALVERN-4700« bei gleicher zeitlicher Auflösung. Wenn der DNS-Donor in einer Entfernung von zwei Metern von dem Spektrometer mit dem DNS-Akzeptor langsam bewegt wurde, reagierte der Akzeptor darauf mit scharfen Veränderungen der Art der Autokorrelationsfunktionen. Ähnliches geschah aber auch bei Fernwirkungen von DNS =:> DNS über 30 km, was zeigte, dass der Abstand keine Rolle spielt. (Abb. 4)

Dabei zeigte sich jedoch, dass die Autokorrelationsfunktionen der DNS-Resonanz bei der entfernteren Wirkung eine größere Zahl von Phasenübergängen haben, was bedeuten könnte, dass Fremdinformationen aufgenommen wurden. Oder aber es ist nicht unwesentlich, dass für die Fernübertragung DNS aus der Thymusdrüse des Kalbs genommen wurde und für die Nahübertragung aus den Erythrocyten von Küken.

Ein weiteres Experiment zur Fern- und Nahwirkung wurde mit zwei verschiedenen Spektrometern gemacht und unter Verwendung von DNS-Präparaten unterschiedlicher Herkunft.

Für die Fernwirkung wurde ein von der Gruppe von Prof. L. H. Pjanizkov aus dem ,>Institut für Hochtemperatur RAN« konstruiertes, lOZ3-kanaliges Spektrometer verwendet und als Donor DNS aus der Thymusdrüse eines Kalbs, als Akzeptor dagegen DNS aus Spermien eines Lachses. Die zeitliche Auflösung betrug 3000 Mikrosekunden pro Kanal.

Für die Nahwirkung wurde der Messkomplex »MALVERN4700« verwendet und als Donor und Akzeptor DNS aus den Erythrozyten von Küken, die zeitliche Auflösung war 500.000 Mikrosek. pro Kanal.

Die Darstellungen demonstrieren eine DNS - DNS-Wirkung über Entfernung gemäß dem charakteristischen Phasenübergang zur Autokorrelationsfunktion der DNS (Abb. 4a Fernwirkung, 4b Nahwirkung). Die beiden Autokorrelationsfunktionen sind von ähnlichem Charakter, aber die, welche als Resonanz auf die entferntere Einwirkung erscheint, ist wieder reicher an Phasenübergängen. Die beiden Autokorrelationsfunktionen wurden mit unterschiedlichen zeitlichen Auflösungen und unter Verwendung verschiedener DNS erhalten. Dessen ungeachtet ist der Charakter der Phasenübergänge bei den Varianten der Nah- und Fernübertragung der Informationen gleich und hängt weder von den Formen der Küvetten ab noch von der zeitlichen Auflösung noch von der Art der DNS.

Insgesamt beträgt das zeitliche Fenster des Korrelators bei der Fernübertragung 3 Sekunden und bei der Nahübertragung 64 Sekunden. Auch erfordert die Nahübertragung eine höhere Auflösung - nämlich 50.000 Mikrosekunden pro Kanal gegenüber nur 3000 Mikrosek. pro Kanal bei der Fernübertragung. Das liegt daran, dass die Spektren bei der Nahübertragung in viel größerem Maßstab erscheinen. So gelang es auch nicht, in einem Fenster Trapeze zu erhalten, sondern nur die rechte oder die linke Hälfte. (Man kann ja auch aus der Entfernung einen umfangreicheren Bereich schneller überblicken als aus der Nähe, W.W.)

Die Ähnlichkeit bei der Autokorrelationsfunktionen bei diesen so wesentlich unterschiedlichen zeitlichen Auflösungen bestätigt noch einmal die oben angeführte hohe zeitliche Fraktalität der Autokorrelationsfunktionen der DNS und dient als indirektes Kriterium dafür, dass wir an einer Fernübertragung dynamischer Informationen, eben von der DNS, teilhaben. Die zeitliche Fraktalität
der nichtlinearen Dynamik der Autokorrelationsfunktionen erlaubt es, ungefähr die Größenordnung der Dauer ihrer Phasenzustände vorauszusagen, was in unseren Experimenten bestätigt wird.

Noch ein Beispiel der Fernübertragung der Struktur von Schwingungen der DNS sei gegeben, jedoch dieses Mal nicht auf den DNS-Akzeptor, sondern auf Wasser in der Küvette des lOZ3-kanaligen Spektrometers von Pjanizkov. Wasser nimmt die Information von dem DNS-Donor über die Phantom-DNS auf. Autokorrelationsfunktionen der Phantom-DNS können zum Beispiel in einer ‚leeren< Küvette der Anlage »MALVERN-4700« festgehalten werden, nachdem diese der Einwirkung einer DNS-Abbildung ausgesetzt worden war (Abb. 6). (Die leeren Küvetten enthalten immer einen Feuchtigkeitsfilm, W.W.)

Das, was als Phantom-DNS in Wasser eingeschrieben wird - es wird dabei zu einem gewissen dynamischen Äquivalent fluktuierender DNS -, entspricht gut unserem Paradigma von der Arbeit des wässrigen Chromosomenkontinuums mit dem einzigartigen Gedächtnis des Wassers, wonach sich übergenetische Information fraktal in allen Räumen der Biosysteme vervielfältigt und unter bestimmten Umständen auch ihre Grenzen überschreitet. (Das hat sich bei den neuesten Versuchen deutlich gezeigt, W.W.)

Diskussion der Resultate

Leicht erkennbare Arten autokorrelierender Funktionen, welche durch IR-Laser (IR = Infrarot) und computerartige Komplexe in DNS und Phantom-DNS induziert sind, haben gemeinsame Merkmale, jedoch verwendet der Computer-Komplex nicht infrarote Laserfelder. Es stellt sich hier aber dieselbe Folge bei verschiedenen Ursachen dar.

(Zur genaueren Erklärung des Computerkomplexes fehlen Angaben, Peter Gariaev wollte die Versuche damit auch nicht gern veröffentlichen. Ich halte sie jedoch für erwähnenswert. Weiter Forschungen können dazu noch Einsichten bringen. W.W.)

Die andere Seite der zu erforschenden Erscheinungen führt zu einer Weiterentwicklung der Ideen von A.A. Ljubischew und Gurwitsch über das ‚Zusammengesetzte Chromosom<. Es zeigte sich als chromosomisches, wässriges, solitonisches, holografisches Kontinuum. „Gene gleichen einem Chor«, den man aus unserer Sicht als akustische, zeichenartige, übergenetische Fluktuationen verstehen kann. [2] Das embryonale Chromosomenfeld - das Feld von A.G. Gurwitsch - stellen wir uns als akustisches, elektromagnetisches Chromosomen-Solitonenfeld vor, deren innere schwingende Struktur unter anderem Abbildungen holografischer raumzeitlicher Information über vieldimensionale Biosysteme enthält.

Fasst man die Phantom-DNS als das dem Genom eigentümliche Gedächtnis auf, so wird dieses nicht nur und nicht in erster Linie auf dem Weg der Verbindung des männlichen und weiblichen Organismus übertragen. Das Genom erschöpft sich nicht nur in der Programmierung und der Synthese von Biosystemen, sondern es ist für die Aufnahme strategischer, steuernder Informationen im Kosmos offen, die möglicherweise Informationen aus einem hypothetischen Supergehirn im Vakuum sind.

Hieraus ergeben sich auch die Voraussetzungen für unsere Auffassung von einer linguistischen Genetik und von Markowskischen wahrscheinlichen Prozessen [8,9] sprachartiger Charakteristiken der DNS-RNS-Folge und dessen praktischer Nutzung zur Steuerung durch das Genom der Pflanzen.

Im Resümee kann man die Beweisführung für das Pro und Kontra des realen Wesens der Phantom-DNS zu den folgenden Argumenten zusammenzufassen:

Kontra

1. Die Phantom-DNS ist ein Artefakt geringer Mengen stofflicher Staubteilchen.

2. Das zeitweise Einblasen von Stickstoff verwischt Strukturen von Staub, die als Phantom-DNS wahrgenommen werden.

Pro

1. Vor der Exposition von DNS in der Küvette eines Spektrometers werden nur Photonenfunktionen (akustische, mechanische Schwingungen) registriert, vergleichbar mit einem dunklen Strom der Größen zwischen 300-1000 relativer Einheiten, während die DNS große Autokorrelationsfunktionen der Größenordnung $104 WS$ liefert *(Abb. 1)*.

Folglich verfälscht auch ein Beitrag von Staubkörnern in der Phantom-DNS die Abbildung des Signals nicht wesentlich.

2. Die zeitweise Auslöschung der Phantom-DNS durch Einblasen von Stickstoff spricht für ihren materiellen Charakter, d.h. für ihre Stofflichkeit, aber auch für ihre Beständigkeit als Information. (Die Phantome werden nachgebildet und sind wahrscheinlich im Feuchtigkeitsfilm auf der Küvettenoberfläche und/oder im Küvettenmaterial gespeichert. W.W.)

3. Dafür spricht die Ähnlichkeit der grundlegenden Merkmale der Abbildungen der Phantom-DNS in Luft und in wässrigem Milieu, wie sie mit verschiedenen Geräten festgehalten wurden.

4. Die Phantom-DNS und die Urquelle der DNS geben in der gleichen Reihenfolge von Prozessen gleichartige Muster der Autokorrelationsfunktionen der Lichtstreuung, was nicht zufällig erscheint und für ihre wechselseitige, ursächliche Verbindung spricht.

5. Die Übertragung des Musters des DNS-Donors in »nahe und entfernte Informationszonen« löst dieselben präzisen Antworten des DNS-Akzeptors im Charakter der Lichtstreuung aus. Als Mittler bei diesen Vorgängen könnte die Phantom-DNS dienen.

Der Bedeutungsgehalt der festgestellten Phänomene liegt nicht nur in der Bestätigung unserer theoretischen Konstruktionen, sondern im kosmoplanetarischen Verständnis des Genbestands der Erde als Faktor, der eins mit dem Leben des Universums ist. (Das entspricht auch den Vorstellungen von Rupert Sheldrake. W.W.)

Indem man sich auf die dargelegten Überlegungen und Experimente stützt, kann man die folgenden Richtungen für experimentelle Arbeiten zu epigenetischen Phantombildungen mit ausreichend weitreichender Perspektive formulieren:

1. Die Tatsache und die Grade der Korrelation von ResonanzSolitonen-Prozessen in genetischem Material (von Chromosomen, DNS, RNS, aller Typen von Ribosomen) und im Verhalten der Phantome des genetischen Materials konnten festgestellt werden.

a) Weil DNS das grundlegende Genmaterial ist und dieses sowohl in die Vergangenheit gerichtet ist - zu dem, was vererbt werden soll- als auch in die Zukunft - zu dem, was daraus erhalten werden soll-, muss unbedingt verstanden werden, dass die Welleneigenschaften der Phantome der DNS nicht als Überlagerung der vergangenen und der zukünftigen regelnden, wellenartigen Vektoren des zu erforschenden Genmaterials erscheinen. Mit anderen Worten, das Genom höherer Biosysteme erscheint nicht als seine eigene Zeitmaschine.

b) Die Zusammensetzung des Wortschatzes und der Syntax der realen und phantomartigen, wellenartigen Sprachen des Genoms ist grundlegend für die in der gegenwärtigen Zeit sich aktiv entwickelnde linguistische Genetik [8, 9] und genetische Linguistik.

2. Die Schaffung einer Familie von bio-opto-radioelektronischen und bio-axionischen

Laserapparaturen, die auf der Grundlage einer Modulierung wellen- und phantomartiger Zeichen des Genomzustands höherer Biosysteme die Schaffung von Super-Biocomputern extrem kleiner Maße ermöglichen (entsprechend den Maßen der Mikronen), die unbegrenzt über weitere regelnde Wirkungen verfügen [10]. .

7 August 2006

Ich lasse die Bemerkungen von Waltraud Wagner weg. Sie können im Internet nachgelesen werden für diejenigen noch spezifischer auf das wissenschaftliche Thema eingehen wollen, denn das sind nochmals viele Seiten. Worauf ich mit diesen zusammengestellten Berichten hinaus wollte ist anzuzeigen was hier auf der Erde „abgeht" und zwar in der „Meinungsbildung" durch festeingesessenen „Wissenschaftsinstitutionen" die verknöcherte AberglaubeInstitutionen sind mit deren Vorzeige Menschen die sich Verblendet Wissenschaftler denken, nennen, träumen, was allesamt falsch ist, und viele von denen gehören zur Negativen Macht der Petrochemischen Kartelle der Geldkartelle der Pharmakartelle die daran interessiert sind das die Menschen mit Darwin total verblödet werden sollen und bleiben sollen. Nämliche ohne dass das Göttliche existieren darf, soll, und alles bloß auf den Zufall abgewimmelt wird. Damit die nämlich weiterhin die Menschheit ausbeuten und kontrollieren können. Und zwar in MegaGigantischer Methode, wie ja global gut ersichtlich ist.

Und ich wollte mal anzeigen wie weit einige Wissenschaftler schon in der Erforschung der Licht-Ton Bereiche sind in Bezug zum DNA und Gen-Material.

Hierbei möchte ich auch noch Wilfried Krüger erwähnen, der in seinem Atom- Harmonik Verlag seine Bücher herausbringt mit den Titeln : Das Universum singt, und, Die Atom-Harmonik. ISBN-3-9801669-1-0 und -0 - 2. Er hat die Töne zu allen Molekülen und so weiter erarbeitet. Sozusagen herausgefunden das Alles Singt und eine Tonleiter hat. Dazu schreibt er in seinem Vorwort etwas von Ludwig van Beethoven der sagte : Musik ist höhere Offenbarung als alle Weisheit und Philosophie.

Diese Musik die wird ja von den Meistern als der Tonstrom der Klang usw. bezeichnet den diese „Wissenschaftler" nun im Groben schon auf den Fersen sind. Aber was haben die Meister damit gemacht und was machen sie seit unbeschreiblich langer Zeit schon damit. Etwas viel viel Weitreichenderes und Schöneres,,wie ja aus diesem Buch erlesen werden konnte.

W.Schorat die Goldene Wolke des Vergessens.

1.10.2006

Solange dieses Buch nicht gedruckt ist werde ich auch weiterhin Kommentare hinzufügen. Hier ist noch einiges zu meinen Schmerzen und dem Unwohlsein meines Egos oder Körpers und Mentals oder Gemüts , nachdem ich zum beispiel Morgens die 2-3 Stunden Meditation machte. Ich wachte zum beispiel fabelhaft auf, setzte mich dann zum meditieren hin und war danach aber auch total frustriert und physisch mental irgendwie unwohl und irgendwie nicht mehr in fabelhafter Verfassung sondern eher Unglücklich und voller Schmerzen. Ich hatte das wohl schon erwähnt. Ich hörte dann für eine zeitlang auf zu meditieren. Und selbst das brachte in mir Unzufriedenheit da ich mich ja auf diese Initiierung eingelassen hatte und nun aufhörte damit. Ohne hier zu weit in Details zu gehen.

Mir wurde das langsam bewusst das es mit der Meditation zu tun hatte. Aber wieso?

Erst heute konnte ich eine für mich akzeptable Antwort finden !

Obwohl ich ja schon über 13 Jahre vegetarisch lebe und Bio lebe, war der Druck und Schmerz im Körper so stark das ich ja aufhörte mit der Meditation und einfach so lebte ohne diese Meditationstätigkeit.

Wie gesagt das alleine brachte sehr viele Unzufriedenheiten in mir zum Vorschein, das aufhören !

Es ist möglicherweise so, dass das Licht die Power so groß war, ist, durch den Willen den ich in die Praktizierung der Methode anwendete, das der Körper der ja die niedrigste Schwingung hat , mit der sich ständig erhöhenden Frequenz , nicht mithalten konnte. Und so entstand starke Disharmonie im Ego dem Körperbewusstsein, das sich unter Druck fühlte. Er, der Körper, war einfach nicht durchlässig genug. Eine Blockade. So wurde mir das Meditieren zum „Kotzüblen" erleben, wo sich mein Ego-Vital-Sein-Bewusstsein, das gesund und stark ist äußerst, äußerst versteift und Unwohl erlebte und den Stundenlangen Diskomfort erlebte.

Das war dann zu viel und ich hörte für 1 Jahr auf. Bloß ab und an für sehr kurze Zeit war ich sehr kurz tätig mit der spirituellen Arbeit.

Aber bevor ich aufhörte wo der Schmerz so groß wurde war der Zweifel immer stärker im Mental erschienen, so das ich so was noch nie in diesem Leben erlebt hatte. Ich kannte keinen Zweifel. Und wer hat ihn aktiviert und so weiter.

Jedenfalls, seit einigen Wochen habe ich wieder das meditieren aktiviert und nochmals die innere Zustimmung gegeben weiter zu machen.

Aber nun, wesentlich, sanfter, ruhiger, mehr einfühlend, einfühlsamer wachsamer.

Auch unter dem Wissen „ weniger ist mehr"

Also es geht weiter bei mir mit der Licht und Ton Meditation.

Oleeee.Okay

Prima, **W.Schorat**

28.4.2009

Dieser folgende Text aus"Das Buch des Wissens" ISBN-3-952-003-2-3 möchte ich noch hinzufügen als Erweiterung zu „Der Phantomeffekt". W.Schorat

„DIE SCHLÜSSEL ZUR ZUKÜNFTIGEN BIOPHYSIK SIND IN KERNMEMBRANEN GEGEBEN, DIE AN SPRACH-TRANSPARENZ-CODIERUNGEN JENSEITS VON SÄURE-DENATURIERUNG UND AN GEL-BILDUNG DURCH ZELLKERNE BETEILIGT SIND, DIE VERSCHIEDENARTIGE SÄUGETIER-CHROMOSOMEN ANEINANDER BINDET.

1.Der Name JHWH ist in jede biochemische Funktion unseres Körpers codiert, speziell in die leben-spendende DNS/RNS-Matrix.

2. Der Göttliche Name, auf die Mechanismen der Matrix-Codierung transponiert, ist dieser

gegenwärtig als auch in Zukunft der primäre Faktor in der Biotechnik.

3 Das Tetragrammaton von des VATERS heiligem Namen setzt sich aus den drei heiligen Buchstaben: • ‚Jod‘, ‚He‘ und ‚Wav‘ (Wod) zusammen.

4 Das Tetragrammaton ist mit den vier Stickstoffbasen verbunden, die für gewöhnlich in DNS und RNS gefunden werden und von denen jeweils zwei Pyrimidine und zwei Purine enthalten. Sowohl DNS als auch RNS enthalten Adenin und Guanin, welche beide Purine sind, sowie Cytosin, das ein Pyrimidin ist. DNS jedoch enthält die Pyrimidinbase Thymin, während RNS Uracil enthält.

5. In diesem Schlüssel von Enoch werden wir sehen, dass das Tetragrammaton des heiligen Namens des VATERS innerhalb eines Deka-delta Systems benutzt wird. Das Deka-delta System ist zehn LICHT-Emanationen, die durch einen pyramidalen Kegelschnitt arbeiten, der den Bauplan des Lebens enthält.

6 Der pyramidale Kegelschnitt kontrolliert die grundlegendsten Aktivitäten: den genetischen Lebensbauplan für eine gegebene Entwicklungsordnung. Dieser Bauplan entfaltet sich als eine Serie von Gittern, die sich netzförmig zusammenfügen, während sie sich spiralförmig aus der Meisterschablone des Kegelschnitts herauswinden.

7 Die zehn LICHT-Emanationen setzen darum also einen Superhelix-Puls in Be¬wegung, der es den Gittern ermöglicht, sich untereinander zu verbinden und dadurch eine Codierungstätigkeit abzustimmen. In unserer Welt biologischer Form setzt diese gegenseitige Netzschaltung den Verkettungsvorgang für die Tetra-Helix in Bewegung.

8. Die zehn LICHT-Emanationen senden die hauptsächlichen Codefrequenzen für alle Ebenen metagalaktischer Ordnung aus (d.h., LICHT ist die codierende Funktion). Die zehn LICHT-Emanationen sind notwendig, Übereinstimmung zwischen der menschlichen Phase des Bildnisses mit der Göttlichen Phase des Bildnisses aufrecht zu erhalten.

9 Durch eine Folge schneller Pulse sah ich, dass jede Evolution ihr Codierungssystem hat, das vom Deka-delta System hergeleitet ist. Daher sind die Codes für das 64 Schlüssel-Raster innerhalb des Deka-delta-Musters, dem Kegelschnitt des LICHTS enthalten.

10 Jedoch erlaubte der VATER den Elohim, den inneren Matrixkörper (die Anordnung der Codestruktur) der Adamischen Spezies, die diesen Planeten bewohnt, unmittelbar von den THRON Energien aus zu erschaffen.

11 Diese Anordnung kommt als Samenformen, die die vorher festgelegte Gliederung für die Anordnung der Bildnis-Codes enthalten, die vom Deka-delta System ausgesandt werden.

12 Durch diesen Vorgang wird das Gleichnis für das göttliche Bildnis geschaffen, das die Welt mit einer bestimmten Gestalt prägen soll.

13 Enoch erklärte mir jedoch sehr deutlich, dass in diesem göttlichen Schöpfungsvorgang sowohl die Samen¬formen als auch die Deka-delta Vielfalt von einem Meistermatrix-Code stammen, der aus den hebräischen Feuerlettern zusammengesetzt ist, die gebraucht werden, um die geometrische Beziehung der einzelnen Gitter selbst zu gestalten und sie in ihre Entfaltung" abzufeuern" .

14 Deshalb hat man herausgefunden, dass die Hauptfaktoren in der DNS/RNS-Replikation aus Molekülbausteinen bestehen, die im interstellaren Raum existieren. In unserer Biosphäre geschieht diese Replikation jedoch nur mit geringer Geschwindigkeit wegen der magnetischen Momente, die sich auf den Lebenscode des Menschen auswirken. Die Magnetmomente stehen in Wechselbeziehung zu den optischen Eigenschaften und zum elektromagnetischen Spektrum(en).

15 Unter normalen irdischen Bedingungen enthalten die Basen der Nukleinsäuren Informationen für mindestens 100 Milliarden Funktionen und Operationen, die zum Bau eines menschlichen Körpers notwendig sind.

16 Hier ziehen wir in Betracht, dass Information im DNS Molekül auch in Form von „Worten" gespeichert ist, die aus Drei-Basenkombinationen des Göttlichen Namens zusammengesetzt sind. 17 Auf jeder Fläche dieses göttlichen Gitters der Deka-delta Vielfalt gibt es vierundsechzig Zellen, die die Harmonik anzeigen, die dazu gebraucht wird, Leben auf den Wassern der Schöpfung auftauchen zu lassen.

18 Diese Flächen repräsentieren ein „Modell", das zur Bestimmung der DNS/ RNS-Synthese in der derzeitigen Chromosomen-Entwicklung ohne Auslassung irgendeines Kettengliedes vom ersten Adam bis zum heutigen Adam brauchbar ist.

19 Während ich noch in der Merkabah war, zeigte mir Enoch, dass die genaue Winkelfrequenz der in der Lebensgeo¬metrie benutzten optischen Codes sich von meta-galaktischer Ordnung zu metagalaktischer Ordnung, von Adam Kadmon-Zyklus zu Adam Kadmon-Zyklus jeweils unterscheiden wird.

20 Deshalb lenkte er meine Aufmerk¬samkeit auf die Göttlichen Buchstaben, die das Meister-Set hinter der Verteilung der vielen Winkel arten und Frequenzraten des optischen Codes bilden.

21 Er erklärte mir, dass am Anfang die Deka-delta Codes der DNS-RNS ihre Richtung verleihen. Ist jedoch die DNS-RNS einmal begonnen, erfolgt spontane Replikation anhand der Winkel- und Fre¬quenzcodes, etc. Das setzt sich solange fort, bis eine Neuprogrammierung stattfindet, die eine neue Codierungsfunktion aus dem Deka-delta (oder der Merkabah) einsetzen lässt.

22 Ich sah, dass sich das Gitter-Netzwerk der Deka-delta Vielfalt aus dem ursprünglichen hebräischen göttlichen Sprachcode, den LICHT-Resonanzcodes, den mathematisch-geometrischen Codes, den chemischen Codes einer Nukleotinbase, und dem Membrangitter von Aminosäurebindung zusammensetzt. (Atomare Details der Proteine sind in Tertiärunterteilungen gefaltet.)

23 Den primären Flächencode bilden die hebräischen Buchstaben des Tetragrammatons, welche Feuer-Geometrien sind (d.h., Gedankengeometrien, nicht ursprünglich Buchstaben), die innerhalb der DNS/RNS-Buchstabenkombinationen Reaktionen auslösen. Diese Buchstaben bilden die Bildniskomponenten, die sich von der Welt des Adam Kadmon durch die Welt negativer Masse erstrecken und das Bildnis mitbringen, das zur Einprägung göttlichen Lebens auf

die primitiven DNS-RNS Einheiten notwendig ist.

24 Der Göttliche Name gibt die ursprüngliche Codestruktur vor, aus der die anderen Planungszentren hervorgehen. Der Göttliche Name gewährt auch die Organisation von Räumen, die später zur Pflanzung der Bildnis-Gleichnis-Kopplung gebraucht werden.

25 Die zweite Fläche ist der göttliche „Licht"-Index für die Buchstaben des Tetragrammatons, wobei • (Jod) = 10, (He) = 5 und (Wod) = 6 ist. Dies stellt die zehn Lichtbild-Superschriften oder grundlegenden Pyramidalstrukturen zusammen, auf die das Leben aus der Deka-delta Vielfalt codiert wird.

26 Es zeigt, dass sich die Permutationen im rhythmischen Gleichgewicht der Schwingungsnatur der göttlichen Buchstaben befinden; es setzt die Lichtgeschwindigkeit für die verschiedenen Bereiche der Schöpfung fest. In der physischen Dimension ist dieses LICHT ein allumfassendes Teilchen-„Licht". Daher geschieht es durch dieses Gitter, dass sowohl Schwerkraft als auch die Kräfte, die zwischen Atomen, Molekülen und Subpartikeln wirksam sind, in einer bestimmten Dimension alle dem gleichen Gesetz folgen.

27 Die dritte Fläche ist die Verteilung der zweiundzwanzig hebräischen Buchstaben, wodurch ein Mantra-Gitter gebildet wird, das in eine gegebene Schwingungsdichte codiert ist. Dies sind die in der Deka-delta Vielfalt verfügbaren Codes, die ständigem Wandel innerhalb aufeinanderfolgender Evolutionsprogramme offenstehen.

28 Das Mantra-Schwingungsgitter ist die göttliche Harmonik, welche die anderen Vehikelformen (außerhalb unseres elektromagnetischen Spektrums) koordiniert, mit der menschlichen Lebensform simultan zu sein. Das Mantra Schwingungsgitter ist grundsätzlich ein Gitter von Kreisläufen, durch das die anderen fünf Körper eine größere Anbindung an das menschliche genetische System erfahren

29 Die hebräischen „Buchstaben" werden gebraucht, weil sie in Wirklichkeit Gedankenformen aus LICHTschwingung sind, die die höheren Kraftfelder steuern, die gebraucht werden, um alle möglichen Formen von Verstehbarem (Intelligibilität) aus dem göttlichen Denken (mind) zu entwickeln. Die Gedankenformen sind auch mit Klangharmonischen übereingestimmt.

30 Das Mantra-Gitter setzt sich aus der primären Kettenformation zusammen, die die Zusammenstellung eines leben-spendenden Programms innerhalb' eines Alpha- und Omega-Zyklus ordnet.

31 Die göttlichen hebräischen Buchstaben Aleph' und Tav' und der Vokal Segol, werden vom göttlichen Atem koordiniert, so dass sie zwischen göttlichen LICHT-Endpunkten, (die sich in UAA, UAG und UGA umsetzen) Intervalle setzen.

32 Daher kommen diese ersten drei Flächen aus der göttlichen Membran, die vom Namen GOTTES gebildet wird, werden im Deka -delta Gitter codiert und durch die Samenformen eindeutig geordnet.

33 Die dazugehörigen „niederen" drei Flächen setzen die 64 Codes der DNS RNS in die

menschliche elektrochemische Membran zusammen. (Jedoch folgt die Anordnung der Gitter selbst nicht einer bestimmten Reihenfolge, sondern gestattet einer jeden der sechs Flächen, sich in einmaliger Weise auf die anderen abzustimmen und den Codierungsprozess der Sprache des Lebens in Bewegung zu setzen.)

34 Das Transduktor-Codierungsgitter hat mit den 20 grundlegenden Aminosäuren zu tun, die in den Proteinen aller lebenden Zellgewebe zu finden sind. Hier werden sie in die physische Membran synthetisiert. Das Transduktor-Codierungsgitter wird durch das Mantra-Schwingungsgitter koordiniert, das die unzähligen Nukleotidkombinationen zur Proteinbildung möglich macht. Dafür öffnet es die Aktivität der Membran, die die Nukleotidbasen enthält. (Hier codiert RNS nicht für die Membran, sondern hilft, Komponenten für die Membran zu bauen, die eine selbst-assoziierte Lipidzelle ist.)
35 Diese Aminosäuren werden durch die LICHTgeometrien der hebräischen Buchstaben in organische Entwicklung umgeordnet (neu verräumlicht). Es ist die Besonderheit dieses Schlüssels, dass er zeigt, dass es einen Codierungsprozess für den Code selbst gibt.

36 Während die dritte Gitterfläche die Verteilung der göttlichen Buchstaben ist, um aus den 64 Zusammenstellungen der göttlichen Buchstaben ein Schwingungsgitter zu bilden, empfängt das Codierungsgitter (vierte Fläche) die Primäranweisungen für die Codierung zahlreicher Aminosäuren durch Lichtboten-Projektionen, die die Gitter drei und vier koordinieren.

37 Die Lichtboten sind pulsierende Buchstaben-Geometrien, die die Aktivität von dem enthalten, was in der Sprache der Biochemie als tRNS bekannt ist. Die tRNS erweist sich als ein Lichtbote JHWHs, wobei die tRNS der Verbindungsbote für das göttliche Wort wird, das dann die Membransubstanz durch „ausgewählte" geometrische Formen aktiviert.

38 Ein Blick auf das Hämoglobin Molekül zeigt die Bedeutung der Formulierungen durch die Codes. Andere biologische Programme, die in der Vergangenheit durchgeführt wurden, reorganisierten die Formulierungen, die z.B. längliche rote Blutzellen hervorbrachten. (Restwirkungen davon können noch in den Tests gesehen werden, die mit trägen Zellen versus desoxidierten Zellen unternommen wurden.)

39 Dieser Fließprozess der Boten- Verbindung (vom Mantragitter zum Transduktor-Codierungsgitter) kann auch zur Umwandlung vom Göttlichen zum Menschlichen oder vom Menschlichen zum Göttlichen benutzt werden; denn das Mantra-Schwingungsgitter ist das Kreislaufdiagramm zwischen der biophysischen Hülle und der nächsten Entfaltung der biologischen Hülle. Zum Beispiel wurde, als Jakobs Name in „Israel" gewandelt wurde, eine biogenetische Neuschöpfung etabliert, durch welche der Same Jakobs in den „göttlichen Samen" hineinwachsen und die Königreiche des Lichts erben konnte.

40 In dieser Kettenformations-Sequenz von LICHT zu LEBEN und von LEBEN zu LICHT ist es auch das Schwingungsgitter, das den Kontrollmechanismus für das „Stop" abgibt, was in den hebräischen Buchstaben ‚Aleph' und ‚Tav' und dem Vokal Segol ausgedrückt ist.

41 Segol stellt den göttlichen Atem dar, der in den mikromolekularen Nährboden der primären Aminosäuren geflößt wird.

42 In der menschlichen Membran meint das „Stop" die Impulse Uracil, Adenin, Guanin (UAG), Uracil, Adenin, Adenin (UAA) und Uracil, Guanin, Adenin (UGA), die die Endpunkte in der Kettenformation der Proteine darstellen und das Äquivalent zu den Omega Punkten göttlicher Neuschöpfung sind.

43 Die fünfte Fläche der chemischen Bausteine ist die Kombination von drei der vier Basen U, A, C, G in der RNS (oder T, A, C, G in der DNS).

44 Eine mathematische Analyse zeigt, dass in der Biosynthese von Protein die mRNS jede Aminosäure als ein Wort in einer Sequenz von drei Basen codiert. Dies ergibt 43 oder vierundsechzig verschiedene Wörter für die Aminosäuren in den Proteinen. Somit können 64 chemisch eindeutige Dreier-Kombinationen aus den vier in der RNS vorkommenden Basen zusammengestellt werden.

45 Die sechste Fläche ist die mathematische Entsprechung zur elektrischen Wertigkeit des Moleküls als Triplett-Kommunikationscode. Dieses Modell ist mathematisch aus dem chemischen Gitter berechnet, darin U = 1, A = 2, C = 3 und G = 4 ist.

46 Hier zeigt die Mathematik die Intervalle der Bindungsabstände in Angström zwischen den chemischen Elementen und der dazugehörigen Wasserstoffbindung der Basenpaare in der DNS-RNS.

47 Dieser Prozess wird durch den Zusammenschluss aller für die Anordnung der Lebenscodes erforderlichen Gitter bestimmt. Diese mathematische Verteilung ermöglicht die organische Entwicklung eines biologischen Substrats, wie wir es kennen.

48 Das mathematische Gitter ist in einzigartiger Weise aus 4 dreifachen, 36 doppelten und 24 einzelnen mathematischen Zellen zusammengesetzt.

49 Dies enthüllt das Profil der gött¬lich-menschlichen Entsprechung, die in der numerischen Beziehung der Vierundzwanzig Ältesten ausgedrückt ist, die vor dem THRONE GOTTES stehen und die göttlichen Programme von JHWH in der Schöpfung und Neuschöpfung des Adam Kadmon lenken.

50 Vierundzwanzig repräsentiert außerdem die vierundzwanzig Zivilisationen, die mit der genetischen Entwicklung der Spezies auf diesem Planeten verknüpft sind.

51 Enoch sagte mir, es gäbe ein sechs¬unddreißig und sechsunddreißig Fließmuster, das die Harmonischen und kosmischen Schwingungsreihen trägt, aus denen die Architektur in den niederen Himmelsregionen gestaltet wird. Das sechsunddreißig und sechsunddreißig Fließmuster ist für die Sequenz-Entwicklung von Programmen, die vom THRON ausgesandt werden, erforderlich.

52 Sechsunddreißig weist auch auf die Zahl der Wesen hin, die in der Welt und dennoch völlig mit den Thronenergien identifizierbar sind so das sie durch Gottes Gnade direkt in die Gegenwart des THRONES gelangen können, um die Se¬quenz zu sichern, die in der Programm-Manifestation enthalten ist.

53 Die vier Dreier-Konfigurationen stellen die vier heiligen Buchstaben von JHWH dar, ebenso wie die vier Lebewesen, die vor dem THRONE stehen und „voller Augen" sind, die für die Evolution aller Formen gebraucht werden. Vier repräsentiert auch die Schlüsselgitter in der menschlichen anatomischen Struktur: das Herz enthält vier Kammern; im Gehirn ist die Medulla oblongata eine pyramidale Struktur, die hinten mit dem Rückenmark wie ein pyramidales Kopfstück verbunden ist.

54 Ferner stellen die vier Dreier-Anordnungen auch dar, dass jedes Codon ein „Triplett"-Code ist, der sich von den einzelnen vier Basen in der DNS-RNS herleitet.

55 Zusammengefasst rekapituliert das mathematische Gitter die kreative Sprach-Mathematik aller lebenden Schöpfungen, die in die Schöpfung des MENSCHEN eingingen.

56 Die Kombination aller Gitter zeigt, wie das WORT kombiniert wird, um Gestalt anzunehmen. Das WORT steigt in einer Hülle von Licht herab, die lange genug in Schwingung gehalten wird, damit sie sich in verschiedene Licht Codierungen hineindrehen kann.

57 Durch das Bildnis und Gleichnis können vorgegebene Entsprechungen zwischen dem göttlichen Bildnisgitter und dem DNS/RNS-Gitter aktiviert werden, um die Expansion eines neugeborenen Organismus zu ermöglichen. Das erfolgt in sechs Richtungen durch Zellwachstum, das sich mit der weiteren Abfolge der Buchstaben entfaltet. Die mathematische Kraft der Buchstaben nimmt im gleichen Maße zu, wie die chemische Komplexität steigt.

58 Geradeso wie die 64 Schlüssel des Enoch aus einer flammenden Schriftrolle herauskamen, so kamen auch die 64 Strukturen der DNS/RNS-Biosynthese aus einer Polarisation göttlichen LICHTS hervor, das durch die göttlichen Gedankenformen, die in unserem derzeitigen Programm göttlicher Schöpfung zum Ausdruck kommen, Gestalt annimmt.

59 Göttliche Schöpfung drückt durch die Bildnis-schaffende Fähigkeit des Adam Kadmon fortwährend die Entste¬hung und Wiederentstehung göttlicher Namen und Genealogien aus.

60 Gott hat durch Seine Boten bestimmt, dass in jeder Generation Seines Volkes auf Erden eine Aufzeichnung (Zählung) des genetischen Codes erfolgen müsse, damit Maleachis Worte (Mal. 4:6: „Und er soll das Herz der Väter wieder den Söhnen zuwenden und das Herz der Söhne wieder den Vätern") durch den Menschensohn, der den Lebenscode des Adam Kadmon in sich rekapituliert, erfüllt werden!

61 Die Gitterspirale der sechs göttlichen Flächen kann für unzählige Inkarnationsprogramme, die erforderlich sind, um das Werk des Adam Kadmon zum Ausdruck zu bringen, verwendet werden.

62 Die wissenschaftliche Darstellung der genetischen Codestruktur wurde in die Heilige Schrift gegeben, um den MENSCHEN auf den Christuskörper vorzubereiten, damit über die Schwingungserlösung des Körpers durch das LICHT die gefallene Menschheit zum Adam Kadmon gelangen könne.

63 So kommen Bildnis und Gleichnis des Adam Kadmon als das göttliche WORT durch die

Schrift in die Welt.

64 Bildnis und Gleichnis, durch das Gitter des Lebendigen Wortes, lassen uns die höheren Welten erreichen, indem wir uns mit dem Christuskörper des Lebendigen LICHTS bekleiden.

65 Die sechs Gitterflächen passen zusammen und bilden eine fortlaufende Helix. Aus dieser fortlaufenden Helix heraus bestimmt die Basenfrequenz die ‚Muster-Integrität' für die strukturelle Organisation des Menschenwesens.

66 So sind also die Basenfrequenzmuster so moduliert, dass sie die endgültige Korpus-Gestalt definieren, die in der Helix vorbestimmt war.

67 Der Korpus-Entwurf fließt aus den göttlichen „Buchstaben", welche Basenfrequenzen aussenden, die zu 72 Fünfecken in einer Kugel formiert sind (entsprechend den 72 Göttlichen Namen des VATERS). So bilden sie ein Plateau für das dihedrale Winkelmodell plus fünf Tetraedern, die die Transfermechanismen der biologischen Energie steuern.

68 Diese Gestaltung lässt das „rotierende DNS/RNS-LICHTgitter" aus den vielen möglichen Helix-Kombinationen zahlreiche Aminosäuren codieren.

69 Dieses LICHTgitter stellt einen gegebenen biologischen Code dar, der in vielfachen Raumspektren benutzt werden kann, um verschiedene Säugetierexperimente, die in unterschiedlichen Lichtdimensionen stattfinden, hervorzubringen. Jedoch muss in der genetischen Codierung einer Spezies die Raum-Besetzung zum elektromagnetischen Index passen, in den sich die Spezies hinein bewegt.

70 Doch bleibt dieses Gitter immer noch für andere Frequenzen offen, die innerhalb paralleler Raumdimensionen operieren, in die hinein eine andere Biologisch-physikalische Form entwickelt werden kann, die (den vielfachen Aktivitäten des Überselbstkörpers) in vielen verschiedenen elektromagnetischen Spektren entspricht.

71 Ein solches Gitter kann dazu gebraucht werden, den Uberselbstkörper direkt in einen Eka-Körper vieler physischer Schöpfungen einfließen zu lassen. So gehen Viele physische Körper aus einem einzigen Überselbstkörper hervor.

72-Diejenigen, die von einer göttlichen Überselbstform in das physische Sein gelangen, kommen aus einem vollständigen und holistischen Überselbstmodell hervor, dessen Zahlen-Sequenz und göttliche Buchstaben immer noch durch diese Schöpfungsgitter in eine materielle Form gelangen. Doch sind beide zu einer vereinheitlichten Manifestation synthetisiert.

73 Kurz, das 64 Lichtgitter-Modell öffnet die Tür zum Energie- Transduktionssystem unseres Alpha-Omega und zeigt 1.) die Universalität der grundlegenden biologischen Mechanismen; 2.) den Mechanismus der Proteinsynthese; 3.) die Natur des genetischen Codes ..

74 Das Gitter zeigt die gleiche Einheit und Kohärenz, die dem gesamten Feld biologischer Planung vermöge der göttlichen Buchstaben des Vaternamens zugrundeliegen.

75 Enoch sagte mir, dass sogar größere Experimente mit der DNS-RNS vorgenommen werden können, wenn Biophysiker zwei elektromagnetische Felder so miteinander schneiden, dass eine neutrale Zone geschaffen wird.

76 Diese Experimente werden ein bedeutsamer Schlüssel für die zukünftige Biophysik sein, insofern, als sie demonstrieren werden, wie die DNS-RNS reguliert werden kann, um höhere LICHT Frequenzen aufzunehmen.

77 Denn dadurch, dass man diese göttlichen Codes in eine neutrale Zone bringt, die von einer höheren elektromagnetischen Wellenlängen-Umgebung umschlossen ist, wird der normale heterozyklische Ring unterbrochen, und die Lebenscodes können genetisch Reprogrammiert werden, um in einer weniger dichten physischen Form zu operieren (wie die Tripelhelix - ein in vitro synthetisiertes Molekül).

78 Daher wird die neue Gel-Kapazität die Fähigkeit an den Tag legen, in Hochfrequenz-Lichtstrahlungen (d.h. Wellen, die schneller sind als die Lichtgeschwindigkeit) zu leben, und wird die Mutation der physischen Form veranschaulichen, die für solche Wesen erforderlich ist, die beabsichtigen, die großen Veränderungen der Lichtstrahlung zu überleben, wenn unsere Sonne in eine elektromagnetische Nullzone eintritt.

79 Diese Nullzone ist notwendig für die Reprogrammierung unserer genetischen Struktur. Und durch Anwendung des Verfahrens der Kombination von Lichtstrahlen in einer neutralen Zone, werden unsere Biophysiker imstande sein, bei der Anknüpfung der DNS /RNS¬Zellkerne an die Chromosomen eines anderen Evolutionserbgutes mitzuwirken.

80 Diese Mitwirkung wird unter der unmittelbaren Aufsicht der Lichtbruderschaft stattfinden, die uns neu programmieren wird, damit wir in eine höhere Lichtwellenlänge treten können.

81 Diese Reprogrammierung erfolgt durch den Schnitt eines göttlichen Programms mit einem anderen rotierenden Programm eines neuen biologischen Netzwerks, wodurch die Struktur eines schnell-rotierenden Oktaeders geschaffen wird. Dieser Super-Oktaeder ermöglicht die Packung geometrischer Formen, die die DNS-RNS beherbergen, wenn sie entlang eines Schöpfungsgitters in ein anderes getragen wird.

82 Wenn sich der MENSCH diesen Prozess nutzbar machen kann, wird er in eine kreuzweises Angleichen von Körpern aus verschiedenen Lichtschwellen eingehen und selektiv positive Eigenschaften aus dem Gen-Pool fortgeschrittener galaktischer Zivilisationen züchten und „erwerben" können.

83 Der Gebrauch der neuen Codierungen wird 1.) den Menschen darauf vorbereiten, neue Raum-Zeit-Schwellen zu besetzen; 2.) den Alterungsprozess einer gegebenen biologischen Vererbung überwinden; 3.) einen Bioenergie-Puls erzeugen, der in unendlichen Raum-Anordnungen anwendbar ist. so dass das biologische System nicht auf irgendein planetares Feld begrenzt ist, sondern auch außerhalb des galaktischen Graviton-Spektrums frei navigieren kann; und 4.) eine neue Kreuzanpassung mit der genetischen Lebensspirale durch Lichtsynthese, wie zum Beispiel die Synthese von ultraviolettem Licht, ermöglichen.

84 Das Ultraviolett, das es der DNS normalerweise unmöglich macht zu transkribieren (weil es Licht von Pi zu Pi ausstrahlt, das bei 260 nm absorbiert wird), lässt hier zu, dass sich die magnetischen Schichtübergänge und Vektoren verändern und parallel richten, damit Leben auf der anderen Seite von Null entsteht.

85 Zusammen mit diesen wichtigen biologischen Vererbungsmechanismen wird der MENSCH eine sprachliche Lebenscodierung gebrauchen, die über die biologische Sprache von Säure-Denaturierung hinausgeht.

86 Der MENSCH wird Codes mit einer neuen biologischen Sprache von Lichtinduktion aus anderen biologischen Reichen, die in anderen elektromagnetischen Spektren liegen, benutzen.
87 Selbst in unserem biologischen Schöpfungsbereich ist es wichtig, den Wissenschaftlern dieser Welt zu erklären dass Materie aus LICHT entsteht. Alle Gattungen des LEBENS werden durch Geburt in einer materiellen Natur aufgrund des „ICH BIN-Samens" ermöglicht, der ihnen vom Göttlichen VATER gegeben wird.
88 Ohne Wissen um den „ICH BIN¬ Samen" des Adam Kadmon kann das Bildnis und Gleichnis nicht mehr als Teil „eines einzigen Lebensbaumes" sein, statt Teil der vielen „Lebensbäume", die den Getreuen des VATERS, die in die vielen Schöpfungen aufsteigen werden, verheißen wurden. „

Nisargadattas Methode und seines Meisters und Vormeisters Methode usw.

In den letzten Jahren habe ich, Wolfgang Schorat, oder die Goldene Wolke des Vergessens, weitere Bücher gefunden und gelesen. Die Bücher von Nisargadatta mit dem Titel „ I Am That " , oder zu Deutsch „ Ich Bin „ sind auch sehr Lobenswert und Hilfreich. In den drei Büchern werden Fragen beantwortet und sie beziehen sich hauptsächlich auf den Bereich „ Was ist Bewusstsein „ oder „was ist die Beziehung zwischen dem Bewusstsein und dem Verstand". Wobei gut zu erkennen ist das es Unmöglich ist in Worte zu fassen was es ist, und nur möglich ist zu sagen was es tut. Das Thema Verstand ist für mich seit ich mich in die Licht und Klang Meditation Initiieren ließ doch von prägnanter Bedeutung gewesen und der Verstand war mit seinen Methoden in den Vordergrund gekommen. Insbesondere durch Zweifel. Ohne Gedanken ist der Verstand ja Okay, also nach Innen gerichtet, aber wenn er seine Phasen hat wo er sich wehrt und meine Tätigkeit sabotieren will durch Zweifeln und einiges anderes, dann frage ich mich doch „ Wer ist das eigentlich da in mir". Das ist ja so als ob ich dort jemand hätte der sein Eigenleben lebt ganz unabhängig von Mir selber. So als ob da jemand anders in mir wäre !? Laut gelesenem soll das Ego dieser Verstand oder das Ich der Ich-Gedanke seine Quelle im unpersönlichen oder universellen Bewusstsein haben. Intellekt, Erinnerungen sind Eigenschaften dieses Verstandes lese ich. Der nach außen gerichtete Verstand oder das Ego das Ich sind ein und dasselbe.Zwischendem Bewusstsein und dem physischen Körper soll der die Verbindung sein. Ich kam auf die Bücher weil ich ja einfach Schwierigkeiten hatte mit der Licht Klang Methode da ich ja an manchen Tagen wenn ich mich zur Meditation hinsetzte danach ein total schlechten Tag hatte und mein Körper Verstand System ziemlich demoliert waren und ich mich als Ganzes als Einheit mit Körper Mental Sein sehr Unwohl fühlte und das, obwohl ich Glücklich und in Frieden aufgewacht war. Später nach LeidensMeditation der Zerstörung, und nach beobachten was da passierte hörte ich ja auf mit der Meditation, was für mich doch sehr „Mysteriös" im Sinne von „Schwer nachvollziehbar" in Bezug zur Initiation und der Licht und Klang Meditation war. Das konnte nicht Intuitiv in ein „Sauberes Denken" verarbeitet werden, da ja diese Methode als die Beste die Höchste Vermarktet wird, von Buddha, von Jesus, von anderen Licht und Klang verwirklichten Meistern und Meisterinnen.

Also ich hatte damals 1992 als ich die „Innerliche Zusage" gab mit Ching Hai als spirituelle Meisterin mir viel davon erhofft in Bezug zu Erweiterung der meditativen Erfahrungen. Und nun stand ich da, das schien „Nix und Doppel Nix" für mich zu sein, nach 11 Jahren Meditation. Also legte ich erst mal die Licht und Klang Meditation Ad Akta. Doch das war sehr seltsam sehr unzufriedenstellend für mich, auch in Bezug zur Einsicht das ich möglicherweise da einen sehr großen Fehler gemacht hätte mich mit der Meisterin Ching Hai eingelassen zu haben, und nicht „Total meinen Eigenen Weg im Leben gegangen zu sein". Also das war schon ein Hammer für mich das denken zu müssen, das gefiel mir ganz und gar nicht aber auch ganz und roh nicht.

Ich hatte ja schon auf der Insel Kefalinos Griechenland, den Seinszustand der über Körper und Mental oder Verstand ist Verwirklicht durch eigene Arbeit ohne MeisterIn aber mit Erschaffung meines eigenen Mantras, nämlich das Mantra, „Mich Selbst Erkennen" und das beschreibe ich im gleichnamigen Buch das ich in diesem Jahr 2006 schreiben konnte. Da konnte ich mich eindeutig erkennen und erleben befreit von der Körper-Verstand oder Mental oder Gemüts Seinsebene. Und das war „Reine Glückseligkeit und einiges Mehr" Aber mein Ich Ego oder Verstand ist dadurch nicht wie es immer in Büchern beschrieben wird, Ausgelöscht worden. Nein. Denn es wird von einigen behauptet das ihr Ich Ego bei der Erleuchtung zerstört wird. Nein, das war bei mir nicht. Ich sah zwar das Körper Mental Spiel da „Unter Mir" und sah das es alles von mir gespeist wird und das es ohne diese sehr subtile „Speisung" garnicht da wäre existieren könnte und vor allen Dingen, das es aber auch total lösgelöst seine eigene Sache macht, Denkt, fantasiert, hofft Träumt und so weiter und so weiter, und Ich, aber auch TOTAL FREI DAVON BIN TOTAL FREI. Und nun dieses „Dilemma" mit dieser Licht Klang Meditation. Wo lag da mein Fehler.?

Ich konnte also damals auf Kefalinos erkennen, das die Gesamtheit der Manifestation eine Erscheinung der Subtilsten Kräfte meiner selbst sind oder anders formuliert eine Erscheinung des Bewusstsein sind, was wie ein Traum ist egal ob Wachzustand oder Traumzustand, beides ist Traum, und der Ablauf der ist schlichtweg unpersönlich da wird gedacht fantasiert kurzum das sogenannte menschliche Leben auf der Erde, was aber 100 % Traum ist und ich selber 100 % davon befreit bin, da dieses Leben oder das Traumleben ein sich selbst überlassener sich selbst generierender Prozess ist der durch meine Präsenz aber aufrechterhalten wird. Und diese Erfahrung meiner selbst also ohne Körper hatte ich in Bezug zu meinem Körper dem Körper Verstand der als Wolfgang Schorat hier sein Ding auf der Erde macht unter den anderen Menschen. Also es war die Erfahrung im „Kleinen" Der Körper war das Universum und ich, nun gut, die Gottheit, oder wie im Kleinen so im Großen, oder wie Unten so Oben.

Also das Verwirrnisspiel meines Verstandes geht weiter obwohl er sich völlig klar vorkommt mit seinen Entscheidungen, zum Beispiel die Licht und Klang Meditation zu machen unter der spirituellen Führung dieser Meisterin Ching Hai.

Also als ich dann Abstand zu dieser Licht und Klang Meditation nahm, fand ich etwas später diese Nisargadatta Bücher, und nach dem ich sie gelesen hatte, erfahre ich was das für eine Methode ist die der Meister von Nisargadatta ihm gab. Und ich musste wieder mal erkennen, auch das war Licht und Klang bloß anders benannt , da sie nun eine „Hindu Methodik" war.!?

Hier sind einige Aussagen dazu :

Einfachheit und Bescheidenheit sind der Leitgedanke seines Lebens und seiner Lehre; weder physisch noch innerlich setzt er sich auf ein Podest. Die Essenz des Seins, über die er spricht, sieht er in anderen genauso deutlich wie in sich selbst. Er gibt zu, dass er sich ihrer bewusst ist, während es andere noch nicht sind, doch der Unterschied sei nur vorübergehend und recht bedeutungslos, **außer für den Verstand und seinen sich ständig verändernden Inhalt**.

Wenn man ihn nach seinem Yoga fragt, dann sagt er, dass er diesbezüglich nichts zu bieten habe, kein System, keine Theologie, Kosmologie, Psychologie oder Philosophie.(Und genau so erlebte ich auch meine „Selbsterkenntnis" mit dem Mantra „Mich selbst Erkennen am Kefalinos Strand) Er kennt die wahre Natur seine eigene und die seiner Zuhörer - und er deutet in diese Richtung. Der Zuhörer kann sie nicht erkennen, denn er kann das Offensichtliche nicht sehen, simpel und direkt. Alles was er weiß, weiß er durch den Verstand, stimuliert durch die Sinne. Dass der Verstand selbst einer der Sinne ist, kann er noch nicht einmal erahnen.

Der Nisargadatta -Yoga (natürlicher Zustand, angeborene Disposition), der „natürliche" Yoga von Maharaj ist auf fast beunruhigende Weise einfach - der Verstand, welcher immer damit beschäftigt ist, „etwas zu werden", muss sein eigenes Sein erkennen und durchdringen, nicht als etwas, das dies oder jenes ist, hier oder dort, dann oder jetzt, sondern einzig und allein zeitloses Sein.

Dieses zeitlose Sein ist sowohl die Quelle des Lebens als auch des Bewusstseins. In den Begriffen von Zeit, Raum und Kausalität ist es allmächtig, die ursachenlose Ursache; alles durchdringend, ewig. Insofern ist es ohne Anfang, endlos und immer vorhanden. Ohne Ursache ist es frei; alles durchdringend ist es Wissen; ungeteilt ist es glücklich. Es lebt, es liebt und ist von unbegrenzter Freude, das Universum gestaltend und wieder aufs Neue gestaltend. Jeder Mensch hat es, jeder Mensch ist es, aber nicht jedermann kennt sich selbst, so wie er ist, und identifiziert sich deshalb mit dem Namen und der Form seines Körpers und dem Inhalt seines Bewusstseins.

Nisargadatta- Yoga
.

Die Diskussionen, die stattfinden, und die Lehren, die weitergegeben werden, waren die gleichen wie vor zehntausend Jahren und werden noch in zehntausend Jahren die gleichen sein. Es wird immer bewusste Wesen geben, die Fragen zu der Tatsache ihres bewussten Seins stellen und seine Ursachen und Ziele untersuchen wollen. Woher komme ich? Wer bin ich? Wohin gehe ich? Diese Art Fragen haben keinen Anfang und kein Ende, und es ist von entscheidender Bedeutung, darauf Antworten zu finden, denn ohne ein umfassendes Verständnis unserer selbst, sowohl in der Zeit als auch in der Zeitlosigkeit, ist das Leben nichts weiter als ein Traum, der uns von Kräften auferlegt wird, die wir nicht kennen; zu einem Zweck, den wir nicht erfassen können.

Maharaj Nisargadatta ist kein studierter Mann. Sein schlichtes Auftreten ist ohne Gelehrsamkeit; er zitiert keine Autoritäten und erwähnt selten heilige Schriften.

Der Verstand war ursprünglich ein Instrument im Kampf um das biologische Überleben. Er musste die Gesetze und Funktionsweisen der Natur herausfinden, um sie zu bezwingen, und weil er dies vollbracht hat, kann das Zusammenwirken von Verstand und Natur das Leben auf ein höheres Niveau heben. Doch in diesem Prozess hat sich der Verstand die Kunst, symbolisch zu denken und zu kommunizieren angeeignet, die Kunst und Fähigkeit der Sprache. Worte bekamen eine Wichtigkeit. Vorstellungen und Abstraktionen erhielten eine scheinbare Wirklichkeit, das Konzeptionelle ersetzte die Realität mit dem Ergebnis, dass der Mensch nun in einer verbalen Welt lebt, die voll gestopft mit Worten ist und von Worten dominiert wird.

Worte sind offensichtlich äußerst nützlich, um mit Dingen und Menschen umzugehen, doch sie lassen uns in einer Welt leben, die total symbolisch und somit unreal ist. Um aus diesem Gefängnis des verbalen Verstandes in die Realität auszubrechen, muss man fähig sein, die Aufmerksamkeit von den Worten weg und auf das zu richten, auf das sie sich beziehen - auf die Sache selber.

Das Wort, das am meisten benutzt wird und am stärksten mit Gefühlen und Vorstellungen beladen ist, ist das Wort „Ich". Der Verstand hat die Tendenz, absolut alles dort hineinzulegen, angefangen vom Körper bis zum Absoluten. In der Praxis verweist es auf eine Erfahrung, welche direkt, augenblicklich und enorm bedeutungsvoll ist. Zu sein und zu wissen, dass man ist, ist von höchster Bedeutung, und um interessant zu sein, muss eine Sache zur eigenen bewussten Existenz in Bezug stehen, dem Brennpunkt aller Ängste und Begierden. Schließlich ist es das höchste Ziel aller Begierden, dieses Gefühl der Existenz zu beleben und zu intensivieren, während jegliche Angst essentiell die Angst vor der eigenen Auslöschung ist.

In dieses so reale und vitale Gefühl von „Ich" einzutauchen, um seine Quelle zu erreichen, ist der Kern des Nisargadatta - Yoga. Da dieses Gefühl des „Ich" nicht kontinuierlich ist, muss es eine Quelle geben, von der es kommt und zu der es wieder zurückkehrt. Diese zeitlose Quelle des bewussten Seins ist das, was Maharaj als die Natur des Selbst bezeichnet, das Wesen des Selbst.

Was die Methode betrifft, um die eigene höchste Identität mit dem Wesen des Seins zu erkennen, ist Nisargadatta in dieser Hinsicht besonders liberal. Br sagt, dass jeder seinen eigenen Weg zur Realität finden muss und dass es keine generellen Regeln gibt. Für alle jedoch, egal welchen Weg man gekommen ist, stellt das Gefühl „Ich bin" das Tor zur Realität dar. Die volle Bedeutung des „Ich bin" zu verstehen und darüber zu seiner Quelle hinauszugehen, führt zur Erkenntnis des höchsten Zustands, der das Ursprüngliche und zugleich das Endgültige darstellt. Der Unterschied zwischen dem Beginn und dem Ende liegt lediglich im Verstand. Wenn er verdunkelt und in Aufruhr ist, wird die Quelle nicht wahrgenommen; ist er klar und leuchtend, wird er zu einer getreuen Reflexion der Quelle. Die Quelle ist immer die gleiche - sie ist jenseits von Dunkelheit und Licht, jenseits von Leben und Tod, jenseits des Bewussten und Unbewussten.

In diesem Gefühl von „Ich bin" zu verweilen, ist der einfache, leichte und natürliche Yoga, der

Nisargadatta -Yoga. Er beinhaltet weder irgendein Geheimnis noch eine Abhängigkeit, er erfordert keine Vorbereitung oder Initiierung. Jeder, der über seine eigene Existenz als ein bewusstes Wesen nachdenkt und ernsthaft daran interessiert ist, seine eigene Quelle zu finden, kann sich dem immer vorhandenen Gefühl von „Ich bin" zuwenden und gewissenhaft und geduldig dabei verweilen, bis sich die Wolken, die den Verstand verdunkeln, auflösen und das Herz des Seins in all seiner Herrlichkeit sichtbar wird.

Wird der Nisargadatta - Yoga beharrlich bis zu seiner Erfüllung verfolgt, dann wird man sich dessen bewusst, was man unbewusst und passiv schon immer gewesen ist, und lebt aktiv in diesem Bewusstsein.

Soo, hier ist nun einiges zum Hintergrund dieser Nisargadatta Erfahrung und seiner Vormeister und Lehren, und das ist ganz eindeutig auch wieder Licht und Klang Meditation und Licht und Klang Wege genau so wie Ich zuvor schon einiges von anderen Meistern aber immer mit Licht und Klang hier in dieses Buch hinein gebracht habe und dazu selbstverständlich das Hauptanliegen auf die Licht und Klang Meditation der Meisterin Ching Hai und meine „Wundersame Reise „ damit bis jetzt, heute den 15.10.2006

Navanatha-Salllpradaya

Der Hinduismus besteht aus zahlreichen religiösen Gruppierungen, Glaubensbekenntnissen und Kulten, deren Ursprung in der Antike verloren gegangen ist. Der Natha-Sampradaya, der später als Navanatha-Sampradaya bekannt wurde, ist einer davon. (Der NavanathaSampradaya oder die Tradition der neun Meister; *nava* = neun, *natha* = Meister, *sampradaya* = Tradition). Einige Gelehrte sind der Ansicht, dass diese Richtung ursprünglich aus der Lehre des mystischen Rishi Dattatreya hervorgegangen ist, in dem sich die heilige Dreiheit von Brahma, Vishnu und Shiva inkarniert haben soll. Die einzigartigen spirituellen Errungenschaften dieser legendären Gestalten werden im Bhagavata- Purana, im Mahabharata und auch in einigen späteren Upanishaden erwähnt. Andere wiederum halten den Natha-Sampradaya für einen Nebenzweig des Hatha-Yoga.

Was auch immer der Ursprung sein mag, die Lehren der NathaSampradaya sind durch die Jahrhunderte komplex wie ein Labyrinth geworden und haben in verschiedenen Teilen Indiens unterschiedliche Formen angenommen. Einige Gurus des Sampradaya legen die Betonung auf Bhakti, Hingabe; andere auf Gnana, Wissen; wiederum andere auf Yoga, die Vereinigung mit dem Höchsten. Im 14. Jahrhundert klagte Svatmarama Svami, der große Hathayogin, übcr „dic Dunkelheit, die aus der Vielfalt der Meinungen entstanden ist" und um diese Dunkelheit zu vertreiben, entzündete er die Lampe seines berühmten Werkes Hathayoga-Pradipika.

Einigen gelehrten Kommentatoren zufolge legen die Natha Gurus dar, dass die gesamte Schöpfung aus Nada (Klang), dem göttlichen Prinzip, und Bindu (Licht), dem physikalischen Prinzip, entstanden ist, und die Höchste Realität, aus der diese beiden Prinzipien hervorgehen, ist Shiva. Dementsprechend bedeutet Befreiung die Auflösung der Seele in Shiva durch den Prozess von Laya, (Auflösung), der Auflösung des menschlichen Egos, des Gefühls der Ich-heit.

In den alltäglichen Anweisungen für ihre Schüler beziehen sich die Natha Gurus jedoch selten auf die Metaphysik, welche die Gelehrten in ihren Lehren entdeckt haben. Tatsächlich ist ihr Zugang völlig unmetaphysisch, einfach und direkt. Auch wenn der Gesang von heiligen Hymnen und hingebungsvollen Liedern und die Verehrung von Götterstatuen ein traditionelles Merkmal dieser religiösen Gruppe sind, legen die Lehren großen Wert darauf, dass die Verwirklichung der Höchsten Realität nur im Herzen geschehen kann.

Der Natha-Sampradaya wurde als der Navnatha-Sampradaya bekannt, und vor langer Zeit wählten ihre Anhänger neun von ihren früheren Gurus als herausragende Beispiele ihres Glaubens aus. Es herrscht allerdings in Bezug auf die Namen dieser neun Meister keine Einstimmigkeit. Die am meisten akzeptierte Aufzählung sind die folgenden Namen:

1. Matsyendranatha, 2. Gorakhnatha, 3. Jalandharnatha, 4. Kantinatha, 5. Gahininatha, 6. Bhartrinatha, 7. Revananatha, 8. Charpatnatha, 9. Naganatha.

Unter diesen neun Meistern hatten Gahininatha und Revananatha eine große Anhängerschaft im südlichen Teil Indiens als auch in Maharashtra, dem Bundesland, wo Sri Nisargadatta Maharaj zu Hause war. Wie es heißt, soll Revananatha eine eigene Untergruppe gegründet und Kadasiddha als seinen Hauptschüler und Nachfolger bestimmt haben. Dieser initiierte Lingajangam Maharaj und Bhausahib Maharaj übergab ihnen seinen Ashram und beauftragte sie mit der Verbreitung seiner Lehren. Bhausahib Maharaj gründete später die Inchegeri-Sampradaya, eine neue Richtung innerhalb der traditionellen Bewegung. Unter seinen Schülern waren Amburao Maharaj, Girimalleshwar Maharaj, Siddharameshwar Maharaj und der berühmte Philosoph Dr. R.D. Ranade. Sri

Nisargadatta Maharaj ist ein direkter Schüler und Nachfolger von Siddharameshwar Maharaj.

Es soll hier erwähnt werden, dass Sri Nisargadatta, der augenblickliche Guru des Inchegeri-Zweiges der Navnatha-Sampradaya, dennoch religiösen Gruppen, Kulten und Glaubensbekenntnissen, seine eigene Richtung eingeschlossen, keine allzu große Bedeutung gab. Auf die Frage von jemandem, der dem Navnatha-Sampradaya beitreten wollte, gab er folgende Antwort:

„Der Navnatha-Sampradaya ist lediglich eine Tradition, eine Art zu lehren und zu praktizieren. Sie steht nicht für eine Bewusstseinsebene. Wenn Sie einen Navnatha-Sampradaya-Lehrer als Ihren Guru akzeptieren, dann schließen Sie sich seinem Sampradaya an... Ihre Zugehörigkeit ist eine Frage Ihres eigenen Gefühls und Ihrer Überzeugung. Schließlich ist das alles nur verbal und formal. In Wirklichkeit gibt es weder den Guru noch den Schüler, weder die Theorie noch die Praxis, weder Unwissenheit noch Verwirklichung. Es hängt alles nur davon ab, wofür Sie sich halten. Erkennen Sie sich wirklich. Es gibt keinen Ersatz für die Selbsterkenntnis."

Die Lehren des Natha-Sampradaya bieten dem Suchenden den königlichen Weg zur Befreiung, einen Weg, der alle vier Seitenwege von Bhakti, Gnana, Karma und Dhyana zu vereinen scheint. In der Heiligengeschichte Natha-Lingamrita behauptet Adinatha Bhairava, der als Erscheinungsform von Lord Shiva betrachtet wird, dass der von der Natha Lehre gewiesene Weg der beste von allen sei und direkt zur Befreiung führe.

Sooo, das war ein weiterer Licht und Klang Meditationseindruck in Worten. Sonnige Grüße von Wolfgang Schorat oder der Goldenen Wolke des Vergessens. 15.10.2006

10.7.2007

Ich habe im Internet vor einigen Wochen unter Sant Mat und Wikipedia im englischen als auch deutschen herumgeschaut und habe dort aber auch alles gefunden was mir damals in München von den „Mitarbeitern „ erzählt wurde, gefunden. Alles was „geheimgehalten „werden sollte, auch die 5 Wörter. Und ich habe vieles gefunden an Kritik hauptsächlich von Pastoren und Kirchenangehörigen christlicher Konfessionen sowohl in englischen Texten als auch in deutschen Texten. Das hat mich nun endgültig dazu bewogen sowohl die 5 Wörter hier zu erwähnen als auch das Tagebuch das man am Anfang bekam, als auch einen Text aus dem englischen zu übersetzen und hier einzufügen der sich als soziologische Studie im Internet zur freien verfügung anbot mit dem Thema : Eine kritische Geschichte der Guru-Nachfolge.

Als ich mich 1993 in München Initiieren ließ, waren mir erst langsam einige Jahre später gewisse Eindrücke und Verhaltensauflagen innerlich zu wieder und ich stand unter dem Eindruck das ich zu einer Sekte gehören könnte was mir unsympathisch war, da dieses genau dem wiedersprach was ich als meditative Arbeit verstehe und auch als Ziel sehen würde in dieser spirituellen meditativen Arbeit,„Das Geheimhalten gewisser Praktiken hat mir nie Imponiert auch nicht mit der Auflage das sie mißbraucht werden könnten, denn was wird heutzutage nicht mißbraucht, Die Erde ist überschwemmt von Mißbräuchen, weil die Menschen noch so sind, und trotzdem bin ich nicht für das geheimhalten von Praktiken die angeblich ja zur Befreiung der, des, Menschen führen sollen. Das passt nicht.

Desweiteren musste ich mich ja intensiv mit der Meisterin Ching Hai beschäftigen weil ich ja im laufe der Zeit durch die Informationen der Ulrike Gurski und ihrem wechsel zu dem Skandalguru Thankar Singh auf eine Richtung gebracht wurde die mir garnicht zusagte die ich aber verfolgen musste, denn die Frage kam nun auch in mir hoch,"weswegen hatte Ching Hai verschwiegen das sie von Thankar Singh initiiert war. Damals war mir das alles unangenehm, mich damit beschäftigen zu müssen, da nämlich so eine Zusage wie ich sie in dieser Meister-Verbindung als Initierter gemacht hatte auch eine starke innere Vertrauensangelegenheit ist, und ich wollte nicht wieder von irgendjemanden „gelinkt" werden, insbesondere nicht im Thema Spiritualität und Entwicklung, denn mir reichte mehr als genug die Kriminalgeschichte des Christentums oder die Kriminalgeschichten aller Religionen, kurzum , die Kriminalgeschichte der Menschen.

Heutzutage, nach längerem herumsuchen in mir, und dem erkennen dieser Guru-Folge und wie problematisch die Machtkämpfe dort sind, würde ich genau so entscheiden wie Ching Hai und mich um eine Anerkennung meines Gurus nicht bemühen oder sogar darum zu kämpfen von ihm anerkannt zu werden als verwirklichter Meister oder Guru. Denn wenn du das erreicht hast, ist alles was andere da zu sagen haben, bedeutungslos geworden, die dich davon abhalten wollen, nicht zu lehren und dir deine verwirklichungen abreden und wegdenken wollen und so weiter,

Also das Thema konnte ich für mich klären, das würde bedeuten rein theoretisch würde ich mich auch nicht darum bemühen die Anerkennung von Ching Hai zu bekommen ob ich nun das oder jenes erreicht hätte wenn ich es ereicht habe.

Was aber durch das Internet passiert ist, ist die Informationsoffenheit dort, die eindeutig zeigt das egal was es ist,"Verheimlichungen" und alte traditionelle „Geheimhaltungen" werden   dort   auf die Computerbildfläche gebracht und dort kann ich praktisch nachlesen was Menschen über was und wen herausgefunden haben, und das sagt mir zu Insbesondere in allem was sich als geheim darstellt was geheimgehalten werden soll egal unter welchem Vorwand welcher Logik und Begründung. Denn für mich ist das „Göttliche" keine „Geheimgesellschaft" oder „Sekte" oder „Partei" oder „Bank" oder andere „Wirtschaftssekten"oder „Medizinsekten" oder „Managersekten" die heutzutage unter der Menschheit „ABZOCKEN" und „AUSBEUTEN".

So ich werde also den Text des Tagebuchs das geführt werden sollte , was ich nie tat, hier präsentieren, und viel später in Monaten erst, die Übersetzungsarbeit die ich mache mit dem Thema „Guru-Nachfolge" Eine Soziologische Studie von jemandem der selber von „Charan Singh" also der gleichen Meditatioslinie wie Ching Hai, in Licht und Klang, initiiert wurde und der auch das gleiche Problem, Mental, hatte wie ich. Damit ist das Internet wirklich hilfreich geworden. Danke an alle Reinschreiber.

Die 5 Meditationsworte werde ich in den Übersetzungstext der Guru-Nachfolge einschreiben, wenn das Thema kommt.

DAS HANDBUCH FÜR DIE MEDITATIONSPRAXIS (NUR FÜR EINGEWEIHTE)

Die fünf Gebote
Gewaltlosigkeit
Wahrheitsliebe
Sei mit dem zufrieden, was du hast
Sexuelles Verhalten
Das reine Leben
Kümmere dich nur um deine Angelegenheiten
Anderen helfen
Demut
Suche zuerst das Reich Gottes
Selbstloser Dienst
Der richtige Gebrauch von übernatürlichen Kräften
Hindernisse in der Familie
Die vegetarische Ernährung
Meditationspraxis
Die Meisterin
Das spirituelle Tagebuch

Name: . ...

Einweihungsdatum: ....

Nach der Einweihung solltest du vor der Meditation dieses Buch sorgfältig durchlesen, da es dich in deiner Meditationspraxis sehr unterstützen wird.

DIE FÜNF GEBOTE

1. Ich nehme mir vor, keine fühlenden Lebewesen zu töten.

2. Ich nehme mir vor, unwahre Rede zu unterlassen.

3. Ich nehme mir vor, das Nehmen des Nicht-Gegebenen zu unterlassen.

4. Ich nehme mir vor, sexuelles Fehlverhalten zu unterlassen.

5. Ich nehme mir vor, keine Mittel einzunehmen, die meinen Geist trüben.

Diese fünf Richtlinien oder Gebote sind in Wirklichkeit auf keinen Fall Gebote. Wenn wir an Gebote denken, denken wir an unverletzlichen Regeln, die, wenn sie gebrochen werden, direkt zu schweren Strafen führen. Die fünf Vorschriften des Buddha, die zehn Gebote Moses, sowie all die von den großen Meistern vorgestellten moralischen Gesetze, sind dazu da, unsere gewonnenen Fortschritte durch unsere Meditationspraxis zu schützen.

„Die Entfaltung des Inneren Selbst", die „Erkenntnis von Gotteskraft", die „Rückkehr zu unserer Wahren Natur" verlangt eine bestimmte Umgebung für optimale Entwicklung, eine Umgebung von Ruhe, Reinheit und Klarheit (Einfachheit). Die fünf Gebote zu beachten wird uns dabei helfen, ein harmonisches Leben zu führen, und je harmonischer unser Leben ist, desto leichter geht unsere innere Entwicklung weiter.

Allein die fünf Gebote zu beachten, ruft zwar an sich keine innere Entwicklung hervor, ist aber eine notwendige Bedingung für wirkliche Meditation. Kannst du dir vorstellen, drei Stunden in tiefer und seliger Meditation zu sitzen, während du in der restlichen Zeit des Tages in Panik .umherläufst und versuchst, die Probleme zu lösen, die als Folge deiner Lügen, Diebstählen und Untreuen auf dich herabstürzen? Kannst du dir vorstellen, dass du friedlich sitzt und nach innen in die feineren Lichtregionen reist, während dein Geist verzweifelt versucht, sich mit dem wörtlichen oder bildlichen Blut auf deinen Händen zu befassen, und es deinem Herzen wegen der Leiden, die du anderen zugefügt hast, weh tut? Nein - es ist nicht zu machen! Ohne äußere Harmonie in deinem Leben werden innere Fortschritte schwierig sein. Die fünf Gebote sind dafür da, dir dabei zu helfen, Harmonie in deinem Leben zu erreichen. Alle fünf Gebote sind dafür bestimmt, uns in Wort, Taten und Gedanken zu reinigen. Mit anderen Worten, wir müssen uns bewusst sein, dass wir lügen oder stehlen, mit unseren Worten, mit unseren Taten und in unseren Gedanken anderen Schaden zufügen. Um die fünf Gebote wirklich zu beachten, muss du in diesen drei Bereichen Introspektion entwickeln und praktizieren. Du wirst auch eine Haltung von Aufrichtigkeit und die Fähigkeit, mit dir selbst ehrlich zu sein, brauchen. Es ist nicht beabsichtigt, dass du für jeden Fehler, den du machst, dir selbst auf den Kopf schlagen sollst. Betrachte dich selbst klar und ehrlich, und wenn du Fehler findest, dann solltest du sie bereuen. Bereuen bedeutet nicht, dich selbst zu bestrafen, es bedeutet vielmehr, deine Fehler aufrichtig einzusehen und entschlossen zu sein, sie nicht mehr zu wiederholen.

GEWALTLOSIGKEIT

Das erste Gebot verbietet uns das Töten, sowie das Schädigen oder Verletzen von irgendeinem Lebewesen, und wird öfter „Ahimsa" oder das Gebot der Gewaltlosigkeit genannt. Dies gilt sowohl für das direkte als auch für das indirekte Schaden, d.h. mit eigenen Händen zu schaden oder durch andere „Hände" schaden zu lassen (wie z.B. um das Fleisch von einem Tier, das ein Metzger getötet hat, zu essen).

Das Gebot fördert eine gute Haltung, der Welt Frieden zu wünschen, die anderen mit freundlichen Augen anzusehen und alle Lebewesen mit Barmherzigkeit und gleichwertiger Liebe zu behandeln. Im allgemeinen sollte man zu anderen mit sanfter Stimme sprechen, sie trösten, ihnen bei der Praxis helfen und ihnen sagen, was richtig ist, wenn es angemessen ist, so zu handeln. Versorge dich selbst mit einem Job, der nichts mit dem Töten oder Schädigen von anderen zu tun hat. Dies weist auf das Schaden sowohl von Tieren als auch von Menschen hin, denn wir sollen dieselbe barmherzige und gleiche

Haltung gegenüber allen Lebewesen annehmen. Stehe den Armen und den Kranken bei, aber nur wenn sie Hilfe brauchen, Störe die anderen nicht mit deinem Bedürfnis, hilfsbereit zu sein.

WAHRHEITSLIEBE

Das zweite Gebot weist auf die Wahrheitsliebe hin, die anderen und sich selbst nicht zu belügen. Es gibt zu diesem Gebot viele Feinheiten, so viele wie die Menschheit Gewohnheiten hat, die Wahrheit zu vermeiden, zu entstellen und durcheinander zu bringen. Eine der Fallen, auf die du aufpassen solltest, ist die Tendenz, über die eigene spirituelle Praxis zu lügen.

Zu Meisterin Ching Hai zu gehen, um ihr zu huldigen oder Ehrfurcht zu zeigen, oder Segnungen zu bekommen, ohne dein Bestes zu tun, um die empfohlene Meditationspraxis auszuüben, oder ohne dass du die vegetarische Ernährung einhälst, ist eine Form von Lügen. Über deine inneren Erfahrungen von Licht und Tönen zu reden oder mit ihnen zu prahlen ist eine andere Form von Lügen. Achte auf die Vortäuschung, großartiger, höher oder fortschrittlicher zu erscheinen, als du wirklich bist. Viele glauben, dass Lügen ein notwendiges Mittel ist, um gute Geschäfte zu machen, oder dass es vollkommen in Ordnung ist, etwas Billiges teuer zu verkaufen, oder die anderen dazu zu führen, an Dinge über einen Produkt zu glauben, die nicht wahr sind. Lügen ist eben Lügen, ungeachtet wo es gemacht wird.

SEI MIT DEM ZUFRIEDEN, WAS DU HAST

Das dritte Gebot besagt, dass du nicht stehlen oder das, was dir nicht gehört auch nicht gebrauchen solltest. Wir sollten uns mit allem, was wir haben, begnügen und sie benutzen und uns nicht mit dem Besitz der anderen plagen, z.B. dass sie vielleicht ein größeres Haus als wir oder ein neues Auto haben.

In diesem Land gibt es viele Mittel, mit denen du dich selbst versorgen kannst, auch wenn es bedeutet, dass du bescheiden leben müsstest. Das beste ist ein so einfaches Leben zu führen, wie möglich. Je einfacher das Leben ist, desto weniger werden wir in dieser Welt verwickelt und desto mehr Zeit werden wir für die Meditationspraxis haben. Gebrauche nur das, was dir gehört, egal wie wenig es ist. Die Weh, in der wir leben, ist eh nur wie ein Theater, ob es gut oder schlecht sein sollte, sie ist nicht unsere Heimat. Wenn die Aufführung vorüber ist, werden wir sie verlassen, um uns nach unserer wahren Heimat der Behaglichkeit zu begeben. Bis dahin sind wir nur Besucher. Zuviel inhaltsloses Gerede zu führen ist auch eine Art Stehlen, da sie uns und anderen Zeit nimmt. Zeit ist ein Schatz. Wir sollen sie für Selbst oder Meditationsübung benutzen. Wir können anderen auch raten, dasselbe zu tun, und ihnen dabei helfen, ein vortreffliches Ideal zu erreichen, an statt ihre und unsere eigene Zeit zu vergeuden, um Geschwätz über andere Leute oder andere Lappalien zu führen.

SEXUELLES VERHALTEN

Unter den spirituellen Praktikern wird nicht sehr oft über Sex gesprochen. Die meisten von uns haben darüber feste, persönliche Überzeugungen und schieben oft Belehrungen beiseite, die sie nicht hören wollen. Einige sind übertrieben rigide und zu moralisch, während andere genusssüchtig geworden sind. Keine von diesen beiden extremen Haltungen tut den ernsthaft für Selbstkultivierung Praktizierenden gut.

In Wirklichkeit zieht uns die Sexualität in eine andere Richtung, die gerade das Gegenteil von dem ist, was wir durch unsere Praxis erreichen wollen. Sex ist von dem Körper, durch den Körper und für den Körper, nichts anderes. Wir sollten klar erkennen, für was Sexualität wirklich dient, und uns darüber im Klaren sein, dass unser Ziel woanders liegt, und uns allmählich von ihr lösen. Gehe nicht in die Falle, das Sexualverlangen zu unterdrücken, das würde bedeuten, das Essen abzustellen, um Herr über den Hunger zu werden.

Das Gebot besagt, dass wir von sexuellen Fehlverhalten in Gedanken, Worten und Taten absehen sollen. Das ist sehr allgemein, und könnte von jedem von euch anders interpretiert werden. Wenn du bedenkst, dass der Zweck des Gebotes es ist, eine richtige Umgebung für die innere Entwicklung zu schützen und zu hegen, dann wird es dir klar sein, was mit Sexualfehlverhalten eigentlich gemeint ist. Jede Tätigkeit in deinem Leben, die dir und anderen Schaden zufügt, die innere Ruhe unterbricht, wertvolle Zeit und Energie verbraucht oder deine innere Errungenschaften stört, soll als Fehlverhalten betrachtet werden. Obwohl Zölibat das richtige Ziel für alle Praktizierenden ist, brauchst du es dir jedoch nicht aufzudrängen. Lass es einfach aus eigenem Antrieb kommen. Nachdem du in deiner Meditationspraxis Fortschritte gemacht hast, wird deine innere Ekstase jede äußere Freudenform in Schatten stellen, dann wirst du dich für Sex nicht mehr interessieren. Wenn jene Zeit kommt, kannst du dies als Vergangenheit betrachten. Bis dahin kannst du dich, nach und nach, von der Verwicklung in Sexualaktivitäten lösen, ohne gewaltsam oder repressiv zu sein. Versuche, dein Leben möglichst einfach zu halten, und suche dir keine unnötige Sorge. Sex in einem vertrauten Verhältnis oder in einer Ehe ist selbstverständlich vorzuziehen, genauso wie Sex, der innerhalb eines Liebesverhältnisses entsteht. Bekleide dich diskret, vermeide Schmeichelei und andere verführerische Verhalten.

DAS REINE LEBEN

Das fünfte Gebot verlangt, dass wir den Gebrauch von allen berauschenden Mitteln meiden, einschließlich alkoholhaltiger Getränke (Wein, Bier, Whisky, etc.), so wie Medikamente und Lebensmittel, die Alkohol enthalten. Berauschende Mittel bedeuten auch, Ersatzmedikamente für Drogen, Psychedelische, Rauschgifte, sinnverzerrende Substanzen und Tabak. Es ist bekannt, dass Tabak nicht leicht sofort abzugewöhnen ist, deshalb kannst du dessen Gebrauch allmählich reduzieren. Berauschend zu betrachten sind auch Dinge wie pornographische Literatur oder Filme, oder solche mit übermäßigen Gewalttätigkeiten und das Glücksspiel. All diese Substanzen und Aktivitäten rufen übermäßige Erregungen hervor und verstärken die Verwicklung mit dieser materiellen Welt, und daher wirken sie der inneren Kultivierung hinderlich entgegen. Einige buddhistische Schriften definieren berauschende Stoffe als etwas, das den Körper schädigt und Verwirrung im Geist hervorruft.

KÜMMERE DICH NUR UM DEINE ANGELEGENHEITEN

Eines Tages fragte ein Mann den sechsten Patriarch Hui Neng: „Habt Ihr etwas während der Meditation gesehen?" Hui Neng gab ihm plötzlich drei Ohrfeigen und fragte: „Tut es Ihnen weh?" Der Mann antwortete: „Es tut mir beides, weh und nicht weh!" Auf die Frage: „Warum?" antwortete er: „Wenn ich ja sage, dann bin ich nur ein gewöhnlicher Mensch; wenn ich jedoch nein sage, dann habe ich gelogen." Daraufhin sagte Hui Neng:

„Gut! Während der Meditation sehe ich weder irgend etwas noch nichts.

Das, was ich sehe, sind meine eigenen Fehler; und das, was ich nicht sehe, sind die Fehler der anderen." Selbstkultivierung ist genauso, Vervollkommnung von sich selbst. Sie hat weder· mit dem einen noch mit dem anderen etwas zu tun. Die Angelegenheit irgendeines anderen geht dich nichts an. Wir konzentrieren uns auf die Lehre der Meisterin, auf unsere Praxis der Guanyin-Methode und auf die Beachtung der fünf Gebote in unseren Worten, Gedanken und Taten. Das, was die anderen tun, sei es gut oder schlecht, ist nicht unsere Angelegenheit.

ANDEREN HELFEN

Viele von uns haben das Verlangen, anderen das zu lehren, was wir im Verlauf unserer Praxis gelernt haben. Wir sehen Fehler und Irrtümer der anderen und wollen sie korrigieren. Einige von uns haben einen starken Wunsch, andere Lebewesen zu retten. Gehe nicht in die Falle, während deiner Selbstkultivierung deine Konzentration auf das Lehren der anderen zu verlagern:. Lass das Belehren aus eigenem Antrieb kommen, wenn du die Fälligkeit schon richtig entwickelt hast. Wenn du gute Fortschritte gemacht hast, werden dir andere folgen, wenn nicht, was hast du denn dann zu lehren? Die Leute werden deine Belehrungen weder anhören noch verstehen, und sie werden früher oder später aus deiner Veranlagung und deinem Benehmen herausfinden, wie leer dein Gerede ist. Ein Armer kann sich nicht sehr lang als ein Reicher ausgeben. Wenn du einige Fähigkeiten durch deine Meditationspraxis erworben hast, werden andere Leute sie langsam merken und sie werden zu dir kommen, um deine Lehre zu hören, obwohl du gar nicht die Absicht hast, sie zu belehren. Das wirst du erkennen, nachdem du einige Zeit praktiziert hast. Bis dies natürlich geschieht, kannst du annehmen, dass du dafür nicht reif genug bist, Lebewesen zu retten. Dennoch, allein dadurch dass du die Einweihung bekommen hast, hast du schon viele Lebewesen gerettet. Fünf Generationen sind aus den drei negativen Welten der Existenz (Tiere, hungrige Geister und Höllenbewohner) befreit, und du hast eigentlich noch nichts getan. Es ist einfach eine Folge der Blutsverwandtschaft zwischen dir und ihnen. Wenn du wirklich den anderen Wesen dabei helfen willst, Befreiung und Erlösung zu erlangen, dann solltest du dich auf deine Meditationspraxis konzentrieren.

DEMUT

Verfalle nicht dem Stolz über Errungenschaften und Intelligenz, auch wenn die meisten Menschen das sind. Solche Leistungen oder Fähigkeiten sind in Wirklichkeit nichts Großartiges, denn es gibt immer noch andere, die intelligenter sind, oder solche, die mehr Erfolg in weltlichen Beziehungen haben. Intelligenz und Reichtum auf dieser Welt sind nicht wichtig.

Was du auch immer von deinen Eltern geerbt hast, das kommt nicht von dir, deshalb gibt es keinen Grund, darauf stolz zu sein. Wenn du doch noch deinen Stolz auf all deine Reichtümer zulässt, sollst du bedenken, dass du ohne die Teilnahme von vielen anderen Leuten nichts erwerben könntest, und dass du nichts kaufen könntest, wenn die anderen es nicht hergestellt hätten. Vor allem, bedenke nur, dass es die Anwesenheit von Buddhas, Erleuchteten Meistern und Bodhisattvas ist, die den Verfall der ganzen Welt verhindert hat. Nichts ist in Wirklichkeit unsere! Kein Reichtum ist beständig, das, was heute ist, könnte morgen schon verschwinden.

Stolz zu sein über unsere weltliche Stellung ist eine andere Falle, genauso wie der Stolz über unsere durch die Meditationspraxis gewonnenen Kräfte. Weltliche Macht ist dazu da, um anderen in Not zu helfen, und denen, die eine niedrigere Stellung haben, behilflich zu sein, statt sie zu unterdrücken oder sich in ihre Angelegenheiten einzumischen. Alle Machtstellungen sind abhängig von den Untergebenen. Ein Präsident ist ohne Bürger nutzlos, genauso wie ein General ohne Untergebene. Wir gewinnen unseren Status mit Hilfe von unseren Nachbarn, Landsleuten und vielen anderen Lebewesen. Ein Arzt bekommt seinen Ruf durch seine Patienten. Ein großer Meister hebt sich nur im Gegensatz von unwissenden Wesen.

Wo es keine Lebewesen gibt, gibt es auch keinen Buddha. Wozu ist eigentlich Buddha? Die Kraft ist in uns, und in allen anderen Wesen. Es ist wie mit der Nahrung jener Untergebenen und Mitarbeiter, die für uns arbeiten, so dass wir überhaupt Macht haben können. Ohne Nahrung und Wasser würden wir in einigen Tagen verdursten, egal wer wir sind.

SUCHE ZUERST DAS REICH GOTTES

Wie schade, dass wir uns so viel dem Studium der weltlichen Dingen widmen, und so wenig der Selbstkultivierung. Auch unter diejenigen, die sich auf dem spirituellen Weg befinden, praktizieren die meisten nur sporadisch. Wirklich hingabefähige Wahrheitssuchende gibt es recht wenige!

Der Tag der Buddhaschaft wäre sehr nah, wenn du die Leidenschaft für deine Selbstkultivierung widmen würdest. Die meisten von uns möchten es nicht tun, weil wir nicht wissen, dass wir durch das Üben von Selbstkultivierung alles haben werden!

Es ist wahr, dass unsere Mönche und Nonnen ein sehr armes und einfaches Leben führen, auch wenn sie in den Bergen immer alles haben, was sie zu essen brauchen. Viele, die der Welt entsagen und im Gebirge leben, werden von den Devas (Himmelswesen) mit Nahrung versorgt, wenn sie nicht selbst finden können. Als der große chinesische Mönch Guang Chin in der Wildnis praktizierte, brachten ihm Affen und Tiger Früchte. Das was ein Ereignis unserer Zeit, nicht eine Legende in ferner Vergangenheit.

Wir sollten die Einstellung haben, uns auf die spirituelle Kraft zu verlassen, welche großartiger und sicherer ist, als die weltlichen Mittel. Wenn wir uns ernsthaft in der Tugend üben, wird uns unser Innerer Meister bezahlen, uns Essen geben und auf unser Leben aufpassen nicht weniger als irgendein weltlicher Arbeitgeber. Suche dir zuerst das Reich Gottes und dann wird dir alles gegeben.

SELBSTLOSER DIENST

Praktizierende sollen in der Gemeinschaft, wo sie leben, hilfsbereit und gute Bürger dieser Welt sein. Wir können helfen, indem wir eine gute Atmosphäre in die Umgebung, wo wir sind, bringen und sie in ein reines Land verwandeln. Schließlich ist es die negative Atmosphäre, die bestimmte Plätze in die Hölle verwandeln. Das Paradies kann in deinem Geist gebaut werden, denn ein gelassener Geist kann sich irgendeinem äußeren Umstand anpassen und in ein Paradies verwandeln. Das Paradies ist das Ergebnis einer durch Praktizieren von Selbstkultivierung erlangten, spirituellen Stufe. „Nirvana" ist nicht irgendwo hinzugehen, es ist vielmehr ein friedlicher Geisteszustand, ein ruhiger Geist, frei von Verlangen, Urteilen und Verblendungen. Wenn du deinen Geist hier nicht beruhigen kannst, dann wird es dir keinesfalls gut tun, woanders nach dem Paradies zu suchen. In Deutschland gehörten die Ärzte zu der oberen Gesellschaftsklasse, und jeder Student wollte Arzt werden. In letzter Zeit müssen viele von ihnen Taxi fahren oder eine staatliche Beihilfe bekommen, weil es im Vergleich zu der Nachfrage der Krankenhäuser und Gesellschaft zu viele Ärzte gibt. Was wir studieren, sollte sich nach der Bedürfnisse der Gesellschaft richten, damit wir uns selbst und den anderen helfen können und sollte frei vom Wunsch sein, eine hohe Position zu erlangen, um über andere zu herrschen oder Ehrung von ihnen zu verlangen.

Praktiziere deine Selbstkultivierung in Ruhe und gehe arbeiten, um etwas Geld zu verdienen damit du dir selbst und anderen helfen kannst.

Dank unserer verborgenen, besänftigenden Kraft werden viele Leute zu uns angezogen, weil sie sich dadurch angenehm und gelassen fühlen. Mit Hilfe der Kraft, die du durch deine Praxis erworben hast, wirst du in der Lage sein, mit anderen Leuten in einer klaren und positiven Weise zu reden, was ihnen bestimmt helfen wird, sich glücklicher zu fühlen. Diese Art Arbeit ist sicherlich nicht weniger wichtig als die von einem Doktor oder einem Präsidenten.

DER RICHTIGE GEBRAUCH VON ÜBERNATÜRLICHEN KRÄFTEN

Wir müssen uns vor der Tendenz hüten, mit den übernatürlichen oder wunderbaren Kräften zu protzen, die durch die Meditationspraxis entstehen, noch sollen wir solche Kräfte benutzen, um Kranken zu heilen, jemanden zu bedrohen oder das Leben der anderen zu verbessern. Die Meisterin erlaubt ihren Schülern nicht, irgendeine Kraft zu entfalten, noch verspricht sie, dass sie dir deinen Mann oder deine Frau zurückbringt, oder dass er oder sie dir treu bleibt, oder dass deine Kinder mit den besten Noten promovieren. Soviel und sooft wurde das schon von ihr erwartet. Wenn du eine Prüfung nicht bestehst, versuche es noch einmal. Was für eine besondere Bedeutung hat es, wenn deine Kinder einen Kurs abschließen können oder nicht? Benutze die Selbstkultivierung bitte doch nicht für weltliche Belohnungen, auch nicht für die himmlischen.

Deine Fähigkeit, durch deine gewissenhafte Übung andere zu retten, ist deine wahre übernatürliche Kraft. Übernatürliche Kraft bedeutet nicht, Wind und Regen zu erzeugen, die Berge hin und her zu bewegen oder das Wasser im Meer zurück fließen zu lassen. Die Art übernatürliche Kraft, die du besitzt, ist viel mächtiger, viel wichtiger als irgendeine sogenannte Kraft. Wenn du erst einmal gut praktiziert hast, wird ein Wort von dir anderen große Segnungen bringen, ein bloßer Blick von dir schafft viele Verbindungen mit Personen und deren eigenen Buddha-Natur. Deine Kraft wird nicht sichtbar sein, noch sich der Kontrolle deines Ego unterwerfen. Jedes mal wenn eine äußere, geeignete Bedingung oder Verbindung entsteht, wird deine Kraft spontan wirken, ohne gespürt zu werden, und nie erschöpfen. Befreie Lebewesen, ohne das Gefühl zu haben, dass irgend jemand befreit worden ist. Auf diese Weise werden wir nicht in der gefährlichen Arroganz der Denkweise gefangen, dass es das „Ich" war, das die Leute rettete. In Wirklichkeit ist es die Kraft Gottes, der Buddhas in den zehn Richtungen und in den drei Zeiten, die Menschen durch deinen physischen Körper gerettet hat. Es geschieht so spontan, dass keiner sich fühlen wird, dass sie von „dir" gerettet werden. In dem Diamant Sutra wurde gesagt, „Rette Lebewesen, aber niemand wird gerettet." Die übernatürliche Kraft unter der Kontrolle von dem beschränkten Ego und dem begrenzten Verstand zu gebrauchen, um Menschen zu retten, ist bloß ein Kinderspiel, nicht der Weg des „sehr tiefgründigen, mysteriösen Höchsten Dharma", „des Höchsten Bodhi (Weisheit)" des Buddha, worin es keine Trennung zwischen „Ich" und „anderen" gibt. Weil es nicht leicht ist, den egoistischen menschlichen Verstand zu kontrollieren, kann der Gedanke - wirklich in der Lage zu sein, andere Menschen zu retten - uns arrogant und hochmütig machen und uns dann zu Fall bringen.

Es ist sehr gefährlich, Wunderkräfte zu genießen und mit ihnen zu spielen. Als erstes werden sie dich veranlassen, die Notwendigkeit zu ignorieren, bis zum Buddha-Werden zu praktizieren. Wenn du einmal scheinbar mächtige Kräfte hast, ist es leicht zu denken, dass du am Ende deiner Selbstkultivierung angelangt bist, bevor du es wirklich bist. Sun Wu Kong (ein Affe in der chinesischen Legende „Die Reise nach dem Westen") wurde von seinem Meister vor weiteren Studien verwiesen, weil er mit seinen 72 okkulten Kräften prahlte. Trotzdem blieb er weiterhin noch arrogant und nannte sich den „Großer Heiliger, der sich für Gott hielt" oder den „Der einzige verehrte Affe, über jeglichem Vergleich auf allen Himmeln und Erden". Er vergaß völlig dass er :bloß ein nicht gut aussehender Affe war und dass er Avalokitesvara Bodhisattva. Oder den Höchsten Laotse um Hilfe' bat jedes Mal wenn er in Schwierigkeiten geriet. Deshalb setzte er sein Prahlen und seinen Stolz auf seine Transformationskräfte fort. Wir dürften sagen, sein Name könnte „Großer Mund" anstelle von „Großer Heiliger" sein. Selbst sein Meister, Hsüan Tsang, der auf dem Wahren Pfad die Kultivierung praktizierte und niemals irgendeine übernatürliche Kraft zeigte, hatte ihn zu kontrollieren und ihm aus seinen Schwierigkeiten zu helfen. Es war sein Meister, der kam, um ihn aus dem Boden des Wuxing Berg zu befreien, als sein eigene Kräfte versagten, ihm zu helfen. Hsüan Tsang mochte sein unaufhörliches Prahlen nicht, deshalb legte er ihm einen goldenen Ring um seinen Kopf, um bei ihm nötigenfalls Kopfschmerzen zu verursachen. Sun Wu Kong hätte selbst ein großer Meister werden können, aber er ging statt dessen in die Falle seiner Prahlerei und seines egoistischen Stolzes. Lass diese Legende nicht die Geschichte deiner spirituellen Reise sein!

In Selbstkultivierung sollen wir nie mit den Kräften protzen, die auf dem Weg zu uns kommen. Sie sind alle nur Kinderspiele im Vergleich mit der Kraft, die andere rettet, ohne dass diese sich dessen bewusst sind, gerettet zu sein. Diese Kraft kommt mit deiner eigenen Befreiung. Bedenke doch, dass du nur durch den Empfang der Einweihung schon fünf Generationen deiner Verwandten geholfen hast.

Als wir einst eine 3-Tage Klausur (Retreat) hatten, erklärte die Meisterin den Schülern die übernatürlichen Kräfte. Die sogenannte übernatürliche Kraft bedeutet in Wirklichkeit, die unreine Atmosphäre von jedem Ort, wo wir hingehen, zu reinigen; mit unseren eigenen Händen aus abgelegtem Material eine Vase, aus einer leeren Parzelle ein reiches Feld oder aus einem verdorren Land einen fruchtbaren Obstgarten zu machen. Deswegen könnten wir eigentlich sagen, dass wir während der Klausur viele übernatürliche Kräfte gezeigt haben. Der Tempel, wo die Klausur stattfand, war für längere Zeit nicht sauber gemacht worden und war total schmutzig gewesen. Wir wuschen und reinigten ihn vom Boden bis zum Dach und machten ihn glänzend und sauber. Wir taten dasselbe mit dem Haus, das wir mieteten. Das ist die Wunderkraft, die unsaubere in das saubere zu verwandeln.

Das Haus war für mehrere Jahre leer, draußen wurde es von Unkraut überwuchert, drinnen mit dickem Staub und Spinnweben bedeckt, und überall gab es Glas- und Flaschenscherben. Es war ein großer Wirrwarr! Wir räumten es auf und richteten es so ordentlich und sauber, dass das Haus wieder ein sauberer, prächtiger und angenehmer Ort wurde. Das ist doch die sogenannte große übernatürliche Kraft! Genauso, wenn eine Person, die verzagt und verwirrt zu uns kommt, müssen wir ihr dabei helfen,. Selbstwürde, Vertrauen und Lebenskraft wider zu gewinnen. Das ist eine andere Form von übernatürlicher Kraft, die „Furchtlosigkeitsschenkung" , wegen der Guanyin-Bodhisattva berühmt geworden war.

Die vergangene Buddhas sind gegangen, und die zukünftige sind noch nicht gekommen; lasst uns gegenwärtige Buddhas werden, lasst uns den Weg der Bodhisattvas gehen, anstatt nur vom Buddha zu verlangen; dadurch, dass wir die Rolle des Buddha spielen, können wir nicht nur uns selbst retten, sondern die anderen auch trösten, retten und unterstützen.

Das ist der Buddha, das ist die Kraft des Buddha, die übernatürliche Kraft des Bodhisattva!

Welchen Nutzen habe wir davon, dass wir solche unbedeutenden Kräfte als das „Deva-Auge", die „intuitiven Erkenntnisse von dem Gedanken der anderen" (Gedanken lesen) und ähnliches, haben? Maudgalaputra, einer der zehn Hauptschüler Buddhas, trotz seines Besitz vieler Arten von übernatürlichen Kräften, war nicht in der Lage sie zu benutzen, als seine karmischen Hindernisse auftraten. Obwohl der Buddha ihn oft davor gewarnt hatte, benutzte er immer wieder seine Kräfte und prahlte auch damit, wo immer er ging, deshalb wurde er schließlich getötet. Die Warnungen des Buddha gelten noch für unsere Gesellschaft. Zu viele Prahlerei der eigener Leistung' auch wenn sie wahr ist, wird trotzdem bei anderen Antipathie erwecken:.

Aber wenn einer Fortschritte bei der Selbstkultivierung und dadurch Wunderkräfte erworben hat, können andere Leute sie trotz seines Schweigens empfinden. Je demütiger ein Praktizierender ist, desto mehr wird er dadurch geehrt. Im Gegenteil, man wird einen verachten, der eine bestimmte innere Stufe erreicht hat aber gern angibt. Deshalb müssen wir solche Wunderkräfte von dem „Deva-Auge" oder der Fähigkeit, „Gedanken zu lesen", unbeachtet lassen; und wenn wir sie haben, sollen wir sie auch nicht gebrauchen, um Wahrsagungen oder ähnliches zu machen, da sie aus gut fortschrittlichen Übungen natürlich entstehen.

Zum Beispiel könntest du vorhersehen, dass jemand morgen' sterben würde, würde es dir von großem Nutzen sein, wenn du es ihm jetzt sagst?

Wie würde es dir nützen, wenn du weiß, dass jemand an etwas Schlimmes.

von dir denkt, z.B. dich verflucht? Würde es deinem Herzen weh tun?

Welche Bedeutung hat es, wenn du weißt, dass eine Person eine andere mag? Sie haben sich schon gemocht, mit oder ohne deine psychische Vorhersage. Welchen Nutzen gibt es, Berge zu versetzen oder das Wasser im Meer rückwärts fließen zu lassen? Der Berg ist schon da, und außerdem wird er nicht unbedingt von den Bewohnern am neuen Ort akzeptiert.

Vielleicht verursachst du nur Unannehmlichkeiten.

Benutze deine Energie nicht, um Kranke zu heilen. Vielleicht kannst du jemanden für eine Weile heilen, aber er wird dieselbe Krankheit später wieder bekommen. Solche Wunderheilungen kann die Dinge nur neu ordnen, aber sie können nicht das, was das Karma hervorgerufen hat, löschen.

Mische dich nicht mit dem ein, was natürlich ist. Wir wurden geboren, werden alt, krank und dann werden wir sterben. Das ist eben das Leben!

Krank zu sein kann tatsächlich eine gesegnete Belohnung; sein, denn sie räumen karmische Hindernisse weg und begleichen karmische. Schulden.

Das Leiden in Krankheit kann uns motivieren Selbstkultivierung zu beginnen, und dadurch werden wir die wahre innere Kraft finden, um uns dann für immer zu heilen. Nimm den anderen nicht diese günstigen Gelegenheiten, nur weil du mit deinen Heilungskräften protzen möchtest.

Vielleicht wäre es besser, den Kranken zu raten, die Guanyin-Methode selbst zu lernen.

Es gab viele Leute, die zur Meisterin kamen, um sie darum zu bitten, Geister wegzutreiben. Sie antwortete, dass sie keine »Polizistin für Geisterangelegenheiten „ sei. Wenn du von Geistern beunruhigt wirst, dann sollst du das akzeptieren, denn du hast dir diese Lage geschaffen. Wenn du sie loswerden willst, dann sollst du fleißig üben, bis sie von deiner Praxis beeinflusst werden und dich von allein verlassen wollen. Meistens haben die Schüler keine Geister mehr, ausgenommen denen, die mit schwer karmischen Hindernissen verbunden sind. Wenn du deine Praxis weitermachst, dann werden irgendwelche Geister, die bei dir geblieben sind, entweder berührt und fangen an, sich zu verbessern und dann gute Geister zu werden, oder sie sind nicht in der Lage, deine Kraft zu widerstehen und werden dann gezwungen, dich zu verlassen..Für dich als ein Praktizierender ist es am wichtigsten Barmherzigkeit und Geduld zu haben, und nicht nur mit der Intervention der Meisterin zu rechnen. Die Meisterin hat ihren Schülern gesagt, sie sollen sich selbst verbessern und das tun, was richtig ist, nicht jedoch Geister vertreiben. Geister sind auch Lebewesen, und sie werden dir helfen und dich respektieren, wenn du ein ethisches Leben führst. Wenn nicht, dann kann dir niemand helfen, nicht einmal Buddha!

Deshalb sollst du niemals mit deinen übernatürlichen Kräften prahlen, die du durch deine Praxis gewonnen hast. Die Pilgerfahrt zur Höchsten Wahrheit ist lang, ausgestreckt, unendlich und als grenzenlos als das Erlangen der inneren Stufen. Wie leicht ist es, „Buddhaschaft zu erlangen" auszusprechen als tatsächlich das zu erreichen! Wenn du Buddhaschaft erlangt hast, ist das nicht der Rede wert, weil es wirklich „nichts" ist. Wenn du versuchst, jemandem, der sich auf einer höheren Stufe befindet, deine inneren Erfahrungen mitzuteilen, wird er sich über dich lustig machen; und wenn du es jemandem erzählst, der nicht praktiziert, dann wird er nicht die geringste Ahnung davon haben, was du eigentlich sagen willst. Was du auch über deine innere Erfahrungen sagst, das wird keinem gut tun, und es wird dir wahrscheinlich Unbehagen bereiten. Protze also weder mit deinen Wunderkräften, noch solltest du eine arrogante Haltung annehmen. Erzähle keinem außer der Meisterin über deiner Erfahrungen mit der Praxis.

HINDERNISSE IN DER FAMILIE

Shakyamuni Buddha war der Höchste, aber sein Cousin, Devadatta, verleumdete ihn, widerstand ihm, und versuchte, ihm durch falsche Beschuldigung zu schaden. Siehe deine eigene Familie an. Es wäre großartig, wenn sie die Selbstkultivierung zusammen mit dir praktizieren würden, aber wenn sie dich an deinen Übungen stören oder hindern, dann sollst du dich darüber auch nicht ärgern. Als ein Praktizierender sollst du weder mit Zorn oder Ignoranz reagieren, noch sollst du versuchen, sie zu retten oder sie zu deiner Praxis zu bekehren. Es ist kaum möglich! Stattdessen sollst du dir merken, dass selbst wenn sie gegen dich sind, sind sie noch immer deine lieben Angehörigen, die alle Nutzen aus deiner fleißigen Praxis ziehen werden. Es ist nicht möglich für sie, den gleichen Pfad mit dir zu gehen, denn ihre inneren spirituellen Stufen sind von deiner verschieden, selbst wenn du ihnen auf der körperlichen Stufe sehr nah bist. Sie könnten sich immer noch in dem für immer wiederkehrenden Kreislauf von Tod und Wiedergeburt tummeln, wenn du die Buddhaschaft erlangst, aber die aus deiner Praxis stammenden Verdienste werden ihre Leiden verringern und ihnen zu ihrer Wiedergeburt als gute Menschen verhelfen, die Gelegenheit haben, sich unter der Führung eines guten Meisters zu kultivieren. Deshalb ist es am besten, dass du nicht in die Augen der anderen sondern in ihr Weisheitsauge siehst. Das ist bei den von euch nützlich. Denn wenn du direkt in. Ihre Augen siehst, wirst du ihre karmischen Hindernisse aufnehmen.

In der Tat ist es sehr Üblich für neue Schüler, von Familienangehörigen gehindert zu werden. Deine Frau könnte dein vegetarisches Essen nicht kochen wollen, oder dein Mann könnte vehement gegen deine vegetarische Ernährung sein. Wenn dem so sei, könnte es notwendig für dich sein, dein eigenes Essen selbst vorzubereiten. Rezitiere während der Vorbereitung die fünf Namen oder höre die Vorträgen der Meisterin auf den Tonbändern zu, dann wirst du finden, dass das vorbereitete Essen besonders gut schmeckt, weil es die Segnung der Meisterin in sich aufgenommen hat. Sie oder er könnte sich viel in Charakter verändern, abnorm benehmen, um deine neue Praxis zu stoppen, oder sogar dich bedrohen. Das kann auch deinen Eltern, Brüdern, Schwestern, oder engen Freunden vorkommen. Sie verstehen nicht, und wollen, dass du so bleibst, wie du für sie warst. Du muss viel Mut haben, um all diese Hindernisse zu überwinden. Sei vorsichtig gehe immer mit Vorsicht, Liebe und Geduld mit allen Umständen um.

DIE VEGETARISCHE ERNÄHRUNG

Die verlangte Ernährung für diese Übung wird lacto-vegetarische oder vegetarische Ernährung genannt. Alle Nahrungsmittel vegetarischen oder pflanzlichen Ursprungs sind erlaubt, und alle Nahrungsmittel tierischen Ursprungs sind, mit Ausnahme von Milchprodukten (Milch, Käse, Butter, Joghurt usw.), verboten. Eier, fruchtbare oder unfruchtbare, sind nicht erlaubt. Einige Nahrungsmittel oder Arzneimittel, die tierische oder davon abgeleitete Produkte enthalten, sind, egal wie viel, ebenfalls verboten. Es empfiehlt sich, den Gebrauch von Zwiebel verwandten Gewächsen (Zwiebel, Knoblauch, Lauch, Porree, Schalotte usw.) zu vermeiden, obwohl diese Nahrungsmittel nicht verboten sind.

Wir verlangen, dass du dich ernsthaft zur vegetarischen Ernährung verpflichtest. Die karmischen Hindernisse und vergeltenden Konsequenzen, die vom Fleischessen herrühren, sind schlimmer als du es dir jetzt vorstellen könntest. Nachdem du dich eine Zeitlang vegetarisch ernährt hast, wirst du sehen, wie viel besser du dich fühlst, wie viel leichter deine tägliche Last wird. Wenn du die Gründe für die vegetarische Ernährung nicht verstehst, dann lese bitte das Kapitel: „ Warum vegetarische Ernährung?" in Band 1 oder in dem Freiexemplar nach. Praktische Hilfe beim Einkauf und Kochen von vegetarischen Speisen kannst du in den zahlreichen Büchern und Magazinen über vegetarische Diät finden.

Bitte sei dir bewusst, dass es viele gewöhnliche Nahrungsmittel gibt, die tierische Produkte versteckt enthalten. Fast jedes Gebäck (Kuchen, Kekse, Torten usw.) enthalten Eier. Eier sind auch in bestimmten Arten von Teigwaren, Eis und in vielen anderen Fertiggerichten zu finden. Du musst die Etiketten lesen oder fragen, um es herauszufinden. Andere gewöhnlich versteckte tierische Produkte sind (Schweine) Schmalz in Bohnen mexikanischer Art, Gelatine in allen Kapseln, Lebertran in Vitaminen und hydrolytisches, tierisches Eiweiß in vielen Shampoos. Jeder Genuss von tierischen Produkten, und wenn es auch nur eine ganz kleine Menge ist, ist zu vermeiden. Obwohl du vielleicht nur ein bisschen von der homöopathischen Lösung einiger tierischer Drüsenextrakte aus einem Medikament nimmst, hat es das Tier das Leben gekostet.

Iß kein Gemüse aus einem Fertiggericht mit Fleisch und glaube nicht, dass du dabei die vegetarische Ernährung einhältst. Wenn du einen Fehler machst und aus Versehen etwas isst, was tierische Produkte enthält, sollst du die Zeit für die tägliche Meditation erhöhen. Auch Opfergaben für die Verstorbenen, oder für die Ahnen von deiner Familie oder die sonst jemandem dargebracht wurden, solltest du nicht essen. Da dies deine Kraft ausgleicht und einen schlechten Einfluss auf deine Meditation hat.

MEDITATIONSPRAXIS

Du solltest jeden Tag 2,5 Stunden meditieren, 1,5 Stunden für das Betrachten des Lichts (Guan Guang) und 1 Stunde für das Betrachten der Töne (Guan Yin). Diese 2,5 Stunden stellen nur 10 Prozent der Tageszeit dar, du der Meditation widmest, und 90 Prozent reservierst du für die vergänglich weltliche Existenz lind Schlaf. Grundsätzlich bekommen wir das zurück, was wir hineinstecken. Wenn wir jeden Tag 10 Minuten meditieren, wie können wir da große Fortschritte erwarten? Wenn wir all unsere Zeit und Energie den weltlichen Beschäftigung widmen, wie können wir da himmlischen Lohn erwarten. Es ist sehr logisch, sehr einfach.

Wenn wir auch noch so viel von uns der Welt geben werden wir nichts abschließen, wenn wir von diesem Leben scheiden. Statt der 10 Prozent, die wir für die Selbstkultivierung verbringen bekommen wir 100 Prozent, 1000 Prozent zurückgezahlt. Es ist wie eine Fahrkarte für das „Westliche Reine Land", das „Himmlische Paradies" zu kaufen. Welches ist der vorteilhafteste Weg, unsere Lebenszeit zu verbringen? Hast du jemals jemanden gesehen, der etwas mitnahm, als er die Welt verließ? Alle Menschen kommen mit leeren Händen auf die Welt und verlassen sie auf dieselbe Art und Weise. Eines Tages werden wir diesen Körper nicht mehr haben. Es ist eine günstige Gelegenheit, in einem menschlichen Körper die Selbstkultivierung zu üben, was der schnellste und leichteste Weg ist, durch die Ebenen des Bewusstseins in die Höchsten Reiche der Buddhaschaft fortzuschreiten. Du kannst auch üben, wenn du den Körper verlassen hast, aber es ist nicht mehr dasselbe. Wenn du gegenwärtig einen Körper hast, ist es Zeit, geistliche Fortschritte zu machen. Es ist Schade, dass wir soviel Zeit fürs Nichtstun verschwenden, um nichts anderes als unserem Ende im Kreis nachzujagen, mit dem Glauben, jeden Moment etwas wichtiges zu tun, ohne etwas von Bedeutung hervorzubringen. 2,5 Stunden am Tag ist wirklich das Minimum. Du solltest soviel meditieren wie du kannst, und du wirst mehr meditieren wollen, wenn du mehr Erfahrungen gemacht hast. Versuche das Verhältnis 21\.2 Stunden Guan Guang zu 1 Stunden Guan Yin einzuhalten, wenn du die Meditationszeit verlängern willst. Bevor du Guan Yin meditierst, solltest du mindestens 20 bis 30 Minuten Guan Guang meditieren. Gebrauche eine Uhr, um die genaue Meditationszeit zu kontrollieren, ansonsten kannst du dich selbst betrügen, indem du glaubst du hättest schon eine Stunde meditiert, obwohl es nur 10 Minuten gewesen sind. Dein Verstand wird sich dir widersetzen, indem es sagt: »Ist gut jetzt. Es war eine lange Zeit. Gehe fernsehen. Es ist schon in Ordnung." Dein Verstand lobt dich vielleicht gerade mit folgenden Worten: »Großartiger Praktizierender! Du hast seit langem so gut meditiert, jetzt gehe und ruhe dich aus, und sei nicht so unnachgiebig!" Gebrauche eine Uhr, sie wird dich nicht betrügen.

Wähle eine geeignete Zeit am Tag für deine Meditation. Der frühe Morgen ist meistens gut, weil die meisten unserer Gedanken nach einer nächtlichen Ruhe friedlich geworden sind, und dein Bauch ist leer. Zuerst rüttle deine Müdigkeit aus und mache dich munter, indem du dein Gesicht wäschst, eine rasche Dusche nimmst, einige leichte Übungen ausführst oder, wenn du es bevorzugst, ein bisschen Spazieren gehst. Dann setzt du dich in eine komfortable, entspannte Positur (am besten aufrecht mit einem geraden Rücken) in einem ruhigen Raum, wo dich niemand stören wird. Schließe ganz natürlich die Augen, als würdest du schlafen, aber bleibe wach und munter. Du sollst deine Augen nicht anstrengen oder die Augenpupillen bewegen. Verlagere deine Konzentration nicht auf deine Körpergefühle, deinen Atem oder deinen Herzschlag. Lasse eine der Kassetten der Meisterin laufen, während du meditierst. Ihre Stimme im Hintergrund wird helfen, die Atmosphäre zu reinigen und erheben, und ihre Segnungskraft wird dir bei deiner Meditation helfen. Fühle die Gegenwart der Meisterin. Bete und beginne dann Guan -.Guang.....Sieh ganz natürlich mit deinem in die Mitte der Stirn gerichteten, inneren oder Weisheitsauge an das Zentrum dessen, was vor dir erscheint, .und rezitiere im Geist, sehr langsam einen nach dem. anderen die von der Meisterin gesegneten fünf Namen. Fixiere deinen inneren aufmerksamen Blick ununterbrochen auf die Mitte des „Bildschirmes" vor dir, egal ob es Dunkelheit oder Licht ist. Bleibe entspannt und fühle die Kraft der Meisterin in dir. Was vor dir erscheint, kann sich vielleicht ändern. Das Licht könnte erscheinen, unbeweglich, und dann heller werden. Es könnte schließlich aufgehen, um dir einen Weg zum Durchgehen zu geben. Oder es geschieht sehr wenig. Egal was auch immer passiert; musst du das Zentrum des Lichts anstarren, sei es die Sonne, Sterne, der Mond, das Auge usw. Mache Guan Guang für mindestens eine halbe Stunde, danach kannst du vielleicht mit Guan Yin weitermachen oder mit Guan Guang fortfahren.

Während du dem inneren Ton zuhörst, nimm die Handhaltung an, die dir beigebracht wurde. Lasse niemanden sehen, wie du Guan Yin machst. Es ist das beste, wenn du in einem geschlossenem Raum sein kannst, wo niemand eindringen könnte. Es ist auch empfehlenswert, dich mit einer Decke oder einem Handtuch zu verdecken, während du Guan Yin meditierst. Eine aufrechte Positur mit einem geraden Rücken ist die beste, aber jede andere kann auch gewählt werden. Rezitiere während der Betrachtung der Töne nicht die fünf Namen und fixiere nicht deinen inneren Blick. Größte Aufmerksamkeit soll auf den Klangstrom verwendet werden, der von oben, vom inneren, „dritten" oder Weisheitsauge oder von der rechten Seite kommen. Der Ton könnte zuerst nur hörbar, dann näher werden und schließlich von oben kommen. Folge dem Ton nicht mit deinem Geist, um herauszufinden, woher er kommt. Lass dich nicht vom Ton ablenken. Dieser immerwährende Ton ist der „Hörbare Lebensstrom" oder „das Wort" in der Bibel, und ist tatsächlich die Meisterkraft, die immer in dir weilt. Höre nie irgendeinem der von der linken oder von hinten kommenden Töne zu. Wenn diese Töne dir lästig werden, versuche dann deine linke Seite zu lockern oder die fünf Namen zu rezitieren, bis sie sich beruhigen, dann kannst du normal Guan Yin weitermachen. Du kannst Guan Yin mit Guan Guang abwechseln, aber praktiziere beide nicht gleichzeitig.

Wenn du richtig meditierst, wirst du dich erfrischt und energisch und nicht erschöpft oder müde fühlen. Bitte deinen. inneren .Höchsten ..Meister um Hilfe, wenn du dich nach der Meditation doch beständig müde fühlst

Meditiere zehn oder zwanzig Minuten vor dem Schlafengehen und konzentriere deine Aufmerksamkeit auf dein Weisheitsauge, auch wenn du dich hinlegst. In dieser Weise kannst du einen Meditationszustand für die ganze Nacht aufrechterhalten.

Nutze die Gruppenmeditation mit anderen Guanyin-Praktizierenden aus, wenn es möglich ist. Es gibt viel Kraft bei solchen gemeinsamen Meditationen. Auch wenn nur zwei Eingeweihte zusammen meditieren, erzeugen sie zweimal mehr Kraft als nur einer. Du kannst deiner üblichen Praxis mehr Meditationszeit dadurch beifügen, dass du von den überzählig freien Momenten, die während des Tages auftreten, Gebrauch machen, z.B. du kannst Guan Guang während einer Busfahrt üben. Du kannst auch davon Nutzen ziehen, dass du während deiner täglichen Aktivitäten die fünf Namen schweigend rezitierst und dass du aus deinem Weisheitsauge zu schauen versuchst, auch wenn deine physische Augen noch geöffnet sind. Das ist eine Form von Meditation und kann den ganzen Tag lang ununterbrochen praktiziert werden, egal ob du gerade isst, Spazieren gehst, arbeitest oder selbst dann, wenn du in der Toilette sitzt... Das stillschweigende Rezitieren der Fünf Namen wird dich und deine Tätigkeiten reinigen, und dich vor negativen Einflüssen bewahren.. Spreche jedoch die Fünf Namen nie vor jemandem aus, der noch nicht eingeweiht worden ist, wiederhole sie niemals am Telefon, und schreibe oder nimm sie niemals auf. Besreche niemals deine Meditationserfahrungen mit jemandem, egal ob er eingeweiht worden ist oder nicht, außer, wenn die Meisterin dir dazu die Erlaubnis gibt. Lasse die Kassette von einer Rede der Meisterin, wenn es nötig ist, laufen, um die Unterstützung von der gesegneten Kraft der Meisterin während oder vor der Meditation zu bekommen, um eine ideale Atmosphäre zu haben.

DIE MEISTERIN

Wenn die Meisterin Ching Hai dich einweiht, nimmt sie dich damit als spirituellen Schüler an. Du schuldest ihr dafür nichts, außer dass du dir selbst widmest und dich entwickelst. Wenn du während deiner Meditationsübung auf Hindernisse oder Probleme stößt, solltest du zuerst deinem innerem Meister um Hilfe bitten. Wenn du durch deinen Fleiß und Aufrichtigkeit bei der Übung deine innere Kraft entwickelst und du dir der Kraft der Meisterin und ihres Transformationskörpers bewusster wirst, wirst du dich mehr und mehr auf diese Quelle für Hilfe verlassen. Wenn du bis dahin wirklich einen Rat brauchst, kannst du der Meisterin schreiben oder bei den Nonnen oder Mönchen Hilfe einholen.

Die Kraft der Meisterin kann von innen zu dir fließen, aus ihrem physischen Körper, und von allem, das von ihr kommt, einschließlich ihres Blickes, ihrer Berührung, ihrer Stimme, ihrer Wörter, oder Blumen, Früchte, Süßigkeiten oder etwas anderes, das sie dir gibt. Teile diese Dinge (Früchte, Blumen, Geschenke usw.) nicht (auch nicht zufälligerweise) mit Freunden, der Familie, Kollegen oder anderen, denn sie könnten vielleicht die Kraft der Meisterin nicht ertragen. Auch in den Büchern, Kassetten, Videokassetten und Bildern der Meisterin ist diese Kraft vorhanden. Nutze diese Kraftträger der Meisterin aus. Höre ihre Kassetten, siehe ihre Videokassetten an und lies ihre Bücher so oft wie möglich. Du könntest einige Bilder der Meisterin zu Hause aufstellen oder den ganzen Tag ein kleines Foto von ihr bei dir tragen. Die Eingeweihten fanden, dass das eine immense Hilfe für sie ist.

Den Kassetten zuzuhören oder die Videofilmen anzusehen, erlaubt dir, die Kraft der Meisterin durch ihre Stimme und ihr Bild zu erhalten, während du auch die wichtigen Lehren zuhörst. Je mehr du von ihnen Gebrauch machst, desto besser. Je größere Aufmerksamkeit du darauf schenkst, desto mehr wirst du erhalten und verstehen. Während du den Kassetten der Meisterin zuhörst oder ihre Videokassetten ansiehst, solltest du versuchen, deine Gedanken nicht schweifen zu lassen, und dich auch nicht mit unnötigen Gesprächen beschäftigen. Es ist auch gut während anderer Beschäftigungen die Kassetten laufen zu lassen. Mit der Stimme der Meisterin im Hintergrund wird es helfen, die Atmosphäre zu reinigen und zu erheben.

Wenn sich die Meisterin an deinem Ort befindet, dann solltest du so oft wie möglich zu ihr gehen und sie sehen. Wenn du in ihrer Nähe bist, wirst du die geheimnisvolle, gesegnete Kraft von dem unbegrenzten »Magnetfeld" der Meisterin erhalten, und es wird dir bei deiner Meditationsübung von Nutzen sein. Wenn du in ihrer Nähe bist, solltest du in ihre Augen sehen, um die größte gesegnete Kraft zu erhalten. Nachdem du an einer der Vorträge oder Gruppenmeditationen usw. teilgenommen hast, solltest du still bleiben, nach Hause gehen, und meditieren, um die gesegnete Kraft, die du erhalten hattest, zu aufrechtzuerhalten.

Die folgenden Beispiele sind Möglichkeiten, der Meisterin die Ehre zu erweisen:

1) Während du mit der Meisterin redest, solltest du einen Abstand von 3 bis 5 Schritten einhalten und die Hände ehrfurchtsvoll zusammenfalten.

2) Vermeide es, direkt vor der Meisterin zu stehen. Da sind viele unsichtbare Lebewesen, die auch die Meisterin sehen wollen.

3) Beantworte jede Frage der Meisterin, und mische dich nicht in die Gespräche der Meisterin mit anderen Menschen ein.

4) Achte auf dein Benehmen. Sei höflich. Mache keinen unnötigen Lärm, und verursache keine Atmosphäre voll Geschwätz.

5) Frage die Meisterin nichts, was nicht die spirituelle Übung und Befreiung betrifft.

6) Nimm alles, was die Meisterin dir gibt, ehrfurchtsvoll mit beiden Händen an.

Alle Schüler, Schülerinnen der Meisterin sind in ihren Augen gleich.

Es ist ihr egal, was du bist, aber sie interessiert sich dafür, ob du fleißig in der Praxis bist, die fünf Gebote und die vegetarische Ernährung einhälst, ein barmherziges Gemüt besitzt, ein einfaches und reines Leben führst, und ihren Anweisungen folgst. Der Meisterin ist es auch egal, ob du dich vor ihr niederwirfst oder etwas bringst, weil sie weiß, dass diese Dinge keinen wirklich bedeutenden Verehrungswert haben. Es ist leicht, ein Geschenk zu geben, wenn man viel Geld hat, und es ist auch einfach sich niederzuwerfen, wenn man so etwas kann, aber es ist nicht leicht, den Anweisungen der Meisterin zu folgen und ihre Methode zu praktizieren. Viele Leute huldigen der Meisterin, nicht weil sie sie achten, sondern aus Gewohnheit einer bestimmten Tradition, oder sie wollen eine gesegnete Belohnung erhalten. Weil du dich gerade auf dem Pfad des „Nie-Zurückkehrens" befindest, der uns zur Entfaltung des inneren Ichs, zur Erkenntnis der Kraft Gottes und zur Rückkehr zu unserer wahren Natur führt, solltest du andere Menschen nicht darum bitten, dich zu segnen, indem sie deinen Kopf berühren oder du dich vor ihnen niederwirfst. Wenn es jedoch eine vorherrschende Sitte ist, Segnung in dieser Art und Weise zu bekommen, dann tue so, als ob es die Meisterin wäre, der du dich unterwirfst und von der du die Segnung erhältst. Ansonsten wird dein Niveau erniedrigt.

Bitte sei dir bewusst, dass du jedes mal, wenn du die Meisterin besuchst, all deine karmischen Hindernisse mitbringst, auch solche, die du von anderen Menschen aufnimmst. Dies alles geht zu der Meisterin über. Das ist der Grund, warum sie sich selbst als „Müllsammler" bezeichnet. Es ist gut die Meisterin oft zu besuchen und in ihrer Nähe zu sein, aber nur zu kommen, um die Segnung der Meisterin zu erhalten, ohne aufrichtig und fleißig in der Übung zu sein, ist unfair und in Wirklichkeit eine Art von Stehlen. Die grenzenlose Kraft der Meisterin kommt von ihren Lebenszeiten aus Größtem Opfer und fleißiger Übung der Meisterin. Es ist wegen der Segnung der Meisterin für die Fünf Namen und die Guanyin-Methode, dass wir von ihnen profitieren können. Wenn du dich selbst verwandeln und den Nutzen der Guanyin-Methode und der Kraft der Meisterin verwirklichen möchtest, musst du bei deiner Übung aufrichtig und fleißig sein.

Wenn wir sporadisch oder jeden Tag nur ein paar Minuten meditieren, wie können wir da große Fortschritte erwarten. Je mehr wir die Träger der Kraft der Meisterin (d.h. Videokassetten, Kassetten, Bücher usw.) gebrauchen, desto besser. Du solltest die Zeit mit der Meisterin hoch achten und schätzen; vergeude oder missbrauche sie nicht.

Deine Einweihung hat dazu beigetragen, dass deine Verwandten von fünf Generationen befreit werden. Die Meisterin trägt die ganze Zeit eine schwere Last von karmischen Hindernissen vieler Lebewesen. Es zeigt sich an ihrem Körper als blaue Flecken, Geschwülste, allgemeine Schwächen und fast fortwährende Schmerzen. Obwohl heiße Kompressen, Massage usw. einigermaßen ihre Schmerzen erleichtert, gibt es in dieser Welt wirklich kein Heilmittel für die Krankheiten der Meisterin. Nur ein Teil der Krankheit der Meisterin fällt diejenigen auf, die in ihrer Nähe sind, während ein Teil der Krankheit der Meisterin aus unsichtbaren Leiden besteht, das nur durch das himmlische Auge gesehen werden kann. Die Meisterin sagt oft: „Niemand kann wahrhaftig das Niveau eines wahren Meisters oder einer wahren Meisterin, und den Druck, der ihm oder ihr gegeben wird, verstehen. Was man aus Erscheinungen erzählen kann, ist sehr wenig und begrenzt, weil man es nur mit dem begrenzten Augen ‚sieht', und mit dem begrenzten menschlichen Gehirn ‚denkt'. Deshalb ist seit uralter Zeit ein wahrer Meister bzw. eine wahre Meisterin ein einsamer Mensch, und niemand kann ihn bzw. sie wirklich verstehen." Die Meisterin sagt es dir nicht, um deine Sympathie zu gewinnen. Es ist sehr typisch für sie, dass sie dir Dinge erzählt, damit du sie vielleicht verstehst. Wenn du ihr eine Hilfe sein willst, musst du aufrichtig und fleißig üben, und zu deiner eigenen Kraft schnell vorwärts zu schreiten. Lasse dich von niemandem absichtlich auf dem Kopf berühren, um dich zu segnen, ansonsten heißt es, dass du zugibst, dass dein Niveau niedriger ist als sein. Nur deine eigene Meisterin sollte dich segnen. Auf den Weg des nie-zurückkehrenden Bodhisattvas solltest du dich nicht einfach vor anderen niederwerfen. Im Falle eines Zwanges gemäß eines verbreitenden Brauches, stelle dir vor, dass es die Meisterin ist, der du dich unterwirfst, ansonsten wird sich dein Niveau erniedrigen.

Ein Muster des geistlichen Tagebuches ist am Ende des Buches beigefügt. Du solltest Kopien davon machen und für jeden Monat eine Kopie benutzen oder du führst nach Belieben irgendeine Art von Tagebüchern.

Das Tagebuch ist dazu da, um dir bei deinen Selbstbeobachtungen zu helfen, und um dir deine Fortschritte ersichtlich zu machen. Um das Tagebuch zu benutzen, setze ein Häkchen in das zugehörige Kästchen für jedes am Tage beobachtete Vergehen ein. Bemerke bitte bei dem Kästchen für selbstlose Hilfe, dass du es erst dann markierst, wenn du diesen Rat nicht befolgst. In dem Kästchen für Meditation trage bitte die Anzahl der Stunden an, in der du welche Meditationsübung ausführst. Die vervollständigten Blätter der monatlichen Tagebücher kannst du nach Belieben an die Meisterin schicken, oder für den eigenen Gebrauch behalten.

Auf den Ton meditierenden Bodhisattvas

Boddhisattva Cintamanicakra

Bodhisattva Danasamvibhagaratah

4.7.2007 Ich habe diesen Wikipedia Artikel ins deutsche übersetzt und hoffe damit etwas mehr „Klarheit" bringen zu können,insbesondere in Bezug zu der menschlichen Suche nach mehr Wahrheit und Entwicklung und zwar „In sich selber" auf diesem spirituellen menschlichen erdlichen Weg hier in diesem Sonnensystem oder Universum. Wenn Gott das Göttliche, Wahrheit ist, und die Wissenschaftler schreien, das Gott nicht bewiesen werden kann, so bedeutet das nicht im geringsten, das es das Göttliche nicht gibt, eher das die Wissenschaftler nix wissen. Diese Meister alle Meister alle echten Sat Gurus und Buddhas und Avatare und selbst du selber weißt dass das Göttliche existent ist, sonst wärst du nämlich nicht existent. Ohne Chefkonstrukteur kein Höhlenausbau ohne Werkzeugmeister keine Werkzeuge ohne Lügner keine Lüge ohne Verneiner keine Verneinung. Das Göttliche vertritt als Vater die Materie als Sohn die Energie und als Heiliger Geist den Geist guthin. Demnach wäre das Göttliche nicht nur Geist, sondern alles was unsere Welt ausmacht. Und was wärst du dann oder der Wissenschaftler ? Buddha beschreibt im Surangama Sutra ganz subtil ganz unauffällig so nebenbei als er über die Elemente palavert das die Elemente selbst der Buddha sind. Und jemand der in der inneren Arbeit so weit vorangekommen ist wie er, der wird das schon nicht nur so dahingelabert haben.

W.Schorat

Bad Zwesten Heinrich-Heine Strasse 17

Prajapatir vai stimmen asit Tasya vak dvitiya asit Vak vai Paramam Brahma idam-ab (von den Veden)

Am Anfang war <u>Prajapati</u> **(der Schöpfer), Mit Ihm war** <u>Vak</u> **(das Wort), Und der Vak (das Wort) war wahrlich das Höchste** <u>Brahma</u>**.**

Sant Mat - **aus Wikipedia, der freien Enzyklopädie**

Sant Mat bedeutet „Weg der <u>Sants</u>" oder „Pfad der Meister" und ist ein Synonym für <u>Surat Shabd Yoga</u>. Er wurde unter anderen von den <u>Gurus</u> gelehrt, auf die sich auch der <u>Sikhismus</u> beruft.

Die Lehre von Sant Mat

Nach der Lehre von Sant Mat ist für die spirituelle Praxis ein lebender, vollkommener <u>Meister</u> Voraussetzung. Durch ihn können zu jeder Zeit die <u>Seelen</u> in der Welt, die sich nach der Rückkehr zu Gott, ihrem Ursprung sehnen, die Rückkehr in ihre wahre Heimat antreten.

Die Praxis von Sant Mat ruht auf vier Säulen:

- Dem lebenden vollkommenen Meister und seinen <u>Satsangs</u>

- Der <u>Meditation</u> auf das innere Licht und den inneren Ton.

- Dem moralisch einwandfreien Leben (u.a. die Einhaltung einer <u>lacto-vegetarischen</u> Ernährungsweise)

- Dem selbstlosen Dienen

Ein „Sant", <u>Heiliger</u> oder Meister des Sant Mat, sieht sich selbst als reines Werkzeug des göttlichen Willens, der göttlichen Weisheit und der göttlichen Liebe. Gott, der als reine Energie auf einem sehr hohen Bewusstseinszustand existiert, wird durch die Seele eines vollkommenen Meisters, die auf dem selben Energieniveau existiert, befähigt, mit den Menschen in Kontakt zu treten und in der Welt zu agieren. Der lebende vollkommene Meister befreit die ihm zugewiesenen Seelen vom Leide materieller Verhaftung und führt sie zurück zu Gott.

Gott möchte durch seinen lebenden kompetenten Meister alle Seelen vom Leid materieller Anhaftung befreien. Nach der Lehre von Sant Mat hat es zu jeder Zeit zumindest einen solchen Meister oder Gott-Menschen gegeben.

Sant Mat und andere Religionen

Sant Mat betrachtet bestehende Religionen als die Hinterlassenschaft eines gestorbenen kompetenten Meisters. Zur Wirkenszeit des jeweiligen Meisters habe Gott die suchenden Seelen spirituell erlöst und dabei die Spiritualität angepasst an kulturelle und klimatische Gegebenheiten. Nach dem Ableben des kompetenten Meisters seien die zur Wirkenszeit des Meisters geschaffenen Anpassungen der Spiritualität von deren Anhängern schriftlich fixiert und dogmatisiert worden. Auf diese Weise seien im Laufe der Zeit aus ursprünglich von Gott inspirierten Empfehlungen sich widersprechende Dogmen geworden, mit allen Schwierigkeiten die sich daraus ergeben können.

Die spirituelle Aufgabe sei zwar nach dem Ableben des Meisters auf einen anderen Menschen übertragen, aber dies geschieht meistens im Verborgenen. Daher habe jede Religion einen wahren Kern und ein lebender kompetenter Meister könne jedem Suchenden helfen, mit der ursprünglichen Essenz aller Religionen in Verbindung zu treten.

Radhasoami - aus Wikipedia, der freien Enzyklopädie

Radhasoami (gesprochen Radhaswami) ist der Name Gottes in der Radhasoami-Religion. Sie ist eine monotheistische Religion, die dem Sikhismus verwandt ist. Ihre Anhänger berufen sich auf Shiv Dayal Singh, genannt *Soamiji Maharaj* (1818 - 1878). Ihr gehören heute weltweit etwa 2 Millionen Mitglieder an.

Der Radhasoami-Glaube ist eine Ausprägung des Sant Mat und eng verwandt mit den Lehren von Kabir Sahib, Guru Nanak und anderen. Das Kastenwesen und der Pantheon des Hinduismus werden abgelehnt. Zu den Radhasoami-Glaubensgrundlehren gehören die Existenz Gottes, die Einheit der Essenz Gottes mit der Seele des Menschen, und der Glaube an ein Weiterleben nach dem Tod. Der Mensch besteht nach der Glaubenslehre aus den drei Teilen Körper, Geist und Seele, wobei die ersten beiden sterblich, die Seele jedoch unsterblich ist. Da die Essenz der menschlichen Seele (Atman) mit der Essenz Gottes (*Param Atman*) gleich ist, stellt der Mensch eine mikrokosmische Abbildung der gesamten Schöpfung dar.

Typisch für die Radhasoami-Tradition ist die Guruverehrung. Es wird geglaubt, dass Gott (Radhasoami) von Zeit zu Zeit heilige und erleuchtete Seelen auf die Erde sendet, um die Menschen in spirituellen Dingen zu unterweisen. Sehr wichtig in dieser Religion ist daher die Abfolge der „lebenden Meister" (*Sant Satgurus*) - gewissermaßen vergleichbar mit der Abfolge der Päpste im Katholizismus. Der Religionsgründer Shiv Dayal Singh wird als Inkarnation Radhasoamis angesehen. Als er 1878 starb, hatte er bereits mehrere Tausend Anhänger, aber keinen designierten Nachfolger. Unter seinen Schülern taten sich mehrere als Nachfolger hervor und sechs davon trugen die Religion erfolgreich in getrennten Zweigen weiter. Der Zweig mit den heute meisten Anhängern ist der von Baba Jaimal Singh Ji Maharaj (auch *Babaji Maharaj* genannt), der seinen Satsang in Beas, Punjab gründete. Ein anderer Zweig beruht auf dem Nachfolger Raj Saligram und behielt sein Zentrum in der Stadt Agra.

Radhasoami-Satsangis leben streng lacto-vegetarisch und sehen als das Hauptziel des Menschen seine spirituelle Entwicklung an. Sie lehnen außer dem Konsum von Fleisch und Eiern auch Alkohol und jegliche Rauschmittel ab. Um vom Ziel der spirituellen Entwicklung nicht abzulenken, soll weltlicher Besitz auf das Notwendigste beschränkt werden. Es werden unterschiedliche Meditationstechniken praktiziert.

Satsang - aus Wikipedia, der freien Enzyklopädie

Satsang (Sanskrit, m., सत्सङ्ग, satsaṅga, Hindi, m., सत्संग , satsaṅg, von *sat* = wahr, *sanga* = Umgang) bezeichnet in der indischen Philosophie und in den daraus abgeleiteten spirituellen Lehren ein Zusammensein von Menschen, die durch gemeinsames Hören, Reden, Nachdenken und Versenkung in die Lehre nach der höchsten Einsicht streben. Speziell im Advaita Vedanta gilt es als notwendig, dass man die als Wahrheit bezeichnete Lehre hört und sie reflektiert.

Definition

Insbesondere bezeichnet „Satsang" ein Zusammentreffen mit einem spirituellen Lehrer („Meister"), der als „erleuchtet" oder „erwacht" gilt. Satsang kann geben, wer Schüler findet, die ihn als solchen Lehrer anerkennen und bereit sind, sich von ihm inspirieren zu lassen. Zum Teil verbinden die heute im Westen zahlreich anzutreffenden Lehrer auch traditionelle östliche Lehren mit modernen psychologischen Methoden. Während des Satsangs stellen die Schüler in der Regel Fragen, auf die der Lehrer antwortet. Satsangs können außerdem auch Elemente wie kurze Vorträge des Meisters, gemeinsame Meditation, Rezitation oder Ähnliches enthalten. Der Sinn des Satsangs besteht nicht in erster Linie in der Vermittlung einer „Lehre" (insofern ist der Begriff „Lehrer" missverständlich), sondern darin, dass die Schüler durch das unmittelbare Erleben der Präsenz des Lehrers in einer Art Resonanz-Phänomen selbst zur Erfahrung ihrer ursprünglichen Natur gelangen sollen. Die Gemeinschaft mit anderen Suchenden soll dabei zusätzlich unterstützend wirken. Die Teilnehmer an Satsangs werden auch Satsangi genannt.

Satsang im Westen In den Veranstaltungen der zeitgenössischen westlichen Satsang-Bewegung sind die strengen Erwartungen traditioneller Advaita-Lehrer an die Schülerschaft aufgehoben.Im Gegensatz zum klassischen Advaita Shankaras werden die Lehren der „höchsten Erkenntnis" direkt und ohne vorherige Übungen gegeben. Dies wird von den Lehrern damit erklärt, dass solche Vorübungen für das Erreichen des angestrebten Zustandes unnötig seien: Erleuchtung sei jenseits aller Bedingungen und Zustände die immer schon vorhandene Wahrheit. Demnach bestehe die Aufgabe des Meisters auch nicht darin, zielorientierte Lehren oder Methoden zu vermitteln - er oder sie werde vielmehr den Suchenden einen Perspektiv-Wechsels nahe legen und sie darauf hinweisen, dass sie bereits frei seien. Die meisten Satsang-Lehrer versuchen diese Erkenntnis durch Aufforderungen wie „in den Moment stoppen", oder „bedingungslos die Gefühle fühlen" herbei zu führen. Weil dieses Üben auf ein direktes Erleben von Freiheit in der Gegenwart ausgerichtet sei, könne man nicht von einer „Technik" mit einem in die Zukunft projizierten Ziel reden. Die weltweit schnell wachsende „Satsang-Bewegung" geht in erster Linie auf den 1997 verstorbenen Inder H. W. L. Poonja zurück, einen Schüler von Ramana Maharshi.

- M. Utsch: *Die Satsang-Bewegung.* In: *Panorama der neuen Religiosität,* hg. v. R. Hempelmann u.a., Gütersloh 2001, S. 192-199

- L. Frisk: *The Satsang Network. A Growing Post-Osho Phenomenon.* In: *Nova Religio* 6/2 (2002), S. 64-85

- Dietmar Bittrich: *Die Erleuchteten kommen. Satsang: Antworten auf die wichtigsten Fragen des Lebens.* Goldmann, ISBN 9783442216123

- Pyar Troll: *Satsang. Die spirituelle Suche nach Wahrheit und Erkenntnis.* Hugendubel, München 2006 ISBN-13: 978-3-7205-2831-3

Shiv Dayal Singh - **aus Wikipedia, der freien Enzyklopädie**

Shiv Dayal Singh (* 25. August 1818, † 15. Juni 1878) war ein indischer Mystiker und wird von seinen Anhängern als Meister des Sant Mat angesehen. Sie nennen ihn **Soamiji Maharaj**, **Soamiji von Agra** oder **Swami Shiv Dayal Singh Ji Maharaj**.

Er war Schüler von Guru Tulsi Sahib und wirkte ab 1861 in Agra (Indien) als dessen Nachfolger.

Die Anhänger der Radhasoami-Religion berufen sich auf ihn.

Thakar Singh - **aus Wikipedia, der freien Enzyklopädie**

Thakar Singh (* 26. März 1929 in Kalra, Punjab, Indien; † 6. März 2005 in Chandigarh) wird von seinen Schülern als spiritueller Meister des Sant Mat und als Nachfolger von Sant Kirpal Singh betrachtet. Er wird von ihnen deshalb Sant **Thakar Singh** genannt.

Biografische Daten

Thakar Singh wurde geboren am 26. März 1929 im Dorf Kalra im Punjab. Im Alter von 22 heiratete der studierte Bauingenieur und arbeitete bis zu seiner Frühpension im Jahre 1976 bei der indischen Regierung als Wasserbauingenieur. Als geborener und praktizierender Sikh lehrte er unter anderem bis zum Alter von 36 Jahren die Inhalte des Adi Granth.

Anspruch spiritueller Kompetenz

Im Jahre 1965 erhielt er die Initiation (Einführung in die Meditation auf Licht und Ton im Inneren) von einem lebenden kompetenten Meister des Sant Mat, Sant Kirpal Singh. Als Initiation wird nach der Lehre von Sant Mat die Einführung in die Meditationstechnik bezeichnet, bei der die Seele mit der Überseele bzw. dem Göttlichen verbunden wird.

Nach dem Ableben von Sant Kirpal Singh im Jahr 1974 erhoben verschiedene Personen den Anspruch der spirituellen Nachfolge. Thakar Singh war einer davon.

Thakar Singh wird von seinen Anhängern als Beispiel für spirituelle Vollkommenheit angesehen. Er versprach konfessionsunabhängig Gottsuchenden eine unmittelbare innere Erfahrung des Göttlichen und verlangte dafür zu keinem Zeitpunkt Geld für sich selbst oder seine Organisation.

In Indien zählt die Anzahl der Anhänger von Thakar Singh schätzungsweise 2 Mio. und es gibt ca. 250 Zentren.

Im deutschsprachigen Raum wird die Anzahl seiner Anhänger auf ca. 60.000 geschätzt und es existieren 5 Zentren und ca. 50 lokale Meditationsgruppen. Eine solche Meditationsgruppe besteht aus 2-40 Leuten, die sich regelmäßig zur gemeinsamen Meditation treffen. Diese Gruppentreffen werden auch Satsang genannt.

Ab dem Jahr 1976 unternahm Thakar Singh für die Verbreitung seiner Meditationstechnik und der Lehre von Sant Mat eine Vielzahl von Weltreisen, unter anderem nach Deutschland, Österreich, USA,

Kanada, Mexiko, Panama, England, Schweden, Italien, und in die Schweiz.

Kritische Meinungen

Thakar Singh wurde sowohl von Sektenexperten als auch von Zeitungen vorgeworfen, Kinder durch seine Meditationsmethode zu misshandeln. Bei einigen der Vorwürfen hat Thakar Singh durch seinen damaligen Repräsentanten Lothar Schmitt gerichtlich Unterlassung beantragt, da diese Vorwürfe immer wieder zu Schwierigkeiten mit Raumvermietungen bei öffentlichen Veranstaltungen geführt haben. Gemäß einem Urteil des Landgericht München [1] ist der Titel der BILD-Zeitung „Guru quält deutsche Babys, um sie zu erleuchten" als Meinungsäußerung zulässig, andere Vorwürfe jedoch nicht.

Quellen

1. ↑ Landgericht München, Az: 9 0 21588/94, vom 25. Januar 1995

Surat Shabd Yoga - **aus Wikipedia, der freien Enzyklopädie**

Der **Surat-Shabd-Yoga** ist die Meditationsform des Sant Mat (Heiliger Pfad)-Weges. Der Praktizierende des Surat (Licht) - Shabd (Ton) Yogas erfährt in der Meditation die Wahrnehmung verschiedener Klänge und Lichter. Zusätzliches Element ist das geistige Rezitieren spezieller, geheimer Mantras (Simran), welches Schutz vor negativen Einflüssen bieten und göttliche Energien auf sich lenken soll.

Initiationsritual

Üblicherweise hat sich jeder, der diese Meditationsform ausübt, einmal einem kostenlosen und unverbindlichen Einweihungsritual unterzogen. Für gewöhnlich wird dieses Ritual stets durch einen Guru (Lichtträger), Meister oder eine durch diesen bevollmächtigte Person (IBV) durchgeführt. Prinzipiell kann jeder Eingeweihte (Initiierte) die Einweihung unautorisiert durchführen, jedoch warnen alle Meister dringend davor, da der jeweilige Schüler dadurch das Karma (Schicksal) der initiierten Person zu einem großen Teil auf sich nehmen und auf diese Weise enormen Belastungen ausgesetzt sein soll. Aufgrund der Eindringlichkeit dieser Warnung wird diese Anweisung nahezu vollkommen beachtet.

Das Initiationsritual besteht im Wesentlichen aus folgenden Programmpunkten:

- Eine Einführung in den Sant Mat

- Die Bekanntmachung der Voraussetzungen (in erster Linie der Verzicht auf Fleisch, Fisch, Eier, Alkohol und Drogen)

- Überlieferung und Übung der Mantren (entfällt in zumindest einer der Abspaltungen)

- Die Meditation auf das Licht und den Ton

Das Ritual dauert ca. 3 Stunden. Es steht den Teilnehmern frei, Ihre Identität für sich zu behalten. Eine Verbindung mit anderen Schülern, einer Organisation oder dem Meister wird empfohlen, ist jedoch nicht notwendig, stets freiwillig und kostenlos. Obwohl als unabdingbar angegeben, steht es jedem selbst frei, die Voraussetzungen zu erfüllen. Es erfolgt niemals irgend eine Form von Kontrolle über die (Konsum-)Gewohnheiten der Eingeweihten.

Licht und Ton

Licht und Ton werden im Surat-Shabd-Yoga als direkt wahrnehmbare Aspekte des höchsten Gottes betrachtet. Ziel ist die mystische Vereinigung des Menschen mit dem Licht-/Tonstrom, um dadurch für Gott gereinigt und zu ihm erhoben zu werden. Der Schüler soll im Laufe seiner Entwicklung in der Regel eine Vielzahl an positiven mystischen Erfahrungen aber auch eine tiefgreifende Veränderung seines Charakters zum Positiven hin erfahren. Das Ziel ist ein Zustand, in dem der Schüler sich selbst nur noch als reines Bewusstsein und Teil des höchsten Gottes erlebt und als solches handelt. Dieser Zustand soll dem Menschen zudem alle möglichen Kräfte, Einsichten und übersinnliche Wahrnehmungen ermöglichen. Hierzu gehören vor allem unerschöpfliche Liebe und vollkommenes Verständnis für alle Lebewesen.Der Surat-Shabd-Yoga ist eine Übung, die den Menschen zu Gott führen soll. Insofern soll sie dem Menschen dazu verhelfen, das Ziel letztendlich aller Religionen zu erreichen. Dennoch wird weder Sant Mat als Religion bezeichnet noch der Meditierende als religiöser Mensch betrachtet. Dies ist de Fakto ein großer Irrtum. Jeder Mensch, der den Surat-Shabd-Yoga aus Überzeugung und mit Hingabe praktiziert, kann im üblichen Sinne als zutiefst religiös bezeichnet werden. Die Zugehörigkeit zu einer klassischen Religion schließt das Praktizieren des Surat-Shabd-Yoga nicht aus. Es ist auch ohne weiteres möglich, das Ziel seiner Religion durch den Surat-Shabd-Yoga erreichen zu wollen, was bei vielen Anhängern dieses Yogas der Fall ist. Die Zugehörigkeit zu einer Religion ist nicht notwendig, um diesen Yoga auszuüben.

Ursprünge

Die Ursprünge dieses Yogas sind nicht nachweislich bekannt. Nach Aussagen der Meister soll der Surat-Shabd-Yoga so alt wie die Menschheit sein. Obwohl vorsichtige Schätzungen von ca. 2-3 Millionen Menschen weltweit ausgehen, die sich in diesen Yoga einweihen haben lassen, ist die Bedeutung des Surat-Shabd-Yogas im Bewusstsein der meisten Menschen kaum vorhanden. Zwar waren immer wieder bestimmte Gurus, Organisationen und einzelne Individuen in Zusammenhang mit Skandalen und Streitigkeiten in das Licht der Öffentlichkeit geraten (s. Thakar Singh), doch auf Beschaffenheit und Bedeutung des Surat-Shabd-Yogas wurde dabei nicht eingegangen.

Kritik

Gelehrt und verbreitet wird diese Meditation von einer Vielzahl verschiedener Gurus und Meister. Vor allem im Laufe der letzten 200 Jahre entstand durch Unklarheiten bei der Nachfolge vieler Gurus eine kaum noch überschaubare Vielfalt an Gruppierungen, die sich einander jeweils mehr oder weniger ablehnend gegenüber stehen. Auch innerhalb der einzelnen Gruppierungen herrscht Uneinigkeit. Die Mantras unterscheiden sich je nach dazugehörigem Guru mehr oder weniger voneinander. Manche Meister vergeben in Einzelfällen sogar Mantras in einer anderen Sprache. Während es oftmals fünf Worte sind, werden bei manchen Gurus weniger oder sogar gar keines mehr vergeben. Der Surat-Shabd-Yoga wird immer wieder von Menschen, die damit konfrontiert werden, stark bezweifelt. Insbesondere wird behauptet, die Praktizierenden würden in Wahrheit nichts sehen oder hören können. Dieser Eindruck mag entstehen, da alle Menschen bei der Einweihung und in den Vorträgen der Meister die strenge Anweisung erhalten, ihre inneren Erfahrungen unter keinen Umständen anderen Menschen zu erzählen.

Tatsächlich wurden die Auswirkungen dieses Yogas wissenschaftlich nicht untersucht. Es existieren keine Studien oder Statistiken zu dieser Meditationsform.

Politik

Es gibt viele Splittergruppen und konkurrierende „vollkommene Meister" innerhalb von zeitgenössischen Sant Mat-Bewegungen , obwohl das nichts, im Prinzip, mit der Verhältnisrichtigkeit der Lehren zu tun hat.

Gemäß Baba Sawan Singh ist Abstammung nicht ein Faktor in der Bestimmung der Echtheit eines Meisters. Es hat eine Vielfalt von gebildeten Splittergruppen gegeben, während Sant Mat gediehen ist, und jede Gruppe gewöhnlich seinen gegenwärtigen Meister als der wahre geistige Erbe in der Sant Mat-Genealogie postuliert. Jedoch gibt es eine leichte Weise zu bestimmen, ob ein Sant Mat-Master gemäß Sant Mat fähig ist .Sant Kirpal Singh, Ein wahrer Sant Mat-Guru kann die Soforterfahrung des inneren Lichtes und Tons, wie beschrieben, in den Schriften, geben, die bis zu Sikh Zeiten zurückgehen. Irgendjemand, der das tun kann, ist innerhalb der Sant Mat Meister ein legitimer Meister .

Es gibt unvereinbare Ansichten bezüglich der Abstammung eines vorgeschlagenen Gründers von Sant Mat, Shiv Dayal Singh, weil die Tradition einige Zeit „untertauchte" und zur Geschichte verloren wurde. Ruhani Satsang, der dadurch gegründet wurde Sant Kirpal Singh 1949 setzen Sie den Anfang der Sant Mat Bewegung noch früher als die Zeit von Shiv Dayal, die Existenz einer ungebrochenen Linie der geistigen Folge behauptend, die mit dem Dichter-Heiligen anfängt Kabir, darauf Guru Nanak und die anderen neun Meister Sikh Religion, und schließlich Shiv Dayal Singh. Andere bestreiten das weil das Schicksal des Zehnten Sikh Gurus, Guru Gobind Singh, durch die Geschichte nicht gut verstanden wird. Einige glaubten, dass er im Bürgerkrieg starb, der zurzeit wütet (der Orthodoxe Sikh Gesichtspunkt); Sant Kirpal Singh schreibt, dass das nicht der Fall war, und dass Gobind Singh eine Person genannt Ratnager Rao, ein Mitglied des Haushalts von Gobind Singh war. Ratnager Rao initiierte Tulsi Sahib, und Tulsi Sahib initiierte Shiv Dayal Singh.

Gruppen wie Radha Soami Satsang Beas, der Taran Tarn Satsang , der Manavata Mandir Satsang und der Sarai Rohilla Satsang meinen, dass Shiv Dayal Singh aber ein anderer Heiliger war in der Tradition von Nanak und Kabir. Radhasoami Gruppe (angefangen mit Rai Salig Ram, einer von drei Haupt-Aposteln von Shiv Dayal) meint heute, dass Shiv Dayal in der menschlichen Geschichte einzigartig war.

Es ist möglich, alle diese Ereignisse von der Einstellung von sozioökonomischen Faktoren anzusehen. Wie David Lane in seiner Arbeit auf Sant Mat -Sekten hinweist, Die Radhasoami Tradition,

Andere zeitgenössische Sant Mat- Bewegungen die behaupten einen Sant Mat Ursprung zu haben

Quan-Yin-Methode oder von der Höchster Meisterin Ching Hai hat auch bemerkenswerte Ähnlichkeiten von Sant Mat. Die religiöse Bewegung Eckankar wird von einigen betrachtet, ein Sproß der Sant Mat-

Tradition zu sein. Paul Twitchell, der Eckankar gründete, war ein Eingeweihter von Sant Kirpal Singh. Dr. Reender Kranenborg, ein religiöser Gelehrter an der Freie Universität in Amsterdam, betrachtet Prem Rawat's"Techniken von Wissen" als eine Sant Mat Richtung .

MasterPath ist eine andere zeitgenössische amerikanische Ableitung dessen Surat Shabd Yoga, obwohl es von der Norm abweicht, Geld für die Lehren verlangt Sein Gründer und gegenwärtiger Lebender Meister sind Sri Gary Olsen. Obwohl MasterPath sich nicht beschreibt als, eine formelle Nachkomme-Abstammung von den Sant Mat-Meistern , erkennt Olsen sie unter mehrerer historisch Satgurus als Vertreter für den ewigen Inneren Shabda Master, wie Lao Tsu, Jesus, Pythagoras, Sokrates, Kabir, Sufi Master und mystische Dichter Hafez und Rumi, Zehn Sikh Gurus Anfang damit Guru Nanak, Tulsi-Sahib, und der Radhasoami/Radha Soami und Spross-Master, einschließlich Shiv Dayal Singh, Sant Kirpal Singh und, besonders, Baba Sawan Singh.

Verwandte Verbindungen

- Radha Soami Satsang Beas

- Radhasoami-Wirklichkeit

- Die Sant Mat-Kameradschaft

- Radhasoami Satsang - Peepal Mandi

Sant Kirpal Singh

- Ruhani Satsang die USA

- Sant Mat - Die Wahrheit

Sant Darshan Singh/Sant Rajinder Singh

- Wissenschaft der Spiritualität

- [http://jotimeditation.org/

Sant Thakar Singh/Sant Baljit Singh

- Know Thyself Als Seelenfundament (Amerikanische Mission)

- Sant Mat Kanada (KTSI) Seite, Kanada

- Ausgabe Naam die USA

- SantMat.Net (älter, nicht aufrechterhalten)

- Holosophic-Gesellschaft (Europäische Mission)

- Eurorückzug 2005

- Manav Kendra.net (Indische Mission)

- Rajeev Kumar - Founder:MASS

- conalma.net (Lateinamerikanische Mission)

- Meditationnetz von SantMat

Sant Ajaib Singh/Sant Sadhu Rammt Ji

- Ajaib.com

- Seite von Sant Ajaib Singh Ji Memorial

- Medien Seite von Seva

Dr Harbhajan Singh (Bhaji)/Surinder Kaur (Bhiji)

- Einheit des Menschen

Sprösse

- Eckankar

- MasterPath

- Suma Ching Hai Quanyin-Methode

Kritisch

- Die Radhasoami Tradition: Eine Kritische Geschichte des Gurus Successorship

4.7.2007 Ich habe diesen Text von David Christopher Lane ins Deutsche übersetzt und einiges hinzugefügt um weitere „Klarheit" für Suchende bereit zu stellen, inklusive mich selber. Auffallend an Lanes Bericht ist das er selber von Radha Soami Meister Charan Singh Eingeweiht Initiiert wurde in diese Methode und aber wie er schreibt" wieder zur Soziologie konvertierte" also die Methode Ad Akta gelegt haben muss. Sein Verstand ist wohl mit der Dynamik der unterschiedlichen Gruppen und Meister enttäuscht worden und er musste wohl aufgeben, obwohl sein Bericht keine wirkliche Klarheit bringt , außer das er so wie ich es erlesen konnte „beide Denkrichtungen" nun mit sich trägt. Warum auch nicht! Soziologen sind auch bloß Sektenmitglieder einer gewissen Denkrichtung insbesonderer der „Das es das Göttliche nicht gibt" Ho Ho Ho. Sonnige Grüße aus Bad Zwesten von Wolfgang Schorat

---

EINE KRITISCHE GESCHICHTE DES GURUS SUCCESSORSHIP

Veröffentlicht von Garland Publishing, Inc, New York, New York, 1992 Autor: David Christopher Lane, Ph.D. (Ins Deutsche Übersetzt mit hinzugefügten Kommentaren und Fotos von WSchorat)

EINLEITUNG:

Soziologische Konvertierung

Für Anthropologen und Soziologen besteht die Angst vor der intensiven Teilnehmer-Beobachtung darin, dass man wieder „Eingeborener „ werden kann, und alles das vergisst, was man über Wissenschaft und Vernunft gelernt hat in der Absolventenschule . Es ist nicht eine grundlose Angst, natürlich, aber derjenige, der leicht überprüft werden kann, in jemandes Quellen und jemandes methodologischen Neigungen ausführlich Verweise anbringend. Bezüglich meiner selbst denke ich, dass ich Eingeborener in der entgegengesetzten Richtung geworden bin. Seitdem ich bereits mit der Sant Mat und Radhasoami Lehre von der Mitte meiner Teenagerzeit war, geschah eine radikale Konvertierung in meinen Ende zwanziger Jahre, als ich das starke Dienstprogramm der Soziologie im Feld der Religion und Wissen sah. Anstatt geistige Ideen, Doktrinen, und Methoden zu erlauben, um frei im Raum - geistig oder Astral- - - - - - - - - - - ohne jeden geografischen, wirtschaftlichen oder politischen Liegeplatz zu schwimmen, versucht Soziologie sich zu gründen (nicht notwendigerweise streiten) solche Ideologie in seinem mehr Materialistischen-Zusammenhang - das der sozialen Wechselwirkung. Es ist von dieser Materialistischen-Basis, dass man beginnt, ein besseres Verstehen dessen zu haben, wie, und warum bestimmte Ideen entstehen, wenn und wo sie das tun.

Seit fast zehn Jahren arbeitete ich größtenteils im Feld der Geschichte und Phänomenologie, indem ich Religion studierte. Jedoch, nach der Einnahme von Kursen mit Professoren Mark Juergensmeyer, Bennett Berger, Bennetta Jules-Rosette und Joseph Gusfield, lernte ich schnell, wie Theologie von seiner ausgießenden sozialen Umgebung nicht getrennt werden kann. So im Alter von Neunundzwanzig sprang ich Kopfüber in die Soziologie von Kenntnissen und Religion. Ich werde hier nicht so weit gehen zu sagen, dass es eine religiöse Konvertierung war (ich sah Talcott Parson nicht am Ende eines Lichttunnels), aber intellektuell war ich ein geänderter Mann. Nicht mehr konnte ich, Religion als in einem Vakuum - geistig oder sonst ansehen. Als ich meine neuerfundene Vision auf Guru-Politik anwandte, waren die Resultate beeindruckend. Komplizierte Debatten über dunkel (und für mich triviale) stellten sich theologische Doktrinen heraus, die bei näherer Beobachtung auf tiefere zu Grunde liegende gesellschaftliche Spannungen hinwiesen. Als ich auf die Theologie in einem verwandten, nicht getrennt, Weg mit sozioökonomischen Kräften schaute, sah ich, dass Familienzank, Verwaltungsgerangel, und Macht-Spiele über Eigentumsrechte und Kontrolle häufig sich im theologischen Gewand widerspiegelten.

Als ich auf geheimnisvolle philosophische von ihrem ernährenden Materialistischen-Zusammenhang geschiedene Streite schaute, endete ich häufig verwirrt über echten Probleme in der Nähe. Jedoch, als ich auf jene dieselben Streite in ihrer natürlichen Umgebung schaute (wer damit spricht, wen wo und wenn), entdeckte ich fehlende Verbindung. Ich entdeckte Zusammenhang. Jetzt bedeutet das nicht, dass ganze Theologie oder ganze Guru-Folge-Politik bloß ein Nachdenken von kleineren oder Basis sozialen Faktoren sind (wie Marx streiten würde), aber nur dass geistige Ideen und tägliche Einfassung der menschlichen Wechselwirkung zwischenbegeistert wird und gegenseitig diese wirkliche Korrelation widerspiegelt.

So ich wurde wieder „Eingeborener" (Native). Ich habe mich ins Taufwasser versenkt und wurde wieder ein Behälter für eine neue Weltsicht - der Soziologie. Ich fürchte, dass diejenigen, die ich meist verletzen werde, mein Gefährten Satsangi Geschwister sein werden. Sie können finden, dass ich die spirituelle Hierarchie für eine weltlichere zusammengebrochen Behälter und Perspektive entweihe. Aber, interessanterweise, denke ich Religion, und seinen Anhängern wird besser durch akademische genaue Untersuchung gedient, als sie annehmen. Als erstes, Soziologie geflationiert Wahrheit nicht- als ob Wahrheit etwas so zerbrechliches wäre, dass sie geschützt werden müsste, damit jeder Auslandseinbrecher- die Kontinuität die sie hatte zerbrechen könnte - aber stattdessen deckt er Verhältnisse auf, die eigenartige Manifestationen von Ort zu Ort regeln. Wahrheit, als solche, ist nicht das Problem hier; eher ist der menschliche Prozess, Wahrheit zu definieren, sich Wahrheit nähernd, Wahrheit erklärend, der Hauptfokus besonders, weil es sich auf Übertragung der geistigen Autorität von einem Meister zu einem anderen bezieht.

Ich interessiere mich besonders dafür, wie Möchtegernguru-Kandidaten ihre Rollen zu ihren jeweiligen

Wahlkreisen legitimieren. Diese meine Studie kann Motivationen oder Impuls aufdecken, die nicht völlig spirituell sind oder wohltätig nicht durch Verlängerung annehmen sollte, bedeuten sollte, dass ich denke (zusammen mit Marx), das die ganze Religion bloß ein Betäubungsmittel oder ein Rauschgift ist, um jemand von der echten" Wahrheiten des Lebens zu blenden. Eher interessiere ich mich zu Sehen, welche soziale Kräfte bei der Arbeit im Formen der „gaddi nasheen" Rhetorik sind. Zum Beispiel warum ruft ein Guru einen schriftlichen Willen als Zeugnis zu seiner Echtheit, wohingegen ein anderer Guru - aus derselben Abstammung kommend - seine Wirkung bestreitet? Warum betont ein Guru innere Erfahrung als das Hauptkriterium, und ein anderer nicht ? Welche soziale Faktoren - geografisch, wirtschaftlich, oder politisch – formen den Weg des Gurus und ihr Anhänger-als Gesprächgestalter?

Satsangis können verletzt werden, weil Soziologie transzendentale Realitäten nicht als formende und Informenden Kräfte im Universum kennzeichnet. **(Ist schon beeindruckend wie das Mental der Denkapparat vieler sogenannter Wissenschaftler durch Rhetorik also Wortjongliererein versuchen das Nebelreich ihrer Bösartigkeiten zu verbreiten .WSchorat)** Eher achtet Soziologie (und der Einfluss von Marx ist hier dauerhaft eingraviert worden), auf menschliche Wechselwirkung als formende Basis hinter solcher menschlicher Produktion als Kenntnisse, Religion, und Kultur. Weil Bennett Berger hinweist, aber bedeutet diese allgemeine Tendenz der Soziologie nicht, dass transzendentale Bereiche bestritten werden, aber nur dass sie aber auf keine zusammenhängende Weise geredet werden können, ohne zuerst im ihrem Materialisten-Zusammenhang Verweise anzubringen. Im Schreiben einer Lebensbeschreibung einer Berühmtheit, zum Beispiel, ist es normal, Eltern des Biographen und ihren formenden Einfluss zu erwähnen, wenn auch Eltern von bescheidenen Ursprüngen gewesen sein können und Höhen ihrer Nachkommenschaft nicht erreichten. Ebenfalls gerade, weil Soziologie Theologie mit seinen weniger ätherischen Wurzeln - Wurzeln niederlegt, wie sprichwörtliche Lotusblume-Blume, innerhalb des Schlamms entstehen - bedeutet nicht, dass geistige Ideen und ähnlich weniger bewundernswert oder noch weniger wahr oder echt sind. Soziologie zeigt nur jene Prozesse, die als denjenigen empirisch nachprüfbar sind, die Zugang zu transpersonal Bereichen des Bewusstseins nicht haben. Diese Soziologie konzentriert sich auf diesen Materialist-Bereich gegen den reinen Ideeen-Bereich, das ist nicht Schwäche, wie einige religiöse Schwärmer uns annehmen lassen wollen. Im Gegenteil Soziologie bekommt seine größte Kraft , wenn es genau auf die Materialist-Untermauerungen hinter der Ideologie hinweist. **(Ho Ho Ho so blöde ist der also geblieben wo doch schon Einsteins Formel alles besagte das Materie gleich Energie ist. Und weiter, das Energie Schwingung ist, und weiter das Schwingung Licht und Ton ist voller Informationen und so weiter. In anderen Worten es gibt keine Materie und deswegen auch kein Materialismus Muus, es gibt bloß Gläubige die Unwissend sind in Bezug zur Wirklichkeit und so weiter und so weiter WSchorat)** Gerade als Physik seinen größten Fortschritt machte, das Denken durch Autorität und das Bewegen zum Denken durch das Experimentieren und Fälschung aufgebend, stellt Soziologie größten Beiträge zur Religion zur Verfügung, jene Materialist-Kräfte demaskierend (wie Familie, wie Volkswirtschaft, wie Erdkunde, wie Sprache), die diese besonderen Theologie und Religion usw gestaltet haben.

So was wir hier in diesem Buch haben, ist eine soziologische Studie der Guru-Folge und Politik-Umgebung, wie bestimmte Kandidaten akzeptiert oder zurückgewiesen von der überlebenden Gemeinschaft werden. Ich interessiere mich besonders dafür, wie Gurus sich zu ihren Wahlkreisen legitimieren. Dieser Prozess der Legitimation übernimmt schnell unveränderlich einen bestimmten Farbton und Gestalt sofort nach dem Tod eines Meister. So ist das Herz meiner Studie die flüchtige Periode sofort nach dem Tod eines Radhasoami Gurus. Um den sozialen Einflüsse genau zu messen, in „ gaddi nasheen" Redekunst, habe ich eine entschiedene historische Annäherung in dieser Studie genommen. Ich habe das für eine Vielfalt von Gründen, aber am wichtigsten weil die Probleme die eingeschlossen sinddurch ihre wirkliche Natur historisch sind und als solcher gesehen werden müssen. Soziologie ad hoc ohne jedes klar definierte Verstehen der historischen Rahmen zu verwenden, unter denen sie arbeitet, ist nicht nur naiv, aber ganz irreführend. Die Soziologie ohne Geschichte ist ungenau gerade als Geschichte ohne Soziologie blendet ist. Zweifellos kann ich mich ein bisschen zu viel auf Geschichte für einige soziologische Geschmäcke konzentriert haben, aber ich denke, dass das besonders notwendig ist, als keine umfassende Geschichte von Radhasoami - Agam Prasad Mathur und S.D hinreichend getan worden ist. Die Bücher von Maheshwari, nicht ausgenommen.

Ich habe diese Studie in erster Linie auf Folge-Episoden im Beas und Ruhani Satsang Abstammungen eingestellt. Obwohl ich mich auf Folge-Streite konzentriere, die um den Gründer von Radhasoami, Shiv Dayal Singh kreisen, interessiere ich mich größtenteils für das Verstehen, wie Beas Linie Methode von „gaddi nasheen" Übertragung entwickelte, und wie abwechselnd solch ein Modus operandi andere Guru-Kläger betraf, die sich von Sawan Singh und Kirpal Singh verzweigt haben.

Persönliche Neigungen, Metaphysisches Pathos, und das Kritische Lesen

Es sollte direkt vom Anfang verstanden werden, dass, obwohl ich versucht habe, ebenso objektiv zu sein, wie möglich in meiner Arbeit, Analysieren ich aus einem besonderen Hintergrund kommend, der kann oder nicht, Geschmack oder Zusammenhang meiner Studie sein kann. Lassen Sie mich ebenso Direkt wie möglich über bestimmte biografische Details sein, die als das potenzielle Beeinflussen meines Winkels angesehen werden können. Zuerst wurde ich in einem ziemlich konservativen Römisch-katholischen Haushalt heraufgebracht, religiöse Schulen seit ungefähr zwölf Jahren besuchend. Ich wurde geboren und erzogen im Tal von San Fernando, und, seitdem mein Vater ein erfolgreicher Rechtsanwalt war, lebte eine bequeme Mittelstand-Existenz. Sozial sprechend, war mein Leben herkömmlich und hauptströmungs-. Ich sage das genau, weil ich mich herkömmlich und hauptströmungs-fühlte und innerhalb meiner das soziale Stigma von jemandem heraufgebracht in einem geringfügigen, oder sogar nahe geringfügig, Existenz nicht trug. Das soll nicht sagen, aber dass ich eine problemlose Kindheit hatte (mein Vater, zum Beispiel, war ein strenger Alkoholiker, bis ich dreizehn Jahre alt war), aber nur darauf hinzuweisen, dass meine sozialen Verhältnisse relativ betrachtet privilegiert waren.

Zweitens und wichtiger, jedoch, wurde ich interessiert in der Sant Mat und Radhasoami Lehre aus persönlichen Gründen, als ich siebzehn Jahre alt war. Nach fünf Jahren der Studie und Forschung wurde ich vom verstorbenen Maharaj Charan Singh im November 1978 initiiert. Selbstverständlich, ist solch ein tiefes Interesse an einer religiösen Auslandstradition, so verschieden zum Katholizismus, und alles andere als Hauptströmung, und kontratstete drastisch mit meiner „normalen" Erziehen. Das ich Vegetarier im Jahr vorher wurde, und dass ich Bücher aus Indien und geistige Themen las, seitdem ich Elf war, verursachte natürlich etwas Warnung unter meinen Eltern, Lehrern, und Freunden . Dass meine direkte Obsession mit der Philosophie und ähnlich nicht eine vorübergehende Fantasie war, denke ich nicht, dass sie das dann gewusst haben könnten. Vielleicht war ihre Selbstberuhigung in meinem religiösen Abenteuern, ihr Wissen, das ich keine Rauschgifte jedweder Art nahm.

So ich bin ein Produkt von zwei lindernden beruhigenden kulturellen Kräften: ein Eingeborener, traditionell und herkömmlich annehmbar; der andere Ausländer, radikal und verdächtigt herkömmlich. Diese zwei Kräfte verflechten sich zuweilen zu Konflikt ineinander, und leben meistenteils verschiedene Leben. Und doch fühle ich völlig, dass sie mich zu einem Maß beeinflusst haben, wie ich Religion ansehe. Zum Beispiel , die populärste Religion in der Welt, wenn wir allgemeinen Agnostizismus als eine organisierte religiöse Antwort ausschließen, ist römischer Katholizismus; das populärste Neo-Sant Bewegung ist der Radhasoami Satsang in Beas. Ich bin ein Mitglied von beiden. Wenn wir gerade auf Radhasoami schauen, wie eine eigene Mikrowelt und manchmal satsangis können so leben , als ob es besonders im Punjab - dann ein Mitglied des Beas Zweigs zu sein, konnte als „herkömmlich" und „normaler" betrachtet werden . Natürlich ein Radhasoami Mitglied in Amerika, tritt wenn nicht zur breiten Öffentlichkeit mindestens zu seiner gegebenen Alterskohorte hervor, aber diese Unterscheidung hält nur Gleich im Vergleich mit der Jüdisch-Christlichen Welt.. In Radhasoamis zwei Millionen plus Welt, war ein Beas satsangi ein Teil der Gruppe, ein Teil der Gemeinschaft - und, als solcher, wird alle Rechte und Mitgliedern gegebene Freiheit gewährt. Und „Normalität" kann einer der größten Privilegien von allen sein .

So vermute ich, dass eine der Neigungen, diese Studie durchbohren, meine besondere „Hauptströmung", „des Status quo," Hintergrunds, sogar in der Einfassung von Radhasoami . Oder, um es ein bisschen genauer zu stellen, selbst wenn der Ansatz verführend ist, habe ich den Hintergrund „der Orthodoxie". Und ich bin mir sicher, dass sich Eingeweihte anderer Zweige von Radhasoami, besonders diejenigen, von Kirpal Singh angeschlossen fühlen (welche Beas nach dem Tod von Sawan Singh, wie institutionalisiert, ansehen), meiner Arbeit mit der Skepsis nähern werden. Zum Beispiel, Anhänger von Kirpal Singh, Darshan Singh, Ajaib Singh, Thakar Singh kann sich usw. fragen, ungeachtet dessen ob ich die Geschichte schräg gelegt habe, diese Studie informiert, um Ansprüche der Beas Nachfolger und gegen diejenigen von der Delhi Eventualität zu begründen. Außerdem können sie meinen Anspruch auf Unparteilichkeit befragen, wenn, tatsächlich, ich eine Treue - mindestens in geistigen Fristen - mit dem. verstorbenen Maharaj Charan Singh habe. Und, schließlich, können anderen Zweige von Radhasoami, besonders Soami Bagh, finden, dass ich nicht orthodox genug bin, dass ich ein Ausländer bin, dessen Vereinigung mit der frühen Tradition nominell ist, und dessen theologische Ansichten zu liberal sein können, gegen die Gerechtigkeit der „Religion" von Radhasoami .

Alle diese Verdächtigungen und Zweifel, würde ich argumentieren, sind gut und gesund . Zu häufig lesen Leser nicht kritisch, besonders in Sachen der Religion oder Philosophie . Zusätzlich sind Autoren von wissenschaftlichen Monografien und ähnlich über Aufdeckung ihrer eigenen Motivationen in der Angst dass ihre „Nachricht" zurückhaltend ist, verdünnt oder verdorben, oder noch schlimmer gesehen, das Enthalten einer „persönlichen" Note mitträgt. Um diesen Punkt noch weiter zu stützen finde ich, dass ist ein Stichpunkt in qualitativen soziologischen Studien - ließ mich ein Beispiel dessen zitieren, wo ein akademischer Autor von seinen/ihren Lesern Lebensinformation vorenthalten hatte, war (richtig oder falsch) eine potenzielle Neigung ausstellen würde. 1973 veröffentlichte Agam Prasad Mathur seine durchbrechende Geschichte von Radhasoami (Delhi: Vikas-Verlagshaus), ohne einmal das zu Erwähnen, dass er selbst ein ehrlicher Guru im Peepal Mandi Zweig mit einem Folgschaft von mehreren tausend satsangis war. Sein Buch ist vielleicht das am meisten zitierte neue Buch über die Geschichte der Bewegung, und noch würden sehr wenige Leser vermuten, dass er ein interessierter Beobachter war. So interessiert (gelesen: Teilweise), dass die wirkliche Struktur des Buches andeutet, dass Peepal Mandi einer der drei größten Zweige von Radhasoami ist, das aber nicht klar und wahr ist. Außerdem, wenn auch Mathur eine Auflistung der Gurus ein Peepal Mandi einschließt, scheitert er, an der Gegenwart von „gaddi nasheen" - nämlich sich selbst zu erwähnen. Warum? So dass er als ein objektiver Historiker, leer von einer persönlichen Beteiligung oder Vorurteil. ** „posieren" konnte .

Mathur Mangel der wirklichen Aufnahme wirft mehrere Probleme auf, und zwar nicht wenige wo einer davon der ist das er das Zurückhalten vitaler historischer Informationen betreibt, die hilfreich und nützlich für Soziologen und Historikern sind. Es ist, als ob Gelehrsamkeit eine Kunst intellektuelles Spiele des Täuschens ist, wo sich jemandes „Ich" Stimme hinter der dritten Person-Prosa versteckt,

Kommentaren, und losgemachten Satz-Syntax verbirgt, um den Leser zu überzeugen, das was er /sie lesen, nicht das Produkt eines Menschen mit einem Lebensorgan bekannt als ein Herz, aber ein wissenschaftlicher Roboter, leer von Gefühl, Emotionen , oder der persönlichen Scharfsinnigkeit ist. Ich begreife, dass diese „Pose" viel zu tun hat mit der Minderjährigkeit, Unsicherheit, der Sozialwissenschaft, und abgebrochenen Versuchen die „echten" Wissenschaften, wie Physik und Chemie nachzuahmen. Aber solch eine Scharade, besonders wenn der Fokus der Soziologie menschliche Gruppierung und Wechselwirkung ist, scheint kurzsichtig und gegenproduktiv.

Verdacht oder Zweifel beiseite gelegt, jedoch, das wesentliche Ding im Festsetzen der Verdienste oder Fehler jeder schriftlichen Arbeit - soziologisch oder sonst - sollen bestimmen, ob Ergebnisse außerhalb ihres schmackhaften Bereichs anwendbar sind. Im Wesentlichen sollte jeder Forscher, mit einer Verbindung oder ohne einer, - gegebenenfalls genug Studie und Zeit sind mitgebracht- im Stande sein, sich auf das Thema zu beziehen oder es zu wiederholen, was da skizziert worden ist. Wenn nicht, dann kann er/sie auf Defekte hinweisen. Der ganze Begriff von Schiedsrichtern in der Akademie soll eine Gemeinschaft von Gleichgesinnten haben (aber kritisch akuten) Experten die"prüfen" ob jemandes Beobachtungen Lohnenswert sind. Auf diese Weise, wenn man auch mit bestimmten Neigungen oder Vorurteilen anfängt, wird generalizable Information aus idiosynkratischen Daten aufgespürt

ANMERKUNGEN

1. So auf diese arbeiten Weise - und vielleicht nur auf diese Weise - bekomme ich eine Andeutung dessen wie es sein muss „marginalisiert" zu sein, innerhalb eines sozialen Kontext, Zusammenhangs. Ich kann nicht sagen, dass ich auf jede offene Weise, aber auf kleine Weisen, einige fein, einige nicht, geächtet wurde, als „verschieden". Das verschiedene Etikett für einen Teenager kann ein Glückstreffer und ein Fluch zur gleichen Zeit sein. Das Segen liegt in der Unterscheidung, im Stande seiend, irgendwie in der einer Kunst verschieden zu sein, wie Sie sich stolz, nicht beschämt, fühlen; der Fluch liegt in jenen sozialen Situationen, wo Sie möchten, dass Sie sich mit der Menge harmonisch verbinden konnten. Ich erinnere mich besonders ein meinen älteren Ball der Höheren Schule im Norden von Hollywood, wo ich vielleicht der einzige strenge Vegetarierin unter Hunderten von Anwesenden war. Meine Freundin war zur Zeit nicht eine Vegetarier und hatte bestens eine Toleranz meines eigenartigen Lebensstils . Folglich, als die Mahlzeit kam, war das für mich sehr schwierig, „unheimlich" nicht verrückt auszusehen. Es war das Entzücken eines Fleischfressers, aber ein Albtraum eines Vegetariers. Da war nicht ein Angebot das ich Essen konnte, ohne mein kein-Tier-Essen-Gelübde zu brechen. Der Hauptkurs war Rostbratenrindfleisch, der Salat hatte Eier darauf, und Gott und der Chef wissen nur, was der Nachtisch enthielt. Wir wurden ein einem Rundtisch gesetzt, und hier schaute ich auf eine Mahlzeit, dessen Essen ich nicht fälschen konnte (nicht wie im Haus meiner Mutter wo ich immer das Fleisch unter oder in etwas verbergen konnte). Dieses Ereignis kann trivial erscheinen - und im Rückblick ist es - aber zurzeit fühlte ich mich schrecklich verlegen. So, wie schnell Denkender, Haltung bewahrender Teenager, ich denke, dass ich etwas darüber sagte, auf einer Diät zu sein. Natürlich, diese Entschuldigung zog nicht, und ich musste gestehen, ein Vegetarier zu sein. Ich knabberte ein Brot-Stöcken, und ich denke, dass es einige spöttische Anmerkungen über das Essen der Kaninchen-Nahrung gab. Was dieses Ereignis, und andere ähnliche, mir zeigten war, die zweizackige Natur der Besonderheit. Heute, natürlich, bin ich glücklich zu sagen, dass es in den 1990er Jahren viel leichter ist, ein Vegetarier zu sein, und nicht wie ein wiedergebratener Hippie herauszustechen.

2. Ich erinnere mich, das Buch von Mathur mit Professor Juergensmeyer im Winter von 1978 zu besprechen, und in dieser Zeit fand er, dass Mathur mit Dayal Bagh verbunden war. Als ich darauf

hinwies, dass Mathur Rai Salig Ram's Urenkel und ein Guru in seinem eigenen Recht war, bemerkte Juergensmeyer sofort, wie die Arbeit eine Schräglage hatte. Jedoch finde ich, dass Mathur der Radhasoami Gelehrsamkeit einen Dienst getan hätte, indem er den Leser ganz klar informiert hätte, welche Verbindung er zu Radha Soami hatte, wenn nicht aus methodologischen Gründen dann für historische, da sein eigenes Amt ordnungsgemäß bemerkt und erklärt werden sollte.

3. Ein anderes Ereignis von verborgenen Variablen kommt aus dem Buch von Daniel Gold, „Der Herr als Guru", veröffentlicht durch die Presse der Universität Oxford 1987. Gold, der zur Zeit ein Professor von Religiösen Studien an der Cornell Universität ist, ist ein langfristiger Eingeweihter des verstorbenen Radhasoami Gurus, K.S. Mansingh. Und doch, ungeachtet der Tatsache dass Gold ausführlich über Gurus und ihre Funktionen innerhalb des Sant und Radhasoami Tradition spricht, scheitert er, eigene „persönliche" Beziehung mit einem von ihnen, ausführlich zu behandeln, wenn auch er ihn im Vorbeigehen in seinen Anmerkennungen erwähnt. Die Frage ist nicht warum oder wer sorgt sich, aber eher warum nicht? Was ist es in den Sozialwissenschaften, das Gelehrte dazu bringt, ihre persönlichen Motivationen verbergen zu wollen, wo es genau jene dieselben Motivationen sind, die diese Studie an erster Stelle veranlassten? Zweifellos können jene Motivationen die Studie nicht beeinflussen, aber sie helfen wirklich, Lesern, das Material sorgfältiger und kritisch zu analysieren. Und wenn eine Einführung oder eine Einleitung einen Leser alarmieren können, um mehr bewusst zu sein (anstatt im einen Stupor der dritten Person-Ziel-Seligkeit falsch geführt zu werden), statt weniger, dann auf alle Fälle finde ich, dass es die Verpflichtung des Schriftstellers ist, das zu tun. Wenn Soziologen es Ernst meinen und wirklich glauben, dass menschliche Wechselwirkung die Form unseres denkens Formen, warum sollten Soziologen dann selbst davon freigestellt sein, ihre eigenen existenziellen Geneigtheiten zu prüfen?

4. Um einige der einleitenden Fehler zu überwinden, die gewöhnlich in Studien dieser Natur vorkommen, habe ich Entwürfe dieser Arbeit auf verschiedenen Stufen zu interessiertem Satsangis von anderen Radhasoami Zweigen gesandt, um mir im Auffinden schräg gelegter oder irreführender Information zu helfen. Auf diese Weise war ich im Stande gewesen, mehrere Fehler sogar zu fangen, bevor sie den endgültigen Entwurf erreichten. Zweifellos habe ich sie nicht alle gefangen, und ich bin sicher, dass ich meine Satsangi Kritiker nicht völlig erfreuen werde. Jedoch habe ich eine wesentliche Anstrengung gemacht, irgendwelche möglichen Vorurteile zu identifizieren und sie vor der Veröffentlichung zu beheben. Ich bin besonders Dankbar an Neil Tessler, Russell Perkins (beide Eingeweihten des späten Kirpal Singh) und Brian Walsh (Eingeweihter des späten Darshan Singh) , die Teile dieser Arbeit für mögliche Schräglagen und Fehlinformation überprüften. Obwohl mein Betrachtungs-Winkel nicht in Übereinstimmung mit ihrigem sein könnte, haben sie mich mit beträchtlichem Feed-Back versorgt.

EIN HINWEIS ZUR METHODIK

Spezifisch konzentriert sich diese Studie auf die sozialhistorische Entwicklung der Radhasoami Tradition, so wie sie sich durch die Gurus in Hathras, Agra, Beas, Tarn Taran, Hoshiarpur, Delhi, und anderswohin entwickelte. Spezielle Aufmerksamkeit ist jedoch auf die Sant parampara des Dera Baba Jaimal Singh und Sawan Ashram in Delhi gerichtet worden.

Zwei primäre Methoden der Studie sind verwendet worden: Feldforschung und historische/textliche

Analysieren. Ich war in Indien achtmal gewesen , sah ich aus eigener Beobachtung verschiedenen satsang Gruppen und ihre Meister, einschließlich umfassender Besuche in der Dera Baba Jaimal Singh, Beas (1978, 1981, 1983, 1989/1990); Manavta Mandir, Hoshiarpur (1978, 1981); Soami Bagh und Peepal Mandi, Agra (1978, 1981, 1987); und Sawan Ashram und Sawan-Kirpal Ashram in Delhi (1978, 1983, 1986, 1987, 1988).

Ich traf auch und Interviewte, jeden von unterschiedlichen Längen mit folgenden Radhasoami/Sant Mat-Meistern zusammen: der späte Pratap Singh (1978); der verstorbene Baba Faqir Chand (1978, 1981); Mataji von Manavta Mandir (1978, 1981); der späte Darshan Singh (Sommer 1983, Winter 1983, Sommer 1986, Frühling 1987, Frühling 1988); Ajaib Singh (1978, 1980); Thakar Singh (1977, 1978, 1979); der späte Charan Singh (1978 - vom Professor Mark Juergensmeyer geführtes Interview; 1981, 1983, 1986, 1987, 1989); Pir Munga (1987); Agam Prasad Mathur (1978 - vom Professor Mark Juergensmeyer geführtes Interview; 1987); Gurinder Singh (1991); und I.C. Sharma (1991).

Interviews sind auch mit Verwaltern der verschiedenen satsang Zentren einschließlich Dr K.SS geführt worden. Narang (Beas; 1978 - vom Professor Mark Juergensmeyer geführtes Interview; 1981, 1983, 1989); Janak-Herrschaft Puri (Beas; 1978 - vom Professor Mark Juergensmeyer geführtes Interview; 1983), der verstorbene Sant Das Maheshwari (Soami Bagh; 1978 - vom Professor Mark Juergensmeyer geführtes Interview); der späte Babu-Ram Jadoun (Dayal Bagh; 1978 - vom Professor Mark Juergensmeyer geführtes Interview); Dr K. L. Jaura (Manavta Mandir; 1981); Professoren Bhagat Ram Kamal (Manavta Mandir; 1978, 1981); Bhagwan Gyaniji (Sawan Ashram; 1978); Pappu Bagga (Delhi; 1978).

Die Interviewt die gemacht wurden mit den Anhängern der jedwegen Bewegungen sind zu zahlreich um sie zu zitieren; jedoch ist das umfassende Interviewen mit Mitgliedern jedes Satsang sowohl persönlich als auch durch Korrespondenz getan worden. Ein Fragebogen wurde auch einhundert Anhängern des Kirpal Singh Abstammung 1989 verbreitet.

Historische Textanalyse besteht aus einer gründlichen Überprüfung von fast jedem auf Englisch veröffentlichten Sant-Mat-Buch von Radhasoami oder Sant. 1987, von einer O.G.S.R.-Bewilligung arbeitend, sammelte ich seltene Bücher, Druckschriften, und Manuskripte verbunden mit der Lehre von Sant und Radhasoami. Von diesen vielen Schriften war ich fähig eine schriftliche Geschichte der Guru-Folge zusammenzustellen, sowie rhetorischen Gebrauch der Sprache als Stützen der Ansprüche von Wettbewerbsnachfolge-Meistern zu analysieren. Außerdem ist mir in meiner Aufgabe außerordentlich geholfen worden, indem ich Schlüsselkontakt-Leute in jeder der Satsang Gruppen aufstellte, die mich aktuell auf die letzten Entwicklungen, einschließlich neuer Veröffentlichungen, Wachstums in der Mitgliedschaft aufmerksam machten, und ähnlichen Ereignissen.

Spezifisches-Problem

Am 24. August 1974 Kirpal starb Kirpal Singh, ein berühmter Guru von Surat Shabd Yoga („Vereinigung der Seele/Bewusstseins mit dem. heiligen Klang") und Gründer von Ruhani Satsang, im Alter von achtzig Jahren. Sein Tod verursachte einen intensiven Folge-Streit unter seinen Tausenden von Anhängern, der noch auszuheilen ist. Schließlich entwickelten sich mehrere Splittergruppen, jeder im Anschluss mit einem verschiedenen Nachfolger. Obwohl sich meisten Anhänger von Kirpal Singh sich um Darshan Singh, Sohn von Kirpal, sammelten, gingen andere zu Thakar Singh aus Delhi oder Ajaib Singh von Rajasthan .

Die interessante soziologische Frage, die uns hier gegenübersteht, ist, wie jeder der Nachfolger von Kirpal Singh seine Rolle legitimierte. D. h. welche ideologische Strategie entwickelten diese Möchtegerngurus, um ihre Wahlkreise zu konsolidieren? Weiter, welches waren die sozialen und historischen Faktoren, welche sie beeinflussten oder zwangen ihre „gaddi nasheen" Redekunst (Rhetorik) anzuwenden?

Diese Fragen richtig zu richten, und auf sie zu antworten, machen eine ziemlich umfassende Übersicht des sozialen Zusammenhangs nötig, im dem. diese Surat Shabd Yoga-Gurus leben und unterrichten. So beginnt diese Studie mit einer historischen Übersicht der Sant Mat und Radhasoami im Allgemeinen. Und zweitens habe ich mich auf spezifischen parampara konzentriert (Guru-Abstammung), die Kirpal Singh und seinen Nachfolgern vorangingen.

Allgemeine These

Die Hauptthese dieser Arbeit ist dass es ein erkennbares Muster gibt, das „ideologische Arbeit" (d. h. Redekunst) der Guru-Folge in der Sant Mat und Radhasoami Traditionen - nämlich, successorship Kläger, regelt, um genügend äußerer Bestätigung zu haben, von der Mehrheit der Kongregationsbewegung des Gurus, die in der allgemeinen Erfahrungs-, sich nach experimentellen, innen, sich bewegt und persönliche Formen der Überprüfung zu akzeptieren ist. Diese Bewegung zur inneren Gültigkeitserklärung bringt außerdem damit einer Neigung, die Formen der Gesetzmäßigkeit zu befragen, die Solidarität zur Majoritätspartei und seinem Führer brachte. Folglich neigen Minderheitskläger (gewöhnlich diejenigen, die den gaddi - Sitz des Wohnsitzes des Gurus nicht behalten) in den Worten von Max Weber Formulierung, die „routinisierung" des Charismen durch „das Amt" zu kritisieren und für die Überlegenheit „des persönlichen" Erreichten zu argumentieren. Die Politik des Gurus successorship (Nachfolge) ist deshalb im Wesentlichen ein Konflikt über die Natur und Übertragung des Charisma (geistige Macht). Ken Wilber Terminologie verwendend (wie gefunden in" Ein Geselliger Gott") , kann diese These auch anders ausgedrückt werden: Diejenigen, die keine Legitimität haben (äußere Bestätigung durch Einigkeitsmehrheit) zeigen auf ihre Echtheit (innerliche Bestätigung durch persönliche Erfahrung/mystisch) als primäres Mittel , um ihre Rolle zu verifizieren.

Zusätzlich ist Guru-Folge oftmals ein Kampf über das Steuern theologischer Doktrinen, Mitgliedschaft-Reihen, und Eigentumsrechte. Folglich vertreten Gurus nicht nur ihre eigenen inneren Aufrufungen, sondern verschiedene materielle Interessen, mit Intervallen von der „richtigen Interpretation" von Radhasoami Lehren zur Regierungsgewalt von Sadhu und Haushaltsmitgliedern von abgelegenen Zweigen zu Eigentumsrecht-Rechten über das geerbte heilige Eigentum . Mit solchen größeren „weltlichen" Problemen auf dem podest ist es wenig Wunderlich, dass sich Guru-Politik in einen hässlichen Schlagabtausch zwischen den Schwester zusammenhängenden Gemeinschaften verwandeln kann. Der Jahrzehnte lange gesetzliche Kampf zwischen Dayal Bagh und Soami Bagh über Anbetungsrechte im Samadh (Begräbnisort des Guru) von Shiv Dayal Singh war vielleicht die grafischste Illustration dessen, wie soziale Faktoren eine Hauptrolle in Folge-Streiten spielen.

Das Führen von Theorien

Obwohl diese Studie theoretischen Ergebnisse mehrerer prominenter Denker verwertet (von solchen verschiedenen Feldern als kritische Geschichte zur Phänomenologie/Hermeneutik), haben fünf Soziologen als führenden Theoretiker gedient: 1) Bennett Berger (besonders die Entwicklung des Konzepts der „ideologischen Arbeit,", wo Spannungen zwischen Theorie und Praxis entstehen, und wie Interessentgruppen solche Nichtübereinstimmungen Rechtfertigen); 2) Robin Gill (der scharfe Richtlinien in der Verwendung einer Soziologie von Kenntnissen zur Evolution von theologischen Ideen eingesetzt hatte, hinweisend, wie Ideen und sozialer Zusammenhang verflochten werden); 3) Max Weber (besonders sein Verstehen des Charismen und die Routinierung); 4) Ken Wilber (dessen Fachsprache in „Einem Geselligen Gott" geholfen hatte, die hierarchische Natur der religiösen Autorität zu klären); und 5) Joseph Gusfield (besonders seine Arbeit der „Status-Politik"). Von diesen Theoretiker bin ich am meisten Bennett Berger verbunden, seit es sein Verstehen war, wie die Soziologie von Kenntnissen in der Praxis arbeitet (wie entworfen, im „Überleben einer Gegenkultur"), das half mir, meine gegenwärtige Studie der Guru-Politik einzurahmen.

Das-Problem von Fehlern

In einer Studie wie diese ist es schnell unmöglich, keine Fehler zu machen, besonders wenn man sich mit zweifelhaften historischen Daten befasst. Zum Beispiel, als ich mit dem Professor Mark Juergensmeyer ein einem Buch, Radhasoami Wirklichkeit arbeitete, fanden wir unvermeidlich, sogar nach drei oder vier Korrektur lesenden Sitzungen, etwas war nicht genau . Tatsächlich, sogar nachdem das Buch gedruckt wurde, kam neue Information zu unserer Aufmerksamkeit, die eine Revision von einer oder zwei Tatsachen veranlasste. Obwohl Gelehrte wünschen würden, dass ihre Studien Leer irgendwelcher Fehler wären, ist die Wahrheit, dass alle wissenschaftlichen Arbeiten sie enthalten. Vielleicht die Definition eines Gelehrten (gegen eine Hacker) Zentriert nicht um eine Person, die keine Fehler macht, sondern eher um denjenigen , der offensichtlichste Spuren hinterlässt, die es zu korrigieren gilt. Fehler zu machen ist menschlich, wie der Ausspruch geht, aber sein fehler als Fußnote zu zeigen das ist Gelehrsamkeit. Und das ist genau im footnoting oder in einen Kontext zu setzen, dass der kritische Leser Angemessenheit oder Falschheit der Interpretationen des Schriftstellers entscheiden kann. In diesem Licht hoffe ich dass der Leser klar genug Spuren sehen kann, denen ich folge, so dass er oder sie mit einem kritisch gestifteten Sinn des Urteilsvermögens nachprüfen oder widerlegen kann, was ich diskutiert habe. Und wenn es irgendwelche Fehler oder Ungenauigkeiten gibt, hoffe ich, dass sich der interessierte Leser sich frei fühlen wird, mich schriftlich über den Herausgeber zu benachrichtigen, so dass zukünftige Ausgaben der Studie korrigiert werden können.

Ich bearbeite vielleicht diesen Punkt, weil ich finde, dass es zu häufig in der Akademie vernachlässigt wird. Druck ist definitionsgemäß eine dauerhafte Tat, die da als Typ-Gedanken und Ideen untergeht, und seit Jahrzehnten nicht korrigiert werden könnten. Wie ich in der Einführung dieses Buch hinweise, ist Radhasoami Gelehrsamkeit seit Jahren durch falsche oder irreführende Information verdorben worden. Mit dem Advent der Computertechnologie - und Fähigkeit für schnelle, leichte und relativ billige Weisen, Druckfehler zu korrigieren - ist es befehlend, historische Studien selbst für gleichrangige Kritik zu öffnen, das unmittelbar ist. Auf diese Weise können Studenten der Geschichte im Festsetzen wissenschaftlicher Monografien und ähnlich, überzeugter sein.

EINFÜHRUNG: DIE GEBURT EINES GURUS

In Indien, wenn ein verehrter geistiger Meister stirbt, ist das unveränderlich eine Zeit der großen Schwermut. Anhänger von Nah und Fern beschreiben ein Gefühl eines tiefen Verlustes, nicht unterschiedlich zum Verlieren jemandes eigener biologischer Mutter oder Vaters. In einigen religiösen Traditionen wird der Stoß dieses Verlustes durch die Idee gelindert, dass der Guru seine/ihre geistige Macht zu einem oder würdigeren Anhänger übersendet. Diese Apostel-Anhänger dienen als geistige Nachfolger und erleichtern viel von der Verwirrung, die aus dem Tod eines Gurus resultiert. Jedoch, wie man annimmt, dass der Formenmantel eines vorherigen Meisters ein problematisches Thema ist das

andauernd Flügge werdende religiöse Bewegungen geplagt hat sowohl im Osten als auch im Westen
.

Stellen Sie sich vor, die Gelegenheit zu haben, in der Geschichte ungefähr Zweitausend Jahre zurückzugehen und im Stande zu sein, zu registrieren, was sofort nach dem Tod von Johannes dem Täufer und Jesus Christus passierte. Solch eine Gelegenheit für einen Soziologen oder einen Historiker würde ein Schatz voll der Information - so wertvolle Information sein, dass es enormes Licht darauf werfen würde, wie (und vielleicht warum) frühes Christentum sich entwickelte so wie es sich entwickelte.

In diesem Augenblick, während ich diese Sätze während des letzten Jahrzehnts des 20. Jahrhunderts hier schreibe, wird es wahrscheinlichsten neue religiöse Bewegungen geben, die sich im Laufe der Zeit - vielleicht ein Jahrhundert, vielleicht fünf entwickeln werden - um weit verbreitete und hoch einflussreiche Weltreligionen, angefüllt von der politischen, wirtschaftlichen und kulturellen Autorität zu werden. Der innewohnende Wert des Studierens, wie solche Religionen in ihrem Säuglingsalter, besonders diejenigen mit der charismatischen Führung, geistige Autorität übersenden, ist unschätzbar. Selten bekommen wir objektive Berichte aus erster Hand , wie Religionen entstehen und sich innerhalb ihres ersten Jahrhunderts des Wachstums entwickeln. Obwohl der folgende von Radhasoami auf dieser Bühne verhältnismäßig klein in der Beziehung mit den Hauptreligionen ist, ist Radhasoami dennoch stark während der letzten einhundert Jahre von weniger als eintausend Anhängern zu mehr als zwei Millionen Eingeweihten gewachsen . Und obwohl sich Radhasoami nicht als eine ehrliche Weltreligion nicht mit einem großen Gefolge vergleichbaren mit sogar Sikhism nicht entwickeln kann (mit seinen zehn Millionen plus Anhänger), hatte es bereits einen bedeutenden nationalen Einfluss in Indien, besonders im Punjab, und einen übernationalen Einfluss in Europa, Afrika, und Nordamerika gehabt, wo es eine Zentralkraft hinter mehreren neuen religiösen Bewegungen, einschließlich Eckankar und M.S.I.A gewesen ist. (**Hier füge ich hinzu, auch hinter „Die Höchste Meisterin Ching Hai"** **und auch der „Soami Divjanand" Gruppe in Indien , Deutschland und anderen Ländern. Denn** **Soami Divjanand war auch ein Eingeweihter von Kirpal Singh und wie er in seinem Buch „Der** **nächtliche Besucher" beschreibt, von Kirpal Singh aufgefordert worden zu Initiieren. 6.7.2007** **WSchorat)** Radhasoamis formale Geschichte richtig zu bemessen zu analysieren , kann nur helfen, Licht auf frühen Jahre von charismatischen Religionen im Allgemeinen zu werfen.

Religiöse Folge

Sehr wenige Studien sind jemals mit dem Thema der Guru-Folge getan worden; weniger ist noch an dem Prozess der Guru-Legitimation getan worden. Da Führungsfolge ein universales Problem in der Weltkultur ist - von der Folge von politischen Führen Geschäftsführern zu Familienoberhäuptern - kann ein besseres Verstehen von religiösem Meisterschaften und deren wirkliche Natur, Hilfreich sein, unsere Studien allgemein über Macht-Übertragung Informativer zu machen.

Die Tradition von Radhasoami ist in erster Linie ein dramatischer typischer Fall , weil die Geschichte mit Problemen der Guru-Folge geplagt worden ist. Vielleicht ist der Hauptgrund dafür wegen des Mangels einer universalen Abmachung darüber, was „geistige" Erreichung ausmacht. Für eine Person kann es ein charismatischer Charakterzug, die Wahrnehmung sein, dass sein/ihr Meister einen begeisterten Zustand des Bewusstseins erreicht hätte. Für einen anderen kann es eine gesetzliche Funktion sein, wo der respektierte Guru zum hohen Amt mittels eines vom vorhergehenden Meister geschriebenen Willens ernannt worden ist. Für noch einen anderen kann es eine Kombination von Elementen sein: vom wahrgenommenen Charisma bis bezeichnete gesetzliche Funktion zu Problemen der sozialen Kaste und des Eigentums. Viel von dieser Verwirrung kann natürlich erleichtert werden, wenn der Gründer einer jeweiligen religiösen Bewegung klare und eindeutige Regeln aufstellt, Folge regelnd. Aber nur selten geschieht das. Eher, als im Fall von Shiv Dayal Singh (der Gründer von Radhasoami), stirbt der geistige Führer vor dem Herstellen von Richtlinien, durch welche Folge-Streitereien zu verhindern wären.

Aber wie erhielt der geistige Führer seinen begeisterten Status einer ersten Stelle, vor dem aufflammen des Folge-Streits? Oder, mehr auf den Punkt kommend, wie, kommen Gründer von neuen Religionen zu ihren Gläubigen-Anhänger? Wie setzte Jesus sein Ministerium ein? Wie sammelte Mohammed, seine Kernanhänger? Wie konsolidierte Shiv Dayal Singh seine Position als ein Guru? Gemäß Max Weber gibt es drei Hauptwege: 1) durch das Charisma, die geistige Gegenwart Präsenz - unbestimmbar und unkontrollierbar - welcher periodisch in bestimmten begabten Personen erscheint; 2) durch Tradition, wo historische Präzedenzfälle, wie Familie oder Blutbande, wird Delegierter wer das Unterrichten oder die politische Arbeit fortsetzen wird; und 3) durch Rechtmäßigkeit, ein im Wesentlichen vernünftiges Unternehmen, wo allgemein vereinbart Regeln angelegt worden sind und von gleichgesinnten Teilnehmern akzeptiert werden.

Was ist jedoch zentral zu all dem , ist die Idee von der Annahme und Legitimation. Es ist eine Sache sich ein Prophet, ein Mystiker, ein Gott-Mensch zu nennen; aber ein ganz anderer, um Anhänger in bedeutenden Zahlen zu haben, die seinen Anspruch akzeptiert haben. Wenn wir sagen, dass es das eigene Charisma von Jesus war, das seine ergebende Gefolgschaft anzog oder die geistigen Mächte von Sidhartha , die seine ersten Anhänger umwandelten , betteln wir um die Frage, denn wir haben nicht begriffen wie die soziale Dynamik innewohnend in Charisma zustande gekommen ist. Für Weber, „könnte Charisma aus zwei Typen sein. Wo diese Bezeichnung völlig verdient wird, Charisma ist ein Geschenk, das in einem Gegenstand oder Person einfach auf Grund von der natürlichen Begabung innewohnt. Solch primäres Charisma kann nicht erworben werden durch egal welche Art. Aber das Charisma des anderen Typs kann künstlich in einem Gegenstand oder Person durch einige außergewöhnliche Mittel erzeugt werden. Sogar dann wird es angenommen, dass charismatische Mächte nur in Leuten oder Gegenständen entwickelt werden können, in denen der Keim bereits bestand, aber schlafend, es sei denn, dass es herbeigerufen wird , durch einen Asketen oder andere Möglichkeiten. „

Charisma ist eine wahrgenommene Qualität sowohl durch denjenigen, der Besitz davon hat, als auch durch denjenigen der das fordert, oder der behauptet, es in der geschätzten Person zu beobachten. Und doch, zentral ist, hier ist nicht so viel die Selbstwahrnehmung von Jogis oder Weisen oder Hellsehers oder Mystikers, aber die Empfängnis und Annahme solch manifestierter Charismen durch den jeweiligen Wahlkreis überhaupt. Irgendjemand kann behaupten, Charisma zu haben (tatsächlich Nervenkliniken auf der ganzen Welt sind mit öffentlich selbstverkündigten Göttern gefüllt), aber dieser Anspruch in sich selbst stellt noch keine allgemeine Annahme notwendigerweise sicher, dass eine Person tatsächlich charismatisch ist. Das Dynamik hier, würde ich argumentieren , neigt sich schwer auf der Seite der Wahrnehmenden, nicht auf wahrgenommenes. Zuerst kann das ein wenig umgekehrt klingen. Wie könnte Charisma , wenn es solch ein persönlicher und unbestimmbarer Charakterzug ist, größtenteils das Produkt des sozialen Konstrukts sein?

Lassen Sie uns Jesus Christus als ein veranschaulichendes Beispiel nehmen. Warum sagen wir jetzt, dass Jesus ein revolutionärer Charismat war? War es, weil er, tatsächlich, eine außergewöhnliche Person ausgestattet mit übermenschlichen oder magischen Charakterzügen weit außer der Kenntnis von normalen Menschen war ? Vielleicht, aber vielleicht nicht. Was Jesus so „charismatisch" macht, würde ich vorschlagen, hätte mehr, mit dem politischen Einfluss seiner späteren Anhänger zu tun, als es mit dem Mann selbst zu tun hätte. Wir wissen, dass während des Ersten Jahrhunderts n. Chr. es wörtlich viele Personen gab, die behaupten, der Messias, der gewählte, einer von Jahwe zu sein. Und doch, heute, ungefähr zweitausend Jahre später, sprechen wir nur von Jesus. Und wir verwenden ihn als ein Hauptbeispiel eines charismatischen, als ob seine bloße Gegenwart die politische Welt transformierte. Sicher, seine persönlichen Heldentat waren einflussreich, aber was der Schlüssel in all dem war, ist die Wahrnehmung und Annahme von Jesus Ansprüche Jahrhunderte nach seinem Tod durch entscheidende politische Figuren. Mit anderen Worten, wenn wir vom Charisma von Jesus sprechen, beziehen wir uns größtenteils auf politischen und geografischen Einfluss, den er vermutlich hervorbrachte. Und doch, war offensichtlich gemacht werden muss ist das Jesus, als ein Subjekt des Charismas, könnte oder könnte auch nicht, irgendetwas damit zu tun haben, mit der Akzeptanz und /oder verwerfung seiner Charismatischen Geschenke als ein Gegenstand für politische Änderung . Eher, und dieser Punkt muss unterstrichen werden, waren es Jesus nachfolgenden Anhänger , insbesonders politische Führer, die riesige Mengen von Leuten vertreten, die instrumental in der Erhöhung von Jesus charismatischen Status waren.

Jesus erscheint aus der Gruppe der konkurrierenden Messias während seiner Tage nicht so weil er solch eine starke Kraft war, aber weil seine Nachricht, für eine Vielfalt von Gründen (aber größtenteils politisch), im Laufe der Zeit von einer Einigkeitsmehrheit akzeptiert wurde. Einfach formuliert ist Charisma etwas, dass wir oftmals jemand zuschreiben, nachdem die Person tot ist. Das ist auch etwas, was sozial konstruiert werden kann. So müssen wir im Zuschreiben einer Qualität religiöser Propheten klar sein. Weil es heute zwei Milliarden Christen in der Welt gibt und es gab sie vor zweitausend Jahren nicht, bedeutet nicht, dass Jesus, als charismatische Figur, direkt verantwortlich dafür war. Nein, es war die subsequente Akzeptanz seiner Kirche durch die Anhänger, welche die Welt umgestalteten. Und solche Annahme oder Verwerfung eines revolutionären Propheten, würde ich hinzufügen , hat viel mit dem Abschwächen sozialer Kräfte im Laufe der Zeit zu tun. Zum Beispiel, wenn Jesus nicht gekreuzigt würde, könnte sich Geschichte völlig verschieden herausgestellt haben. Und wir bräuchten nicht über eine charismatische Figur genannt Christus überhaupt sprechen. (**Hier gebe ich mein Senf noch hinzu. Es ist bis jetzt für mich noch nicht ganz klar weswegen dieser Prof. Lane diese Arbeit „Wirklich" gemacht hatte. Ich weiß aber das Soziologen, die auch wie die Theologen, in ihrer Berufsbezeichnung, von der sie glauben das wären sie, den Begriff „Logen „ in der Vergangenheitsform haben. Also Lüge. Und das es so was wie Gott für sie nicht geben darf da sie Denken und Glauben sie wären Wissenschaftler. Aber, diese letzte Bemerkung von ihm deutet klar an das er ein an der Birne hat und zwar weil er sogar die Zukunft fantasiert was wenn wie wann wo weshalb wäre, und es ihn dann wohl besser ging. Also Jesus und Gott das sind Themen für ihn die ihn „Fertig"machen. Das geht sooo stark gegen sein „Egöchen" und dann noch als Professor Das er mit aller Macht versucht Jesus und das Christentum irgendwie „Schach Matt" zu bekommen. 7.7.2007 WSchorat)**

Der Punkt dieser verlängerten Diskussion ist, dass das Konzept des Charisma auf eine sozial gebaute Weise gesehen werden kann. Ungeachtet dessen ob jemand, ontologisch gesprochen, tatsächlich ein charismatisches Geschenk besitzt, ist nicht der Punkt. Es ist die soziale Annahme oder Verwerfung solch eines Anspruchs (und Charisma ist meistens gerade, ein Anspruch), die determiniert welchen Einfluss solche charismatische Heldentat haben werden.

Deswegen werde ich mich in dieser Schrift damit nicht befassen, ob ein fraglicher Guru tatsächlich transmundane Macht hat, aber eher mit seinen oder ihren Ansprüchen auf wie er oder sie über das Legitimieren dieser Ansprüche geht. Zum Beispiel habe ich viele Gurus in Indien getroffen, die

Behauptung Zugang zu geistigen kräften zu haben, die über den rationalen Verstand hinausgehen und jeder mit Tausenden von Anhängern, , aber nur zwei oder drei waren, was ich als charismatisch betrachten würde. Und doch waren meine Wahrnehmungen nicht Wahrnehmungen von zukünftigen oder langfristigen Anhängern. Wenn ich sage, dass Thakar Singh langweilig oder glanzlos oder in seinem öffentlichen Anschein gewöhnlich ist, ist es meine eigene Wahrnehmung. Tausende von anderen werden von ihm mesmerisiert. Wer hätte Recht? Folglich ist das nicht wirklich eine Frage dessen, wer Recht oder, in Bezug auf Tiefen-Psychologie, aber eher wie solche Wahrnehmungen informiert werden, sich entwickelten, und einflussreich unter verschiedenen Gruppen wurden.

In der Soziologie können wir nicht individuelles Charisma per se studieren (wenn wir täten, würden wir Psychologie machen), aber nur Wirkung auf Leute, die behaupten, es wahrzunehmen und dadurch geändert zu werden. Im der Gurus-Folge hat das eine bedeutende methodologischen Imperativ 1) wenn wir Charisma jedem Meister oder Mystiker zuschreiben, beschreiben wir hauptsächlich seinen oder ihren Anspruch darauf und/oder angeblichen Wahrnehmungen von demselben durch seinen/ihren im Anhängern. Wir sind nicht, um noch schnell zu wiederholen, das wirkliche Ding am beschreiben, als ob Charisma etwas quantitativ Bestimmbares und Prüfbares wäre. 2) das macht a priori nötig, dass wir Ansprüche auf das Charisma mit der wirklichen Erreichung des Charismen nicht verwechseln dürfen. In Bezug auf spirituelle Kompetenz (d. h. In Radhasoami, den Zugang der Seele zu höheren Gebieten des Bewusstseins), wissen wir einfach nicht, ob ein gegebener Meister erleuchtet ist oder nicht. (**An dieser Aussage kann Klipp und Klar gesehen werden, das sein Meister Charan Singh dann tatsächlich bei ihm bei der Initiation keine Übertragung von Licht und Klang gemacht hatte oder machen können, da ja selber Charan Singh auf „ Demut" machte als er von seinem Meister ernannt wurde. Jedenfalls diese Aussage von Prof.Lane besagt eindeutig das er selber nie die Gewissheit erfahren hatte das sein Meister Erleuchtet war . 7.7.2007 WSchorat)** wir jedoch wissen können, ist, wenn er/sie behauptet, es zu haben. 3) So in der Studie der Guru-Politik analysieren wir immer Ansprüche des Charismas, und wie solche Ansprüche in der täglich Einfassung legitimiert werden. Zum Beispiel, wenn wir sagen, dass ein Minderheitsguru, wie Kirpal Singh oder Ajaib Singh, charismatisch ist, machen wir ein unpassendes Werturteil. Weil ich vorher festsetzte, wissen wir einfach nicht, ob sie sind oder nicht. Wir wissen wirklich jedoch, dass sie Ansprüche auf solchen erheben. So sollten wir nicht ableiten, dass ein Meister charismatisch ist; eher sollten wir feststellen, dass ein Meister behauptet, charismatisch zu sein, oder dass seine/ihre Anhänger behaupten, solchen wahrzunehmen. 4) Wenn wir scheitern, diese Unterscheidung zu machen, und es kommt oft in soziologischen Studien von religiösen Figuren vor, geben wir einen falschen Sinn der Bevollmächtigung an eine revolutionären Personen, die Charismatisch sein oder nicht sein können sui generis.

All dieses hat ein direkten Bezug auf die flüggen Gründer von religiösen Bewegungen, sowohl alt als auch neu. Wenn wir uns die Radhasoami Geschichte zum Beispiel ansehen, können wir geneigt sein zu sagen, dass Shiv Dayal Singh, der angebliche Gründer der Bewegung, ein wahrer Charismat war, da er eine neue religiöse Tradition vom Grund anfing. Aber das ist eine irreführende reification, eine, die andeutet, dass Neuheit und Charisma verflochten sind. Stattdessen ist alles, was wir genau sagen können, dass Shiv Dayal Singh, scheint, eine Art geistiger Autorität gefordert zu haben, und mehrere tausend Menschen bewegt wurden, um seinen Anspruch zu akzeptieren. Ohne den fortlaufenden Erfolg von Shiv Dayal Sing's Amt von durch die Proliferation von geradlinigen Gurus nach seinem Tod, könnten Radhasoami und sein Gründer in der Geschichte unbekannt geblieben sein. Da Radhasoami, mehr oder weniger, ein erfolgreiches religiöses Unternehmen in Bezug auf Zahlen ist, haben wir eine Tendenz, charismatische Heldentat seitens des Gründers ihm zuzuschreiben. Und doch ist viel von dieser Heldentat ein nachträglicher Einfall, ein Produkt des historischen Revisionismus. Wir wissen einfach nicht, welches Shiv Dayal Sing's innewohnenden geistigen Mächte waren. Wir kennen, eher, seine Ansprüche und die Ansprüche seiner Initiierten. **(Senfzeit: Es ist schon beschämend wie dieser Mensch David Christopher Lane, mit allen Mitteln versucht in „könnte" und „womöglich" und „scheint" also in Sophistischer Dichtkunst versucht etwas zu erkennen, das die Fähigkeit dieser Meister doch als „Unfähigkeit" darstellen kann. Und das sogar die anderen alle in einer Form von Hypnoseignoranz zu den Meistern gekommen sind. Er versucht seine Gedanken so weit zu Abstrahieren, also dem Leben zu entziehen und das was Leben ist als „Nichtleben" darzustellen, das sein Schmerz keinen Erfolg mit dieser Methode gehabt zu haben so groß sein muss das er den Verursacher dieses Mentalschmerzes nun zerstören muss und will und sich wohl deswegen der Gottesverweigernden Methodik der Soziologischen Sektendenkabstraktion zugewandt hat. 8.7.2007 WSchorat)**

Folglich können revolutionäre Unterbrechungen, mit traditionellen Wegen, teilweise deswegen sein, nicht weil Individuen außergewöhnliche Kräfte haben, sondern Personen behaupten, solchen zu besitzen. Diese Unterscheidung, obwohl rudimentär und offensichtlich, unterscheidet eine soziologische Studie der Guru-Politik von einer psychologischen. Und es ist eine Unterscheidung, muss ich hinzufügen, die uns viel Verwirrung bezüglich der Ursprünge von religiösen Bewegungen im Allgemeinen erspart.

In dieser Studie, deshalb, bin ich dazu geneigt zu vermeiden, den Begriff Charisma und charismatisch, zu oft zu benutzen, da es das Erkennen geistiger Befähigung innewohnender Triebkräfte verfinstert. Ich habe deswegen eher eine einfache zwei Reihe-Analyse der Guru-Legitimation gewählt. In Anbetracht dessen, dass ein Guru in der Radhasoami Tradition, definitionsgemäß, derjenige ist, der Zugang zu einem Gottesbereich hat, werde ich damit beschäftigt sein, wie er oder sie andere von diesem Anspruch überzeugt. **(SenfZeit: Das geht ganz einfach. Indem der Guru oder Meister/in bei der Initiation das Licht und den Klang übermittelt. Anhand dieser Erfahrung kann erkannt werden das der Guru , Meister/in kompetent ist 8.7.2007 WSchorat)** Ich habe entdeckt, dass solche Prozesse der Legitimation zwei Richtungen folgen: 1) innerlich, Erfahrungs-, mystisch, trans-vernünftig, wo der Mystiker Ansprüche äußert, und auf eine neuen Arena von Kenntnissen hinweist, die gewöhnlich durch eine Art meditativer Praxis erhärtet wird; oder 2) äußere, legalistisch, traditionell, kritisch-vernünftig, wo der Meister seine oder ihre Position unterstützt, indem er zur Übertragung der Macht durch einen Willen durch das Eigentum durch Reliquien durch das schriftliche und mündliche Zeugnis hinweist; in der Summe, durch eine Art empirisch nachprüfbarer Mittel. Diese zwei Strategien, sind in Ken Wilbers Sprachgebrauch, als Echtheit und Gesetzmäßigkeit bekannt. Der erstere ist eine vertikale Verhaftung von superweltlichen Realitäten; der Letztere ist eine horizontale Verhaftung Tag täglicher, Einigkeitsrealität.

In beiden Fällen befassen wir uns mit Beweisen, die dafür entworfen sind, ein Ministerium eines Gurus zu begründen. In Bezug auf Gesetzmäßigkeit, natürlich, ist es viel leichter, eine allgemeine Abmachung zu erreichen, da angebotenen Beweise für empirische oder quasiempirische Überprüfung zugänglich sind. In Bezug auf Echtheit, jedoch, stehen wir einem erkenntnistheoretischen Problem gegenüber, da man Zugang zu einer höheren Ordnung des Bewusstseins haben muss, um angebotene Beweise kompetent nachzuprüfen. Charismatische Ansprüche im Großen und Ganzen, sind meisten besonders in der Sant Mat und Radhasoami, in der Natur subjektiv und widerspiegeln gewöhnlich eine Art innere oder mystische Enthüllung. Außerdem, wenn Zuflucht zu diesem Typ des Beweises gemacht wird, muss daran gedacht werden, dass solche charismatischen Ansprüche mehr von einer reaktionären Strategie (gewöhnlich gemacht wenn Neulinge Mangel an Legitimität in den Augen der Mehrheit hat), um sozialen Status zu erreichen, anstatt als eine phänomenologisch „reine" Beschreibung eines angeborenen oder geistiges Geschenk erwarb. Das Vorangehende in Erinnerung haltend, deshalb, diese Studie zentriert sich beides, wie charismatische Ansprüche routinisiert werden als auch darauf, wie Charisma, als solcher, definiert wird und als ein rhetorisches Gerät unter Flügge-Gurus politisiere wird.

Materielle Interesse: Die Ökonomie der Folge

Guru-Folge, in der Theorie, soll ein geistiger Prozess sein, wo ein Meister seine/ihre Autorität einem bezeichneten Erben übersendet. Aber in der Praxis-stellt sich Guru-Folge unweigerlich als etwas mehr heraus, etwas ein bisschen Erdlicher als, ursprünglich beabsichtigt war. Guru-Folge stellt sich heraus, das sie auch ein materielles Interesse ist. Obwohl es einen geistigen Impuls geben kann, der das Auswahlverfahren eines Meister führt, gibt es eine Wirtschaftskraft, die in großem Maße bestimmt, wer und warum was bekommt. Das wird um so mehr offensichtlich, wenn ein geistiger Meister Eigentum und Reichtum angesammelt hat. Im diesem Fall muss der folgende Guru nicht Fähig sein in Seelen zurück zu Gott zu führen sondern auch geschickt sein, ein Verwaltungsbudgets geschickt zu handhaben. Es war eine Sache für einen relativ unbekannten Guru wie Tulsi Sahib von Hathras im 19. Jahrhundert, einen blinden Sadhu genannt Surswami zu ernennen, um sein Ministerium fortzusetzen, als es sehr wenig Eigentum oder Geld gab; ein ganz anderer für einen populären Guru im 20. Jahrhundert (wie Sawan Singh) mit dem riesigen Landvermögen, um dasselbe zu machen. Im ehemaligen Fall wird dem Nachfolger durch Verhältnisse erlaubt, sich hauptsächlich auf sein Lehren und nur zweitens auf die Verwaltungsinfrastruktur zu konzentrieren. Im letzten Fall, jedoch, wird der Nachfolger ein kompliziertes Verwaltungsreich belasten, dass das Spektrum umfasst, zu bewahren und zu kluge Investierung von gesammelten Geldern zu verwalten. Er oder sie müssen ein kluger Geschäftsmanager, sowie ein kluger Weiser sein.

Außerdem wenn der Guru und Gruppe größer werden, treten andere wichtige Faktoren im Spiel ein, wenn sich der fortgehende Meister sich dafür entscheidet, seinen/ihren Nachfolger zu ernennen. Es ist wenig Wunder deshalb, dass größeren Radhasoami Satsangs heute von Männern geführt werden, die etwas Erfahrung in der Bildung oder Geschäftswelt gehabt haben (Zeuge: Rajinder Singh, ehemaliger Ingenieur für AT&T Gurinder Singh, Unternehmer von Spanien; und Dr L.B. Lal, der ehemalige Universitätskanzler). In dieser Studie werden wir besonders darstellen wollen, wie Dringlich, durch die Zunahme des Eigentums und Einkommens, die Auswahl eines lebensfähigen Guru-Kandidaten ist.

Das Artikulieren einer Nirguna Tradition

In der Studie von Indiens geistigen Traditionen steht der Gelehrte einer unmittelbaren und komplizierten Kategorie gegenüber. Innerhalb einer Kultur, deren Existenz religiösen Pluralismus definiert, gibt es ein Problem im Versuchen, einen besonderen Pfad (Sekte oder Gruppe) von seiner einströmenden Umgebung zu unterscheiden und dann die einzigartigkeit seiner Geschichte zu extrapolieren(**Extrapolieren: aus dem Verhalten einer Funktion innerhalb eines mathematischen Bereichs auf ihr Verhalten außerhalb dieses Bereichs zu schließen 9.7.2007 WSchorat).** Die erste Schwierigkeit ist, dass solch ein Versuch beschädigung nötigt , den natürlichen und „fleckenlosen" Zustand der Sekte zu beschädigen, was es unmöglich macht zu verstehen so wie es ist. Zweitens die eigene Untersuchung des Forschers ist ein imprägnierender Akt der unweigerlich seine eigene Auslandsdimensionen in die Gruppe pflanzt. Und drittens, die hinduistische Welt ist keine statisches Kontinuum von isolierten religiösen Ordnungen, aber ein Typ von Holobewegungen umfassend aus zusammenpassenden Traditionen. So die meisten Versuche durch Akademiemitglieder, um jede besondere Religion als ein isoliertes zu trennen, führt zu einem künstlichen und oftmals irreführenden Pfad um zu verstehen – ein verstehen, viel zu anfällig für scholastischen Reduktionismus. Vielleicht das Beste und die neuste Illustration davon ist der Sikhismus. Vor der britischen Regentschaft, Sikhism bestand als eine ehrliche Weltreligion nicht- mindestens nicht auf für die Westwahrnehmungen allgemeine Weisen nicht. Was wirklich bestand, war eine kräftige Sekte, die ihren eigenen parampara und satsang innerhalb der größeren Gemeinschaft des Hinduismus hatte (oder, genauer gesprochen, die Nordkindische Sant Kultur) . Wenn es nicht für die britische „Entdeckung" von Indiens heiligem Erbe und der eigenen geistigen Erinnerung der Inder, Sikhismus wäre wie seine Schwester, die Kabir-panthis, eine essentielle nirguna bhakti sampradaya geblieben.

Die vitale Rolle das historische Eingreifen durch politische Herrschaft und erbliches nachdenken - sowohl ausländisch als auch einheimisch – kann in der Entwicklung der Religion nicht unterschätzt werden. Wie examiniert man geistige Bewegungen und wie präsentiert man dasselbe der wissenschaftlichen Gemeinschaftswelt hat seine eigene dynamische und einzigartige Wirkung .

Mircea Eliade, der im Feld der Geschichte und Phänomenologie arbeitet, wendet diese Verstehen auf das komplizierte Thema der Religion: Moderne Wissenschaft hätte einen Grundsatz wieder hergestellt, der durch ernste Verwirrungen des neunzehnten Jahrhunderts ernstlich gefährdet wurde: „Es ist die Skala, die das Phänomen macht." Henri Poincare fragte mit einer Ironie, ob „ein Naturforscher der Elefanten studiert hatte nur unter dem Mikroskop, denken würde, dass er über jene Tiere etwas wusste?" Ich habe nicht vor, die Nützlichkeit zu bestreiten, sich dem religiösen Phänomen von verschiedenen Winkeln zu nähern; aber es muss zuerst in sich selbst angeschaut werden, indem was nur zu ihm allein gehört und in keinen anderen Weg erklärt werden kann. Es ist keine leichte Aufgabe....

Deshalb am wirklichen Anfang aller wissenschaftlichen Absichten geben wir den Eindruck „des reinen" Objektivismus auf, begreifend, dass unsere Studie tatsächlich auch eine Erforschung in die Religion ist, und unser Effekt auf sie, weil es eine Überprüfung unsers eigenen kulturellen und psychologischen Ethnozentrismus ist. **(Senfzeit: Wer denkt , glaubt, hofft, träumt,versucht,so etwas wie Objektivität irgendwo zu finden oder Objektivismus irgendwo sei,außer in der Herstellung des Fantasie und Glaubensbegriffs, der ist wirklich noch ein TotalMaterialistischer Klone Clown.Denn etwas Objektiv zu erfassen zu wissen,würde vorraussetzen das „Ding" also das „Objekt"von allen Seiten zur gleichen Zeit zu sehen Also die Kugel mit dem Kugelblick oder das Objekt mit dem Objektblick, und das ist nur als Gott die Gottheit möglich als die Einheit von allem. So viel zu den Traumtänzerversuchen der Traumtänzer Gelehrten in allen Bereichen wo es Gelehrte geben könnte 10.7.2007 WSchorat)**

Eine ganzheitliche, einheitliche Annäherung zur Studie von indischen Traditionen ist ein enormes Ideal. Unglücklicherweise, ist es unmöglich das zu vollbringen. Vielleicht ist der Grundsatz von Werner Heisenberg der Unklarheit in der subatomaren Physik eine aufschlussreiche Analogie für alle Wissenschaften - Hirsch oder weich. Wie Gary Zukav es erzählt: Es gibt keine Weg , wie wir gleichzeitig Position und Momentum eines bewegenden Partikel wissen können. Alle Versuche, das Elektron zu beobachten, verändern das Elektron.... Was immer es ist, dass wir Beobachtungen kann determinierbares Momentum haben, und es kann bestimmbare Position haben, aber von diesen zwei Eigenschaften , wir müssen für jeden gegebenen Moment wählen, welchen wir im Fokus bringen möchten. Das bedeutet in der Verweisung auf „bewegende Partikeln" irgendwie, dass wir sie nie sehen können, wie sie „wirklich", sind, sondern wie wir beschließen, sie zu sehen! Weil Heisenberg schrieb: Was wir beobachten, ist nicht Natur selbst, sondern Natur herausgestellt für unsere Methode der befragung.

Außerdem in Bezug auf religiöse Gelehrsamkeit, wählen wir einen Aspekt über einen anderen (und unterscheiden die dadurch verwandte Bestandteile), im Prozess vergessend, dass unsere Wahlen häufig willkürlich sind. Was das erzeugt, ist nicht so sehr ein genaues Bild der Religion in Frage, sondern unsere eigene kulturell bestimmten Methode, um geistige Traditionen zu erforschen. Probleme im Definieren von Radhasoamis.

Die Traube von Abstammungen mit allgemeinen Lehren (genannt populär Radhasoami Glauben) verbunden mit Shiv Dayal Singh präsentiert einige faszinierende Alleen für Studie. Diese erstrecken sich von den Lehren selbst: eine hoch artikulierte Interpretation von Surat Shabd Yoga („Vereinigung der Aufmerksamkeit mit dem Klang Strom"); zur sozioökonomischen Entwicklung von Dayal Bagh, die zweitgrößte der Radhasoami Gruppen; zum Konzept von Satguru, dem. „wahren Licht Geber." Jedoch einer der meisten zentralen, wenn nicht Totalzentral Teile, innerhalb von Radhasoami ist die parampara, guru/gaddi Abstammungen.

Ich wurde persönlich fasziniert von verschiedenen Zweigen in der Radhasoami Tradition als ich zuerst von den Abteilungen in Marvin Henry Harper, „Gurus Swamis, und Avatars" las: Spirituelle Meister und Ihre amerikanischen Jünger. Aber von allen verschiedenen Seiten für Untersuchung in Radhasoami, parampara zeigt die meisten Schwierigkeiten an . In erster Linie von denen, wie man genau definiert, was mit"Radhasoami" gemeint ist.

Der Name Radhasoami wird allgemein auf jene Gurus und gaddis angewandt (der Sitz/Wohnsitz eines Heiligen - lebend, oder verstorben), die ihre Abstammungen zurück zu Shiv Dayal Singh (1818-1878), dem öffentlich verkündigten Gründer der Bewegung. Jedoch gibt es viele Hindernisse, die dem generellen Gebrauch des Begriffs „Radhasoamis" gegenüberstehen, um solche Personen oder Gruppen zu beschreiben. Zuerst, unterrichten nicht alle satsangs (Sammlungen oder der Wahrheit gewidmete Kameradschaften) dieselben genauen Methoden, dieselben Doktrinen, oder glauben an denselben sampradaya (religiöse Abstammungen). Und zweitens hält nicht jede Gruppe zum Namen „Radhasoami" als eine Beschreibung für ihren Glauben fest. **(SenfZeichen: Ja ja,das Haus Gottes hat viele Wohnungen.HoHoHo. Und sogenannte Wissenschaftler haben viele Machtprobleme. HoHoHo 11.7.2007 WSchorat)**

Obwohl es viele Variablen eingeschlossen gibt, die Unterschiede in der Interpretation unter dem Radhasoamis stammen hauptsächlich von der historischen Tatsache das, sie nachdem Shiv Dayal Singh starb mehrere Initiierte, Eingeweihte, (und nicht nur einer) als Gurus dienten. Das Ergebnis war eine Proliferation, die sich breiter und komplizierter mit jeder nachfolgenden Generation ausbreiten. **(Senfzeit: Ich habe selber viel darüber nach-vor-neben-rüber –und hochdenken müssen und kam zu dem Schluss: Das ist ganz natürlich, denn in der Gurunachfolge kann es im offiziellen Club nur einen Nachfolger geben der die Gruppe führt. Aber während der Zeit des lebenden Meisters können ja jede Menge anderer Eingeweihter ihre eigene Verwirklichung bis zu unterschiedlichen Ebenen erreicht haben und somit ihre natürliche Funktion, nämlich eine andere Gruppe aufzubauen in die Wege leiten aktivieren, falls sie so was überhaupt möchten 11.7.2007 WSchorat)**

Aus Gründen der Gleichförmigkeit, und im Halten von Übereinstimmung mit der Natur von Santism und Surat Shabd Yoga (primären Quellen für Radhasoami), werde ich den Begriff Radhasoami gebrauchen, um jene Gurus und satsangs zu bezeichnen, die über parampara Shiv Dayal Singh verbunden werden. Diese Kategorisierung wird jeden Meister oder Gruppe einschließen, die eine direkte und anerkannte Verbindung hatten. So ist das wesentliche Kriterium verwendet hier ist eine der Genealogie, die durch die kennzeichnende Eigenschaft der Einweihung bestimmt wird. Zum Beispiel würde ein Guru wie Kirpal Singh, obwohl er seine Tätigkeiten Ruhani Satsang (Gotteswissenschaft der Seele), etikettierte und Gebrauch des Namens Radhasoami als zu sektiererisch seiend verwarf, unter der Rubrik von Radhasoamis eingeschlossen, weil er von Sawan Singh Initiiert, Eingeweiht, wurde (wer selbst in der Abstammung von Shiv Dayal Singh ist) und diese Beziehung anerkennt. Andererseits würde Paul Twitchell (Gründer von Eckankar), obwohl er durch Kirpal Singh Initiiert wurde, unter der Rubrik von Radhasoami nicht eingeschlossen, weil er nicht zugibt, eine Verbindung zu haben-- eher die Verbindung zu Kirpal Singh abstreitet - und innerhalb dieser Linie nicht arbeitet. **(Senfzeit: Eckankar Gründer Paul Twitchell hat ja in seinen Büchern Seitenweise von Sawan Singh alles bestens abgeschrieben. Was ja okay ist, aber dann das Eck und Eckankar, das nur in den seltensten Fällen überhaupt irgendwo erwähnt wird , außer in sehr alten Schriften, und dann noch ein Patent darauf zu kriegen, das zeigt schon das Paul Twitchell die Blödheit der Menschen als wunderbare Abzockquelle nutzte. Schade. Aber der Satan soll ja der Herrscher der Welt sein,,oder ? Oder ist diese Welt diese menschliche Welt zur Zeit etwa der Himmel,ist das Leben auf Kosten des anderen, des sterbens anderer ,der Himmel,,HoHoHo,,da liegt wohl das satanische wesentlich näher oder ? 11.7.2007 WSchorat)**

Dieser Typ der Kategorisierung, weit davon, künstlich zu sein, ist natürlich und zur Bewegung organisch. Aber der Titel Radhasoamis, obwohl hoch nützlich, muss nur provisorisch akzeptiert werden. In jedem Beispiel wo der Name vom besonderen Gurus oder der Gruppe - als im Fall von Kirpal Singh nicht verwendet wird - müssen Abweichungen erklärt werden. Auf diese Weise dient es einer Funktion ähnlich dem beschreiben in allgemeinen Religionen : Christentum, der Islam, Buddhismus, Sikhism, usw. Das Akademische Hindernis: Eine Übersicht der englischen Gelehrsamkeit

Das zweite Hindernis, das unserer Studie gegenübersteht, ist ein überraschendes: Die englische Gelehrsamkeit auf Radhasoami. Es ist nicht eine Überspitztheit, um zu sagen, dass meisten auf der Tradition getanen Studien unter zwei Störungen,Erkrankungen leiden: 1) Voreingenommenheit und Teil Information; und 2) gaddi myopicism, eine Blickrichtung Perspektive verursacht durch unbeugsamen Dogmatismus . Der erstere ist wegen des christlichen Filter und Vorurteils besonders irreführend, das meistens einleitende auf dieser neugierigen und fremden „hindoo" Sekte durchgeführten Untersuchungen hatte. J. N. Farquhar und James Bissett Pratt sind in dieser Beziehung besonders beachtenswert. **(Das sehe ich auch im Internet . Da wimmelt es nur so von Religionswissenschaftlern und Theologen die „Ausschließlich" auf Worte herumkacken und herunhacken bis ihre eigene Selbstverblödung schon psychotische Wissenschaftsformen angenommen hat, in den Versuchen und Versuchungen diese Radha Soami Linien Meister und Gurus irgendwie Platt zu machen, weil sie ja ganz und roh nicht mit den Worten der Bibel oder Jesusworten wie Schablonen übereinstimmen. Das ist eben der nachteil bloß Worte auf der Festplatte zu haben und so dumpf und unbewusst zu seien als wäre das Wahrheit oder Realität 11.7.2007 WSchorat)**

Obwohl die Geschichte von Radhasoami auf Urdu, Pandschabi, und Hindi umfassend erforscht worden ist, gab es auch eine wesentliche geleistete Arbeit auf Englisch. Anscheinend war der allererste englische Text durch jenen Guru von Radhasoami Rai Salig Ram's Radhasoami Mat Prakash (1896), der später gefolgt wurde durch Brahm Shankar Misra gespräche über Glauben über Radhasoami Glaube. (Das Buch ist aber wegen des Todes des Autors 1907 unvollständig.)

Wissenschaftlicher Aufmerksamkeit wurde zuerst der Radhasoami Bewegung indirekt geschenkt, als Max Mueller eine kleine Abteilung auf Rai Salig Ram in sein häufig zitiert, Ramakrishna einschloss: Sein Leben und Arbeit (1899). Vor dieser Zeit, jedoch, wurden Salig Ram und Radhasoami im Vorbeigehen in mehreren Theosophischen Büchern erwähnt. Wegen der fleißigen Forschung von Daniel Caldwell von Tuscon Arizona, eine Autorität in frühen Tagen für Theosophie, mehrerer Verweisungen auf Salig-Ram und seine Lehren wurden entdeckt. Zuerst gibt es einen Paragrafen auf dem Salig-Ram auf der Seite 151 des „Anhangs zur Vierten Ausgabe" in Der Okkulten Einfassung durch A. P. Sinnett (London: Trubner & Gesellschaft, 1884). Zweitens gibt es eine kurze Erwähnung von ihm im Esoterischen Buddhismus durch A. P. Sinnett 1885 (San Diego: Zauberbücherregal, 1981) auf Seiten 9 und 10. Drittens gibt es eine kurze Beschreibung des Salig-Ram und sein Gurus in einem Brief angeblich erhalten um Februar 1882 auf der Seite 251 Der Briefe von Mahatma (Adyar, Madras: Das Theosophische Verlagshaus, 1979). Und viertens erscheint Salig Ram als ein Unterzeichneter im Dezember 1880 der Theosoph-Zeitschrift. Die erste exklusive Behandlung über Radhasoami selbst kommt aus H. D. Griswold, dessen Druckschrift, Radha Swami Sekte (1907), veröffentlicht durch Cawnpore Missionspresse, scheint, die auf Englisch erst zu sein. Bemerkenswerte Vergrößerung über die Geschichte und Doktrinen der Bewegung wurde durch J.N. Farquhar hinzugefügt, der Anfang 1914 Soami Bagh in Agra besuchte. Sein Buch Modernen Religiösen Bewegungen in Indien (1915) und sein revidiertes, noch kondensiert, Version von demselben als ein Artikel in der Enzyklopädie von James Hasting der Religion und Ethik (1928) waren vielleicht die meisten zitierten wissenschaftlichen Quellen auf historischen Wurzeln von Radhasoami herauf bis Mitte der 1970er Jahre - ein Ereignis, das folgendes geschaffen hatte, wie wir in Kürze sehen werden, ein Reservoir für Fehlinformation und Missverständnisse.

Der folgende bedeutende Aufsatz war James Bissett Pratt's Indien und Sein Glaube: Eine Aufzeichnung eines Reisenden (1916), der sich trotz des Enthaltens einiger Beobachtungen aus erster Hand, schwer auf Ausstellung von Farquhar verlässt. Anfang des nächsten Jahrzehnts bemerkte Herr Charles Eliot kurz „Radhaswamis", behauptend, dass sie eine Kombination von Kabir-Pfad und christlichen Ideen, im zweiten Volumen seines Hinduismus und Buddhismus : Eine Historische Skizze (1921).

Nicht bis die 1930er Jahre, waren Information über Radhasoamis umfassend verfügbar. In dieser zehn Jahr-Spanne allein (1930-1940) wurde mehr Material erzeugt als in allen vorherigen Jahrzehnten zusammen. Mit dieser Eskalation kamen Arbeiten von Nichols Macnicol, Lebenden Religionen der indischen Leute (1934), H. D. Griswold, Einblicke im Modernen Hinduismus (1934), Paul Brunton, Eine Suche im Geheimnis Indien (1934), und L. S. S. Der Populäre Hinduismus von O'Malley: Die Religion der Massen (1935) - von denen alle, mit Ausnahme von Macnicol, lange Berichte über den Radhasoami Glauben enthielten.

Verbunden mit dieser wissenschaftlichen Einführung waren mehrere Bücher veröffentlicht durch Satsangs selbst: Das Licht von Maharishi Shiv Bart Lal auf Anand Yog (Dezember 1931); eine Beas Übersetzung von Shiv Sar Bachan Radhasoami von Dayal Singh, Prosa (1933); mehrere Bücher durch Dr Julian P. Johnson (Mit einem Großen Master in Indien; Anruf des Ostens; Die Unlöschbare Flamme; der Pfad der Meister; und ein unveröffentlichtes Manuskript, Mehr Licht auf Dem Pfad); und ein großes Volumen (später geteilt in zwei) durch Lekh Raj Puri, Mystik: Der Geistige Pfad (1938).

Seit 1930er Jahren sind mehrere Arbeiten, sowohl populär als auch akademisch, veröffentlicht worden. Diese erstrecken sich von Einer Wahrheit eine Menschheit von Raji Maharaj (1945); S.D. Maheswahris Der Radhasoami Glaube : Geschichte & Doktrinen (1954); Anne Marschall Sie Jagte den Guru in Indien (1963); Khushwant Singh Geschichte der Sikhs, Volumen Zwei (1966) und Gurus, Godmen, und Gute Leute; bis Philip Ashby Moderne Tendenzen im Hinduismus (1974) und Agam Prasad Mathur bahnbrechende Übersicht Radhasoami Glaube: Eine Historische Studie (1974). Alle diese Texte, in kürzer oder größerem Detail, beschreiben einige Facetten von Radhasoami.

In den 1970er Jahre Gelehrte in Nordamerika und Europa zeigte enormes Interesse in der Sant Tradition des Nördlichen Indiens, der geistigen Basis sowohl für Sikhism als auch für Radhasoami. 1978 wurde eine internationale Konferenz an der Universität Kaliforniens, Berkeley auf der Sant Tradition gehalten. Das war aus mehreren Gründen wichtig, nicht weniger weil ein vergrößertes Interesse an der Radhasoami Bewegung da war. Diesen Event führend war Mark Juergensmeyer, ein Professor der Religiösen Studien und Absolventen Theologische Vereinigung und der Universität Kaliforniens, Berkeley, der mehrere Artikel von der Bewegung einschließlich „Radhasoami als übernationale Religion," im Verstehen der Neuen Religionen (1978) veröffentlichte. Folgend den Schritten von Juergensmeyer, Lawrence Babb veröffentlichte eine wichtige Analyse des Radhasoami Glaubens (besonders Soami Bagh) in der ersten Abteilung seines Buches, Erlösungsbegegnungen (1986). Daniel Gold, selbst ein Eingeweihter des verstorbenen Meister von Radhasoami K.S. Singh, schrieb seine Doktordoktorarbeit über das Thema der Begriff des Gurus als Herr im Sant und Radhasoami Traditionen für die Universität Chicago. Seine Doktorarbeit wurde später von der Universität Oxford unter dem Titel Herr als Guru (1987) veröffentlicht. Mehrere andere akademische Arbeiten wurden auch während dieser Zeit, einschließlich Brian Walshs Der Satguru in der Sant Tradition (1980) geschrieben, zuerst als eine M.A. These für die Universität von John F. Kennedy in Orinda, Kalifornien , und später als eine Monografie durch Mt. San Antonio Universitätspresse (1992)veröffentlicht; Radhasoami Mat (1981); und Aaron Talsky senior These„Die Radhasoami Tradition (1986) für die Universität Michigan.

Obwohl die Arbeiten von Juergensmeyer, Walsh, Talsky, Gold, und Babb, von außergewöhnlich hoher Qualität sind, das kann nicht über die meisten Arbeiten über Radhasoami gesagt werden. Die meisten von ihnen leiden messbar aus Mangel an Genauigkeit und ungezügelten Information bezüglich der frühen Geschichte von Radhasoami. Einige Beispiele davon sind notwendig: 1. Max Mueller schreibt, dass Shiv Dayal Singh 1897 starb, tatsächlich starb er 1878. Sechsunddreißig Jahre später trug O'Malley in seiner populären Studie des Hinduismus unberührten diesen Fehler weiter. 2. Farquhar, verwechselt Santism mit Vaishnavism (ein Fehler den wir ständig wiederholt sehen werden), schrieb, dass sich Shiv Dayal Singh und seine Frau als Krishna und Radha verkleideten, um das Gottesdrama für ihre Anhänger zu wiederholen. Jedoch als Mathur, und andere hinweisen, gibt es keine Beweise, dass Shiv Dayal Singh und seine Frau den Namen Radhasoami mit der frommen Vaishnava Hingabe, verbanden, weder dramatisch noch anderweitig. Tatsächlich geht Shiv Dayal Singh in großen Länge, um zu zeigen, dass Krishna und andere Verkörperungen von Vishnu, Kal sind, die negativer Macht, in der Fachsprache des Sants . Dennoch dieser Typ der irreführenden Information schaffte seinen Weg durch historische Untersuchungen bis zu 1970 . 3. Sogar der Name „Shiv Dayal Singh" ist eine Quelle der Verwirrung gewesen. J.N. Farquhar glaubte, dass Tulsi-Ram der echte Name von Shiv Dayal - ein Fehler,war den er bis seine 1915-Studie einschloss und 1928 wiederholte. Griswold, die Autorität für viel von der frühen Geschichte von Radhasoami, druckt denselben Fehler 1934. Und 1971 Parrinder's Ein Wörterbuch von Nichtchristlichen Religionen behält den gleichen Fehler in nicht hinterfragter Form. Parasuram Chaturvedi akzeptiert jedoch den Namen Tulsi Ram in seinem wichtigen Buch, Uttari Bharat Ki Sant Parampara nicht, noch tut das Shiv Dayal's eigener Bruder Partap Singh, irgendwo in seiner Biographie, Jeevan Charita Soami Ji Maharaj.

Zusammen mit dieser Wiederholung der unzuverlässigen Information haben Westgelehrte, größtenteils christliche Missionare, auch viele ihrer eigenen kulturellen conceitismen (Eitelkeiten) eingeimpft. Nehmen Sie zum Beispiel, Pratt's folgende Anmerkung: Jämmerlich, ist es nicht, dass in ihrer Suche nach einem Ideal, wer sie über sich selbst in ihrem Verlangen nach einer Verkörperung des Göttlichen heben soll, sie [Radhasoamis] nicht weiter sehen können als der selbstgetäuschte Büroangestellte im Regierungsbüro in Agra.

Farquhar und Griswold sind in dieser Beziehung beachtenswert gewesen, eine starke christliche Neigung in ihren Studien ausstellend. Das ist nur die gegenwärtige Arbeit von Ashby, Gold, Walsh, Talsky, Babb, und - sind meisten namentlich - Mark Juergensmeyer der auf Sekte wiedergeschaut hat und einige der angenommenen historischen Beobachtungen und Bereiche in Zweifel gezogen hatte.

Der Letzte der Haupthindernisse im Verstehen von gaddi nasheen Abstammungen ist derjenige, der am schwierigsten zu beseitigen ist : spiralige(convolutet) Wahrnehmung. Heute bestehen mindestens dreißig verschiedene mit Shiv Dayal Singh verbundene Gruppen. Die meisten von diesen sind klein und relativ unbekannt. Mit solch einer Vergrößerung die es gegeben hat (und die sich Fortsetzt) entstehen enorme Unstimmigkeiten über Fragen von GuruNachfolge, Eigentumsrechten, und Doktrinen selbst. Das „Gedächtnis" der Radhasoami Geschichte steht mehreren furcherregenden Lasten gegenüber.

Viele satsangis glauben zum Beispiel, dass in Shiv Dayal Singh's Zeit es ein heitereres Zeitalter war, eine Ära von nicht kompliziertheit durch Streitigkeit oder bitteren Disputen. Aber solcher war nicht der Fall und, ich werde zeigen , nie hat solch eine Situation bestanden.

Um diese lineare Wahrnehmungen zu überwinden, die beides, innerhalb und außerhalb bei vielen der Radhasoami Satsang's existierte, werde ich eine unverbindliche Position anwenden, anstatt successorship (Gurunachfolge) in Bezug auf „wahr" oder „falsch", „richtig" oder „falsch", Ansprüche anzusehen, jeden Guru oder gaddi , der über parampara Shiv Dayal Singh verbunden verbinden. Diese Position beruht auf der Wirklichkeit, dass, obwohl es viele getrennte und widerstreitende Gruppen in Radhasoami gibt, jede auf ihre eigene Weise ein allgemeines Erbe teilt.

Vorsichtig, denn, unsere genealogische Studie von Radhasoami wandert entlang einem sehr feinen Pfad weiter, neues Material und Information, sorgfältige Überprüfung von früheren Studien, und ein introspektives Verstehen unserer eigenen kulturellen Grenzen zu bewerten.

NOTIZEN

1. Die Soziologie der Religion durch Max Weber (Boston: Bakenpresse, 1963), Seite 2.

2. Meine Diskussion hier hat viel zur tun mit der Arbeit des verstorbenen Baba Faqir Chand . Sieh die Broschüre, Inneren Visionen und laufenden Züge (Walnuss: Mt. SACK-Philosophie-Gruppe, 1990).

3. Bei „fleckenlos" meine ich die Bedingung der Sekte vor jemandes Untersuchung. Obwohl es nicht übertrieben werden sollte, spielt Auslandsgelehrsamkeit wirklich eine Rolle im Ändern der inneren und äußerlichen Wahrnehmung einer Religion. Eckankar, fühle ich, ist ein Hauptbeispiel davon. Sieh J. Gordon Melton auf Eintrag über Eckankar im Enzyklopädischen Handbuch von Kulten (New York: Garland-Herausgeber, 1986) für mehr zu diesem Problem.

4. Das Gegenargument zu dieser Position ist, natürlich, die Tatsache, dass nichts bleibt „wie es ist „ Vielleicht, sogar angenommen, solch eine dualistische Haltung anzunehmen, an erster Stelle fehlgeleitet sein kann. Zum Beispiel, alle Studien von religiösen Bewegungen, ob von außen oder innen gemacht sind limitierend für die Wahrnehmungen des Möchtegernforschers. Jedenfalls ist das Problem „anderer Meinungen" und „Objektivität" immer anwesend und kann nie völlig überlistet werden. Für mehr von diesem faszinierenden Problem, sieh „Die Erfundene Wirklichkeit" (New York: Norton, 1984) durch Paul Watzlawick.

5. Eine-Illustration von der Physik kann hier Analogon sein. Obwohl das kartesianisch-Newtonische

Paradigma annimmt, dass die Welt „dort draußen" ist, verschieden von unseren Beobachtungen, Quanten-Mechanik hat gezeigt das eine unvollständige Wahrnehmung ist. Eher, wie der bemerkenswerten Physikers John Wheeler bemerkte, „verändert der Beobachter das beobachtete." Religiöse Phänomene bestehen ebenfalls nicht als „objektive" und „feste" Gegebenheit abgesondert von uns selbst, sondern in einem dauernden Wechselspiel.

6. Ich verwerte hier die Sprachneuschöpfung (neologism) von David Bohm, theoretischem Physiker an der Londoner Universität, dessen Buch „Wholeness and the Implicate Order (1980) beschreibt die Natur des Universums als ein unteilbares Ganzes beschreibt. Bohm münzte das Wort holomovement von seinen ungewöhnlichen Eigenschaften eines Hologramms, eines dreidimensionalen Bildes von einem fotografischen Film ins Leben, auf dem das Einmischungsmuster von Licht-Wellen reflektiert von einem Objekt oder Szene registriert worden ist. Nicht wie ein reguläres Foto, wenn es in Stücke zerschnitten wird, behält das „holograph" das ganze Image, selbst wenn in kleinere Stücke aufgeteilte. Deshalb enthält das Hologramm das „ganze" Bild in jedem seiner verteilten Teile. Ähnlich, sind religiöse Bewegungen in einem echten Sinn unteilbaren, da in jeder Sekte es Elemente und Einflüsse von einer Vielfalt von Quellen gibt. Der Fehler, der aus unserem fotografischen (und gelegentlich reductionistischen) Mental entsteht, besteht darin, dass wir verwandte Bestandteile von einander trennen, auf Klarheit, Ordnung, und ordentlicher Organisation beharrend, wenn solches nicht der Fall sein kann. In einem holografischen Rahmenwerk (non-reductionistic/integrative) würde das praktisch unmöglich sein es zu tun. Siehe den Artikel von Karl Pribram, „Die Neurophysiologie des Erinnerns," im Wissenschaftlichen Amerikaner (Volumen 220, Nummer 1, 1969) für mehr von den ungewöhnlichen Eigenschaften eines Hologramms.

7. Sehe den Artikel von Mark Juergensmeyer, „ Die Vergessene Tradition: Sikhism in der Studie von Weltreligionen," : Vergleichende Perspektiven über eine sich ändernde Tradition, editiert von Mark Juergensmeyer und N. Gerald Barrier (Berkeley: Theologische Vereinigung, 1979). Für eine gründlichere Diskussion der Schwierigkeiten, Religionen in Indien zu kategorisieren, sieh Mark Juergensmeyer's Religion als Soziale Vision (Berkeley: Universität der Kalifornia Presse 1982), besonders seine Einführung, „Religion und Sozialer Aufruhr"; und Sikh-Studien, op. cit. einschließlich der Artikel „Sikh Studien im Punjab" durch John C. B. Webster und „Eine Perspektive der Frühen Sikh Geschichte" durch J.S. Grewal.

8. Mircea Eliade, Muster in der Vergleichenden Religion (New York: Neue amerikanische Bibliothek, 1974), Seite xiii.

9. Ibd..

10. Gary Zukav, Der tanzende Wu Li Meister: Eine Übersicht der Neuen Physik (New York: Bantam Bool, 1980), Seiten 113-114.

11. Ibd .. und Eliade, op. cit.

12. Zuerst veröffentlicht durch Westminster Presse (Philadelphia) 1972. Sieh Kapitel sechs, „Der Ton, der Befreit," Seiten 96-119 .

13. Ich habe das Wort „Radhasoami" (mit dem „o" statt der richtigen Transkription „w") zum Schutze vom Soami Bagh Satsang in Agra, buchstabiert, der es als eine Beleidigung betrachten, die Wörter Radha und „Soami" nicht zusammen zu buchstabieren . Der Beas Satsang und anderen Zweige buchstabieren

es verschiedenartig und denen ist es egal, wie „Radhasoami" buchstabiert wird. Ich folgte Soami Bagh's prozedur für Rechtschreibung in erster Linie wegen ihrer Stimmlichkeit in der Sache. Für mehr von dieser kleinen, aber interessant, Meinungsverschiedenheit siehe S.D. Maheshwari Korrespondenz mit Bestimmten Amerikanern (Agra: Soami Bagh), Volumen eins bis fünf; und Lekh Rai Puri's Radha Swami Lehren (das Neue Delhi: Pvt. veröffentlichte n.d. 1967?).

14. Sieh Anhänge für einen umfassenden genealogischen Baum, der diese Proliferation illustriert.

15. Das bedeutet nicht, dass der vorherige Meister den Eingeweihten als sein Nachfolger akzeptiert, nur dass der folgende Guru seine/ihre Verbindung anerkennt. Weil wir sehen werden, behaupten viele Eingeweihte, der „wahre" Master zu sein; wenn wir unsere Untersuchung auf nur jene Gurus mit „wahren" oder „richtigen" Ansprüchen beschränken würden, würden wir den Zweck unserer Studie vereiteln, und würden wahrscheinlichst, außer Stande sein, gerade durch akademische genaue Untersuchung die Ansprüche, falls überhaupt, unter den erscheinenden Meistern wären genau.

16. Sieh mein Buch, Das machen einer Geistigen Bewegung: Die nichterzählte Geschichte von Paul Twitchell und Eckankar (Del Mrz: Del-Presse im Mrz, 1983, 1989).

17. Ich begreife die Unangemessenheit, solch eines breiten Begriff's wie „Radhasoamis" zu gebrauchen, um solch einen variierten Klan von Surat Shabd Yoga-Gruppen zu bedecken, aber es dient einer hoch nützliche Funktion im Unterscheiden von Shiv Dayal Singh verwandten paramparas von anderem ähnlichem nirguna bhakti panths (wie Gruppen von Sri Paramhans Advait Mat in Guna).

18. James Bissett Pratt, Indien und Sein Glaube: Eine Aufzeichnung eines Reisenden (London: Polizist & Gesellschaft Ltd, 1916), Kapitel Elf: „Die Radhasoamis und Theosophen"; und J. N. Farquhar Die Modernen Religiösen Bewegungen in Indien (New York: Macmillan-Gesellschaft, 1915).

19. Alle meine Information über diese frühen Veröffentlichungen kommen aus Daniel Caldwell, der auch die frühen Manuskripte auf dem Mikrofilm überprüfte. Ein interessanter sidebar hier ist, dass in den Mahatma Briefen von Salig Ram's sein Name als „Suby Ram „ falsch buchstabiert wird. Caldwell überprüfte das Manuskript auf dem Mikrofilm und entdeckte, dass ursprüngliche Versionen seinen Namen als Salig Ram richtig (Salig Ram) verzeichnet. Anscheinend, wer auch immer die Abschrift machte Okkispitze, brachte die Rechtschreibung in Verwirrung, dadurch präsentierten sich verwirrende Druckfehler, „Suby Ram." Interview mit Daniel Caldwell, 1989.

(Senfolitiszeit: Mein Gott ist dieses Übersetzen langweilig, dieses blöde Auflisten von Büchern und Titeln und Nummern. Mein Gott ist es ein „Gelehrter" sein zu wollen Öde Dumpf und Trübe Langsam und Minderwertig sich auf so eine Primitive Seinsidentifikation zu fixieren, ein Gelehrter sein zu wollen, solch eine Unbewusstheit. Auch Ken Wilber musste zugeben, das er seine Denkfreiheit Jahrzehnte dem Establishment unterwarf um als Wissenschaftler akzeptiert zu werden. Und das sehe ich ja auch in seinen Schriften, kalt, leblos, wortwichserei und ignorantes Theo also Mentalhokuspokus, was aber populär ist bei der Masse der Spinnologen weltweit. „Vergesst Ken Wilber" an dem Buch arbeite ich im Stillen seit einiger Zeit und die Texte liegen hier auf diesem Computer. Theo Retiker sind fast ausschließlich Fantasten und Spinner verstrickt im Glaube an Worte. Sie sind Praktisch die Häretiker der Wahrheit und bei Ken Wilber ist die Lüge gigantisch da er ununterbrochen so tut als habe er das was er schreibt auch erlebt, und zwar das was er von anderen Büchern abgelesen hat. HoHoHoHoHo. Nun ist er zu den „Drei Gesichtern Gottes" gekommen also zur Dreieinigkeit,„aber woher hat er die? Nun gut, da es

eine Dreidimensionalität gibt, sagen dann die Schlussfolgerungs Logiker, nehme ich mal an, muss es auch eine Drei-Einigkeit geben.HoHoHo. Aber Dreidimensionalität ist doch auch bloß Illusion also Freude und Freude hat keine Dimensionen wo bleibt da die Dreidimensionalität. Ach ja, stimmt, Jesus hatte damals erwähnt „Lass die Toten die Toten begraben", Genau, so ist es, denn Theoretiker sind die Toten. Freitag der 13.7.2007 WSchorat)

20. In einer auf Kassette aufgenommenen Diskussion in den Internationalen Gast-Vierteln der Dera Baba Jaimal Singh, erwähnte Charan Singh, der verstorbene Satguru zu Dr Julian P. Johnson das unveröffentlichte Manuskript „mehr Licht auf dem Pfad" und sagte, dass sein Guru, Sawan Singh, die Veröffentlichung nicht erlaubte, weil das zu technisch war und mehr Verwirrung zum bereits komplizierten Thema von „inneren Regionen" hinzufügen kann. 1990 hatte ich eine Chance, das unveröffentlichte Manuskript von Johnson durchzusehen; viel davon ist ein Kommentar und eine Weiterentwicklung des Gedichtes von Shiv Dayal Singh „Hidayatnama" in Sar Bachan.

21. L.S.S. O'Malley, Populärer Hinduismus: Die Religion der Massen (London: Universitätspresse von Cambridge, 1935), Seiten 227-230.

22. Agam Prasad Mathur, Radhasoami Glaube, op. cit. Seiten 25-29.

23. Sieh Soamiji Maharaj, Sar Bachan Radhasoami (Dichtung), erster Teil, übersetzt ins englische Prosa durch S.D. Maheshwari (Agra: S.D. Maheshwari, 1970), Bachan 3: „Im-Lob von Param Purush Puran Dhani Radhasoami, der sich hier als Sant Sat Guru Für die Befreiung von Jivas Verkörperte."

24. Sieh zum Beispiel Geoffrey Parrinder Ein Wörterbuch von Nichtchristlichen Religionen (Philadelphia: Presse von Westminster, 1971), unter „Radha Swamis," Seite 230.

25. J.N. Farquhar, op. cit.

26. H.D. Griswold, Einblicke in Modernen Hinduismus.

27. Agam Prasad Mathur, op. cit. Seite 45. Mathur, schreibt "J.N. Farquhar nennt ihn falsch [Shiv Dayal Singh] Tulsiram."

28. James Bissett Pratt, op. cit. Kapitel-Elf.

29. J.N. Farquhar und H.D. Griswold, op. cit.

3O. Siehe Phillip Ashby Moderne Trends im Hinduismus (New York: Universitätspresse von Columbia, 1974), Kapitel Vier: „Populäre Esoterische Religion: Radha Soami Satsang," Seiten 71-90; „Der Herr als Guru" von Daniel Gold (1987); und Radhasoami Wirklichkeit von Juergensmeyer (1991).

31. Zum Beispiel erkannten nicht alle Apostel (Eingeweihten) von Tulsi Sahib, Shiv Dayal Singh als den Satguru an. Eine Abstammung von Mahants fing an nach dem Tod von Tulsi, sowie einem Pfad bekannt als der Tulsi Sahibis, beginnend mit Surswami , dessen Leiche neben seinem Guru in Hathras liegt . Der späte Mahant von Tulsi Sahib's Samadh war Sant Prakash, den ich mit Mark Juergensmeyer in Indien im Sommer 1978 traf.

Surat Shabd Yoga und die Tradition von Sant

Surat Shabd Yoga ist entworfen worden um der Seele oder dem Bewusstsein zu ermöglichen, den physischen Körper zu übersteigen, um zu höheren geistigen Gebieten mittels eines inneren Ton's oder Lebensstroms, bekannt verschiedenartig in der Literatur als Shabd, Nad, Logos , hörbarer Lebensstrom, oder klingelndes Strahlen zu kommen . [*NOTE: Für eine ausführlichere Studie des Klang Stroms und der Geschichte hinter seiner Technik siehe Naam von Kirpal Singh (Delhi: Ruhani Satsang, 1960). *] Es ist durch diese Vereinigung der Seele mit der primordialen Musik des Weltalls, dass die Praxis seinen Namen ableitet: Surat, Seele/Aufmerksamkeit ; shabd, Klang Strom; Yoga, Vereinigung. [*NOTE: Surat shabd Yoga ist auch als Nad Yoga genannt geworden. Sieh Yoga des Lichtes (Hatha Yoga Pradipika), editiert durch Hans-Ulrich Rieker (Lower Lake , Kalifornien: The Dawn Horse-Presse, 1974), sowie „Nadabindu-Upanishad," in Dreißig Minor Upanishads, Kapitel fünf, Nummer 29, übersetzt durch K. Narayanaswami Aiyar (Madras: - 1974). *]

Die Master dieses Pfads (schrecklich gegebene Titel wie Satguru, Param Sant, und Vollkommener Master) [*NOTE: Satguru ist durch Radhasoamis als „Wahrer Licht Geber" übersetzt worden; und „Param Sant" bedeutet einen „Heiligen von transzendental Darüber hinaus." *] beschreiben mehrere feine Ebenen durch die ein Neubekehrter passieren muss um zum höchsten Bereich, Anami Lok , „Namenlose Abode," wo der ganze Ton, Licht, und Kreation ihre transzendentale Quelle haben zu kommen. [*NOTE: Sieh meinen Artikel, „ Die Reise des Lichtes und Ton's" im Verstehen von Kulten und Geistigen Bewegungen (Volumen zwei, Nummer eins), für eine Detaillieren beschreibung was angeblich mit meditierenden während surat shabd Yoga-Praxis geschieht. *]

Es scheint, dass Surat Shabd Yoga in einer Form oder ein anderer in der Upanishadic Periode Indiens überwiegend war. [*NOTE: Mircea Eliade, Yoga: Unsterblichkeit und Freiheit, übersetzt durch Willard R. Trask (Princeton: Universitätspresse von Princeton, 1973), Seite 390. *] Jedoch, ist die yogische Praxis klar artikuliert und weithin bekannt nur in den letzten fünfhundert Jahren geworden. Das ist in erster Linie wegen einer kennzeichnenden mittelalterlichen Schule von Nirguna Bhakti Dichter (mystische Lyriker), die von Einem Höchstem und Unergründlichem Gott sangen. Bekannt heute als Sants [*NOTE: Im Kapitalisieren des ersten Buchstaben von Sants folge ich dem Präzedenzfall angefangen mit Mitwirkenden zur 1978 Konferenz von Berkeley für Sant Tradition. Für weitere Information sehe die Sants, editiert durch Karine Schomer und W . H. McLeod (Berkeley: Berkeley Religious Studiert Reihe, 1987). *] (Heilige), der Hauptrepräsentant von nirguna bhakti, wie Kabir, Nanak, Dadu, und Paltu Sahib, haben im Detail über den Pfad von surat shabd Yoga geschrieben. [*NOTE: Beziehen Sie Sich auf P.D. Barthwal Die Nirguna Schule der Hindi-Dichtung: Eine Ausstellung der Santa Mystik (Banaras: Indisches Buchgeschäft, 1936), und der Sants, op. cit. *]

Diese Sants, deren eklektische Tradition die jetzt populär Sant Mat genannt wird (. „die Doktrin oder der Weg der Heiligen"), kann unterschieden werden von anderen Anhängern der indischen Spiritualität durch Wichtigkeit und Betonung der sie drei grundsätzlichen Moralprinzipien geben: 1. Satguru, der Absoluter Herr und seine Manifestation, der lebende menschliche Meister. [Der Satguru repräsentiert die menschliche Verbindung zwischen Gott und Mensch, und wird deshalb als der Eckstein der Spiritualität betrachtet.] 2. Shabd, der innere Klang Strom oder Lebensstrom. [Der shabd wird Manifestieren durch den Satguru zu dem Anhänger durch einen Prozess bekannt als Nam-Dan {Einweihung} , wodurch der Eingeweihte das Geheimnis dessen unterrichtet wird, wie man-dem Inneren-Ton zuhört, der im

Augenzentrum zurückstrahlt.] 3. Satsang, äußerlich die Kongregation von ernsthaften Anhängern der Wahrheit, und innerlich der Religionsgemeinschaft der Seele mit dem Gott. [Satsang dient als der formelle Treffpunkt des Satguru und seiner Anhänger; als solcher wird es gewöhnlich in der Sant Tradition als ein spezieller heiliger Dienst angesehen, wo der lebende menschliche Meister Lehren von surat shabd Yoga gibt.] [*NOTE: Ibd .. *]

Die Radhasoami Tradition

Eine der bedeutendsten Manifestationen der Sant Tradition ist heute die Radhasoami Bewegung, gegründet von Shiv Dayal Singh (1818-1878) Mitte des 19. Jahrhunderts in Agra, Indien. [*NOTE: Obwohl es mehrere Geschichten der Tradition von Radhasoami gibt, ist keine von ihnen befriedigend. Sieh Agam Prasad Mathur Der Radhasoami Glaube (Delhi: Vikas-Verlagshaus, 1974) und S.D. Der Radhasoami Glaube von Maheshwari, op. cit. *] Radhasoami (definiert als „Herr der Seele") hat viele Zweige, [*NOTE: Ich habe das Wort „Radhasoami" (mit „ o" statt des üblichen transliteraten „w") buchstabiert, zum Schutze vom Soami Bagh satsang in Agra, die es als eine Beleidigung betrachten, die Wörter Radha und „Soami" nicht zusammen zu buchstabieren (dadurch lasse ich den Großbuchstaben im letzten Wort fallen). Dem Beas satsang und andere Zweige ist es egal wie „Radhasoami" buchstabiert wird. In fast allen Fällen folgte ich dem Verfahren von Soami Bagh für Rechtschreibung in erster Linie wegen ihrer Stimmlichkeit in der Sache. Für mehr über diese kleinen, aber interessant, Meinungsverschiedenheit siehe S.D. Maheshwari Korrespondenz mit bestimmten Amerikanern, Volumen ein bis sechs (Agra: Soami Bagh/private, 1960 - 1985), und Lekh Raj Puri's Radha Swami Lehren (das Neue Delhi: Pvt. veröffentlichte n.d. 1967?) . *], der einen vorherigen Guru oder Meister-hatte, der, wie man glaubt, alle höheren Stufen des Bewusstseins durchschritt (transversed) und eins mit dem Herrn wurde. [*NOTE: Genealogisch gesprochen, es gibt jetzt ungefähr dreißig Zweige. Beziehen Sie sich auf genealogischen Bäume im Anhängen für eine Übersicht. *] Kirpal Singh war ein Teil dieser Radhasoami Bewegung, weil er von Sawan Singh (1858-1948) eingeweiht wurde, ehemaliger gaddi nasheen Radha Soami Satsang Beas in Dera Baba Jaimal Singh im Punjab . [*NOTE: Darauf sollte hingewiesen werden, dass Kirpal Singh kein Gebrauch des Begriffs „Radhasoami" als eine Beschreibung für seine Lehren benutzte, weil das zu sektiererisch war. Kirpal Singh, Der Weg der Heiligen (Tilton, N. H.: Sant Bani Presse, 1976). *]

Zentral zur Lehre, von Radhasoami und Surat Shabd Yoga ist die Notwendigkeit eines lebenden menschlichen Meister, der kompetent ist in der Einweihung von Jüngern , in die Praxis und Technik , dem inneren Ton (bhajan) zuzuhören, über das innere Licht (dhyan) zu kontemplieren, und den menschlichen Körper nach Wunsch zu verlassen (sterbe, während du lebst). [*NOTE: Charan Singh, Sterben um zu Leben (Beas: Radha Soami Satsang Beas, 1979). *], Obwohl es theologische Unterschiede und einige geringe technische Abweichungen in verschiedenen Radhasoami Gruppen gibt, sind grundlegenden Doktrinen der Tradition wie folgt: 1. Die Praxis von Surat Shabd Yoga (zwischen zwei und drei Stunden der Meditation täglich). 2.Folgsamkeit dem lebenden Meister gegenüber, der die Jünger einweiht, im Pfad . 3. Ein reines moralisches Leben, das Abstinenz von Fleisch, Fisch, Eiern, Alkohol, Rauschgiften, und Sex außerhalb der Ehe einschließt. 4. Die feste Überzeugung, dass jivan mukti (Befreiung oder Erleuchtung, während des Lebens), möglich ist, unter der Leitung eines verwirklichten Heiligen oder Mystikers. [*NOTE: Stanley White, Befreiung der Seele (Beas: Radha Soami Satsang Beas 1972). *]

Die Ursprünge von Radhasoami Successorship Geschichte

Die enorme Wichtigkeit die einem lebenden Meister in der Radhasoami Tradition gegeben wird,hat zu mehreren bitteren successorship Meinungsverschiedenheiten geführt. Tatsächlich kam die erste gaddi nasheen Meinungsverschiedenheit direkt nach dem Tod von Shiv Dayal Singh, dem anerkannten Gründer von Radhasoami vor. Mehrere Anhänger (und nicht nur einer) handelten als Gurus, die auf eine Proliferation (Wucherung)von satsangs hinausliefen. Die sechs Hauptnachfolger von Shiv Dayal Singh waren Rai Salig Ram, der sein Ministerium in Peepal Mandi, Agra anfing; Seth Partap Singh, der seinen satsangs in Soami Bagh, ungefähr drei Meilen von der Agra City hielt; Garib Das (buchstabierte manchmal Gharib), der sich in Delhi in der Nähe von Sarai Rohilla einrichtete; Jaimal-Singh, der seinen satsang ein Beas im Punjab einsetzte; Narayan Dei (Radhaji), Shiv Dayal Singh's Frau, die wie verlautet Frauen in den Pfad in Agra initiierte; und Sanmukh Das, der Sadhus in den Pfad initiierte in Soami Bagh . [*NOTE: Es ist nicht total Sicher, von verfügbaren historischen Texten, sowohl im Hindi als auch Englisch, welche genaue Funktion jeder dieser Gurus durchführte. Zum Beispiel wissen wir, dass Rai Salig Ram nicht als ein Guru bis mindestens acht Jahre nach dem Tod vom Meister Shiv Dayal Singh offen arbeitete. Sieh Heilige Epistel-Volumina ein und zwei (Agra: Soami Bagh). *]

Obwohl Shiv Dayal Singh ausführlich über das Bedürfnis nach einem lebenden Guru predigte, gab es dort Unstimmigkeiten unter seinen unmittelbaren Anhängern, wen er als sein geistigen Nachfolger bezeichnete. Sogar die letzten Wörter von Shiv Dayal Singh vor seinem Tod, angeblich abgenommen von seinem Bruder, Seth Partap Singh rührten Debatte unter seinen Anhängern über die Natur seiner Lehren und ernannten Erben: Sich an Lala Partap Singh wendend , Soamiji Maharaj [Shiv Dayal Singh] Beobachtete, „Der Glaube den ich mitteilte, ausgab,, [sic] , war der von Sat Nam und Anami. Radhasoami-Glaube ist durch Salig-Ram (Huzur Maharaj) eingeführt worden. Du sollten es auch weitermachen lassen. Satsang muss weitergehen. Satsang soll sich weit und breit in der Zukunft ausbreiten. [*NOTE: Zitiert von der englischen Übersetzung von Seth Pratap Singh's Biografie über Soamiji Maharaj (Agra: Soami Bagh Satsang, 1978), Seiten 135-136. *]

Was Shiv Dayal Singh's, Anmerkung zu seinem Bruder, Partap Singh, wirklich bedeutet, ist das Thema der Argumente unter verschiedenen Splittergruppen von Radhasoami Fraktionen. Heute, jene satsangs die mit Jaimal Singh (und Gharib Das Sarai Rohilla)zusammenhängen, haben allgemein den Standpunkt dass [*NOTE: Die Sarai Rohilla Gruppe wurde durch Gharib Das nach dem ableben des Gurus, Shiv Dayal Singh in Delhi gegründet. Gharib Das wurde durch Ram Behari Lal nachgefolgt, der später von seinem Sohn Gyan Das nachgefolgt wurde. Es gibt jetzt keinen lebenden Guru in der Abstammunglinie mehr, obwohl die Überbleibsel des samadh (Grabstätte) von Gharib Das noch durch einen lokalen mahant aufrechterhalten wird. Aaron Talsky und ich besuchten Sarai Gharib Das Rohilla samadh in Delhi im März 1987. Obwohl das Zentrum noch aktiv ist, scheint es, eine sehr kleine Nachfolgeschaft zu haben, da es keinen anerkannten lebenden Guru gibt. Anscheinend bewegten sich Eingeweihte von Gharib Das zu Radhasoami Satsang Beas nach dem Tod ihres Gurus. Sieh Issac Ezekiel's Kabir : Der Große Mystiker (Beas: Radha Soami Satsang Beas, 1973), Seite 417; und Ram Behari Lal : Der Weg raus ist In (Orange: Privat Published/Tom Curtis, 1957) für mehr Information. *] „ Radhasoami Mat,", wie eingeführt, durch Rai Salig Ram, ist ein verschiedener Pfad als Shiv Dayal Singh selbst predigte (z. B, „ Der Glaube, den ich [sic] ausgegeben hatte, war der von Sat Nam und Anami"). Wohingegen jene satsangs verbunden mit Rai Salig Ram (außer Manavta Mandir, Hoshiarpur) glauben, dass „Radhasoami Mat vertritt" [*NOTE : Manavta Mandir, gegründet vom verstorbenen Baba Faqir Chand, glaubt nicht, das der Radhasoami Glauben als eine exklusive Religion gilt; eher meint er, dass alle Religionen, einschließlich des Hinduismus, lebensfähige Mittel zurück zu Gott sind. Für mehr über diesen satsang, sieh folgenden Artikel: „Das Verzauberte Land," Schicksal-Zeitschrift (Oktober 1984); „Der Widerwillige Guru: Das Leben und Lehren von Baba Faqir Chand," Die Lachende Mann-Zeitschrift (Frühling 1982); und „Die Hierarchische Struktur von Religiösen Visionen," Die Zeitschrift der Transpersonal Psychologie (Sommer 1983). *] der höchste Ausdruck von Shiv Dayal Singh's Lehren sind. **(Senfzeit: Hier zeigt sich unter welchem Druck dieser SoziologieProfessor der diesen Schrieb zusammengewürgt hat stand, da er wiedermal Unklarheit und Blödheit produziert und verlangt das man seinem zusammengedrängten Informationen auch noch folgen soll. Wo der Anfang einer Beschreibung im Ende verloren geht. Er ist eben nichtmal ein wenig Weise und hat eine Klare reine Sprache und klare Denkweise da es nur so von Hinweisen auf wer was wann wie womöglich geträumt und geschrieben hat und so weiter wimmelt 16.7.2007 WSchorat)** Rai Salig Ram, gemäß dieser Perspektive, macht [*NOTE : Ich habe Rai Salig Ram's Perspektive als „incarnationalist" beschrieben, in meiner M.A. These, Radhasoami Mat (Berkeley: Theologische Vereinigung, 1981), seitdem er glaubte, dass sein Guru, Shiv Dayal Singh, die erste absolute Manifestation des Höchsten Herrn auf der Erde war. *] nicht den Radhasoami Glauben begann, als solcher, aber war eher der erste Apostel und der einzige wahre gurumukh [*NOTE: Der Begriff gurumukh bedeutet wörtlich „Anhänger des Gurus." Es wird von Radhasoami Gruppen in Agra verwendet, jedoch für den/die ergebensten Apostel benutzt eines Meister *], um Mehr (Gnade) zu haben, einzigartige Statur-Gurus anzuerkennen. Nachher war Shiv Dayal Singh zufrieden, die nij mat (ursprüngliche Doktrin/Pfad) von Radhasoami Purush (der Absoluter Höchste Herr) seinem geliebten Apostel zu offenbaren, was er vorher zu niemandem getan hatte. [*NOTE: Sieh S.D. Der Radhasoami Glaube von Maheshwari, op. cit. *]

(Senfzeit: Man sieht das dieser Professor wunderbar in die Hindukategorie „Affenverstand" passt, der springt wie ein wilder Affe hin und her zwischen Satzanfang und Satzabbruch und dann wieder Notizen und dann wieder den Satz aufnehmen,„mit anderen Worten der hat schwer ein ander Birne dieser Typ ganz schwer sogar dem seine Festplatte muss gereinigt werden den ganzen Datenmüll löschen löschen löschen. Wenn ich so was lese wie diese Arbeit da sehe ich weswegen der zur Soziologischen Religion zurückkehrte, weil da nämlich auch viele Spinner und TheoTheoretiker ihre Heimat finden können, da fällt nämlich die Verrücktheit des Verstandes nicht so sehr auf, und vor allen Dingen nicht die Bösartigkeit ihres Affenverstandes. Denn das was hier präsentiert wird ist subtile Bösartigkeit so was anzubieten. 16.7.2007 WSchorat)

Sant Das Maheshwari, persönlicher Helfer Madhav Prasad Sinha und Soami Bagh's am meisten redender Sprecher von Soami Bagh, erklärt Shiv Dayal [*NOTE: S.D. Maheshwari-hätte mehr als einhundert Bücher über verschiedene Aspekte der Radhasoami Geschichte und Theologie geschrieben. Jedoch ist er für Polemik gegen Dayal Bagh und Beas Satsangs weithin am bekanntesten, die er in der Geringschätzung hält, nur Sprösse vom „elterlichen" Baum Soami Bagh zu sein. Sein Tod hat ein literarisches Vakuum in der momentanen Geschichte von Soami Bagh hinterlassen, seit Maheshwari vielleicht der einflussreichste Radhasoami Historiker bis heute war. Leider, aber wurde er auch in seinen historischen Übersichten voreingenommen. Für eine ganze Auflistung von S.D. Maheshwari Bücher sehen den 1986 Katalog veröffentlicht von seiner Frau und Söhnen in Soami Bagh, Agra, die den Vertrieb von Allen seinen Arbeiten fortsetzen. *] Singh's paradoxe letzte Behauptung dass der Gründer von Radhasoami zwei Lehren manifestiert hatte: eine niedere und ein höhere. Der niedrigere Pfad, diskutiert Maheshwari, wurde von Shiv Dayal Singh für den ersten Teil seines Ministeriums gegeben der bis zur Ankunft seines Hauptapostels, Rai Salig Ram war. Dieses niedrigere Unterrichten war der Sant Mat von Kabir, Nanak, und Tulsi Sahib, und prägte die Anbetung von Sat Nam ein („Wahrer-Name"). Nach der Ankunft von Rai Salig Ram, jedoch, konnte von Shiv Dayal Singh der höheren Pfad von Radhasoami offenbart werden. Vor dieser Zeit war keiner zum Verstehen oder Annehmen der Gottesnachricht geistig fähig. So wird diese Enthüllung (Radhasoami als der Höchste Herr) durch Maheshwari und andere im Soami Bagh satsang betrachtet, als die größte jemals erklärte Lehre zu sein. Alle anderen Pfade (sogar die niedrigere Mat/Doktrin, die Shiv Dayal Singh zuerst predigte - Anbetung von Sat Nam) waren überholt und outmodeled, als Shiv Dayal Singh echte Mission manifestierte wurde. Folglich war das erscheinen von Shiv Dayal Singh und Rai Salig Ram war der Anfang einer einzigartigen und höchsten incarnational Religion, derjenige, der exklusive Rechte auf den Höchsten Herrn und das höchste Gebiet hielt. [*NOTE: Sieh meine M.A. These Radhasoami Mat, für mehr zu diesem Thema von incarnationalism, sowie Erlösungsbegegnungen von Lawrence Babb (Berkeley: Universität der Presse von Kalifornien, 1986). *]

(Senfzeit: Also da will ich hinzufügen, als ich später, nachdem ich schon Initiiert war von der Meisterin Ching Hai, dann mit der Literatur von Radhasoami Shiv Dayal Singh konfrontiert war, da war doch auch durch das innere Suchen, und die Erklärungen von Shiv Dayal Singh, eine gewisse Akzeptanz auf meiner Festplatte gespeichert worden, weil nämlich er diese „Aussonderung" machen kann in Bezug zu anderen „Methoden „ denn „Religionen „ sind für mich ursprünglich nämlich Methoden zur Bewusstseinserweiterung und Seinserweiterung und Selbsterkenntniser weiterung und Ichrealisierung in Bezug zum Göttlichen . Also wer und was ich wirklich bin und welche Konsequenzen hat das für mein Leben hier auf der Erde. Also ich war schon beeindruckt. Und bis jetzt denke und glaube ich das die „alten Schriften" inklusive die Gita oder Veden, nicht das letzte an Wahrheit mit Worten darstellen muss. Nein, ich stehe unter den Eindruck, das je nach Zeitalter und Evolution der Menschen immer weitere Bereiche von „Individuen" erarbeitet werden können und wohl auch erfahren werden sollen und sogar müssen. Bloß als Erinnerung, Krisha sagte zu Arjuna, das er über die Veden hinaus gehen muss,,,,und deswegen denke ich auch das Shiv Dayal Singh verdammt verdammt weit gekommen war , weiter als vieles was in der Bibel und anderen Schriften hinterlassen wurde, viel weiter. 16.7.2007 WSchorat)

Der Satsangs, die gemeint haben, dass Radhasoami die höchste incarnational Religion ist, halten zwei grundsätzliche Lehrsätze hoch: 1) der Name „Radhasoami" ist das einzigen wahren Mittel für Erlösung; und 2) Shiv Dayal Singh war die erste absolute Verkörperung des höchsten Herrn, Radhasoami. Vor seinem Aufstieg wurde der Pfad zum Absoluten nie völlig oder offen offenbart.

Jene satsangs und Gurus die mit Jaimal Singh in Verbindung (auch eingeschlossen unter dieser Gruppe die Sarai Rohilla und Dhara Sindhu Pratap satsangs), jedoch, haben gewöhnlich gemeint, dass Shiv Dayal Singh nur einen geistigen Pfad während seiner Lebenszeit - nämlich, Sant Mat unterrichtete. Wenn diese satsangs „Radhasoami" als eine Beschreibung ihrer Methoden verwenden, ist es im Gegensatz zu Rai Salig Ram und Anhänger's Glauben. Der Begriff „Radhasoami" wird von Jaimal Singh und denjenigen gebraucht, die mit ihm verbunden sind, um Sant Mat zu bedeuten; d. h. der Unterschied zwischen Radhasoami und Sant Mat ist nur im Namen.

Im Wesentlichen meint diese Ansicht, dass Shiv Dayal Singh einen Guru (Tulsi Sahib von Hathras) hatte und nicht einzigartig war, außer der Tatsache [*NOTE : Sieh Lekh raj Puri's Tulsi Sahib : Heiliger von Hathras (Beas: R.S. Fundament, 1979). *] dass er die Methode von Surat Shabd Yoga Lehrte und wie es unterrichtet wurde. Diese satsangs (mit Ausnahme von Dhara Sindhu Pratap) [*NOTE: Shyam Lal, Gründer von Dhara Sindhu Pratap, war ein persönlicher Apostel von Seth Partap Singh. Er verwarf den Gebrauch von „Radhasoami" als ein Mantra und münzte den Begriff „Dhara Sindhu Pratap," ins Leben, den er als Simran zu Ehren von seinem Guru, „Pratap ausgab." Sieh Daniel Gold's Gott als Guru (New York: Presse der Universität Oxford, 1987). *] unterrichten Wiederholung von panch nam (fünf Namen) statt eines Namens „Radhasoami", und glauben nicht an den ausschließenden Aspekt des

Ministeriums von Shiv Dayal Singh.

Die Debatte über die echte Natur von Shiv Dayal Singh's Ministerium illustriert, wie leicht verschiedene Splittergruppen gerade wenige Monate nach dem Tod eines gaddi nasheen sich formen können. Tatsächlich, solche tatsächlichkeit könnte sogar passieren während der Guru noch lebt. So, es ist nicht überraschend das da Konfusion in den Anfangstagen von Radhasoami war, über wen, falls irgendjemand überhaupt, Shiv Dayal Singh seine geistige Mission hinterließ.

Folglich, ist es klar in den frühen Tagen von Radhasoami das da keine Einzeln, allgemein akzeptierte Zusammenstellung der geistigen Folge war. Eher, wahren da mehrere konkurrierende Episoden bezüglich der Übertragung der Einweihungs - Macht, von der jede zu einer spezifischen Interpretation von Shiv Dayal Singh's Schriften und Lehren kam. Alle nachfolgende gaddi nasheen Folgen (egal welche Abstammung), konnte deshalb nicht auf die Einzigartigkeit einer vereinten, prototypischen Nachfolge zurückgreifen und eine sangat-breite Annahme erwarten, weil keine bestand. Was war wirklich von Natur aus am Anfang von Radhasoami bestand, war eine Tendenz zur Verbreitung, sowohl in Bezug auf Guru-Sein als auch doktrinelle Meinungen. Diese Tendenz, obwohl anerkannt, durch verschiedene Radhasoami Subsplittergruppen, ist trotz der ritterlichen Anstrengungen von Brahm Shankar Misra und anderen nie überwunden worden, um Radhasoamis unter dem Hauptverwaltungsrat und anderen organisierenden Pakten zu vereinigen. [*NOTE: Agam Prasad Mathur, gegenwärtiger Guru in Peepal Mandi Satsang und der Urenkel von Rai Salig Ram, ist gegenüber dem Rat hoch kritisch. Schreibt Mathur: „Der Hauptverwaltungsrat war nicht ein vertretender Körper im echten Sinn. Das-System der Wahl war technisch fehlerhaft. Allen Anhängern des Glaubens wurde nicht erlaubt, ihre Stimmen abzugeben. Nur männliche Mitglieder sollten an der Wahl durch Poststimmzettel teilnehmen. Der Hauptverwaltungsrat und seine Sprösse erschienen so als autokratische Körper, die aus „gewählten wenige" bestehen, und es widerspiegelte nicht die Sehnsüchte der Masse von Anhängern . „ Für weitere Informationen über den Hauptverwaltungsrat sieh Agam Prasad der Radhasoami Glaube von Mathur, op. cit. Seite 111. *]

Im Licht von Radhasoami's predisposition für Proliferation, gaddi nasheen Nachfolge muss im Zusammenhang seiner eigenen besonderen parampara Abstammung studiert werden. Genaue Verweisung müssen zum spezifischen satsang Zweig gemacht werden der in einen Kontext setzt und jeweilige Folge einrahmt. Dieses historische Einrahmung, wie es war, ermöglicht uns, die Bedeutung der frühen Geschichte von Radhasoami auf gaddi nasheen Folge richtig zu verstehen, weil es reified durch besondere Sekte ist. In unserem-Fall bedeutet das, sich die Nachfolge Abstammung von Kirpal Singh's direkter Linie anzuschauen 1) Jaimal Singh nachfolge von Shiv Dayal Singh; Sawan Singh Nachfolge von Jaimal Singh; und Kirpal Singh's Nachfolge von Sawan Singh. Diese historischen Präzedenzfälle werden helfen, unsere Überprüfung von gaddi nasheen Folge nach dem Tod von Kirpal Singh niederzulegen. Unser Zweck hier ist nicht so viel, um zu erklären, warum bestimmte Guru-Einkläger entstehen, sondern besser das Gespräch zu verstehen, das für Möchtegernnachfolger und ihre Wahlkreise insgesamt verfügbar ist. Jedoch, bevor wir unsere Aufmerksamkeit auf den unmittelbaren Vorgänger von Kirpal Singh drehen, werden wir weiter die Beziehung zwischen dem Gründer von Radhasoami, Shiv Dayal Singh, und früheren Gurus in der Sant Tradition erforschen wollen. Weil wir sehen werden, ist es ein Thema politischer und theologischer Folgen .

Die Sant Mat und Radhasoami Verbindung

Guru-Folge, wie alle Formen der Autoritätsübertragung, ist immer ein umstrittenes Problem gewesen.

Selten hinterlässt ein geistigen Meister seinen Formmantel , ohne dort eine Art Insider-Gerangel und Zankereien unter seinen Aposteln zu entfachen. Das ist in Fällen noch offensichtlicher, wo eine religiöse Gruppe den Status des Gurus zu dem eines lebenden Gottes erhebt. So werden Folge-Streite im Sant und Radhasoami Traditionen häufig als kosmische Kämpfe zwischen dem rechten und falschen, Licht und Dunkel, Sat Purush (Wahrer Herr) und Kal (Negativer Macht) angesehen. Die politischen Folgen sind tief. Zum Beispiel, sogar während der Lebenszeit des Gurus Nanak, des Gründers von Sikhism, gab es eine Unstimmigkeit zwischen ihm und einem seiner Söhne, Sri Chand, darüber, wie man Erlösung erreichte. Obwohl die Mehrheit der Apostel von Nanak für Bhai Lahina waren (später bekannt als Guru Angad), mehrere verließen ihn und sammelten sich um Sri Chand, dadurch den Udasi-Pfad etablierend. W.H. McLeod weist hin: Es scheint, dass sogar innerhalb der Lebenszeit des Gurus Nanak auseinander gehende Betonungen innerhalb des auftauchenden Pfads erschienen waren. Gemäß der Sikh Tradition wies einer seiner Söhne, Sri Chand, das Beharren von Nanak auf die Sinnlosigkeit der Askese als ein notwendiges Mittel der Erlösung zurück. Der asketische Pfad des Zölibats und der Strengen war, es schien, die Weise der Erlösung versichert von Sri Chand, und diejenigen des Nanak-Pfads, die diese Ansicht akzeptierten, nahmen schließlich die Form des Udasi-Pfads, ohne totale Entsagung ihrer Verbindung mit dem Nanak-Pfad ganz zu praktizieren. [*NOTE: Der Sants, op. cit. Seiten 232-233. *]

Der echte Kernpunkt der Probleme in allen Guru-Folge-Streiten ist, dass mehr als ein Apostel gewöhnlich behauptet, der rechtmäßige Erbe zu sein. So konfrontiert das die Sangat mit einer erkenntnistheoretischen Krise: Wen ernannte der Guru? Und, was noch wichtiger ist, wie weiß man, dass der Nachfolger echt ist?. Sich der Verbindung zwischen Shiv Dayal Singh und Tulsi Sahib zuwendend, wird dieses Problem der Guru-Anerkennung und vielfachen Folge hervorgehoben. **Tulsi-Sahib und Shiv Dayal Singh**

Obwohl die frühen Sants (besonders Kabir, Nanak, Jagjiwan Sahib, und der Sufi Mystiker Sham's von Tabriz, Rumi, und Hafiz) haben einen wesentlichen Einfluss durch ihre Schriften auf den Gründer von Radhasoami, Shiv Dayal Singh, und auf der Bewegung im Allgemeinen gehabt zu haben. Tulsi Sahib von Hathras, scheint den direktesten Einfluss gehabt zu haben.

Der größte Teil der Information, jedoch, bezüglich Tulsi Sahib ist flüchtig, und in einigen Teilen unzuverlässig. [*NOTE: Sieh Tulsi Sahib - Heiliger von Hathras (Beas: Radha Soami Satsang Beas, 1978). *] indische Gelehrte wie Kshitmohan Sen., Ram Kumar Varma, P.D. Barthwal, Parasuram Chaturvedi, und J.R. Puri haben ihre Berichte des Weisen entweder auf dem biografischen Umriss, gegeben in der Einführung zu Tulsi Sahib's Ratan Ragar (1909) oder auf den einleitenden Notizen in seinem Ghat Ramayana (1911) gestützt. Von diesen Texten finden wir die folgenden hervorspringenden Punkte über sein Leben: 1. Tulsi-Sahib hatte edle Herkunft, und er gehörte der königlichen Abstammung der Peshwas an. 2. Er war in der letzten Hälfte des 18. Jahrhunderts geboren (1763 n. Chr. gemäß der Einführung in Ghat Ramayana) [*NOTE: Ibd.. Seite 1 *] 3. Er hatte eine Neigung, auf die Welt zu verzichten, um geistige Verwirklichung zu erreichen. 4. Er floh von seinem heimischen Platz und kann sich verkleidet gehalten haben, um Anerkennung zu entkommen. Es ist möglich, dass er den Namen „Shyam Rao" angenommen haben könnte, um inkognito zu bleiben. [Shri Vitthal R. Thakar glaubt, dass Tulsi Sahib Amrit Rao sein könnte, der Enkel (auf der Seite der Tochter) von Peshwa Baji Rao I] . [*NOTE: Ibd.. Seite 2. *] 5. Er reiste umfassend, schließlich sich in Hathras im Aligarh Bezirk von Uttar Pradesh niederlassend. 6. Er kam aus dem südlichen Indien und warals Dakhani Baba, „der Weise aus dem Süden populär, und bekannt." [*NOTE: Ibd.. Seite 3. *]

Es gibt heiße Diskussion darüber, wer der Guru des Tulsi Sahib gewesen sein kann. Wie Puri beobachtete, „Keine Information ist verfügbar, wann Tulsi Sahib einen Meister traf. Noch es ist bekannt, ob er in den

Pfad des Klang Stroms eingeweiht wurde (Surat Shabd Yoga), während er noch ein Prinz, oder später, als er alles verließ, er ein beruflich reisendes Leben führte. Er gibt den Namen seines Meister in seinen Schriften nicht an." [*NOTE: Ibd.. Seite 4. *]

Obwohl es keine direkte Anzeichen gibt, wer der Meister des Tulsi Sahib gewesen sein kann, hatte es einige daraufhinweisende Diskussion über diese Frage gegeben. Pandit Pandurang Sharma, ein Marathi Gelehrter, in der Juni 1931 Veröffentlichung von Vividh Gyan Vistar schreibt, „[Tulsi Sahib] war von einem Guru in der Stadt von Hathras, und unter Instruktionen seines Gurus in der Stadt von Hathras, machte intensive Meditation ." [*NOTE: Ibd.. Seite 4. *] Kirpal Singh, in seinem Buch Ein Großer Heiliger: Baba Jaimal Singh - Sein Leben & Lehren (1960), glaubt, dass Tulsi Sahib in der direkten Abstammung mit dem Guru Gobind Singh, dem zehnten und letzten Sikh Guru war. Kirpal Singh schreibt: Guru Gobind Singh reiste weit, im Himalaja nach Norden eindringend und zu Deccan im Süden gehend. Während des umfassenden Reisens traf er sich und lebte mit der herrschenden Familie des Peshwas und begann einige seiner Mitglieder in die innere Wissenschaft einzuweihen. Es wird gesagt, dass ein Ratnagar Rao der Familie von Peshwa begonnen und bevollmächtigt wurde, die Arbeit vom Guru Gobind Singh fortzusetzen. Sham Rao Peshwa, der ältere Bruder von Baji Rao Peshwa, dem dann herrschenden Chef, der sich mit Ratnagar Rao in Verbindung gesetzt hatte, zeigte eine bemerkenswerte Begabung für den geistigen Pfad und machte schnellen Fortschritt. Im Laufe der Zeit richtete sich dieser junge Schössling der königlichen Familie in Hathras ein, einer Stadt dreiunddreißig Meilen weg von Agra in Uttar Pradesh, und kam, um als Tulsi Sahib bekannt zu sein. [*NOTE: Kirpal Singh, Ein Großer Heiliger - Baba Jaimal Singh: Sein Leben & Lehren (Franklin: Sat Sandesh-Bücher, 1973), Seiten 9-10. *]

Die Theorie von Kirpal ruht auf der diskutierten Behauptung, dass „Guru Gobind Singh in Nanded im Decca (jetzt in Maharashtra) 1708, wie vorher gedacht, nicht starb." [*NOTE: Brian Walsh, Das Konzept des Satguru in der Sant Tradition (Meister's These, Orinda: J.F.K. Universität, 1980). *] Diese Meinung wird auch durch die Namdhari Sikhs unterstützt, die ihre Abstammung auf dem angeblichen menschlichen Nachfolger von Gurus Gobind Singh's gegründet haben. Agam Prasad Mathur und S. D. Maheshwari akzeptiert jedoch diesen heterodoxen Vorschlag - in erster Linie nicht mit der Begründung, dass das," [*NOTE „nicht historisch wahr ist: Agam Prasad Mathur, op. cit. Seite 24. *], weil das 1708 Datum für den Tod von Gobind Singh genau ist.

Ungeachtet dessen ob Tulsi Sahib einen Guru hatte (wenn es Ratnagar Raowar, oder ein lokaler Guru in Hathras, oder jemand namenlos) oder nicht, hängt größtenteils von jemandes eigenem theologischem Rahmenwerk ab.

Ein Teil über das sich alle Splittergruppen einigen, besteht darin, dass Tulsi Sahib die Lehren von nirguna bhakti konsolidierte, den Pfad von surat shabd Yoga erklärte, und für den populären Gebrauch des Begriffs Sant Mat größtenteils verantwortlich war. [*NOTE: Tulsi Sahib - Heiliger von Hathras, op. cit. Seite 17. *] Seine Lehren sind in Ghat Ramayana, Ratan Sagar, und Shabdavali aufgenommen. Die Schriften von Tulsi, in der Tradition von früher Sant Dichtern, verurteilen Idol-Anbetung, tantrische Übermaße, Sektiererei, und Ritualismus, der in mehreren der populären religiösen Bewegungen seiner Zeit überwiegend ist. Er stellte seine Gespräche auf den Innenaspekt von geistigem Sadhana in den Mittelpunkt, eine Reinigung der Seele (surat) mittels surat shabd Yoga verlangend, so dass Moksha (oder Befreiung) gesichert werden konnte. [*NOTE: Ibd .. „ Das Leben und Lehren des Tulsi Sahib. „*] Die ultimative Verwirklichung beschreibend, schreibt Tulsi Sahib: **Die Seele hört eine Welle des Klangs und Rhythmus, der sichtbar aus dem Westen wird. Sie öffnet die**

Tür - unbeschreiblich, unbeschreiblich. Rhythmus und Anblick überschreitend, geht man ins Tor des Turms der Leere ein, wo mittels der zwei Türen des Sehens und Klangs man die höchste Wirklichkeit (parbrahma) findet. Dann sieht man den Klang-Strom (sabda), hervorbringend Hunderte vom Universen ausgebend (lit. Himmel-Eier), und Klang (surat) dringt zur Mitte von ihnen allen, ihrem Kronjuwel ein, das klein wie ein Insekt ist. [*NOTE: Der Sants, op. cit. Seite 350. *]

Langsam sammelte der Heilige von Hathras eine ergebende Folgschaft um sich. Die prominentesten Apostel eingeschlossen Ramkrishna (ein Hirte), Girdhari Das (oder Lal), und Surswami , der erste successor/mahant im Tulsi Sahib-Samadh (Grabstätte) nach dem Tod des Heiligen 1842 oder 1843 wurde. [*NOTE: Sieh Tulsi Sahib - Heiliger von Hathras op. cit. und Kshitmohan's Mittelalterliche Mystik von Indiens (das Neue Delhi: Östliche Buchnachdruck-Handelsgesellschaft, 1974), Seite 161. *] Aber der wichtigste Verbündete des Tulsi Sahib, zumindest in Bezug auf den historischen Einfluss, war Shiv Dayal Singh, der ein bloßer Junge war, als er zuerst den Heiligen von Hathras traf. Es würde Shiv Dayal Singh's Leben und Lehren sein, die bestimmend sein würden, um sich schnell überall in Indien und überall in der Welt auszubreiten.

Shiv Dayal Singh, der Gründer von Radhasoami

Lala Dilwali Singh und seine Familie, inklusiv Schwiegermutter, Schwester, und Frau Mahamaya , waren feurige Apostel des Tulsi Sahibs. [*NOTE: Tulsi Sahib- Heiliger von Hathras, op. cit. Seite 5. *] Oft gingen sie zu Hathras, um dem satsangs des geschätzten Sant beizuwohnen. Es wird von Partap Singh, dem jüngsten Sohn von Dilwali registriert, dass Tulsi Sahib auch gelegentlich ihr Haus ein Panni Gali, Agra besuchen würde. Auf einem solchem Besuch, [*NOTE: Ibd.. Gemäß dem von Bericht von Puri der Besuch von Tulsi im Oktober 1817. *] gab Tulsi Sahib bekannt, dass ein Heiliger Mahamaya geboren würde. Puri zählt das Ereignis nach: Ihre Hingabe [Seth Dilwali's Mutter] sehend, sagte Tulsi Sahib, „Ichbin mit Ihnen sehr zufrieden. Bitten sie um irgendetwas, und ich werde glücklich sein, es zu geben." ... auf dieses antwortete Seth Dilwali Mutter, „habe ich alles durch Ihre Gnade und brauche nichts. Aber," auf ihre Schwiegertochter hinweisend, sagte sie, „Mahamaya möchte etwas." Mahamaya, Frau von Seth Dilwali Singh, hatte keinen Sohn. Tulsi-Sahib, in derselben Ader des Mitfühlens und der Güte sagte, „Ja, sie wird ein Sohn haben. Aber betrachten Sie das Kind nicht bloß als einen Mensch ." [*NOTE: Ibd.. Seiten 5-6. *]

Shiv Dayal Singh, geboren im August 1818, war ein ungewöhnliches Kind. Alls Junge von sechs begann er, die Natur der wahren Religion zu erklären, sowie sich in der tiefen Meditation zu verfestigen. Wie Shiv Dayal kurz vor seinem Tod sagte, „wissen Sie, dass, seitdem ich nur sechs Jahre alt war, ich Mich [sic] zu Parmarth hingegeben habe, und dann alleine, diese Abhyas (Praxis) ist vollkommen geworden." [*NOTE: Lebensbeschreibung von Soamiji Maharaj, op. cit. Seite 134. *]

Es gibt Meinungsverschiedenheit, ungeachtet dessen ob Shiv Dayal Singh vom Tulsi Sahib in einem jungen Alter Eingeweiht wurde. Und mit der Frage über Tulsi Sahib's Meister, oder seinem Bedürfnis nach einem, das Argument - für und dagegen - größtenteils auf theologisch (und nicht notwendigerweise historisch) Gründe aufbaut. Die Agra Schulen - Soami Bagh, Dayal Bagh, und Peepal Mandi - behaupten, dass Shiv Dayal Singh von keinem Guru eingeweiht wurde.

Das Denken dahinter ist im Wesentlichen einfach: Shiv Dayal Singh, sonst bekannt als Soamiji Maharaj, [*NOTE: Die anderen Buchstabierungs- Schwankungen sind Soami Ji Maharaj und Swami Ji Maharaj. Wieder zum Schutze von Soami Bagh habe ich ihre Weise gewählt. *] war die Verkörperung von „Radhasoami" - der Höchste Herr - und, als solcher, brauchte keinen Menschen als sein geistiger Führer zu nehmen. In der Einleitung Sar Bachan Radhasoami Chand-Band, Rai Salig Ram [*NOTE: Meine Rechtschreibung des Salig-Ram als zwei getrennte Wörter und nicht als ein Wort - Saligram - entstammt von zwei Schlüssel historische Quellen. Zuerst, die offizielle Subskriptionsliste der Theosoph-Zeitschrift (datierter Dezember 1880), wo der Name des Salig Ram als zwei getrennte Wörter erscheint. [Sidebar: die Rechtschreibung der Zeitschrift und Auflistung von Namen folgen unveränderlich, so ist es offenbar, dass Salig-Ram selbst seinen Namen getrennt - mindestens in schriftlichem Englisch buchstabierte.] S. D. Maheshwari, der verstorbene Historiker ein Soami Bagh, buchstabiert auch Salig-Ram als zwei getrennte Wörter. Interessanterweise folgt Agam Prasad Mathur, Rai Salig der Urenkel des Ram und schließlicher Nachfolger ein Peepal Mandi, der Leitung von Maheshwari nicht. Sieh Glauben von Radhasoami, op. cit. *] äußert sich über diesen wirklichen Punkt: „ Soamiji Maharaj hatte keinen Guru, noch erhielt es Instruktionen in parmarth von irgendjemandem. Andererseits erklärte er parmarth seinen Eltern und mehreren von sadhus, die zu Ihm kam. „[*NOTE: Sar Bachan Radhasoami, Dichtung, Übersetzung durch S. D. Maheshwari (Soami Bagh, Agra: Soami Bagh, 1970), Seite 18. *]

Salig Ram's kategorische Behauptung , dass Shiv Dayal Singh einen Guru nicht hatte, ist sowohl aus theologischen als auch aus historischen Gründen hoch ungewöhnlich. Zuerst die grundsätzliche Doktrin sowohl von beiden von Sant Mat als auch Radhasoami Philosophie ist es absoluter Notwendigkeit, einen lebenden Guru zu haben. Jeder ehrliche Heilige in der Sant Mat-Geschichte , ohne Ausnahme, hätte das Primat des Gurus bhakti betont. Sogar Kabir, das populärste und verehrteste des Sants, hat einen Guru angenommen. Zweitens war Shiv Dayal Singh's unmittelbare Familie (einschließlich seiner Mutter) persönliche Anhänger des Tulsi Sahib. Der ehemalige Mahant des Samadh des Tulsi Sahib, Sant Prakash Das, behauptet, dass Shiv Dayal Singh tatsächlich vom Tulsi Sahib Eingeweiht wurde, aber später abbrach und seinen eigenen Pfad anfing. Es gibt sogar historische Ansammlungen, die vorschlagen, dass Shiv Dayal Singh Girdhari Das, einen prominenten Nachfolger des Tulsi Sahibs als ein Guru behandelte.

Behauptend, dass Shiv Dayal Singh ein Swatah war (geborener) Sant, Rai Salig Ram erhebt seinen Guru zu einem unvergleichlichen Grad in der Geschichte der Sant Mat und versichert ihn so ein Status nicht gleichgekommen von jedem vorherigen Meister - sogar Kabir nicht. Die Implikationen dieser Behauptung auf zukünftigen Entwicklungen in Radhasoami sollen nicht unterschätzt werden, weil der Anspruch des Salig Ram in sich selbst zu einem incarnationalist (und als natürliche Folgerung einzigartig) Interpretation von Shiv Dayal das Leben von Singh und Arbeit beiträgt. Das wird noch offensichtlicher im Nummer 7 Durchgang, worin Salig-Ram schreibt: Keiner, in der Vergangenheit, hatte solch eine leichte Weise von geistigen Methoden eingeführt. Deshalb haben alle inneren Methoden aller noch vorhandenen Religionen ihre Wichtigkeit verloren, und ihre Anhänger sind jetzt einfach mit äußeren Anbetungen, Ritualen und Einhaltungen beschäftigt. Sie sind vom wahren Höchsten Wesen, dem Abhyas, ganz unwissend, durch wen Er erreicht werden konnte und dem Geheimnisse des Pfads und der intermediären Stufen. [*NOTE: Sar Bachan Radhasoami, Dichtung, op. cit. Seite 20. *]

Der vorhergehende Passage ist im Verstehen der Salig Widder-Perspektive auf Radhasoami entscheidend. Nicht nur behauptet er einseitig, dass keiner vor Shiv Dayal Singh solch eine leichte Weise der geistigen Praxis - nämlich surat shabd Yoga ausgegeben hatte - aber dass die inneren (liest spirituell), Methoden aller vorhandenen Religionen - einschließlich, vermutlich, andere Sant Mat-Pfade - ihre Wichtigkeit

Huzur Swamiji Maharaj=Seth Shiv Dayal Singh (1818-1878) in der Tradition der nordindischen Sants wie Kabir und Guru Nanak (Gründer der Sikh-Religion) begründet wurde. Shiv Dayal Singh verkündete in Agra Radhasoa (Radhas=Herr der Seele) als den Namen des höchsten Gottes. Lehre: http://www.kheper.auz.com/topics/chakras/chakras-SantMat.htm: „Huzur Swamiji unterrichtete, dass es sechs niedrigere Welten, vereinigt mit den sechs tiefer Chakras, und sechs höher gab, von denen die niedrigsten mit dem Kronen-Chakra, dem höchsten Zentrum in allen anderen indischen Chakra-Doktrinen vereinigt wurden. Mit anderen Worten behauptet er, weiter gegangen zu sein, und folglich ein mehr entwickeltes okkultes Unterrichten erreicht zu haben. Die niedrigeren Welten setzen das Material ein und senken geistiges Weltall, genannt Pinda, „Körper"; die höheren, jeder vereinigt mit einer Gottesmelodie oder Vibrieren (shabda oder nada), waren die höheren geistigen Welten, die Welten der Universalen Mind (Brahmandi). Jede Welt ist ein himmlisches Gebiet, beherrscht durch einen besonderen Gott. Und jede Welt scheint, am höchsten zu sein, bis man zur folgenden Welt geht. Indem man Sich Selbst zu den Vibrationen der höheren

„himmlischen" Welten abstimmt, kann man durch die verschiedenen Ebenen steigen, bis man das Niveau des Gottes über allen Welten erreicht. Aber wer seine Schriften genau gelesen hat der wird erkannt haben, das Hazur Swami Ji nie

behauptet hat das „Ende" erreicht zu haben, sondern das er annimmt für sich, das „Höchste" die „Höchste Gottheit" das „Göttliche" erreicht zu haben. Und das macht ihn im nach hinein sympathisch. Aber nur er konnte bis jetzt klar sagen, das es über den bekannten 7 Chakren noch weitere gibt, und sie auch beschreiben. Die folgende Tabelle fasst die Kosmologie von Huzur Swamiji zusammen:

Zu Sehen auf Seite 278-279
22.9.2007 WSchorat

Swami Shiv Dayal Singh Ji Maharaj
oder
HUZUR SOAMI JI MAHARAJ

verloren haben. Der Punkt ist ziemlich offensichtlich: Shiv Dayal Singh ist nur einer seiner Kunst, und es sei denn, dass ein geistiger Sucher seiner Methode von abhyas folgt, wird er/sie verloren sein. Salig-Ram predigt einen unqualifizierten, exklusiv, incarnationalist Interpretation von Shiv Dayal Singh's Lehren. Weil Salig Ram weiter in Passage 12 und 17 erklärt: 12. Die Wichtigkeit von Shabd ist in jeder Religion betont worden. Aber ein Detaillieren von Shabd wird nirgends gefunden. Aus diesem Grund sind Leute über Shabd unwissend. Jetzt, Radhasoami Saheb (Soamiji Maharaj) hat in klaren Beschreibungen die Details und Geheimnisse von Shabds (Töne) von verschiedenen himmlischen Bereichen in dieser Schrift ausgegeben... 17. RADHASOAMI Nam wurde vom Höchsten Wesen Selbst offenbart. Als die bescheidenen Anhänger von Soamiji Maharaj, infolge ihres erfolgreichen Abhyas (religiöse Methoden) und Satsang, seine begeisterte Position und riesige geistige Mächte zu begreifen anfingen, und als Er auch, in Seiner Gnade und Gnade, ihnen Anerkennung gab, fingen sie an, Ihn durch seine Bezeichnung von „RADHASOAMI" anzusprechen, der Namen des ursprünglichen Wohnorts, wovon Er auf diese Erde herunter kam, um seine Gnade auf Jivas in diesem Kali Yuga überzuschütten. [*NOTE: Sar Bachan Radhasoami, Dichtung, ibd.. Seiten 23, 26-27. *]

Gemäß der Ansicht des Salig Ram offenbarte Shiv Dayal Singh den ursprünglichen Namen des Höchsten

Wesens, „Radhasoami" zum ersten Mal in den Annalen der religiösen Geschichte. Weiter wurde seinen ausgesuchten Aposteln erlaubt, die Geheimnisse dieses Nam zu begreifen, und direkter Zugang zum höchsten transzendentalen Gebiet des Bewusstseins gegeben.

Sich Sar Bachan Radhasoami Bartik zuwendend finden wir einen geschrieben Brief von Rai Salig ram im Auftrag seines Gurus Sudarshan Singh geschrieben, dem Neffen von Shiv Dayal Singh. Dieser-Schriftsatz, die Basis für viel Meinungsverschiedenheit und Verwirrung zwischen dem Soami Bagh und Beas satsang, offenbart ein anderes entscheidendes Element in der Interpretation des Salig ram von Radhasoami. 250. Wenn sich eine Person mit dem vollkommenen Sat Guru getroffen hatte, seinen Dienst durchführt, seinem Satsang beiwohnt und Liebe und Glauben in Ihn hatte, aber bevor er völlig seinen Gegenstand erreicht, d. h. jede innere Verwirklichung bekommt, und der Sat Guru zuvor stirbt, dann sollte er, wenn er darauf scharf ist, die Absicht zu erreichen, dieselbe Liebe und Glauben in den Folge- Guru, d. h. derjenige ernannt vom verstorbenen Sat Guru kultivieren und sollte seinen Dienst durchführen, seinem Satsang beiwohnen und denken, dass der verstorbene Guru in Ihm anwesend ist. Er sollte wissen, dass Shabd-Formen des Sant sat Guru und der Sant sind ein, obwohl äußerlich in körperlichen Formen sie scheinen, zwei zu sein. Wenn der Sat Guru der Zeit fortgeht, ernennt Er jemanden als Sein Nachfolger, im dem Er reinkarniert und so Arbeit der Regeneration von Jivas wie zuvor fortsetzt. Wenn, jedoch, solcher nicht der Mauj ist, kehrt Er zu Seinem ursprünglichen Wohnort zurück. Deshalb sollte ein ernsthafter Anhänger keine Unterscheidung zwischen dem vorherigen Sat Guru und Seinem Nachfolger machen. Aber diejenigen, die fanatische Anhänger sind, werden unter der Treue des Folgen-Gurus nicht kommen. Aus diesem Grund wird ihr Fortschritt auch auf dem Stadium anhalten, die sie während der Zeit des ehemaligen Sat Gurus erreicht hatten, und es wird keinen weiteren Fortschritt und Verbesserung geben. [*NOTE: Prosa von Sar Bachan, Soami Bagh Version, op. cit. Seiten 215-217. *]

Der Impuls hier soll Sat Gurus Nachfolger anerkennen und dieselbe Liebe und Hingabe für ihn haben. Wenn das nicht getan wird, und keine Liebe für folgenden Meister erzeugt wird, wird der innere Fortschritt des Apostels für alle Absichten und Zwecke angehalten. So wird der Prozess der Guru-Folge nicht nur historisch wichtig für satsangis, aber geistig lebenswichtig ebenso. Einem falschen Meister oder dem falschen Nachfolger zu dienen, ist zum Zurückgehen des Pfads gleichwertig. S. D. Maheshwari, ungefähr siebzig Jahre später schreibend, behandelt mehr diese Ansicht ausführlich: Der wahre Test der Identität der Religion von Radhasoami ist und muss sein, ob Anhänger dem wahren Sant Guru folgen , und nicht ein Pseudoguru anbeten. Die Pseudogurus sind Vortäuscher und gefallene Satsangis, und als solcher werden sie und ihre Anhänger als Ketzer und Außenstehende behandelt. Weil es einen und nur einen Sant Sat Guru auf einmal geben kann, die Anerkennung von jemandem sonst als Sant sat Guru , impliziert die Adoption eines Pseudogurus. Der Dienst und die Hingabe solch einer Person sind der geistigen Förderung nicht nur nicht förderlich, aber werden berechnet, um das Erreichung der Erlösung zu verzögern, weil während der Periode eine Person einen Pseudoguru anbetet, betet er Kal, der immer auf der Suche für solche Personen ist,an, wegen dessen Einflusses und unter dessen Impuls der Pseudoguru als solcher handelt. [*NOTE: Der Glaube von Radhasoami: Geschichte & Doktrinen, op. cit. Seiten 371-372. *]

Salig Ram's theologische Perspektive, wie wir textlich gesehen haben, war ganz entwickelt vor 1886. Lassen Sie uns kurz gesagt hervorstechenden Eigenschaften seiner Theologie besonders kurz wiederholen, weil es sich auf das Leben von Shiv Dayal Singh bezieht: 1. Shiv Dayal Singh hatte keinen Guru. 2. war Shiv Dayal Singh die erste Verkörperung des Höchsten Wesens, Radhasoami. 3. Mit-Dem.-Advent von Shiv Dayal Singh und seiner einfachen Methode von surat shabd Yoga verloren alle anderen inneren geistigen Methoden (beliebiger Prinzipien irgendwo in der Welt) ihre Wichtigkeit und Wirkung.

4. Shiv Dayal Singh offenbarte den Namen des Höchsten Wesens zu einer ausgesuchten Folgschaft von satsangis – der Name war „Radhasoami" . 5. Es sei denn, dass volle geistige Verwirklichung erreicht worden ist, müssen Apostel eines Sat Gurus die Leitung (einen) gurumukh Nachfolgers suchen.

Die Lehren von Singh von Shiv Dayal, klar und kurz gefasst, wie sie waren, leihen sich zu mehreren verschiedenen Interpretationen, von denen eine ein Absolutist (oder welcher Barthwal nennt „ultraist"), Gesichtspunkt über die Natur der geistigen Verwirklichung ist. Als solcher Shiv Dayal Singh's Philosophie muss als die primäre, unabhängige Variable gesehen werden, die Salig Ram's Meinung beeinflusst. Das soll nicht vorschlagen, dass Shiv Dayal Singh's Lehren nicht selbst sozial beeinflusst (waren sie zweifellos zu einem gewissen Grad) aber nur dass seine Theologie war ganz entwickelt, als er Salig-Ram traf, um späteren Ansichten des Salig Ram im wesentlichen zu beeinflussen. Wenn auch Shiv Dayal Singh sich mit vorherigem nirguna bhakti Mystiker verbindet, nirgends stellt er fest, dass er ein Anhänger eines vorherigen Sant Mat-Meister einschließlich des Tulsi Sahib war. Die Tatsache, dass Shiv Dayal Singh seinen Guru namentlich in einigen seiner Schriften natürlich nicht erwähnt, bringt den Leser dazu anzunehmen, dass seine Lebensgeschichte nicht dass wichtig ist. Zum Beispiel, wenn Shiv Dayal Singh vom Tulsi Sahib ordnungsgemäß eingeweiht wurde - und es andeutende beschreibungen durch andere non-Agra Parteien gibt, warum bezieht er sich bei seiner Anhängerschaft nicht auf ihn? Diese Abwesenheit in Shiv Dayal Schriften schlagen mindestens vor dass Salig-Ram's Geschichte nicht erschaffen wurde, dass sein Meister keinen Guru hatte. Eher kann es sein, dass sich Shiv Dayal Singh (aus beliebigen Gründen) von jeder parampara Verbindung distanzierte .

Spekulativ gesprochen, es gibt mehrere Gründe, warum sich Shiv Dayal Singh vom Tulsi Sahib distanziert haben kann (wenigstens genealogisch), wenn er tatsächlich von ihm Eingeweiht wurde. Zuerst darf Shiv Dayal Singh nicht als der Majoritätsnachfolger des Tulsi Sahib akzeptiert worden sein (Surswami, ein blinder Meister, nahm die gaddi in Hathras nach dem Tulsi Sahib-Tod), und musste deshalb sein eigenes Ministerium in Agra anfangen. Zweitens Shiv Dayal relativ junge Alter (fünfundzwanzig), als Tulsi Sahib 1843 starb, und der Fakt, dass er nicht öffentlich mit seinen Lehren bis 1861 (ungefähr siebzehn Jahre später - eine lange Lücke für keinen Möchtegernguru-Nachfolger) herauskam, deutet an das Shiv Dayal Singh's Anhänger größtenteils aus neuen Anhängern zusammengesetzt - von denen die meisten keine Verbindung überhaupt mit dem Tulsi Sahib gehabt hätten. Folglich gründete Shiv Dayal Singh anscheinend sein Ministerium selbstständig und versuchte nicht, es auf jede formelle Weise mit seinem (angeblichen) Guru zu verbinden. **(Senfzeit: Es ist schon „wunder-bar" wie effektiv und überzeugend die Fantasie wiedermal total „Echte" „Wort-Wahrheit" für die „Sozio-Gelehrten „ zusammenkocht,,HoHoHo.19.7.2007 WSchorat)**

Eine mehr umstrittene Spekulation entlang denselben Linien, wenn wir die vorhergehenden Schlussfolgerungen akzeptieren (und einige Tulsi Sahibis diskutierten - eine kleine religiöse Sekte, die die Moralprinzipien des Tulsi Sahib von Hathras folgt), schlägt vor, dass Shiv Dayal Singh ein Break-Off-Nachfolger von Girdhari Das war, (einer der Hauptapostel des Tulsi Sahibs), den Shiv Dayal Singh einmal als ein Guru verehrte. Sogar Madhav Prasad Sinha, der letzte Guru von Soami Bagh und ein treuer Verfechter des Glaubens, dass Shiv Dayal Singh ein Swatah Sant war, gibt zu, dass der Gründer von Radhasoami wirklich Girdhari Das mehr oder weniger als ein Guru verehrte. Madhav Prasad Sinha hellt auf: „ Soamiji Maharaj hatte keinen Guru. In Übereinstimmung mit der feststehenden Konvention behandelte er Baba Girdhari Das Ji , der einer der Hauptapostel von Sahebji oder Tulsi Saheb von Hathras war , und der in Agra wohnte, wie ein Guru, mehr oder weniger auf gleiche Weise als Kabir Saheb Ramananand Ji behandelt hatte. „[*NOTE: Lebensbeschreibung von Babuji Maharaj (Soami Bagh: S.D. Maheshwari, 1971), Seite 376. *]

Historisch würde es interessant sein herauszufinden, wann Girdhari Das verstarb. Wenn sein Tod mit dem Anfang von Shiv Dayal Singh's satsang und Einweihung zusammenfällt, würde es Unterstützung zum Anspruch von Tulsi Sahibis leihen, dass Shiv Dayal Singh ein Absplitterungsnachfolger war. [*NOTE: Die Girdhari Das - Shiv Dayal Singh verbindung, obwohl, selten wenn jemals erwähnt, durch Sant Mat-Historiker, ist dem wachsamen Auge von zwei jüngeren Radhasoami Gelehrten Daniel Gold und Aaron Talsky nicht entgangen. Wie Talsky spekuliert „Eine herausfordernde Möglichkeit ist, dass Shiv Dayal sein öffentliches Ministerium während dieses Zwischenraums [1843-1861] nicht begann, entweder weil er zum Status von Girdhari Das als ein angeblicher Nachfolger des Tulsi Sahib empfindlich war oder tatsächlich dem Letzteren irgendwie folgte. Wir können entdecken, dass die zwei eine nahe Verbindung hatten: Sieh die kurze Beschreibung von Chachaji von der Beziehung [Lebensbeschreibung von Soamiji Maharaj], Seiten 37-39. Mehr aufschlussreich ist vielleicht die Tatsache, dass Chachaji beschreibung von der Einweihung des öffentlichen satsang in 1861 sofort seiner Beschreibung des Todes von Girdhari folgt. Schließlich behauptet der Tulsi (oder „Sahib") panth, der sich nach dem Tod des Hathras Sant (Heiliger . WSchorat) entwickelte, nicht nur, dass Soamiji Girdhari verehrte,aber manchmal, dass er wirklich seinen updesh [Einweihung] von dieser Quelle erhielt. Sieh Harasvarupa Mathura, Bharatiya Sadhana Aura Santa Tulsi, op. cit. Seiten 416-417. "Aaron Talsky, „ Die Radhasoami Tradition", op. cit. Seiten 138-139. Daniel Gold im Herrn als Guru, op. cit. (Seite 229), auch erwähnt Girdhari Das-Shiv Dayal Singh Verbindung. *]

Genealogische Trennung und die Entwicklung von Neuem Panths

Obwohl Historiker nicht absolut sicher sind, ob Shiv Dayal Singh vom Tulsi Sahib von Hathras, initiiert wurde [*NOTE : Kurz nachdem der Gründer von Radhasoami (1878) starb, entschied sich sein jüngerer Bruder Seth Partap Singh dafür, viel von Shiv Dayal Singh's Schriften, Briefe, und Notizen in ein Wasserloch in Soami Bagh zu verwerfen. Ungeachtet der Tatsache dass Partap Singh Gewissensbisse für diese Handlungen später fühlte, versicherte er diese zukünftigen Historiker von Radhasoami würde mit einem Hauptmangel ursprünglichen Quellmaterial sein. Wie Aaron Talsky in seiner älteren These bemerkte, Die Radhasoami Tradition (Universität Michigans, 1986), „ Tatsächlich war es Handlungen von Pratap [Partap] Singh, der eigentlich sicherstellte, dass diese auslegenden Streite durch das historische Material nie abschließend aufgelöst würden." Für mehr von Partap Singh Handlungen sieh Bhaktmal des Radhasoami Glaubens durch S.D. Maheshwari (Agra: Soami Bagh, 1979), Seiten 25-26. *] da gibt es ein bisschen neugieriges über das Schweigen von Partap Singh von der Beziehung seines Bruders mit Tulsi Sahib, oder anderer Sant verbundenen Gurus. Historisch gesprochen, etwas sieht verfehlt aus.

Ich habe eine ähnliche Kunst der Verschwiegenheit unter den Nachfolgern von Paul Twitchell gefunden, der Gründer einer New Age religiöse Bewegung genannt Eckankar. Ungeachtet der Tatsache dass Paul Twitchell durch Kirpal Singh 1955 in den Vereinigten Staaten Eingeweiht wurde, bestritt der Gründer von Eckankar später, dass er jemals mit dem indischen Guru assoziiert war - sogar bis zum Punkt,sich eine wohl durchdachte Tarnung auszudenken. Tatsächlich ging Twitchell so weit, gedruckte Verweisungen auf Kirpal Singh in seinen zahlreichen Schriften so weit wirklich zu löschen und sie durch erfundene Gurus, wie Rebazar Tarzs, Sudar Singh, und Fubbi Quantz zu ersetzen. Was veranlasste diese Verschiebung der Treue? Die Antwort ist vielleicht einfacher, als wir erwarten könnten: Die wachsende Beliebtheit von Eckankar. Als Twitchell erkannte, welche Bedeutung seiner neuen religiösen Bewegung hatte- die Tatsache, dass es in Tausenden von Anhängern anziehen konnte - entschied er sich dafür, alles zu vernichten, was Fortschritt von Eckankar und potenzielle Beliebtheit unter den Massen hindern würde. Er wollte, dass seine Gruppe selbstbestimmte, seinen eigenen zukünftigen Kurs als eine lebensfähige geistige Tradition kennzeichnend. Und die ernsteste Drohung gegen diese viel gewünschte Autonomie, mindestens gegen den Bereich von Twitchell, war seine Vergangenheit. Zum Beispiel, wenn geistige Sucher entdecken, dass die meisten Lehren von Eckankar von Radhasoami und Ruhani Satsang geliehen wurden, können sie sich abwenden, und jenen Bewegungen statt Twitchell's anzuschließen, wenn sie denken, dass Eckankar eine jährliche Einschreibegebühr verlangt und die indischen Gruppen nicht. Folglich erfand Twitchell eine neue Mythologie, eine, die die Tatsache, Fiktion, Legende und Einbildungskraft in einen verwirrten Komplex verflocht, der nur ein aufrichtig konsequentes Thema darstellte: Der lebende Eck Meister als Held. [*NOTE: Sieh die vierte Ausgabe meines Buches, Das Bilden einer Geistigen Bewegung (Del Mrz: Del-Presse im Mrz, 1988), Seiten 93 bis 104, für mehr von der schändlichen Vergangenheit von Paul Twitchell und Eckankar. *] **(Senfzeit: Ich habe alle Bücher von Paul Twitchell gelesen und musste auch fesststellen, das ist „Betrug"und erkannte das er ja „Hazur Maharaj Savan Singhs Schriften"Seitenweise Wort wörtlich in den Mund von Sudar Singh und Fubbi Quantz gelegt hatte, und zwar ohne jegliche Veränderung. Selbst das „Eck" wird nur in den Büchern von Savan Sing erwähnt. Das ist ein extrem seltenes Wort für das Göttliche. Hier kann exzellent gesehen werden wie aus den Lehren der verwirklichten Meister zbs.Jesus, Buddha oder nun diese Sant Sat Gurus, Geschäftsreligionen im Sinne unserer heutigen Zeit gemacht werden. Wie Römisch Katholisches Geschäft oder Mullahgeschäfte oder Brahmanengeschäfte und so weiter. Denn da geht es gleich um Geldmachen und zwar viel Geld. 19.7.2007 WSchorat)**

Ich habe Twitchell's Handlungen als genealogische Trennung beschrieben, ein nützlicher Begriff , es illustriert klar, was in der Evolution von Eckankar gegen Ende der 1960er Jahre und Anfang der 1970er Jahre geschah. Twitchell versuchte, seine Vergangenheit zu verneinen, nicht nur durch seine echtes religiöses Erbe, sondern auch indem er eine neue geistige Genealogie einimpfte, eine die angeblich zurückdatiert millionen von Jahren auf den Meister Gakko , der die wahren Lehren von Eckankar von dem Planet-Venus brachte. [*NOTE: Sieh meinen Artikel, „Gakko kam von Venus," im Verstehen von Kulten und Geistigen Bewegungen (Volumen zwei, Nummer eins). *]

Sich Shiv Dayal Singh und seiner Beziehung mit Tulsi Sahib zuwendend, können wir eine gemeinsame Anstrengung seitens mehrerer Radhasoami Anhänger in Agra sehen, um jedes Gespräch dessen zu zermalmen, wer der Guru von Soami Ji - in einem Ausdruck, genealogischer Trennung gewesen sein kann. Angenommen Shiv Dayal Singh's wiederholte Betonung einem lebenden menschlichen Meister zu folgen, ist es besonders sonderbar, das keine Erwähnung gemacht wird, wer ihn in die Meditation und anderen geistigen Sachen eingeführt haben kann. Und wenn Referenzen gemacht werden, von denjenigen außerhalb der vorherrschenden Agra Zweige , werden sie unter dem Vorwand entlassen, dass Shiv Dayal Singh nur ehrerbietig dem fraglichen Guru „handelte", weil er hinduistischer Tradition folgte. Vieles ist bereits von Madhav Prasad Sinha, einem von Shiv Dayal Singh's Neffen festgesetzt worden. Und doch, warum , behaupten mindestens zwei Zweige des Tulsi Sahibis, dass Shiv Dayal Singh einmal von ihrem Guru oder von einem seiner Nachfolger Eingeweit wurde? Außerdem was war es, das Partap Singh veranlasste, wertvolle Dokumente in Zusammenhang mit dem Leben seines Bruders in ein Wasserloch abzuladen? Die Antworten, weil wir bemerkt haben, liegen begraben in der Unterbrechungen der mündlichen Geschichte, da wir keine schriftliche Dokumente haben, um die Sache aufzulösen. Aber, trotz solch eines Mangels an Dokumentarmaterialien, ist ein Sache sicher: Das Anschließen von Shiv Dayal Singh formell zu einem Sant verleumdet irgendwie die Ursprünge und heilige Geschichte von Radhasoami wenigstens für orthodoxe Agra Mitglieder.

Was ist am beschreibendsten über diese Reaktion - eine Reaktion , auf die ich hinweisen sollte, die offensichtlich sein könnte in anderen Aposteln neben Rai Salig Ram offensichtlich während des letzten Teils des Ministeriums von Soami Ji – ist das, dass es auf viele Weisen zu frühen Meinungsverschiedenheiten wie im Christentum zusammenfällt, in der Beziehung von Jesus Christus mit Johannes dem Täufer . Orthodoxes Christentum gibt zu, dass Jesus von Johannes dem Täufer getauft wurde, aber meint, dass Jesus viel größer war als sein Vorgänger - tatsächlich, es war der Sohn Gottes. Was aber nicht zugegeben wird von orthodoxen christlichen Kirchen, ist, dass Jesus von mehrerem Johannes dem Täufer Anhängern als eine Abtrünniger - Nachfolger, nicht würdig die Tradition des großen Baptisten fortzusetzen. Jesus, in dieser Interpretation, war nicht mal der erste Apostel von Johannes dem Täufer, viel weniger der lange erwartete Messias der Juden. Sogar unter jenen Anhängern des Baptisten, die schließlich Christus folgten, akzeptierte nur einige Jesus in beschränkter Weise, d. h. als der ernannte Erbe von Johannes dem Täufer- sein Ministerium fortzusetzen.

Was am meisten aussagt über die orthodoxe Version der Beziehung von Jesus mit dem Baptisten, ist die klar festgesetzte Position, dass Christus, nicht der Baptist, der Sohn Gottes ist. Mit anderen Worten war Jesus auf jede Weise einzigartig: physisch, historisch, und geistig. Tatsächlich ruht die wirkliche Basis der christlichen Orthodoxie auf der Behauptung der äußersten Einzigartigkeit von Jesus.

Die Parallele von Soami Ji zu Jesus ist nicht so weit ausgeholt, mindestens nicht in Bezug auf theologischen Implikationen. Aus welchen Gründen, Salig Ram und andere, halten am unablässigen Glauben fest, dass Shiv Dayal Singh der größte geistige Meister in der Geschichte der Menschheit war- in Wahrheit, die höchste Verkörperung des sehr höchsten Herrn, Radhasoami Anami Purush. Und eine der Eigenschaften, die ihn einzigartig machten, war, dass er keinen Guru hatte; Er war Eigenbau, ohne jede Außenleitung .

Das kann genau aus diesem Grund gewesen sein (Shiv Dayal Singh's einzigartige Mission), dass Salig Ram und andere bestritten, dass ihr Meister einen Guru hatte. Wie könnte er, da Er Selbst Höchste Verkörperung war. Um sicher zu sein, er könnte Lehrer gehabt haben (er kann tatsächlich vom Tulsi Sahib Eingeweiht worden sein), aber keiner von diesen kann als Gurus im wahren Sinn betrachtet werden, seit von Shiv Dayal Singh der Menschheit bisher unbekannte Geheimnisse offenbarte wurden. Ja, Shiv Dayal Singh hatte keinen Guru, gerade wie Jesus Christus hatte keine gewöhnliche Geburt.

Was wir haben, hier ist der Anfang der Hagiographie (*Heiligenlegenden, WSchorat*), und es begann während Shiv Dayal's Singh's Lebenszeit . Jetzt im Fall von Jesus wissen wir, dass mehrere Evangelien - tatsächlich nicht historisch genau waren, scheinen mehrere biografische Episoden, erfunden zu sein - seitdem ihre Absicht war, Glauben in den aufgestiegenen Herrn zu bringen, und nicht biografische Wahrheit zu befördern. Zum Beispiel scheint die Geschichte bezüglich der reinen Geburt von Jesus Christus, eine Interpolation durch interessierte Anhänger einige Jahre nach dem Tod von Jesus zu sein, um Sinn bezüglich seiner bescheidenen Herkunft zu haben (d. h. wie kommt es, dass der Sohn des Gottes außerhalb der Ehe konzipiert wurde?) und der Mangel einer Erkennung unter seinen Mitnachbarn. So wird eine Jungfrauen Geburtsgeschichte dafür entworfen, um heroischen Aspekte zu befördern, die Jesus Christus umgeben; eine allgemeine Praxis unter religiösen Schriftstellern, sollte bemerkt werden, war der Versuch ihren Lehrer zu Vergöttlichen .

Und doch was bleibt, ist stärkste Kraft hinter solcher Hagiographie, sowohl in Christlichen als auch Gnostik Sekten, der Antrieb, um verschieden und autonom zu werden, eine neue Enthüllung zu etablieren. Obwohl frühe christliche Kirche viel von seinem jüdischen Erbe behalten wollte, wollte sie sich auch als eine einzigartige Enthüllung in der Geschichte unterscheiden. Indem sie wunderbare Ansprüche bezüglich der Geburt von Jesus, frühe Jahre, lehrendes Ministerium, und Tod erhoben, vollbrachten

Evangelium-Schriftsteller genau das.

Früh Radhasoami-Schriftsteller (besonders diejenigen, die nach der theologischen Meinung des Salig Ram ausgerichtet sind), obwohl, ungefähr achtzehn Jahrhunderte später schreibend, als ihre christlichen Gegenstücke, die auch versuchten die Überlegenheit ihres Gurus zu etablieren, durch Ansprüche über historische Einzigartigkeit . Und, auf diese Weise, unterschieden diese Schriftsteller Shiv Dayal Singh's Ministerium von der frühen Sant Tradition klar. Obwohl Salig-Ram die Sant Tradition als der camino royale der geistigen Praxis vor Soami Ji anerkennt, er auch verständlich macht, dass sein Guru mit anderem Sants nicht verglichen werden sollte. Shiv Dayal Singh ist viel größer. *(Se***nfzeit: Diese Erfahrung habe ich auch unter und mit den Menschen gemacht , die ich am Anfang meiner Einweihungszeit so in München und dem Aufbau der Ching Hai Gruppe inklusive Übersetzungshilfe für den „Mönch" Tungti der für Ching Hai als physischer Träger für die Ferneinweihung da war, gemacht. Das ist aber auch verständlich, denn zu der Zeit der Anfangszeit da besteht eine starke Affinität und Erfahrungswelle durch die spirituellen Erfahrungen die gemacht werden in unterschiedlichen Qualitäten, je nachdem was ein Eingeweihter zu erleben hat und so weiter. Aber Ching Hai war und ist für viele innerhalb der „Gruppe" auch die „Beste" deshalb ja auch „Die Höchste Meisterin". Das ist völlig natürlich weil der „Aufweckruf" sehr stark und befreiend für viele ist. Denn die Jahre und Jahrzehnte der Theorie sind Megablass im Vergleich zu dem was durch einen Meister/in erfahren werden kann. Und somit ist die Begeisterung SkyHigh. 20.7.2007 WSchorat)**

Seitdem Shiv Dayal Singh nicht den Ashram (angeblichen) seines Gurus erbte, noch Kontroll-Rechte über seinen samadh, Tulsi Sahibis allgemein behaupten, dass der Gründer von Radhasoami ein Spross nicht durch das Design, aber durch den Umstand war. Wenn zum Beispiel, Shiv Dayal Singh seine ministerielle Basis im Hathras direkt nach dem Tod seines Gurus eingesetzt hatte, dann hätte es eine klare Verbindung zwischen ihm und Tulsi Sahib gegeben. Tatsächlich, in solch einem Zusammenhang, kann das schwierig gewesen sein, wenn nicht unmöglich, für eine incarnationalist Interpretation - wie Salig Ram - um entwickelt zu haben seit Verbindung, nicht Neuheit, eine führendes Imperativ gewesen wäre. Eigentum, auf Gedeih und Verderb, hat eine Tendenz, zu verwickeln gegen das entwickeln theologische Enthüllung . Als solches, Beweglichkeit oder ein neues Satsang heim berücksichtigt eine leichtere Separationen, wie eine anscheinend offensichtliche in Shiv Dayal Singh's Gründung von Radhasoami.

Die Bruder-Verbindung: Eine Familie von Gurus

Eine andere interessante Drehung in den hagiographical Ursprüngen von Radhasoami ist, dass alle drei Söhne von Dilwali Singh und Mahamaya (Shiv Dayal, Rai Bindraban, und Partap Singh) als Gurus aktiv waren. Außerdem, jeder diente als Quellen für neue religiöse Bewegungen: Rai Bindraban gründete die Bindrabani „Sekte" in Oudh; Shiv Dayal Singh gründete Radhasoami in Agra; und Seth Partap der Apostel von Singh, Shyam Lal, etablierte den Zweig von Dhara Sindhu Pratap in Ehre seines Nachfolge-Gurus ein. Obwohl alle drei ein allgemeines Erbe in der Sant Tradition teilen, scheint es, dass Shiv Dayal und Rai Bindraban ein bisschen verschiedene Interpretationen davon gehabt haben können. Die wenig Information auf Englisch, die wir über Bindraban haben, kommt von S. D.Maheswari's Bücher , besonders Bhaktmal des Radhasoami Glaubens. Das folgende versorgt uns mit einem Hauptinhalt des Lebens von Bindraban und seine Arbeit: Es war in Faizabad, dass er seinen neuen Glauben genannt „Bindrabani Panth" (nach seinem eigenen Namen entworfene Religion) veröffentlichte und anfing, Leute in „Sat Guru-Ram" zu Initiieren und es unter Sadhus (Asketen, Bettler) und Familienmitglieder zu propagieren. Leute, in ihren Tausenden, wurden seine Apostel. Er wurde als Verkörperung von Jesus

Christus gesehen, der Grund so betrachtet zu werden, ist vielleicht das ist, in Englisch versiert war und sich wie ein Europäer anzog, und mit einem Hut auf pflegte er, seine Religion zu predigen . Er wurde als „Sarkar Saheb" von seinen Aposteln angeredet .... Rai Bindraban Saheb starb 1876... seine Apostel ließ seinen Samadh in Ayodhya bauen, der noch dort ist .. .. [*NOTE: Bhaktmal des Radhasoami Glaubens durch S. D. Maheshwari (Agra, Soami Bagh: S. D. Maheshwari, privat veröffentlicht, 1979), Seiten 4-7. *] Es gibt mehrere faszinierende Parallelen zwischen Rai Bindraban und seinem Bruder, Shiv Dayal Singh bezüglich der Ursprünge ihrer jeweiligen Bewegungen. Zuerst fingen Bindraban und Shiv Dayal ihre öffentlichen Ministerien innerhalb desselben Jahrzehnts (die 1860er Jahre) - der erstere in Faizabad und der Letzteren in Agra. Zweitens war jeder für ein religiöses Unterrichten verantwortlich, das entweder ihren eigenen Namen oder ehrenden Titel trägt: Bindrabani-Sekte und der Radhasoami Glaube (Shiv Dayal wurde sowohl als Soami als auch als Radhasoami, der höchste Herr angesprochen). Drittens betonten beide die Praxis von Surat Shabd Yoga. Und viertens, beide hinterließen Frauen, die als erleuchtete Wesen (Bibo und Narayan Dei) betrachtet wurden.

Warum Bindraban gewünscht hatte seine eigene Religion anzufangen, ist nicht klar. Dass es in erster Linie auf der Sant Mat beruhte, ist sicher, aber weil das Buch von Bindraban, Bihar Bindraban, Hingabe dem Guru und Shabd betont: Ich grüße und bewundere meinen Geliebten Nanak Saheb. Er durchdringt überalles, das ganze Land, Wasser und Gras. Bindraban sagt, dass sein Guru Nanak Saheb sich Selbst in ihm verkörpert hätte. Wegendessen, dass er mit Shabd verschmolzen wird, ist er im Stande gewesen, seine Aufgabe leicht zu vollbringen.... Er, der Sat Guru Ram's Dhyan durchführt, ist sicher, vier wertvolle Dinge zu erreichen. Er, der den Guru-Ram getroffen hatte und keinen weltlichen Wunsch schätzt, hätte Erlösung erreicht, und wird Unterkunft im Wahren Haus finden. Diese Welt ist vorübergehend, und man muss sie in ein paar Tagen verlassen .. .. [*NOTE: Wie übersetzt und zitiert durch S. D. Maheshwari in Bhaktmal des Radhasoami Glaubens, op. cit. Seiten 7 und 11. *]

Rai Bindraban starb 1876. Ein samadh (Begräbnis-Grabstätte) in Ayodhya wurde von seinen Hauptaposteln und Nachfolgern, Guru Saran Das und SatGuru Saran Das gebaut. Gemäß der Berichten von Maheshwari sammelte Bindraban auch Geld vor seinem Tod, zur Verwendung für die Ursache seiner Religion, der Bindrabani Panth. Die Frau von Bindrabani Bibo, liebevoll genannter Chhoti Mataji, überlebte den Tod ihres Mannes und wurde ein hoher Platz der Ehre im Radhasoami Glauben gegeben. Maheshwari führt sorgfältig aus: Sie [Bibo] wurde hohe Wertschätzung [in Radhasoami] Satsang gegeben. Zusammen mit Radhaji Maharaj pflegte ihr Arti auch, durchgeführt zu werden. Im Laufe Seiner Äußerungen gemacht am letzten Tag seines Lebens kurz vor seinem Absterben von dieser Welt, war Soamiji Maharaj zufrieden zu Beobachten , „Du sollten Radhaji und Chhoti Mataji gleich behandeln." Ein kleiner Schrein ist zu ihrer Erinnerung in Radha Bagh der Samadh des nahen Radhaji gebaut worden. [*NOTE: Bhaktmal des Radhasoami Glaubens, op. cit. Seite 11. *]

So in den frühen Tagen von Radhasoami (1861 bis 1871) beide, sowohl Rai Bindraban als auch Shiv Dayal Singh gaben öffentlich Surat Shabd Yoga und Guru bhakti, obgleich in verschiedenen Städten und mit verschiedenen Fokussen . Anscheinend erhielt Bindraban mehr Werbung als sein älterer Bruder und war im Verbreiten seiner Nachricht mehr aussichgehend. In der Zeitung von Awadh Akhbar Lucknow des Märzes 1870 erhielten Bindraban und seine neue Religion einen glühenden Bericht nachdem er einen sensationellen Einzug beim berühmten Kumbla Mela machte, „auf einem Elefanten mit einem geschmückten Regenschirm über seinen Kopf und mit jemandem ihn mit einem Fächer fächelnd. [Und] Vor ihm waren zehn bis zwölf Elefanten, die schöne Fahnen trugen." [*NOTE: Bhaktamal, op. cit. Seite 8 *], Wohin auch immer man ging, man hörte Menschen aussprechen, „Bindraban Ji ist ein heiliger Mann, vollkommen in Kenntnissen, vertieft in Meditation und, die wirkliche Verkörperung der inneren Erleuchtung. Alle sollten solch eine große und begabte Seele respektieren.... Durch die Gnade von Bindraban Ji Gnade sind viele Sadhus mit der Kontemplation von Shabd (Praxis des Shabd Yogas) beschäftigt. Die ganze Zeit kann man in seinen Anwesenheit Männer mit Positionen finden , Königen, respektierte Mitglieder der Öffentlichkeit und Regierungsoffiziere, die sich für Parmarth (geistige spirituelle Fürsorge) interessieren. [*NOTE: Ibd.. Seite 9. *]

Die Zahl von Gurus, die aus der Familie von Dilwali Singh entstehen, ist beträchtlich. Jeder seiner Söhne und ihrer überlebenden Frauen handelte als geistige Führer. Und, nach ihren Todesfällen, folgte ein satsangis dem Sohn von Partap Singh Sudarshan Singh, während eine große Zahl Huldigung einem der Neffen von Shiv Dayal Singh, Madhav Prasad Sinha bezahlte. [*NOTE: Die einzige Ausnahme war die Frau von Partap Singh Gopal Dei, die in einem sehr jungen Alter starb. *]

Mit solch einer Mehrzahl von Gurus entstehend innerhalb eines Haushalts, kann die Familienverbindung in der frühen Geschichte von Radhasoami nicht überblickt werden. Obwohl man zu viel verallgemeinern kann, um die Entdeckung von neuen Religionen Mitte und gegen Ende des 19. Jahrhunderts zu „der Geist des Verändert zuzuschreiben", (wie die Proliferation des Geistes Channelings in Los Angeles in den 1980er Jahren), kann es nicht überblickt werden, dass, wenn drei neue religiöse Enthüllung aus derselben Familie entstehen, etwas mehr als Zufall zu funktionieren scheint. Wohl waren Shiv Dayal Singh und seine Brüder ein Teil einer größeren Bewegung, die sich überall in Indien in dieser Zeit ausbreitete: Religiöse-Renaissance. Weil Agam Prasad Mathur streitet: „ Es kann nicht bestritten werden, dass während der sechshundert Jahre der Islamischen Unterdrückung Hinduismus als die Religion besiegter Leute bedeutende Rückschläge ertrug. Es war während der britischen Besatzung das Hinduismus auf einer Ebene der Gleichheit mit dem Islam sein konnte. Mit der Zustandpolitik der Nichteinmischung in sozialreligiösen Sachen wurde eine Luft der Freiheit von religiösen Führern erfahren ... „[*NOTE: Radhasoami-Glaube, op. cit. Seite 12. *] Das kann genau dieses neue Zeitalter der Offenheit gewesen sein, die geistige Hellseher, wie Bindraban und Shiv Dayal Singh berücksichtigte, neue Bewegungen zu gründen, die alte Wahrheiten wiederbelebten, sie in einen moderneren und zugänglichen Zusammenhang legten.

Jedenfalls spielte die Familienverbindung eine entscheidende Rolle in der frühen Geschichte von Radhasoami. Und für jene Möchtegernnachfolger von Shiv Dayal Singh, die eine Blutverbindung nicht hatte, hingen Genehmigung und Gesetzmäßigkeit ihrer Ministerien im großen Teil von der Unterstützung der „Heiligen Familie ab." Das war besonders wahr, weil wir kurz im Fall von Jaimal Singh sehen werden, der im nahen Kontakt mit der Familie des Gurus blieb.

Kapitel Zwei

DIE IDEOLOGIE DER ERLEUCHTUNG:

(Senfzeit: An der Überschrift „Ideologie der Erleuchtung" kann schon gesehen werden, das dieser Prof. auch noch als Eingeweihter von Charan Singh ein benebeltes Gemüt hat. Als ob Erleuchtung eine Ideologie wär . HoHoHo, wie der Weihnachtsmann. 21.7.2007 WSchorat)

Radhasoami-Theologie und sein Sozialer Zusammenhang

Theologische Perspektiven und Debatten, die durch solche Terminologien wie orthodoxer und heterodoxer skizziert werden, fokussieren nicht nur philosophische Unterschiede, sondern widerspiegeln wirklich grundsätzlichere soziale Verhältnisse und Konflikte. Tatsächlich vertreten Konflikte in der Theologie häufig in einer idealisierten Weise soziale Beziehungen zwischen besonderen religiösen Gruppen. Zum Beispiel, das 2. Jahrhundert n. Christus, streit zwischen Gnostischen Sekten, und erscheinende Paulinische Christianität, das war nicht einfach ein Argument über die Mystik gegen die Offenbarung , sondern ein echter politischer Kampf über die zentralisierte Kontrolle und Vereinigung. [*NOTE: Sieh Elaine H. Pagels, Die Gnostic Evangelien (New York: Random Haus, 1979) und Gerard Valle, Eine Studie in der Anti-Gnostic Polemik (Waterloo: Wilfrid-Universitätspresse, 1981). *] So kann der Gebrauch solcher Begriffe als „orthodoxer" und „heterodoxer" durch religiöse Führer und Bewegungen von Soziologen als Indikativwegweiser verwertet werden, die gesellschaftlichen Spannungen unterliegen, die häufig die Hauptursachen oder Katalysatoren hinter theologischen Debatten sind.

Die Wichtigkeit von dieser Art der Annäherung ist zweifach: 1) religiöse Ideen werden als wichtige Hinweise oder Kristallisierung von zu Grunde liegenden sozialen Unterschieden gesehen; und 2) theologische oder philosophische Kenntnisse werden in einer Verbindenden (und nicht ein abstrahierter) Art mit der Kultur angesehen. Als solcher, wirft diese Kunst der Methodik Licht auf die Bildung, Prozess, und Höhepunkt des theologischen Denkens. [*NOTE: Ich muss jedoch bekennen, dass der Nutzen solch einer Annäherung mir nicht erschien, bis ich religiöse Streite auf eine historische und philosophische Weise studiert hatte. Ich bin Professor Bennett Berger sehr dankbar, der mich geduldig zum Verstehen der Bedeutung der soziologischen Methode in der studierenden Guru-Folge und anderen religiösen Angelegenheiten führte. *]

Außerdem, sollte es verstanden werden, dass philosophische Positionen im vielen Fällen Indizien von sozialen Beziehungen sind. Die bloße Idee von einer „Orthodoxie" deutet, dass es eine andere Schule des Gedankens gibt, der dagegen (folglich der abwertend gebrauchte Begriff „heterodoxes" und seine schwester „ketzerische") ist . Obwohl das auffallend offensichtlich ist, ist es wichtig, uns zu erinnern, dass „Ketzereien" in einem literarischen Vakuum nicht bestehen, aber direkt mit verwandt sind mit oftmals kulturelle Hauptströmungseinrichtungen . [*NOTE: Für mehr über die historischen Entwicklungen von Orthodoxies und Andersgläubigkeit in indischen Religionen sieh Orthodoxie, Andersgläubigkeit, und Meinungsverschiedenheit in Indien, editiert durch S.N. Eisenstadt, und Al (Berlin, New York: Mouton, 1984). *] Auf diese Weise, deshalb, bietet die Studie von theologischen Streiten einen fruchtbaren Zusammenhang, wodurch der Soziologe besser die soziale Beziehung zwischen religiösen Bewegungen wenn sie verbunden sind, und sich dann bekämpfen, verstehen . Robin Gill, in einer bahnbrechenden Arbeit „Theologie und Sozialer Struktur", behandelt die Wichtigkeit und Nutzen dieser Art des Versuchs ausführlich: Trotz [der] offensichtlichen Gefahren des theologischen Relativismus, bleibt die Aufgabe, sorgfältig die sozialen Determinanten der Theologie aufzudecken, ein wichtiger Teil. Weit davon entfernt, ein Versuch zu sein, Theologie auf eine Reihe von Bestätigungen über die Gesellschaft zu reduzieren - wird die Anklage, die häufig gegen Feuerbach gemacht wird - oder es zu relativieren, durch offensichtliche Abhängigkeit auf vorübergehende soziale Zusammenhänge, diese Aufgabe ausstellend, soziale Determinanten aufzudecken, ist ein wesentlicher Schritt in der theologischen Ich-Bewusstheit. Gerade da es weit bekannt ist, dass theologische Behauptungen zahlreiche philosophische und historische Konnotationen und Voraussetzungen tragen, so könnten Theologen schließlich annehmen, dass ein Bewusstsein des sozialen Zusammenhangs und der Determinanten eine Vorbedingung einer entsprechenden Theologie ist. [*NOTE: Robin Gill, Theologie Und Soziale Struktur (London: Mowbrays, 1977.) Seite xi. *]

In diesem Licht, wird der folgende Teil, sich auf die ständige Meinungsverschiedenheit unter verschiedenen Zweigen von Radhasoami konzentrieren, was denn nun die ultimative Wahrheit oder

Erleuchtung ist, untersuchen, was theologischen kodifizierten Streitereien zu Grunde liegt in den soziale Beziehungen und Spannungen . [*NOTE: In Theologie und Sozialen Struktur, op. cit. Robin Gill schlägt drei Ebenen der Analyse vor, um die sozialen Determinanten der Theologie zu studieren: 1) soziokulturell; 2) sozialpolitisch; und 3) sozialkirchlich. Ich bin der Strategie Gill's überall in dieser Studie gefolgt, die letzte Kategorie entwickelnd, um mehr spezifisch zur besonderen religiösen Szene des nördlichen Indiens zu passen. *]

Spezifisch werde ich diese Hauptfrage richten wollen: **Wie soziale Verhältnisse, wie geografische Position, Eigentumsrechte, Status/Kaste, und Folge-Übertragung, theologische Perspektiven beeinflussen in Bezug zu Erleuchtung ?** Um diese Frage jedoch richtig zu untersuchen und auf sie zu antworten, ist es notwendig, Radhasoami Theologie in einer Entwicklungs-Art seit der Theologie, wie andere intellektuelle Disziplin-Fortschritte durch eine Reihe von Stufen, zu studieren. Außerdem, die sozialen Determinanten von Radhasoami gedanken zu identifizieren, Aufmerksamkeit muss seiner historischen Entwicklung ebenso geschenkt werden. Zum Beispiel, was als eine abhängige Variable beginnen kann, (wie der Mangel von Radhasoami strikten Regeln oder Richtlinien, die gaddi nasheen Folge in seinen beginnenden Stufen regieren), könnte sich Rechtzeitig in eine unabhängige Variable entwickeln (wie der Gebrauch von Sawan Singh eines eingetragenen Willens, um Ernennung seines Nachfolgers, Jagat Singh, in Dera Baba Jaimal Singh, zu dokumentieren), die allein schon zukünftigen Strategien der Guru-Legitimation bedeutsam beeinflussen kann. Folglich, eine völlig umfassende Soziologie von Radhasoami Doktrinen müssen in Betracht ziehen, wie Theologie sowohl ein Produkt als auch ein Erzeuger im sozialen Gebäude des philosophischen Gedankens ist. Um diese Aufgabe auszuführen, wird der Soziologe durch methodologische Rücksichten gezwungen, abhängige und unabhängige Variablen getrennt zu studieren- trotz der Gewissheit , dass sie nicht gegenseitig exklusiv sind und in der unveränderlichen Wechselwirkung stehen. [*NOTE: In einem erhellenden Kommentar in seinem Buch, „Überleben einer Gegenkultur" (Berkeley: Universität der Presse von Kalifornien, 1981), Seite 175, erklärt Bennett Berger die Schwierigkeit, solche Begriffe als „unabhängige" und „abhängige" Variablen zu gebrauchen. Berger schreibt: „ Die wirkliche Sprache „von abhängigen" und „unabhängigen" Variablen, wie die Sprache „der Infrastruktur" und „des Oberbaus", sperrt einen in ein Vokabular ein, das verführend ist, aus dem sich Theoretiker angestrengt haben, sich zu befreien .. .. „ *] Robin Gill erklärt, „ Die Hauptrechtfertigung um sich getrennt auf die sozialen Determinanten und soziale Bedeutung der Theologie zu konzentrieren, ist, dass solcher Fokus Soziologen mit einem empirisch lenksamen Gebiet der Studie präsentiert."

I. SOAMI BAGH: Orthodox/Objektiv/geschlossene

System-Orthodoxie und seine Sozialen Wurzeln

Obwohl religiöse Führer und Anhänger dazu neigen, soziale Verhältnisse und Beziehungen zu verneinen, das sie einen Haupteinfluss auf die Entwicklung ihres Glaubens, Lehren, und Methoden zu haben, scheint es, dass offensichtlicher gesellschaftlicher Zusammenhang eine enorme Rolle im Formen theologischer Gesichtspunkte spielt. Das problematische Problem ist aber, wie Mann sozialen Einfluss misst. In Anbetracht der breiten Reihe, Einflüsse beizutragen, denke ich, dass das auf dieser Bühne unmöglich ist, den Einfluss genau zu messen, aber es ist möglich, bestimmte allgemeine soziale Faktoren zu identifizieren, die geholfen haben, philosophische Meinungen zu formen.

Was waren die sozialen Verhältnisse, die dazu beitrugen die Errichtung von Soami Bagh's orthodoxen und exklusiven Interpretation und Lehren zu erschaffen? Um diese Frage genau zu beantworten, müssen wir zuerst begreifen , dass sich Orthodoxie von Soami Bagh über Nacht nicht entwickelte. Eher entwickelte es sich in progressiven Stufen, abgegrenzt am grafischsten durch jede neue Guru-Folge-Krise. So werden wir die sozialen Determinanten der Theologie von Soami Bagh identifizieren wollen, indem wir einen nahen Blick auf verschiedene Phasen in seiner Geschichte nehmen werden. Mit Rai Salig Ram, der erste Guru in der Radhasoami Geschichte anfangend, um eine spezifische orthodoxe Interpretation der Lehren von Shiv Dayal Singh zu definieren, wird es uns ermöglichen, die verschiedenen sozialen Faktoren zu identifizieren, die zum Festwerden einer Orthodoxie beitrugen. Obwohl, wie ich vorher festgesetzt habe, das in dieser Zeit es nicht möglich ist, die genauen Gründe hinter Rai Salig Ram's Theologie   zu wissen, werden wir mindestens eine allgemeine Idee haben, welche soziale Faktoren eine bedeutende Rolle gespielt haben können. Danach können wir uns dann Rai Salig Ram's Theologie zuwenden und sehen, welche Ideen eine soziale Auswirkung in der ständigen Entwicklung von Soami Bagh haben können.

Der Soziale Zusammenhang von Rai Salig Ram's theologischer Perspektive

Sogar während der Lebenszeit von Shiv Dayal Singh, dem Gründer von Radhasoami, gab es auseinander gehende Interpretationen über die Natur seiner Lehren. Anscheinend war Shiv Dayal Singh sich des Probleme bewusst und empfahl seinem Bruder, Seth Partap Singh, [*NOTE: Meine Rechtschreibung hier Partap miteinem „a" vor dem „ r" statt der allgemeineren Rechtschreibung - Pratap - beruht auf die Unterschrift von Partap Singh auf Englisch. Seitdem er seinen Namen als „Partap" und nicht „Pratap" buchstabierte, bin ich seinem Gebrauch gefolgt. Sieh S.D. Der Bhaktmal von Maheshwari des Radhasoami Glaubens (Soami Bagh: S.D. Maheswhari, 1979), Seite 25, für eine Fortpflanzung der Unterschrift von „Partap" Singh. *] gerade vor seinem Tod, um ihre jeweilige Entwicklung nicht zu stören. (14) sich an Lala Pratap [Partap] Singh wendend, machte Soamiji folgende Bemerkung, „Der Glaube, den ich ausgegeben hatte, war dieser von Sat Nam und Anami. Radhasoami-Glaube ist durch Salig-Ram (Huzur Maharaj) eingeführt worden. Du solltest es auch weitermachen lassen. Satsang-muss weitergehen. Satsang soll sich weit und breit in der Zukunft ausbreiten. [*NOTE: Sar Bachan Radhasoami (Prosa), Übersetzung durch S.D. Maheshwari, die Zweite Ausgabe (Agra: Soami Bagh, 1958). *]

Durch Shiv Dayal Singh eigene Erlaubnis, Rai Salig Ram führte Radhasoami Mat im Widerspruch mit seiner eigenen Mat ein, Sat Nam und Anami Nam. Was überhaupt nicht klar ist, aber ist warum? Warum, zum Beispiel führen Rai Salig Ram Radhasoami Mat während der Lebenszeit seines Lehrers ein? Außerdem was waren die sozialen Determinanten zurzeit, die Salig-Ram dazu aufforderten, so zu Handeln?

Obwohl unsere Untersuchung ein Mangel von mehreren historischen Schlüssel Dokumenten hat (wie Rai Salig Ram's Notizbücher , die noch von seinem Urenkel, Agam Prasad Mathur veröffentlicht werden müssen), gibt es genug ursprüngliche Schriften [*NOTE: Während eines kurzen Besuchs in Peepal Mandi, Agra, im März 1987, wurde ich von Agam Prasad Mathur persönlich informiert, dass er schließlich Fotokopien von Rai Salig Ram's Notizbücher machen wird. Das würde ein Hauptdurchbruch für Radhasoami-Studien besonders in Anbetracht des Mangels von primären Quellmaterialien während der Zeit von Shiv Dayal Singh sein. *] sowohl Shiv Dayal Singh als auch Rai Salig Ram, um uns eine klare Idee über ihre jeweiligen Theologien zu geben.

Rai Salig Ram's Einzigartige Beziehung mit Shiv Dayal Singh

Durch alle Zusammenfassungen (einschließlich derjenigen von konkurrierenden Nachfolgern) Rai Salig Ram war der erste und weithin bekannteste Apostel von Shiv Dayal Singh. Seth Partap Singh in seiner Lebensbeschreibung von Soamiji Maharaji verwies auf Salig-Ram als „der erste und geliebteste Apostel von Radhasoami Saheb." [*NOTE: Lebensbeschreibung von Soamiji Maharaj (Soami Bagh, Agra: Radhasoami Satsang, Soami Bagh, 1978), Seite 68. *] Diese einzigartige, persönliche Beziehung zwischen Salig-Ram und seinem Guru sollte nicht unterschätzt werden. Wenn überhaupt, es präsentiert uns mit einem sozialen Zusammenhang in welchem zu verstehen ist, warum Salig-Ram schließlich behaupten würde, dass Shiv Dayal Singh die Höchste Verkörperung war. Salig-Ram würde häufig seinem Guru bis zu fünfzehn Stunden pro Tag dienen, persönliche Aufgaben im Intervall von dem holen von Wasser von einer Quelle, eine Meile entfernt, bis zum schneiden von Zweigen von Bäumen die als eine Zahnbürste zu verwendenden waren. Salig-Ram's Hingabe war einzigartig, als Beweis durch die Worte von Seth Partap Singh's hohes Lob seiner Dienstleistungen : Huzur Maharaj [Rai Salig Ram] würde den Besuch von Soamiji Maharaj nie verpassen. Eben, weil er sich auf Soamiji Maharaj ungefähr fünfzehn Stunden jeden Tag kümmerte, war er äußerst eifrig auf Darshan. Sobald er in seine Anwesenheit kommen würde, würde er sich gelassen fühlen und vom Nektar seiner Gespräche trinken... Er, war tatsächlich, einzigartig in seiner Hingabe zu Soamiji Maharaj. [*NOTE: Ibd.. Seite 76. *] **(Senfzeit: So was ist natürlich ein Glücksfall für denjenigen der das erleben kann, wenn der Meister kein Lügner ist, wenn ja, dann ist es ein „negativ-glücksfall". Zum Beispiel fällt mir diese wunderbare Erfahrung von Rumi ein der seinen geliebten Meister fand, den man leider aus Konya jagte, weil er ein Bettler war,und Rumi dann seine immensen Liebesliederpoesien schrieb. Einfach wunderbar. 21.7.2007 WSchorat)**

Es kann keine Frage geben, dass die höchst nahe physische Nähe des Salig Ram zu seinem Guru tagtäglich zu seinen religiösen Ideen über Guru-bhakti im Allgemeinen beitrug. Wir wissen von historischen Aufzeichnungen, dass Rai Salig Ram und andere nahe Anhänger Shiv Dayal Singh's charanamrit nahm (Wasser, das durch Immersion der physischen Füße des Gurus persönlich geheiligt worden ist) und prashad (gesegnetes Essen das anscheinend durch eigenen Speichel von Shiv Dayal Singh geheiligt wurde). Diese Arten von Methoden sind jedoch nicht nur für Radhasoami einzigartig. [*NOTE: Für mehr von diesen Methoden, sieh Lawrence A. Die Erlösungsbegegnungen von Babb: Drei Moderne Stiele in der hinduistischen Tradition (Berkeley: Universität der Presse von Kalifornien, 1986). *] Was nicht typisch ist, aber ist die äußerste Hingabe des Salig Ram's zur körperlichen Form seines Gurus. Ein Exzerpt von einem von Rai Salig Ram's Briefe des zu seinem Guru, offenbart die Natur seiner Hingabe: Es wird auch gebeten, dass Bruder Pratap [Partap] Singh oder Bruder Gauri Shankar gefragt werden, um ein kleines Paket von Staub zu senden, der beschmiert von den Füßen von Huzur gewesen sein kann. Der Fußabdruck von Huzur auf dem Papier, das zu mir gesandt worden ist, hatte sehr wenig Staub. So dieser Sklave von euch betet um die Bevorzugung, mit dem speziellen Staub von Ihren heiligen Füßen beliefert zu werden. Charanamrit und Prashad können auch diesem Sklaven gnädig gesandt werden. [*NOTE: Letztes Gespräch von Soamiji Maharaj Und Briefe von Soamiji Maharaj & Huzur Maharaj, Übersetzt durch S.D. Maheshwari (Soami Bagh, Agra: Radhasoami Satsang, Soami Bagh, 1960), Seiten 13-14. *] **(SenfZeit: Diese Art der Liebe ist ja äußerst effektiv. Der Versuch der Einswerdung mit dem Geliebten, auch heute, ob es nun die Geliebet oder der Geliebte ist. Wenn der Rausch entflammt ist, dann brennt alles ohne Hemmungen und dein wahres Inneres kann total angstlose Hingabe und Liebe erfahren was dann zur Erfahrung der Einswerdung führt. Die man aber schon immer ist. Der andere ist immer der Auslöser.Das erfahre ich ja selber in den Liebesbeziehungen** wenn ich „Entflammt" bin, heutzutage. Natürlich sind diejenigen die „normal" sind nicht in der Lage „natürlich" zu sein, und das nachzuvollziehen, und sie sagen dann der ist verrückt. Natürlich zu sein ist aber der Wahrheit viel näher als „unnatürlich-rational", was gleichbedeutend mit „Angepasst" also in den Worten Jesus „Lass die Toten die Toten begraben „zu sein, ist. 21.7.2007 WSchorat)

Obwohl es nicht möglich ist, eine Verbindung der Ursache und Wirkung zwischen der einzigartigen persönlichen Beziehung des Salig Ram's mit Shiv Dayal Singh und seinen nachfolgenden theologischen Ansichten zu ziehen, entsprechen sie dennoch miteinander. Zumindest das, es unterstützt warum Salig - und nicht andere Nachfolger , die nicht so physisch nah waren, zum Guru - eine eindeutige Interpretation der Lehren seines Meisters angenommen haben. Mit anderen Worten wird die einzigartige Hingabe des Salig Ram in seiner einzigartigen (und exklusiv) Interpretation von Shiv Dayal Singh's Lehren widerspiegelt.

Ein anderer Faktor hier im Spiel ist ein psychologischer: Übertragungsinflation. Seinen-Guru zur größten Verkörperung aller Zeiten erhebend, erhebt Salig Ram abwechselnd seinen eigenen Status, seitdem er durch alle bekannten Informationen einer der nächsten, wenn nicht des nächsten, des Shiv Dayal Singh war. Obwohl solch eine Projektion tatsächlich unbewusst sein kann, hatte es wirklich eine sehr sichtbare soziale Wirkung: Der Nachfolger der größten Verkörperung aller Zeiten erzeugt natürlich einen einmaligen respekt der Rücksicht, so ein Ministerium eines erscheinenden Gurus konsolidierend. Die eindeutige Interpretation des Salig Ram's von Shiv Dayal Singh ist auch eine kategorische Verkündigung über sein eigenes Ministerium. Das ist, deshalb nicht überraschend, zu erfahren, dass die Handlungen des Salig Ram's nach dem Tod seines Gurus von Neid und Uneinigkeit unter seinen Gefährten satsangis begleitet war. Partap Singh (Shiv Dayal Singh's Bruder) wurde insbesondere durch die Art der Großartigkeit des Salig Ram's erzürnt. Er war besonders erzürnt durch die äußerste Hingabe die Salig-Ram gezeigt wurde während und nach seinem toten satsangs in Peepal Mandi .

So die exklusive Interpretation des Salig Ram von der Lehre seines Gurus muss auch als persönliches Zeugnis über seinen eigenen funktionellen Status als ein fähiger Nachfolger gesehen werden. Mit anderen Worten offenbart Salig Ram nicht nur etwas über seinen Guru , wenn er von einem unqualifizierten incarnationalismus spricht, es spricht auch kategorisch über seine eigene wahrgenommene Rolle in der Geschichte der Spiritualität.

Die Sozialreligiösen Einflüsse der britischen Herrschaft, Vaishnavism, und das Biblischen Christentum

Seitdem Salig Ram eine lange und fruchtbare Karriere im Büro des Postminister in Nordwestprovinzen hatte (er war der erste zur Position zu ernennende Inder), er nahen Kontakt mit Briten und ihre Art, Regierung zu verwalten. Wenn auch die Briten nicht immer die verschiedenen Manifestationen der indischen Religion, wie Hinduismus, Buddhismus, Jainism, und Sikhism respektierten, war ihre Herrschaft allgemein viel toleranter in Bezug zu unterscheidenden religiösen Methoden , als Indiens vorherige Herrscher, die Moslem Moghule . In solch einem Klima gediehen moderne hinduistische Erweckungsprediger-Bewegungen wie der Arya von Swami Dayananda Samaj und der pro-indische Gedanke von Blavatsky, Theosophie. Die Wichtigkeit von dieser Kunst der religiösen Freiheit sollte nicht übersehen werden. Weil Mathur erklärt: Ihm kann nicht bestritten werden, dass während der sechshundert Jahre der Islamischen Unterdrückung Hinduismus als eine Religion besiegter Leute bedeutende Rückschläge ertrug. Es war während der britischen Herrschaft, das Hinduismus auf einer

Gleichheit mit dem Islam stehen konnte. Mit der Staatspolitik der Nichteinmischung in sozialreligiösen Sachen wurde eine Ahnung der Freiheit von religiösen Führern erfahren ... [*NOTE: Ibd.. Seite 12. *]

Wenn auch Shiv Dayal Singh's Lehren nicht zum Verbessern der Welt da waren, stürzen der Briten-Herrschaft, oder des Wiederherstellens der Überlegenheit des Hinduismus , es war zweifellos ein Element des Absolutismus , der einen Sinn des Stolzes in seinen Mitgliedern herbeirief. Für wenn auch die Briten zeitlichen Herrscher Indiens und seiner Menschen gewesen sein können, hatten sie keine Rechtsprechung überhaupt im höheren Bereichen der geistigen Existenz. Folglich konnten ein frommer hinduistischer oder Sikh noch einen Sinn des Selbststolzes behalten, indem sie begriffen, dass ihre religiösen Ansichten außerhalb der britischen Herrschaft-Politik waren. Trotz ihrer transmundane Sehnsüchte dienten moderne indische religiöse Bewegungen, einer sozialen Lebensfunktion, im Erlauben ihre Praktiker, einen Sinn der Gemeinschaft und historischen Kontinuität sogar in der Mitte der Auslandsherrschaft .

So, Salig Ram ist in einer Reihe von indischen Erweckungspredigern, die sich bemühten, die Überlegenheit der Religion im täglichen Leben wieder herzustellen. Die einzigartige Drehung im Wagnis des Salig Ram, aber, war dass er Radhasoami als die höchste Religion aller Zeiten verteidigte. Dabei kritisierte er alle anderen Formen der Anbetung. Als solcher erweiterte Salig Ram die eigenen exklusiven Ansichten von Shiv Dayal Singh über die Natur der geistigen Evolution in eine historisch einzigartige Gelegenheit . Bachan 3 von Sar Bachan Chhand-Band offenbart in einer Nussschale die geistige Abschätzung des Salig Ram anderer Religionen und ihrer Führer gegenüber: Weder Ram noch Krishna kannte Dich, O mein Geliebter Radhasoami! Weder Sita noch Rukmin und Patrani hörten von meinen Geliebten Radhasoami. Christus, Moses, Mary und Mani scheiterten, meinen Geliebten Radhasoami herauszufinden. Was konnten Hindus und Moslems über meinen Geliebten Radhasoami wissen? [*NOTE: Sar Bachan Radhasoami (Dichtung), op. cit. Seite 58. *] **(Senfzeit : Tja,später nachdem ich von Ching Hai initiiert war, einige Jahre später, bekam ich die Bücher von Shiv Dayal zum lesen,und war gleichermaßen beeinflusst. Warum wohl ? Weil ich erkannte das er der einzige war der überhaupt über die 12 Chakren berichten konnte. Wo sie hinführten, wie es dort aussieht,was zu beachten ist, welcher Welten zu durchreisen sind,und welche innere Arbeit zu tun ist um den Weg zu gehen, und so weiter. So, bevor hier dieser Professor mit seiner Soziologie Denkerei und Einsicht glaubt zu wissen und zwar im Sinne von Erfahren, was der Shiv Dayal Singh verwirklicht hat,sage ich mir immer noch : Selbstverständlich ist es möglich über Krishna über Jesus hinaus zu gehen und auch über Buddha und Mohammed,. Schließlich glaubt ja der wissenschaftlich geprägte Mensch selber an die kontinuierliche verbesserung seiner Einsichten Verfahren und Lebensqualität und so weiter. Denn wenn jemand wie Shiv Dayal Singh tatsächlich weit über die Erfahrungen anderer Spiritueller Fürsten wie Buddha und Jesus und Krishna hinausgegangen sein könnte, bedeutet das ja bloß das er anders ist und nicht deswegen unbedingt abschätzend besser in der Neidheit der Wissenschaftler der Theologen und der Religion swissenschaftler, die ja in Wahrheit bloß im Glauben an etwas wie Christentum oder Buddhismus oder Hinduismus visiert sind. Aber nicht im geringsten an der verwirklichung in tatsächlicher Erfahrung dieses Weges des Radhasoamiweges. Oleeee, HoHoHo.23.7.2007 WSchorat)**

Salig Ram's Orthodoxie, besonders die Erhebung von Shiv Dayal Singh als Höchste Verkörperung des Gottes, hatte einige interessante Parallelen mit dem Christentum, wo, die Hauptbetonung - besonders in fundamentalistischen Sekten - auf der historischen Einzigartigkeit von Jesus Christus ist. Wir wissen, dass Salig-Ram mit der christlichen Doktrin vertraut war, hatte mehrere Bücher von dem Thema einschließlich einer ganzen Sammlung der mystischen Texte von Emanuel Swedenborg besitzend.

Verbinde das mit dem Vaishnava Hintergrund des Salig Ram (seine Familie waren treue Anhänger von Krishna - eine der zehn Verkörperungen von Vishnu), und das scheint sicher offensichtlich, aber noch nicht wissenschaftlich überprüft, das Salig Ram's Incarnational-Ansichten viel sowohl vom orthodoxen Hinduismus als auch vom Christentum haben. Der erstere, weil sie der Zusammenhang seiner frühen Jugend waren; die Letzteren, weil sie die „Status" - Religion der herrschenden Klasse vertraten. [*NOTE: Für mehr auf Rai Salig Ram's Leben und Lehren, sieh S.D. Die Lebensbeschreibung von Maheshwari von Huzur Maharaj (Soami Bagh: S.D. Maheshwari, 1971). *]

Salig-Ram wurde auch durch den 1857 indische Aufstand hoch betroffen. Wie sich Agam Prasad Mathur äußert, „Die Schrecken und Nachwirkungen der Freiheitsbewegung 1857 hinterließen ein jämmerliches Zeichen auf seiner für Eindrücke empfänglichen Mental, und vergrößerten seinen Wunsch danach, einen wahren Führer zu treffen." [*NOTE: Agam Prasad Mathur, Radhasoami Glaube: Eine Historische Studie (das Neue Delhi: Vikas-Verlagshaus, 1974), Seite 59, Max Muller zitierend. *], Inwieweit solch eine Tragödie seine religiösen Ansichten beeinflusste, bleibt unsicher, außer dass es Salig Ram Sehnsüchte für geistige Erfüllung vergrößerte.

Obwohl es fast unmöglich ist, die sozialhistorischen Einflüsse auf die äußersten philosophischen Positionen des Salig Ram genau zu messen, wissen wir wirklich, dass sein Vermächtnis einen riesigen Abdruck auf das Wachstum von Radhasoami in Agra und anderswohin hinterließ, besonders durch seine zwei Hauptanhänger, Brahm Shankar Misra und Madhav Prasad Sinha . Salig-Ram-war verantwortlich für mehrere Schlüsselentwicklungen in der Radhasoami Theologie und Organisation , einschließlich: 1) die Schriften von Dayal Singh 1886 zum ersten Mal veröffentlichend; 2) eine bedeutende Zunahme von Anhängern zu Radhasoami ziehend; 3) in einer klaren und systematischen Weise verschiedene schwer verständliche Punkte in der Radhasoami Theologie artikulierend; 4) Lehren von Radhasoami außerhalb Agra ausbreitend; und 5) eine neue ministerielle Basis ein Peepal Mandi, außerhalb Soami Bagh gründend.

Aber das größte Vermächtnis des Salig Ram kam als er starb. Anstatt einen Nachfolger klar zu ernennen, um die Arbeit fortzusetzen, starb Salig Ram, ohne irgendjemanden als sein rechtmäßiger Erbe zu berufen. Das Ergebnis war eine „Übergangsregierung", wo niemand für ein paar Jahren als ein Guru erschien. Dieses einzigartige Ereignis, vielleicht mehr als jedes andere, in der Karriere des Salig Ram, änderte den Kurs der zukünftigen Radhasoami Geschichte. Glücklicherweise für Gelehrte, nicht wie der Tod von Shiv Dayal Singh, gibt es mehrere wichtige schriftliche Dokumente, die Unklarheit und Spannung offenbaren, die Rai Salig Ram's Tod begleitete. Ein besonders aufschlussreicher Kommentar kommt aus Brahm Shankar Misra, dem schließlichen Majoritätsnachfolger des Salig Ram, der mehrere Briefe an satsangis während dieser Zeitperiode schrieb. Unten sind einige sachdienliche Exzerpte: Die plötzliche Abwesenheit von Huzur Maharaj [Rai Salig Ram] ist zweifellos ein großer Schock für uns allen gewesen und hat die offenbare Stütze weggenommen, auf der wir ruhten. Aber er nicht völlig alle Verbindung mit uns getrennt. Andererseits beobachtet Er jetzt unsere spirituelle Entwicklung schärfer als vorher und gibt uns auch größere Hilfe innerlich. Die Frage der Treue zu einem anderen Sadh oder Sant entsteht deshalb für uns Augenblicklich nicht ... [*NOTE: Ein Trost für Satsangis (Soamibagh, Agra: Radhasoami Satsang, 1952), Seite 1. Dieser Brief ist datiert vom 18. Dezember 1898, zwölf Tage nachdem Salig Ram starb. *] Nichts Bestimmtes jetzt über einen Nachfolger von Huzur Maharaj gesagt werden. Schließlich, zweifellos ist die Notwendigkeit eines Sant Satguru für die Fortsetzung des Radhasoami Glaubens unentbehrlich, aber ein geistiger Vorteil ist sogar bis zu seinem erscheinen vorgesehen, der Gegenstand beabsichtigt, der Grund ist der das alle Anhänger des Radhasoami Glaubens selbst innerlich für die spirituelle Erweiterung sorgen. So lange wie ein anderer Satguru nicht erscheint, gibt es keine Frage, das Nachdenken, das Images des letzten Satguru zu verändern, der die letzte Verkörperung des Höchsten Wesens war. [*NOTE: Ibd.. Seite 4 und 5. Schriftsatz wurde ist 12. Mai 1889 geschrieben. *]

Was klar ist von den Briefen von Misra , ist, dass kein Nachfolger des Salig-Ram seit mindestens zwei Jahren erschien. Sogar Misra selbst der die später Rolle annehmen würde, scheint, den eigenen geistigen Status während dieser Periode nicht bewusst zu kennen. Folglich sollte die Wichtigkeit von der Übergangszeit nicht übersehen werden. Auf viele Weisen dient es als eine Periode, in der die Theologie des Salig Ram konsolidiert wird und gaddi nasheen Folge eine neue politische Drehung übernimmt.

Der Hauptverwaltungsrat, Wenn Orthodoxie Eingegraben wird

Mit einer Proliferation von Gurus und satsangs (nachdem Tod von Shiv Dayal Singh waren dort mindestens sechs verschiedene Apostel die als Gurus arbeiten) entsteht dort ein überwiegender Impuls - sowohl für Personen als auch Organisationen - eine Art von äußeres Kriterium für die Legitimation zu gründen. Im-Fall von Shiv Dayal Singh war da keine Einstimmigkeit , wer sein männlicher Nachfolger war. Wenn auch Radha Ji als sein weiblicher Haupterbe akzeptiert wurde (und allgemeiner Wächter des kompletten sangat), scheint es dass Sanmukh Das Rai Salig Ram, [*NOTE: da waren einige Kontroversen, Meinungsverschiedenheit, bezüglich der Rolle von Radhaji als ein Guru . Das ist jedoch klar, dass sie wirklich Frauen in den Pfad, wie gezeigt, durch das Gerichtszeugnis von Sudarshan Singh mit einem Dayal Bagh Rechtsanwalt , worin er festsetzte, „hatte Radhaji Huzur Maharaj [Rai Salig Ram] Erlaubnis gewährt, andere zu Initiieren. .. Radhaji Maharaj pflegte Damen durch mich, nachdem sie vor mir saßen, zu Initiieren. Sieh Bhaktmal des Radhasoami Glaubens, op. cit. Seite 32. *] Seth Partap Singh Jaimal Singh, Gharib Das, und andere vielleicht, gaben ihren eigenen satsangs und sammelte ihren eigenen besonderen Gefolgschaft. Die Folgen dieses Spalts im sangat waren enorm und sind bis diese Tage eine Hauptquelle für fortlaufende Proliferation von neuen Absplitterungsgruppen gewesen ist.

In Agra, nach dem Tod von Shiv Dayal Singh, gab es vier satsangs, die gehalten wurden: 1) der sadhu satsang, angeführt durch Sanmukh Das; 2) der Frauensatsang, angeführt durch Radhaji; 3) Seth Partap der satsang von Singh ein Soami Bagh; und 4) Rai Salig Ram's satsang des in Peepal Mandi. Anscheinend, gab es eine Disharmonie unter drei dieser satsangs direkt vom Anfang an. Zum Beispiel Seth Partap Singh, Shiv Dayal Singh's jüngere Bruder , akzeptierte nicht immer Rai Saling Ram's satsang in Peepal Mandi , weil er einige Änderungen eingeführt hatte, die nicht seine Zuneigung fanden. Trotz beliebiger theologischer Unterschiede hatten Salig Ram und Partap Singh, es scheint, einen Hauptpunkte ihres Streits darüber, wer satsang und wo satsang gegeben würde. Der Partap/Salig-Ram-Streit illustriert grafisch, dass die Atmosphäre in Agra nach Shiv Dayal Singh's Tod alles andere als heiter war. Anscheinend als Salig-Ram zurückging nach Agra Mitte der 1880er Jahre (er wurde außerhalb der Stadt für einige Zeit nach dem Tod seines Gurus platziert), sein satsang verursachte einen Bruch des Neides unter Anhängern die vorher mit Radha Ji, die Frau von Shiv Dayal Singh und Haupterbe zusammen waren. Als Salig Ram selbst bemerkt am 16. Juli 1887, zu Brahm Shankar Misra, seinem schließlichen Nachfolger, „entstehen Schwierigkeiten ständig aus meiner Tätigkeit Satsang abzuhalten, und ich habe ein Mental um gegenwärtige Verfahren zu modifizieren, um zu vermeiden, die Ursache für den Neid seitens anderer zu geben, sowie den großen Wunsch für Respelt der bisher unserer Höchsten Mutter Radhaji Sahib durch, die Mitglieder der Kongregation ...“ [*NOTE: Heilige Episteln Und Andere Heilige Schriften, Teil 2, übersetzt durch S.D. Maheswhari (Soami Bagh: S.D. Maheshwari, 1964), Seite 103. *] Es scheint dass die Feindseligkeit eine Höhe 1889 erreichte, als Salig-

Ram begann, sein Wahlkreise zu konsolidieren und Sucher und satsangis vom satsangs von Partap Singh wegzuziehen. Die folgende Ähnlichkeit zwischen Salig-Ram und Madhav Prasad Sinha in dieser Zeit offenbart die Intensität des Streits. Für die letzte Woche oder zehn Tage Lala Pratap [Partap] Singh Saheb wird mit diesem Satsang nicht mehr zufrieden sein. Obwohl es nur einmal in einem Monat oder zwei geschieht, jedes mal ist er Überübererregt. Gestern, im Satsang und der allgemeinen Kongregation in seinem Haus, verwendete er heftig sehr maßlose Sprache und harte Wörter über diesen Satsang, Satsangis, Satsangins, und Sadhus. So weit möglich, ich möchte nicht gern die kleinste Ursache des Ärgers und Missfallens für Mitgliedern der heiligen Familie gebe. Seit den letzten fünf Tagen hatte Lala Pratap Singh seinen getrennten Satsang gehalten. Damit sein Satsang gedeihen kann, möchte ich, für einige Zeit, den Satsang in meinem Platz anhalten. Das würde die Ursache des Missfallens und Ärgers entfernen. Außerdem gibt es Streite und Unterschiede unter Satsangis und Satsangins, wegen dessen ich mich sehr viel geärgert und entrüstet fühle. Es scheint deshalb ratsam, mit Satsang vorläufig aufzuhören. Sadhus würde Satsang in Soami Bagh beiwohnen. Familienangehörige würden sich dem Satsang von Radhaji Maharaj anschließen. Und Sadhus, wenn sie so wünschen, können in die Stadt kommen und sich dem Satsang anschließen der gehalten wird durch Chachaji Saheb unter der gütigen Präsidentschaft von Radha Ji Maharaj . [*NOTE: Ibd.. Seite 209. *]

In einem späteren Brief, dieses Mal zu Prem Anand, behandelt Salig ram die Meinungsverschiedenheit ausführlich: Ich habe sein [Partap Singh] respektvolles Außenverhalten nie vertraut, weil ich immer einen starken Geist des Neides und der giftigen Gehässigkeit in seinem Busen bemerkte. Aber mein Versuch war, nachzugeben, und keine Notiz seiner Worte, und andererseits wegen meines geliebten Höchsten Vaters, um diesem sonderbaren Herrn keinen Grund zu Vergehen zu geben oder auf jedwede Art, seine Würde unter seinen Mitgliedern des Satsang zu senken .. .. [*NOTE: Ibd.. Seite 213. *]

So zurzeit des Todes von Salig Ram, gab es mehrere Splittergruppen in Radhasoami, und die Streitereien, größtenteils bezüglich der Folge und Eigentumsrechte, nahmen zu. Um diese Faktualität zu beheben, schufen Brahm Shankar Misra und anderer prominenter Peepal Mandi/Soami Bagh satsangis einen Hauptverwaltungsrat, um die auseinander gehenden Radhasoami Gruppen unter einem gesammeltem Regenschirm zu vereinigen. Wenn auch das Ergebnis unglückselig war, war der Hauptverwaltungsrat ein Erfolg für die Sorten von Brahm Shankar Misra und orthodoxen Radhasoami. Da durch seinen wirklichen Beginn, Misra im Stande war, ein System gesetzlich einzusetzen, wodurch ein elitärer innerer Kreis die Zukunft von Radhasoami, Doktrinen, Einleitungen, Mitgliedschaft, zu bestimmen, und der Reihe nach die satsang Eigenschaften verbunden mit Shiv Dayal Singh und Rai Salig Ram kontrollieren konnte. S.D. Maheshwari erklärt die Richtlinie des C.A.C : Es wurde bemerkt, dass nach dem Tod des Sat Guru sich bestimmte Personen vom Haupt- Satsang getrennt und sich in getrennte Gruppen geformt hatten. Sie behaupteten ihr Recht des Interesse in den obengenannten Eigenschaften. So es war notwendig, Maßnahmen zu ergreifen, um dieses Eigentum zu schützen. Und der hauptverwaltungsrat wurde (a) gegründet, um das Eigentum das präsentiert oder erworben während der Zeit von Soamiji Maharaj und Huzur Maharaj zu konsolidieren, das im Besitz der Mitglieder des Sant Sat Gurus gewesen, (b) waren, um , ein für allemal, die Frage zu klären, die das Eigentum des Sant Sat Sant betreffen, das nur dem Sant Sat Guru als solches gehört und zu keinem anderem, (c), um den Verlust des Eigentums zu schützen , das es nur in die Familie eines Sant Sat Guru oder eine andere Person gehen soll (d) um dem Sant Sat Guru im Management des Eigentums zu helfen, (e) um das Eigentum während der Übergangszeit zu verwalten und (f) um die Bildung von Cliquen so weit möglich zu verhindern. [*NOTE: S.D. Maheshwari, Radhasoami Glaube: Geschichte & Doktrinen (Soami Bagh: S.D. Maheshwari, 1954), Seiten 95-96. *]

Geografische-Position: Wo sich das Heilige und das Profane berühren

Die Wichtigkeit von der geografischen Position und dem Eigentum im Herstellen und Aufrechterhalten einer religiösen Orthodoxie sollte nicht unterschätzt werden. Religiöse orthodoxies werden sich mit viel größerer Wahrscheinlichkeit im Allgemeinen in der geografischen Position entwickeln, wo der charismatische Gründer seine Mission anfing. Nicht nur leiht das Landen historische Bedeutung zur flügge werdenden Bewegung, aber es stellt sichtbaren Beweis wo das Heilige das Profane berührt. Als solcher, des Gründers spirituelle gaddi („der Sitz des Gurus") vertritt eine primordialen hierophany, eine göttliche axis mundi, wo das Numinose mit dem weltlichen zusammenfällt. Solch ein heiliger Punkt wird ein historisches Behältnis der anfänglichen Gottesmanifestation in der Welt. Ein vergleichender Blick auf die großen Religionen in der Welt zeugt dafür als ein trans-kulturelles Phänomen: Bezeugen Sie das jüdisch-christliche Jerusalem; der Amritsar der Sikh's; das Benares des Hindus; und das Mecca der Moslems. Außerdem werden diese heiligen Plätze durch ihre wirkliche Natur zu einer nostalgischen Erinnerung der Anfänge der Religion. Obwohl sie Pilger anregen können, ihre Leben in der Zukunft umzugestalten, tun sie so, indem sie ein Ideal von der Vergangenheit präsentieren. Folglich ist das natürlich und mit dem Geist der religiösen Hingabe übereinstimmend, dass der Platz, wo der geistige Führer bedeutende Fortschritte, Gebote, oder Wunder machte, der Brennpunkt der Pilgerfahrt und Anbetung werden sollte.

Der Hauptverwaltungsrat, der aus Soami Bagh arbeitet, deshalb durch die berechtigte Position , neigte mehr zur Orthodoxie als jede andere satsang Gruppe die mit Shiv Dayal Singh verbunden war , da er behielt, was andere Zweige nicht taten: Historische Legitimität und heiliges Gedächtnis über die geografische Position, persönlichen Artefakte und Reliquien, usw. So einer von C.A.C .'s/Soami Bagh's Hauptquellen von für Legitimation, im Angesicht konkurrierender Ansprüche, war die geografische Position. Was auch immer sonst gegen gegenwärtigen Gurus in Soami Bagh gesagt werden konnte, niemand konnte den einzigartigen Anspruch darauf wegdiskutieren, der Platz zu sein, wo Radhasoami anfing. [*NOTE: Ich erinnere mich lebhaft, als Professor Mark Juergensmeyer und ich mit Sant Das Maheshwari in seinem Haus in Soami Bagh besuchten, wo wir die Ursprünge von Radhasoami besprachen. Einmal wies Maheshwari nachdrücklich zu den heiligen Reliquien in seinem Zimmer als Beweis , dass Soami Bagh die einzige wahre mit Shiv Dayal Singh verbundene Abstammung war. Als Maheshwari selbst so nachdrücklich sagte, „Wer sonst [außer Soami Bagh] hätte Fingernagel-Teile von Soamiji und Augenbraue-Haar?" Der Ton von Maheshwari war sowohl Ernst als auch Stolz. *]

Folglich, trotz beliebiger Meinungsverschiedenheiten erzeugte es, der Hauptverwaltungsrat war der Schlüssel im Zementieren eines orthodoxen Gesichtspunkts in Radhasoami. Im behalten der vitalen satsang Eigentümer der ersten zwei Gurus und einschränkendem Wählen einer ausgewählten Elite stimmend, war die C.A.C. im Stande, die heilige Basis zu gründen sowie politische Kontrolle über seine Mitgliedschaft auszuüben. Wenn auch der C.A.C. unter schweren Angriff gerade fünf Jahre nach seinem Beginn kam und einen drastischen Verlust der Mitgliedschaft wegen des Aufruhrs von Kamta Prasad Sinha und anderem entfremdetem satsangis, ertrug,[*NOTE : Auf eine populäre Zusammenfassung dieses Spalts, sieh Marvin Henry Harper's , Gurus, Swamis, und Avataras (Philadelphia: Die Presse von Westminster, 1972), Seiten 96 bis 119. *] richtete es sich klar als der orthodoxe Zweig von Radhasoami ein.

Aber viel von dieser „Orthodoxie" ist mit einer Reaktion zu wachsenden Schismen innerhalb der Bewegung und des Bedürfnisses danach verbunden,die Kontrolle von Satsang Eigenschaften zu zentralisieren.

Die wirkliche Idee von einer Orthodoxie entsteht nur, wenn es einen Streit über die zentralisierte Kontrolle gibt. Und gewöhnlich schweben solche Streite um Eigentumsrechte, Mitgliedschaft-Vorzüge und doktrinelle Interpretationen. Mit der Zunahme von Eigentum und Mitgliedern und Geldern ist es wenig Wunder, dass innere Streite einen Stoß für eine Art zentralisierte Ordnung erwarten würden. Wer bestimmt diese Ordnung, jedoch, hat mehr mit der Politik zu tun, als mit Mystik. Und das ist genau die Politik des Eigentums und wirtschaftlich selbst Interesse, die zu einem großen Maß bestimmt, wie Theologie umgestaltet wird, um die Bedürfnisse nach einer gegebenen Zeit und Umstand anzupassen. Deshalb, der Hauptverwaltungsrat muss so gesehen werden wie er ist: ein politischer Körper,in der Bewahrung von Wirtschaftsinteressen . Warum sonst würde solch eine „spirituelle" Einrichtung ein Jahrzehntelangen gesetzlichen Kampf mit Dayal Bagh über die Anbetungsrechte in Soami Bagh und anderswohin verfolgen? Natürlich der Vorwand ist eine der doktrinellen Reinheit, aber solch einem Vorwand unterliegend, ist eine Wirtschaftswirklichkeit, worin der C.A.C exklusive Rechte auf sein Eigentumsvermögen, sowie auf seine eingehenden Spenden von den abgelegenen Schwestersatsangs mit Sicherheit verliert. Folglich ist die Entwicklung des C.A.C doktrinellen Orthodoxie vertraut mit seinem eigenen wirtschaftlichen selbst Interesse im Behalten der Kontrolle über heilige Eigenschaften und die Anbetungsrechte auf jene heiligen Plätze verbunden.

In späteren Jahren, nach dem Tod von Madhav Prasad Sinha, dem letzten Guru in Soami Bagh, wurde es ein Imperativ für den Hauptverwaltungsrat, eine aktivere Rolle im Steuern der satsang verwandte Tätigkeiten anzunehmen, wie: das Bauen des heiligen samadh; bearbeiten der neue Bewerber die Einweihung wollten; das Sammeln der bhent (Spenden); das Leiten regelmäßigen satsangs; Druck der Radhasoami Literatur; und das Aufrechterhalten der satsang Eigenschaften. Tatsächlich, mit der Besitzübertragung von Madhav Prasad und seinem persönlichen Charisma, wurde die Orthodoxie von Soami Bagh verschanzt. Mit der anscheinend endlosen Übergangsregierung angefangen mit Tod von Madhav Prasad Sinha erreichte die routinisation von Radhasoami Doktrinen schließlich seinen Gipfel. Nicht länger das Subjekt der unvorhersehbaren Ideen eines neuen Gurus und /oder die Meinungsversc hiedenheiten, die seinem/ihrem Tod unvermeidlich folgen würden, erschien der Hauptverwaltungsrat, ohne einen anerkannten lebenden Meistert einen seiner alleinige groben Regierungskraft in Soami Bagh - eine Entwicklung, die zweifellos versichern wird, dass eine doktrinelle Orthodoxie für noch viele kommende Jahre herrscht.

II. MANAVTA MANDIR: Heterodoxes/subjektives/Gegen-System Soziale Position und die Evolution der Heterodoxy (Andersgläubigkeit)

Die Antithese von Soami Bagh's Interpretation der ultimativen Wahrheit und Erleuchtung ist der Gesichtspunkt der von Manavta Mandir gehalten wird, gegründet vom verstorbenen Baba Faqir Chand (1886-1981). Obwohl, aus denselben genealogischen Wurzeln entstehend (Faqir Chand's Guru, Shiv Brat Lal, war ein Eingeweihter von Rai Salig Ram), Manavta Mandir hält keine exklusiven Lehrsätzen oder Doktrinen. Eher, wegen der eindringenden Einblicke seines Gründers und offenherziger autobiografischer Zulassungen, dieser satsang sieht jeden religiösen Ausdruck, von Radhasoami bis Advaita Vedanta, als seiende subjektive und teilweise Manifestationen der Gesamtwirklichkeit. Tatsächlich ist Wahrheit als eine kognitive Fähigkeit nicht objektiv, aber ganz transzendent, über die

Kapazität eines jeden Individuums um dazu zu gelangen oder es zu verstehen. Was der Mensch weiß, ist nur ein kleine Teil des größeren Weltalls, wie ein Keim im menschlichen Körper, überlistet durch seine wirkliche Existenz zu einem entfernten Gebiet der Untersuchung. [*NOTE: In einem persönlichen Interview, später veröffentlicht in einem Buch durch B . R. Kamal betitelte Der Meister Spricht Mit Ausländern (Hoshiarpur: Faqir Karitatives Bibliotheksvertrauen, 1978), sprach Faqir Chand die folgenden Wörter mit mir: „Keiner ist jemals im Stande gewesen, es völlig zu wissen. Keiner hätte es gewusst. Ein kleiner Keim in einem Körper kann nicht seinen ganzen Körper kennen. Ähnlich (a) ein Mensch ist einem kleinen Keim in einer riesengroßen Entwicklung ähnlich. Wie kann er behaupten, die komplette Schöpfung gekannt zu haben?" *] Wie Faqir Chand einmal schrieb : Wer kann authentisch sagen, dass Gott namenlos (Anami) ist oder (Alakh) Ungesehen Ist? Der Mensch ist auf der Suche nach der Wahrheit. Wenn seine Aufmerksamkeit (surat) erreicht oder vereint in seinem eigenen Selbst, fühlt er sich namenlos zu sein (anami). Er verliert seinen „Selbst" in einen Zustand der Grenzenlosigkeit und dort endet seinen Kampf der Forschung. Wer kann wissen, was der Mensch ist? Außerdem, kein Mensch hat irgendetwas über Gott gewusst. Alle diese vorschlagenden von verschiedenen religiösen Philosophien haben kein Recht zu sagen, dass sie etwas geworden sind. Wenn irgendjemand diesen Anspruch erhebt, ist er noch von der Wahrheit ignorant. Sieh das Ende jener Heiligen, die Ansprüche ihrer so genannten Größe und Unsterblichkeit erhoben. Wo ist die Unsterblichkeit des Paltu Sahibs hingegangen, als er in die kochende Ölwanne geworfen wurde? Meine Guru-Data Dayal konnten nichts gegen seinen Willen (Gottes) tun und seinen ashram, Radhaswami Dham retten. Swami Param Hans Dev, dessen prashad eine Macht hatte, um unheilbare Krankheiten zu heilen, sich selbst konnte er nicht heilen er starb an Krebs ... [*NOTE: Der unbekannte Weise: Das Leben und die Arbeit von Baba Faqir Chand, editiert von David C. Gasse (1987), Seite 48. *]

Interessanterweise geschah die Radikalisierung von Faqir Chand absoluter Wahrheit nachdem er die akzeptierten Doktrinen von Radhasoami umarmt hatte, wie entworfen, durch Shiv Dayal Singh in seinem Buch, Sar Bachan (sowohl die Prosa als auch Dichtung). Faqir Chand, wie viele satsangis im Glauben, glaubte, dass er nach zu dem höchsten für die Menschheit verfügbaren Pfad gebracht worden war. Jedoch, seitdem es viele verschiedene Schulen von Radhasoami gab- jede mit ihrem eigenen Meister, erfuhr Faqir schnell, dass er in seinem Stolz der geistigen Überlegenheit nicht allein war. **(Senfzeit: Das Beste, das Höchste, ist das etwa Überlegenheit gegenüber die Anderen ? Oder ist das hier nur eine Interpretation des Verlangens nach dem Besten dem Höchsten, und zwar von denen, die sich durch ihre eigenen Gefühle , sich Minderwertig zu fühlen,so was wie den Begriff „Stolz" oder „Überlegenheit" entwarfen, um „Abzugrenzen"im negativen Sinne ? Denn alleine was ich hier von Faquir Chand lese, seine Aussagen,zeigt mir das er schlichtweg keine Erfahrungen seiner Selbst hatte,und somit auch sogar noch von „Menschen"als das sterbliche denkt. Das zeigt schon das er nie und nimmer eine erweiterte Selbsterfahrung seiner Selbst hatte, und somit ist seine Aussage nur eine Aussage über sich selbst,und nicht „die Menschen" und so weiter. Das Mega-Manko von Menschen in welch auch immer Position ist folgendes: Sie Schlussfolgern all zu gerne von sich auf die „AllGemeinHeit. Und das ist im spirituellen Weg Total falsch. Das ist bloß für Manager und Politiker egal welcher Sekten ob Wissenschaftler oder Politiker oder Religionsmanager wichtig um Politik also Massenabzocke zu machen und ein erfantasiertes Gefühl von Einheit für ihre Ziele zu erdenken erworten erfantasieren. 24.7.2007 WSchorat HoHoHo)**

Und doch, verschieden von vielen seiner Gegenteile, erlebte Faqir eine bemerkenswerte Transformation in seinen religiösen Ansichten in der Nähe vom Ende des Ersten Weltkriegs. In einem Kampf im Irak 1919 hatte Faqir Chand zwei außergewöhnliche Erfahrungen, die ihn überzeugten, dass kein Pfad oder Guru, Gott notwendigerweise näher waren. Zuerst sah er eine Visions seines Meisters, Shiv Brat Lal, während er in ernsten Gefahr war, welche nach weiteren Inspektionen passierte ohne irgendwelche Kenntnisse seines Gurus . Und, zweitens, nahe Bekannte von Faqir Chand behaupteten, das er ihnen während ihrer Meditation erschien, aber die ganze Zeit Faqir Chand als er darüber befragt wurde, über solchen Erscheinungen, sagte, dass er gar keine Kenntnisse der Manifestationen hatte. Diese ungewöhnlichen Ereignisse bestätigten Faqir, dass alle inneren Visionen, Wunder usw. Produkte des eigenen Glaubens des Anhängers und Konzentration waren und nichts damit zu tun hatten, per se, mit einem besonderen religiösen Meister oder System . [*NOTE: Sieh meinen Artikel „Die Hierarchische Struktur von Religiösen Visionen," in der Zeitschrift der Transpersonal Psychologie (Volumen 15, Nummer 1), für mehr Ansichten von Faqir Chand zu diesem umstrittenen Thema. *] Faqir Chand äußerte sich über diese kritische Scharfsinnigkeit: Dayal's Mutter, die du innerhalb sehen, und innerhalb liebst, ist deine eigene Entwicklung, dein eigenes Kind. Du selbst schaffst das Image des Shiv Brat Lal in deinem Zentrum von Trikuti, während andere Anhänger Ideale wie Krishna, Rama, oder andere Götter ein demselben Zentrum schaffen und ihre Vision genießen. Man ist grundsätzlich Ignorant über ihre Wirklichkeit. Wenn Sie mein Image für die Erfüllung Ihrer weltlichen Wünsche schaffen und viele Arbeiten getan wird von meiner Form, bleibe ich unbewusst über solche Ereignisse. Ich erhalte täglich viel Post über solche wunderbaren Ereignisse von satsangis. Solche Fälle haben mich überzeugt, dass die Manifestation der Bildet des Gurus innerhalb meiner, nicht von außen war. Es war die Entwicklung meines eigenen Mentals. Ich gehe nirgendwo hin, aber meine Form erscheint wirklich ein vielen Plätzen zur gleichen Zeit. Es erweist sich, dass es jemandes eigene Entwicklung, jemandes eigener Glaube, Glaube und Hingabe ist. Eine-Person genießt Visionen innerhalb gemäß seinen Absichten und Überzeugungen. [*NOTE: Der Unwissende Weise: Das Leben und Arbeit von Baba Faqir Chand, op. cit. Seite 29. *]

Wahre spirituelle Erleuchtung, gemäß Faqir Chand, ist nicht die Wahrnehmung von inneren Visionen, das Zuhören himmlischen Tönen, oder außerhalb des Körper Erfahrungen, sondern es ist eher, die Verwirklichung, dass jede Vorstellung des Göttlichen schließlich unwirklich ist. Wahrheit oder Wirklichkeit, sind hauptsächlich, in ihrer Essenz absolut unerkennbar. Befreiung, ist das stillschweigende Bewusstsein, dieser mysteriösen Tatsache auf jedem Niveau des Lebens. So repräsentiert Faqir Chand und seine Sei- Mensch Philosophie eine verheerende Subjektivität, welche, egal wie tief , nie völlig objektiviert wird. Göttliche Ignoranz von Anfang bis zum Ende. [*NOTE: Zufällig ist das Verstehen von Faqir Chand's ignoranz der Da-Love Ananda ziemlich ähnlich (Deckname Franklin Jones; Bubba Free John; Da Free John) Konzept der „Gottesunerfahrenheit" oder „Ewigen Mysteriums,", wie entworfen, in seinem Buch, Dem Paradox der Instruktion (Siehe Clear Lake: Dawn Horse-Presse, 1977). *] **(Senfzeit: Diesen Objektiv-Koller den haben wohl bloß jene die daran glauben Wissenschaftler zu sein HoHoHo Oleee . Denn wie soll es in einer ewigen Einheit irgendwo irgendwie irgendwann etwas Objektives geben. Mein Gott mein Jott. 24.7.2007 WSchorat)**

Offensichtlich saß dieser radikale Sichtweise saß nicht gut mit anderen Gruppen von Radhasoami (besonders die Agra Sekten), da es sogar die außergewöhnlichsten religiösen Enthüllung relativiert. Die heterodoxen Ansichten von Faqir Chand haben ihn keine breite Nachfolge gewonnen, obwohl sie seine Lehren als das „Hauptgegensystem" zur Hauptströmung, orthodoxer Theologie von Radhasoami klar unterschieden haben. [*NOTE: Spezifisch, das geschlossene und incarnational System von Soami Bagh in Agra, der meint, dass Shiv Dayal Singh und seine bezeichneten Nachfolger volle Verkörperungen des Höchsten Wesens, Radhasoami Anami Purush waren. *] Wie Faqir Chand einmal Beobachtete: Das ist eine harte Tatsache: Die einfache Wahrheit hilft im Herstellen von Zentren nicht; es vergrößert die Zahl von Anhängern nicht. Aber wie soll irgendjemand es (Wahrheit) verstehen? Nur nach dieser Verwirklichung: Dass er eine Luftblase des Bewusstseins ist. Eine Luftblase des Bewusstseins würde nicht fordern, ein Jogi, Sadhu, oder gyani zu sein. Hätte ich diese Wahrheit nicht begriffen , ich könnte Ansprüche meiner Größe erhoben haben und ließ mich von Ihnen anbeten und nutzte Sie aus. [*NOTE: „Der Widerwillige Guru: Das Leben und die Lehren von Baba Faqir Chand,“ die durch David Christopher Lane, Lachender-Mann-Zeitschrift (Volumen 3, Nummer 1), Seite 76 *]

Heute, Manavta Mandir, unter der direktion des geistigen Hauptnachfolgers von Faqir Chand, Dr I.Cs. Sharma, predigt einen unqualifizierten „ Sein- Mensch“, ein ökumenischer Humanismus, der das Bedürfnis nach der menschlichen Wechselwirkung und upliftment betont. Der-Dialog mit einer Vielfalt von verschiedenen religiösen Traditionen wird eingeladen und begrüßt. Verschieden von Soami Bagh, der jeden Typ der Werbung oder formellen Kommunikation mit „den Splitter“ satsang Gruppen vermeidet, findet Manavta Mandir Plattformen mit anderen geistigen Gurus und Meistern . Tatsächlich enthält der Tempel des „Sei-Mensch“ in Hoshiarpur nicht nur Bilder des verstorbenen Baba Faqir Chand, Shiv Bengels Lal, und Rai Salig Ram (der in solch einer Einrichtung erwartet wird), sondern auch Hausfotographien jedes anderen Radhasoami Führers von verschiedenen Zweigen. Wo sich das orthodoxe/objektive/geschlossenes System von Soami Bagh zur Exklusivität neigt, neigt das heterodoxe/ subjektive/entgegneten System von Faqir Chand zu inclusivity. [*NOTE: Auf die Zusammenfassung meiner persönlichen Eindrücke der Toleranz von Manavta Mandir anderer Religionen, sieh meinen Artikel „Der Große Weise von Hoshiarpur“ in der Bewegungszeitung (November 1982). Manavta Mandir war ziemlich Tolerant gegenüber anderen Religionen während der Regierung seines Gründers Faqir Chand. Weil Faqir Chand selbst bei mehreren Gelegenheiten festgesetzt hatte, „weiß ich nicht, ob meine Verwirklichungen richtig oder falsch sind. Ich erhebe keinen Anspruch, dass meine Verwirklichung endgültig ist.“ Der Nachfolger von Faqir Chand, Dr I.C. Sharma, obwohl er viel ökumenischen Geist seines Gurus behalten hatte, ist nicht ebenso tolerante gewesen wie Faqir Chand gegenüber Aposteln, die ihren eigenen satsangs im Namen von Faqir angefangen haben. Tatsächlich hatte sich Sharma mit scharfem Widerstand mit alten Anhängern von Faqir getroffen, die finden, dass er zu viel von seiner Persönlichkeit in die Politik von Manavta Mandir gestellt hätte. *]

Shiv-Brat Lal und die Wurzeln der Ketzerei

Faqir Chand heterodoxische Ansicht, war nicht einfach das Produkt der tiefen mystischen Scharfsinnigkeit (obwohl sein Wert nicht unterschätzt werden sollte), aber war eher das Ergebnis einer komplizierten Reihe von persönlichen und sozialen Ereignissen. Der-Guru von Faqir Chand, Shiv Brat Lal, wurde zum Beispiel von der Mehrheit von satsangis in oder außerhalb Agra als der wahre Nachfolger von Rai Salig Ram nie akzeptiert. Tatsächlich, wie er selbst zugibt, hatte Shiv-Brat Lal nur seinen Guru dreimal, und dann nie mehr als einer Woche besucht. Der persönliche Kontakt Shiv Brat Lal's mit Rai Salig Ram war minimal, im Vergleich zu anderen Flügge-Nachfolger-Gurus. So hatte Shiv Brat Lal keine feststehenden formellen Bande mit Rai Salig Ram's sangat, und viel weniger mit seinem ashram oder Eigentum. Das ist, deshalb, nicht überraschend, Shiv Brat Lal wurde als ein ernster gaddi nasheen Kandidat nie betrachtet. Tatsächlich fing Shiv Brat Lal seinen eigenen satsang ungefähr 1904/1905 an - ungefähr sechs Jahre nach dem Tod seines Gurus.

Als Faqir Chand zuerst seinen Meister 1905 traf, war Shiv Brat Lal's satsang äußerst klein und wurde als ein Radhasoami Hauptzweig nicht betrachtet. Nur später, mit seinen zahlreichen Veröffentlichungen des Shiv Brat Lal über Sant Mat, erschien Shiv Brat Lal Radhasoami Gruppe in Gopiganj als eine Hauptkraft in Sant Mat-Kreisen.

Shiv Brat Lal's Philosophie wurde bei jeder Umdrehung mit einer Großzügigkeit des Ausdrucks gekennzeichnet, die sich drastisch von der Orthodoxie des Salig Ram abhob. Das ist vielleicht am gegenwärtigsten in Shiv Brat Lal's populärem: Licht auf Ananda Yoga, welches am offensichtlichsten klar skizziert - aber nicht ein exklusiver - Pfad zu Gott. Obwohl Shiv Brat Lal ein Radhasoami Zentrum etablierte, genannt Radhasoami Dham , und grundsätzlichen Grundsätze von surat shabd Yoga predigte, rief er nicht die unbiegsame Orthodoxie seines Vorgängers, Rai Salig Ram , der behauptete, dass es nun nur eine wahre Religion im der Welt gab, die jetzt - nämlich Radhasoami Satsang in Agra. Im Gegenteil drückte Shiv Brat Lal formulierte einen scharfen Wunsch, die Lehren der Heiligen mit der mystischen Essenz anderer Weltreligionen zu verbinden. Shiv-Brat Lal war umfangreich gebildet und in mehreren literarischen Zeitschriften veröffentlicht. Es wird grob geschätzt, dass er mehr als 3.000 getrennte Artikel, Druckschriften, und Bücher in seiner Lebenszeit veröffentlichte. Shiv-Brat Lal war auch ein Redakteur für mehrere Zeitschriften, einschließlich der Arya Zeitung (ein Arya Samaj Veröffentlichung) und Sadhu. In jeder dieser Veröffentlichungen betonte Shiv Brat Lal das Bedürfnis nach der Toleranz und Rücksicht auf sich unterscheidende religiöse Führer und Ideen. Shiv-Brat Lal war auch auf ziemlich freundlichen Austausch mit anderen geistigen Führern von anderen Pfaden, besonders Sawan Singh von Beas, für den er sehr hohe Ansichten hatte. [*NOTE: Für mehr aus dem Leben des Shiv Brat Lal, sieh Dayal Yoga von Dayal Thakur Nandu Singh (Secunderabad: P. Anand Rao, n.d.). *]

Sei-Menschlich: Eine Humanistische Interpretation von Radhasoami Lehren

Die Entwicklung einer äußerst heterodoxen Position in der Radhasoami Theologie fing jedoch nicht mit Shiv Brat Lal an. Es war der Hauptnachfolger des Shiv Brat Lal, Faqir Chand, der entwickelte, was jetzt als die radikalste Interpretation der Lehren von Shiv Dayal Singh betrachtet wird: Manavism oder „-Manism Sein". Glücklicherweise, werden die sozialhistorischen Ereignisse, die bis zu dieser Entwicklung führen, von Faqir Chand in seiner offenherzigen Autobiografie, Der Unwissenden Weise, klar entworfen. Faqir Chand, wegen seiner strengen Brahmanen-Erziehung, schätzte die dogmatische und freigebige Kritik seiner Religion nicht, die vom Gründer von Radhasoami, Shiv Dayal Singh, in seinem Buch Sar Bachan gemacht wurde. Faqir Chand erinnert sich: Ich erreichte den Ashram von Hazur Daten Dayal Ji [Maharishi Shiv Brat Lal und warf mein bescheidenes Selbst zu seinen Heiligen Füßen nieder. Er gab mir ein außergewöhnlich liebevolles Willkommen und Initiierte mich in Radhaswami Mat. Seine Heiligkeit gab mir ein Buch und sagte mir, es durchzugehen. Die Arbeit war Sar Bachan geschrieben durch Swamiji Maharaj (Shiv Dayal Singh), der Gründer von Radhaswami. Ich ging einige Seiten des Buches durch, in der Anwesenheit von Hazur Daten Dayal Ji. Aber ich konnte es noch nicht weiter verfolgen, weil Swamiji Maharaj die meisten Religionen heftig kritisierte, einschließlich Vedanta, Sufism, Islam, Jainism, und Buddhismus. Er erklärte sie alle Kal zu sein und Maya. Das-war zu viel für mich. Ich fühlte mich verletzt, und Tränen rollten meine Augen runter. Seine Heiligkeit bemerkte meine Reaktion und fragte nach dem Grund. Ich brach aus, „Hazur, Gott ist Eins. Ich bin gescheitert, die Rechtfertigung zu verstehen, um alle anderen Religionen als unvollständig zu verurteilen. Das ist ein direkter Angriff auf die Religion meiner Vorfahren. „Hazur empfahl mir sehr liebevoll, „Behalten sie dieses Buch und lesen Sie es nie, bis ich Sie bitte [es] zu lesen." **(SenfZeit: Da ist zwar sehr viel Wirrnissdenken vorhanden,und da Faqir Chand sogar sagt er wäre Brahmane,"ohne aber das Brahma verwirklicht zu haben" füge ich hier mal hinzu,, so wie die Christen, die behaupten Christen zu sein, ohne den Christus verwirklicht zu haben,kann ich gut sehen das er später die Lehre von Shiv Dayal Singh brahmanisierte,also relativierte, da die Brahmanen in Indien ja auch bloß noch Statisten und Statiker sind und wegen der Tradition diese gesellschaftlichen GeldgeilPositionen haben, genau so wie im Römischkatholischen oder dem Mullahsalat der auch**

schön Heilig dafür sorgt das er seine Firmen und Geschäfte und politischen Positionen ver-gelds-goottet.HoHoHo Oleee. 25.7.2007 WSchorat)

So der erste Kontakt von Faqir mit Radhasoami Doktrinen war nicht eine angenehme Erfahrung. Er schätzte Shiv Dayal Singh's Kritik anderer Religionen und ihrer Führer nicht, noch seinen exklusiven Ansprüche von der Wirkung von Surat Shabd Yoga. Die Abneigung von Faqir für dogmatische Radhasoami Doktrinen wurde weiter verschlimmert, als er erfuhr, dass andere Radhasoami Anhänger (besonders diejenigen, die Treue zu Kamta Prasad Sinha behielten) die nicht Faqir's Guru, Shiv Brat Lal, als echt akzeptierten. Ein Ereignis vom frühen Leben von Faqir veranschaulicht die sozialen Spannungen, die zwischen verschiedenen Radhasoami Splittergruppen in dieser Zeit bestanden (und sollte ich beitragen, noch verharren): Auf meinem Weg zurück von Lahore pflegte ich, in der Malkway Bahnstation zu bleiben. Dort pflegte ein Buchmarktbude-Agent, Informationen über die Radhaswami Mat zu geben. Einmal weigerte sich der Agent , seine Huqqa (eine indische Rauchpfeife) mit mir zu teilen. „Wir sind beide Brahmane durch die Kaste, warum haben Sie sich geweigert, ihre Huqqa mit mir zu teilen?" Er überraschte mich, indem er antwortete, „Babu Kamta Prasad Sinha (Deckname Sarkar Sahib) ist die einzige wahre Verkörperung von Radhaswami Dayal." [Babu Kamta Prasad Sinha war zu diesem Zeithaupt Chef von Radhaswami Satsang ein Ghazipur in Uttar Pradesh.] Er meinte damit, dass ich nicht von einem wahren Guru Initiiert wurden und so nicht ein wahrer satsangi war. Ich sagte ihm sehr höflich , „Lieber Bruder, Gott ist Eins. Er gehört Allen, und alle gehören Ihm. Er kann seinen Anhängern in verschiedenen Formen in verschiedenen Plätzen und verschiedene Zeiten erscheinen. Aber wenn Sie mit mir nicht übereinstimmen, dann lassen Sie mich einen Brief schreiben Sie schicken diesen Brief ihrem Guru. Seine Antwort in jeder weise soll als endgültig akzeptiert werden, und ich werde dabei bleiben." Auf der Stelle schrieb ich seinen Schriftsatz, Tränen der Liebe und Hingabe für seinen Höchsten Herrn verschüttend, und übergab es dem Gentleman, um es seinem Guru zu senden. Nach fünfzehn Tagen wurde mir gesagt, dass Babu Kamta Prasad Sinha sein letztes Atemzug geatmet hatte, und ich sollte auf die Antwort seines gewählten Nachfolger warten. Von diesem Ereignis beschloss ich, dass Anhänger der Radhaswami Mat [Ghazipur] nicht unparteiisch waren und keine wahre Sucher der Höchsten Wirklichkeit waren. Ihre Annäherung an die allumfassenden Wahrheit war schmal und sehr sektiererisch. Folglich gab ich ihre Gesellschaft auf und vermied alle blinden Anhänger danach. Selbst wenn irgendjemand mir „Radhaswami" wünschte, erwiderte ich „mit Ram-Ram." **(Senfzeit: Ja diese Diskrepanz zwischen den Menschen die Sich Initiieren lassen und deren Beweggründe, einfach formuliert,psychologischer Mangel, und dem Sinn der Initiierung,nämlich den Meister in dir in dieser Lebzeit zu verwirklichen, mit all den Möglichkeiten, oder anders formuliert, Evolution etwas beschleunigen,die ist mir auch oft aufgefallen. Da haben sehr viele wohl nicht verstanden weswegen die Einweihung gegeben wird, nämlich um Dich, der Meister der du bist, zu realisieren. Und nicht um Besserwisserei oder sektologischem Sekt. 25.7.2007 WSchorat)**

Es ist fast unmöglich, das vorhergehende Ereignis nicht als ein Wendepunkt in der Entwicklung der philosophischen Meinung von Faqir nicht zu nehmen. Zuerst erhält Faqir eine bedeutende soziale Beleidigung, wenn sich sein Freund weigert, seine Huqqa mit ihm zu teilen, da auch sie beide der Brahmane-Kaste zugehörig sind. Zweitens begreift Faqir, dass sein Guru von einer Radhasoami Hauptgruppe als legitim nicht akzeptiert wird. Und Drittens, Faqir erkennt dass satsangis nicht immer freie Sucher nach der Wahrheit sind, sondern ebenso sektiererisch und voreingenommen sein können wie andere religiöse Fanatiker. Jedoch kam der echte Wendepunkt in der Meinung von Faqir kurz nach dem Ersten Weltkrieg vor, als er eine bemerkenswerte mystische Erfahrung erlebte - dessen Folgen Faqir's Wahrnehmung für immer in Bezug zur spirituellen Erleuchtung änderte. Faqir erinnert sich:

Nach ungefähr drei Monaten hörte das Kämpfen auf und der Jawans gingen zu ihren Baracken. Ich kehrte zu Bagdad zurück, wo es viele satsangis gab. Als sie von meiner Ankunft lernten, kamen sie alle zusammen, um mich zu sehen. Sie ließen mich auf einer erhobenen Plattform sitzen, gaben mir Blumen, und verehrten mich. Das war alles sehr unerwartet und eine überraschende Szene für mich. Ich fragte sie, „Unser Guru Maharaj ist in Lahore. Ich bin nicht euer Guru. Warum beten Sie mich an?" Sie antworteten im Einklang, „Auf dem Kampffeld waren wir in Gefahr. Tod lauerte über unsere Köpfe. Du erschienst vor uns in jenen Momenten der Gefahr und gabst uns Richtungen für unsere Sicherheit. Wir folgten deinen Instruktionen und wurden so gerettet." Ich war durch diese überraschende Erklärung von ihnen sehr verwundert. Ich hatte keine Kenntnisse ihrer Schwierigkeiten. Ich, ich selbst war in Gefahr während jener Tage des Kampfs, hatte mich an sie sogar nicht erinnert. Dieses Ereignis verursachte mich zu Fragen innerhalb meiner selbst, „Wer erschien zu ihnen? War es Faqir Chand?" Mein Glaube wurde gestärkt, und ich schlussfolgerte „Wer auch immer sich an Gott erinnert in welcher beliebiger-Form, genau in der Form, hilft Er Seiner Hingabe." Das gab eine neue Drehung von meiner Vorstellung eines spirituellen Meisters. Künftig kam ich zu glauben, dass der Meister keine getrennte Entität ist. Eher ist Er des Apostels Echtes Selbst und wohnt innerhalb. Glücklich mit dieser Einsicht kam ich nach Indien zurück im jährlichen Urlaub 1921. (*Senfzei Tja, die Einsicht ist richtig. WSchorat*)

Die Erfahrung von Faqir Chand, obwohl mystisch interpretiert, war auch soziologisch tief: Der Mensch projiziert sein eigenes Image von Gott durch die religiösen und kulturellen Umgebung, in der er/sie aufgewachsen ist. In religiösen Visionen sehen Sikhs Guru Nanak nicht Jungfrau Mary; Katholiken sehen Jesus, nicht die vielfachen Arme von Vishnu; Und-Hindus sehen Krishna oder andere Götter/Göttinnen, aber nicht den Engel Gabriel. Weil satsangis die leuchtende Bilden von Faqir Chand sahen ohne bewusste Manipulation oder Kenntnisse von Faqir Chand, beschloss Faqir Chand dass Religion radikal subjektiv und durch Verlängerung, besonders relativistisch war. Theoretisch konnte Gott die Form von irgendjemandem annehmen, vorrausgesetzt der Anhänger erzeugt genug Glaube und Liebe zu ihm/ihr/es zur Verfügung. Und doch, gemäß Faqir, sind fast alle religiösen Leute dieser Tatsache unwissend, da sie dazu neigen, dass ihre geschätzten Gurus, Götter, und heilige Figuren „bilocate" insbesondere ihnen gegenüber. Das Soziale Grundzeug der Radikalheit . (**Senfige Zeit:Tja,aber trotz aller Soziologie HoHoHo, besteht Bilokation trotzdem,auch wenn versucht wird das alles auf die Unwissenheit und auf Glaube zu Münzen. Warum weiß ich das, weil ich es selber mit mir selber gemacht habe und erlebt habe,und, was wesentlich Umfangreicher ist, weil in den Reden Buddhas wunderbar erlesen werden kann, das , wenn du auf dem Weg weiter kommst durch Meditation du gewisse Geschenke bekommst oder Körper,und dazu gehört auch der Körper der „Unendlichen Bilokationen"der in Wahrheit schon immer zu dir gehört. Ho Ho Ho.26.7.2007 WSchorat)**

Auf den ersten Blick kann es scheinen, dass die Scharfsinnigkeit von Faqir's Einsichten von der Natur von religiösen Visionen nichts zu tun hätte, per se, mit seinem sozialen Status mit anderen Radhasoami Gruppen. Jedoch, bei näherer Betrachtung wird es klar, dass die mystischen Interpretationen von Faqir der Radhasoami Doktrinen, konsistent mit seinem sozialen Status mit Radhasoamis anderen Hauptströmungszentren sind. Faqir und sein Guru, fast vom Anfang, wurden als Außenseiter betrachtet, besonders durch die orthodoxen Radhasoami satsangis, die dem Hauptverwaltungsrat Treue bezeugten. So wurde Faqir - sowohl durch seine strenges Erziehung als Hinduistischen Brahmanen als auch seine feste Hingabe an Shiv Brat Lal, ein Minderheitsguru-Anwärter - um ein alternatives Verstehen von der Radhasoami Doktrinen zu suchen. Wenn er das nicht tat, musste Faqir dann einer Krise der Gesetzmäßigkeit gegenüberstehen, seit weder er und sein Guru einen rechtmäßigen Anspruch auf das Vermächtnis von Shiv Dayal Singh, dem Gründer von Radhasoami hatte. Folglich ist das, in Anbetracht der eigenartigen sozialen Position von Faqir nicht überraschend, dass Faqir Chand und seine Gruppe eine heterodoxische (gegenüberliegende) Interpretation von Radhasoami hatte als der Hauptverwaltungsrat.

Was nicht so klar offensichtlich ist, obwohl, ist exakt welcher Interpretation, sich herausstellen würde. Mit anderen Worten könnte es soziologisch möglich sein, die Richtung oder sein Zusammenhang eines theologischen Gesichtspunkts eines Wettbewerbsgurus, aber nicht notwendigerweise sein Inhalt oder die Substanz seiner/ihrer Philosophie vorauszusagen. Außerdem in Anbetracht der Bildung des Hauptverwaltungsrates und seiner strengen Statuten, die Entwicklung von Nicht-Agra satsangs regelnd, ist es angemessen anzunehmen, dass sich Flüggeminderheitskandidaten mit der „ideologischen Arbeit" beschäftigen müssen, der ihre Existenz erklärt. D. h. sie müssen sich auf Wegen „legitimieren", die gegen den Status-quo sind. Ungeachtet dessen ob das bewusst getan wird, ist es schwierig zu bestimmen. Ein Sache scheint sicher zu sein, obwohl: Wenn Faqir der Nachfolger einer Hauptströmung war, weit akzeptiert, Radhasoami Guru in Agra wäre, würde es keine überwiegenden Gründe - sozial oder sonst - für ihn geben, um mit dem Präzedenzfall Schluss zu machen. Die radikale Philosophie von Faqir, in der Summe, ist nicht so radikal, wenn man seinen sozialen Zusammenhang betrachtet, aus dem er funktionierte. [*NOTE: Ich schulde meine Diskussion hier zur Bennett Berger's Entwicklung der Bezeichnung „ideologische Arbeit" in seinem Buch, Das Überleben einer Gegenkultur, op. cit. *] Wegen seiner Verbindung mit Shiv Brat Lal,war Faqir bereits auf der Außenseite von herkömmlichem Radhasoami und wurde so nie in die Institutions-politik, Eigentumsstreiten, oder doktrinellen Reinigungsdebatten eingeschlossen, die in Agra vorkamen. Faqir war für alle Absichten und Vorabsichten ein Außenseiter, ein Randcharakter in der Radhasoami Politik - eine Tatsache, die Faqir in seinem Leben sehr früh mit dem Ladenbesitzer begriff.

Das soll nicht vorschlagen, dass die eigenen mystischen Enthüllung von Faqir nicht beitrugen oder drastisch seine Heterodoxischen-Ansichten bereicherten, aber dass sein Gesichtspunkt (nicht Gegenteil) seiner sozialen Position in der Radhasoami Hierarchie entsprach.

Verschieden von anderen Zweigen des Rivalen Radhasoami (wie Dayal Bagh), der versuchte, Legitimität zu gewinnen, successorship oder Eigentumsrechte, Shiv Brat Lal und Faqir Chand , vermieden solche Streite und versuchte, ihre Missionen auf einer verschiedenen Grundlage - derjenigen zu gründen, die Problem mit orthodoxen Ideologien nahm. Wohingegen andere Flüggenachfolger und ihr satsangs doktrinelle Streite im Allgemeinen vermieden, griff Faqir Chand das Problem frontales an . Und, auf diese Weise, ächteten beide und vergötterten sich beide in einem Weg, der bis jetzt in Radhasoami einzigartig ist. Faqir wurde ganz einfach geächtet, weil er die am meisten geschätzte Idee in Radhasoami orthodoxe Literatur einfach um drehte : Die historische und geistige Einzigartigkeit von Shiv Dayal Singh und seinen Lehren. Und Faqir wurde vergöttert, weil er wagte, die Geheimnisse, umgebenden Wunder, und innere Visionen, zu offenbaren.

Jedoch sind die Ansichten von Faqir von keiner der Hauptgruppen von Radhasoami akzeptiert worden. Tatsächlich, als ich einige der Hauptführer des verschiedenen Agra, Beas, und Delhier Splittergruppen von Radhasoami interviewte, behauptete jeder von ihnen ohne Ausnahme, dass sich Faqir einfach in seinen Interpretationen irrte oder fehlleitete. [*NOTE: Ich habe die Philosophie von Faqir Chand mit mehreren Gurus von Radhasoami, besonders Darshan Singh, Ajaib Singh, Thakar Singh, und Pir Munga besprochen. Feldinterviews wurden beide in Indien (1978, 1981, 1983, 1986, 1987, 1988) und in den Vereinigten Staaten (1979, 1983, 1986) geführt. *] Thakar Singh, einer der populäreren Nachfolger von Kirpal Singh, behauptet sogar, dass Faqir Chand „verrückt" war und wegen seines Alters nicht Ernst genommen zu werden.

Der Routinisierung der Andersgläubigkeit: Wenn Radikale Ansichten Orthodox werden.

Wenn Dr I.C. Sharma als geistige Nachfolger von Faqir Chand in Hoshiarpur 1981 ernannt wurde, geschah ein neugieriges Läuten : Die Ansichten von Faqir wurden konsolidiert und dogmatisiert. Was einmal als alternativ und neuartig gesehen wurde, in der Interpretation von Doktrinen von Radhasoami , wurde nun sehr früh als einzig richtiger Beweis für die Natur der Erleuchtung akzeptiert. Die flexiblen, relativistischen Ansichten von Faqir Chand über Spiritualität wurden eingefroren, so, mit seinem Tod und die klare gaddi nasheen Übertragung die in Hoshiarpur vorkam. Seitdem es keinen Hauptstreit gab, über wen Faqir Chand als sein Erbe ernannt hatte, und seitdem der ashram von Faqir relativ gut etabliert war bis zu seinen Tod, (entgegengesetzt zu Shiv Brat Lal - der Guru von Faqir - dessen Ashram zerfiel), genoss Sharma was die zwei Vorgänger nicht taten: soziale und gesetzliche Gesetzmäßigkeit. Folglich hing die charismatische Kontrolle von Sharma, in großem Maße, auf dem fortlaufenden Erfolg von Manavta Mandir als ein einflussreicher Radhasoami Zweig ab.

Die Unterschiede zwischen Sharma und seinen Vorgängern sind sehr auffällig. Keiner Shiv Brat Lal oder Faqir Chand hatten Zugang zu einem Wohn-ermächtigten gaddi unter ihrer Rechtsprechung, die ihnen von ihrem Guru hinterlassen wurde. Folglich waren sie sowohl sozial als auch philosophisch beweglich, wohingegen Sharma war andererseits (und ist) eingezwängt durch die wirkliche Natur seiner Ernennung, um die Erhaltung eines großen Ashram und einer geschätzten Tradition und Abstammung zu versichern. Außerdem durch die wirkliche Natur des Ernennungscharismas von Sharma wurde sie schließlich routinisiert in einer institutionalisierten Weise. Das ist kein Wunder deshalb, das die Policen von Sharma absolut mit seinen Vorgängern kontrastieren, seitdem er aufgefordert wurde, mit mehr Aufrechterhaltung und der Bewahrung seiner Abstammung beschäftigt zu sein, als mit dem Legitimieren durch neue doktrinelle Interpretationen.

Die Entfernung von Sharma von seinen Vorgängern wird vielleicht am grafischsten illustriert, in der Weise wie er konkurrierende Nachfolger behandelt. Verschieden von Faqir und Shiv Brat Lal, der nie um Folge kämpfte oder sich mit gesetzlichen Kämpfen beschäftigte, um successorship zu bestimmen, ist Sharma im Erklären seines-Guru-Status - sogar zum Punkt von drohenden Rechtssachen gegen Schriftsteller die behaupten dass Faqir Chand andere Nachfolger außer Sharma ernannte, angegangen. Zum Beispiel, als in der Schicksal-Zeitschrift im Oktober 1984 gedruckt wurde, dass Faqir Chand mehrere Gurus ernannt hatte, um sein Ministerium einschließlich einer als „Mataji" liebevoll bekannten Frau mittleren Alters fortzusetzen, behaupteten Sharma und seine Gruppe, dass die Information verleumderisch und ungenau war. Tatsächlich, der Sekretär von Manavta Mandir, unter direkten Ordnungen von Dr I.C. Sharma, schrieb einen Brief an den Schriftsteller, der behauptet, dass Faqir Chand nur einen Nachfolger ernannt hatte, und dass der Schriftsteller seinen „Fehler" zurücknahm, sonst würde er und die Zeitschrift einer Diffamierungsklage gegenüberstehen . Was sehr intrigant ist über die Wachsamkeit von Sharma in dieser Beziehung außer der Tatsache, die am meisten faszinierend ist, ist, dass er in seiner Verteidigung schließlich falsch war (Faqir Chand hatte mehrere Gurus vor seinem Tod ernannt), ist dass es so verschieden von den Handlungen seiner Vorgänger war. [*NOTE: Faqir Chand hatte tatsächlich mehrere Menschen während seiner Lebenszeit ernannt, um als Gurus, zu handeln, wovon von eine Yogini Mataji, eine Frau mittleren Alters war, die pflegte, in Manavta Mandir zu wohnen . Der Artikel, der die Meinungsverschiedenheit verursachte, wurde „Das Verzauberte Land „ genannt: Mit den Heiligen des Nördlichen Indiens," Schicksal-Zeitschrift (Oktober 1984). *]

Die dramatische Änderung hatte viel damit zu tun, wie wir gesehen haben, wie Sharma Kontrolle von Manavta Mandir nahm. Außerdem musste sich Sharma mit innerer Politik innerhalb der ashram befassen, die Cliquen und Gerangel verursachten. Folglich, um seine ministerielle Basis fest zu gründen, musste Sharma verständlich machen, wer der Hauptnachfolger von Faqir Chand war, nicht nur zu satsangis innerhalb Indiens, aber zum Publikum in Nordamerika und England. Und Sharma machte das, wenn auch es völlig gegen seinen Geist Sei-Mensch lief. Solch eine Unangemessenheit ging jedoch nicht unbemerkt vorbei, und es hatte einen bedeutenden Exodus von satsangis vom von Sharma's gruppe, besonders die satsangis die lange dabei waren, die Positionen der Macht innerhalb des Karitativen Bibliotheksvertrauens von Faqir und anderer verwandter Einrichtungen hielten. Prominente Verwalter und Arbeiter im Ashram reisten ab, als Sharma schließlich von den Vereinigten Staaten zurück nach Indien kam, Anfang 1982 und Direktionskontrolle von Manavta Mandir - ungefähr sechs Monate nach dem Tod von Faqir Chand annahm. [*NOTE: Für weitere Informationen über diese Meinungsverschiedenheit sieh die zurückliegenden veröffentlichungen der Monatszeitschrift Manav Mandir veröffentlicht vom Faqir Karitatives Bibliotheksvertrauen (1982-1987). *]

III. BEAS SATSANG: Paradox/Wahl-/Teilweise Offenes System

Das-Paradox der Übertragung

Vielleicht ist der echte Grund weswegen so viele verschiedene Radhasoami Zweige heute, jeder mit einem Guru, der, dass der Prozess der Folge vom Gründer von Radhasoami nicht formell entworfen wurde. Shiv Dayal Singh gab nur allgemeine Hinweise darüber, mehr über die Natur und die Notwendigkeit einen lebenden Guru zu haben. Ein gutes Beispiel von Shiv Dayal Singh's Ansichten zum Thema der Folge kommt in einem Brief geschrieben in seinem Interesse durch Rai Salig Ram Sudarshan Singh ein: „Wenn der Sat Guru der Zeit fortgeht, ernennt Er jemanden als sein Nachfolger, im dem Er reinkarniert und so die Arbeit der Regeneration von Jivas wie zuvor fortsetzt." [*NOTE: Sar Bachan Prosa (Agra: Soami Bagh, 1958), Bachan 250. *] Das Problem aber darin, ist das Shiv Dayal Singh nicht ausführlich genau behandelt, wie der Satguru seinen Nachfolger ernennt. Es ist dieser wirkliche Prozess, der keine verbindliche Gestalt in den Schriften von Shiv Dayal Singh gegeben wird, der zu einer Hauptkrise in der Folge im Anschluss an den Tod des Gründers von Radhasoami führte. Diese Krise, es sollte hinzugefügt werden, ist in der Geschichte von Radhasoami nie völlig aufgelöst worden, und ist der Hauptfaktor hinter der enormen Proliferation von satsangs und Gurus in der Bewegung. Sogar Shiv Dayal Singh's letzten Gebote scheinen anzuzeigen, dass der Gründer von Radhasoami für seine Frau, Narayan Dei (Radhaji) bestimmte, ihm nachzufolgen, sind nicht als das gleiche von seinen Anhängern interpretiert worden. Bezüglich dieser Folge-Verwirrung behauptet Aaron Talsky, dass es von einer paradoxen Spannung innerhalb von Shiv Dayal Singh's eigenen Lehren entstammt, die eine successorship Krise nach seinem Tod brachte. Schreibt Talsky: In der frühen Geschichte der Bewegung von Radhasoami haben wir vor uns einen komplizierten Irrgarten von zweideutigen historischen Beweisen, zur Unterstützung mehrerer angeblicher Gurus, jedes mit seinem eigenen Verstehen der wahren Interpretation der Lehren von Soamiji . Das beispiellose Wachstum dieses sampradaya, nebeneinander mit einer unglaublichen vorliebe zur Gabelung und dem Schisma, ist teilweise wegen dieses [Wachstum] von vermeintlichen Nachfolgern, von denen jeder eine beträchtlichen Nachfolgenschaft anzog .. .. [*NOTE: Aaron Talsky, Die Tradition von Radhasoami: Charismatischer Routinization und seine Doktrinellen Folgen (Ältere These: Universität Michigans, 1986), Seite 60. *]

Es kann keine Frage sein, dass die Lehren des Sant Mat und Shiv Dayal Singh, insbesondere, sich zu einer breiten Reihe von möglichen persönlichen Interpretationen leihen. Da die Basis von Surat Shabd

Yoga innerliche Praxis und Erreichung nötig macht, ist das mit der Philosophie übereinstimmend, dass es mehrere Eingeweihte geben würde, die Zugang zu höheren Gebieten des Bewusstseins fordern. Die entscheidende Debatte entsteht, wenn jene begabten meditierenden behaupten, echte geistige Meister oder designierte Nachfolger zu sein. Außerhalb der Außenüberprüfung ist das für die Eingeweihten von Radhasoami praktisch unmöglich zu wissen, wer, fällt überhaupt, unter die erscheinenden Nachfolger als authentisch, es sei denn, dass er/sie sind auch Erleuchtet (falls, wenn solches der Fall wären, den Kollaps dieses Typs der Diskussion sein würde).

Jaimal Singh und die Gründung des Beas Satsang

Jaimal Singh (1838-1903) war ein ergebener Anhänger von Shiv Dayal Singh und hatte von seinem Meister in Agra1856 die Einweihung erhalten im Alter von siebzehn Jahren. [*NOTE: Kirpal Singh, Ein Großer Heiliger (Delhi: Ruhani Satsang, 1973); und Daryai Lal Kapur Der Himmel auf der Erde (Beas: R.S. Fundament, 1985). *] Entsprechend Jaimal arbeitete Singh als einer der geistigen Nachfolger von Shiv Dayal Singh, gab satsang und Einweihungen im Punjab . In der „Geschichte des Beas Satsang" Spirituelle Briefe wird die Erlaubnis von Jaimal Singh erklärt: Baba Jaimal Singh Ji Maharaj war einer der ersten Apostel von Swami Ji Maharaj [Shiv Dayal Singh]. Wann auch immer Baba Ji jede Zeit hatte, würde er sie im Satsang von Swami Ji Maharaj und seinem Darshan verbringen. Im Oktober 1877, als Baba Ji auf der Urlaub kam, sagte Swami Ji Maharaj Ihm: „ Das ist unsere letzte Sitzung. Jetzt werde ich zu Param Dham (Ewiges Haus), nach der Vollendung der Pilgerfahrt meines Lebens weggehen. Ich habe dich meinen Geliebten zu meinen eigenen Rup (Selbst oder Form) gemacht. „Bhai Chanda Singh verlangte dann, dass Satsang im Punjab angefangen werden. Swami Ji Maharaj antwortete: „Diese Bitte ist durch Akal Purush akzeptiert worden, und diese Aufgabe ist Baba Jaimal Singh zugeteilt worden." Dann gab Swami Ji Maharaj seinen eigenen Turban Baba Ji als Prashad und befahl Ihm, zu gehen und Nam im Punjab zu predigen. [*NOTE: Spirituelle Briefe (Beas: R.S. Fundament, 1976), Seiten xii-xiii. *]

Weitere Erhärtung der Folge von Jaimal Singh wird im selben Text mit Verweisungen auf die Frau von Shiv Dayal Singh, Radhaji [Narayan Dei], und jüngerer Bruder, Chachaji [Seth Partap Singh] gegeben, von denen beide wie verlautet das Ministerium von Jaimal Singh unterstützten. Bibi Rukko pflegte, in Agra im Dienst von Mata Radha Ji zu wohnen. Eines Tages, einmal nach dem Tod von Swami Ji Maharaji, fragte Mata Ji Bibi Rukko, sie möchte nach Punjab zurückkehren. Bibi Rukko antwortete, dass sie keine Arbeit dort hatte und sie ihren Satsang nicht aufgeben und zum Punjab gehen wollte. Sie schlug weiter vor, dass ein Sadhu dorthin gesandt werden kann, der Swami Ji's Bachans (Wörter oder Lehren) predigen sollte. Mata Ji antwortete dass für Satsang und das Verbreiten von Nam im Punjab Anordnungen von Swami Ji bereits gegeben worden waren. Nächsten Morgen fragte Mata Ji Bibi Rukko, zur Bahnstation zu gehen und den Satguru zu empfangen, der von Swami Ji Maharaj für den Punjab ernannt worden war. „Er ist unser geliebter Sohn, und Swami Ji Maharaj hat sowohl Swarath als auch Parmath (weltlich und geistig) Arbeit von ihm genommen," Mata Ji sagte weiter... Dann Mata Ji erinnerte Baba Ji, dass Swami Ji Maharaj Anordnungen für Ihn hinterlassen hatte, um Nam im Punjab auszubreiten; so jetzt, gemäß Seinen Anordnungen, sollte er Satsang halten und Nam geben. Danach kam Baba Jaimal Singh Ji und ließ sich an den Ufern des Fluss Beas, zwischen den Dörfern von Balsarai und Waraich nieder, und fing Satsang dort an. [*NOTE: Ibd.. Seiten xiii-xiv. *]

Seth Partap Singh's Unterstützung von Jaimal Singh ist ofensichtlich in einer Reihe von Briefen schrieb er, dass er sowohl dem Beas Guru als auch seinem schließlichen Nachfolger, Sawan Singh schrieb. Ein

Exzerpt liest sich zum Beispiel: „Es ist mein großer Wunsch dass nach Baba Ji [Jaimal Singh] und ich selbst, es zwei oder drei Heilige (Nadipurush) geben sollte, die Radha Swami Mat und Nam Bhakti ausbreiten sollten .. .." [*NOTE: Ibd.. Seite 137. *]

Obwohl diese Zeugnisse von der Familie von Shiv Dayal Singh, die für die Folge von Jaimal Singh zeugt, zweifellos durch den Beas Satsang als Außenüberprüfung für ihren besonderen Zweig zur Verfügung gestellt werden, würde es verführend sein, um gerade äußere Beweise für Jaimal Singh zu zitieren, wenn so viel Wert in Radhasoami auf das inneren, geistigen Zu-Stande-Bringen gelegt wird. Was einen Heiligen macht, ist nicht einfach die mit dastarbandi vereinigten Außenrituale (formelle Folge), aber eher die innere Erreichung. Spezifisch, welche Gebiet er erreicht hatte ? Ist er selbstlos? Wie ist die Beziehung mit seinem Guru?

Im Fall von Jaimal Singh weist der Beas Satsang zu seiner lebenslänglichen Hingabe zur Meditation, reines moralisches Leben hin (er war Unverheirateter sein komplettes Leben), und strenge Folgsamkeit zu seinem Meister. Als Kirpal Singh in seiner Lebensbeschreibung von Jaimal Singh illustrierte, „Ein Großer Heiliger": Die leichten Armeeaufgaben ließen Jaimal Singh viel Zeit für die Meditation. Wenn er keine Nachtaufgabe hatte, würde er um 2 Uhr aufstehen, baden, und sich zur Meditation setzen. Während des Tages, sobald die Parade und anderen normalen Aufgaben zu Ende waren würde er sich auf ähnliche Weise verpflichten oder zum Haus von Swami Ji eilen. Er war bekannt, keinen einzelnen Moment mit seinen Mitsoldaten die populären Zeitvertreib machten zu vergeuden. Er besuchte Punni Gali mit der großen Regelmäßigkeit, und handelte häufig dort als der pathi von Swami Ji oder Rezitierer ... [*NOTE: Kirpal Singh, Ein Großer Heiliger, op. cit. Seite 43. *]

So können wir sehen dass es sowohl innere als auch äußerliche Geschichten über die Echtheit von Jaimal Singh als sein geistiger Nachfolger von Shiv Dayal Singh gibt. Das soll nicht sagen, dass solches Zeugnis als legitime Beweise von anderen Radhasoami Splittergruppen, akzeptiert wird, nur dass Anhänger von Jaimal Singh (direkt oder sekundär) wirklich eine Vielfalt von Zusammenstellungen abrufen, um die Nachfolge ihres Gurus zu stützen. Unten sind die vier Hauptformen der zur Verfügung gestellten Überprüfung: 1. Wörtliche Bestätigung durch den fortgehenden Meister, Shiv Dayal Singh, zu Jaimal Singh. 2. Wörtliche Bestätigung durch den fortgehenden Meister, Shiv Dayal Singh, zu anderem satsangis, einschließlich seiner Frau, Narayan Dei, und seinen Bruders, Seths Partap Singh. 3. Persönliche Gegenstände von Shiv Dayal Singh hinterlassen für Jaimal Singh, wie ein Turban und ein aasan (Gebet-Matte). 4. Geordnete Berichte durch satsangis und andere Interessenten über die Verdienste von Jaimal Singh, einschließlich berichte von inneren Erfahrungen und speziellen sozialen Wechselwirkungen.

Das obengenannte ist nicht eine erschöpfende Liste, aber es stellt wirklich einen allgemeinen Umriss zu den Arten von im Auftrag Jaimal Singhs zur Verfügung gestellten Beweisen zur Verfügung. Wie wir sehen werden, wie diese Information verwendet und von verschiedenen Splittergruppen interpretiert wird, hängt vom spezifischen Zeitabschnitt und Umstand ab.

Zum Beispiel, in den zwei Jahrzehnten im Anschluss des Todes von Soamiji, zog Jaimal Singh nicht die Mehrheit der Apostel seines Gurus zu seiner Seite. Eher beschränkte er seine Tätigkeiten auf den Punjab, und sogar dort zog er größtenteils eine neue Folgschaft, genau wie Shiv Dayal Singh selbst in Agra getan hatte. Folglich war Jaimal Singh nicht konkurrierend mit anderen Guru-Anwärtern in Agra ,eingeschlossen (Rai Salig Ram, Sanmukh Das, Partap Singh, u. a.), weil sein komplettes Ministerium in einem Gebiet aufgebaut wurde, wo niemand sogar von Shiv Dayal Singh oder Radhasoami gehört hatte. Es gibt keine Erwähnung von Jaimal Singh in einigen der schriftlichen Aufzeichnungen oder

Bücher von damals.

Das Ministerium von Jaimal Singh scheint, sich mit wenig, wenn überhaupt, Opposition, seit mehr als zwanzig Jahren nach Shiv Dayal Singh's Tod getroffen zu haben. Das war wegen mehrerer Faktoren, von denen die Kleinheit seines Sangat, Entferntheit seines ashram, und der beschränkte Spielraum seiner Satsang Tätigkeiten der Hauptgrund waren. Erst als die Gründung des Hauptverwaltungsrates 1902 in Agra, unter der harten Hand von Brahm Shankar Misra, kam die Guruschaft von Jaimal Singh unter harte Kritik. Der Rat, ein unauflöslicher Körper, dessen Zweck, alle verschiedenen Splittergruppen in einen vereinigten Ganzen zu vereinigen, protestierte gegen Jaimal Singh wegen der geringen Zusammenarbeit mit ihren Policen. Obwohl Jaimal Singh nahe Verbindungen mit dem Agra satsangs hatte (Partap, liebte Singh besonders deswegen weil er ein Radhaji war), stimmte er nicht mit der Bildung des Hauptverwaltungsrates überein. In einem Schriftsatz seinem nächsten Apostel und Nachfolger, Sawan Singh, erklärt Jaimal Singh seine Gründe gegen die Organisation: Chacha-Ji (der Bruder von Dayal Singh) wünscht, dass wir alle mit dem Agra Komitee zusammenarbeiten sollten. Obwohl ich meine formelle Zustimmung gegeben habe, ist das für mich nicht möglich, mit dem Komitee übereinzustimmen weil der „updesh" (Einweihung) von ... (Name gelöscht; es ist Brahm Shankar Misra) nicht in Übereinstimmung mit dem „ updesh" von Swami Ji ist... Wegen dessen kann ich nicht mit dem Komitee übereinstimmen... Wenn sie bereit sind, meine drei Bedingungen zu befriedigen, werde ich mit ihnen völlig zusammenarbeiten. Die drei Bedingungen sind: 1) Der „updesh", nämlich das System und Methode der Einweihung und Bhajan, sollten dasselbe sein wie geübt und unterrichtet von Swami Ji Maharaj und nicht sein wie (Name gelöscht; es ist Brahm Shankar Misra). 2) Wir sollten die Auswahl haben, drei Mitglieder vom Beas Satsang zu berufen, aber sie und ich sollten nicht Mitglieder werden. Wir werden unsere eigenen Mitglieder auswählen. 3) Spenden werden von unseren Satsangis nicht verlangt, weil sie alle Armen sind und wir nichts von ihnen nehmen möchten. Hier geben wir „updesh" (Einweihung) nur für Bhajan und Simran. [*NOTE: Ibd.. Seite 104. *]

Jaimal Singh's Abbruch mit dem C.A.C. über Grundsätze demonstriert seine adamancy im nicht Annehmen der Interpretation von Agra der Nachfolge über Rai Salig Ram und Brahm Shankar Misra. Weil er nicht die Namen seiner Satsangis dem Rat gab, wurde seine „offizielle" Erlaubnis nicht geben , neue Sucher zu Initiieren - was vom Rat gewährt wurde der die Aktivitäten der verwandten Radhasoami Gurus kontrollierte. Die Bruch zwischen dem Rat und dem Beas Satsang ist nie ausgebessert worden.

Die Position von Jaimal Singh in Bezug auf die Agra satsangs bringt ein wichtiges Thema in der Politik des Gurus successorship auf: Wie weiß man, ob ein Guru/Nachfolger authentisch ist? Sollten die Beweise äußere Zeichen, innere Erfahrungen, oder eine Kombination von beiden sein? Wir wissen, dass im Fall von Jaimal Singh er die äußeren Beweise nicht hatte, dass Rai Salig Ram, Radhaji, und Partap Singh sie hatten, von denen alle in Agra wohnten. Jaimal Singh hatte sogar keine schriftlicher Bestätigung seiner Rolle , so wie er war, wurde er nicht einmal in den letzten Äußerungen von Shiv Dayal Singh erwähnt. Und doch störte keiner dieser Faktoren die Arbeit von Jaimal Singh bedeutsam, seitdem er um den gaddi in Agra nicht kämpfte; noch, behauptete er, dass er Shiv Dayal Singh's alleiniger Nachfolger war. Verschieden von anderen Minderheitsguru-Anwärtern hatte Jaimal Singh mehrere Dinge, die zu seinem Vorteil arbeiteten: Gute Beziehungen mit der „Heiligen Familie" (Jaimal Singh wies fast immer auf Radhaji und Partap Singh); die allgemeine Anerkennung vom Agra sangat, dass er ernannt wurde, satsang und Einweihung im Punjab durch seinen Guru zu führen; und, schließlich, ein wachsender Ruf als ein ausdauernder meditierer.

Obwohl er nicht die überwältigenden äußeren Beweisen hatte, um ihn Shiv Dayal Singh's

Hauptnachfolger zu machen (Rai Salig Ram nahm schließlich die Rolle), Jaimal Singh brauchte nicht seine Rolle in Agra zu Legitimieren, weil seine Funktion nicht mit den konkurrierenden Ansprüche anderer Apostel von Shiv Dayal Singh kollidierte. [*NOTE: Eine gute Illustration davon ist, dass Jaimal Singh ein kleines Zimmer in Soami Bagh bauen ließ, wo er regelmäßig Jahre nach dem Tod seines Gurus blieb. Sawan-Singh, der half die Konstruktion zu bezahlen , blieb auch in dem selben Raum Jahre später, als er Agra besuchte. Es sollte bemerkt werden, dass das eine ziemlich ungewöhnliche Praxis ist, weil es da einen Hauptstreit über die Folge gegeben hatte. Zum Beispiel besuchte Kirpal Singh nie Dera Baba Jaimal Singh, den Ashram von Sawan Singh nach dem Tod seines Gurus 1948. Die Guru-Bereitwilligkeit, in Soami Bagh zu bleiben, unterstützt meinen Streit, dass Jaimal Singh um den gaddi ein Agra nicht kämpfte. *] in der Politik des Gurus successorship ist es wichtig zu bemerken, dass „ideologischer Kampf" nicht anfängt oder sich entwickelt es sei denn, dass es einen a priori Streit über etwas gibt, Eigentum, Status, Anhänger, oder doktrinelle Interpretation . Jaimal Singh kämpfte anscheinend um nichts, außer vielleicht der Theologie und den geistigen Techniken, bis er dazu durch den Hauptverwaltungsrat 1902 ungefähr fünfundzwanzig Jahre nach dem Tod seines Gurus veranlasst wurde.

Der Soziale Zusammenhang der Theologie von Jaimal Singh

Jaimal-Singh war nur ein Teenager, als er seinen Meister, Shiv Dayal Singh in Agra 1856 traf. Er reiste überall im Punjab und Uttar Pradesh seit fünf Jahren auf der Suche eines Gurus versiert im Pfad von Surat Shabd Yoga. So, es war großen Heiterkeit, als Jaimal schließlich über Shiv Dayal Singh und seine Lehren von einem alten Weisen in Rishikesh hörte. Jedoch störten jaimal sofort zwei Dinge über seinen Möchtegernmaster: Er war kein Sikh, und er rauchte einen Huqqa (eine Tabakwasserpfeife). [*NOTE: Jaimal-Singh kann auch von seinem Guru verärgert worden sein, der Pan (Betel-Blatt) nam, das ein mildes Stimulanz ist. *], Obwohl sich Shiv Dayal Singh als ein geistiger Meister qualifizierte, war die soziale Erziehung von Jaimal solche, dass das für ihn ziemlich schwierig war, einen Guru zu akzeptieren, der gegen seinen religiösen Hintergrund ging. Tatsächlich war das nur, nachdem Shiv Dayal Singh mystischen Kenntnisse demonstrierte, dass Jaimal Singh die Diskrepanz auflöste und ihn völlig als sein Lehrer akzeptierte. [*NOTE: Es gibt mehrere Informationen über die anfänglichen Zweifel von Jaimal Singh bezüglich Shiv Dayal Singh, besonders wegen des Problems kein Sikh zu sein. Sieh Geistige Briefe und Einen Großen Heiligen: Baba Jaimal Singh - Sein Leben & Lehren insbesondere, wie Daryai Lal Kapur in Himmel auf der Erde (Beas: Radha Soami Satsang, 1986) schreibt: „ Er wusste, dass er Einweihung von diesem großen Mystiker wollte, aber sich Zögern fand, weil Soami Ji nicht ein Sikh war. Er konnte nicht auflösen, ob das für ihn richtig war einen Nicht-Sikh als sein Meister trotz seiner Überzeugung zu akzeptieren, dass Soami Ji derjenige war, der ihm den Schlüssel wahren geistigen Kenntnissen geben konnte. Vier Tagen blieb er im diesem Dilemma. Eines Tages, während Baba Ji in diesen Gedanken verloren war, kam Soami Ji zu ihm und fragte freundlich, ob er nun die Frage von Sikh und Nicht-Sikh entschieden hatte. Da Baba Ji mit keinem über seinen Konflikt gesprochen hatte, bewegten ihn die lieben Wörter von Soami Ji tief, und Tränen füllten seine Augen... Den nächsten Tag erhielt Baba Jaimal Singh Einweihung, und zwei Tagen, und Nächte blieb er vertieft in Meditation in einem kleinen Zimmer im Haus von Soami Ji. „(Seiten 13-14.) *]

Diese anfängliche Unschlüssigkeit von Jaimal sollte nicht übersehen werden, weil es uns mit einem Hinweis versorgt, wie, und warum die theologische Meinung von Jaimal Singh und Rai Salig Ram im Wesentlichen verschieden war, wenn auch beide Eingeweihte desselben Meisters waren. Für Jaimal Singh, direkt vom Anfang, waren die Lehren von Shiv Dayal Singh mit der zu Grunde liegenden geistigen Nachricht der Gurus Granth Sahib, dem heiligen Buch des Sikhs und die ihn führenden Texte der frühen geistigen Suche verbunden. Durch sein eigenes Zeugnis suchte Jaimal nicht einem neuen Pfad, sondern einem alten und anscheinend vergessenen . So waren Shiv Dayal Singh's Lehren mehr von einer Bestätigung als eine Enthüllung für den jungen Jaimal.

Obwohl Jaimal Singh's Sikh Erbe zweifellos eine Hauptrolle im Formen seiner Interpretationen der Lehren von Shiv Dayal Singh spielte, sollte es nicht überschätzt werden, seitdem mehrere abhängige Faktoren eintraten. Von diesen abhängigen sozialen Faktoren scheinen die folgenden drei, zentral zu sein: 1) Shiv dayal Singh's Theologie als eine unabhängige Variable; 2) Sikh-Sant-Mat Verbindung; 3) Geografische-Position.   ## Radhasoami als Sant Mat

Die Theologie von Jaimal Singh, wie Rai Salig Ram, scheint, viel von seiner Basis in den Lehren und Schriften von Shiv Dayal Singh zu haben. Verschieden von Rai Salig Ram, fand Jaimal Singh die Lehren seines Gurus nicht, das sie eine neue und exklusive Religion proklamierten. Eher sah Jaimal Singh eine dauernde und konsequente Verbindung zwischen den alten Heiligen , wie Kabir, Nanak, und Dadu, und sein gegenwärtiger Guru in Agra. Shiv Dayal Singh sah auch dieselbe Verbindung, wie gezeigt, in Sar Bachan Radhasoami Bartik, wo er schreibt: Diese schale Lage der Dinge der Gegenwarten beobachtend, wurden Sants zum Mitleid bewegt. Obwohl es sehr wenige echte Sucher und spirituell veranlagte sind , doch aus der bloßen Gnade und Vergebung, gaben sie die Geheimnisse der höchsten Gebiete, durch Gespräche und Schriften aus .... Die Namen von einigen der vollkommenen und wahren Sants, Sadhus, und Faqirs, die sich während der letzten siebenhundert Jahre manifestierten, sind Kabir Saheb, Tulsi Saheb, Jagijiwan Saheb, Garib Das, Paltu Saheb, Guru Nanak... Ein verfolgen ihrer Schriften würde eine Idee von ihren geistigen Kenntnissen geben. [*NOTE: Sar Bachan Radhasoami Prose, übersetzt durch S.D. Maheshwari (Soami Bagh: Radhasoami Satsang, 1958), Seiten 42-43. *]

Folglich, für Jaimal vertrat sein Guru eine lebende Manifestation der Religion seiner Vorfahren. In Bezug auf Sikhism , Shiv Dayal Singh war als ob Guru Nanak lebendig wurde, obgleich innerhalb eines verschiedenen kulturellen Milieu . Im Gegensatz, Rai Salig Ram nahm Shiv Dayal Singh nicht als wiederkehrende Manifestation von etwas Traditionellem wahr, sondern als etwas radikal Neuem - historisch und spirituell. Obwohl Jaimal Singh zweifellos seinen Guru hoch achtete (als eins mit dem Höchsten Wesen) unterschied er nicht seines Lehrers Mission von den Sants der Vergangenheit. Und es ist genau hier, dass der Hauptunterschied zwischen Salig-Ram und Jaimal Singh erscheint.

Die Beziehung von Jaimal mit der Heiligen Familie

Die Ansichten von Jaimal Singh wurden auch zu einem gewissen Grad durch die nahen Beziehungen mit der Familie von Shiv Dayal Singh beeinflusst, die Jaimal Singh und sein Ministerium unterstützte. Ohne ihre Aufmunterung, besonders Seth Partap Singh, wäre das für Jaimal Singh außerordentlich schwierig gewesen, mit dem Hauptverwaltungsrat über einen doktrinellen Streit, Schluss zu machen. Jedoch seit Partap Singh anscheinend für Jaimal Singh auf theologischen Sachen Unterstützung gab, wenn nicht organisatorische Partei, erlaubte es Jaimal und seinem sangat Gelegenheit, ihren satsang außerhalb der gesetzgebenden Rechtsprechung des C.A.C zu führen. Eine kühne Bewegung, zweifellos, für den jungen satsang, aber eine, die sich schließlich als zu ihrem Vorteil, politisch, herausstellen würde.

Jaimals Verbindung mit der Familie von Shiv Dayal Singh erwies sich auch, ein Schlüsselfaktor für später zu sein, als Legitimation, seitdem der Beas satsang offensichtlich auf die Unterstützung von Seth Partap als Gültigkeitserklärung ihrer Entwicklung hinweisen konnte. Sawan-Singh ging zum Beispiel zu Seth Partap Singh nach dem Tod von Jaimal, um Tröstung zu erhalten, nur gesagt zu bekommen, dass er als ein Guru arbeiten musste. Sawan Singh erinnert sich: Als ich vor Chacha Ji Maharaj erschien (Seth

Pratap [Partap] Singh Ji Maharaj), fragte er, wer in Beas im Platz des Bhai Sahibs (Baba Ji Maharaj) arbeitete, und wer beauftragt worden war, nach Ihm zu beginnen. Meine Begleiter antworteten, „ Baba Ji Maharaj hatte Ihn ernannt, aber Er gibt keine Einweihung." „Warum?" Chacha Ji Maharaj fragte. Daran sagte ich , dass ich nicht genügend Macht besaß, und Chacha Ji Maharaj sagte, „Sende du lieber einen Sadhu von hier, der Leute Einweihen sollte." Chacha Ji Maharaj antwortete, „ Du wirst Nam (Einweihung) geben müssen. Ich halte mich für verantwortlich. Swami Ji Maharaj wird verantwortlich sein." [*NOTE: Rai-Sahib Munshi, Rammt Mit den Drei Meistern, Volumen 2 (Beas: Radhasoami Satsang Beas, 1974), Seite 226. *]

Die Theologie von Jaimal Singh wurde also auch zu einem gewissen Grad durch seine geografischen Umgebungen beeinflusst. Seitdem Jaimal den größten Teil seiner Mission im Punjab in den Mittelpunkt stellte,weit weg vom politischen und doktrinellen Gerangel in Agra , war er im Stande, seine Ansichten ohne Einmischung von konkurrierenden Nachfolgern zu entwickeln. Er erhielt auch keine größere Geld Unterstützungen von Agra (obwohl Seth Partap Singh und seine Söhne pflegten, kleine Beträge des Geldes von Zeit zu Zeit zu senden), weil die meisten seiner Eingeweihten von abgelegenen Dörfern wie Ghuman und Gurdaspur waren. Diese relative Einsamkeit trug zweifellos außerordentlich zum Ministerium von Jaimal Singh bei, weil er größtenteils mit neuen Eingeweihten beschäftigt war, und nicht alten satsangis. Wie Aaron Talsky bemerkt: Jaimal Singh wurde andererseits gesandt, um im Punjab zu predigen. In einem Zeitalter vor der Massenkommunikation und Transportation können wir annehmen, dass diese von der Tradition abgeleitete oder Institutionsautorität - d. h. Anerkennung durch den Agra satsangis - von unwesentlicher Wichtigkeit seinen potenziellen Anhängern im Punjab war. Genau wegen der Abwesenheit dieses potenziellen Fundaments, jedoch, musste sich Baba Ji und seine Anhänger nicht mit der Sanktion (oder Abwesenheit von solchem) jener derselben satsangis beschäftigen. Aus dem gleichen Grunde war das für Jaimal notwendig, Anhänger durch sein eigenes Charisma - in seinem Sinn, anzuziehen, wir können behaupten, dass Jaimal Singh, für den Beas upa-paramparas, eine Art zweites Exemplar war. Die Bestätigung seiner Apostel war vorraussichtlich in erster Linie auf ihre Wahrnehmung ihres Gurus als ein Satguru, aber nicht ein Nachfolger. [*NOTE: Aaron Talsky, Die Radhasoami Tradition (Universität Michigans: Ältere These, 1986), Seite 112. *]

Die Gespannte Beziehung Zwischen Agra und Beas

Fast vom Anfang seines Ministeriums, aber meisten drastisch nach der Bildung des Hauptverwaltungsrates 1902, hatte Jaimal Singh eine gespannte Beziehung mit Agra. Diese versuchsweise Kameradschaft mit Agra ist die Basis gewesen, würde ich vorschlagen, für viel anscheinend paradoxe Theologie von Beas. Weil es historisch ziemlich offensichtlich ist, dass Jaimal Singh als der Hauptnachfolger von Shiv Dayal Singh nicht betrachtet wurde. Sein Anhängerschaft war nirgends in der Nähe von Rai Salig Ram, noch erbte er etwas des Eigentums seine Gurus. Obwohl Jaimal Singh nicht einfach ein Absplitterungskandidat war- genoss er wirklich die Unterstützung von Shiv Dayal Singh's Familie - es muss anerkannt werden, dass sein Ministerium von anderen Flüggenachfolgern in Agra bedeutsam verschieden ist. Von seinem Anfang hatte der Beas satsang nur geringe Verbindungen mit Agra gehabt, die später durch die Bildung des C.A.C beschädigt würden.

Es ist kein Wunder deshalb, dass Beas die unbiegsame Orthodoxie des C.A.C nicht unterschreibt. Wenn es würde, würde es seine eigene Gesetzmäßigkeit untergraben. Aber lassen Sie uns nicht zu weit gehen. Weil trotz der Trennung von Beas mit dem C.A.C, es nicht versuchte, seine Agra Ursprünge zu verleugnen. Der Grund dafür ist ziemlich offensichtlich: Jaimal Singh und Sawan Singh, trotz ihres Abbruchs von der orthodoxen Elite von Agra, blieben auf guten Fuß mit der unmittelbaren Familie von Shiv Dayal Singh - so viel, dass sie sogar eine Wohnung innerhalb von Soami Bagh für ihren persönlichen Gebrauch bauten. In seiner These, Die Radhasoami Tradition, behandelt Aaron Talsky das ausführlich, warum Beas herzliche Beziehungen mit dem Agra satsangs behielt: Die Beziehungen, die Jaimal Singh mit den anderen Gurus hatte, die nach dem Tod von Shiv Dayal erschienen, ist bereits bemerkt worden, sind streitsüchtige Probleme. Mehr als das, jedoch, die Beas Gruppe selbst ist sehr vagen Glauben verbunden, als durch die widerstreitende eigenen Literatur - Auskunft gezeigt wird. Im Vergleich mit Soami Bagh, dann, gibt es viel mehr einleitende erkenntnistheoretische Schwierigkeit, wenn man versucht es einfach zu verstehen, wie diese Gruppe annimmt, dass Baba Ji jene Zeitgenossen wahrnahm, die auch für Nachfolger des gaddi gehalten wurden; die einzige offenbare Einigkeit, die wir leicht skizzieren können, ist der Streit, dass Jaimal Singh sehr herzliche Beziehungen mit ihnen Allen behielt.... So können andere angebliche Gurus auch als wahre und vollkommene Nachfolger betrachtet werden: es gibt keinen Grund, die Gültigkeit einer anderen Abstammung als die Existenz anderen paramparas zu bestreiten, weder begründet noch schließt sie die Echtheit von jemandes eigenem aus, es sei denn, dass, natürlich, diese anderen Abstammungen durch den Akt oder die Doktrin Ihre Gültigkeit bestreiten, im welchem-Fall man dann die Ungenauigkeit der konkurrierenden Ansprüche demonstrieren muss. [*NOTE: Die Radhasoami Tradition, op. cit. Seiten 100-101. *]

Das Auswählen der Wahrheit: Die Ursprünge der Theologie von Beas

Die „auswählende" oder „Wahl"-Natur der Theologie von Beas ist direkt verbunden mit dem Gründer und dessen diskriminierenden Interpretation von Shiv Dayal Singh's Lehren. Zum Beispiel, als Jaimal Singh Sar Bachan in Beas neu veröffentlichte, editierte er Teile des Volumens, die nicht in Übereinstimmung mit seinem Verstehen von Shiv Dayal Singh's Instruktionen waren. Obwohl Beas schwere Kritik seitdem erhalten hatte, wegen veränderung von Bachan 250 und Verweisungen auf das Rauchen der Huqqa , demonstriert solches Redigieren klar die kennzeichnende Interpretation von Jaimal Singh von Radhasoami. Es erklärt auch teilweise, warum spätere Gurus in Beas nicht geschichtlich gebunden waren zu einer literalistic Interpretation der Lehren von Shiv Dayal Singh. Wie Radha Krishna Khanna erklärt: Baba Jaimal Singhji war überzeugt von den Fehlern und deswegen [sic] ersetzte er Bachan 250 durch denjenigen der ganz gemäß der vielen Behauptungen von Soamiji zu dem Thema ist. Der Fehler könnte dem Auge von anderen entkommen sein, aber es entkam dem Auge eines versierten in der geistigen Nachricht von Soamiji nicht, und wissend, dass es dem Gewalt antun würde, nicht nur wie unterrichtet, durch Soamiji, sondern auch wie unterrichtet , durch alle andere vorherigen Sants . Er ließ es deshalb verändern, indem er das Volumen in Beas veröffentlichte, und informierte Chacha Pratap Singh, der keinen Einwand erhob... Ist es ein bloßer Unfall, das er beschlossen haben sollte, nur dass eine Bachan zu ändern welches in allen sammelnden Gläsern mit der Harmonie der anderen Bachans ? Wenn jemals irgendwelcher Beweis seiner vollen Beherrschung der von Soamiji unterrichteten Wissenschaft erforderlich wäre, würde das Beispiel dieser Änderung genug sein, weil es durch einen einzelnen Schlag vom unvereinbaren [sic] Widersprüche und Verwirrung rettet, die durch eine Missdeutung eines satsangi der Worte von Soamiji und Bedeutung eingeführt worden sei. [*NOTE: Radha Krishna Khanna, Ewige Wahrheit (das Neue Delhi: Privat veröffentlicht, 1961), Seiten 74-75. *]

Außerdem seit Jaimal Singh nicht seines Gurus gaddi erbte, wurde er nicht durch die Traditionen in Agra gebunden. Weil seine Anhänger größtenteils Sikh waren und keine formelle Verbindung mit den Gruppen von Radhasoami in Peepal Mandi oder Soami Bagh hatten, ermöglichte es Jaimal Singh, jene Aspekte von Shiv Dayal Singh's Lehren zu betonen, die mit der Sant Mat und Sikhism übereinstimmten, und den Sektierer oder die incarnational Aspekte herunterspielen, die sicher waren, Meinungsverschiedenheit und Missverständnis zu verursachen. Die traditionelle und geografische Freiheit von Jaimal Singh war zweifellos instrumental im Erlauben von Verweisungen in Sar Bachan Radhasoami Chhand-Band zu löschen, der seinen größtenteils Sikh sangat, besonders ärgern würde, die klar zeigten, dass Shiv Dayal Singh Tabak - ein ernstes moralisches Vergehen zu orthodoxem Sikhs rauchte. Wenn Jaimal Singh seine Mission in Agra in den Mittelpunkt gestellt hätte, wo die Mehrheit der Bevölkerung aus Hindus besteht (von denen viele genießen, zu rauchen und an pan teilzunehmen) hätte es kein Bedürfnis von ihm gegeben, um Shiv Dayal Singh's Gebrauch der Huqqa zu editieren.

Deshalb, fast vom Anfang des Ministeriums von Jaimal Singh, können wir eine diplomatische Tendenz sehen, die mit dem nicht Beleidigen religiöser Feingefühle - sowohl einschließlich des orthodoxen Radhasoamis als auch einschließlich des orthodoxen Sikhs geht. Dieses diplomatische Feingefühl ist fortgesetzt in Beas. Alle drei Gurus nach Jaimal Singh - Sawan Singh, Jagat Singh, Charan Singh – sind auf ziemlich guten Verbindungen mit Soami Bagh und Dayal Bagh geblieben, und hatten auch herzliche Beziehungen mit ihren Sikh-Nachbarn aufrechterhalten. [*NOTE: Dennoch sollte es erwähnt werden, dass der Beas satsang seinen Anteil von Schwierigkeiten mit orthodoxem Sikhs gehabt hatte, die von Zeit zu Zeit Radhasoami als eine Beleidigung zum religiösen Erbe des Gurus Nanak kritisiert haben. Mark Juergensmeyer, Dekan von Internationalen Studien an der Universität von Hawaii, hatte einen ausgezeichneten Artikel über die Radhasoami-Sikh Beziehung geschrieben, die im Detail über die Geschichte der Verbindung von Beas mit Sikhism eintritt. Sieh die Geschichte von Joseph O'Connell Sikh und Religion im Zwanzigsten Jahrhundert (Universität Torontos: Zentrum für südasiatische Studien, 1988). *] Zum Beispiel, Sawan Singh unterzeichnete sogar einen Pakt mit Anand Sarup, Führer des Dayal Bagh satsang Anfang der 1930er Jahre, die dem Wunsch nach der Einheit und Freundschaft zwischen den zwei Gruppen ausdrückten wenn auch sie auseinander gehende Meinungen über die Natur der Lehren von Shiv Dayal Singh haben. Der verstorbene Führer in Beas, Charan Singh, hatte auch freundliche Kontakte mit Dayal Bagh behalten, dem gegenwärtigen Führer, Dr Lal Sahab in Agra 1978 besucht.

Jedoch, um die Theologie von Beas völlig zu verstehen, und wie es der Reihe nach Kirpal Singh beeinflusste, ist es notwendig, im Detail die Folge-Geschichte nach dem Tod von Jaimal Singh zu erforschen. Weil, indem wir unser Analysieren innerhalb des schmalen Bereichs des Beas parampara einrahmen, werden wir besser im Stande sein , jene sozialen Verhältnisse zu identifizieren, die halfen, die Ursprünge des größten Sprosses von Dera und Mitbewerbers, Ruhani Satsang zu gestalten.

KAPITEL DREI:

DIE ÜBERTRAGUNG DER GEISTIGEN AUTORITÄT

Gaddi Nasheen Folge in der Beas Abstammung

I. JAIMAL SINGH ZU SAWAN SINGH [1903]

Die Nachfolge von Jaimal Singh, anders als die von Shiv Dayal Singh, war relativ klar. Mehrere Monate vor seinem Tod informierte Jaimal Singh seine Anhänger, dass Sawan Singh seinen Platz nehmen würde, satsangs haltend und Einweihungen führend. Zusätzlich war das im sangat allgemein weithin bekannt, dass Jaimal Singh und Sawan Singh sehr nah waren. Dort besteht eine ziemlich große Zahl von Briefen geschrieben auf Pandschabi und Urdu durch Jaimal Singh Sawan Singh, die die Zuneigung des Gurus zu seinem Apostel als sein geistiger Erbe dokumentieren. Außerdem gibt es Briefe von Seth Partap Singh, die bestätigen, dass Jaimal Singh Sawan Singh beabsichtigt hatte, um ihm in Beas nachzufolgen. [*NOTE: Sieh Geistige Briefe, op. cit. *]

Seitdem es enorme Übereinstimmung unter den Anhängern von Jaimal Singh gab, dass Sawan Singh der legitime Nachfolger war, die zusammenfassungen über die Ubertragung sind kurz gefasst und zum Punkt. Das ist in erster Linie, weil successorship Geschichten mehr entwickelt werden, wenn es etwa bedeutende eingeschlossene Meinungsverschiedenheit gibt. Unten sind Hauptformen der Überprüfung die für die Nachfolge von Sawan Singh von Jaimal Singh in Beas sorgten: 1. Umfassende wörtliche Bestätigung durch den fortgehenden Meister Jaimal Singh, zu Sawan Singh. 2. Umfassende wörtliche Bestätigung durch den fortgehenden Meister Jaimal Singh, zu seinen Anhängern. 3. Schriftliche Indikativaufzeichnungen, einschließlich Briefe durch Jaimal Singh zu Sawan Singh und Seth Partap Singh. 4. Übertragung von satsang Eigentum und sortierten materiellen Besitzungen (einschließlich der persönlichen Kleidung und des Turbane von Shiv Dayal Singh) zu Sawan Singh. 5. Geordnete Berichte durch satsangis und andere Interessenten über die geistigen Fähigkeiten von Sawan Singh, einschließlich berichte von inneren Erfahrungen und speziellen sozialen Wechselwirkungen.

Sawan Singh und die Gründung von Dera Baba Jaimal Singh

Wie nachgesehen werden kann in einem Rückblick der andeutenden historischen Beweise , war die Übertragung des guruship von Jaimal Singh zu Sawan Singh vielleicht die klarste in der Geschichte von Radhasoami . [*NOTE: Es gibt mehrere andere Folge-Episoden, die auch relativ störungsfrei waren, einschließlich: 1) Shiv Bart Lal zu Faqir Chand; 2) Faqir Chand zu C. Sharma; 3) Bagga Singh zu Deva Singh; 4) Jagat Singh zu Charan Singh; 5) Sadhu Singh zu Teja Singh; 6) Darshan Singh zu Rajinder Singh. *] Denn Sawan Singh erbte nicht nur Jaimal Singh's gaddi in Beas, und die zahlreichen Kunsterzeugnisse die zusammen damit gingen, aber er hatte auch die schnelle einmütige Unterstützung des sangat. Außerdem wurde Sawan Singh von Jaimal Singh mehrere Monate vor dem Weggang des Gurus ernannt. Sawan-Singh genoss auch die Unterstützung von Seth Partap Singh von Agra, der darauf bestand, dass Sawan Singh die Rolle von gaddi nasheen in Beas annimmt und neue Sucher in den Pfad der Sant Mat, und Garib (Gharib) Das Sarai Rohilla beginnt. Der Tarn Taran und Firozpur Satsangs

Wegen der Glätte des Übergangs nach dem Tod von Jaimal Singh war Sawan Singh von den politischen Implikationen frei, die sich aus einer heiß bekämpften Nachfolge ergeben. Der einzige Hauptrivale von Sawan Singh geistigen Ministeriums von Jaimal Singh war Bagga Singh von Tarn Taran, und sie waren beide sehr gute Freunde, häufig satsangs zusammen führend. Die Beziehung zwischen Sawan Singh und Bagga Singh war ziemlich einzigartig, da die meisten konkurrierenden Nachfolger in der Regel vertraute Freundschaften nicht entwickeln.

Es gibt eine Debatte über die Natur der Kommission von Bagga Singh. Tarn Taran satsangis behauptet, dass er mehrere Jahre vor dem Tod von Jaimal Singh ernannt wurde, als ein Guru zu arbeiten, wohingegen Darshan Singh und anderer Beas satsangis behaupten, dass Bagga Singh nicht bevollmächtigt wurde, so zu tun. Anmerkungen Darshan Singh, das verstorbene Haupt von Sawan-Kirpal Mission, über die Meinungsverschiedenheit: Da war ein Apostel von Baba Jaimal Singh vom Taran Tarn [sic] genannt

Baba Bagga Singh. Er begann, ohne Genehmigung zu Initiieren. Nach einer Zeit begriff er seinen Fehler und lud Baba Sawan Singh zu seinem Platz ein. Als er Sawan traf, verbeugte er sich vor den Füßen von Sawan und bereute. In seiner Gnade sagte der Master ihm, mit seiner Arbeit fortzufahren, und Sawan übernahm seine Bürde.. .. [*NOTE: Zwei Dummköpfe Treffen einen Gurbhai von Arran Stephens und Richard Handel (privat veröffentlicht und in Umlauf gesetzt), Seite 15. *]

 Nahe Eingeweihte von Bagga Singh erzählen jedoch eine andere Geschichte bezüglich der Folge und leiten ab, dass es Sawan Singh war, der eine Juniorposition zu ihrem Guru hielt. [*NOTE: Persönliches-interviewen mit der Chawla Familie, Neu Delhi, Indien (März 1987) und Orange County , Kalifornien (Februar 1987). Das älteste Mitglied der Chawla Familie - der mütterliche Großvater - lebt im Neu Delhi und Firozpur. Er wurde persönlich Initiiert, als auch seine Tochter, durch den Gründer der Tarn Taran Linie, Bagga Singh. *] in jedem Drehbuch, jedoch, eine Sache ist klar: Bagga Singh und Sawan Singh arbeiteten zusammen. Die Einzigartigkeit ihrer Beziehung in der Geschichte von Radhasoami sollte nicht übersehen werden. Aaron Talsky behauptet, dass ihre Herzlichkeit von einem Mangel der Verwirrung nach der Ernennung von Sawan Singh in Beas stammt. Schreibt Talsky: Nach dem Tod von Baba Ji sehen wir zum ersten Mal in unserer Untersuchung ein Beispiel im dem sich die Übertragung von guruship der idealen Methode von Soamiji entworfenen, routiniert anpasste. Weil die Ernennung Jaimal zu Sawan Singh zum gaddi genau, eindeutig und öffentlich war, gab es kein Bedürfnis nach Interpretation; die Periode der Unbegrenztheit - der Folge-Krise - wurde durch diese Unmittelbarkeit ausgeschlossen. Das Ausmaß, in dem diese nachgefolgte Methode in den Wechselwirkungen von Sawan Singh mit einem anderen Eingeweihten von Baba Ji, genannt Bagga Singh bezeugt werden kann. [*NOTE: Aaron Talsky, Die Radhasoami Tradition, op. cit. Seiten 112-113. *]

Nach dem Tod von Deva Singh, der als der Nachfolger von Bagga Singh von Sawan Singh 1944 in Tarn Taran gemacht wurde, zerbrach die Abstammung in mehrere Splittergruppen. Die zwei größten Gruppen sind Tarn Taran, jetzt angeführt vom Sohn von Pratap Singh; und der Firozpur Satsang, gegründet von Sadhu Singh nach dem Tod von Deva Singh und jetzt angeführt von Teja Singh. Gemäß dem ältesten Chawla, wer sterben dastarbandi Zeremonie für Pratap Singh, Sadhu Singh, und Teja Singh, Charan führte, befahl Singh von Radha Soami Satsang Beas ursprünglich Sadhu Singh, der die dastarbani Zeremonie abhielt für Pratap Singh, Sadhu Singh, und Teja singh, Charan Singh von Radha Soami Satsang Beas ursprünglich bestellte Sadhu Singh das Ministerium von Tarn Taran fortzusetzen. Jedoch, wegen des politischen Gerangels (besonders unter den Komitee-Mitgliedern von Tarn Taran), Sadhu Singh wurde gezwungen, den gaddi aufzugeben, schließlich seinen satsang in Firozpur gründend. Nachher installierte Charan Singh Pratap Singh, als das Haupt von Tarn Taran Satsang. (Es ist nicht klar, ungeachtet dessen ob Pratap Singh bevollmächtigt wurde, neue Sucher zu Initiieren.)

Vor Sadhu Singh's Tod in den frühen 1970er Jahre, ernannte er Teja Singh, um ihm nachzufolgen. Um sicher zu stellen, dass es keinen Hauptstreit über die Folge geben würde, machte Sadhu Singh einen Willen für Teja Singh , seine Verantwortungen entwerfend. Ein einzigartiger Aspekt der Firozpur Linie ist, dass von Jaimal Singh vorwärts jeder der Meister Unverheirateter gewesen ist. Anscheinend hinterließ Sadhu Singh Anordnungen für Teja Singh, bis fünf Jahren nach seinem Tod zu meditieren bevor er neue sucher Initiieren solle. Teja Singh wartete stattdessen zehn Jahre. Aaron Talsky, der Firozpur im März 1989 besuchte, berichtet, dass Teja Singh eine wesentliche Nachfolge hätte, in mehreren zehntausend zählend. Im Sommer 1986 besuchte Teja Singh die Vereinigten Staaten zum ersten Mal, mehreren Wochen im Chawla Wohnsitz im Orangen County bleibend. Die überwältigende Mehrheit der Eingeweihten von Teja Singh ist jedoch vom Nördlichen Indien. [*NOTE: Es muss noch eine ausführliche Geschichte geschrieben werden in Englisch über Tarn Taran und Firozpur satsangs .

Der älteste Chawla erzählte mir in einem persönlichen Interview in dem Orange County, Kalifornien, op. cit. dass er an einer biografisch orientierten Geschichte des Tarn Taran und Firozpur Gurus arbeitete. Für bereits veröffentlichte Information, sieh meinen Artikel „Das Verzauberte Land: Mit den Heiligen des Nördlichen Indiens", Schicksal-Zeitschrift (Oktober-November 1984) und mein M.A. These , Radhasoami Mat, op. cit. *]

Nach dem Tod von Pratap Singh erlebte die Beziehung zwischen Tarn Taran und Beas satsangs etwas Spannung . Angeblich installierte Charan Singh niemanden formell um Pratap Singh in Tarn Taran nachzufolgen. Jedoch ernannte das Radha Swami Vereinigungskomitee in Tarn Taran wie verlautet den Sohn von Pratap Singh, um gaddi anzunehmen. [*NOTE: Meine-Information über die letzten Entwicklungen in Tarn Taran sind flüchtig, in erster Linie auf Berichten von Aaron Talsky während seines Besuchs im März 1989 des Punjab beruhend. *] Bezüglich Teja Singhs und des Firozpur satsang ist es nicht klar, welche Beziehung sie mit Charan Singh und Beas haben, außer einer der Herzlichkeit und gegenseitigen Rücksicht. Es gibt noch eine Debatte, ungeachtet dessen ob Charan Singh tatsächlich den Gründer der Firozpur Linie, Sadhu Singh, beauftragte, neue Sucher zu Initiieren. [*NOTE: K. S.

Narang, Direktor von Veröffentlichungen in Dera Baba Jaimal Singh, bestreitet, dass Charan Singh Sadhu Singh als ein Satguru ernannte. *]

Es kann behauptet werden, dass der Beas satsang während der Jahre von Sawan Singh gedieh, genau weil es keine Zeit verbringen musste, sein Fundament mit anderen konkurrierenden Klägern (wie zum Beispiel, Dayal Bagh und Soami Bagh). Der Mangel in der Feindseligkeit zwischen Beas und Tarn Taran/Firozpur, obwohl selten, im der Guru-Politik, illustriert einen wichtigen Punkt: Wie ein Guru seine Ernennung erhält, kann eine direkte Wirkung auf den Erfolg seines Ministeriums haben. Sawan Singh zog mehr als einhundertfünfundzwanzigtause nd Eingeweihte zur Sant Mat; die höchste Zahl in der Geschichte bis zu dieser Zeit. [Charan Singh, der Enkel von Sawan Singh und schließlicher Nachfolger in Beas, verfinsterte drastisch die vorherige Aufzeichnung, indem er mehr als eine Million und zweihunderttausend Apostel Initiierte .] [*NOTE: In Anbetracht der enormen Menge an Interesse in Radhasoami in Indien, Charan Singh

Sawan Singh (Foto hinzugefügt 22.9.2007 WSchorat könnte womöglich mehr Sucher in 1989 allein Einweihen als in fünfundvierzig Jahren Arbeit von Sawan Singh. Eine bemerkenswerte Zahl, wenn man denkt, dass der Beas satsang nicht empfiehlt, Anhänger zu gewinnen oder zu inserieren. *]

Spirituelle Diplomatie

Ähnlich auf viele Weisen zu seinem Gopiganj Gegenstück Shiv Brat Lal, Sawan Singh förderte einen freundlichen und kooperativen Geist mit anderen Radhasoami Gurus. Tatsächlich war Sawan Singh in nahen Kontakt mit jedem der Führer des größeren satsangs, einen Sinn der Bereitwilligkeit und Umgänglichkeit mit den ähnlichen von Partap Singh und seinem Sohn Sudarshan Singh, Madhav Prasad Sinha und dem Soami Bagh Satsang, und Anand Sarup und dem Dayal Bagh Satsang entwickelnd. Obwohl der Hauptverwaltungsrat das Ministerium von Sawan Singh nicht offiziell sanktionierte, unterstützte sein erster Präsident Partap Singh dennoch den Dera und die Annahme von Sawan Singh's gaddi, wie gezeigt, in einer Reihe von Briefen veröffentlicht unter dem Titel Geistige Briefe. Unten sind einige sachdienliche Exzerpte: [Brief Nummer 4] Dein [Sawan Singh] Brief ist erhalten worden, und wir sind alle traurig über das Abgeben Sahib von Baba Jaimal Singh Maharaj's Chola (Kleidungsstück, das im Diesem Fall der menschliche Körper bedeutet) Er war verantwortlich für die Erhebung manch einer Seele , aber Sein Wille war solcher und keiner kann sich einmischen.... Alle werden diejenigen, die unter dem Sharan (Schutz) von Baba Ji Maharaj kamen, fortsetzen, von Ihm geschützt zu werden, und eines Tages wird Er sich sicher ihnen manifestieren.... Sagen sie alle dass, in Übereinstimmung mit Seinen Instruktionen, Simran, Dhyan, Bhajan ... und tägliche Praxis sollte von jedem mit der Liebe, der Hingabe, und dem Glauben ausgeführt werden. Er ist mit jedem von ihnen zu jeder Zeit, und wer auch immer Liebe hätte und der Glaube in Ihn fortsetzen wird, von Ihm geschützt zu werden .. .. [*NOTE: Geistige Briefe, op. cit. Seite 132. *] [Brief 9] Ich habe einen Brief erhalten von Milkhi-Ram und Bibi Rukko , in dem sie erwähnt haben, dass Sie Bhajan und Simran unaufhörlich üben und aus Ihrem Zimmer sogar nach vier Tagen nicht kommen, bis Bibi Rukko Sie dazu zwingt herauszukommen . Ich hänge eine Kopie meines geschriebenen Briefes zu ihnen: „... Es ist mein großer Wunsch dass nach Baba Ji und ich selbst, es zwei oder drei Heilige (Nadipurush) geben sollte, die Radha Swami Mat und Nam Bhakti ausbreiten sollten. Sie sollten deshalb keine weltliche Tätigkeit von Babu Sawan Singh erwarten, aber Ihn Seinen Bhajan und Parmarth tun lassen. Sie sollten Ihn alle als ein Guru behandeln und Ihn als Ihr Älterer respektieren, und Ihn die Arbeit von Parmarth tun lassen. [*NOTE: Spirituelle Briefe, op. cit. Seiten 136-137. *]

Sawan Singh vermied anstrengend, einen politischen Bruch mit einigen der Radhasoami satsangs zu verursachen. Das war besonders offensichtlich in seinem Verkehr mit Anand Sarup und Dayal Bagh Anfang der 1930er Jahre . Um Gefühle der Feindseligkeit unter den zwei großen Sangats zu vermeiden, unterzeichneten Sawan Singh und Anand Sarup einen Pakt, der ihre Mitgliedschaft auferlegt, um sich Meinungsverschiedenheit zu enthalten und sich auf einem gegenseitigen Grund der Rücksicht und Kameradschaft zu treffen. Der Pakt wurde öffentlich ein einer speziellen Sitzung bekannt gegeben am 25. Dezember-1932. Die englische Übersetzung des Pakts liest wie folgt: Die Satsangi Brüder sind bewusst, dass Baba Jaimal Singh Maharaj seinen Satsang in Beas in der Provinz (Staat) des Punjab anfing, kurz nach dem Übergang von Param Purush Puran Dhani Soamiji Maharaj . Das Management dieses Satsang ist vom allerersten Augenblick getrennt gewesen. Die Satsangis, die dem Radhasoami Satsang Sabha , Dayalbagh, Agra, und denjenigen, die zu dem Beas Satsang gehören, haben sich von einander wegen Unterschiede über bestimmte Grundsätze abseits gehalten. Satsangi-Brüder werden zufrieden sein zu erfahren, dass diese Unterschiede mittels der persönlichen Diskussion während der letzten wenigen Tage entfernt worden sind und es verständlich gemacht worden ist, dass der Dayalbagh und Beas Satsangis sowohl Param Purush Puran Dhani Soamiji Maharaj als die Verkörperung von Radhasoami Dayal, als auch der Radhasoami Nam als der Nij Nam (Wahrer Name) des Höchsten Vaters akzeptieren, und das Geheimnis dieses Nij Nam zur Zeit der Einweihung in beiden Satsangs erklärt wird.

Wegen der Abmachung [auf] diesen Sachen der Satsangis von Radhasoami Satsang Sabha, Dayalbagh, wird Agra, und des Beas Satsang, im Stande sein, sich zu einander in einem Geist der brüderlichen Zuneigung zu benehmen. Die zwei Satsangs werden ihr eigenes getrenntes Management wie ehemals haben. Jeder Satsangi wird die Freiheit haben, dem Führern des Adhishtata (Führer) sich anzuschließen und sie zu akzeptieren, welch auch immer Satsang ihm gefällt, und kein Satsangi, sollte unkleidsame Sprache entweder in der Rede oder schriftlich gegen den Satsang verwenden . Satsangi-Brüder wussten [sic] sehr genau, dass die Mission des Satsang ist, wahren Parmarth, Frieden und Genugtuung in der der Welt auszubreiten und Leute zu den Heiligen Füßen von Radhasoami anzuziehen, und dieser Gegenstand ist bestens durch die gegenseitige Liebe und Rücksicht unter verschiedenen Zentren des Satsangs zu erreichen. Es, ist deshalb, richtig, dass alle Satsangi Brüder versuchen sollten, die Bande der brüderlichen Zuneigung zu stärken und sich zu enthalten, ihre Ideen und Gefühle auf andere zwingen anzuwenden. Es wird gehofft, dass dieser Rat durch den Satsangis von beiden Satsangs gemocht wird. [*NOTE: Wie übersetzt, in S.D. Maheshwari „Wahrheit Ungeschminkt", Teil 2 (Soami Bagh, Agra: S.D. Maheshwari, 1970), Seiten 251-252. *]

Es gab mehrere Faktoren, die diese ungewöhnliche Abmachung zwischen Dayal Bagh und Beas, nicht unterstürzten, nicht weniger , dass Radhasoami im Allgemeinen unter schweren Angriff sowohl von Gruppen des Fundamentalisten Sikh im Punjab als auch von Arya Samajists in Uttar Pradesh kam. So war es im gegenseitig selbst Interesse eine Show der einheit zu zeigen, die mit Dayal Bagh und dem Hauptverwaltungsrat wegen ihres Gerichtsstreits über das Eigentum und die Anbetungsrechte in Soami Bagh nicht vorkam. Der Tagebuch-Zugang von Anand Sarup vom 10. Juni 1931, registriert einen enthüllenden Anblick der Spannung zwischen den Sikhs und den Radhasoamis: Ein-Schriftsatz ist von Lahore erhalten worden. Es beschreibt den Streit, den die Sikhs Anfang dieses Monats mit Sardar Bagga Singh und Sardar Sawan Singh in Baghvanpura und Lahore aufnahmen. Zwei-Poster, die durch die Sikhs gegen Sardar Sawan Singh veröffentlicht worden waren sind auch mit diesem Brief erhalten worden Von einem Poster scheint es, dass die Sikhs ein Bataillon bekannt als „Radhasoami-Mat-Daman-Jatha", d. h. „Bataillon organisiert haben, um die Religion von Radhasoami zu zerquetschen". Die Sikhs haben Unrecht. Gerade wie die Mohammedaner, indem sie die Sikhs auf diese Weise schlecht behandelten, die Gemeinschaft von Sikh wachsen und ähnlich gedeihen ließen, helfen Brüder von Sikh Sardar Sawan Singh der Gemeinschaft zu wachsen und zu gedeihen .. .. [*NOTE: Tagebuch von Sahabji Maharaj, Teil Eins (Dayalbagh: Radhasoami Satsang Sabha, 1973), Seite 311. *]

Ein anderer Faktor hinter dem Pakt war die wachsende Beliebtheit von Beas im Punjab. Vor dem Ende der 1920er Jahre und Anfang der 1930er Jahre war der sangat von Sawan Singh im Vergleich mit Dayal Bagh und der C.A.C. Gruppe relativ klein. Und doch vor 1931 begann Beas, Tausende von Suchern und satsangis zu seinem monatlichen satsangs anzuziehen. Anscheinend verursachte das ein wenig Neid unter den Agra satsangis, besonders Dayal Bagh da Anand Sarup mehr als eine Seite seines persönlichen Tagebuches zur wachsenden Beliebtheit von Beas widmet. Exzerpte vom 30. Juni 1931: Gestern Abend sagte ein Satsangi, der zu Dayalbagh aus Gujranwala gekommen war, mit der großen Angst, dass der Satsang von Beas große Fortschritte machte, und dass viele Menschen von Gujranwal, Wazirabad usw. begonnen hatte, zu Beas zu gehen, und er vorschlug, dass ich auf eine Reise des Punjab sofort gehen sollte. Ich schenkte der Behauptung nicht viel Aufmerksamkeit und vermied, eine Antwort zu geben. Jedoch, weil das Gefühl des Neides eine äußerst unerwünschte Einstellung des Mentals ist, besprach ich deshalb die Sache im Detail heute, um dieses Gefühl zu entfernen .. .. [*NOTE: Tagebuch von Sahabji Maharaj, Teil Eins, op. cit. Seiten 332-333. *] Es ist offensichtlich bei einem genauen Lesen der Tagebücher von Anand Sarup , dass Sawan Singh und der Beas Satsang Kanäle mit Dayal Bagh öffnete, ihre Führer-Hilfe anbietend, wann auch immer er es brauchte. Das scheint, Anand Sarup außerordentlich beeindruckt zu haben, weil er herzlich von seinen Beziehungen mit Sawan Singh und dem Beas Satsang spricht.

Sawan Singh blieb auch im Kontakt mit kleineren Radhasoami Gruppen und ihren Führern. Zum Beispiel entwickelte Sawan Singh eine freundliche Beziehung mit Shiv Bengel Lal, einem der geringen Nachfolger von Rai Salig Ram. Tatsächlich war ihre Beziehung so nah, dass Shiv Bengel Lal seinen Nachfolger, Faqir Chand informierte, die Führung von Sawan Singh nach seinem Tod zu suchen. [*NOTE: Siehe Der Unwissenden Weise: Das Leben und die Arbeit von Baba Faqir Chand (Del Mrz: Del-Presse im Mrz, 1989) für mehr Details zu diesem Problem. *] Bezüglich der Beziehung von Sawan Singh mit Shiv Bengel Lal, Kirpal Singh schreibt : Die erste Bedingung, eines Meister würde ich sagen , wenn er einen anderen Meister trifft, besteht darin, dass er ihn umarmen wird; er wird erfreut sein. Es gibt keine Frage hoch und niedrig. Es gab einen Beispiel in meinem Leben, im dem mein Meister Baba Sawan Singh einen Anhänger von Rai Saligram, genannt Shiv Bengel Lal traf. Er war eine sehr fortgeschrittene Seele. In der ersten Sitzung, als sie sich trafen, war ich dort zusammen mit ihnen. Er verbeugte sich vor meinem Master, und mein Master verbeugte sich vor ihm. Sie umarmten sich. Warum sollten nicht diejenigen , die auf dem Weg sind sich Umarmung? Warum sollten sie nicht Heiterkeit fühlen? [*NOTE: Wie zitiert, auf der Rückseite des Buchs Licht auf Ananda Yoga (Sanbornton: Sant Bani Ashram, 1982). *]

Die spirituelle Diplomatie von Sawan Singh würde später von seinen zukünftigen Nachfolgern proklamiert, sowohl in Dera als auch anderswo, besonders von Kirpal Singh und sein Sohn, Darshan Singh. [*NOTE: Zum Beispiel, mehrere Jahre vor seinem vorzeitigen Tod im Mai 1989, stiftete Darshan Singh „Meister-Tage" zu Ehren von geistigen Führern in der Welt. Darshan war durch die amerikanische Tagung beeindruckt, Mütter und Väter in speziellen Tagen im Jahr zu ehren, und fand, dass es nützlich sein würde, einen Tag für jemandes geistigen Meister zu kennzeichnen. Die Idee ist nicht neu, weil Indien bereits ein Tag „des Gurus Purnima" im Juli hat, um seine religiöse Lehrer zu ehren. *]

II. SAWAN SINGH ZU JAGAT SINGH [1948]

Als Sawan Singh am 2. April 1948 starb, wurde er in seinem Ashram, Dera Baba Jaimal Singh, von Jagat Singh, einem pensionierten Chemie-Professor nachgefolgt. Die Übertragung der Macht, die Kontrolle aller satsang Eigenschaften einschloss, treuhänderisch durch Sawan Singh gehalten, sowie die Autorität als Sat Guru zu dienen, und zukünftige Apostel zu Initiieren, war von Sawan Singh zu Jagat Singh in der Form von mehreren notariell beurkundeten Willen kodifiziert worden. Der erste von diesen Willen, datiert 20. September 1947, mit dem Titel „Diagramm des Management und der Verwaltung," ernannte Jagat Singh als herrschender Offizier verantwortlich für das ganze Radhasoami Beas Vermögen nach der Besitzübertragung von Sawan Singh. Die letzte Linie davon, „liest sich folgendermaßen... Jagat Singh wird der Präsident aller drei Komitees sein; und alle Immobilien überall sollen in seinem Namen als religiöses und geistiges Eigentum stehen; und wird als sein privates und Privateigentum nicht betrachtet. „[*NOTE: Radha Soami Satsang Beas: Ursprung und Wachstum (Beas: Radha Soami Satsang, n.d.) . *] Der zweite Wille, „das Kodizill des Großen Meister," sind datiert 24. September 1947 klärte die weitere Position von Jagat Singh und Rolle hinsichtlich der umfassenden satsang Eigenschaften. [*NOTE: Ibd .. *] beauftragte der dritte und letzte Wille, datiert 20. März 1948, und unterzeichnet von Mitgliedern der Familie von Sawan Singh und seinem persönlichen Arzt, offiziell Jagat Singh, als „Gaddi Nasheen" (Geistiger Kopf) Dera Baba Jaimal Singh zu dienen und die geistige Arbeit von Sawan Singh fortzusetzen. Ein Exzerpt davon (übersetzt ins Englische) liest wie folgt: So, jetzt, in meinen vollen Sinnen und mit meiner Willensfreiheit, ernenne ich [Sawan Singh] wirklich

hiermit Sardar Bahadur Jagat Singh, M.A. der Pensionierte Professor, Landwirtschaftsschule, Lyallpur, als mein Nachfolger in Dera Baba Jaimal Singh ein, und den ganzen Satsangs die damit im Verbindung stehen. Nach mir wird er alle Taten und Aufgaben durchführen, die ich bis jetzt durchgeführt habe .. ..
[*NOTE: Ibd .. *]

Amtsanspruch und Spirituelle Autorität: Der Routinization des Charisma

Als klar wahrnehmbar ist, die Übertragung der initiativen Macht von Sawan Singh zu Jagat Singh in der Dera wurde gesetzliche Gestalt und Kraft durch schriftliche und bezeugte Dokumente gegeben. Solche Abstammungsfolge ist für den Begriff von Max Weber, die routinization des Charismen durch das Amt, charakteristisch. Das „Amt" hier fraglich ist, ist die Rolle des Satguru, weil er in der Radhasoami Beas Bewegung fungiert. Gegebene Rechtsprechung über weltliche und spirituelle Angelegenheiten, sowie ein feststehender Wohnsitz, der Satguru ein Beas (tatsächlich, jeder Satguru, der eine Wohn-ermächtigten gaddi annimmt) ist eine offizielle Benennung, angefüllt von der ganzen Macht, die mit jedem Amtsanspruch geht.

Folglich, unabhängig von der persönlichen spirituellen Erreichung von Jagat Singh, erhielt der Nachfolger von Sawan Singh automatische spirituelle Autorität und Rechtfertigung durch die wirkliche Natur seiner Ernennung; d. h. in Anbetracht der Bedeutung des Amts, übt jeder Amtshalter enormen Einfluss aus. Ein beschränkter, aber vielleicht passender Vergleich kann zwischen dem Amt des Satguru in Beas gemacht werden (oder irgendwelcher etablierter gaddi), und dem Amt des Präsidenten der Vereinigten Staaten. Der Letztere leitet seine Autorität nicht nur von der Wahl ab, worin die Bevölkerung ihn gewählt hat, aber vom dem Amt der Präsidentschaft durch vorher gegebenes Prestige. Der Präsident teilt sich darin die charismatische Macht der ehemaligen nationalen Führer einfach, indem er die ernannte Position annimmt. Ebenfalls gewinnt der Satguru in Beas viel von seiner zeitlichen Autorität von der Rücksicht gegeben durch den sangat seiner Vorgänger . Wenn der fortgehende Meister seinen „Mantel" oder „Amt" überträgt (der gaddi, wie es in Indien genannt wird) zu seinem Nachfolger, nimmt der Letztere an der charismatischen Macht der Gurus Teil, nur durch die Akzeptanz seiner „soziale" Rolle .

Offensichtlich, Amtsmagnetismus-Abnahmen oder Zunahmen kommt mit dem persönlichen Einfluss des Sitzhalters. Ein besonders charismatischer und geachteter Führer, zum Beispiel, wird die Statur des besonderen Amtes erheben, wohingegen ein unwirksamer Führer eine kritischere Einstellung zur feststehenden Position erzeugen wird. [*NOTE: Der Ehemalige Präsident Richard Nixon, wegen des berüchtigten Watergate Skandals, ist vielleicht ein klassisches Beispiel dessen, wie eine Person das Image eines heiligen Amtes teilweise verderben kann. *]

Der wichtige Punkt, jedoch, im Amtmagnetismus ist, dass wegen seiner bereits geschätzten Funktion der kürzlich gewählte Amthalter für sich eine sofort verfügbare einflussreiche organisatorische Struktur hat, in der er seine Position konsolidieren und die Macht mit Gewinn ausüben kann. Im Licht davon ist es deshalb nicht unerwartet, dass der Prozess der Legitimation einen verschiedenen Weg folgt, als man in einem Nachfolger-Kläger sehen würde, der ein solchen Amtanspruch nicht hat.

Jagat Singh, deshalb, auf Grund von seiner „offiziellen" spirituellen Autorität brauchte nicht seine Rolle als Satguru zur Kongregation zu begründen, sich auf seine eigenen persönlichen Erreichungen beziehend. Es gab kein Bedürfnis dazu. Eher, in Anbetracht der sozialen Tatsache des Amtes, wies er einfach auf den schriftlichen Willen durch Sawan Singh und zur ganzen organisatorischen Struktur die ihm hinterlassen wurde als genügende Überprüfung seiner

gegenwärtigen Position, hin. Interessanterweise erlaubte diese Depersonalisation des Charismen, wie Weber Abstammungsfolge und Amtanspruch genannt hatte, Jagat Singh die Auswahl, bescheiden und privat über sein eigenes spirituelles Erreichtes, zu bleiben. [*NOTE: Das soll nicht jedoch vorschlagen, dass Amtsanspruch notwendigerweise einen Führer zur Demut veranlasst. Meine Betonung hier ist auf den Optionen, die für gaddi nasheens verfügbar sind, nicht darauf, wie jede Person jene Alleen verwerten wird. Zum Beispiel, Dr I. C. Sharma der von Baba Faqir Chand als sein geistiger Nachfolger mehrere Monate vor seinem Tod ernannt und ein feststehender ashram gegeben wurde, hatte nicht viel Bescheidenheit gezeigt, frei seinen Anhängern sagend, dass er ein großer Heiliger ist . Sieh Dr I. C. Die Monatsbriefe von Sharma in Manavta Mandir (eine Monatszeitschrift in Hoshiarpur) für zahlreiche Beispiele seiner Ansprüche auf seine geistige Größe. Obwohl Sharma tatsächlich die Auswahl hatte, ruhig und bescheiden über seine Kenntnisse zu bleiben, wählte er aus Gründen, die nur ihm bekannt sind es nicht zu tun. *]

Seit der Übergang der Meisterschaft von Sawan Singh zu Jagat Singh relativ glatt war, in Anbetracht des Überflusses ein dokumentierten Materilaien usw. die überwältigende Mehrheit von Beas satsangis akzeptierte Jagat Singh als den rechtmäßiger Erbe ihres Meister (und, nachher, nach seinem Tod, Charan Singh).

III. JAGAT SINGH ZU CHARAN SINGH [1951]

Kurz vor seinem Tod, gerade drei Jahre nach seiner Annahme von Meisterschaft, Jagat Singh (1884-1951) ernannte Charan Singh (1916-1990) über einen eingetragenen Willen, der spiritueller Meister zu sein (Gaddi Nasheen) in Dera Baba Jaimal Singh , übertrug alle Eigentumsrechte, usw. zu ihm und dem Recht , satsangs und Einweihungen zu führen. Der Wille wurde sind 22. Oktober 1951 durchgeführt, und durch mehrere satsangis bezeugt. Ein Exzerpt, zur Nachfolge, liest wie folgt: Nach mir [Jagat Singh], Sardar Charan Singh Grewal, s/o Sardar Harbans Singh Grewal, Kaste Jat Sikh ... wird das spirituelle Haupt von Dera Baba Jaimal Singh sein... Ich erkläre auch, dass Sardar Charan Singh auch Satsangs halten und Einweihung schenken wird, wie ich es getan hatte .. .. [*NOTE: Ein voller Text des Willens ist im Buch, Radha Soami Satsang Beas veröffentlicht worden: Ursprung und Wachstum, op. cit. *]

Durch die meisten Berichte scheint es, dass Charan Singh nicht erwartete, als das spirituelle Haupt vom Dera ernannt zu werden. Wegen mehrerer Gründe, einschließlich jungen Alters und relativ klarer Übertragung des Amtsanspruchs, beschloss Charan Singh, wie sein Vorgänger Jagat Singh, seine persönliche geistige Erreichung herunterzuspielen und eine außergewöhnlich bescheidene Einstellung zu seiner Position auszustellen. Das ist in der Annahmerede von Charan Singh beim dastarbandi [*NOTE : Eine formelle Zeremonie, wo der neue Guru des vorherigen Meisters (oder seinen Meister, usw.) den Turban auf seinem Kopf bindet, der die Übertragung der spirituellen Macht bedeutet. Es wird gewöhnlich von einem hoch geschätzten Heiligen oder satsangi getan. Im-Fall von Charan Singh wurde es von seinem Onkel, Bachint Singh, und dem Heiligen des Tarn Taran, Sant Deva Singh durchgeführt. Der-Turban, von Shiv Dayal Singh der Jaimal Singh gegeben wurde, wurde während der Zeremonie verwendet. *], sehr offenbar wo er sagte: Wenn ich mich und meine Mängel betrachte, fühle ich mich sehr verdutzt und finde außer Stande zu entscheiden, ob ich für diese lästigen Aufgaben wirklich passend bin. Dieser Kampf hatte mich bis jetzt daran gehindert, den Sangat zu treffen, für den ich um Ihre Vergebung frage. Ich möchte dem Sangat ganz offenherzig jedoch sagen, dass ich keine Ansprüche überhaupt auf irgendwelche spirituellen Kenntnisse erhebe; vielleicht habe ich sogar ein Mangel der

Vorzüglichkeit, die ein guter satsangi besitzen sollte. [*NOTE: Zitiert in Radha Soami Satsang Bulletin Nr. XVI, Seite vier (1951). *]

Es erscheint durch Charan Singh's vorherigen Behauptungen und anderen, dass er von Zeit zu Zeit [*NOTE: Im März 1987, während einer Forschungsreise nach dem Nördlichen Indien,hörte ich persönlich von Maharaj Charan Singh über seine Ernennung als Meister als der „am meisten jämmerliche Moment meines Lebens." *], dass er seine eigene Rolle als Satguru, hauptsächlich als in erster Linie eine der Designation seiend. Es ist nicht Charan Singh, per se, aber die Anordnungen des vorherigen Gurus und die fortlaufende Hingabe der Kongregation, die ihn antrieb, um als der Satguru zu arbeiten. Folglich ist die Abweisung von Charan Singh der persönlichen innerlichen Erreichung mit der feststehenden Amtsautorität übereinstimmend: Je mehr feststehend das Amt, desto weniger Bedürfnis dort ist, innerliche, spirituelle Entwicklung zu betonen. Die wirkliche Tatsache, dass die Person zur Position vom vorherigen Meister ernannt wird, ist genügend, um die Rolle des neuen Gurus gültig zu machen.

Diese Unschlüssigkeit, um jemandes geistige Höhen öffentlich zu verkünden, sollte nicht jedoch als das Anzeigen eines Mangels der Kompetenz analysiert werden. Weil Maharaj Charan Singh mir in einer Frage und Antwort-Sitzung in Dera Baba Jaimal Singh im Dezember 1983 erzählte, „sollte Demut nicht mit einem Mangel an Macht verwechselt werden." [*NOTE: Mein Quotation ist eine Paraphrasieren der viel längeren Antwort von Charan Singh. *]

Verhältnismäßig gesprochen, je mehr feststehend das Amt, desto wahrscheinlicher es ist, dass sich der Amthalter von persönlichen charismatischen Ansprüchen bis unpersönlich, Positionsverkündigungen bewegt. Das ist besonders der Fall im Guru successorship, wo Krisen in der Gesetzmäßigkeit gewöhnlich aus Mangel in der Majoritätseinigkeit oder dem Wohn-"ermächtigten" Sitzen stammen. Der Papst in der Römisch-katholischen Kirche vergibt zum Beispiel relativ wenig Zeit damit, seine besondere Rolle zu legitimieren, nachdem er gewählt wird. [Natürlich kann es viel politische Positionierung vor der Wahl unter der Universität von Kardinälen geben.]

Maharaj Jagat Singh Ji (Foto hinzugefügt 22.9.2007 WSchorat)

Im-Fall vom Radhasoami brauchte Satsang in Beas, Jagat Singh und Charan Singh - wegen ihres Amtanspruchs - nicht ständig ihre Positionen „zu legitimieren", weil ihre jeweiligen Rollen anscheinend mehr zugeteilt wurden als gewählt. [*NOTE: Ich denke, dass es wichtig ist zu bemerken, dass Jagat Singh und Charan Singh beschlossen haben könnten, verschieden auf ihre Ernennungen zu antworten, als sie. Natürlich kann das den beschränkte Spielraum meiner Studie nicht ihre zu Grunde liegende spirituelle Echtheit abschätzen, aber nur anzeigen, dass ihr Amtanspruch ihnen Optionen anbot, in denen ihre nichtberechtigten Gegenstücke häufig Mangel haben. *]

In diesem Augenblick entsteht eine Schlüsselfrage hinsichtlich, wie Amt Führer, wie Charan Singh und Jagat Singh, Geschäft mit Gegenfolge-Klägern handhaben. Welche Richtung nimmt ihre kritische

Antwort? Persönlich/innerlich? Oder offiziell/äußer? Die Antwort ist nicht überraschend die Letztere. Amt ermächtigte Gurus, wie wir gesehen haben, verfügen bereits darüber, was bloß persönlich charismatisch nicht tut: Ein feststehendes Netz von Anhängern und Eigenschaften, die die wirkliche Idee und Position des Satguru stützen. So unterstützten Jagat Singh und Charan Singh wiederholt ihre Rollen indem sie sich auf schriftlichen Dokumente bezogen, die ihre Annahme der Macht umgeben. Politisch sprechend, hatten sie (und haben Sie) kein Bedürfnis, subjektive Kriterien aufzusuchen, welches durch die wirkliche Natur nicht stabil und zur Missdeutung verantwortlich ist. Jagat Singh, zum Beispiel, in Briefen 35 und 97 der Wissenschaft der Seele bezieht sich überhaupt auf seine geistigen Fähigkeiten, aber nur auf die schriftlichen und ausgedrückten Befehle seines Gurus, Sawan Singh nicht: [Brief 35] ... Unser Großer Meister, Baba Sawan Singh Ji, der Sie Einweihte - schüttelte seine sterbliche Rolle am 2. April 1948 ab, wie Sie bereits informiert wurden- und seitdem dann gemäß Seinem ausdrücklichen Befehl, wie aufgenommen, in Seinen Letzten Willen informiert worden sind, setze ich seine Arbeit fort. [Meine Kursive.] [Brief 97] ... Huzur [Sawan Singh] unterrichtet uns jedoch, dass, in der Sant Mat, Größe liegt in der Übergabe seines Willen an den Meister . Ich bin allein kraftlos, seine Befehle auszuführen, und es ist seine gütige Gnade allein, der mir ermöglicht, sein Bieten zu tun.... Ich gewährte Einweihung nicht für neun Monate obwohl Huzur Maharaj Ji Selbst, während in seinem sterblichen Körper, mich bad so zu Tun, und sogar seinen Befehl schriftlich hinterließ. Der Grund dafür bleibt besser, unerklärt. [*NOTE: Wissenschaft der Seele (Beas: Radha Soami Satsang, 1972), Seiten 142 und 187-188. *]

Die Bedeutung der Weglassung von Jagat Singh bezüglich Details seiner inneren Entwicklung kann nur richtig geschätzt werden, wenn sie mit den Behauptungen anderer Gurus gegenübergestellt wird, die keinen Amtanspruch haben. Zum Beispiel sind die rhetorischen Unterschiede - sowohl stilistisch als auch sonst - zwischen dem Anspruch von Jagat Singh auf Meisterschaft und dem Anspruch von Kirpal Singh auf Meisterschaft drastisch.

Charan Singh und Redekunst der Offiziellen Folge

Gemäß Charan Singh gab es nur einen echten Nachfolger von Sawan Singh, und das war Jagat Singh. In der sehr nächsten Nähe zu seinem Guru/Großvater für sein ganzes Leben (aber besonders so während der letzten sechs Monate von Sawan Singh auf der Erde) Charan Singh bezeugte die persönlich Übertragung des gaddi und alles, was es damit für Jagat Singh zur Folge hatte. Charan Singh schrieb sogar seine Unterschrift auf seinen letzten Willen, für seinen Nachfolger Guru Jagat Singh , der sein spiritueller Nachfolger werden sollte. Jedoch diskutierte Kirpal Singh, ein prominenter Apostel von Sawan Singh, die Folge, stattdessen behauptend, dass er der wahre Erbe der spirituellen Autorität seines Guru war. Im Umgang mit den Ansprüchen von Kirpal Singh, Charan Singh in mehreren Briefen und Dokumenten weist einfach auf die schriftlichen Beweisen im Auftrag Jagat Singhs.

Charan Singh's   offizielle Erhärtung seines Vorgängers Legitimierung ist konsistent   mit der Amtsbezeichnungredekunst im Allgemeinen . D. h. die Betonung auf Außenkriterien ist der Gütestempel von Majoritätsguru-Nachfolgern, besonders wie Jagat Singh und Charan Singh, die gaddis eingesetzt haben. Die ideologische Arbeit ermächtigter Gurus des Amtes hinsichtlich der Führungsfolge neigt in erster Linie dazu, damit übereinstimmend zu sein, wie sie selbst ernannt wurden: nämlich, durch offizielle, gesetzliche und sozial akzeptierte Kanäle. Vielleicht kann die Zusammenfassung dieser Kunst „der offiziellen" Redekunst am besten in einer Reihe von Briefen gesehen werden, die Charan Singh europäischen und amerikanischen Suchern und satsangis gegen Ende der 1950er Jahre und Anfang der 1960er Jahre bezüglich der Ansprüche von Kirpal Singh schrieb: [Brief 200] Ich mag nicht gern irgendetwas über die Tätigkeiten der Gruppe von Sardar Kirpal Singh, genannt Ruhani Satsang sagen.... Seitdem Sie gefragt haben, sind Sie zu einer Antwort berechtigt, so werde ich einfach hinzufügen, dass der Große Meister [Sawan Singh] ihn nie als Sein Nachfolger ernannte. Er ernannte Sardar Bahadur Maharaj Jagat Singh Ji in einem bezeugten und registrierten Willen, seine ganze spirituelle Arbeit fortzusetzen. Wenn irgendjemand anderer kühn genug ist, um sich als der Nachfolger des Großen Meister zu behaupten, dann kann ich es dem Scharfsinn der Sucher einfach überlassen, um seinen Anspruch zu beurteilen. Die Vertreter des Großen Meister in den fremden Ländern haben auch Fotokopien der Dokumente, die Successorship beweisen, und derjenige der euch am nahesten ist, wird sich freuen , Ihnen auf Anfrage die Unterlagen zu zeigen. [*NOTE: Gotteslicht (Beas: Radha Soami Satsang, 1974), Seite 240. *] [Brief 152] Bezüglich S . Kirpal Singh, lassen Sie ihn sagen oder tun, war er will. Früher oder später wird er für seine Handlungen bezahlen müssen. Ihnen ist der Schlüssel zur Zeit der Einweihung gegeben worden und sie können sich selbst überzeugen, ob er ein wahrer Meister ist. Es würde nicht im guten Geschmack für mich sein, um in Details zu gehen,aber ich werde so viel sagen, dass der Große Meister, Maharaj Sawan Singh Ji, ihm nie Erlaubnis gab, irgendjemanden zu

Initiieren, und ordnungsgemäß Sardar Bahadur Maharaj Jagat Singh Ji als Sein Nachfolger durch einen gesetzlich durchgeführten Willen schriftlich ernannte und ordnungsgemäß bezeugte, um kein Zweifel über diese Sache zu hinterlassen. Wenn Sie sich mehr Information haben möchten, können Sie sich mit Ihrem Vertreter in Verbindung setzen, der eine Fotokopie der Dokumente hätte und die ganze Situation Ihnen erklären kann. Wenn Sie mögen, können Sie sich auch mit Dr Pierre Schmidt in Genf, der Schweiz, in Verbindung setzen, weil er einer der Zeugen zum Willen zusammen mit mir und anderen war, und der mit dem Großen Meister während der letzten vier Monate seines Lebens auf dieser Erde war. [*NOTE: Ibd.. Seite 218 *]

Was am enthüllendsten über die vorherigen Exzerpte sind, ist, das was fehlt. Nirgends sagt Charan Singh, dass Jagat Singh der wahre Erbe Sawan Singh's wegen seiner innerlichen, spirituellen Erreichung war (obwohl es klar einbezogen wird). Eher erwähnt er nur Beweise, die offiziell und äußerlich nachprüfbar sind. Und selbst wenn sich Charan Singh auf einen inneren Test bezieht („der Schlüssel"), als er [*NOTE: Gemäß Radhasoami

Maharaj Charan Singh Ji Hinzugefügt 22.9.2007
W.Schorat

Meditationweisungen, erteilt zur Zeit der Einweihung, sollte der Apostel jede innere Vision prüfen, die erscheint. Der Haupttest ist das Mantra zu wiederholen, das vom Guru gegeben wurde, das immer wieder vor der Vision wiederholt werden muss. Wenn die Vision trotz der konzentrierten Wiederholung andauert, kann es angenommen werden, dass die Erfahrung echt (oder, wenn nicht, mindestens karmic/destined notwendigerweise echt ist); wenn die Vision verschwindet dann sollte die Erfahrung als illusorisch oder rechtswidrig betrachtet werden. Außerdem sollten jeder Meister oder Person, der in der Meditation gemäß dem Radhasoami Glauben erscheint, von seinem Guru begleitet werden. In Sar Bachan (Prosa) beschreibt Shiv Dayal Singh, wie ein aufrichtiger Anhänger prüfen sollte, was innerhalb erscheint: „ Alle Leute an Bord wurden mit Ausnahme vom Apostel ertränkt, der fortsetzte, auf einem Brett zu schwimmen. Auch er war dabei zu sinken, als eine Hand aus dem Meer kam und eine Stimme gehört wurde sagend: `Geben mir deine Hand, so dass ich dich retten kann.' `Wer sind Sie?' fragte der Apostel, und die Stimme antwortete: `Ich bin der Prophet.' Der Apostel sagte, `ich kenne den Prophet nicht. Ich kenne niemand anderen außer meinem Sat Guru.' Und die Hand verschwand. Ein wenig später, als der Apostel auf dem Brett trieb , erschien eine andere Hand, und (eine Stimme) sagte: `Ergreife die Hand, so dass ich dich retten kann.' Der Apostel fragte, `Wer sind sie ?' und die Stimme antwortete: `Ich bin Khuda oder Ishwar (Gott).'( **SenfZeit: Khuda Ji sagte Ching Hai hieß der Alte im Himalaja der auf sie gewartet hatte und ihr die Power der Übertragung für Einweihungen gab und sehr alt gewesen sein soll. 2.8.2007 WSchorat)** Der Apostel sagte: `Mein Khuda (Gott) ist mein Guru. Ich kenne keinen anderen Khuda. , Die Hand verschwand auch aber kurz danach kam eine dritte Hand heraus Diese-. Das war die Hand seines spirituellen Großvaters. `Ich bin der Guru deines Gurus sagte er, gebe mir deine Hand, damit ich dich rausholen kann. ,Der Apostel antwortete darauf: `Ob ich gerettet oder ertränkt werde ich kann nicht meine Hand irgendjemand anderem außer meinem Guru geben... ,Die Hand verschwand auch . Dann erschien der Guru-Sahib Selbst, umarmte den Apostel und nahm ihn sofort nach Hause." Sieh Sar Bachan (Beas: Radha Soami Satsang, 1978), Seiten 157-158. *] im Brief 152, schreibt er über den Anspruch von Kirpal Singh, ein echter Meister zu sein, nicht sein Anspruch auf die rechtmäßige Folge.

Der Streit zwischen Kirpal Singh und dem Dera Nachfolgern von Sawan Singh erreichte einen kritischen Wendepunkt Anfang der 1950er Jahre, als Kirpal Singh behauptete, dass die Dera durch die innere Politik verdorben wurde. Tatsächlich ging Kirpal Singh, in einem privaten Brief zu einem Eingeweihten von Sawan Singh so weit festzusetzen, dass Bachint Singh, der älteste Sohn von Sawan Singh, versuchte, den gaddi an ein Familienmitglied „zu verkaufen" . Jedoch, da der Eingeweihte die Beschuldigungen nicht glaubte, schickte er den Brief zu Radha Soami Satsang Beas. Veranlasst durch Radha Krishna Khanna, Charan Singh verlangte von Kirpal Singh sich für die Beschuldigung zu entschuldigen oder einer Diffamierungsklage gegenüberzustehen. Das-Problem wurde schließlich aufgelöst, als sich Kirpal Singh mit Charan Singh in R. K. Khanna's Haus traf und er unterzeichnet eine gesetzlich beglaubigte Entschuldigung, feststellend, dass er [Kirpal Singh] irrtümlicherweise seine Behauptungen auf falsche Information gestützt hatte. Er stellte weiter Fest, dass er hoffte, dass Charan Singh ihm diese Sache verzeihen würde. [*NOTE: Für mehr von dieser Meinungsverschiedenheit sieh den Firdaus von Daryai Lal Kapur Barin Urf-Roo-i-Zamin (Beas: Radha Soami Satsang, 1968), der auf Urdu ist; und Wahrheit Triumphierend durch Bhagwan Singh, Guranditta Mal Ahuja und Avtar Singh Oberoi (veröffentlichte Delhi" Privat, 1967), der auf Englisch ist. *] Bezüglich dieser Episode schreibt Charan Singh: Das Betreffen der verleumderischen Bemerkungen gemacht über meinen Berühmten Vorgänger und mich durch S. Kirpal Singh und einige seiner Vereinigen freue ich mich, dass Sie sich jetzt der wahren Lage der Dinge bewusst sind. Sorgen Sie sich bitte um die Einnahme keiner Handlung gegen S. Kirpal-Singh und seiner Partner, weil er selbst eine gesetzlich bezeugte Entschuldigung für diese falschen Angaben unterzeichnet hatte, von denen eine Fotokopie auch mit Ihren Vertretern ist. Er wird sich freuen, es Ihnen zu zeigen, wenn Sie aufgefordert werden, es zu sehen.

Wie wir gesehen haben, Charan Singh hat mit jedem Fall der sich mit Kirpal Singh's Ansprüchen und Behauptungen befasst, auf eine gesetzliche und offizielle Weise geantwortet, entweder zu notariell beurkundeten Willen oder Dokumenten hinweisend. Da Charan Singh als ein Rechtsanwalt seit mehreren Jahren gearbeitet hatte, kann es nicht überraschend sein, das er von einer gesetzlichen Haltung im Verteidigen der Folge von Jagat Singh angezogen wurde. Jedoch kann solch eine legalistische Positur nur für diejenigen arbeiten, die bereits haben, was die gegenüberliegenden Kläger (wie Kirpal Singh) nicht haben: Außenbeweise.

IIIA. CHARAN SINGH ZU GURINDER SINGH [1990]

Charan Singh starb am 1. Juni 1990 eines Herzleidens. Zwei Tage vor seinem Tod diktierte Charan Singh seinen letzten Willen, der seinen Neffen, Gurinder Singh Dhillon bezeichnet, ihm sowohl als der Spirituelle Meister der Dera als auch als der Schutzherr seiner vieler Tätigkeiten nachzufolgen. Der Wille, datiert von 30. Mai 1990, der von mehreren nahen Partnern von Charan Singh, einschließlich seines persönlichen Arztes, Dr Joshis bezeugt wurde, liest wie folgt: Ich, S Charan Singh Grewal s/o S Harbans Singh Grewal, im Alter von 74 Jahren mache das hinsichtlich der spirituellen Angelegenheiten der Gesellschaft, Radhasoami Satsang Beas während im vollen Besitz meiner Wits. Ich mache das in Übereinstimmung mit den Wünschen von Hazur Maharaj Baba Sawan Singh Ji Maharaj & meinem Vorgänger. Ich habe dem Sangat ernsthaft mit dem Besten meiner Fähigkeit seit vierzig Jahren gedient. Ich habe im großen Maß die Liebe, den Glauben und die Wertschätzung des kompletten sangat sewadars erhalten, und meiner Mitarbeiter, ohne die es schwierig sein würde, eine Parallele dieser Welt zu finden.

Ich bin für ihre Zusammenarbeit und Unterstützung tief dankbar. Ich ernenne Sh. Gurinder Singh Dhillon S/O Sh. Gurumukh Singh Dhillon von Moga als mein spirituellen Nachfolger, wie befohlen, durch Hazur Maharaj Baba Sawan Singh Ji Maharaj. Er wird der Sant Satguru sowie der Schutzherr von Radhasoami Satsang Beas sein und wird die Autorität haben, Einweihung (NAM) zu geben. Er wird auch der Schutzherr der Maharaj Jagath Singh Medizinischen Befreiungsgesellschaft sein. Ich habe diesen Willen in Übereinstimmung mit den Wünschen von Hazur Maharaj Baba Sawan Singh Ji Maharaj gemacht, und ich habe jede Hoffnung, dass meine Wünsche, wie ausgedrückt, darin durch den kompletten sangat, alle meine Familienmitglieder und Mitglieder der Gesellschaft ordnungsgemäß geehrt werden. Unterzeichnet: Charan Singh Bezeugt durch: Seva Singh, S. L. Sondhi, Dr Joshi, und V.K. Veralteter Sethi: am 30-5-90 (30. Mai 1990)

Obwohl der Tod von Charan Singh nicht zu überraschend war, in Anbetracht seines vorherigen Herzleidens, war seine Ernennung von Gurinder Singh , als sein Nachfolger allgemein unerwartet. Für den größten Teil von satsangis in Indien und auswärts war der Name Gurinder Singh fremd; außerdem hatte er in Spanien für den letzten Teil der 1980er Jahre als ein Unternehmer gelebt, und war im Wesentlichen entfernt von den Dera Verwaltungsangelegenheiten gewesen. Weiter war Gurinder Singh nur fünfunddreißig Jahre alt und seine Frau hatten ihr zweites Kunst gerade ein paar Tage vor dem Tod von Charan Singh zur Welt gebracht. Sogar Gurinder Singh selbst wurde überrascht von der Ernennung , und hatte keine Idee davon, dass er der Dera seines Meisters nachfolgen sollte. Jedoch, innerhalb von Tagen, war die Annahme von Gurinder Singh durch satsangis auf der ganzen Welt überwältigend. Es gibt mehrere Faktoren für die leichtigkeit der Annahme von Gurinder Singh mantleship einschließlich 1) der Klarheit des letzten Willens von Charan Singh; 2) Die Blutbeziehungen von Gurinder mit dem Beas Meistern (außer, der Neffe von Charan Singh zu sein, Gurinder ist es auch der Urenkel von Sawan Singh); und 3) allgemeine Annahme weltweit, dass Charan Singh seinen Nachfolger durch einen Willen ernennen würde.

Im ersten fünf Jahren nach dem von Tod von Charan Singh hat Gurinder Singh die Unterstützung sowohl innerhalb als auch außerhalb des Dera mit einer unerwarteten Schnelligkeit konsolidiert. Er plant Länder wie die Vereinigten Staaten und England regelmäßig zu besuchen, und Harmonie unter den verschiedenen Sangats auf der Welt zu sichern. Seitdem Charan Singh mehr als eine Million und zweihunderttausend Eingeweihte während seiner Amtszeit Eingeweiht hatte (eine äußerst große Zahl wenn im Vergleich zu anderen Radhasoami Gruppen), ist die Aufgabe von Gurinder Singh eine fürchterregende: Als der Beas Satsang ins das 21. Jahrhundert eintritt, muss es mit zunehmender Internationalisierung und seinen begleitenden Folgen fertig werden, die Schismen zwischen verschiedenen Splittergruppen darüber einschließen, wie man die Lehren von Radhasoami und die schnell unveränderliche Bewegung unter einigen für die vergrößerte Macht und dem Status sowohl regionaler als auch nationaler richtig präsentiert. Wie Gurinder Singh und sein vergrößerte Folgschaft damit umgeht, mit diesen und anderen Problemen, wird in großem Maße bestimmen, ungeachtet dessen, ob Radhasoami als eine ehrliche Weltreligion, entlang den Reihn   von Jainism oder Sikhism bestehen wird.

IV. SAWAN SINGH ZU KIRPAL SINGH [1948]

Die Gründung von Ruhani Satsang

Obwohl Jagat Singh über einen Willen ernannt wurde, Sawan Singh in Dera Baba Jaimal Singh, Beas, in 1948 nachzufolgen, Kirpal Singh fand, dass er allein ordnungsgemäß beauftragt wurde, um die spirituelle Arbeit seines Gurus fortzusetzen. In einer kleinen Broschüre betitelte Eine Kurze Lebensskizze von 1949 veröffentlicht Baba Sawan Singh Ji Maharaj, Kirpal Singh erklärte, wie er den mantleship von seinem Meister erhielt: Am Morgen vom 12. Oktober 1947 um sieben Uhr rief er [Sawan Singh] mich. Als ich in seiner erhabene Gegenwart war, sagte er: „Kirpal Singh! Ich habe alle andere Arbeit zugeteilt, aber habe meine Aufgabe der Naam-Einweihung und spirituelle Arbeit niemandem anvertraut. Dass vertraue ich die heute an, so dass diese heilige Wissenschaft gedeihen kann .. ..“ Danach, wann auch immer ich die Ehre hatte, in der Abgeschlossenheit mit Hazur zu sein, sprach Er über die Innenangelegenheiten von Dera und informierte mich, wie man handelte, wenn Er für immer fortging. Während der letzten Tage Seiner Beschränkung auf dem Bett der Krankheit - in letzten Tagen des Februars 1948 - eines Tages fragte Hazur: „Wie viele Seelen von mir Eingeweiht worden sind?“ Registraturen wurden erforscht, und nachdem das Zählen beendet wurde, antwortete Hazur : „Bis jetzt ungefähr einhundertfünfzigtausend Seelen sind von Hazur erweckt worden.“ Hazur sagte: „Ganz recht.“ Am gleichen Tag, Abends, als ich mit Hazur zusammen war, sagte Hazur : „Kirpal Singh! Ich habe die Hälfte deiner Arbeit getan und habe Naam zu mehr als anderthalb Lakh Personen gegeben, den Rest müsst du vollbringen.“ [*NOTE: Kirpal Singh, Eine Kurze Lebensskizze von Baba Sawan Singh Ji Maharaj (Delhi: Ruhani Satsang, 1968), Seite 11 und 12. *]

Kirpal Singh behauptete, dass es innere Politik in der Dera war die darauf hinauslief das er sie verließ und die Gründung seines eigenen satsang anfing. In seiner Lebensbeschreibung von Sawan Singh behauptet Kirpal Singh, dass Sawan Singh ihn informiert hatte, was nach seinem Tod zu Tun ist. Kirpal Singh erinnert sich: Bei einer anderen Gelegenheit sagte Hazur [Sawan Singh]: Kirpal Singh! Die Leute werden zum Platz hinströmen wo sie die Reichtümer von Naam finden würden. Was kannst du von Dera gewinnen? Sie verlassen besser Dera. Als Baba Ji aus Agra kam brachte er mit ihm weder noch Anhänger noch Geld. Er hielt innerlich nur sein Guru und durch sein Segen entstand der gegenwärtigen Dera .... Danach, wann auch immer während der Lebenszeit von Hazur ich eine Gelegenheit hatte, zu ihm zu gehen, sprach er von dem Thema der sich fortpflanzenden Spiritualität und erteilte notwendigen Weisungen bezüglich seiner echten Gestalt, Bedeutung und grundlegender grundsätzlicher Probleme .. .. [*NOTE: Ibd .. *]

Seitdem mehr als neunzig Prozent der Eingeweihten von Sawan Singh Jagat Singh als der legitime Erbe akzeptierten, [*NOTE: Diese Zahl wird auch von Unterstützern von Kirpal Singh akzeptiert, der nicht bestreitet, dass sich die riesengroße Mehrheit der Anhänger von Sawan Singh um Jagat Singh und später Charan Singh sammelte. Wie Russell Perkins im „Einfluss eines Heiligen“ schreibt (op. cit. Seite 145): „Er [Kirpal Singh] war aus dem ashram seines Meister in Beas wegen der Existenz eines

Dokumentes gewaltsam vertrieben worden, jemanden anderen als Nachfolger nennend; während er nie im Jedem-Fall reagierte oder dagegen [sic] protestierte, und seine geistige Mission vom Grund auf verfolgte (seitdem die überwältigende Mehrheit der Apostel seines Meister es vorzog, dem Dokument zu glauben), war es undenkbar, dass er solch ein Mittel gewählt haben sollte, seinen Nachfolger genannt zu haben." *] der Anspruch von Kirpal Singh sein Nachfolger zu sein traf auf strenge Opposition. Das ist, deshalb nicht überraschend, weil Kirpal Singh viele Bestätigende Beweise für seinen Anspruch verwertete, der mehrere äußere Vereinbarungen kritisierte, die Jagat Singh unterstützt. Spezifisch, Kirpal Singh und seine Assoziierten hinterfragten die Gesetzmäßigkeit des letzten Willens von Sawan Singh, der Jagat Singh als sein geistiger Nachfolger bezeichnet. [*NOTE: Sieh Wahrheit Triumphierend, op. cit. *] Außerdem behauptete Kirpal Singh, dass innere Erfahrung (und nicht Willen, Dokumente, oder Komitees) Handelsmarke einer Echtheit eines Guru war. Obwohl diese Voraussetzung immer in Sant Mat/Radhasoami betont worden ist, erhob Kirpal Singh es zu einem einmaligen Grad. Er bestand darauf, dass Erfahrungen des Lichtes und Ton's während der Zeit der Einweihung wahrgenommen werden sollten, und dass dieses Kriterium eine der Hauptweisen ist zu bestimmen, ob ein Guru fähig

Maharaj Gurinder Singh Ji (Foto hinzugefügt 22.9.2007 WSchorat)

ist. [*NOTE: Für mehr zu diesem Problem sieh Kirpal Singh's Gottmensch (Delhi: Ruhani Satsang, 1967). *]

Das soll nicht vorschlagen, dass Kirpal Singh keine historische Zusammenfassungen benutzte , um seine Ansprüche zu unterstützen, sondern dass er sie im Gegensatz zu inneren Erfahrungen bagatellisierte. Folglich, in diesem Bereich, sind widersprechende Beweise - wie Willen, der äußerlich präsentiert werden – ist sozusagen Jugendlicher im vergleich zu persönlichen, enthüllenden Begegnungen in den höheren Bereichen, die in Übereinstimmung oder auch nicht mit den „Übereinstimmigkeitsdaten" sein können." Allgemein, Kirpal Singh und seine Eingeweihten haben das folgende als bedeutende Faktoren als Nachfolger von Sawan Singh identifiziert: 1.Direktes persönliches Zeugnis durch Sawan Singh zu Kirpal Singh über seine Rolle als ein Guru, Einweihung und satsang gebend. 2. Die Übertragung der Übertragungs-Macht durch Sawan Singh zu Kirpal Singh „durch die Augen." 3. Zeugnisse durch hoch angesehene Eingeweihte von Sawan Singh, die den geistigen Status von Kirpal Singh verifizierten. 4. Andeutende historische Ereignisse, wie Kirpal Singh, der Satsang und Einweihung unter der Aufsicht von Sawan Singh gibt. 5. Die Erfahrungsbestätigung durch interessierte Personen, die innere Bestätigung in der Meditation von der Übertragung von Sawan Singh's Macht zu Kirpal Singh erhielten.

Die Beziehung von Kirpal Singh mit Sawan Singh

Kirpal Singh ist 6. Februar 1894 in Sayyad Kasran, Bezirk von Rawalpindi geboren. Er war der jüngste Bruder von drei. Aufgewachsen in einem Sikh Haushalt wurde er in der Höheren Kirchenmissionsschule von Edwards in Peshawar erzogen, 1910 graduierend; im selben Jahr wurde er mit Krishna Wanti verheiratet. Sie hatten zwei Söhne: Darshan-Singh, der 1921 geboren war; und Jaswant Singh, der 1927 geboren war. Kirpal Singh arbeitete im Militärischen Technikdienst, und Militär Finanz Abteilung in Lahore.

Im dem Alter von dreiundzwanzig Jahren begann er, Visionen in seinen Meditationen einer zu haben, von denen er glaubte, das es Guru Nanak war. Sieben Jahre später 1924 begriff Kirpal Singh, dass es Sawan Singh von Beas, nicht Gurus Nanak war, den er innerlich wiederholt sah. Überzeugt von der Gottheit seines Master erhielt Kirpal Singh Einweihung von Sawan Singh in den Radhasoami Pfad dasselbe Jahr.

Beide der Brüder von Kirpal Singh, Jodh Singh und Prem Singh, waren auch Apostel des Großen Meister. Jodh Singh (der mittlere Bruder der Familie) wurde insbesondere hohes Ansehen von Sawan Singh gegeben. Er starb am 5. September; Prem Singh, der spät im Leben zum Pfad kam (anscheinend war er ein Fleisch-Esser seit mehreren Jahren), starb am 22. Juli 1946.

Während der 1930er Jahre und der 1940er Jahre wurde Kirpal Singh ein prominenter sevadar im Ashram seines Gurus, bekannt einfach als der „Dera" (. „Zelt" oder „ Camp"), häufig satsang in Gegenwart von Sawan Singh gebend. Er wurde auch anscheinend in der Veröffentlichung des Opus Magnus von Sawan Singh, Gurmat Sidhant involviert. Ursprünglich veröffentlicht in einer viel kleineren Version 1919 Gurmat Sidhant wurde Mitte der 1930er Jahre enorm ausgebreitet. Es besteht jetzt aus zwei Volumina, die sich auf etwa 2000 Seiten belaufen. *(Senfzeit: Ich habe die Bücher gelesen in Englisch , Nennt sich nun : Philosophy of the Masters,ja, das ist schon beeindruckend. Dort ist auch das „Eck" und „Eckankar"Verbindung zu erlesen und es kann erkannt werden das Paul Twitchell von diesem Werk Seitenweise ohne Veränderungen in seinen Büchern übernommen hatte und vieles mehr. Zum Beispiel über Liebe,,ja, sehr gut,,und völlig weg von der Brutalo Raubmenschkultur des GlobalkapitalVerblödungstrippps. Oleee. HoHoHo.3.8.2007 WSchorat)*

Es gibt Meinungsverschiedenheit bezüglich des Beitrags von Kirpal zur Arbeit. Kirpal Singh behauptet völlig, dass er der Autor des Buches ist, aber aus der Demut Sawan Singh fragte seinen Namen auf den Text zu stellen, seitdem er die führende Hand und Inspiration dahinter war. Kirpal Singh führt sorgfältig aus: Meister: Ich sage dir, dass diese Dinge von sich kommen. Ich habe Erfahrung davon. Schauen Sie auf den Gurmat Sidhant - Die Philosophie der Meister – die Arbeit, die ich in zwei Volumina schrieb; Eine, neunhundert Seiten, die anderen eintausendeinhundert Seiten. Ich pflegte, um ungefähr acht oder neun nachts zu schreiben. Ich saß und schrieb. Eines Tages beobachtete ein Schriftsteller mich dort. „Von wo schreiben Sie, und so schnell?" Ungefähr Mitternacht sagte er, „Schau Mal, Sie schreiben so schnell, kopieren Sie nichts. Aber wie schreiben Sie?" Ich sagte, „Jemand diktiert es zu mir, ich kann ihm nicht folgen?" Frage: Sie schrieben das auf Urdu? Meister: Auf Punjabi. Ich habe Bücher auf Englisch auf diese Art geschrieben unter dem Schutz dieses Baums. Es gab einige sitzende Maßnahmen dann. Frage: Das wurde von Sawan Singh diktiert? Meister: Es war Intuition, dasselbe. Frage: Natürlich haben Sie Seinen Namen auf das Buch gestellt. Meister: Das ist alles wegen Ihm. Wie kann man undankbar sein? Meine Bücher werden gewidmet sein zu Gott und Allen, in dem Er erschien und Baba Sawan Singh, an dessen Füßen ich Wahrheit getrunken habe." [*NOTE: Herz zu Herzgesprächen, Volumen Ein, Seiten 81-82. *]

Und doch historisch scheint es, dass Kirpal Singh nicht der alleinige Autor von Gurmat Sidhant war, weil sogar sein eigener Sohn, Darshan Singh, behauptet, dass er die Mehrheit von Zitaten aus dem im Buch verwendeten Persischen sammelte. Das ist bedeutend, weil Gurmat Sidhant von Zitaten, besonders vom Sikh heiligen Buch, Gurus Granth Sahib angefüllt ist. Etwa eine Hälfte von Gurmat Sidhant ist Zitate von anderen Mystikern, besonders diejenigen von der Sant Tradition. Es kann wohl eine Reihe von satsangis, einschließlich der Lekh Raj Puri und Jagat Singh unter anderen gegeben haben, die halfen die ungekürzte Ausgabe zu kompilieren. Außerdem diskutiert der Beas Satsang den Anspruch von Kirpal Singh auf die alleinige Autorschaft, zur früheren 1919-Ausgabe als dokumentierte Beweise hinweisend, dass Sawan Singh der echte Autor war, seitdem Kirpal Singh seinen Guru in Beas bis 1924 - ungefähr fünf Jahre nach der anfänglichen Ausgabe nicht traf. Tatsächlich traf sich der Anspruch von Kirpal Singh auch mit etwas gesetzlichem Widerstand. Weil Kirpal Singh erklärt: Gestern antwortete ich [Kirpal Singh] einem Schriftsatz. „Sie sagten, dass Gurmat Sidhant nicht meine Aussprüche waren." Ich antwortete dass das Buch im Namen Baba Sawan Singh ausgegeben wurde – es war Sein Wohlwollen - Er tat es. „Und, wie wird es in ihrem Namen in Beas herausgegeben?" „Sie haben sich Rechte vorbehalten weil auf dem Papier Eigentum in ihrem Namen sind." Ich kann nicht es veröffentlichen, jene Dinge hier drucken - gesetzlich meine ich .. .. gesetzlich wird mir nicht erlaubt, es zu drucken. [*NOTE: Herz zu Herzgesprächen, Volumen II, op. cit. Seiten 153-154. *]

Unabhängig von der Meinungsverschiedenheit, die Gurmat Sidhant umgibt, ist es klar offensichtlich, dass Kirpal Singh involviert war mit etwas Kapazität mit der literarischen Arbeit in Beas, wie sogar Lekh Raj Puri seine Hilfe bestätigt (im sammeln von Information über Islamische spirituelle Methoden) in der Einleitung zu seinem Buch, Mystik: Der Spirituelle Pfad, der im letzten Teil der 1930er Jahre veröffentlicht wurde.

1939, wie man berichtet, hätte Kirpal Singh Einweihung von mehr als zweihundert Menschen in Dera in Gegenwart von seinem Guru Sawan Singh geführt. Gemäß Kirpal Singh hinweise auf diese Gelegenheit verursachte es so etwas wie ein Aufruhr unter satsangis in der Dera. Um diese Periode war Kirpal Singh das Thema von einigen negativen Gerüchten, die ihn davon abhielten, die Anwesenheit seines Gurus zu genießen. Kirpal Singh erwähnt nur diese Episode im Vorbeigehen und stellt (mindestens auf Englisch) keine Details über die Propaganda zur Verfügung, wie er es nannte, die über ihn ausgebreitet wurde. Das wenig, das wir wirklich wissen, kommt aus Kirpal Singh und/oder seinen Partnern . Einmal passierte es in meinem Leben (allgemein, kommen diese Meinungsverschiedenheiten wirklich vor), dass es sehr viel Propaganda gegen mich gab. Einmal fragte mich der Meister , zweihundertfünfzig Menschen in der monatlichen Versammlung zu beginnen. Konkurrenz entsteht dann natürlich, und es gab einen großen Menge der Propaganda gegen mich. Ich verhielt mich ruhig, weil ich mir selbst Treu wahr ; Ich wusste, „ Gott mit mir, Meister ist mit mir." Und es wurde so arrangiert, dass ich mit dem Meister acht Monaten nicht sprechen konnte - solche einflussreichen Leute waren involviert. [*NOTE: Wie zitiert, in A. S. Oberoi's Unterstützung für den zerrütteten Sangat (Sanbornton: Sant Bani Ashram, 1984), Seite 120. Sieh auch die Morgengespräche von Kirpal Singh (Delhi: Veröffentlichungen von Sawan Kirpal, 1981), Seite 213. *]

Auch während dieser Zeit erhielt Kirpal Singh einen lieben und unterstützenden Schriftsatz, datiert 11. Juni 1939, von Sawan Singh, ihn dazu ermunternd, satsang zu führen und seinen spirituellen Fortschritt in der Meditation zu vollenden. Weiter auf im Brief stellte Sawan Singh fest, dass er" mit Kirpal Singh „außerordentlich zufrieden war, hinzufügend, dass „er [Kirpal Singh] dem Herrn mit allen seinen Mitteln, Körper, Geist und Geld dient." [*NOTE: Bildnis der Vollkommenheit, op. cit. Seite 37. *] Um 1947, ein Jahr vor dem Tod seines Gurus , Kirpal Singh war als einer der Hauptapostel des Großen Meister betrachtet. [*NOTE: Zum Beispiel, Dr Pierre Schmidt, der Sawan Singh persönlich seit den letzten vier Monaten seines Lebens, verwies auf Kirpal Singh als „einer der Hauptapostel." Sieh Radha Soami Satsang, Meldungszahl IX (1948). *] Tatsächlich, in den Statuten aufgebaut durch das

Verwaltungskomitee 1947 durch Sawan Singh, wurde Kirpal Singh Verantwortung gegeben, gemeinsam satsangs mit Gulab Singh und B. Rameshwar zu führen, sowie verantwortlich für die Unterkünfte von satsangis in Dera zu sein.

Kirpal Singh und die Rhetorik der Minderheitsfolge

Am 6. April 1948, gerade vier Tage nach dem Tod seines Gurus, verließ Kirpal Singh den Dera für immer. Er ging nach Delhi für einen kurzen Besuch, und ging dann zu Rishikesh weiter. Kirpal Singh, zusammen mit seiner Familie, blieb in der verehrten Stadt seit fünf Monaten, bis zu aufwärts von achtzehn Stunden täglich in der Meditation bleibend. Am 2. Dezember desselben Jahres fing er sein Ministerium in Delhi an , regelmäßigen satsangs und Einweihung führend. 1950 gründete Kirpal-Singh formell Ruhani Satsang und 1951 etablierte er den Sawan Ashram in Shakti Nagar, Delhi .

Und doch, vom Anfang seines Ministeriums, musste Kirpal Singh viele Hindernisse überwinden, und nicht weniger, dass Jagat Singh klar der akzeptierte Nachfolger von Sawan Singh durch die riesengroße Mehrheit von satsangis war. Um besser seine Nominierung als Satguru zu klären, veröffentlichte Kirpal Singh eine Broschüre über das Leben seines Gurus und Lehren auf Englisch in 1949, das im Detail erklärte, wie er ernannt wurde. Aber auf diese Weise rief Kirpal Singh die ernste Frage der Nachfolge in Dera auf. Zum Beispiel, in „Einer Kurzen Lebensskizze" von Hazur Baba Sawan Singh Ji Maharaj, bezieht Kirpal Singh klar in vier verschiedenen Plätzen [*NOTE : Sieh Seiten 11, 12, 15, und 18. *], dass er allein ernannt wurde, die Mission seines Meisters fortzusetzen. Auf der Seite 15 der Broschüre zitiert Kirpal Singh seinen Meister, „Die Mission der Spiritualität kann nur erfolgreich durch einen [meine Kursive] Meister in der Spiritualität fortgesetzt

Kirpal Singh Ji (Foto hinzugefügt 22.9.2007 W. Schorat) werden." Außerdem, Kirpal Singh deutet, dass einige von seinen Verwandten von Sawan Singh und nahen Aposteln spirituell blind waren. Tatsächlich zitiert Kirpal Singh mindestens fünf verschiedene Episoden, wo die Familie von Sawan Singh und/oder nahe Bekannten, die Wünsche ihres Gurus missverstanden. Kirpal Singh behauptet überall im Text, dass er allein dazu fähig war, die erhabenen und mystischen Wege seines Meister zu verstehen. Unten sind einige Beispiele, der ein bisschen verschleierten Kritiken, von Kirpal Singh, des inneren Kreises von Sawan Singh: [Seite 12] In jenen wirklichen Tagen eines Nachts, erwähnte Hazur eine seiner inneren esoterischen Erfahrungen: „ Die Sonne ist hoch erhoben. Können die Leute von Jullundur auch diese Sonne sehen? „Die Verwandten und Freunde, die in der Nähe sitzen, waren ignorant gegenüber dieser geheimen Ausdrucksweise. [Meine Kursive.] Die Meinung [vom] verantwortlichen Arzt war auch, wie andere neben Ihm, dass das Gehirn von Hazur nicht richtig wegen Seiner Krankheit arbeitet. Ein wenig später Nachts, als ich zu Ihm ging, wiederholte Hazur dieselbe Frage, mich anredend: „Kirpal Singh! Die Sonne hat sich hoch erhoben. Können die Leute von Jullundur diese Sonne sehen?" Ich antwortete, „Ja Hazur, die Sonne steht hoch - und nicht nur, die Leute von Jullundur sondern auch diejenigen in England oder Amerika , die zu den inneren Bereichen reisen können diese Sonne sehen." Darauf sagte Hazur: „Du hast richtig auf meine Frage geantwortet." [*NOTE: Seite 12. Dr Pierre Schimdt, der Sawan Singh während seiner letzten vier Monate beiwohnte, hat eine verschiedene Interpretation als Kirpal Singh dieses desselben Ereignisses. Im April 1948 schrieb Schimdt: „ Ich finde, dass ich zwei Beispiele verbinden muss, die Ihn [Sawan Singh] als ein Meister sogar während dieser Periode der ernsten Qual offenbaren: 1. Einige Wochen vor Seinem Tod fragte der Meister, etwas Wasser von Jullundur, ungefähr 40 Kilometer vom Dera gebracht zu werden, und als es gebracht wurde, fragte Er, warum sie gegangen waren, um es zu sammeln. An einem andereren Abend sagte Er uns, „Blick auf das Licht , das in Jullundur scheint" obwohl es nur ein geringe Glühen über der Stadt lag. Ich dachte, dass waren Anzeichen eines Deliriums wie wir es in uraemia antreffen. An einem anderen Tag sagte er „Schau in dieses Haus, im dem ich jetzt lebe, es löst sich auf und fällt in Ruinen. Wir müssen den Dera verlassen und zu Jullundur gehen. Kaufen Sie schnell ein neues Haus"! Das schien für einen Zustand der Schwäche und mentalen Obnubilation symptomatisch zu sein, der paroxsmically in solchen Bedingungen kommt. Aber später begriffen wir, Er meinte, Seinen Nachfolger , der aus Jullundur kam: Es wollte uns sagen, dass künftig das Licht von dorther kommen würde, und dass Er seine Aufgabe beendet hatte, weil Sardar Bahadur Jagat Singh in Jullundur geboren war. [Meine Kursive.] Sieh Radha Soami Satsang Bulletin Nr.X für weitere Information. *] [Seiten 12-13] Ähnlich machte Hazur eine Erwähnung von mehreren verborgenen Geheimnissen, aber diejenigen um Ihn waren kaum im Stande zu bergreifen, was Hazur andeutete, ein Thema vertraut nur für diejenigen vertrauten, praktischen „Einseher" und spirituell erfahrenen . Was konnten deshalb andere arme Gefährten über sie wissen. [Seite 15] (Spiritualität) kann nicht einer blinden Person anvertraut werden. Wer auch immer einen Wunsch hätte, mich herauszufinden, kann mich innerhalb durch denjenigen erreichen, der mit mir verbunden wird. Sie werden mich in der Gesellschaft von denjenigen nicht finden, die nach den Besitzungen der Welt sind. Werden Sie von solchen Leuten nicht getäuscht.... Ich wohne nicht in der Mitte von Maya Insekten. Gehen Sie zu ein selbstlos Wesen, das nach mir sucht und für mich lebt und nicht nach dem Besitz von Deras ...... [Seite 18] Im Laufe der Periode Seiner Krankheit sagte Hazur oft: „Wenn eine Person tüchtig in Bhajan und Simran bei mir sitzt, fühle ich mich getröstet und erleichtert. Deshalb sollten diejenigen, die zu mir kommen oder in der Nähe von mir sitzen, Simran tun". Entsprechend zur Zeit des erscheinens dieser Symptome vom „Flattern des Körpers" sprach Hazur wieder mehrere male in diesen Wörtern: „Wenn die Person, die die Arbeit der Spiritualität tut , nachdem ich fortgehe, kommt und neben mich sitzt, werden meine Schwierigkeiten weg sein." Um den letzten Wunsch des Meister zu erfüllen - kamen die nahen Verwandten von Hazur und saßen in Bhajan und Simran einer nach dem anderen neben dem Bett von Hazur, aber es gab keine Erleichterung von den flatternden Symptom vom Körper von Hazur. Am Morgen vom 1. April 1948 war es von Hazur äußerst wohltätig diesem bescheidenen Diener eine Chance zu geben - natürlich durch die Hilfe einer Dame im Krankenhausdienst für Hazur - um neben dem Master in der Abgeschlossenheit seit ungefähr zehn oder fünfzehn Minuten zu sein.... Nach dem Gebet [Kirpal Singh betete für die Gesundheit seines Gurus], als ich meine Augen öffnete, war der Körper von Hazur in einem Zustand der vollkommenen Ruhe.

Wie die vorhergehenden Exzerpte anzeigen, besonders der letzte , findet Kirpal Singh, dass er allein im Verstehen und der Bedingung des beruhigenden Sawan Singh nützlich war. Die Unterseite zu den Ansprüchen von Kirpal Singh ist jedoch, dass der innere Kreis von Sawan Singh spirituell bankrott ist. Die zwei zackige Redekunst hinter dem Bericht von Kirpal Singh ist offensichtlich, da die Broschüre nicht allein über das Leben von Sawan Singh und Arbeit, aber eher über seine eigenen Ansprüche auf Meisterschaft ist. Ungefähr eine Hälfte der 22-Seite-Broschüre-zentriert darauf, wie Sawan Singh seine geistige Autorität Kirpal Singh übersandte. Sogar dem zufälligen Leser ist es klar, dass die Broschüre ein strategisches Schriftstück ist in, dem Anspruch von Kirpal Singh auf die spirituelle Folge und

Autorität , in einen Kontext zu setzen und zu stützen. In einem Ende kritisiert Kirpal Singh entweder die Familie seines Gurus und nahe Apostel implizit oder ausführlich (einschließlich, vermutlich, Jagat Singh, seitdem er in der täglichen Dienst von Sawan Singh während seiner letzten Jahre war), und, auf dem anderen Ende, entweder offen oder versteckt seine eigene geistige Kompetenz lobend. Das Nettoergebnis ist dünn verkleidet polemisch gegen den Dera und für Ruhani Satsang. [*NOTE: Zum Beispiel erwähnt Kirpal Singh Jagat Singh nicht einmal im Text , noch bespricht er den letzten Willen von Sawan Singh. Außerdem, jedes Mal, wenn er sich auf die Dera bezieht, ist es in einem negativen Licht. *]

Es ist wenig Wunder deshalb, dass Kirpal Singh einen verleumderischen Brief über die Familie von Sawan Singh und ihren Versuch schrieb, den gaddi „zu kaufen". Dieses Ereignis, plus die in Einer Kurzen Lebensskizze von Hazur Baba Sawan Singh Ji Maharaj entworfenen Episoden, demonstriert, dass Kirpal Singh nicht nur die Folge von Jagat Singh und Charan Singh – ihren Amtanspruch hinterfragte - aber dass er auch fand, dass es ein Komplott gab, um die Heiligkeit des gaddi selbst zu untergraben. Seit Kirpal Singh sich bereit erklärte, sich für seinen unglücklichen berichteten Brief zu entschuldigen, verminderten sich die Kritiken um die Nachfolge in der Dera .

Nicht genügend Unterstützung (gesetzlich oder sonst) zu habend um ernste Zweifel unter dem allgemeinen sangat über die Folge-Entscheidung in Dera zu werfen, blieb Kirpal Singh bei der Kritik der Amtsbevollmächtigung im Allgemeinen . Bei mehreren Gelegenheiten deutete Kirpal Singh an , dass die Nachfolger in Dera - Jagat Singh und Charan Singh - nur den „Sitz", nicht die Macht hatten. Ein Ereignis nochmals erzählt im Buch, Herzen zu Herzgesprächen, Volumen II, offenbart die Position von Kirpal Singh hinsichtlich des Dera und seiner Nachfolger: Es geschah so hier in Indien, dass ein Mann außerordentlich wegen Krebses litt. Er konnte nicht für einen Moment schlafen. Er war glücklich, oder unglücklich, verwandt mit mir, Gurdial Singh. So ging Baba Charan Singh da rüber. Der kranke Mann, fragte „helfen Sie mir Bitte?" Charan Singh antwortete, „auch, ich kann nichts tun." Da Gurdial Singh mit mir verbunden war - die Tochter meines Bruders war mit seinem Sohn verheiratet - schleppte sie mich dorthin. Sie wollten, dass ich meine Hand auf ihn lege. Er sagte, „werden Sie mir helfen?" Ich erzählte ihm, „ist Baba Charan Singh bei Ihnen gewesen. Warum baten ihn nicht?" Ich fragte ihn wirklich, aber er sagte, „ich kann nichts tun." So wurde ich gezwungen meine Hand auf ihn zu legen, sehen Sie, und alle Schwierigkeiten wurden erleichtert. [*NOTE: Herz zu Herzgesprächen, Volumen II (Delhi: Ruhani Satsang, 1976), Seite 80. *]

Weiter, im selben Buch, erklärt Kirpal Singh den Unterschied zwischen seiner Mission und den Beas Nachfolgern nach Sawan Singh: Neulich gab ich Einweihung zu sechshundertdreiundfünfzig Menschen. Alle sahen Licht - ungefähr zweihundert sahen die Form des Meisters. Die Lehren in Beas sind dieselben, aber die Worte die in der Einweihung gegeben werden sind nicht aufgeladen [seine Betonung] . Das ist der Unterschied [meine Betonung]. [*NOTE: Ibd.. Seiten 157-158. *]

Das vorherige Exzerpt erzählt sehr viel, da Kirpal Singh sagt, dass der Unterschied zwischen ihm und Charan Singh der ist, dass er die geistige Aufladung hätte und der Beas Führer nicht . Mit anderen Worten behauptet Kirpal Singh, dass er allein echt ist, und dass er auf Grund von der inneren, spirituellen Macht echt ist.

Dieser Begriff der inneren Macht wurde zentral im Unterstützen der Gesetzmäßigkeit von Kirpal Singh als der Nachfolger von Sawan Singh. Tatsächlich revolutionierte Kirpal Singh Sant Mat-Einweihungsmethoden, indem er betonte, dass ein Typ der inneren Erfahrung während der Zeit der

Einweihung erhalten werden sollte. Irgendjemand, stritt Kirpal Singh, sollte einen direkten Kontakt mit dem inneren Licht und Klang haben und während der Meditationsperiode der Einweihung. Das würde alle Fragen der Sucher über die Wirkung des Pfads und Befähigung des Meister zufriedenstellen. Und doch war solch eine Neuerung im den Annalen von Radhasoami einzigartig, seitdem kein Guru vor Kirpal Singh solch ein weites Erreichen, universaler Voraussetzung machte. Natürlich, die vorherigen Gurus hatten innere Erfahrungen und ähnliches betont; Shiv Dayal Singh gab tatsächlich häufig Einblicke aus erster Hand zu würdigen und frommen Suchern. [*NOTE: Wie Partap Singh schreibt in der Lebensbeschreibung von Soamiji Maharaj (Agra: Soami Bagh, 1978), Seite 23: „Soamiji Maharaj pflegte häufig, ein wenig den Geist von bestimmtem Adhikaris zu erheben (passende und verdienende) zur Zeit der Einweihung. So hatten sie einen Vorgeschmack der Seligkeit von höheren Gebieten gehabt, und Glauben sofort entwickelt .. .. *], Aber alle waren sie , einschließlich Kirpal's Guru, Sawan Singh, darin auswählend, wen sie nach innen nahmen.

Für eine große Zahl von Suchern war das viel versprechende Angebot von Kirpal Singh Beweis seiner Befähigung. Jedoch, für eine kleine Zahl von Anhängern, veranlasste es etwas Verwirrung, seitdem der Master von Kirpal, Sawan Singh, dieselben Ansprüche während seiner Amtszeit nicht erhob. Wie ein Ruhani Satsang Eingeweihter zu Kirpal Singh sagte: „Ich kenne zwei Eingeweihte, die am Anfang Spirituelle Edelsteine lasen und sie fanden Widersprüche darin mit deinen Lehren - sehr geringe , aber es schuf viele Probleme in ihrem Mental."**(SenfZeit: Ja das kann ich von mir auch berichten.Bei mir entstand im Mental mächtiger Zweifel als ich mit der Thankar Singh Situation und Ching Hais Verneinung dazu und dann diesem mehrere Hundert Jahre alten Mann im Himalaja las, mit dem Namen „Khudaji „ der angeblich ihr die Initiationsmacht übertrug.Das war keine schöne Mentale Zeit für mich.Zweifeln.5.8.2007 WSchorat)** [*NOTE: Herz zu Herzgesprächen, Volumen II, op. cit. Seite 157. *] Später im Gespräch drückte (vermutlich) derselbe Apostel die Überraschung aus, indem er erfuhr, dass die Anhänger von Sawan Singh selten innere Erfahrungen zur Zeit der Einweihung erhielten: ,, Ich las Mit einem [sic] Großen Meister in Indien, von Julian Johnson. Und ich wunderte mich in einem Teil sagt er, dass der Meister [Sawan Singh] Einweihung zu mehr als siebenhundert Menschen gab, und aus diesen nur zwei Licht sah - nur zwei sahen Licht! „[*NOTE: Ibd .. *]

Die Überraschung des Apostels war gut begründet, seitdem Kirpal Singh neuen Grund grundsätzlich geschmiedet hat, sogar mit seinem eigenen Guru brechend . Sawan Singh argumentierte zum Beispiel wirklich gegen das Bedürfnis danach Erfahrungen aus erster Hand zur Zeit der Einweihung zu geben. Sawan Singh argumentiert: Die Ansicht, dass man etwas zur Zeit der Einweihung sehen muss oder man würde nie im Stande sein später etwas zu sehen, ist falsch [meine Betonung] . Erfahrung unterstützt es auch nicht. Jeder führt seinen eigenen Kurs des Lebens, das von allem andere verschieden ist. Keine zwei Personen sind in der Gewohnheit, Form und Gedanken ähnlich. Alle sind auf verschiedenen Stufen der Entwicklung. Bei der Einweihung, kann man nicht erwarten das sie sich gleich verhalten. Nur wenige [meine Betonung] sehen irgendetwas dann. Die Mehrheit [meine Betonung] nimmt Zeit, einige Wochen, einige Monate und einige Jahre. Alle sind nicht alle gelichmäßig darauf scharf. [*NOTE: Sawan Singh, Spirituelle Edelsteine (Beas: Radha Soami Satsang Beas, 1974), Seite 87. *]

Malik Radha Krishna Khanna ein Eingeweihter von Sawan Singh und einem nahen Bekannten von Kirpal Singh, bezeugt die Unterschiede zwischen beider Gurus in dem Ansatz zur Einweihung: Ich saß in vielen Einweihungen, und manchmal er [Sawan Singh] fragte mich, die neuen Eingeweihten zu „Drillen", während sie die fünf geladenen Namen lernten. Er würde weggehen und mich dort allein lassen. Am Ende fragte er nie [meine Betonung], wer das gesehen oder das gehört hatte. Das ist etwas, dass Maharaj Kirpal Singh Ji [meine Betonung] angefangen hatte. [*NOTE: „Erinnerungen: An den

Die Ansprüche von Kirpal Singh und das Problem des Beweises: Legitimation gegen Echtheit

Ken Wilber, ein transpersonal Theoretiker, hat zwei Begriffe, Legitimation und Echtheit entwickelt, die in unserer Diskussion der Guru-Politik nützlich sein kann. Legitimation, gemäß Wilber, bezieht sich auf den Versuch von religiösen Personen, ihre Ansprüche und Glauben in dieser Welt gültig zu machen. Als solcher ist es der Wunsch, einen religiösen Gesichtspunkt innerhalb des gesunden Menschenverstands, aufeinander zu beziehen oder zu begründen. In der Wilberian Terminologie ist Legitimation ein translatives (Horizontal) bemühen, wodurch man sich bemüht zu integrieren, nicht zu überschreiten oder, das heilige mit dem profanen zu löschen. Echtheit ist andererseits ein umgestaltender (Vertikal) Versuch, einen Anspruch oder einen Glauben gültig zu machen, sich auf ein verschiedenes Niveau des Bewusstseins - eine höhere Ebene außerhalb des rationalen Mentals,beziehend. Entsprechend umgeht Echtheit die normalen Strikturen der wachen Welt, weil sie versucht, einen bestimmten Anspruch gültig zu machen, zu einem höheren Bezugspunkt - ein ontologisch verschiedener Zustand des Seins hinweisend. [*NOTE: Wilber hat mehrere Bücher über dieses Thema geschrieben, aber seine klarste Präsentation bleibt Ein Sozialer Gott (New York: McGraw-Hügel, 1983). *]

Zum Beispiel, im der Guru-Folge im Anschluss nach dem Tod von Sawan Singh, haben wir bereits zwei verschiedene Alleen für die Gültigkeitserklärung bemerkt: Äußere, äußerliche und gesetzliche Überprüfung gegen die innerliche, innere und Erfahrungserhärtung. Im Schema von Wilber können diese zwei Tendenzen als Gesetzmäßigkeit gegen Echtheit gesehen werden. Der erstere ist mit diesem Bezugssystem in der Einfassung beschäftigt (Einigkeitswirklichkeit), wohingegen sich der Letztere für trans-persönliche oder spirituelle Realitäten (heilig oder Numinous-Begegnungen) interessiert. Obwohl Gesetzmäßigkeit und Echtheit nicht notwendigerweise gegenseitig exklusiv sein müssen (Wilber spricht über die transcriptive Verbindung zwischen den zwei), [*NOTE: Sieh meinen Artikel, „Die Himalajaverbindung: U.F.O s und die Chandian-Wirkung," Zeitschrift der Humanistischen Psychologie (Fall 1984), wo ich über diese „transcriptive" Verbindung als Transfusion oder Zwischenschnittbeziehung zwischen zwei Weisen der Entwicklung spreche: vertikal und horizontal. In Bezug auf gaddi nasheen Folge erscheinen jene Gurus, die sowohl legitime als auch authentische Beweise (oder Erfahrungsbestätigung) haben, als Majoritätsfolge-Führer. Folglich ist die transcriptive Korrelation zwischen der inneren und Außenerhärtung eine sehr starke legitimierende Kraft in der Guru-Politik. Sawan Singh ist vielleicht das beste Beispiel eines Radhasoami Gurus, der überwältigende Unterstützung in beiden Richtungen hatte. *] ist das häufig der Fall, besonders in gaddi nasheen Folge, dass sie als solcher angesehen werden.

In Bezug auf die Radhasoami Folge-Rhetorik kann es behauptet werden, dass die Betonung von Kirpal Singh auf der inneren Überprüfung (Echtheit) gegen die äußere Bestätigung (Gesetzmäßigkeit) eines Gurus entstand, weil er daran nichts hatte, was Jagat Singh so annehmbar für den größeren sangat machte: ein notariell beurkundeter Wille unterzeichnet von Sawan Singh und der Übertragung von satsang Eigenschaften in seinem Namen. Wenn Kirpal Singh diesen Typ von dokumentierten Beweisen, d. h. Amtsanspruch hatte, dann bräuchte er nicht innere Gültigkeitserklärung so zu betonen. [*NOTE: Natürlich kann Kirpal Singh noch innere Erfahrung als das Hauptkriterium betont haben, um eine Echtheit eines Gurus zu messen, wenn er in Beas etabliert war,aber, mindestens, solch eine feststehende

Ernennung würde ihm die Auswahl lassen das nicht zu tun. *] Es scheint eine Binsenwahrheit im der Guru-Politik zu sein, dass diejenigen, genügend [*NOTE: Das Wort „genügend" ist eine flüchtiger Begriff. Mein Gebrauch hier ist jedoch auf eine ziemlich aufrichtige, statistische Weise: Gurus, die sich als der Chef oder Majoritätsnachfolger im satsang einrichten, haben genügend Beweise, die ihre Ernennung durch die einfache Tatsache unterstützen, dass sie die meisten Anhänger haben. So ist Angemessenheit hier bloß eine Tautologie, die den sozialen Prozess der Mehrheitsregierung beschreibt. Ungeachtet dessen ob die Gurus oder Apostel selbst diesen Prozess sehen, ist eine andere Frage . Wie Neil Tessler in einem persönlichen Brief im Frühling 1988 schrieb, „würde ich mich für das Wissen interessieren, wie der Meister [sic] die Nachfolge seiner Ministerien beurteilt ." Die Frage von Tessler ist eine gute, da der Erfolg eines Ministeriums eines Gurus (mindestens dem Guru selbst oder seinen/ ihren Aposteln) überhaupt nichts mit Zahlen zu tun haben könnte.*] äußere Bestätigung in beliebigen Formen - Willen, Zeugnissen, oder Reliquien - bewegen sich allgemein zu Erfahrungs-, nach innen, und persönliche Formen der Überprüfung. Oder, in den Worten von Max Weber, Folge-Kläger, die keine offizielle Bevollmächtigung haben bewegen sich zum persönlichen Charisma oder der Autorität , um ihre Unterstützer zu sammeln. Wie Max Weber sagte: Die bloße Tatsache, die persönliche Mission eines charismatischen Meisters anzuerkennen, gründet seine Macht. Ob das aktiver oder passiv ist, diese Anerkennung entsteht durch die Übergabe der Gläubigen zum außergewöhnlichen und unerhörten , das was allen Regulierungen und Traditionen gegenüber Alien ist, wird angesehen als das göttlich – Hingabe die entsteht durch Qual oder Begeisterung. Wegen dieser Weise der Legitimation, echte charismatische Überlegenheit kennt keine abstrakten Gesetze und Regulierungen und keine formelle Zuerkennung .. .. [*NOTE: Gerth und Miles, op. cit. Seiten 249-250. *]

Die genauere Fachsprache von Wilber verwertend, kann diese dieselbe These wie folgt festgesetzt werden: Diejenigen, die keine Legitimation haben (äußere Bestätigung durch die Mehrheit) zeigen zu ihrer Echtheit (innerliche Bestätigung durch Personen mystisch) als primären Mittel , um ihre Rolle zu verifizieren. Nicht wie offizielle Bevollmächtigung , persönliche charismatische Ansprüche basieren auf den gesetzten Glauben, dass es die Person nicht die Position in Sachen der Beziehung des Gurus-Apostels ist. Wir haben das wiederholt überall in der Geschichte von Radhasoami gesehen, aber nirgends war die Spannung zwischen der inneren und äußeren Gültigkeitserklärung klarer und mehr fokussiert als im Fall von Kirpal Singh. Wenn wir uns den Tod von Kirpal Singh und seinen Möchtegernnachfolgern zuwenden, werden wir sehen , wie diese Widersprüchlichkeit in der Legitimation, die ideologische Arbeit unter Druck setzt unter den erscheinenden Guru-Nachfolgern .

Ideologische Arbeit und Strategien der Legitimation

Wie wir vorher bemerkt haben, nachdem der Tod von Sawan Singh folgten die Nachfolger Strategien der Legitimation , die mit ihrer sozialen Position übereinstimmend waren. D. h. Amt ermächtigte Führer wie Jagat Singh, und Charan Singh beschäftigte ideologisches Gespräch, das die unpersönliche Natur ihrer Ernennung betonte, wohingegen persönlicher charismatics wie Kirpal Singh Gespräche verwerteten, das die innerliche Erfahrungsbasis ihres Meisterschaft betonte. Jeder Typ der ideologischen Arbeit widerspiegelte den spezifische Standpunkt des Nachfolgers in Bezug auf die größere Mitgliedschaft: Majoritätsführer in Beas neigten dazu, ihre Rollen zu unterstützen, indem sie sich darauf bezogen, wie die Übertragung des Büros notwendigerweise gemacht wurde, nicht wie die „spirituelle Macht" weitergegeben wurde; Minderheitsführer wie Kirpal Singh neigte andererseits dazu, die Rolle zu stützen, indem er direkte, persönliche Übertragung der spirituellen Macht durch Sawan Singh forderte. Jeder Nachfolger hatte „Beweise", aber Beweise auf zwei verschiedenen Niveaus des Erwerbs angeboten.

Deshalb ist klar, dass ideologische Arbeit sehr eng mit einem sozialen Status eines speziellen Gurus verbunden ist- ein Status größtenteils bestimmt , wie geistige Autorität übertragen wird. So sozialer Status regelt Strategien der Legitimation. Genau, Amt ermächtigte Führer auf Grund von ihrer feststehenden Position mit größerer Wahrscheinlichkeit eine Strategie der Legitimation abrufen, die die traditionellen und heiligen Aspekte ihrer jeweiligen Stationen hervorhebt. Persönliche charismatics, im Gegenteil, die keine eingebauten Gesetzmäßigkeit eines dauerhaften Wohnsitzes haben, und dem Netzwerk, das damit geht, neigen dazu, eine Strategie zu verwenden, die, die subjektiven und Erfahrenen Eigenschaften ihres Benennens betont.

Um zusammenzufassen, bevor wir zum Hauptfokus unserer Studie weitergehen, die Politik des Gurus successorship stammt nicht nur von der Verwirrung, über wen der fortgehende Meister ernannte, sondern über die Natur der spirituellen Autorität selbst. Der Konflikt zwischen Kirpal Singh und Beas Nachfolgern verkörpert nur den Streit über die offizielle und persönliche Genehmigung und das für jeden verfügbare Gespräch. Viel von der Meinungsverschiedenheit, die successorship umgibt, ist wegen der rhetorischen Eigenschaften verbunden mit geschätzten sozialen Positionen , wodurch soziale Struktur den wirksamen Gebrauch der kommunikativen Wechselwirkung regelt. So sind Wettbewerbsgurus, bewusst oder unbewusst, unter Einfluss der sozialen Implikationen ihrer besonderen Marke der charismatischen Folge. Es sind diese sehr sozialen Implikationen, außerdem, welche die Strategien der Folge-Kläger Legitimation entwerfen.

KAPITEL VIER:

DIE POLITIK DES GURUS SUCCESSORSHIP Der Tod von Kirpal Singh

Die Gesundheit von Kirpal Singh nahm eine ernste Umdrehung für das schlechtere 1971. Er hatte Prostata-Schwierigkeiten und erlebte eine Operation am 29. Juni, um die Schwierigkeit zu beheben. Gemäß der berichte von Russell Perkin brauchte es Zeit für Kirpal Singh, um zu genesen. Wie Perkins notiert:

Die Operation des Meisters war eine ernste - an seiner Prostata - und er war eine lange Zeit genesend. Sein Körper war seit Jahren natürlich erschöpft worden, und er hielt ihn durch bloßen Willen aufrecht .. .. [*NOTE: Der Einfluss eines Heiligen, op. cit. Seite 118. *]

Nach der Operation verbesserte sich die Gesundheit von Kirpal Singh zum Punkt, dass er im Stande war, eine anstrengende dritte Welttour 1972 zu machen. Zu diesem Zeitpunkt hatte Kirpal Singh eine wesentliche Nachfolgeschaft angezogen, in mehreren zehntausend zählend, und wurde von begeisterten Mengen überall im Süden und Nordamerika empfangen. Auf seiner Rückkehr aus dem Ausland im Januar 1973 setzte Kirpal Singh seine Satsang-Touren überall im nördlichen und südlichen Indien fort, Kaschmir im Juni, der Punjab im Oktober, und Bombay bis zum Ende des Jahres besuchend. Obwohl sich 1974 herausstellte, das letzte Jahr von Kirpal Singh zu sein, vollendete er mehrere bedeutende Projekte, einschließlich des Förderns und Leitens der Einheit der Menschen-Konferenz in Delhi, die Anfang Februar gehalten wurde. Kirpal Singh schaffte es auch, den berühmten Kumbha Mela in Hardwar, sowie den Rashtriya Sant Samagam in Delhi zu besuchen. Am 29. Juli-1974 gab er seine letzte Einweihung, zu mehr als eintausend Menschen .

Am 1. August redet Kirpal Singh zu den Mitglieder des indischen Parlaments, und am 17. August präsentierte er seinen letzten englischen satsang. Vier Tage später, am 21. August, starb er 6:55 abends. Während seines kompletten Ministeriums Kirpal Singh hatte 80.446 Sucher sowohl in Indien als auch auswärts initiiert. [*NOTE: Meine Statistiken kommt aus einem persönlichen Brief datiert 7. Mai 1988, kompiliert von der Verwaltung Sawan Kirpal Ruhani Mission in Vijay Nagar, Delhi. Es wird in demselben Dokument berichtet, dass Kirpal Singh 71.803 Menschen in Indien, und weitere 8.643 Sucher in verschiedenen anderen Ländern einweihte. Jedoch, im größten Teil der mit Kirpal Singh verbundenen Literatur, ist es gefordert worden, dass Kirpal Singh zwischen 100.000 und 150.000 Menschen einweihte. Zum Beispiel schreibt Russell Perkins, der ehemalige Redakteur sowohl von Sandesh als auch von Sant Bani, in einem persönlichen Brief dem Autor (datiert 7. April 1989): „... 120.000 [Apostel]. Das war Sawan Singh arbeit, und es wurde genau kopiert [Klammern von Perkins] von Kirpal Singh." Diese übertriebenen Zahlen, wie im Fall von Russell Perkin, können teilweise wegen des Anspruchs von Kirpal Singh sein, mit dem Vollenden der zweiten Hälfte des Amtes von Sawan Singh anvertraut worden zu sein; mit anderen Worten, wenn Sawan Singh 125.000 Seelen in seiner Lebenszeit eingeweiht hatte, sollten die Gesamteingeweihten von Kirpal Singh etwas vergleichbar sein. Obwohl 80.000 Eingeweihte noch eine eindrucksvolle Zahl sind, fällt es wirklich 45.000 weniger als die Summe von Sawan Singh. Was wir hier natürlich haben, ist rhetorische Lizenz; Zahlen, die bewusst gebläht werden - um weiter die Gesetzmäßigkeit und Echtheit der Mission von Kirpal Singh zu begründen. *]

V. DARSHAN SINGH UND DIE GRÜNDUNG DER SAWAN-KIRPAL MISSION

Mit dem Tod von Kirpal Singh entstand eine intensiver Meinungsverschiedenheit darüber, wer sein rechtmäßiger Nachfolger war. Die erste durch jede Partei erwähnte Person, um sein geistiger Erbe zu sein, war der eigene Sohn von Kirpal Singh, Darshan Singh. Jedoch, bestimmte einflussreiche Eingeweihte, wie Russell Perkins und Reno H. Sirrine, konnte ihn nicht akzeptieren. Diese-Trennung gewann weiteren Schwung, als Frau Hardevi (auch bekannt als Tai Ji), die eine Bekannte von Kirpal Singh und eine direkte Eingeweihte von Sawan Singh war , gewählt wurde, um der zeitliche Vorsitzende der Gesellschaften von Ruhani Satsang und Manav Kendra zu sein. In einer plötzlichen Umdrehung von Ereignissen (die wir bald gründlich untersuchen werden) wurde Darshan Singh der den Meister durch einen Willen von Kirpal Singh folgen sollte, und ernannt wurde von Radha Krishna Khanna, plötzlich der Aufgaben „beraubt", vom übernommenen Amt und Verantwortungen die zugehörig sind, eines Param Heiligen, sowie diejenigen als Mit-Vorsitzender." [*NOTE:Sieh Malcolm Tilli's Das Erscheinen des neuen Meisters Darshan Singh, Teil Eins (Delhi: Kirpal-Druckpresse, 1975). *] Die traditionelle dastarbandi Zeremonie, die ursprünglich veranlasst wurde, in Sawan Ashram im Alten Delhi stattzufinden, kam nicht vor, weil Tai Ji und interessierte Asozierte, verhinderte jede friedliche und einmütige Abmachung.

Darshan Singh verließ Sawan Ashram und fing seine spirituelle Arbeit in Mona's Cottage in Neuen Delhi an. Der Bruch zwischen Frau Hardevi und Darshan Singh wurde nie ausbessert, und mehrere Rechtssachen wurden von beiden Parteien bezüglich Eigentumsrechte ausgefochten. Schließlich etablierte Darshan Singh und die meisten von Ruhani Satsang sangat, die sich um ihn sammelte, Sawan-Kirpal ashram in Vijay Nagar, dem Alten Delhi . Die Tätigkeiten wurden unter dem Namen Sawan-Kirpal Mission zusammengefügt und eine Trennung bestehen jetzt zwischen der Ruhani Satsang Organisation der verstorbenen Frau Hardevi und der Bewegung von Darshan Singh.

In Übereinstimmung mit dem Streit von Kirpal Singh, dass die Meisterschaft nicht nur durch Willen, Dokumente oder Komitees passiert, offenbarte Darshan Singh, dass vor dem Tod seinem Vater das Licht und Macht durch die Augen des Meisters persönlich erhalten hatte. Der Wille war nur eine Außenbestätigung eines inneren Ereignisses.

In zwei Briefen geschrieben im September 1974 gerade einen Monat nach der Besitzübertragung seines Vaters Tod, erklärte Darshan Singh die Verhältnisse hinter seiner Ernennung. Der erste Schriftsatz, datiert 26. September 1974, wurde zu Tricholan Singh Khanna, Kirpal Singh's erster Vertreter in den Vereinigten Staaten gesandt.

Meine Nominierung als der Geistiger Nachfolger meines Geliebten Vaters leitet ausführliche Unterstützung von der Tatsache ab, dass eine Frau gemäß der Sant Mat-Tradition nicht berufen werden konnte. Solch ein Ding geschah nie in der Vergangenheit aller Zeitalter. Mein Geliebter Vater hatte aufgepasst dass ich die Qualitäten aufnehme, die im Fortsetzen der Satsang-Arbeit nützlich sein würden. Ich, habe unter diesen Umständen, kein Zögern im Erklären selbst als der Geistige Nachfolger Seiner Heiligkeit Maharaj Kirpal Singh Ji in Übereinstimmung mit Seinen Wünschen und werde die Satsang-Arbeit mit dem Besten meiner Fähigkeit fortsetzen... Es tut mir leid, dass Herr Sirrine von seinem Gespräch mit Tai Ji (Bibi Hardevi) und ihrer Unterstützer, zum Schluss kamen, dass der Meister niemanden als Sein Geistiger Nachfolger berufen hatte. [*NOTE: Es gibt ein interessantes Nebenlicht hier zum Brief von Darshan Singh. Er behauptet, dass „eine Frau gemäß der Sant Mat-Tradition nicht berufen werden konnte." Das-Problem mit dieser Behauptung besteht aber darin, dass es direkt den historischen Beweisen widerspricht, dass die Frau von Shiv Dayal Singh, Radhaji, ernannt wurde, als ein Guru zu dienen, und wirklich tatsächlich Einweihungen führte. Außerdem, in der Abstammung von Soami Bagh Gurus, Maheshwari Devi (Buaji Saheb), eine Frau, war die vierte anerkannte Meisterin. Es ist auch bekannt, dass der verstorbene Baba Faqir Chand mehrere Frauen berief, um als beginnende Gurus zu dienen. T.S. Khanna erhebt auch dieselben theologischen und historischen Ansprüche bezüglich Frauen, als er schrieb, „in der ganzen Geschichte der Sant Mat (Pfad der Meister) in Indien hätte keine Frau jemals die Position eines geistigen Führers oder Meisters erreicht. Das geschah nicht im Fall von den zehn Sikh Gurus, noch in Dyal Bagh [sic] oder Swamibagh Agra [sic] Dera Baba Jaimal Singh in Beas." Sieh Wahrheit Entdeckt : Re - Nachfolger des Großen Meister Kirpal Singh Ji (privat in Umlauf gesetzte Broschüre, November 1974). Obwohl Khanna historisch in seinen Behauptungen falsch ist (wie wir bereits erwähnten, war der vierte Guru von Soami Bagh eine Frau), es scheint, dass seine Ansicht von Frauen auf das Zeugnis von Kirpal Singh beruht. Zum Beispiel, im Spirituelles Elixier, Volumen II (Delhi: Ruhani Satsang, 1972), als Kirpal Singh gefragt wurde, Warum Großen Meister auf der Erde immer die Form eines Mannes nehmen?" Antwortete er: „Die Meister behaupten, dass es nur ein Männliches Geschlecht unter den Seelen gibt , und er manifestiert sich im allgemeinen in dem gewählten menschlichen Pol des lebenden Meisters. Es ist ein Gottesgesetz, das von Sterblichen nicht befragt werden kann. "(**Senfzeit : HoHoHo, so werden die Menschen verblödet.HoHoHo. 8.8.2007 WSchorat**) [Seite 33.] Kirpal Singh, Darshan Singh, und T.S. Khanna's Anspruch bringt mehrere interessante historische, soziologische und theologische Themen auf, die außerhalb des Spielraum unserer Studie sind. *]

Obwohl Darshan Singh sie namentlich nicht erwähnt, ist das vom vorherigen Exzerpt offensichtlich, dass er den Anspruch der Frau Hardevi auf den gaddi in Sawan Ashram seitdem verurteilt, weil er fordert, „konnte eine Frau nicht gemäß der Sant Mat Tradition so berufen werden." Darshan Singh ist auch enttäuscht, dass Reno Sirrine für sie Partei ergriffen und beschlossen hatte, dass Kirpal Singh einen geistigen Nachfolger nicht hinterlassen hatte.

Verschieden von seinem ersten Brief zu Khanna , der wärmend erhalten wurde und als eine wahre Zusammenfassung der Tatsachen, der zweiten Briefes von Darshan Singh, geschrieben an Russell Perkins, datiert 30. September 1974, traf mit strenger Kritik :

Nachdem der Geliebte Master nach seinem Heimgang am 21. September 1974 [sic: Kirpal Singh starb am 21. August], einige Vitale Lebensereignisse, fand im dem Ashram statt, die unten aufgeführt sind-Am Morgen vom 23. August , rief mich die respektierte Tai Ji und meine Frau und informierte uns, dass Maharaj Ji einen Willen gemacht hatte, im dem er mich als Sein Geistiger Nachfolger erklärt hatte. Ich sagte ihr, dass Maharaj Ji mit mir darüber persönlich einmal gesprochen hatte. Sie drückte keine Überraschung daran aus und sagte dass er so handelte wegen ihres Aufforderung mit mir darüber zu sprechen , und sie fügte hinzu, dass sie nach dem Original suchen würde, in den Papieren des Meisters .... Als Antwort zu [Herr A.R. Manocha der Sekretär des Vorstands] sagte sie ihm, dass er wirklich einen Willen in meiner Bevorzugung machte, aber der Wille war nicht nachweisbar. Seitdem der Wille nicht verfügbar war, näherte sich der Sekretär, zusammen mit Mitgliedern des Vorstands Herrn Radha Krishan, einem bedeutenden Rechtsanwalt ... der den Willen entworfen hatte, die Ausführung des Willens zu bestätigen und seinen Inhalt festzustellen. Nachdem die Information aus erster Hand vom Rechtsanwalt da waren, wurde eine Sitzung des Vorstands des Kirpal Ruhani Satsang am 26. August 1974 gehalten, und das Komitee nahm einmütig eine Entscheidung, die mich als der Geistige Nachfolger von Maharaj Kirpal Singh Ji gemäß seinen Wünschen machte.... Es ist eine Tatsache, dass mein Respektierter Vater wirklich einen Willen in meiner Bevorzugung durchführte und mir wörtlich auch bei mehreren Gelegenheiten in seinen Gesprächen mit mir darüber erzählt hatte. In seinen Gesprächen hatte er mich ermahnt mich auf die spirituelle Arbeit gefasst zu machen. Gemäß Seinen Wünschen werde ich die Sat Sang Arbeit als sein geistiger Nachfolger fortsetzen [sic] das meinen Fähigkeiten entspricht , dazufügend die Einweihung von Möchtegernanhängern, wenn ich den Gottesanruf fühle, so zu Tun, wo ich hoffe und vertraue, dass der Große Meister nicht zu lange damit wartet.

Der intrigierende Aspekt   von Darshan Singh vorhergehendem Brief ist seine Betonung auf den schriftlichen Willen durch seinen Vater, Kirpal Singh, ihn als der spirituelle Nachfolger bezeichnend . Erinnern Sie sich, dass in den eigenen Ansprüchen von Kirpal Singh als der Erbe seines Gurus er Willen und Komitees als gültig machende Prozesse einer Position eines Nachfolgers verurteilte. Eher betonte Kirpal Singh seinen inneren Erfahrungsbereich als der wahre Prüfen eines spirituellen Werts eines Gurus. Dieser Punkt wurde jedoch von Russell Perkins nicht übersehen, der scharfe Ausnahme in der Behauptungen von Darshan Singh über den Willen äußerte. In seiner Antwort auf Darshan Singh, datiert 17. Oktober 1974, äußerte sich Russell Perkins über das Problem von Willen:

Deine Beschreibung der Ereignisse der Woche im Anschluss des Verlassen des Meisters macht sehr deprimierendes Lesen – fast so deprimierend als ob man diese Woche noch mal miterlebte. Es schien mir sowohl schrecklich als auch undenkbar, jemanden auf der Bühne durch die Stimme der Komitees gemäß den Instruktionen eines Willens zu installieren, den keiner dort gesehen hatte, über den es keinen Vorwand der spirituellen Befähigung gab. Wie oft hat unser Meister gesagt, „Meister werden nicht durch Wählen gemacht: Sie werden vom Gott gemacht! .. ..“ Meister sagte Hunderte male, dass Spiritualität und der successorship durch Dokumente nie übersandt wurden. Wenn das so ist, welche Wichtigkeit hat der Wille dann? Das einzige Ding,das geerbt oder durch Papier übertragen werden kann, ist Eigentum; Und was sorgt sich ein Heiliger über das Eigentum? Der Ashram, die Bühne, der offizielle Titel - sind diese Dinge, die durch einen Willen befördert werden könnten, ist es wahr. Aber die Fähigkeit, Naam zu geben? Die Befähigung, Sucher Nach Hause zu bringen? Nie. Wir haben das Wort unseres Meisters dafür....

Der-Schriftsatz von Perkins, obwohl es weit verteilt wurde, zermalmte nicht die Kandidatur von Darshan Singh. Eher wurden die Unterstützer von Darshan Singh mehr stimmlich in ihrer Verteidigung. Obwohl sie zugaben, dass geistige Macht durch einen Willen nicht weitergegeben werden konnte, behaupteten sie, dass es ein äußeres Zeichen eines inneren Ereignisses war; und, als solches, hatte es Verdienst, um das Erscheinen von Darshan Singh gültig zu machen. Zum Schutze vom Willen und der Übertragung der Einweihungsmacht zu Darshan Singh schrieb Tricholan Singh Khanna einen Vier-Seite-Brief, datiert 17. Februar 1975 zu Reno Sirrine:

Bezüglich des Willens kann ich dass feststellen: 1. Geistige Macht, Gnade, Liebe und Licht wurden vom Meister Kirpal Singh zu Darshan Singh Ji durch die Augen am Abend vom 19. August 1974 übertragen. Zwei Zeugen waren auch anwesend. 2. [sic] Der Wille wurde ausgeführt als Übereinstimmung mit der Regel 4 der Satzung der Gesellschaft durchgeführt und kann nichtdiskutiert werden weil Malik Radha Krishan Khanna, M.A. L.L.B ein bedeutender Rechtsanwalt des Obersten Gerichts Indiens festgestellt, dass er selbst den Willen vorbereitete, der vom Meister Kirpal Singh unterzeichnet und auch von zwei Personen bezeugt wurde.... 3. [sic] Der Meister erzählte mehreren wichtigen Menschen, dass Er den Willen zu Gunsten von Seinem Sohn Darshan Singh durchführte, um Sein Nachfolger zu sein. Wir haben in unserem Besitz die Kassetten Aufnahme des Meister in Hindi, im der Er erklärte, dass Er einen Willen nach der Rückkehr vom Mahajan Pflegeheim, Delhi und nicht vorher machte. 4. [sic] Da ist solider Beweis innerer und außen-, dass Sant Darshan Singh der wahre Nachfolger des Großen Meister Kirpal Singh ist. Tausende bezeugen die Erscheinung der leuchtenden Formen von Meistern Sawan Singh, Kirpal Singh, und Darshan Singh zusammen. Es gibt keinen Fehler sich in Bezug zu Sant Darshan Singh zu irren....

So ist es offensichtlich dass die Bestandteile von Darshan Singh nicht nur schriftliche, äußere Beweise, sondern auch persönliches Zeugnis und innere Erfahrung als Gültigkeitserklärung seinen Anspruchs als der Nachfolger von Kirpal Singh unterstützen. Unten sind die vier Hauptformen der zur Verfügung gestellten Überprüfung:

1. Wörtliches Zeugnis über einen schriftlichen Willen durch Kirpal Singh, entworfen durch R.K. Khanna, ausführlich feststellend, dass sein Sohn, Darshan Singh, sein geistiger Nachfolger sein würde. 2. Eine Entschlossenheit durch den Vorstand des Kirpal Ruhani Satsang, einmütig angenommen, der Darshan Singh der geistige Nachfolger von Kirpal Singh erklärte. 3. Persönliche Zeugnisse und Erinnerungen durch prominenten satsangis und religiöse Personen, einschließlich Acharya Sushil Kumar, über den Kirpal Singh wörtlich erwähnte, dass Darshan Singh sein Nachfolger sein würde. 4. Berichte von verschiedenen Meditationserfahrungen, wo satsangis die leuchtende Form von Darshan Singh sahen begleitete die innere Form von Kirpal Singh.

Wille, Paradoxe, und Ideologisches Gespräch

Die Kandidatur von Darshan Singh vertritt ein klassisches Beispiel dessen, wie das ideologische Gespräch einer vorhergehenden Guru-Kampagne (in diesem Fall, die Dera Nachfolger gegen Kirpal Singh) rhetorische Strategien eines folgenden Gurus beeinflusst. Zum Beispiel, es ist gut dokumentiert, dass Kirpal Singh Willen oder Komitees als ein authentischer Prozess der Guru-Folge verleugnete. Außerdem, Kirpal, Singh machte mehrere kritische Anmerkungen gegen Blutabstammungen, wo Familienmitglieder (Söhne oder Enkel) versuchen, den gaddi zu übernehmen. Und doch, ironisch, war das genau, wie Darshan Singh ernannt wurde; ihm wurde der mantleship durch einen von seinem Vater geschriebenen Willen gegeben. Die Besonderheit dieser Kunst der Übertragung wurde sofort anerkannt und durch eine große Zahl von Kirpal Singh Eingeweihten kritisiert. Tatsächlich kann es sein, dass diejenigen , die der Kandidatur von Darshan Singh widerstehen, sich darauf in erster Linie auf die Behauptungen von Kirpal Singh gegen Willen und Blutabstammungen berufen. In einem durch drei der wichtigen Sangats von Kirpal Singh verteilten Rundschreiben (Amritsar Zentrum, Chandigarh Zentrum, und Kashipur-Zentrum), datiert 19. November 1974 wurden folgende Argumente gegen Darshan Singh gemacht:

Jetzt sind die Argumente gegen den Willen unzählig: (A) die Lehren des Master von 27 Jahren, die in den Akten sind, und wo er immer Bedeutung [sic] gegen den Übergang des Gurus Gaddi gegen Mitglieder der Familie gelegt hatte. (b) die emphatische Behauptung des Meister, dass nach ihm seine Kinder oder verwandten oder jedes Mitglied des Trust nichts mit der Geistigen Mission oder dem Eigentum des Ashram zu tun haben sollte. (c) Nach dem Zurückkommen vom Krankenhaus im August 71, danach wiederholt in nachfolgendem Satsangs [sic: Sollte sein „er"] ist in den Akten, dass von einigen Menschen ausgebreitete Gerüchte, dass er einen Willen geschrieben und einen Nachfolger berufen hatte, ein Stück des Abfalls und bloßen Quatsches sind. (d) Das Argument des Meister gegen [einen] Willen vix-a-viz Entwicklungen in Beas war darin, dass Spiritualität durch [sic] „Willen" und der Betonung nie übertragen wird, vom Guru Nanak bis Baba Jaimal Singh, (indische Archive die ein Zeuge sind), nie wurde die Hilfe eines Willens für die Übertragung der Spiritualität benutzt. Wenn das in anderen Fällen des Gurus Gaddi in der Geschichte ungültig ist – wie konnte die Praxis , im Fall von Baba Sawan Singh Ji Maharaj und folglich Kirpal Singh Ji Maharaj geändert werden....

Darshan Singh wurde anscheinend in einer „Catch- 22" Situation gehalten. Wenn er die Gesetzmäßigkeit des Willens (Testament) betonte (was er in seinem persönlichen Brief an Russell Perkins, kurz nach dem Tod seines Vaters tat), widerspricht er automatisch der Kritik seines Vaters der legalistischen Tagung und entrechtet eine bedeutende Splittergruppe des sangat, die durch die Behauptungen von Kirpal Singh an dem Thema gebunden werden. Und doch, wenn Darshan Singh den Willen nicht erwähnt, verliert er ein sehr starkes und objektives Dokument, das seine Nominierung unterstützt. Wie es sich herausstellte, die Lösung von Darshan Singh, den Willen als Beweise zusammen mit seinem eigenen persönlichen Zeugnis zu zitieren dass er die geistige Macht und die Strahlenkraft von Kirpal Singh „durch die Augen" gerade vor dem Tod seines Vorgängers erhalten hatte. [*NOTE: In erster Linie wegen des von Kirpal Singh ursprünglichen forderns in 1947-1948 über der Empfang des geistigen Meisterschaft von Sawan Singh „durch die Augen ," haben die meisten angeblichen Nachfolger auch versucht, ihre Positionen zu begründen, indem sie sich auf ihre eigene Einzelheit „durch Augen" Kommission beziehen. Soziologisch sprechend, ist das Dienstprogramm, solch einen Modus operandi anzurufen, offensichtlich: Es verbindet direkt den Möchtegernnachfolger mit seinem Guru im einem Ritual annehmbaren Format, das eine einzigartige historische Priorität hätte, die dadurch Gültigkeit seiner Ansprüche gründend und (hoffentlich) den Folge von anderen Flügge-Kandidaten unterscheidend. *] Dies tuend war Darshan Singh im Stande, seine Position sowohl durch innere als auch durch Außenzeugnisse zu begründen. [*NOTE: Es kann behauptet werden, dass, weil Darshan Singh seine Folge-Kampagne um Außenbeweise in den Mittelpunkt stellte, zumindest am Anfang, er im Stande war , seine anfängliche Nominierung in einer Art einzusetzen, die andere Nachfolger, die eine solche Dokumentation nicht hatten, nicht konnten. Dieser selbe Punkt ist im Fall von Rajinder Singh, dem Sohn von Darshan Singh und anscheinend alleinigem Nachfolger noch offensichtlicher, der überwältigende äußere Beweise hatte, die seine Nominierung unterstützen. *]

Die Betonung von Darshan Singh auf den letzten Willen seines Vaters scheint, wenn nicht ganz mindestens teilweise, darauf hinzuweisen, was zu erwarten war, in Beas nach dem Tod von Sawan

Singh . Weil es äußere Beweise gab, die Jagat Singh (und späterem Charan Singh) Status als ein ehrlicher Nachfolger von Sawan Singh bestätigen, ergriff die riesengroße Mehrheit von satsangis für ihn, nicht Kirpal Singh Partei. Obwohl Kirpal Singh schließlich einen wesentlichen Nachfolge sammelte, war das nirgends in der Nähe von Charan Singh, der mindestens siebenmal mehr hatte, als Kirpal Singh während desselben Zeitabschnitts . [*NOTE: Heute ist die Nachfolge von Charan Singh ungefähr 15mal größer als die Nachfolge von Kirpal Singh oder als Darshan Singh. *] Der Grund dahinter, gemäß frommen Anhängern von Kirpal Singh und Darshan Singh, nicht wegen der geistigen Macht von Charan Singh (wie erwähnt, vorher, Kirpal Singh bestreitet ausführlich, dass der Beas Führer geistig fähig hatte), aber auf Grund dessen, dass er die Netzwerkanschlussunterstützung eines riesigen sangat hatte. Charan Singh hatte mit anderen Worten die Gelegenheit, auf eine feste und geplante Betriebsstruktur zu bauen. Anscheinend, Darshan Singh muss die Wirkung der Ansprüche von Dera gesehen haben und konnte deshalb nicht dem enormen Einfluss widerstehen, den der letzte Wille von Kirpal Singh im Vereinigen verschiedener Parteien hinter ihm haben würde, wenn auch es offen dagegen ging, was sein Vater seit siebenundzwanzig Jahren gepredigt hatte.

Zum weiteren Ausbau dieses Punkts, braucht man nur auf den eigenen letzten Willen von Darshan Singh zu schauen, seinen Sohn Rajinder Singh als sein geistiger Nachfolger zu nominieren, sind datiert 17. November 1987 . Der Wille von Darshan, obwohl länger und mehr emphatisch als der letzte Wille von Sawan Singh, trägt eine bemerkenswerte Ähnlichkeit zur Form und dem Inhalt der zwei historischen Dera Willen. Tatsächlich sagte Darshan Singh Jay und Ricki Linksman persönlich im Sommer 1984, dass „Das für den Meister vorteilhaft ist, einen Willen vorzubereiten, um andere wissen zu lassen, wer der geistige Nachfolger ist. Natürlich wird der wirkliche Übergang der Macht durch die Augen getan. Aber wenn es eine Organisation wie Sawan Kirpal Ruhani Mission gibt, ist ein Wille [Betonung meiner] notwendig, um sicherzustellen, dass die Mission auf eine glatte Weise unter dem Nachfolger weitermachen kann." [Sant Sandesh, Juli/August 1989: Seite 58.] Selbstverständlich, die Argumentierung von Darshan Singh zielt auf allen Punkten damit wie Dera und die sangat seinen letzten Willen von Sawan Singh und Jagat Singh ansehen. Da die Perspektive von Darshan Singh auf der Wichtigkeit von Willen schnell diametrisch gegenüber diesem seines Vaters ist, scheint es angemessen, dass die Ideen von Darshan Singh das direkte Ergebnis dessen waren, die in Beas 1948 und 1951 übertragen wurde. [*NOTE: Ich habe mich mit Darshan Singh bei sechs Gelegenheiten persönlich getroffen (Delhi 1978, 1983, 1987, und 1988; Murrietta Hot Springs 1983 und 1986). Jedes Mal, als ich seine Beziehung mit Radha Soami Satsang Beas besprochen habe, jedes Mal sprach er nur davon in positiven Begriffen. Es könnte sein , dass sich die Beziehung zwischen Beas und Sawan-Kirpal Mission wegen verbessern wird, nämlich von dem was nach dem Tod von Kirpal Singh übertragen wurde. Tatsächlich gibt es einige Anzeichen (einschließlich der Bereitwilligkeit von Darshan Singh vor seinem vorzeitigen Tod, um wichtigen Beas satsangis bei verschiedenen Gelegenheiten zu besuchen), dass es bereits einige Hauptänderungen in dieser Richtung gegeben hätte. Die soziologische Erklärung dahinter ist ziemlich einfach: Gurus, die durch äußere, legalistische Zeichen legitimiert/gegründet worden sind, werden höchstwahrscheinlich, nicht gegen andere Meister kämpfen, die entlang ähnlichen Kanälen ebenfalls bestätigt worden sind. So war das für Kirpal Singh und Charan Singh ziemlich schwierig, nahe Bande zu gründen, seitdem jeder auf auseinander gehende Weisen ernannt wurde. Jedoch, solcher ist nicht notwendigerweise der Fall mit Darshan Singh (oder sein Sohn, Rajinder Singh), der Außenkriterien von Anfang bis Ende seines Ministeriums betonte. Natürlich soll das nicht vorschlagen, dass es keine Haupthindernisse gibt, die eine dichte Beziehung zwischen Beas und Sawan-Kirpal Mission besonders in Anbetracht dessen verriegeln, dass Kirpal Singh's Gruppe trotz der Annahme des Mantels von Jagat Singh in Dera Baba Jaimal Singh in 1948 . Eine gute Illustration dessen, wie sich bekämpfende Sangats schließlich friedlich treffen können und herzlich einen Pakt unterzeichnen zwischen Dayal Bagh und Beas sind

Anfang der 1930er Jahre gesehen worden. Anand Sarup und Sawan Singh, die jeweiligen Führer, trafen sich in Agra und waren bereit, einander (oder ihre besonderen Interpretationen der Radhasoami Mat) nicht zu kritisieren, und beauftragten ihre Apostel, zu folgen. Die schriftliche Abmachung, es sollte wahrscheinlich hinzugefügt werden, könnte nicht möglich gewesen sein es sei denn, dass Dayal Bagh und Beas ziemlich gut etabliert waren und ihre Folge-Streitjahrzehnte - in den 1930er Jahren. *]

Vom vorhergehenden können wir sehen, dass die routinization der geistigen Autorität - d. h. die historischen Präzedenzfälle von gaddi nasheen Folge - einen direkten Einfluss haben kann, wie zukünftige Guru-Einkläger ihre besonderen Ansprüche aufbauen. Die Betonung von Darshan Singh auf einem Willen entsteht, weil wir von der praktischen Wirkung seines Gebrauches in Dera Baba Jaimal Singh Effizienz gemerkt hatte. R.K. Khanna, der Rechtsanwalt, der den letzten Willen von Kirpal Singh entwarf, erklärte das Dienstprogramm solch eines gesetzlichen Geräts zu Vinod Sena:

Vinod Sena: Viele Menschen haben von einem scheinbaren Widerspruch zwischen den Lehren des Meister über dieses Geschäft der geistigen Macht gesprochen, die von einem Meister zum folgenden übergeben wird, und dem machen eines Willens . Denken Sie, dass es solch einen Widerspruch gibt? „M.R.K.K .: Ich denke, dass es keinen Widerspruch zwischen dem Übergang der Macht des Meister zu einem anderen Meister und dem machen eines Willens gibt. Es wurde wahrscheinlich getan, weil Er fand, dass es einige Kräfte in Sawan Ashram und um ihn gab, die successorship nach seinem Tod hinterfragen würde, so wollte Er es ins Schreiben reduzieren. Zweitens arbeiten Er so auf meinem Rat als ein Rechtsanwalt .... Es gibt keinen Widerspruch .. .. [*NOTE: Malcolm Tillis, Das Erscheinen des Neuen Meister Darshan Singh, op. cit. Seiten 103-104. *]

Die Politik der Inneren Erfahrung

Seit Kirpal Singh innere Erfahrung als Hauptlegitimierung im Bewerten einer Kompetenz eines Gurus machte, alle Nachfolger von Kirpal Singh versuchten zu demonstrieren, dass sie die Macht hatten, geistige Erfahrungen während der Meditation und Einweihung aufrichtigen Anhängern zu gewähren. Diese Betonung führte jedoch zu einigen strengen erkenntnistheoretischen Fragen unter Suchern, seitdem Apostel jedes Nachfolgers (z. B, Darshan Singh, Thakar Singh, Ajaib Singh, und sogar „mit den „Tonbandaufnahmen" Eingeweihten von Kirpal Singh) behaupteten, Transmundane-Erfahrungen im den höheren geistigen Bereichen zu haben. So viel von der Debatte, die successorship in den Mittelpunkt gestellt hatte, wer „fähig" war, Gottesbegegnungen des Lichtes und Ton's, und weniger darauf , wer den richtigen „Außen"-Ausweis besaß. Diese Entwicklung, die mit der Annahme von Kirpal Singh Meisterschaft übereinstimmend ist, erzeugte eine äußerst esoterische Debatte über die Echtheit von inneren Erfahrungen. Statt eines vereinigten Körpers von Berichten die alle Zustimmten über die geistige Meisterschaft eines echten Nachfolgers von Kirpal Singh, gab es da eine unmenge unterscheidender Geschichten, von denen jede als Rückendeckung für die charismatische Heldentat des fraglichen Gurus erschien.

Eine klassische Illustration dieser „Politik der inneren Erfahrung" kommt aus einem Brief zwischen Michael Grayson, ein Darshan Singh Unterstützer, und Arran Stephens, ein steiferer Kritiker (in dieser Zeit) zur Rolle von Darshan Singh. Unten sind Exzerpte vom ursprünglichen Briefen von Michael Grayson und der Widerlegung von Arran Stephens behauptend, dass die „sensationellen Erfahrungen von Grayson" auf den inneren Ebenen mit Darshan Singh (dadurch Bestätigen der begeisterten Erreichung von Darshan Singh) nichts als „Projektionen [seiner] eigenen Wünsche auf dem Astralbereich sind."

{Briefe von Michael Grayson}

Lieber Geliebter Darshan Singh Ji: Dieser unwürdige ist so zufrieden im Stande zu sein, Ihnen zu sagen, dass am Samstagsabend, am 26. Oktober 1974 die leuchtende Form unseres Geliebten Kirpal innerhalb zu diesem unwürdigen erschien und indem sie den Untersuchung der 5 geladenen Namen bestand, mit mir sprach und mir sagte, dass Sie [Darshan Singh] der folgende Meister sind, und dass Sie aufrichtig Sein Geliebter Sohn sind, und dass ich Ihnen zum Besten meiner Fähigkeit dienen sollte. Seitdem sind unser Geliebter Kirpal und auch Hazur Baba Sawan Singh Ji innerlich zahlreich erschienen um das zu bestätigen. Der-Meister innerlich hatte diesem unwürdigen den Auftrag gegeben, diesen Brief zu schreiben, da es helfen könnte, etwas von der Verwirrung der lieben abzuräumen, die in vielen Fällen den Gefühlen, und Schlussfolgerungen von anderen zum Opfer gefallen sind, die nur auf den Eindrücken ihrer Außenaugen und nicht des inneren gehen....

{Arran Stephens Schriftsatz}

Lieber Bruder Michael: Wenn wegen des Verbreitens innerer geistiger Erfahrungen in diesem Brief ich auf dem Weg zurückfalle, oder zum Teufel gesandt werde, dann werden die Worte des Meister's über Ramanuja mein Tröster sein: „Es macht nichts, wenn ich zum Teufel gehe. Sie werden gerettet! Ich werde Hölle um deinetwillen ertragen...." Hunderte von Zeiten seit unser wertvoller Geliebter nach Seinem Himmlischen Haus reiste, ist er diesem unwürdigen Kind in Indien, auf der Ebene, erschienen, wo auch immer & wann auch immer die Chance gegriffen wurde, um sich „ins Fuchsloch des Gehirns" zurückzuziehen (indem er geladenen Kennwörter der Fünf Namen singt ...) Nicht einmal zeigt er mir seinen respektierter physischen Sohn Darshan Singh Ji der war oder sein sollte, als der folgende Param Sant - und es sei denn, dass Er das tut, finde ich es meine Aufgabe zu versuchen , das die geistigen Interessen der Eingeweihten und neuen Sucher geschützt werden, indem ich sie über meine Position informiere. Der-Rest, ist natürlich in Seinen Händen. Immer war.... Am 9. November Morgen [sic], indem ich in Bhajan saß, zog der Herr freundlich diese Seele zuerst vom Körper unten, bis zu und durch die Leuchtform seines (Kirpal), und darauf in Trikuti, der Kausalen Ebene der transzendenten Roten aufgehenden Sonne und der ohrenbetäubenden Seele schmelzenden Donners und der Trommelschläge, immer noch überschritten durch höher, süßere Symphonien, unmöglich zu beschreiben, und sacreligious [sic] zu versuchen. Als diese Seele mit dem Berauschenden Naam kommunizierte, transformierte das Heilige Naam Selbst in eine Himmlische Stimme , und dreimal, mit der großen Ozeanischen Macht gab sie den Namen eines Mannes , der, es wird angenommen, die höchste geistige Verantwortung der Gottesmission des Meister's ausführen wird. Es war nicht Darshan Singh Ji. [Arran Stephens sagte später, dass es Ajaib Singh von Rajasthan war.] [*NOTE: Interviewen Sie mit Arran Stephens (Telefon, Juni 1978). In meinem Gespräch mit Stephens zurzeit schien er völlig überzeugt, dass Ajaib Singh ein echter Meister war. Obwohl die Aufdeckung von inneren Erfahrungen in der Sant Mat verboten wird, außer in sehr seltenen Fällen, erzählte Stephens mir in einem Detail darüber, wie er den Körper verlassen und sich erlaubt hatte, so weit wie Bhanwar Gupha, die vierte innere Ebene gemäß der Kosmologie der Heiligen, und über den Shabd informiert wurden, dass Ajaib Singh fähig war, Seelen auf der geistigen Reise zu führen. Der spätere Wechsel von Stephens zu Darshan Singh, war gelinde gesagt, hoch unerwartet. *] ich kann nur die sensationellen Erfahrungen Ihres [Michael Graysons] als Projektion Ihrer eigenen Wünsche auf der Astralebene verstehen. Sie übereinstimmen nicht mit vielen anderen Anhänger-Erfahrungen, die regelmäßig den Meister oder Seinen Meister innen sehen. Einige andere hier haben Erfahrungen gehabt, indem sie simran, eines anderen leuchtenden taten, der zu einigen einschließlich mindestens eines Nichteingeweihten in lebhaften Träumen erschienen war, worin der Name mitgeteilt wurde, einzelheiten der erscheinung usw,, wenn auch diese Personen eine Fotografie von ihm nie gesehen hatten. Nein lieber Darshan Singh.... Ich glaube, dass Sie das Ergebnis Ihrer intensiven Wünsche gesehen haben, Meister im Fleisch zu haben, aber weil Sie wegen Ihrer langen und nahen Freundschaft mit dem Sohn des Meister's psychologisch vorbedingt wurden, haben Sie erlaubt und eine andere Form gewünscht, auf dem Thron Ihres Herzens zu sitzen, das für den Master, trotz dem Tun Ihres simran. Schau auf Paul Twitchell, der [sic] mit dem Meister auf den inneren Ebenen „sprach" und mehrerer andere wie ihn, die durch die Direktheit ihrer eigenen völlig entwickelten feinen Mentals irregeführt wurden. Sie werden wahrscheinlich dasselbe von irgendjemandem sagen, der mit Ihnen nicht übereinstimmen wird....

Was klar offensichtlich ist von Stephens Brief, ist, dass sich die Politik des Gurus successorship nicht radikal ändert, selbst wenn sie zu einem esoterischeren (Astral oder Kausal) Ebene bewegt. Die politische Redekunst und Debatte sind im Wesentlichen dasselbe: „Ihre Wahrnehmung der Wahrheit wird fehlgeleitet, wohingegen ich einen echten Einblick in die echte Natur von Dingen habe." [*NOTE: Obwohl der Inhalt von Transpersonal-Debatten verschieden sein kann als regelmäßige politische Argumente, ist die Struktur hinter ihnen beiden dasselbe bemerkenswert: Sie irren sich - ich habe Recht.(oder, mindestens, Schwankungen entlang diesem dualistischen Spektrum). Innere Erfahrungen, als solcher, treten nie aufrichtig in die Debatte seit verschiedene Parteien , sich nur mit Zeugnissen oder Berichten von mystischen Ausflügen befassen. Außerdem, der kulturelle Filter, durch den diese Erfahrungen viel Passieren sollte nicht vernachlässigt werden. Sogar die so genannten phänomenologisch „reinen" Transporte aus dem Körper sind nicht ohne eine kulturelle Neigung, wie veranschaulicht, in Nah-Todeserfahrungen (N.D.E .'s), wo der Inhalt dessen, was man wahrnimmt, durch seinen oder ihren religiösen Hintergrund gewürzt ist. Christen sehen Jesus, nicht Buddha; Hindus sehen Krishna, Rama, und einige Götter, nicht Jehova; Moslems sehen Allah, nicht Vishnu; und Sikhs sehen Guru Nanak oder Guru Gobind Singh, nicht die Jungfrau Maria. Der Grund ist offensichtlich: Obwohl Personen tatsächlich zu einer höheren Ebene des Bewusstseins kommen und Licht am Ende eines langen Tunnels sehen können, interpretieren sie die Natur dieses Lichtes gemäß ihren spezifischen religiösen und sozialen Hintergründen. Für mehr von diesem faszinierenden Phänomen, sieh den Unwissenden Weisen: Das Leben Arbeit von Baba Faqir Chand (Del Mrz: Del-Presse im Mrz, 1989). *] ist Es ein Konflikt über Zeugnisse, Wahrnehmungen, und persönliche Erinnerungen. Es gibt keinen Unterschied zwischen „inneren" Erfahrungsargumenten und „Außen"-Erfahrungsargumenten (da beides mit Zeugnissen von Erfahrungen handelt), außer über das Problem des „Beweises." Was ergibt Beweis in der wachen Sinneswelt ist, mindestens, offen für die Allgemeine Übereinstimmung, wohingegen innere Erfahrungen ein jeder universalen Richtlinie mangelt. [*NOTE: Das suggeriert nicht , dass Versuche nicht gemacht worden sind, um eine Art von objektiven Gitter für innere Erfahrungen abzuschätzen und zu etablieren. Für mehr zu diesem Problem sieh Ken Wilber Ein Sozialer Gott (New York: McGraw Hill, 1983) und M. Whiteman's Die Bedeutung des Lebens ((1986). *] Ob Kirpal Singh es beabsichtigte oder nicht, schuf seine wiederholte Betonung auf inneren Erfahrungen eine Büchse der Pandora,die mehr Fragen aufwirft, als sie beantwortet, denn fast jeder kann behaupten, innere Bestätigung über seine spirituelle Funktion zu haben. (Wir müssen nicht weiter schauen als Fernsehevangelisten für eine Illustration dieses Probleme „der persönlichen" Enthüllung.) Die ironische Drehung in der Grayson-Stephens-Debatte ist, dass Arran Stephens am Ende auf Darshan Singh nach vier Jahre später trotz der Behauptung umschaltete, obwohl er behauptete Gottesenthüllung über die Meisterschaft von Ajaib Singh auf der „vierten Ebene - Bhanwar Gupha gehabt zu haben." [*NOTE: Personal Interview, op. cit. *]

Die Vanshavali Linie: Vom Vater zu Sohn zu Sohn

Das größte Hindernis von Darshan Singh im Herstellen seines Ministeriums war überraschend genug, dass er der Sohn von Kirpal Singh war. In anderen Fällen der geistigen oder politischen Folge würde solch eine Tatsache helfen, einen Wettbewerbskandidaten zu stützen, aber im Zusammenhang von Ruhani Satsang arbeitete es gegen Darshan Singh, weil sein Vater implizit hatte (und zuweilen wird uns, ausführlich erzählt) [*NOTE: Mehrere Eingeweihte von Kirpal Singh haben mich über eine langjährige Geschichte informiert, die anscheinend bis 1963 zurückgeht. Angeblich hatte Kirpal Singh festgestellt, dass er niemanden von seiner Familie ernennen würde, um ihm nachzufolgen. Außerdem für mehrere Eingeweihte, die dieser Sitzung beiwohnen, war es unvorstellbar, dass Kirpal Singh seinen ältesten Sohn, Darshan Singh ernennen würde. Die Echtheit der Behauptungen von Kirpal Singh, so weit ich weiß, ist nicht befragt worden. Jedoch befragen Eingeweihte von Darshan Singh wirklich die wörtliche Interpretation der Verkündigung von Kirpal Singh. Weil ein frommer Darshan Singh Anhänger mir erzählte, „ Ja, Kirpal Singh sagte wirklich dass, aber er bezog sich auf seine „geistigen" Söhne - diejenigen, die von ihm persönlich eingeweiht sind. Weil, sehen sie, Darshan Singh ist ein Eingeweihter von Sawan Singh, und so, technisch nicht ein „Sohn" von Kirpal im geistigen Sinn des Begriffs. „(Interview mit Brian Walsh, 1983.) *] argumentierte gegen vanshavali oder erbliche Gurus. **(Mega-Senf-Zeit – Dieser Text von David Lane hier, Professor, HoHoHo der hat auch ein an der Birne ich bitte den Leser sich nun an die Stelle zurück zu erinnern, wo der Abbruch dieser Beschreibung war, und wo er anfing nun dies und jenes einzufügen in Klammern und Notes und so weiter. Seine Aufbauweise ist so Wirrnissreich, wie sein Wirrnissssss. So ist ja der gesamte Text aufgebaut, ich nehme an das soll seine Überlegenheit und Professur und seine Geleeeeeeehrtheit beweisen, dieser Wirrnisss David Lane. Aber ich mach diesen Mistaufbau noch zu Ende. Ende. 20.8.2007 WSchorat. Oder kann sich wirklich noch einer daran erinnern an das Ende seiner Beschreibung, die ja nun folgt)** Tatsächlich war einer der Ansprüche von Kirpal Singh gegen die Dera Nachfolger, dass sie in cohoots mit der Familie von Sawan Singh waren. Mehrere Ruhani Satsang Anhänger besonders diejenigen, die für das Zeugnis von Kirpal Singh Partei ergriffen, über das was aus beas in 1948 heraus kam , konnten nicht Charan Singh Annahme des Meistermantels akzeptieren, weil er ein Enkel von Sawan Singh war . In Anbetracht dieser historischen Perspektive erzeugte die Kandidatur von Darshan Singh strenge Zweifel über seine Echtheit. Aber da kein anderer Kandidat (Thakar Singh und Ajaib Singh, der nicht widersteht), seinen Hauptteil des sangat anzog, wurden die Widersprüche in der Folge-Rhetorik von Darshan Singh teilweise übersehen und zur Seite gelegt durch den Kern seiner schließlichen ihm folgenden .

Die Blutverbindung entstand wieder, als Darshan Singh seinen Sohn, Rajinder Singh ernannte, ihm als sein alleiniger geistiger Nachfolger und Haupt von Sawan-Kirpal - Mission zu sein. Obwohl der Tod von Darshan Singh gegen Ende Mai 1989 als eine Überraschung kam, seine Nominierung von Rajinder kam nicht . Tatsächlich waren mehrere Außenbeobachter der Bewegung - einschließlich meiner selbst - implizit sowohl von Darshan Singh als auch von einigen seiner Apostel informiert worden, dass sein ältester Sohn ein Hauptkandidat für die Position war. Jedoch für jenen Anhängern von Kirpal Singh, die der Kandidatur von Darshan Singh wegen seiner Blutbande und Methode der Annahme widerstanden , war die Nominierung von Rajinder, aus zwei Hauptgründen schwierig zu akzeptieren: 1) weil es bestätigte, dass Mission von Sawan-Kirpal eine vanshavali Abstammung widerspiegelte; und 2) weil ein eingetragener Wille verwendet (und, was noch wichtiger ist, gelobt worden war) durch Darshan Singh, um seinen Sohn und Nachfolger zu berufen.

Der Unerwartete Tod von Darshan Singh

Als Darshan Singh am 30. Mai 1989 starb, kam es als ein Schock zu seinen Tausenden von Anhängern.

Sie hatten einfach nicht angenommen, dass ihr Guru starb, als er umfassende Pläne für eine Satsang-Reisen gemacht hatte, um in Nordamerika Anfang dieses Sommers anzufangen. Kapital war arrangiert worden, Daten waren gesetzt worden, und Anzeigen waren präpariert- alle in der klaren Erwartung, dass Darshan Singh seine beabsichtigten Tagesordnung durchführen würde. So, als die Nachrichten kamen, das Darshan Singh zwischen 7:30 und 8 Uhr 00 früh am Morgen Dienstag, am 30. Mai gestorben war, waren seine Apostel echt überrascht. Im Artikel, „Bis Wir uns wieder Treffen," schrieb die Sandesh Redaktion:

Innerhalb von Stunden, die Nachrichten über seinen Tod erreichte Familie [Darshan Singh], Freunde, und Apostel überall auf der Welt. Der Schock war für jedem unermesslich. Es schien, dass sein oder ihr bester Freund und bester Geliebter plötzlich fortgegangen waren... So schien es, dass der Meister wollte, dass niemand im Voraus davon wusste, damit dort keine Panik und Verwirrung in seinen letzten wenigen Monaten sei. [*NOTE:Sat Sandesh (Juli/August 1989), Seite 8. Wenn ich ein persönliches Zeichen hier einwerfen kann, wurde ich von Brian Walsh, einem Eingeweihten von Darshan Singh über den Tod des Gurus ungefähr 12 Stunden später benachrichtigt. Sofort war ich im Kontakt mit mehreren Schlüsselmitgliedern der Sawan-Kirpal Mission, die schienen, durch die Plötzlichkeit des Übergangs von Darshan Singh echt erschüttert zu sein. *]

Wenn auch Darshan Singh seinen Wahlkreis über seine drohende Abfahrt nicht offen informierte, machte er wirklich dennoch unwiderruflich verständlich, dass er seinen Sohn, Rajinder, wollte, ihm als Geistiger Meister der Sawan-Kirpal Mission nachzufolgen. Tatsächlich ging Darshan zu großen Längen, um zu versichern, dass sein Sohn - und anscheinend nur sein Sohn - seinen spirituellen Mantel annehmen würden. Darshan vollbrachte das, indem er einen außergewöhnlich stichhaltigen letzten Willen entwarf, im dem er seinen Sohn als sein rechtmäßiger Erbe nannte. Unten ist eine nicht redigierte Abschrift des Willens:

Wissen Sie alle durch diese Geschenke dass ich, Darshan Singh Sohn von H.H. Sant Kirpal Singh Ji Maharaj von verehrtem Gedächtnis, im vollen Besitz meiner Sinne und in der vollkommenen verfügenden Gemütsverfassung ohne jede Sorte des Zwangs und ohne jeden fremden Druck jeder Kunst überhaupt und nach dem reifen Denken, beruft hiermit Shri Rajinder Singh Duggal, meinen älteren Sohn als mein alleiniger spiritueller Nachfolger im Hinblick auf seine starken spirituellen Kenntnisse und vervielfältigten Qualitäten des Kopfs und Herzens, der der nächste lebende Meister werden wird und die spirituellen Aufgaben der Naam-Einweihung übernehmen wird und Satsang zu führen, nachdem ich den physischen Körper verlasse. Ich berufe auch den vorerwähnten Shir Rajinder Singh Duggal als spirituelles Haupt der Sawan Kirpal Ruhani Mission (Eingetragene Gesellschaft), Delhi; Sawan Kirpal Ruhani Mission (Wissenschaft der Spiritualität) in den Vereinigten Staaten von Amerika; Darshan-Wissenschaft des Seele Inc. in den Vereinigten Staaten von Amerika; Sawan Kirpal Ruhani Mission (Wissenschaft der Spiritualität) in Deutschland und ihrer angehörigen Organisationen, zurzeit bestehend, und solche die nachher schwimmen gelassen werden können. Ich berufe auch vorerwähnten Shri Rajinder Singh Duggal als Vorsitzender von Sawan Kirpal Ruhani Mission(Eingetragene Gesellschaft), Delhi nach meiner Besitzübertragung. Im Zeugen des obengenannten habe ich, Darshan Singh, meine Hände auf dieses Dokument an diesem {17}. Tag des November 1987 gesetzt. Delhi, datiert 17. November 1987 Unterzeichnet: Darshan Singh

Um weiter seine Nominierung von Rajinder Darshan zu sichern, legte Singh Kopien des Willens in die folgenden Händen: 1) Delhi Registrator-Büro; 2) Riggs Nationale Bank in Washington, D.C .; und 3) eine Kopie mit Herrn Amarnath Sharma. Außerdem wurde Riggs Nationale Bank beauftragt, Fotokopien des Willens zu zehn Sawan-Kirpal Missionsführern um Welt zu senden. Im Artikel „Das Licht geht weiter „ Ricki Linksman beschreibt einige der Hauptereignisse die der Vorbereitung von Darshan Singh Willens umgeben und seine Nominierung von Rajinder. Unten sind einige der Stichpunkte von diesem Artikel:

1) Im Februar 1987 fing der Meister [Darshan Singh], seinen Willen vorzubereiten. Er wurde am 17. November 1987, in Gegenwart vom Radscha Jaswant Singh, Herrn A.R Manocha, Herr S.P. Chopra, und Dr Dave unterzeichnet. 2) Am Mittwoch, dem 5. November 1986, unbekannt für die sangat, übertrug Meister Darshan Singh die spirituelle Macht durch die Augen auf Rajinder Singh. 3) Das erste Mal, das der Meister Rajinder Singh davon erzählte, das er die Fortsetzen der Mission nach ihm ausführen sollte, war im Dezember 1985 in Delhi . 4) in den letzten zwei Jahren sagte der Meister bestimmten Leuten, dass er Rajinder Singh als sein Nachfolger gewählt hatte. In Indien erzählte er: Radscha Jaswant Singh, Herr A.R. Manocha, Herr S.P. Chopra, Herr R.K. Jain, Herr I.R. Malik, Dr R.B. Gupta, und Dr Dave .. .. [*NOTE: Sat Sandesh, Juli/August 1989, Seiten 58-62. *]

Die Folge von Darshan Singh veranschaulichen, wie Sprache und Redekunst -Rhetorik besonders in einem gesetzlichen Zusammenhang - direkt unter Einfluss zu Grunde liegender sozialer Kräfte oder Spannungen sind. Auf viele Wegen, eine nahe Textanalyse der Nachfolgewille offenbart in einer Nussschale die Arten von politischen Problemen die Guru-Folge im Allgemeinen und in Radhasoami insbesondere. Zum Beispiel, wenn der Gebrauch solcher Schlüsselausdrücke als „alleiniger spiritueller Nachfolger" im Text erscheint, ist das einem Studenten von Ruhani Satsang Geschichte sogleich offensichtlich, dass Darshan Singh versucht, die Verwirrung zu vermeiden, die nach dem Tod seines Vaters 1974 entstand , als eine vielfache Zahl von Möchtegernnachfolgern erschien. Sogar der Anfang des Willens, der fünf kategorische Behauptungen über den Mangel des Zusammenhangs involviert in der konstruktion des Willens, zeigt, dass es eine Frage gab [*NOTE: 1) „im vollen Besitz meiner Sinne"; 2) „in der vollkommenen verfügenden Gemütsverfassung"; 3) „ohne jede Sorte des Zwangs"; 4) „ohne jeden fremden Druck"; und 5) „nach dem reifen Denken." *] oder Zweifel darüber, wie vorherige Radhasoami Willen aufgezeichnet wurden. Obwohl es normal ist, beweisbar zu demonstrieren, das wohlsein und die Klarheit eines Willens -Schreibers, wird es gewöhnlich in einem oder zwei Sätzen getan . Wohl stammt die wiederholte Betonung auf der Klarheit von Darshan Singh direkt vom letzten Willen von Sawan Singh in 1948, der von Kirpal Singh und seinen Anhängern aus mehreren Gründen, einschließlich des streitsüchtigen Probleme dessen befragt wurde, ob Sawan Singh (vermutlich von Familienmitgliedern) ins Unterzeichnen über seinen geistigen mantleship manipuliert wurde.

Natürlich,Darshan Singh würde viel von dieser Kunst der Spekulation mindern - Spekulation,die die Integrität eines kürzlich erscheinenden Führers behindern kann - seine Klarheit der Meinung wiederholt betonend, den Willen aufzeichnend. Was wir hier sehen, ist die Politik der Nachfolge-Redekunst. Was auf den ersten Blick scheinen könnte, als eine einfache Art zu schreiben, stellt sich heraus, auf der näheren Inspektion, eine politisch empfindliche Weise zu sein, Parteigeist herauszufinden. [*NOTE: Der Wille zeigt auch klar, dass Rajinder Singh," sogar vor dem Annehmen des Meistership „spirituell kompetent" ist. *] (*Senf-Zeit.Ich habe die Bücher von Rajinder Singh gelesen und war erstaunt als ich las das er sagte er stellt die Chakras in Frage, und ob sie die überhaupt gibt. Als ich das gelesen hatte wusste ich,„das ist ein „Klone-Produkt" und kein Meister. 21.8.2007 WSchorat)*

Es ist genau in der „Plötzlichkeit" des Übergangs von Darshan Singh, wo der größte Teil der „ideologischen Arbeit" unter seinen Aposteln gesehen werden kann. Zum Beispiel interessierte ich mich scharf für das Sehen, wie sich „Geschichten" im Laufe der Zeit sofort im Anschluss nach dem Tod eines Master entwickeln würden. Mein Ding war, dass, wenn ein Guru unerwartet (Herzanfall, Autounfall, usw.) starb, dort im Laufe der Zeit neue Geschichten, neue Entwicklungen, und neue Drehungen darüber entwickeln würde, wie er wirklich von seinem drohenden Übergang wusste. Die Motivation hinter dem Entwickeln dieser Geschichten war ziemlich offensichtlich: Ein echter Meister in der Radhasoami Tradition soll Zugang zu trans-vernünftigen Gebieten der Existenz haben; Kenntnisse seines physischen Übergangs werden als selbstverständlich in Sant Mat-Theologie genommen. Außerdem unabhängig von dem offenbaren „unwissenden" Qualitäten, die den Tod eines Gurus umgeben, suchen Apostel allgemein nach Hinweisen oder Hinweisen über die „knowingness" ihres Meisters. *(Senf-Zeit. Auch unter den Patriarchen Zenmeistern gibt es nur ganz ganz wenige die zuvor genauestens wussten wann sie hier abdankten, und die dann ihre Späßchen mit ihren Meditationsfreunden noch machten,wie ich in alten Zenschriften nachlesen konnte. Aber, man darf auch nicht spinnen denken fantasieren, obwohl man es natürlich darf, alles läuft immer nach ASA und DIN Standart im Leben ab. Ho Ho Ho 21.8.2007 WSchorat)*

Im-Fall von Darshan Singh, obwohl sein letzter Wille anzeigt, dass er seiner Sterblichkeit bewusst war, wies sein geplante Reise nach Amerika im Sommer 1989 darauf hin, dass er sich des genauen Datums seines Todes nicht sicher war. Warum sonst solch eine teure Reise planen? Warum die wohl durchdachte Werbung an erster Stelle aufbauen? Diese Unangemessenheit - Theologie, die die Vorkenntnisse des Todes und des praktischen Ergebnisses fordert,die genaue Kenntnisse verrät - ist genau, wo ideologische Arbeit beginnt. Obwohl das nicht unmittelbar sein kann, kommt es wirklich ziemlich schnell vor. Warum? Die Lücke zu überbrücken, wenn Theorie und Praxis anscheinend inkonsequent sind. Wie Bennett Berger scharf hinweist werden Wettbewerbsgurus in der „ideologischen Arbeit [welche] diejenigen ermöglicht, die mit dem intellektuellen Kampf beschäftigt sind , zu versuchen, ihre Kritiker und ihre Bestandteile zu überzeugen (mehr oder weniger glaubhaft in verschiedenen Fällen), dass offenbare Diskrepanzen zwischen Predigen und Praxis tatsächlich illusorisch sind und erfolgreich aufgelöst werden können. „[*NOTE: Für mehr über"ideologischen Arbeit," besonders unter ländlichem communards, siehe Bennett Berger Das Überleben einer Gegenkultur (Berkeley: Universität der Presse von Kalifornien, 1981). *]

Folglich, was wir im Tod von Darshan Singh sehen, ist ein scheinbares Paradox für seine Anhänger: Er soll alles wissen (Berger's Predigen), aber seine Handlungen (Berger's Praxis), zeigen anderes. Solch eine Spannung, die wiederholt in religiösen Bewegungen beliebiger Größe und Gestalt vorkommt, versorgt ernsthafte Apostel mit einem Dilemma, derjenige, der sowohl sozial als auch theologisch bittet, aufgelöst zu werden. Es ist genau in der Auflösung das so viele der politischen (gegen rein spirituelle), Natur der Guru-Folge und Legitimation wird offensichtlich; es, ist zweifellos, eine sich gründende Enthüllung für diejenigen, die nur in eine ätherische Übertragung der geistigen Macht glauben.

Obwohl historische Tatsachen könnten in nicht so entfernter Zukunft Änderung in hagiographical Interpretationen herbeiführen, die es schnell unmöglich für Gelehrte machen,den Unterschied, die Entfernung zwischen Praxis und Theologie, zu erkennen, während der Lebenszeit eines Gurus, und gerade sofort im Anschluss an seinem oder ihren Tod. Außerdem wenn Bereiche die verfügbaren Dokumente den Tod von Darshan Singh umgeben, Schlüsselwörter und Ausdrücke erscheinen, die offenbaren, welche Arten von Spannungen - unbewusst oder sonst - erscheinen.

Zum Beispiel, im ersten Hauptartikel über den Übergang von Darshan Singh in Sat Sandesh, liest einer der Untertitel, „ Es gab viele Hinweise." Im Licht des Konzepts von Berger der ideologischen Arbeit ist das wirkende Wort im vorhergehenden Titel „Hinweise", d. h. etwas, was ausführlich nicht festgesetzt wird. Im Text selbst, zum Beispiel, lernen wir folgendes:

Innerhalb von Stunden, die Nachrichten über seinen (Darshan Singh's) Tod erreichte seine Familie, Freunde, und Apostel überall auf der Welt. Der Schock war unermesslich für jeden. Es schien, dass ein oder ihr bester Freund und bester Geliebter plötzlich fortgegangen waren. Aber gerade als dieser Verlust begann, sich bemerkbar zu machen diejenigen die mit dem Meister gewesen waren oder mit ihm in den letzten Tagen und Wochen gesprochen hatten, begannen sich an Bemerkungen und Behauptungen vom Meister zu erinnern. Klar, hatte er Hinweise seiner drohenden Abfahrt unter uns gegeben. Aber sie waren so fein, dass diejenigen, die ihn hörten, die volle Bedeutung seiner Worte nur nach der unwiderruflichen Trennung verstehen konnten... So schien es, dass der Meister wollte, dass niemand im Voraus, davon wusste, damit keine Panik und Verwirrung in seinen letzten wenigen Monaten war. Zur gleichen Zeit gab der Meister genug Hinweise, dass im Rückblick wir begreifen würden, dass er wirklich wusste, dass er abreiste - und wann er fortgehen sollte. [*NOTE: Sat Sandesh, op. cit. Seite 8. *]

Im vorhergehenden Durchgang allein sind sechs Schlüsselwörter oder Ausdrücke offenbar, von denen jedes anzeigt, dass eine Art ideologische Arbeit, obgleich unbewusst, weitergeht. Zum Beispiel, wenn der Schriftsteller „Klar" sagt, waren ihm Hinweise seiner drohenden Abfahrt gegeben worden," offenbart er/sie nicht eine vereinigte Version des Todes von Darshan Singh, sondern eher zwei sich abhebende Versionen. „Klar" und „Hinweise" bedeuten nicht Folgeerscheinungen ; sie sind Beschreibungen die eher auf entgegengesetzten Enden des Definitionsspektrums hinweisen. Das das so ist, wird offensichtlich, wenn wir den folgenden Satz lesen, der folgt, „ Aber sie waren so fein, dass diejenigen, ihn hörten, die volle Bedeutung seiner Worte nur nach der unwiderruflichen Trennung verstehen konnten." Mit anderen Worten, als Darshan Singh Hinweise gab, wurden sie als solcher nicht interpretiert, bis er starb. Oder, um es mehr kurz und bündig zu stellen, die Apostel um Darshan Singh glaubten nicht, dass ihr Guru dabei war zu sterben, folglich waren sie in „ Schock". Außerdem war der sangat mit zwei verschiedene Todesberichten konfrontiert : Darshan von seinem Tod wissend „klar" (was Theologie fordert), und Darshan, der nichts über seinen Abgang weiß „Hinweise" (was praktisch vorkam). Es ist diese Teilung, die der Sat Sandesh Artikel beschreibt, aber auf Wegen, die vielleicht nicht bewusst beabsichtigt sind.

Wenn wir wirklich die „Hinweise" analysieren, gegeben von Darshan Singh vor seinem Tod , können wir nicht die Ahnung übersehen, dass diese Hinweise bereits ein Produkt der frühen ideologischen Arbeit sein können. Manchmal, was sich anfänglich als eine einfache Geschichte herausstellt, wird im Laufe der Zeit ein ziemlich fortgeschrittenes Garn, angefüllt von zusätzlichen Nuancen und Drehungen . Ich behaupte nicht, dass es das ist, was im Fall von Darshan Singh passierte, spezifisch in der Verweisung auf die Geschichten erwähnt in Sat Sandesh, aber dass wir solche Geschichten mit einem kritischen Auge analysieren sollten. Außerdem ist es wichtig, den einfachen Bericht von seiner angehangenen Interpretation, etwas zu unterscheiden, etwas das ein bisschen schwierig ist , wenn interessierte Apostel die offizielle Geschichte kompilieren. Obwohl Redaktionskritik besonders lästig ist mit schriftlich Texten die vor 1900 Jahren geschrieben sind, das ist noch mit neuen religiösen Schriften problematisch. Im folgenden Bericht, zum Beispiel, wird die Geschichte mit der Interpretation eingebettet:

Sant Darshan Singh warnte wiederholt seinen sangat in Indien, dass seine Zeit kurz ist, und nötigte sie, den besten Gebrauch seiner physischen Anwesenheit zu machen. Solche Ermahnungen wurden besonders dringend in den letzten Wochen. Er sagte dem sangat Sonntag den 21. Mai , dass, wenn irgendjemand ihn sehen oder mit ihm sprechen wollte, so sollten sie das am 28 Mai satsang tun. Sie würden solch eine Gelegenheit nicht am satsang vom 4. Juni haben. Viele nahmen an, dass nach dem 28. Mai der Meister mit Vorbereitungen seiner kommenden Welttour zu beschäftigt sein würde. Die echte Bedeutung der Worte des Meisters durchquerte nie ihr Mental. [*NOTE: Sat Sandesh, op. cit. Seiten 8-9. *]

In der Skelett-Form, die wir in der vorhergehenden Geschichte haben, ist nicht viel: Darshan Singh stellt fest, dass jene Leute, die ihn sehen wollen, es am 28 Mai satsang tun sollten. Praktisch gesprochen, etwas anderes ist Spekulation. Jedoch ist die Absicht des Teils, nicht nachzusinnen, sondern eher in einer greifbaren Weise die Vorkenntnisse von Darshan zu demonstrieren. Die folgende Geschichte versucht, viel von demselben zu vollbringen.

Ungefähr zehn bis fünfzehn Tage, bevor er den Körper verließ, fing der Meistern an, einige Hinweise zu geben, dass er möglicherweise die Welttour nicht machen kann, die geplant war, um sind 12. Juni zu beginnen. Er würde sagen, „ich könnte gehen; ich könnte nicht gehen." Eines Tages rief der Meister Herrn R.K. Jain. Als er schließlich kam, fragte der Meister ihn, warum er verzögert worden war. Herr Jain erklärte, dass er weg war um etwas von seiner Kleidung für die Reise vorzubereiten. Der Meister erzählte ihm, „können Sie ohne mich gehen? Wenn ich nicht auf die Tour gehe, dann warum treffen Sie Vorbereitungen?" [*NOTE: Sat Sandesh, op. cit. Seite 9. *]

Wenn Darshan Singh eine Unschlüssigkeit zeigte in Bezug zur Tour („ich könnte gehen; ich könnte nicht" gehen), verwenden es die Artikel-Schriftsteller als einen teilweise Hinweis des Wissens ihres Meisters. Und doch, womit sich die Schriftsteller befassen, sind nicht eindeutige Verkündigungen; eher könnten sie als mehrere verschiedene Wege, abhängig vom Publikum interpretiert werden. Einem Publikum, vor seiner Abfahrt, sagte Darshan Singh, „ Wenn ich auf Tour gehe, werde ich dieses Mal nicht zurückkommen," eine Anmerkung, die vom Artikel-Schriftsteller folgendermaßen interpretiert wurde: „Zurzeit nahmen sie an, dass er nicht dabei war, zum ashram zurückzukehren, aber in Amerika bleiben würde. Angesichts solcher Bemerkungen [durch Darshan Singh], als die Frau des Master ihn fragte, so oder so zu entscheiden ob er auf die Reisen ging, änderte Sant Darshan Singh das Thema." [*NOTE: Sat Sandesh, op. cit. Seite 10. Andere interessante Ereignisse, die von den Autoren zitiert werden, schließen die letzten Gespräche von Darshan Singh mit seinem jüngsten Sohn, Bawa, und seiner Frau, Harbhajan Kaur ein. Beide Erinnerungen, obwohl nicht ausführlich in sich selbst, werden als bedeutungsvolle Vorahnungen interpretiert. *]

Wenn wir die Interpretation der Schriftsteller einklammern, was wir im Wesentlichen im den Anmerkungen von Darshan Singh haben, sind Zweideutigkeit. Nichts weist klar darauf hin , wie Darshan Singh wirklich gedacht haben oder nicht gedacht haben kann. Um diese Zweideutigkeit zu überwinden, versuchten interessierte Anhänger, den impliziten, verborgenen Wissen ihres Gurus mit seiner ausführlichen, öffentlichen Unwissenheit aufeinander zu beziehen oder zu versöhnen. Es ist die Art des Paradoxen, die im wirklichen Herzen der ganzen ideologischen Arbeit ist. [*NOTE: Sogar die Schriftsteller für die Spezielle Memorial Ausgabe auf Sant Darshan Singh waren der Plötzlichkeit des Todes ihres Gurus bewusst. In dem Teil betitelt „Hinweise der Abfahrt des Meisters," liest es: „ Obwohl wenige Menschen sie als solche erkannten, im Rückblick ist es klar, dass in den letzten wenigen Tagen und Wochen Meister viele Hinweise seines Abgangs gab. "Seite 25, op. cit. *]

Trotz der unerwarteten Ableben von Darshan sollte es nicht vergessen werden, dass seine Nachfolge eine der glattesten in der ganzen Radhasoami Geschichte war. Wie wir hingewiesen haben, dort waren mehrere Gründe dafür, aber zuallererst unter diesen war der eindeutige letzte Wille von Darshan Singh, der die Nominierung seines Sohns Rajinder betonte. Die völlig begründeten Ansichten von Darshan Singh auf dieser Sache haben irgendwelche ernsten Folge-Krisen verhindert, die ohne solche Klarheit entstanden sein können. Jedoch präsentiert die Blutverbindung noch einige problematische Probleme für langfristige Kirpal Singh Anhänger , die fortsetzen, mit der scheinbaren Unangemessenheit einer spirituellen Übertragung des Meisters/Apostels und einer vanshavali Abstammung zu ringen. [*NOTE:

Anscheinend ist die Familienverbindung in der Sawan-Kirpal Mission nicht als ein lästiges Problem unter Eingeweihten von Darshan Singh oder Rajinder Singh gesehen, wie es unter direkten Kirpal Singh Eingeweihten ist. Zweifellos hätte das viel mit Erwartungen zu tun, die man hatte, indem man sich anschließt und das spätere Abbinden an die Bewegung. Wenn, zum Beispiel, man im Voraus weiß, dass der fragliche Führer durch das Blut verbunden ist, mit seinem Guru und dem Gurus-Guru und schließt sich noch der Gruppe an, die Familienverbindung kann sogar als eine legitimierende Kraft handeln. Wohingegen, andererseits, wenn man glaubt, dass ihr Guru durch das Blut nicht verbunden ist, Nepotismus als ein Disqualifizier-Faktor gesehen werden kann. *]

KAPITEL FÜNF:

MINDERHEITSFOLGE

Die Logik der Marginalität

VI. THAKAR SINGH UND GRÜNDUNG DES KIRPAL LICHT SATSANG

Im Februar 1976 wurde Thakar Singh der Initiations-Guru im Sawan Ashram unter der Billigung der Frau Hardevi, die die Verwaltungsvorsitzende war. In „Eine Kurzen Geschichte von mir" beschreibt Thakar seine Kommission, um als ein Guru zu dienen:

Nachts gab mein Meister mir innerlich einige Hinweise über meine zukünftige Arbeit in einem seltsamen [sic] Weg. Ich meditierte unaufhörlich für fünfzehn Monaten, d. h. bis zum 20. November 1975 und hatte so viele Hinweise für die Zukunft, aber ich schämte mich so, dass ich nie fand, dass ich wagen sollte, das zu tun. Letztendlich, im Anfang des Februars 1976, wurde ich ohne Alternative gelassen, außer zu gehorchen und bin vor Euch als Euer unbezahlter Diener, nur um die lieben Söhnen und Töchtern meines Meisters zu dienen .. .. [*NOTE: Thakar Singh, Eine Kurze Geschichte von mir (Delhi: Sawan Ashram, n.d.), Druckschrift. *]

Thakar Singh's annahme des gaddi im Sawan Ashram wurde von der Frau Hardevi angestiftet, die um gesetzliche Rechte auf den ashram zu behalten, einen lebensfähigen Nachfolger des verstorbenen Kirpal Singh haben musste. Außerdem, da war das umstrittene Thema aufgebracht von Darshan Singh und anderen, dass eine Frau als ein Satguru nicht ernannt werden konnte. Solche Abschwächen Verhältnisse forderten Frau Hardevi auf, potenzielle Kandidaten für die Position „zu interviewen"; nach etwas Überlegung, und enormem politischem Gerangel im ashram ließ sich Hardevi auf Thakar Singh ein. Die Kandidatur von Thakar Singh wurde jedoch durch eine große Mehrheit des sangat nie ernstlich unterstützt, da er Hardevi, nicht Kirpal Singh, eigene Ernennung (und so nicht ein echter Meister in seinem eigenen Recht) war. Außerdem, hatte Thakar Singh nie irgendwelche wesentlichen schriftlichen oder wörtlichen Beweisen von seinem Guru die seine Ansprüche unterstützt hätte.

Als ich Thakar Singh im Sawan Ashram in Delhi, Indien für sieben Tagen im Juli 1978 traf, war Frau Hardevi noch lebendig und noch sehr viel in der Kontrolle des ashram. Ich wurde besonders beeindruckt mit welcher Achtung Thakar Singh Hardevi behandelte. [*NOTE: Meine erste Reise nach Indien war als ein Forschungshelfer für Professor Mark Juergensmeyer (dann an der Universität Kaliforniens, Berkeley; jetzt an der Universität der Hawaiiinseln), der den Radhasoami Glauben studierte. Während meiner ersten wenigen Tage im Sawan Ashram bekam ich die Gelegenheit, Frau Hardevi zu interviewen. Da ihr Englisch beschränkt war, diente Thakar als unser Übersetzer . Ich bemerkte sofort, wie Frau Hardevi Thakar Singh als ein Arbeiter oder Diener behandelte, nicht als der lebende Gott-Mann auf dem Planeten. Sie gab ihm Befehle, und nicht umgekehrt. Außerdem war ihr Verhalten zu ihm nicht etwas, dass man annehmen könnte, einem „lebenden Gott-Mann gezeigt zu werden." Für alle Absichten und Zwecke Thakar Singh war wie ein anderes Mitglied ihrer Umgebung, ein höherer Niveau-Diener . Jetzt sind diese Eindrücke, ich sollte beitragen, nicht allein meine; andere lange initiierten Anhänger im ashram informierten mich, dass Frau Hardevi ganze Kontrolle über die täglichen Tätigkeiten des satsang Zentrums behielt. Thakar Singh, obwohl als Guru betrachtet, wurde nicht der hohe Status gegeben, der gewöhnlich einem spirituellen Meister Nachfolger zugeteilt ist. *] Mein anfänglicher Eindruck, und derjenige, der von mehreren langfristigen Einwohnern des ashram bestätigt wurde, war dass Frau Hardevi die Wirkleistung hinter dem gaddi war. Wann auch immer eine Schlüsselentscheidung getroffen werden musste, hatte Frau Hardevi anscheinend das Finale sagen. Tatsächlich der Streit 1974 über den rechtmäßigen Nachfolger von Kirpal Singh stammt in erster Linie von der Unschlüssigkeit von Madham Hardevi im völligen Unterstützen von Darshan Singh. Thakar Singh als ein lebensfähiger alternativer Kandidat entstand nicht bis gegen Ende 1975, und sogar dann , wurde er als etwas eines Botschafters des Lagers von Hardevi gesehen.

Obwohl Thakar Singh, unter der Rechtsprechung der Frau Hardevi, seinen Wohnsitz ist Hauptzentrum von Kirpal Singh, Sawan Ashram einsetzte, zog er einen kleinen Teil des Überlebenssangat an sich. Im Westen war Bernadine Chard instrumental in der Aufstellung von Thakar Singh satsang Sitzungen. Anscheinend wurde sie zu Thakar Singh durch eine Reihe von bemerkenswerten inneren Erfahrungen geführt, von denen einige in einem Artikel für Sat Sandesh berichtet wurden, „Es Gibt Hoffnung Für Jeden" (1975). Spätere diente Chard als die allgemeine Vertreterin von Thakar Singh in den Vereinigten Staaten. Die Unterstützer von Thakar Singh weisen auf vier Hauptformen der Überprüfung hin, die seine Position legitimieren:

1. Ernennung und Unterstützung durch die Frau Hardevi, dem Verwaltungsvorsitzenden von Ruhani Satsang, und ihre Partner. 2. Errichtung seines gaddi im Sawan Ashram, dem Hauptzentrum von Kirpal Singh. 3. Wörtliche Zeugnisse durch Kirpal Singh Initiierte Vorschlagen, dass Thakar Singh ordnungsgemäß ernannt wurde. 4. Innere Erfahrungen berichtet durch satsangis und neue Eingeweihte, die von außergewöhnliche Erfahrungen mit Thakar Singh berichteten.

Der Administrative Imperativ : Guru als Gesetzliche Funktion

Seitdem Frau Hardevi als der Satguru von Ruhani Satsang nicht dienen konnte (Berichte unterscheiden sich, ob sie jemals wollte oder nicht), brauchte sie jemanden der als ein Guru dient 1) um die spirituelle Methode von Kirpal Singh fortzusetzen; und 2) die gesetzliche Kontrolle des ashram zu behalten. Am Anfang wurde sie in ihren Anstrengungen unterstützt, als Vorsitzender und Kontrolleur von Sawan Ashram durch die Ruhani Satsang Organisation in Nordamerika . Reno Sirrine und Russell Perkins sammelten sich insbesondere um sie in der Opposition der Kandidatur von Darshan Singh. Und doch während dieser Zeit Periode (im späten 1974 zu Ende 1975), hatte Hardevi einen ehrlichen Nachfolger nicht installiert. Tatsächlich war das offizielle Wort, dass kein echter Nachfolger von Sant Kirpal Singh erschienen war. Mit Spannungen steigend, und ein intensiver politischer und gesetzlicher Kampf, der innerhalb der Gänge von Sawan Ashram geführt wird, drei Gruppen solidifizierten sich: 1) Darshan Singh als Nachfolger; 2) Kein Nachfolger; und 3) Potenzieller zukünftiger Nachfolger. In der ersten Gruppe (Darshan Singh's), die später bekannt als Sawan-Kirpal Mission wurde, war die Folge-Wahl klar und die meisten indischen sangat folgten dem. In der zweiten Gruppe (kein offizieller Nachfolger) waren es zwei Hauptmeinungen im Intervall von der Idee, dass kein neuer Meister gefragt war, seit Kirpal Krieg Singh der Allmächtige Selbst war (und dass zukünftige Einweihungen so geführt werden sollten, alten Band-Aufnahmen von Kirpal Singh anzuhören und Nam Dan so zu machen), in der Annahme dass die Linie von Soamiji Maharaj mit Kirpal Singh beendet war (und dass Sucher nach einem neuen Meister sonst wo suchen müssen). Und in der dritten Gruppe (potenzieller zukünftiger Nachfolger) gab es eine breite Reihe von Ansichten, einschließlich der Annahme eines „verborgenen" Nachfolgers, jemand, der nur erscheinen wird, nachdem das ganze politische Gerangel aufhört oder sich beruhigt.

Überraschend Thakar Singh erschien nicht wirklich aus der dritten Gruppe, was logisch sein würde, aber aus der zweiten Gruppe, die, wie wir bemerkt haben, ursprünglich von der Frau Hardevi angeführt wurde. Tatsächlich war Thakar Krieg Singh einer der ursprünglichen Erschaffer der berüchtigten „mit der Kassette registrierten" im Auftrag des „Allmächtigen Kirpal geführten Einweihung." Wie David Helion beschreibt:

Am 17. Juni [1975] ging ich wieder zu Sawan Ashram, als eine Schwester aus dem Westen, die es zum ersten Mal sehen wollte. Ich konnte Tai Ji [Frau Hardevi] in der Unterhaltung zu anderen Leuten sehen. Als wir gingen folgte uns jemand und sagte, „Warum bleiben [sic] Sie für Einweihung Morgen nicht?" Ich, fragte „Welche Einweihung?" Er antwortete, „ Maharaj Ji gibt morgen Einweihung durch das Tonbandgerät."... Am nächsten Morgen kamen ungefähr fünfundzwanzig Personen um 6 Uhr, und die mündlichen Instruktionen des Meister Kirpal Singh Ji wurden zu ihnen im Zimmern des Meisters gespielt. Tai Ji war anwesend, aber zusätzliche Instruktionen, wurden von jemandem gegeben genannte Thakar Singh von Chandigarh ... [*NOTE: Das Erscheinen des Neuen Meister Darshan Singh, op. cit. Seite 114. *]

Das ist außerhalb politischer und wirtschaftlicher Gründe nicht klar, warum Thakar Singh als der beste angepasste Kandidat gewählt wurde, um dem gaddi in Sawan Ashram anzunehmen. Eine Sache ist obwohl sicher: Einen lebenden menschlichen Nachfolger von Kirpal Singh zu haben, erleichtert den zweifelhaften theologischen Anspruch, dass Kassettenrekordete Einweihungen mit der Sant Mat-Lehren und der gesetzlichen Frage dessen übereinstimmen, ob ein religiöser ashram lebensfähig geführt werden kann ohne einen spirituellen Meister. Welchen Grund-Frau Hardevi auf einmal gehalten haben kann, Tatsache bleibt, dass sie von „keinem Nachfolger" „ zu „einem Nachfolgers" von Kirpal Singh umschaltete. Ihre Wahl, obwohl provisorisch verkündet, durch reno Sirrine und andere auf dem Ruhani Satsang Ausschuss, lief auf eine Katastrophe hinaus, weil sich Thakar Singh als der skandalöseste Guru in der Geschichte von Radhasoami herausstellte. Durch die Berichte Mitte der 1980er Jahre in Umlauf gesetzt weltweit, wie Thakar Singh Geld veruntreut hatte, sich in sexuellen Angelegenheiten mit zahlreichen Frauen einließ, und zu gewaltsame Wechselwirkungen mit Aposteln kam. Frau Hardevi wurde die Hauptlast der negativen Werbung jedoch verschont, seitdem sie in einem Autounfall 1979 ungefähr fünf Jahre zuvor starb, bevor ihr gewählter Botschafter bloßgestellt wurde.

Die Ernennung von Thakar Singh erhebt die Idee von Weber von der „routinization des Charisma". Was tut eine spirituelle Organisation, gegründet von einem wahrgenommenen charismatischen Führer, wenn die Nachfolge streitig ist? Zwei Hauptoptionen stehen der flüggen Verwaltung gegenüber: zurückkehren zum Führer, dadurch die Ideen des Gründers als einzigartig und fraglos erfrieren lassend; oder Umdrehung zur Gegenwart und Zukunft, zum neuen Nachfolger schauend, um neues Territorium zu schmieden. Im ehemaligen Fall läuft man in die Gefahr, die Lebenskraft zu verlieren, die persönliches Charisma bringt, indem es das wesentlichen unvorhersagbare vermeidet (und gelegentliche Radikalheit), den ein neuer

Führer zeigen kann. Im letzten Fall hängt der Vorteil größtenteils vom Erfolg des gewählten Meisters ab. Zweifellos ist sein Job leichter, weil der Pfad bereits vorgesehen worden ist, aber es ist unsicher, da er dieselben Attribute nicht haben kann, die die ursprünglichen Mitglieder in erster Stelle anzogen. Es gibt immer eine Tendenz, wie Weber hinweist, die irgendwie Ansprüche der Charismen innerhalb von bestimmten Grenzen anzuhalten oder zu kontrollieren. Zuerst, um eine Art Ordnung auf die Gruppe und seine Lehren, aber zweitens, und wichtiger, sicherzustellen, dass die Essenz des Führers (oder der Führer) nicht verloren wird. Komischerweise ist es in diesem wirklichen Prozess, charismatische Ansprüche anzuhalten, um sie nicht zu verlieren, dass solches geschätztes Charisma ausgepresst wird.

Eine grobe Analogie kann hier gelten. Wenn man tief verliebt in eine andere Person ist gibt es immer die Angst vor dem Verlieren der Zuneigung der Person. Außerdem um zu sichern, dass Zuneigung nicht verloren wird, wird der Liebende so Schützend dass der wirkliche Geist der Liebe, der die Person in erster Stelle festnahm, betrübt ist. Auf die gleiche Weise, wenn Charisma zu einem äußersten Grad geschätzt wird, läuft es in die Gefahr, verloren zu werden, durch zu viel Schutz. In diesem Licht ist Orthodoxie einfach ein theologischer und sozialer Abwehrmechanismus, um den Verlust der spirituellen Lebenskraft abzuwehren. Oder, in Weber's Worten, die routinization des Charisma, passiert nicht weil solche Lebenskraft unterschätzt wird, aber eher weil es zu hoch geschätzt wird. In religiösen Gruppen mit sehr starken Gründern ist das für die überlebende Generation natürlich ziemlich schwierig - mit derselben Intensität - neue Führung zu trauen. Die Liebe und die Verpflichtung sind bereits gemacht, manchmal mit großen Opfer, und zum neuem mit einem frischen, und vielleicht ist unversuchten Meister Kontakt zu machen, umgeben von Schwierigkeiten .

Obwohl es ein anfängliches Aufhellen war, so zu sagen, unter Ruhani Satsang Eingeweihte über das anfängliche Erscheinen von Thakar Singh auf der Szene 1976, starb es früh ab. Zuerst, weil Thakar Singh als ein Verwaltungskandidat angesehen wurde, jemand der eine Exekutivleere füllte; zweitens, weil die Politik während der Zwischenperiode (von Ende 1974 zu Ende 1975) jede mögliche Vertrauenswürdigkeit beschädigte, die Frau Hardevi als ein fortgeschrittener spiritueller Beobachter, fleckenlos durch die ashram Politik hatte; und drittens, weil Thakar Singh, aus beliebigen persönlichen Gründen, den lästigen Aufgabe-Satz vor ihm nicht erfüllen konnte. Er war und setzt Fort, eine Anomalie unter Radhasoami Gurus im 20. Jahrhundert zu sein.

Der Weg eines Sexuell Abweichenden Gurus: Das Legitimieren des Widerspruchs

Vielleicht das eine größtes Hindernis, das den Anspruch von Thakar Singh als der wahre Nachfolger von Kirpal Singh gegenübersteht, Thakar selbst. Nicht wie andere Gurus in seiner Tradition ist das moralische Leben von Thakar Singh gründlich geprüft und erkannt worden . Tatsächlich, ist es durch eine Vielfalt von Quellen - sowohl innerhalb als auch außerhalb der Bewegung dokumentiert worden - dass Thakar Singh Geld veruntreut hatte, sich mit illegalen sexuellen Beziehungen mit mehreren weiblichen Westaposteln beschäftigte, und gewaltsame Teufelsaustreibungen mit mehreren Anhängern ausführte . In einer beispiellosen Bewegung, um die Sache abzuklären, gestand Thakar zu einigen der Anklagen behauptend, dass „Diese Teufel sehr stark an meinem tieferen Selbst einschließlich des Körpers und der Mentals gearbeitet hatten und auch große Störungen im Sangat in allen Teilen der Welt geschaffen hatten. Das Frau Problem ist also ein Ergebnis der Versuchung dieser Teufel auf meinem reinen Selbst und konnte in dieser Beziehung zu einem Ausmaß erfolgreich sein [sic: Ausmaß]. „Aber es zermalmte nicht die Kritik , die schließlich auf einen großen Exodus von seiner Bewegung, einschließlich des

Verzichts seines Hauptvertreters, Bernadine Chard, von Nord- Kaliforniens hinauslief.

Im Gefolge des Skandals und der Rechtssachen zwischen der Gruppe von Darshan Singh und Frau Hardevi verlor Thakar Singh die Eigentumsrechte auf Sawan Ashram und musste seinen Wohnsitz dort aufgeben. Er machte weiter, als ein Guru zu handeln, aber seine ursprüngliche Gruppe hat drastisch abgenommen. W.V. Rohr, ein ehemaliger Anhänger in Deutschland, verbreitete ein internationales Rundschreiben gegen Thakar Singh. Sein-Schriftsatz entwirft teilweise den Impakt des Skandals:

Dieser Mann [Thakar Singh], zu dem ich während der letzten 7 Jahre als spiritueller Meister und „Guru" aufblickte, hatte zugegeben, dass er nicht über Geist und Materie, über „der Negativität" und den mentalen Versuchungen ist. Ich kann mich nicht in Wahrheit ruhig verhalten, wie andere anscheinend, dass sie können... Neue Tatsachen bezüglich unheiliger Tätigkeiten auf dem Niveau von sexuellen Kontakten sowie Verschwinden von Manav Kendra Kapital und Spenden durch satsangis sind inzwischen gekommen. Meine persönliche Konsequenz ist: 1. Ich ziehe mich völlig von irgendwelchem und dem ganzen Satsang und Sangat Tätigkeiten überhaupt zurück; 2. will satsangs nicht besuchen, wo seine Worte gesprochen werden; 3. betrachten ihn nicht als „spiritueller Meister" oder „Sant Sat Guru" in der Linie von Sant Kirpal Singh ; 4. haben [von] ihm [Thakar Singh] um vollen Bericht und Rückzahlung des unter dem Gebrauch „der Katastrophe" eingelösten Kapitals gebeten; 5. will aufrichtig mit Licht und Ton Meditation weitermanchen und auch Simran , weil er ein Eingeweihter von Kirpal ist, und Hilfe und Leitung wird von Kirpal erbeten - bis ein wahrer spirituell und moralisch sauberer Meister gefunden worden ist, der wahrhaftig in Kirpals Namen arbeitet und mit seiner Anordnung.

Obwohl die ersten vorkommen von Thakar Singh erst öffentlich in 1984 wurden, war es erst 1988 , dass die Medien in den Vereinigten Staaten Wind von der schmutzigen Vergangenheit von Thakar bekamen. Während dieser Zeit kamen mehrere Frauen, die behaupteten, vom Guru missbraucht worden zu sein, mit persönlichen Behauptungen heraus, im lebhaften Detail die Vorliebe von Thakar für die sexuelle Devianz beschreibend. Im Licht der Sant Mat Folge, was macht den Fall von Thakar von der Gnade bedeutend, ist, dass er nicht zurücktrat, weder die Mehrheit seiner Apostel die Bewegung verließ. Tatsächlich rechtfertigten mehrere Anhänger die ungewöhnlichen Handlungen von Thakar Singh. Es ist dieser Prozess der Rechtfertigung, den wir eingehend untersuchen wollen; jedoch, bevor wir das tun, müssen wir die Wege genau untersuchen, durch die Thakar Singh von orthodoxen Sant Mat-Grundsätzen abkam.

Robert L. Lockwood, in einem vom 4. August 1988 datierten Schriftsatz, stellt einen Hauptinhalt der zahlreichen Übertretungen von Thakar Singh zur Verfügung:

1. Das erste Ereignis, das ich zurückrufe, bestand darin als ein deutsches Mädchen ... zu mir kam, während wir mit Thakar Singh in Indien waren und mir sagten, dass er sie auf eine sehr sexuelle Weise geküsst hatte. 2. Während im ashram von Thankar Singh in Indien sah ich aus erster Hand eine junge Frau genannt Stephanie (Hände und Füße gebunden) und gewürgt als ein Mittel sie zurückzubringen. Mir wurde gesagt, dass sie durch die „negativer Macht" gesandt wurde, um die Fromme Mission von Thakar Singh zu zerstören, und dass, als sie „handelte", das die einzige Weise war, sie zu behandeln. Ich hörte auch, dass es seit Jahren schon so weitergegangen war. 3. Am 18. und 19. Juni dieses Jahres [1988] begleitete ich zwei Frauen-Eingeweihte, um Singh in Rochester, New York zu sehen. Eine dieser Frauen wurde für „Entitäten" behandelt, die sie vermutlich hatte, und als sie von der Behandlung zurückkehrte, beobachtete ich blaue Flecken über ihr Gesicht und Hals. 4. Während in Buffalo New York. während derselben Reisen lernte ich von [eine andere Frau], dass sie Ereignisse dieser Gewalt wiederholt in

Indien dieser derselben Frau und mehrerer andere auch bezeugt hatte. 5. Eine solche Frau traf ich persönlich, während in Indien und erinner mich, als sie ankam, anscheinend von gesunden Geist und Körper zu sein. Ich erfuhr, dass sie regelmäßig - manchmal von mehreren Männern unterdrückt - und „Behandlungen" gegeben wurde. Ich habe mehrere Berichte aus erster Hand gehört, dass, als sie Indien verließ, sie in einem sehr schlechten Zustand sowohl physisch als auch geistig war. 6. Mir ist direkt von einer anderen Frau kürzlich gesagt worden, dass sie physisch und sexuell von Singh im Namen „Behandlungen" wiederholt angegriffen wurde, um sich mit ihren Entitäten zu befassen, während sie mit ihm in Indien in diesem Jahr und letzten Jahr war. 7. Ich sprach mit [Name gelöscht auf Anfrage], die ich in Indien im letzten Jahr traf, und die mich immer als eine sehr aufrichtige und fromme Anhängerin von Singh beeindruckt hatte. Sie sagte, dass sie auch physisch missbraucht wurde, und dass Singh sie auf sexuelle Weisen berührte. 8. Ich sprach direkt mit einer anderen Frau, die mir „von Behandlungen" erzählte, die physischen und sexuellen Missbrauch durch Singh einschließen. Diese Behandlungen wurden überall in Indien und auch auf der Tour der Vereinigten Staaten von Singh und der kanadischer Tour in diesem Jahr gemacht. 9. Ich sprach kürzlich mit ... der mir sagte, dass sie belogen und sexuell missbraucht wurde. 10. Mir wurde von einem Ereignis in Indien von zwei Männern erzählt, die es aus erster Hand bezeugten. Der persönliche Sekretär von Singh drohte, ihr Baby vom Dach des ashram in Delhi zu werfen und Singh reagierte , indem er ihren Kopf auf den Zement hämmerte. 11. Ich sprach mit Bernadine Chard, eine ehemalige Nationale Vertreterin der Organisation von Singh und eine andauernde Begleiterin auf seinen vielen Touren, die mir von zahlreichen Erfahrungen und Kenntnissen sowohl vom physischen als auch von sexuellen Missbrauch durch Singh vor 1983 erzählte. 12. Ich las sowohl des sexuellen als auch finanziellen Missbrauchs dokumentiert darin, was als die „ Wolfing Briefe" genannt wird, und habe von mehreren zusätzlichen angeblichen sexuellen und physischen Missbrauch-Fällen gehört , die ich noch nicht bestätigt habe. Ich finde, dass diese Handlungen in und sich selbst widerlich sind und fühle in meinem Herzen, dass keiner von ihnen die Handlungen eines Godman sein konnte ... [*NOTE: Diese Behauptung ist nicht eine isolierte; ich habe mehrere notariell beurkundete Berichte bezüglich der Handlungen von Thakar Singh einschließlich Rechnungen durch die direkt eingeschlossenen Frauen erhalten. Außerdem haben mehrere Hauptzeitungen in Oregon Berichte bezüglich der sexuellen Großtaten von Thakar Singh veröffentlicht. Sogar der Oregoner Publikum-Rundfunksender machte einen Fernsehdokumentarfilm von fünfzehn Minute auf dem systematischer Missbrauch von Thakar Singh von weiblichen Anhängern gezeigt wird. Wenn ich eine persönliche Notitz hier einwerfen kann, war ich auch ein Zeuge von einigen von den zweifelhaften Methoden von Thakar Singh. Ich erinnere mich zurück im Juli 1978 als die Frau von Thakar Singh versuchte, zwei europäische Anhänger zu überzeugen, deutsches Geld auf dem Schwarzmarkt zu tauschen. Das Geld wurde als eine karitative Spende zum Satsang Zentrum gegeben und nach dem Gesetz der indischen Regierung ordnungsgemäß berichtet werden . Selbstverständlich war die versuchte Transaktion der Frau von Thakar Singh ungesetzlich. Anscheinend verzieh Thakar Singh selbst mehrere solcher Geldgeschäfte. *]

Natürlich sind die Handlungen von Thakar Singh gegen die Moralgrundsätze der Sant Mat und Radhasoami Prinzipien. An diesem Punkt gibt es keine Debatte. Was die Übertretungen von Thakar Singh jedoch so beunruhigend macht, ist, wie umfassend und übermäßig sie waren. Sogar sein Hauptvertreter im den Vereinigten Staaten hat angedeutet, dass die gewaltsamen Teufelsaustreibungen von Thakar Singh zum berichteten Tod einer deutschen Frau in Indien führte, ein Vergehen , das noch von den indischen Behörden völlig untersucht werden muss.

Obwohl mehrere Apostel (größtenteils durch den Missbrauch direkt betroffene Frauen) ihre Thakar Singh Verbindung abgeschnitten haben, einer überraschenden Zahl , klar die Mehrheit des sangat -ist innerhalb der Bewegung geblieben. Warum würde das der Fall sein, besonders in einer spirituellen Gruppe, die Hütte eine lange Tradition von hohem ethischen Standards hat? Die Antwort auf diese Frage, und verwandten, offenbaren grafisch die Dynamik der ideologischen Arbeit, und wie ernsthafte Anhänger unter strengen Krisen , sogar versuchen die grellsten Widersprüchen zu versöhnen.

Zuerst gibt es das Problem des Verpflichtungen. Mitglieder von Radhasoami oder Ruhani Satsang (und ihre verwandten indischen Zweige) müssen vier Lebensgelübde nehmen, die Abstinenz von Fleisch, Alkohol und Rauschgiften, illegalem Sex, und dem Widmen von zwei plus Stunden täglich zur Meditation . Solch eine Entscheidung, die mit der formellen Zeremonie der Einweihung abgesiegelt wird, schließt notwendigerweise eine enorme Verpflichtung ein. Ebenfalls definiert es eine Person in Bezug auf ihren Gefährten satsangis, ihre Familie, ihre Freunde, ihre Arbeitspartner usw. Außerdem wenn es ein Ausstellen von jemandes gewähltem Pfad und Meister gibt, ist das nicht nur der Guru, der - persönlich und sozial - aber der Apostel ebenso der erniedrigt wird. Der Schatten eines gefallenen Gurus springt direkt auf denjenigen vor, der erst für sein Licht ausschau hielt. Natürlich gibt es eine Unschlüssigkeit, um das schlechteste über Ihren Meister zu glauben, da sie nur das Beste über ihn geglaubt haben.

Verwandt mit der Verpflichtung, aber vielleicht nicht als allgemein anwendbar auf alle Mitglieder des sangat, ist sozialer Status. Hier vertritt der satsang eine Miniaturgesellschaft, angefüllt vom ganzen plussen und minussen, den solch eine Welt zur Folge hätte. Wenn ein satsangi einen Rang innerhalb der Organisation erreicht hat, entlang der Ordnung eines Gruppenführers oder eines Schatzmeisters oder eines Vertreters , dann gibt es den zusätzlichen Ansporn des hierarchischen Status, der ihn/ihren innerhalb der Bewegung bindet. Das ist für Personen besonders wahr, die keinen Status außerhalb des satsang haben können. Es ist wenig Wunder dann, dass ein kritischer Schlag gegen ihren Meister als ein kritischer Schlag gegen ihre eigene Welt, besonders eine Welt wahrgenommen wird, in der sie etwas wirkende Macht haben.

Obwohl Verpflichtung und sozialer Status nicht die Gründe erklären, die satsangis haben, um bei Thakar Singh zu bleiben, sie helfen wirklich, die Logik von Minderheiten zu erklären, d. h. die sozialen Gründe, die statt verstärken, anstatt zu zerstören, reißt die Treue von Mitgliedern des Gurus und Gruppen ab, die öffentlich geächtet worden sind. Diese-Kunst der Logik durchdringt religiöse Bewegungen, alt oder neu, die sich mit innerer und äußerlicher Kritik haben befassen müssen. [*NOTE: Joseph Smith und Mormonentum treten vielleicht als der klassische Kult zur Sekte zur Kircherfolg-Geschichte hervor. Jedoch, in seinem Fortschritt von sozialem marginality bis Verhältnishauptströmungsannahm e, haben Mormonen ständig die zweifelhafte Lebensgeschichte ihres Gründers umadressieren müssen. Jeder Mormone, der Brody's „Kein Mann kennt meine Geschichte"ernstlich gelesen hatte, eine gut dokumentierte vom frühen Leben von Joseph Smith , muss sich mit einem Typ von reassesment ihrer Religion, wenn nicht öffentlich mindestens in ihren privaten Momenten beschäftigen . Warum? Weil das Buch ernste Zweifel über die Richtigkeit der Enthüllung des Smith's wirft. Und doch wissen wir, dass die Arbeit von Brody nur einen geringen Einfluss auf Mormonentum gehabt hatte. Kritik kann tatsächlich die Fundamente einer Kirche schütteln, aber es verändert die Hingabe der Mitgliedschaft in erster Linie nicht allein, weil es sehr starke soziale Faktoren gibt, die jemandes Verpflichtung darin an die Bewegung binden. Es sind diese anderen Faktoren, die erlauben können zu rechtfertigen, wenn du möchtest, den negativen oder widersprechenden Aspekt innerhalb der Geschichte der Gruppe eingebettete . *]

Einer des Schlüssel-Wege, den Anhänger die mit Thakar Singh geblieben sind, die die strenge Kritik ihres Führers und/oder Gruppe ideologisch „ausgearbeitet" haben, ist, das sie alle Kritik als von Kal entstehend, der negativen Macht, von der so oft von geredet wird in der Sant Mat Literatur, erklären. Wie Sher Kemp, ein Eingeweihter von Thakar seit 1979 erklärt:

Ja, die negative Power [sic] schlägt hart gegen den wahren Meister, und hat so seit dem Anfang getan. Dieses Spiel der negativität hat [sic], natürlich, keine Wirkung auf den Meister, aber es betrifft wirklich schwache Seelen, sie davon abhaltend, diese Verbindung zu erhalten, oder Zweifel in schwachen Eingeweihten schaffend.

Ein anderer Apostel von Thakar Singh, initiiert 1985, kritisiert die Frauen, die die Anklagen gegen ihren Guru an erster Stelle hervorbrachten. Sie schreibt:

Ja, während des letzten Teils der 1988-Tour gab eine kleine Gruppe von Frauen der Presse sensationelle Geschichten des Schlagens und der sexuellen Ausnutzung. Ich kannte den Führer dieser Gruppe und kannte ihre mentale Geschichte. Vertraute Familienmitglieder waren anwesend bei allen und jeden Platz wo Ereignissen angeblich passiert sein sollen wie behauptet wurde, d. h. der sexuelle Angriff in einem Zimmer von 40 meditierenden (!) Eingeweihten vorgekommen zu sein - eine sexuelle Fantasie. Ich blickte in die Anklagen und fand, dass sie grundlos waren. Alle Frauen hatten emotionale Probleme und wurden irgendwann für Entitäten von Thakar Singh behandelt - alle missdeuteten seine Handlungen in ihrem Interesse - sexualizing sie auf diese Kunst der Hysterischen Persönlichkeit. Die Zeitungen genossen die saftige Geschichte und Guru schlagende Gelegenheit, aber schafften nur, das Publikum in allen öffentlichen Gesprächen zu verdoppeln oder zu verdreifachen, und das Ergebnis war noch mehrere hundert Eingeweihte, als ursprünglich erwartet . Seine Arbeit ist ständig unter Beschuss - das sicherstmögliche Zeichen der Echtheit. Seine Rivalen leben ruhige Leben. Die Negativer Macht zeigt sich nur mit seinem wahren Rivalen !

Und schließlich Joanie Solomon, die Nationale Vertreterin für Thakar Singh in den Vereinigten Staaten, ihren Guru von dreizehn Jahren verteidigt ihn mit der folgenden knappen Widerlegung: „Wissen Sie nicht, dass alle echten Heiligen und Meister immer verfolgt, gefoltert, und sogar zu Tode gebracht werden??? [sic]"

Das-Argument in Allen drei Antworten ist relativ dasselbe: Es ist nicht Thakar Singh, der schuldig ist, es ist, eher, die Negativer Macht oder, die unangebrachten Apostel, die durch die Meinung (ein anderer Agent der negativen Kräfte) betrogen worden sind. Dass es das Gegenteil gewesen sein kann, das - ihre eigene Meinung oder sogar die Meinung von Thakar Singh vorkam, die durch Kal irregeführt worden ist - entsteht hier einfach nicht, weil, wenn es das wäre sie ihre Vereinigung mit ihrem Guru wiederbewerten müssen. Solch eine neue Abschätzung kann dazu führen, wie es häufig mit entfremdeten Mitgliedern passiert, zu einer Abweisung von Thakar Singh und seinem satsang, dadurch jeden wahrgenommenen Status zerschneidend, den satsangis innerhalb der Bewegung gehabt haben können. Außerdem, ist für die Macht, die sie ausgeübt haben können, die nun funktionell beseitigt wird, außer darin, Mitglieder vom Guru wegzuziehen . [*NOTE: Interessanterweise gibt es eine komplexe psychosoziale Dynamik, die mit einer großen Zahl von Ex-Kultmitgliedern stattfindet; die die Gruppe verlassen, die dann ihre Energien zum Entlarven des Gurus und seiner Lehren führt. In einigen Fällen,was einmal extreme Hingabe war, äußert sich nun als extreme Kritik , dadurch ironischerweise etwas von dem Selbstwert eines satsangi zerstörend. Was einmal eine Mission war, Sucher zur höchsten Wahrheit zu bringen, nach der Abgeneigtheit, wendet sich in einen wachsamen Kreuzzug , um jene dieselben Leute davon zu retten, „gefälschte" oder „rechtswidrige" Ansprüche der Erleuchtung zu akzeptieren. Im obengenannten Drehbuch hatte sich die Richtung tatsächlich geändert, aber die Energie und die in beiden überwiegende Verpflichtung haben nicht. Für mehr zu diesem neugierigen Phänomen, beziehen Sie sich auf die zahlreichen Arbeiten von J. Gordon Melton, Direktor des Instituts für die Studie der amerikanischen Religion. *]

Die Abweichungen von Thakar Singh vom traditionellen und relativ konservativen Pfad des Sant Mat haben auch eine weite reichende Wirkung auf die Richtung seiner Organisation gehabt. 1989 beauftragte Thakar Singh mehrere Anhänger damit, als Weltmissionare für seine Bewegung zu handeln, schnell irgendjemanden, der sogar das geringste Interesse am Pfad zeigte zu Initiieren. Das ist eine hoch ungewöhnliche Tätigkeit, seitdem Sant Mat und Radhasoami Gruppen allgemein das Bekehren verachtet haben. Außerdem hatte Thakar Singh seine Schwangeren Anhänger beauftragt, ihre Kinder unter außergewöhnlich strengen Bedingungen zu erziehen. Zum Beispiel sollten Eingeweihten von Thakar Singh jetzt geborenen Kindern bis zum fünften Lebensjahr die Augen verbunden werden, und nur erlaubt werden ihre Mutter während der Fütterung und satsang zu sehen. Außerdem sollten Kinder klassische indischer Musik für zwei Stunden täglich zuhören, sowie fünf Stunden jeden Tag meditieren. Solch ein Regime, was für westliche kulturelle Normen als Kindesmisshandlung klassifiziert würde, ist ein Teil des Werk von Thakar Singh, die Weltgeschichte zu verändern. [*NOTE:In einem 1989 verbreiteten Rundschreiben informierte Thakar Singh weltweite, Kinder auf die folgende Weise zu erziehen: „ Das-Kind hat nur Hauptkontakt mit der Mutter der zu haben. Sogar der Vater kann nur das Kind einmal wöchentlich besuchen, nachdem er 12 Stunden meditiert hat. Das soll alle weltlichen Strahlungen vom Kind fern behalten, so das es völlig rein bleibt... Nach der Geburt des Kindes soll es mit einer weiche weiße Baumwolle die Augen verbunden bekommen, so das freundlich sterben über Augen haben, damit das Baby natürlich Introvertiert bleibt innerhalb der 24 Stunden, bis zum fünften Lebensjahr. Der Augenverbund kann weggenommen werden, wenn die Mutter das Kind stillt... Das ist der einzige Augenkontakt, der dem Kind erlaubt wird... Die Mutter kann auch indische Klassische Musik dem Kind spielen und das mit einem Ohrhörers im rechten Ohr des Kindes (von der Geburt an) tun oder Stereokopfhörer verwenden. Das kann vier Stunden täglich getan werden. Den Rest der Zeit wird das Kind automatisch in der heiligen Meditation sein, außer wenn es gefüttert und besorgte wird. „Sogar langfristige Anhänger von Thakar Singh wurden durch Strenge seines Rats für die Kinder-Erziehung erschüttert. Es ist noch nicht klar, wie viele Mütter den Warnungen des Gurus wirklich folgen. *] *(SenfZeit: Das erinnert mich an den Wahnsinn der anderen Geld-Geil-Religionen und deren Manager die auch die beklopptesten und senilsten Bestimmungen ihren blinden tauben und dumpfen Gläubigen eintrichterten vom Christentum zum Islam und Lügen Betrug und Morde im Namen des Höchsten verordneten. Wer Glaubt muss mit solchen Schikanen rechnen. Das ist ein Global-menschliches- Unwachheitsdilemma, das auf unterschiedliche evolutionäre Entwicklung aufbaut die vom tierischen Menschen der emotional geprägt ist bis zum heutigen materialistischen Menschen der Rationalgläubigen Raubmenschen geht. 30.8.2007 WSchorat)*

Wie ich gezeigt habe, wie Anhänger solche Handlungen unterstützen, ist vertraut verbunden, wie sie sich in der Mikrowelt der Sant Mat und der Makrowelt der weltlichen Gesellschaft ansehen. Die Handlungen dieses Thakar Singh werden nicht als gegen Sant Mat Grundsätze angesehen - welches sie klar sind, gemäß allen Gurus und Gruppen erwähnt bis jetzt - grafisch wiederspiegelt sie die biegsame Natur der Theologie, und wie sie sich häufig zu den Launen von persönlichen und sozialen Kräften biegt. Das soll nicht vorschlagen, dass alle Anhänger von Thakar Singh blind akzeptieren, was ihr Guru sagt, aber nur darauf hinzuweisen, dass charismatische Befehlsformen auf einem Ende und persönliche/soziale

Bedürfnisse auf dem anderen Ende sich vereinigen und seit langer Zeit bestehende religiöse Doktrinen auf Wegen viel schneller und viel fremder umgestalten können, als man annehmen würde. Es ist aus diesem Grund, dass charismatische Führung häufig mit tiefen Verdacht betrachtet worden ist, und warum neue spirituelle Bewegungen als religiös, wenn nicht sozial, Abweichend gesehen werden. *(SenfZeit: Für mich ist dieses Thema auch sehr langwierig und Unsicher und mit vielen der inneren Zerrüttungen verbunden die hier schon erwähnt wurden weil ich ja selber von Ching Hai in diese Methode initiiert wurde,die ja selber zuerst von Thankar Singh initiiert war. Ich musste lange suchen um Antworten zu finden die einigermaßen zufriedenstellend waren aber einen unsympathischen Geschmack in mir hinterließen, weil ich von Ching Hai nie irgendwann etwas lesen und hören konnte das die Guru-Beziehung mit Thankar Singh erwähnte. Sie hat das ziemlich elegant gelöst"sprachlich" indem ich las das sie mehrere Meister hatte und nach der Thankar Singh Initiation weiter suchte und den „Alten Khudaji da im Himalaja" fand der auf sie gewartet hatte und ihr das Initiationsrecht übertrug wie sie sagte. Nachdem ich nun den Thankar Singh Schrott erlesen hatte war mir aber auch klar weswegen Ching Hai weiter suchte und nichts davon erwähnen wollte, denke ich mir mal so zusammen. Aber ich kam so weit das ich diese ganze Licht Ton Meditation aufgeben wollte da ich selber da bin, und mit mir alleine sehr gute Selbsterkenntnisarbeit machen konnte ohne diesen Historischen Machtkampfanhang und das typische „menschlich allzu menschliche" wo Jesus selber sagte „ Abba lass diesen Kelch an mir vorbeiziehen" Ich habe mich damals 1993 in München auch nicht von ihr initiieren lassen um einer Religion zugehören, sondern um eine Meditationsmethode zu bekommen die über meine bisherigen Erfahrungen und Arbeiten hinausgehen können. Denn Meditation ist für mich nicht Religion mag man noch so auf Wortrhetorik und Sinologien und erfantasierten Bedeutungen des Wortes Religion pochen, denn: Du bist niemals „Nicht Verbunden" das ist Psychokraam. Meditation ist Methode um mich selbst zu erforschen. 30.8.2007 WSchorat)*

VII. AJAIB SINGH UND DIE BILDUNG VON SANT BANI

Arran Stephens, kanadischer Vertreter für Kirpal Singh, akzeptierte Darshan Singh als den Meister Nachfolger nicht, als er 1974 nach Indien ging. Wegen eines Berichts von einem prominenten indischen satsangi ging Stephens zu Rajasthan, um Ajaib Singh zu sehen, weil ihm erzählt wurde, er sei ein fortgeschrittener Schüler von Kirpal Singh. Eine Beschreibung dieser Reise, wurde in der Sat Sandesh Zeitschrift in New Hampshire veröffentlicht , und veranlasste Russell Perkins, einen der amerikanischen Vertreter von Kirpal Singh und Redakteurs von Sat Sandesh, Ajaib Singh in Indien zu sehen. Es war in diesem Augenblick, dass mehrere Eingeweihte in Amerika die Möglichkeit betrachteten, dass Ajaib Singh der Nachfolger von Kirpal Singh sein könnte. Die Reise bestätigte für Perkins, dass Ajaib Singh ein Heiliger war; und nach dem Empfang innerer Beweise in der Meditation unterstützte Perkins Ajaib Singh, die Arbeit der Einweihung und als Gurus Nachfolger. Das Ergebnis war, dass Sant Bani Ashram im Neuen Hampshire und Kirpal Ashram in Vancouver Zentren für Ajaib Singh wurden.

Ajaib Singh Schüler in Indien, wie Thakar Singh (aber sogar weniger), ist im Vergleich mit Gruppe von Darshan Singh Sawan-Kirpal Mission ziemlich klein. Jedoch hatte er eine wesentliche Zahl von Westaposteln, einschließlich Eingeweihter aus dem Süden und Nordamerika gesammelt. Zweifellos ist Sant Bani Ashram in Sanbornton, in New Hampshire, für viel von der Beliebtheit von Ajaib Singh in den Vereinigten Staaten, seit seiner Veröffentlichung Sant Bani details berichtet über die Tätigkeiten von Ajaib Singh sowohl in Indien als auch auf seinen Welttouren ausführlich.

Loyale Anhänger von Ajaib Singh und seiner Mission, weisen auf die folgendes als Beweise seiner Meisterschaft hin:

1. Innere Erfahrungen von Ajaib Singh auf inneren Ebenen, welches seine spirituelle Befähigung demonstrieren. 2. Äußere Gütestempel, wie Demut, einfacher Lebensstil, Jahre der Meditation, die mit dem Leben von Kirpal Singh und Zielen mitschwingen. 3. Wörtliche Zeugnisse durch Ajaib Singh das Angeben, dass Kirpal Singh ihn ernannt hatte, um Nam zu geben,mehrere Jahre vor seinem Tod. 4. Andeutende Berichte, wie Ajaib Singh das Leiten der Einweihung in Gegenwart von Kirpal Singh, was anzeigt, dass er für die spirituelle Arbeit gekennzeichnet wurde. 5. Persönliche Kunsterzeugnisse hinterlassen für Ajaib Singh von Kirpal Singh, einschließlich eines „Eherings". [*NOTE: Diese „persönlichen" Kunsterzeugnisse angeblich gegeben von Kirpal Singh zu Ajaib Singh sind das Thema von viel Debatte gewesen. Sogar die Zahl von Briefen, die Ajaib Singh behauptet, von Kirpal Singh erhalten zu haben, ist befragt worden. Stephens und Handel schreiben, „Sant Ji [Ajaib Singh] erzählte mehreren Menschen, dass der Meister ihm 15 Briefe sandte, in Hindi und Pandschabi mit der eigenen Hand des Meisters geschrieben. Er sagte, dass er einige Briefe mit ihm hatte und nie auf sie antwortete. Wir lernten später von Menschen involviert mit der korrespondenz des Meisters, das der Meister nie im Hindi schrieb. Das wird auch in einem vom Meister geschriebenen Brief substantiiert , um No. 1 Frau, Ratan Stephens zum Narren zu halten." Eine Behauptung von Zwei Dummköpfe Bezüglich Sant Ajaib Singh Ji, privat veröffentlicht und in Umlauf gesetzt. *]

Das Entdecken des Verborgenen Gurus

Um zu verstehen, wie Ajaib Singh als ein ernster Folge-Kandidat betrachtet werden konnte, ist es notwendig, die komplizierten Ereignisse nach dem Tod von Kirpal Singh zu sehen, was Russell Perkins und andere dazu brachte, die Kandidatur von Darshan Singh zu verwerfen. In einem persönlichen erleuchteten-18-Seite-Brief erzählt Perkins nach, was mit ihm in Indien kurz nach dem Tod des Meisters geschah. Er erzählt den Prozess nochmals, der ihn davon wegführte, Darshan Singh und schließlich Ajaib Singh zu akzeptieren. Wie Perkins erinnert:

Warum war ich außer Stande, Darshan Singh zu akzeptieren? Ich habe mich darüber öffentlich seit dem Schreiben des Briefes zu Darshan Singh nicht geäußert, den Sie hauptsächlich zitieren, weil Sant Ji mir von unserer ersten Sitzung befohlen hatte, irgendjemanden (besonders nicht Darshan Singh) nicht zu kritisieren. Ich denke jedoch, dass da der Brief im öffentlichen Gebiet ist und Sie es verwenden, sollte ich mindestens ein oder zwei Argumente über meine Einstellung zurzeit anbringen , ich hoffe, das wird die Anordnungen von Sant Ji zu mir nicht verletzen: 1) Darshan Singh und ich waren gute Freunde gewesen... 2) Diese Freundschaft beeinflusste meine Beziehung mit Darshan danach dem Meister [Kirpal Singh] hinüberging in mehr als einem Weg (das war auch der Hauptgrund, warum die Darshan Unterstützer mich als eine Art Judas {oder Brutus} ansahen, da die Freundschaft weithin bekannt war ...) Erstens, sehen Sie einmal, ich wurde völlig überrascht durch seine Behauptung von Meisterschaft. Nicht einmal, in den fünf Jahren unserer Freundschaft, hatte ich jemals ein Anzeichen in Jedem-Fall auf jedem Niveau, dass solch eine Sache geschehen würde. Meister beförderte nie den geringsten Hinweis davon zu mir selbst wenn die Gelegenheit vollkommen gewesen wäre... Auf jeden Fall gab es mehrere Punkte während dieser Zeit, in der er [Darshan Singh] sprach und in einem Weg handelte, der es absolut unmöglich für mich machte, ihn als ein Meister - sicher nicht als mein Meister zu akzeptieren. Ich denke, dass er mir als sein Freund vertraute, Dinge von seinem Gesichtspunkt zu sehen, und sich anstrengte, um irgendwelchen „unwürdig" (nach meinen Standards, natürlich, nicht notwendigerweise seinem) Verhalten von mir zu verbergen. 3) Einmal während der ersten Woche [nach dem Tod von Kirpal Singh] wurde eine Sitzung anbegerufen, zu der Steve Melik und ich eingeladen wurden; herauf bis dann waren wir nur, durch Gerüchte, dessen vage bewusst gewesen, wie es weiter ging. Arran Stephens war auch im ashram, aber war äußerst krank und bettlägerig; folglich verpasste er diese Sitzung und hatte sehr wenig Kontakt mit Darshan Singh während dieser Periode. In dieser Sitzung, (weil ich mich erinnere) waren alle Mitglieder des Vorstands, einschließlich Tai Ji, und Reno Sirrine ebenso, wurde uns gesagt, dass Darshan der Nachfolger des Meister war; das das wegen des Willens bekannt war, aber sie waren nicht im Stande gewesen, den Willen zu finden; das Tai Ji und Darshan zusammen arbeiten würden als „Mutter und Sohn", und dass das der Mission des Meister ermöglichen würde zu gedeihen. Da wurde mir klar, dass meine Reaktion genau beobachtet wurde (ich könnte das erst später begriffen haben), aber meine erste Reaktion war ganzes Erstaunen über die Folge, die durch einen Willen gerechtfertigt wird (das war mir nie vorgekommen!) und das ist, was ich sagte, obwohl ich sehr ehrerbietig sprach und einfach darauf hinwies, dass das nicht möglich war, nach den ganze Anmerkungen des Meisters über einen Willen in diesem Zusammenhang für irgendjemanden gemacht hatte, um die Idee Ernst zu nehmen, dass Er solch ein Mittel verwenden würde, Seinen Nachfolger zu ernennen. 4) Als ich diesen Punkt anbrachte, da bemerkte ich mehreres Nicken der Übereinstimmung , und es kam mir vor, dass das ganze sehr sorgfältig im Voraus besprochen worden war, und dass die Verpflichtung von einigen dieser Leute wackelig war (das erwies sich natürlich als wahr). Auf jeden Fall antwortete Darshan auf diesen Punkt sagend (zitiert natürlich aus Erinnerung), „Nun, sehen Sie, Meister sagte vor ungefähr sechs (?) Monaten, mehr Zeit für die Meditation zu verwenden, weil das wichtig sein würde (erforderlich?) für mich später." Und das war alles. Ich stellte nicht mehr Fragen, und die Sitzung löste sich kurz danach auf. Das interessanteste Ding besteht natürlich darin, was Darshan Singh nicht sagte: Dass die Macht ihm durch die Augen übertragen worden war. Erstaunlich, ich dachte nicht , dass es ihm vorgekommen war, dass solch ein Ding notwendig war... Später, natürlich, als die Frage ihn verschiedene male gestellt wurde, präsentierte er wirklich ein Ereignis... Aber ich vergaß nie, dass in der Sitzung besonders zum diesem Zweck , seine Ansprüche auszupolstern, er nicht einmal dachte, zu erwähnen, dass Meister den größten Teil der Betonung auf die Übertragung der Macht durch die Augen gelegt hatte. 5)... Vor dem folgenden Morgen hatten Tai Ji und andere sich von der „Koalition," zurückgezogen, und Darshan wurde die universale Beifallsbekundung verweigert, die er erwartet hatte. Ich weiß nicht viel über die Tätigkeit hinter den Kulissen der nächsten Paar-Wochen: Ich, sprach nur wenn man mich ansprach, zog mich in mein Zimmer so viel wie möglich zurück, und zählte die Minuten, bis ich abreisen konnte. Ich hatte nie geträumt, dass solch ein Albtraum geschehen könnte. Spannungen waren sehr hoch, und der Ashram, einmal Himmel auf der Erde zu mir, war ein sehr schreckhafter Platz geworden. Ich sah Darshan noch ein paar mal bevor ich abreiste, und auch redete auch mit ihm am Telefon, und seine Bitterkeit (es gibt kein anderes Wort, das möglich ist, seine Einstellung in dieser Zeit zu beschreiben), und die Unglücklichkeit der Ereignisse war schmerzhaft .

In seinem autobiografischen Buch Der Einfluss eines Heiligen erklärt Perkins, wie zwei Gruppen gerade vor seiner Abreise aus Indien im September 1974 sich geformt hatten :

Die Masse der Apostel von Kirpal Singh hatte sich in zwei Splittergruppen geteilt, eine zentrierte sich um einen Kandidaten für Meisterschaft, die andere um den Besitz von Sawan Ashram. Wegen meiner wilden Opposition gegen die Person gestellt die als ein Meister vorgestellt wurde, ich, zu meiner ewigen Scham, identifizierte mich mit der zweiten Splittergruppe und sagte und veröffentlichte viele Dinge, die ich bitterer später bedauerte. Obwohl ich nicht finde, dass alle meine anfänglichen Wahrnehmungen falsch waren, kam ich dazu, die grundlegende Wahrheit der Idee von der Gewaltlosigkeit zu sehen: das, gegen etwas zu sein, ihm Kraft gibt. Als die Zeit weiter ging auf welchimmer moralischen Unterschieden, die zwischen den Splittergruppen existierten verschwanden bis eine von ihnen (es war unmöglich herauszufinden welche, weil beide den anderen aufrechterhielten, es angefangen zu haben), Klage gegen die anderen in einem Gerichtshof erhob- über den Besitz des Ashram! - und anderes schlugen zurück ! - das endgültige „Schwärzen" des Namens von Kirpal Singh. [*NOTE: Russell

Perkins, Der Einfluss eines Heiligen (Sanbornton: Sant Bani Presse, 1980. *] Schließlich, wie bereits bemerkt wurde, Russell Perkins richtete sich mit Ajaib Singh aus. Perkins sandte ein Telegramm nach seiner ersten Sitzung mit Ajaib Singh seiner Frau, Judith, und anderen Anhängern in Sant Bani Ashram im Neuen Hampshire. Es offenbart in einer Nussschale die Bedeutung der Ansichten von Perkins auf der zukünftigen Kandidatur von Ajaib Singh, Perkins schreibt, „HABE AJAIB SINGH GEFUNDEN, UND ER IST ECHT WIR LIEBEN IHN... Später erfuhr ich [Perkins], dass dort im Ashram getanzte wurde, als es ankam." Als Perkins von dieser speziellen Reise zurückkam, um Ajaib Singh zu sehen, wurden andere Leute am Treffen mit dem Heiligen von Rajasthan interessiert. Schließlich im Mai 1976 brachte Perkins seiner Frau Judith und seinem Sohn Eric, zusammen mit mehreren anderen Suchern, die Einweihung wollten, nach Ajaib Singh in Rajasthan. Es war während dieser Reise, dass Perkins behauptet, „innere" Überprüfung der geistigen Echtheit von Ajaib Singh als der Nachfolger von Kirpal Singh erhalten zu haben. Das war auch während dieser Reise, dass Perkins bereit war, als der Vertreter von Ajaib Singh zu handeln und neue Sucher auf dem Pfad der Sant Mat zu initiieren. Wie Perkins erinnert:

Wir blieben Elf Tage bei ihm [Ajaib Singh], und ich war bereit, ihm als sein amerikanischer Vertreter mit meinem ganzen Herzen und Seele zu dienen, anerkennend, dass es mein Meister Kirpal war, dem ich tatsächlich diente; und er begann wirklich die zwei Kandidaten zu initiieren, mich zur gleichen Zeit autorisierend, in seinem Interesse anderswo in der Welt in seinem Namen mit der Einweihung zu beginnen. Diese Initiation repräsentierte endlich die offene Endtür im langen Durchgang zu den Füßen meines Meisters ... diese erste Westländer-Einweihung änderte alles; ich erhielt die Bestätigung, dass jeder sagte, dass ich hundertfach, stärker haben sollte, als ich selber für mich unter egal welchen Verhältnissen zu fragen getraut hätte. Als die Meditation, sitzend begann, der der Hauptteil der Einweihung ist, und ich meine Augen schloss, geschahen zwei Dinge gleichzeitig: Mein Simran (d. h. Mentale Wiederholung des Mantra, der jedem Apostel in der Einweihung gegeben wird), wurde schnell unerträglich stark; Es war als ob meine Knochen und die Eingeweide die Namen schrieen. Ich fand nicht, dass ich irgendetwas machte; Ich fühlte mich wie eine Trompete durch die geblasen wird. Zur gleichen Zeit wurde ich mir bewusst, dass Baba Sawan Singh, der Meister meines Meisters, innerhalb einer Flamme brillanten Lichtes stand, auf mich mit der unendlichen Zärtlichkeit und Mitfühlend schaute. Nach ein paar Minuten (ich habe keine Idee, wie lang, aber es war nicht eine sehr kurze Periode), verwandelte Er sich im meinen Meister, Kirpal Singh. Das Licht war dasselbe, der Ausdruck auf dem Gesicht war dasselbe, nur die Gesichtseigenschaften waren verschieden. Nach einer Zeit änderte Er sich in Sant Ajaib Singh, der fortsetzte, auf mich aus demselben Licht und mit derselben Zärtlichkeit zu schauen. Nach einer Weile kehrte Baba Sawan Singh zurück, und der Zyklus wiederholte sich - immer wieder und immer wieder, eine von einer anderen gefolgte Form, während Simran völlig wie zuvor weitermachte, fühlte ich mich so stark als ob ich ein Gebläse war und die Namen aus mir gepumpt wurden. Das setzte sich überall im Sitzen Fort, aber ich hielt dort nicht an - für drei ruhmvollen Tagen und Nächten , jene drei schönen Leuchtenden Formen waren mit mir, wann auch immer ich meine Augen schloss, während mein Simran fortsetzte, durch die Seele meiner Seele geschrien zu werden. Von dieser Zeit habe ich mit jeder Unze meines Wesens verstanden, dass alle wahren Meister ein sind, dass der Master in Ajaib derselbe Meister ist, der in Kirpal war, und dass die Straße zu Rajasthan direkt zu den Füßen meines Meisters führte. [*NOTE: Impakt eines Heiligen, op. cit. Seiten 169-170. *]

Das Herausstellen der Verborgenen Vergangenheit

Die Gewissheit und das Wohlbefinden die Perins Konvertierung 1976 umgeben für Ajaib Singh Kandidatur wurden zwei Jahre später von dem strengen Widerstand durch eine ungewöhnlichste Quelle getroffen: Arran Stephens, der kanadische Vertreter von Kirpal Singh, der der erste westliche war, Ajaib Singh 1974 zu interviewen. Stephens, es sollte nicht vergessen werden, war der satsangi, der Ajaib Singh „entdeckte" und durch seine „Radiation" beeindruckt war.Stephens bemerkte 1974, „... er ist einer der Juwelen des Meisters. Das weiß ich, dass er viel höher ist, als ich, und dass er der fortgeschrittenste Apostel ist, den ich vom Meister getroffen habe, und er am wahrscheinlichsten derjenige sein konnte ..." Vor dem Besuch von Stephens hatten sehr wenige Menschen jemals von Ajaib Singh gehört, noch viel weniger dass er „höchstwahrscheinlich" der bezeichnete Erbe von Kirpal Singh sein konnte. Der faszinierende Aspekt hier ist, dass es die Wahrnehmung von Arran Stephens spiritueller Macht und seine nachfolgende Berichterstattung davon in Sat Sandesh war, der Ajaib Singh einen „Kandidaten" machte. In Bezug auf historischen sequencing, und Gotteseingreifen ausschließend, ist es wahrscheinlich genau festzustellen, dass Ajaib Singh als ein ernster Folge-Wettbewerber mindestens im Westen nie erschienen wäre, es sei denn, dass Arran Stephens ihn 1974 besuchte und dann seine Reise zu dem Rajasthan Heiligen veröffentlichte.

Komischerweise war es Arran Stephens - ungefähr vier Jahre später - der Ajaib Singh verleugnete, ihn ein völliger „Schwindel" nennend. Stephens änderte drastisch seine Meinung, weil er vom angeblichen verborgenen Leben von Ajaib Singh lernte, ein Leben das seinem öffentlichen Ministerium widersprach. Zuerst erfuhr Stephens, dass Ajaib Singh vorher von Charan Singh von Radhasoami Satsang Beas initiiert wurde, aber es später bestritten hatte. Bezüglich seiner Beziehung mit dem gegenwärtigen Führer des Radhasoamis in Beas kommentierte Ajaib Singh, „wurde ich von Charan Singh nie initiiert, aber ich ging, um ihn in Beas zu sehen. Ich fragte ihn, ob er fähig war, mich weiter auf dem inneren Weg zu führen, denen er dass antwortete, so weit, mich geistig innerhalb führend, er nicht fähig war, aber dass seine Missionskrieg, die Theorie und die Fünf Namen zu geben war. Ich schätzte die Wahrhaftigkeit von Charan Singh und sandte infolgedessen Hunderte zu ihm. „[*NOTE: Russell Perkins, Sant Ajaib Singh Ji: Eine Kurze Lebensskizze (Sanbornton: Sant Bani Presse, n.d.), Seite 8. Perkins fügt auch folgendes bezüglich der Beziehung von Ajaib Singh mit Charan Singh hinzu: „Wenn eine Frage ihn [Ajaib Singh] von diesem Schriftsteller [Russell Perkins] auf der Natur seiner Verbindung mit Charan Singh gestellt wurde, antwortete er einfach, „ich liebte ihn,'"aber ständig wiederholte, dass er Einweihung von ihm oder jedem anderen Guru nicht genommen hatte." *] Jedoch, sowohl gemäß Beas als auch gemäß Ruhani Satsang Initiierten Ajaib Singh war tatsächlich ein Eingeweihter von Charan Singh. In einem Brief zu Frau Toni Wacorazza aus Italien datiert 11. Januar 1984, K.S. Narang, der ehemalige Vizekanzler des Punjab Akademischen und gegenwärtigen Vorsitzenden des Radhasoami Beas Exekutivausschuss, erklärt im Detail die Verbindung von Ajaib Singh mit Charan Singh. K.S. Narang widerlegt auch die Ansprüche von Ajaib Singh, wie erwähnt, in seiner kurzen Lebensskizze. Schreibt Narang:

Liebe Schwester, beziehen Sie sich bitte auf Ihren Brief adressiert an Maharaj Ji am 2. Oktober 1983, anbei ist eine Photostat-Kopie der gedruckten Seite einschließend, die einige Beobachtungen von Shri Ajaib Singh von Kunichuk Ashram über unseren Meister enthält. Normalerweise treten wir in keine Meinungsverschiedenheit, aber seitdem jetzt bestimmte Tatsachen in einem Buch gedruckt wurden, die nicht nur falsch sind, aber sicher unsere satsangi Brüder verführen und auch einige nachteilige Eindrücke unter den Lesern des Buches über unseren Meister schaffen können. Es ist aus diesem Grund, dass wir dachten, dass wir die notwendige Erläuterung geben sollten. Gemäß unserer Information und Untersuchungen finden wir, dass der Sohn von Shri Ajaib Singh von Shri Lal Singh ursprünglich zu V.P.O Mehna, Bezirk Bhatinda gehörte. Ungefähr 1950 wurde er als ein Granthi in einem Gurdwara in dörflichem Sinhpura, Tehsil Suratgarh, Bezirk Ganganagar (Rajasthan) angestellt. Zuallererst traf er Bhagat Karam Chand von Ganganagar, einen Apostel von Hazur Maharaj Sawan Singh Ji und fing dann an Dera Beas zusammen mit ihm und anderem satsangis zu besuchen. Er nahm Naamdan von

Hazur Maharaj Charan Singh Ji 1953. Danach fing er, im Haus von Shri Dalip Singh von Kunichuk, Bezirksganganagar zu leben. Shri Ajaib Singh bekam irgendwie 25 Acres des Landes von der Rajasthan Regierung zugeteilt und kaufte weitere 25 Acres, indem er sein elterliches Eigentum in seinem Dorf in Bhatinda verkaufte. Damals nahm er keine Spenden vom sangat. In 1965-66 baute er sein eigenes Cottage auf seinem Ackerland in Kunichuk gelegen auf der Bikaner Straße und nannte es als „Charan Gupha" nach dem Namen von Maharaj Charan Singh Ji und fing, satsang in nahe gelegenen Dörfern zu geben an. Er fing dem sangat zu erzählen, das Hazur Maharaj Charan Singh Ji ihn bevollmächtigt hatte, so zu tun. Er pflegte, Shabads zu singen zusammengesetzt allein von ihm als Lob zu Hazur Maharaj Ji im sangat zu singen. Er fing auch mit Langar an auf seiner Farm und sammelte auch Spenden vom sangat. Er setzte fort, Dera Beas regelmäßig bis zu 1966-67 zu besuchen und während des satsang von Hazur Maharaj Ji in Ganganagar im Februar 1968 , war er einer der Hauptorganisatoren des satsang dort. Die Dera Verwaltung genehmigte jedoch nicht das Sammeln des Kapital und Baueigentum in seinem eigenen Namen , und als solches nahm sie ernste Notiz von seiner anti-Sant Mat-Tätigkeiten. Bei mehreren Gelegenheiten wurde er gebeten das Satsang Land und Gebäude in Kunichuk Radha Soami Satsang Beas zu geben oder die Vollmacht zu Gunsten vom Sekretär, Radhasoami Satsang Beas durchführen und aufzuhören, satsang zu geben. Aber er kam irgendwie nicht vorbei. Schließlich mussten die Dera Behörden öffentlich bekannt geben, in der offenen Satsang das wasimmer Shri Ajaib Singh von Kunichuk Ashram tat, läuft der Sant Mat grundlegenden Grundsätze zuwider und der sangat sollte es wahrnehmen. Der lokale sangat weigerte sich danach, mit ihm zusammenzuarbeiten, und so hörte er auf, nach Beas zu kommen.

Vordem offiziellen Brief von Narang 1984 hatten Arran Stephens und Richard Handel einige Untersuchungen alleine getan. Ihre Ergebnisse wurden 1979 in einem privat veröffentlichten Rundschreiben berichtet „Eine Behauptung von Zwei Dummköpfen Bezüglich Sant Ajaib Singh Ji." Sie setzten auch Fotographien von Ajaib Singh in seinen früheren Tagen in Umlauf, die seine Vereinigung mit Charan Singh und Radhasoami Satsang Beas dokumentieren. Angehangen an diesen Fotographien sind eine Reihe von Kommentaren zu der Druckschrift, Eine Einführung an Sant Ajaib Singh. Hier widerlegen die Autoren Punkt für Punkt viele historische und spirituelle Ansprüche von Ajaib Singh. Hinsichtlich seiner Beas Verbindung ist die folgende Information sachdienlich:

Ajaib Singh begann, Apostel im Auftrag Dehra Beas auf der Grundlage von einem Dokument zu initiieren, wo behauptet ist, es durch die Dehra bekommen zu haben. Gemäß Ranjeet Singh, der ein alter Arbeiter und Sekretär von Dehra Beas [sic] ist, war das Dokument gefälscht. Bei der Überprüfung erwies sich seine Gültigkeit, falsch zu sein, und wurde in Dehra Beas behalten. Außer dem sammelte Ajaib Singh Beiträge vom sangat von Rajasthan, um Charan Puri im Namen Mahraj Charan Singh zu bauen, und baute ein Gebäude, das Schlamm-Wände für Satsang und Langar usw. [sic] hatte. Dieser Betrag wurde von Grundbesitzern geschenkt, die zum Sri Ganga Nagar Distrikt gehören. Aus dem riesigen Kapital gesammelt wurde nur ein kleiner Teil davon für die Struktur ausgegeben, und der Rest wurde von Ajaib Singh unterschlagen. Darauf wurde der sangat misstrauisch über die Integrität von Ajaib Singh und sandte schriftliche Beschwerden an Maharaj Charan Singh, die defaultation des Kapitals durch Ajaib Singh anzeigend ... [*NOTE: Privat Veröffentlichtes Rundschreiben (kein Datum), verfügbar von Arran Stephens und Richard Handel. *] Es war auf der Grundlage vom Betrügen des sangat dass Brigadegeneral Bal, Vorsitzender des Sewa Samiti Radhasoami Beas Satsang, wiederholte Warnungen über die unmoralische Sammlung von Ajaib Singh von Spenden ausgab. [*NOTE: Viel von meiner Information kommt aus mehreren Originalurkunden, einschließlich eines persönlichen Briefs durch Bal zu Stephens mit Erinnerungen der Beziehung von Ajaib Singh mit Beas . Der Geist dieses Briefs wird vielleicht am besten durch den vorletzten Paragraf erkannt, worin Bal schreibt: „Persönlich finde ich, Ajaib Singh einen Heiligen zu nennen, selbst eine ernste Sünde ist. Er ist ein weltlicher Mann mit allen menschlichen Mängeln." *] Jedoch war die angebliche Verbindung von Ajaib Singh mit Charan Singh nur ein von vielen Problemen, die Arran Stephens Richard Handel, und andere mit dem Rajasthan Guru hatten. Was für sie paradigmatisch war, war dass keine der Erinnerungen von Ajaib Singh (einschließlich Plätze und Daten) mit den historischen fraglichen Ereignissen übereinstimmten. Besonders störend für Stephens u. a. war, dass der persönliche Kontakt von Ajaib Singh mit seinem Guru Kirpal Singh minimal war.Stephens und Handel schreiben:

Als gewöhnliche Eingeweihte fragten wir uns, wenn während einer Periode von 4-7 Jahren unser Meister Kirpal uns gebeten hatte, Ihn zu besuchen, und wir die Reise leicht gewähren und es innerhalb eines Tages tun konnten, würde wir nicht mindestens, einmal, während dieser Periode gegangen sein, um unseren Meister zu sehen? Weiter sind die meisten von uns bewusst, dass der Meister betonte, dass wir Ihm äußerlich über unsere inneren Erfahrungen erzählen sollten. Auf diese Weise nur konnten sie, 100 % bestätigt und gezeigt sein, Erfahrung des positiven und nicht negativer Macht zu sein. Auch die Summe der Zeit die wir berechneten Sant Ji, mit dem Meister war kam nur zu 10 Tagen. [*NOTE: Stephens und Handel, op. cit. Seite 9. *]

Zusammen mit den sachlichen Diskrepanzen die Stephens und Handel entdeckten, [*NOTE: Stephens und Handel verzeichnen mehrere Ereignisse, wo die Information von Ajaib Singh über seine eigene persönliche Lebensbeschreibung und die Leben anderer Heiliger ungenau war. Weil eine ausführliche Auflistung Eine Behauptung Durch Zwei Dummköpfe Bezüglich Sant Ajaib Singh Ji. *] befragten sie auch die Richtigkeit ihrer inneren Erfahrungen unter dem Unterricht von Ajaib Singh. Das Nettoergebnis war, dass sie ihre Verbindung mit Ajaib Singh und seinem Ministerium trennten. Arran Stephens schrieb auch einen langen handschriftlichen Brief an Russell Perkins, der erklärt, wie er betrogen worden war, und wie er hoffte, dass Perkins den Fehler seiner Wege sehen würde. Diskutierter Stephens in seinem Brief im Dezember 1978 : „ Ich habe mehr als genügend Beweise aus erster Hand, dass Sant Ji nicht ein Vollkommener Meister ist, nicht der Beauftragte Sant Satguru des Zeitalters ist. Meister lügen nicht. „Aber Stephens tat das vier Jahre zu spät - zu spät, um das Wachsen der Nachfolger zu stoppen, das Perkins einschloss, der überzeugt geworden war, dass Ajaib Singh kein erleuchteter Meister war. Stephens anfängliche Einschätzung wurde von diesen Anhängern als die Wahrheit gesehen; seine späteren Revisionen wurden als fehlgeleitete Wahnvorstellungen interpretiert. Wie Perkins betont: Sowohl Arran als auch Richard hatten bei vielen Gelegenheiten gesprochen und geschrieben über Sant Ji das Verwenden ihrer inneren Erfahrungen zu rechtfertigen, was sie sagten, so dass, als sie ihre Meinungen änderten, basierend auf das was andere Leute ihnen erzählten, ihre Vertrauenswürdigkeit auf Null fiel (Leute, die unter Einfluss von ihnen waren, neigte dazu, sich ihnen von Darshan Singh nicht anzuschließen, aber den Pfad zusammen zu verlassen- ein sehr vernünftiges und voraussagbares Ergebnis); und ... als das ganze geschah eine sehr bedeutende Zahl von satsangis, sowohl alt als auch neu, hatte Sant Ji für sich selbst gesehen und eine sehr befriedigende und geistig erfüllende Beziehung mit Ihm entwickelt ... [*NOTE: Persönlicher Brief zu dem Autor, datiert 7. April 1989, Seite 14. Steven Morrow, Gründer der Sant Mat-Kameradschaft, schrieb auch eine umfassende Widerlegung an Arran Stephens am 21. Februar 1979, behauptend, dass Stephens ein Opportunist war, der Tatsachen und Daten auf eine willkürliche Weise verwendete, seinen eigenen persönlichen Neigungen zu nützen. Schreibt Morrow, „Es scheint , dass unabhängig von den Beweisen für oder gegen Darshan und/oder die Ansprüche von Ajaib auf successorship, dass Sie, lieber Bruder, bestimmte Behauptungen bewusst oder unbewusst veröffentlicht haben, den sangat im Denken verführten, dass Sie physisch anwesend waren, wenn bestimmte wichtige Ereignisse auch passierten... Ich kann mich nur fragen, ob Ihr Motiv (oder teilweises Motiv) einen bestimmten Betrag der Aufmerksamkeit auf sich selbst ziehen sollten..." Der

Brief von Morrow widerlegt jedoch die Hauptkritiken gegen Ajaib Singh einschließlich der offenbaren Tatsache nicht, dass er von Charan Singh 1953 Eingeweiht wurde, aber es später bestritt. *]

Die Rhetorik der Unrechtmäßigkeit

Die Folge-Probleme von Ajaib Singh sind in mancher Hinsicht Kirpal Singh ähnlich. Tatsächlich konnte es behauptet werden, dass die Kandidatur von Ajaib Singh die logische Verlängerung von Kirpal Singh ist; dieser Ajaib Singh, mehr als jeder andere Kläger (einschließlich Darshan und Thakar), erfüllt den Pfad bestimmt von Kirpal Singh 1948: Betont Authenzität über die Gesetzmäßigkeit, als das Hauptkriterium der Echtheit. Folglich können wir sehen, dass das Erscheinen von Ajaib Singh als ein Guru von zwei Faktoren abhing, von denen beide sich auf die Echtheit beziehen: 1) behauptete er, spirituelle Macht von seinem Guru, Kirpal Singh gegeben worden zu sein; und 2) behaupteten andere, dass sie seine spirituelle Fähigkeit erfuhren. Die Hauptbetonung hier ist nicht auf der Gesetzmäßigkeit von Ajaib Singh (im Vergleich mit Darshan Singh, zum Beispiel er hatte wenig), aber auf seinem Grad der Echtheit. Ein Kriterium, wie wir gesehen haben, ist so subjektiv, dass es sowohl widersteht als auch jede umfassende Analysieren verrät, da schnell irgendjemand behaupten kann, „innere" Bestätigung zu haben. Es, ist deshalb, übereinstimmend mit meiner gesamten These das, als Ajaib Singh für seinen Mangel an Gesetzmäßigkeit schwer kritisiert wurde, er und seine Anhängern sich in erster Linie zu Zeugnissen über innere Erfahrungen und ähnliches wendeten. Der Reihe nach wurde Ajaib Singh und seine Wahlkreise kritischer gegenüber denen die an den „äußeren" Vereinbarung, einen Status eines spirituellen Meister's abschätzen. [*NOTE: Interviews mit Christopher McMahon, Steve Morrow, und Neil Tessler (1978 bis 1981), Unterstützer von Ajaib Singh. Nach dem Treffen mit Darshan Singh mehrere male, wurde Tessler überzeugt, dass er der wahre Nachfolger war; Tessler hatte sich seitdem mit Darshan Singh's Canp ausgerichtet. *]

Die Parallele von Ajaib Singh zu Kirpal Singh sollte dem wahrnehmenden Leser ziemlich offensichtlich sein. Ajaib Singh und sein sangat reagierten fast auf die gleich Art wie Kirpal Singh und seine Fraktion reagierte als er nicht akzeptiert wurde in Beas. Tatsächlich, in Anbetracht der Annahme von Kirpal Singh's Meisterschaft nach dem Tod von Sawan Singh, war es schnell voraussagbar, dass jemand wie Ajaib Singh nach dem Tod von Kirpal Singh erscheinen würde. Mit anderen Worten ebnete der Mangel von Kirpal Singh's richtigem Büroanspruch für seine zukünftigen Nachfolger wie den von Ajaib Singh den Weg, ihre eigenen charismatischen Ansprüche zu routinisieren, sich auf das Zeugnis ihres Meister auf dem Thema beziehend (oder ein Mangel davon zu haben). [*NOTE: Für ein klares Beispiel davon, verweisen ich Sie auf das Buch von Perkins Der Impakt eines Heiligen. *]

Wenn, man sich mit größeren theoretischen Problemen befasst oder unterschwelligen Allgemeinheiten , ist ideologische Arbeit manchmal leichter ist zu entdecken, da eine überall Tendenz oder Muster ständig wiederholt wird. Die schwierige Analyse entsteht, wenn ein spezifisches Problem adressiert wird; hier beschönigen die Details oftmals den echten Kampf, dadurch einen mit dem Eindruck hinterlassen, dass, besonders in religiösen Sachen, es wirklich mehr eine theologischen Sache als eine soziale ist. Obwohl zuweilen das zweifellos wahr sein kann, ist das gewöhnlich nicht der Fall. Warum? Weil theologische Streite selten sui generis sind; meistens haben spirituelle Argumente haben ihre Wurzeln in materialistischen Sorgen. Die Liste von Beispielen, ist im Intervall vom Antisemitismus des römischen Katholizismus unerschöpflich (der häufig durch die Gottesdoktrin gerechtfertigt wurde), zum Antiintellektualismus von Eckankar (der, teilweise, durch das umfassendes Plagiat seines Schöpfers und Angst vor der wissenschaftlichen genauen Untersuchung veranlasst wurde).

(Senfzeit: Ich lese und übersetze ja nun diesen Sozialwissenschaftler der ein Gelehrter sein will, was für eine Magerrolle, und sehe wie er in den Dualismen gefangen ist und an sie auch glaubt, an materialistisch und nichtmaterialistisch, so eine Spaltung ,und deswegen auch diese Gedanken, die ihn und andere dann zum Sklaven ihrer Gedanken machen und Konzepte aufgebaut werden die nun dieses Spaltungsdilemma auf der Erde der Menschheit zum Vorschein gebracht hat. Das sind alles Fiktionsgrenzen die ausschließlich mit der Ignoranz also der Bösheit der Raubmenschen zu tun hat, die nun eine Globale Lug Betrugsmenscheit aufbaute mit all ihren Spaltproblemen. Das ist das typische Zeichen des Satans des Widersacher der Negativen Macht. Und ich benutze hier ganz provokativ und bewusst diesen Begriff „SATAN" der aus dem mittleren Osten kommt und „Ankläger" oder „Staatsanwalt" bedeutet. Aber die Dualismen bleiben die Spaltung die benutzt wird um zu Herrschen oder Macht auszuüben und Menschenmassen auszubeuten in allen Bereichen. Da die Wissenschaftler egal welcher Sekte sie angehören ob Physikersekte oder Mathematiksekte oder Chemikersekte und so weiter alle ohne Ausnahme Spalten und Abspalten und somit zur Ignoranz zählen ,natürlich mit Nobelpreisen aus Dynamit Blutgeldern gut verzinst. Buddha sagte mir mal „Der Weg nach Außen Wolfgang, das ist der Weg der Ignoranz. Auch dieser Sozialwissenschaftler hier ist ein Spaltpilz und auf Macht aus, Macht die er nicht durch die Initiation von Charan Singh verwirklichen konnte. Olee Oleeee Oleeeee. Soweit ich mich richtig erinner muss die Rebellion ihre Wurzeln in der Liebe haben ! 4.9.2007 WSchorat)

Was von besonderem Interesse ist im Licht der Folge-Rhetorik ist, ist, wie Sant Bani satsangis, besonders diejenigen mit einem Einfluss in der Bewegung, Diskrepanzen in der Kandidatur von Ajaib Singh ansprechen. In dieser Beziehung sind die Schriften von Russell Perkins besonders beachtenswert, da er in der ideologischen Arbeit tief involviert wird, d. h. die inneren Kenntnisse von Ajaib Singh mit seinen Außenqualifikationen versöhnend. Da Perkins solch eine Zentralfigur in der Entwicklung von Sant Bani ist, ist es vernünftig, im Detail zu untersuchen, wie er das Ministerium von Ajaib Singh legitimiert. Was Perkins offenbart, ganz klar ist, wie Folge-Streite mit vorherigen historischen Ereignissen und zu Grunde liegenden sozialen Spannungen vertraut verbunden werden. Er unterstützt auch, vielleicht zuweilen unbewusst, meine gesamte These: Diejenigen, die einen äußeren Mangel von Beweisen haben, ihre Kampagnebewegung allgemein auf inneren Beweisen stützen, um ihre Ansichten darzustellen.

Zuerst ist es wichtig sich zu erinnern, dass die Verwerfung von Perkins von Darshan Singh in erster Linie von den zahlreichen Behauptungen von Kirpal Singh stammte, wie er Sawan Singh nachfolgte. Seitdem die Kandidatur von Darshan Singh schnell völlig gegenüber der seines Vaters war, ist es wenig Wunder, dass Perkins und andere die Unangemessenheit nicht akzeptieren konnten. Komischerweise war die Kandidatur von Darshan Singh, im Licht seines unmittelbaren Vorgängers, nicht traditionell. Das war genau diese non-traditionality, der zuerst Perkins und andere alarmierte, um gegenüber Darshan Singh skeptisch zu sein. Natürlich die Tradition von Kirpal Singh war eine relativ neue, aber es war ein Präzedenzfall der sich klar entwickelte; und es sollte bemerkt werden, es war ein Präzedenzfall, den mehrere Inder und Amerikaner sehr ernst nahmen.

Wenn auch der eigene Anspruch von Kirpal Singh auf Nachfolge von einer Beas Perspektive unorthodox war, für eine neuen Generation von Ruhani Satsang Eingeweihte , war das wesentlich, wie ein authentischer Guru ernannt werden sollte. Mit anderen Worten ist die Annahme von Kirpal Singh der Orthodoxe (richtige) Position. Perkins selbst diskutiert so viel:

Die Zweideutigkeit und Unklarheit über Nachfolger, die für die Sant Mat so charakteristisch ist, sind die Norm, und eingebaut ins System, wie gezeigt im Modell aufgestellt durch Swami Ji . Es ist nicht, mit anderen Worten, eine Abweichung. Die Abweichung ist eher (von unserem Gesichtspunkt) die regelmäßige und klare Übertragung, begleitet durch genügend Außenzeichen, den sangat zu überzeugen, dass der Guru es meint, seitdem diese Kunst der Übertragung nur einmal in modernen Zeiten (Jaimal zu Sawan) geschehen ist. Alle anderen (Tulsi zu Swami Ji; Swami Ji zu Jaimal; Sawan Kirpal; Kirpal zu Ajaib) werden durch das Zwingen (wegen des Mangels an Außenzeichen) des Suchers ins Konfrontieren der Integrität seiner/ihrer eigenen Suche charakterisiert; sie fungieren als Tests, wir könnten sagen, sowohl der Apostel des vorherigen Gurus als auch der Sucher, die nach diesem absterben des Guru heraufkommen. [*NOTE: Persönlicher Brief zu dem Autor, datiert 7. April 1989, Seite 6. *]

So eine der Arten, wie Minderheitskläger, die"einen offiziellem" Status-Mangel haben, Legitimität speichern können, ist, vorherige Folge-Geschichte in einem neuen Licht wiedereinrahmen, so wie Perkins es getan hatte im vorhergehenden Exzerpt . Dieses Wiedergestalten setzt von neuem die Gültigkeit des Minderheitskandidaten in einen Kontext; es leiht auch logische Unterstützung für eine sonst rechtswidrige Kampagne. Außerdem zentralisiert es spirituelle Echtheit gegen die politische Gesetzmäßigkeit, und zeigt sich, wie echte Spiritualität durch herkömmliche Mittel nicht befördert werden kann. Das all dieses aus einer Art Typ der Folge-Spannung entsteht, ist offensichtlich. Sonst würde es keinen Grund geben, Rundschreiben, Artikel, und Bücher zu schreiben und zu veröffentlichen, die sich auf das Problem konzentrieren. Im Sant Bani Camp die Buchunterstützung für einen zerrütteln Sangat durch A. S. Oberoi hatte zum Beispiel lange Teile, die sich spezifisch mit Folge-Streiten befassen; und in der Sawan-Kirpal Bewegung Tillis Text Erscheinen eines Neuen Meisters - konzentriert sich Darshan Singh völlig auf die Politik des Gurus successorship.

Eine andere gute Illustration der ideologischen Arbeit von Perkins - und durch die Verlängerung, Sant Bani - kommt von seiner Antwort auf die Verbindung von Ajaib Singh mit Charan Singh, eine delikate Sache im Licht der vorherigen Geschichte von Kirpal Singh mit dem Dera. Wie bereits bemerkt, gibt es Dokumentarbeweise, die zeigen, dass Ajaib Singh von Charan Singh 1953 Eingeweiht wurde. Jedoch hatte Ajaib Singh - bei zahlreichen Gelegenheiten nach 1974 - alles kategorisch bestritten, das er durch den Beas Guru Eingeweiht wurde, wenn auch er zugibt, „ihn zu lieben" und Hunderte von Suchern zu ihm zu senden. Für den interessierten Sucher oder Eingeweihten ist es eine entscheidende Frage, da die Integrität ihres Meister's auf dem Pranger steht. Das ist auch eine Frage, die auf der Oberfläche nur zwei mögliche Beschlüsse hatte: 1) Ajaib Singh sagt die Wahrheit; oder 2) Ajaib Singh lügt. Arran Stephens und Richard Handel, ehemalige Anhänger von Ajaib Singh, fallen ins zweite Camp und sind überzeugt, dass ihr einmal geliebter „Sant Ji" ein Schwindel ist. Russell Perkins, andererseits die Interessen von Sant Bani vertretend, ist im ersten Camp, überzeugte, dass Ajaib Singh nie lügen würde. Aber wie geht Perkins mit der Information um, größtenteils dokumentarisch im Ursprung und in Umlauf gesetzt durch seinen eigenen gurubhais, der klar vorschlägt, dass Sant Ji nicht die Wahrheit sagt? Indem er genau das tut, was er mit vorherigen Folge-Streiten getan hatte: das Wiedergestalten der Frage von einem entweder/oder zu einer von ja/aber. Dabei zeigt Perkins sowohl die Macht als auch die Möglichkeit der ideologischen Arbeit. Perkins schreibt:

In meiner Erfahrung habe ich nie gefunden, dass Sant Ji (oder Kirpal) eine Lüge erzählen; das soll jedoch nicht sagen, dass Sie notwendigerweise die Tatsachen eines Falles auf die gleiche Weise ansehen, wie wir dass tun. Das wird nicht immer in Betracht gezogen, wenn Apostel Rechtsanwälte werden und Heilige dem Kreuzverhör unterworfen. Unsere Tagesordnung ist nicht notwendigerweise Ihre Tagesordnung... Das ist zum Beispiel möglich, dass das Wort „Einweihung" verschiedene Dinge für verschiedenen Leuten bedeutet. Es ist möglich, dass ein echt fortgeschrittener Sucher etwas durchgehen könnte, was jemand anderer „Einweihung" nennen würde, aber Er würde nicht. Ich sage nicht, dass geschah; Sant Ji hatte zu mir nie angezeigt, dass es war ; ich nehme seine Leugnung als Nennwert.

Aber der andere ist eine Möglichkeit, die sehr wohl in die Unterschied der Perspektive der Heiligen passt. Wenn Arran oder Richard dazu geneigt hatten und die Gelegenheit gehabt hatten, die Anmerkung [von Kirpal] des Meister's über den Brief von Judith sowohl zu hören als auch diesen Brief zu lesen (und ihn damit konfrontierte mit dem Widerspruch auf einem Weg der sie wirklich tatsächlich Sant Ji konfrontierten), könnten sie Ihn einen Lügner auch sehr berechtigterweise genannt haben. Tatsächlich, natürlich, hätte Arran sehr hart gearbeitet, um eine abwechselnde Erklärung zu finden, wenn solch ein Läuten im Leben von Kirpal vorgekommen wäre; er dachte nicht einmal Sant Ji zu glauben (einmal änderte sich sein Gesichtspunkt). Er schrieb mir einmal eine sehr enthüllendes Sache in dieser Zeit (oder vielleicht war es im seinem Opus): Etwas wie, „Jemand sagte mir, Warum gehen Sie nicht und fragen einige der älteren Apostel von Kirpal, warum sie Sant Ji nicht folgen?" Ich konnte nicht glauben, dass er das schreiben würde; kam es ihm nicht jemals vor, dass dasselbe Ding über Kirpal, eine Generation zurück gesagt werden konnte? [*NOTE: Perkins, op. cit. Seite 11. *]

Das vorhergehende Exzerpt enthält mehrere schwangere Klauseln und Sätze, von denen jeder ein „Arbeiten" aus einem offenbaren Widerspruch oder sonderbarer Tatsache offenbaren. Zuerst bringt Perkins ein Thema der Semantik bezüglich des Wortes „Einweihung" auf, vorschlagend, dass seine Bedeutung variabel sein kann, je nachdem wie es angewandt wird. Im-Fall von Ajaib Singh, zum Beispiel, behauptet Perkins, dass, wenn er tatsächlich von Charan Singh „Initiiert" wurde (und Beas Dokumente zeigen, dass er war), aber es bestritt, dann lügt Ajaib Singh nicht notwendigerweise, aber wendet eine viel höhere Bedeutung auf den Begriff. Mit anderen Worten, was Beas als Initiation betrachten kann, tut Ajaib Singh nicht. Dieser Gedankenfaden, obwohl Perkins es nur tangentialer anruft, erlaubt Ajaib Singh, „vom Haken zu kommen", so zu sagen, die Veränderlichkeit der Sprache demonstrierend, verwenden. [*NOTE: Der einzige Störschub hier, mindestens in Bezug auf die eigene Situation von Perkins, ist, dass solch ein Gedankenfaden bereits von Paul Twitchell, ehemaligem Mitglied von Ruhani Satsang und Gründer von Eckankar verwendet worden ist, der jemals bestritt, durch Kirpal Singh Initiiert zu sein. Perkins, der sich der Leugnung von Eckankar und seiner Delhi Verbindung bewusst ist, hatte Twitchell bei mehreren Gelegenheiten kritisiert, um seine spirituellen Wurzeln zu bestreiten. Und doch, wenn das Problem im Fall von Ajaib Singh entsteht (etwas, das den eigenen Knochen von Perkins viel näher ist), ruft er - wie seine Gegenteile von Eckankar - Semantik, um zu klären, wenn nicht, ein offenbarer Widerspruch zu rechtfertigen ist. Obwohl Perkins Twitchell tadelnswert für seine spirituelle Tarnung findet, fühlt er dasselbe über Ajaib Singh nicht. Der Grund, trotz der großen Unterschiede zwischen den zwei religiösen Führern, ist einfach: Perkins hatte ein (materielles) Interesse in Ajaib Singh, wohingegen in Twitchell er wenig hatte, falls überhaupt. Es ist dieses Interesse, würde ich vorschlagen, welches die rhetorischen Geräte ermächtigt von ideologischen Arbeitern verwendet. Das Messer des Verstandes, zweifellos, hat zwei Seiten, aber welche Seite verwendet wird, hängt schnell allein von jemandes besonderer Verhaftung ab. Solche Verhaftungen, als im Fall von Perkins, können auf einmal eine Person harte Kritik auf eine Linie der Beweisführung anwenden als spiralig , während in einer anderen Zeit diese Personen auffordern zu behaupten, dass dieselbe Linie der Beweisführung angemessen und vernünftig ist. Um zu vermeiden, als Unterstützen zu klingen, sollte ich hinzufügen, dass niemand von diesem rhetorischen Catch- 22 – auch nicht selbstbewusste Soziologen mit Wissen davon freigestellt sind. *]

„Unsere Tagesordnung ist nicht notwendigerweise Ihre Tagesordnung," ist vielleicht der Schlüssel von Perkins ideologischer Ausdruck, weil dieser Grundsatz dem betroffenen Apostel erlaubt, sich aus jeder offenbaren Falschheit von dem Teil seines-Gurus, als stammend von einem beschränkten Verstehen oder Gesichtspunkt, herauszureden. Außerdem bemüht sich ein ergebener Apostel immer, den größeren Gesichtspunkt seines/ihres Gurus zu verstehen, wie Perkins über Stephens anzeigte, als er schrieb, „

Arran würde schwer gearbeitet [meine Betonung] haben, um eine abwechselnde Erklärung [zu finden, wenn er einem Widerspruch seitens Kirpal Singh] gegenübergestanden hätte." Die wörtliche Wahl von Perkins ist natürlich, besonders im Licht der Schriften von Berger auf der Ideologie offenbarend, da er selbst den wirkenden Ausdruck verwendet, „würde schwer gearbeitet." Etwas, worum es im ideologischen Kampf überhaupt geht : Arbeiten, um eine offenbare Spannung zwischen Theorie und Praxis aufzulösen, oder, in unserem Umstand, einem Bruch zwischen inneren und äußeren Kriterien zu überbrücken.

Die ernstere Anklage etikettiert gegen Ajaib Singh, mindestens von der Einstellung von Ruhani Satsang, ist, dass er über seine Vereinigung mit Kirpal Singh lügte/log, die Beziehung mit dem Delhi Meister übertreibend und Daten für seinen offenbaren Vorteil falsch auslegend. Es ist eine Anklage, die mehrere treue Unterstützer von Ajaib Singh veranlasst hatte, ihre Unterstützung des Sant Bani Guru zurückzuziehen. Perkins adressiert das Problem folgendermaßen:

Sant Ji hatte häufig zugegeben, dass Er einen schlechten Kopf für Daten und für Details dieser Art hatte. Kirpal Singh, der ein Buchhalter in seinem Berufsleben gewesen war, hatte dieses Problem nicht, doch ich war anwesend gewesen, als er Dinge sagte, die auf diesem Niveau nicht richtig waren [Perkins trägt am Rand bei, „Intellektueller Irrtum"]. Wenn das ist, was wir das Lügen nennen, und dient als ein Kriterium, um einen Heiligen zu beurteilen, so sei es. Ich weiß nicht (und weder tut es irgendjemand anders), ob Swami Ji [Gründer von Radhasoami] dieser Kritik gegenüberstand oder nicht . Und doch der Sar Bachan (Prosa) wird (und nicht nur teile erwähnt oben) mit einer Kunst „kosmischer Verteidigung ," infusiert, es scheint anzunehmen, dass der Satguru dabei ist, Probleme mit seiner Glaubhaftigkeit zu haben. Es scheint sicher zumindest, dass Swami Ji Probleme mit seiner Glaubhaftigkeit hatte. Und, schließlich, warum nicht? Ich meine, Mein Gott! Wo waren seine Dokumente?... Natürlich die Behauptungen von Sant Ji über Kirpal, der kommt, um Ihn zu sehen, rennt gegen die Unfähigkeit der Hauptapostel in Delhi zu verstehen, das der Meister , etwas tut, ohne sie zu informieren. In meinen Kenntnissen von Kirpal, war das völlig im Charakter für Ihn, um solch eine Sache zu machen ... [*NOTE: Perkins, op. cit. Seite 17. *]

Hier versucht Perkins, mehrere Dinge sofort über Ajaib Singh zu erklären: Sein Gedächtnis überspringt, sein Mangel an Ausweisung , und seine angeblichen „heimlichen" Sitzungen mit Kirpal. Im ersten Fall stellt Perkins Ajaib , Kirpal gegenüber (Zugebend, dass der Letztere mit Daten, Tatsachen, usw. wegen seines Buchhalter-Hintergrunds mehr peinlich genau war) behauptend, dass sie beide Dinge gesagt hatten, das war - wie Perkins es sagt - „intellektuelle Fehler ." Er sagt weiter dass, wenn solche Fehler als liegend auf diesem weltlichen Niveau betrachtet werden, dann sei es so, einbeziehend, dass jeder irgendwann (einschließlich Heilige) solche Fehler macht. Das enthüllende Sache hier im Licht unseres Demaskierens besteht darin, dass sich Perkins, obgleich teilweise, das Kriterium der Legitimität widerrechtlich aneignet. Mit anderen Worten, ja Ajaib Singh könnte einige sachliche Fehler gemacht haben, aber sie sind im Vergleich zu seiner geistigen Echtheit inkonsequent. Ein Anspruch sollte ich hinzufügen, mit einer Übereinstimmung, die Minderheitsfolge im Allgemeinen hat.

Außerdem legt Perkins Ajaib in einen größeren historischen Zusammenhang besonders in Übereinstimmung mit Shiv Dayal Singh, um einen seiner wiederkehrenden Punkte nach Hause zu treiben: Wenn man Ajaib für seinen Mangel wegen richtigen Ausweise kritisieren soll, sollte dasselbe auch über Swami Ji, den Gründer von Radhasoami gesagt werden. Und doch Perkins contextualization bleibt die Frage die sich auftut schuldig, den Ausweis von Ajaib Singh durch die Autorität und Tradition, obwohl auf eine umgekehrte weise. Ja, Ajaib Singh's hat einen Mangel von Ausweisung, aber so auch Shiv Dayal Singh und Jaimal Singh. Die Schlussfolgerung ist klar genug: Ajaib Singh ist authentisch, wenn nicht legitim, indem er in die Fußstapfen von seinen Vorgängern tritt. Perkins ist ein Traditionalist und ebenso orthodoxer wie jeder Apostel in Darshan Singh's Camp. Die Orthodoxie von Perkins entsteht aber aus seiner eigenen Guru -Folge-Berichtigung, der ihn und andere aufgefordert hatte, alle Sant Mat/Radhasoami Geschichte im Licht von Kirpal Singh's Wirkungskreis wiedereinzurahmen. Das ist natürlich genug, aber was nicht ganz so offensichtlich sein kann, ist, wie die logische Sant Bani Position darin besteht, wenn es „vom Inneren" oder „innerhalb" der Gruppe angesehen wird. Obwohl Majoritätslager eine Luft der Unvernunft über die geringen Abspalt - Gurus und ihren kämpfenden Kampagnen projizieren mögen, bleibt die Tatsache, dass es eine innere Logik zu marginality gibt. Das ist nicht so viel eine Revolte gegen den Status-quo oder einen nachprüfbaren Kandidaten, aber gegen die Inkonsistenz. Tatsächlich war es die Inkonsistenz der Kampagne von Darshan Singh im Vergleich zu der Nachfolge-Berichte seines Vaters, welches Perkins erlaubte, die biografischen Widersprüchlichkeiten von Ajaib Singh zu akzeptieren, seit seine Nachfolge-Rhetorik, nicht Darshan's, war erinnernd an Kirpal Singh's. Einfach formuliert, Perkins hatte bereits die offenbaren Diskrepanzen von Kirpal Singh, ebenso inkonsequent, akzeptiert, wie er mit Ajaib's getan hatte, aber was nicht inkonsequenz von Perkins ist, ist, wie gut, ein Folge-Kandidat dem bereits gesetzten Muster von Kirpal Singh folgt. Stimmt, könnte man Abweichen auf mehrere Wegen , aber jene Abweichungen müssen mit Kirpal genau übereinstimmen. Wenn nicht, dann ist die Nachfolge diskutierbar.

Schließlich sind eine der attraktiveren Eigenschaften über Ajaib Singh, und derjenige, der bis jetzt über keinen der Gurus in dieser Studie erwähnt worden ist (obwohl es auch auf sie, besonders im Fall von Jaimal Singh zutrifft), seine dramatische und romantische Lebensgeschichte. Was immer man über ihn sagen kann, die Tatsache bleibt, dass Ajaib Singh den archetypischen indischen Guru ist, die Art romantisiert im Kino von Hollywood wie der Rand des Rasiermessers. Ich sage nicht das auf eine vindicative Weise, aber nur zu illustrieren, wie politisch stark Einfachheit sein kann. In Nordamerika insbesondere ist es etwas ziemlich Verführerisches über das Zurückgehen zu einer Kultur und eine Zeit nicht verdorben durch die Übertretungen der Technologie und des modernen Lebens. Außerdem für viele Juden und Christen bringt die Idee von einem heiligen Mann oder einem Heiligen, alte Erinnerungen ins Bewusstsein, jene Männer und Frauen die wörtlich vor Tausenden von Jahre lebten- ein Moses, ein Peter, eine Maria . Für einige ist es wenig incongruent, von einen heiligen Mann als ein Rechtsanwalt, ein Politiker, ein Aktienhändler, ein C.E.O zu denken, da Heiligkeit oftmals mit dem Verzicht auf die Welt ausgeglichen wird.

Romantik spielt eine Rolle in der Attraktion von Möchtegernsuchern zu indischen Gurus. Zuerst gibt es das Element einer Auslandskultur - exotisch, undurchdringbar, neu - die lockt, um darüber die eigene weltliche Existenz zu vergessen. Außerdem gibt es eine Sprachbarriere, die anstatt Rekruten zu verhindern, denjenigen zu einem Sinn des Mysteriums einlädt. Sogar die Fachsprache von Sant Mat/Radhasoami spielt damit; Westler lieben allgemein Begriffe wie „Shabd", „Satguru", „Sach Khand," und ähnlich, wenn nur für das Mysterium, das sie heraufbeschwören und der Sinn des Wunders und der Entdeckung.

(SuperSenfZeit: Das ist sehr armselig von diesem dummen ignoranten Meditationsversager der sich nun als Gelehrter also Informationssammler über andere versucht. Das ist sehr sehr sehr dummes Gelaber von diesem Titelträger der sich Professor nennt. HoHoHo.Das ist typisch Sektologisches Denkgelaber seiner persönlichen Scheibenwischanlage womit er sich und andere mit sehr sehr oberflächlichen verschmierten Scheibenwischern vorgaukelt in seinen Fantasieträume und Denkträumen und Informationsträumen,das geschriebene hier, wäre tatsächlich so. Das ist seine eigene Ideologische Arbeit, nun da er mit seinem Denken, wieder Mainstream, trinken muss. Das ist „Senil" Das ist SoziologenSektenSekt der sehr Schaaaaal ist, lebloses, im Kopf wichsen und Abwichsen auf die „Dumme Masse der Möchtegernsucher" das ist Soziologie mit Professur. Ole

Nicht viele der Radhasoami Gurus passen heute in dieses romantische Motiv. Sicher taten ein Shiv Dayal Singh und Jaimal Singh es, aber das war nur weil sie vor dem Zeitalter von Massenkommunikationen und übernationalem Luftreisen lebten. Die meisten Radhasoami Gurus, wie Mark Juergensmeyer in seinem Buch Radhasoami Wirklichkeit hinweist, sind modern und gebildet. Da gab es Rechtsanwälte, Professoren, Kanzler, Buchhalter, und sogar Unternehmer. Und doch die Idee von einem vergessenen Weisen ist eine attraktive. Viel von Ajaib's erscheinung (und andere Gurus wie er) würde ich argumentieren, liegt gewissermaßen in seinem romantischen erscheinen. In Ajaib Singh steht man nicht der hässlichen Politik gegenüber, die in Delhi 1974 vorkam; in Ajaib Singh kann man dem... Gedränge und Hochbetrieb eines Stadt-Ashram vorangehen; und in Ajaib Singh kann man die Westwelt und viel von seiner Technologie vergessen. Ajaib Singh, ist größtenteils, der archetypische Wüsten -Weise. Es ist dieses Image - echt und vorgestellt - der dem Ministerium von Ajaib Singh schrecklich geholfen hatte. Und wenig Wunder da ist eine der mehr verlockenden Eigenschaften der indischen Religion der Begriff eines verborgenen Gurus, eines durch andere irgendwo vergessenen Mystikers, der in weit weg Schauplätzen - der Himalaja, die Waldschreine, die Rajasthan-Wüste, nachsinnt. Wie Perkins stolz schreibt, „Ein einfacher liebender schöner Mann, der Gesamtintegrität und Echtheit , das ewige Leben der Wüsten -Väter oder der biblischen Propheten in seinem Lehmashram in der Mitte der Wüste lebend, und im ausdrücklichen Image und der Macht von Kirpal Singh arbeitend." [*NOTE: Russell Perkins, Sant Ajaib Singh Ji: Eine Kurze Lebensskizze (Sanbornton: Sant Bani Ashram, n.d.), Seiten 14-15. *]

Die gesamte Bedeutung in der Romantik, mindestens in soziologischen Begriffen, ist, dass es eine Verwerfung des herkömmlichen Lebens und der Religion vertritt. In Sant Bani, insbesondere gibt es eine schnell Großhandelsadoption der indischen Kultur und Werte. Sogar das Singen von shabds in einer den meisten Mitgliedern ausländischen Sprache wird für ihre „geistige" Wirkung proklamiert. Was wir haben, ist eine Bewegung weg von der Modernität und seiner Kompliziertheit und einer Bewegung zur nachdenklichen Spiritualität und seiner begleitenden Einfachheit.

Das Zielen auf ein Publikum: Marketing und Mitgliedschaft

Gurus, nicht wie Film oder Fernsehstars, gefallen einer bestimmte Arten von Zuschauern. Mark Juergensmeyer bemerkt, dass Radhasoami Mitgliedschaft allgemein über Kaste-Linien geht, obwohl bestimmte Kasten besser in einigen satsang Gruppen vertreten werden als andere. Er bemerkte auch, dass Radhasoami ein übernationaler Glaube geworden ist, Mitglieder aus der ganzen Welt anziehend, obwohl meistens deutlich aus Nord und Südamerika.

Die anfängliche Nachfolger von Kirpal Singh kamen aus Aposteln seines Gurus, Sawan Singh, die für eine Vielfalt von Gründen (einschließlich der Abgeneigtheit mit der Beas Verwaltung, der Reiseentfernung, und den persönlichen Neigungen) zu seinem Ministerium angezogen wurden. Zuerst war die Nachfolge von Kirpal Singh ziemlich klein, seitdem er, relativ betrachtet, unbekannt in Delhi war. Jedoch wuchs die Folgschaft von Kirpal Singh kontinuierlich. Wie Juergensmeyer Notiert:

Als Kirpal Singh 1948 nach Delhi kam, war er keineswegs allein. Zu dieser Zeit strömten Hunderttausenden von pandschabischen Flüchtlingen über die Grenze vom kürzlich geschaffenen Pakistan. Kirpal Singh blieb in Delhi einige Zeit mit seinem Sohn, Darshan Singh, und lieferte seinen ersten satsang als ein spiritueller Meister im hektischen Daryaganj Teil der alten Stadt... Bald hatte sein satsang - und Beas - eine gute Zahl der Flüchtlinge angezogen, die in der Nähe lagerten. Eine gute Zahl der anderen

Apostel von Sawan Singh schloss sich seinem satsang ebenso an.. .. [*NOTE: Mark Juergensmeyer, Radhasoamis (Universitätspresse von Princeton, 1991), Seite 172. *]

Und doch Kirpal Singh internationalisierte auch seine Bewegung, indem er periodische Reisen um die Welt nahm, und indem er Vertreter in verschiedenen Ländern ernannte, um neue Sucher in seinem Interesse zu Initiieren. Zusätzlich schrieb er mehrere populäre Bücher auf Englisch über Sant Mat, die einen breiten Leserkreis in 1960er Jahren und 1970er Jahren erhielt. Schließlich kamen ungefähr zehn Prozent der Gefolgschaft von Kirpal Singh aus dem Westen (ungefähr achttausend Eingeweihte). Obwohl die Westler weit durch ihre indischen Gegenteile zahlenmäßig unterlegen waren, hatten sie dennoch einen bedeutenden Einfluss im Management des satsang. Wie Juergensmeyer hinweist:

Als Kirpal Singh nach Amerika 1963 zurückkehrte [seine erste Reise war 1955], die Größe der Mengen nahm mehrere male zu, und als er noch einmal auf seiner Endtour 1972 kam, nahmen die Mengen „durch einen Faktor zehn zu..." Der Prozentsatz von den Spenden ihrer [Westländer] gewonnenen Einnahmen war höher als das [zehn Prozent], und Westländer waren in den Führungskreisen des ashram von Kirpal Singh sichtbar anwesend; sie halfen bei Veröffentlichungsprojekten, Bau Programmen , und die Touren des Meister planend. Einige entwickelten Zweigorganisationen alleine .. .. [*NOTE: Ibd.. Seite 173. *]

Die Internationalisierung von Kirpal Singh ging unter seinen drei Hauptnachfolgern, Darshan Singh, Thakar Singh, und Ajaib Singh weiter.*(Senfzeit: Soami Divjanand – Zeitschrift Visionen gehörte auch dazu. 9.9.2007 WSchorat)* Tatsächlich lebt der Sohn von Darshan Singh und Nachfolger, Rajinder Singh, sowohl in Chicago als auch Delhi, seine Zeit zwischen beiden Zentren und seine beschäftigte Reiseliste teilend, wo er verschiedene Zentren um die Welt, einschließlich Südamerikas, Australiens, und Europapas besucht.

Thakar Singh, obwohl er seine Hauptbasis in Indien hat, reist ständig, jährlich Süd und Nordamerika besuchend . Er hatte auch eine Politik angefangen, wo jeder in den Pfad aufgenommen werden kann, wenn er verspricht, den vorgeschriebenen Gelübden in der Zukunft zu folgen.*(SenfZeit: Ching Hai die ja von Thankar Singh in Sant Mat Initiiert wurde,hatt diese Methode auch,wobei mir gesagt wurde, und ich las, das sie das Gelübte in der spirituellen Welt abgelegt haben sollte: Jedem die Befreiung zu bringen der sich von ihr Initiieren lässt.Da ist nun viel Möglichkeit zwischen „Denken und Nichtdenken" Ho Ho Ho . 9.9.2007 WSchorat)* Das hatte zu einer enormen Zunahme in seiner Kernnachfolge geführt, obwohl es schwierig ist zu wissen, wie langfristig ihre Verpflichtung im Laufe der Zeit sein wird. Anfängliche Berichte schlagen vor, dass viele der Gefolgschaft von Thakar Singh aus „Ein-Mal" Suchern besteht, die nach ungefähr einem Jahr von der Bewegung wegfallen. [*NOTE: Interviews mit Bernadine Chard, ehemalige Haupt- Vertreterin für Thakar Singh in den Vereinigten Staaten (Telefon/ Korrespondenz: 1977 bis 1988). *]

Ajaib Singh's Folgschaft, nicht wie Rajinder Singh oder Thakar Singh, ist größtenteils aus Westlern. Das ist tatsächlich einzigartig, weil, Ajaib Singh in Englisch nicht fließend ist, und dass sein ashram in Rajasthan im Vergleich zu verwandten Zentren von Kirpal Singh relativ primitiv ist. Viel davon ist mit der Tatsache verbunden, dass zwei Westler - Arran Stephens und Russell Perkins - Ajaib Singh weithin bekannt machten, sogar zu indischem satsangis. Ajaib Singh zieht mehr als eintausend Menschen zu seinen jährlichen Besuchen in Sant Bani Ashram in New Hampshire, eine Zahl viel höher als Thakar Singh und ein bisschen höher als Rajinder Singh.

Natürlich muss jeder Guru die Bedürfnisse seinem oder ihrem spezifischen Publikum ansprechen. Das wird mehr noch offenbar, wenn sich Gurus aus ihrer eigenen Rechtsprechung in Länder bewegen, wo ein Ethos von Christen und Juden besteht. Im Fall von Ajaib Singh wird indische Kultur in eine Westumgebung mit wenig Modifizierung umgepflanzt. Indische shabds werden gesungen, indischem Essen wird serviert, indische Kleidung wird getragen, wenn auch das Landen nicht Indien ist, sondern die Vereinigten Staaten und der Zustand nicht Rajasthan, aber New Hampshire. Im sangat von Rajinder Singh in Nordamerika wird indische Kultur also behalten, aber nicht mit derselben generellen Romantik der Gruppe von Ajaib Singh. Rajinder ist auf Englisch fließend, als ein Computeringenieur , und ist mit den amerikanischen Bräuchen vertraut, da er in Chicago seit zwei Jahrzehnten lebt. Thakar Singh hat auch viel indische Kultur in seiner Gruppe, shabds singend, einfachem indischem Essen, indische Musik umfassend spielend. Aber, nicht wie seine Rivalen, hatte Thakar Singh einige Sant Mat Grundsätze verändert, um amerikanische Geschmäcke anzupassen. Zum Beispiel verlangt Thakar Singh nicht einen strengen moralischen Code (sexuelle Beziehungen innerhalb des Zusammenhangs einer gesetzlichen Ehe einschränkend), von seinen Anhängern.

Obwohl die Zahl von Anhängern jeder Gruppe flüssig und schwierig zu fassen ist, (besonders im Licht der Politik von Thakar Singh von Masseneinweihgen), ist die Gruppe von Rajinder Singh bei weitem ist meisten organisiert und diversifizierte. Während der Amtszeit von Darshan Singh hatte Sawan-Kirpal Mission mehr Anhänger als die anderen zwei Camps.

ZUSAMMENFASSUNG:

DIE WURZELN DER HAGIOGRAPHIE

Die Guru-Nachfolge-Geschichte von Radhasoami ist auf verschiedenen Stufen durch die persönliche Feindseligkeit, das politische Gerangel, die doktrinellen Streite gekennzeichnet worden, und wetteifert über Eigentumsrechte; von denen alle unter dem Titelkopf „Meisterschaft Übertragung." passierten. Was sofort offensichtlich in purviewing religiösem successorship wird, ist sein entschieden - religiöser Prozess. Satsangis, und in einem kleineren Ausmaß interessierte Außenseiter, neigen dazu, die Übertragung von Meisterschaft als ein rein spirituellen Prozess zu sehen, derjenige, wo Bereitwilligkeit, hohe Ethik und ähnliches Vortritt hätte. Obwohl diese Dinge dort auch sind, wird ein bedeutender Teil der Radhasoami Folge in der politischen Arena ausgeführt, wo die Hauptinteressen um solche nichtspirituellen Dinge schweben: Wer den ashram besitzen wird, wer den langar führen wird,wer die Reliquien und so weiter behalten wird.

Was der Forscher, besonders ein eingetaucht in der Soziologie von Kenntnissen, zu Radhasoami Folge-Materialien bringt, ist nicht so viel neue und frische Einblicke, aber eher ein Aufdecken der inneren in der Guru-Politik eingebetteten Tätigkeit; etwas das begraben liegt , aber nicht zu tief liegt, der einen materialistischen gegen einen idealistischen Impuls offenbart. Das soll natürlich nicht vorschlagen, dass die Guru Folge in Radhasoami ein rein politischer Krieg über die Macht und den Status ist, aber nur , dass sogar die höchsten von Idealen, manchmal mit Tonfüßen, manchmal nicht, in der täglich Welt des menschlichen und sozialen Verkehrs niedergelegt werden. Es gibt ein klein klein, wenn sie wollen, über Religion, besonders Religionen mit charismatischen Führern, das oftmals beschönigt wird. Tatsächlich, manchmal ist es die wirkliche Nitty-Grittgkeit von spiritueller Verfolgung, die Leute auffordert, wohl durchdachten ideologischen Glanz, wenn nicht völlige Tarnungen zu entwickeln.

Die Gründe für die ideologische Arbeit, wie wir gesehen haben, sind Mehrfach, aber jeder dieser Gründe ist mit einem Mittelpunkt verbunden der nie übersehen werden darf, der, sogar von jenen Beobachtern skeptisch verlassen wird, oder sogar nihilistisch religiöse Versuche : Die Sehnsucht nach dem Heiligen.

Satsangis interessieren sich im Großen und Ganzen für etwas außerhalb dieser weltlichen täglich Existenz, etwas, das Bedeutung und Zweck zu sonst mit Elend gefülltem , und zuweilen absurdist Drama, genannte das Leben. Sie suchen Gott auf die verschiedenen Arten, wie solch ein Nebelbegriff impliziert. Und es ist hier, auf der Suche nach etwas Gutem, oder etwas Ewigem, oder etwas Bedeutungsvollem, dass ideologische Spannungen zur vordersten Reihe gebracht werden. Weil entgegengesetzt, zu was sich der Neubekehrte sehnt - ein Guru und ein Pfad ohne irgendwelches politisches Rangeln - er oder sie entdeckt, dass die neue und erleuchtete Welt von Radhasoami, trotz seiner Hochmoral und einnehmender Meditationstechniken, viele Reste der alten Welt hat, die er/sie zurücklassen möchte.

Die spirituelle Theorie passt mit dem täglich Beispiel nicht immer. Der-Guru kann krank sein, der Guru kann mit Glatze sein, der Guru kann einen schwierigen Schwager haben, der Guru kann launisch sein, der Guru kann an Krebs sterben - und der Apostel war dazu nicht bereit. Warum? Weil der Anhänger auf den-Guru als Gott sah, nicht als ein Mensch. Und es ist die Menschlichkeit des Gurus - oder das praktische Arbeiten aus einem theologischen Grundsatz - der die Frömmigkeit des Gurus verrät. Es gibt in der Summe, ein ideologisches Paradox, wenn nicht - als im Fall von Thakar Singh - ein völliger Widerspruch. Hier steht der Apostel wieder dem gegenüber, was er/sie gedacht hatte, wäre zurückgelassen: Sinns machend aus den Ungereimtheiten der Welt. (*SenfZeit: Ja,das gleiche Dilemma entstand auch in mir, als ich die Ungereimtheiten an Informationen zu der Initiation von Ching Hai mit Thankar Singh entdeckte und eine sehr lange „Zweifelarie" in mir entstand. Zweifel den ich in mir zuvor „Nie" hatte. Da ich kein „Wissenschaftler „ bin oder sein werde. Es ist das menschlich allzu menschliche das sich zeigte, von dem Jesus mal gesagt haben soll" Lass diesen Kelch an mir vorbeiziehen" Außerdem entstanden auch sehr viele Physikalische Dissonanzen in mir durch die Meditation auf den Ton mit den Fingern in den Ohren, ich bekam Ohrenschmerzen, also legte ich das ab,und machte die Meditation, das hören auf den Ton/Klang ohne Fingern in den Ohren. Und auch die Mantrameditation der 5 Wörter (jyot naranjan, onkar, raronkar, sohang, satnam).die alle wunderbar im Internet zu finden sind, zbs: Let Us Reason,,unter Wikipedia englisch ein „Anti-Ching Hai Report) fingen an mir ein unangenehmes Seinsgefühl zu geben und zwar in der Stirne, da wurde ein konstanter Druck aufgebaut, der mir ein uneinheitliches Seinsgefühl gab, eine Art von Fixierter Spaltung auf diese Stelle, wogegen ich zuvor mein ganzes Leben lang, ein wunderbar einheitliches Seinsgefühl hatte.Und ich eine Art von unangenehme Sehweise bekam, eine Sehweise die unter Druck steht, und angespannt ist.Und ein Fließen meiner Seinheit verhinderte blockierte. Bis heute. 9.9.2007 WSchorat)*

   Was eine Person in den Radhasoami-Büchern liest (von denen die meisten unverfroren romantisch sind), über solche hohen Grundsätze als das Vollkommene Wissen des Gurus , die Heiligkeit seines ashram, und, die Erhebung des Geistes zu höheren transzendenten Bereichen, stellt sich bei genauerer Betrachtung als die idealisierungen dar, die nur gelegentlich offenbar sind. Mark Juergensmeyer in seiner Studie von Radhasoami widmet einen Teil seiner Studie den Kapricen der Liebe, hinweisend auf den reifeprozess von langfristigen Anhängern:

Wie in einer Liebesbeziehung, die im Laufe der Zeit reif wird, scheinen die meisten Beziehungen zwischen neuen Anhängern und ihrem Meister einem vertrauten Kurs zu folgen. In der anfänglichen kathartischen Erfahrung der überwältigenden, ganzen Hingabe wird der Anhänger durch Gedanken von seinem oder ihrem neuen Meister umgeben. Nach einer Zeit vielleicht ein Jahr oder zwei, kritisches Urteil kommt zurück und die frische Liebe des Anhängers ist mit Zweifeln betreffs der Gewissheit der Wirklichkeit immer reifer, zu der er oder sie so tief und bedingungslos gebunden war. Auf dieser Bühne können Anhänger Wut und Frustration zum Meister ausdrücken, und Prüfungen für ihn konstruieren... Auf dieser Bühne der ernüchterten Zuneigung werden einige Anhänger entmutigt und suchen nach neuen Meistern. Andere machen Möglichkeit herunter, jemals einen Herrn wieder zu finden. Dennoch entdecken andere ihre Überzeugung von neuem manchmal auf wunderbare Weisen ... [*NOTE: Mark Juergensmeyer, Radhasoamis, op. cit. Seite 90 (Manuskript-Ausgabe). *]

Das Gewürz der Liebe, von der Juergensmeyer spricht, ist mit Intimen Zweifeln oder Enttäuschung verbunden. Liebe wird in diesem Fall verändert, weil der Geliebte den Erwartungen des Geliebten nicht entspricht. Und doch in Radhasoami, besonders unter Anhängern im Westen, waren jene Erwartungen nicht sui generis, aber wurden durch die eigene Literatur des Gurus erzeugt; so, wenn Zweifel und Enttäuschung entstehen, sollte die Schuld auf die Eingangsstufe des Meisters gelegt werden, nicht des Apostel. Der Sockel wurde erhoben, natürlich, aber es war der Guru, der das Erhöhen machte. All dieses, natürlich, führte zur Ernüchterung auf einem Niveau mit der verdünnten Welt von Radhasoami. Zweifellos sind nicht enttäuscht mit demselben Grad (und einige sind überhaupt nie enttäuscht), aber jeder muss sich mit seinem eigenen Zweifeln befassen. Obwohl Juergensmeyer darüber schreibt, wie satsangis die Gruppe verlassen, oder Prüfungen entwickeln, oder Liebe und Glauben von neuem finden , berührt er nicht, die allgemeinste Antwort von Allen : Versöhnung, d. h. einen archetypischen, aber vorläufigen, Image mit seinem mehr weltlichen, aber realistischen, Gegen-Nachdenken. Oder, in einem Ausdruck, ideologischer Elastizität, der funktionellen Tendenz und/oder Fähigkeit, von der theoretischen Dissonanz zurückzuprallen.

Ideologische Elastizität bedeckt ein riesiges Spektrum von Möglichkeiten in Radhasoami, im Intervall von Thakar Singh Anhänger, die Sex und Gewalt als ein Teil der Erwachungsmethode ihres Gurus seit den 1980er Jahren und den 1990er Jahren bis zu Darshan Singh Anhänger, rechtfertigen die Folge ihres Gurus und seines Erben durch einen schriftlichen Willen legitimieren. Und doch in beiden Extremen bleibt die Handlung dasselbe: Auflösung einer wahrgenommenen Diskrepanz, entweder seitens des Gurus und der sangat oder in den ausgedrückten Lehren und Methoden.

Jedoch muss darauf hingewiesen werden, dass überall in der Radhasoami Geschichte es Momente gegeben hatte, wenn ideologische Elastizität nicht funktionierte, wenn eine Krise-Situation die Anstrengungen von bestimmten Personen und Einrichtungen überreitet, um verdorrende Diskrepanzen zu bekämpfen. Wenn das geschieht, und zweifellos geschieht es während jeder Folge-Episode in einem kleineren oder größeren Ausmaß , dann muss das Individuum zwei Sachen machen:Die Verbindung Trennen oder sich auf unvorausgesehene Weisen einzustellen. Im letzten Fall haben wir gesehen, dass die folgenden Beispiele im Dayal Bagh/Soami Bagh Streit, in der Shiv Brat/Faqir Chand Enthüllung, und im Thakar Singh enthüllen'. Was jeder von diesen repräsentiert, ist eine im Wesentlichen neue Anpassung an ideologische Dissonanz. Wie sonst können wir einen streitsüchtigen Gesetzkampf erklären, der seit mehr als fünfzig Jahren läuft? Oder eine radikale Einführung des mystischen Agnostizismus? Oder die Annahme und Legitimation der sexuellen Devianz? Alle von diesen, obwohl deutlich verschieden in ihren ursprünglichen Absichten und Ergebnissen, widerspiegeln ideologische Elastizität. Und, interessanterweise, wurde jede dieser Gruppen noch gern als Radhasoami betrachtet, oder Sant Mat verbundene Bewegungen.

Was wir in der Radhasoami Folge deshalb haben, ist ein politischer Streit mit einer spirituellen Gestalt. Das soll nicht die spirituellen Ziele von Radhasoami auf die bloße politische Redekunst reduzieren, aber darauf hinzuweisen, dass Theologie in einem Vakuum nicht besteht. Es ist eine sehr echte Antwort sowohl zu dieser Welt als auch der folgenden. Aber damit wir nicht zu weit gehen, ist das genau diese Welt, die die Politik der Guru Nachfolge betrifft. Und das ist genau hier, in dem Treffen mit dem göttlichen und profanen, das wir sehen können, welcher Zwang- geografisch, wirtschaftlich, oder kulturell - beiden hilft, den Zusammenhang und Inhalt, von gaddi nasheen Rhetorik zu transformieren.

Was ich entdeckt habe, nach fünfzehn Jahre der Forschung in diesem Gebiet ist die bemerkenswerte Menschlichkeit von allem. Trotz aller Ansprüche auf das Gegenteil - höhere Region-Erreichung, transzendentale Allwissenheit, Gott vorgesehene Bedeutung- der gemeinsame Nenner in der Guru-Politik ist der menschliche Faktor. Welche die Ursache des Streite ist, ist wirklich nicht so Komplex : Eigentumsrechte, sozialer Status, Macht-Spiele, Finanzielle berücksichtigung, doktrinelle Unstimmigkeiten. Von denen keiner bei spirituellen Bewegungen einzigartig ist; tatsächlich, jedes des Vorangehens kommen in Regierungs- oder Geschäftsübergängen vor. Der einzigartige Charakter der Guru-Folge liegt in seiner dauernden Verweisung auf spirituelle Realitäten oder theologische Wahrheiten, um einen besonderen Führer oder Allee des Gedankens zu rechtfertigen oder zu legitimieren. Wir haben das besonders im Folge-Streit gesehen, der sofort nach dem Tod von Kirpal Singh 1974 entstand.

Und doch selbst wenn es Verweisung auf höhere Ebenen des Bewusstseins oder der Wahrheit gibt, soll es in erster Linie diese Wirklichkeit in der mikrowelt gestalten. Von einem Gesichtspunkt eines Außenseiters scheint die Spiritualität von Radhasoami begraben oder vergessen zu werden, wenn die Frage von Eigentumsrechten, oder der Reliquien-Besitz, oder die Ashram-Kontrolle nach dem Tod eines verehrten Führers entstehen. Wenn man vom Bruder von Shiv Dayal Singh, Seth Partap Singh lernt, Leute mit einem Stock zu schlagen, weil sie zu Rai Salig Ram's satsang gingen, oder vom bitteren Gesetzkampfs von Dayal Bagh und Soami Bagh über Anbetungsrechte, oder der physischen Gewalt im Sawan Ashram gegen Ende 1974, oder von Tarn Taran Eigentumskampf, was einem da einfällt, ist nicht transzendentale Leitung von den oberen regionen, sondern unbedeutende menschliche Wechselwirkungen. Es ist dieser genaue nicht-spirituelle Charakter, angefüllt von spirituellen Rechtfertigungen, die die eigenartige Natur der Guru-Politik illustriert, und auch durch jede Folge-Episode offenbart, warum gaddi nasheen Redekunst ein breites Spektrum von ideologischen Möglichkeiten bedeckt. Es ist aus diesem Grund, dass Radhasoami unter seinem Dach, das ungleiche von einem Thakar Singh und einem Faqir Chand haben kann, von denen jeder völlig entgegengesetzte doktrinelle Positionen vertritt. Thakar Singh behauptet, dass er seine Apostel durch das sexuelle und gewaltsame Wechselspiel wunderbar umgestalten kann, und dass er ein bewusstes Instrument der Arbeit Gottes ist. Wohingegen Faqir Chand behauptet dass er absolut nichts über die Gotteswunder weiß, die ihm zugeschrieben werden, und dass er hilflos ist, um das Los jeder besonderen Person zu ändern.

Ideologische Arbeit geht unaufhörlich in der Regierung und dem Geschäft weiter, aber der Unterschied hier im Vergleich mit der Religion ist, dass im ersteren die allgemeine Bevölkerung der dunklen Seite der politischen Arena relativ bewusst ist, wohingegen in der religiösen Folge das Publikum allgemein das Gerangel nicht kennt, das vorkommt. [*NOTE: Um Eine populäre Unterstützung für diesen Anspruch zu geben, sind alle, öffentlichen Untersuchungen von der Meinung des Publikums von Politikern im Allgemeinen und von Rechtsanwälten insbesondere nachzulesen. Die Zahl von Witzen in Umlauf gesetzt über sie, besonders sich auf ihre zweifelhaften Motivationen konzentrierend, ist enorm. Zweifellos erhalten religiöse Führer auch ihre Hauptlast von Beleidigungen, aber tut selten hört man Streuungen über die spirituelle Folge besonders von geschätzter Figuren. *]

Achten Sie auf die Gründer der großen Religionen, und Sie werden sehr wenig finden, falls überhaupt, Information über mögliche Folge-Streite. Das ist, nicht weil es nicht vorgekommen ist, aber dass solche Information schnell - manchmal schnell, manchmal etappenweise - nach seiner umstrittenen Natur in eine starke Geschichte unveränderlich umgestaltet wird, die das Ministerium des fraglichen Gründers stützt. Das Ministerium von Jesus Christus ist ein klassischer typischer Fall. Wir wissen dass von Evangelium Berichten, er seine Mission nach dem Empfang der Taufe von John der Baptist aufnimmt, und dass er sich irgendwie verband (die Information über, die Verbindung ist besten kärglich), mit dem radikalen Prediger in der Wüste. Was wir nicht lernen - mindestens von den offiziell sanktionierten Texten genehmigt durch die Orthodoxie - ist, dass mehrere Apostel von John der Baptist glaubte, dass Jesus nicht der rechtmäßige Erbe ihres Meister- war. In der Summe, ein aufrichtiger Folge-Streit. Aber wie viel Christen haben jemals sogar heute an eine Verbindung des Baptisten/Christus als eine Folge-Episode gedacht haben? Oder als ein Folge-Streit?

In Radhasoami, wie wir bemerkt haben, kommt dasselbe mit Shiv Dayal Singh vor. Einhundert plus Jahre nach seiner Abfahrt, wird sehr wenig darüber erwähnt, wie er seinen sangat anfing. Wurde er ein Guru über Nacht? War er ein rechtmäßiger Erbe von Tulsi Sahib von Hathras? Schlüsselfragen, um sicher zu sein, aber keine klaren historischen Antworten. Das-Problem hier besteht natürlich darin, dass ergebene Anhänger die Ursprünge ihrer besonderen Bewegungen nicht kritisch analysieren wollen; sie wollen es besonders nicht auf die demaskierende Art durch die Soziologie von Kenntnissen analysieren. Warum? Weil, verschieden von Regierungen und Geschäften, Religion ist durch die Tendenz zum transmundane geschützt und so zur derben erdlichen kritischen Inspektion immunisiert . Karl Marx begriff das, und so haben die unabhängigen Denker von Sokrates bis Luther zu Wilber. Und doch die sozialen Wurzeln einer Religion zu bestimmen, macht seinen Wahrheitsanspruch nicht notwendigerweise ungültig. Oder, genauer verbunden mit unserer These, um die Sozial- politische Faktoren anzuerkennen, die einem Ministerium eines Radhasoami Gurus unterliegen, das nicht durch die Verlängerung die Echtheit seines/ ihres Unternehmens annulliert. Eher erlaubt es uns, mehr völlig den Zusammenhang zu verstehen, aus dem solche Führer funktionieren, und warum sie sich und ihre Wahlkreise in solch und solche Wege legitimieren. Das Demaskieren in und an sich selbst kann nicht Religion und seine Wahrheiten zu bloßem wirtschaftlichem oder geografischem Epiphänomena völlig reduzieren, es sei denn, dass jene Wahrheiten, wenn völlig offenbart, nichts anderes als politische Legitimationen sind. Mit anderen Worten Soziologie deflationiert Wahrheit nicht; es deflationiert nur die Redekunst . *(Senfzeit: Also mehr „SCHEIN" als „SEIN". Ergo : Geldschein ! ? HoHooHooo 10.9.2007 WSchorat Aber ? Hier stellt sich nun die Frage : Wer kontrolliert den Geldschein und will das die Menschheit weiterhin den Geldschein anbetet und alle Tätigkeiten nur in Bezug zum Geldschein Tätigkeiten werden lassen will. Wer will das Geld weiterhin die GigabyteVerblödung sämtlicher Humankreativität vom Geldsatan oder Soziologisch Rhetorisiert : Von den Geldmanagern den Menschen die damals in ihrer Raubmenschignoranz das Geldsystem einführten und somit Haben und Nichthaben als Spaltpilz und als Atompilz einführten.Also wiedermal durch Teilung herrschen. Somit sind alle Befürworter des Geldsystems Vasallen der Spaltung und damit der Lüge des Betrugsund der Kriminalität und der Unwahrheit aber auch der Tötung der Tötung der Freiheit des Menschen an das Goldene Kalb oder schlimmer noch an Menschheitsverblödung und Volksverhetzung durch die Etablierte Macht und Geldseuche in dieser und auf dieser Erde egal welcher Nationalitäten Farben und Kontinente)*

Spezifisch, was wir in der Radhasoami Folge entdeckt haben, sind die folgenden Eigenschaften: 1) die Majoritätsgurus, diejenigen, die den Hauptteil des vorhergehenden Master im Anschluss einsammeln, neigen dazu, ihre Ansprüche durch Außenbeweise zu legitimieren, wohingegen Minderheitsgurus, diejenigen, die aus beliebigen Gründen, einen kleineren Teil des vorhandenen sangat anziehen, dazu neigen, ihre Ministerien durch innere Kriterien zu legitimieren, indem sie auch die Vereinbarung kritisieren, durch die ein populärerer konkurrierender Nachfolger seine Position annahm. Diese Zweiteilung war in der Folge von Sawan Singh sehr ausgeprägt, wo Jagat Singh (und später Charan Singh) die Majoritätsposition annahm, die Folge durch äußere Beweise wie ein eingetragener Wille betonend, und wo Kirpal Singh, die Minderheitsposition vertretend, für seine Gesetzmäßigkeit durch solche inneren Kriterien als „Übertragung durch die Augen" und die Meditationserfahrungen seiner Apostel argumentierte. 2) Ideologische Arbeit ist in historischen Episoden mehr offenbar, wo es eine

Folge-Krise gegeben hatte. Das war im Tod von Rai Salig Ram offenbar, wo keiner in Agra während der Lebenszeit des Gurus ordnungsgemäß ernannt wurde, so zum theologischen Grundsatz der Übergangsregierung führend. Das war auch im Tod von Kirpal Singh offensichtlich, wo Darshan Singh dem Zeugnis seines eigenen Vaters bezüglich Willen und Familienverbindungen widersprach, so den Weg für eine vanshavali Abstammung einsetzend. 3) spielt Vorherige Folge-Geschichte eine instrumentale Rolle im Formen - entweder pro oder betrügerisch – für die rhetorischen von Möchtegernnachfolgern verwendeten Strategien. Wir haben das besonders in der ideologischen Arbeit von Ajaib Singh, und kürzlich mit der Glätte der Annahme von Rajinder Singh's Meisterschaft Mitte 1989 gesehen. 4) spielen Wirtschaftsfaktoren, obwohl heruntergespielt, durch die Gruppen selbst, wirklich eine bedeutende Rolle in Folge-Streiten. Das ist vielleicht im langjährigen Kampf zwischen Dayal Bagh und Soami Bagh am meisten sichtbar. Das ist auch in der Abweisung von Ajaib Singh und seiner Beas Einweihung offensichtlich. In beiden Fällen gab es Fragen über das Eigentum und wer die gesetzlichen Rechte hatte, das fragliche Land zu behalten. Der Tarn Taran satsang ertrug insbesondere einen harten Folge-Streit nach dem Tod seines zweiten Führers, Deva Singh, über das Problem der Eigentumskontrolle. Schließlich musste Sadhu Singh, der erste anerkannte Nachfolger von Deva Singh, Tarn Taran wegen des Gerangels durch Komitee-Mitglieder über seine Ernennung verlassen, den Weg für Partap Singh (und später sein Sohn) klärend, um Kontrolle des Radha Swami Vereinigung ashram zu nehmen. Und 5) sind Blutabstammungen üblicher, als man in Radhasoami ursprünglich verdächtigen könnte. In fast jedem satsang hatte es mindestens einen Nachfolger gegeben, der eine Beziehung mit dem vorherigen Guru hatte. Es geschah mit den Nachfolgern von Shiv Dayal Singh (seine Frau und sein jüngerer Bruder der als Guru diente); Rai Salig Ram's Nachfolger (folgte sein Sohn Ajudhia Prasad ihm in Peepal Mandi nach); die Nachfolger von Sawan Singh (folgte sein Enkel Charan Singh ihm schließlich, und später seinem Urenkel, Gurinder Singh nach); und die Nachfolger von Kirpal Singh (dessen Sohn und Enkel sein Ministerium in Delhi fortsetzten). All diese Personen wurden wegen ihrer Familienbeziehungen, und nicht notwendigerweise ihrer spirituellen Befähigung gewählt, scheint offensichtlich für Außenseiter; doch, sogar diejenigen innerhalb der Mitgliedschaft haben periodisch den Verdacht über den Nepotismus in mehreren Radhasoami Cliquen gehabt. **(Senfzeit: Das ist mir sehr bewusst geworden als ich unterschiedliche Bücher von unterschiedlichen „Gurus „ las insbesondere Rajinder Singh wo ich sehen konnte„der hat ein an der „Birne"der hat keine wahrhaftige spirituelle Erfahrung, nichtmal seiner selbst, das ist „Geschäft". 10.9.2007 WSchorat)**

Alle fünf dieser Faktoren zeigen natürlich, dass die Guru-Folge in Radhasoami von sozialpolitischen Kräften - ziemlich abhängig ist, Kräfte die mehr mit gewöhnlichen, täglich Volkswirtschaft und persönliche Macht-Spiele zu tun haben, als mit erhöhten, transzendentalen Eingreifen. Das das einem Soziologen offensichtlich ist , ist eine Sache; dass das Mitgliedern innerhalb von religiösen Gemeinschaften wie Radhasoami nicht offensichtlich ist, ist enthüllend. Der Tausende von satsangis mit denen ich im Laufe der letzten ungefähr fünfzehn Jahre gesprochen habe, sehr wenige (weniger als zehn) sind der Politik scharf bewusst gewesen, die Radhasoami Folge umgibt. Obwohl sie von einem Streit zwischen Möchtegernkandidaten gehört haben können (entlang den Linien eines Kirpal Singhs gegen einen Charan Singh oder einen Soami Bagh gegen einen Dayal Bagh), entlassen sie es gewöhnlich unter dem theologischen Vorwand, dass Kal, die Negativer Kraft, Verwüstung mit wahren Meistern spielt. Selten ist das Problem des Eigentums, oder des Geldes, oder dem Status, oder Kaste, oder Nepotismus als die Hauptkraft hinter solchen Streiten zu sehen. Das kann wohl sein, dass in der seltenen Welt der Mystik unbedeutende Politik oftmals in ultimacies, wo gewöhnliche Probleme des richtigen und falschen Spieles selbst in einer kosmischen Arena von Sat und Kal ausgedrückt wird. Der wahre Guru sorgt sich wirklich über das Steuern des ashram, aber über den Schutz der Reinheit des Pfads von der Bestechung nicht. Oder der wahre Guru ist mit Geld, per se, sondern über das Verwenden beschäftigt. Oder der Grund warum der Guru eine Zivilrechtssache machte, sollte zukünftige Apostel schützen, die irregeführt werden könnten, nicht seine eigenen Familieninteressen .

Eine gute Illustration dessen, wie ein Folge-Zank, mit dem ganzen begleitenden innerbetrieblichen Klatsch und zurück Messerstecherei, von einem einfachen politischen Streit in einen spirituellen abrückt, kann im Sant Mat-Text des Klassikers , Anurag Sagar, angeblich authored vom berühmtesten mittelalterlichen Sant, Kabir gesehen werden. Hier finden wir in der fantastischen Prosa und Dichtung den großen Kampf zwischen Sat Purush (Wahrer Herr) und Kal (Zeit) über die Notlage der menschlichen Seele. Das Buch liest sich wie ein großes Epos über die äußerste Bedeutung des Weltalls und des Zwecks Gottes für die menschliche Existenz. Jedoch, auf der näheren Inspektion, erfährt man, dass die Arbeit einen spezifischen historischen Zusammenhang und eine politische Tagesordnung hatte, der hilft zu erklären, warum es an erster Stelle geschrieben wurde. In einem wichtigen Artikel, „Das Radhasoami Wiederaufleben der Tradition von Sant," erklärt Mark Juergensmeyer politischen Impuls hinter dem Schreiben des Anurag Sagar:

Obwohl des unsicheren Ursprungs der Anurag Sagar („Meer der Liebe") gibt vor, hauptsächlich ein Dialog zwischen Kabir und einem seiner besten bekannten Apostel, Dharamdas zu sein, der, wie man sagt, den Chhattisgarh Zweig des Kabir-panth gegen Ende des sechzehnten Jahrhunderts gegründet hatte. Es ist zweifelhaft, dass der Anurag Sagar von Dharamdas oder von irgendjemandem seiner Zeit wirklich geschrieben wurde - scheint die Sprache des Textes besten einer Gegebenheit des achtzehnten Jahrhunderts zu sein - aber den Gebrauch seines Namens vorzuschlagen, und andere mit ihm vereinigte Namen würden anzeigen, dass der wirkliche Schriftsteller eine Vereinigung mit einem Zweig des Kabir-panth hatte. Tatsächlich offenbaren die Diskussionen im Text einen Streit über die Folge der sechsten Generation zur Führung des Dharamdasi Zweigs, und einer Enumeration von konkurrierenden panths, die Kabir verehren, aber die der Autor des Anurag Sagar als ungesetzliche betrachtet ... [*NOTE: Mark Juergensmeyer, „Das Radhasoami Wiederaufleben der Tradition von Sant," Die Sants, op. cit. Seite 352. *]

Was wir hier, fein angezogen in transzendenten spirituellen Begriffen haben, ist ein politisch empfindlicher Folge-Streit. Ein Oberflächenlesen des Buches offenbart jedoch nicht einen innerbetrieblichen Zank unter den Rivalen Kabir-panthis, aber eher eine Abhandlung über wahre und falsche Meister im Allgemeinen . Und es ist auf diesem Niveau, dass das Buch gewöhnlich gelesen wird. Aber im Licht der Soziologie von Kenntnissen, und besonders im Licht unserer Methode, zu demaskieren, finden wir, dass der Anurag Sagar soviel ein spirituelles Buch ist, wie es ein politisches polemisches ist. Tatsächlich ist es ein Argument gegen konkurrierende Nachfolger, die damals etwas Erfolg hatten schwankenden Leuten weg vom Camp des Autors zu bringen, oder es würde keine Notwendigkeit gegeben haben, ausführlich über das Thema zu schreiben. Was wir hier natürlich haben, ist politische Inflation, d. h. die Erhebung eines Folge-Streits von seinem irdischen Liegeplatz in einen theologischen Kampf über Sat und Kal, entlang dem Weg die entschieden weltlichen Ursprünge des problematischen Problemes zu umgehen. Was bleibt, ist Theologie ohne sozialen Zusammenhang (obwohl es genau , der sozialer Zusammenhang war, der solche Theologie informierte), und eine universale spirituelle Nachricht ohne persönliche Verweisungen. Obwohl die Politik und die Hauptcharaktere noch in Anurag Sagar offensichtlich sind, bleiben sie sekundär zum Thema des Berichts. Das ist genau diese Kunst der Nebeneinanderstellung, die religiösen Anhängern im Allgemeinen, und Radhasoami satsangis erlaubt insbesondere die sozialpolitische Basis ihrer jeweiligen Bewegungen zu überblicken; das ist auch der Grund, dass Theologie als etwas Verschiedenes von der sozialen Wechselwirkung gesehen wird.

Was ich versucht habe, in diesem Buch jedoch zu illustrieren, ist, dass Folge-Redekunst seine Wurzeln

Fest im geografischen politischen Sozialboden seiner Zeit einimpfen ließ. Diese Theologie denkt häufig, wenn nicht Masken aufbauend, zu Grunde liegende soziale Spannungen nach, die durch Verweisungen auf spirituelle Spannungen beschönigt werden. Und, schließlich, dass die Politik der Guru-Übertragung Strategien der Legitimation folgt, die inneres oder äußerliches Kriterium abhängig von sozialem Status des Gurus betonen.

Die Bedeutung dieser Studie, so weit dass es außerhalb seines beschränkten Fachwerks der Radhasoami Politik angewandt werden kann, ist, dass es stark vorschlägt, dass religiöse Folge im Allgemeinen Verhersagbaren-Mustern folgen kann, die durch abgesicherte soziale Faktoren geregelt werden. Hervorragend unter diesen Faktoren ist, dass Minderheiten religiöse Führer dazu neigen, ihre Ministerien zu legitimieren, indem sie sich auf innere Kriterien beziehen, wohingegen Mehrheit religiöse Führer dazu neigt, Außenkriterien anzurufen. Obwohl solch eine Beobachtung offensichtlich und vereinfacht scheint, bestehen die Macht oder das Dienstprogramm dieser Scharfsinnigkeit darin, dass Religion oftmals als irgendwie verschieden von der sozialen Arena gesehen wird. Das ist unter religiösen Anhängern besonders wahr, die - aus beliebigen Gründen - geistige Redekunst im Licht seines sozialpolitischen Zusammenhangs nicht analysieren.

Außerdem im Licht von Radhasoami-Studien scheint es schnell sicher, dass Folge-Streite viel üblicher und sowohl in alten als auch in neuen religiösen Bewegungen wohl durchdacht sind, als Eingeweihte annehmen könnten. Außerdem, je nähere man eine Folge-Krise studiert um so komplizierter, wird es. Anstatt den Anschein der „offiziellen" Ansicht von der Folge-Geschichte zu akzeptieren, unveränderlich von jeder Splittergruppe in ihrer eigenen Bevorzugung zu akzeptieren, wenn man sich tiefer ins Thema vertieft, tritt der theologische Glanz zurück, einen komplizierten persönlichen und sozialen Kampf um solche weltlichen Dinge als offenbarend: Eigentumsrechte, Bankkonten, und vergrößerter politischer Schlag.

Zukünftige Forschung über die soziologischen Aspekte der Folge, würde ich streiten, sollte sich auf die Mikroprozesse eingeschlossen daran konzentrieren, wie Möchtegernnachfolger ihre jeweiligen Kandidaturen legitimieren. Obwohl ich das Problem von rhetorischen Strategien berührt habe, würde es fruchtbar sein, eingehend zu erforschen, wie sich Hagiographie im Laufe sehr kurzer Zeitspannen entwickelt und zu sehen, wie Änderungen in verschiedenen Geschichten durchgeführt und akzeptiert werden. Im Tod von Darshan Singh, zum Beispiel, wissen wir, dass innerhalb von Tagesgeschichten über die offenbaren Vorkenntnisse von Darshan Singh drohenden Todes in Umlauf gesetzt wurde. Was schwierig war, jedoch festzustellen, war wie diese Geschichten entwickelt und in Stunden umgestellt wurden. Zukünftige Forschung, ich schlage vor, sollte sich auf eingeschlossene Minute der Mikroprozesse vor der Minute tagtäglich in der der Transformation der allgemeinen Sprache in die stilisierte politische und theologische Redekunst konzentrieren. Dann werden wir im Stande sein zu sehen, wie Soziologie und Theologie verbinden.

DER-GURU-HAT KEINEN TURBAN

WARUM SHABD YOGA-MEISTER NICHT VOLLKOMMEN SIND

THESE:

Es scheint offensichtlich, dass unsere Gurus, Hellseher, und Weise viel mehr Mensch sind, als wir glauben möchten. Und doch trotz aller Indikativwegweiser, welche klar die Zerbrechlichkeit unserer geliebten religiösen Figuren demonstrieren, verharren wir auf dem Aufblasen von ihnen zu ganz unvernünftigen Höhen des Ruhms.

Einer der berühmteren, wenn unpassend, honorifics, den wir unseren gewählten Gurus gewährt haben, ist der Begriff „Perfekter Meister." Es kann eine Sache sein, einen Lehrer einen Meister zu nennen (er oder sie kann mehr wissen als wir in einem bestimmten Thema), aber es ist ein ganz anderer, solch eine Meisterei „Perfekt" zu nennen. Das erste und lästigste Problem ist eine der Definition: Was meinen wir eigentlich mit „Perfekt" wirklich? Mein Sinn ist, dass wir im Wesentlichen das ehrende missverstehen und wir die Implikationen eingeschlossen, nicht völlig verstehen, indem wir solche Begriffe auf lebende Menschen anwenden. Mein-Argument ist ein sehr einfaches: Der-Guru ist NICHT perfekt, mindestens nicht in der Art, wie wir annehmen können. Aber ungeachtet der Tatsache dass wir die Beschränkungen und Fehlbarkeit unserer Gurus leicht demonstrieren können, halten wir irgendwie am naiven Konzept fest, dass ein Guru ein allwissend und allmächtiges Wesen sein kann. *(Senfzeit: Hier kann das Manko dieses Profs wunderbar gesehen werden. Das größte ist das er keine Selbsterkenntnis hat, denn sonst könnte er gar nicht mehr so argumentieren und denken.Das andere Manko ist das er bis jetzt noch nicht alle Möglichkeiten des Denkens ausgeschöpft hat und nicht erkannt hat das alles immer „Perfekt" ist. Das ist das Manko des „Nebelbewusstseins von Menschen die keine Selbsterkenntnis haben oder zumindest erkannt haben das egal was ist, alles genau richtig ist also Perfekt. Der David Christopher Lane denkt und argumentiert und schaut also aus der TotalMaterialistenPerspektive, um mal ein Begriff dafür zu verwenden. Ein weiteres Manko von David ist folgendes: Wir ! Wie viele „ichs" denken und beurteilen denn da nun ? Das schreibe ich bewusst Ironisch um zu zeigen, wenn noch in „Wirform" gedacht und geschrieben wird, und nicht in „Ichform"dann ist er sehr weit von der Klarheit entfernt. Nur konsequente Ichheit kann auch Selbsterkenntnis erlangen und damit erkennen das alles so wie es ist perfekt ist. Bei David kommt einwandfrei das „Soziologensyndrom" durch, minderwertige Einsichtsfähigkeit, die aber auch perfekt ist.HoHooHooo Ach ja, wer nicht konsequent in ICH denkt, der will keine wahre Verantwortung für seine Taten übernehmen und vieles auf Andere und Gruppen und Vorgänge abschieben. 11.9.2007 WSchorat)*

Im Schreiben dieser Reihe hatte ich zwei Optionen: 1),in einem dritten Person-Bericht zu schreiben und eine etwas distanzierte Stimme zu behalten, die auf innewohnende Fehler hinweist, machen wir, indem wir sagen, dass der Guru Gott ist; oder 2) einen ersten Person-Bericht mehr oder weniger schreibend, im dem ich meine eigene spirituelle Tradition als Aufgabe nehme, indem ich bestimmte empirische Beispiele dessen zitiere, wie der Guru NICHT allwissend oder allmächtig ist. Ich habe den letzten Kurs gewählt, völlig wissend, dass ich dabei viele Menschen besonders meine Freunde und vielleicht sogar Mich selbst verletzen werde. Aber lassen Sie mich direkt am Anfang sagen, dass ich nicht Antiguru oder Antishabd Yoga bin. Eher liebe meinen eigenen Guru und meinen eigenen Pfad, aber ich habe nun begriffen, dass es zu viel Übertreibung und zu viel ideologische Arbeit gibt, die weitergeht, wenn es zu"Perfekter" Meistern kommt. Kurz gesagt, wenn ich die Mundart benutzen kann, ist dieses Thema von „ Perfekten" Gurus angefüllt von B.S. **,(B.S.ist Bull Shit also Bullenscheiße WSchorat)** so dass das klare Denken zu dem Thema zu kultischer Dummheit geworden ist. *(SenfZeit: Ja das ist das Manko von Entscheidungen da sie sofort egal wie polarisieren und damit spalten. Deswegen ist die Liebe so wichtig, bis man zumindest die Selbsterkenntnis erlangt hat, weil man da zur Glückseligkeit kommt die sogar Liebe übersteigt und die Einheit erkennen kann und damit das perfekte. Aber Wiedersprüche sind kein Manko oder falsch,sie sind bloß Wiedersprüche. Da es hier ja bloß um das menschlich allzu menschliche geht. Aber ich bin zur gleichen Zeit Alles und das ist jeder andere auch. Oder einen anderen Begriff benutzend : Mehrschichtig. 11.9.2007 WSchorat Ach ja, wenn Gurus Meister in menschlicher Form „Allmächtig wären, dann sehe ja diese Globalhumanität ganz anders aus.Der*

Guru Meister Buddha Jesus Laotse Mohammed und die anderen, die sind gekommen oder haben das verwirklicht, zuerst für sich selber, und dann diejenigen die sich ihnen anschlossen,auch den Weg zur Buddhaschaft Jesusschaft Laotseschaft zu ebnen, aber nur so lange wie sie im menschlichen Körper sind. Also Menschen direkt von ihnen Initiiert wurden. Jeder Meister ob Werkzeugmeister oder Meditationsmeister ist immer nur für eine Gruppe verantwortlich und zwar jene die interesse an diese Form der Meisterschaft haben. Ein GigaMegaGigaMeister ist bis jetzt noch nicht auf der Erde erschienen der auch Rucky Zucky mal eben die Klimaeränderung oder das Spaltpilzgeldgeilkartell transformiert. Oder !?)

Ich denke, dass uns viel besser gedient wird, indem wir die Menschlichkeit unserer „Perfekten" Gurus kritisch akzeptieren als im intellektuellen Quälen unserer selbst mit der geistigen Gymnastik, wie: „nein, mein Guru gähnt nicht, weil er müde ist [Gott kann nicht gähnen] , aber weil er das Karma der Apostel verschlingt [ja das wurde mir in Indien von einem ernsthaften Anhänger erzählt, der im Erzählen nicht zwinkerte.] Lass uns anfangen mit der ersten Art der Dummheit: Der-Meister hat einen „perfekten" Körper.

DER KÖRPER

1. Obwohl eine große Zahl von Anhängern in Shabd Yoga-Traditionen die physischen Beschränkungen ihrer jeweiligen Gurus akzeptieren , gibt es noch eine bedeutende Eventualität die implizit (und, zuweilen, explizit) behaupten, dass der Guru tatsächlich einen „vollkommenen" Körper hat (was immer das bedeuten möge?). Ich rufe noch zärtlich ein Treffen mit einem jungen Mann zurück, der wirklich verärgert wurde und seinen spirituellen Pfad nach dem Herausfinden verließ, dass sein Guru eine Glatze hatte. Er sagte mir, dass ein wahrer Guru eine Glatze nicht haben kann, und als er seinen Guru ohne seinen Turban sah, wurde er erschüttert.... Kein Haar! Als ich versuchte, mit ihm eine Gegenbehauptung zu formulieren, dass der Körper des Gurus einfach so ist, ... ein Körper wie deiner oder meiner, er es nicht kaufte. Tatsächlich ging er weiter: „Ja nicht nur ist mein Guru kahl, aber er trägt auch Brille. Wie kann Gott Brille tragen?"

2. Es geschieht so, dass viele Gurus mittleren Alters eine volle Taille haben. Sie haben, was mein Vater hatte: ein wachsender Beutel! Aber, verschieden von meinem Vater, der wusste, war sein zunehmender Umfang wegen der Nachtsexcessen von Eis und Süßigkeiten-und SchokoBars, bestimmte Apostel finden, dass der Guru aus einem spirituellen Grund fett ist. Siehst du, es ist gerade nicht koscher zu sagen, „Ja mein Guru wird fett; er isst gern und macht nicht viel sportliche Übungen" (eine ziemlich solide Erklärung). Eher behaupten einige, dass es einen „höheren" Grund oder Bedeutung gebe. Diese erstrecken sich von: „oh, er hat seine Kundalini erweckte und deshalb ist sein Magen wie ein Topf gestaltet; wenn der Shaktipat entsteht, tritt der Magen hervor." „Mein-Guru ist nicht fett! Er isst das Apostel-Karma wörtlich in seinem eigenen Magen." „Der Gott-Mann ist nicht fett. Er ist voll von Leben im Sonnengeflecht ." *(Senfzeit: Das meine ich auch mit menschlich allzu menschlich die Freiheit der Fantasiewelt. Olee olleee Oleeee WSchorat 11.9.2007)*

3. Ich habe mehrere Gurus getroffen (dessen Apostel behaupten, dass sie Gott im Fleisch sind), die physisch krank oder krank gewesen sind. Ich erinnere mich, mit Agam Prasad Mathur ein seinem Haus in Peepal Mandi, Agra, Indien zu treffen, und bemerkte, dass er sich nicht wohl fühlte. Jetzt, von meiner Perspektive sah es aus, dass Agam unter einer schlimmen Erkältung oder Grippe litt. Ich bedauerte ihn, da seine Gesundheit nicht auf der Höhe war. Und doch sagten seine Apostel nicht"Ja, Guru hat eine schlimme Erkältung." Eher gab es alle Sorten von dramatischen Erklärungen, die um das Karma

kreisen. „Du siehst Dave, der Meister übernimmt das Karma seiner Apostel, und er zahlt ihre Schuld in seinem eigenen Körper wörtlich ab. Er ist so mitleidsvoll. Der Meister selbst leidet natürlich nie. Er genießt immer die innere Gottesseligkeit." Also, es ist ein netter Weg, das offensichtliche Leiden von Agam „wegzuerklären", aber solche metaphysische Trapez-Arbeit, scheint mir eine langatmige Weise, das offensichtliche zu vermeiden: Der-Guru ist krank! Es ist Zustimmung, das die meisten von uns von Zeit zu Zeit krank werden, aber wir brauchen nicht glaubwürdige Theorien dafür aufzusuchen, warum wir krank sind. Tatsächlich, wenn der Körper des Gurus einfach die Manifestation ist, „Karma zu Essen", wenn er dann gesund ist, ist das nicht verschieden als er krank war. Und doch ist es genau, wenn er krank ist, dass die Apostel eine wohl durchdachte Erklärung dafür rausfahren, warum er in solch einem Zustand ist.

In der Soziologie des Wissen gibt es einen netten Ausdruck für diese Kunst der Darstellung: „Ideologische Arbeit" - der Versuch, eine Diskrepanz zwischen Theorie und Praxis zu versöhnen. D. h. was tut Sie, wenn Ihre Theologie ein bestimmtes Ideal fordert und das wirkliche Beispiel davon kann ihm nicht entsprechen? Einer wird dann durch den verdorrenden Bruch gezwungen, sich mit der ideologischen Arbeit zu beschäftigen. Je größer die Lücke zwischen dem Ideal und dem Beispiel und mehr mentalistische Beinarbeit, ist gefordert. Zum Beispiel, wenn Sie in einer spirituellen Tradition aufgewachsen sind, wo der Guru als bloß sterblich gesehen wird, es nicht viel Schwierigkeit gibt, wenn er oder sie eine Kälte/Grippe bekommt. Er ist gerade krank. Kein Bedürfnis ausführlich zu übertreiben. Aber in Traditionen, wo der Guru zum Allmächtigen Status erhoben wird, kann es potenzielle Schwierigkeiten geben, wenn der Guru Zeichen der physischen Schwäche zeigt.

Ich erinnere mich zu bemerken, dass ein geschätzter Guru in Indien regelmäßig krank nach dem Leiten von Masseneinweihungen zu werden schien. Das „inoffizielle" Summen um den Ashram war, dass der Guru das Karma der neuen Eingeweihten „nahm". Natürlich hatte ich eine verschiedenen Ahnung der Situation. Ich bemerkte, dass Tausende von Leuten ihm wirklich sehr nahe in der Nähe während dieser Zeit kamen, und, einige von ihnen Erkältungen oder andere ansteckende Beschwerden hatten. Ich dachte zu mir selbst, dass das der zu Grunde liegende Grund zur Krankheit des Gurus war, da ich sogar anfälliger für das Bekommen der Erkältung war und ähnlichem , nachdem ich mit großen Gruppen von Leuten zusammen war (besonders wenn ich mit Universitätsstudenten in Konferenzen zusammen war). *(SenfZeit: Der SozioProf hier in seiner Beschreibung ist wirklich im Tiefschlaf des Gelehrtentums von Ignoranz und Unweisheit und Unwahrheit gefangen und vermittel das hier seinen Lesern als Soziologisches Gelaber und Gelabbbber, nicht erkennend,das auch das übertragen von Erkältungen Karma ist. Und was er nun wirklich in seinem Tiefschlaf nicht drauf hat zu wissen, das wenn man den Bewussten Akt einer Einweihung macht, tatsächlich Karma übernommen wird,wenn ich dazu bereit bin, und Sat Gurus können nur Sat Gurus sein, wenn sie dazu bereit sind die Lasten auf sich zu nehmen. Es gibt Gurus die in ihrer Entwicklung nicht so weit gekommen sind, und die verzichten Lächelnd und mit Freude während ihrer Initiationen bewusst erwähnend das sie das Karma der Initiierten nicht übernehmen „Können" weil ihr „Schwingungsbereich" dafür nicht hoch genug ist. Das zu erkennen ist nun wirklich einfache Physik. Mein Gott David Christopher Lane sooo viel Professorheit und sooo wenig Einsicht in Natürliche Abläufe. 12.9.2007 WSchorat)*Dann gibt es jene „peinlichen" Dinge, die Gurus machen, wie ihre Nase popeln . In Indien besonders im Punjab, habe ich viele Gurus gesehen, die in ihrer Nase popeln (und ich meine wirklich „Popeln"!). Warum? Das ist staubig. Jetzt ist , wo ich annehmen würde, dass einige „karmischen Erleichterung" Theorie herausgebracht werden. „nein der Guru popelt den Schmutz unserer Seele weg und seine Nase ist einfach das Symbol davon." Jedoch habe ichbis jetzt noch keine karmische Erklärung für die Nase popeln gehört. Vielleicht ist das zu offensichtlich oder zu persönlich oder zu funky. Aber ich höre karmische Theorien für die Erkältungen für das Gähnen für Rückenschwierigkeiten usw. Mein Sinn ist, dass einige Dinge zu leibhaftig offensichtlich sind, jede ideologische Arbeit zu fordern. „Nein, der Guru pisst nicht für sich selber. Er pisst unsere Sünden einfach die Toilette runter."

4. Lass uns darüber reden , wie Gurus Essen. Ich habe eine liebende Erinnerung meines eigenen Gurus, der eine besonders süße indische als ein Jellebi bekannte Feinheit isst (meine Rechtschreibung hier ist sicher, falsch). Er schien es echt zu genießen. Ich mag Jellebis selbst besonders, wenn sie frisch und heiß sind, so hatte ich keine Schwierigkeiten, „zu verstehen", warum er den Nachtisch genoss ... sie sind gut!

Aber als ich später über die Essgewohnheiten meines Gurus sprach, fiel ein Apostel ein und sagte, „Nein, der Guru schmeckt das Essen sogar nicht; er erlaubt seinem Bewusstsein nicht, unter Trikuti (die zweite innere Region in der Kosmologie von Neo-Santism) hinunterzusteigen. So ist er nur jener Dinge bewusst außerhalb der   Sinne/Mental ." Ja, sicher, so deshalb isst er das süßeste auf dem Menü, , und wahrscheinlich das, am wenigsten gesunde ebenso.

Ich habe eine aufrichtig einfache Erklärung für die Essgewohnheiten des Gurus: Er isst, was ihm gefällt, genauso wie die meiste von uns (mit Ausnahmen wie Diäten oder gezwungen werden, das Kochen meiner Mama ..... zu Essen) Kirpal Singh trank gern Coca-Cola und nicht nur ein oder zwei. Wenn ich mich an die Geschichte von Robert Leverant richtig erinnere (wenn Sie 40 + sind, ist das Gedächtnis das erste erst das geht, und, zusammen mit den Surfe Fähigkeiten), Kirpal Singh hatte einen Kasten Coke unter seiner Bühne gehabt, wenn er Einweihungen führte. Jetzt für ein Cola Süchtigen wie ich selbst (Coca-Cola, nicht Pepsi, nicht Lady-Lee, nicht r.c. nicht Jolt), ich war ziemlich beeindruckt von dieser Geschichte. Es ließ mich wirklich höher von Kirpal Singh denken. Ich dachte, dass es Cool war, dass er Cola trank und viel davon trank. Coca-Cola ist ein Gottesnektar.. .. die carbonation, das Brennen, der Schlag, die richtige Süßigkeit, der Bruch von Luftblasen, wo sogar Jesus erscheint..... Oh, entschuldigung, ich kommen von der Spur. Aber für einige Apostel (nicht Robert Leverant, der kein Problem damit hatte) „brauchte" das Cola-Trinken von Kirpal Singh eine Erklärung. Der Gott-Mann kann nicht einfach Coca-Cola trinken (bemerken Sie bitte, es war NICHT Pepsi!) um seinetwillen, aber da muss es einen tieferen oder höheren Sinn dafür geben. Ich hab einen : Er hatte Durst.

Ajaib Singh, einer der berühmteren Nachfolger von Kirpal Singh, trank eine Campa Cola direkt vor mir (Coca-Cola war zu diesem Zeitpunkt - 1978 verboten worden - und man konnte es nur auf dem Schwarzmarkt bekommen.... Fragen Sie nicht, wie „ich" das weiß). Ich konnte sagen, indem ich ihn beobachtete, dass er es mochte und er es in einem riesigem großem Schluck trank. Ich wagte nicht, ihn „warum" zu fragen, da ich auch eine wollte. Dann ließ Ajaib Singh ein anscheinend befriedigendes Rülpser heraus. Völlig verständlich. Irgendwelche Gottesgründe? Ich habe einen: Zu viel Gas.

DAS MENTAL (MIND)

Ich muss noch einen Perfekten Meister treffen, der ein „Perfektes" Mental hat. Wie Wilber einmal richtig festgestellt hatte (ich paraphrasiere): „Ich habe nie gesehen, dass ein vollkommener Guru eine sub 4 Minute Meile mit seinem ‚perfekten' Körper läuft oder die Relativitätstheorie von Einstein mit seinem ‚perfekten' Mental erklärt." Faqir Chand Punkt-Genau stellte fest, dass er „nicht wusste", als seine Form seinen Aposteln weltweit erschien, ob in der Meditation, in Zeiten der Qual, oder sogar in Träumen. Faqir behauptete, dass diese Vorgänge Produkte des eigenen Mentals (tiefer oder höher, Traum oder Astral- - usw.) waren, und dass der Guru selbst NICHT bewusst in das Mental des Neubekehrten projizierte. Tatsächlich kann der Guru sogar nichtmal einen Hinweis haben, dass der Apostel an ihn/ihr denkt. *(SenfZeit: Was ist schon ein Wilber,ein Theoretiker, ein Festplattenspeicher-modul, ein Abstraktgnom,ein Unwissender ein Wortgläubiger,vergesst Wilber,ein Fantast der alles „Erlesen" hat und die Menschen volllabert.Seine Bücher strotzen nur so von Kälte und Hingabe an das Etablissement leblos wie seine Glatze Unwissend wie in seinem Krebsbuch mit seiner Frau. Total unwissend. Rhetoriker der Schlussfolgerungen der Worte und Gedanken folgt und seinen Fantasien. Da juckt und platzt das Ego so stark das schon kein Haarwuchs mehr erlaubt wird, wo die Festplatte sein IchBin ist und Er gar nicht vorhanden ist. Bloß Worte sind sein Ich Bin bloß Täuschungen sind sein Ich Bin da er sogar in seinen Schriften so tu als ob er diese spirituellen Erfahrungen selber erfahren hätte wenn er die Unmengen an Bücher die er gelesen hat die er fein in seinen Schriften eingewebt hat erwähnt die aber von anderen Erfahren wurden als spirituelle Tatsache,vergesst Wilber kann ich da nur sagen. Und was Faquir sagt bedeutet doch nicht das er Nichts tut, da er sie doch Eingeweiht hat, und was bedeutet denn nun wohl die Einweihung. ? Und falls Faquir ein Con Man ein Täuscher ist, so würde sein Meister wirken oder dessen Meister. 12.9.2007 WSchorat)*

Ich erinnere mich das ich einen Anruf von einer katholischen Frau in Oklahoma bekam, ich glaube, sie hatte meine Nummer von den Redakteuren der FATE-Zeitschrift bekommen. Anscheinend hatte sie an einen Tag gebeten/meditiert, und sie hatte eine Vision eines Gurus mit einem langen weißen Bart und Turban, der sie informierte, dass sie mehr über ihn an diesem Tag lernen würde. Später nahm sie zufällig eine Kopie der FATE-Zeitschrift auf, die einen Artikel enthielt, den ich geschrieben hatte ‚DAS VERZAUBERTE LAND' , der meine Besuche mit verschiedenen Shabd Yoga-Gurus in Indien beschrieb. Als sie das Bild von Charan Singh sah, der den Artikel begleitete, wurde sie begeistert, - wie sie behauptet - war es dieser Charan Singh, der zu ihr während ihres Gebets/Meditation erschienen war. So bezaubert tatsächlich, dass sie mich ausfindig machte und um mehr Information zu bekommen. Da ich etwas skeptisch bin der Natur von transpersonal oder paranormalen Ereignissen gegenüber (selbst wenn verbunden mit meinem Pfad) , empfahl ich ihr, einen Brief Charan Singh darüber zu schreiben und seine Meinung zu erfragen. Sie machen es und ein paar Wochen später schrieb er ihr eine lange Antwort, in der er feststellte, dass die Vision, mehr oder weniger, eine Projektion ihrer eigenen Mentalität war, und dass er nichts damit zu tun hatte. *(Senfzeit: Das ist interessant so was zu lesen,da bei Ching Hai ganz viele dieser „Visionen" oder Projektionen" passiert sind, was ich nun selber erlesen habe in den Berichten und Erfahrungen von Initiierten oder denen die einen Meister suchten und so weiter. Auch Ching Hai verweist an manchen Stellen darauf hin das ihr das Bewusst nicht bewusst ist. Aber ? Wie soll diese Frau zum Beispiel das Image von Charan Singh gehabt haben ohne das sie sein Bild kannte.? Und ! Es mag eine Projektion sein, aber wer ist der Sender ?Da diese Menschen ja den Weg der Meister gehen und darin Initiiert wurden durch ihre Meister, also die Meister die dann angeblich „Projiziert" werden !? 12.9.2007 WSchorat)*

Ich begreife, dass Parapsychologische und Okkulte Literatur „vom Wissen" bilocations angefüllt ist, aber meine Ahnung ist das, selbst wenn wir einige von diesen als authentisch akzeptieren (und das ist natürlich, ein riesiger Sprung; besser, die Bedingungen und den Zusammenhang genau zu untersuchen, der den transmundane Kontext umgibt), die riesengroße Mehrheit von inneren Visionen und ähnliches sind mit unserem eigenen (und nicht ein Äußeres) Bewusstsein unzweifelhaft verbunden. Ich denke nicht, dass die Jungfrau Mary darauf wartet in diesem Augenblick gerufen zu werden, so dass sie eine Erscheinung auf einer Mehl-Tortilla machen kann (danke Homer für die Richtung), irgendwo; außerdem denke ich nicht, dass Elvis am Ende des Tunnels herumhängt, um seine Anhänger zu grüßen (hey, er ist zu beschäftigt, Velveta Käsebrote auf Wunder-Brot im Kreis von Jim Morrison K zu machen). Was du siehst, ist, was du zum neurologischen/mystischen (Sie wählen) Picknick bringst. Die Galaxie von Kosmischen Charakteren,würde ich mir vorstellen, backen Kuchen nicht, auf einen glub von Duarte wartet, um einen Autounfall zu haben, nur damit sie eine „Gottes" Erscheinung machen. Jetzt konnte ich mich so irren, wenn St. Christopher oder St. Xavier in der Tür in den nächsten wenigen Minuten auftauchen, bevor ich diesen Aufsatz beende, werde ich mich vergewissern, um irgendwelche Wörter niederzuschreiben, die sie befördern möchten..... Hey ich höre ich die Tür, die in diesem Augenblick schlägt..... Schade es stellte es sich heraus, ein Computerfanatiker zu sein, der nicht begriff, dass er offen gegen den Stoß der Tür ziehen musste. Aber, warten Sie, er trägt eine Rote-Robe und Hut kurzes abgeschnittenes schwarzes Haar.... Nah, sein Akzent hört sich an dass er von Kentucky ist.... Er ist Julian Johnson auf Helium ähnlich.. .... Oops, wurde wieder abgelenkt. Jetzt schwebt dieses Ganze um einen grundsätzlicheren Grundsatz im Shabd Yoga: das offenbare „All-Wissenheit" des perfekten Meister. *(Senfzeit: Wunderbar von David Christopher Lane wie seine Fantasie fliegt. Aber das reicht nicht aus um Wahrheit zu vermittel durch Worte,da er nun keine Erklärungen hat,und dann in sein Kind Sein seine Verspieltheit abdriftet. Es wird ihm wohl Langweilig da das Ende sichtbar wird, Und er nicht wirklich etwas Erklären konnte sondern bloß das gesehene und gehörte hier berichtete. 12.9.2007 WSchorat)*

In meinen zwanzig plus Jahre in diesem Feld habe ich nichts dergleichen gesehen. Ich, habe natürlich, einige wirklich eindrucksvolle Menschen und einige wirklich schöne Taten der Güte gesehen (freies Essen, freie Krankenhäuser, freie Augencamps, usw.), aber ich habe noch keinen luftdichten Fall für „Allwissenheit" gesehen. Ich habe zu viele Beispiele der Unwissenheit gesehen, und keine Fassade „der Demut" kann es völlig zudecken. Und das ist nicht zur Schuld des fragliche Guru (seitdem in einigen Fällen er oder sie für die Rolle gegen seinen/ihren Willen oder Wunsch gewählt wurde; lesen Sie „ Schatz Über Maßen" für eine Illustration davon), aber die theologischen Einschränkungen, die nicht erlauben das der Gurus so ist wie er ist: ein Mensch. Es ist ihre „Humanität" manifestiert in guten Taten oder freundlichen Gesten oder selbstlosem Dienst manifestiert,was wirklich eindrucksvoll ist, nicht die unbewiesene Idee, dass sie Allmächtig sind und Allwissend. Wenn solche Gurus tatsächlich Allwissend sind, dann zeigen sie einen verlausten Job davon .

Wie sonst können wir folgendes erklären: 1. Ein geschätzter Meister, der die unechten Blumen von Disneyland mit echten verwechselt (dieser interessante Moment wird auf Film gesehen). 2. Ein-Meister, der eine Frau als Herr anredet, um von der Frau öffentlich korrigiert zu werden. 3. Ein-Meister, der eine Frau in einem Brief informiert, mit ihrem Universitätslehrer bevor sie ihm schreibt. (Der Störschub hier ist dass die Frau wirklich mit mir zuerst sprach und ich ihr sagte, ihm zu schreiben!) 4. Ein-Meister, der vergisst, dass die Person mit der er spricht, bereits von ihm eingeweiht wurde (Er fragte, „Wie wissen Sie die fünf Namen, wenn Sie nicht Initiiert worden sind?" Seine Antwort, „Aber ich war!") 5. Ein-Meister, der falsch Tatsachen und Daten der Geschichte festsetzt, um von einem Mitglied des Publikums korrigiert zu werden. 6. Ein-Meister, der über eine genealogische Verbindung zwischen Gurus schreibt und es als Tatsache festsetzt, nur das zukünftige Gelehrte beweisen, dass die Behauptung historisch unmöglich ist. Ich konnte weitergehen, und diese sind bloß geringe Ereignisse aber die Liste von Beispielen ist riesig.

Natürlich ist alles dieses „normal", wenn wir die Idee akzeptieren, dass der Guru menschlich ist. Aber es wird völlig sonderbar, wenn wir denken, dass der Guru Allwissend sei, weil dann wir mit viel Erklären durchlöchert werden, die wir tun müssen (Ideologische Arbeit!) das was wir wirkliche nicht Tun sollten , wenn der Guru sein/ihr Voll-Wissen demonstrierte. Und der Anspruch, dass der Guru gerade bloß bescheiden ist, besteht dem Litmus Test nicht, weil meistens, die einfache Demut als völlige Lügen übersetzt werden kann. Ich habe mit vielen Shabd Yoga-Gurus in meiner Zeit gesprochen, und obwohl einige echt Brillant sind, es geschieht aber auch wirklich so, dass sogar ihre wörtlichen Antworten voll anfälliger Fehler sind.... Wieder, völlig normal, WENN wir sie als Menschen akzeptieren; VÖLLIG ANOMAL, wenn wir denken, dass sie Gott sind. *(SenfZeit: Ich kann David Christopher Lane wirklich sehr gut verstehen,ich selber übersetze diesen Artikel ja nur deswegen, weil ich selber diese Auffälligkeiten beobachtet habe und leider"Zweifel" bekam in Bezug zu Meistern und nicht zu mir selber, aber das reichte schon für Jahre der extraportionen von „Störung „in meinem Innenleben. Bloß ein Aspekt möchte ich noch erwähnen, durch meine Selbsterkenntnis weiß ich, das vom Selbst auf Gott geschlussfolgert, das Selbst das Göttliche aber auch Nix und Doppeltnix und Giganixxi zu tun hat mit Grammatik, Geschichte, Mathematik oder Allwissenheit ,das sind alles Bereiche die in meinem Selbst und wohl im Göttlichen nie und nimmer vorkommen. Da ich erkannte, mal so formuliert, das Ewige, das Unendliche, die Glückseligkeit, so was Dumpfes nicht in sich trägt, aber, unbeschreiblich subtil, den veränderlichen Aspekt, das Mental, Gemüt, das Denken die Fantasie,und den Körper, Speist, damit das alles überhaupt sein kann. Ole Olee Oleee Ho HooHooo. 14.9.2007 WSchorat)*

DIE FÜNF ERSTEN ENTHÜLLENDSTEN BÜCHER IN SHABD YOGA-GESCHICHTE - mindestens gemäß diesem Autor

Oder, BÜCHER, DIE DAS „Menschliche" von VOLLKOMMENEN MEISTERN DEMONSTRIEREN WERDEN

1. DER UNWISSENDE WEISE: Das Leben und die Arbeit von Baba Faqir Chand. [Es ist nicht eine Überspitztheit, um zu sagen, dass Faqir das schädlichste Geheimnis in Allen gurudom einhändig ausgestellt hat.... Die Unwissendheit des Gurus]

2. SCHÄTZE ÜBER DIE MAßEN HOCH (die überraschend enthüllende Biografie von Charan Singh - geschrieben durch Shanti Sethi - die gerade wenige Monate bevor er starb veröffentlicht wurde. Lesen Sie es sehr genau, und Sie werden sehen, wie radikal und Chandian es ist, besonders im Licht anderer Beas-Bücher)

3. HEILIGE EPISTELN, Volumen Ein und Zwei, übersetzt durch S.D. Maheshwari (Soami Bagh, Agra). Sagen Sie, war Sie wollen über die Voreingenommenheit von Maheshwari, aber diese zwei Volumen- zeigen, wie menschliche Gurus sind, und wie unbedeutend sie manchmal sein können. Besonders interessant ist die andauernde Fehde zwischen Partap Singh und Rai Saling Ram. Faszinierender Innenklatsch geliefert von den Schlüsselspielern selbst in der frühen R.S. Geschichte.

4. HERZ ZU HERZ GESPRÄCHE, Volumen ein und zwei, durch Kirpal Singh. Lesen Sie sehr genau und Sie werden Menschheit sehen, die überall im Text riecht. Sie werden auch einen Anblick der Innen Droge auf anderen Gurus/Pfade bekommen..... So sehr menschlich, aber faszinierend.

5. DAS TAGEBUCH VON SAHEBJI (Anand S (w) arup Dayal Bagh), mehrere

Volumina. Das ist ein Klassiker, der in den 1930er Jahren geschrieben wurde. Wenn Sie irgendwelche Zweifel über die „Menschlichkeit" eines Shabd Yoga-Gurus haben, wird dass das Geschäft absiegeln. *(SenfZeit: Bloß leider ist das „Menschliche" der „Mensch" nicht von seinen „Mehrschichtigkeiten" so klar zu trennen, wie das ein Soziologischer Denkansatz der sich Wissenschaftlich Denkt nun mal glaubt. Hier kommt das Wissen von dem David Christopher Lane mehrfach schreibt des Soziologen also des Menschen einfach viel zu kurz und wird vor allen Dingen in seinem Beschreibungshorizont nicht gesehen. Da ja jede Form von „Wissenschaftlichkeit" Linear ist und nicht Umfassend. Das Meister menschliche sind ist doch wohl klar oder haben sie ein Giraffenkörper. Aber das was in und hinter dem Körper steht, davon weiß David Lane zu wenig und beachtet es in seiner Untersuchung praktisch nicht, typisch, das Glotzen auf die TV Fläche ohne das Innenleben des TV wirklich zu kennen. Alright. 14.9.2007 WSchorat)*

EIGENTUM

Ich verstehe es nicht. Wenn der Vollkommene Master eins mit Anami Purush ist (dem Transzendentale Lord), dann, warum gibt er einen Scheiß über ein junky Eigentum in Agra, Indien? Sie sehen, es gibt ein Jahrzehnt langen gesetzlichen Kampf (und gelegentlicher Faustkampf) zwischen zwei Radhasoami Gruppen (jetzt bekannt als Soami Bagh und Dayal Bagh) in Agra, Indien über Anbetungsrechte im Samadh von Shiv Dayal Singh. Sie sind zu indischen Gerichten über diese Sache für ungefähr fünfzig plus Jahre gegangen; es lässt die Länge des O.J. Simpson Falls wie Nanosekunden im Vergleich erscheinen. Und was sind diese „Abstammungen von Vollkommenen Meistern", am bekämpfend? Immobilien, ganz recht, wer sie bekommt, und wer die Rechte hat, solche zu verwerten. Hey, ich war in Soami Bagh und Dayal Bagh gewesen und lasst euch erzählen : Es ist nicht La Jolla, meine Huqqa rauchende Kameraden. Das ist nicht El Cajon. Es ist Schmutz und viel davon.. ... Okay, da gibt es das halbgebaute Samadh, das ist ein Möchtegern Taj Mahal , das wahrscheinlich nie dabei ist, beendet zu werden .. .... aber wer sorgt sich? Geez, wenn Sie Zugang „zu ALLEM" ECHTEN EIGENTUM (beabsichtigtes Wortspiel) JEDES Bekannten und Unbekannten Weltalls haben, denke ich, dass es gerade möglich sein könnte sich zu üben ein kleinen „Abstand" walten zu lassen und loslassen vom spirituellen Parkplatz, haha? Die Tatsache, dass diese „Vollkommenen" Meister NICHT lassen, von Rechtssachen oder dem echten (ich bin geneigt, „illusorisch" zu sagen), Eigentum-spricht Volumina für mich persönlich. Es hört sich schrecklichen Menschen für mich an, und egal wie Sie es schneiden, das Soami Bagh/Dayal Bagh, ist ein Duell von menschliche Habgier in seinem schlechtesten, außer dass es verkleidet ist unter „spirituellen" Anbetungsrechten. Typische menschliche Absurdität kann nicht dafür anerkannt werden, was in diesem Durcheinander-Krieg ist. Stattdessen ist es im theologischen Gewand fein angezogen , als ob der Äußerste Staat des Weltalls wirklich von einem beschissenen Stück Eigentums in Uttar Pradesh abhing. *(SenfZeit: Prima, Bravo, genau, so ist es David. 14.9.2007 WSchorat)*

Sie wissen, dass es Zeit für eine Sant Mat-Gruppe ist, es quitt zu nennen, wenn sie viel von seiner Zeit im Durcheinander, anderer, über Eigentumsrechte verbringt. Ich wäre beeindruckt, wenn nur eine dieser Gruppen sagen würde, „Hey, nehm du das matschige Land; wir werden stattdessen meditieren." Obwohl das nicht geschehen ist; ich glaube, dass sich jene „inneren" Lichter nicht mit dieser Wasseransicht über den beschmutzten Jummna vergleichen. Ich muss diese unversperrte Vision des Babys Taj haben...... ja, richtig. Und wenn diese Kerle so Anal zurückhaltend über ein Schmutz-Loch sein können, dann bin ich völlig erschrocken, mit diesen Leuchten in Sach Khand herauszuhängen. Ich kann es jetzt sehen: „Hey, Kabir, nehmen Sie Ihre Hände von meinem Guru Wha Chew, oder ich trete deine Shabd gefüllte

Agam-Arsch den ganzen Weg zu Anami Lok, wo Sie gerade ein namenloser Klacks des unendlichen Lichtes sind. Dig?" „Wow, Nanak man, ich sagte dir dass, wenn du versuchten, auf meiner Himmlischen Bhanwar-Brechung zu surfen, dass ich dabei bin, dich ins Gericht von Sat Purush zu bringen.... Und, übrigens, ist es wahr, dass du eine Tabakpfeife rauchtest, als du auf der Erde warst?" *(Senfzeit: Ja ja, solche ähnlichen Fantasien hatte ich auch schon mit Ching Hai Initiierten und mit Thankar Sing Sing sowieso.15.9.2007 WSchorat)*

Oops, bin wieder in fremden Subverweisungen verloren. Wenn Sant Mat eine Strukturwissenschaft (ein innewohnendes höheres Potenzial innerhalb jedes Menschen, unabhängig von der Verbindung der Kaste/Prinzipien/Rasse/Cola) ist, wie verschiedene „Vollkommenen" Meister, und nicht bloß ein kultureller Klub öffentlich verkündigen, um Eigentum zu gewinnen und Freunde zu beeinflussen, dann sollten sie anfangen, wie eine zu handeln. Erhellen (**Erheben. WSchorat**) Sie sich über das weltweite entwickeln vom Eigentum. Erhellen **(Erheben WSchorat)**Sie sich über den Versuch, Shabd Yoga-Begriffe „gesetzlich schützen zu lassen" (Ja, sogar bestimmte Gruppen in Indien folgen dem kapitalistischen Modell) **(Senfzeit : Das fiel mir als erstes bei dem Con Man Paul Twitchell auf, der sich aus den Schriften von Hazur Maharaj Sawan Singh wo er das Wort Eck und Eckankar fand und es patentieren ließ. Also die Eckankar Mitglieder die werden sehr gut abgesahnt sehr gut 15.9.2007 WSchorat)** . Erhellen **(Erheben WSchorat)** Sie sich über das Versuchen, den freien Informationsfluss „zu kontrollieren" (versuchen sie die Geschichte des Shabd Yoga von einer der jeweiligen Abstammungen zu lesen..... Erzählen Sie mir, wie viel Sie über die anderen Gruppen „lernen". Nicht viel kann ich ihnen versichern.) . Erhellen Sie sich, weil gemäß Ihrer eigenen Philosophie die äußerste Absicht NICHT dieser Platz, sondern die radikale Transzendenz. Wenn Transzendenz der Fall ist, dann ist es wenig Durchknallend, zurückschreckt, zu sehen, wie viel Sorge dort ist in „ Handelsmarken", „Eigentumsrechte", „Geld seva," und „Streitigkeit über gewünschte Ländereien." Natürlich verstehe ich, warum sich Organisationen solchen Handlungen hingeben, aber ich denke nicht, dass es die „universalen" Lehren veranschaulicht, mimischen XEROX oder IBM oder MICROSOFT . Wenn mein metaphorischer Freund Kabir wieder reinkarnieren sollte (literalists, seit vorsichtig, ich gebe mich einem Gleichnis hin), und er sah, was geschehen ist, bekomme ich einen verstohlenen Verdacht, dass er der erste sein würde, Felsen an die Wand des Ashram zu werfen, vielleicht rätselhaft schreiend: „ War haben Immobilien, mit dem Gehen nach Innen zu tun? Was haben Handelsmarken, mit beständigen Wahrheiten zu tun? Warum verklagen Vollkommene Meister einander und ihre Apostel in Gerichten? „Er kann gerade sagen, „Er könnte wohl sagen, „Hey, haltet die Schnauze, und meditieren Sie."

NACHSCHRIFT

Faqir Chand kommentierte einmal zu mir, dass die meisten „Perfekten" Meister, die er kannte, auf „sehr imperfekte" Wege starben. Faqir, zu seinem Kredit, setzte das offensichtliche und nicht wie viele seiner Gegenteile, bloß fest, er sah keinen Grund, eine Krankheit eines sterbenden Gurus unter dem Vorwand lahm zu rechtfertigen, das er/sie „karmische Wiederanpassung mache." Sawan Singh starb an Krebs; Kirpal Singh hatte Prostata Chirurgie; Charan Singh hatte Herzprobleme; Jagat Singh war für viel seiner Amtszeit krank. Leute sterben; „Perfekte"-Meister sterben. Dieser „Krebs" oder „Herzprobleme" oder „Prostata Schwierigkeiten" sind wegen des Tragens der Lasten der Apostel-Karma scheint mir eine unnötige Weise, die Menschlichkeit vernünftig zu erklären, wie alle Gurus gestorben sind.

Faqir Chand „wusste" genau nicht, wann er sterben würde, wohl auch nicht die meisten Gurus vermute ich. *(Senfzeit: In all den massenhaften Schriften die ich gelesen habe, gibt es nur die allerwenigsten Meditationsmeister und dann nur aus den chinesischen Schriften der Zen-Weisen die zuvor genau wussten wann die Zeit gekommen war, und dann noch einige Witzchen mit ihren Freunden machten. Aber der Gründer von dieser Radhasoami Linie Soami Ji konnte das auch.Und es gibt sicherlich sehr viele Menschen auf der Erde die genau wissen das es jetzt so weit ist Adeee zu sagen. Sehr sehr viele. Da wir ja selbst wir selbst sind.Ole Olee Oleee 15.9.2007 WSchorat)* Wenn Faqir Chand „wusste" dann tat er sicher einen guten Job des Verbergens davon vor mir. Ich sprach mit ihm per Telefon gerade ein paar Wochen, bevor er starb. Er rief mich im Haus meiner Mama spät eines Abend's, und wir hatten ein entzückendes Gespräch, und ich machte sogar einen Punkt, um ihn nach seiner Gesundheit zu fragen: Er sagte, dass trotz, älter und schwächer zu sein, es ihm sonst gut gehe. Gerade ein paar Tage später, hatte er einen Herzstillstand und trat in ein Koma. Es ist wahr, dass Faqir einige Zeichen gab, dass er dabei war zu sterben (im Intervall von der häufig erzählten Geschichte dessen, wie Faqir seinen Freund in Delhi informierte, dass er dabei war, in einem schwarzen Kasten von den USA zu seinem klaren Bewusstsein gerade wenige Momente vor dem Ablaufen zurückzukommen), aber ich denke nicht, dass er „exakt" und „genau" wusste, wann er sterben würde. Und Wir?

Okay, ich bin sicher, dass es einige gibt, die eine bessere Idee davon haben, wenn sie dabei sind ausgedünstet zu werden als andere (geez, hatte mein eigener Bruder hatte eine ziemlich guten Ahnung und erzählte mir zuvor), aber ich denke nicht, dass die Aufzeichnung von „Perfekten" Meistern viel besser ist als einfache gewöhnliche Leute. Der primäre Unterschied, habe ich bemerkt, ist, dass Apostel „Unwissendheit" nicht berücksichtigen werden, wenn es zu ihrem jeweiligen Guru-Sterben kommt. Selten höre ich folgendes: „Ja mein Guru starb völlig unerwartet - wir hatten keinen Hinweis und er auch nicht!" Stattdessen bekommen wir viel Hagiographie, die schnell unmittelbare Dekoration von Geschichten dessen, wie der Guru „wirklich" wusste, aber nur Hinweise gab. Darshan Singh war eine echt nette Person und jeder, der ihn kannte, mochte ihn. Aber als er im Mai 1989 starb, kam es als eine große Überraschung sogar seinen nahen Partnern. Tatsächlich hatte er sogar für eine Sommertour in die USA geplant, und Tausende von Dollars wurde ausgegeben, seine Tour (mit seinem Bild, übrigens) fördernd. Jetzt bin ich überzeugt, dass die Apostel von Darshan Singh behaupten würden, dass ihr Meister wirklich seinen Ausgang die ganze Zeit geplant hatte. Aber es ist nicht, wie es von außen aussieht.

Also, was haben wir hier wirklich? Unwissende Gurus die als „Wissende" - Meister posieren, und gefangen im Kreuzfeuer sind naiver und ahnungslose Sucher (aller Alter und von allen Sorten von Hintergründen), glaubend, dass diese wirklichen Menschen Göttlich verbunden sind. Ziehen Sie die Stecker der Projektionen heraus und entknoten Sie den Turban. Der-Guru ist menschlich, der Guru ist menschlich. Das Mantra ist der vernünftige Singsang von denjenigen, die begriffen haben, dass Toto der große revealer des puffery und Publikumswirksamkeit des Wizard von Oz ist. Und was hatte Toto offenbart ? Dass der „Große" Zauberer ein kleiner Mann war, der sich hinter einem Vorhang verbirgt. Oder, um genauer mit unserer Analogie zu passen, der Guru hat KEINEN Turban und alle Images, die wir auf ihn projizieren, oder sie, sind am Ende des Tages, unsere eigenen. Der echte Guru, wenn es solch ein Biest gibt, wird dastarbandi (die Turban Binde Zeremonie) auf DICH und nicht auf sich selbst durchführen.

Zukünftige Welle: Das Trugbild einer Fehlerfreien Abstammung

15.9.2007

Erstmal gute Arbeit von David Christopher Lane. Denn ich habe auch einige sehr kritische Gedanken gehabt. Auch die Frage was treibt jemand dazu diese „Suche" zu machen diese Arbeit dieses spirituellen Weges. In mir sind es einfache Fragen die ich beantworten wollte und musste. Die einfach nicht stimmig sind mit der Fabrik dem Management der Religionen, die für mich einfach Wirrnisverkäufer sind und Ignoranzvermarkter und genau in das Schema passen wo durch Rhetorik also Worte es sogar einen Unterschied zwischen Weltlich und Nichtweltlich geben soll. Es gibt kein unterschied, das ist Totalbetrug das ist Spaltung also Satan also Atombombe also Krieg also Zerstörung denn es gibt keine Zweiheit es gibt nur Einheit. Alles andere ist Skeptische Denkorgie die dem Ziel dient sich zu Unterscheiden und Geld und Land und Machtvorteile und Politikvorteile zu erhalten und aufrecht zu halten über das „Blöde Volk" der Gläubigen und Nichtdenkenden und Forschenden. Es ist noch aus der Zeit der mystischen Religionen die heute von Moslemirren und Fanatikern auch in der Firma Christentum und deren Glaubenssysteme die auf Dogmen und Ängste vor der Hölle oder dem versagen des Paradiese fußt. Die keinen Zweifel der Mauswanderer erlaubt und ohne Zweifel zum Dogma wurde also zur Hundemutter. Ho Ho Ho. Und genau den gleichen Murks sieht man ja hier in der Arbeit von Lane über die Sant Mat Gurus und ähnlichen Meistern.

Durch diese ganze innere Arbeit die ich machen musste, fragte ich also warum hat Buddha das gemacht, Jesus, Sawan Singh, Ching Hai, und konnte bei einigen eine Antwort finden durch erlesen ihrer Aussagen. Bei Sidharta war es seine Unfähigkeit zu erkennen das Alter und Sterben ganz natürliche Abläufe sind. Also weise ich hiermit gleich ganz „Stark" darauf hin, nicht in die Falle von Sidharta zu fallen, und sein „Problem" als das deinige zu machen. Man muss immer die Motivation der Meister/ innen erkennen können. Und sich fragen weswegen ich das selber machen will, denn das können sehr sehr sehr schwere Wege werden, die Unglücklich machen könnten. Wer sich selbst so wie er ist total annimmt und dabei bleibt, der braucht keine Geschäftreligionen egal welcher Couleur auf der Erde, und auch keine Meister egal welcher Meditationsrichtungen. Wesentlich ist zu erkennen, mit welcher Fragestellung und Problematik man innerlich „gebunden" ist, und ob man das nicht selber Lösen kann. Was Jesus für ein Problem hatte konnte ich nicht erlesen, da diese Lektüre zu gut „Durchgearbeitet" wurde um Machtgeile Arschlöcher und Votzen zu dienen, genannt Kaiser, Päpste oder Scheffs. Ho Hoo Hooo.

Hazur Maharaj Sawan Singh hatte zum Beispiel riesige Ängste das er noch mal wiedergeboren werden würde und das wollte er nicht. Gut nachlesbar in den Briefen zu seinem Meister, der ihm versprach, das Sawan Singh nicht wiedergeboren werden würde. Also wer diese Ängste zum Beispiel nicht hat, braucht diese Arbeit die zu dieser Art Meisterschaft führt nicht zu tun. Bedenkt so was !

Bei Ching Hai konnte ich erlesen das sie Minderwertigkeitsgefühle hatte, als sie in München verheiratet war, die Ehe dann auflöste und in die Grabscher von einem Thankar Singh fiel. Aber glücklicherweise im Himalayayaya weiter suchte bis sie den 3-400 Jahre jungen Meister dort fand, der ihr dann die Initiiationsrechte gab. Seltsam ist nur, das der Name des Meisters Khudaji, in den Schriften der Radhasoami Literatur nur 1-4 mal vorkommt, und „Gott" bedeutet, Khudaji.

Was aber trotz all dieser Sozioforschungen nicht weggeforscht werden kann ist meine eigene Erfahrung mit der Meisterin Ching Hai die ich bis jetzt 2x in München traf 2x in Berlin 1x in Paris und 1x in Mailand und mit ihr kurz sprach, nämlich die Übertragung die bei mir ablief schon 1 Jahr bevor ich mich offiziell von ihr in persona initiieren ließ und die vielen spirituellen Hilfen Wunder und inneren Beweise,,,oleee,,ho ho ho.

Also wenn man sich so annimmt wie man ist, braucht man den Weg dieser Abhängigkeiten an Gurus und Meister nicht zu gehen und schon gar nicht an dem PolitMachtZirkus der etablierten Religionen mit Päpsten und Kardinälen oder Mullahs und anderen verwirrten Mentalen, die alle ohne Ausnahme aber auch gar nichts von „Sich selber" wissen oder kennen. Denn sonst könnten sie nicht diesen Murks machen und erzählen den sie aus Büchern weiterlabern und wunderschöne Geschäftimperien nebenbei aufgebaut haben die Gigantisch sind. Denn das Wort „Religio" ist Unwahr, und eine Täuschung. Eine Täuschung nämlich auf die Verfechter dieser Worte oder Ideologischen Rhetorik ohne Wahrheitsgehalt also Theoretiker so wie Wilber und Konsortengläubige. Nämlich, das sie eine Bindung an die Erschaffer dieser Worte bezwecken. Denn es ist Betrug zu behaupten man müsse erst „verbunden „ werden also „religio" werden.

Alles, jeder, ist noch nie nicht verbunden gewesen alles ist immer direkt mit Allem seit Anfagslosen Zeiten verbunden. Jeder der vorgibt dein Selbst zu finden, für dich, gehört noch zu den Betrügern. Ich löse mich nun, Jetzt, von diesen Fahrern ich sende die spirituell materielle Datei „Fremdfahren" in den Papierkorb und klick auf löschen. Es gibt im Königreich Universum keine Teilung. Das gibt es nur in den Wichsköpfen der Spalter Teiler also Ignoranz und wo Ignoranz herrscht herrscht auch das Böse. Teilung ist das was wir erleben durch die Satansbraten der Philosophen Wissenschaftler Geldkartelle Mediziner Politiker usw.usw. kurzum des Denkens der „Raubmenschen". Und zur Ching Hai oder Sant Mat Methode, bekam ich ja enorme Zweifel- Warum ? Glaube ohne Wissenschaft führen zu Aberglaube. Wissenschaft ohne Glaube führen zu Zweifel.Und da die Licht- Klang -Sant Mat- Ching Hai Methode als Wissenschaft proklamiert wird entsteht bei der Arbeit nach Jahren starker Zweifel. Und in den Wissenschaften sind ja sowieso sehr sehr viele Banditen Betrüger Mörder und Kriegstreiber und Weltvergifter was ja wunderbar an den Folgen die wir auf der Erde erleben müssen nun erfahren. Und, eine Wissenschaft, also „Wissenschaftler" also „Menschen" die nicht auf das „Göttliche" führt, also eine Wissenschaft die nicht zum Göttlichen kommt, ist keine Wissenschaft, sondern „Aberglaube". Ja ich bin sehr stark geneigt zu sagen, das der Satan, in allen Etablierten Systemen zum Vorschein gekommen ist und sogar eine Gift und Spalt und Versklavung an deren Spaltpilzprodukte bezweckt wurde. Ganz subtil. Denn Wissenschaftler also Raubmenschen haben Seuchen Armut und Vergiftung in die Welt gebracht und werden dafür mit Nobelpreisen entlohnt, also Geld durch Morden. Die menschliche Gesellschaft lebt ein Trugbild genau so wie die „perfekten „ Meister sind die wissenschaftlich Orientierten politischen Gesellschaften ein Betrug an der Wahrheit da sie TOTALFALSCH sind. Und die Hohepriester in den Betrugstempeln der GeldgeilKartelle sind fast ausschließlich im Maße ihrer Etabliertheit im Wissenschaftsbetrugsbereich noch fest in ihren Wissenschaftsparadigmen also einfach formuliert „Glauben" also „Spinnereien" also Schwachsinnigem fixiert.

In der Religion und der Wissenschaft sind enorme Potenziale zur Selbstentfremdung, aber genauer noch, sie sind im Menschen, und weswegen, ganz einfach, weil er nicht weiß wer er wirklich ist. Und aus dieser Unwissenheit zu wissen wer man wirklich ist und wo man wirklich ist, entsteht der ganze Ignoranzsalat, der aus der Entwicklungsevolution ja auch noch mitgeschleppt wird. Also vom Himmel zur Erde als Mineral als Pflanze als Tier als Raubmensch als Mensch als Erwachter. Und heute herrschen die Raubmenschen. Die Motivation zur Wissenschaft oder Religion sind nicht immer die bedingungslose Wahrheitssuche aber meistens Ignoranz Geld und Machtgeilheit und Regieren wollen aber auch Leidensdruck Sicherheitsdenken oder Angst vor Schicksalschlägen mit der Rute. Ho Hoo Hooo. Und das bringt dann das Klammern an sogenannten Traditionen oder der Gewohnheitsenergie ergo dem Üblen der Starrheit also Unwahrheit führt dann statt die Wahrheit. Und jede Form jeder Arbeitgang jede Religion jeder Mensch also trägt das Raubtier noch viel zu fest in sich und will sich davon nicht lösen.

Aber! Warum sind Fabrikreligionen Geldgeilreligionen nicht wirklich gebraucht. Weil laut Bibel und deren Propheten also auch Jesus, damals einen Neuen Bund geschlossen hatten. Oder , Gott, baute einen neuen Bund mit den Menschen auf, weil der erste Bund im Alten Testament zu viel „Angepisst" wurde. Der alte Bund war eine Verheißung die das Göttliche mit den Vorfahren der Israeliten gemacht hatte. Gott führte in diesem Licht die Abraham Nachkommen aus Ägypten heraus um sie zu seiner Vorzeigenation zu machen. Aufgrund der Befreiung erwartete das Göttliche das Israel seine Lebensweise praktizieren würde.

Nachdem alle Bestimmungen des Gesetzes verkündet waren durch Moses 10 Gebote, die in Wahrheit die Software für die Hardware also den Kopf das Mental sind, zur freien Benutzung ohne Zwänge, war der Bund besiegelt. Doch er wurde nicht eingehalten. Israel war nicht willig seine Verpflichtungen einzuhalten. Sie wiedersprachen dem Gesetz des Göttlichen. Und das Göttliche tadelte sie, und beschloss einen neuen Bund zu machen. Und das hatte nichts mit den Gesetzen und 10 Geboten zu tun, die wirklich eine einwandfrei Software sind, und echten Frieden und Fortschritt vom Raubtier Mensch zum Mensch bringen würden. Die Evolutionssoftware sozusagen der höchsten Güteklasse 10x. Das ist ein Problem der gesamten Menschheit heute auf der Erde. Das was als „natürlich" erscheint wird „Unnatürlich" und das was heutzutage als „Normal" bezeichnet wird ist in Wahrheit „ Unnormal" also Senil hat Alterserscheinungen der Demenz, so wie die Gesellschaften es heute zeigen, Demenz, denn es wird total vergessen, das Technologiekulturen und Wissenschaftskulturen, also, materialistische Glaubensverfassungen egal welcher Religionen mögen sie noch soooo auf Allah Friede und andere Rhetorik pochen alle am Ende angekommen sind, denn , Hochkulturen sind das Ende des Materialismus Muuus. Und es geht nur noch mit extremerer Spaltung weiter weil der Spaltpilz zuvor als das Heiligtum verehrt wurde und zwar im ArschlochGlaube der Raubmenschen global. Politisch Wissenschaftlich Religiös. Aber im neuen Bund den Jesus auf die Erde brachte wurde nicht wie zuvor das befolgen der Gebote verlangt sondern nun wurde der Raubmensch direkt mit dem Göttlichen verbunden indem Jesus seine Show auf der Erde machte und seine Taten Worte und Zeiten lebte. Das Gesetz der Bund zuvor war wegen der Raubtiereigenschaften der Menschen nicht haltbar, das Fleisch regierte sie sozusagen, aber mit Jesus kam der neue Göttliche Bund nämlich dem Geiste oder durch die innenwohnende Kraft des Heiligen Geistes . Was aber wiederum nicht bedeutet das man nix und nixxi zu tun habe, um die Führung des Inneren Geistes des Heiligen Geistes also Heil Ganz Vollkommen Perfekt zu erfahren. Und in diesem Sinne sehe ich die Licht und Klangmeditation der Meister/inn die sagen der Heilige Geist ist der Klangstrom des Göttlichen der alles erschaffen hat. Bis jetzt konnte mich noch niemand anders überzeugen das es nicht so ist, da ich selber die Einheit von mir als Mensch also Form und Gedanken mit der Einheit des Göttlichen erfahren habe und auch als Grafik gezeigt bekommen habe. Das beschreibe ich im Buch „ Das Mantra „Mich selbst erkennen" Somit ist jedes Lebewesen Mensch mit dem Göttlichen ununterbrochen Eins und verbunden ohne Ausnahme. Olee Oleee Oleeee.

Mit diesen Worten verlasse ich nun das Thema „Die Meisterin Ching Hai" und „Der Guru ist nicht perfekt"

Adio

Wolfgang Schorat   Bad Zwesten an einem sonnigen Samstag der zum Spaziergang durch die Felder und Wälder animiert.

20.7.20011

Es gibt Zeiten, wie vor einigen Tagen bei mir, da werden Unmengen von Negativenergien durch mich gejagt. Ich werde von sehr intensiven Zerstörgedanken und Eindrücken verfolgt und auch erreicht. Ich sehe das sie durch mein System durchsegeln wie der Weg der weißen Wolken, kommen und gehen, aber über einen längeren Zeitraum von mehreren Tagen, und das ist unangenehm, weil ich mich darauf nicht einlassen will, sie zu leben, zu verwirklichen. Obwohl, wenn ich das tuen würde, ich mit der destruktiven Energie, Gedanken, mit denen Ziele verbunden sind, einfach bloß mitmachen bräuchte , und dann hätte ich nicht diese Belastungen innerhalb meines physisch mentalen Systems, Körpers, zu erleben. Aber Ich selber, das echte Selbst, das echte Ich, oder die göttliche Seele, das ewige, unsterbliche, ich sehe und erfahre das ja, und weiß natürlich auch das ich das dann nicht bin. Aber diese zerstörerischen Energien, sie sind ja Wertfrei, sie werden ja nur bewertet weil Gesellschaften gewisse Interessen haben die ihnen zum Vorteil oder Nachteil erscheinen, und deswegen für oder gegen dies und jenes an Energien , Gedanken, Fantasien sind, insbesondere in dieser Hochkultur materialistischen Gesellschaft der Westdemokratien und auch Ostländer. Da diese Systeme ja von wenigen für alle gemacht wurden damit diese wirtschafts- interessen auch weiterhin in Familienhände bleiben von wenigen global, für wenige global. So diese Ausbeutungssysteme der Wirtschaftsfamilien, also Menschen, die keine spirituelle Entwicklung, sondern ausschließlich eine Gewinn also Profitentwicklung also Maximierung ihres Einflusses gemacht haben, global, ist ja nicht viel Gutes und Schönes zu erwarten, außer das weiterhin subtil, subtil, daran gearbeitet wird ihre Positionen egal mit welchen Mitteln, zu vergrößern, was ja unweigerlich in die Totalzerstörung führen wird, da sie ja innerlich blinde Raubtiere geblieben sind, Raubmenschen. Die kennen bloß blindes Zerstören auf Kosten Anderer. Die Resultate sind ja sichtbar , Vergiftungen, Verblödungen, Medienkon- trollen, Zeitschriftenkontrolle, TVkontrolle, das sind alles unterprimitive Menschen geblieben, die als Mächtige bezeichnet werden. Aber wer noch als Mächtiger bezeichnet wird, dessen Bezeichnung weist ja schon darauf hin das er zum Raubtierreich gehört, denn Mächtige kennen nur das Gesetz des stärkeren, und das ist das Tierreich. Und das Tierreich macht seine eigenen Gesetze und hat sein eigenes Recht, nämlich das Unrecht. Das sich aber als Recht in der Öffentlichkeit darstellt. Mit all ihren Rechtsanwälten und Richtern und Verfechter. Denn es geht immer um Habgier Recht.

Und in dieser zerschlagen wollen dieser Systeme des Betrugs der Ausbeutung und des Tötens des Lebens auf der Erde. In diese negativen Energien die durch mich wandern wie der Weg der weißen Wolken, kam dann auch wieder eine Woge eine mentale Schicht in mir zum Vorschein die weiterhin gegen Ching Hai war. Da war einfach Unzufriedenheit erschienen, obwohl ich das garnicht bewusst gedacht habe, gewollt habe, sie erschien einfach. Und das reichte mir. Ich wollte damit nichts mehr zu tun haben. Und wünschte mir sowas niemals gemacht zu haben, mich ein einziges mal auf eine Meisterin eingelassen zu haben. Ich, der sein ganzes Leben lang unbeschwert frei lebte, liebte, froh, glücklich aufwachte und einiges mehr. Und ich stellte mir Fragen wieso das immer noch mit der Ching Hai vorhanden ist. Obwohl ich doch ihre Arbeit die sie TV mäßig gut darstellt, als vollkommen Richtig unterstützen kann.

Ich musste mich also fragen wie kommt das, diese Abneigung in dieser Phase der negativen Energie Aufforderung an mich. Denn Negativ und Positiv haben beide die gleiche Bedeutung. Die gleiche Kraft. Aber über das Positive kommt man schneller zu sich selber, falls das jemand sucht. Leichter schmerz- loser. Wogegen über das Negative man auch zu sich kommt , aber über Schmerzen. Über Leid. Und so wollte ich ein für alle male das mit Ching Hai für mich klären, damit ich diesem Mentalmist nicht mehr erfahren brauche. Und ich sah das meine eigenen Wünsche und Hoffnungen die durch die Aussagen von

Ching Hai gemacht wurden, erweckt wurden, ja nicht wirklich erreicht wurden. Ja die Masse an Meditation die ich machte seit dem 1 Mai 1993 sogar zu Kopfschmerzen führte und einem Lebensgefühl das Shizo ist, weil die Aufmerksamkeit auf die Stirnfläche, eine dualistische Wahrnehmung aufbaute die äußerst unangenehm war, was aber jetzt vorbei ist, da ich ja mit der Methode aufgehört habe. Es waren also meine Wünsche die nicht erfüllt waren, Okay kein Problem. Meine Hoffnungen die unerfüllt waren. Okay kein Problem. Aber sie wurden auch von Ihr aktiviert, da sie ja Werbung für sich macht und die demensprechenden Sprüche auf den Tisch klopft. Aber meine mentale Unzufriedenheit war also vor einigen Tagen wieder leider zu erfahren in Bezug zu Ching Hai. Also machte ich nochmal Friede damit. Ließ alle meine Hoffnungen und Ziele und Wünsche in Bezug zu ihr mit ihren Aussagen fallen und entfernte mich nochmals ausdrücklich davon. Un sprach sie auch frei davon in Bezug zu mir.Ich wollte einfach Frieden damit machen. Auch zu dieser Frau Ching Hai. Was sie macht ist zwar ihre Verantwortung aber sie löst eben auch diese falschen Assoziationen aus , in mir jedenfalls, da ich kein Nachfolger von egal wem bin. Da könnte nun Buddha wiedergeboren werden, Jesus, oder sonstwer, Laotse, obwohl die alle Schönes hinterlassen haben, das lass ich alles sein und schließ mich dem nicht an, weil das nämlich ihr Problem war und ist. Möge es noch so wunderbare sein was sie offenbaren und worauf sie hinweisen, und ihre Arbeiten sind ja auch Meilensteine für die Entwicklung vom Raubmenschen zum Menschen hin. Das wird nicht in Frage gestellt.

Aber ich bin frei davon. Es ist egal wo was wann wie weshalb worin womit weswegen, ich wann wo hinkomme. Ich bin immer Ich und werde immer Ich sein und bleiben.

Ich bin Wolfgang Schorat und Alles.

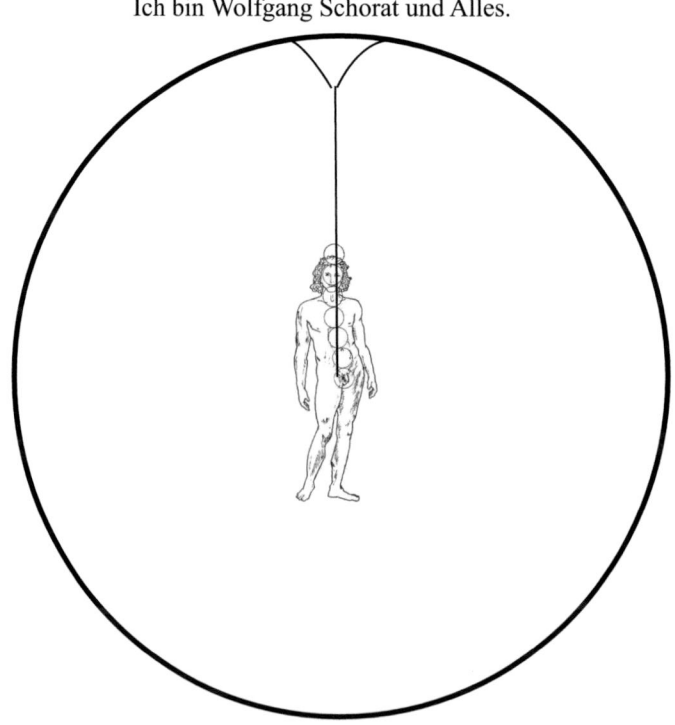

Donnerstag, 13. September 2012

Ich schreibe diese letzten Worte , schätze ich mal, für dieses Buch nun heute, um mal darauf hinzuweisen was passiert wenn es den Geldjongleuren den Bankmanagern und deren Besitzerfamilien, den Politikern die Vasallen für diese Zerstörsysteme sind, den Industriellen der Zerstörtechnologien, Atom, Feuer, Kohle, zu gefährlich wird. Das Aufklärungspotenzial durch die TV Plattform die von der Ching Hai Gruppe aufgebaut wurde war einfach und wurde einfach Giga Riesig. Und das muss unterbunden und zerstört werden im typischen Zerstörmodus ihrer Zerstörtechnologien und Produkte . Da ich ja Ching Hai einige male selber erlebt habe und mit ihr reden konnte, weiß ich ja das sie die Liebe verkörpert und in dem Sinne Ausstrahlt. Bemerkenswert ist ja dann auch das von ihr kein Übles Wort gegen die Satellitenbesitzer und den daranhängenden Systemunterstützern kam. Bloß Traurigkeit wurde geäußert. Unter : **http:// suprememastertv.com/de/webtv/** kann man nun noch diese Infos von ihr und den Menschen der Erde sehen. Dort kann man auch nochmal sämtliche Themen sehen die diese Plattform aufgebaut hatte und die dem ZerstörEstablishment zu gefährlich werden. Ich habe hier nun folgend mal einiges abkopiert um kurz zu zeigen worum es bei Ching Hai TV ging.

„Supreme Master Television stellte seine Sendungen am 2. Januar 2012 ein"

Wir möchten den geschätzten weltweiten Zuschauern von Supreme Master Television nun eine Ankündigung machen.
In den letzten fünf Jahren hatten wir von Supreme Master Television die Ehre und die Freude, Sie und Ihre geliebte Familie mit frei empfangbaren konstruktiven und förderlichen Sendungen überall auf der Welt täglich rund um die Uhr zu begleiten.
Durch die Gnade der liebevollen Führung der Höchsten Meisterin Ching Hai und dem Segen des Himmels hatten wir die kostbare Gelegenheit, die weltweiten Zuschauer über Satellit, Kabelfernsehen, Internet und verschiedene moderne Kommunikationsmethoden zu erreichen.
In der aufrichtigen Hoffnung, den Erdenbürgern – einschließlich unseren tierlichen Mitbewohnern – dauerhaften Frieden, Freude und Erhebung zu bringen, gehörte Supreme Master Television getreulich zu den Stimmen des Gewissens und des Bewusstseins, die sich für einen umweltbewussteren und mitfühlenderen Planeten einsetzen.
In freundlicher Zusammenarbeit und mit der Hilfe von Regierungsvertretern, Würdenträgern, Prominenten, internationalen Künstlern und Experten verschiedener Disziplinen und dem Engagement der veganen Mitglieder unserer Vereinigung brachten unsere geeinten Bemühungen positive Früchte hervor – sichtbare und unsichtbare.
Wir danken der Höchsten Meisterin Ching Hai und allen edlen Freunden für das Privileg, der Welt zu dienen, indem wir konstruktive Informationen auf dem Sender präsentierten.
Heute ist der letzte Tag, an dem Supreme Master Television ausgestrahlt wird und wir verabschieden uns herzlich und in innigem Dank für all Ihre Liebe und Unterstützung.
Wir danken Ihnen allen dafür, dass Sie in den vergangenen Jahren zugeschaut haben.
Mögen wir alle weiterhin auf unsere eigene Weise bemüht sein, beizutragen zu einer veganen Welt und zum Weltfrieden (World Vegan, World Peace).
Die besten Wünsche Ihnen und Ihren Angehörigen für viele frohe vegane neue Jahre.
Die archivierten Sendungen von Supreme Master Television sind weiterhin für alle online verfügbar und können kostenlos angeschaut und heruntergeladen werden.

Die Höchste Meisterin Ching Hai übermittelt ihren Dank an alle Medienanstalten, Satelliten-, Kabel- und IPTV-Firmen, Behörden, Organisationen und Personen, die in all diesen Jahren ihre Unterstützung gaben, und wünscht Ihnen das Beste und den Segen des Himmels bei allen edlen Bemühungen.

So fing das mal an:

Pressemitteilung
ZUR SOFORTIGEN VERÖFFENTLICHUNG
18. Oktober 2007
Supreme Master Television startet weltweit auf weiteren zehn Satelliten

  Los Angeles, Kalifornien – Ein historisches Ereignis steht bevor:
Der Fernsehkanal Supreme Master Television weitet sein positives Rund-um-die-Uhr-Programm auf 10 weitere Satelliten aus. Ab 16. November 2007 werden die 24 Stunden pro Tag frei ausgestrahlten erhebenden Nachrichten und inspirierenden Sendungen weitere Hunderte Millionen Haushalte erreichen. Supreme Master Television wird in Australien (Optus B3 / D2), Afrika (Intelsat 10 KU-Band und C-Band), Asien (ABS, AsiaSat 2, AsiaSat 3S), Nordamerika (Galaxy 25), Südamerika (Hispasat & Intelsat 907) und im Nahen Osten (Eurobird 2) zu sehen sein.

Bequem per Satellit haben die Zuschauer Zugriff auf eine große Anzahl erstklassiger und unterhaltsamer Sendungen. Gegenwärtig sendet Supreme Master Television in Europa, dem Nahen Osten und Nordafrika über Astra 1 auf 19,2° Ost und Hot Bird 6 auf 13° Ost. Gesendet wird in mehr als 40 Sprachen mit über 30 Untertiteln.

Nach seinem ersten beeindruckenden Jahr der Ausstrahlung positiver Programminhalte bietet Supreme Master Television seinen Zuschauern weiterhin eine neue Art des Fernsehens – auf ganz positive Weise. Von Live-Berichten zu friedensschaffenden Ereignissen über Interviews mit Präsidenten und Prominenten hin zu den außergewöhnlichen Friedenswünschen einfacher Menschen baut Supreme Master Television eine Brücke des Verständnisses, die die Schönheit aller Nationen und Kulturen betont.

Bekanntmachungen von Supreme Master Television sind in den größeren Presseorganen der Welt wie TIME Magazine, USA Today, The Guardian, Frankfurter Allgemeine und Le Monde zu finden. Der Bürgermeister von Los Angeles, der ehrenwerte Antonio R. Villaraigosa kommentierte: „Supreme Master Television bietet eine brauchbare Alternative... Sie senden Programme von Frieden und Brüderschaft... Ihr Fernsehkanal zeigt Beispiele von Mitgefühl und Liebe... Supreme Master Television appelliert an unsere Menschlichkeit und unsere gemeinsame Verpflichtung, eine bessere Welt für uns und unsere Kinder zu schaffen.“

Supreme Master Television bringt Sendungen, die einen ökologischen, gesunden und mitfühlenden modernen Lebensstil unterstützen. Die bunten, erhebenden Sendungen umfassen viele Kategorien: von Unterhaltung und Film, zu Nachrichten und Dokumentationen, Lifestyle und Kultur. Die vielseitige Reihe an Darbietungen wird immer wieder durch neue und aussagekräftige Sendungen ergänzt.

Im Studio des Fernsehsenders in Los Angeles wurden diese Neuigkeiten freudig gefeiert. Lily Able, Programmdirektorin, sagte: „Es ist inspirierend, dass erhebende Nachrichten und Sendungen mit so gewaltiger Anerkennung aufgenommen werden. Das weltweite Publikum erwartet sehnlichst die Premiere von Supreme Master Television über Satellit in allen Ländern. Wir sind erfreut und fühlen uns geehrt, allen Kulturen auf der Welt positive Sendungen präsentieren zu können.“

Pressekontakt in den USA:
Supreme Master Television
Laura Park
122-A East Foothill Blvd. #306
Arcadia, CA 91006, USA
Tel.: +1 (626) 4444385 / Fax: +1 (626) 4444386
E-Mail: info@SupremeMasterTV.com
WWW: www.SupremeMasterTV.com

Pressekontakt in Deutschland:

Andreas Tüngler
Vaalser Str. 143
52074 Aachen
Tel.: +49-241-55967658
E-Mail: media_eu@SupremeMasterTV.com

GEGENWÄRTIGE SENDUNGEN BEI SUPREME MASTER TELEVISION:

• Bemerkenswerte Nachrichten befasst sich mit herzerwärmenden Neuigkeiten aus der ganzen Welt, preist gute Taten und bringt wichtige soziale und umweltpolitische Themen ins Bewusstsein.

• Worte der Weisheit zeigt Vorträge der Höchsten Meisterin Ching Hai, die Sie inspirieren und bereichern werden. Die Höchste Meisterin Ching Hai ist eine angesehene spirituelle Lehrerin, Wohltäterin und Künstlerin.

• Eine Reise durch das Reich der Schönheit ist eine preisgekrönte Serie, die Unterhaltungsprogramme mit lebendigen Vorführungen aus aller Welt präsentiert. Diese Langzeitfernsehsendung wurde in den Vereinigten Staaten regelmäßig für 90 Millionen Zuschauer ausgestrahlt.

• Vegetarismus: die edle Lebensweise möchte Sie über die Vorteile einer vegetarischen Lebensweise und über das, was dabei zu beachten ist, aufklären. Die Sendung beinhaltet Kochshows und Interviews mit Medizin- und Ernährungsfachleuten und berühmten Persönlichkeiten des öffentlichen Lebens.

• Musik und Poesie beinhaltet exquisite poetische Verse und melodiöse Lieder, vorgetragen von der Höchsten Meisterin Ching Hai und anderen berühmten Künstlern.

• Die Welt der Tiere: unsere Mitbewohner zeigt Ihnen, wie Sie auf liebevolle Weise effektiv für Ihre tierischen Freunde sorgen. Diese Sendung bringt auch wahre Geschichten über die Intelligenz und treue Liebe von Tieren und wird Ihr Herz berühren.

• Planet Erde: unser liebevolles Zuhause – Um unseren schönen Planeten zu ehren, berichtet diese Sendung darüber, wie wir uns um seine wertvollen Ressourcen kümmern. Es gilt hier und jetzt die Umwelt zu schützen und das Wunderland, welches wir unser Zuhause nennen.

• Zwischen Meisterin und Schülern bietet Einblicke in die offenen Gespräche zwischen der Höchsten Meisterin Ching Hai und spirituell Praktizierenden. Die angeschnittenen Themen umfassen das alltägliche Leben, die Geheimnisse des Universums und vieles mehr.

• Gesund leben bietet Informationen über präventive und ganzheitliche Herangehensweisen an Wellness, Fitness und Ernährung.

- Kinoszene wirft einen Blick auf einige der aktuellsten Filme, Filmklassiker und besonders inspirierende Filme.
- Die Elite der Vegetarier – Diese Sendung bringt Ihnen vergangene und gegenwärtige Vegetarier und ihren mitfühlenden Lebensstil nahe.
- Die Welt um uns herum bereist den Globus, um berühmte spirituelle Orte zu entdecken und vorzustellen, die einen Besuch wert sind.
- Erfolgsmodelle präsentiert Menschen, die ihren Erfolg dazu verwandt haben, anderen und der Welt zu helfen.
- Erleuchtende Unterhaltung zeigt einzigartige Interviews, inspirierende Filme und Dokumentationen, die die Seele erheben und den Geist nähren.
- Wissenschaft und Spiritualität – Der Wechselbeziehungen von Wissenschaft und Spiritualität sind faszinierend und werden in dieser Serie erforscht.
- Gute Menschen, gute Taten feiert Helden unserer Zeit, die anderen helfen und für altruistische Ideale und eine bessere Gesellschaft kämpfen.
- Unsere edle Abstammung beleuchtet die kulturellen, religiösen und spirituellen Wurzeln des Vegetarismus.

Was einige der internationalen Zuschauer über Supreme Master Television sagen:

„Die Sendungen, die der Kanal macht, sind sehr schön, gesegnet von glückseliger Gnade. Sie kommen aus dem Studio in den USA in unterschiedlichen Sprachen, zeigen, wie man die Welt verbindet, laufen täglich 24 Stunden, sind lebendig und von Herz zu Herz. Man stelle sich vor, wir hätten zehn weitere Kanäle dieser Art, wir hätten zehn Supreme Master Television, einen auf jedem Erdteil. Dadurch würden Afrika, Asien, Ozeanien, Europa und Lateinamerika verbunden und die guten Nachrichten mit der Welt ausgetauscht."
Journalist Claudio María Domínguez, Un Mundo Mejor TV (Argentinien)

„Ich sehe Ihr Fernsehprogramm fast Tag und Nacht, weil ich es so sehr liebe. Alles ist so herzzerreißend. Oft kommen mir die Tränen wegen der überwältigenden Schönheit und Liebe, besonders was die Tiere betrifft. Sie sagen ‚Danke fürs Zuschauen' und ich sage ‚Danke fürs Senden'."
Thomas Heider, Deutschland

„Mein tiefster Dank an Sie alle, dafür dass Sie solch ein nützliches und positives Fernsehen geschaffen haben. Wenn ich Supreme Master Television schaue, scheinen all meine Sorgen so klein, verglichen mit all der positiven Arbeit, die Menschen leisten, um einander und unserem schönen Planeten zu helfen!"
C.C., Eureka Springs, USA

„All Ihre positiven Nachrichten, Sendungen und großartige Musik geben mir täglich Hoffnung und Energie! Hoffen wir, dass es bald mehr Fernsehkanäle gibt mit all jenen positiven Sendungen. Sie werden unserer Mutter Erde und der menschlichen Zivilisation sicherlich eine bessere, strahlendere Zukunft voller Mitgefühl, Liebe und Tugend bringen."
DL, Malaysia

„Wir sehen Sie jeden Tag aus Liberia, Guanacaste. In meiner Familie freuen wir uns täglich darauf, Sie online zu sehen. Ihr Fernsehkanal ist das Beste, was dem Planeten passieren konnte."
Patricia, Maria Paula und Mary Ann, Costa Rica

„Supreme Master Television ist das beste Fernsehprogramm, was ich bis jetzt gesehen habe."
Samuel, Uganda

„Ich bin sehr froh, sagen zu können, dass Sie als Supreme Master Television nicht die Besten sind, aber die ERSTEN. Schließlich ein Fernsehkanal, der vom Himmel sendet. Denn es ist der einzige Kanal, welcher Mitgefühl und Liebe präsentiert. Und es ist der erste, der positive Worte und Nachrichten für eine bessere Welt ausstrahlt. Ein Vergleich ist also unmöglich."
Mehrdad, Iran

Geh den Weg der Liebe - Vorstellung der Höchsten Meisterin Ching Hai

Wir suchen ein wenig Liebe,
an allen erdenklichen Orten,
ein wenig Liebe,
damit wir alle Wesen überall auf der Welt
daran teilhaben lassen können.

Die Höchste Meisterin Ching Hai – so kennen und lieben sie jene, die das Vergnügen hatten, sie kennen zu lernen oder mit ihr zu arbeiten – lebt eine Botschaft, die den Weg der Liebe geht.

Als angesehene Künstlerin, spirituelle Visionärin und Verfechterin humanitärer Ideale hat sie mit ihrer Liebe und Hilfe alle kulturellen Grenzen und Rassenunterschiede über-brückt und Millionen von Menschen in aller Welt erreicht, darunter Bedürftige und Ob-dachlose, Einrichtungen zur Aids- und Krebsforschung, Kriegsveteranen in den USA, sozial benachteiligte ältere Menschen, körperlich und geistig Behinderte, Flüchtlinge und Opfer von Naturkatastrophen wie Erdbeben, Überschwemmungen und Großbrän-den.

Durch diese Aktivitäten werden wir Augenzeugen ungezählter mahnender Zeugnisse des Mitgefühls, welches das Markenzeichen dieser engagierten Lady ist, und auch der internationalen Vereinigung, die sich ihr liebevolles Handeln zum Vorbild gemacht hat.

Die Höchste Meisterin Ching Hai sagte einmal:

Wir fangen damit an, alles, was wir teilen können, mit anderen zu teilen. Und dann stel-len wir in uns eine subtile Veränderung fest – mehr Liebe strömt in unser Bewusstsein. Und damit fängt es an. Wir sind hier, um zu lernen. Um zu lernen, wie wir wachsen und unsere Kraft einsetzen können, die grenzenlose Kraft unserer Liebe und Kreativität, um diese Welt besser zu machen, wo wir auch sein mögen.

Ihre frühen Jahre

Die Höchste Meisterin Ching Hai wurde in Zentral-Aulac geboren. Als sie noch ein jun-ges Mädchen war, traf man sie oft dabei an, wie sie Patienten im Krankenhaus und an-deren bedürftigen Menschen auf jede erdenkliche Art half. Darüber hinaus führte sie ein glühendes Verlangen nach geistiger Erkenntnis von Kindheit an auf verschiedene Wege der Hingabe an Gott. Als junge Erwachsene ging sie nach Europa, um dort zu studieren, und war weiter ehrenamtlich als Übersetzerin für das Rote Kreuz tätig. Bald musste Sie feststellen, dass Leid und Schmerz in allen Kulturen der Welt gegenwärtig sind. Um so mehr wurde die Suche nach einem Mittel dagegen zum obersten Ziel Ihres Lebens.

Zu jener Zeit führte sie eine glückliche Ehe mit einem deutschen Arzt, und obwohl es für beide eine ausgesprochen schwere Entscheidung war, stimmte ihr Ehemann einer Trennung zu. Dann unternahm sie eine Reise, durch die sie geistige Erkenntnis zu er-langen hoffte.

Pilgerschaft in den Himalaja

In Indien, in den tiefsten Ausläufern des Himalaja, fand sie schließlich einen erleuchteten Meister, der sie in der Guanyin-Methode unterwies, einer auf Kontemplation des inneren Lichtes und Klanges beruhenden Meditationstechnik. Nachdem Sie diese Methode eine zeitlang praktiziert hatte, erlangte sie vollkommene Erleuchtung.

Schon bald nach Ihrer Rückkehr aus dem Himalaja kam Meisterin Ching Hai den aufrichtigen Bitten der Menschen in ihrem Umkreis nach und ließ andere an der Guanyin-Methode teilhaben. Sie ermutigte sie, den Blick nach innen zu richten und so die eigene Größe zu erkennen.

Den Frieden und die Liebe, von denen wir meistens reden
und die wir suchen, haben wir in uns selber.

Menschen aus den unterschiedlichsten Gesellschaftsschichten fanden durch die Meditation nach der Guanyin-Methode mehr Erfüllung, Glück und Frieden in ihrem täglichen Leben. Schon bald wurde Meisterin Ching Hai nach den USA, Europa, Asien, Südamerika und auch zu den Vereinten Nationen zu Vorträgen eingeladen.
Die Welt verschönern, in der wir leben

Meisterin Ching Hai ist nicht nur eine großherzige Verfechterin humanitärer Ideale, sie ermutigt die Menschen auch, die Welt, in der wir leben, schöner zu machen.
Die Zukunft liegt in unseren Händen,
es liegt also an Ihnen, sie schöner oder schlechter zu gestalten.

Durch die Meditation nach der Guanyin-Methode hat Meisterin Ching Hai spontan viele Talente entwickelt, denen sie in Gemälden und anderen Kunstschöpfungen Ausdruck verleiht, in Musik und Gedichten und in ansprechendem Mode- und Schmuckdesign, in dem die Schönheit der Völker und Kulturen, denen sie begegnet ist, Form angenommen hat. 1995 wurden ihre Kreationen auf Bitten der Öffentlichkeit hin der internationalen Modewelt vorgeführt, u.a. in London, Paris, Mailand und New York. Der Verkauf ihrer Kunstschöpfungen ermöglicht Meisterin Ching Hai die unabhängige Finanzierung ihrer humanitären Aktivitäten. Das weist deutlich auf ihre noble Liebe zu allen Kindern Gottes hin und auf unsere Verantwortung gegenüber weniger begünstigte Menschen.

Anerkennung und der Traum der Meisterin

Obwohl es Meisterin Ching Hai nicht um irgendeine Form von Anerkennung geht, wurde sie für ihre selbstlosen Hilfeleistungen wiederholt von Privatorganisationen und

Regierungsbeamten aus aller Welt ausgezeichnet, u.a. mit dem „Weltfriedenspreis", der „Auszeichnung für weltweite spirituelle Führung", der „Auszeichnung für Förderung der Menschenrechte", der Auszeichnung „Weltbürger für eine humanere Welt" und dem „Preis für hervorragende Dienste an der Menschheit". Der ehemalige Bürgermeister von Honolulu, Frank Fasi, sagte es so:

Sie bringt Liebe in die Welt, wo Hass ist. Sie bringt Hoffnung, wo Verzweiflung ist. Und sie bringt Verständnis, wo Missverständnis ist. Sie ist ein Licht menschlicher Größe, ein Engel des Mitgefühls für uns alle.

Die Höchste Meisterin Ching Hai gehört zu den wahrhaft engagierten Menschen unserer Zeit, den Geburtshelfern einer wunderbaren Zukunftsvision. Viele bedeutende Menschen in der Geschichte hatten einen Traum, und die Höchste Meisterin Ching Hai beschreibt ihren Traum so:

Ich träume davon, dass die ganze Welt Frieden findet. Ich träume davon, dass alles Töten ein Ende hat. Ich träume davon, dass alle Kinder in Frieden und Harmonie wandeln. Ich träume davon, dass alle Nationen einander die Hand reichen und einander beschützen und unterstützen. Ich träume davon, dass unser schöner Planet nicht zerstört wird. Seine Erschaffung hat sich über Milliarden von Jahren erstreckt, so schön, so wunderbar wie er ist. Ich träume davon, dass er weiter besteht, jedoch in Liebe, Schönheit und Frieden. „

Deswegen, wegen dieser Themen, die noch nichtmal alle hier aufgezeigt wurden, wurde die TV Plattform von der Negativen Macht, mal so formuliert, also den Satellitenbesitzern, in Europa, USA und sonstwo, abgeschaltet. Die Plattform die mit Ching Hai aufgebaut wurde, wurde so umfangreich so groß so beeindruckend das die Ignoranz die der Träger des Bösen ist, einfach sowas zerstören musste. Der Spiegel der Zerstörung ihrer Errungenschaften war zu klar für zu viele Menschen Global zu sehen. W.Schorat

http://suprememastertv.com/de/bbs/board.php?bo_table=sos_de&wr_id=1336

Diese folgenden Themen sind zu bedrohlich für die Geldmacht Global.

::: SOS Globale Erwärmung :::

Lösungen zur Rettung des Planeten von der Höchsten Meisterin Ching Hai

Nachrichten
Retten wir unseren Planeten - Neueste Nachrichten über den Klimawandel

Nothilfe-Nachrichten

Ursache
Produktion von Tieren

Treibhausgase

Entwaldung

Auswirkungen
Verlust der Artenvielfalt

Extreme Wetterlagen

Nahrungsmangel

Die Folgen menschlichen Handelns

Ozeane

Polar- und Gletschereis-Schmelze

Anstieg des Meeresspiegels

Wassermangel und Umweltverschmutzung

Dringende Situation
Unkontrollierbare globale Erwärmung durch Methanausstoß

Notlage des Planeten

Lösung
Die vegane Lösung

Biologischer Landbau

Umweltfreundliche Technologie

Wissenschaftler über Klimawandel

Politiker zum Klimawandel

Die Höchste Meisterin Ching Hai über den Umweltschutz

Klimawandelkonferenz mit der Höchsten Meisterin Ching Hai

Ressourcen
Infopaket zum Klimawandel

TV-Spots zum Klimawandel

Videos über den Klimawandel

UN-Bericht

Tägliche Tipps

Quellen

Empfehlenswerte Websites in Bezug auf Umweltschutz

Links

Diese Themen sind für die Finanzmacht zu gefährlich und deswegen wird global versucht diese Einsichten über den Medienweg zu kontrollieren.Sogar im

Internet wird stark versucht gewisse Sendungen Abzuschalten.Das findet man unter:

http://direkter-kontakt-mit-gott.org/

Willkommen!

Das sagen angesehene Persönlichkeiten über Vegetarismus

Brief an führende Regierungsmitglieder und Medien (10. April 2012)

Das Fortbestehen unseres kostbaren Planeten wurde um ein halbes Jahrhundert und mehr verlängert ...

~ Die Höchste Meisterin Ching Hai

World Vegan, World Peace

Die Wahrheit über Verdienste: Wie man sie erwirbt oder verliert

Infopaket zum Klimawandel

Eine dringende Botschaft der Höchsten Meisterin Ching Hai

Lösungen zur Rettung des Planeten

Pressemappe der Höchsten Meisterin Ching Hai

Ein vegetarischer Garten Eden auf Erden

Klimawandel: Die Lösung

Vegetarisch leben für Anfänger von Supreme Master TV

Der Fleischkonsum heizt die Zerstörung des Regenwaldes und die globale Erwärmung an von Supreme Master TV

Wie viel Geld würden wir sparen, wenn die Welt vegan wird? von Supreme Master TV

Führer der Welt zum Klimawandel von Supreme Master TV

Wissenschaftler bestätigen vegane Lösung von Supreme Master TV

Dr. Rajendra K. Pachauri – Globale Erwärmung: die Auswirkungen der Fleischproduktion und des Fleischverzehrs auf den Klimawandel von Supreme Master TV

Interview mit Dr. James Hansen, Direktor des Goddard Instituts für Weltraumstudien der NASA von Supreme Master TV

Soo das war's nun das Buch ist bereit zum veröffentlichen.

Alles Gute

Wolfgang Schorat

Donnerstag, 13. September 2012

Webseiten von mir:

www.meditative-transformation-der-industrie.de

www.verhalten-in-finanzkrisen.de

www.nilgans-im-schwalm-eder-kreis.de

www.olhos-de-aguas1974.de

www.shizzo-berlin1980.de

www.ararat-foto-ansichten.de

ICH BRINGE EUCH HEIM

Ausgewählte spirituelle Lehren von der Höchsten Meisterin Ching Hai

„Ich träume davon, dass auf der ganzen Welt Frieden herrscht und jeder ein Buddha wird."

Die von der Höchsten Meisterin Ching Hai gelehrte Guanyin-Methode (Kontemplation des inneren Lichts und Klangstroms) eröffnet uns einen Weg. Gottes grenzenlose Liebe zu erfahren und eins mit Ihm zu werden.

„Wahrscheinlich habt ihr schon gehört, dass es verschiedene Methoden gibt, die zur Erleuchtung führen, und es gibt auch tatsächlich mehrere. Aber es gibt nur eine Methode, die euch zur höchsten Erleuchtung bringen kann. Am Anfang könnt ihr verschiedenen Wegen folgen, aber um ganz nach oben zu gelangen, müsst ihr auf diesem Weg gehen. Er muss die Kontemplation des inneren Lichts beinhalten und der inneren Schwingung, die in der Bibel das Wort genannt wird."

„Dieses Wort oder diese göttliche Schwingung wird in allen Religionen erwähnt. Wir nennen sie "Yin" andere bezeichnen sie als "Logos", „Tao", himmlische Musik" usw. Ihre Schwingung ist in allem Leben und erfüllt das ganze Universum. Diese Innere Melodie kann alle Wunden heilen, alle Wünsche erfüllen und allen weltlichen Durst löschen. Sie ist reine Kraft und reine Liebe. Weil wir aus diesem Klang gemacht sind, lässt uns der Kontakt mit ihm im Herzen Frieden und Zufriedenheit finden.

Nachdem wir dem Klang gelauscht haben, verändert sich unser ganzes Wesen, unsere Lebenseinstellung wandelt sich ganz und gar zum besseren"

In dieser höchsten Lehre Buddhas sagt er, dass das Hören des transzendentalen Tons und das Sehen des transzendentalen Lichts, zur höchsten Buddhaschaft und zur Befreiung führt.

In anderen Schriften wird auch von der *göttlichen Melodie* gesprochen. Die *Hindus* nennen sie auch *Anahad, Shabd* oder *Ahash Bani* - die *himmlische Stimme*. In den *Mandok-Upanischaden* wird vom *Udgith —* dem *himmlischen Gesang* ~ gesprochen. Die *Sikhs* nennen es *Nam, Dhun* oder *Bani*, was *Melodie, Klang Wahrheit* oder *Wort, Stimme* bedeutet. Die *Moslems* sprechen vom *Kalma*, dem *Wort* oder der *Stimme Gottes*. Die *griechischen Mystiker* sprechen vom *Logos*. Und *Sokrates* spricht von der *Sphärenmusik*, die ihn in göttliche Reiche trug. In der *Bibel* wird vom *Wort, das bei Gott war,* gesprochen - im *Neuen Testament* ist es der *Heilige Geist*. Im *Yoga der Seele* wird vom *Licht-und Klangstrom* gesprochen. *Suma Ching Hai* lehrt die *Licht- und Klangstrom-Meditation*, die *Guanyin- Meditation*.

All das ist identisch mit Buddhas höchster Lehre vom transzendentalen Ton und dem transzendentalen Licht — der höchsten Form der Wahrheitsfindung. Nach 2600 Jahren zum ersten Mal in die deutsche Sprache übersetzt.

ISBN 3-932209-02-8

In dieser höchsten Lehre Buddhas wird im Surangama Sutra erwähnt,dass das Hören des transzendentalen Tons und das Sehen des transzendentalen Lichts zur höchsten Buddhaschaff und zur Befreiung führt. Aber das waren bloß zwei Aspekte der Surangama Lehre, in der viele andere Methoden und Wege gezeigt wurden um Befreiung zu erlangen.

In diesem zweiten Teil des Surangama Sutras erwähnt Buddha die Entwicklung vom Bodhisattva zur Buddhaheit, und die damit verbundenen Schwierigkeiten, die erscheinen, auf dem Weg dorthin. Wobei die letzte Hürde das Bewusstsein ist.Ich habe den Text nicht bloß übersetzt sondern auch das, was mir zu benebelt und unklar erschien, kritisch kommentiert.

ISBN-3-932209-12-5

MARTINUS
1890-1981

"Wo Unwissenheit
entfernt wird,
hört die Existenz
des Bösen auf"

Kosmische Analysen für die Welt

www.martinus-verlag.de

Hilfe und Heilung auf geistigem Weg durch die Lehre Bruno Grönings

– medizinisch beweisbar –

www.bruno-groening.de

Mit
dem
SOLAR
KANU
ZUR
HUDSON BAY

von

Schorat

TonStrom Verlag

Mit dem Kanu von Juni bis September auf dem Churchill River Nordsaskatchewan
zur Hudson Bay in Nord Manitoba

Tier-Heilungen
und
Hilfen an Tieren

www.bruno.bruno-groening.org

Tiere klagen -
der Prophet
klagt an!

Gabriele Stiftung
Nächstenliebe an Natur und Tieren
www.gabriele-stiftung.de

Das Fernsehprogram wurde inzwischen von den Sattelitenbesitzern gestoppt,weil die Informationen in der immer größer werdenden Plattform für Alternative Wissenschaften und Einsichten oder die Kriege und Verstrickungen der Bankster Gangster Bankenbesitzer und das Leid das sie der Globalen Menschheit an tuen zu Monströs wurden. Inzwischen ist ja auch bekannt das die westlichen „ReGier-ungen" alle bloß Firmen Unternehmen sind und auch so registriert sind an der Börse. Bundesrepublik Deutschland D-U-N-S®Nr 341611478 SIC 9199. Mehr unter: http://www.novertis.com/wpress/wp-content/uploads/2010/09/Die-Mutation-der-Rechtsfaehigkeit-Orga-Sklave-Kurzerkl%C3%A4rung.pdf.oder unter:http://www.neudeutschland.org/index.php/news/items/staat-regierung-oder-unternehmen.html.Sigmar Gabriel, SPD-Vorsitzender auf dem Sonderparteitag in Dortmund, 27.Februar 2010:„Wir haben gar keine Bundesregierung - Frau Merkel ist Geschäftsführerin einer neuen Nichtregierungsorganisation in Deutschland." Steht übrigens auch im Grundgesetz für die BRD, Art. 65.Das kommt aus den USA.Aber wenn Regierungen bloß Firmen sind, sind deren Gesetze für die Menschen ungültig. Unternehmen können den Menschen nicht ihre Regeln aufzwingen. Schaut unter www.thrivemovement.com nachfür Informationen wie der Verbrecheraufbau dieser Staaaaaat-Firmen ist. Oder lest das Buch „Das Ubuntu Prinzip" von Michael Tellinger . W.Schorat 22.10.2014

Bisher erschienen oder in Vorbereitung:

Meditative spirituelle Schwangerschaftslösung *Sachbuch* & **Buddhas höchste Lehre** *Sachbuch (nach 2600 Jahren zum ersten Mal ins Deutsche übersetzt)* & **Spirituelle Transformation der** *Industrie Anleitung zur Oualitätssteigerung* . ***Mit*** **dem Solar- Kanu zur Hudson Bay** *(3000 Kilometer von Saskatchewan zu den Eisbären) Expeditionsbeschreibung* **Kohlenhydrate Eddy** *Verrückte Erzählung.* **Modernes** *amerikanisches* **Management** *In* **München** *Wahre Kriminalerzählung* & ***Die blitzartige Erleuchtung*** **des Herrn „Z"** *Humorvolle Erzählung* & ***Wiedergeburt*** **und Erleuchtung des Jungen Werther** *In* **Marrakesch** *Humorvolle Erzählung.* **Reise zur** *Fraueninsel Komische Liebeserzählung* & **Die Realität des** *Geleerten Seltsame Erzählung mit Erfahrung des übernatürlichen Lichts* & **Sigurd** *Lichtlos* **oder die Menschwerdung eines Engels** *Meditative Kriminalerzählung* & **Als Jesus noch blödelte** *Die Witze die Jesus erzählte, der Vatikan jedoch verbot* & **Als** *Ich* **noch Jude war** *Erfahrungserzählung* & **Der Detektiv** *Detektiverzählung auf spirituellem Niveau* & ***Salziger*** **Honig** *Liebeserzählung* & **Gott mit Koffer und Handtasche auf der staubigen Landstraße zur bedingungslosen Liebe** *Poetische Erzählung* & **Abschied vom Angeln** *Erzählung* & **Mit Lachsen und Grizzlys am Babine River In** *British* **Columbia** *Erzählung* & **Sogar** *in* **Kanada lebt der Blues der Germanen** *Verrückte wilde Erzählung.* **Die Auflösung** *Tagebuch-Tage* & **Sie nannten Ihn Fuzzy** *Wenn 10-Jährige missbraucht werden, Erzählung* & **Liebe stinkt nicht** *Theaterstück* & **Der** *Sinn* **des** *Papalagie Witzige Antworten* & **Ausbildung zum** *spirituellen* **Therapeuten** *Ein persönliches Lehrbuch* & **Die Meisterin Ching Hai** *Licht und Ton Meditation und mehr* & **Rosa Frühling in Montreal** *Erotische Erzählung* & **Reise zur Badewanne** *Holstein das sauberste Land der Erde* & **Psychologie der Meister** *Das Denken und Sein* & **Demokratie Faschisssmuuus** *Der Selbstbedienungsladen für Raubmenschen* & **Erleuchtung durch alkoholische Getränke** *Realität unabhängig von Moral usw.* & **Das Mantra „ Mich selbst erkennen"** *Selbsterkenntnis* .

Wolfgang Eckhardt Schorat

Heinrich-Heine-Straße 17 . 34596 Bad Zwesten Telefon u. Fax 05626-1414

Erste Auflage 2012   Neuauflage 2014
TonStrom Verlag
Heinrich-Heine Str.17
34596 Bad Zwesten
Tel. / Fax 05626-1414
Lektorat: Schorat
Buchumschlag : Schorat
Buchlayout : Schorat
Herstellung : Book on Demand GmbH
Alle Rechte
Printed in Germany

ISBN-978-3-932209-13-0